Weltgeschichte

Von 1500 bis zur Gegenwart

Weltgeschichte
Von 1500 bis zur Gegenwart

von Joseph Boesch, Rudolf Schläpfer und Hans Utz

orell füssli Verlag

Kapitelnummerierung
Die Zahl vor dem Punkt bezeichnet das fortlaufend nummerierte Hauptkapitel, die Zahlen nach dem Punkt geben nach dem Dezimalsystem das Unterkapitel und den Abschnitt an.

Umschlagbild
Die imposante Skyline der «Lujiazui Finance and Trade Zone» in Shanghai. Von links: Shanghai World Financial Center (2006), Jin Mao Tower (1998) und der 2015 fertiggestellte Shanghai Tower Shanghai Tower. (Courtesy of Shanghai Tower Construction and Development Co., Ltd, Shanghai, © 2012 Gensler)

22. aktualisierte und erweiterte Auflage 2017, bis Mai 2017 nachgeführt.

© 2014 Orell Füssli Verlag AG, Zürich
www.ofv.ch
Alle Rechte vorbehalten

Dieses Werk ist urheberrechtlich geschützt. Dadurch begründete Rechte, insbesondere der Übersetzung, des Nachdrucks, des Vortrags, der Entnahme von Abbildungen und Tabellen, der Funksendung, der Mikroverfilmung oder der Vervielfältigung auf andern Wegen und der Speicherung in Datenverarbeitungsanlagen, bleiben, auch bei nur auszugsweiser Verwertung, vorbehalten. Vervielfältigungen des Werkes oder von Teilen des Werkes sind auch im Einzelfall nur in den Grenzen der gesetzlichen Bestimmungen des Urheberrechtsgesetzes in der jeweils geltenden Fassung zuläßig. Sie sind grundsätzlich vergütungspflichtig.

Lektorat: Orell Füssli Verlag, Zürich
Satz: Stephan Cuber, diaphan gestaltung, Liebefeld
Umschlag: Barbara Thommen, Zürich
Druck: Druckerei Uhl GmbH, Radolfzell

ISBN 978-3-280-04167-3

Die Deutsche Nationalbibliothek verzeichnet diese Publikation in der Deutschen Nationalbibliografie; detaillierte bibliografische Daten sind im Internet unter www.dnb.de abrufbar.

Vorwort zur 22. Auflage

Zahlreiche Ereignisse seit 2015, dem Jahr der 21. Auflage, werfen die Frage auf, ob sich nicht ein Zeitenwandel abzeichnet. Aber ein Überblickswerk kann sich nicht auf Spekulationen einlassen. Die 22. Auflage aktualisiert die Datenreihen und berücksichtigt Entwicklungen und Ereignisse bis Mai 2017, kürzt jedoch wegen der Seiten-Kompatibilität mit den vorangehenden Auflagen einzelne Passagen leicht. Die Veränderungen betreffen vor allem Kapitel 33 und 34 und führen erst ab der drittletzten Seite zu einer geringfügigen Verschiebung der Seitenzahl. 20. und 21. Auflage können also parallel weiterverwendet werden. Eine Übersicht über die größeren Veränderungen finden Kolleginnen und Kollegen in einer PDF-Datei, die auf www.ofv.ch/lernmedien unter dem Titel «Weltgeschichte» heruntergeladen werden kann.

In der tiefgreifend überarbeiteten 20. Auflage waren folgende Elemente neu konzipiert worden:

- Anpassung der Fragestellungen an die neuere Forschung,
- Zusammenfassung der Kapitel in Sinneinheiten, die mit einem Farbcode markiert und einer Doppelseite eingeleitet sind,
- Vorschaltung einer Sinneinheit über die europäische Geschichte zwischen 1500 und 1750,
- Zusammenfassung der Entwicklung der außereuropäischen Kulturen, der Wirtschafts-, Sozial- und Kulturgeschichte in je eigenen Längsschnitten,
- zusätzliche Sinneinheit zur Globalgeschichte; doch werden unser Kulturkreis und die Schweizer Geschichte mit Schwergewicht berücksichtigt,
- in den Texten Annäherung (wenn auch nicht Anpassung) an die heutigen Lesegewohnheiten: kürzere Sätze, mehr Parataxen, Reduktion der Substantivierungen,
- didaktische Aufwertung der Illustrationen als Bildquellen durch Gegenüberstellung von Bildern und durch Hinweise in den Legenden, die zum genauen Hinsehen veranlassen,
- Aufbereitung von weiteren Materialien, Zusatzinformationen, Aufgabenstellungen und Lösungen für Lehrpersonen auf der Webseite www.welt-geschichte.ch.

Geblieben sind die seit der ersten Auflage (1969) bewährten Elemente: dicht und zuverläßig informierende Texte, gegliedert in modularer Struktur, visuelle Unterstützung, Berücksichtigung der Aktualität und Verzicht auf schulmäßige Aufgabenstellungen.
Ich danke dem Vorgänger-Autor Rudolf Schläpfer, den Lektoren Heinrich Zweifel und Monika Glavac, den Gestaltern Stephan Cuber und Jacqueline Kölliker für die professionelle Unterstützung bei den letzten drei Auflagen; dem Institut für Geschichtsdidaktik und Erinnerungskulturen (IGE) der PH Luzern (Prof. Dr. Peter Gautschi) für die fachkundige Beratung; und zahlreichen Kolleginnen und Kollegen für die Schularbeit mit diesem Werk, für Anregungen, Ergänzungen, Korrekturen und Erfahrungsberichte!

Therwil, Mai 2017　　　　　　　　　　　　　　　　　　　　　　　　Hans Utz

Online-Materialien zur Umsetzung im Unterricht

Unter www.welt-geschichte.ch finden Lehrpersonen Unterrichtsmaterialien, die speziell für das vorliegende Lehrmittel entwickelt wurden. Die Materialien stehen als Worddokumente zur Verfügung und sind individuell anpassbar. Vorschläge für Schwerpunktbildung, Konzepte und zusätzliche Materialien erleichtern Ihnen den Einsatz des Lehrmittels im Unterricht. Die Systematik des Lehrmittels wurde übernommen. Ziel ist, dass Lernende Geschichte vertieft erleben und die fachspezifischen Kompetenzen auf der Grundlage eines soliden Wissens entwickeln.

Die Webseite enthält auch Unterrichtseinheiten, die über den Inhalt des Lehrmittels hinausgehen, aber auf dessen Informationen basieren.

Die Online-Materialien, Webseite (rechts) und ausgedruckt (oben)

Von Lehrpersonen für Lehrpersonen
Dank Ihrer Beiträge können es noch mehr werden! Lehrpersonen sind herzlich eingeladen, eigenes Unterrichtsmaterial an lernmedien@ofv.ch zu senden, um das bestehende Material zu ergänzen. Nach erfolgter Überprüfung werden diese auf der Webseite platziert.

Anmeldung Newsletter
Mit unserem Newsletter informieren wir Sie über aktuelle Aufschaltungen. Zudem versenden wir jeweils vier Wochen vor den eidgenössischen Abstimmungen Unterrichtsmaterial zu den Abstimmungsvorlagen.
Melden Sie sich an unter: www.ofv.ch/lernmedien/newsletter

Inhaltsverzeichnis

        Wie Geschichte erzählen? Der Aufbau des Buchs 21

Der europäische Sonderweg (um 1400 bis um 1700) 22

1.   **Die erste Kolonialisierung** 24
1.1   Große sesshafte Kulturen um 1500 24
      1.11 Sesshafte Kulturen um 1500 – 1.12 Kontakte unter den
      sesshaften Kulturen
1.2   Portugiesische und spanische Kolonialisierung 27
      1.21 Voraussetzungen – 1.22 Zwei verschiedene Wege – ein Ziel –
      1.23 Ausrottung der Indios/Indias
1.3   Die neuen Kolonialreiche 30
      1.31 Ablösung der Kolonialmächte – 1.32 Ergebnis der ersten
      Kolonialisierung

2.   **Machtteilung und Wettbewerb in Europa** 32
      2.0   Befruchtende Konkurrenz
2.1   Das Staatensystem im 16. bis 18. Jahrhundert 33
      2.11 Das letzte Universalreich – 2.12 Territorialstaaten –
      2.13 Absolutismus – 2.14 Merkantilismus – 2.15 Kabinettskriege
2.2   Die kapitalistische Wirtschaft 37
      2.21 Europäischer Handel – 2.22 Verlagswesen – 2.23 Geldverkehr –
      2.24 Frühkapitalismus – 2.25 Investitionen – 2.26 Fugger –
      2.27 Kapital, Politik und Wirtschaft

3.   **Die Hinwendung zum Diesseits** 42
      3.0   Mentalitätswandel
3.1   Renaissance und Humanismus 42
      3.11 Suche nach antiken Quellen – 3.12 Fürsten-Territorialstaat –
      3.13 Architektur und Kunst
3.2   Die Reformation 44
      3.21 Vorgeschichte – 3.22 Luthers Reformationsgedanke –
      3.23 Zwinglis Reformation – 3.24 Calvins Reformation –
      3.25 Katholische Reform – 3.26 Konfessionskriege –
      3.27 Hexenverfolgung – 3.28 Täuferverfolgung
3.3   Die Erweiterung und Spaltung des Denkens 48
      3.31 «Selbst-Säkularisierung» – 3.32 Magisches Denken –
      3.33 Organizistisches Denken – 3.34 Mechanizistisches Denken –
      3.35 Entwicklung der Technik – 3.36 Reihenfolge der drei Denk-
      methoden – 3.37 Faktoren des europäischen Sonderwegs

Die Epoche der bürgerlichen Revolutionen, 1776–1848 52

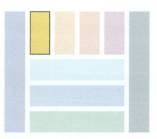

4.   **Die Amerikanische Revolution, 1776–1789** 54
      4.0   Freiheit
4.1   Der Weg zur Revolution 54
      4.11 Siebenjähriger Krieg, 1756–1763 – 4.12 Steuerkonflikte –
      4.13 Vom Konflikt zum Krieg

	4.2	Der Unabhängigkeitskrieg 56
		4.21 Kriegsverlauf – 4.22 Unabhängigkeitserklärung, 1776 – 4.23 Friedensvertrag
	4.3	Die Verfassung der USA, 1789 57
		4.31 Verfassungskämpfe – 4.32 Grundzüge der Verfassung – 4.33 Legislative – 4.34 Exekutive – 4.35 Judikative
5.		**Die Französische Revolution, 1789–1815** 60
	5.0	Veränderung
	5.1	Ursachen und Vorgeschichte 60
		5.11 Ursachen – 5.12 Reformversuche und «Adelsrevolte» – 5.13 Einberufung der «États généraux» (Generalstände)
	5.2	Der Kampf um einen Verfassungsstaat, 1789–1791 61
		5.21 Verfassungsgebende Nationalversammlung – 5.22 Bastillesturm – 5.23 «Déclaration des droits de l'homme et du citoyen» – 5.24 Säkularisation – 5.25 Verfassung von 1791 – 5.26 Revolutionäre Klubs
	5.3	Republik ohne Republikaner, 1791/92 65
		5.31 Die Assemblée Législative – 5.32 Beginn der Revolutionskriege – 5.33 Tuileriensturm
	5.4	Frankreich unter der Herrschaft des Konvents, 1792–1795 67
		5.41 Gironde und Montagne – 5.42 Bürgerkrieg – 5.43 Spaltung der Montagnards – 5.44 «La Grande Terreur» – 5.45 Ideen als Revolutionsopfer – 5.46 Thermidor-Umsturz – 5.46 Bedeutung der Jakobinerherrschaft
	5.5	Direktorialzeit und Konsulat, 1795–1804 71
		5.51 «Directoire» – 5.52 Abschluss des Ersten Koalitionskriegs – 5.53 Ägypten und Zweiter Koalitionskrieg – 5.54 Brumaire-Umsturz – 5.55 Konsulat
	5.6	Das Empire, 1804–1815 73
		5.61 Errichtung des Kaiserreiches – 5.62 Plebiszitäre Diktatur – 5.63 Kontinentalsperre – 5.64 «Grand Empire» – 5.65 Frankreich und Europa – 5.66 Russlandfeldzug – 5.67 Zusammenbruch des Grand Empire – 5.68 Bilanz und Ausblick
	5.7	Die Schweiz und die Französische Revolution 77
		5.71 Alte Eidgenossenschaft und Aufklärung – 5.72 Zusammenbruch der Alten Eidgenossenschaft – 5.73 Helvetische Republik – 5.74 Scheitern der Helvetischen Republik – 5.75 Mediationszeit, 1803–1815 – 5.76 Bundesvertrag, 1815
6.		**Restaurationszeit, 1815–1848** 82
	6.0	Restauration und Legitimität
	6.1	Die Wiener Friedensordnung, 1815 82
		6.11 Europäisches Gleichgewicht – 6.12 Heilige Allianz – 6.13 Liberale Opposition
	6.2	Metternichs «System» 84
		6.21 Konservative Interventionen – 6.22 Lateinamerikanische Revolutionen – 6.23 Monroedoktrin – 6.24 Griechenland und die Orientfrage
	6.3	Erschütterungen der 1830er-Jahre 87
		6.31 Von der Restauration zur Julirevolution in Frankreich – 6.32 Bürgerkönigtum – 6.33 Auswirkungen auf dem Kontinent – 6.34 USA: Demokratisierung und Expansion – 6.35 Demokratisierung in Großbritannien

6.4 Die Schweiz vom Bundesvertrag zur Bundesverfassung, 1815–1848 ... 91
   6.41 Kampf um den schweizerischen Bundesstaat – 6.42 Sonderbundskrieg, 1847 – 6.43 Bundesverfassung von 1848
6.5 Das Revolutionsjahr 1848 93
   6.51 Ausbruch – 6.52 Februarrevolution in Frankreich – 6.53 Märzrevolutionen – 6.54 Deutsche Frage – 6.55 Reaktion in Frankreich – 6.56 Reaktion in Österreich und Italien – 6.57 Reaktion in Deutschland – 6.58 Ergebnisse

Die Epoche des Nationalstaates, 1848–1914 98

7. Die Entwicklung der Nationalstaaten, 1848–1914 100
   7.0 Nationalgedanke
7.1 Der Krimkrieg, 1853–1855 100
   7.11 Entstehung – 7.12 Kriegsverlauf – 7.13 Friede von Paris, 1856
7.2 Großbritannien im «Victorian Age» 102
   7.21 Vollendung des Parlamentarismus – 7.22 Trade Unions und Labour Party – 7.23 Empire und Dominions – 7.24 Irland – 7.25 «Victorian Age»
7.3 Frankreich zwischen Monarchie und Republik 104
   7.31 Entstehung und Charakter des «Second Empire» – 7.32 Expansive Außenpolitik – 7.33 Pariser Commune – 7.34 «Verfassung» von 1875 – 7.35 Befestigung der «Troisième République» – 7.36 Neue Krise der Republik – 7.37 Affäre Dreyfus – 7.38 Laizistische, bürgerliche Republik
7.4 Die Einigung Italiens 107
   7.41 Beginn der Einigung mit französischer Hilfe – 7.42 «Zug der Tausend» – 7.43 Vorläufiger Abschluss der Nationsbildung
7.5 Die Einigung Deutschlands 109
   7.51 Preußens und Bismarcks Führungsrolle – 7.52 Krieg gegen Frankreich – 7.53 Gründung des Deutschen Reichs – 7.54 Kulturkampf – 7.55 Kampf gegen die Sozialdemokratie – 7.56 Bismarcks Sturz – 7.57 Wilhelminische Zeit
7.6 Die Doppelmonarchie Österreich-Ungarn 114
   7.61 «Ausgleich» in der Habsburger Monarchie – 7.62 Austroslawismus und Panslawismus
7.7 Das Russische Reich und der Panslawismus 115
   7.71 Reformansätze um 1861 – 7.72 Aufstand in Polen – 7.73 Panslawismus und Westorientierung – 7.74 Revolution 1905 – 7.75 Stolypins gescheiterte Agrarreform
7.8 Der schweizerische Bundesstaat 118
   7.81 Demokratische Bewegung – 7.82 Bundesverfassung von 1874 – 7.83 Entwicklung nach 1874
7.9 Die USA auf dem Weg zur Weltmacht 120
   7.91 Dynamik und Spannung – 7.92 Sklavenfrage – 7.93 Sezessionskrieg – 7.94 «Reconstruction» – die USA der Reichen – 7.95 «Populist Movement» – die USA der Benachteiligten

Inhalt

8.	**Die politischen Kräfte, 1848–1914**	124
	8.0 Die Kräfte im Hintergrund	
8.1	Nationalbewusstsein	125

8.11 Entstehung, Begrifflichkeit – 8.12 Emotionales – instrumentales Nationalbewusstsein – 8.13 Humanistische – adaptive Sozialisation – 8.14 Wirkung des Nationalbewusstseins

8.2	Konservativismus	127
	8.21 Entstehung – 8.22 Kulturkampf	
8.3	Liberalismus	127
	8.31 Entstehung – 8.32 Entwicklung im 19. Jahrhundert	
8.4	Sozialismus	128

8.41 Entstehung – 8.42 Marxismus – 8.43 Historischer Materialismus – 8.44 Überwindung des Kapitalismus – 8.45 Internationalismus – 8.46 Nachwirkung – 8.47 Organisation des Sozialismus

8.5	Emanzipationsbewegungen	132

8.51 Frauenemanzipation – 8.52 Bürgerliche Frauenbewegung – 8.53 Sozialistische Frauenbewegung – 8.54 Judenemanzipation – 8.55 Assimilation – 8.56 Antisemitismus und Zionismus – 8.57 Anarchismus

8.6	Imperialismus und Wettbewerb unter den Nationen	134

8.61 Unterschiedliche Motive – 8.62 Bismarcks Stabilisierungspolitik – 8.63 Zerfall des Bismarck'schen Systems

Die Epoche der Weltkriege, 1914–1945 138

9.	**Der Erste Weltkrieg, 1914–1918**	140
	9.0 «Urkatastrophe» oder «Großer Krieg»	
9.1	Der Ausbruch des Ersten Weltkriegs	140

9.11 Ringen um Friedenssicherung – 9.12 Kriegsplanung – 9.13 Julikrise 1914 – 9.14 Kriegsschuldfrage

9.2	Der Kriegsverlauf bis 1917	143

9.21 Bewegungskrieg – 9.22 Stellungskrieg – 9.23 Außereuropäischer Krieg – 9.24 Blockade und U-Boot-Krieg – 9.25 Kriegspolitik – 9.26 Kriegswirtschaft – 9.27 «Heimatfront»

9.3	1917, das Jahr der Wende	147

9.31 Wechsel in der Entente-Koalition – 9.32 Amerikanischer Kriegseintritt – 9.33 Wilsons «Vierzehn Punkte» – 9.34 Revolutionen im Russischen Reich – 9.35 Friede von Brest-Litowsk, 1918

9.4	Der Zusammenbruch der Mittelmächte	149

9.41 Deutsche Frühjahrsoffensive 1918 – 9.42 Endgültiger Umschwung – 9.43 Novemberrevolution und Kriegsende

9.5	Die Spanische Grippe	151
	9.51 Ausbruch – 9.52 Bekämpfung – 9.53 Auswirkungen	
9.6	Die Schweiz im Ersten Weltkrieg	152
	9.61 Sonderfall – 9.62 Normalfall – 9.63 Landesstreik	
10.	**Vom Frieden zum nächsten Krieg**	154
10.1	Die Pariser Vorort-Verträge	154

10.11 Verhandlungen – 10.12 Vertrag von Versailles – 10.13 Neugliederung des Donauraumes – 10.14 «Cordon sanitaire» – 10.15 Auflösung des Osmanischen Reichs – 10.16 Zwei Völker als Verlierer – 10.17 Kolonialgebiete

10.2 Friedenssicherung und Friedensgefährdung 159
　　10.21 Völkerbund – 10.22 Revisionismus – 10.23 Französisches
　　Bündnissystem
10.3 Der Faschismus in Italien 160
　　10.31 Ideologie des Faschismus – 10.32 «Marsch auf Rom» –
　　10.33 Errichtung der Diktatur – 10.34 Faschistisches Italien
10.4 Die demokratische Phase des Deutschen Reichs, 1918–1929 162
　　10.41 Gefährdung der Demokratie – 10.42 Weimarer Verfassung –
　　10.43 Inflation – 10.44 Reparationen und Finanzhilfe –
　　10.45 «Die glücklichen Zwanziger Jahre»
10.5 «Locarnopolitik» 166
　　10.51 Französisch-deutsche Annäherung – 10.52 Locarno-Verträge –
　　10.53 Vorübergehende Aufwertung des Völkerbunds
10.6 Ost- und Südosteuropa 167
　　10.61 Äußere Gefährdung – 10.62 Soziale Probleme –
　　10.63 Versagen der Demokratie – 10.64 Neue Türkei

11. Die Entwicklung der Sowjetunion, 1917–1939 170
　　11.0 Das Experiment des Sowjetkommunismus
11.1 Februar- und Oktoberrevolution, 1917 170
　　11.11 Februarrevolution – 11.12 Lenins Dogma – 11.13 Provisorische
　　Regierung – 11.14 Oktoberrevolution – 11.15 Aufbau der bolschewistischen Diktatur – 11.16 Einschätzung der Oktoberrevolution
11.2 Krieg und «Kriegskommunismus», 1918–1921 175
　　11.21 Bürgerkrieg und Interventionen – 11.22 «Kriegskommunismus»
　　11.23 Staat und Partei
11.3 Die Jahre der «Neuen Ökonomischen Politik», 1921–1924 176
　　11.31 Neue Wirtschaftspolitik – 11.32 Außenpolitik – 11.33 Sowjetverfassung – 11.34 Stalin als Nachfolger
11.4 Der Stalinismus, 1924–1939 177
　　11.41 Revolution von oben – 11.42 Industrialisierung – 11.43 Kollektivierung der Landwirtschaft – 11.44 Holodomor – 11.45 «Säuberung»
　　von Partei und Staat – 11.46 Zentralisierung und Personenkult

12. Krisenjahre und Kriegsausbruch 181
　　12.0 Wirtschaft und Politik
12.1 Die Weltwirtschaftskrise, 1929–1933 181
　　12.11 Einbruch in den USA – 12.12 Weltweite Krise – 12.13 Innenpolitische Folgen – 12.14 Staatliche Krisenbekämpfung – 12.15 Allmähliche Erholung
12.2 Roosevelt und der «New Deal» 183
　　12.21 Ende der Republikanischen Herrschaft – 12.22 «New Deal» –
　　12.23 Roosevelts Sozialpolitik
12.3 Das Ende der Weimarer Republik 185
　　12.31 Übergang zum Präsidialsystem – 12.32 Von Brüning zu
　　Hitler – 12.33 Anfang der nationalsozialistischen Herrschaft –
　　12.34 Vollendung der Diktatur – 12.35 «Machtergreifung» –
　　12.36 Nationalsozialistische Ideologie – 12.37 «Volksgemeinschaft» –
　　12.38 Ausschluss
12.4 Faschistische Welle und Volksfront 194

12.41 Osteuropa – 12.42 Frankreich und der «front populaire» – 12.43 Spanischer Bürgerkrieg, 1936–1939 – 12.44 Schweiz in der Zwischenkriegszeit – 12.45 Übriges Europa
12.5 Die Schwäche der internationalen Friedensordnung 199
12.51 Nationalismus und Isolationismus – 12.52 Schwäche des Völkerbunds
12.6 Hitlers Einbrüche in das System von Versailles 200
12.61 «Lebensraum» – 12.62 Kriegsvorbereitung – 12.63 Hitlers Diplomatie – 12.64 «Wehrhoheit» des Deutschen Reichs – 12.65 Annäherung an Italien – 12.66 Remilitarisierung des Rheinlands
12.7 Der Misserfolg der Appeasement-Politik 202
12.71 «Hoßbach-Niederschrift» – 12.72 Besetzung Österreichs – 12.73 Abkommen von München – 12.74 Appeasement
12.8 Die Entfesselung des Kriegs 204
12.81 Unverhüllte Annexionspolitik – 12.82 Politik der Sowjetunion – 12.83 Hitler-Stalin-Pakt – 12.84 Hitlers Kriegsentschluss

13. Der Zweite Weltkrieg, 1939–1945 208
13.1 Der erste Kriegswinter, 1939/40 208
13.11 Polenfeldzug – 13.12 Annexion der baltischen Staaten – 13.13 Finnischer Winterkrieg – 13.14 «Drôle de guerre», Sitzkrieg
13.2 Der Siegeszug der Achsenmächte, 1940–1942 209
13.21 Norwegen und Dänemark – 13.22 «Westfeldzug» – 13.23 Lage im Sommer 1940 – 13.24 Schlacht um England – 13.25 Herrschaft über den Balkan – 13.26 Unternehmen Barbarossa – 13.27 Überfall auf Pearl Harbor – 13.28 «Europe First» – 13.29 Letzte strategische Offensiven der Achsenmächte
13.3 Europa unter der nationalsozialistischen Herrschaft 215
13.31 «Neues Europa» – 13.32 Unterdrückung – 13.33 Kollaboration und Widerstand
13.4 Die Wende im Kriegsverlauf, 1942/43 217
13.41 Ursachen der Wende – 13.42 Stalingrad – 13.43 Nordafrika – 13.44 Luftkrieg – 13.45 «Atlantikschlacht» – 13.46 Deutscher Widerstand
13.5 Der Totale Krieg, 1943–1945 219
13.51 «Holocaust» – 13.52 Pazifischer Inselkrieg – 13.53 Italiens Zusammenbruch – 13.54 Sowjetischer Siegeszug – 13.55 Bombenkrieg 13.56 Invasion in der Normandie – 13.57 Zusammenbruch des Deutschen Reichs – 13.58 Japans Zusammenbruch
13.6 Die Schweiz im Zweiten Weltkrieg 224
13.61 Widerstand – 13.62 Anpassung – 13.63 Nachrichtenlose Vermögen – 13.64 Beurteilung der Rolle der Schweiz
13.7 Die Kriegsverluste 225

Die Epoche des Kalten Kriegs, 1945–1991 226

14. Der Kalte Krieg der Supermächte, 1945–1991 228
14.0 Der Kalte Krieg
14.1 Die UNO 228
14.11 Entstehung – 14.12 Organisation – 14.13 Entwicklung der UNO in der Nachkriegszeit
14.2 Die Aufteilung der Welt 232

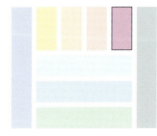

14.21 Teilungs-Strategie – 14.22 Alliierte Kriegsziele –
14.23 Casablanca und Teheran – 14.24 Kompromiss von Jalta –
14.25 Potsdam und die Nachkriegskonferenzen
14.3 Die Teilung Europas 236
14.31 Prinzipien – 14.32 Osteuropa: Sowjetische Unterwanderung –
14.33 Tschechoslowakei – 14.34 Jugoslawien und Albanien –
14.35 Integration des Ostblocks – 14.36 Westen: Trumans Eindämmungspolitik – 14.37 Marshall-Plan – 14.38 Anfänge der europäischen Integration – 14.39 NATO und westliches Bündnissystem
14.4 Das Wettrüsten 241
14.41 Rückgrat des Kalten Kriegs – 14.42 Overkill-Doktrin –
14.43 MAD-Doktrin – 14.44 Doktrin der Flexible Response –
14.45 Strategic Defense Initiative (SDI, «Star Wars»)
14.5 Kalter Krieg in Deutschland 244
14.51 Deutschland Teilung – 14.52 Entnazifizierung und Nürnberger Prozesse – 14.53 Berlin-Blockade, 1948/49 – 14.54 Zweite Berlinkrise und Mauerbau – 14.55 Willy Brandts Ostpolitik
14.6 Der Koreakrieg, 1950–1953 248
14.61 Kalter Krieg in Asien – 14.62 Angriff und Gegenangriffe –
14.63 Folgen des Koreakriegs
14.7 Die Kubakrise, 1962 249
14.71 Kubakonflikt – 14.72 Kubakrise vom Oktober 1962 –
14.73 Folgen
14.8 Der Vietnamkrieg 251
14.81 Stellvertreter- und Kolonialkrieg – 14.82 Indochinakrieg –
14.83 Vietnams Teilung – 14.84 Amerikanischer Vietnamkrieg –
14.85 Wende von 1968 – 14.86 Rückzug der USA – 14.87 Laos und Kambodscha
14.9 Entspannung und Ende des Kalten Kriegs 254
14.91 Nicht-Einmischung – 14.92 Wandel in den Beziehungen –
14.93 Rüstungsbegrenzung – 14.94 Zusammenarbeit in Europa –
14.95 Ende des Kalten Kriegs

15. Der Ostblock, 1945–1991 258
15.0 Gleichheit und Sicherheit
15.1 Die Sowjetunion und ihr Ende 258
15.11 Entstalinisierung unter Chruschtschow – 15.12 Neostalinismus unter Breschnew, 1964–1982 – 15.13 Gorbatschows «Perestroika» –
15.14 Scheitern der Perestroika – 15.15 Zerfall der Sowjetunion –
15.16 Ende der Sowjetunion
15.2 Der Ostblock 263
15.21 Militärische Integration – 15.22 Wirtschaftliche Integration –
15.23 Krise des Ostblocks
15.3 Polen 264
15.31 Folgen des Weltkriegs – 15.32 Versuche eines eigenen Wegs –
15.33 Gewerkschaftsbewegung und Militärdiktatur
15.4 Ungarn 266
15.41 Ungarnaufstand, 1956 – 15.42 «Gulaschkommunismus» –
15.43 Krise
15.5 Tschechoslowakei 267
15.51 Stalinisierung – 15.52 «Prager Frühling» – 15.53 Bürgerrechtsbewegung und «Samtene Revolution»
15.6 Die Deutsche Demokratische Republik 268

		15.61 Konstituierung des neuen Staates – 15.62 Repression – 15.63 Fall der Berliner Mauer	
	15.7	Jugoslawien und Albanien	271
		15.71 Sonderwege – 15.72 Krisen	
	15.8	Rumänien und Bulgarien	272
		15.81 Nachfolge-Stalinisten – 15.82 Diktatorensturz	
	15.9	Afghanistan	273
		15.91 Sowjetisches Interesse – 15.92 Sowjetischer Afghanistankrieg, 1979–1989	
16.		**Der Westen, 1945–1991**	275
	16.0	Freiheit und Wettbewerb	
	16.1	Die USA und Kanada	275
		16.11 Vormacht des Westens – 16.12 Innenpolitischer Kalter Krieg – 16.13 Bürgerrechtsbewegung – 16.14 Emanzipation und Gesellschaftsteilung – 16.15 Kanada	
	16.2	Zusammenschlüsse in Europa	277
		16.21 EWG und EFTA – 16.22 Frankreichs zeitweiser Widerstand – 16.23 Stillstand in den Achtzigerjahren	
	16.3	Die Bundesrepublik Deutschland	280
		16.31 Vorrang der Stabilität – 16.32 Integration ins westliche Bündnis – 16.33 Wirtschaftswunderland – 16.34 Zweifel, Protest und Terror – 16.35 Wiedervereinigung	
	16.4	Österreich	284
		16.41 Staatsvertrag 1955 – 16.42 Sozialstaat	
	16.5	Schweiz	285
		16.51 Konkordanzdemokratie – 16.52 Sozialstaat – 16.53 Wirtschaftliche Blüte und Rezession – 16.54 Umweltbewusstsein – 16.55 Außenpolitik	
	16.6	Frankreich	289
		16.61 Von der Vierten zur Fünften Republik – 16.62 «Grandeur» – 16.63 Sozialstaat	
	16.7	Großbritannien	291
		16.71 Sozialstaat – 16.72 Thatcherismus – 16.73 Nordirland-Konflikt	
	16.8	Südeuropa	292
		16.81 Im Schatten der politischen und wirtschaftlichen Blüte – 16.82 Italien – 16.83 Griechenland – 16.84 Portugal – 16.85 Spanien	
	16.9	Nordeuropa	294
		16.91 Unterschiedliche und gemeinsame Ausgangslage – 16.92 Wohlfahrtsstaat – 16.93 Außenpolitik	

Europäische Gesellschaft und Wirtschaft ... 296

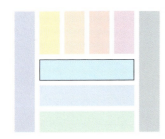

17.		**Die Erste Technische Revolution**	298
	17.0	«Industrialisierung»	
	17.1	Die Proto-Industrialisierung	298
		17.11 Vorgeschichte – 17.12 «Agrarrevolution»	
	17.2	Technische Innovationen	299
		17.21 Großbritannien als Vorreiter – 17.22 Industrialisierung der Textilindustrie	
	17.3	Soziale Verhältnisse	300
		17.31 Fabrikarbeit – 17.32 Unternehmer – 17.33 Industriefeindschaft	

17.4 Ausbreitung... 302
17.41 Verzögerte Ausdehnung – 17.42 Industrialisierung der Textilindustrie – 17.43 Bevölkerungs- und Wohlstandswachstum

18. Die Zweite Technische Revolution........................... 303
18.0 Stagnation und neuer Innovationsschub
18.1 Technische Innovationen...................................... 303
18.11 Neue Energiequellen – 18.12 Neue Produkte
18.2 Die Veränderung der Unternehmen............................ 304
18.21 Aktiengesellschaften – 18.22 Bankensektor – 18.23 Rolle des Wissens
18.3 Die Veränderung der Gesellschaft............................. 305
18.31 Neuer Mittelstand – 18.32 Aufsteigende Arbeiterschaft – 18.33 Migration – 18.34 Frauenemanzipation
18.4 Hochkonjunktur und Krisen................................... 307
18.41 Internationale Verflechtung und punktuelle Krisen – 18.42 Gewichtsverschiebungen – 18.43 Erster Weltkrieg – 18.44 Weltwirtschaftskrise – 18.45 Nachkriegskonjunktur – 18.46 «1950er-Syndrom»

19. Die Dritte Technische Revolution............................ 310
19.0 Definitionsprobleme
19.1 Die Technik.. 310
19.11 Neue Energiequelle – 19.12 Entwicklung der Computertechnik – 19.13 Schnittstelle zum Menschen – 19.14 Vom Web 1.0 zum Web 2.0 – 19.15 Sackgassen
19.2 Die Gesellschaft.. 312
19.21 Wertewandel – 19.22 68er-Bewegung – 19.23 Nachwirkungen – 19.24 «Risikogesellschaft»
19.3 Die Wirtschaft.. 315
19.31 Weltunternehmen – 19.32 Neoliberalismus … – 19.33 … und «Grenzen des Wachstums»

Europäische Kultur 316

20. Aufklärung und Romantik, 18./19. Jh........................ 318
20.0 Trennung von Rationalem und Irrationalem
20.1 «Selbst-Säkularisierung»..................................... 318
20.11 Deismus – 21.12 Empirismus
20.2 Säkularisierte Gesellschaftsentwürfe......................... 319
20.21 Menschenrechte – 20.22 Gewaltenteilung – 20.23 Demokratie – 20.24 Aufgeklärter Absolutismus – 20.25 Nationalökonomie – 20.26 Gegenbewegung der Romantik
20.3 Die Erforschung der Welt..................................... 321
20.31 Theorie – 20.32 Anwendungen – 20.33 Enzyklopädismus – 20.34 Erweiterung durch die Romantik – 20.35 Aufklärung und Romantik in der Wissenschaft
20.4 Gegensätze in der Kunst...................................... 324
20.41 Rokoko – 20.42 Klassizismus – 20.43 Romantik
20.5 Alltagskultur... 325
20.51 Ernährung und Hygiene – 20.52 Literalität – 20.53 Emotionalität – 20.54 Umweltbewusstsein

21.	**Geschlossene Weltbilder, 19./20. Jahrhundert**	327
	21.0 Positivismus	
21.1	Mechanizistische Weltbilder	327
	21.11 Chemie – 21.12 Physikalisch-chemisches Weltbild – 21.13 Darwinismus – 21.14 Geologie – 21.15 Medizin – 21.16 Psychiatrie	
21.2	Entwürfe zu einer geschlossenen Gesellschaft	330
	21.21 Idealismus – Materialismus – 21.22 Rechtspositivismus – 21.23 Geschichtswissenschaft – 21.24 Sozialdarwinismus und Rassismus – 21.25 Eugenik – 21.26 Kulturpessimismus	
21.3	Wandel in allen Sparten der Kunst	333
	21.31 Realismus – 21.32 Naturalismus – 21.33 Impressionismus – 21.34 Irrationalismus – 21.35 Jugendstil – 21.36 Gegenstandslose und abstrakte Kunst – 21.37 Atonale Musik – 21.38 Funktionale Architektur	
21.4	Alltagskultur	336
	21.41 Quantitative und qualitative Lebenserwartung – 21.42 Ansprüche an den Staat – 21.43 Kommunikation – 21.44 «Fin de Siècle» – 21.45 Umweltbewusstsein	
22.	**Die Welt als Konstrukt, 20./21. Jahrhundert**	340
	22.0 Konstruktivismus	
22.1	Expandierendes Weltbild der Naturwissenschaft	340
	22.11 Weltbild – 22.12 Mikrokosmos – 22.13 Genetik – 22.14 Medizin – 22.15 Makrokosmos	
22.2	Auf der Suche nach einer Erklärung der Welt	342
	22.21 Universale Menschenrechte – 22.22 Philosophie – 22.23 Religion – 22.24 Geschichtswissenschaft – 22.25 Sprachwissenschaft	
22.3	Vielfältige Kunst	345
	22.31 Auflösung von prägenden Stilrichtungen – 22.32 Kunstverbreitung	
22.4	Alltagskultur	345
	22.41 Bildungseuphorie – 22.42 Sexuelle Befreiung – 22.43 Internationalisierung	
22.5	Von der Umwelt zum Ökosystem	346
	22.51 Umweltzerstörung – 22.52 Umweltbewusstsein	

Weltgeschichte – Globalgeschichte ... 348

23.	**Die Globalgeschichte**	350
	23.0 Epochen	
23.1	Die erste Globalisierungsphase, bis etwa 1850	350
	23.11 Entdeckungen – 23.12 Atlantische Revolutionen – 23.13 Offener Handelsraum im Osten	
23.2	Die zweite Globalisierungsphase, etwa 1850 bis etwa 1945	351
	23.21 Anstoss aus Europa – 23.22 Kolonialisierung des Indischen Ozeans – 23.23 Aufteilung Afrikas – 23.24 Amerika, der Kontinent mit eigenem Weg	
23.3	Die dritte Globalisierungsphase, seit etwa 1945	354
	23.31 Europas Schwäche – 23.32 Dekolonisation – 23.33 Strategie der politischen Unabhängigkeit – 23.34 Zusammenschluss und Zusammenarbeit – 23.35 Wirtschaftliche Unabhängigkeit – 23.36 Strategie der	

regionalen Autarkie – 23.37 Kartell-Strategie – 23.38 Identität der Dritten Welt

24. Lateinamerika 359
24.0 Lateinamerika
24.1 Die erste Globalisierungsphase, bis etwa 1850. 359
24.11 Kolonialisierung – 24.12 Wirtschaftliche Ablösung – 24.13 Politische Unabhängigkeit – 24.14 Zersplitterung –
24.2 Die zweite Globalisierungsphase, etwa 1850 bis etwa 1945 360
24.21 Umschichtung der Bevölkerung – 24.22 «Big stick» – 24.23 «Good Neighbor policy»
24.3 Die dritte Globalisierungsphase, nach 1945 362
24.31 Hinterhof der USA – 24.32 Kuba – 24.33 Chile – 24.34 Modernes Militär – 24.35 Auslandabhängige Industrialisierung – 24.36 Gesellschaftliche Schere – 24.37 Bürgerkriege – 24.38 Populismus – 24.39 Indigene Bevölkerung

25. Afrika 368
25.0 Unterschätzte Vorgeschichte
25.1 Die erste Globalisierungsphase, bis etwa 1850. 368
25.11 Sesshafte Kulturen – 25.12 Auflösung der Großreiche – 25.13 Sklavenhandel – 25.14 Folgen des Sklavenhandels
25.2 Die zweite Globalisierungsphase, etwa 1850 bis etwa 1945 371
25.21 Nachwirkungen des Sklavenhandels – 25.22 Erste militärische Übergriffe – 25.23 Kolonialpläne – 25.24 Berliner Kongo-Konferenz, 1884/85 – 25.25 «Scramble for Africa» – 25.26 Unter Kolonialherrschaft – 25.27 Vernichtungskrieg gegen Herero und Nama – 25.28 Afrika während der Weltkriege
25.3 Die dritte Globalisierungsphase: Politische Unabhängigkeit 376
25.31 Strategie der politischen Unabhängigkeit – 25.32 Ehemals französische Maghreb-Staaten – 25.33 Ehemals französisches Schwarzafrika – 25.34 Ehemals britische Kolonien in West- und Zentralafrika – 25.35 Ehemals britisches Ostafrika – 25.36 Ehemals belgisches und portugiesisches Afrika – 25.37 Apartheid in Südafrika ... – 25.38 ... und ihre Überwindung – 25.39 «Horn von Afrika»
25.4 Die dritte Globalisierungsphase: Wirtschafts- und Entwicklungsprobleme 383
25.41 Erbe der Kolonialherrschaft – 25.42 Fehlentwicklungen der Nachkriegszeit – 25.43 Neue afrikanische Gesellschaft

26. Naher Osten 385
26.0 Begriff und Umfang
26.1 Die erste Globalisierungsphase, bis etwa 1850. 385
26.11 Das Osmanische Reich – 26.12 Ein vielfältiges, zerbrechliches Großreich
26.2 Die zweite Globalisierungsphase, etwa 1850 bis etwa 1945 387
26.21 Ägypten – 26.22 Der «kranke Mann am Bosporus» – 26.23 Die Auflösung des Osmanischen Reichs
26.3 Die politischen Kräfte in der dritten Globalisierungsphase 388
26.31 Gemeinsames Erbe – 26.32 Panarabismus – 26.33 Suez-Krise, 1956 – 26.34 Baath-Bewegung – 26.35 Islamischer Fundamentalismus (Islamismus) – 26.36 Umsturz im Iran, 1979 – 26.37 Irak-Iran-Krieg, 1980–1988

26.4 Der Palästina-Konflikt 391
26.41 Wurzeln – 26.42 Israels Unabhängigkeit und Erster Nahostkrieg, 1948 – 26.43 Zweiter Nahostkrieg, 1956 – 26.44 Dritter Nahostkrieg (Sechstagekrieg), 1967 – 26.45 Vierter Nahostkrieg (Yom-Kippur-Krieg), 1973 – 26.46 Palästinenser/-innen – 26.47 Israel – 26.48 Camp-David-Abkommen, 1979 – 26.49 Der Weg nach Oslo

26.5 Der Bürgerkrieg im Libanon. 397
26.51 Ein importierter Konflikt – 26.52 Bürgerkrieg – 26.53 Folgen

27. Der indische Subkontinent 399
27.0 Region
27.1 Die erste Globalisierungsphase, bis etwa 1850. 399
27.11 Mogul- und Marathenreich – 27.12 Französisch-britischer Kampf um Indien
27.2 Die zweite Globalisierungsphase, etwa 1850 bis etwa 1945 401
27.21 Sepoy-Krieg, 1857/58 – 27.22 «Indirect Rule» – 27.23 Erster Weltkrieg – 27.24 Ringen um die Unabhängigkeit – 27.25 Zweiter Weltkrieg
27.3 Die dritte Globalisierungsphase, nach 1945 404
27.31 Unabhängigkeit – 27.32 Kaschmirkonflikt – 27.33 Pakistan – 27.34 Bangladesch – 27.35 Ceylon/Sri Lanka – 27.36 Indische Union – 27.37 Vielfalt, Zersplitterung und Konflikte in Indien – 27.38 Wirtschaft und Gesellschaft in Indien

28. Japan 408
28.0 Region
28.1 Die erste Globalisierungsphase, bis etwa 1850. 408
28.11 Gesellschaftsordnung des Shogunats – 28.12 Wandel durch Friede
28.2 Die zweite Globalisierungsphase, etwa 1850 bis etwa 1945 408
28.21 «Landöffnung» und Ende des Shogunats – 28.22 Meiji-Reformen – 28.23 Wirtschaftliche Reformen – 28.24 Reform des Erziehungswesens – 28.25 Japan als Großmacht – 28.26 «Japanischer Faschismus» – 28.27 Großjapanisches Reich – 28.28 Niederlage, Besetzung und Friedensschluss
28.3 Die dritte Globalisierungsphase, nach 1945 413
28.31 Wirtschaftlicher Aufschwung – 28.32 Ostasiatische «Tigerstaaten»

29. China 415
29.0 Geschichtsbestimmender Raum
29.1 Die erste Globalisierungsphase, bis etwa 1850. 415
29.11 Mandschu-Zeit – 29.12 Abschottung
29.2 Die zweite Globalisierungsphase, etwa 1850 bis 1945. 416
29.21 «Landöffnung» – 29.22 China als Halbkolonie – 29.23 «Boxer»-Aufstand, 1900/01 – 29.24 Revolution – 29.25 Erneuerung – 29.26 Äußerer und innerer Krieg
29.3 Die dritte Globalisierungsphase, nach 1945 419
29.31 Bürgerkrieg – 29.32 Aufbau des Sozialismus – 29.33 Der «große Sprung nach vorn», 1958–1961 – 29.34 «Große Proletarische Kultur-revolution» – 29.35 Weltpolitische Umorientierung – 29.36 Tibet – 29.37 Wirtschaft-liche Modernisierung – 29.38 Bevölkerungspolitik

Inhalt

30. Südostasien 424
  30.0 Raum
  30.1 Die erste Globalisierungsphase, bis etwa 1850. 424
    30.11 Königreich Ayutthaya – 30.12 Zugriff der Kolonialmächte
  30.2 Die zweite Globalisierungsphase, etwa 1850 bis etwa 1945 425
    30.21 Durchdringung der Kolonien – 30.22 Widerstand
  30.3 Die dritte Globalisierungsphase, nach 1945 425
    30.31 Ehemaliges Französisch-Indochina – 30.32 Ehemals britische Kolonien – 30.33 Indonesien – 30.34 Philippinen

31. Australien und Ozeanien 428
  31.0 Raum
  31.1 Die erste Globalisierungsphase, bis etwa 1850. 428
    31.11 Entdeckungsfahrten – 31.12 Segregation
  31.2 Die zweite Globalisierungsphase, etwa 1850 bis 1945. 429
    31.21 Föderation – 31.22 Imperialistische Einbindung
  31.3 Die dritte Globalisierungsphase, nach 1945 430
    31.31 Dekolonisierung – 31.32 Atomwaffentests und Uranabbau – 31.33 «Stolen Generations» – 31.34 Wirtschaftsboom

Die Gegenwart: die letzten 25 Jahre 432

32. Die Globalisierung und ihre Kräfte 434
  32.0 Neue Dimensionen der Globalisierung
  32.1 Die Globalisierung 434
    32.11 Grundgedanke der Globalisierung – 32.12 Globalisierung im Gütermarkt – 32.13 Weltweite Konkurrenz der Arbeit – 32.14 Mauern gegen die Migration – 32.15 Informations-Welt
  32.2 Finanzströme und Finanzkrisen 437
    32.21 Ausgangslage – 32.22 Asienkrise, 1997/98 – 32.23 Dotcom-Krise, 2000/2001 – 32.24 Finanzkrise, 2008 – 32.25 Staatskrise, 2008/09 – 32.26 Rezession – 32.27 Linke und rechte Globalisierungskritik
  32.3 Ungleichgewicht in der globalisierten Welt 440
    32.31 Nahrungsmittelteuerung – 32.32 Nahrungsmittelversorgung – 32.33 Ungleich verteilter Wohlstand – 32.34 «Land grabbing» (Landraub) – 32.35 «Brain drain» – 32.36 Benachteiligung der Frauen – 32.37 Entwicklungspolitik – 32.38 Frage nach einer historischen Schuld
  32.4 Natur und Mensch im Ungleichgewicht 444
    32.41 Bevölkerungswachstum und Ansprüche – 32.42 Bedrohung des Lebensraums – 32.43 Übernutzung der Ressourcen – 32.44 Klimaerwärmung – 32.45 Nationale Umweltpolitik – 32.46 Globale Umweltpolitik

33. Verschiebung der politischen Gewichte 448
  33.0 Verschiebung der Gewichte
  33.1 Internationale Organisationen 448
    33.11 Erweiterte Bedeutung der UNO… – 33.12 … aber veraltete Struktur – 33.13 G8, G20
  33.2 Nichtstaatliche Kräfte 450
    33.21 Internationale Organisationen – 33.22 Das Aufkommen des Terrors – 33.23 Terror und Krieg gegen den Terror – 33.24 Gefahr des Atom-Terrorismus

33.3 Die USA 452
33.31 Weltweite Supermacht – 33.32 Staatsverschuldung –
33.33 Gesellschaftliches Auseinanderdriften
33.4 Europa und EU 454
33.41 Stärke und Schwäche – 33.42 Integration und Krise –
33.43 Demokratisierung – 33.44 Eurokrise – 33.45 Innenpolitische
Entwicklungen – 33.46 Große Staaten – 33.47 Schweiz
33.5 Russland und GUS 460
33.51 Regionale Hegemonie – 33.52 Privatisierung –
33.53 «Gelenkte Demokratie» – 33.54 GUS-Staaten –
33.55 Sezession in der Ukraine
33.6 Die Schwellenländer 462
33.61 BRICS – 33.62 Chinas politische Kontinuität – 33.63 Zweitgrößte Wirtschaftsmacht – 33.64 Chinas Umfeld in Ost- und Südostasien – 33.65 Indiens Politik – 33.66 Indiens Wirtschaft – 33.67 Brasilien – 33.68 Aufbruch im südlichen Afrika

34. Kontinuitäten und Brüche 467
34.0 Konflikte im Vordergrund
34.1 Balkan 467
34.11 Jugoslawiens Zerfall – 34.12 Bosnien-Herzegowina –
34.13 Krieg im Kosovo – 34.14 Mazedonien und Montenegro
34.2 Afghanistankrieg 469
34.21 Angriff auf das Talibanregime... – 34.22 ... aber kein Sieg
34.3 Kriege um den Irak 471
34.31 Erster Irakkrieg – 34.32 Zweiter Irakkrieg
34.4 Der Palästinakonflikt 472
34.41 Friedensabkommen von Oslo... – 34.42 ... und sein Scheitern –
34.43 Regionaler Islamismus
34.5 Kriege in Schwarzafrika 473
34.51 Demokratien oder zerfallende Staaten – 34.52 Völkermord in Ruanda
– 34.53 Kriege im Kongo – 34.54 Destabilisierende Bürgerkriege – 34.55 Längerfristige Perspektiven
34.6 Der Arabische Frühling 476
34.61 Situation der arabischen Staaten – 34.62 Tunesien –
34.63 Ägypten – 34.64 Jemen – 34.65 Bahrain und weitere erfolglose
Proteste – 34.66 Libyen – 34.67 Syrien – 34.68 «Islamischer Staat»
bzw. Daaisch – 34.69 Bilanz des Arabischen Frühlings
34.7 Lateinamerika 480
34.71 Neopopulismus – 34.72 Drogenkrieg – 34.73 Anerkennung der
Indigenen
34.8 Chinesisches Meer: ein zukünftiger Konfliktherd? 482
34.81 Positionsbezug im Chinesischen Meer

Anhang
Synopse 484
Register der gängigen Abkürzungen 486
Personenregister 487
Ortsregister 494
Fachbegriffe und Fremdwörter 500
Verzeichnis der Karten 502
Bildnachweis 504

Wie Geschichte erzählen? Der Aufbau des Buchs

Das Buch bietet Ihnen die Übersicht über große Entwicklungen und einzelne Ereignisse mit raschem Zugriff. Deshalb ist jedes Kapitel nummeriert. Darüber hinaus sollen farbig kodierte Sinneinheiten die größeren Zusammenhänge sichtbar machen:
- Es beginnt mit einer Gesamtschau über «Europas Sonderweg» in der Zeit von 1500 bis 1750 und
- schließt mit einer Gesamtschau der «Gegenwart» seit dem Ende des Kalten Kriegs.
- Dazwischen stellen vier Sinneinheiten die europäische Geschichte in Epochen dar,
- zwei widmen sich speziell der Gesellschaft/Wirtschaft und der Kultur.
- Die außereuropäische Welt wird ebenfalls in Längsschnitten von 1500 bis zum Ende des Kalten Kriegs dargestellt.

Die Sinneinheiten sind in Kapitel und diese wiederum in Abschnitte mit einer Kennziffer gegliedert.
Im Inhaltsverzeichnis und in den Registern hinten im Buch können Sie Fachbegriffe, Personen und Orte sowie Abkürzungen ermitteln.

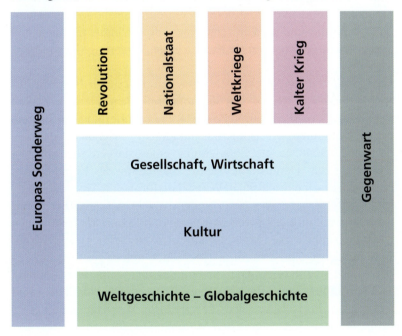

Der europäische Sonderweg, um 1400 bis um 1700

«Warum Europa?» lautet der Titel eines Werks des Österreichers Michael Mitterauer aus dem Jahr 2003. Das sind ziemlich genau hundert Jahre, seitdem im Jahr 1904 der deutsche Soziologe Max Weber die Frage aufgeworfen hat, warum gerade Europa ab 1500 einen Sonderweg eingeschlagen, die anderen, teilweise größeren, sesshaften Kulturen überflügelt und in der Phase des Imperialismus sogar teilweise beherrscht habe.

In diesen hundert Jahren sind viele Antworten auf diese Frage formuliert worden; sie reichen beispielsweise von der Armut des Bodenaufbaus in Europa (etwa Eric Jones, 1981) über die Beobachtung, dass die Frauen in Europa später heirateten als in anderen Kulturen (John Hajnal, 1965), bis zur Verdrängung der Jungsteinzeitmenschen durch die aggressiven Indogermanen (Richardo Duchesne, 2012).

Man kann die Erklärungsversuche in drei Gruppen gliedern:

Eine *erste Gruppe* sucht die Ursache in den im 15. Jahrhundert beginnenden Entdeckungsfahrten: Indem europäische Völker lateinamerikanische und afrikanische von sich abhängig machten und ausbeuteten, verschafften sie Europa einen Vorsprung (Dependenz-Theorie).

Eine *zweite Gruppe* sucht nach Ursachen materieller Natur in Europa selber: Ausgehend von der topografischen Vielgestaltigkeit und Kleinräumigkeit Europas, der frühen Aufteilung in Staaten, der Machtteilung zwischen Kirche und Staat, zwischen Fürsten und Ständen, betont sie die Entwicklung eines starken europäischen Binnenhandels. Daraus leitet sie die Entstehung des Kapitalismus, einer spezifisch europäischen Wirtschaftsform, ab.

Eine *dritte Gruppe von Erklärungen* bezieht sich auf die besondere Entwicklung der Ideen: Ausgehend vom christlich-jüdischen Monotheismus denken Wissenschafter/-innen darüber nach, warum sich gerade im Christentum die Menschen immer weniger am Leben nach dem Tod orientierten und immer mehr dem Leben vor dem Tod zuwandten – mit dem Ergebnis eines wissenschaftlichen und technischen Fortschritts, eines beispiellosen Wohlstands und einer Ethik, die den Menschen in den Mittelpunkt stellt.

Die drei Kapitel dieser Sinneinheit stellen die Geschichte der «Frühen Neuzeit» zwischen 1400 und 1700 gegliedert in diese drei Erklärungsgruppen dar. Diese Entwicklungen tragen gebräuchliche Bezeichnungen wie «Entdeckungen», «Renaissance» usw. Dahinter steht immer die Frage: «Warum Europa?»

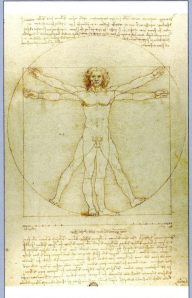

Franziskus von Assisi predigt den Tieren: Glasfenster eines unbekannten Künstlers in der Klosterkirche Königsfelden (AG), um 1340

Der Vitruvianische Mensch, Skizze von Leonardo da Vinci (1452–1519) in einer Aufzeichnung zu den Ausführungen des antiken Architekten Vitruv (1. Jh. n. Chr.) über die Proportionen des menschlichen Körpers, um 1490

Der Mensch ist eingeschrieben in einen Kreis mit dem Nabel, einem Quadrat mit den Geschlechtsorganen als Zentrum; dessen Seitenlänge und der Kreisradius bilden den Goldenen Schnitt ab.

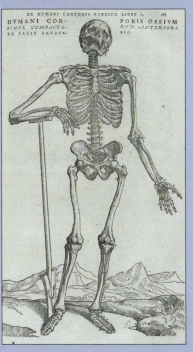
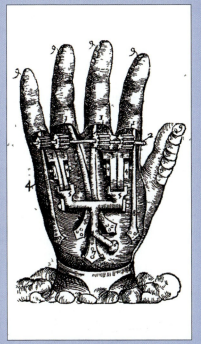

Andreas Vesalius (1514–1564): Tafel über das Skelett aus dem Atlas «De humani corporis libri septem» («Sieben Bücher über den menschlichen Körper»), 1543

Ambroise Paré (um 1510–1590, gesammelte Werke, 23. Band, um 1585): Modell einer eisernen Handprothese mit Getrieberädern und Spangen für die einzelnen Finger (1 und 2) sowie einem Mechanismus zu deren Blockierung und Deblockierung (3–5), zum Öffnen und Ballen der Faust (6–8) und Plättchen zum Schutz der Finger auf der Außenseite (9).

Die vier Abbildungen von Menschen und dem menschlichen Körper aus den Jahren zwischen etwa 1340 und 1585 symbolisieren einen Mentalitätswandel, in dem sich Europas Sonderweg in die Moderne ausdrückt.

1. Die erste Kolonialisierung

1.0 Die christlich-europäische Kultur war um 1500 auf der Erde bei Weitem nicht die einzige. Sie ergriff aber die Initiative zu einer ersten Globalisierungsphase, die bis Mitte des 19. Jahrhunderts dauerte (▶ 23.1).

1.1 Große sesshafte Kulturen um 1500

1.11 Sesshafte Kulturen um 1500: Um 1500 war Europas christlich-jüdische Kultur nur *eine* sesshafte unter rund 13 großen Kulturen auf der Welt. Die anderen:

A Azteken-Reich (Mexiko und angrenzende Gebiete, 1350–1550): Das vermutlich um 1200 eingewanderte Azteken-Volk verehrte Naturgewalten als Götter. Das geografisch eng begrenzte Reich der drei Städte Tenochtitlán, Texcoco und Tlacopán erzwang sich mit militärischer Gewalt Tribute der Nachbarvölker. Zerfall unter der spanischen Eroberung.

B Inka-Reich: (Peru, Teile von Ecuador, Chile, Argentinien, 1200–1570): Das Inka-Reich basierte auf einer virtuos organisierten Berglandwirtschaft, auf zentralisierter Verwaltung (ohne Schrift) und der Verehrung von Naturgewalten als Götter mit Sonnenkult im Zentrum. Das Reich stand 1500 auf dem Höhepunkt, wurde allerdings durch eine Epidemie und Thronkämpfe geschwächt. Zerfall unter der spanischen Eroberung.

C Reich der Rus (Russland und Nachbarstaaten, 1450–1918): Im Kampf gegen die Mongolen, gegen schwedische und litauische Ansprüche wuchs das Fürstentum Moskau unter Iwan III. (1440–1505) zum Reich der Rus, das sich nach dem Fall von Byzanz (1453) als «Drittes Rom» verstand.

D Osmanisches Reich (Türkei, östliche sowie südliche Regionen des Mittelmeers und angrenzende Länder, 1300–1920): Nach einem ersten Höhepunkt um 1500 unter Süleyman I. (1520–1566) dehnte sich das islamische Reich bis 1700 aus und zerfiel danach unter europäischem Einfluss (▶ 26.11).

E Songhai-Reich (gesprochen son-rai, heute Mali, bis 1600): Das Songhai-Reich dem Niger entlang entstand um 1450 im Aufstand gegen die Za-Dynastie und blühte mit den Städten Gao und Timbuktu um 1500 (▶ 25.11). Durch Marokko erobert, zerfiel es um 1600.

F Kaiserreich Abessinien (Äthiopien und Nachbarstaaten, 980 v. Chr. –1974): Diese um 1500 älteste konstant bestehende Kultur entstand schon in vorchristlicher Zeit mit einer blühenden Landwirtschaft und Bewässerungsanlagen. Sie nahm um 450 das (koptische) Christentum an. Um 1500 stand sie unter Druck des Osmanischen Reichs und wurde durch portugiesische Händler besucht (▶ 25.12).

G Das *Kongo-Reich* (beide heutige Kongo-Staaten und benachbarte Regionen, 1370–1720) basierte auf Landwirtschaft zur Selbstversorgung sowie Gewinnung von Metallen aus Flussläufen. Ab 1450 lehnte sich die Ober-

Große sesshafte Kulturen um 1500

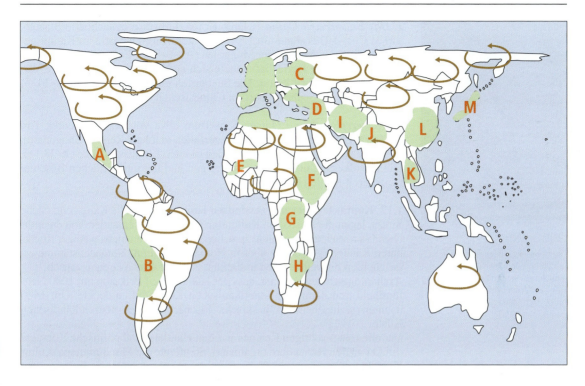

schicht unter der Herrschaft des Mani Kongo (Titel) stark an Portugal an und europäisierte sich.

H Im ***Munhumutapa-Reich*** (Simbabwe und Nachbarstaaten, 1200–1860) ermöglichte eine leistungsfähige Landwirtschaft den Bau großer Städte und die Herrschaft gottähnlicher Herrscher, der Mwene Mutapa. Bis nach China exportiert wurden Gold und Elfenbein. Hier entstand die wichtigste afrikanische Sprache Swahili. Um 1500 zerfiel das Reich in zwei Teile.

I ***Reich der Timuriden*** (Iran, Afghanistan, Usbekistan, 1370–1507): Dieses von den Nachkommen des Timur Lenk (1336–1405) regierte und schon geschwächte Reich implodierte 1507 in Thronstreitigkeiten. Der Timuridenprinz Zahir al-Din Babur (1483–1530) eroberte Delhi und begründete das Mogulreich in Nordindien.

J ***Mogulreich*** (Indien und Pakistan, 1500–1800): Die ertragreiche Landwirtschaft wurde zugunsten eines starken Staates mit dem Militär als Rückgrat (Gebrauch von Feuerwaffen) ausgebeutet, die einheimische Hindubevölkerung durch eine islamische Mogul-Oberschicht überlagert. Das Reich zerfiel unter persischem und britischem Druck (▶ 27.11).

K ***Reich von Ayutthaya*** (europäisch auch «Siam»; Thailand, Teile von Kambodscha und Laos, 1350–1750): Das Königreich basierte auf Landwirtschaft und Waldbau, der Buddhismus bildete sein kulturelles Rückgrat. Es exportierte Farbhölzer nach China, Indien und Portugal. Das Reich zerfiel durch Angriffe aus Nordwesten und das Erstarken des Khmer-Reichs sowie des Kaiserreiches von Annam (Vietnam) (▶ 30.11).

Die großen sesshaften Kulturen um 1500 als Inseln in der Welt von Nomadinnen und Nomaden (schematisch durch braune Pfeile dargestellt). Diese Kulturen besaßen meist keine definierten Grenzen, und die Angaben über ihre Ausdehnung sind unsicher. Hier eine ungefähre Situierung.

Die Karte basiert auf der Peters-Projektion. Nach diesem Verfahren wird die Erdkugel so auf einer Ebene abgebildet, dass die Größenverhältnisse immer noch stimmen (siehe S. 349). Die Karte ist an den Seitenrändern beschnitten, sodass der Pazifik zu klein dargestellt ist.

Giraffe in China

Die chinesische Buchmalerei nach einer Vorlage von Shen Du (1414) zeigt eine auf der vierten Expedition Zheng Hes aus Afrika vermutlich über Bengalen nach China gebrachte Giraffe.

L Das Kaiserreich China (China, Korea, teilweise benachbarte Staaten, 221 v. Chr.–1912) stand um 1500 unter der Ming-Dynastie im Kampf gegen die Fremdherrschaft der Mongolen (Ausbau der Chinesischen Mauer). Die autokratische Herrschaft stützte sich auf konfuzianisch geprägte Verwaltungs- und Schriftkultur. Die Seefahrten unter Zheng He (1405–1433) begründeten die Seeherrschaft im Chinesischen Meer (▶ 1.12).

M Kaiserreich Japan (Japan, Kaisertum etwa von 600 bis heute): Um 1500 war das Kaiserreich praktisch zerfallen in lokale Reiche (Shogunate), von denen das Ashikaga-Shogunat den größten Einfluss ausübte (▶ 28.11). Die Bevölkerung litt unter Bürgerkriegen und der unerbittlichen Besteuerung durch lokale Herrscher.

1.12 Kontakte unter den sesshaften Kulturen: Wie die Karte zeigt (siehe S. 25), lagen die sesshaften Kulturen relativ weit auseinander. Von eigentlichen Grenzen kann man nicht sprechen, denn an ihren meist weniger fruchtbaren Rändern gingen sie über in Nomadenkulturen. Nomadenstämme ermöglichten bisweilen einen indirekten Kontakt oder Warenaustausch.
Archäologisch bewiesen ist, dass der Isländer Leif Eriksson um 1000 Neufundland und damit den amerikanischen Kontinent entdeckte. Um 1400 fischten wahrscheinlich baskische Fischer vor der neufundländischen Küste.
Vor allem in mächtigen Reichen wurden Handels- und politische Kontakte direkt von den Herrschern organisiert. So pflegte die Munhumutapa-Kultur Kontakte mit Indien und China, die osmanische Kultur mit Europa, dem Reich der Rus, dem Timuriden- und dem Mogulreich.
Die wohl bedeutendste heute bekannte Mission waren die sieben Fahrten des chinesischen Admirals Zheng He im Auftrag seines Kaisers zwischen 1405 und 1433. Seine Flotte bestand aus vielen, teilweise riesigen Schiffen, den Dschunken, die ohne Tiefgang eher auf dem Wasser glitten, als es durchschnitten. Sie konnten mehr Ballast befördern als die europäischen Karavellen, aber weniger steil gegen den Wind kreuzen. Dies war wegen des Windwechsels im Indischen Ozean und im Chinesischen Meer nicht

Dschunke

Diese Dschunke mit dem Namen «Zheng He» stammt aus den USA. Das dreißig Meter lange Schiff wurde 1939 in Hongkong für eine botanische Expedition in die Philippinen gebaut, war 1941 als Offiziersunterkunft in Pearl Harbor stationiert und überstand den japanischen Überraschungsangriff vom 7.12.1941 unbeschadet.
Äußerlich eine traditionelle kleine Dschunke, war sie im Innern luxuriös ausgestattet.

nötig – die Expeditionen warteten mit der Rückkehr ein halbes Jahr ab, bis der Wind sich gedreht hatte.

Zheng Hes Expeditionen dienten dazu, mit bis 27 000 Soldaten Macht zu demonstrieren, von lokalen Fürsten Geschenke entgegenzunehmen, welche – als Tribute gedeutet – Ansehen und Macht des chinesischen Herrschers steigerten. Für Seeschlachten und Manöver waren die Schiffe nicht gedacht (▶ 23.11).

Diese langen Fahrten auf dem offenen Meer erwecken Bewunderung. Allerdings war die Hochseefahrt, vergleichbar dem heutigen Fliegen, objektiv weniger gefährlich als die Küstenfahrt; gerade weil die Schiffe dem Wind ausgesetzt waren, zerschellten sie dort häufiger an Klippen, als dass sie auf dem offenen Meer kenterten.

Was ist «Europa»?

Europa zu definieren ist schwierig, weil der Kontinent gespalten war in eine griechisch-orthodoxe und eine katholische Kirche. Im Folgenden verstehen wir unter «Europa» nur den katholischen Teil mit seiner kleinen jüdischen Minderheit.

1.2 Portugiesische und spanische Kolonialisierung

1.21 Voraussetzungen: Europa war um 1500 nicht der größte Kulturkreis, sondern bezüglich der Menschen und der zur Verfügung stehenden Biomasse hinter den Kulturen in China und Indien der drittgrößte. Seine Bevölkerung wuchs im 15. Jahrhundert zwar stark an und wanderte aus in neue, weniger fruchtbare Räume: aus dem Deutschen Reich über die Elbe nach Osten, aus Frankreich nach Lothringen, aus England nach Wales und aus Schottland sogar nach Polen und Schlesien.

Nach außen konnte sich Europa nicht über das Mittelmeer hinaus ausdehnen. Im Osten war es durch nur von Nomaden bewohnbare Gebiete und im Süden durch riesige Wüsten abgeschnitten, sonst überall durch das Meer und Gegenwinde. Der einzige Zugang nach Europa, nämlich vom Südosten her, wurde damals gerade in umgekehrter Richtung genutzt: Die Osmanen hatten 1453 Byzanz erobert, besetzten den Balkan und drangen danach bis fast nach Wien vor. Europa war von Asien abgeschnitten.

So wurde die Hochseeschifffahrt zum einzigen Ventil, um Waren auszutauschen und sich mit knapp gewordenen Gütern einzudecken. Dies setzte die Gründung von Handelsgesellschaften oder die Förderung durch reiche

Karavelle

Die rund 20 Meter lange Karavelle «Niña» begleitete Christoph Kolumbus auf seinen ersten drei Fahrten. Nach der ersten konnte er sie ihrem Eigentümer und Kapitän abkaufen, und sie wurde sein Lieblingsschiff. Auf der dritten Reise, wegen einer Meuterei in Geldnot, musste er sie verkaufen.

Abgebildet ist eine Rekonstruktion aus dem Jahr 1988.

Theodor de Bry: Die Landung des Kolumbus. Stahlstich zur Illustration einer Erzählung, 1594

Theodor de Bry stellte ein Jahrhundert nach der Landung des Kolumbus nicht nur diese Landung im Vordergrund dar, sondern im gleichen Bild auch noch vier weitere Szenen wie in einem Film nacheinander in den Hintergrund gerückt.

Der Protestant Theodor de Bry war aus den spanisch dominierten Niederlanden ausgewandert und stand der spanischen Entdeckung kritisch gegenüber.

Auf dem Stich sind vier Schiffe dargestellt, Kolumbus hatte aber nur drei. Deshalb wird der Stich meist links abgeschnitten wiedergegeben.

Monarchen voraus, um *Investitionskapital* aufzubringen, bevor Erträge flossen. Ferner musste eine ausgefeilte *Technik* dafür sorgen, dass die Schiffe auch bei wechselnden Winden, wie sie um Europas Küsten tobten, zuverlässig vorankamen. Die schmalen Karavellen mit großem Tiefgang konnten steil im Wind kreuzen. Kompass, Sterntafeln und Gestirnmessinstrumente sowie – zum Messen der Geschwindigkeit – Zeitmessgeräte wurden entwickelt, um auf hoher See den Kurs halten zu können.

Ferner wurden die *Kenntnisse* über die Erde interessiert aufgenommen, studiert und ergänzt: Paolo Toscanelli (1397–1482) dachte eine Erdumsegelung vor. Vor allem aber lockte *der gewinnbringende Handel mit Waren*, von denen man aus den Berichten von Forschungsreisenden wie Marco Polo (um 1254–1324) wusste. Und schließlich waren die christlichen Monarchen davon überzeugt, fremden Kulturen mit der *Bekehrung zum Christentum* und dem eigenen Seelenheil etwas Gutes zu tun.

1.22 Zwei verschiedene Wege – ein Ziel: Die beiden auf der Iberischen Halbinsel über wenig Raum verfügenden Königreiche Spanien und Portugal schlugen unterschiedliche Wege ein, um – am Osmanischen Reich vorbei – zu den reichen Kulturen im Fernen Osten zu gelangen.

Der portugiesische Prinz Heinrich der Seefahrer (1394–1460) und die Könige nach ihm schickten eine Expedition nach der anderen der afrikanischen Küste entlang nach Süden, um einen Weg um den Kontinent herum zu finden. Dies gelang 1498 Vasco da Gama, der Calicut (heute: Kozhikode) im Südwesten Indiens erreichte und 1499 nach insgesamt 26 Monaten Fahrt wieder nach Portugal zurückkehrte. Darauf ließ der damalige König Manuel I. den Handelsstützpunkt Goa an der indischen Westküste errichten und von dort Handelsmissionen nach Ceylon (Sri Lanka), China und Japan segeln.

1532 errichteten Portugiesen eine erste Siedlung in Brasilien, einem Land, das Pedro Álvares Cabral auf einer zweiten Afrika-Umrundung 1500 entdeckt hatte, weil er nach den Kapverdischen Inseln zu weit nach Westen abgetrieben worden war.

Die spanische Königin Isabella von Kastilien dagegen ließ sich durch den Genueser Schifffahrer Christoph Kolumbus (1451–1506) überzeugen, Indien auf dem Westweg um die Erdkugel herum zu erreichen. Paolo Toscanelli hatte ausgerechnet, dass dieser Weg nur 120 Längengrade umfassen würde, Kolumbus ging optimistisch gar nur von 78 Graden aus – in Wirklichkeit sind es 229 Grade. Nach einer Reise von gut zwei Monaten Dauer stieß Kolumbus 1492 in der erwarteten Distanz tatsächlich auf Inseln, nicht aber auf indische, sondern auf die karibischen.

Portugal hatte die Welt gegen Osten und Spanien gegen Westen erschlossen. Im vom Papst vermittelten Vertrag von Tordesillas teilten sie 1494 die Welt entlang dem 47. Längengrad westlicher Richtung, wodurch Portugal auch noch einen Teil des neuen, noch nicht bekannten Kontinentes, Brasilien, erhielt. Wo der Gegenmeridian 133 Grad östlicher Richtung verlief, wusste man damals noch nicht, denn der Erdumfang war noch nicht bekannt. Erst Ferdinand Magellan (1480–1521) schuf auf einer dreijährigen Erdumsegelung 1519–1522 darüber Klarheit, sodass Spanien auch in Ostasien noch Kolonien erhielt: die Philippinen.

Dass die bewohnten Gebiete den Einheimischen gehörten, kümmerte damals die Spanier und Portugiesen kaum. Während aber die sesshaften asiatischen Kulturen in Asien den portugiesischen Seeleuten bald ihre Grenzen aufzeigten, hatten die Spanier in Amerika leichtes Spiel und wurden bald zu Konquistadoren, Eroberern.

1.23 Ausrottung der Indios/Indias: Die Menschen in Lateinamerika waren den spanischen und portugiesischen Konquistadoren in einem besonderen Maß ausgeliefert, weil ihre sesshaften Kulturen entweder wenig zentral verwaltet wurden (Karibik und Amazonien), sich in einer Krise befanden (Inka) oder auf einem System unzufriedener Tributstaaten beruhten, die leicht zu den Eroberern überliefen (Azteken). Vor allem aber waren diese Menschen nicht auf Pocken und andere Krankheiten vorbereitet, gegen welche Europäer/-innen ein Stück weit immun waren.

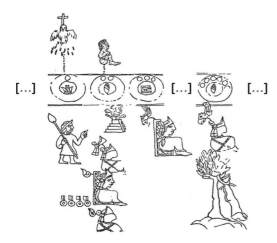

Aus der aztekischen Stadt Tepechpan ist eine Aufzeichnung der Ereignisse von 1298 bis 1596 auf zehn aneinandergenähten Tierhäuten überliefert. Links die Darstellung der Ereignisse aus den Jahren 1519 bis 1521 und 1524. Oberhalb des Bandes mit der Jahreszählung sind Ereignisse aus Tepechpan, darunter solche aus der Hauptstadt Tenochtitlán aufgezeichnet (im eigentlichen Wortsinn).

Diese wenigen Zeichen enthalten den Untergang der Aztekenkultur: das Erscheinen der Weißen, die Pocken, den Tempelbrand, den Tod dreier Könige, die Thronbesteigung von zwei Königen und sogar die Erhängung des letzten.

Aber die Konquistadoren richteten auch willentlich großen Schaden an: Sie zwangen die indigene Bevölkerung zu ungewohnter Feldarbeit und Arbeit in den Minen und behandelten sie schlechter als Sklaven/Sklavinnen, weil sie nur deren Arbeit, nicht aber deren Leben und Kultur interessierte. Die spanische Krone verlieh nämlich Land und darauf lebende Leute an einzelne Konquistadoren als sogenannten Auftrag («encomienda»); zwar auferlegten Gesetze den «encomienderos» Verpflichtungen gegenüber der Indio-Bevölkerung; aber kontrolliert werden konnten sie über den Atlantik hinweg nur sehr lückenhaft.

So waren bereits nach 50 Jahren die einheimischen Völker so dezimiert, dass der Sklavenhandel aus Afrika zu einem lukrativen Geschäft wurde.

1.3 Die neuen Kolonialreiche

1.31 Ablösung der Kolonialmächte: Spanien und Portugal hatten zwar die Welt unter sich aufgeteilt, aber in Europa stiegen neue Staaten zu Seemächten auf: England, Frankreich und die Niederlande, die sich 1648 endgültig von der spanischen Herrschaft befreiten. Der spanische König Philipp II. versuchte zwar 1588, England mit einer gewaltigen Flotte («Armada») anzugreifen, scheiterte aber mit großen Verlusten. Portugal, von 1580 bis 1640 als Erbe zu Spanien gehörig, machte den Niedergang mit. Auf den Weltmeeren begannen britische, französische und niederländische Schiffe zu dominieren. Diese gehörten meist nicht der Regierung, sondern Privatgesellschaften (Kompanien); diese, von ihrer Regierung mit einer Konzession (Bewilligung) ausgestattet, erschlossen bestimmte Gebiete für den Handel, eroberten sie gegebenenfalls militärisch. Wegen ihrer Kapitalkraft konnten diese Kompanien wie Staaten auftreten: Im 18. Jahrhundert hatte die niederländische «Vereenigde Oostindische Compagnie» 2950, die britische «East India Company» 1865 Schiffe in Betrieb. Statt kostbarer Gewürze wurden nun Kaffee, Tee und Seide nach Europa importiert.

Die Kompanien operierten meist außerhalb des spanisch/portugiesischen Kerngebietes Lateinamerika: Die «East India Company» (gegründet 1600) erschloss vor allem Gebiete in Indien, in Konkurrenz zur entsprechenden französischen Gesellschaft (gegründet 1664, ▶ 27.12); die niederländi-

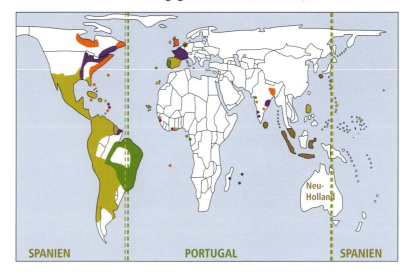

Die Kolonialreiche um 1763

Gestrichelt: Die Aufteilung der Welt im Vertrag von Tordesillas (und Nachfolgeverträgen). Die Farben entsprechen denjenigen der Kolonialmächte in Europa; Inseln und Stützpunkte sowie die Niederlande sind als Punkte schematisiert.

sche Kompanie (1602) eroberte sich ein großes Reich im heutigen Indonesien (▶ 30.12). Beide interessierten sich in erster Linie für den Gewinn aus dem Handel und nicht für Krieg. Sie versuchten sich örtlich Privilegien zu erwerben, möglichst ohne mit anderen Gesellschaften in Konflikt zu geraten. Die große Aufteilung der Welt zwischen Spanien und Portugal wurde nun ersetzt durch eine regionale Aufteilung, die flächenmäßige Aufteilung wurde ergänzt durch eine Besetzung von Handelsstützpunkten. Doch konnte der Handel ebenfalls verheerend wirken: Im sogenannten Dreieckshandel wurden Sklaven und Sklavinnen von Afrika nach Amerika transportiert, Rohrzucker, Baumwolle und Tabak von dort nach Europa und von Europa Waffen und Luxusgüter nach Afrika geschafft.

An der nordamerikanischen Ostküste stießen die Expeditionen nicht auf sesshafte Kulturen und legten selbst Siedlungen an. Nicht der Handel, sondern die Möglichkeit, sich selbst zu regieren, veranlasste englische Puritaner/-innen (radikale Mitglieder einer reformierten Kirche) zur Gründung von Siedlungskolonien. Sie heirateten früher, hatten mehr Kinder und lebten länger als Menschen in Europa; von dort zogen zudem beständig weitere zu, und aus Afrika wurden Sklaven/Sklavinnen für die Arbeit auf den Plantagen eingeführt: Die Kolonien blühten auf.

Neben Herrschafts- und Handels- entstanden Siedlungskolonien (▶ 4.1).

1.32 Ergebnis der ersten Kolonialisierung: Der Ökonom Patrick O'Brien hat den Gewinn, den die bedeutende Kolonialmacht Großbritannien aus den Kolonien zog, mit geringen sieben Prozent ihrer damaligen Eigenproduktion veranschlagt (1982). Das scheint nicht sehr viel zu sein, besonders wenn man den (nicht messbaren) Aufwand noch in Abzug bringt. Aber gaben diese sieben Prozent den Ausschlag dafür, dass Europa sich industrialisieren und von den anderen sesshaften Kulturen abheben konnte? Und vor allem: Was haben diese sieben Prozent in den ausgebeuteten Kolonien angerichtet? So bedeutete die Verschleppung von 10–11 Millionen Menschen aus Afrika zwar für Europa nur indirekt einen Gewinn aus dem Handel und wegen der relativ tiefen Preise der auf den Plantagen mit Sklavenarbeit erzeugten Produkte; aber wie viel hat dieser Menschenverlust Afrika geschadet? Oder wie viel der Verlust von vermutlich 90 Prozent der indigenen Bevölkerung Amerika?

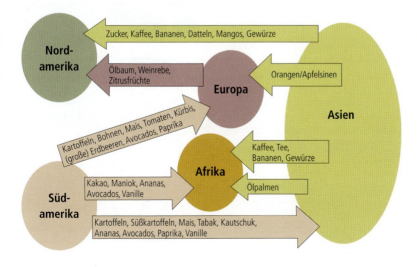

Die Bildung von Kolonialreichen brachte auch einen *Austausch von Nutzpflanzen* mit sich, meist durch Vermittlung europäischer Kaufleute. Bisweilen ließen sie Pflanzen auch stehlen und heimlich ausführen.

2. Machtteilung und Wettbewerb in Europa

2.0 Befruchtende Konkurrenz: Eine weitere Gruppe von Erklärungen für Europas Sonderweg geht vom europäischen Kontinent selbst aus; eine grobe Karte zeigt, wie viel stärker zergliedert er ist als die anderen. Bei der detaillierten Untersuchung der Böden entdeckten die Geohistoriker/-innen, dass nicht nur der Umriss, sondern auch die Alluvialböden (Aufschwemmungen durch Flüsse) kleinräumiger sind als in anderen sesshaften Kulturen. Ferner ist das Klima im Ganzen ausgeglichener als auf den anderen Kontinenten; das ist auf die geografische Breite und die relativ geringe Landmasse zurückzuführen.

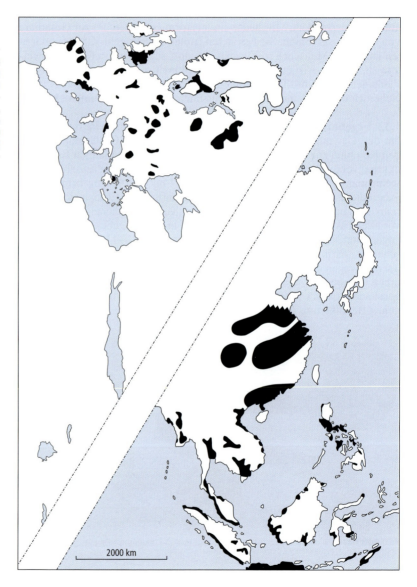

Die fruchtbaren Alluvialböden in Eurasien im Vergleich

Die Karte des europäischen und ostasiatischen Teils von Eurasien (das Zwischenstück ist aus Platzgründen weggeschnitten, enthält außer Indien keine weiten Alluvialböden) ist zusammengetragen aus Spezialwerken. Der Vergleich mit China liegt deshalb nahe, weil es sich um die um 1500 größte sesshafte Kultur handelt und wir relativ detailliert darüber Bescheid wissen.

Schwarze Flächen: Alluvialböden

Diese Kleinräumigkeit hatte soziale und politische Konsequenzen: *Sozial* fällt auf, dass die Bevölkerungsdichte in Europa um 1500 bedeutend geringer war als etwa in China: In Europa lebten (durchschnittlich) acht Menschen auf einem Quadratkilometer Boden, in China bereits 23. Den wenigen Schätzungen kann man ferner entnehmen, dass der Unterschied zwischen Ober- und Unterschicht weniger groß war als in China oder auch Indien.

Vielleicht noch bedeutsamer waren die *politischen Folgen* dieser Kleinräumigkeit: In Europa konnte keine dauerhafte Hegemonialmacht entstehen, sondern die Fürsten, später die Länder standen immer im Wettbewerb zueinander, ob sie nun Konflikte austrugen oder in Frieden lebten. Während in China ein Kaiser die Entdeckungsfahrten einstellen konnte (▶ 1.12), fand in Europa der in Portugal abgewiesene Kolumbus beim spanischen Herrscherpaar Gehör (▶ 1.22).

Dass diese Konkurrenz sich nicht nur positiv auswirkte, erfuhr Europa (und die Welt) im 20. Jahrhundert. Aber um sich als Kultur einen Vorsprung vor den anderen zu verschaffen, so die Erklärungen, war diese Konkurrenz hilfreich.

Gewaltenteilung könnte auch in Zersplitterung enden; aber der geistige und wirtschaftliche Austausch zwischen diesen Kerngebieten führte zu Handel, zur Bildung von Handelszentren und – wohl am wichtigsten – einer parallelen Geldwirtschaft, dem sogenannten *Frühkapitalismus*. Politische Macht und Kapital befanden sich nicht mehr in derselben Hand.

Eine weitere wichtige Rolle neben der geografisch bedingten Gewaltenteilung spielte die *Teilung der weltlichen und geistlichen Macht*. Seit dem Investiturstreit (▶ Band 1, 8.41) konnte keine von ihnen mehr uneingeschränkt über Körper und Seelen der Untertanen verfügen.

2.1 Das Staatensystem im 16. bis 18. Jahrhundert

2.11 Das letzte Universalreich: Im Mittelalter hatte eine Herrscherdynastie verschiedene Gebiete, auch zerstreute, durch Erbschaft und Heirat zusammenfassen können. Die letzte große Reichsbildung dieser Art fiel dem jungen Spanierprinzen Karl aus der Habsburglinie zu. 1500 in den Spanischen Niederlanden (dem heutigen Belgien) geboren, wurde er 1516 König von Spanien, Süditalien und Burgund (das er schon als Sechsjähriger geerbt hatte); mit 19 Jahren erbte er Österreich und wurde als Zwanzigjähriger zum deutschen Kaiser Karl V. gewählt. Bezogen auf die spanischen Kolonien in Lateinamerika und auf den Philippinen hätte er sagen können, dass in seinem Reich die Sonne nie unterging. Aber durch Konfessionskämpfe, durch Kriege mit Frankreich und den Fürsten des Heiligen Römischen Reichs aufgerieben, trat er 1555 als Kaiser zurück und teilte die Macht unter Sohn und Bruder auf.

2.12 Territorialstaaten: Karls V. Sohn Philipp II. übernahm *Spanien*, dessen Kolonien, Süd- und Oberitalien und die Niederlande, die sich allerdings freikämpften; Karls Bruder Ferdinand I., dem durch seine Mutter noch Böhmen und Ungarn zugefallen waren, erhielt *Österreich*. Auch außerhalb dieses zerfallenden Universalreichs gehörte die Zukunft den geschlosseneren Territorialstaaten:

Frankreichs Bourbonen-Dynastie (Heinrich IV., Ludwig XIII., Ludwig XIV.) überwand die konfessionelle Spaltung und entwickelte die absolutistische Herrschaft (▶ 2.13).

Ein universalistischer und ein absolutistischer Herrscher: *Karl V. als Weltherrscher, gemalt 1604 von Peter Paul Rubens*, und *Ludwig XIV., gemalt 1701 von Hyacinthe Rigaud.*

Der Niederländer Rubens, auf diplomatischer Mission in Spanien, das er sehr bewunderte, musste den Kopf des schon lange verstorbenen Karls V. von einem Gemälde Tizians abzeichnen.

Beide Maler stellen den Herrscher im Krönungsornat dar: Karl V. mit Prunkrüstung, Zepter, Reichsschwert und Globus (anstelle des außer Gebrauch gekommenen Reichsapfels) und der Habsburgerkrone, Ludwig XIV. mit Königsornat, Zepter, Schwert, Krone und der «main de justice», der Hand, welche die Gerichtsbarkeit der französischen Könige symbolisierte (auf dem Sitz links).

In *England* formte die Tudor-Dynastie (Heinrich VIII., Elisabeth I.) gleich eine nationale, die Anglikanische Kirche. Die Nachfolgedynastie der Stuarts konnte allerdings den absolutistischen Kurs nicht weiterverfolgen, sondern wurde durch das Parlament gebremst: Nach der Glorreichen Revolution 1688/89 wählte dieses mit dem «Act of Settlement» (Nachfolgegesetz) 1701 die Hannoveraner-Dynastie zu Monarchen. Sie konnten aber nur mit der jeweiligen Regierungspartei des Parlaments zusammen regieren.

Russland unter den Romanows (Peter der Große, Katharina die Große) folgte dem Leitgedanken des Absolutismus, ebenso *Preußen* unter der brandenburgischen Linie der Hohenzollern (Friedrich Wilhelm I. und Friedrich II., der Große).

Im Gebiet des heutigen Österreich verhinderte eine Zersplitterung der Herrschaft die Bildung einer wirksamen absolutistischen Monarchie. Der habsburgische Kaiser der *Deutschen Reichs* vermochte diese Wahlmonarchie nicht zusammenzuhalten. Nach dem Dreißigjährigen Krieg (1618–1648) musste er den kleinen Territorialfürsten im Westfälischen Frieden den Vorrang zugestehen; auch in *Italien* blieben lokale Territorialfürstentümer bestehen.

Im gleichen Westfälischen Frieden erhielt ferner die aus dreizehn Orten bestehende *Eidgenossenschaft* die juristische Unabhängigkeit bestätigt, die sie sich de facto schon im Schwabenkrieg 1499 erkämpft hatte. Ihr fehlte eine starke zentrale Regierung, aber ihr Gebiet war arrondiert.

Die im Mittelalter zerfallenen Territorialstaaten (▶ Band 1, 8.28) begannen in anderer Form wiederaufzuerstehen.

2.13 Absolutismus: Die Herrscher und Herrscherinnen der sich bildenden Territorialstaaten strebten aber nicht nur nach Arrondierung und Vergrößerung ihres Gebiets, sondern auch danach, es im Innern zu durchdringen. Dazu beanspruchten sie für sich die absolute, das heißt, von allen Einschränkungen (außer der privaten religiösen) losgelöste Gewalt: Wo es ihnen gelang, schwächten sie die Macht des Adels im Feudalsystem auf verschiedenen Gebieten:

Mit der *Ausführung ihrer Befehle* betrauten die Herrscher, Herrscherinnen eigene, von ihnen abhängige und aufgrund ihrer Fähigkeiten berufene Beamte. Diese durften sie beraten, aber sich nicht als Gremien versammeln. *Steuern* wurden durch Steuerpächter eingetrieben; diese arbeiteten auf eigene Rechnung, waren entsprechend rücksichtslos und mussten der Herrschaft eine hohe Steuerpacht entrichten.

Statt des bisherigen Aufgebots von Adligen und deren Gefolgschaft zu Kriegszügen stellten die absolutistischen Herrscher *Söldnerheere* auf, welche ganz von ihnen abhängig waren – häufig aus ausländischen Truppen.

Auch die meist den Adligen obliegende *Gerichtsherrschaft* versuchten sie durch beamtete Richter an sich zu ziehen.

Statt einer auf den Papst ausgerichteten *Kirche* strebten sie danach, die Kirche in eine nationale Institution umzuwandeln und durch abhängige Bischöfe leiten zu lassen.

Widerständen des Adels oder auch der Kirche versuchten absolutistische Herrscher und Herrscherinnen zuvorzukommen, indem sie diese mit gesellschaftlichen Hoffunktionen ruhigstellten.

Insgesamt kontrollierte der absolutistische Staat den einzelnen Menschen stärker und zentraler als die feudale Herrschaft des Mittelalters es getan hatte. Die Wissenschaft spricht deshalb von einer Verdichtung der Herrschaft und vermeidet den missverständlichen Begriff «Absolutismus». (Eine totalitäre Kontrolle wie bei den großen Diktaturen des 20. Jahrhunderts bestand ohnehin noch nicht.)

2.14 Merkantilismus: Söldnerheer, Beamtenapparat und Hofhaltung verschlangen Geld, weshalb zuerst und am konsequentesten Frankreich zu einem merkantilistischen Wirtschaftssystem überging, gewissermaßen zur Bewirtschaftung der Grenzen: Importiert werden sollten nur noch Rohstoffe und einfache Fabrikate, die dann im Land veredelt und als kostbare Fertigprodukte wieder exportiert wurden. Der anfallende Gewinn konnte bei den Unternehmern besteuert werden. Diese errichteten zur rationellen Produktion Manufakturen mit einer konsequenten Teilung der Arbeitsgänge, sodass die Arbeiter bei immer der gleichen Arbeit weniger Fehlzeiten verursachten. Damit sie auch mit niedrigen Löhnen zufrieden waren, wurden die Bauern gezwungen, ihre Produkte billig zu verkaufen. Sie waren – neben der ausgebeuteten Kolonien als Rohstofflieferanten – letztlich die Hauptleidtragenden des Merkantilismus.

Das System hatte aber auch einen Haken: Wenn jedes Land merkantilistische Wirtschaftspolitik betriebe, so würde jedes teure Waren auf den Markt werfen und niemand sie kaufen: Das Prestige eines Landes entschied darüber, ob seine Produkte in Nachbarländern Absatz fanden. Das erreichte der absolutistische Herrscher durch eine prunkvolle Hofführung – und durch siegreiche Kriege.

2.15 Kabinettskriege: Mit dem Niedergang der ritterlichen Fehdekriege um 1400 war eine «militärische Revolution» eingetreten: Die Fußsoldaten

Fauteuil im Stil «Louis-quinze», zwischen Barock und Rokoko: Jeder absolutistische Herrscher prägte seinen eigenen Möbelstil, dessen Markenwert mit seinen Erfolgen stieg.

Absolutistische Herrscherinnen

England, Königinnen:
Maria Tudor (1553–1558)
Elisabeth I. (1558–1603)
Anna (1702–1714)

Schottland, Königin:
Maria Stuart (1542–1568)

Frankreich, Regentinnen:
Katharina von Medici (1560–1563)
Maria de' Medici (1610–1614)
Anna von Österreich (1643–1651)

Spanien, Regentin:
Mariana (1665–1675)

Portugal, Regentin:
Maria Anna (1742–1750)

Schweden, Königin:
Christina (1644–1654)

Österreich, Königin:
Maria Theresia (1740–1780)

Deutsche Fürstentümer:
Acht Fürstinnen und Regentinnen.

Regentinnen hielten die Herrschaft für ihre noch unmündigen Söhne inne.

traten nun nicht nur im Gefolge der Reiterheere auf, sondern selbstständig. Dank der Feuerwaffen mussten sie sich nicht mehr vor den Reitern fürchten – eher umgekehrt. Charismatische Heerführer warben nun Soldaten auf Zeit und auf eigene Rechnung an. Zur Verminderung der Kosten führten sie Angriffskriege, erzwangen Verpflegung und Unterkunft direkt im besetzten Gebiet und drangsalierten dessen Zivilbevölkerung. Im Dreißigjährigen Krieg (1618–1648) fand diese Entwicklung ihren Höhepunkt. Nacheinander bekämpften protestantische Fürsten, der schwedische und der französische König den Habsburger Kaiser. In den hauptsächlich betroffenen Regionen fiel über die Hälfte der Zivilbevölkerung der Gewalt, den Seuchen und dem Mangel infolge Plünderungen zum Opfer.

Die absolutistischen Herrscher, Herrscherinnen dagegen wollten Gebiete erobern und darum nicht vorher plündern. Sie rekrutierten Heere mit aufwändig ausgebildeten Berufssoldaten. Sie beschränkten sich auf sogenannte Kabinettskriege, deren Schlachten auf einem eng begrenzten Schlachtfeld ausgetragen wurden. Es ging in erster Linie darum, den Feind vom Platz zu vertreiben, weniger um seine Vernichtung. Ziel war nicht mehr die Plünderung, sondern das Prestige und damit verbunden der Gewinn von Land.

Der französische König Ludwig XIV. nützte den Zerfall des Deutschen Reichs im Dreißigjährigen Krieg, um Frankreichs Grenzen an den Rhein vorzuschieben. Frankreich wurde um 1700 zur dominierende Macht. In diesem Jahr beanspruchte Ludwig XIV. nach dem Aussterben der spanischen Habsburgdynastie den spanischen Thron. Nun schlossen sich Großbritannien, das habsburgische Österreich, Brandenburg-Preußen, die Niederlande und Portugal gegen Frankreich zusammen: Spanischer Erbfolgekrieg. In den vielen Kabinettskriegen kam es zu keiner entscheidenden Schlacht, sondern im Frieden von Utrecht 1713 zu einem Kompromiss: Der französische Bourbone und Enkel Ludwigs XIV., Philipp V., wurde spanischer König, aber eine Personalunion mit Frankreich für immer ausgeschlossen. Spanien verlor seine Besitzungen in Belgien und Süd-

Europa in der Mitte des 18. Jahrhunderts

Ein Gleichgewicht von fünf Staaten (Großbritannien, Frankreich, Preußen, Österreich und Russland) dominierte über Staaten, die an Gewicht verloren (Schweden, Polen, Spanien); an den Rändern die Kleinstaaten Dänemark/Norwegen, Niederlande, Portugal sowie im Zentrum die deutschen und italienischen Kleinstaaten und die Eidgenossenschaft.
Die rote Linie markiert die Grenze des Heiligen Römischen Reichs Deutscher Nation.

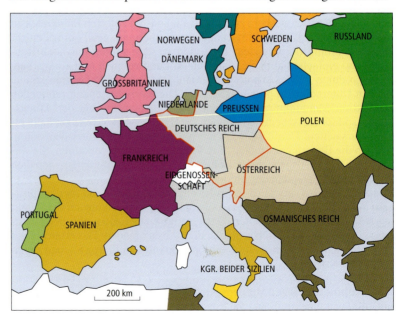

italien, diese gingen an das habsburgische Österreich. Der große Gewinner war aber Großbritannien, das die Herrschaft über die Weltmeere erlangte. Seine Regierung strebte nun in Europa ein Gleichgewicht an, um den Ausbau des Kolonialreiches voranzutreiben.

Das Gleichgewicht konkurrierender Staaten, so ein Erklärungsversuch (▶ 2.0), war ein Faktor des europäischen Sonderwegs.

2.2 Die kapitalistische Wirtschaft

2.21 Europäischer Handel: Die Kleinräumigkeit der fruchtbaren Gebiete und die Nähe schiffbarer Routen auf dem Meer sowie auf Flüssen und Seen brachte es mit sich, dass der Handel in der europäischen Kultur seit dem Mittelalter eine immer größere Rolle spielte. Mit der Spezialisierung des Handwerks und der Gründung von Städten mit Marktrechten wurde Europa zu derjenigen sesshaften Kultur mit dem intensivsten Warenaustausch.

Zum Beispiel in der Textilwirtschaft: Schafwolle aus England, Spanien und Ungarn wurde in Flandern versponnen und zu Tuchen gewoben, diese nach Frankfurt und von dort nach Basel zum Verkauf gebracht. Flachs (eine Stängelpflanze für strapazierfähiges Leinen) kam aus Osteuropa über Danzig bis nach St. Gallen in der Eidgenossenschaft. Flachs und die kostbare Baumwolle aus Asien wurden in Ulm zu Barchent (arabisches Wort; Gewebe aus Leinen und Schafwolle) verarbeitet. Rohseide aus dem Orient wurde in Konstanz, Zürich und Basel zu kostbaren Tuchen verwoben.

Auch Lebensmittel wie Bier, Fisch, Honig wurden quer durch Europa gehandelt.

2.22 Verlagswesen: Die Handwerker waren an ihre Werkstatt gebunden. Sie konnten weder Rohstoffe einkaufen gehen noch ihre Produkte verkaufen, es sei denn, im eigenen Laden an die Kundschaft vor Ort. Sie arbeiteten immer häufiger mit Verlegern zusammen, die ihnen die Rohprodukte «vorlegten» (daher die Bezeichnung Verleger), die Fertigprodukte abnahmen und sie für ihre Arbeit bezahlten. Teilweise beharrten die Handwerkerzünfte in den Städten darauf, dass ihre Mitglieder nur für den Bedarf in der Stadt produzierten. Dann suchten sich die Verleger Arbeiter außerhalb der Stadt. Weil diese meist nur einen einzigen Arbeitsgang (etwa Spinnen oder Weben) bewältigen konnten, organisierten die Verleger ein Netzwerk von abhängigen Heimarbeitern. Die Verleger besaßen als Minderheit die mächtigere Position, wenn es darum ging zu regeln, wer zu welchem Lohn wie viel produzieren konnte.

2.23 Geldverkehr: Die Verleger hatten allerdings auch ihre Probleme: Bis um 1500 waren Gold und Silber knapp geworden, und das Münzgeld fehlte. Oft zahlten die Kaufleute einander die Waren nicht in bar, sondern stellten sich sogenannte Wechsel aus, mit denen sie sich die Zahlung auf einen bestimmten Termin zusicherten. So konnten sie die Münzknappheit umgehen. Von Zeit zu Zeit rechneten sie ihre Schulden gegeneinander auf und beglichen nur die Differenz in echten Münzen. Dies oft auf dem Markt, unter freiem Himmel auf einer Bank.

Die spanischen Konquistadoren gierten bei der Zerstörung des Azteken- und vor allem des Inkareiches im 16. Jahrhundert regelrecht nach dem seltenen Gold und Silber. Als dieses nun, in den spanischen Kolonien den

> Der intensive Handel wurde schon von den damaligen Menschen wahrgenommen und nicht immer positiv beurteilt. Der Reformator Martin Luther: «Gott hat uns deutschen dahyn geschlaudert, das wyr unser gollt und sylber mussen ynn frembde lender stossen, alle wellt reych machen und selbst bettler bleyben. Engeland sollt wol weniger gollts haben, wenn deutsch land yhm seyn tuch liesse, und der koenig von Portigal sollt auch weniger haben, wenn wyr yhm seyne wurtze liessen.»

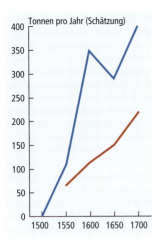

Schätzung über den Zu- und Abfluss von Edelmetallen nach und aus Europa

— Zufluss von Silber aus den spanischen Kolonien (zusammen mit Gold rund 10 % mehr)

— Abfluss von Gold und Silber in den Ostseeraum, das östliche Mittelmeer und Asien

Indios und Indias abgepresst, immer reichlicher nach Europa strömte, wurde aus Knappheit Überfluss. Weil das Geld nun reichlicher als die Waren vorhanden war, verlor es seinen Wert: Die Waren wurden teurer, eine Inflation, als «Preisrevolution» bezeichnet, bestimmte das 16. Jahrhundert. Diese Inflation wurde durch das Bezahlen mit Wechseln noch verschärft, weil sich die Umlaufgeschwindigkeit des Geldes erhöhte. Die Inflation wurde ferner angeheizt durch eine wachsende Nachfrage infolge eines massiven Bevölkerungswachstums.

Aber nicht nur der Kaufwert des Geldes verschlechterte sich, sondern auch der innere Wert der Münzen. Weil Fürsten und Städte mit Münzrecht, und das waren im Deutschen Reich über 500, oft unter Geldnot litten, schmolzen sie eigene Münzen ein, verschlechterten den Wert der Legierung beispielsweise durch die Beimischung von billigerem Kupfer und prägten dann neue Münzen: mehr mit geringerem Materialwert. Wer mit Geld zu tun hatte, musste also sehr genau Bescheid über die verschiedenen Münzen und ihren aktuellen Gold- und Silbergehalt wissen.

2.24 Frühkapitalismus: Neben Verleger und Kaufmann trat als dritte Funktion der Geldwechsler und Geldverleiher. Zwar durfte er kein Geld gegen Zins verleihen; denn seit Karl dem Großen galt das kirchliche Zinsverbot auch im weltlichen Bereich: Reichtum sollte nicht durch Geld, sondern nur durch Arbeit erworben werden. Geldwechsler und Geldverleiher umgingen es, indem sie eine Rückzahlung beispielsweise in einer etwas wertvolleren Währung verlangten. So eröffnete sich die Möglichkeit, mit nicht gerade verwendetem Geld, sogenanntem Kapital, Profit ohne Arbeit und Handel zu erzielen. Diese Verwendung des Geldes nicht zum sofortigen Verbrauch, sondern zur Investition in Waren und Unternehmen (▶ 2.25) bezeichnet man als Frühkapitalismus. Da man Geld im Gegensatz zu Waren auch horten konnte, kam der Gedanke auf, sich Reichtum gewissermaßen auf Vorrat zu beschaffen, um ihn wieder zu investieren. Wer dagegen auf Geldzahlungen angewiesen war, stand auf der Verliererseite.

Dieser Frühkapitalismus stellte eine europäische Eigenheit dar.

2.25 Investitionen: Geld gegen Zinsen zu verleihen war aber weniger ertragreich als es direkt zu investieren. Bereits Verleger von Rohstoffen gaben dafür Geld aus, lange bevor die Fertigware verkauft und der Profit eingenommen werden konnte. Kaufleute taten sich immer wieder zusammen, um besonders lange Reisen vorzufinanzieren. Gerade Handelsreisen über das Meer verlangten nach einer starken Kapitaldecke, mit der große Risiken (Unwetter, Havarien, Piraterie) abgedeckt werden konnten. Noch riskanter, aber im Erfolgsfall lohnender waren Investitionen in den Bergbau: Für Edelmetalle, aber auch für Erz konnten gute Preise erzielt werden. Zuerst jedoch musste in die Suche nach Erzadern, in den Stollenbau und in die Ausrüstung von Schächten investiert werden. Um ein solches Unternehmen vorzufinanzieren, mussten sich in der Regel mehrere Kapitalisten auf längere Zeit zusammenschließen.

Die größten Herausforderungen waren aber die Erschließung von Handelsstützpunkten in Übersee. Die von der Regierung konzessionierten Gesellschaften (▶ 1.31) mussten nicht nur Schiffe ausrüsten, sondern auch Truppen bereitstellen und unter Umständen Kriege führen, einheimische Fürsten für sich gewinnen, bevor der erste Profit floss. Da konnte ein Investor unmöglich unvermittelt sein Kapital zurückfordern. So waren die An-

Kapitalistische Wirtschaft

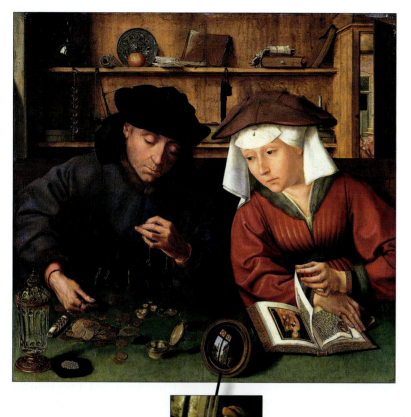

Quentin Massys (um 1466–1530), Leiter eines Maler-Ateliers in Antwerpen, gehört zu den frühen Begründern der Genremalerei, der Darstellung von Alltagsszenen, oft mit einer symbolischen Aussage verbunden. Versteckte Hinweise finden sich auch auf seinem Gemälde «*Der Geldwechsler und seine Frau*» aus dem Jahr 1514. Der Mann wägt die Goldstücke, die oft abgeschabt, angeknipst oder mit schlechterem Material legiert waren. Auf den Rahmen schrieb der Maler, dass die Waage recht und die Gewichte gleich seien. Die Frau blättert in einem religiösen Buch mit einer Zeichnung der Maria. Was bedeutet das im Spiegel erscheinende Fenster mit einer Figur darunter, die der Maler sein könnte? Was die rechts hinter der Frau hinter der Tür miteinander sprechenden beiden Männer, ein alter und ein junger?

Quentin Massys' Schüler *Marinus van Reymerswaele (um 1497–1567)* nahm 1539 das Motiv seines Lehrers auf und spitzte die Aussage zu.
Die Frau stützt ihre Finger auf ein Rechnungsbuch, dessen Eintragungen man entziffern kann. Der Mann zählt das Geld mittels einer Tabelle und berechnet Summen mit einem Rechengerät (Abakus). Die erloschene Kerze (auf beiden Gemälden) war ein übliches Instrument, um Siegellack zu schmelzen – aber sie wird unterschiedlich groß dargestellt: Hat das etwas zu bedeuten?

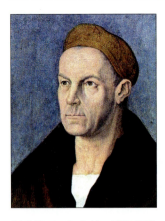

Jakob Fugger, der Reiche, 1459–1525, (Gemälde von Albrecht Dürer, etwa 1519; es ist umstritten, ob Dürer eine Kohlezeichnung eigenhändig zu diesem Gemälde erweitert hat.)

Jakob Fugger begann seine Lehre als 14-Jähriger in Venedig und arbeitete sich nach dem Tod seines Vaters zum reichsten Mann Europas empor. Er war nicht nur Geistlicher durch den Besitz einer Pfründe, sondern seit 1511 durch den Kauf einer Grafschaft auch Adliger. Dieses Sprengen der Standesgrenzen wurde damals als unerhörter Vorgang gesehen.

Jakob Fugger heiratete 1498 die 18-jährige Sibylle Arzt und gelangte damit in den Stadtadel. Die Ehe blieb kinderlos, Jakobs Nachfolger wurde 1525 sein Neffe Anton.

teilscheine der Ostindien-Kompanien in England und den Niederlanden fest gebunden. Ein Investor konnte sie nicht mehr in Geld umwandeln, sondern nur weiterverkaufen: Damit war im Prinzip die Aktiengesellschaft entstanden, ein Unternehmen, das sich vom Willen des Investors weitgehend gelöst hatte und als «juristische Person» bezeichnet wird. Dank dieser Kapitalballung auf Dauer verschaffte sich die europäische Wirtschaft einen großen Vorsprung gegenüber anderen sesshaften Kulturen.

2.26 Fugger: Eine Verkörperung dieses Frühkapitalismus stellt die Familie Fugger aus Augsburg dar. Drei Söhne des Jakob Fugger, Ulrich, Georg und Jakob, später «der Reiche» genannt (1459–1525), beschlossen 1494, auf gemeinsame Rechnung zu wirtschaften. Sie besaßen damals ein Vermögen von 17 000, 14 000 und 12 000 Gulden. 1504 betrug es 100 000 und 1510 258 400 Gulden; 1528, unter Jakobs Nachfolger und Neffen Anton (1493–1560), waren es 1 800 000 und 1546, auf dem Höhepunkt, rund 5 000 000 Gulden.

Ein Grundstein für den Erfolg bestand im Zusammenhalt der Familie: Töchter wurden ausbezahlt, aber die Männer legten ihr Vermögen zusammen. Viel Kapital erwarben die Fugger mit dem Handel, noch mehr mit dem Bergbau. Sie liehen Fürsten Geld und erhielten von ihnen Silber und Kupfer zu einem Vorzugspreis. Denn die Fürsten als Landeigentümer konnten Bergbauunternehmern die Preise als Gegenleistung für eine Konzession zum Graben diktieren. Später investierten Jakob und Anton Fugger direkt in Bergwerke, deren Stollen immer tiefer gegraben und aufwändiger abgestützt werden mussten.

Um selbst zu Kapital zu kommen, gaben die Fugger festverzinsliche Anteilscheine aus, fungierten also auch als Bank. Jakob Fugger schoss für Albrecht von Brandenburg das Geld vor, das dieser dem Papst für seine Ernennung zum Erzbischof gleich zweier Bistümer bezahlen musste (und das auch Anlass für Luthers Kampf gegen den Ablass wurde). Er brachte ferner zusammen mit Geschäftspartnern über 850 000 Gulden auf, die König Karl V. den Kurfürsten 1519 für seine Wahl zum Kaiser bezahlen musste; zur Verzinsung und Rückzahlung konnten Jakob Fugger und sein Nachfolger die Tiroler Silber- und Kupferbergwerke ausbeuten. Kaiser Karl V. brauchte aber immer wieder Kapital und Anton Fugger lieh ihm bis zu seiner Abdankung insgesamt 5 500 000 Gulden. Er wurde dafür auch an spanischen und sogar lateinamerikanischen Bergbauwerken beteiligt.

Jakob und Anton Fugger hatten aber nicht nur Sinn für Geld-Kapital, sondern auch für sogenanntes soziales Kapital: Ansehen in der Gesellschaft. Jakob Fugger ließ in der Augsburger St.-Anna-Kirche eine großartige Kapelle für die Bestattung der Familienmitglieder errichten; und für unverschuldet verarmte Handwerkerfamilien ließ er eine Wohnsiedlung, die «Fuggerei», bauen. Dort konnten Familien für einen Gulden Jahresmiete und die Verpflichtung, pro Tag drei Gebete für die Fuggers zu verrichten, wohnen. (Das ist bis heute so geblieben, die Miete beträgt 88 Eurocent.) Neben dem sozialen Kapital war Jakob Fugger und seiner Familie auch die religiöse Absicherung wichtig.

2.27 Kapital, Politik und Wirtschaft: Die Fugger verloren ihre Bedeutung parallel zum spanischen Habsburgergeschlecht gegen Ende des 16. Jahrhunderts, weil dieses die riesigen Schulden nicht mehr zurückzuzahlen vermochte. Politische und finanzielle Macht ließen sich immer weniger trennen. Der Feudaladel, der auf Geldabgaben gebaut hatte, verlor

Kapitalistische Wirtschaft

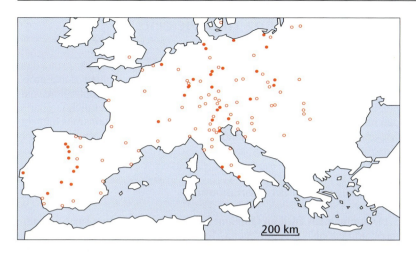

Die Hauptniederlassungen und Filialen unter Anton Fugger
● Hauptniederlassungen
○ Filialen

mit der Geldentwertung an Bedeutung, das Bürgertum, welches mit Kapitalgeschäften zu Wohlstand kam, gewann: Es wird in den bürgerlichen Revolutionen (▶ 4–6) seine politische Macht durchsetzen. Neben und nach den Fuggern setzten sich andere großbürgerliche Geschlechter durch. Sie waren auch der Motor des Merkantilismus: Mit der Gründung von Manufakturen, in Arbeitsteilung organisierten Produktionsstätten, legten die Großbürger die Grundlage für die Industrialisierung. Und mit dem Merkantilismus verschmolzen Geld und politische Macht, wie es der Finanzminister Colbert bezüglich Frankreich ausdrückte: «Il n'y a que l'abondance (Überfluss) d'argent qui fasse la différence de sa grandeur et de sa puissance.»

Die Darstellung eines unbekannten Künstlers zeigt die arbeitsteilige Spielkarten-Fabrikation in einer Manufaktur (▶ 2.14) in Paris um 1680. Die Manufaktur kam noch ohne Fremdenergie aus. Dargestellt sind der Druck, das Verstärken mit Karton, das Zuschneiden, das Sortieren und Verpacken. Die Manufaktur liegt an zentraler Lage an der Place Dauphine mit Blick westwärts auf die Seine und den Louvre (rechts).

3. Die Hinwendung zum Diesseits

3.0 Mentalitätswandel: Neben der räumlichen Expansion (▶ 1) und dem politischen, wirtschaftlichen Wettbewerb (▶ 2) unterschied sich Europa von den anderen Hochkulturen um 1500 auch durch einen Mentalitätswandel. Dieser begann wohl schon im Mittelalter, wird aber deutlich fassbar in den historischen Phänomenen von Renaissance und Humanismus und entwickelte sich über die Reformation (16. Jh.) und den Barock (17. Jh.) bis zur Aufklärung (18. Jh.) weiter.

3.1 Renaissance und Humanismus

3.11 Suche nach antiken Quellen: Im 15. Jahrhundert begannen Gelehrte nach antiken, also «heidnischen», Textquellen, Kunstwerken und Bauten zu suchen. Dahinter stand ihr Interesse am Menschen in seiner Situation im Diesseits, während die Kirche vor allem auf das Jenseits hinwies. Die von Italien ausgehende Bewegung wurde später als Renaissance (Wiedergeburt), ihre Aufnahme nördlich der Alpen als Humanismus bezeichnet.
Beide Bewegungen wandten sich nicht gegen den Glauben, wohl aber teilweise gegen die Kirche. Sie kritisierten, dass sich die Kirche zwischen den einzelnen Menschen und Gott geschoben hatte. Im Gegensatz zur späteren Aufklärung betonten Renaissance und Humanismus den Gedanken der persönlichen Freiheit und der Gleichberechtigung noch nicht; der Mensch habe vielmehr die Bindung an Gott und die weltliche Hierarchie zu anerkennen.

3.12 Fürsten-Territorialstaat: Die Renaissance dachte die Ablösung des Universalstaates durch den begrenzten Territorialstaats unter der Leitung eines Fürsten (▶ 2.12) vor: Dieser Staat löste sich von einer göttlichen Grundlage und erhielt, wie Niccolò Machiavelli (1469–1527) es formulierte, eine eigene Moral für sein Handeln, die Staatsräson, zugesprochen.

Der 1506 begonnene und über ein Jahrhundert weiter gebaute *Petersdom* in Rom verkörperte die Ideen der Renaissance.
Das Ablassgeld, das zu seiner Finanzierung erhoben wurde, führte zu Luthers Auseinandersetzung mit der Kirche und zur Reformation.

Renaissance und Humanismus

Albrecht Dürer (1471–1528): Selbstbildnis im Pelzrock, 1500

Albrecht Dürer beschäftigte sich seit seinem 13. Lebensjahr mit Selbstbildnissen.
Die mit Goldstaub vermutlich aufgedruckte Inschrift rechts lautet: «Albertus Durerus Noricus ipsum me propriis sic effingebam coloribus aetatis anno XXVIII» («Ich, Albert Dürer aus Nürnberg, habe mich mit eigenen [oder: beständigen] Farben im Alter von 28 Jahren so gemalt.»).
Die Geste seiner Hand gibt der Forschung Fragen auf:
Imitiert Dürer damit den Gestus von Christus als Weltenrichter, womit er sich als Richter in der Kunst darstellt?
Weist er hin auf den kostbaren, detailliert gemalten Marderpelz als Zeichen seiner Ratszugehörigkeit?
Weist er ganz banal auf einen Schmerz hin? Denn 1509 zeichnete er sich, wie er auf ein schmerzendes Organ hinzeigt (wie er dazu notierte). Könnte es sich in diesem Fall um die Milz handeln, deren Schmerz als Symptom für Melancholie galt?
(▶ 8.11)

Dass der Staat und die Politik nicht nach religiösen und nicht nach moralischen Grundsätzen, sondern nach dem Nutzen für alle Bürger geführt werden solle, ist eine bis heute wirksame Renaissance-Erkenntnis.

3.13 Architektur und Kunst: Wissenschaft, Kunst und Architektur waren zentraler Ausdruck dieser Hinwendung zum Menschen. Der Mensch stand für Renaissance-Künstler im Zentrum von Statuen, Gemälden, Bauwerken und Texten. Bezeichnenderweise wurden nun gewöhnliche Menschen in kostbaren Gemälden porträtiert, vornehme Bürgerhäuser und nicht mehr nur Kirchen aufwändig gestaltet. Der Renaissance-Stil wies nicht mehr wie die Gotik auf den Himmel hin, sondern bemühte sich im Sinn der griechisch-römischen Bauweise um Repräsentation der irdischen Werte: Macht, Reichtum, Ansehen und Selbstbewusstsein.

3.2 Die Reformation

3.21 Vorgeschichte: Ist die Reformation auf den 31. Oktober 1517 zu datieren, als Martin Luther möglicherweise seine Thesen unter anderem gegen den Ablass an die Schlosskirche von Wittenberg heftete? Kritik an ihrer Verweltlichung hatte die Kirche schon durch das Mittelalter hindurch begleitet. Eine wichtige Rolle kommt aus heutiger Sicht dem Investiturstreit (1077–1122) zu, der erstmals eine weltliche von einer kirchlichen Sphäre abgrenzte, und der Scholastik im 12. Jahrhundert, welche religiöses Denken in Verbindung mit der antiken Philosophie, insbesondere mit Aristoteles brachte. Vor allem die Frage nach Gottes Allmacht führte immer wieder zu logischen Problemen: Wenn Gott allmächtig ist, wie kann dann die Kirche beanspruchen, die Menschen zu einem ewigen Leben zu führen? Wie können Menschen durch ein gutes Leben Gott gewissermaßen verpflichten, sie nach ihrem Tod ins Paradies aufzunehmen?

3.22 Luthers Reformationsgedanke: Martin Luther (1483–1546) war nicht der Erste, den diese Frage umtrieb. Geprägt durch einen strengen Vater, der im Bergbau reich geworden war, stellte er sich den allmächtigen Gott als unerbittliche und strafende Instanz vor, der er so wenig gerecht werden konnte wie seinem Vater. Daher war er trotz tiefer Gläubigkeit davon überzeugt, zur Hölle verdammt zu sein; wie ihm erging es anderen gläubigen und gerade darum verzweifelten Menschen um 1500.

Erst mit seiner Entdeckung der göttlichen Gnade im Neuen Testament (wahrscheinlich 1514) konnte Luther den Widerspruch zwischen einem allmächtigen Gott und der möglichen Erlösung aufheben: Gott ist in seiner Allmacht nicht verpflichtet, die Menschen für ihre Sünden zu bestrafen, sondern durch seine unberechenbare Gnade kann er alle gläubigen Menschen selig werden lassen. Das Prinzip von «sola gratia» (allein durch Gnade) und «sola fide» (allein durch Glauben) bestand aber direkt zwischen Gott und dem einzelnen Menschen, ohne Vermittlung durch die Kirche. In diesem Punkt traf sich Luther mit dem Humanismus – und er stellte sich gegen die Kirche, die ihren Gläubigen mit Geldzahlungen (Ablass) zur Seligkeit verhelfen wollte. Der Streit um eine Ablasskampagne des doppelten Erzbischofs Albrecht von Brandenburg (▶ 2.26) und des Papstes Julius II. für den Bau des Petersdoms (▶ 3.13) führte 1519 zu Luthers Bruch mit der katholischen Kirche und der Gründung einer protestantischen Konfession.

Luther fand zahlreiche Gleichgesinnte, weil der Widerspruch zwischen der göttlichen Allmacht und der angemaßten Macht der Kirche für die einflussreiche Strömung der Humanisten ein Ärgernis war. Dazu kam, dass die Territorialfürsten sich gerne vom universalistischen Anspruch der Kirche in Rom befreiten. In ihren Herrschaftsgebieten schlugen sie jedoch 1525 den Aufstand der Bauern, die ihre Forderungen auch auf die Bibel stützten, blutig nieder.

3.23 Zwinglis Reformation: In der Eidgenossenschaft wollte der Zürcher Reformator Huldrych Zwingli (1484–1531) ebenfalls die Kirche der politischen Herrschaft unterstellen. Bezeichnenderweise bekämpfte er die Abhängigkeit der Eidgenossenschaft von Solddiensten für andere Länder. Dem Humanismus stand er näher als Luther.

Eine Einigkeit unter den dreizehn Orten erreichte er aber nicht: 1531 fiel er in der zweiten Schlacht von Kappel zwischen den katholisch gebliebe-

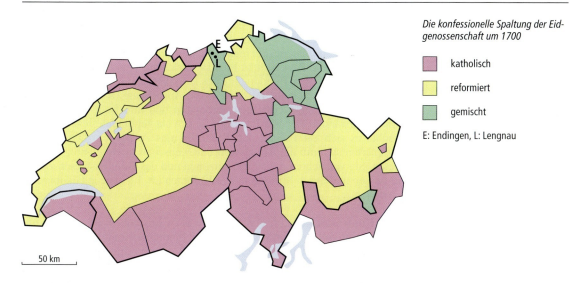

Die konfessionelle Spaltung der Eidgenossenschaft um 1700

■ katholisch
■ reformiert
■ gemischt

E: Endingen, L: Lengnau

nen Landorten und reformiert gewordenen Stadtorten. Bis zum Einmarsch der französischen Armee 1798 blieb die Eidgenossenschaft zwischen katholischen und reformierten Orten gespalten. Nur in wenigen Gebieten konnten beide Konfessionen nebeneinander bestehen. Die Jüdinnen und Juden, seit der Pestepidemie von 1348 in fast allen Städten verfolgt und ausgewiesen, durften sich nur in zwei Dörfern der Gemeinen Herrschaft Freiamt, in Endingen und Lengnau, niederlassen.

Dass die Eidgenossenschaft nicht auseinanderfiel, verdankte sie ihrer zurückhaltenden Außenpolitik und der Tatsache, dass keine fremde Macht ihre Existenz ernsthaft infrage stellte – bis 1798.

3.24 Calvins Reformation: Die größte Verbreitung der protestantischen Konfession fand die Deutung des Johannes Calvin (1509–1564), unter dessen Einfluss Genf zum «protestantischen Rom» wurde. Obwohl er als Fremder nach Genf kam und keine hohen Ämter bekleidete, gewann seine Lösung des Widerspruchs zwischen Gottes Allmacht und der Möglichkeit der Menschen, sich aktiv die Seligkeit nach dem Tod zu sichern, eine weite Anhängerschaft in Frankreich, in Schottland und dann in den amerikanischen Kolonien. Calvin ging davon aus, dass Gott für jeden Menschen schon vorherbestimmt habe, ob er selig oder verdammt werden würde (Prädestination: Vorherbestimmung). Die Menschen kennen die Entscheidung nicht, aber ein pflichtbewusstes Leben könne ihnen einen Hinweis auf ihre Erlösung geben. Calvins Prädestinationslehre gab vielen Menschen eine gewisse Sicherheit, setzte sie aber auch unter Druck.

Der bekannte Soziologe Max Weber (1864–1920) hat 1904/05 im Aufsatz «Die protestantische Ethik und der Geist des Kapitalismus» sogar den Schluss gezogen, dass Calvins Lehre die kapitalistische Wirtschaft in besonderem Maß beflügelt habe. Zwar unterliefen Weber bei seinem großen Wurf einige Detailirrtümer: Katholische Gebiete entwickelten sich unter gleichen Voraussetzungen nicht langsamer als protestantische; für die Wirtschaftsentwicklung spielt nicht nur das angehäufte Kapital, sondern auch die Nachfrage eine große Rolle; aber unbestritten ist, dass das neue Religionsverständnis für Europas Sonderweg eine bedeutsame Rolle spielte.

3.25 Katholische Reform: Die Abspaltung protestantischer Konfessionsrichtungen ermöglichte auch in der katholischen Kirche den Durchbruch von Reformbestrebungen, die man als katholische Reform zusammenfasst: Die Reformpäpste Paul III. und Pius IV. ließen auf dem Konzil von Trient (1545–1563) wichtige Fundamente des katholischen Glaubens (Lehre von den sieben Sakramenten) bestätigen, die Ausbildung, Amtsführung und Seelsorge durch die Geistlichen verbessern und ihre Bedeutung für die Kirche verstärken. Der von Ignatius von Loyola gegründete Jesuitenorden machte es sich zur Pflicht, den Katholizismus zu stärken. Die Jesuiten kümmerten sich um die Alltagswelt der Menschen in «ungläubigen» Gebieten. Sie versuchten, mächtige Personen und das Bildungswesen zu beeinflussen und durch Mission in den Kolonien (▶ 1.31) neue Gläubige zu gewinnen.

3.26 Konfessionskriege: Die Spaltung der Christenheit ging einher mit der Bildung von Territorialstaaten mit einheitlicher Konfession; in vielen Staaten, nicht nur in der Eidgenossenschaft, führte religiöse Intoleranz zu blutigen Kriegen: In *Frankreich* setzte sich in den Kriegen gegen die Hugenotten (calvinistische Protestanten, französische Verballhornung der Bezeichnung «Eidgenossen») letztlich die katholische Konfession durch. In *England* gründete König Heinrich VIII. gleich selbst eine Kirche, die anglikanische mit sich als Oberhaupt; seine Nachfolger/-innen verfolgten Katholiken und Calvinisten, die sich als Puritaner bezeichneten. In *Irland* wurde dadurch die konfessionelle Ursache des Nordirlandkonflikts begründet (▶ 7.24). Im *Deutschen Reich* trug der Dreißigjährige Krieg, 1618–1648, zur konfessionellen Spaltung und letztlich zum Zerfall bei. Die calvinistischen *Niederlande* kämpften sich von der spanischen Fremdherrschaft frei, während der katholische Südteil (etwa Belgien) als Spanische Niederlande auf Unabhängigkeit verzichtete.
In *Osteuropa* (Baltikum, Polen, Ungarn unter osmanischer Herrschaft) wurde die anfänglich expandierende lutheranische Konfession durch die katholische zurückgedrängt. *Skandinavien* blieb protestantisch, die *Iberische Halbinsel* katholisch.

3.27 Hexenverfolgung: Mit der Glaubenskrise und dem Zerfall universalistischer Herrschaft erreichten die Hexenprozesse zwischen 1550 und 1650 einen Höhepunkt; wahrscheinlich kosteten sie 50 000 bis 60 000 Menschen, vorwiegend Frauen, das Leben. Genauer lässt sich die Zahl nicht ermitteln, weil die Dokumente lückenhaft sind, Menschen auch ohne Prozess hingerichtet wurden und weil Prozesse wegen Hexerei, Ketzerei und sozialer Auffälligkeit ineinander übergingen. Dabei spielten Beweise (Indizien) eine geringe, aber das Geständnis der Angeklagten eine zentrale Rolle. Stichhaltige Beweise waren kaum beizubringen. Um Geständnisse zu erzwingen und um weitere Verdächtige vor Gericht bringen zu können, wandten die Gerichte die Folter an.
Die Hexenprozesse häuften sich in Gebieten ohne starke Territorialherrschaft. Dort fanden *Ängste*, aber auch berechnende Anschuldigungen leichten Anklang bei lokalen Gerichten. Diese Ängste betrafen vor allem den Schadenzauber: Im Glauben und durch die Kirche weniger gestützte Menschen fürchteten stärker einen Einfluss des Teufels schon auf das diesseitige Leben; Krankheiten und Unfälle, Missernten und geschäftliche Misserfolge interpretierten sie weniger als früher als Willen Gottes denn als Einfluss des Teufels über mit ihm verbündete Mitmenschen.

Die in der katholischen Kirche verbreitete Bibel in lateinischer Sprache formuliert im Buch Exodus 22.17: «maleficos (Zauberer beiderlei Geschlechts) non patieris vivere». Luther stützte sich bei seiner Bibelübersetzung auf den hebräischen Text: «Die Zauber*innen* sollst du nicht leben lassen.» Dementsprechend wurden in katholischen Gebieten deutlich mehr Männer als Hexer hingerichtet (30 %) als in protestantischen, wo ihr Anteil höchstens 15 % ausmachte.

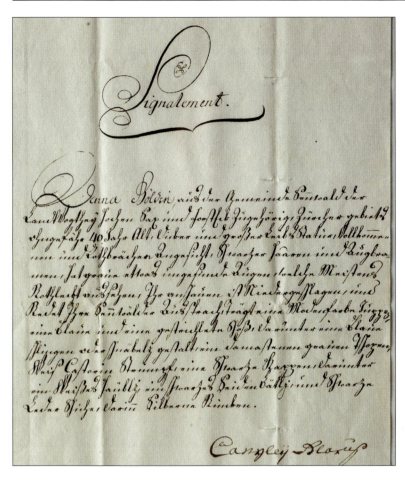

Fahndung nach der «letzten Hexe»:
Die 1782 in Glarus enthauptete Anna Göldi (geb. 1734) gilt als letzte in Europa als Hexe verurteilte Frau. Sie wurde beschuldigt, dem Töchterlein ihres Dienstherren Johann Jakob Tschudi «verhexte» Stecknadeln zum Essen gegeben zu haben. Wahrscheinlich wollte Tschudi sie nach sexuellem Missbrauch unter dem Druck hartnäckiger Gerüchte beseitigt haben. Das Gericht ließ mit dem folgenden Signalement nach ihr fahnden:
«Anna Göldi, aus der Gemeinde Sennwald der Landtvogthey hochen Sax und Forstek zugehörige Zürchergebietes, ohngefähr 40 Jahr Alt, Dicker und großer LeibsStatur, Vollkommen und Rothbrächenen Angesichts, Schwarzer Haaren und Augbrauen, hat graue etwas ungesunde Augen, welche Meistens Rothlecht aussehen, Ihr anschauen ist Niedergeschlagen, und Redet Ihre Sennwälder Aussprach […]
Canzley Glarus»
In Gertrud Pinkus' Verfilmung von Eveline Haslers Roman «Anna Göldi, letzte Hexe» wird diese durch Cornelia Kempers verkörpert (Standbild, bei ihrer Verhaftung):

2008 anerkannte der Glarner Landrat Anna Göldi als Opfer eines Justizmordes.

Auf der anderen Seite heizten *berechnende Interessen* die Hexenprozesse an: Nachbarn konnten sich an der Hinterlassenschaft einer vermeintlichen Hexe bereichern; Menschen am Rande der Gesellschaft mit wenig sozialem Kapital wurden verfolgt, um Normen der Regierenden durchzusetzen; missliebige oder unbequem gewordene Personen konnten zum Verschwinden gebracht werden; die Ankläger (sogenannte «Hexenmeister»), das Gericht und die Gerichtsknechte verdienten an den Prozessen.

3.28 Täuferverfolgung: Ein weiteres Symptom der Verunsicherung in Glaubensfragen stellten die verschiedenen radikalen Täuferbewegungen dar, welche über die Reformationsideen hinausgingen: Taufe nur erwachsener, dieses Sakramentes bewusster Menschen, urchristliche Verbundenheit unter den Gemeindemitgliedern, Ablehnung von Gewalt (und des Militärdienstes) und des Eides. Die verschiedenen Täuferbewegungen wurden von den Reformatoren und der Regierung verfolgt, tausend Opfer sind namentlich bekannt.
Heute leben etwa 1,6 Millionen Menschen nach den Ideen der Täuferbewegung, wie etwa die Mennoniten oder die Amischen, die meisten in den USA.

(siehe S. 23)

(siehe S. 23)

Nikolaus Kopernikus: De revolutionibus orbium coelestium (Buch 1, Kapitel 10):

«In der Mitte aber von allen ‹Planeten› herrscht die Sonne; denn wer möchte in diesem schönsten Tempel diese Leuchte an einen anderen und bessern Ort setzen, von wo aus sie das Ganze gleichzeitig erleuchten kann? Darum auch einige sie nicht ungeschickt die Leuchte der Welt, andere die Seele, noch andere den Lenker nennen. […] So lenkt tatsächlich die Sonne, auf dem königlichen Thron sitzend, die sie umkreisende Familie der Gestirne.
Wir finden also in dieser Anordnung eine bewundernswerte Symmetrie der Welt und einen zuverlässigen, harmonischen Zusammenhang der Bewegung und der Größe der Gestirne, wie sie mit einer anderen Theorie nicht gefunden werden kann.»

3.3 Die Erweiterung und Spaltung des Denkens

3.31 «Selbst-Säkularisierung»: Hinter den Konfessionskonflikten stand eine verstärkte Radikalisierung der Konfessionen, dahinter eine Krise der Gläubigkeit. Diese wird heute als spezifisch christliches Phänomen gesehen, nämlich als Widerspruch zwischen der Allmacht Gottes und der Möglichkeit des Menschen, aktiv etwas zu seinem Seelenheil beizutragen und sich dessen durch ein gutes Leben zu versichern. Luther hatte den Ausweg der Gnade Gottes, Calvin die Lösung durch die Prädestinationslehre entwickelt. Aber beide Gedanken brachten den Menschen keine Gewissheit über ihr Weiterleben nach dem Tod.

Deshalb begannen sie sich im 16. Jahrhundert immer deutlicher ihrem Leben im Diesseits zuzuwenden; das humanistische Ideal des Menschen im Mittelpunkt (▶ 3.11) verstärkte diese Entwicklung: Es ging den Menschen darum, ihr Leben vor dem Tod zu verbessern, wenn schon dasjenige nach dem Tod nicht mehr gewiss war. Den Tod versuchten sie hinauszuschieben und den Gedanken daran zu verdrängen – bis heute. In der Lebensführung äußerte sich diese Verlagerung als eine Verlagerung vom Glauben zum Denken. Dafür haben der deutsche Philosoph Oswald Schwemmer (2003) und der Universalhistoriker Heinrich August Winkler (2009) den Ausdruck «Selbst-Säkularisierung» geprägt.

3.32 Magisches Denken: Der religiöse Glaube wurde zuerst aufgeweicht durch das magische Denken. Dieses anerkannte einen Schöpfer-Gott, ging aber davon aus, dass es möglich sei, die Grundgesetze seiner Schöpfung zu erforschen. Leonardo da Vinci (1452–1519) wollte mit seinem Vitruvianischen Menschen die Proportionen des Menschen auf einfache Formeln zurückführen. Der Astronom Nikolaus Kopernikus (1473–1543) erkannte, dass nicht die Erde, sondern die Sonne im Zentrum steht (heliozentrisches Weltbild). Aber für ihn konnten die Umlaufbahnen nur Kreise sein. Weil seine Beobachtungen nicht mit diesen Kreisbahnen übereinstimmten, konstruierte er Kreise von Kreisen, Epizykel, welche die Gestirne auf ihrer Umlaufbahn um unsichtbare weitere Sterne drehten.

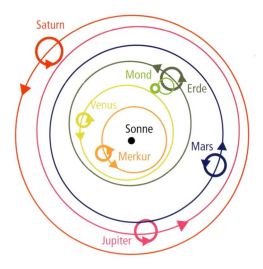

Solche Konstruktionen sind heute überholt. Das magische Denken, das die Spekulation erlaubt und nicht beweisbare Zusammenhänge etwa zwischen Körper und Seele, zwischen Gegenwart und Zukunft, bildet aber noch heute einen wichtigen Beitrag zur europäischen Kultur.

3.33 Organizistisches Denken: Der Anatom Andreas Vesalius (1514–1564) dachte nicht mehr magisch. Es ging ihm beim Sezieren von Menschen nicht um unergründliche Zusammenhänge, sondern um eine präzise Beobachtung der Funktionen der Organe. Er versuchte sie genau zu erforschen. Mit derselben Denkmethode entdeckte William Harvey (1578–1657) den (großen) Blutkreislauf: Er beobachtete bei lebenden Tieren und Menschen durch einfache Experimente Herztätigkeit, Puls und Blutfluss. (Die gleiche Entdeckung hatte der arabische Arzt Ibn al-Nafis schon 1242 beschrieben, aber seine Schrift war im christlichen Europa nicht wahrgenommen worden.) Die Entdeckung des Blutkreislaufes erwies sich als Schlüssel zur Entwicklung der modernen Medizin, weil jetzt der Stoffwechsel erkannt werden konnte.

In der Astronomie hing Johannes Kepler (1571–1630) dieser Denkrichtung an: Als Assistent des Astronomen Tycho Brahe erkannte er, dass Kopernikus' Modell der kreisförmigen Umlaufbahnen immer noch von der Realität abwich. Diesen Widerspruch konnte er nur dadurch lösen, dass er die Planeten in ellipsenförmigen Kreisbahnen und mit ungleicher Geschwindigkeit um die Sonne kreisen ließ. Das war keine einfache Formel mehr, aber die ersten beiden Keplerschen Gesetze können bis heute die realen Gestirnsbewegungen erklären und voraussagen. Kepler war aber nicht nur ein organizistischer Beobachter, sondern auch ein stark magisch denkender Mensch: Er behauptete, es gebe einen Einfluss der Gestirne auf die Menschen und einen Zusammenhang zwischen den Umlaufbahnen und der Harmonie in der Musik.

Über Kepler hinaus ging Galileo Galilei (1564–1642) bezüglich der Gestirnsbeobachtungen: Dank des Fernrohrs erkannte er Gebirge auf dem Mond, Phasen der Venus (und damit ihre Eigenrotation), Jupitermonde um den Mars und veränderliche Sonnenflecken: die Gestirne erschienen als der Erde verwandte, veränderliche Himmelskörper.

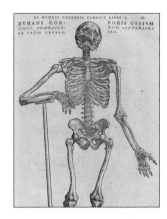

(siehe S. 23)

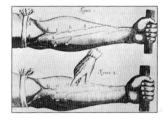

William Harvey: «Exercitatio Anatomica de Motu Cordis et Sanguinis in Animalibus» (Abhandlung über die Anatomie der Herz- und Blutbewegung bei Lebewesen), 1628

In diesem dünnen 72-seitigen Büchlein entwickelte Harvey seine Entdeckung.

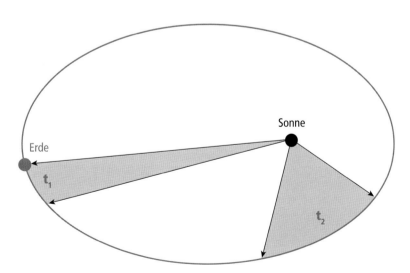

Keplers Modell: Die Erde und die anderen (hier nicht gezeichneten) Planeten kreisen in einer Ellipse um die Sonne, die im einen Brennpunkt steht (1. Keplersches Gesetz); sie bewegen sich nicht immer gleich schnell, sondern in der Nähe der Sonne schneller. Der Fahrstrahl, mit dem die Sonne die Erde bescheint, bestreicht während gleicher Zeiten t_1 und t_2 gleich große Flächen (2. Keplersches Gesetz).

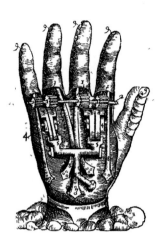

(siehe S. 23)

Das organizistische Denken, die genaue Beobachtung und Annäherung an unerklärliche Phänomene wie das Leben oder die Entstehung des Weltalls, prägt heute die biologisch ausgerichteten Naturwissenschaften und in starkem Maß die Schulmedizin.

3.34 Mechanizistisches Denken: Als der Feldarzt Ambroise Paré (um 1510–1590) das Modell einer künstlichen Hand entwarf, war er geprägt von den zahlreichen Verstümmelungen, die er auf den Schlachtfeldern hatte miterleben müssen. Er kündigte bereits Ende des 16. Jahrhunderts eine Denkmethode an, die sich im 18. in der Aufklärung durchsetzen wird: den Anspruch, die komplizierte Schöpfung als einen Mechanismus zu verstehen und damit nachbauen zu können. Das mechanizistische Denken baute auf der organizistischen Beobachtung der Funktionen auf; so folgerte René Descartes (1596–1650) aus Galileis Beobachtungen der Gestirnsoberflächen, dass diese sich im Prinzip nicht von der Erde unterschieden; und Isaac Newton (1642–1727) postulierte, dass sich die Himmelskörper gegenseitig anziehen und sich so auf einer stabilen Bahn halten. Nun war definitiv kein Gott mehr nötig, um das Universum zu lenken; Newton gestand ihm nur noch zu, dass er dieses geschaffen habe; er existiere, aber nehme keinen Einfluss. Diese Lehre, der Deismus, warf die Menschen auf sich selbst zurück.

Zum Triumph des mechanizistischen Denkens in der Astronomie gehört, dass die entferntesten Planeten Neptun und Pluto (seit 2006 nicht mehr als Planet eingestuft) zuerst durch Berechnungen ermittelt und erst Jahre später durchs Fernrohr tatsächlich gesehen wurden.

3.35 Entwicklung der Technik: Eine unmittelbare Bedeutung hatte das mechanizistische Denken schon vor der Aufklärung, weil es zu technischen Konstruktionen motivierte. Bereits der Buchdruck im 15. Jahrhundert war auf die mechanizistisch gedachte Zerlegung der Wörter in Buchstaben und deren Ersetzung durch vielfach kombinierbare Lettern zurückgegangen. Der Buchdruck ermöglichte die Verbreitung des Wissens, auch in unteren Schichten. Mit Ambroise Paré tauchte ein erster Wissenschafter auf, der

Illustration zu einer Beschreibung von Jost Bürgis Triangulationsinstrumenten

Bürgi veranschaulicht, wie er die Distanz zu den feindlichen Truppen messen kann, ohne sich ihnen nähern zu müssen. Die Illustration deutet auch gleich an, wofür diese Distanzmessung gut sein soll.

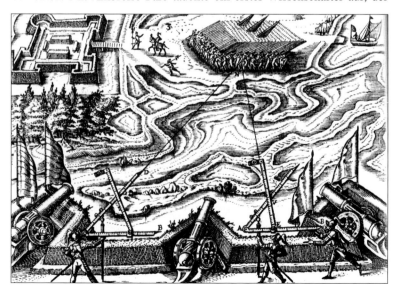

nicht Latein beherrschte. Dies traf auch zu auf den Toggenburger Jost Bürgi (1552–1632), der dafür seine technische Vorstellungskraft mit seiner handwerklichen Begabung verband. Er baute so feine Uhren, dass erstmals Sekunden gemessen werden konnten, so ausgeklügelte Himmelsmodelle, dass er Keplers Planetensystem simulieren und damit stützen konnte, oder auch Winkelmessgeräte (Triangulation), mit denen er Entfernungen und Höhen messen konnte, ohne sie abschreiten zu müssen. Auch aus praktischen Bedürfnissen heraus entwickelte er die logarithmischen Zahlen. Das sind Parallelzahlen zu jeder natürlichen Zahl, deren Addition einer Multiplikation (und deren Subtraktion einer Division) der natürlichen Zahlen entspricht. So konnte das Rechnen auf einfachen Stäben mechanisiert werden.

Bürgi ist nur ein Beispiel eines unterhalb der wissenschaftlichen Eliten arbeitenden Pioniers und Tüftlers. Wie er sorgten viele Erfinder für alltägliche Verbesserungen des Lebens von Menschen, die sich nicht mehr mit dem allgegenwärtigen Tod abfinden wollten und von Gott keine direkte Hilfe mehr erwarteten. Jetzt bildete sich der Berufsstand der Ärzte heraus. Einer der ersten unter ihnen, Paracelsus (vermutlich 1493–1541), begründete die Pharmazie, den gezielten Einsatz von Medikamenten gegen Krankheiten. Hygiene wurde zu einem Bedürfnis und Gesundheit gewann an Stellenwert, weil sie die Menschen auf Distanz zum Tod hielt, den sie zu fürchten begannen. Wohlstand und eine gewisse Beleibtheit symbolisierten diese Distanz zum Tod und wurden zu erstrebenswerten Idealen.

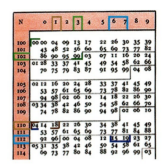

Bürgis Logarithmentafel: Für den Wert 102,3 (hellgrün eingerahmt) wird die Logarithmenzahl 0099 (dunkelgrün), für den Wert 110,1 (hellbraun) 0418 (dunkelbraun) ermittelt. Der Summe 0099 + 0418 = 0517 (dunkelblau) entspricht die natürliche Zahl 11 264 (hellblau), ungefähr das Produkt der Werte 102,3 × 110,1.

3.36 Reihenfolge der drei Denkmethoden: Vereinfachend werden die drei Denkmethoden bisweilen als historisch aufeinanderfolgend dargestellt, die magische als Grundlage der Renaissance, die organizistische als Grundlage des Barock und die mechanizistische als Grundlage der Aufklärung. Zwar kann jede eine Epoche geprägt haben, aber keine von ihnen verschwand. Ohnehin bestimmte bis um 1800 noch vorwiegend der Glaube das Handeln der meisten Menschen.

Heute sind wir gewohnt, je nach Anwendungsgebiet zwischen ihnen zu wechseln. Viele aktuelle Themen (Gentechnologie, Umweltschutz, Energieversorgung) sind deshalb strittig, weil wir anhand unterschiedlicher Denkmethoden darüber argumentieren.

Auch die Vorstellungen über die Gesellschaftsformen sind von den Denkmethoden geprägt: Die organizistische legt Gewicht auf die Abstammung und bestimmt die absolutistische Ständegesellschaft. Die mechanizistische Denkmethode führt zur Idee von der Gleichheit aller Menschen, die sich mit der Aufklärung verbreitet. Der aufgeklärte Absolutismus des 18. Jahrhunderts ist von beiden Denkmethoden beeinflusst.

3.37 Faktoren des europäischen Sonderwegs: Die Zuwendung breiter Bevölkerungsschichten zum Diesseits, die Hochschätzung des Lebens vor dem Tod, das Bedürfnis und der Anspruch, es sich komfortabel einzurichten, werden heute als starker Antrieb für den Fortschritt gesehen, und damit als ein Faktor, der Europas Sonderweg in die Moderne begründete. Dem widersprechen nicht die anderen Faktoren: Europas Aufteilung in mehrere Herrschaftsbereiche und deren Konkurrenz untereinander (▶ 2) sowie allfälliger Gewinn aus der Kolonialreichbildung(▶ 1). Welcher Faktor welchen Anteil am europäischen Sonderwegs hatte, wird diskutiert und ist wohl nicht zu entscheiden. Dass aber alle dazu beitrugen, zwischen 1500 und 2000 ein europäisches Zeitalter zu begründen, kann als gesichert gelten.

Die Epoche der bürgerlichen Revolutionen, 1776–1848

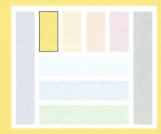

Von 1776 bis 1848 veränderte sich die europäische Gesellschaft grundlegend: An die Stelle der vorgegebenen Autorität trat der individuelle Mensch mit seinem Rechtsanspruch.
Diesen leitete er aus dem Gedankengut der Aufklärung ab. Hinter der rational begründeten Forderung stand der Wunsch nach einem erfüllten und komfortablen Leben im Diesseits – ein Wunsch, der mit dem Sonderweg der europäischen Kultur entstanden war. Die Menschen verließen sich nicht mehr darauf, nach ihrem Tod einen Ausgleich zu erhalten – sie wollten ihr Leben vor dem Tod gestalten.
Ihr erstes Ziel war die *Freiheit*. In West- und Mitteleuropa erreichten sie es nun weitgehend: Die Leibeigenschaft wurde abgeschafft, Meinungs- und Meinungsäußerungs-, Versammlungs-, Religions-, Gewerbe- und Handelsfreiheit setzten sich durch. Dies zum Teil durch Revolutionen als Taktgeber, zum Teil durch Reformen. Einige Staaten wurden Republiken, aber auch in weiter bestehenden Monarchien setzten sich demokratische(re) Regierungsformen durch. Die Träger dieses Wandels nannten sich Liberale, eine Minderheit, welche die direkte Demokratie verlangte, Radikale.
Das zweite Ziel war die *Gleichheit* unter den Menschen. Vertreten durch die Sozialisten, wurde es nicht erreicht. Denn die erfolgreichen Liberalen hatten wenig Interesse daran, ihre Freiheit zugunsten eines Ausgleichs unter den Menschen einzuschränken. Auch die Gleichstellung von Frau und Mann fand kaum Widerhall. So scheiterten entsprechende Revolutions- und Reformversuche – nur einzelne Postulate wurden nach 1848 erfüllt.
Die Revolutionen veränderten aber nicht nur den *vertikalen* Gesellschaftsaufbau. Sie führten auch, gewissermaßen flächenmäßig *horizontal*, zu einer Ausbreitung europäischer Kultur: Die USA erkämpften sich ihre Freiheit 1783 und die meisten lateinamerikanischen Staaten 1824: Ihre herrschende Schicht, die freien, wohlhabenden Männer, exportierten europäisches politisches Denken vom «alten» Kontinent über den Atlantik. Man bezeichnet deshalb diese Epoche auch als diejenige der Atlantischen Revolutionen.
Auf der Strecke blieben die Schichten unterhalb des liberalen Bürgertums: die indigenen Völker in Nord- und Südamerika, die nach Amerika verschleppten schwarzen Sklavinnen und Sklaven, die neuen Schichten der Fabrikarbeiter/-innen. Sie konnten erst später einzelne Ziele erreichen.

«Vier schöne unpolitische Bilder» 1830, 1840, 1850, 1860.
In: «Der Postheiri», Nummern 11 und 13, 1847. Holzstich.

Der «Postheiri» war die satirische Beilage des «Solothurner Wochenblattes», benannt nach dem Solothurner Briefträger-Original Heinrich Meister.

Der «Postheiri» zeichnet nach, wie 1830 der selbstbewusste liberale Bürger den Aristokraten unter den erschrockenen Blicken seiner Ahnen aus dem Zimmer weist; 1840 stößt ein Radikaler mit dem typischen Filzhut den mittlerweile mit einer Perücke geschmückten Liberalen von seinem Thron auf dem Landsgemeinde-Podium; 1850 wird ein wilder Kommunist den Radikalen, dessen Heldentat von 1840 als Zeichnung an der Wand hängt, noch brutaler vertreiben; so wird 1860 das Staatsschiffchen, von grauenvollen Ungeheuern bedroht, einer erneuten Gründung durch den Schwur der drei Eidgenossen auf dem Rütli bedürfen.

Die Karikatur aus dem Jahr 1847 basiert bei den ersten beiden Bildern auf Erfahrungen und leitet daraus die fürchterliche Zukunft ab. Gerade diese Angst vor einer kommunistischen Revolution verhinderte deren Erfolg.

4. Die Amerikanische Revolution, 1776–1789

Der schwarze Bürgerrechtskämpfer Martin Luther King (▶ 16.13) in seinem Buch «Warum wir nicht warten können», 1963:

«Unsere Nation entstand unter der Idee des Genozids, dass die ursprünglichen Amerikaner, die Indianer, eine minderwertige Rasse seien. Und lang bevor Neger in großen Scharen unser Land erreicht hatten, hatte das Kainsmal des Rassenhasses bereits das Gesicht der Siedlergesellschaft entstellt. Schon vom 16. Jahrhundert an floss Blut in den Auseinandersetzungen um die Vorherrschaft der weißen Rasse. Vielleicht sind wir das einzige Volk, das es als Bestandteil seiner nationalen Politik betrachtete, die ursprüngliche einheimische Bevölkerung auszurotten.»

4.0 Freiheit: In der Amerikanischen Revolution proklamierten die dreizehn Kolonien ein Schlagwort für die folgenden Revolutionen: Freiheit. Ihnen ging es um Freiheit im klassischen Sinn, der politischen Unabhängigkeit von einer Herrschaft auf der andern Seite des Atlantiks. Aber die Freiheit begrenzten sie auf weiße Männer – schwarze Sklavinnen und Sklaven, auch Indianervölker erhielten sie nicht (▶ 6.34 und 7.92).

4.1 Der Weg zur Revolution

4.11 Siebenjähriger Krieg, 1756–1763: In dem Streifen zwischen der nordamerikanischen Atlantikküste und den Appalachen hatten sich seit dem frühen 17. Jahrhundert dreizehn englische Kolonien entwickelt. Ihre Siedler/-innen waren weitgehend autonom gegenüber Großbritannien und entsprechend selbstbewusst. Aber Frankreich hatte in Kanada und im Mississippi-Ohio-Becken ein Kolonialreich aufgebaut, das sich als Ring um die dreizehn Kolonien legte und ihre Ausdehnung westwärts verhinderte (▶ 1.31). Während des Siebenjährigen Kriegs der beiden Großmächte halfen deshalb die Kolonisten, Frankreich vom nordamerikanischen Kontinent zu vertreiben: Im Frieden von 1763 trat Frankreich den riesigen Landstreifen bis zum Mississippi an Großbritannien ab.

Aber schon zwölf Jahre später verwandelte sich der britische Erfolg ins Gegenteil: Solange nämlich Frankreich die dreizehn Kolonien umklammert hatte, waren sie auf das Mutterland angewiesen gewesen; nach der Zerschlagung des französischen Kolonialreiches benötigten sie keinen Schutz mehr. Vielmehr stand jetzt Großbritannien der Ausdehnung westwärts entgegen. Denn die britische Regierung verbot aus Angst vor Indianerkriegen vorerst jede Einwanderung in das neu erworbene Gebiet. So verschlechterte sich das Verhältnis zwischen dem Mutterland und seinen Kolonien rasch.

4.12 Steuerkonflikte: Die britische Regierung suchte einen Teil der Kosten des Siebenjährigen Kriegs durch neue Steuern auf die Kolonien abzu-

Nordamerika vor und nach dem Siebenjährigen Krieg

- dreizehn Kolonien
- übrige britische Gebiete
- französische Kolonien (Kanada und Louisiana)
- spanische Kolonien

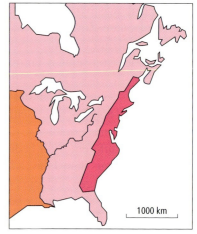

«A society of Patriotic Ladies at Edenton in North Carolina», Aquatinta-Zeichnung des Briten Philip Dawes, 1775 (Ausschnitt)

Am 25. Oktober 1774 griffen erstmals Frauen in den Boykott von Tee und anderen britischen Produkten ein: 51 Damen in Edenton unter der Leitung von Penelope Barker unterzeichneten eine Erklärung und sandten sie direkt nach Großbritannien: «We the Ladys of Edenton do hereby solemnly Engage not to Conform to that Pernicious Custom of Drinking Tea, or that we the aforesaid Ladys Promote the use of any Manufacture from England, until such time that all Acts which tend to Enslave this our Native Country shall be Repealed.» (Paraphrase: Wir Damen von Edenton versprechen, auf den Teekonsum und das Tragen von Kleidern aus britischen Manufakturen zu verzichten, bis alle Gesetze, welche unsere Nation versklaven wollen, zurückgezogen werden.)

Dawes verspottete mit dieser Zeichnung das politische Engagement. Die Damen begehen statt des Teekonsums eine Reihe anderer Sünden. Sogar die sittsame Dame ganz rechts bedient sich der damals üblichen Fächer-Zeichensprache: der nach vorn offen hingehaltene Fächer signalisiert die Bereitschaft zu einer Männerbekanntschaft.

Bei den Schachteln rechts unten und links oben im Bild handelt es sich um Teeblätter-Behältnisse.

wälzen. Nach ihrer Auffassung gab die Bill of Rights (▶ Band 1, 18.33) dem britischen Parlament und der Krone das Recht, gemeinsam Steuergesetze zu beschließen. Demgegenüber betonten die Wortführer der Kolonisten, nach britischem Staatsrecht müssten alle Steuergesetze von den Vertretern der Besteuerten gutgeheißen werden, die Vertretung der kolonialen Bevölkerung sei aber nicht das britische Parlament, sondern seien die «Assemblies» (die Parlamente der einzelnen Kolonien). An dieser Meinungsverschiedenheit entzündete sich der Konflikt.

Zuerst verfügte die britische Regierung eine Stempelsteuer auf alle Rechtsdokumente und Druckerzeugnisse. Die Kolonisten beschlossen 1765 im «Stamp Act Congress», der ersten Zusammenkunft dieser Art, den Boykott dieser Papiere. Die Regierung ersetzte darauf die Stempelsteuer durch einen Einfuhrzoll in den amerikanischen Häfen. Die Kolonisten reagierten mit dem Boykott aller englischen Waren. Deshalb ließ die Regierung das Zollgesetz fallen; nur für Tee beharrte sie auf einem symbolischen Einfuhrzoll.

4.13 Vom Konflikt zum Krieg: Ende 1773 vernichteten einige junge, als Indianer verkleidete Männer im Hafen von Boston eine wegen des Boykottes nicht gelöschte Teelieferung: «Boston Tea Party» (Bostoner Teesturm). Nun entschlossen sich die britische Regierung und das Parlament zu hartem Durchgreifen: Sie verboten jeglichen Warenumschlag im Bostoner Hafen, verhängten in Boston den Ausnahmezustand und hoben in der ganzen Kolonie Massachusetts das Selbstverwaltungsrecht auf. Ferner schlugen sie das Ohiogebiet, das die Kolonisten als künftiges Einwanderungsland betrachteten, der Kronkolonie Kanada zu.

Im Herbst 1774 versammelten sich Abordnungen aus allen dreizehn Kolonien zum *First Continental Congress*, protestierten gegen diese «unerträglichen Zwangsgesetze» und beschlossen, nach einem Jahr erneut zusammenzutreten. Aber bereits vor Jahresablauf brach der Kampf in Massachusetts offen aus; Freiwillige aus Nachbarkolonien eilten zu Hilfe. Der *Second Continental Congress* versammelte sich im Mai 1775, sicherte den Aufständischen die Hilfe aller anderen Kolonien zu und wählte George Washington zum gemeinsamen Oberkommandierenden: Die dreizehn Kolonien begannen den Unabhängigkeitskrieg gemeinsam.

4.2 Der Unabhängigkeitskrieg

4.21 Kriegsverlauf: Anfänglich waren die Briten überlegen, weil sie ihre Truppen rasch auf dem Seeweg verschieben konnten. Washington musste erst aus seinen ungeschulten Milizen eine disziplinierte Truppe formen. Während dieser Zeit wich er größeren Kampfhandlungen aus. Aber im Herbst 1777 schlug er eine starke britische Armee bei Saratoga im Hudsontal. Darauf trat Frankreich auf der Seite der Aufständischen in den Krieg ein, die Niederlande und Spanien folgten. Die Kämpfe griffen nun auf alle Weltmeere, auf Indien, Gibraltar und die Antillen über; Großbritanniens Lage verschlechterte sich rasch. Im Herbst 1781 kapitulierte bei Yorktown die britische Hauptmacht auf nordamerikanischem Boden.

4.22 Unabhängigkeitserklärung, 1776: Mehr als ein Jahr nach dem Ausbruch der Revolution, am 4. Juli 1776, beschloss der Zweite Kontinentalkongress, die Unabhängigkeit der Kolonien unter der Bezeichnung «United Nations of America» zu erklären. Während sich die Kolonisten bisher ausschließlich auf das britische Staatsrecht berufen hatten, stützte sich die Unabhängigkeitserklärung einzig auf das Gedankengut der Auf-

Thomas Jefferson (1743–1826) aus Virginia verfasste *die amerikanische Unabhängigkeitserklärung*, die der Kontinentalkongress mit geringfügigen Änderungen guthieß. Aus dem hier wiedergegebenen wichtigsten Teil des handschriftlichen Entwurfs von Jefferson sind lediglich die Worte «inherent &» (angeborenen und) in der endgültigen Fassung weggefallen.

We hold these truths to be self-evident: that all men are created equal; that they are endowed by their creator with certain (inherent &) inalienable rights; that among these are life, liberty, & the pursuit of happiness; that to secure these rights, governments are instituted among men, deriving their just power from the consent of the governed; that whenever any form of government becomes destructive of these ends, it is the right of the people to alter or to abolish it, & to institute new government […].

Wir halten diese Wahrheiten für in sich einleuchtend: dass alle Menschen gleich geschaffen sind; dass sie von ihrem Schöpfer mit gewissen (angeborenen und) unveräußerlichen Rechten ausgestattet sind, darunter Leben, Freiheit und Streben nach Glück; dass zur Sicherung dieser Rechte Regierungen unter den Menschen eingesetzt sind, die ihre rechtmäßige Gewalt von der Zustimmung der Regierten herleiten; dass, wenn immer eine Regierungsform diesen Zwecken verderblich wird, es das Recht des Volkes ist, sie zu ändern oder abzuschaffen und eine neue Regierung einzusetzen […].

Die Verfassung der USA, 1789

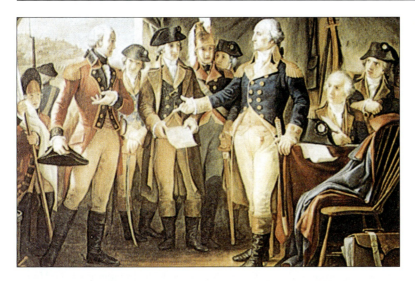

Die Belagerung von Yorktown war der entscheidende Durchbruch auf dem Weg zur Unabhängigkeit der USA. Dort belagerten die amerikanischen Truppen zusammen mit dem französischen Expeditionskorps die englische Armee während beinahe zwei Monaten und zwangen sie schließlich zur Kapitulation.

Das Fresco von Constantino Brumidi von 1857 zeigt die Kapitulation des Oberkommandierenden der englischen Armee, General Charles Cornwallis (links) vor George Washington am 17.10.1781. Cornwallis forderte zuerst einen 24-stündigen Waffenstillstand, Washington, der vom Nahen einer britischen Flotte wusste, gestand nur zwei Stunden Bedenkzeit zu. Daraufhin kapitulierte Cornwallis.

Brumidi hat rechts unten neben seiner Unterschrift hinzugefügt: «Citizen of the U.S.» – er war es eben erst geworden.

Das Fresko war im Repräsentantenhaussaal im Kapitol gemalt worden, wurde aber immer wieder als zu wenig würdevoll kritisiert, 1947 durch einen Holzverkleidung verdeckt, 1972 abgelöst und ins Speisezimmer des Repräsentantenhauses verlegt.

klärung: Menschenrechte und Widerstandspflicht. So war ihr in West- und Mitteleuropa ein gewaltiger Widerhall beschieden; erstmals hörte die neue Staatslehre auf, bloße Theorie zu sein; sie wurde zur politischen Realität.

4.23 Friedensvertrag: Zuerst einigte sich Großbritannien mit den amerikanischen Kolonien; dadurch wurden auch Frankreich, Spanien und die Niederlande an den Verhandlungstisch gezwungen. Der allgemeine Friedensschluss erfolgte 1783 in Versailles. Großbritannien anerkannte die Unabhängigkeit der dreizehn ehemaligen Kolonien und trat ihnen alles Land westwärts bis zum Mississippi ab. Spanien wurde mit Florida abgefunden, während Frankreich und die Niederlande, diplomatisch von ihren Verbündeten überspielt, leer ausgingen.

4.3 Die Verfassung der USA, 1789

4.31 Verfassungskämpfe: Zwischen den selbstständig gewordenen Kolonien bestand nur ein loses Kriegsbündnis; der Kontinentalkongress hatte außer der Aufsicht über die Kriegführung keine Kompetenzen. Das stärkste Band unter diesen dreizehn Staaten war, neben der Erinnerung an den vereint ausgefochtenen Unabhängigkeitskrieg, die gemeinsame Herrschaft über das Land zwischen Appalachen und Mississippi sowie ein großer Schuldenberg, der nur durch eine gemeinsame Politik abgebaut werden konnte. Wie sollten die Staaten dafür zusammenarbeiten?

Die *Partikularisten* wollten am bisherigen Zustand eines bloßen Militärbündnisses zwischen sonst selbstständigen Staaten festhalten und das Neuland im Westen, das Ohio-Becken, unter die dreizehn Staaten aufteilen. Die *Föderalisten* dagegen erstrebten einen engeren Zusammenschluss zu einem Bundesstaat.

Im Frühjahr 1787 setzten sie sich an einem neuen Kongress, der «*Convention*» durch: Dieser beschloss die Ausarbeitung einer Gesamtverfassung und die gemeinsame Verwaltung des Ohio-Beckens in der «Ohio Ordinnance» (Ohio-Erlass): Das Neuland wurde in «territories» gegliedert; jedes Territorium sollte ein selbstständiger und mit den dreizehn alten Staaten

Abigail Adams (1744–1818) schrieb 1776 ihrem Mann zum Verfassungskonvent: «Bei der neuen Gesetzgebung, die Ihr nun entwerfen werdet, wünsche ich, dass Ihr Euch der Frauen erinnert und Euch ihnen gegenüber generöser und positiver verhaltet, als Eure Vorfahren es taten. Seid Euch dessen bewusst, dass alle Männer Tyrannen wären, wenn sie könnten. [...] Wenn wir Helden, Staatsmänner und Philosophen haben wollen, müssen wir auch gebildete Frauen haben.» Ihr Mann John Adams, zweiter Präsident der USA, reagierte mit dem Vorwurf «Despotism of the Petticoat».

George Washington

Der erste Armeeführer und erste Präsident der USA ist nicht nur als Namensgeber der Hauptstadt, sondern auch auf der Ein-Dollar-Note der USA präsent geblieben. Sein Entscheid, nicht mehr als acht Jahre Präsident sein zu wollen, wurde zur Regel (mit einer Ausnahme) und 1951 in einem Verfassungszusatz verankert.

George Washington war aber auch in der Sklavenhaltung für das Land typisch: Er lehnte die Sklaverei theoretisch ab, erhöhte aber die Zahl seiner Sklaven von 10 auf 390 und ließ entlaufene Sklaven verfolgen. Im Testament verfügte er die Freilassung aller Sklaven nach dem Tod seiner Frau.

Der Familienname Washington, den viele freigelassene Sklaven annahmen, ist übrigens heute zu 90 % ein Name von Schwarzen.

Gilbert Stuart, von dem die Vorlage zu diesem Porträt stammt, war zwar in den USA geboren, aber zweimal in Europa als Maler gescheitert, bevor er nach 1793 in den USA großen Erfolg als naturgetreuer Porträtist feierte.

gleichberechtigter Gliedstaat der Union werden, sobald es 60 000 weiße Einwohner zähle. Diese Regelung wurde dann bald auf das ganze noch nicht staatlich organisierte Unionsgebiet angewendet, sodass die Zahl der Gliedstaaten im Laufe von anderthalb Jahrhunderten allmählich bis auf fünfzig anstieg.

Schon ein halbes Jahr später verabschiedete die «Convention» ihren Verfassungsentwurf, den bis zum Frühjahr 1789 elf der dreizehn Staaten gutheißen. Darauf wurde die Verfassung in Kraft gesetzt und George Washington zum ersten Präsidenten des neuen Bundesstaates gewählt.

4.32 Grundzüge der Verfassung: Diese älteste geschriebene Verfassung der Welt gilt bis heute; sie wurde bis 2015 um 27 Zusatzartikel, sogenannte «amendments», ergänzt. Sie legt die Union als Bundesstaat auf der Grundlage der Gewaltenteilung fest. Dabei sind die drei Gewalten nicht streng getrennt, sondern greifen derart ineinander, dass keine von ihnen übermächtig werden kann. Die amerikanische Verfassungslehre spricht von einem «system of checks and balances», von einem System der Gegen- und Gleichgewichte.

Die Kompetenzaufteilung zwischen Union und Gliedstaaten weist der Union im Wesentlichen die gesamte Außenpolitik, den Schutz der verfassungsmäßigen Grundrechte und das Gesetzgebungsrecht über all jene Gegenstände zu, die mehrere Gliedstaaten betreffen. Die Union kann auch direkt Steuern erheben und ist so nicht auf Beiträge der Gliedstaaten angewiesen.

4.33 Legislative: Das Gesetzgebungsrecht liegt primär beim «Congress», der aus zwei Kammern besteht: In den Senat wählt jeder Gliedstaat für sechs Jahre zwei Abgeordnete, in das «House of Representatives» (Repräsentantenhaus) für je zwei Jahre eine seiner Einwohnerzahl entsprechende Zahl von Vertretern. Kongressbeschlüsse kommen nur zustande, wenn beide Kammern übereinstimmen. Die Teilung des gesetzgebenden Parlamentes in eine Vertretung der Gliedstaaten (Länderkammer) und eine solche des Gesamtvolkes (Volkskammer) wurde beispielhaft für alle bundesstaatlichen Verfassungsordnungen.

Kongressbeschlüsse treten nur in Kraft, wenn der Präsident sie nicht ablehnt. Dieses Vetorecht des Präsidenten entfällt dann, wenn der Kongressbeschluss in jeder der beiden Kammern mit Zweidrittelmehrheit gefasst wird. In jedem Fall kann aber der Oberste Bundesgerichtshof jene Gesetze für ungültig erklären, die er als verfassungswidrig ansieht (Verfassungsgerichtsbarkeit).

4.34 Exekutive: Der «President» ist Staatsoberhaupt, Regierungschef und Oberbefehlshaber der Armee, eine gewaltige Machtkonzentration. Doch zur Ernennung seiner Kabinettsmitglieder, der Botschafter und der Richter am Obersten Bundesgerichtshof benötigt er die Zustimmung des Senats. Durch das Mittel des «hearing» (Anhörung, Vernehmung) kann der Senat jeden Beamten vor seine Untersuchungskommissionen ziehen. Auch alle Staatsverträge müssen vom Senat ratifiziert (rechtskräftig bestätigt) werden. Für eine Kriegserklärung ist gar der Kongress zuständig. So wenig der Kongress uneingeschränkt die legislative Gewalt besitzt, so wenig verfügt der Präsident allein über die exekutive Macht.

Der Präsident wird indirekt für eine vierjährige Amtsperiode durch das Volk (seit 1860 in allen Staaten, seit 1920 auch durch Frauen) gewählt: Es bestimmt so viele «electors» (Wahlmänner) pro Staat, wie dieser Abgeord-

Die Verfassung der USA, 1789

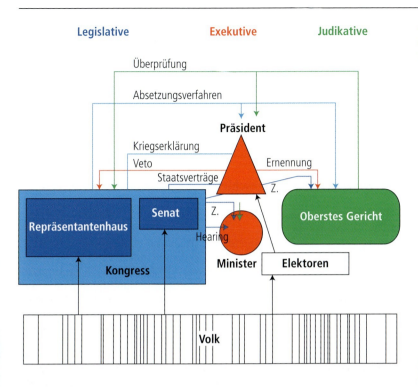

Gewaltentrennung und gegenseitige Kontrolle in der Verfassung der USA
Z.: Zustimmungsrecht

nete in den Kongress entsendet; diese Elektoren (1789: 91; seit 1960: 538, darunter drei des Districts of Columbia, der Hauptstadt) wählen den Präsidenten; sie legen sich heute vor ihrer Wahl auf einen Kandidaten fest. Bei der Wahl der Elektoren gilt in fast allen Staaten das Mehrheitsprinzip: Alle Elektorenmandate eines Staates fallen der stärksten Partei dieses Staates zu («The winner takes it all»). Entscheidend ist deshalb die Mehrheit der Elektorenstimmen, nicht die der Wählerstimmen. Mehrmals wurden Kandidaten nicht gewählt, weil ihnen trotz einer Mehrheit von Wählerstimmen am Ende die notwendigen Elektorenstimmen fehlten – zum letzten Mal im Jahr 2016. Der Vizepräsident als Präsidenten-Ersatz wird gleichzeitig mit dem Präsidenten und auf gleiche Weise gewählt. Er amtet als Vorsitzender des Senats.

4.35 Judikative: «Federal Courts» (Bundesgerichte) haben all jene Fälle zu beurteilen, die aufgrund von Bundesgesetzen zu entscheiden sind. An der Spitze dieser das ganze Unionsgebiet erfassenden Gerichtsorganisation steht als höchstes Appellations- und zugleich als Verfassungsgericht der «Supreme Court» (Oberster Bundesgerichtshof). Seine neun Mitglieder werden, nach Zustimmung des Senats, durch den Präsidenten auf Lebenszeit ernannt. Doch können sie, ebenso wie Präsident und Vizepräsident, bei schwerer Verletzung ihrer Amtspflicht in einem «Impeachment» (Amtsenthebungsverfahren) genannten speziellen Gerichtsverfahren doch abgesetzt werden: Das Repräsentantenhaus muss Anklage erheben, und der Senat fällt den Entscheid.

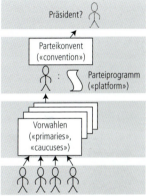

Schema der Präsidentschaftskandidatenwahl innerhalb einer Partei

Eine Besonderheit des Präsidentschaftswahlsystems besteht seit Roosevelts Reform (▶ 7.95) in den sogenannten Vorwahlen: Nicht Parteigremien, sondern alle Parteimitglieder oder gar alle Stimmberechtigten bestimmen in «primaries» oder «caucuses» die Kandidaten, welche die Partei dann aufstellt. Diese Vorwahlen in den Bundesstaaten füllen die ganze erste Jahreshälfte des Wahljahres.

5. Die Französische Revolution, 1789–1815

Marquis de Lafayette (1757–1834) kämpfte als 19-Jähriger 1777 im Amerikanischen Unabhängigkeitskrieg, wurde dabei General und brachte die revolutionären Ideen nach Frankreich zurück: Als Adelsvertreter in den États généraux spielte der «héros des deux mondes» zu Revolutionsbeginn eine treibende Rolle. Das Gemälde von Joseph Boze, für den damaligen amerikanischen Außenminister Thomas Jefferson gemalt, stellt Lafayette als Kommandanten der Pariser Nationalgarde dar. Er trägt auf dem Revers nebeneinander (von rechts) die Cincinnati-Medaille der Offiziere im Unabhängigkeitskrieg, diejenige als Vainqueur de la Bastille und den St.-Ludwigs-Orden für den Dienst unter Ludwig XVI.

5.0 Veränderung: Die Französische Revolution bildet bis heute das Muster für den erfolgreichen gewaltsamen Widerstand benachteiligter Volksschichten gegen die herrschenden. Weil sich dabei die Verhältnisse veränderten, wurden Revolutionäre selbst zu Opfern. Auch zum Opfer wurden teilweise die aufklärerischen Ideen, unter deren Einfluss die Revolution begonnen hatte.

5.1 Ursachen und Vorgeschichte

5.11 Ursachen: Die Ursachen der Französischen Revolution lassen sich in vier Gruppen einteilen:
Erstens fiel die *Kritik der Aufklärung* an den überlieferten gesellschaftlichen Zuständen in Frankreich radikaler aus als in den anderen west- und mitteleuropäischen Ländern, weil Ludwig XV. und Ludwig XVI. keinerlei Reformen im Sinne des aufgeklärten Absolutismus durchführten (▶ 3.36). Zweitens hatte der in Frankreich besonders konsequent gehandhabte Merkantilismus ein *reiches Bürgertum* hervorgebracht, aber ihm keinen politischen Einfluss zugestanden (▶ Band 1, 17.24). Dieses war damit unzufrieden und besaß gleichzeitig die Mittel zu einer Veränderung.
Drittens wirkte das *Beispiel der Amerikanischen Revolution* auf kein anderes Land so stark wie auf Frankreich, weil mehrere Tausend französische Freiwillige unter dem jungen Marquis de Lafayette auf der Seite der amerikanischen Kolonisten mitgekämpft hatten und nach ihrer Rückkehr das revolutionäre Gedankengut auch in der Heimat verbreiteten.
Viertens war das *Steuersystem* ungerecht und veraltet: Adel und Kirche entrichteten keine Steuern auf den Grundbesitz (Steuerprivilegien); und die Steuern wurden durch private Geschäftsleute (Steuerpächter, «fermiers généraux») rücksichtslos eingezogen.

5.12 Reformversuche und «Adelsrevolte»: So häufte der Staat riesige Schulden an. Angesichts des drohenden Staatsbankrotts versuchten Ludwig XVI. und seine Minister 1787, die Steuerprivilegien aufzuheben. Dabei stießen sie auf den hartnäckigen Widerstand der «états privilégiés»: Adel und hohe Geistlichkeit revoltierten im Namen der Freiheit gegen die königliche «Tyrannei». Eingeschüchtert widerrief Ludwig XVI. 1788 die bereits eingeleitete Steuerreform. Er konnte die infolge einer Missernte 1788/89 explodierenden Brotpreise nicht mehr abfedern – das Volk hungerte nun noch mehr als ohnehin.

5.13 Einberufung der «États généraux» (Generalstände): In dieser Notlage brach der König mit der Tradition des Absolutismus. Er berief für 1789 – erstmals wieder seit 175 Jahren! – die États généraux (▶ Band 1, 17.41), die Versammlung der Vertreter der drei Stände, ein. Von ihnen wollte er sich die Steuerreformen bewilligen lassen. Dabei gewährte er dem Dritten Stand («tiers état»: besitzende Bürger und freie Bauern) die doppelte Vertreterzahl: 600 gegenüber je 300 von Adel und Klerus. Zwar sollten die États généraux wie bisher nach Ständen und nicht nach Köpfen abstimmen, womit die Privilegierten mit 2:1 alle Reformpläne abschmettern konnten. Sollte aber nach Köpfen abgestimmt werden, so hätte die

Steuerreform eine Chance; denn die zahlreichen einfachen Priester und einige aufgeklärte Adlige befürworteten ebenfalls eine Sanierung der Staatsfinanzen. So wurde der Abstimmungsmodus für das Resultat entscheidend.

5.2 Der Kampf um einen Verfassungsstaat, 1789–1791

5.21 Verfassungsgebende Nationalversammlung: Doch nach dem Zusammentreten der États généraux am 5. Mai 1789 in Versailles konnte sich der König nicht für einen Abstimmungsmodus entscheiden. Und die Befürworter einer Steuerreform ihrerseits wollten diese nicht bewilligen, ohne dem König das Einverständnis zu einer Verfassung abzuringen. Die Finanznot diente ihnen dabei als Druckmittel. Marquis de Mirabeau (1749–1791; er hatte sich als Vertreter des Dritten Standes wählen lassen!) fasste diese Haltung in den ironisch gemeinten Satz: «Le déficit national, c'est le trésor national!» Ihn unterstützten vorab der Abbé Sieyès und der populäre Marquis de Lafayette.

Die drei trieben den Zusammenschluss der drei Ständevertretungen zu einer Gesamtversammlung voran. Diese sollten nicht mehr einzelne Stände, sondern die Gesamtheit der Nation vertreten. Der König duldete eine solche Versammlung nicht und verschloss ihr den Sitzungssaal. Darauf trafen sich die Abgeordneten am 20. Juni im Ballspiel-Haus («maison du jeu de paume», einer Vorform des Tennis), bezeichneten sich als «assemblée nationale constituante» (Verfassungsgebende Nationalversammlung) und schworen sich enthusiastisch, erst auseinanderzugehen, wenn sie Frankreich eine Verfassung gegeben hätten.

Nun kapitulierte der König und anerkannte die neue Versammlung. Damit hatte die Revolution ein erstes Mal gesiegt. Das hungernde Volk hoffte auf Hilfe gegen die Teuerung der Nahrungsmittel, gerade auch durch seinen König.

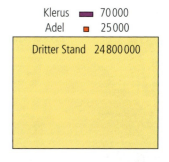

Zahlenmäßiges Verhältnis der drei Stände

Wegen des indirekten Wahlverfahrens vertraten praktisch nur Großbürger den Dritten Stand.

Jacques-Louis David (1748–1825), ein begeisterter Anhänger der Revolution, hielt 1791 den *Ballhausschwur* in einer Skizze fest. Diese arbeitete aber nicht er, sondern erst 1883 Luc-Olivier Merson zu einem Monumentalgemälde aus.

Zum Schwur auf den Tisch gestanden ist Jean Silvain Bailly als Präsident der Nationalversammlung, vorne rechts in Schwarz Marquis de Mirabeau und im Zentrum die drei Geistlichen (ein weiß gekleideter Kartäusermönch, ein Abt und ein hugenottischer Pfarrer) als Symbol einer neuen Kirche statt der Gallikanischen (deren Kapelle, im Fenster oben links auf dem Originalgemälde sichtbar, wird gerade vom Blitz getroffen).

Die Wäscherin *Marie Charpentier* aus dem Quartier Saint-Marcel war unter den rund 800 Männern, welche die Bastille stürmten, die einzige Frau. Das wissen wir aus der Siegerliste: Die «vainqueurs de la Bastille» ließen sich nämlich in eine Liste eintragen (und machten darauf gestützt eine Pension geltend). Marie Charpentier war dabei, als die Menge am 14. Juli zuerst erfolglos gegen den Burggraben und die hohen Mauern anrannte und aus der Festung beschossen wurde. Erst als am Nachmittag die Nationalgarde mit Kanonen anrückte und mit der Beschießung drohte, verlor der Festungskommandant Bernard-René de Launey die Nerven und befahl die Übergabe der Festung gegen die Zusicherung, der Besatzung würde nichts geschehen. Trotzdem wurde diese massakriert.

Marie Charpentier wurde am Bein verletzt, wegen ihrer Tapferkeit mit einer Pension belohnt und diente während des Ersten Koalitionskriegs in der Versorgung der Armee. Dann verliert sich ihre Spur.

Marie Charpentier hat kein Bild von sich hinterlassen. Doch gibt es in Frankreich seit 1901 den Verein «Carmagnole-Liberté», dessen Mitglieder sich möglichst authentisch in die Zeit der Französischen Revolution vertiefen: hier eine gewöhnliche Pariser Frau. So könnte Marie Charpentier ausgesehen haben: Hauben und weiße Blusen waren üblich und die Kokarde als Abzeichen kam gerade im Zusammenhang mit dem Bastillesturm auf.

5.22 Bastillesturm: Anfang Juli gingen Gerüchte um, der König plane, seine Schweizerregimenter nach Paris zu senden, die Stadt besetzen zu lassen und dann die Nationalversammlung aufzulösen. Vertreter des Dritten Standes konstituierten sich als Stadtrat und schufen eine Bürgerwehr, die Nationalgarde («garde nationale»). Eine Panik im Volk löste am 14. Juli den Sturm auf die Bastille, ein altes Befestigungswerk im Osten der Altstadt, das als Gefängnis diente, aus.

Dieses Ereignis wurde zum Symbol: Zum ersten Mal im Ablauf der Revolution errang offene und brutale Gewaltanwendung einen Erfolg. Paris hatte illegal, gewaltsam das Recht der Selbstverwaltung gewonnen; eine Bürgerwehr ersetzte die königliche Truppe, eine von den besitzenden Bürgern gewählte Stadtregierung die königlichen Beamten. Das Beispiel machte rasch Schule: Bis Anfang August errangen die meisten *Städte* Frankreichs eine ähnlich unabhängige Stellung. Von den Städten griff die revolutionäre Bewegung noch Ende Juli 1789 auf das *Land* über: Die Bauern erstürmten und verbrannten die Sitze ihrer Feudalherren, Schlösser und Klöster, und weigerten sich, die traditionellen Feudalabgaben und Dienstleistungen zu erbringen. In der Nacht vom 4./5. August legalisierte die Nationalversammlung diese Revolution, indem sie alle Feudalrechte für aufgehoben erklärte («Opfernacht»). Damit war die Entwicklung, die im Juni eingesetzt hatte, vollendet: Die ständisch-feudale Struktur des alten Frankreich war zerschlagen. Alle bis dahin unfreien und abgabepflichtigen Bauern waren freie Grundeigentümer geworden. Zahlreiche Adlige flohen jetzt außer Landes.

5.23 «Déclaration des droits de l'homme et du citoyen»: Aber weiter wollte die Nationalversammlung nicht gehen: Ihre Menschenrechtserklärung vom 27. August bestätigte zwar die bisherigen Errungenschaften: Gleichheit, Freiheit, Widerstand gegen Unterdrückung. Aber sie wollte noch keine weitergehende Revolution: Sicherheit, Gesetze zur Achtung der Rechte der anderen Menschen sowie das Eigentum als «unverletzliches und heiliges» Menschenrecht waren zentrale Punkte des wichtigen Dokumentes.

5.24 Säkularisation: Die Nationalversammlung fühlte sich auch für die Lösung des Finanzproblems verantwortlich. Noch im Herbst 1789 erklärte sie den gesamten Kirchenbesitz zu Staatseigentum. Diese Säkularisation brachte dem Staat zwar ungeheure Vermögenswerte, aber nicht die flüssigen Mittel, die er dringend benötigte. Deshalb gab die Nationalversammlung «assignats» (Assignaten, Zuweisungen) aus: Das waren Anteilscheine am verstaatlichten Kirchengut, die ein Bezugsrecht auf diese Ländereien gaben. Sie wurden wie Papiergeld in Umlauf gesetzt. Weil aber im Verhältnis zum Warenangebot und zur vorhandenen Deckung bald viel zu viele Assignaten gedruckt wurden, sank ihr Wert unablässig. Es entstand eine Inflation, welche gerade die armen Menschen ohne Realgüter traf. Vor diesem Hintergrund gingen Unzufriedenheit und Revolution weiter.

Nach der Säkularisation musste die Nationalversammlung für die nun mittellos gewordene Kirche sorgen. So beschloss sie im Juli 1790 die «constitution civile du clergé», die bürgerliche Verfassung der Geistlichkeit: Die katholische Kirche wurde nun zu einem Staatsbetrieb. Jeder Geistliche erhielt sein Gehalt, musste aber einen Eid auf die Verfassung ablegen. Der Papst belegte diese Verstaatlichung der Kirche mit dem Bann und exkommunizierte die eidleistenden Priester. Neben der Inflation bildete der damit

Kampf um Verfassungsstaat

ausbrechende Kampf um die Herrschaft über die Kirche den Hintergrund der weiteren Ereignisse.

5.25 Verfassung von 1791: Fast zwei Jahre lang rangen in der Nationalversammlung die verschiedenen Richtungen um den Inhalt der neuen Verfassung. Die *«monarchiens»* erstrebten (nach der Lehre von Montesquieu) eine starke Exekutive und eine zwischen einer Volksvertretung und einer Art Oberhaus geteilten Legislative; zudem sollte dem König ein Vetorecht gegen alle Beschlüsse der Legislative zustehen.

Die revolutionären Abgeordneten, die *«patriotes»*, wollten (nach Rousseaus Vorstellungen) die Exekutive von einer einzigen, ungeteilten Kammer, die den Volkswillen repräsentiere, abhängen lassen.

Schließlich, im Laufe des Winters 1790/91, billigt die Mehrheit einen Entwurf der *«modérés»*, deren bedeutendster Führer Lafayette war: Die legislative Gewalt lag bei einer einzigen Kammer, der «assemblée législative», die jedoch nicht vom ganzen Volk gewählt wurde, sondern nur von den Begüterten (den «citoyens actifs»). Dem König wurde ein Suspensiv-Veto (Veto mit bloß aufschiebender, nicht absolut verhindernder Kraft) gegenüber den gesetzgeberischen Beschlüssen dieses Parlamentes zugebilligt. Er hatte zwar das Recht, die Minister zu ernennen, doch waren sie dem Parlament gegenüber zur Rechenschaft verpflichtet. In jedem der 83 Departemente, in die das Staatsgebiet jetzt gleichförmig eingeteilt war, übte ein von den Aktivbürgern gewählter Departementsrat die Exekutivgewalt in fast völliger Unabhängigkeit von der königlichen Zentralregierung aus: Das schränkte deren Macht empfindlich ein.

Aber noch konnte die Nationalversammlung ihr Werk nicht in Kraft setzen, weil der König sich beharrlich weigerte, eine Verfassung gutzuheißen, die ihm nicht ein absolutes Vetorecht einräumte. Und umgekehrt hatte er

Menschen- und Bürgerrechtserklärung, 27. August 1789 (Anfang):

Art. 1. Die Menschen werden frei und an Rechten gleich geboren und bleiben es. Die gesellschaftlichen Unterschiede können nur auf den allgemeinen Nutzen begründet werden.

Art. 2. Der Zweck jeder staatlichen Vereinigung ist die Erhaltung der natürlichen und unverjährbaren Menschenrechte. Das sind die Rechte auf Freiheit, Eigentum, Sicherheit und Widerstand gegen Unterdrückung.

Art. 3. Der Ursprung jedes Hoheitsrechtes («souveraineté») liegt wesentlich in der Nation. Keine Körperschaft, kein Individuum kann mit einer Machtvollkommenheit bekleidet werden, die nicht ausdrücklich von ihr ausgeht.

Art. 4. Die Freiheit besteht darin, alles tun zu können, was einem anderen nicht schadet; die Ausübung der natürlichen Rechte eines jeden Menschen hat also nur die Grenzen, die den anderen Gliedern der Gesellschaft den Genuss der gleichen Rechte sichern. Diese Grenzen können nur durch das Gesetz bestimmt werden.

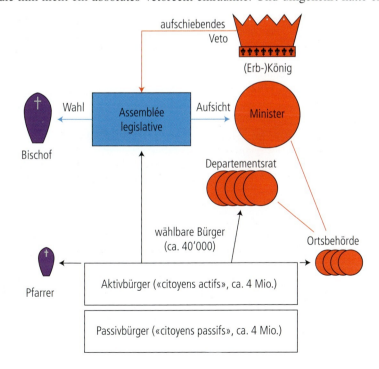

Machtkampf zwischen König und Parlament in der Verfassung von 1791

seine Autorität verloren, um der Nationalversammlung seinen Willen aufzuzwingen. Nach einem missglückten Fluchtversuch der Königsfamilie Richtung Ausland im Juni 1791 wurde der König wie ein Gefangener nach Paris zurückgeführt und musste seinen Widerstand gegen die Verfassung aufgeben. So konnte diese, eingeleitet durch die Erklärung der Menschenrechte, im September 1791 in Kraft treten. Sie ersetzte die ständische Gliederung der vorrevolutionären Zeit durch eine auf Besitz und Steuerleistung begründete Schichtung: Auf die Aristokratie der Geburt folgte die Aristokratie des Geldes.

5.26 Revolutionäre Klubs: Nicht nur in der Nationalversammlung hatten sich «Parteien» gebildet, sondern auch außerhalb: Aus dem Jakobinerklub (*«Club des Jacobins»*, genannt nach dem Dominikaner- oder Jakobinerkloster, wo er tagte) hatten sich der gemäßigte *«Club des Feuillants»* (Bezeichnung für Zisterzienser-Mönche) und der radikale *«Club des Cordeliers»* (Bezeichnung für die bescheiden ein Seil als Gürtel tragenden Franzikanermönche) abgespalten. Die Feuillants gaben sich mit der konstitutionellen Monarchie zufrieden, während die Jakobiner eine Republik und die Cordeliers sogar eine radikale Volksherrschaft ohne Gewaltentrennung forderten.

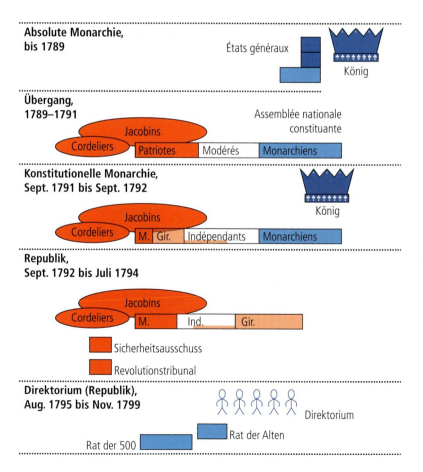

Parteien und Gruppierungen während der Französischen Revolution
Die Übersicht ist stark vereinfacht.
M: Montagne/Montagnards
Gir: Gironde/Girondistes
Ind: Indépendants

5.3 Republik ohne Republikaner, 1791/92

5.31 Die Assemblée législative: Fast die Hälfte der Abgeordneten, die im Herbst 1791 in die Assemblée législative gewählt wurden, gehörte keinem Klub an; man nannte sie *«les indépendants»*. Mehr als ein Drittel der Abgeordneten waren Feuillants und verteidigten die konstitutionelle Monarchie.

Die restlichen Abgeordneten, die Jakobiner, zerfielen zunehmend in zwei Lager: Die Girondisten oder Brissotins (Girondisten nach der Herkunftsprovinz Gironde, Brissotins nach ihrem Führer Brissot) befürworteten eine Republik mit Schwergewicht bei den vermögenden Bürgern. Die radikalen Jakobiner, beeinflusst von den Cordeliers, saßen in der ehemaligen Reithalle («manège»), in der die Assemblée tagte, auf der Tribüne zuhinderst und zuoberst; sie nannten sich *«montagnards»* und forderten die radikale Volksherrschaft.

Die meisten Indépendants schlossen sich bei den Abstimmungen den redegewandten Girondisten an. So waren die Gegner einer konstitutionellen Monarchie schon bald in der Mehrheit und die Kluft zum Monarchen wuchs.

5.32 Beginn der Revolutionskriege: Nur in einer Frage waren sich Feuillants und Girondisten einig: die Revolution gegen die Monarchien, vor allem gegen das Habsburgerreich zu verteidigen. Die Feuillants erwarteten vom Krieg eine Stärkung des Königs; die Girondisten hielten es für die historische Aufgabe Frankreichs, auch außerhalb seiner Grenzen

Am 26.4.1792 dichtete und komponierte der 32-jährige Genieoffizier Rouget de Lisle in Straßburg dieses Lied als «Chant de guerre pour l'Armée du Rhin». Es widerspiegelt die euphorische Stimmung der Revolutionäre. Im Juli/August 1792 brachten Freiwillige aus Marseille das neue Lied nach Paris. So wurde es unter der Bezeichnung «la Marseillaise» bekannt und 1879 zur französischen Nationalhymne.

Das frühe, englische Notenblatt von 1792 (Ausschnitt) kennt den Titel «Marseillaise» noch nicht. Das Notenblatt führt nur sechs Strophen auf, die siebte vom Oktober 1792 noch nicht.

Der Schöpfer Rouget de Lisle sprach sich zu jener Zeit gegen die Hinrichtung des Königs aus, wurde deshalb eingesperrt, überlebte und komponierte 1794 eine Hymne zum Sturz von Robespierre.

alle «Tyrannen» zu bekämpfen und Europas Völkern die Freiheit zu bringen. Der König setzte insgeheim seine Hoffnung auf den Sieg anderer Monarchen. Er und die Assemblée législative erklärten einmütig Ende April 1792 Österreich den Krieg.

Allerdings trat Preußen sofort an die Seite Österreichs, weshalb der Krieg die Bezeichnung «Erster Koalitionskrieg» trägt. Beide Mächte griffen entschlossen an. Die durch Massenemigration königstreuer Offiziere geschwächte französische Armee wurde bis 150 Kilometer vor Paris zurückgetrieben; die Stadt selbst war bedroht. Die Assemblée législative beschloss, alle eidverweigernden Priester als potenzielle Landesverräter zu verhaften und die Nationalgarde massiv zu verstärken, sie gar zu einem Volksheer von Freiwilligen («levée en masse») auszubauen. Gegen beide Beschlüsse legte der König sein Veto ein: Die Verfolgung der eidverweigernden Priester lehnte er aus Gewissensgründen ab, den Ausbau der Nationalgarde aus politischen Gründen, weil diese Truppe nicht seinem Befehl unterstand. Erneut brach der Konflikt zwischen Parlamentsmehrheit und Exekutive aus.

5.33 Tuileriensturm: Die Girondisten versuchten, den König dadurch unter Druck zu setzen, dass sie in Paris, wo sie die Stadtregierung stellten, die Montagnards agitieren ließen. Doch der revolutionäre Sturm, der im August 1792 losbrach, fegte nicht nur das Königtum hinweg, sondern auch die girondistische Machtposition in Paris.

In der Nacht vom 9./10. August 1792 beseitigten die Montagnards gewaltsam die girondistische Stadtbehörde, bildeten einen revolutionären Stadtrat (die «commune») und übernahmen das Kommando der Nationalgarde. Am 10. August erstürmten sie das Tuilerienschloss, metzelten die Schweizergardisten nieder und erzwangen nicht nur die vorläufige Absetzung («suspension») und Gefangennahme des Königs, sondern auch die Auflösung der Assemblée législative.

Eine provisorische Regierung mit Georges Jacques Danton an der Spitze ließ in den «Septembermorden» weit über tausend Gegner der Montagnards in den Gefängnissen ermorden. Viele andere flohen ins Ausland – nun nicht mehr Anhänger des Ancien Régime, sondern Revolutionäre von 1789, so

Als Vorspiel zum Tuileriensturm drangen am 20.6.1792 Cordeliers in die Tuilerien (das Stadtschloss des Königs seit seinem Umzug nach Paris) ein. Sie zwangen diesen, sich eine rote Jakobinermütze (in der Antike ein Zeichen freigelassener Sklaven) aufzusetzen und auf das Wohl des Volkes zu trinken. Die girondistische Stadtregierung hatte sie gewähren lassen, um den König einzuschüchtern und ihm vor Augen zu führen, dass seine Sicherheit von den Girondisten abhänge. So sind auf dem Bild verschiedene Gruppierungen sichtbar, die sich auch in der Kleidung unterschieden: Die bürgerlichen Männer trugen die modischen «culottes», die bis unters Knie reichten, diejenigen aus der Unterschicht die langen Hosen («sansculottes»). Auch Frauen beteiligten sich an dieser Demonstration.
Ludwig XVI. gab sich zwar leutselig, aber in der Sache blieb er hart.

auch Lafayette. Inmitten dieser Unruhen und Schrecken wählten die Franzosen eine neue Volksvertretung: die «convention nationale» (Nationalkonvent). Obwohl Gewaltenteilung vorgesehen war, behielt diese Versammlung über den Sicherheitsausschuss und das Revolutionstribunal praktisch alle Gewalten in ihrer Hand.

5.4 Frankreich unter der Herrschaft des Konvents, 1792–1795

5.41 Gironde und Montagne: Das Ergebnis der Konventswahlen fiel für die Montagnards enttäuschend aus; trotz Terror und Ausweitung des Wahlrechtes auf alle Männer siegten sie nur in Paris und in einigen weiteren Städten (▶ 5.26). Die Provinzbevölkerung wählte fast ausschließlich Girondisten oder Indépendants. Die Feuillants waren weggefegt. Die Indépendants entwickelten kein eigenes politisches Konzept, sondern folgten teils der Montagne, teils der Gironde.

Mit dem Übergang zur Republik verfügte der Nationalkonvent ab 22.9.1792 eine neue Zeitrechnung: Die Jahre wurden, mit dem «Jahr 1 der Revolution» beginnend, neu gezählt, die zwölf Monate neu benannt (Vendémiaire, Brumaire, Frimaire, Nivôse, Pluviôse usw.), die Woche in zehn nummerierte Tage eingeteilt und diese statt den Heiligen nun Gemüsen, Früchten und Tieren gewidmet. Mit großformatigen Kalenderblättern versuchten die Menschen den Überblick zu behalten (oben ein Kalender von 1794, Ausschnitt).

Einigkeit bestand nur im Willen, den Krieg weiterzuführen. Gerade im September 1792 brachte das französische Volksheer bei Valmy die preußisch-österreichische Söldnerarmee zum Stehen und ging selbst zum Angriff über.
Doch in allen andern Fragen bekämpften sich beide Gruppierungen: Die Girondisten verteidigten die *Selbstverwaltung* der Gemeinden und Departemente; die Montagnards, getragen von der Rousseau'schen Vorstellung eines unteilbaren Volkswillens, wollten eine starke *Zentralgewalt*. Die Girondisten, selbst dem Bürgertum entstammend, hielten an der *herrschenden Stellung der Besitzenden* im Staat fest, die Montagnards, meist Kleinbürger, verlangten die *politische Gleichberechtigung* aller. Die Girondisten lehnten *Eingriffe in das Eigentumsrecht* ab; die Montagnards forderten die Erhebung von Zwangsanleihen bei den Reichen, praktisch also *Enteignungen*. Die Girondisten verabscheuten *rechtswidrige Gewaltanwendung*; die Montagnards hielten angesichts des nationalen Notstandes den *Terror* für unerlässlich.
Vollends zerstritten sich die beiden Gruppierungen in der Frage, wie mit dem abgesetzten König zu verfahren sei. Die Montagnards vermochten ihren Willen durchzusetzen: Im Januar 1793 verurteilte der Konvent den «citoyen Capet» zum Tode und ließ ihn hinrichten. Als Reaktion traten Großbritannien, Spanien, Piemont, die Niederlande und weitere Staaten neben Österreich und Preußen in den Krieg gegen die «königsmörderische» Republik ein. Im Westen Frankreichs (in der Vendée, der Bretagne und der Normandie) flammten Bauernaufstände auf. Nur durch Terror vermochte sich die wankende Republik mühsam zu behaupten. Gerade dadurch aber wuchs der Einfluss der Montagnards weiter: Die Mehrzahl der Indépendants sah jetzt in ihnen die einzigen Retter des Vaterlandes, weil nur sie entschlossen und fähig schienen, diesen Terror aufrechtzuerhalten.

5.42 Bürgerkrieg: Im Frühsommer 1793 ließ die Montagne die einflussreichsten Girondisten direkt aus dem Nationalkonvent verhaften oder vertreiben. Dieser war nur noch ein Rumpfgremium, in dem die Montagnards alle wichtigen Funktionen besetzten.
Damit brach der Bürgerkrieg aus: Nicht nur im Westen, sondern auch im Süden des Landes griffen jetzt Royalisten (Anhänger der Monarchie) und Girondisten zu den Waffen; gleichzeitig fielen die fremden Armeen von allen Seiten in Frankreich ein; der Konvent beherrschte kaum noch ein

Viertel des Landes. Mit fast unbeschränkten Vollmachten ausgestattete «représentants en mission» (Konventskommissare) organisierten die revolutionären Armeen und terrorisierten in den unterworfenen Gebieten Girondisten, Royalisten und eidverweigernde Priester. Zugleich sorgten sie für eine einigermaßen ausreichende Lebensmittelversorgung in den Not leidenden Städten und für die straffe Durchführung der vom Konvent beschlossenen Wirtschaftsmaßnahmen: Höchstpreise, Assignatenzwangskurs, Vermögensabgaben und Pflichtlieferungen der Bauern. Ein zehnköpfiger Ausschuss des Konventes, das «comité du salut public» («Sicherheitsausschuss», «Wohlfahrtsausschuss»), überwachte die Ausführung dieser Maßnahmen.

Bis Ende des Jahres 1793 gelang es ihm, die zahlreichen Gegner zu vernichten oder wenigstens über die Landesgrenzen zurückzudrängen; bei der Rückeroberung der letzten besetzten Stadt, Toulon, im Dezember zeichnete sich der junge Artilleriehauptmann Napoleon Bonaparte (1769–1821) aus.

Marats Tod

Charlotte Corday aus Caen, 1768 geboren, Anhängerin der girondistischen Ideale, reiste nach der Vertreibung der Girondisten aus dem Konvent im Juli 1793 nach Paris, um Jean-Paul Marat zu ermorden. Dieser Montagnard gab die Zeitschrift «L'ami du Peuple» heraus und hetzte darin gegen alle Gemäßigten. Am 13.7. erlangte Corday Zugang zu ihm, der sich wegen einer Hautkrankheit meist in einer gedeckten Badewanne aufhielt, dort auch seine Schreibarbeiten verrichtete und Besprechungen abhielt. Charlotte Corday erstach ihn mit einem Messer, wurde sofort verhaftet, vor das Revolutionstribunal gestellt und vier Tage später hingerichtet.

Der berühmte Maler Jacques-Louis David, damals selbst begeisterter Jakobiner und Mitglied des Konvents, verherrlichte den Ermordeten in dem idealisierenden Gemälde «Mort de Marat» (1794; ein authentischer Titel ist nicht überliefert). In der Linken hält Marat Cordays Zettel mit der Bitte, mit der sie sich Zutritt verschaffte: «[…] Il Suffit que je sois bien Malheureuse pour avoir Droit à votre bienveillance.» («[…] Dass ich recht traurig bin, genügt als Anspruch auf euer Wohlwollen.») Auf dem Gestell im Vordergrund mit Davids Widmung liegt eine Assignate mit Marats Anweisung: «Vous donnerez cet assignat (Assignate) à la mère de cinq enfants dont le mari est mort pour la défense de la patrie.»

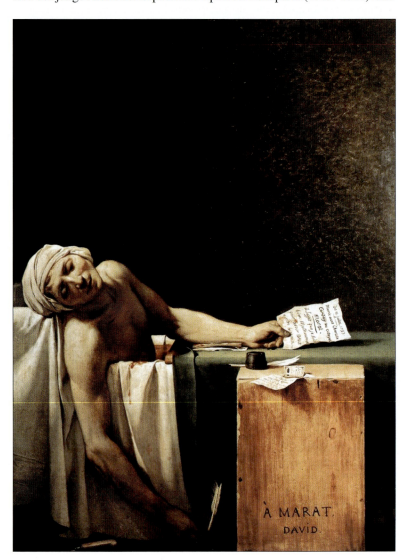

5.43 Spaltung der Montagnards: Im Augenblick dieses erstaunlichen Sieges zerbrach die Einheit der Montagne in drei Richtungen, die sich um die drei bedeutendsten Führer scharten, nachdem der populäre Jean-Paul Marat schon im Sommer 1793 ermordet worden war.
Maximilien Robespierre (1758–1794), der mehr und mehr den Jakobinerklub beherrschte, hielt den revolutionären Terror so lange für lebensnotwendig, als die Republik noch im Kampf gegen ihre inneren und äußeren Feinde stand. Ihm schwebte eine ideale Gesellschaft Rousseau'scher Prägung vor – aber erst nach Ausrottung aller «Unwürdigen». Er glaubte, Träger der «volonté générale» zu sein und damit das moralische Recht auf seiner Seite zu haben.
Jacques-René Hébert (1757–1794), der seine Gefolgschaft bei den Cordeliers fand, verkündete unklare egalitär-sozialistische Gedanken und radikalen Atheismus. Er suchte Robespierre und dessen Jakobiner durch noch radikalere Forderungen zu übertrumpfen.
Georges Jacques Danton (1759–1794) dagegen verlangte den Abbau des revolutionären Terrors, die Freilassung der verhafteten «Verdächtigen» («suspects» – mehrere Hunderttausend!), den sofortigen Übergang zur Demokratie und eine allgemeine Versöhnung.
Robespierre setzte sich durch: Vor dem Revolutionstribunal ließ er im März 1794 die «Hébertistes», im April Danton und seinen Kreis der «Indulgents» (Nachsichtigen) zum Tod verurteilen.

5.44 «La Grande Terreur»: Mit unerbittlicher Konsequenz verfolgte Robespierre nun sein Ziel, durch Austilgung aller «Unwürdigen» eine Gesellschaft von lauter «vertueux», von lauter Guten, zu schaffen. Hatte zu Beginn der «Schreckenszeit», im Sommer 1793, das Pariser Revolutionstribunal erst wenige Todesurteile ausgesprochen, so waren es im Mai 1794 durchschnittlich zehn, im Juni dreißig und im Juli über fünfzig täglich. Die Angeklagten wurden, um das Verfahren zu beschleunigen, dem Gericht gar nicht mehr vorgeführt; trotzdem waren alle Gefängnisse überfüllt. In gleicher Weise wüteten die Konventskommissare, die «Schreckensmänner», in den Provinzen; vielfach ersetzten sie durch Massenhinrichtungen das «jeu mesquin (kleinlich) et insuffisant de la guillotine» (so Joseph Fouché, damals ein Hébert nahe stehendes Konventsmitglied). Der völlige Zerfall jeder Rechtsordnung, Spitzelwesen und Denunziantentum verbreiteten ein lähmendes Gefühl der Angst.
Staatsrechtlich handelte es sich um eine Parlamentsdiktatur, denn der Sicherheitsausschuss hatte keine eigene Entscheidungsgewalt, sondern stellte dem Konvent lediglich Anträge. Aber der Konvent war wehrlos in den Händen der Pariser Stadtbehörden, die ihrerseits ausschließlich aus Jakobinern bestanden. Und der Jakobinerklub folgte bedingungslos den Anträgen Robespierres und seiner Anhänger, die alle Schlüsselpositionen besetzt hielten. So herrschte Robespierre mithilfe des Pariser Jakobinerklubs diktatorisch über ganz Frankreich, obwohl er mit keinerlei Ausnahmegewalt ausgestattet, sondern lediglich Mitglied des Konventes und des Sicherheitsausschusses war.

5.45 Ideen als Revolutionsopfer: Robespierres Diktatur fielen auch weitere Strömungen und damit Ideen zum Opfer, welche erst später wieder aufgenommen wurden:
Am 3. November 1793 mußte die 45-jährige Olympe de Gouges (bürgerlich Marie Gouze) das Schafott besteigen, weil sie den Terror ablehnte und

Maximilien Robespierre, unbekannter Maler (Ausschnitt)

Im Gegensatz zu anderen Montagnards-Führern kleidete er sich mit pedantischer Korrektheit stets «à la mode de l'Ancien Régime»: Spangenschuhe, Seidenstrümpfe, Culottes, frackähnliches Oberkleid, Spitzenjabot vor dem Hals, sorgfältig gepudertes Haar. Das war der einzige Luxus, den der sonst völlig asketisch lebende Mann sich gestattete. Obwohl Führer und Idol der Jakobiner, verschmähte er es, äußere Zugeständnisse an das Volkstümliche zu machen.

Georges Danton (Skizze von Jacques-Louis David)

Er war neben Mirabeau der wirkungsvollste Redner der Revolutionszeit, ein eigentlicher Volkstribun. Mit seinem breitflächigen, von Pockennarben entstellten, ungemein ausdrucksvollen Gesicht und seiner massigen Gestalt konnte er, anders als Robespierre, die Menschen mitreißen.

von den Revolutionären die *Rechte der Frau* einforderte. Sie hatte 1791 der Erklärung der Menschen- und Bürgerrechte eine Formulierung aus Sicht der Frauen beigefügt und deren Gleichberechtigung verlangt. Die Frauen hatten generell Anteil an der Revolution, waren bei Aufständen, Demonstrationen und Hilfsaktionen, ja sogar im Militärdienst dabei. Im Mai 1793 gründete sie den «club des citoyennes republicaines révolutionnaires» mit dem Ziel, die Konflikte zwischen Girondisten und Montagnards zu beenden und alle Kraft in den Krieg nach außen zu legen. Als Olympe de Gouges zwischen Ludwig XVI. als König und als Privatmann differenzierte und den Privatmann im Exil leben lassen wollte, bezeichneten die Montagnards sie als Konterrevolutionärin und richteten sie nach einem Scheinprozess hin. Die Montagnard-Zeitung «Feuille du salut» schrieb nach ihrer Hinrichtung eine Warnung an alle Frauen: «Elle voulut être homme d'État et il semble que la loi ait puni cette conspiratrice d'avoir oublié les vertus (Tugenden) qui conviennent à son sexe.» Zwei Tage später verjagten die Montagnards die Frauen des «club des citoyennes».

Andere Ideen, wie der *Kommunismus* in François Noël Babeufs «Clubs der Gleichen» oder die *Abschaffung der Sklaverei* in der französischen Kolonie Haiti, überlebten die Revolution ebenfalls nicht oder nur wenige Jahre.

Olympe de Gouges (1748–1793), Pastellgemälde von Alexander Kucharski (1741–1819)

Aus ihrer «Erklärung der Rechte der Frau und Bürgerin», 1791:
Art. 1. Die Frau wird frei geboren und bleibt dem Mann an Rechten gleich.
Art. 2. Das Ziel jeder politischen Vereinigung ist die Bewahrung der natürlichen und unverjährbaren Rechte von Frau und Mann: diese Rechte sind Freiheit, Eigentum, Sicherheit und vor allem Widerstand gegen Unterdrückung.
Art. 3. Die Grundlage jeder Staatsgewalt ruht ihrem Wesen nach in der Nation, die nichts anderes ist als die Wiedervereinigung von Frau und Mann [...].
Art. 4. Freiheit und Gerechtigkeit bestehen darin, alles zurückzugeben, was einem anderen gehört. So hat die Ausübung der natürlichen Rechte der Frau keine Grenzen außer denen, welche die ständige Tyrannei des Mannes ihr entgegensetzt. Diese Grenzen müssen durch die Gesetze der Natur und der Vernunft reformiert werden.

5.46 Thermidor-Umsturz: Robespierres Sturz liegt paradoxerweise im militärischen Erfolg begründet: Im Juni 1794 siegten die Revolutionsarmeen bei Fleurus und eroberten das österreichische Belgien. Die Republik war gerettet. Der revolutionäre Terror, die Diktatur, die gewaltsame Anspannung aller Kräfte zur Abwehr der Feinde verloren ihre Berechtigung, wurden rasch als unerträglich empfunden, auch von Robespierres Gefolgsmännern. Dieser wollte dem Stimmungsumschwung mit verstärktem Terror begegnen. Ende Juli (nach dem neu eingeführten Revolutionskalender im Monat «Thermidor») verlangte er entsprechende Vollmachten für den Sicherheitsausschuss. Da widersetzte sich der Konvent: Robespierre selbst und seine engsten Freunde wurden angeklagt, verurteilt und knapp 24 Stunden später hingerichtet.

Im ersten Moment schien nur die eine Gruppierung innerhalb der Montagnards die andere entmachtet zu haben. Doch erwies sich der Thermidor-Umsturz als entscheidender Wendepunkt der Revolutionsgeschichte: Denn auch die Urheber von Robespierres Sturz, die sogenannten «Thermidoriens» (Thermidormänner), fanden keinen Rückhalt mehr. Sie mussten auf die Sehnsucht nach Frieden und Freiheit Rücksicht nehmen, wenn sie an der Macht bleiben wollten.

So entließen sie die Massen der «Verdächtigen» aus den Gefängnissen und nahmen jene girondistischen Abgeordneten, die den Verfolgungen entronnen waren, wieder in den Konvent auf. Sie verboten den Jakobinerklub. Die von den Montagnards verfügten Höchstpreise und der Zwangskurs der Assignaten fielen dahin und die Inflation brach aus. Wer reale Werte wie Häuser besaß, wurde reich und zeigte dies auch; wer auf Geld angewiesen war, wurde noch ärmer.

5.47 Bedeutung der Jakobinerherrschaft: Frankreich verdankt den Jakobinern seine Rettung vor der drohenden Niederlage. Daran hatte Lazare Carnot (1753–1823), ein überzeugter Republikaner und seit August 1793 Mitglied des Sicherheitsausschusses, das wesentliche Verdienst. Dieser «organisateur de la victoire» setzte die Erklärung der allgemeinen Wehrpflicht, der «levée en masse», durch und schuf für die jetzt entstehenden

Massenheere eine angepasste Organisation und Taktik; ohne auf Alter und Herkunft zu achten, wählte er jene Männer aus, die diese neuen Armeen zum Siege führen konnten. Von den drei Armeegeneralen Frankreichs im Spätherbst 1793 zählte der älteste 32, der jüngste 25 Jahre, im Februar 1794 wurde der damals 24-jährige Hauptmann Bonaparte zum General befördert!

Auf kulturellem Gebiet war eine bleibende Leistung des jakobinischen Konventes die Einführung des metrischen Systems für alle Maße und Gewichte. In seine Zeit fallen auch die Anfänge eines allgemeinen Volksschulwesens und die Errichtung der ersten Technischen Hochschule der Welt, der École polytechnique. Wohl wurden durch antikirchlichen Vandalismus viele Kunstdenkmäler zerstört, aber der Konvent selbst bemühte sich, diese Werke in Museen zu erhalten. So gründete er mitten im Bürgerkrieg von 1793 das seither weltberühmt gewordene Kunstmuseum im Louvre, einem Überrest der zerstörten Tuilerien.

Mit äußerster Konsequenz führten die Jakobiner eine tief in der französischen Geschichte wurzelnde Entwicklung weiter: diejenige zu einem Zentralstaat Frankreich. Damit waren diese radikalen Revolutionäre die Vollender dessen, was Generationen französischer Könige erstrebt hatten.

5.5 Direktorialzeit und Konsulat, 1795–1804

5.51 «Directoire»: Erst im Herbst 1795, drei Jahre nach der Proklamation der Republik, erhielt Frankreich eine republikanische Verfassung. Diese teilte den gefährlichen Konvent in zwei Kammern und übergab die Exekutive fünf Männern im Direktorium («directoire»). Es handelte sich ausschließlich um Thermidoriens (darunter Paul Barras, Abbé Sieyès und Carnot).

Die neue Regierung wurde nicht gefürchtet, aber wegen ihrer Uneinigkeit, Schwäche und Bestechlichkeit verachtet. Sie konnte die Assignaten-Währung nicht sanieren, die Inflation machte diese wertlos. Aufstandsversuche von revolutionärer und royalistischer Seite drückten die Unzufriedenheit aus. Aber eine bessere Lösung war nicht in Sicht.

5.52 Abschluss des Ersten Koalitionskriegs: Dafür wurde die Armee wichtiger: Nach dem großen Sieg in der Schlacht von Fleurus (1794) eroberte sie die Niederlande und rückte an den Rhein vor. Die große Koalition zerbröckelte, wozu neben dem ungünstigen Kriegsverlauf auch Uneinigkeit über die 1795 vollendete Aufteilung Polens unter Preußen, Österreich und Russland beitrug.

So schloss *Preußen* im April 1795 in Basel einen Separatfrieden. Es anerkannte Frankreichs Anspruch auf das linke Rheinufer und gewann dafür Einfluss in Norddeutschland und freie Hand bei der endgültigen Auflösung Polens.

Unmittelbar nach dem Frieden von Basel wurden auch *die Niederlande* (die Generalstaaten) in eine von Frankreich abhängige und mit ihm verbündete «Batavische Republik» umgewandelt. Großbritannien besetzte bei dieser Gelegenheit die niederländischen Kolonien Kapland und Ceylon (heute Sri Lanka, ▶ 25.22, 27.12). Wenig später schied auch Spanien aus dem Krieg aus. 1796 erhielt der 27-jährige General Napoleon Bonaparte, der seine politische Zuverläßigkeit bei der Niederwerfung des Pariser Royalistenaufstandes bewiesen hatte, das Oberkommando an der Italienfront. Er besiegte die piemontesische Armee, eroberte dann die Lombardei und

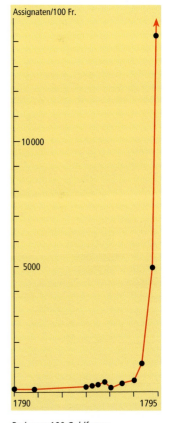

Preis von 100 Goldfrancs in Assignaten

Am 18.3.1796 verloren die Assignaten beim Kurs von 50 000 die Zahlungskraft.

stieß schließlich, im Frühjahr 1797, direkt gegen Wien vor, sodass Österreich sich zum Waffenstillstand genötigt sah.

Aus dem im Frieden von Campo Formio (1797) von Österreich abgetretenen Gebiet sowie dem neutral gebliebenen Venedig bildete Bonaparte einen französischen Vasallenstaat, die «Zisalpinische Republik».

Innerhalb weniger Jahre hatte sich das französische Kriegsziel grundlegend gewandelt: Die Girondisten hatten den Krieg als einen Kreuzzug zur Befreiung der europäischen Völker aufgefasst; unter den Jakobinern setzte sich die vor allem von Carnot vertretene Idee durch, Frankreich müsse seine «natürlichen Grenzen» (Rhein–Jura–Westalpen) gewinnen; mit Bonaparte wurde der Krieg zu einem diese «natürlichen Grenzen» sprengenden Eroberungsunternehmen, um von Italien aus eine Mittelmeerherrschaft zu errichten.

5.53 Ägypten und Zweiter Koalitionskrieg: Als vorbereitende Schritte für den Aufbau dieser Mittelmeerherrschaft wurden die Republik Genua als «Ligurische Republik» und 1798 der Rest des Kirchenstaates als «Römische Republik» zu französischen Vasallenstaaten degradiert. Damit der Nachschub nach Italien funktionierte und Österreich nicht Frankreich in die Seite fallen könnte, ließ Bonaparte ferner die uneinige Eidgenossenschaft erobern und als «Helvetische Republik» Frankreich unterstützen (▶ 5.72). Die nun unternommene Expedition nach Ägypten, um Großbritannien die Vorherrschaft im Mittelmeer zu entreißen, misslang. Zwar siegte Bonaparte zu Land, aber der englische Admiral Horatio Nelson vernichtete dessen Flotte bei Abukir vor dem Nildelta. Bonaparte und seine besten Truppen saßen in Ägypten fest (▶ 26.21).

Großbritannien, Österreich, Russland, Neapel und das Osmanische Reich fanden sich zu einer zweiten Koalition zusammen und griffen an: 1799 brach die französische Herrschaft in Italien zusammen; österreichische und russische Verbände drangen in die Schweiz ein. Die ohnehin schwache französische Regierung wankte.

5.54 Brumaire-Umsturz: Nun griff Bonaparte in die Politik ein: Im Oktober 1799 kehrte er nach Paris zurück; seine Truppen in Ägypten hatte er ihrem Schicksal überlassen. Im November (nach dem immer noch gültigen Revolutionskalender im Monat Brumaire) ließ er die beiden Parlamentskammern unter dem Vorwand, in Paris sei ihre Sicherheit gefährdet, nach St. Cloud verlegen und zwang sie unter Androhung eines Armeeeinsatzes, die Direktorialverfassung für aufgehoben zu erklären und drei Konsuln (darunter ihm und Sieyès) diktatorische Vollmacht zu erteilen.

5.55 Konsulat: Bonaparte entwarf eine neue Verfassung und ließ sie vom Volk absegnen. Diese legte die ganze Macht in die Hand des auf zehn Jahre gewählten «premier consul» Bonaparte. Sieyès war überspielt und demissionierte erbittert. Nun herrschte in Frankreich wieder eine Diktatur, aber nicht mehr wie 1793/94 die Diktatur einer revolutionären Partei, sondern die der Armee und ihres Generals. Die Verfassung diente nur als Deckmantel.

Im Innern vollendete Bonaparte konsequent den Zentralismus. An der Spitze eines jeden Departementes stand jetzt ein Präfekt, der ausschließlich dem Innenminister unterstand. An die Stelle gewählter traten beamtete Richter. Durch Schaffung der Banque de France, einer privaten Notenbank, glückte es endlich, der Inflation Herr zu werden. In dem 1804 voll-

endeten Gesetzeswerk des «code civil» fanden die wichtigsten sozialen Neuerungen der Revolution ihren Niederschlag: bürgerliche Rechtsgleichheit, Aufhebung der Leibeigenschaft, Vertragsfreiheit, Zivilehe, gleicher Erbanspruch der Kinder. Durch ein Konkordat versöhnte sich Bonaparte 1801 mit dem Papst, unterstellte aber die Kirche weiterhin dem Staat.
Das alles gehört zu Bonapartes dauerhaftesten Leistungen überhaupt: Die Banque de France, seit 1946 verstaatlicht, besteht noch heute; das Präfektensystem prägt bis zur Gegenwart den Charakter der französischen Verwaltung; der Code civil bildet die Grundlage des heutigen französischen Rechtes; das Konkordat blieb über ein Jahrhundert lang, bis 1905, in Kraft.
In der *Außenpolitik* glückte es Bonaparte, den Zweiten Koalitionskrieg gegen die wiederum uneinig gewordenen Gegner mit Einzelverträgen erfolgreich zu beenden, zuletzt mit Großbritannien im Frieden von Amiens 1802.
Jetzt ließ er sich als Friedensfürst feiern und die Verfassung erneut ändern: Das Volk wählte ihn 1802 zum Ersten Konsul auf Lebenszeit.

Napoleon als Bewahrer der Errungenschaften der Französischen Revolution:

Der Eid des Kaisers: «Ich schwöre, die Unversehrtheit der Republik zu behaupten, die Gesetze des Konkordats und die Freiheit des Gottesdienstes zu achten und achten zu lassen, die Gleichheit der Rechte, die politische und bürgerliche Freiheit, die Unwiderruflichkeit des Verkaufs der Nationalgüter zu achten und achten zu lassen, keine Abgabe zu erheben und keine Auflage zu errichten als gemäß des Gesetzes, die Ehrenlegion aufrechtzuerhalten und nur zum Vorteil, zum Glück und zum Ruhm des französischen Volkes zu regieren.»

5.6 Das Empire, 1804–1815

5.61 Errichtung des Kaiserreiches: Bonaparte wollte aber nicht nur Konsul bleiben. Aus dem erst kurz vor seiner Geburt französisch gewordenen Korsika stammend und im Militär groß geworden, misstraute er diesem Titel ohne Tradition und fürchtete nach seinem eigenen weitere Staatsstreiche. Unter dem Vorwand einer solchen Verschwörung brachte er ein Scheinparlament dazu, Frankreich in ein erbliches Kaiserreich unter der Dynastie der Bonapartes umzuwandeln. Eine Volksabstimmung billigte den Entscheid. Und noch im gleichen Jahr 1804 setzte sich Bonaparte in der Kathedrale von Notre-Dame in Gegenwart des Papstes selbst die Krone aufs Haupt. Nun war er Napoleon I.

5.62 Plebiszitäre Diktatur: Napoleons Weg vom Brumaire (▶ 5.54) bis zu seiner Alleinherrschaft wurde beispielhaft für zahlreiche Machtergreifungen des 19. und des 20. Jahrhunderts. Durch Einschüchterung der Volksvertretung verschaffte er sich eine Scheinlegalität; außenpolitische Erfolge, skrupellose Manipulation der öffentlichen Meinung und der

Am 2. Dezember 1804 krönte Napoleon sich in der Kirche Notre-Dame de Paris selbst zum «Kaiser der Franzosen». Auch seiner Frau Joséphine de Beauharnais setzte er eine Kaiserkrone auf.
Diese politisch weniger heikle zweite Krönung hielt der Hofmaler Jacques-Louis David in einem Monumentalgemälde (1806/7) fest: In der Mitte kniet seine Frau vor Napoleon, dahinter erhebt Papst Pius VII. die Hand zum Segen. Napoleon und Joséphine hatten kurz zuvor noch kirchlich geheiratet – eine Bedingung des Papstes für seine Anwesenheit.
Links Napoleons Geschwister (von links Joseph, später König von Neapel und von Spanien, Louis, später König von Holland, die Schwestern Elise, Pauline und Caroline; es fehlen die Brüder Jérôme und Lucien, mit denen sich Napoleon wegen nicht standesgemäßer Heiraten überworfen hatte; aus Protest gegen diesen Streit war auch deren Mutter nicht zur Krönung erschienen. Jacques-Louis David hat sie trotzdem im Bild prominent auf der vorderen Tribüne in der Mitte zwischen den beiden Säulen platziert; sich selbst und seine Familie übrigens auch: auf der Tribüne dahinter, links.

Druck einer straff zentralisierten Staatsgewalt ermöglichten es ihm, weitere Plebiszite (Volksabstimmungen) zu gewinnen. Auf dieser Grundlage errichtete er eine «plebiszitäre Diktatur». Was fehlte, war eigentlich das Ziel der Französischen Revolution gewesen: politische Freiheit.

Doch die sozialen Umwälzungen der Revolution tastete Napoleon nicht an. Der Code Civil verbürgte Vertragsfreiheit und bürgerliche Rechtsgleichheit; die ständische Ordnung des Ancien Régime und die Befreiung der Bauern aus ihrer Feudalabhängigkeit wurden nicht rückgängig gemacht; die verstaatlichten und dann an Private weiterverkauften Güter der emigrierten Adligen und der Kirche blieben im Besitz ihrer neuen Eigentümer.

5.63 Kontinentalsperre: 1803 setzte Napoleon durch, dass im Heiligen Römischen Reich Deutscher Nation die vielen kleinen Herrschaften den großen Fürstentümern zugeschlagen wurden («Reichsdeputationshauptschluss»). Diese Stärkung richtete sich gegen Österreich, das mit Großbritannien und Russland den Krieg erklärte, aber in der Dreikaiserschlacht bei Austerlitz 1805 verlor. Kurz danach brach Preußen zusammen; das römisch-deutsche Kaiserreich wurde nach 1006 Jahren aufgelöst; 1807 schloss in Tilsit auch Zar Alexander I. Frieden und anerkannte das französische Herrschaftssystem im kontinentalen West- und in Mitteleuropa. Wieder hatte Napoleon zu Land gesiegt – aber wieder zur See, diesmal bei Trafalgar, gegen den britischen Admiral Nelson verloren (1805). Nur noch Großbritannien und Frankreich standen sich gegenüber; dieses beherrschte den Kontinent außer Russland, jenes aber die Meere.

Napoleon sah keine Möglichkeit, das Inselreich militärisch anzugreifen, deshalb wollte er es wirtschaftlich niederringen. Er ließ 1806 in seinem Einflussbereich jeglichen Handel mit Großbritannien und mit englischen Waren verbieten (Kontinentalsperre); selbst Russland schloss sich im Frieden von Tilsit dieser Blockade an, sodass der ganze Kontinent, das Hauptabsatzgebiet der jungen britischen Industrie, für den Import gesperrt war. Bald aber zeigte sich, dass Frankreichs Vasallenstaaten und Verbündete diesen Wirtschaftskrieg, der ja auch den Kontinent in Not und Teuerung stürzte, nur widerwillig und nachläßig führten.

5.64 «Grand Empire»: Deshalb brachte Napoleon immer größere Teile Europas in unmittelbare Abhängigkeit. Er ließ Portugal und Spanien besetzen, Katalonien, Rom, Dalmatien, Holland und die nordwestdeutsche Küste bis Lübeck sogar annektieren.

Von Lübeck bis Rom, von Brest bis Dubrovnik dehnte sich das französische Staatsgebiet aus; von Warschau bis an den Felsen von Gibraltar der von Frankreich beherrschte Raum. Doch die Kontinentalsperre brachte nicht den erhofften Erfolg: Britische Ware floss weiterhin über zahlreiche Schleichwege, insbesondere über Skandinavien und Russland, auf den Kontinent.

5.65 Frankreich und Europa: So kurzlebig dieses Grand Empire auch war, hatte es doch große geschichtliche Wirkung. Die französischen Armeen verbreiteten nicht nur die revolutionären Vorstellungen von der Nation und ihrem Selbstbestimmungsrecht, sondern auch die Grundsätze des Code civil: bürgerliche Rechtsgleichheit und persönliche Freiheit, Vertragsfreiheit und damit die Aufhebung der Leibeigenschaft (außer in Russland). Das alles ließ sich nicht mehr rückgängig machen und prägte den weiteren Verlauf der europäischen Geschichte.

Empire

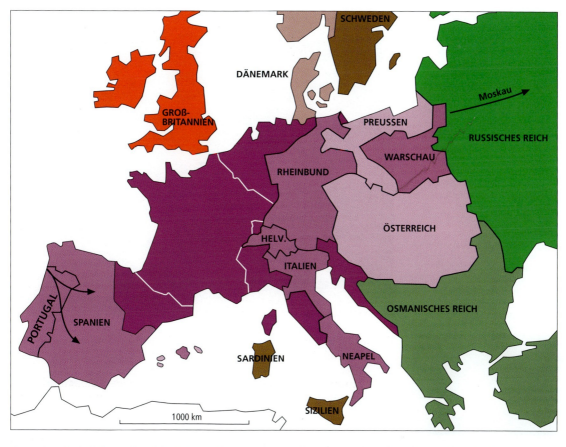

Der wirtschaftliche und politische Druck führte ferner vielerorts zur Auflehnung gegen die französische Fremdherrschaft. Die Tiroler Bauern erhoben sich in einem ebenso tapferen wie aussichtslosen Kampf; deutsche Patrioten versuchten erfolglos, einen Volkskrieg zu entfesseln; große Teile des spanischen und, von einem britischen Expeditionskorps unterstützt, des portugiesischen Volkes führten einen erbitterten Kleinkrieg (Guerilla) gegen die fremde Besatzungsmacht. Es entstand ein neues Gemeinschafts-, ein Nationalgefühl. Überall außer in Spanien und Portugal gelang es Napoleon, den Widerstand rasch und brutal niederzuwerfen.

Das napoleonische Europa im Juni 1812

- Grand Empire (und Grenzen Frankreichs von 1792)
- Satellitenstaaten Frankreichs
- Verbündete Frankreichs

HELV.: Helvetische Republik

5.66 Russlandfeldzug: Napoleons Macht brach an einer anderen Front zusammen. Überzeugt davon, dass die Kontinentalsperre unwirksam sei, weil das seit 1807 verbündete Russland sie nur nachläßig durchführe, beschloss er, dieses im Sommer 1812 anzugreifen. Seine Grande Armée, rekrutiert aus zwangsverpflichteten Soldaten vieler Länder, stieß bis Moskau vor. Doch der in Petersburg residierende Zar verweigerte Friedensverhandlungen; ein Großbrand zerstörte das besetzte Moskau. Napoleon, der nur einen kurzen Sommerkrieg geplant hatte, sah sich bei einbrechendem Winter durch Verpflegungsmangel und Seuchen zum Rückzug genötigt. Dieser endete in einer Katastrophe. Von 600 000 losgezogenen Soldaten kamen nur gut 20 000 als Soldaten (und etwa 60 000 später als Zivilisten) zurück, getrieben von der kampfkräftigen russi-

Francisco de Goya, eigentlich gemäßigter Anhänger der Französischen Revolution und gefeierter Hofmaler des spanischen Königs, war nach dessen Vertreibung beauftragt worden, die Heldentaten der Bevölkerung gegen die französische Fremdherrschaft zu dokumentieren. Erschüttert durch die Unterdrückung, schuf er aufwühlende Radierungen, die «Desastres de la guerra» («Kriegs-Katastrophen»), die er während des Kriegs nicht veröffentlichen konnte. Im Gemälde «Der 3. Mai 1808 in Madrid» fasste er 1814 seine Botschaft zusammen. Es zeigt die französische Rache für die Rebellion der Madrider Bevölkerung gegen die Vertreibung der Königsfamilie.

Im Widerspruch zum klassizistischen Stil verzichtete Goya auf naturgetreue Modellierung, realistische Distanzen zwischen den Figuren und Ausleuchtung der gemalten Szene. In der rechten Hand des Opfers im weißen Hemd ist ein Wundmal zu sehen.

Das Gemälde im Besitz der Königsfamilie wurde bis 1872 nicht offiziell gezeigt, aber 2008 vom Prado-Museum als zentrales Werk in «Google Earth» publiziert.

schen Armee. Damit war für die unterdrückten Völker Europas die Stunde der Befreiung gekommen.

5.67 Zusammenbruch des Grand Empire: Nur zögernd allerdings wagten die europäischen Fürsten die Erhebung gegen den gefürchteten Kaiser, mit dem sie nicht nur durch Verträge, sondern vielfach auch durch Verschwägerung verbunden waren. Doch der Druck der Volksstimmung und der Zwang der Umstände waren stärker als alle Bedenken. Als erster unter den deutschen Staaten nahm Preußen den Kampf auf; nun bildete sich die «Große Allianz» gegen Frankreich, der die meisten europäischen Staaten angehörten. Im Herbst 1813 wurde Napoleon in der Völkerschlacht bei Leipzig aus Mitteldeutschland verdrängt; in der Neujahrsnacht überschritt eine preußische Armee den Rhein; gleichzeitig stieß von Portugal und Nordspanien her eine britische Armee über die Pyrenäen vor; im Frühjahr 1814 marschierten die Alliierten in Paris ein, und Napoleon dankte ab. Dem Gestürzten wurde auf der Insel Elba ein Zwergfürstentum eingerichtet.

Nicht einmal ein Jahr später kehrte Napoleon überraschend nach Frankreich zurück und erneuerte für hundert Tage das bonapartistische Kaisertum. Er rechnete mit der erneuten Uneinigkeit der Sieger, aber er täuschte sich: Schon drei Monate später fügte ihm die vereinigte preußisch-britische Armee bei Waterloo (oder Belle-Alliance) in Belgien eine vernichtende Niederlage zu. Napoleon fiel in britische Hand und wurde als Staatsgefangener auf die Insel St. Helena im Südatlantik gebracht, wo er 1821 starb.

5.68 Bilanz und Ausblick: Die Französische Revolution und die von Napoleon verursachte europäische Katastrophe waren die zentralen Ereignisse und der blutige Höhepunkt in der Epoche der bürgerlichen Revolutionen. Diese hatte im 17. Jahrhundert in England mit der «Glorious

Revolution» und dem Sieg des Parlamentarismus begonnen (▶ 2.12) und sich im 18. Jahrhundert mit Aufklärung (▶ 20.2), Industrialisierung (▶ 17.1) und amerikanischer Unabhängigkeit (▶ 4.2) fortgesetzt. Mit Napoleons Scheitern war jedoch das Bestreben nach persönlicher und politischer Freiheit keineswegs erschöpft.

Die Aufklärungsideen ließen sich – trotz Restauration (▶ 6.0) – nicht rückgängig machen. Im Gegenteil: Die Durchschlagskraft der revolutionären, nun «liberal» genannten Bewegung steigerte sich noch durch das Bündnis mit der nationalen Bewegung, die im Kampf gegen Napoleons Fremdherrschaft entstanden war. Nationalbewusstsein und Liberalismus bildeten im 19. Jahrhundert eine brisante Mischung (▶ 8.1, 8.3).

5.7 Die Schweiz und die Französische Revolution

5.71 Alte Eidgenossenschaft und Aufklärung: Die Alte Eidgenossenschaft war im 18. Jahrhundert ein lockerer Staatenbund, innenpolitisch zerstritten zwischen Reformierten und Katholiken sowie zwischen Stadt und Land. Zwar waren ihre Orte Republiken, aber wie absolutistische Gesellschaften im übrigen Europa (▶ 2.13) nach Ständen gegliedert.

Einzelne bedeutende Persönlichkeiten entwickelten und verbreiteten Ideen der Aufklärung über das kleine Land hinaus. Zu ihnen gehörten der Berner Naturforscher und Dichter Albrecht von Haller, der Genfer Uhrmachersohn und Philosoph Jean-Jacques Rousseau (▶ 20.23), der Pädagoge Johann Heinrich Pestalozzi, der Theologe Johann Caspar Lavater oder der Basler Mathematiker Leonhard Euler. Literarische Salons, wie derjenige der Genferin Suzanne Necker-Curchod, und gemeinnützige Gesellschaften, wie die 1777 in Basel gegründete «Gesellschaft für das Gute und Gemeinnützige», sorgten für die Verbreitung dieses Gedankenguts.

Doch beschränkte sich die vorwiegend unpolitische Bewegung auf eine schmale Bürgerschicht. Eine revolutionäre Bewegung existierte nicht. Die wenigen Rebellionen gegen die herrschenden Eliten, das Ancien Régime, brachen unter der Landbevölkerung aus. Vor allem dort, wo das Verlagswesen und Manufakturen (▶ 2.27) sie wohlhabend und selbstbewusst hatte werden lassen, erhob sie sich gegen die Obrigkeit, aber letztlich ohne Erfolg.

5.72 Zusammenbruch der Alten Eidgenossenschaft: Unter dem Eindruck der Französischen Revolution forderte 1798 die Bevölkerung der Basler Landschaft die Abschaffung der Leibeigenschaft und der städtischen Vorrechte, errichtete Freiheitsbäume und setzte schließlich Landvogteischlösser in Brand. Weil das französische Direktorium mit militärischem Einmarsch drohte, verzichtete der Basler Rat im Januar 1798 unter der Führung des Oberzunftmeisters Peter Ochs (1752–1821) auf seine Herrschaftsrechte über die Landschaft. Kurz darauf sagte sich die Waadt von der bernischen Herrschaft los und begrüßte die einrückenden französischen Truppen begeistert als «amis et frères».

Trotz dieser bedrohlichen Lage konnte sich die Tagsatzung nicht zu einer gemeinsamen Verteidigung der Eidgenossenschaft zusammenraufen. Weil Solothurn und Freiburg kapitulierten, wurde Bern von zwei französischen Armeen in die Zange genommen und erobert. Die Bären aus dem damaligen Bärengraben und die Berner Staatskasse wurden nach Paris gebracht. Die übrigen eidgenössischen Orte ergaben sich daraufhin praktisch kampf-

Napoleons Popularität beruhte auch darauf, dass er sein Porträt auf Alltagsgegenständen aufmalen und verbreiten ließ. Er war in dieser Hinsicht überall präsent (wie Wilhelm II. hundert Jahre später ▶ 7.57).
Dementsprechend verboten die siegreichen Monarchen 1814 in Frankreich sein Porträt. Die Menschen kauften sich jedoch Blätter mit Veilchen (oben ein Ausschnitt einer Zeichnung von Jean Canu), weil Napoleon versprochen hatte, vor dem Erblühen der Märzveilchen werde er aus Elba zurückkehren und seine Herrschaft fortsetzen. Auf den Blättern sind nämlich nicht nur Veilchen zu sehen:

Napoleon, seine zweite Frau Marie Louise (1791–1847) und ihr vierjähriger Sohn Napoleon II. (1811–1832).

Franz Niklaus König (1765–1832): Trüllmusterung in Bern (1797, Radierung von 1825)

Wehrfähige Männer mussten am Sonntag nach dem Kirchgang auf der Allmend zu militärischen Übungen antreten. König karikiert, wie wenig die «Soldaten» diese Aufgabe ernst nahmen – mit einer Ausnahme.

los und die Alte Eidgenossenschaft hörte nach rund 500 Jahren auf zu existieren.

5.73 Helvetische Republik, 1798–1803: Den besiegten Kantonen wurde die Helvetische Verfassung aufgezwungen; die Nidwaldner Bevölkerung, welche den Eid darauf verweigerte, unterwarf eine französische Armee brutal.

Die vom Basler Oberzunftmeister Peter Ochs auf französischen Befehl entworfene Helvetische Verfassung entsprach den siegreichen Aufklärungsideen: Alle Untertanengebiete wurden den bislang herrschenden Orten gleichgestellt; die Bevölkerung erhielt ein einheitliches Bürgerrecht und viele persönliche Grundrechte: Gewissensfreiheit, Pressefreiheit, Niederlassungs-, Handels- und Gewerbefreiheit. Die Regierung wurde nach französischem Vorbild (▶ 5.51) organisiert: Fünf Direktoren bildeten die Exekutive, Großer Rat und Senat wurden durch alle wahlberechtigten Bürger auf indirektem Weg gewählt, ein Oberstes Gericht garantierte eine unabhängige Justiz. Der Strafvollzug wurde humanisiert. Kirche und Staat wurden getrennt und die Vermögen der Klöster säkularisiert, was in den katholischen Kantonen auf heftige Opposition stieß. Der Bildungsminister

Vorwiegend Nidwaldnerinnen zogen 1798 der französischen Armee entgegen, um nicht den Eid auf die Helvetische Verfassung ablegen zu müssen. (Der anonyme Stich stellt allerdings nicht das Ereignis selbst, sondern eine *Nachstellung bei einer Theateraufführung* dar.)

Schweiz und Französische Revolution

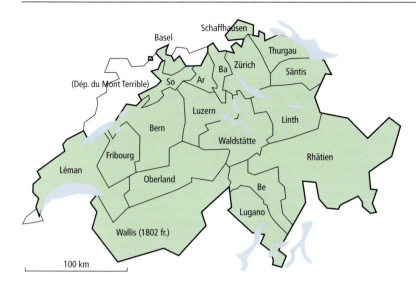

Einteilung der Schweiz in Kantone während der Helvetik

Ar: Aargau
Ba: Baden
Be: Bellinzona
So: Solothurn

Wie bei der Benennung ihrer Departemente zog die französische Regierung bei den neuen Kantonsnamen geografische Merkmale bei.

Philipp Albert Stapfer, einer der fünf Direktoren, trieb eine staatliche Volksschule und die allgemeine Schulpflicht voran. Aber alle diese Pläne scheiterten.

5.74 Scheitern der Helvetischen Republik: Die Helvetische Republik war ihrer Zeit weit voraus und vermochte die Bevölkerung nicht für sich zu gewinnen. Schon nach vier Jahren endete sie in Bürgerkriegen.
Für ihr Scheitern gibt es zahlreiche Gründe: Sie war das *Ergebnis einer Niederlage* und beruhte auf dem Willen der französischen Besatzungsmacht; diese hatte überall die *Staatskassen geplündert*, der *Unterhalt der 70 000 Soldaten* der Besatzungsarmee führte zur Verarmung und Verbitterung der Bevölkerung, ebenso der auf schweizerischem Territorium ausgefochtene *Zweite Koalitionskrieg* (▶ 5.53). Ein aufgezwungenes Militärbündnis verpflichtete die Schweiz, der französischen Armee *Hilfstruppen zu stellen*.

Zweite nächtliche Beschießung der Stadt Zürich am 12.9.1802

Schon während des Zweiten Koalitionskriegs war die Schweiz Kriegsschauplatz fremder Heere. Als Napoleon 1802 die französischen Besatzungstruppen aus der Schweiz abzog, versank die Helvetische Republik auch noch in einem Bürgerkrieg zwischen Befürwortern der zentralistischen Helvetischen Republik und den Föderalisten, die wieder einen lockeren Staatenbund anstrebten (Innerschweiz und Zürich). Im Verlauf dieses Kriegs wurde die Stadt Zürich von den Truppen der Helvetischen Republik unter General Joseph Leonz Andermatt (1740–1817) zweimal erfolglos belagert und beschossen.
Im Bild mischen sich Motive der Romantik und des Klassizismus.

Siegel der Eidgenossenschaft von 1815

Das Schweizerkreuz umgeben von den Wappen aller Kantone. Folgende waren neu dazugekommen:

1803	Graubünden
	Aargau
	Waadt
	Thurgau
	St. Gallen
	Tessin
1815	Wallis
	Genf
	Neuenburg
(1978	Jura).

Zudem widersprach der *straffe Zentralismus* nach französischem Vorbild dem traditionellen Partikularismus und der lokalen Selbstverwaltung in der Alten Eidgenossenschaft.

Im Wesentlichen scheiterte die Helvetische Republik jedoch an der *Finanzierung* ihrer ehrgeizigen Reformprojekte. Da die Staatstätigkeit in der Alten Eidgenossenschaft weitgehend aus den Erträgen der bäuerlichen Zehnten finanziert worden war, hätte die Republik anstelle der bisherigen Feudalabgaben neue Einnahmequellen erschließen müssen. Dazu fehlte ihr die Macht. Als sie in ihrer Finanzmisere von den Bauern erneut die alten Abgaben einforderte, widersprach sie sich selbst. Ferner waren sich nicht einmal die Befürworter der Helvetischen Republik einig: Gemäßigte und Radikale, Zentralisten und Föderalisten putschten sich mittels mehrerer Staatsstreiche gegenseitig von der Macht. 1802 beschloss Napoleon, die Helvetische Republik fallen zu lassen. Deshalb zog er die Besatzungstruppen aus der Schweiz ab und nahm den darauf ausbrechenden Bürgerkrieg zum Anlass, um als Vermittler («Mediator») der Schweiz eine neue Verfassung zu diktieren: die Mediationsakte von 1803.

5.75 Mediationszeit, 1803–1815: In zwei Schritten – 1803 und 1815 – kehrte nun die Schweiz zurück zum Staatenbund und zum Ancien Régime der alten Adelsfamilien.

Die neue «Schweizerische Eidgenossenschaft» gemäß Napoleons Mediationsakte gab den Zentralismus der Helvetischen Republik auf und schuf einen Staatenbund von 19 gleichberechtigten und weitgehend souveränen Kantonen mit einer Tagsatzung und einem machtlosen Landammann. Einer der wenigen Überreste der Helvetischen Republik waren die fünf neuen, aus den ehemaligen Untertanengebieten geschaffenen Kantone Aargau, St. Gallen, Tessin, Thurgau und Waadt. Im Übrigen wurden die meisten Freiheitsrechte wieder aufgehoben und die Privilegien der Stadtbevölkerung in reduzierter Form wiederhergestellt. Abgesehen von vereinzelten Rebellionen fügte sich die Landbevölkerung widerstandslos.

Hirtenfest in Unspunnen 1806 (Kupferstich von Franz Hegi)

Mit der Aufklärung erwachte die Begeisterung für die Alpen, und die Idealisierung des einfachen Lebens der Bauern und Sennen kam in Mode. Seit 1805 wurden in Interlaken die Unspunnenfeste durchgeführt, in denen sich die Schweiz mit den traditionellen Älplerwettspielen (Steinstoßen, Schwingen, Schießen, Alphornblasen etc.) als freies Volk von Hirten und Bauern darstellte. Diese Hirten- und Älplerfeste lockten viele Städter und Touristen an. Sie waren auch Ausdruck eines entstehenden Nationalbewusstseins.

Schweiz und Französische Revolution

Löwendenkmal in Luzern (kolorierter Druck aus dem 19. Jahrhundert)

Die zur Macht zurückgekehrten Ratsherrenfamilien der Mediationszeit feierten die Überwindung der revolutionären Helvetik mit wirksamen symbolischen Aktionen als Rückkehr zu den bewährten vorrevolutionären Werten. Mit der Einweihung des Löwendenkmals in Luzern im Jahr 1821 gedachte die Schweiz der Tradition der eidgenössischen Söldnerheere und erinnerte an die Aufopferung der Schweizer Garde, die im Tuileriensturm 1792 die Königsfamilie gegen die revolutionäre Masse verteidigt hatte (▶ 5.33).

An einer Gegendemonstration in der Hohlen Gasse bei Küssnacht beschworen liberale Studenten dagegen die Auferstehung eines neuen Wilhelm Tell und die Befreiung Europas vom konservativen Joch.

Diese neue Eidgenossenschaft war von Frankreich genauso abhängig wie ihre Vorgängerin. 8000 Schweizer Soldaten hatten Napoleons Russlandfeldzug zu verstärken, nur gerade 300 überlebten die Katastrophe (▶ 5.66).

5.76 Bundesvertrag, 1815: Mit der endgültigen Niederlage Napoleons wurde die Mediationsakte durch den Bundesvertrag von 1815 ersetzt. Dieser stellte die Zustände des Ancien Régime weitgehend wieder her, die Unabhängigkeit der Kantone wurde eher noch verstärkt. Die Forderung der konservativen Kräfte nach Wiederherstellung der alten Untertanenverhältnisse ließ allerdings erneute Bürgerkriege und eine österreichische Intervention befürchten. Deshalb setzte der russische Zar Alexander I. bei den Siegermächten durch, dass die neuen Kantone erhalten blieben. Diesem Diktat der Siegermächte musste sich insbesondere das bisher mächtige Bern fügen. Es verlor seine früheren Untertanengebiete im Aargau und in der Waadt und wurde teilweise mit dem ehemals fürstbischöflichen Jura entschädigt. Denn die Siegermächte waren an arrondierten Staaten rund um Frankreich interessiert, ferner an der Weiterexistenz einer souveränen und neutralen Schweiz mitten im Spannungsfeld der Großmächte. Die von den Siegermächten anerkannte immerwährende Neutralität und die Unverletzbarkeit der Schweiz sollten einem Konflikt der rivalisierenden Großmächte um schweizerische Gebiete vorbeugen und damit zur Stabilität Europas beitragen. Trotzdem bildete die Schweiz als Republik inmitten eines monarchischen Europas in den kommenden Jahrzehnten immer wieder einen Herd der Unruhe (▶ 6.33, 6.51).

6. Restaurationszeit, 1815–1848

6.0 Restauration und Legitimität: Die auf Napoleon folgende Periode der europäischen Geschichte wird als Zeitalter der Restauration, das heißt der «Wiederherstellung», bezeichnet. Damit ist aber nicht einfach die reaktionäre Rückkehr zu den vorrevolutionären Zuständen gemeint, sondern die konservative Wiederherstellung legitimer Herrschaftsverhältnisse. Legitim war nach dieser Auffassung das, was sich aus der als bruchlos verstandenen Geschichte ableiten ließ. Diese Bedeutung der Vergangenheit lag der damaligen Romantik (▶ 20.26) zugrunde.

Legitime Herrschaft konnte auf Erbfolge oder Vertrag, niemals aber auf revolutionäre Machtergreifung begründet sein. Legitimität schloss auch den Übergang zu einer Verfassung nicht aus, wenn diese vom Fürsten freiwillig erlassen oder nach damaligem Sprachgebrauch «oktroyiert» wurde. Eine Idee wie die Volkssouveränität hingegen war illegitim, weil das Volk bisher ja nicht souverän war.

Die 33 Jahre zwischen 1815 und 1848 drehten sich also um die Frage, durch wen die Weiterentwicklung getragen werden soll; und damit auch um die Frage, wie weit sie gehen soll: über die persönliche und politische Freiheit hinaus zur Gleichheit?

«Alles in der Natur verfolgt den Weg der *Entwicklung,* des Aneinanderreihens der Sachen; bei solchem Gange allein ist das Ausscheiden der schlechten Stoffe und die Ausbildung der guten denkbar. Sprungweise Übergänge bedingen stets neue Schöpfungen, und schaffen können die Menschen nichts.» (Metternich, 1815)

6.1 Die Wiener Friedensordnung, 1815

6.11 Europäisches Gleichgewicht: Nach dem Sieg über Napoleon versammelten sich die Vertreter der siegreichen Regierungen, zeitweise auch ihre Monarchen, in Wien. Der Wiener Kongress legte in neunmonatiger Verhandlung eine Friedensordnung fest, welche 99 Jahre lang Bestand ha-

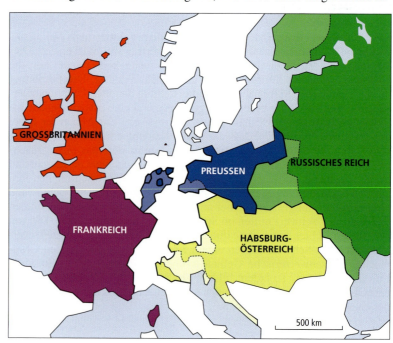

Die fünf Großmächte 1815

Gegenüber den Grenzen von 1793 gewann *das Russische Reich:* Finnland (1809), Bessarabien (1812) und ungefähr das seit 1795 aufgeteilte Polen («Kongresspolen»: formell lediglich in Personalunion mit dem Russischen Reich verbunden); *Österreich:* Venetien und Dalmatien, das Veltlin und das ehemalige Fürstbistum Salzburg (und verlor Belgien sowie den Splitterbesitz am Hochrhein); *Preußen:* das nördliche Sachsen und die Rheinlande (und verlor westpolnische Gebiete); *Frankreich:* Mulhouse, Montbéliard und Avignon; *Großbritannien:* Helgoland, Malta, die Ionischen Inseln, Kapland, Ceylon.

Wiener Kongress 1815 (Stich von Jean Godefroy nach einer Skizze von Talleyrands Begleiter Jean-Baptiste Isabey; Ausschnitt ohne Zierrahmen)

Auf diesem Stich sind die wichtigsten Staatsmänner der Zeit vereinigt, nämlich der Herzog von Wellington (1), der preußische Fürst von Hardenberg (2, sitzend), Fürst Metternich (3), der englische Minister Castlereagh (4, sitzend) und der französische Minister Talleyrand (5, am Tisch) im Gespräch mit dem russischen Vertreter Graf von Stackelberg (6).
Im Hintergrund befindet sich die Büste des österreichischen Kanzlers Kaunitz, ein Gemälde des damaligen Kaisers von Österreich, Franz I. und im Nebenraum ein Porträt der Kaiserin Maria Theresia.

ben sollte. Wesentlich für diese Nachhaltigkeit war, dass auch das besiegte Frankreich, nun unter Ludwig XVIII., dem Bruder des hingerichteten Ludwigs XVI., in die Verhandlungen einbezogen wurde. Der französische Außenminister Charles-Maurice de Talleyrand (1754–1838) spielte sogar eine wichtige Rolle. Aber der eigentlich bestimmende Kopf war der österreichische Minister Klemens Wenzel Metternich (1773–1859)

Der Kongress wollte, vom Legitimitätsgedanken geleitet, nicht einfach die vorrevolutionären Grenzen wiederherstellen; als legitim betrachtete er nämlich jede durch völkerrechtlichen Vertrag begründete Grenzziehung. So wurden die 1803 den größeren Fürstentümern zugeschlagenen kleinen deutschen Herrschaften, die Untertanenverhältnisse in der Schweiz (▶ 5.76) oder die 1797 ausgelöschten Republiken Venedig und Genua nicht wiederhergestellt.

Aber die nicht in der Geschichte verankerten, neuen Forderungen der polnischen, deutschen und italienischen Patrioten nach Nationalstaaten berücksichtigten die Fürsten nicht. Ihr Anliegen war das europäische Gleichgewicht: Die fünf Großmächte Russland, Österreich, Preußen, Frankreich und Großbritannien sollten sich die Waage halten, damit keine von ihnen die Hegemonie erringen konnte. Diesem Ziel wurden zahlreiche Kleinstaaten geopfert. Russland, das am entscheidendsten zu Napoleons Niederlage beigetragen hatte (▶ 5.66), forderte eine massive Ausdehnung seines Staatsgebietes nach Westen, unter anderem das bisher auch zu Preußen und Österreich gehörende aufgeteilte Polen in Personalunion («Kongresspolen»). Preußen und Österreich machten Kompensationen geltend: Das Kaisertum Österreich (▶ 6.53) erhielt statt der gesamtdeutschen Kaiserwürde die Vorherrschaft über die zu einem «Deutschen Bund» locker zusammengeschlossenen Staaten, Preußen erhielt Gebiete am Rhein (Rheinprovinz). In dieser Missachtung der durch die Französische Revolution geweckten Vorstellung vom Selbstbestimmungsrecht der Völker lag die Hauptschwäche der Wiener Ordnung.

6.12 Heilige Allianz: Zar Alexander I. war nach dem Sieg über Napoleon erfüllt vom Glauben, das von Gott auserwählte Werkzeug zur Rettung Eu-

Talleyrand, ehemaliger Bischof und politischer Überlebenskünstler, hatte seit Beginn der Revolution alle Regimewechsel heil überstanden. Auch nach dem Sturz des Bourbonenkönigs 1830 schwor er dem neuen «Bürgerkönig» Louis-Philippe wiederum den Treueid. Mit erhobener Schwurhand soll er einen Augenblick gezögert und dann gelächelt haben: «Sire, es ist mein Siebenter.»

Der angesehene Porträtist Anton Graff aus Winterthur zeichnete 1805 den 32-jährigen Klemens Wenzel (seit 1815: von) Metternich.
Metternich trat im Alter von 21 Jahren in den diplomatischen Dienst Österreichs, wurde 1806 zum Botschafter in Paris und schon drei Jahre später zum Außenminister ernannt. Er prägte mit seiner Idee der Legitimität die Restaurationszeit in Mitteleuropa und verlor folgerichtig sein Amt im Revolutionsjahr 1848. Sein Prinzip der Legitimität führte ihn aber nicht nur zu konservativen Positionen; so vertrat er schon 1815 die Idee der Emanzipation der jüdischen Bevölkerung.

ropas und des ewigen Friedens zu sein. Schwärmerisch-religiöse Vorstellungen mischten sich bei ihm mit den Aufklärungsideen über einen Weltfrieden. Er erreichte, dass alle christlichen Monarchen Europas außer dem Papst und dem britischen König sich in einer «Heiligen Allianz» verpflichteten, einander zur Wahrung des Friedens und der eigenen Stellung beizustehen. Die Heilige Allianz war ein Bündnis nicht von Staaten, sondern von Monarchen (dem aber auch einige Republiken beitraten).

Metternich nutzte diese Allianz als Werkzeug gegen alle revolutionären Bewegungen. Dennoch bleibt diese bemerkenswert als erster Versuch, die Friedensutopie zu verwirklichen, die seit der Zeit des Humanismus immer wieder entworfen worden war.

6.13 Liberale Opposition: Gegenüber der konservativen Staatslehre der Legitimität vertrat der Liberalismus (der Ausdruck verbreitete sich nach 1815 rasch in ganz Europa) den in der Aufklärung wurzelnden Gedanken, eine Staatsordnung sei nur dann rechtmäßig, wenn sie auf der Volkssouveränität, auf dem Einverständnis der Bürger, beruhe und wenn sie die individuellen Freiheitsrechte schütze (▶ 8.3). Der Kampf des Liberalismus gegen den nach 1815 triumphierenden legitimistischen Konservativismus (▶ 8.2) prägte das Zeitalter der Restauration.

Dort, wo der Wiener Kongress die nationalstaatlichen Begehren unterdrückt hatte, vorab also in Deutschland und in Italien, gewann der Liberalismus durch Verbindung mit dem nationalen Gedanken besondere Stoßkraft. Und dort, wo allmählich die Industrialisierung einsetzte, wurden die Unternehmer zur Stütze der nationalliberalen Bewegung, denn ein Zusammenschluss zu größeren Wirtschaftsräumen sowie Niederlassungs-, Gewerbe- und Handelsfreiheit schufen günstige Voraussetzungen für die industrielle Entwicklung (▶ 17.32).

6.2 Metternichs «System»

6.21 Konservative Interventionen: Wo die liberale und nationale Bewegung das 1815 aufgerichtete legitimistische System bedrohte, griff Metternich ein. Dabei war er stets bestrebt, möglichst alle Staaten zu gemeinsamem Vorgehen zu bewegen, denn eine isolierte Aktion Österreichs hätte ja das europäische Gleichgewicht gefährdet. So erwirkte er 1819 in Karlsbad Beschlüsse der deutschen Staaten gegen die «Umtriebe» der nationalliberal gesinnten Studenten und Lehrer an den deutschen Gymnasien und Hochschulen. Als im folgenden Jahr in Spanien und bald danach in Neapel und Piemont Revolutionen ausbrachen, rief er die Großmächte zu den Kongressen von Troppau, Laibach und Verona zusammen. In deren Auftrag erstickte zuerst Österreich die Revolutionen in Italien, dann Frankreich jene in Spanien. In Mitteleuropa konnte sich die legitimistische Restauration halten, während Zar Nikolaus I. 1831 den Novemberaufstand in Polen niederschlug und dem Land die letzte Selbstständigkeit nahm.

6.22 Lateinamerikanische Revolutionen: An den Rändern allerdings ließ sich der Ruf nach Volkssouveränität und, davon abgeleitet, Selbstbestimmung nicht unterdrücken. In den spanischen Kolonien in Lateinamerika waren die Kreolen, das heißt die in den Kolonien geborenen Spanier, weder zu mittleren und höheren Staatsämtern noch zum gewinnbringenden

Exporthandel zugelassen. Dagegen begannen sie sich nach der Besetzung Spaniens durch Napoleons Armee (1808) aufzulehnen. 1820 ermutigte eine Revolution in Spanien die Unabhängigkeitsbewegungen von Neuem. In teilweise langen und verlustreichen Kämpfen befreiten sich die spanischen Kolonien vom Mutterland (▶ 23.12).

Zur gleichen Zeit, 1822, erklärte sich die portugiesische Kolonie Brasilien zum unabhängigen Kaiserreich. Denn eine neue portugiesische Verfassung hatte ihre Selbstverwaltungsrechte wieder beseitigt. Diese hatte Brasilien erhalten, als die portugiesische Königsfamilie vor Napoleons Armee nach Rio de Janeiro geflohen war.

Die lateinamerikanischen Kolonien hatten zwar bis 1825 ihre Unabhängigkeit erreicht. Doch sie konnten sich – im Gegensatz zu den Vereinigten Staaten – nicht auf einen Zusammenschluss einigen; sowohl die geografischen Verhältnisse als auch das Machtstreben lokaler Gewalthaber verhinderten eine Föderation.

Im Gegenteil lieferten sich die nun unabhängigen Staaten bis ins 20. Jahrhundert blutige Kriege um Grenzen und Rohstoffe: Paraguays Krieg gegen Uruguay, Argentinien und Brasilien (1865–1870); der «Salpeterkrieg» (1879–1883), in welchem Chile sich auf Kosten von Bolivien und Peru vergrößerte; Panamas Loslösung von Kolumbien anläßlich des Baus des Panamakanals (1901); der «Chaco-Krieg» (1932–1935) zwischen Paraguay und Bolivien. Die Kriege zementierten die Herrschaft der kreolischen Führer, den sogenannten Caudillismo. Die Mischlingsbevölkerung blieb als Unterschicht, die Indios und Indias wurden verdrängt.

6.23 Monroedoktrin: Nach dem Erfolg ihrer Interventionen in Italien und Spanien erwogen die konservativen Mächte der Heiligen Allianz ein bewaffnetes Eingreifen in Lateinamerika, um auch dort die alte Ordnung wiederherzustellen. Da richtete im Dezember 1823 der US-Präsident James Monroe im Einverständnis mit Großbritannien eine Botschaft an den amerikanischen Kongress über die Richtlinien der amerikanischen Außenpolitik. Er sicherte zu, dass sich die USA nicht in europäische Freiheitskämpfe einmischten, verlangte aber im Gegenzug, dass sich Europa vom gesamten amerikanischen Doppelkontinent fernhalte. Eine Einmischung würde als Kriegsgrund betrachtet.

Vor dieser Drohung wichen die interventionslustigen Großmächte zurück; die Unabhängigkeit der jungen lateinamerikanischen Staaten war gerettet (▶ 23.12). Auch Russland ließ nun seine Pläne fallen, von seinen Stützpunkten in Alaska aus längs der pazifischen Küste Nordamerikas südwärts vorzurücken. Erstmals traten die USA den alten europäischen Großmächten als ebenbürtige Macht entgegen.

Fast ein Jahrhundert lang bestimmte die Monroedoktrin den Kurs der amerikanischen Außenpolitik: Obwohl nach wie vor viele Menschen in die USA auswanderten, trennten sich die politischen Wege der beiden Kontinente. Gemeinsam blieben auf beiden Seiten des Atlantiks Revolutionen und Bürgerkriege.

Erst gegen Ende des Ersten Weltkriegs, 1917, gaben die USA die Monroedoktrin auf und übernahmen eine Mitverantwortung auch für das Geschehen in der europäischen Hemisphäre.

6.24 Griechenland und die Orientfrage: Nicht nur in Lateinamerika, sondern auch am Rande von Europa errang die Revolution einen Sieg über Restauration und Legitimitätsgedanken. Die Griechen erhoben sich 1821

James Monroe (1758–1831) Stich nach einem Gemälde des angesehenen Gilbert Stuart (siehe S. 58)

Monroe war als 5. Präsident (1817–1825) der letzte, der noch im Unabhängigkeitskrieg gekämpft hatte (er trug zeit seines Lebens eine Kugel in der linken Schulter).

Für die USA diente er vor allem als Diplomat in Europa. Als Plantagenbesitzer besass er zwar Sklaven, aber setzte sich für die Abschaffung des Sklavenhandels und die Rückführung ehemaliger Sklaven nach Afrika in den späteren Staat Liberia (mit der Hauptstadt Monrovia) ein.

Während des griechischen Unabhängigkeitskampfes eroberten die Osmanen 1822 die aufständische Insel Chios vor der kleinasiatischen Küste zurück, töteten 20 000 Menschen und versklavten 70 000. Der damals noch unbekannte französische Maler Eugène Delacroix (1798–1863) gestaltete sein Monumentalgemälde 1824 im romantischen Stil: Die sterbenden und versklavten Opfer stehen im Vordergrund, der Sieger ist nur in der Person des Reiters repräsentiert; er ist in einer hoch aufragenden Pyramide eingezeichnet, die resignierten Opfer links in einer tieferen und flacheren. Auch bezüglich der Perspektive, der Lichtführung und der Farben distanzierte sich Delacroix von der klassizistischen Malerei.

Anders als die deutsche Romantik (▶ 20.43) wandte sich die französische der Aktualität zu und bezog Stellung. Dies kam beim Publikum gut an, nicht aber die wenig heroische Darstellung der Griechen. Delacroix' Kollege und Konkurrent, Jean-Antoine Gros, bezeichnete das Gemälde als «Massaker der Malerei».

Chios konnte übrigens nicht befreit werden und blieb bis 1912 beim Osmanischen Reich.

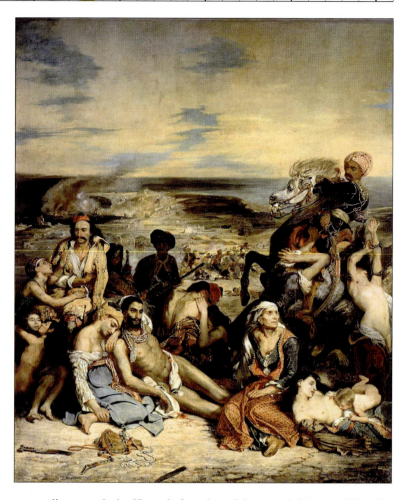

gegen die osmanische Herrschaft und erreichten nach blutigen Kämpfen 1829 ein unabhängiges, wenn auch noch kleines Königreich Griechenland. Der griechische Unabhängigkeitskampf hatte Erfolg, weil die konservativen Großmächte ihm gegenüber nicht mehr geschlossen auftraten: Russland, Frankreich und Großbritannien unterstützten ihn ungeachtet des Legitimitätsgedankens. Denn sie wollten sich rechtzeitig einen Teil des schwachen und zerfallenden Osmanenreich sichern (▶ 26.22). Diese Parteinahme unterminierte Metternichs Staatssystem.

So unterstützte Russland die Revolution, weil es damit seinen eigenen Vorstoß gegen die Meerengen und das Mittelmeer vorzubereiten hoffte; Großbritannien und Frankreich intervenierten daraufhin ebenfalls, um zu verhindern, dass die Balkanvölker unter russischen Einfluss gerieten, und um ihre eigenen Mittelmeerinteressen zu verteidigen. Diese Konstellation bereitete die «Orientkrisen» der zweiten Jahrhunderthälfte und des beginnenden 20. Jahrhunderts vor.

Über die Politik hinaus entstanden in ganz Europa philhellenische Vereine, welche den Unabhängigkeitskampf unterstützten. So wurde der bayerische Prinz Otto von Wittelsbach erster König des freien Griechenland.

6.3 Erschütterungen der 1830er-Jahre

6.31 Von der Restauration zur Julirevolution in Frankreich: Der 1814 eingesetzte französische König Ludwig XVIII. steuerte einen vorsichtigen Mittelkurs zwischen dem reaktionären Gedanken einer absoluten Monarchie und dem in Frankreich besonders lebendigen revolutionären Erbe. Er gab dem Land eine Verfassung, behielt Napoleons Code Civil (▶ 5.55) bei, verzichtete auf die Rückgabe der enteigneten Güter an die Kirche und die emigrierten Adligen.

Sein Bruder und im Jahr 1824 Nachfolger, Karl X., strebte eine Rückkehr zum Absolutismus an. Im Juli 1830 löste er das Parlament auf, änderte das Wahlgesetz eigenmächtig zugunsten der Großgrundbesitzer ab, verschärfte die Pressezensur und ließ zahlreiche Druckereien von der Polizei schließen. In Paris brachen Unruhen aus. Nach dreitägigen Kämpfen musste Karl X. fliehen.

6.32 Bürgerkönigtum: Der alte Marquis de Lafayette, der «héros des deux mondes» (▶ 5.1), setzte durch, dass die Monarchie an sich nicht wieder infrage gestellt wurde. So beriefen die siegreichen Revolutionäre Louis-Philippe aus der bourbonischen Nebenlinie der Orléans auf den Thron und stellten die durch Karl X. verletzte Verfassung von 1814 wieder her. Sie änderten zusätzlich das Wahlgesetz derart ab, dass nun das ganze Besitzbürgertum wahlberechtigt war. Die neue französische Monarchie beruhte also nicht mehr auf dem Prinzip monarchischer Legitimität, sondern auf revolutionärem Ursprung: Sie verdankte ihre Existenz dem revolutionär und liberal gesinnten Bürgertum. Deshalb bezeichnete man sie –

«Repos de la France», Lithografie von Honoré Daumier (1808–1879), 1834

Der berühmte Maler, Bildhauer und Grafiker Daumier akzeptierte die Monarchie des Louis-Philippe nicht. Wegen einer Karikatur mit dem König als Ungeheuer saß er 1832 sechs Monate im Gefängnis. Deshalb zeichnete er ihn 1834 nicht mehr erkennbar. Aber die Betrachter und Betrachterinnen schlossen aus der Figur der Marianne, der Verkörperung Frankreichs, aus dem Gallischen Hahn und aus den Kanonen unter dem Thron, welche «Ruhe Frankreichs» Daumier anprangerte.

bald rühmend, bald abwertend – als «Bürgerkönigtum». Anfänglich hielt sich Louis-Philippe daran. Als auch er immer deutlicher eine Rückkehr zum Absolutismus ins Auge fasste, provozierte er 1848 eine neue Revolution (▶ 6.52).

6.33 Auswirkungen auf dem Kontinent: Die Liberalen ganz Europas sahen im Erfolg der französischen Julirevolution von 1830 den Anbruch einer neuen Zeit und setzten zum Sturm auf Metternichs System an. Zahlreiche Unruhen brachen aus:

In der *Schweiz* setzten sich die Liberalen zwar in den Mittelland-Kantonen durch und gaben ihnen neue Verfassungen; diese Umwälzungen nennt man «die Regeneration». Aber der Versuch, die ganze Eidgenossenschaft zu einem liberalen Bundesstaat umzuformen, scheiterte am Widerstand der konservativen Kantone (▶ 6.41).

Auch im *Deutschen Bund* versuchten Liberale, die Verhältnisse zu verändern. Am Hambacher Fest (1832) forderten vor allem Studenten Meinungs-, Presse- und Versammlungsfreiheit sowie eine deutsche Einheit, welche zum ersten Mal durch die Farben Schwarz-Rot-Gold symbolisiert wurde. Doch das Fest endete mit der Verurteilung seiner Organisatoren.

In *Kongresspolen* brach eine große Revolution aus. Erst nach einjährigem blutigem Kampf siegte die russische Übermacht. Polen verlor die letzten Reste einer bescheidenen Autonomie.

Den größten Erfolg hatte die Revolution in *Belgien*. In diesem seit 1815 mit den Niederlanden zu einem Gesamtstaat vereinigten Land fühlten sich die Belgier gegenüber den Niederländern benachteiligt. Ermutigt durch die Pariser Juli-Ereignisse erhoben sie sich gegen die Regierung. Frankreich wollte den Aufstand unterdrücken, aber Großbritannien befürchtete eine französische Expansion und griff zugunsten Belgiens ein. Das Land wurde als unabhängiges, aber zur Neutralität verpflichtetes Königreich anerkannt und gab sich 1831 eine liberale Verfassung.

6.34 USA: Demokratisierung und Expansion: Ohne direkte Beziehung zur Pariser Julirevolution vollzog sich um und nach 1830 auch in den USA ein bedeutsamer Wandel. Seit der Gründung hatte die reiche und gebildete Schicht der dreizehn ursprünglichen Staaten das Land regiert. Nachdem aber die USA 1803 das riesige Gebiet zwischen Mississippi und den Ro-

Die Bürgerstunde, Holzschnitt von Ludwig Richter (1803–1884), 1861

«Hört ihr Herren, lasst euch sagen, die Glocke hat X. [zehn] geschlagen.» Diese Worte des Nachtwächters (rechts) schrieb Richter unter seinen Holzschnitt. Zur Bürgerstunde haben die Bürger das Wirtshaus zu verlassen und sich nach Hause zu begeben.

Richter nimmt mit seiner Zeichnung nicht Stellung dazu, ob er dieses geordnete, überwachte Leben des sogenannten Biedermeier (so wird die Epoche nach einer fiktiven literarischen Figur benannt) gut oder schlecht findet. Dies im Gegensatz zu den französischen Künstlern wie Delacroix und Daumier, die daran Kritik übten.

Erschütterungen der 1830er-Jahre

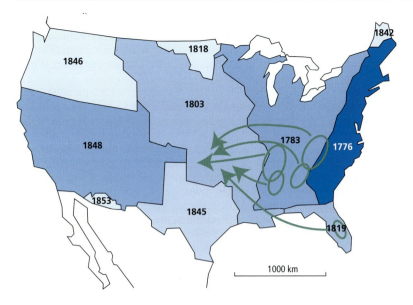

Territoriales Wachstum der USA
Mit Ausnahme von Texas, das als Gliedstaat aufgenommen wurde, bildeten die neu erworbenen Gebiete zuerst «territories» unter der Verwaltung der Union. Erreichte die Zahl der weißen Ansiedler 5000, wurden Selbstverwaltungsrechte gewährt; bei 60 000 weißen Einwohnern erfolgte die Aufnahme als vollberechtigter Gliedstaat.

- Umfang der USA 1776

Seitheriger Erwerb durch:
- Anschluss: 1845 Texas
- Grenzvertrag: 1818, 1842 und 1846 mit Großbritannien, 1853 mit Mexiko
- Krieg: 1783 von Großbritannien; 1848 von Mexiko
- Kauf: 1803 von Frankreich; 1819 von Spanien; 1867 von Russland (Alaska)
- Vertreibung von fünf Indianerstämmen («trail of tears»)

cky Mountains gekauft hatten, wurde der westwärts fließende Menschenstrom immer gewaltiger, wuchs die Zahl der «frontier settlers» (der Grenzer) rasch an. Unter ihnen fand während der Zwanziger- und Dreißigerjahre General Andrew Jackson (1767–1845), ein leidenschaftlicher Demokrat und der eigentliche Begründer der Demokratischen Partei, seinen stärksten Anhang. Im Herbst 1828 wurde Jackson zum Präsidenten der USA gewählt und versuchte während zweier Amtsperioden, sein demokratisches Programm zu verwirklichen. Er setzte durch, dass künftig die Präsidentschaftskandidaten nicht mehr durch die Parteivorstände, sondern durch einen offenen Parteikonvent nominiert wurden (▶ 4.34, vgl. 7.95); er förderte den Ausbau des Volksschulwesens.

Insbesondere trieb Jackson die Erschließung des Westens voran: Noch während seiner Präsidialzeit erkämpfte sich 1836 Texas seine Unabhängigkeit von Mexiko; neun Jahre später wurde es als neuer Gliedstaat in die USA aufgenommen. Das führte dann zu einem fast dreijährigen Krieg mit Mexiko, wobei die USA auch noch die Abtretung Kaliforniens, Arizonas und Neu-Mexikos erzwangen. Nun umfassten die Vereinigten Staaten den ganzen Raum zwischen Atlantik und Pazifik.

Jackson trug aber auch die Verantwortung für die Vertreibung der indianischen Bevölkerung. So zwangen seine Truppen fünf Indianerstämme, die sich völlig den Siedlern angepasst hatten, zum Umzug in ein trostloses Reservatgebiet (Indian Removal Act, 1830): Ein Viertel der Menschen starb dabei, alle verloren ihre Stammesidentität. Über diesen «Trail of Tears» wird noch heute gestritten und verhandelt.

6.35 Demokratisierung in Großbritannien: Wie in den USA veränderte sich auch in Großbritannien die Bevölkerung – nicht durch die Einwanderung, sondern durch die Industrialisierung. Die Städte wuchsen durch die neu entstehende Fabrikarbeiterschaft rasant, das Land entvölkerte sich (▶ 17.31). Das Unterhaus und damit das Regierungskabinett blieben von diesen Veränderungen lange unbeeindruckt, weil die veraltete Wahlkreiseinteilung den fast entvölkerten ländlichen Wahlkreisen zu viele und den

Der Fabrikantensohn Friedrich Engels (▶ 8.42) fasste 1845 eine amtliche Untersuchung der Situation der Kinder in Bergwerken zusammen (gekürzt):

«In den Kohlen- und Eisenbergwerken arbeiten Kinder von vier, fünf, sieben Jahren; die meisten sind indes über acht Jahre alt. Sie werden gebraucht, um das losgebrochene Material von der Bruchstelle nach dem Pferdeweg oder dem Hauptschacht zu transportieren und um die Zugtüren, welche die verschiedenen Abteilungen des Bergwerks trennen, bei der Passage von Arbeitern und Material zu öffnen und wieder zu schließen. Zur Beaufsichtigung dieser Türen werden meist die kleinsten Kinder gebraucht, die auf diese Weise zwölf Stunden täglich im Dunkeln einsam in einem engen, meist feuchten Gange sitzen müssen. Der Transport der Kohlen und des Eisensteins dagegen ist eine sehr harte Arbeit, da dies Material in ziemlich großen Kufen ohne Räder über den holprigen Boden der Stollen fortgeschleift werden muss, oft über feuchten Lehm oder durch Wasser, oft steile Abhänge hinauf und durch Gänge, die zuweilen so eng sind, dass die Arbeiter auf Händen und Füßen kriechen müssen. Zu dieser anstrengenden Arbeit werden daher ältere Kinder und heranwachsende Mädchen genommen. Je nach den Umständen kommt entweder ein Arbeiter auf die Kufe oder zwei jüngere, von denen einer zieht und der andre schiebt. Die gewöhnliche Arbeitszeit ist elf bis zwölf Stunden, oft länger, in Schottland bis zu 14 Stunden, und sehr häufig wird doppelte Zeit gearbeitet, sodass sämtliche Arbeiter 24, ja nicht selten 36 Stunden hintereinander unter der Erde und in Tätigkeit sind. Feste Stunden für Mahlzeiten sind meist unbekannt, sodass die Leute essen, wenn sie Hunger und Zeit haben.»

(Diesen Bericht illustriert die Zeichnung rechts.)

übervölkerten Städten zu wenige Vertreter zugestand. Dementsprechend hatten bis 1822 konservative Politiker der sogenannten Tory-Partei das Sagen und blockierten auch mit Hinweis auf die Wirren der Französischen Revolution jede Reform, wie die oppositionelle liberale Partei der Whigs sie forderte.

Unter dem Eindruck der revolutionären Vorgänge in Lateinamerika, der Monroedoktrin und des Aufstandes in Griechenland setzte aber eine Demokratisierung ein: Die Regierung distanzierte sich von der Heiligen Allianz, nach dem Wahlsieg der Whigs und fortschrittlicher Tories in den Unterhauswahlen 1830 und 1831 (beeinflusst durch die Bewegung der Juli-Revolution auf dem Kontinent) stimmte 1832 das reaktionäre Oberhaus dem «Parliament Act» zu, welcher die Wahlkreise neu und ausgeglichener festlegte sowie das Wahlrecht auf alle Bürger mit etwas Besitz erweiterte. Dadurch wurde das Unterhaus zur Vertretung der «upper middle class», wie man in England das Bürgertum, die Bourgeoisie nennt.

Die bisherige Benachteiligung der katholischen Minderheit im anglikanischen Großbritannien war bereits 1829 aufgehoben worden. Ein wesentlich größerer Schritt war der «Slavery Abolition Act» von 1833: Nach dem Sklavenhandel (1807) verbot das Parlament nun die Sklavenhaltung in Großbritannien und seinen Kolonien (mit wenigen Ausnahmen) generell. Zur Entschädigung der Sklavenbesitzer/-innen gab die Regierung 20 Millionen Pfund aus, was fast der Hälfte der Staatsausgaben eines Jahres entsprach. Dank seiner Seemacht setzte Großbritannien 1841 ein internationales Abkommen zur Bekämpfung des Sklavenhandels durch. Als letzte christliche Staaten beseitigten die USA (1863–1865), Brasilien (1888) und Portugal in seinen afrikanischen Kolonien (um 1890) die Sklaverei.

Die größte Herausforderung stellte sich aber im eigenen Land: Die Fabrikarbeiter als Besitzlose waren an der Regierung nicht beteiligt. Mitte der 1830er-Jahre schlossen sich Arbeiterführer zur Chartistenbewegung zu-

sammen; der Name kommt von der Forderung nach einer «People's Charter», einer Verfassung für das Volk. Nun sah das Unterhaus die Notwendigkeit einer Verbesserung der Lage ein: Es ließ die Arbeitszeit regeln, die Arbeitsbedingungen überwachen und den Schutzzoll auf Getreide aufheben: Dieses Grundnahrungsmittel wurden billiger, der Freihandel (1846) schuf Arbeitsplätze und reduzierte die Arbeitslosigkeit. Aber eine Verfassung für das Volk gestattet das Unterhaus auch nach blutig niedergeworfenen Aufständen nicht.

6.4 Die Schweiz vom Bundesvertrag zur Bundesverfassung, 1815–1848

6.41 Kampf um den schweizerischen Bundesstaat: Die Eidgenossenschaft war zwar seit 1815 wie Frankreich oder Großbritannien in ihren äußeren Grenzen festgelegt, aber wie Italien oder der Deutsche Bund zersplittert. Der Bundesvertrag von 1815 (▶ 5.76) beließ den Kantonen die Souveränität und den Stadtaristokraten die Herrschaft über die Landgebiete. Gerade hier, den Flussläufen als Energielieferanten entlang, entstanden Industrien (▶ 17.42).

Die im Bundesvertrag festgelegte Staatsordnung behinderte vor allem die Unternehmen. Deshalb setzten sich in erster Linie liberale Bürger für die Bildung eines Bundesstaates ein. Sie versprachen sich davon die Abschaffung der Binnenzölle, die Verbesserung der Straßen sowie die Erleichterung des Eisenbahnbaus. (Die in der Helvetik eingeführte Gewerbefreiheit war in den meisten Kantonen erhalten geblieben.) Und liberale Politiker erhofften von einer Entmachtung der Kantonsregierungen die Erweiterung der politischen Rechte.

Der Weg dazu verlief über Revolutionen in den Kantonen. Nach 1830 fegten weitgehend gewaltlose Volksbewegungen in elf Kantonen (Zürich, Bern, Luzern, Freiburg, Solothurn, St. Gallen, Aargau, Thurgau, Waadt, dem seit 1833 unabhängigen Kanton Basel-Landschaft und Glarus) die aristokratischen Herrschaften von der Macht. Ihre liberalen Regierungen schafften die Leibeigenschaft der Bauern und die Zensur ab, trennten Kirche und Staat und führten das allgemeine Wahlrecht ein. Die Restaurationszeit wurde von der Regenerationszeit abgelöst. Aber eine gesamtschweizerische Revision des Bundesvertrages scheiterte.

6.42 Sonderbundskrieg, 1847: In den eher ländlichen Kantonen mit katholischer Bevölkerung wuchs als Reaktion auf die Regeneration eine konservative Gegenbewegung. Die liberalen Kantone provozierten diese mit Maßnahmen gegen die katholische Kirche (Aufhebung der Klöster im Aargau) und ihre jungen Männer mit Plünderungszügen (Freischarenzüge). Die katholischen Regierungen schlossen sich zu einer Schutzvereinigung zusammen, die sogar die Unterstützung der konservativen europäischen Großmächte suchte. Die liberale Kantonsmehrheit in der Tagsatzung verlangte die Auflösung dieses «Sonderbunds». Als sich die konservativen Kantone weigerten, kam es zum «Sonderbundskrieg» von 1847. Die Tagsatzungsarmee unter General Henri Dufour verfügte über zahlenmäßig und technisch klar überlegene Truppen. Dieser zwang die Sonderbundskantone in einem kurzen und relativ unblutigen Feldzug zur Kapitulation.

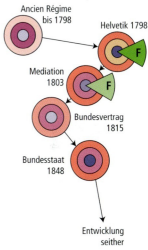

Die Schweiz zwischen Föderalismus (links) und Zentralismus (rechts)

Der äußerste Kreis symbolisiert das Volk, der mittlere die Kantonsregierungen und der innerste die Zentralgewalt und die Sättigung der Farben die jeweiligen Kompetenzen und Rechte.

Noch keine einheitliche Uniform, aber immerhin eine *Armbinde* mit dem Schweizer Kreuz trugen die Soldaten 1815 bei einem kurzen Vorstoß ins Burgund an der Seite der Sieger über Napoleon.

«Alle unter Einem Hut» betitelte Jakob Ziegler seine Karikatur über die Einigung der Schweiz auf eine Bundesverfassung. Die Gestalt auf der Weltkugel verkörpert freilich nur eine politische Richtung, und die Kantonsgesichter sind nicht alle fröhlich gestimmt.

(Zeichnung aus dem «Postheiri», Solothurn 1849)

„Eine neue Periode in der Geschichte unseres Vaterlandes hat begonnen, — die letzte Spur jenes beschränkten, eigennützigen Kantönligeistes ist verschwunden, — kein Zwiespalt mehr zwischen Wälsch und Deutsch, zwischen Ost und West, — kein Bern, kein Zürich mehr, sondern eine freie, starke, einige Schweiz."

6.43 Bundesverfassung von 1848: Innert acht Wochen formulierte darauf eine Kommission aus liberalen Politikern die neue Bundesverfassung. 15½ Kantone nahmen sie in Volksabstimmungen an, womit sie in Kraft trat. Dieses rasche Vorgehen war nötig, um einer Intervention der Heiligen Allianz zuvorzukommen. Dass diese nicht eingriff, verdankte die Schweiz ferner dem gegenseitigen Misstrauen unter den Großmächten und dem Ausbruch der Februarrevolution in Paris (▶ 6.52).
Im Unterschied zur französisch inspirierten Helvetischen Republik lehnte

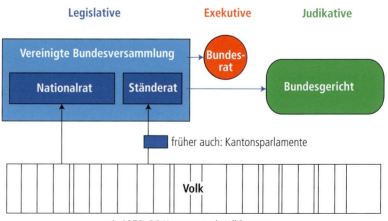

sich die Bundesverfassung beim Aufbau der Bundesbehörden eng an das Vorbild der USA an. Sie übernahm insbesondere das Zweikammersystem: Im *Ständerat* mit je zwei Abgeordneten aus jedem Kanton werden vor allem die Interessen der kleinen, auf Autonomie bedachten Kantone berücksichtigt. Im *Nationalrat* dagegen entspricht die Zahl der direkt und demokratisch gewählten Abgeordneten proportional der Bevölkerungszahl. Damit haben im Nationalrat die bevölkerungsstarken, eher zentralistisch orientierten Kantone die Mehrheit. Da die Gesetzgebung beiden Kammern gemeinsam obliegt und beide gleichberechtigt und selbstständig entscheiden, ist die schweizerische Politik seither gezwungen, den Kompromiss zwischen den beiden gegensätzlichen Lagern zu suchen. Die Mitsprache der stimmberechtigten Männer beschränkte sich noch auf Abstimmungen über Verfassungsänderungen; Einfluss übte das Volk ausschließlich über Wahlen aus: Repräsentativdemokratie.

Im Gegensatz zu den USA ist die exekutive Gewalt einer siebenköpfigen Kollegialbehörde *(Bundesrat)* übertragen; die Bundesräte werden durch beide Parlamentskammern in der Vereinigten Bundesversammlung für eine feste Amtsdauer gewählt. Eine Volkswahl des Bundesrates wurde knapp abgelehnt; auch später scheiterten alle entsprechenden Vorstöße. Dem Bundesstaat übertrug die Verfassung die Außenpolitik, das Postwesen, die Bestimmung von Maß, Gewicht und Münze, das Zollwesen und die Oberaufsicht über das Militärwesen. Die Kantone mussten die wichtigsten liberalen Grundrechte, Rechtsgleichheit und Niederlassungsfreiheit, respektieren. Doch hatten nur Schweizer christlicher Konfession einen Anspruch darauf. Eine Teilrevision beseitigte 1866 diese Diskriminierung der Juden. Die meisten politischen Rechte waren den Männern vorbehalten; Frauen blieben in der Verfassung unerwähnt.

6.5 Das Revolutionsjahr 1848

6.51 Ausbruch: Im November 1847 besiegten in der Schweiz die liberalen die konservativen Kantone in einem kurzen Bürgerkrieg, dem Sonderbundskrieg (▶ 6.42). Im Januar 1848 erzwang die Bevölkerung im Königreich beider Sizilien (Neapel und Sizilien) von ihrem König, einem französischen Bourbonen, unter britischem Druck eine Verfassung. Diese zwei kleinen Ereignisse ermutigten unzufriedene Liberale zu Revolutionen.

6.52 Februarrevolution in Frankreich: Die neue Revolutionswelle begann Ende Februar in Paris. Unruhen wegen ungeschickter Polizeimaßnahmen ließen den unbeliebt gewordenen Louis-Philippe abdanken. Eine provisorische Regierung aus Republikanern stellte die Presse-, Vereins- und Versammlungsfreiheit wieder her und versprach baldmöglichst allgemeine Wahlen für eine verfassungsgebende Versammlung. Der sozialistische Arbeitsminister Louis Blanc (1811–1882) führte Staatsbetriebe («atéliers nationaux») zur Beschäftigung von Arbeitslosen ein, womit er das private Unternehmertum konkurrenzierte. Das künftige Schicksal des Landes blieb aber im Ungewissen.

6.53 Märzrevolutionen: Von Paris aus verbreitete sich revolutionäre Unzufriedenheit und Erregung in italienische und die Staaten des Deutschen Bundes. In den meisten deutschen Hauptstädten kam es zu Tumulten und Aufläufen. Die Landesfürsten kapitulierten fast kampflos: Sie versprachen

«Im Hochland fiel der erste Schuss

Im Hochland fiel der erste Schuss
Im Hochland wider die Pfaffen!
Da kam, die fallen wird und muss,
Ja, die Lawine kam in Schuss –
Drei Länder in den Waffen!
Schon kann die Schweiz vom Siegen ruhn:
Das Urgebirg und die Nagelfluh
Zittern vor Lust bis zum Kerne!

Drauf ging der Tanz in Welschland los –
Die Scyllen und Charybden,
Vesuv und Ätna brachen los:
Ausbruch auf Ausbruch, Stoß auf Stoß! […]

Und nun ist denn auch abermals
Das Pflaster aufgerissen,
Auf dem die Freiheit, nackten Stahls,
Aus der lumpigen Pracht des Königssaals
Zwei Könige schon geschmissen;
Einen von ihnen gar geköpft –
Und drauf du lang genug geschröpft
Dein Volk, o Julikönig!

Was weiter wird: – noch harren wir!
Doch wird's die Freiheit werden!
Die Freiheit dort, die Freiheit hier,
Die Freiheit jetzt und für und für,
Die Freiheit rings auf Erden!
Im Hochland fiel der erste Schuss,
Und die da niederdonnern muss,
Die Lawine kam ins Rollen!
[…]

Das Gedicht «Im Hochland fiel der erste Schuss» (oben ein Ausschnitt) verfasste der deutsche Ferdinand Freiligrath (1810–1876) im Februar 1848 während eines Aufenthaltes in der Schweiz.

Das *Kaisertum Österreich* (1804–1867) bestand im Wesentlichen aus den Ländern und Nebenländern des Erzherzogtums Österreich (Deutsch), des Königreichs Böhmen (Slawisch: Tschechisch, Slowakisch, Polnisch, Ruthenisch/Ukrainisch), des Königreichs Ungarn (Ungarisch, Kroatisch) sowie aus den Krongebieten (Italienisch, Slowenisch, Serbokroatisch).

- Erzherzogtum Österreich
- Königreich Böhmen
- Königreich Ungarn
- Krongebiete (unterstanden direkt der Kaiserkrone); unter anderem Galizien (Lemberg), Lombardei/Venetien (Mailand/Venedig) und Dalmatien (Triest).

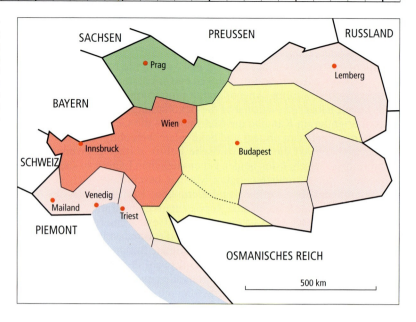

eine tief greifende liberale Umgestaltung des Staates, entließen ihre bisherigen Minister und beriefen liberale, die sogenannten «Märzministerien». Im Frühjahr 1848 schien das Habsburgerreich auseinanderzubrechen. Kanzler Metternich trat zurück und emigrierte nach England. Die Deutschböhmen und viele Deutschösterreicher hofften, in ein großdeutsches Reich eintreten zu können, und erhoben sich in Wien gegen die kaiserliche Regierung; in Galizien brach ein Polenaufstand aus; Ungarn löste sich aus dem Reichsverband; Venedig erklärte sich zur Republik; die Lombardei schloss sich Piemont an.

Scheinbar waren also die Märzrevolutionen siegreich, aber fast überall blieben die Herrscherhäuser mit ihrer Armee und Verwaltung unverändert bestehen: Es handelte sich um unvollendete Revolutionen.

6.54 Deutsche Frage: Als Folge der Märzrevolutionen erhielten die deutschen Einzelstaaten verfassungsgebende Parlamente. Gleichzeitig trat eine aus gesamtdeutscher Volkswahl hervorgegangene Deutsche Nationalversammlung in der Frankfurter Paulskirche zusammen. Diese wollte den Zusammenschluss dieser Einzelstaaten über den lockeren Deutschen Bund und den 1834 gegründeten Zollverein hinaus zu einem deutschen Nationalstaat erweitern. Jetzt setzten die liberalen Revolutionäre ihre Hoffnungen auf diese Nationalversammlung. Sie leitete ihren Anspruch von der Idee der Souveränität des deutschen Volkes her. Aber die realen Machtmittel – Finanzen, Verwaltung, Armee – lagen ausschließlich bei den Einzelstaaten, die abzuschaffen niemand wagte. So bewegte sich die Paulskirche gleichsam im luftleeren Raum.

Ferner bestand Uneinigkeit darüber, was überhaupt die deutsche Nation sei, welchen Umfang also der künftige deutsche Nationalstaat haben solle. Die «Kleindeutschen» wollten einen Nationalstaat ohne den Vielvölkerstaat Österreich und auch ohne das deutschsprachige Österreich. Die «Großdeutschen» dagegen erstrebten die Auflösung des Habsburgerreiches und den Einbezug seines deutschsprachigen Teils in das neue Deutsche Reich. Für diesen deutschen Nationalstaat beanspruchten sie auch Böhmen und Mähren, wo aber mehrheitlich slawische Sprachen gesprochen wurden. An sich waren die Großdeutschen in der Paulskirche in der Mehrheit, aber sie spalteten sich in eine republikanisch-demokratische und in eine habsburgisch-monarchistische Fraktion. Mit dieser stimmten die Kleindeutschen zwar überein im Bekenntnis zur Monarchie, doch erstrebten sie ein Kaisertum der preußischen Königsdynastie der Hohenzollern. Zu einem Entscheid kam die Paulskirche nicht; die Ereignisse der zweiten Jahreshälfte zwangen ihr den Kurs auf.

6.55 Reaktion in Frankreich: Im Königreich beider Sizilien und in Frankreich, wo die Revolutionswelle ihren Anfang genommen hatte, setzte auch die Gegenbewegung zuerst ein. In Neapel stellte der Bourbonenkönig im Mai mithilfe seiner Schweizerregimenter den Absolutismus wieder her. In Frankreich misslang Louis Blanc das Experiment mit Staatsbetrieben. Unter dem Druck der Massen musste er darin Arbeitslose mit unproduktiven Aufgaben beschäftigen, Defizite anhäufen und die Steuern erhöhen. Das Bürger- und Bauerntum reagierte mit Angst und Abwehr, und diese Stimmung prägte die im Mai gewählte verfassungsgebende Versammlung. Sie entfernte Blanc und weitere Sozialisten aus der Regierung, schloss die «ateliers nationaux» und ließ Gegendemonstrationen der Arbeiter mit Waffengewalt auseinander treiben. Der brutale General Louis-Eugène Cavaignac schlug die sozialistische Bewegung in der «Junischlacht» vernichtend; über 4000 Menschen verloren ihr Leben bei diesen Straßenkämpfen, über 12 000 Gefangene wurden durch Standgerichte entweder zum Tod oder zur Deportation verurteilt. Auf Jahre hinaus verlor die Arbeiterbewegung in Frankreich jede Bedeutung.
Aufgrund dieser Erfahrung verabschiedete die Versammlung eine republikanische Verfassung, die dem Präsidenten eine fast monarchische Stellung einräumte: Er konnte unbeschränkt über die exekutiven Staatsorgane ver-

Zum ersten Mal taucht in diesem Buch eine zeitgenössische Fotografie auf: Es handelt sich um die vermutlich erste Pressefotografie der Geschichte: Eugène Thibault (vermutlich ein Amateur, nicht näher bekannt) hatte am Sonntag, 25. Juni, von einem Dach aus die Rue St. Maur mit mehreren hintereinander errichteten Barrikaden fotografiert, und die Wochenzeitung «L'Illustration» publizierte sie als Holzstich in der ersten Juliwoche. Die damalige Technik der 1839 von Louis Daguerre entwickelten Daguerreotypie verlangte einen großen Kasten als Fotoapparat, an dessen Rückseite lichtempfindlich gemachte Kupferplatten mit einer Silberbeschichtung eingesetzt, etwa eine halbe Minute lang belichtet und in einem aufwändigen Verfahren entwickelt wurden. Das Ergebnis war ein «gestochen» scharfes Bild, auf dem sich auch Einzelheiten erkennen lassen.

fügen und war von jeder parlamentarischen Kontrolle befreit. Damit war der Weg zu einer präsidialen Diktatur geöffnet. Nutznießer war Louis-Napoléon Bonaparte, der Neffe des Kaisers, den die Stimmberechtigten im Dezember 1848 mit großer Mehrheit zum Präsidenten der Republik wählten. 1852 ernannte er sich als Napoleon III. zum Kaiser.

6.56 Reaktion in Österreich und Italien: Gerettet wurde das Kaisertum Österreich durch die Armee unter der Führung der Tschechen und Kroaten. Diese erkannten, dass der Untergang des Habsburgerreiches den Slawen nicht Freiheit und Eigenstaatlichkeit brächte, sondern die Einverleibung in einen großdeutschen beziehungsweise einen ungarischen Nationalstaat.
Im Juli 1848 (und nochmals im Frühling 1849) schlug der böhmische adlige General Johann Joseph von Radetzky (1766–1858) die aufständischen italienischen Vasallenstaaten und Piemont und eroberte die Republik Venedig zurück.
Dies wurde dadurch erleichtert, dass auch die Republik in Rom durch eine französische Armee niedergeschlagen und der 1848 geflohene Papst wieder als Herrscher des Kirchenstaates eingesetzt wurde. Die Einigung Italiens, das Ziel des «Risorgimento» (Wiedererhebung) der italienischen Nationalbewegung, war gescheitert. Ihr Motto «L'Italia farà da sé!» (Italien wird sich selbst befreien!) erwies sich als Illusion. Denn wie im Deutschen Bund, so spalteten sich auch in Italien die Liberalen in Monarchisten (Piemont) und Republikaner.
Auch in Böhmen und Galizien wurden die national-liberalen Erhebungen militärisch niedergeworfen. Im Oktober 1848 eroberte die siegreiche Armee das revolutionäre Wien, zerschlug in Hunderten von standgerichtlichen Urteilen die großdeutsche Bewegung und zwang den untätigen Kaiser zur Abdankung. Dass sein Nachfolger Franz Joseph erst 18 Jahre zählte, war wie ein Symbol für die Erstarkung des Habsburgerstaates. Ungarn allerdings konnte erst im folgenden Spätsommer und nur mit russischer Hilfe unterworfen werden. Damit aber war nun das Habsburgerreich in seinem ganzen Umfang wiederhergestellt und wurde neuerdings im Geiste eines absolutistischen Zentralismus regiert.

Auch in Berlin wurden die Liberalen durch die Armee unterdrückt. General Friedrich Graf von Wrangel verhängte zwar scharfe Maßnahmen, verständigte sich aber mit der liberale Bürgerwehr auf eine unblutige Übergabe der Stadt. Die «Fliegenden Blätter», karikierten den Vorgang mit der Zeichnung «Neue Wrangelsche Straßenreinigungsmaschine», November 1848. Die beiden Flüchtenden sind zwei fiktive Figuren, der Baron Beisele und Dr. Eisele, die für das liberale Bürgertum stehen.
Die Soldaten sind mit der 1843 eingeführten Pickelhaube ausgerüstet.

6.57 Reaktion in Deutschland: Der Umschwung in Österreich öffnete der Reaktion auch im Deutschen Bund und vorab in Preußen den Weg: Im November 1848 berief der preußische König ein Ministerium aus lauter Konservativen; königliche Regimenter marschierten in Berlin ein, das sie in der Märzrevolution hatten verlassen müssen; die Bürgerwehr wurde abgeschafft; das im Mai gewählte verfassungsgebende Parlament wurde zuerst in das Städtchen Brandenburg verlegt und wenig später aufgelöst. Dass diese ganze Kette von Staatsstreichen auf keinerlei Widerstand stieß, kennzeichnet den Umschwung der öffentlichen Meinung: Seit der Pariser Junischlacht sah der größere Teil des europäischen Bürgertums die Hauptgefahr in der demokratisch-sozialistischen Bewegung. Um vor ihr geschützt zu sein, fand man sich auch mit der Reaktion ab.
Damit war auch das Schicksal der Deutschen Nationalversammlung besiegelt: Der Sieg des habsburgischen Reichsgedankens in Österreich verunmöglichte die großdeutsche Lösung, die Reaktion in Preußen die kleindeutsche. Denn der preußische König Friedrich Wilhelm IV. (1795–1861) wollte Herrscher von Gottes, nicht von Volkes Gnaden sein: Er lehnte die kleindeutsche Kaiserkrone, die ihm die Paulskirche nach langem Zögern schließlich im Frühjahr 1849 anbot, schroff ab. Nun löste sich die Deutsche Nationalversammlung auf, preußische Truppen verhalfen auch in Sachsen und in den süddeutschen Staaten der Reaktion zum Durchbruch. Über eine Million «Achtundvierziger» verließen resigniert ihre Heimat; der Großteil von ihnen wanderte in die USA aus.

6.58 Ergebnisse: Im Ganzen bedeuteten die Ereignisse von 1848/49 einen Triumph der konservativen Staatsautorität über die liberalen Forderungen. In allen großen Staaten hatte sie sich fast ungebrochen zu behaupten vermocht; nur in Piemont, in der Schweiz, in den Niederlanden und in Dänemark führte die liberale Bewegung zu entsprechenden Verfassungen. Auch die nationalstaatliche Bewegung hatte überall schwere Niederlagen erlitten. Metternich selbst war zwar gestürzt, aber das von ihm geschaffene System überdauerte noch sieben Jahre.
Im Rückblick erweisen sich als wichtigste Folgen der turbulenten Ereignisse das Auftreten einer Arbeiterbewegung mit eigenständigen Forderungen nun auch auf dem Kontinent, der Aufstieg Napoleons III. zur Macht in Frankreich und endlich, in Deutschland und Italien, das Zurücktreten des liberalen Idealismus hinter eine nüchterne Beurteilung der politischen Lage. *Die Zeit der Realpolitik begann*, deren Leitgedanken Otto von Bismarck (1815–1898) im Jahre 1862 folgendermaßen formulierte: «Nicht durch Reden und Majoritätsbeschlüsse werden die großen Fragen der Zeit entschieden – das ist der große Fehler von 1848 und 1849 gewesen –, sondern durch Eisen und Blut.» Die großen Visionen, mit denen die Unabhängigkeitserklärung der USA oder die Menschenrechtserklärung der Französischen Revolution die Epoche der Revolutionen eingeläutet hatten, waren verschwunden.

Die Epoche des Nationalstaates, 1848–1914

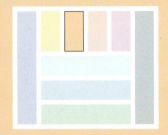

Nach seinen Niederlagen in den Revolutionen von 1848 dominierte in der Politik nicht der liberale Gedanke der Freiheit der Staatsbürger, sondern der nationale Gedanke der Einheit eines Staats mit einem geschlossenen Territorium und einer starken Regierung. Zwar erhielten auch die Bürger (noch nicht die Bürgerinnen) mehr und mehr politische Mitbestimmung, aber die wichtigsten Neuerungen gingen von den Regierungen und nicht mehr vom Volk aus.

Innenpolitisch galt diese Dominanz des Nationalen auch für die unter dem Bürgertum stehende Schicht der Arbeiter- und Angestelltenschaft: Der sie vertretende Sozialismus formierte sich zwar in teilweise starken Parteien, aber diese setzten auf Reformen und politische Beteiligung und nicht mehr auf Revolutionen. Weil der Nationalstaat ihnen im Verlauf der Zweiten Technischen Revolution Verbesserungen zu bieten vermochte und die Angestellten eine Verbindung zwischen Arbeiterschaft und Bürgertum schufen (▶ 18.32), integrierte sich der Sozialismus in den Nationalstaat.

Außenpolitisch widersprach der Nationalstaat der Friedensordnung des Wiener Kongresses, der auf der übernationalen Solidarität unter Monarchen basierte. Diese Solidarität wurde im Imperialismus (▶ 8.6) durch eine Konkurrenz um die Eroberung der Welt abgelöst. Die Konflikte zwischen den imperialistischen Nationalstaaten führten indirekt zum Ersten Weltkrieg und damit zum Ende einer Epoche, die vom Ideal des Nationalstaates geprägt war.

Kapitel 7 (repräsentiert in der oberen Abbildung) stellt die unterschiedlichen Wege von neun Staaten zu Nationalstaaten dar, Kapitel 8 (repräsentiert in der unteren Abbildung) beschäftigt sich mit den politischen Ideen, Kräften und Organisationen, die dabei eine Rolle spielten.

Die Proklamation des Deutschen Kaiserreiches (18. Januar 1871) von Anton von Werner, dritte Fassung, gemalt im Auftrag des Kaisers zu Otto von Bismarcks 70. Geburtstag, 1885

Das Gemälde zeigt Bismarck in der weißen Uniform (in Wirklichkeit trug er eine blaue) und geschmückt mit dem Orden «Pour le Mérite» (den erhielt er erst 1884). Rechts neben ihm steht Helmuth von Moltke, der siegreiche Feldherr, und im Hintergrund (in Wirklichkeit war er abwesend) Kriegsminister Albrecht von Roon.

Mitglieder der revolutionären Commune von Paris in der Rue Castiglione bei der Place Vendôme, Anfang April 1871. (Foto von Bruno Braquehais)

Die Kommunarden tragen größtenteils die Uniform der Nationalgarde. Sie posieren für den schwerfälligen Fotoapparat des mit ihnen sympathisierenden Fotoreporters *(unten eine Zeichnung aus der Commune-Zeit)*.

Paris, erste Monate des Jahres 1871:
Im Spiegelsaal von Versailles brachte der Großherzog von Baden ein Hoch auf den Kaiser Wilhelm I., seinen Schwiegervater, aus; dieser erklärte seine Annahme des Kaisertitels in einer «Proklamation an das deutsche Volk», die Otto von Bismarck (in der weißen Uniform), preußischer Ministerpräsident und neuer Reichskanzler, verlas.
Auf den Straßen von Paris bereiteten sich die revolutionären Arbeiter auf den Kampf gegen die eigenen Regierungstruppen vor. Ihr Aufstand wurde blutig niedergeschlagen.

7. Die Entwicklung der Nationalstaaten, 1848–1914

7.0 Nationalgedanke: Mit dem Krimkrieg löste sich die durch die Heilige Allianz gelenkte internationale Ordnung auf, und die Einzelstaaten entwickelten sich unterschiedlich. In allen verstärkte sich das nationale Bewusstsein und in allen machte sich – mehr oder weniger – der soziale Umbruch der Ersten und Zweiten Technischen Revolution (▶ 17, 18) bemerkbar.

7.1 Der Krimkrieg, 1853–1855

7.11 Entstehung: Bereits vor 1848 war Metternichs «System», am Wiener Kongress 1815 als Heilige Allianz beschlossen, zweimal geschwächt worden: Es konnte die Unabhängigkeit der lateinamerikanischen Kolonien von Spanien und Portugal wegen der Monroedoktrin der USA nicht verhindern (▶ 6.22, 23); und im griechischen Unabhängigkeitskampf unterstützten Großbritannien, Frankreich und das Russische Reich aus eigenem Interesse Griechenland gegen das Osmanische Reich (▶ 6.24).
Im Krimkrieg nun kämpften diese Mächte direkt gegeneinander: Der russische Zar Nikolaus I. (1796–1855) verlangte 1853 vom Sultan des Osmanischen Reichs Abdülmecid I., dass alle Christen in Palästina unter seinen Schutz gestellt würden. Russische Truppen fielen am Unterlauf der Donau ins Osmanische Reich ein und versuchten die slawischen Völker von der osmanischen Herrschaft zu befreien. Großbritannien, Frankreich und Sardinien-Piemont fürchteten das russische Vordringen ans Mittelmeer und kamen dem Sultan zu Hilfe.

7.12 Kriegsverlauf: Neben Kämpfen in der Ostsee und auf der Halbinsel Kamtschatka im Fernen Osten konzentrierte sich der Krieg auf die russische Halbinsel Krim im Schwarzen Meer. Um die Stadt Sewastopol tobte 1854/55 zum ersten Mal in der Kriegsgeschichte ein Stellungskrieg, weil die russischen Verteidiger diese durch Schützengräben und Befestigungen

Panorama der Verteidigung von Sewastopol am 6.6.1855

Das Rundpanorama in Sewastopol wurde zum 50-jährigen Jubiläum 1905 eingeweiht. Es war 115 Meter lang und 14 Meter hoch. 1942, im Zweiten Weltkrieg, wurde es zerstört und 1954 zum hundertjährigen Jubiläum in neuer Form eingeweiht.
Es zeigt die letzte erfolgreiche russische Verteidigungsaktion der Küstenstadt gegen das Land hin.

geschützt hatten. Vom Hafen her war Sewastopol uneinnehmbar, nachdem die russische Flotte sich dort selbst versenkt hatte. Auch die Angreifer bauten ein Grabensystem auf. 349 Tage lang wurde erbittert gekämpft, 73 000 russische, 70 000 französische und 22 000 britische Soldaten verloren das Leben (davon 104 000 durch Krankheiten und Seuchen) – eine Vernichtungsschlacht, die bereits die Schlacht um Verdun von 1916 ankündigte.

Der Krimkrieg gilt als der erste moderne Krieg: Gewehre mit gezogenen Läufen trafen nun auf bis 800 Meter Distanz, weil sie die Geschosse mit Drall stabilisierten; Kriegsschiffe mit Dampfantrieb konnten mit schwerer Panzerung geschützt werden und unabhängig vom Wind operieren; der Telegraf ermöglichte die rasche Verständigung zwischen den Heeren, die Beteiligung der Politik an der Kriegführung und die Information der Öffentlichkeit.

Unter dem Druck dieser Öffentlichkeit entsandte die britische Regierung erstmals Frauen als Pflegerinnen an die Krimfront, weil die Soldaten im Stellungskrieg unter schlimmen Krankheiten, vor allem der Cholera, litten. Die Leiterin einer Mission, die 35-jährige Florence Nightingale, setzte sich gegen die Offiziere durch und sorgte dafür, dass die Schattenseiten des Kriegs zu einem öffentlichen Thema wurden.

7.13 Friede von Paris, 1856: Nach der Eroberung von Sewastopol 1855 musste das Russische Reich seine Niederlage eingestehen. In Paris versammelten sich alle Großmächte. Sie setzten durch, dass das Schwarze Meer und sein Dardanellen-Zugang neutrales Gebiet wurden, in dem keine Macht eine Kriegsflotte halten durfte. Die vom Russischen Reich im Donaubecken besetzten Gebiete wurden als (späterer) Staat Rumänien von beiden Großmächten unabhängig. Die Siegermächte bestätigten den übrigen Bestand des Osmanischen Reichs. Dieses musste den Schutz der Christen – der Vorwand zum Krieg – gewährleisten.

Die Niederlage des Zaren als Haupt der Heiligen Allianz machte dieses Bündnis hinfällig. In der Folge gingen die Staaten vermehrt eigene Wege, die Monarchen fühlten sich immer mehr in sie eingebunden und nicht mehr einer überstaatlichen Solidarität verpflichtet.

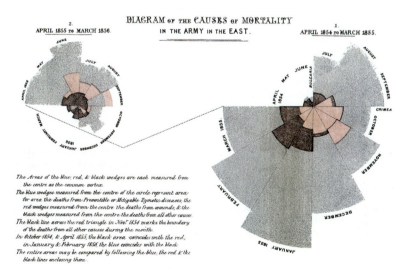

Florence Nightingale (1820–1910, Fotografie um 1850) stammte aus einer wohlhabenden, bürgerlichen und religiösen britischen Familie. Bei einer Grippeepidemie 1837 pflegte sie Kranke und entschied sich für die damals verachtete Krankenpflege als Beruf. Gegen den Widerstand der Eltern erlernte sie ihn in der Praxis. Seit Oktober 1854 linderte sie mit einer Truppe von Pflegerinnen die Krankheiten und Verletzungen der britischen Soldaten, sorgte für Nachschub, Spenden und die Verbesserung der Lazarette.

Selbst erkrankt und dauernd invalid, setzte sie sich nach dem Krieg für die Aufwertung des Pflegeberufs ein.

Als begabte Mathematikerin fasste sie die Erfahrungen in eindrückliche Zahlen. Im Diagramm links repräsentieren die grauen Segmente (jeweils vom Zentrum aus gemessen) die britischen Verluste wegen vermeidbarer Seuchen, die roten Segmente diejenigen wegen Kriegsverletzungen und die schwarzen Segmente diejenigen wegen weiterer Krankheiten, rechts dargestellt für den Zeitraum von April 1854 bis März 1855, links für das folgende Jahr, als Nightingales Mission zu greifen begann.

7.2 Großbritannien im «Victorian Age»

7.21 Vollendung des Parlamentarismus: Königin Victoria hielt sich während ihrer über 60-jährigen Regierungszeit (1837–1901) peinlich genau an die parlamentarische Regierungsform: Die Mehrheitspartei im Unterhaus stellt den Ministerpräsidenten («Prime Minister», der formell von der Krone ernannt wird); auf dessen Vorschlag ernennt die Krone die übrigen Minister; die königlichen Rechte (insbesondere: Unterzeichnung der vom Parlament beschlossenen Gesetzesvorlagen) dürfen einzig entsprechend den «Ratschlägen» der so bestimmten Regierung ausgeübt werden.

Das Unterhaus-Wahlgesetz von 1832 (▶ 6.35) wurde 1867 und 1884 erweitert, sodass 70 Prozent der Männer wahlberechtigt wurden. (Die Frauen und alle Männer wurden erst 1928 wahlberechtigt.) Gestärkt wurde das Unterhaus 1912 durch die Entmachtung des Oberhauses: Diese Kammer mit vorwiegend erblichen Sitzen musste auf ihr absolutes Veto zugunsten eines nur noch aufschiebenden Vetos verzichten.

Mit dem Majorzwahlrecht für das Unterhaus verbunden war die Neubildung zweier Parteien, der Liberalen und der Konservativen Partei. Sie lösten sich in der Regierung ab, waren jedoch beide dem Einbezug der breiten Wählerschichten gegenüber aufgeschlossen. Die Konservative Partei bemühte sich um die Kleinbürger, die Liberale Partei arbeitete mit den Gewerkschaften zusammen.

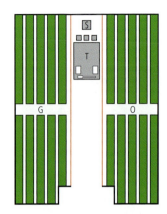

Der Sitzungssaal des Unterhauses, der «Mutter der Parlamente», enthält auf der einen Schmalseite den Thronsessel des Präsidenten, des Speakers *(S: «Speaker's Chair»).* Vor dem Speaker sitzen die drei Protokollführer an einem großen Tisch *(T: «Clark's Table»),* auf dem sich insbesondere das Zepter *(«Mace»)* und zwei Kästen *(«Despatch Boxes»)* zum Versorgen und Auflegen der Manuskripte befinden. An den beiden Längsseiten sind für die Unterhausmitglieder fünf ansteigende Bankreihen angeordnet. Die Abgeordneten der Oppositionsparteien sitzen vom Speaker aus gesehen auf der linken Seite *(O: «Opposition Side»),* die Anhänger der Regierung auf der rechten *(G: «Government Side»).* Die prominentesten Abgeordneten jeder Seite nehmen die vorderste Bankreihe ein; die Regierungsmitglieder (die dem Parlament angehören müssen) und jene Mitglieder der Opposition, die bei einem Wechsel der Mehrheitsverhältnisse für die neue Regierung vorgesehen sind (Shadow Cabinet, Schattenkabinett), sitzen unmittelbar beim Tisch. Für die 650 Abgeordneten gibt es nur 427 Sitze, zu spät gekommene warten bei der Schranke auf allfällige Abstimmungen.

Zwei rote Linien im Abstand zweier Schwertlängen dürfen nach Beginn einer Debatte nicht mehr übertreten werden.

7.22 Trade Unions und Labour Party: Nach dem Misserfolg der Chartistenbewegung bezüglich einer Verfassung (▶ 6.35) organisierte sich die englische Arbeiterschaft vorwiegend in Gewerkschaften (Trade Unions). Diese schlossen sich 1868 zum Trade Unions Congress (TUC) zusammen und verstärkten damit ihren politischen Einfluss; verschiedentlich wurden Gewerkschaftsführer ins Unterhaus gewählt, wo sie sich den Liberalen anschlossen.

Die 1893 gegründete Independent Labour Party erhielt 1899 die Unterstützung des TUC, vermochte bei den Unterhauswahlen von 1906 bereits fünf Prozent aller Wahlkreise zu erobern und nahm den Namen «Labour Party» an. Im Gegensatz zu den kontinentalen Arbeiterparteien wird sie noch heute weitgehend von den Gewerkschaften getragen, die ihr als Kollektivmitglieder angehören. Das erklärt, dass die Partei von Anfang an keine Revolution, sondern Reformen anstrebte. Sie veranlasste die Liberale Partei 1911 zur ersten staatlichen Arbeitslosenversicherung der Welt, finanziert durch eine starke Steuerprogression und durchgesetzt gegen den Widerstand des in diesem Zusammenhang entmachteten Oberhauses.

7.23 Empire und Dominions: Geprägt durch die Erfahrung mit dem Unabhängigkeitskrieg der USA (▶ 4.2) verfolgte Großbritannien bezüglich seiner englischsprachigen Siedlungskolonien eine behutsame Politik: Bis 1910 wurden Kanada, Australien, Neuseeland und die Südafrikanische Union zu Dominions. Als solche besaßen sie ein eigenes Parlament mit Gesetzgebungsrecht in den inneren Angelegenheiten und ein von London unabhängiges parlamentarisches Regierungssystem. 1907 berief die Regierung die *«First Imperial Conference»* ein, die eine lockere Verbindung zwischen Großbritannien und seinen Dominions beschloss: Fallweise sollte eine Reichskonferenz der Premierminister des Mutterlandes und der Dominions zusammentreten; diese Konferenzen sollten den vertretenen

Regierungen aber keine bindenden Weisungen, sondern nur Empfehlungen erteilen können. Von dieser Basis aus konnten sich die Dominions allmählich zu praktisch selbstständigen Staaten entwickeln und im Rahmen des 1931 gegründeten Commonwealth freiwillig zusammenarbeiten (▶ 25.35). Die Dominions bauten wie das Mutterland das Wahlrecht der weißen Bevölkerung im demokratischen Sinne aus, verwehrten jedoch der indigenen Bevölkerung die Beteiligung an dieser Demokratie. Überall setzte sich in den um 1900 entstehenden Arbeiterparteien die gewerkschaftlich-reformistische Richtung durch: Auch in den Dominions sah die Arbeiterschaft ihr Ziel nicht in einer grundsätzlichen Bekämpfung des bestehenden Staates, sondern in seiner Demokratisierung und seiner schrittweisen Umwandlung zu einem sozialen Wohlfahrtsstaat.

1897 ehrte die kanadische Post *Victoria* zum 60-jährigen Thronjubiläum ...

7.24 Irland: Das katholische Irland war seit dem 17. Jahrhundert von mehrheitlich puritanischen (protestantischen) Engländern als Großgrundbesitzern besiedelt und 1801 nach mehreren Aufständen Großbritannien einverleibt worden. Die Iren forderten im 19. Jahrhundert «Home Rule», das heißt eine weitgehende Autonomie und die Beseitigung des Pachtsystems, das englischen Großgrundbesitzern die rücksichtslose Ausbeutung der Bauern ermöglichte (▶ Band 1, 18.42). Ab 1900 sammelten sich die Iren fast geschlossen in der Bewegung «Sinn Féin» (gälisch: «wir selbst»), die nicht nur Home Rule innerhalb Großbritanniens, sondern Unabhängigkeit von Großbritannien forderte und durch zahlreiche Anschläge und Aufstände die britische Politik in Atem hielt. Erst 1918 trat ein Home-Rule-Gesetz in Kraft; aber Sinn Féin kämpfte weiter, bis 1922 der «Irish Free State» (ohne das mehrheitlich protestantische Nordirland) als Dominion geschaffen und damit ihre Hauptforderung erfüllt wurde.

... und 2012 *Elisabeth II.* zum gleichen Jubiläum mit einer Briefmarke.

Allerdings: Im bei Großbritannien verbliebenen Nordirland bestand der Konflikt zwischen katholischer irischer und protestantischer englischer Bevölkerung weiter (▶ 16.73).

7.25 «Victorian Age»: Mehr als die Politik prägte Königin Victoria den Lebensstil: Strenge Moralvorstellungen und bürgerliche Ehrenhaftigkeit («respectability») waren die bezeichnendsten Merkmale des Viktorianischen Zeitalters. Verleugnet und unterdrückt wurde, was nicht in die Konventionen passte, wie Frauenemanzipation, die Ansprüche ärmerer Menschen und persönliche Entfaltung.

Im Vergleich zu den anderen Staaten entwickelte sich Großbritannien – mit Ausnahme Irlands – kontinuierlich und ohne Revolutionen.

Corrymore House bei Dooagh (Westirland)

Hier lebte von 1873 bis Ende 1880 Charles C. Boycott als Verwalter der Güter eines Landlords. Nach einer Missernte baten dessen Pächter 1880 um eine Senkung des Pachtzinses; Boycott lehnte schroff ab und traf Anstalten, die Pächter von ihren Höfen wegzuweisen. Diese reagierten mit der Verweigerung aller Dienstleistungen und dem Abbruch der Beziehungen zum verhassten Verwalter. Zermürbt gab Boycott seine Stellung auf und kehrte nach England zurück. Sein Name diente fortan als Bezeichnung dieser gewaltlosen Widerstandsform, die schon früher praktiziert worden war (▶ 4.12).

Napoleon III., bis 1852 Prinz Louis-Napoléon Bonaparte, war der 1808 geborene Sohn von Louis Bonaparte, einem jüngeren Bruder Napoleons I. Nach dem Sturz seines Onkels lebte der junge Prinz zuerst in Augsburg, dann längere Zeit bei seiner Mutter Hortense auf Schloss Arenenberg im Thurgau; er erhielt dort sogar das thurgauische Bürgerrecht und leistete Militärdienst als schweizerischer Artilleriehauptmann. Seit 1832, dem Todesjahr des einzigen Sohnes von Napoleon I., fühlte er sich als Nachfolger seines Onkels: Er bekämpfte das Bürgerkönigtum in mehreren Büchern, forderte eine demokratisch fundierte Monarchie und suchte, gestützt auf Anhänger im französischen Offizierskorps, zweimal erfolglos, eine bonapartistische Revolte auszulösen. Nach dem zweiten dieser misslungenen Putschversuche blieb er fast sechs Jahre in Festungshaft, bis ihm 1846 die Flucht nach Großbritannien glückte. Erst die Revolution von 1848 erlaubte ihm die Rückkehr nach Frankreich. Als Mitglied der Verfassungsgebenden Versammlung bereitete er seine Kandidatur für die Präsidentschaft der Zweiten Republik vor. Das zeitgenössische Foto zeigt ihn zwanzig Jahre später, als er den Zenit seiner Laufbahn bereits überschritten hatte.

7.3 Frankreich zwischen Monarchie und Republik

7.31 Entstehung und Charakter des «Second Empire»: Der jüngere Napoleon gewann ab 1848 die monarchische Herrschaft auf ähnlichem Weg wie sein Onkel. Von den Bürgern zum Präsidenten der Republik gewählt, besetzte er die Schlüsselpositionen in Armee und Verwaltung mit ergebenen Anhängern und unterdrückte die liberale Opposition. Am 2. Dezember 1851, dem Jahrestag der Kaiserkrönung Napoleons I. (▶ 5.62), änderte er durch einen Staatsstreich die Verfassung: Als «Prince-Président» erhielt er praktisch unbeschränkte Macht für zehn Jahre. Genau ein Jahr später ließ er sich durch das Volk den Titel Kaiser Napoleon III. verleihen. An die Stelle der «Seconde République» trat das «Second Empire». Das Volk konnte er für sich gewinnen, weil er den Sozialismus zu bekämpfen versprach. Damit hatte das Großbürgertum sein Ziel erreicht. Es und die katholische Kirche bildeten neben Polizei und Armee Napoleons wichtigste Stütze.

7.32 Expansive Außenpolitik: Bei den anderen Monarchen stieß Napoleon III. auf misstrauische Ablehnung: Denn er hatte sein Amt nicht ererbt, sondern verschaffte sich Legitimation durch Volksabstimmungen (Plebiszite). So suchte er, wie im Krimkrieg (▶ 7.1), außenpolitisches Ansehen. Er förderte die Einigung Italiens gegen die Interessen Österreichs (▶ 7.41). Er ließ französische Siedler/-innen in das seit 1847 unterworfene Algerien auswandern und förderte mit französischem Kapital die Suezkanal-Gesellschaft, welche 1869 das Mittelmeer und das Rote Meer mit einem Kanal verband. Vom Kaiserreich Annam (Vietnam) erzwang er die Abtretung des Mekong-Deltas (Cochinchina), in Somaliland ließ er Obock erwerben, und erklärte Neukaledonien für französisch.

Am kühnsten war sein Versuch, mithilfe eines Expeditionskorps in Mexiko ein von Frankreich abhängiges Kaisertum unter dem Habsburger Maximilian I. zu errichten (1861). Weil damals die USA im Sezessionskrieg (▶ 7.93) zerrissen waren, konnten sie die Monroedoktrin (▶ 6.23) nicht durchsetzen. Aber nach dem Ende dieses Sezessionskriegs musste Frankreich 1866/67 seine Truppen aus Mexiko abziehen; der Marionettenkaiser wurde von den Mexikanern erschossen.

7.33 Pariser Commune: Nicht ganz so schlimm erging es Napoleon III. selbst. Im Deutsch-Französischen Krieg 1870/1871 (▶ 7.52) wurde er nach der Niederlage in der Schlacht von Sedan gefangen genommen und abgesetzt; er starb wie sein Onkel im englischen Exil.

Die deutschen Truppen kreisten sogar die Hauptstadt Paris ein. Frankreich musste 1871 einen Waffenstillstand schließen und deutsche Truppen in Außenquartiere von Paris einmarschieren lassen. Eine neu gewählte französische Nationalversammlung stimmte einem demütigenden Friedensschluss mit dem Deutschen Reich zu. Als die französische Interimsregierung unter Adolphe Thiers (1797–1877) die Nationalgarde in Paris entwaffnen wollte, brach der Aufstand der «Commune» aus: Die anarchistisch-radikaldemokratischen «Communards» proklamierten den Pariser Gemeinderat, eben die «Commune», als nationale Regierung und forderten die Auflösung Frankreichs in eine Vielzahl autonomer Gemeinden (siehe S. 99). Erst nach fast dreimonatigen erbitterten Kämpfen eroberten Ende Mai 1871 die Regierungstruppen Paris und erstickten die Commune-Bewegung brutal in einem Blutbad.

«In dieser Nacht schritten die Elenden dazu, die Stadt [Paris] zu verbrennen. Sie haben saubere Arbeit gemacht, die mit diesem Geschäft beauftragten *Petroleurs und Petroleusen;* man braucht nur die Galgenvogelphysiognomien derselben auf unserem Bild anzusehen, um sich darüber klar zu sein, welch furchtbares Gesindel die röchelnde Commune noch auf Paris und dessen Einwohner losgelassen hat. Aasvögeln gleich, welche Leichen wittern, feierten die Communarden ihre letzten wilden Orgien.»

Text und Bild stammen aus einem um 1900 in Deutschland erschienenen patriotischen Erinnerungswerk an die Jahre 1870/71 und sind ein Beispiel für den propagandistischen Kampf gegen die Commune. Das Bild selbst erschien erstmals 1871 in «Le Monde illustré».

7.34 «Verfassung» von 1875: Das Entsetzen der Provinzbevölkerung über die wirklichen und angeblichen Gräueltaten der Communards ließ das Pendel nun nach rechts ausschlagen: Die Mehrheit der Nationalversammlung wünschte die Restauration der Monarchie. Aber der vorgesehene Enkel Karls X., Henri d'Artois, verweigerte die Anerkennung einer Verfassung und der Trikolore als Nationalflagge.

So musste die Nationalversammlung widerwillig eine republikanische Verfassung entwerfen. Doch betrachtete sie diese als bloße Übergangsphase, mit der sie sich nur widerwillig abfand. Deshalb arbeitete sie keine eigentliche Verfassung aus, sondern nur fünf einzelne «Lois constitutionnelles», die lediglich das Allernotwendigste enthielten; das Wort «république» kam erst durch einen Zusatzantrag und mit dem Zufallsmehr von einer einzigen Stimme in eines dieser Gesetze! (Frankreich war damals die einzige große europäische Republik, neben der Schweiz und San Marino.)

So wurde ein anfänglich starker, auf sieben Jahre gewählter Präsident an die Spitze des Staates und der *Exekutive* gestellt. Er bestimmte den Ministerpräsidenten und die Minister. Die *Legislative* wurde dadurch geschwächt, dass der Volksvertretung («Chambre des Députés») eine zweite Kammer, der Senat, gegenübergestellt wurde. Ein Viertel seiner Mitglieder war auf Lebenszeit ernannt, die anderen drei Viertel wurden von lokalen Behörden bestimmt, wobei die ländlichen (das heißt überwiegend konservativen) Wahlkreise gegenüber den städtischen stark bevorzugt waren. Ferner besaß der Präsident der Republik das Recht, mit Zustimmung des Senats jederzeit die Volksvertretung aufzulösen. Umgekehrt konnte eine Kammer mit einem Misstrauensvotum die Regierung stürzen.

7.35 Befestigung der «Troisième République»: Aus den Wahlen von 1877 ging erstmals eine republikanische Mehrheit in der Deputiertenkammer hervor, doch die Mehrheit des Senats, der Präsident der Republik, Patrice de Mac-Mahon (1808–1893), und die von ihm ernannte Regierung waren royalistisch. Die Kammer verweigerte der Regierung das Vertrauen;

Mac-Mahon berief aber nicht eine neue Regierung, sondern löste die Kammer auf. Doch die Neuwahl erbrachte wieder eine republikanische Mehrheit. Nach monatelanger Machtprobe zwischen Präsident und Kammer wich Mac-Mahon Anfang 1878 zurück und berief eine Regierung aus Republikanern. Ein Jahr später demissionierte er und wurde durch einen Republikaner ersetzt.

Erst dieser Rücktritt sicherte die Existenz der Republik. Nun wurden der 14. Juli, der Tag des Bastillesturms, zum Nationalfeiertag, die Marseillaise zur Nationalhymne und Paris wieder anstelle von Versailles zum Regierungssitz erklärt sowie das Wahlrecht für den Senat demokratisiert. Fortan war der Ministerpräsident der eigentliche Leiter der Exekutivgewalt; obwohl er formell immer noch durch den Präsidenten ernannt wurde, hing er nun tatsächlich vom Vertrauen des Parlamentes ab. Dem Präsidenten fielen fast nur noch Repräsentationsaufgaben zu; von seinem Recht, die Kammer aufzulösen, machte er nie wieder Gebrauch. Frankreich wandelte sich 1878 zur parlamentarischen Demokratie.

7.36 Neue Krise der Republik: Aber die Dritte Republik stieß auf Widerstand: Der als General entlassene Georges Ernest Boulanger (1837–1891) sammelte all jene, die mit der Staatsform unzufrieden waren: die Royalisten, die sich mit dem Umschwung von 1878 noch nicht abgefunden hatten; die Geistlichen, welche die Schulpolitik der Regierung, nämlich den Aufbau einer konfessionell neutralen Staatsschule, bekämpften; die Militärs und Nationalisten, die glaubten, nur ein autoritäres Regime sei fähig, einen Revanchekrieg gegen das Deutsche Reich zu führen. In den Wahlen von 1889 legten die «Boulangisten» zu; die Republikaner verloren zudem Sitze an die Sozialisten und schwächten sich durch Skandale. Am meisten Aufsehen erregte die «affaire Panama»: Der finanzielle Zusammenbruch der Panamakanal-Gesellschaft deckte gewaltige Bestechungen und Irreführung der Aktionäre auf; nicht nur der Präsident der Gesellschaft, der berühmte Erbauer des Suezkanals Ferdinand de Lesseps (1805–1894), sondern auch zahlreiche republikanische Politiker waren in den Skandal verwickelt.

Der berühmte Schriftsteller Émile Zola (1840–1902) publizierte 1899 in der Literaturzeitschrift «L'Aurore» einen *Offenen Brief an den Präsidenten der Republik*, in dem er die Fehler und Ungereimtheiten des Dreyfus-Prozesses beschrieb und zu einer Wiederaufnahme des Prozesses aufforderte. Obwohl der Brief diese Ziele unmittelbar nicht erreichte, galt er als Manifest von Intellektuellen, die sich in der Politik engagieren.

7.37 Affäre Dreyfus: In Frankreich wie in weiten Gebieten Europas erlebte der Antisemitismus (▶ 8.56) gegen Ende des 19. Jahrhunderts einen neuen Höhepunkt. In der «affaire Dreyfus» verband er sich mit dem nationalistisch-revanchistischen und konservativ-militaristischen Gedankengut. Der Berufsoffizier Alfred Dreyfus (1859–1935), ein jüdischer Elsässer, dessen Vater 1871 nach Frankreich ausgewandert war, wurde 1894 wegen angeblicher Spionage für das Deutsche Reich in einem fehlerhaften Prozess zu lebenslänglicher Verbannung in der Strafkolonie von Guyana verurteilt. Das Urteil wurde auch nicht rückgängig gemacht, als ein anderer Offizier dieses Verrats überführt wurde. Doch Dreyfus' Frau Lucie und sein Bruder Mathieu setzten sich für ihn ein. Zum ersten Mal in der Geschichte kam eine Pressekampagne in Gang. Republikaner, Sozialisten und die Gegner eines kirchlichen Einflusses, die Laizisten, verlangten eine Korrektur des Urteils. Dieser «bloc républicain» gewann die Wahlen von 1899. Dreyfus wurde aus der Haft entlassen und 1906 rehabilitiert.

7.38 Laizistische, bürgerliche Republik: Die Regierung des «bloc républicain» sah in der Schulpolitik den Angelpunkt für die Demokratisierung des Landes. Die konfessionsfreie («laizistische»: von kirchlichem Einfluss freie) Staatsschule sollte zur einzigen gesetzlich zugelassenen Schule ausgebaut werden. Schritt um Schritt wurde die Unterrichtstätigkeit der Orden eingeschränkt und schließlich, 1904, ganz verboten. Mehrere tausend Ordenshäuser wurden geschlossen; ihre Insassen verließen zu einem großen Teil das Land. Der Konflikt zwischen Staat und Kirche führte 1905 zur «séparation», zur völligen Trennung: Aufhebung des Konkordats von 1801, Abbruch der diplomatischen Beziehungen mit dem Papst. Die Kirche verlor jede staatliche Unterstützung, fortan war sie auf freiwillige Beiträge ihrer Gläubigen angewiesen. Seit dieser Zeit trug die Dritte Republik bis zu ihrem Untergang im Sommer 1940 (▶ 13.22) einen ausgeprägt laizistisch-antiklerikalen Charakter.

Ebenfalls nicht in den Staat einbezogen wurde die Arbeiterschaft. Ihre Gewerkschaften, allen voran die «Confédération Générale du Travail» (CGT) radikalisierten sich, standen der Republik kritisch gegenüber und tendierten zu einer Revolution. Es gelang dem Staat nicht, die Arbeiterschaft wirklich in das politische Leben der Nation zu integrieren und eine befriedigende Lösung der durch die Industrialisierung bedingten sozialen Probleme zu finden.

7.4 Die Einigung Italiens

7.41 Beginn der Einigung mit französischer Hilfe: Das Königreich Sardinien-Piemont hatte 1848 eine Niederlage erlitten, als es im Alleingang Oberitalien gegen österreichischen Willen hatte vereinigen wollen (▶ 6.56). Der piemontesische Ministerpräsident Camillo Benso di Cavour (1810–1861) suchte deshalb Frankreichs Hilfe und ließ Sardinien-Piemont an Frankreichs Seite im Krimkrieg mitkämpfen (▶ 7.11). Zum Dank schloss der auf außenpolitischen Erfolg begierige Napoleon III. mit Sardinien-Piemont ein Militärbündnis, und gemeinsam marschierten die Heere 1859 in die Lombardei ein. Norditaliens Befreiung und die Vereinigung mit Sardinien-Piemont schien bereits besiegelt.

Doch da schloss Napoleon III. einen Waffenstillstand mit Österreich, weil er gar kein geeintes Italien wollte. Denn damit wäre der Kirchenstaat gefährdet gewesen; Napoleon III. war aber auf die katholische Kirche angewiesen. So erhielt Sardinien-Piemont zwar die Lombardei und konnte sich mit den italienischen Fürstentümern Parma, Modena, der Toskana und der Romagna (dem nördlichsten Teil des Kirchenstaats) zusammenschließen. Doch Venetien blieb österreichisch. Trotzdem musste Sardinien-Piemont vertragsgemäß das französischsprachige Savoyen und Nizza an Frankreich abtreten – eine bittere Enttäuschung.

7.42 «Zug der Tausend»: In dieser Situation bot sich Giuseppe Garibaldi (1807–1882) dem Ministerpräsidenten Cavour für einen weiteren Schritt an. Obwohl ihm ein republikanisches Italien vorschwebte, stellt er sich in den Dienst des piemontesischen Königshauses. Im geheimen Einverständnis mit der piemontesischen Regierung unternahm Garibaldi im Frühjahr 1860 mit tausend Freiwilligen eine Invasion ins Königreich beider Sizilien (Sizilien und Unteritalien). Dieses litt unter der Herrschaft der spanischen Bourbonendynastie und empfing die «spedizione dei mille» begeistert. Dadurch beflügelt plante Garibaldi, an der Spitze einer Volksbewegung gegen Rom zu marschieren und es als Hauptstadt von Italien zu erobern. Das aber hätte den Konflikt mit Frankreich, das dort immer noch eine

Eine *Euro-Gedenkmünze von San Marino* zeigt Garibaldi (seinen Namen musste man gar nicht hinschreiben) nach einer Fotografie von 1866. San Marino machte die Einigung Italiens nicht mit, bot aber revolutionären Flüchtlingen, darunter auch Garibaldi, Schutz. Garibaldi wurde 1861 Bürger von San Marino. (Das R bedeutet «repubblica», San Marino ist die älteste noch bestehende Republik, entstanden im 6. Jahrhundert.)

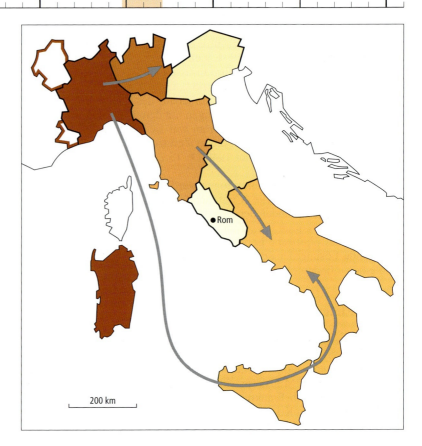

Entstehung des Königreichs Italien

☐ 1860 von Piemont an Frankreich abgetreten: Savoyen und Nizza

■ Verbliebenes altpiemontesisches Gebiet

■ 1859 von Österreich an Piemont abgetreten: Lombardei

■ 1860 durch Plebiszite mit Piemont vereinigt: Parma, Modena, Toskana und Romagna

■ 1860 von Garibaldi erobert: Neapel-Sizilien

■ 1860 durch Piemont besetzt: restlicher Kirchenstaat außer Latium mit Rom

☐ 1866 durch Plebiszit mit Italien vereinigt: Venetien

☐ 1870 durch Italien besetzt: Rom

Schutztruppe unterhielt, unausweichlich gemacht und die bisherige Einigung gefährdet. Deshalb ließ Cavour piemontesische Truppen durch den Kirchenstaat südwärts vorstoßen, ohne Rom zu berühren, und verunmöglichte dadurch Garibaldis Angriff auf den Sitz des Papstes. Grollend zog sich der Volksheld aus dem öffentlichen Leben zurück und näherte sich wieder den republikanischen Ideen seiner Jugend an.

7.43 Vorläufiger Abschluss der Nationsbildung: Volksabstimmungen bestätigten in all den neu erworbenen Gebieten den Zusammenschluss mit Sardinien-Piemont; Anfang 1861 nahm der neue Staat den Namen «Königreich Italien» an. Doch Venetien und Rom standen noch außerhalb des neuen Nationalstaats. Dieser hätte Rom aber nur gegen den Willen Frankreichs und Venetien nur gegen den Willen Österreichs erobern können. Dazu brauchte es einen weiteren Verbündeten: Nachdem Preußen 1866 Österreich (▶ 7.51) und 1871 Frankreich (▶ 7.52) besiegt hatte, fielen diese Gebiete Italien zu.

Auf ausländische Hilfe angewiesen, konnte Italien die weiteren Italienisch sprechenden Gebiete des Südtirols und von Triest nicht gewinnen. Diese «unerlösten» Gebiete («terre irredente») waren die Triebfeder des italienischen Irredentismus, des Bestrebens, über die Grenzen hinaus alle Italienisch sprechenden Gebiete zu vereinen (▶ 10.13).

7.5 Die Einigung Deutschlands

7.51 Preußens und Bismarcks Führungsrolle: Nach dem Scheitern der 1848er-Revolution (▶ 6.57) übte der preußische König, seit 1861 Wilhelm I., nicht nur die gesamte exekutive Gewalt, sondern auch die legislative aus. Das Abgeordnetenhaus besaß nur ein Vetorecht. Es wurde nach einem Dreiklassenwahlrecht gewählt. Die Stimme eines Wählers der reichsten Schicht hatte so viel Gewicht wie zwanzig Stimmen von Wählern der ärmsten Schicht! So dominierte darin die Oberschicht.

Doch 1862 verweigerte das Abgeordnetenhaus eine Heeresreform. Der König berief daraufhin Otto von Bismarck (1815–1898) zum Ministerpräsidenten. Dieser setzte sich einfach über das Veto hinweg und zwang dem Staat den Willen des Königs auf. Dies und die preußische Vorherrschaft prägte die Einigung Deutschlands.

Denn letztlich ging es Bismarck darum, ein deutsches Reich ohne Österreich (kleindeutsche Variante) zu schaffen. Weil er dabei mit dem Widerstand Österreichs und Frankreichs rechnete, unterstützte er das Russische Reich im Kampf gegen den polnischen Aufstand 1863 (▶ 7.72) und versuchte die kleineren deutschen Staaten hinter sich zu bringen.

Er nutzte dazu einen Konflikt um die mit Dänemark in Personalunion verbundenen, aber mehrheitlich deutschsprachigen Herzogtümer Schleswig und Holstein: Der dänische König wollte sie Dänemark direkt einverleiben. Daraufhin löste Preußen 1864 den Dänischen Krieg aus und weckte in ganz Deutschland einen nationalen Begeisterungssturm; Preußen erschien als Vorkämpfer für die nationale Idee, und Österreich musste in den Krieg gegen Dänemark eintreten, wenn es nicht seine bisherige Führungsposition im Deutschen Bund verlieren wollte.

Preußen und Österreich siegten und zwangen den dänischen König zur Abtretung der beiden Herzogtümer. Österreich verwaltete nun Holstein, Preußen Schleswig.

Das führte gleich zum nächsten Krieg: Preußen besetzte 1866 das von Österreich verwaltete Holstein, und Bismarck forderte die deutschen Staaten auf, Preußen die Führung im Deutschen Bund zu übertragen und Österreich auszuschließen. Österreich leistete Widerstand und zog einige deutsche Mittelstaaten auf seine Seite. Darauf eröffnete Preußen, unterstützt vom Königreich Italien, den Krieg und besiegte Österreich in einem kurzen Feldzug bei Königgrätz (Sadowa) in Böhmen.

Im Friedensschluss erhielt Italien das noch fehlende Venetien (▶ 7.43); Preußen annektierte die Mehrzahl jener Staaten nördlich der Mainlinie, die sich auf Österreichs Seite gestellt hatten. Der Deutsche Bund wurde aufgelöst. Doch verlangte Bismarck von den süddeutschen Staaten und Österreich weder Entschädigungen noch Gebietsabtretungen und hielt so den Weg offen zu späterem Zusammenwirken gegen Frankreich.

7.52 Krieg gegen Frankreich: Bismarck ersetzte den Deutschen Bund durch den Norddeutschen Bund, nämlich Preußen und die Staaten nördlich der Mainlinie. Die Führung lag bei Preußen, dessen Verfassung dem Norddeutschen Bund übergestülpt wurde: Der König und der von ihm ernannte Bundeskanzler, das Bundespräsidium, übten die exekutive Gewalt allein aus; auch die legislative Gewalt stand ihnen zu. Der Bundesrat (die Länderkammer im Bundesparlament) und der Reichstag, bestellt aufgrund des allgemeinen und gleichen Männerwahlrechts, besaßen nur ein Vetorecht gegen vom Bundespräsidium erlassene Gesetze.

Bismarcks Realpolitik 1866
(aus seinen Memoiren «Gedanken und Erinnerungen»):

«Ich entwickelte dem Könige […] die politischen und militärischen Gründe, die gegen die Fortsetzung des Kriegs sprachen. Österreich schwer zu verwunden, dauernde Bitterkeit und Revanchebedürfnis mehr als nötig zu hinterlassen, müssten wir vermeiden, vielmehr uns die Möglichkeit, uns mit dem heutigen Gegner wieder zu befreunden, wahren und jedenfalls den österreichischen Staat als einen guten Stein im europäischen Schachbrett und die Erneuerung guter Beziehungen mit demselben als einen für uns offen zu haltenden Schachzug ansehen. Wenn Österreich schwer geschädigt wäre, so würde es der Bundesgenosse Frankreichs und jedes Gegners werden.»
Der König soll dagegen den Einwand erhoben haben, der Hauptschuldige könne doch nicht ungestraft ausgehen und habe Gebiete abzutreten.
«Ich erwiderte: Wir hätten nicht eines Richteramtes zu walten, sondern deutsche Politik zu treiben; Österreichs Rivalitätskampf gegen uns sei nicht strafbarer als der unsrige gegen Österreich, unsere Aufgabe sei Herstellung oder Anbahnung deutschnationaler Einheit unter Leitung des Königs von Preußen.»

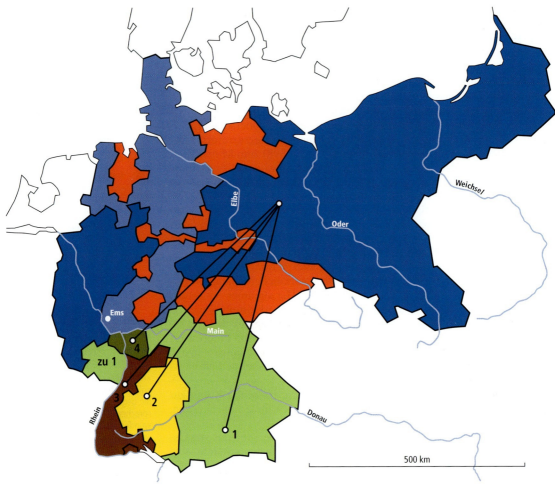

Deutschland nach 1866

- ■ Preußen vor 1866
- ■ Preußische Annexionen 1866
- ■ Übrige Glieder des Norddeutschen Bundes
- Militärbündnisse des Norddeutschen Bundes mit:
  1 Königreich Bayern
  2 Königreich Württemberg
  3 Großherzogtum Baden
  4 Großherzogtum Hessen

Die vier süddeutschen Staaten mussten sich verpflichten, den Norddeutschen Bund im Kriegsfalle zu unterstützen und ihre Heere dem preußischen König zu unterstellen. Eine deutsche Einigung zeichnete sich ab, und Bismarck wurde auch bei bisherigen Kritikern populär. Die Nationalliberale Partei entstand, um seine Politik zu unterstützen.

Frankreich dagegen war über die deutsche Einigkeit und den preußischen Führungsanspruch alarmiert. Als 1870 das preußische Königshaus der Hohenzollern den Plan verfolgte, nach einer Revolution in Spanien einen Prinzen aus der Familie auf den spanischen Thron zu setzen, protestierte der französische Gesandte gegenüber dem preußischen König, der sich gerade im Kurbad Ems aufhielt. Dieser verbat sich eine französische Einmischung und orientierte Bismarck telegrafisch darüber. Bismarck seinerseits kürzte die telegrafische Depesche für die Veröffentlichung derart, dass Frankreich als gedemütigter Verlierer dastand (Emser Depesche).

Napoleon III., durch die Niederlage in Mexiko (▶ 7.32) ohnehin im Zugzwang, erklärte den Krieg. Die süddeutschen Staaten mussten den Norddeutschen Bund vertragsgemäß unterstützen. Das Russische Reich als Preußens Verbündeter hielt Österreich in Schach, sodass die überlegenen

deutschen Armeen in Frankreich einfallen konnten. Im Herbst 1870 erlitt Napoleon bei Sedan eine vernichtende Niederlage und wurde gefangen genommen. In Paris wurde die Republik ausgerufen und nach dem Zwischenspiel der Pariser Commune durchgesetzt (▶ 7.34, 35).
Frankreich musste dem Deutschen Reich das Elsass und einen großen Teil von Lothringen abtreten. Diese Demütigung führte zu einer «Erbfeindschaft» mit Deutschland.
Im Schatten dieser Ereignisse konnte das Königreich Italien den nicht mehr von Frankreich geschützten Kirchenstaat einnehmen und Rom zur Hauptstadt machen (▶ 7.43). Der Papst besaß bis zu den Lateranverträgen 1929 kein souveränes Territorium mehr (▶ 10.34).

7.53 Gründung des Deutschen Reichs: Noch während der Belagerung von Paris, im Januar 1871, ließ Bismarck den preußischen König zum Deutschen Kaiser ausrufen und erzwang damit den Zusammenschluss der Krieg führenden deutschen Staaten zum Deutschen Reich. Diese Reichsgründung im Gefolge eines Kriegs wurde also von oben her verfügt. Die Reichsverfassung stimmte weitgehend mit jener des Norddeutschen Bundes überein; aus dem «Bundespräsidium» wurde ein «Deutscher Kaiser», aus dem «Bundeskanzler» ein «Reichskanzler». Doch gehörten dem Reich jetzt auch die süddeutschen Staaten an; sie dämpften Preußens Vorherrschaft im Bundesrat etwas. Nach wie vor aber bestand die personelle Verbindung zwischen preußischer und Reichsregierung: Wilhelm I. war König von Preußen und Deutscher Kaiser, Bismarck preußischer Ministerpräsident und Reichskanzler, die preußischen Staatsminister standen als Reichsstaatssekretäre an der Spitze der entsprechenden Ressorts der Reichsverwaltung. Manche Zweige der Zentralverwaltung bildete das Reich überhaupt nicht aus, sondern benutzte die entsprechenden preußischen Organe auch für die Reichsangelegenheiten; so gab es keinen deutschen, sondern nur einen preußischen Generalstab, kein Reichsstaatssekretariat für das Kriegswesen, sondern nur das preußische Kriegsministerium. Doch entstanden Widersprüche: bundesstaatliche Rechtsform, aber tatsächliche Hegemonie Preußens; demokratisches Wahlrecht für den Reichstag, aber Dreiklassenwahlrecht für das preußische Abgeordnetenhaus; parlamentarische Gesetzesberatung, aber halb absolutistische Handhabung der Exekutivgewalt.

7.54 Kulturkampf: Unmittelbar nach der Reichsgründung eröffnete Bismarck einen Kampf gegen die katholische Kirche Deutschlands. Er befürchtete nicht nur eine Allianz der katholischen Mächte gegen das Deutsche Reich, sondern auch, dass die deutschen Katholiken sich diesem gegenüber illoyal verhalten könnten. Denn gemäß dem Unfehlbarkeitsdogma (▶ 8.22) hatten sie dem Papst zu gehorchen. Bismarck wollte deshalb den Staat bei der Wahl von Bischöfen und Priestern mitreden lassen, sonst aber Staat und Kirche streng trennen und dieser jeden Einfluss, beispielsweise auf Schulen und Eheschließung, verbieten. (Den Begriff «Kulturkampf», also Kampf um die Hoheit in der Kultur, prägte 1873 der preußische Politiker und Mediziner Rudolf Virchow.) In Preußen, wo der Kulturkampf am härtesten geführt wurde, waren 1878 nur noch drei Bistümer besetzt, in über tausend Pfarreien gab es keine Seelsorge mehr, denn zahlreiche Geistliche, selbst Bischöfe, befanden sich im Gefängnis.
Doch blieben diese Kampfmaßnahmen erfolglos, im Gegenteil: Die katholische Zentrumspartei erhielt im Reichstag 1871 bereits 15 Prozent

Bismarck 1890, als er von Kaiser Wilhelm II. entlassen wurde

Otto von Bismarck (1815–1898), der Sohn eines preußischen Rittergutsbesitzers («Junkers»), trat nach dem Rechtsstudium als 21-Jähriger eine Beamtenstellung an. Doch knapp drei Jahre später verließ er den Staatsdienst wieder; gegenüber dem Vater rechtfertigte er diesen Schritt mit der Bemerkung: «Die Wirksamkeit des einzelnen Beamten bei uns ist wenig selbstständig, auch die des höchsten, und bei den anderen beschränkt sie sich schon wesentlich darauf, die administrative Maschinerie in dem einmal vorgezeichneten Geleise fortzuschieben. Der preußische Beamte gleicht dem Einzelnen im Orchester; mag er die erste Violine oder den Triangel spielen: Ohne Übersicht und Einfluss auf das Ganze, muss er sein Bruchstück abspielen, wie es ihm gesetzt ist, mag er es für gut oder für schlecht halten. Ich will aber Musik machen, wie ich sie für gut erkenne, oder gar keine.»
Die 1848er-Revolution führte ihn in die Politik, leidenschaftlich verteidigte er den Legitimismus und bekämpfte die liberale Revolution. Die deutsche Einigung war für ihn nur von oben her möglich. Während er sie verwirklichte, lenkte er fast dreißig Jahre lang Preußen, fast zwanzig Jahre lang die Politik des Deutschen Reichs.

Parteien im Deutschen Reichstag

	Zahl der Abgeordneten	
	1871	1890
«Bismarcktreue»:		
Konservative	94	94
Nat'liberale	155	42
Total	249	136
Opposition:		
Zentrum	63	117
Linksliberale	46	77
Soz. Arb'p.	2	35
Polen	13	16
Dänen	1	1
Elsässer		10
Total	133	256

(Kleinere Parteien sind benachbarten zugerechnet.)

und nach 1874 gar konstant etwa 25 Prozent aller Mandate. Bismarck realisierte, dass seine Maßnahmen das bewirkten, was er vermeiden wollte: eine Spaltung des deutschen Volkes. Ende 1878 begann er die antiklerikalen Maßnahmen zurückzunehmen; der Kulturkampf bedeutete seine erste schwere Niederlage.

7.55 Kampf gegen die Sozialdemokratie: Als nächsten Gegner nahm sich Bismarck die international ausgerichtete Sozialdemokratie (▶ 8.45) vor. Auch sie gefährdete in seinen Augen die deutsche Einheit. Und im Zug der Zweiten Technischen Revolution fand die Sozialistische Arbeiterpartei Deutschlands immer mehr Anhänger (▶ 18.32). 1878 setzte Bismarck das Sozialistengesetz «wider die gemeingefährlichen Bestrebungen der Sozialdemokratie» (so der Titel) durch. Im Reichstag wurde er von den Konservativen und Nationalliberalen unterstützt, und den Vorwand bildeten zwei Attentate auf Kaiser Wilhelm I. (Diese waren aber nicht von der Sozialistischen Arbeiterpartei organisiert worden.)

Das Sozialistengesetz ermächtigte die Polizeibehörden, sozialdemokratische Vereine aufzulösen, Publikationen zu verbieten und gegen Mitglieder ein Aufenthaltsverbot in den Städten auszusprechen. Als das Gesetz erlassen wurde, stellte die Sozialdemokratie nur zwei Prozent aller Reichstagsabgeordneten; zwölf Jahre später waren es schon zwölf Prozent, obwohl sie durch die Wahlkreiseinteilung benachteiligt wurde. Zum zweiten Mal musste Bismarck erfahren, dass mit bloßen Polizeimaßnahmen eine Weltanschauung nicht zu bekämpfen ist. Im Gegenteil: In der Sozialistischen Partei setzten sich vorübergehend die radikaleren Kräfte durch. 1890 wurde das Sozialistengesetz zurückgezogen.

Mit dem Sozialistengesetz hatte Bismarck nicht nur die Parteifunktionäre behindern, sondern ihnen auch die Parteimitglieder abspenstig machen wollen. Deshalb führte er eine Krankenversicherung, eine Unfallversicherung für Arbeiter, später noch eine Alters- und Invalidenversicherung ein, die ersten staatlichen Versicherungen dieser Art. Allerdings gewann Bismarck die Arbeiter dadurch nicht, zu transparent war sein Motiv: «Mein Gedanke war, die arbeitenden Klassen zu gewinnen, oder soll ich sagen zu bestechen, den Staat als soziale Einrichtung anzusehen, die ihretwegen besteht und für ihr Wohl sorgen möchte.»

7.56 Bismarcks Sturz: In den Reichstagswahlen 1890 verloren die Bismarck unterstützenden Parteien ihre Mehrheit. Doch Bismarck hatte auch das Vertrauen des Kaiser verloren: Im «Dreikaiserjahr» 1888 war auf Wilhelm I. zunächst sein todkranker Sohn Friedrich III. gefolgt und nach Friedrichs Tod dessen Sohn Wilhelm II. Zwischen dem 29-Jährigen und dem 73-jährigen Kanzler bestand neben persönlicher Antipathie von Anfang an eine tiefe Differenz über die Außenpolitik: Während Bismarck als «ehrlicher Makler» immer aus einer Position der Stärke vermittelt und das Deutsche Reich aus Interessenkonflikten herausgehalten hatte (▶ 8.62), suchte Kaiser Wilhelm II. außenpolitischen Glanz und Expansion. Den Misserfolg bei den Reichstagswahlen nahm er zum Anlass, den Kanzler loszuwerden.

«*Der Lotse geht von Bord*» wird diese Karikatur von John Tenniel aus der englischen Zeitschrift «Punch» (29. März 1890) im Allgemeinen untertitelt. Die Originallegende allerdings enthält ein Wortspiel: «Dropping the pilot».

7.57 Wilhelminische Zeit: Doch in der Innenpolitik führte Wilhelm II. Bismarcks Kurs der Ausgrenzung jeder Opposition weiter. Er versuchte die Sozialdemokratie nicht mit dem Staat zu versöhnen, obwohl ein ständig wachsender Teil des deutschen Volkes deren Vertreter wählte. 1912

Kaiser Wilhelm II. (1859–1941) in der Paradeuniform des Kürassierregiments «Garde du corps», 1905…

Diese im Bromsilberverfahren preiswert hergestellte Fotografie wurde als Postkarte massenhaft vertrieben. Wilhelm posierte wegen seines von Geburt her verkürzten lahmen linken Arms vorzugsweise versetzt zum Fotografen.

… und 21 Jahre später im niederländischen Exil

Nun diente der abgesetzte Wilhelm als Blickfang auf der Titelseite eines Magazin. Darin war eine Reportage zu einer Volksabstimmung über die Enteignung der Fürstenhäuser zu lesen. (Die Enteignung wurde nicht beschlossen, weil nicht die Hälfte der Stimmberechtigten abstimmen gingen.)

eroberten diese 28 Prozent aller Reichstagsmandate und fast 35 Prozent aller Wählerstimmen und wurden zur stärksten Partei. Für Wilhelm II. blieben sie weiterhin die «vaterlandslosen Gesellen».

Mit den nationalen Minderheiten der Polen, Dänen, Elsässer und Lothringer machten die von Wilhelm verachteten «Reichsfeinde» insgesamt 36 Prozent des Reichstages aus. Immer schwieriger wurde es, für Gesetze und Budgets die nötige Mehrheit im Reichstag zu finden.

Bei der Gründung des Deutschen Reichs 1871 war dessen allgemeines Wahlrecht für den Reichstag eines der demokratischsten in ganz Europa gewesen. Doch seither hatten sich die anderen Staaten West-, Mittel- und Nordeuropas immer stärker in Richtung Demokratie entwickelt, während im Deutschen Reich das politische Leben stagnierte. Das Dreiklassenwahlrecht im größten deutschen Bundesstaat Preußen ließ eine Demokratisierung nicht zu.

So wurde die Politik der durch die Einigung und Industrialisierung zur Weltmacht aufgestiegenen Großmacht durch einen engen Kreis um den Kaiser herum bestimmt. Wilhelm II. überspielte den Gegensatz mit einer bisher einmaligen Medienpräsenz. Er nutzte die Fotografie und die Postkartenfabrikation, den Film und sogar den Ton zur eigenen Popularität. Als Technik-Bewunderer ließ er sich vor allem auf Reisen abbilden: in modernen Eisenbahnzügen, auf gewaltigen Schiffen und immer häufiger mit dem Automobil.

Aber im Hintergrund waren die Verhältnisse seit Bismarcks Entlassung schlimmer geworden; die «Reichsverdrossenheit» griff immer weiter um sich. Geradezu katastrophal wirkte sich aber Wilhelms II. außenpolitischer Kurs aus: Seine ständigen Provokationen isolierten das Deutsche Reich und mündeten 1914 in den Ersten Weltkrieg.

7.6 Die Doppelmonarchie Österreich-Ungarn

7.61 «Ausgleich» in der Habsburgermonarchie: Im Gegensatz zu den Staaten in West- und Mitteleuropa wirkte die nationale Idee in Osteuropas Vielvölkerstaaten nicht einigend, sondern spaltend. In Österreich hatte sie bereits 1848 fast zur Auflösung des Reichs geführt (▶ 6.56). Der damals mit 18 Jahren zum Kaiser proklamierte Franz Joseph (1830–1916) hob 1851 die Verfassung wieder auf und regierte absolutistisch. Allerdings verlor er 1856 die Lombardei (▶ 7.41) und 1866 Venetien an das Königreich Italien (▶ 7.51) sowie im gleichen Krieg die Vorherrschaft im Deutschen Bund.

Diese Niederlage bei Königgrätz bewog die Habsburgermonarchie zu Reformen. Das Reich wurde 1867 in zwei Hälften geteilt: in *Transleithanien* (jenseits der Leitha, einem unscheinbaren Nebenfluss der Donau in Niederösterreich) oder «die Länder der ungarischen Krone»; in *Zisleithanien* (diesseits der Leitha) oder «die im Reichsrat vertretenen Königreiche und Länder». Die umständlichen Bezeichnungen waren ein Symptom dafür, dass auch die beiden Reichshälften in verschiedene Sprach- und Völkergruppen aufgespalten waren. Die gebräuchliche Kurzbezeichnung «Österreich-Ungarn» wurde von den Minderheiten nicht akzeptiert.

Gemeinsam war ihnen nur noch die Person des Monarchen, die Leitung der Außenpolitik, die Armee und das darauf bezogene Finanzwesen; im Übrigen bildeten sich Staaten mit eigener Verfassung, eigenem Parlament, eigener Regierung und eigener Gesetzgebung.

Doch gerade die relativ große Freiheit der beiden Hälften führte zu verstärkter Unterdrückung der Minderheiten: In Ungarn, wo die Magyaren mit rund 48 Prozent der Bevölkerung weitaus die stärkste Gruppe bildeten, wurden alle nichtungarischen Nationalitäten – Slowaken, Rumänen, Serbokroaten und Deutsche – unterdrückt. In Zisleithanien, wo ein geschlossener und den Staat beherrschender nationaler Block fehlte, entbrannte ein heftiger Sprachenkampf, vorab in Böhmen zwischen Tschechen und Deutschen sowie in Galizien zwischen Polen und Ruthenen.

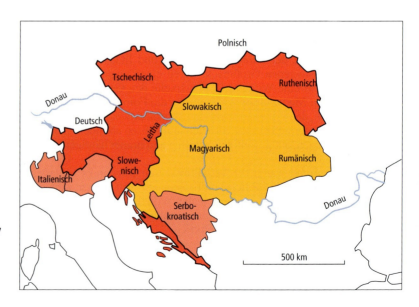

Die Habsburgermonarchie:
Äußere Grenzen, Ausgleich von 1867 und Sprachen

- Transleithanien («Ungarn»)
- Zisleithanien («Österreich»)

7.62 Austroslawen und Panslawismus: Unter den Tschechisch, Slowakisch, Polnisch, Ruthenisch (Ukrainisch), Slowenisch, Kroatisch und Serbisch sprechenden Minderheiten gab es aber eine Gemeinsamkeit: Sie gehören alle zur slawischen Sprachfamilie. Weil sie nach 1867 in beiden Reichshälften noch mehr an den Rand gedrängt wurden, setzten diese Austroslawen (die in Österreich, Austria, lebenden Slawen) ihre Hoffnung zuerst auf eine Dreiteilung des Reichs mit ihnen als drittem Teil. Aber eine simple Grenze wie die Leitha ließ sich nicht festlegen. Deshalb setzten sich die Austroslawen allmählich die Auflösung der Habsburgermonarchie zum Ziel. Dazu brauchten sie russische Unterstützung – und fanden sie auch. Der russische Zar war ein «Panslawist»: Er betrachtete sich als Vertreter aller Slawen.
Eine ähnliche Entwicklung zeichnete sich auch bei den noch unter türkischer Herrschaft stehenden Balkanslawen ab. Allerdings fassten die Russen selbst den Panslawismus anders auf als die übrigen Slawen: nicht als brüderliches Zusammenwirken aller Slawen gegen die Vorherrschaft des Germanen-, Magyaren- und Osmanentums, sondern als heilige Mission Russlands, die Führung sämtlicher Slawen zu übernehmen.

7.7 Das Russische Reich und der Panslawismus

7.71 Reformansätze um 1861: Wie Österreich war das Russische Reich ein Vielvölkerstaat und wie Österreich war es nach der Niederlage im Krimkrieg zu Reformen gezwungen. Auch hier kam mit Alexander II. (1818–1881) ein junger Monarch auf den Thron, der – im Gegensatz zum Habsburger Franz Joseph – Reformen an die Hand nahm.
1861 verkündete er die Aufhebung der feudalen *Leibeigenschaft*. Im übrigen Europa war diese um 1800 abgeschafft worden, weil sie den Menschenrechten, aber auch einer rationellen Landwirtschaft widersprach (▶ 5.65). Denn die Bindung von Bauern an das Grundstück ihres Feudalherrn lähmte die Eigeninitiative. Im Russischen Reich waren aber noch rund 47 Millionen Menschen, mehr als die Hälfte der Bevölkerung, leibeigen.
Das Hauptproblem dabei war nicht die rechtliche Befreiung, sondern die Zuweisung von Land an die frei gewordenen Bauern. Alexander II. verfügte, dass die Grundherren einen Teil (im Durchschnitt etwa die Hälfte) des bisher von Bauern bewirtschafteten Landes den bäuerlichen Dorfgemeinschaften, den sogenannten «Mir», als Eigentum überlassen mussten. Dafür hatten die Mir jährliche Abzahlungsraten zu entrichten. Sie teilten ihrerseits das Land periodisch den einzelnen Bauernfamilien zu. Diese wiederholte Zuteilung verhinderte neuen Großgrundbesitz, aber auch, dass die Bauern ihr Land langfristig verbesserten (meliorierten). Zudem erhielt der einzelne Mir-Bauer wegen des starken Bevölkerungswachstums bei jeder Neuverteilung eine kleinere Landfläche zugewiesen. So verschlechterte sich die materielle Lage der Bauern durch ihre Befreiung, denn nicht nur besaßen sie jetzt weniger Land als vorher, sondern sie gerieten auch in eine Zinsabhängigkeit, die oft drückender war als die frühere Leibeigenschaft. Nur wenige Großbauern, die mit der Zeit über ausreichend eigenes Land verfügten, die «Kulaken», vermochten leistungsfähige Betriebe aufzubauen. Der «Klassenkampf auf dem Dorf», der verzweifelte Versuch der Mir-Bauern, sich gegen ihre Verarmung zu wehren, richtete sich keineswegs nur gegen die Gutsherren, sondern mehr und mehr auch gegen die Kulaken und allgemein gegen die Staatsgewalt, welche diese Sozialord-

Fotografie aus einem Dorf in der Umgebung von Kolerowo (Bezirk von Iwanowo-Wosnessensk, 250 Kilometer nordöstlich von Moskau), um 1902

Die Bauweise der Häuser weist auf die Armut der Bauern und Bäuerinnen hin.

Mir-Versammlung in der Provinz Samara 1900–1903. (Die Fotografie ist hinten in der Mitte verwischt und oben abgeschnitten.)

Das seltene Bild enthält Hinweise auf die Organisation der Mir. Die Mir existierten schon im Feudalismus als Organisationen, die gemeinsam die Abgaben aufbringen mussten. Das Wort «mir» bedeutet ursprünglich «Welt», das Wort «kulak» «Faust».

nung schützte. So bestimmten bis zur Oktoberrevolution 1917 Bauernunruhen und der Ruf nach einer echten Agrarreform die Innenpolitik (▶ 7.75).

Das *Gerichtswesen* versuchte Alexander II. nach französischem Vorbild zu reformieren (Abschaffung der Folter), die *Armee* nach preußischem Vorbild. Für die nun von der Leibeigenschaft befreiten Massen führte er die allgemeine Wehrpflicht ein. Er ließ die Ausbildung, vor allem der Offiziere, verbessern und Eisenbahnlinien bauen, um die Heere rasch verschieben zu können.

7.72 Aufstand in Polen: Seit 1815 war der Zar zugleich König von Polen (Personalunion). Seine Reformen galten auch hier, ermutigten die Bauern aber zu einem nationalen Aufstand, der am 22. Januar 1863 ausbrach (deshalb «Januaraufstand»). Dieser wurde von Polen geführt, welche 1830 (▶ 6.33) und 1848 (▶ 6.53) ins Exil vertrieben worden waren. Die Aufständischen hielten sich 15 Monate lang gegen eine übermächtige russische Armee von 300 000 Soldaten in einem Guerillakrieg, bevor ihr Widerstand zusammenbrach.

Zar Alexander II. reagierte auf den Aufstand nicht nur mit einem Stopp der Reformen, sondern auch mit einer verstärkten Russifizierung: Kaukasische und turkmenische Völker, Ukrainer und Weißrussen, Esten, Letten, Litauer und Deutschbalten sowie selbstverständlich die Polen wurden unnachgiebig zum Gebrauch der russischen Sprache gezwungen. Nichtrussische Literatur und Presse wurden verboten, einzige Amts- und Unterrichtssprache war das Russische, die orthodoxe Kirche genoss großzügige staatliche Förderung. Nur Finnland vermochte bis 1899 eine gewisse Autonomie zu behaupten. Diese großrussische Nationalpolitik schuf dem Reich neue schwere Probleme, denn die Russen/Russinnen bildeten nur etwa 55 Prozent der Gesamtbevölkerung.

7.73 Panslawismus und Westorientierung: Obwohl also die russische Bevölkerung im eigenen Reich nur eine knappe Mehrheit bildete, beanspruchte der Zar die Schirmherrschaft über alle slawisch sprechenden Völker vor allem in Österreich-Ungarn und im Osmanischen Reich. Diese

Panslawisten oder – was das Russische Reich betraf – «*Slawophilen*» glaubten an den besonderen Charakter der russischen Entwicklung; in ihren Augen war das «heilige Russland» nicht rückständig, sondern grundsätzlich verschieden vom Westen. Ihre Bewegung der «narodniki» (der «Volksverbundenen») wollte auf der Agrar- und Gesellschaftsordnung des Mir (▶ 7.71) eine neue Gesellschaft aufbauen.

Aber schon seit dem Zaren Peter I., dem Großen, gab es namhafte Schichten, die sich am außerslawischen Westen orientierten: die «zapadniks», die «*Westler*». Nach ihrer Meinung sollte sich das Russische Reich gleich wie West- und Mitteleuropa entwickeln und seinen Rückstand aufholen. Die «zapadniks» knüpften an liberalen und sozialen Ideen an. Sie setzten auf eine Industrialisierung des Landes, welche um 1900 vor allem dank französischer Investitionen einsetzte.

Eine Art *Mittelstellung* auf der Ebene des Volks nahm die seit 1900 sich entwickelnde Bewegung der Sozialrevolutionäre ein: Ähnlich den «narodniki», aus deren Reihen der Großteil ihrer Anhänger stammte, wollten sie die Lage der Mir-Bauern durch eine sozialistische Lösung verbessern.

7.74 Revolution 1905: Die Zaren (der 1881 ermordete Alexander II., sein Sohn Alexander III. und dessen Sohn Nikolaus II.) verteidigten in erster Linie ihre absolutistische Stellung. Je mehr sie die Polizei einsetzten und jede Kritik unterdrückten, desto mehr erstarkte die westlich orientierte Opposition der «zapadniks». Nur durch die Verfolgung der Jüdinnen und Juden, die Unterdrückung nationaler Minderheiten und durch außenpolitische Erfolge konnte Nikolaus II. (1868–1918) über fehlende Reformen hinwegtäuschen. Weil nach der Niederlage im Krimkrieg der Weg Richtung Mittelmeer versperrt war, provozierte er einen Krieg mit Japan, verlor ihn aber 1905 (▶ 28.25).

narod: Volk

zapad (gesprochen *sapad: padat': untergehen*): Westen

Industrieanlage in Kyn im Ural, (kolorierte Fotografie von 1910, aufgenommen von S. M. Prokudin-Gorsk)

Die Anlage wurde errichtet durch Graf Sergej Alexandrowitsch Stroganow (1852–1923), der in Frankreich lebte. Er führte den Bau nicht weiter.

Sowjet: Rat (sowohl Gruppe als auch Ratschlag), 1904 bei einem Generalstreik für das Organisationskomitee verwendete Bezeichnung, seither übertragen auf basisdemokratische, revolutionäre Gruppen.

Das russische Wahlrecht von 1907	
Wählerklasse	ein Elektor auf ... Wähler
Gutsbesitzer	230
Stadtbürger	5 000
Bauern	60 000
Arbeiter	100 000

Diese Niederlage führte im Land zu Massenstreiks, zu spontanen Enteignungen von Großbauern und zu Meutereien in der Armee (die berühmte Meuterei auf dem Panzerkreuzer Potemkin. Die Aufständischen schlossen sich zwar zu Räten (Sowjets) zusammen, konnten sich aber nicht auf ein Ziel einigen. So gelang Nikolaus II. mit dem Einsatz der nach dem Japan-Krieg zurückgekehrten Soldaten die Niederschlagung und mit dem Zugeständnis einer Verfassung die Spaltung und Unterdrückung der Revolution.

Im «Oktoberpatent» von 1905 versprach der Zar, aufgrund des allgemeinen Wahlrechts eine Volksvertretung («Duma») zusammentreten und künftig an der Gesetzgebung mitwirken zu lassen. Aber dann krebste er zurück: Das Wahlrecht bevorzugte nach preußischem Vorbild die Oberschicht; die Duma erhielt nur eingeschränkte Befugnisse. Die Enttäuschung der Bevölkerung führte 1917 zur Revolution radikaler Parteien an der Duma vorbei.

7.75 Stolypins gescheiterte Agrarreform: Den letzten Reformversuch des Zarenreichs unternahm der 1906 zum Ministerpräsidenten ernannte Peter Stolypin (1862–1911). Er verlieh allen Bauern das Recht, Privatland zu besitzen, und wollte damit rentierende Kulaken-Betriebe fördern. Neues Land sollte jenseits des Urals in Sibirien gewonnen werden. Weitere Kleinbauern sollten in die Städte abwandern und dort in einer wachsenden Industrie beschäftigt werden.

Diese soziale Mobilität machte zuerst einmal Angst. Die Bauern verloren ja zunächst die geringe Sicherheit, die ihnen der Mir geboten hatte. Im Herbst 1911 fiel Stolypin einem Attentat zum Opfer. Seine Reform geriet ins Stocken. Und mitten in diesem schwierigen Übergang von einer alten zu einer neuen Ordnung der Landwirtschaft trat das Russische Reich in den Ersten Weltkrieg ein.

7.8 Der schweizerische Bundesstaat

7.81 Demokratische Bewegung: Die Bundesverfassung von 1848 hatte die liberalen Ideen weitgehend erfüllt (▶ 6.43). Das allgemeine Wahlrecht für Männer ab dem 20. Lebensjahr war fortschrittlich. Der Willen der Bevölkerung wurde repräsentiert durch von ihr gewählte Vertreter (Repräsentativdemokratie).

Aber im Verlauf der Industrialisierung des Landes verstärkte sich die Schicht der Arbeiter und Kleinbürger. Ihnen half es wenig, nur wählen zu können – denn gewählt wurden sie selten. So kämpften die sogenannten Radikalen oder Demokraten für die Erweiterung des Stimmrechts: Nicht nur über Verfassungsänderungen, sondern auch über Gesetze sollten die Bürger abstimmen können (Referendum). Ja, sie sollten sogar selbst Gesetze einbringen oder anregen dürfen (Gesetzesinitiative).

In zahlreichen Kantonen setzten sich die Demokraten um 1869/70 durch und schufen dort neue Kantonsverfassungen, die dem Typ der direkten Abstimmungs- oder Referendumsdemokratie und nicht mehr dem der Repräsentativdemokratie entsprachen.

Auf der anderen Seite versteiften sich die konservativen Kantone, bestärkt durch die Unfehlbarkeitserklärung des Papstes und den Kulturkampf (▶ 8.22), auf die Opposition gegen die demokratische Entwicklung und brachten 1872 zusammen mit den Sprachminderheiten einen ersten Bundesverfassungsentwurf zu Fall.

Schmucktitel von Albert Wagner im Buch von Ludwig Suter: Schweizer Geschichte für Schule und Haus. Einsiedeln 1912

7.82 Bundesverfassung von 1874: Zwei Jahre später hießen Volk und Stände dann eine neue Verfassung gut, die einen Kompromiss darstellte. Die wichtigste Neuerung gegenüber der Verfassung von 1848 war das fakultative Gesetzesreferendum: Wenn 30 000 (heute: 50 000) Stimmberechtigte dies verlangen, müssen neue Bundesgesetze der Volksabstimmung unterbreitet werden. Die Bundeskompetenzen im Militärwesen wurden erweitert, auch erhielt der Bund die Befugnis, ein schweizerisches Fabrikgesetz zu erlassen. Handels- und Gewerbefreiheit sowie die Ziviltrauung wurden den Kantonen jetzt verbindlich vorgeschrieben. Die übrigen Rechtsgebiete blieben in kantonaler Hand.

Übersichtsblatt über die kartierten Gebiete der Schweiz, 1851

Parallel zur Bildung der Nation Schweiz und geleitet durch den Sonderbundskrieg-General Dufour entstand zwischen 1845 und 1865 eine einheitliche Landeskarte der Schweiz.

7.83 Entwicklung nach 1874: Die Verfassung von 1874 blieb 125 Jahre in Kraft. Aber der Bundesstaat wandelte sich in zwei Beziehungen: Der *Einfluss der Stimmbürger* nahm zu. Die liberale Bewegung, ab 1894 die Freisinnig-Demokratische Partei, konnte nicht mehr allein regieren. Das fakultative Referendum erlaubte es nämlich den Bürgern, Einfluss auf die Regierungsgeschäfte zu nehmen: Zahlreiche Gesetzesvorlagen wurden von katholisch-konservativen Bürgern abgelehnt. Also musste sich die herrschende Partei mit ihnen verständigen: 1891 wurde mit Josef Zemp zum ersten Mal ein konservativer Politiker Bundesrat – bis dahin waren stets alle Bundesräte Liberale gewesen. Im gleichen Jahr wurde auch die Volksinitiative eingeführt: Nun konnten die Bürger selbst Verfassungsänderungen vorschlagen.

Das nutzten sie in der Folge zur Veränderung des Wahlrechts: Bis 1919 wurden nämlich die Nationalräte nach Majorzverfahren in Einerwahlkreisen gewählt: Wer in einem solchen Kreis auch nur einen kleinen Vorsprung auf seine Konkurrenten errang, erhielt den Sitz. Das Majorzverfahren erschwerte es den Minderheitsparteien, im Nationalrat (und erst recht im kleineren Ständerat) Fuß zu fassen. Vor allem die immer einflussreichere Sozialdemokratische Partei (gegründet 1888) wurde durch eine für sie ungünstige Einteilung der Wahlkreise benachteiligt. Während des Ersten Weltkriegs stimmten die Bürger einer Volksinitiative zur Einführung des Proporzwahlrechtes zu: Jeder Kanton bildete nun als Ganzes einen Wahlkreis, und die Vertretung in den Nationalrat wurde proportional zu den erhaltenen Parteistimmen verteilt. Bei den Wahlen 1919 verlor die Freisinnige Partei ihre bisher absolute Mehrheit deutlich (▶ 9.63). An ihre Stelle traten mehrere Parteien, welche die Macht im Konsens untereinander verteilten (Konsensdemokratie).

Ausgerechnet der erste konservative Bundesrat Zemp musste dazu beitragen, die *Macht des Bundesstaates* zu verstärken: Waren bisher die Eisenbahnen eine Privatangelegenheit gewesen, so hatte die Kostenüberschreitung beim Bau des Gotthardtunnels (1872–1882) sowie der Konkurs mehrerer Privatbahnen gezeigt, dass der Bund eingreifen musste. Der konservative Föderalist Zemp brachte eine Vorlage erfolgreich durch eine Volksabstimmung, wonach der Bund Privatbahnen zurückkaufen und die Schweizerischen Bundesbahnen gründen konnte. Der Bund subventionierte ferner die im Zug der Industrialisierung mächtig gewordenen Interessenverbände, bezog sie in Vernehmlassungsverfahren ein und vergrößerte damit den eigenen Einfluss. Alkoholmonopol (1885/87), Banknotenmonopol (1891), Vereinheitlichung des Zivilrechts (Zivilgesetzbuch, 1912) und Obligatorium der Kranken- und Unfallversicherung (1912) stärkten den Bundesstaat weiter.

Ergebnisse der Nationalratswahlen nach Majorz- (1917) und Proporzverfahren (1919)		
	1917	1919
Freisinnige	103	60
Konservative	42	41
Sozialdemokraten	20	41
Bauern	4	30
total	189	189

Postkarte aus dem Abstimmungskampf über die Einführung des Proporzwahlrechts, 1910

7.9 Die USA auf dem Weg zur Weltmacht

7.91 Dynamik und Spannung: Die USA stellten in der zweiten Hälfte des 19. Jahrhunderts den Nationalstaat mit der stärksten Dynamik dar: Die Bevölkerung erschloss ein doppelt so großes Gebiet wie das bisher bewohnte; sie explodierte von 17 Millionen im Jahr 1840 auf 90 Millionen im Jahr 1910; und sie zerstritt sich in einem Bürgerkrieg, der in seiner Brutalität die Kriege des 20. Jahrhunderts ankündigte.

Schon um 1830 hatte der Durchbruch der «frontier settlers» (▶ 6.34) gegenüber den etablierten Staaten an der Ostküste das Gewicht des dynamischen Westens erhöht. Dadurch verschärfte sich der schon in den dreizehn Kolonien angelegte Gegensatz zwischen den Nord- und Südstaaten innerhalb der USA.

Die *Südstaaten* basierten weiterhin auf dem Export ihrer Plantagen- und Farmprodukte, hauptsächlich der Baumwolle und des Tabaks; sie verlangten Freihandel ohne Zollschranken, um ihre Produkte im Ausland absetzen

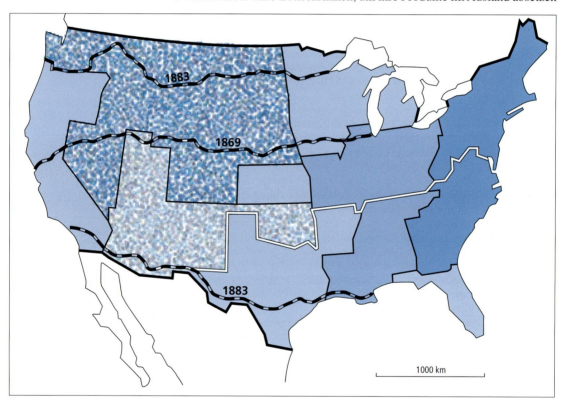

Die Aufnahme neuer Staaten in die USA

- Die 13 alten Staaten 1789 bei Inkrafttreten der Verfassung
- Als Staaten aufgenommen zwischen 1792 und 1821
- Zwischen 1836 und 1861
- Zwischen 1864 und 1890
- Nach 1890 (zudem, nicht abgebildet, das 1867 dem Russischen Reich abgekaufte Alaska und Hawaii, Bundesstaaten seit 1959)
- Grenze der Sezession von 1861
- Die ersten transkontinentalen Eisenbahnlinien

zu können. Einen starken und teuren Bundesstaat lehnten sie deshalb ab. Die Einzelstaaten sollten möglichst souverän sein können. Als Partikularisten schlugen die in der damaligen Demokratischen Partei vereinten Südstaatenpolitiker einen konservativen Kurs ein.

Der sich industrialisierende *Norden* dagegen wollte das Unionsgebiet durch Schutzzölle zu einer möglichst geschlossenen Einheit formen, um den amerikanischen Binnenmarkt zu beherrschen. Er strebte deshalb eine starke, nationale Union an, die sich in die Wirtschaft einschaltete. Die Nordstaatenpolitiker als Föderalisten (Vertreter eine starken Föderation) setzten sich in der damaligen Republikanischen Partei für Veränderungen ein.

Dem Norden kam die Dynamik des Bevölkerungswachstums und der Expansion entgegen: Mit der Zeit würde er das Übergewicht erlangen.

In der europäischen Politik werden als Föderalisten (im Gegensatz zu den Zentralisten) die Vertreter eines schwachen Staates bezeichnet, in den USA ist es gerade umgekehrt. Gewandelt gegenüber dem 19. Jahrhundert haben sich ferner die amerikanischen Parteien: Heute vertreten eher die Demokraten die Interessen der Schwarzen und der einfachen Bevölkerung.

7.92 Sklavenfrage: Der Gegensatz entlud sich im Konflikt um die Sklaverei. Hier mischten sich wirtschaftliche, staatspolitische und humanitäre Motive und verschärften so den Konflikt über die Politik hinaus.

Der *Süden* sah in der Sklaverei die notwendige Voraussetzung für rationellen Baumwoll- und Zuckerrohranbau und befürchtete schwere sozialpolitische Folgen einer Befreiung der Schwarzen. Denn in einzelnen Südstaaten bildeten diese die Bevölkerungsmehrheit. In seinem Partikularismus sträubte sich der Süden zudem dagegen, dass die Union den Einzelstaaten Vorschriften machte.

Im gewerbetreibenden und industrialisierten *Norden* dagegen war die Sklaverei nicht nur kaum bekannt, sondern auch wirtschaftlich kaum nötig. Manche Unternehmer wünschten eher die Sklavenbefreiung, um dann Schwarze als billige Arbeitskräfte einstellen zu können. Der Norden wollte gerade mit einer einheitlichen «abolition», Abschaffung der Sklaverei, die Macht der Union durchsetzen. Echt humanitäre Argumente wurden auch vorgebracht, waren bisweilen jedoch nur vorgeschoben.

7.93 Sezessionskrieg: Dies galt nicht für den 1860 zum Präsidenten gewählten Abraham Lincoln (1809–1865), einem Abolitionisten aus Gewissensgründen. Gewählt worden war er nur wegen der Uneinigkeit unter den demokratischen Kandidaten; er hatte nicht einmal vierzig Prozent der Urwählerstimmen erhalten (▶ 4.34) und verfügte über keine Mehrheit im Kongress, sodass er gar keine entsprechenden Gesetze hätte durchbringen können. Er wollte lediglich darauf hinwirken, die Sklaverei in den neuen Staaten im Westen zu verbieten.

Trotzdem weigerten sich elf Südstaaten, Lincoln als Präsidenten anzuerkennen, und trennten sich als «Confederate States of America» (Konföderation) von der Union. Im Frühjahr 1861 eröffneten sie, in der Angst, immer eindeutiger in die Minderheit zu geraten, den Krieg. Dieser forderte mehr Opfer als jeder vorher: 365 000 Tote auf der Seite der Union, 260 000 auf der Seite der Konföderation. Weitere 400 000 Menschen wurden verwundet. Über drei Millionen Soldaten standen unter den Waffen, der Militärdienst wurde obligatorisch. Der Krieg wurde auf breiter Front geführt, weil der Süden an keiner Stelle einen Einfall zulassen wollte. Anfänglich war er mit dieser Strategie durchaus erfolgreich. Aber seine Aufsplitterung der Mittel führte zu seiner Niederlage, denn die Union war wirtschaftlich, technisch und bezüglich Zahl der Soldaten überlegen. Der Einsatz von Schiffen und Eisenbahnen, von weitreichenden Geschützen sowie die systematische Verwüstung eroberten Gebiets, die Schürung von Hass und die

Alexander Gardners siebzig Fotografien von der Schlacht am Antietam (Maryland) rüttelten die Menschen auf. Zur Fotografie rechts formulierte Gardner als Legende: «*Federal buried, confederate unburied*» (Federals sind Soldaten der Unions-Armee).

Die Schlacht am Antietam am 17.9.1862 war mit 22 700 Toten, Verwundeten und Vermissten die blutigste des ganzen Kriegs und endete nach diesem großen Gemetzel unentschieden.

Die Fototechnik setzte enge Grenzen: Kampfaufnahmen waren mit den großen Geräten und langen Belichtungszeiten nicht möglich; in der Presse gedruckt werden konnten Fotografien noch nicht. Gardners Fotografien wurden als Nachzeichnungen in zahlreichen Zeitungen publiziert.

Misshandlung von Zivilpersonen und Kriegsgefangenen lassen den Sezessionskrieg bereits als Vorstufe zur Kriegführung des Ersten Weltkriegs erscheinen.

Lincoln wollte noch eine Verständigungslösung ermöglichen und zögerte bei der Entscheidung über die Sklavenfrage. Aber schließlich, im Herbst 1862, erklärte er in seiner Eigenschaft als Oberkommandierender der Union, dass in den besetzten und in den noch Widerstand leistenden Gebieten alle Sklaven/Sklavinnen von 1863 an frei sein sollten. Unmittelbar nach Kriegsende wurde das generelle Verbot der Sklaverei durch ein Amendment auch in der Verfassung verankert.

7.94 «Reconstruction» – die USA der Reichen: Im April 1865, kurz vor der Kapitulation der Südstaaten, wurde Präsident Lincoln ermordet. Seine trotz energischer Kriegführung versöhnliche Haltung ging verloren. Der Norden nutzte seinen Sieg: Die im Süden übereilt befreiten Sklavinnen und Sklaven fanden sich in der Unterschicht wieder. Frustrierte Weiße terrorisierten sie mit Organisationen wie dem Ku-Klux-Clan. Der Norden errichtete hohe Zollmauern (Protektionismus), in deren Schutz Unternehmer sagenhaft reich wurden. Das Schlagwort «reconstruction», Wiederaufbau, galt also in erster Linie für diese. Sie durchsetzten die Politik und bestachen Politiker. Sie bildeten große Zusammenschlüsse, Trusts, welche ganze Wirtschaftszweige fast monopolartig beherrschten: Erdölproduktion und -verarbeitung, Stahlerzeugung, Landwirtschaftsmaschinenbau, Tabak- und Zuckerverarbeitung, Schlachtindustrie, Obstimport und -verwertung, Kupferbergbau, Eisenbahnwesen. Dadurch wurde die freie Konkurrenz ausgeschaltet und die Monopolunternehmer konnten ihre Preise diktieren. Schlecht bezahlte Arbeitskräfte holten sie mit dem Segen der Regierung aus Ost- und Südeuropa und drückten damit die Arbeitslöhne.

Verliererin war die breite Masse der Bevölkerung, im Süden vor allem, die armen und diskriminierten ehemaligen Sklaven/Sklavinnen und die Farmer: Weil die Handelspartner der USA auf die hohen Schutzzölle mit ebensolchen reagierten (Vergeltungs- oder Retorsionsmaßnahmen), konnten sie Baumwolle, Weizen und Tabak kaum mehr absetzen. Die Baumwoll- und Weizenpreise fielen infolgedessen zwischen 1870 und 1890 um die Hälfte. Weil die Regierung das Geld verknappte, stiegen die Hypothekarzinse von sechs bis acht auf zehn bis zwölf Prozent.

7.95 «Populist Movement» – die USA der Benachteiligten: Anfang der 1890er-Jahre schlossen sich die verzweifelten Farmer zu Kampfbünden zusammen und fanden sofort die Unterstützung der Gewerkschaften. Sie verlangten eine aktive Sozialpolitik zum Schutz der Farmer und Arbeiter, eine straffere Handhabung der praktisch wirkungslosen Anti-Trustgesetze und den Übergang von der Gold- zur Silberdeckung, das heißt eine starke Vermehrung der Geldmenge. Nun übernahm die Demokratische Partei die Hauptpunkte des «populistischen» Programms; seither verkörpert sie eher die «progressiven», das heißt die sozialreformerischen und radikaldemokratischen Tendenzen.

Es war aber ein republikanischer Vizepräsident, Theodore Roosevelt (1858–1919), der einige Forderungen des Populist Movement aufnahm. Als nämlich Präsident William McKinley (geb. 1843) 1901 einem Anarchisten-Attentat zum Opfer gefallen war, wurde der 42-jährige Roosevelt sein Nachfolger und 1904 wiedergewählt. Der bis jetzt jüngste Präsident ließ die Trusts scharf kontrollieren, die Korruption bekämpfen und stellte sich in Arbeitskonflikten auf die Seite der Arbeitenden. Unter seinem Einfluss mussten die Parteien ihre Kandidaten öffentlich durch Vorwahlen statt durch undurchsichtige Geldgeber bestimmen lassen (▶ 6.34) – ein System, das bis heute typisch für die USA ist (▶ 4.34). Daneben bestimmte Roosevelt auch den außenpolitischen Kurs der USA stark (▶ 24.22). Durch den populären Präsidenten wurde übrigens auch der Teddybär populär.

Der Demokrat Woodrow Wilson (Präsident 1913–1921) führte die Forderungen des Populist Movement weiter: Ein Amendment zur US-Verfassung schrieb den Einzelstaaten vor, die Senatoren in direkter Volkswahl zu bestimmen. (Bisher hatten vielfach die einzelstaatlichen Parlamente diese Wahl vorgenommen.) Die Schutzzölle wurden auf ein für die Landwirtschaft erträgliches Maß gesenkt, den Farmern billige staatliche Hypothekarkredite angeboten und die wirtschaftlichen Entscheidungen der Trusts gerichtlicher Überprüfung unterstellt. Allerdings unterbrach dann der Erste Weltkrieg den weiteren Ausbau eines Sozialstaates.

William Balfour Ker: «From the depths», 1906 (Legende vergrössert)

«Aus den Tiefen» durchschlägt eine geballte Faust das Parkett zum Ballsaal.

8. Die politischen Kräfte, 1848–1914

8.0 Die Kräfte im Hintergrund: Hinter den Entwicklungen in den einzelnen Staaten standen gemeinsam wirkende Kräfte.

Die dominierende Kraft war das *Nationalbewusstsein:* Es stand schon in der Aufklärung (▶ 20.23) hinter den Entwürfen für die beste Staatsform, erreichte dann im Kampf gegen die napoleonische Fremdherrschaft (▶ 5.67) breite Bevölkerungsschichten und überzeugte schließlich auch die Regierungen: Nationalbewusstsein ermöglichte nach dem Wegfall der religiösen eine weltliche Form von Herrschaft. Eine Nation bestand aber aus Menschen verschiedener Schichten und unterschiedlicher Interessen. Als Abgrenzung gegen die rasanten technischen Fortschritte kristallisierte sich der *Konservativismus* heraus. Als Reaktion auf die Aufklärung in der Romantik (▶ 20.26) verwurzelt, beharrte er darauf, dass die Menschen sich Werten unterzuordnen hätten, die sie nicht hinterfragen durften: Religion, Herkunft. Vor allem religiöse Menschen und solche, die von der Industrialisierung nicht erfasst wurden, vertraten konservative Ideen.

Wer dagegen den Fortschritt der Industrialisierung nutzen und die Mündigkeit des Menschen in den Vordergrund stellte, setzte auf persönliche Freiheit: Im 19. Jahrhundert entstand der *Liberalismus*. Er fand seine Bestätigung in der Unabhängigkeit der USA (▶ 4.2), der Französischen Revolution (▶ 5.23) und den Freiheitsbewegungen in der ersten Hälfte des 19. Jahrhunderts (▶ 6.22, 6.24) und wurde vor allem vom Bürgertum getragen (▶ 17.32).

Mit der Industrialisierung entstand unterhalb des Bürgertums eine breite Schicht benachteiligter Arbeiter/-innen: Ihnen nützte die persönliche Freiheit wenig, solange sich ihre Lage nicht verbesserte. Ihr Ziel war die Gleichstellung der Menschen – die Idee des *Sozialismus*.

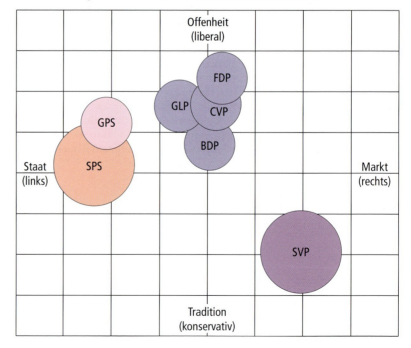

Die drei politischen Ideen Konservativismus – Liberalismus – Sozialismus widerspiegeln sich in vielen aktuellen Parteilandschaften (rechts als Beispiel die Schweiz mit den größeren Parteien). Die Parteien werden heute kaum mehr nach dem Rechts-Links-Schema eingeordnet, sondern in einem zweidimensionalen Raster.
Es bedeuten:
– *Offenheit:* liberale Haltung bezüglich Gesellschaft und Öffnung gegen außen
– *Tradition:* konservative Haltung bezüglich der Gesellschaft und Abgrenzung gegen außen
– *Staat:* Vertrauen in den Staat bezüglich der Lösung sozialer und wirtschaftlicher Probleme
– *Markt:* Vertrauen in den freien Markt zur Lösung wirtschaftlicher und sozialer Probleme.

Das 19. Jahrhundert brachte auch die *Emanzipation* der Leibeigenen, der Sklavinnen und Sklaven, nicht aber der Frauen und nur teilweise der jüdischen Bevölkerung.

Gegen Ende des Jahrhunderts wandte sich das Nationalbewusstsein gegen außen: Der Staat sollte nicht nur gegen innen eine Gemeinschaft bilden, sondern Ansprüche gegen andere Nationen vertreten, um der eigenen Vorteile zu verschaffen. Da der Raum in Europa und Nordamerika bereits aufgeteilt war, richtete sich der *Imperialismus* gegen die restliche Welt. Als auch diese aufgeteilt war, führte die Konkurrenz unter den europäischen Staaten in den Ersten Weltkrieg.

8.1 Nationalbewusstsein

8.11 Entstehung, Begrifflichkeit: Das Nationalbewusstsein ist im europäisch-nordamerikanischen Kulturkreis entstanden. Zwar gab/gibt es überall Ethnien, Volksgruppen, in denen die Menschen ein Gemeinschaftsgefühl entwickelten. Nur in Europa mit seinen stets rivalisierenden Ethnien (▶ 2.0) entstand darüber hinaus ein Unterscheidungs- oder Abgrenzungsbedürfnis. In den Niederlanden entwickelte es sich im Unabhängigkeitskrieg gegen Spanien (▶ 2.12), in den USA gegen Großbritannien (▶ 4.2), im revolutionären Frankreich gegen die Nachbarstaaten (▶ 5.32) und in diesen gegen die napoleonische Fremdherrschaft (▶ 5.67). Jedoch entwickelte es sich auch nach Wegfall der Bedrohung weiter, zuerst in der Mittelschicht. Diese suchte nach gemeinsamen, gewissermaßen «objektiven» Kriterien, um die Zusammengehörigkeit der Nation zu erklären: Sprache, Kultur, Geschichte. (Die Wissenschaft spricht von einem «primordialen Nationalbewusstsein».)

Allerdings entstand während des 19. Jahrhunderts auch in Mittel- und Osteuropa ein Nationalbewusstsein, obwohl kein objektives Kriterium vorhanden war. Das Nationalbewusstsein drückte sich hier in erster Linie in einem gemeinsamen Willen aus, eine Nation zu bilden. Der französische Historiker Ernest Renan fand dafür bekannte Worte: «Die Existenz einer Nation ist (man verzeihe mir diese Metapher) ein tägliches Plebiszit, wie die Existenz des Individuums eine ständige Bekräftigung des Lebens ist.» Die Nation beruht also auf einem «subjektiven Kriterium». Dabei können sich die Menschen gefühlsmäßig (emotional) oder verstandesmäßig berechnend (instrumental) für eine Nation entscheiden.

8.12 Emotionales – instrumentales Nationalbewusstsein: Das Nationalbewusstsein, sowohl aus der Aufklärung als auch aus der Romantik entstanden (▶ 20.26), verändert sich je nach Situation, in der sich die Nation befindet: Ist diese in Gefahr, so unterstützen sie vor allem diejenigen Menschen, die sich ihr gefühlsmäßig verbunden fühlen. Sie sind bereit, für die Nation einzustehen, notfalls zu sterben (emotionales Nationalbewusstsein oder Nationalgefühl). Ist die Nation in der Lage, viel für ihre Bürger zu tun, so wenden sich ihr viele aus rationalen Überlegungen zu, weil sie in den Genuss verschiedener Vorteile kommen. Es dominiert dann das instrumentale Nationalbewusstsein: Die Bürger wollen vor allem von der Nation profitieren. Beide Dimensionen können auch unabhängig voneinander in verschiedener Intensität existieren. Im Allgemeinen wandelt sich das Nationalbewusstsein mit zunehmender Stärke des Staates von einem emotionalen zu einem instrumentalen (▶ 21.42). Aber diese emo-

Wilhelm Heinrich Wackenroder (1773–1798) vermisste 1797 bei der Betrachtung von Dürers Selbstporträt (▶ 3.13) ein deutsches Nationalbewusstsein:

«Als Albrecht Dürer den Pinsel führte, da war der Deutsche auf dem Völkerschauplatz unsers Welttheils noch ein eigenthümlicher und ausgezeichneter Charakter von festem Bestand; und seinen Bildern ist nicht nur in Gesichtsbildung und im ganzen Äußeren, sondern auch im inneren Geiste, dieses ernsthafte, gerade und kräftige Wesen des deutschen Charakters treu und deutlich eingeprägt. In unseren Zeiten ist dieser selbstbestimmte deutsche Charakter und ebenso die deutsche Kunst verloren gegangen.»

«Was ist der Mensch? Blatt oder Stamm?
Missmutig über den Tod seiner Erschlagenen neigte ein siegender König sein Haupt gegen den Boden. Ein Schmeichler, der merkte, was den Fürsten drückt, zeigte ihm zahllose, am Boden liegende Blätter unter einer Linde, bei der sie eben standen, und fragte den König: Werden diese nicht wieder wachsen?
Das empörte einen edlen Mann, der neben ihm stand. Dieser führte den König in das Dickicht des Waldes, zeigte ihm Tausende vom Sturm niedergestürzte Tannen und sagte zu ihm: Werden denn diese auch wieder wachsen?
Nein, nein, der Mensch ist für den Fürsten durchaus nicht nur ein Blatt am Baume, das jeden Herbst abfällt und jeden Frühling wiederkommt; nein, nein, er ist im Staate und für den Fürsten ein sittlich, geistig bürgerlich und religiös selbstständiges Wesen, das die Staatsgesetzgebung in der Wahrheit seines reinen, göttlich gegebenen Wesens mit heiligem Ernste als solches zu erkennen und zu sichern heilig verpflichtet ist.»
(Heinrich Pestalozzi: Figuren aus meinem ABC-Buch oder zu den Anfangsgründen meines Denkens, 1797, 110. Geschichte)

tionale Beziehung kann wieder stärker werden, wenn etwa während eines Kriegs die Nation in Not gerät. Während des 19. Jahrhunderts nahm das emotionale Nationalbewusstsein ab zugunsten eines instrumentalen; im Vergleich zu heute war Ersteres aber immer stärker.

8.13 Humanistische – adaptive Sozialisation: Den Entscheid für eine Nation treffen die einzelnen Menschen nicht unbeeinflusst. Junge Menschen wachsen in das Nationalgefühl hinein oder müssen dazu veranlasst werden. Diese Erziehung (Fachsprache: Sozialisation) veränderte sich während des 19. Jahrhunderts. Am Anfang, als der Staat, seine Institutionen und insbesondere seine Schulen noch wenig Gewicht hatten, galt der aus der Aufklärung stammende Grundsatz, dass der einzelne junge Mensch sich frei soll entfalten können. Das neuhumanistische Erziehungsideal stellte den Menschen ins Zentrum. Die Gemeinschaft ergab sich aus dem Zusammenleben der einzelnen Menschen, die freiwillig gewissermaßen einen Vertrag («contrat social») schlossen, um eine Nation zu bilden.
Mit der Erstarkung der Nation in der zweiten Jahrhunderthälfte erzwangen die Regierungen und in Demokratien die staatstragenden Schichten die Anpassung der jungen Menschen an die bestehende Gesellschaft, vielleicht am deutlichsten im «Victorian Age» (▶ 7.25). Die jungen Menschen halten sich nun einer vorgegebenen Nation anzupassen. Diese «Schwarze Pädagogik» wird neutral als adaptiv (anpassend) bezeichnet. Bezeichnenderweise näherten sich Schule und Militär an, das Militär galt als «Schule der Nation».

8.14 Wirkungen des Nationalbewusstseins: Das Nationalbewusstsein wirkte sich unterschiedlich, ja teilweise gegensätzlich auf die politischen Verhältnisse aus: In den USA, Großbritannien und Frankreich führte es zu einer Integration bestehender Teile, im Deutschen Reich und Italien zu einer Einigung bisher unterschiedlicher Staaten, im Osmanischen Reich, dem Kaisertum Österreich und dem zaristischen Russischen Reich zur Se-

Daniel Gottlob Moritz Schreber (1808–1861): Geradhalter. Ein orthopädisches Gerät für aufrechte Sitzhaltung

Der Arzt und Hochschullehrer Schreber entwarf eine Menge von Geräten, um Kinder zu einer gesunden Haltung zu zwingen. Rechts für ein kurzsichtiges Kind, dessen Lesepult allmählich gesenkt werden soll, um die Kurzsichtigkeit wegzutrainieren. Ein um die Stirn gelegter Riemen soll es hindern, den Kopf zu senken.
Schreber setzte sich auch für Kinderspielplätze ein. Ein ihm zu Ehren «Schreberplatz» getaufter Kinderspielplatz gab den heutigen Schreber- oder Familiengärten ihren Namen.

zession und letztlich zur Auflösung der übernationalen Reiche. Eine vierte Wirkung entfaltet das Nationalbewusstsein bis heute in den während der Phase des Imperialismus unterworfenen Kolonien. Als europäisches Konstrukt übergestülpt, führt es zu Konflikten zwischen und innerhalb von nun unabhängig gewordenen Staaten (▶ 23.33, 25.43).

8.2 Konservativismus

8.21 Entstehung: Der Konservativismus als politische Richtung entstand in der Ablehnung der Französischen Revolution. Er beinhaltete nicht ausschließlich die reaktionäre Wiederherstellung des Alten, sondern auch konstruktiv die Orientierung an einer gott- oder naturgegebenen Welt- und Gesellschaftsordnung (▶ 6.0). Respekt vor der Umwelt, Hochachtung der Familie, des Alters und der Erfahrung sind Merkmale konservativer Ideen. Während des 19. Jahrhunderts bestimmte der Konservativismus vor allem Metternichs «System» (▶ 6.2) sowie Innen- und Außenpolitik des Reichskanzlers Otto von Bismarck (▶ 7.55). Der kontinentale Konservativismus stellte stark den Staat, der englische Konservativismus der Conservative Party eher das Individuum in den Vordergrund. Mit dem Liberalismus ging der Konservativismus darin einig, dass unter den Menschen eine Ungleichheit natürlich sei; mit dem Sozialismus teilte er die Überzeugung, dass Solidarität mit benachteiligten Bevölkerungsschichten geübt werden müsse. In seiner Enzyklika «Rerum Novarum» (Geist der Neuerungen) lehnte Papst Leo XIII. den Sozialismus ab, aber unterstützte dessen Forderung nach einer Besserstellung der Arbeiterklasse.

8.22 Kulturkampf: Weil der Konservativismus übergeordnete, also vor allem religiös fundierte Normen akzeptiert, blieb er während des 19. Jahrhunderts eng mit der Kirche verbunden und lehnte dementsprechend den laizistischen Staat ab. So war er auch stark in den sogenannten Kulturkampf involviert. Dieser Kulturkampf entstand durch den zunehmenden Zugriff der Nationalstaats auf die Schule, die Armenpflege und das Eherecht. Papst Pius IX. (im Amt von 1846 bis 1878), dessen weltliche Herrschaft durch die Einigung Italiens eingeschränkt wurde (▶ 7.52), verurteilte 1864 achtzig Irrtümer der modernen Welt und ließ sich vom Konzil im Jahr 1870 Unfehlbarkeit in seinen Verfügungen bezüglich Glaubenssachen zusprechen. Die Regierungen reagierten auf die Kraftprobe mit der betonten Unterstellung der Priester unter die Staatsgewalt; in der Schweiz beispielsweise durften neue Bistümer nur mit staatlicher Bewilligung errichtet werden und die Priester mussten zusätzlich eine staatliche Prüfung ablegen. In Frankreich ging die Regierung mit der strikten Trennung von Staat und Kirche am weitesten (▶ 7.38); aber auch der konservative Bismarck führte einen harten Kulturkampf (▶ 7.54).

8.3 Liberalismus

8.31 Entstehung: Der liberale Gedanke, dass der Mensch persönlich frei sei und sich nur aus freien Stücken in eine Gemeinschaft einordne (▶ 20.23), geht auf die Aufklärung, die Amerikanische und die Französische Revolution zurück. Weil sich diese Freiheit nicht mit absolutistischer und Fremdherrschaft verträgt, erhoben sich liberale Bürger auch gegen die französische

Anfang der Enzyklika «Rerum Novarum»:

«Der Geist der Neuerung, welcher seit langem durch die Völker geht, musste, nachdem er auf dem politischen Gebiete seine verderblichen Wirkungen entfaltet hatte, folgerichtig auch das volkswirtschaftliche Gebiet ergreifen. Viele Umstände begünstigten diese Entwicklung; die Industrie hat durch die Vervollkommnung der technischen Hilfsmittel und eine neue Produktionsweise mächtigen Aufschwung genommen; das gegenseitige Verhältnis der besitzenden Klasse und der Arbeiter hat sich wesentlich umgestaltet; das Kapital ist in den Händen einer geringen Zahl angehäuft, während die große Menge verarmt; es wächst in den Arbeitern das Selbstbewusstsein, ihre Organisation erstarkt; dazu gesellt sich der Niedergang der Sitten.»

Fremdherrschaft und gingen darin noch mit dem Konservativismus einig. Mit der Restauration (▶ 6.13) aber wurde der Liberalismus unterdrückt und eine Oppositionsbewegung entstand – nun gegen die eigenen Fürsten.

8.32 Entwicklung im 19. Jahrhundert: Der Liberalismus war unstreitig die im 19. Jahrhundert erfolgreichste Idee. Er verband sich am konsequentesten mit den Nationalbewusstsein, forderte aber die Überwindung der Zollschranken durch Freihandel. Zudem war der Liberalismus Träger der Industrialisierung und profitierte von deren Erfolg.

Gerade durch seinen Erfolg wandelte sich der Liberalismus im Laufe der Zeit. Galt er zu Beginn des Jahrhunderts und bis 1848 als revolutionäre Idee (▶ 6.58), wandelte er sich, je mehr er sich durchsetzte, zu einer etablierten Haltung, die als «Ordnungsliberalismus» bezeichnet wird. Dieser verlangte nur das *Wahlrecht;* den einmal gewählten Vertretern sollten die Bürger vertrauen. Dagegen begehrten radikale Gruppen innerhalb des Liberalismus auf. Sie verlangten das *Stimmrecht*, um die Gewählten auch in Sachfragen kontrollieren zu können. Diese radikalen Kräfte setzten sich nur teilweise durch. Gegen Ende des Jahrhunderts dominierte der bürgerliche Ordnungsliberalismus.

8.4 Sozialismus

8.41 Entstehung: Im Gegensatz zu den beiden anderen Ideen war der Sozialismus kaum in der Tradition verankert, sondern verbreitete sich in der Arbeiterklasse während der Industrialisierung. Eine Vorform stellten die Kommunisten um Hébert und Babeuf am Ende der Französischen Revolution (▶ 5.43, 5.45) dar. Im Revolutionsjahr 1848 stellten Louis Blancs «ateliers nationaux» (▶ 6.52) einen ersten Versuch dar, den Arbeitslosen zu Arbeit und damit zu einer Gleichstellung zu verhelfen. Eine Reihe weiterer Entwürfe und Versuche bildeten den aus heutiger Sicht sogenannten Frühsozialismus.

8.42 Marxismus: Die von den Deutschen Karl Marx (1818–1883) und Friedrich Engels (1820–1895) entwickelte Theorie des Sozialismus verdrängte die anderen sozialistischen Strömungen. Marx und Engels proklamierten zu Beginn des Revolutionsjahres 1848 mit ihrem «Kommunistischen Manifest»: «Ein Gespenst geht um in Europa – das Gespenst des

Stark vereinfachte Darstellung des Historischen Materialismus nach Marx und Engels: Die materielle Basis bestimmt die Klassenverhältnisse, diese die Gesellschaft und die in ihr geltenden Werte (Überbau). Wird der Klassengegensatz zu stark, führt eine Revolution in die nächste Gesellschaftsform.

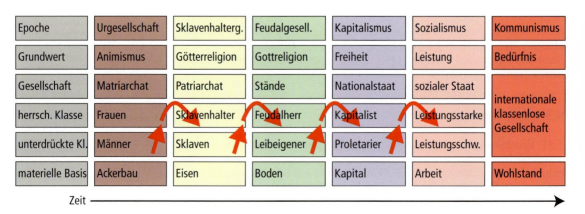

Kommunismus.» Die aus Deutschland vertriebene Familie Marx lebte, unterstützt von Engels, meistens in Armut in England.

8.43 Historischer Materialismus: Der Marxismus geht im Gegensatz zu Konservativismus und Liberalismus davon aus, dass nicht Ideen die Geschichte gestalten und die Welt lenken, sondern die materiellen Verhältnisse: «Das gesellschaftliche Sein bestimmt das Bewusstsein.» (▶ 21.21) Die materiellen Verhältnisse bilden die Basis, das daraus sich ableitende Bewusstsein den Überbau. Allerdings, von Zeit zu Zeit wirkt das Bewusstsein auf die materiellen Verhältnisse zurück: Dann findet eine Revolution statt. Nach Marx hatte die (europäische) Gesellschaft bereits drei Revolutionen durchlaufen und befand sich nun in der vierten Epoche. Was den Marxismus attraktiv machte: Marx prophezeite auch die noch zwei verbleibenden Revolutionen und den Endzustand, die kommunistische Gesellschaft. Die jetzige kapitalistische Gesellschaft werde durch eine Revolution der Proletarier gegen die Kapitalisten in eine sozialistische Gesellschaft mit dem Leistungsprinzip (jedem nach seiner Leistung) übergeführt und diese nochmals in eine kommunistische mit dem Bedürfnisprinzip (jedem nach seinem Bedürfnis). Dann, in der Phase des Kommunismus, werde sich die Geschichte erfüllt haben und ein Paradies beginnen.

Von der kommunistischen Gesellschaft versprach Marx sich und den Sozialistinnen und Sozialisten die Aufhebung der Entfremdung des Menschen von seiner Arbeit. Im Kapitalismus nämlich könne sich der Arbeiter in seiner arbeitsteiligen Arbeit nicht verwirklichen; zudem sei er nicht am damit geschaffenen Mehrwert beteiligt. Die kommunistische Gesellschaft werde die Arbeit zu einem Ausdruck der Selbstverwirklichung werden lassen, sodass die Menschen freiwillig arbeiten und je nach ihren Bedürfnissen Güter beanspruchen.

8.44 Überwindung des Kapitalismus: Einen Schwerpunkt seiner Theorie widmete Marx der Frage, wie der Kapitalismus überwunden und der Sozialismus eingeleitet werde. Er ging dabei davon aus, dass dank der Industrialisierung jeder arbeitende Mensch etwas mehr Wert schaffen könne, als er verbrauche (Mehrwert-Theorie). Dieser Mehrwert jedoch – das die Ungerechtigkeit – werde von den Kapitalisten, den Menschen also, die Geld für sich arbeiten lassen können, abgeschöpft, während die Arbeiter immer mehr verelenden. Aber auch unter den Kapitalisten finde eine Konkurrenz, gewissermaßen ein Ausscheidungsrennen, statt. Wer unter ihnen ein Monopol erringe, könne die Konkurrenten aus dem Rennen werfen. Folglich würden die Kapitalisten immer weniger. So würde es den verelendeten Proletariern einmal leicht fallen, die Monopolkapitalisten zu stürzen und eine sozialistische Gesellschaft, die Diktatur des Proletariats, zu entwickeln. Marx war überzeugt, dass die Revolution gewissermaßen zwangsläufig kommen werde und die Arbeiterschaft sich durch einen Zusammenschluss zur Enteignung der Kapitalisten, aber nicht für einen Putsch darauf vorzubereiten habe.

8.45 Internationalismus: Der Sozialismus war wie der Liberalismus der Industrialisierung gegenüber positiv eingestellt. Aber anders als der Liberalismus (und Konservativismus) strebte er eine Gesellschaft auf der Grundlage der wirtschaftlichen, sozialen und politischen Gleichstellung der Menschen an. Weil der Staat als Instrument des Kapitalismus die Ungleichheit förderte, sah der Marxismus dessen Aufhebung während der

Mehrwert wird erzeugt ...

... einseitig durch Kapitalisten abgeschöpft ...

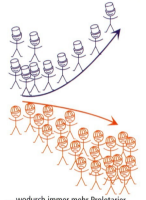
... wodurch immer mehr Proletarier verelenden und immer weniger Monopolkapitalisten übrig bleiben ...

... bis die Proletarier sich schliesslich gegen die wenigen Kapitalisten erheben.

Schematische Darstellung der marxistischen Beweisführung für die Überwindung des Kapitalismus durch den Sozialismus

Phase des Sozialismus vor. Der Sozialismus war international ausgerichtet: «Proletarier aller Länder, vereinigt euch!», lautete der Schlusssatz des Kommunistischen Manifests. Eine erste internationale Vereinigung bestand nur von 1864 bis 1872, die Zweite Internationale, 1889 gegründet, entwickelte sich zu einem einflussreichen Zusammenschluss. Mit dem Ausbruch des Ersten Weltkriegs verlor sie ihre Bedeutung, weil die sozialdemokratischen Parteien sich zur Landesverteidigung bekannten.

8.46 Nachwirkung: Auf den von Marx und Engels geprägten Sozialismus baute nicht nur die Diktatur der Sowjetunion (1917–1991) auf, sondern seit 1949 auch diejenige Chinas. Allerdings erwiesen sich einige Theorien als Irrtum:

Die Arbeiterklasse ist im Allgemeinen im Kapitalismus *nicht verelendet,* wie dies Marx annahm. Die Regierenden sorgten dafür (gerade auch unter dem Druck der sozialistischen Bedrohung), dass die Arbeiter/-innen einen Teil des Mehrwerts erhielten und ihre Lage sich verbesserte.

Ferner hat es sich als Irrtum erwiesen, dass die Menschen, wenn sie nichts mehr zu verlieren haben, zum Mittel der Revolution greifen: Ein grosser Teil der armen und hungernden Erdbevölkerung müsste sonst längst die Weltrevolution entfacht haben. Unterhalb des Zustandes der Unzufriedenheit gibt es noch den Zustand der *Resignation*: Wer sich keine Hoffnungen mehr macht, wer nur fürs Überleben am nächsten Tag kämpft, denkt nicht mehr an Revolution. Die Behauptung aus dem Kommunistischen Manifest: «Die Proletarier haben nichts in ihr zu verlieren als ihre Ketten», hat sich nicht bewahrheitet.

Deshalb ist die Revolution *nicht von selbst eingetreten,* wie dies Marx und Engels prophezeiten. Sondern wie Wladimir Iljtsch Uljanow, genannt

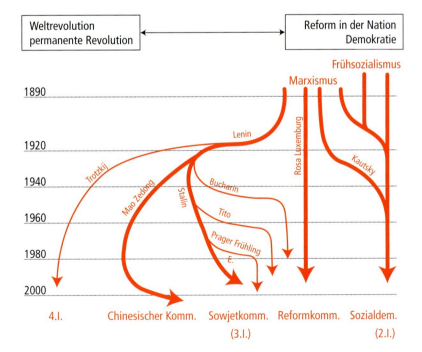

Die Spielformen des Sozialismus, vereinfachte Übersicht

E.: Eurokommunismus
I.: Internationale (Vereinigung nationaler Parteien)

Lenin (1871–1924), es erkannte, muss die Revolution organisiert werden. Aus dieser Einsicht modifizierte Lenin den Marxismus (▶ 11.12). Einen noch extremeren Aktivismus entwickelte der Anarchismus (▶ 8.57).
Aus dem Marxismus heraus (und auch unabhängig von ihm) haben sich deshalb eine Reihe von Spielformen des Sozialismus entwickelt, die unterschiedlich auf die Geschichte einwirkten. Sicher die größte Wirkung erzielt hat die sozialdemokratische Spielform, welche die Perspektive einer Revolution aufgab und sich in den bestehenden Staaten unter den bestehenden Verhältnissen für eine bescheidene, aber sofortige Verbesserung der Lage der Arbeiterschaft einsetzte und einsetzt.

8.47 Organisation des Sozialismus: Die große Wirkung gerade der auf Reform ausgerichteten Variante des Sozialismus bestand darin, dass dieser die Arbeiter und später die Arbeiterinnen in drei Bereichen organisierte:
Als *Staatsbürger* in *Arbeiterparteien*, die mit der Stimmkraft ihrer Mitglieder Politik machen konnten. Während konservative und liberale Parteien lockere Vereinigungen von Eliten waren (Honoratiorenparteien), organisierten sich die Sozialisten in disziplinierten Massenparteien. Sie zwangen dadurch die Konkurrenzparteien, es ihnen gleichzutun.
Als *Arbeiter* organisierten sich die Sozialisten in *Gewerkschaften*, die mit dem Mittel der Arbeitsniederlegung, des Streiks – oder der Drohung damit – die Arbeitsbedingungen verbesserten. Auch auf diesem Feld erzwangen sie den Zusammenschluss der Unternehmer zu Wirtschaftsverbänden.
Und als *Konsumentinnen und Konsumenten* organisierten sie sich in *Genossenschaften*, die mit vereinter Kaufkraft Konsumgüter günstiger beschaffen und preiswerter verkaufen konnten.

«Der Streik», Monumentalgemälde von Robert Koehler (1850–1917), 1886

Der Deutschamerikaner Koehler wurde durch einen großen Streik in den USA für den Achtstundentag zu diesem Gemälde motiviert. Dieses Bild, insbesondere wegen der Auseinandersetzung zwischen den Personen im Vordergrund, die verschiedene Haltungen verkörpern, wurde zu einer Ikone der Arbeiterbewegung; «(Das Gemälde) war von illustrativer Sachlichkeit, die eine Frage nach Malweise und Komposition ausschloss und die Aufmerksamkeit allein auf den Inhalt lenkte.» (Peter Weiss, Ästhetik des Widerstands, 1975, I. 357)

8.5 Emanzipationsbewegungen

8.51 Frauenemanzipation: Der Mehrheit der Menschen, den Frauen, gelang die Emanzipation während des 19. Jahrhunderts erst in Ansätzen. Im Gegenteil, gerade im Bürgertum wurde die Rollenteilung und damit die Beschränkung der Frau auf den Privatbereich noch konsequenter gelebt als etwa in der bäuerlichen oder in der Arbeiterfamilie. Dementsprechend unterschieden sich die Ziele der bürgerlichen und der sozialistischen Frauenbewegung teilweise. Doch insgesamt ging es den Frauen darum, die juristisch gleichen Rechte wie die Männer zu erhalten: Recht auf *Privateigentum* (die Frau musste ihr Vermögen von einem Mann, Vater, Bruder oder Ehemann verwalten lassen: Geschlechtsvormundschaft), auf freie Wahl der *Erwerbstätigkeit* und der *Bildung* (Frauen waren beispielsweise in vielen Berufen und an der Universität nicht zugelassen), auf gleichberechtigte *Ehescheidung* und auf *Stimm- und Wahlrecht*.

8.52 Bürgerliche Frauenbewegung: Wie das Nationalbewusstsein breitete sich auch die Frauenrechtsbewegung von Westen nach Osten aus. Nach isolierten Vorläuferinnen wie Olympe de Gouges (▶ 5.45) kamen die ersten Anstöße aus den USA von Frauen, welche die Sklaverei bekämpften und sich bewusst wurden, dass auch sie diskriminiert wurden. Ihre Verbannung in die Familie hatte zwar durchaus angenehme Seiten, falls Dienstboten zur Verfügung standen. Aber als Berufe standen nur unbezahlte, pflegerische Arbeit (▶ 7.12) und Lehrerin zur Auswahl. Und eine Lehrerin, die heiratete, wurde entlassen. Die bürgerliche Frauenbewegung bemühte sich vor allem um eine bessere Mädchenbildung. Den Zugang zur Universität erstritten sich Frauen um 1900, blieben aber eine kleine Minderheit. Das Frauenstimm- und Wahlrecht konnten sie in Skandinavien vor dem Ersten Weltkrieg, in den USA, Deutschland und Österreich unmittelbar danach durchsetzen. Für dieses politische Recht führte die Women's Social and Political Union (WSPU) in Großbritannien von

Malkurs für Frauen, Fotografie von Otto Rietmann, St. Gallen (zwischen 1880 und 1890)

Die Teilnehmerinnen dieses Malkurses ließen sich in pantomimischen Posen fotografieren. Sie stellten dar, was Frauen in der Bildenden Kunst erlaubt war.

1908 an erstmals eine gewaltlose Massenkampagne durch und machte den zivilen Ungehorsam zu einem modernen politischen Instrument.

8.53 Sozialistische Frauenbewegung: Vom Land als Arbeiterinnen in die Stadt ziehende Frauen konnten sich der Geschlechtsvormundschaft rascher entziehen. Sie litten aber darunter, dass sie bei gleicher Fabrikarbeit ein Drittel weniger verdienten als Männer. Diese betrachteten die Frauen in Zeiten der Arbeitslosigkeit als Konkurrenz. Deshalb fanden Frauen lange keine Aufnahme in die Arbeiterorganisationen. Noch länger als die Männer mussten sie darum kämpfen, sich überhaupt versammeln, geschweige denn zu einer Gewerkschaft zusammenschließen zu dürfen. Ihre Forderungen, wozu auch die Abtreibung und die Legalisierung der Prostitution gehörten, wurden erst nach dem Ersten Weltkrieg erfüllt.

8.54 Judenemanzipation: Juden und erst recht Jüdinnen waren in der europäischen Gesellschaft bis zur Aufklärung diskriminiert gewesen. Sie hatten meist kein Bürgerrecht erhalten, nur in bestimmten Gebieten oder Ghettos in Städten leben und nur bestimmte Berufe ausüben dürfen. In der Aufklärung setzte sich der Gedanke der Gleichberechtigung der jüdischen Männer mit den christlichen zuerst theoretisch, dann auch praktisch durch: mit der Unabhängigkeitserklärung in den amerikanischen Kolonien, mit der Staatsbürgerschaft im revolutionären Frankreich (1791) und unter Napoleon in den besetzten Gebieten (wenn auch meist nicht dauerhaft). Allerdings litten die Jüdinnen und Juden immer noch unter Berufsverboten (etwa als Lehrer durften sie nicht arbeiten). Erst 1871 im Deutschen Reich und 1874 in der Schweiz wurde ihnen die Gleichberechtigung gewährt.

8.55 Assimilation: Die Gleichberechtigung ersparte den Juden und Jüdinnen demütigende Diskriminierung von außen und leitete auch eine innere Wandlung ein. Wie in der christlichen rückte besonders in der liberalen jüdischen Bevölkerung die Religion immer stärker in den Hintergrund. Die strengen Religionsgebote schienen mit einem modernen Leben nicht mehr vereinbar. Vor allem unter Jüdinnen und Juden, die in Städte übersiedelten, lockerte sich die Gemeinschaft. Sie praktizierten ihren Glauben nicht mehr mit orthodoxer Strenge und traten teilweise sogar zum christlichen Glauben über. Nicht so in den jüdischen Gemeinden auf dem Land und vor allem in Osteuropa, wo die Diskriminierung andauerte und die Verfolgten nur durch strenge Gemeindedisziplin und Abgrenzung überleben konnten. Den gutbürgerlichen, assimilierten Jüdinnen und Juden in West- und Mitteleuropa waren die armen, orthodoxen Glaubensgenossen aus Osteuropa peinlich. Die assimilierten Juden leisteten Militärdienst, gingen wählen und identifizierten sich mit ihrem Nationalstaat.

Frauen um 1900:

Studentinnenverein der Universität Bern, 1900
Ihre Präsidentin Gertrud Woker (1878 –1968) wird sich für das Frauenstimmrecht in der Schweiz einsetzen. (Studioaufnahme, hier Ausschnitt; die Füße der Frauen sind weichgezeichnet.)

Streikende Zigarrenarbeiterinnen in Yverdon, 1907
Der Streik von sechzig Arbeiterinnen richtete sich gegen die Entlassung einiger Arbeiterinnen, die eine Gewerkschaft gründen wollten. Das Pressebild erschien in einer Arbeiterzeitung.

Theodor Herzl auf dem Balkon des Hotels «Les trois Rois» in Basel anlässlich des 5. Zionistenkongresses

Die Fotografie wurde zu einer Ikone des Zionismus. Die Webseite des Hotels preist das Zimmer 117 an: «Im Herzlzimmer atmen Sie Weltgeschichte.»

8.56 Antisemitismus und Zionismus: Allerdings gelang diese Assimilation nur sehr eingeschränkt. Denn sie prallte auf eine neue Form des Antisemitismus, die im 19. Jahrhundert den alten, religiösen Antijudaismus ablöste: rassistisch motivierte Judenfeindschaft. Diese leitet sich aus dem Rassegedanken (▶ 21.24) ab und misstraute den Jüdinnen und Juden umso stärker, je mehr sie sich um Assimilation bemühten. Im Gegensatz zum früheren Antijudaismus ließ der rassistische Antisemitismus auch keinen Glaubenswechsel zu: Jude oder Jüdin definierte er nicht über Religion, sondern über die Abstammung: Wer jüdisch war, konnte das nicht ablegen. Im Prozess gegen den Hauptmann Dreyfus (▶ 7.37) kam dieser Antisemitismus deutlich zum Vorschein.

Es war (wohl unter anderem) dieser Prozess, der den Pariser Korrespondenten einer Wiener Zeitung, Theodor Herzl (1860–1904), zur Publikation eines Plans veranlasste, der für die Juden und Jüdinnen in Palästina einen eigenen Staat vorsah. Diesem Gedanken und damit dem Zionismus widmete er den Ersten Zionistenkongress 1897 in Basel. Er stieß dabei auf den Widerstand nicht nur assimilierter, sondern auch orthodoxer Kreise, welche das Exil in der Diaspora als Wille Gottes nicht eigenmächtig aufgeben wollten. Aber im Jahr 1917 erklärte der britische Außenminister Arthur J. Balfour einen Teil des dem Osmanischen Reich entrissenen Palästina zu einer Heimstatt («homeland») für die Juden (▶ 10.15).

8.57 Anarchismus: Die spektakulärste, aber auch kurzlebigste Emanzipationsbewegung des 19. Jahrhunderts war der Anarchismus («Herrschaftslosigkeit»), die Idee, dass Herrschaft und Hierarchie generell abgeschafft werden sollten. Diese Idee speiste sich aus radikal liberalem oder sozialistischen Gedankengut und wirkte anregend auch auf die Frauen- oder die Judenemanzipationsbewegung. Weil der Anarchismus aber organisierte Bewegungen ablehnte, fasste er darin nicht Fuß und lässt sich selbst nur schwer fassen. Der Konflikt zwischen Marx und dem Anarchisten Michail Bakunin (1814–1876) führte gar zur Spaltung und zum Untergang der Ersten Sozialistischen Internationale. Bakunin vertrat die Idee der «Propaganda durch die Tat», den gesellschaftlichen Umsturz durch die wahllose Ermordung von Politikern und Wirtschaftsführern. Und tatsächlich verübten Anarchisten verschiedene spektakuläre Attentate. Zu den Opfern gehörten 1894 der französische Präsident Sadi Carnot, 1897 der spanische Ministerpräsident Antonio Cánovas del Castillo, 1898 die österreichische Kaiserin Elisabeth («Sissi»), 1900 König Umberto I. von Italien, 1901 der amerikanische Präsident William McKinley sowie 1913 König Georg I. von Griechenland.

Neben dem gewaltlosen Anarchismus gab es noch den Anarcho-Syndikalismus, der seine Ziele mit Massenstreiks erreichen wollte.

Das *Anarcho-Symbol* ist erst während des Spanischen Bürgerkriegs (1936–1939) bezeugt. Es könnte Pierre-Joseph Proudhons (1809–1865) Definition von Anarchie und Ordnung als Ideal symbolisieren.

In den Protestbewegungen nach 1968 wurde das A umgedeutet als Autonomie-Symbol.

8.6 Imperialismus und Wettbewerb unter den Nationen

8.61 Unterschiedliche Motive: Der Imperialismus, das Streben, die außereuropäische Welt im Wettbewerb unter den Nationen zu unterwerfen und auszubeuten, war im letzten Viertel des 19. Jahrhunderts neben dem Nationalbewusstsein die einflussreichste politische Kraft. Hier wird nur seine europäische Seite dargestellt, obwohl seine Auswirkungen auch die außereuropäischen Kulturen betrafen (▶ 23.2). Der Imperialismus knüpfte an die Bildung von Kolonialreichen seit der «Entdeckung» der Welt um 1500 (▶ 1) an.

Ein erstes wichtiges Motiv für den Imperialismus liegt in der *nationalistischen Überbewertung der eigenen Nation,* deren Macht über die Grenzen hinausgetragen werden soll.

Ein zweites Motiv ging aus der wirtschaftsliberalen Idee hervor: Wer sich im *internationalen Wirtschaftswettbewerb* durchsetzen wolle, müsse möglichst günstige Rohstoffquellen und grosse Absatzmärkte für die industrielle Massenproduktion haben.

Ferner trug die Sozialpolitik ein Motiv bei, das man als *Sozialimperialismus* bezeichnet: Die Erweiterung der Nation um Kolonien könne helfen, die Situation der Arbeiterschaft auf Kosten der Kolonien zu verbessern, und für Arbeitslose ein Auswanderungsziel bieten. Ferner könne der Kampf um Kolonien die Arbeiterschaft von sozialen Problemen ablenken. Auch die konservativ-religiöse Idee trug ein Motiv zur imperialistischen Politik bei, nämlich den Gedanken, durch *Mission* das Christentum zu verbreiten und den heidnischen Völkern christliche Kultur zu vermitteln.

Verstärkt wurden alle vier Motive durch den Rassegedanken. Die für die Evolution in der Natur umwälzenden Gedanken in Charles Darwins Werk «Die Entstehung der Arten» (▶ 21.13) wurden auf die Menschen und ihre angeblichen Rassen übertragen, von denen die weisse am höchsten entwickelt sei («Sozialdarwinismus»). Deshalb habe sie das Recht, bei der Aufteilung der Welt allen Lebensraum zu besetzen.

Die grossen Fortschritte in Technik und Wirtschaft (▶ 18.12) schienen die Überlegenheit der europäisch-nordamerikanischen Kultur zu bestätigen.

8.62 Bismarcks Stabilisierungspolitik: Wie schon beim europäischen Sonderweg nach 1500 spielte die Konkurrenz zwischen den europäischen Staaten eine grosse Rolle bei ihrem gemeinsamen Ausgreifen über den Kontinent hinaus. Zwar bestand ein Wettbewerb, der bis an die Grenze von Kriegen ging. Doch funktionierte auch eine Solidarität gegenüber den unterworfenen Kolonien: Die europäischen Regierungen sprachen sich mindestens bis um 1900 untereinander ab. Dies geschah vor allem unter dem

«Auslandschweizer auf Sumatra zum Schwur vereint», Fotografie M. Ernst & Co., um 1898 (Ausschnitt)

Schweizer Tabakplantagenbetreiber auf Sumatra waren durch niederländische verdrängt worden und widmeten sich vor allem dem Kaffeeanbau, bis auch dieser kurz nach 1900 mit den Weltmarktpreisen nicht mehr mithalten konnte.

Der Imperialismus brachte Europas einfacher Bevölkerung exotische Produkte näher. *Kolonialwarenläden* boten erschwingliche Waren aus den Kolonien an. Hier einer aus Seewen SZ, 1883, im Zusammenhang mit der Gotthardbahn eröffnet (Rekonstruktion im Schweizerischen Landesmuseum Prangin).

Einfluss des Kanzlers des Deutschen Reichs, Bismarck. Er war sich bewusst, dass das zuletzt gebildete Deutsche Reich in seiner exponierten Mittellage mit möglichst allen Großmächten gute Beziehungen pflegen musste. Deshalb wollte Bismarck keine deutschen imperialistischen Expansionen riskieren, sondern unter den bestehenden der anderen Mächte vermitteln. Er wollte also von den Konflikten infolge der imperialistischen Expansion profitieren.

Und deren gab es viele: *Großbritannien* und *Frankreich* konkurrenzierten sich in Afrika (vor allem im Sudan) das britische Expeditionen von Nord nach Süd und französische von West nach Ost erschlossen (▶ 25.25).

Frankreich und Italien konkurrenzierten sich in Nordafrika, das beide als ihr Kolonisationsgebiet betrachteten.

Italien und Österreich-Ungarn hatten einen latenten Konflikt um die «unerlösten» italienischsprachigen Gebiete an der Adria (▶ 7.43).

Noch gefährlicher war der Gegensatz zwischen *Österreich-Ungarn und dem Russischen Reich* auf dem Balkan, wo die osmanische Herrschaft bröckelte. Der russische Panslawismus beanspruchte die Herrschaft über die südslawischen Völker (▶ 7.73).

Das *Russische Reich und Großbritannien* standen sich in der Frage nach dem Zugang zum Mittelmeer (▶ 7.11) und im Streit um die Einflusssphären in Persien gegenüber.

Bismarck bemühte sich um Verteidigungsbündnisse mit all diesen Staaten. Nur mit Frankreich suchte er keine Einigung, hatte er doch dem Land Elsass-Lothringen abgenommen (▶ 7.52). Mit Österreich-Ungarn und Italien schloss er 1882 einen Dreibund, mit dem Russischen Reich 1887 einen Rückversicherungsvertrag und mit Großbritannien 1889 ein Kolonialabkommen.

Dank seiner Rolle als «ehrlicher Makler» konnte Bismarck auf dem Berliner Kongress 1878 eine akute «Orientkrise» zwischen dem Russischen Reich, Österreich-Ungarn und Großbritannien entschärfen, wenn auch nicht lösen (eine endgültige Verständigung lag auch nicht in seinem Interesse). In der Berliner Kongo-Konferenz 1884/85 legten die imperialistischen Mächte unter Bismarcks Moderation die Regeln für die Aufteilung

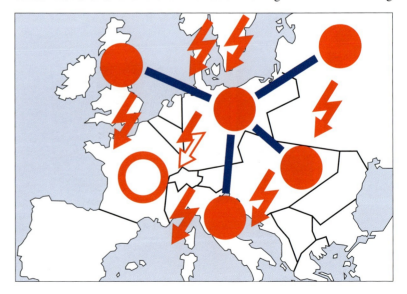

Die Bündnissysteme um 1887 unter dem Einfluss von Bismarcks Außenpolitik

Die Blitz-Symbole bedeuten offene oder latente Konflikte, die blauen Striche Bismarcks vertragliche Absicherungen. Die wichtigsten Konflikte zwischen den europäischen Mächten sind oben auf der Seite erwähnt.

Afrikas fest (▶ 25.24). Allerdings hatte Bismarck im Vorfeld dem deutschen Streben nach Kolonien nachgeben und auch einige erobern lassen müssen.

8.63 Zerfall des Bismarck'schen Systems: Mit Bismarcks Entlassung 1890 (▶ 7.56) vollzog die deutsche Außenpolitik eine abrupte Wendung. Ein Grund für die Uneinigkeit zwischen Kaiser Wilhelm II. und Bismarck bestand darin, dass der junge Kaiser dem Deutschen Reich einen «Platz an der Sonne» verschaffen wollte. Durch eine massive Aufrüstung der deutschen Flotte sowie den Bau der Bagdadbahn im Osmanischen Reich provozierte er Großbritannien. Frankreich und Großbritannien stieß er mit zwei Interventionen in Marokko vor den Kopf. Denn die beiden Mächte hatten sich darauf geeinigt, dass Marokko an Frankreich falle. Österreich-Ungarn unterstützte er in der Frage der italienischsprachigen Irredenta-Gebiete und entfremdete sich damit Italien. Ferner unterstützte er Österreich-Ungarn 1908 bei der Annexion von Bosnien und forderte damit das Russische Reich heraus. Dieses unterstützte nun das unabhängig gewordene Serbien im panslawistischen Streben nach einem Großreich.

Im Verlauf dieser Konflikte verständigten sich die ehemaligen Konkurrenten – zum Nachteil des Deutschen Reichs: Das bisher isolierte Frankreich schloss 1892 ein Militärbündnis mit dem Russischen Reich, 1902 ein Neutralitätsbündnis mit Italien, 1904 eine Aufsehen erregende «Entente cordiale» mit Großbritannien. Dieses und das Russische Reich verständigten sich 1907 im Zentralasien-Abkommen über die dortigen Einflusssphären. Nun waren das Deutsche Reich und Österreich-Ungarn isoliert.

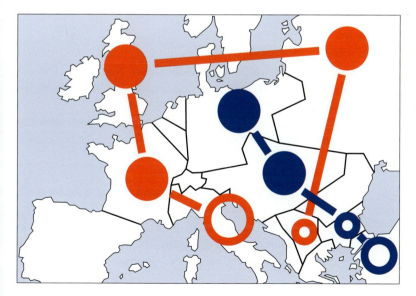

Die Bündnissysteme um 1914

Die durch nicht ausgefüllte Kreise symbolisierten Staaten hatten sich noch nicht formell festgelegt.
Allerdings war das Bündnissystem nicht so unflexibel, wie die Visualisierung es suggeriert: Nicht alle Bündnisverträge betrafen militärische Zusammenarbeit und auch Militärbündnisse meist nur den Verteidigungsfall.

Die Epoche der Weltkriege, 1914–1945

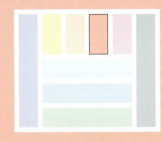

Die im 19. Jahrhundert entwickelten Ideen des Konservativismus, des Liberalismus und des Sozialismus erhoben den Anspruch, an der Stelle der Religion eine Richtung für die Gesellschaftsentwicklung vorzugeben. Allen Ideen ist dies bis zu einem gewissen Grad gelungen, keine aber konnte sich vollständig durchsetzen. Und dem Nationalismus, der sich um 1900 Bahn brach, ordneten sich alle mehr oder weniger unter.

Mit der Mischung verschiedener Ideen im Rahmen von Nationalstaaten versuchten sich im 20. Jahrhundert Ideologien durchzusetzen. Ideologien sind gewissermaßen um Handlungsanweisungen ergänzte Mischungen von Ideen. Diese Mischungen können Widersprüche enthalten. Ideologien messen der Macht an sich, der Machteroberung und Machtbewahrung einen hohen Stellenwert bei.

Die Ideologien gingen aus dem Ersten Weltkrieg hervor (Kapitel 9, 10), stürzten die Welt in den Zweiten (Kapitel 13) und steuerten sie danach im Kalten Krieg nahe an einen vernichtenden globalen Krieg heran.

Diese Ideologien lassen sich in drei Gruppen einteilen:

- Die sowjetkommunistische Ideologiegruppe basierte auf dem Marxismus, modifizierte ihn aber mit zwei Elementen: Die Revolution könne von einer Elite von Berufsrevolutionären auch ohne den Willen der Massen organisiert werden. Und die sozialistische Gesellschaft müsse nicht auf einer Weltrevolution basieren, sondern könne auch in einem Staat isoliert aufgebaut werden (Kapitel 11).
- Die liberal-kapitalistische Ideologiegruppe basierte auf dem Liberalismus, aber modifizierte ihn mit sozialen Gedanken und entwarf Staatsgesellschaften verschiedener Nuancen – von der liberalen Marktwirtschaft über den Sozial- bis hin zum Wohlfahrtsstaat.
- Die faschistische Ideologiegruppe verschmolz konservativ-nationalistische Ideen mit sozialen und wandte sich gegen die individuelle Freiheit des Liberalismus (vorab Kapitel 12).

Die Verwandlung der Ideen in schlagkräftige Ideologien wäre nicht möglich gewesen ohne die positivistische Auffassung, dass die Wissenschaft die ganze Welt erschließe (▶ 21.0), ohne die Entwicklung der Massenmedien in der Zweiten Technischen Revolution (▶ 21.43) und ohne die Ausbeutung der kolonialen Welt (▶ 8.61).

Exposition Internationale des Arts et Techniques, Paris 1937, Ansicht von Norden

Deutscher Pavillon
Der Architekt Albert Speer (1905–1981) hatte ausspionieren lassen, wie monumental die sowjetische Kolossalstatue würde – und den deutschen Pavillon unproportioniert in die Höhe gezogen, um diese zu übertreffen.

Die Pariser Weltausstellung von 1937 wurde nach der Weltwirtschaftskrise vom Wunsch nach Aufschwung und Frieden getragen. Bewusst platzierten die Planer die beiden Diktaturen des Deutschen Reichs und der Sowjetunion an prominenter Stelle am Seine-Ufer, um ihre Zusammenarbeit zu beschwören.

Auf der Fotografie scheinen die Repräsentationen der beiden extremen Ideologien Nationalsozialismus und Sowjetkommunismus die dritte, die kapitalistische (vertreten durch den Eiffelturm), gewissermaßen einzuklemmen. Trotzdem konnte diese sich 1945 und 1991 gegen beide behaupten.

«Arbeiter und Kolchosbäuerin»
24,5 Meter hohe Stahlplastik von Vera Mukhina (1889–1953), Beispiel für den Sozialistischen Realismus. Die Plastik wurde nach Ausstellungsende in Moskau aufgebaut und nach einer Restauration 2009 wieder enthüllt.

9. Der Erste Weltkrieg, 1914–1918

9.0 «Urkatastrophe» oder «Großer Krieg»: Der amerikanische Historiker und Diplomat George F. Kennan (1904–2005) bezeichnete den Ersten Weltkrieg 1979 als «great seminal catastrophe» («Urkatastrophe») des 20. Jahrhunderts. Er betonte damit die Kontinuität zwischen dem Erstem, dem Zweitem Weltkrieg und dem Kalten Krieg im «kurzen 20. Jahrhundert». Der deutsche Historiker Hans-Ulrich Wehler verknüpfte zum 90. Jahrestag des Kriegsausbruchs 2004 den Ersten und Zweiten Weltkrieg gar zu einem «zweiten Dreißigjährigen Krieg». Die englische und französische Geschichtsforschung beurteilt den Ersten Weltkrieg unter der Bezeichnung «The Great War» bzw. «La Grande Guerre» eher als eigenständige Epoche. Sicher ist neben dem Bruch auch eine Kontinuität zum 19. Jahrhundert auszumachen. Krimkrieg (▶ 7.1), Amerikanischer Sezessionskrieg (▶ 7.93) und die Kolonialkriege (▶ 23.2) hatten die Entwicklung vorbereitet: Es war möglich geworden, Menschen umzubringen, ohne sie anfassen, ja sogar ohne sie direkt sehen zu müssen: Die weitreichende Artillerie teilte die Tötungsarbeit in Zielbestimmung und Geschützbedienung auf, automatische Waffen ermöglichten massenhaftes Töten, ohne auf bestimmte Menschen zielen zu müssen; Handgranaten wurden in Gräben statt nach Menschen geschleudert; Stacheldraht und Giftgas wirkten nicht im Moment der Inbetriebsetzung; und die Minen wurden durch das Opfer gleich selbst ausgelöst. Wegen dieser Erleichterung des Tötens ging es im Ersten Weltkrieg erstmals nicht mehr nur um das Vertreiben vom Schlachtfeld, sondern um das Vernichten möglichst vieler Soldaten. Vor dem Totalen Krieg ab 1943 war der Erste Weltkrieg gewissermaßen ein militärisch totaler Krieg.

Dazu veränderte der Erste Weltkrieg durch seine Dauer von vier Jahren auch die Welt im Großen und die Gesellschaft im Kleinen: Die Dominanz Europas in der Welt und die Dominanz des Bürgertums in der europäischen Gesellschaft schwanden.

9.1 Der Ausbruch des Ersten Weltkriegs

9.11 Ringen um Friedenssicherung: Übersteigertes Nationalbewusstsein (▶ 8.11), imperialistische Konkurrenz (▶ 8.61), ein atemberaubender Fortschritt der Technik (▶ 18.12) und die Brutalität der Kriege in den Kolonien (▶ 8.61) hatten um 1900 die Kriegsangst verstärkt. Florence Nightingale hatte bereits im Krimkrieg die Sanität zu verbessern versucht (▶ 7.12). Henri Dunant (1828–1910) führte mit der Gründung des Roten Kreuzes 1863 ihr Werk über die Krieg führenden Staaten hinaus: Die Genfer Konvention von 1864 verschaffte dieser Organisation eine überstaatliche Stellung. Angehörige des Roten Kreuzes gehören keiner Kriegspartei an und versorgen die Verwundeten aller Seiten. Henri Dunant war 1901 der erste Träger des von Alfred Nobel gestifteten Friedensnobelpreises.

Noch einen Schritt weiter ging der Pazifismus. Dessen vom Bürgertum getragene Richtung organisierte 1899 und 1907 zwei Friedenskonferenzen in Den Haag. Diese stellten Regeln auf, wie ein Krieg geführt werden dürfe (Haager Landkriegsordnung): Im Krieg gilt auch weiterhin das Recht, über das ein Internationaler Gerichtshof wachen soll; verboten sind besonders grausame Waffen wie Giftgas; und die Zivilbevölkerung ist zu schonen.

Florence Greene, geborene Patterson, starb 2012 als letzte bekannte Teilnehmerin am Ersten Weltkrieg mit fast 111 Jahren. Sie war 1918 als Luftwaffenhelferin in die Woman's Royal Air Force eingetreten, weil die Männer für diese Posten fehlten. Sie verrichtete Assistenzdienste und flog selbst nicht. Weil sie mit der Heirat ihren Namen änderte, wurde sie erst 2008 bekannt, als nur noch wenige männliche Veteranen lebten.

Ausbruch des Ersten Weltkriegs

Krieg unter Verwandten: Die gekrönten Häupter des monarchischen Europa vor dem Ersten Weltkrieg waren untereinander verwandt und fühlten sich teilweise wie eine große Familie. Bei der *Verlobung des russischen Zaren Nikolaus II. (1) mit Alexandra von Hessen (2)* im April 1894 in Coburg entstand dieses Familienfoto, in dessen Zentrum die englische Königin Victoria (3), Großmutter der Braut (und mit deren Verlobung gar nicht einverstanden), thront, eingerahmt von ihrer Tochter, der deutschen Kaiserin-Witwe Viktoria (4), und deren Sohn, Kaiser Wilhelm II. (5). Hinter Nikolaus steht Edward (als Eduard VII. britischer König 1901–1910) (6). Dieser bezeichnete Wilhelm II. als «the most brillant failure in history». 25 Jahre später wird nur noch der englische Königsthron besetzt sein – und der rumänische durch Ferdinand I. (7), der gegen sein Geburtsland, das Deutsche Reich, in den Krieg eintreten musste.

Nikolaus und Alexandra, die glücklich Verlobten, werden 24 Jahre später erschossen werden.

Obwohl 49 Staaten den Vertrag über die Landkriegsordnung unterzeichneten, entfaltete dieser wenig Wirkung.

9.12 Kriegsplanung: Doch die Entwicklung auf den Krieg hin ließ sich nicht durch das Recht bremsen. Die Monarchen widersetzten sich einer Einschränkung ihrer Souveränität, und die außenpolitische Konstellation hatte zur Isolation des Deutschen Reichs geführt. Dieses rüstete Armee und Flotte rasant auf, was eine Verständigung mit den misstrauischen Mächten der Entente (von «Entente cordiale», ▶ 8.63) erst recht verunmöglichte. Anders als die Provokationen seines Kaisers Wilhelm II. in Marokko (▶ 8.63) es vermuten ließen, handelte das Deutsche Reich nicht aus einer Position der Stärke heraus: Verbündet war es mit zwei zerfallenden Großreichen. Das Osmanische Reich wurde bis 1913 fast ganz aus dem Balkan zurückgedrängt; und Österreich-Ungarns Zerfall war ebenso abzusehen wie der Tod des Kaisers Franz Joseph (1830–1916); dazu verlor das von diesem unterstützte Bulgarien den zweiten Balkankrieg 1913 gegen das vom Russischen Reich unterstützte Serbien.

Diese schlechte Lage der Mittelmächte führte dazu, dass die deutschen Militärs auf einen baldigen Krieg drängten; je mehr Zeit verstrich, umso schlechter würde die Ausgangslage werden. Ohnehin musste das Deutsche Reich mit einem Zweifrontenkrieg gegen Frankreich und das Russische Reich rechnen. Der preußische Generalstabschef Alfred von Schlieffen (1833–1913) hatte dafür einen detaillierten Plan entworfen: zuerst ein kurzer Feldzug gegen Frankreich, dann ein längerer gegen das Russische Reich, das viel Zeit zur Mobilisation und für einen Angriff gegen das Deutsche Reich brauchen würde. Der kurze Feldzug gegen Frankreich musste aber nicht ein herkömmlicher Krieg auf dem Schlachtfeld, sondern ein Vernichtungskrieg werden: Die französische Armee sollte so dezimiert werden, dass sie nicht mehr in der Lage war, der deutschen später in den Rücken zu fallen. Sie musste also nicht bloß geschlagen, sondern eingekesselt werden. Schlieffens Vorbild war die Schlacht von Cannae 216 v. Chr., als Hannibal das römische Heer einkesseln konnte. Damals war es um ein Heer und ein Schlachtfeld gegangen, jetzt plante Schlieffen einen Sichelangriff mit sieben Armeen gegen ein großes Land.

9.13 Julikrise 1914: Am 28. Juni 1914 besuchte der österreichische Thronfolger Franz Ferdinand mit seiner Gattin die zu Österreich-Ungarn gehörende bosnische Hauptstadt Sarajewo. Dort erschoss ein bosnischer Gymnasiast das Paar. Die österreichische Regierung behauptete sofort (was unbewiesen blieb), dieses Attentat sei von serbischen Hintermännern angestiftet worden; sie wollte nämlich Serbien schwächen. Das Deutsche Reich unterstützte Österreich bedingungslos, auch nachdem Serbien ein österreichisches Ultimatum betreffend der Strafverfolgung weitgehend angenommen hatte. Österreichs Beschießung der serbischen Hauptstadt Belgrad am

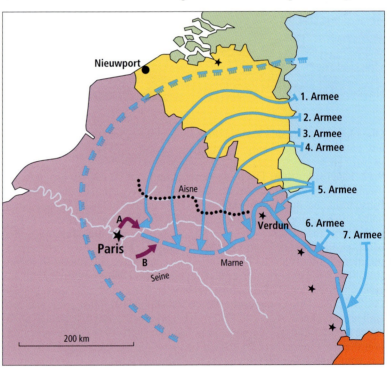

Marnefeldzug 1914

→ Vormarsch der deutschen Armeen bis 6./9. September

▥ Geplantes Ausgreifen des rechten deutschen Flügels nach dem ursprünglichen Schlieffenplan

A → Französischer Angriff vom 5. bis 9. September

B → Französisch-britischer Angriff vom 6. bis 9. September

••••• Frontverlauf am 12. September

Der Schlieffenplan sah vor, im Angriff gegen Frankreich auf dem rechten Flügel mit sieben Armeen so weit auszugreifen, dass das Festungsgebiet von Paris eingekesselt werden konnte. Dazu hätten die neutralen Staaten Belgien und die Niederlande überfallen werden müssen. Und die Verteidigung im Süden und an der Ostfront hätte nur noch schwach bestückt werden können.
Deshalb wurde der Schlieffenplan 1914 abgewandelt: Nur fünf Armeen griffen über Belgien an und versuchten Paris einzukesseln. Dies gelang aber nicht und ermöglichte einen französischen Angriff in die rechte Flanke der 1. Armee (A). Diese musste ihren Vormarsch stoppen und sich gegen Nordwesten dem Angriff entgegenstemmen. Dadurch öffnete sich zwischen ihr und der 2. Armee eine Lücke, in die sofort britische und französische Truppen eindrangen (B). Der französische Oberkommandierende Joseph Joffre (1852–1931) erzwang dadurch, dass der deutsche Angriff am Fluss Marne gestoppt wurde («miracle de la Marne») und sich die deutschen Armeen an den Fluss Aisne zurückziehen mussten. Auf deutscher Seite fehlte es an geeigneten Mitteln zur rechtzeitigen Kommunikation unter den Armeen.

29. Juli löste die russische Mobilmachung aus. Der russische Zar seinerseits war vom französischen, auf Besuch weilenden Staatspräsidenten dazu ermutigt worden. Die deutsche Regierung musste, sollte der Schlieffenplan realisiert werden können, überstürzt den direkten Konflikt mit Frankreich provozieren: Am 31. Juli forderte sie Frankreich ultimativ zur Neutralität auf und erklärte nach der Verweigerung einer Antwort am 3. August den Krieg; in der Nacht auf den 4. August überschritten die deutschen Angriffsspitzen die belgische Grenze. Daraufhin erklärte Grossbritannien dem Deutschen Reich den Krieg.

9.14 Kriegsschuldfrage: Dass das Deutsche Reich die Hauptschuld am Ersten Weltkrieg trug, wird in der Forschung nicht bestritten; aber dass es die Alleinschuld trug, wie der Versailler Friedensvertrag festschrieb, gilt heute als überholte Ansicht. Frankreich und Russland trugen mit der Mobilisation der russischen Armee zur Eskalation bei.
Bezüglich der deutschen Motive ist die Forschung zu neuen Ergebnissen gekommen. Zuerst hatte sie der deutschen Regierung Nationalismus und aussenpolitische Verblendung («Griff nach der Weltmacht») vorgeworfen; dann brachte sie die Theorie auf, dass die Regierung aus innenpolitischen Gründen, um die gespaltene Gesellschaft zu einen, sich in ein aussenpolitisches Abenteuer gestürzt habe. Die dritte Erklärung berücksichtigt, dass die deutsche Regierung sich aus Furcht vor Isolation und Rückstand zu einem Präventivkrieg gedrängt sah. Neuerdings ergibt die detailliertere Rekonstruktion der Ereignisse, dass die deutsche Regierung, Kaiser Wilhelm II., der Reichskanzler und der Bundesrat sowie die Diplomaten sich kaum absprachen und derart widersprüchliche Signale aussandten, dass sich der auf den Schlieffenplan fixierte preussische Generalstab mit seiner rein militärischen Perspektive schliesslich durchsetzte.

9.2 Der Kriegsverlauf bis 1917

9.21 Bewegungskrieg: Der rasche deutsche Vormarsch durch *Belgien und Nordfrankreich* endete nach einem Monat in der ersten Marneschlacht; die deutschen Armeen mussten sich zum Fluss Aisne zurückziehen. Bis zum Spätherbst versuchten beide Kriegsparteien, den Gegner im Norden zu überflügeln; durch diese «course à la mer» (Wettlauf zum Meer) bildete sich bald eine zusammenhängende Front von der Schweizer Grenze bei Bonfol bis zur Nordsee bei Nieuwpoort.
Die früh mobilisierten russischen Armeen griffen das Deutsche Reich im *Osten* an. Auch hier erwies sich die Verteidigung als stärker als der Angriff: Der deutsche Stabschef Erich Ludendorff (1865–1937) konnte, formell unter der Führung von General Paul von Hindenburg (1847–1935), eine russische Übermacht in der nach Tannenberg benannten Kesselschlacht aufhalten. Der deutsche und österreichische Gegenangriff endete im Herbst 1915 mit einem Stellungskrieg von Riga im Norden bis Ostgalizien im Süden.
Auf dem Balkan ermöglichte Bulgariens Kriegseintritt im Herbst 1915 Angriffe auf Serbien von verschiedenen Seiten, Serbiens Unterwerfung und damit die Verbindung zwischen dem Osmanischen Reich und den Mittelmächten. Die Seeverbindung zwischen Grossbritannien, Frankreich und dem verbündeten Russischen Reich war damit unterbrochen, was Letzteres schwächte. Ein britischer Angriff auf der Halbinsel Gallipoli gegen diese

«Auf in den Kampf, mir juckt die Säbelspitze»
Mit diesen und ähnlichen übermütigen Parolen waren die Eisenbahnwagen verziert, die im August 1914 an die Front rollten. Der Kriegsausbruch wurde von vielen, nicht nur im Deutschen Reich, mit grosser Begeisterung als reinigendes Gewitter für eine materialistische und dekadente Welt begrüsst und als Gelegenheit, wieder die alten Werte Europas ins Zentrum zu rücken: Ehre, Treue, Tapferkeit und Vaterlandsliebe. Doch war die Kriegsbegeisterung bei älteren Leuten und in der ländlichen Bevölkerung bedeutend geringer.

Achse scheiterte 1915. Rasch überwältigten die Mittelmächte 1916/17 ferner das in den Krieg eingetretene Rumänien, sodass sich die Front bis ans Schwarze Meer verlängerte.

Italiens Kriegseintritt auf der Seite der Entente führte 1915 zu einer neuen Front mit Österreich-Ungarn am *Isonzo-Fluss und in den Alpen,* die auch hier bald zu einem Stellungskrieg erstarrte.

9.22 Stellungskrieg: An allen vier Fronten steckten die Angriffe also fest. Während die Heeresleitungen die Offensive verherrlichten, verstärkten die neuen Waffen vor allem die Defensive: Maschinengewehre, Minen, Giftgas, der neu für den Krieg verwendete Stacheldraht und vor allem die Feldbefestigungen.

Diesem Phänomen des Schützengrabenkampfes stand die militärische Führung auf beiden Seiten ratlos gegenüber. Sie versuchte, durch immer stärkeren Artillerieeinsatz die feindlichen Grabenstellungen zu zerschlagen, den Durchbruch zu erzwingen und so den Weg zurück zur ihr vertrauten Strategie zu finden. Keine dieser Materialschlachten führte zum erhofften Erfolg. Auch wochenlanges Trommelfeuer war nicht imstande, die sich immer tiefer eingrabenden Verteidiger zu vernichten; und wenn dann endlich der Angriff einsetzte, blieb er in den Granattrichtern und Stacheldrahtverhauen meist bald stecken.

Doch auch für den Soldaten änderte sich der Krieg: Statt anzugreifen und mit eigener Kraft an einer Entscheidung beteiligt zu sein, musste er im Trommelfeuer ausharren und konnte nur hoffen, nicht getroffen zu werden. An die Stelle des Idealbildes des Kampfes von Mann gegen Mann trat ein Überlebenskampf mit ungewissem Ausgang in den verschlammten Unterständen und Schützengräben.

9.23 Außereuropäischer Krieg: Schon Ende August 1914 erklärte *Japan* dem Deutschen Reich den Krieg, besetzte die deutschen Kolonien im Pazifik und eroberte den Stützpunkt Kiautschou (▶ 28.25).

Das Gefechtsfeld von Verdun, damals (deutscher Schützengraben) und 89 Jahre danach (2005), Gedenkort

Im Kampf um das von der französischen Armee unter Marschall Philippe Pétain verteidigte Verdun fielen 167 000 Soldaten aufseiten der Entente und 150 000 aufseiten der Mittelmächte und mehr als noch einmal so viele wurden schwer verletzt. Das war genau die Absicht des deutschen Angriffs: möglichst viele feindliche Soldaten zu töten.

Ein junger deutscher Soldat schrieb am 28.10.1914 seinen Angehörigen: «Mit welcher Freude, welcher Lust bin ich hinausgezogen in den Kampf, der mir als die schönste Gelegenheit erschien, Lebensdrang und Lebenslust sich austoben zu lassen. Mit welcher Enttäuschung sitze ich hier, das Grauen im Herzen. [...] Es war furchtbar! Nicht das vergossene Blut, nicht auch der Umstand, dass es vergeblich vergossen war, auch nicht, dass in dunkler Nacht die eigenen Kameraden auf uns schossen – nein, die ganze Kampfesweise ist es, die abstößt. Kämpfen wollen und sich nicht wehren können! Der Angriff, der mich so schön dünkte, was ist er anders als der Drang: hin zur nächsten Deckung da vorn gegen diesen Hagel tückischer Geschosse. Und den Feind, der sie entsendet, nicht zu sehen!»

Das Osmanische Reich musste sich an allen Fronten verteidigen: In Armenien verübte seine Armee 1915 im Kampf gegen Russland einen Völkermord an den Armenierinnen und Armeniern (▶ 10.16). Palästina und Mesopotamien verlor es im Kampf gegen britische Truppen und arabische Guerillakämpfer. In diesem Zusammenhang versprach der britische Außenminister Arthur J. Balfour in der «Balfour Declaration» 1917 die Errichtung einer jüdischen Heimstätte («home land») (▶ 10.15). Damit legte er den Grundstein für den bis heute andauernden Palästina-Konflikt.

Das damals wohl bekannteste Filmstandbild zeigt *britische Truppen beim legendären Augenblick «over the top»*, das heißt beim Sturm aus der schützenden Sturmstellung über das Niemandsland auf die deutschen Stellungen zu. So wollten sich die Menschen den Krieg vorstellen. Die Hälfte der Engländer/-innen ging den Film «The Battle of The Somme» ansehen, den die Kameramänner Geoffrey Malins und John McDowell 1916 als ersten Dokumentarfilm über den Krieg drehten. Filmen während einer Schlacht konnten sie allerdings mit ihren großen Kameras auf Stativen nicht. So ist diese berühmte Szene in einer Gefechtspause nachgespielt worden und von den beiden Männern, die «getroffen» niedersinken, hat mindestens einer den ganzen Krieg überlebt.

9.24 Blockade und U-Boot-Krieg: Schon im Herbst 1914 schnitt Großbritannien durch eine Seeblockade zwischen Südnorwegen und Schottland die Mittelmächte von jeglicher Zufuhr ab. Betroffen waren nicht nur militärische, sondern auch zivile Güter. Die Blockade war zu weit entfernt, als dass die deutsche Flotte sie hätte durchbrechen können. Diese teuer aufgerüstete Flotte errang in der Seeschlacht im Skagerrak (1916) nur einen unentschiedenen Ausgang. Die Seeblockade schwächte die Mittelmächte entscheidend. Sie traf nicht nur das Militär und lieferte die deutschen Kolonien der Entente aus, sondern zermürbte auch die Zivilbevölkerung, verstärkte jedoch Hass und Durchhaltewillen. Eine Seeblockade gegen die Zivilbevölkerung verletzte die Pariser Seerechtsdeklaration von 1856.

Die deutsche Seekriegsleitung setzte 1915 der Blockade eine Gegenblockade der britischen Inseln mit ihren Unterseebooten entgegen. Doch diese Maßnahme verletzte Kriegsrecht noch direkter: Die U-Boote griffen wegen ihrer Verletzlichkeit ohne Warnung auch Handels- und neutrale Schiffe an und nahmen nicht wie vorgeschrieben Schiffbrüchige auf. So versenkte ein deutsches U-Boot 1915 das britische Passagierschiff «Lusitania» mit 1200 Menschen an Bord, darunter 128 Amerikaner/-innen. Der Protest der USA ließ die deutsche Heeresleitung zunächst auf die U-Boot-Blockade verzichten. Als sie diese 1917 auf Ludendorffs Drängen wieder aufnahm, provozierte sie damit (neben anderen Gründen) den Eintritt der USA in den Krieg. Zudem schützte die Entente nun ihre Schiffe mit Geleitzügen, sodass die U-Boote weniger oft erfolgreich angreifen konnten.

9.25 Kriegspolitik: Die Veränderung des Kriegs, seine unerwartete Länge und Brutalität spaltete vor allem im Deutschen Reich, das ja den Krieg ausgelöst hatte, die Bevölkerung in drei Teile: Das *Militär*, geführt vom «Helden von Tannenberg», Erich Ludendorff, hielt an einem «Siegfrieden» fest: Es verlangte die Annexion umfangreicher Gebiete, um die deutsche Mittellage mit einem Puffer zu kompensieren. Die *bürgerlichen Politiker* dagegen neigten immer eindeutiger einem Verständigungsfrieden zu, der etwa den Vorkriegszustand wieder hergestellt hätte. Auf der *politischen Linken* dagegen spaltete sich 1917 eine Unabhängige Sozialdemokratische Partei (USPD) von ihrer Mutterpartei ab; sie lehnte jeden Angriffskrieg ab und verweigerte der Regierung die Kredite für die Kriegführung. Das war das einzige Mittel, mit dem der Reichstag in den Krieg eingreifen konnte. Noch radikaler verlangte die Gruppe der *Spartakisten* um Rosa Luxemburg (1871–1919) und Karl Liebknecht (1871–1919) den Aufstand aller Völker gegen ihre Krieg führenden Regierungen und eine internationale Revolution, wie Karl Marx sie vorgesehen hatte (▶ 8.44). Sozialisten und Sozialistinnen aus zwölf Ländern trafen sich heimlich zweimal in abgelegenen Dörfern in der Schweiz, in Zimmerwald und Kiental, um sich in diesem Kurs gegenseitig zu bestärken. Aus ihrem Manifest und ihrer Organisation ging 1919 die Dritte, die Kommunistische Internationale hervor (▶ 11.32).

In den Ententestaaten als Angegriffenen waren sich Militär, Politik und Bevölkerung einig, dass der Angriff abgewehrt werden müsse. Die Entente musste sich allerdings zu dritt über die Kriegsziele verständigen, wobei erschwerend dazu kam, dass das Russische Reich 1917 praktisch und 1918 juristisch aus dem Krieg austrat, während die USA 1917 mit einem anderen Ziel in den Krieg eintraten. Frankreich verlangte das 1871 verlorene Elsass-Lothringen zurück, Großbritannien die Wiederherstellung der belgischen Souveränität. Beide wollten die deutschen Kolonien und den vom Osmanischen Reich abhängigen Nahen Osten unter sich aufteilen. Schwieriger mit einander in Einklang zu bringen waren die teils gegensätzlichen Wünsche der Ententemitglieder Italien, Serbien, Rumänien und Griechenland auf dem Balkan.

9.26 Kriegswirtschaft: Vor 1914 waren Kriegführung und Wirtschaftspolitik völlig getrennte Bereiche gewesen. Auch 1914 rechneten die Staatsführungen mit einer raschen Entscheidung und bezogen die Wirtschaft nicht in ihre Überlegungen ein. Aber die Seeblockade gegen die Mittelmächte, die Abschnürung des Russischen Reichs und Frankreichs vorübergehender Verlust seiner Industriezone brachten vor allem deren Wirtschaft ins Stocken. Weil die Lebensmittel erst allmählich rationiert und damit gerechter zugeteilt wurden, fielen im Deutschen Reich während des Kriegs rund 650 000 Menschen indirekt dem Hunger zum Opfer, ein Drittel soviel wie Soldaten. Da die Rüstungsindustrie Vorrang genoss, wurden weniger zivile Güter produziert und deren Preise schossen in die Höhe. Zur Finanzierung der Kriege (die britischen, die deutschen und die französi-

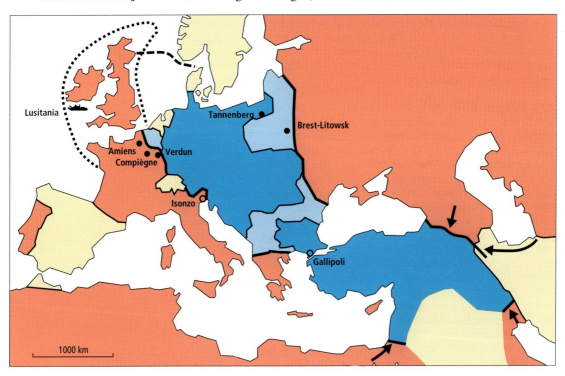

Die Kriegslage im Sommer 1917

- Mittelmächte
- Von den Mittelmächten besetzt
- Ententemächte und ihre Verbündeten
- Neutrale
- Britische Seeblockade
- Deutsche Zone des unbeschränkten U-Boot-Kriegs

schen Ausgaben verfünffachten sich etwa) legten die Finanzministerien Wehranleihen auf, die mit dem Ertrag aus der Kriegsbeute gedeckt werden sollten. Vor allem im Deutschen Reich stießen sie immer weniger auf Anklang, je mehr die Hoffnung auf einen Siegfrieden schwand. Die deutsche Reichsbank druckte deshalb Geld, ohne sich um dessen Deckung zu kümmern. Nach dem Krieg trug das überschüssige Geld zu einer galoppierenden Inflation bei.

Doch die Tatsache, dass die drei Ententestaaten über 60 Prozent mehr Volkseinkommen, über eine 50 Prozent höhere Industrieproduktion und über 4,5 mal mehr Menschen verfügten, ließ sich nicht kompensieren.

Export der USA In Millionen Dollars			
Abnehmer	1914	1915	1916
Mittelmächte	169	11	1
Entente	824	1991	3214
Niederlande und Skandinavien	187	330	279

9.27 «Heimatfront»: Dass es in diesem Krieg auch eine «Heimatfront» gab, führte in der Gesellschaft der Krieg führenden Staaten zu einschneidenden Veränderungen. Bürgertum und Arbeiterschaft litten unter der Teuerung, Unternehmer und in der Rüstungsindustrie Beschäftigte profitierten von den Kriegsausgaben. Die Kluft zwischen Arm und Reich vergrößerte sich. Die für alle Parteien fast nur schlechten Nachrichten von der Front ließen die Regierungen Aufruhr und Revolution befürchten. Sie verboten Versammlungen, führten eine Arbeitspflicht ein und beschränkten das Streikrecht. Trotzdem wurden die Gewerkschaften stärker. Weil die im Krieg gebundenen oder dort gefallenen Soldaten ersetzt werden mussten, auch weil deren Verdienst ausfiel, hatten die Frauen die Doppelbelastung von Familie und Beruf auf sich zu nehmen. In einigen Staaten trug das zu ihrer späteren politischen Emanzipation bei – ein teuer erkaufter Erfolg.

9.3 1917, das Jahr der Wende

9.31 Wechsel in der Entente-Koalition: Das Jahr 1917 leitete nicht nur die Wende im Krieg ein, sondern brachte auch die Supermächte des 20. Jahrhunderts in den Vordergrund. Das Russische Reich trat aus dem Krieg aus, versank nach zwei Revolutionen innert eines Jahres im Bürgerkrieg und wurde als Diktatur und mit großen Opfern in den nächsten dreißig Jahren zur Supermacht. Mit dem Sturz des absolutistisch regierenden Zaren fiel für die USA ein Hindernis weg, um an der Seite der Entente in den Krieg für die Demokratie und das Selbstbestimmungsrecht einzutreten. Damit übernahmen die USA ihre weltweite Führungsrolle.

9.32 Amerikanischer Kriegseintritt: Noch im Jahr 1916 hatte Präsident Woodrow Wilson (1856–1924) seine Wiederwahl mit dem Versprechen, die USA aus dem Krieg herauszuhalten, geschafft. Aber den massiven deutschen U-Boot-Einsatz auch gegen amerikanische Schiffe konnte er nicht hinnehmen. Dazu kam, dass die Mittelmächte sein Vermittlungsangebot 1916 brüsk ausschlugen. Zudem waren Großbritannien und Frankreich durch den Bezug von Material und die Aufnahme von Krediten bei den USA so stark verschuldet, dass ihre Niederlage die USA in wirtschaftliche Probleme gestürzt hätte. Auch eine Rolle spielte, dass Wilson eine neue Weltordnung vorschwebte, die nicht nur den Krieg beenden, sondern einen stabilen Frieden garantieren sollte. Den Kongress konnte Wilson am 6. April 1917 zu einer Kriegserklärung veranlassen, nachdem in den zwei Monaten zuvor gleich acht amerikanische Schiffe durch deutsche U-Boote versenkt worden waren. Der amerikanische Kriegseintritt hatte zuerst nur wirtschaftliche Folgen: Die USA unterstützten nun Großbritannien und

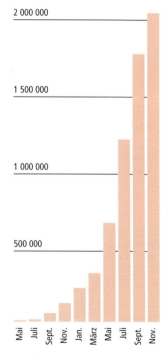

Zahlenmäßige Stärke der US-Army in Europa (Mai 1917 bis November 1918)

Nach ihrem Einzug in Paris, das am 4. Juli den US-Unabhängigkeitstag feierte, hielt General Charles E. Stanton an Lafayettes Grab eine Rede mit den seither berühmten Worten: «Lafayette, nous voilà!» (auch überliefert als «Lafayette, nous voici!») (▶ 5.11).

Frankreich offen. Ferner halfen sie mit bei der weltweiten Abschnürung der Mittelmächte von Zufuhren. Bis eine amerikanische Expeditionsarmee aufgestellt und über den Atlantik verschifft war, dauerte es noch ein Jahr. Diese Frist bedeutete für die Mittelmächte die letzte Gelegenheit, um den Sieg zu erringen. Als diese nicht genutzt werden konnte und eine große amerikanische Armee das deutsche Heer an seiner Westfront zurückdrängte, war die Niederlage der Mittelmächte nicht mehr aufzuhalten.

9.33 Wilsons «Vierzehn Punkte»: Im Januar 1918 verkündete Wilson sein Vierzehn-Punkte-Programm im Kongress; anders als die Monroedoktrin knapp ein Jahrhundert zuvor (▶ 6.23) beanspruchte er nicht mehr nur die Hegemonie auf dem amerikanischen Kontinent, sondern stellte die Regeln für eine Neuordnung Europas auf: Grundlage sollte das Selbstbestimmungsrecht der Völker sein, teilweise sogar in den Kolonien. Dieses Selbstbestimmungsrecht war für Wilson verbunden mit der Regierungsform der Demokratie, da es sonst nicht von allen ausgeübt werden kann. Freier Zugang zu den Meeren, freier Handel und eine transparente Diplomatie sollten Konflikte vermeiden. Der vierzehnte Punkt verlangte die Gründung eines internationalen Völkerbunds mit dem Ziel, jede Aggression zu unterbinden. Die Ententemächte, auf amerikanische Hilfe angewiesen, unterstellten sich mindestens für die Kriegszeit diesem Ziel eines «Kreuzzuges für die Demokratie».

9.34 Revolutionen im Russischen Reich: Auch das Russische Reich war instabil, als es in den Ersten Weltkrieg eintrat (▶ 7.75). Der Krieg heizte die Inflation an, absorbierte die Arbeitskräfte und verschärfte die sozialen Spannungen. Streiks in den Fabriken und Desertionen vor allem der Bauern aus der Armee schwächten das Reich. Die Armee erlitt praktisch nur Niederlagen. Dies untergrub die Stellung des Zaren Nikolaus II. Auch Adel und Mittelschicht zweifelten an seinen Fähigkeiten. Als sein Garderegiment am 27. Februar (12. März) in Petrograd eine Demonstration hungernder Frauen auseinandertreiben sollte, meuterte es; die Februarrevolution brach aus. Der schutzlose Zar musste am 2. (15.) März abdanken (▶ 11.11). Die vom Parlament, der Duma, eingesetzte Provisorische Regierung mit Alexander Kerenski als starkem Mann versuchte ähnlich verzweifelt wie das Deutsche Reich im Westen einen Kriegserfolg zu erzielen. Aber Kerenskis letzte Offensive gegen die Mittelmächte scheiterte. Am 25. Oktober (7. November) putschte sich die bolschewistische Partei, eine radikale Abspaltung der Sozialdemokratischen Arbeiterpartei Russlands, an die Macht (Oktoberrevolution) und verkündete als eine Maxime des neuen Sowjetrussland den sofortigen «Frieden ohne Annexionen und Kontributionen (Entschädigungszahlungen)» (▶ 11.14).

Die Inflation in Russland während des Kriegs

	Juli 1914	Januar 1917
Papiergeldumlauf in Milliarden Rubel	1,6	9,1
Index der Konsumentenpreise	100	702

Julianischer – Gregorianischer Kalender: In Russland wurde bis zum Februar 1918 noch *der Julianische Kalender* gebraucht, der damals bereits um dreizehn Tage hinter dem Gregorianischen zurückstand (▶ Band 1, 16.15). Deshalb werden als «Februarrevolution» und «Oktoberrevolution» Revolutionen bezeichnet, die im März bzw. November stattfanden. Im Folgenden wird, wie üblich, die alte russische Datierung verwendet, in Klammern aber das gregorianische Datum beigefügt.

9.35 Friede von Brest-Litowsk, 1918: Allerdings wollten die an ihrer Ostfront siegreichen Mittelmächte nicht auf Annexionen und Kontributionen verzichten. Die deutsche Heeresleitung war zwar erleichtert, alle Kräfte an ihrer Westfront gegen die anrückenden amerikanischen Truppen einsetzen zu können. Doch sie erzwang von Sowjetrussland den Verzicht auf Finnland, die baltischen Länder und die Ukraine und besetzte weiterhin Weißrussland. Sowjetrussland verlor dadurch ein Viertel seines europäischen Territoriums und drei Viertel seiner Eisenerz- und Kohlenabbaugebiete. Auch eine hohe Kriegsentschädigung musste es aufbringen. Für die Entente bedeutete dieser Separatfrieden einen harten Schlag, weil die

Mittelmächte nun nicht nur Truppen an die anderen Fronten verschieben, sondern auch in den besetzten Gebieten Rohstoffe und Lebensmittel einziehen konnten.

Die Ukraine wurde 1920 nach dreijähriger Unabhängigkeit wieder Sowjetrussland einverleibt. Dieses verlor seinerseits nach einem Krieg gegen Polen 1921 weitere Gebiete östlich der sogenannten Curzon-Linie, welche die jeweiligen Bevölkerungsmehrheiten berücksichtigte. Die Ostgrenze verlief damit wieder etwa am gleichen Ort wie 150 Jahre zuvor, als Polen sukzessive aufgeteilt worden war (▶ 5.52).

9.4 Der Zusammenbruch der Mittelmächte

9.41 Deutsche Frühjahrsoffensive 1918: Der Friede von Brest-Litowsk ermöglichte es der deutschen Heeresleitung, über sechzig Divisionen an die Westfront zu verschieben. Die fast verzweifelte Versorgungslage entspannte sich dank der in der Ukraine beschlagnahmten Lebensmittel. So wuchs Ludendorffs Zuversicht, trotz des Misserfolgs des U-Boot-Kriegs in einer letzten Anstrengung die Entente zu zerschlagen, bevor bedeutende amerikanische Verstärkungen eingreifen könnten.

Ende März stießen die deutschen Truppen gegen Amiens vor, um bis zur Kanalküste zu gelangen und die französischen und britischen Truppen voneinander zu trennen; der Angriff gelang, kam aber vor der Stadt zum Stehen; der Übergang zum Bewegungskrieg war wieder missglückt. Auch andere Angriffe blieben liegen, verursachten Ausbuchtungen der Front und dementsprechend ausgedünnte Kräfte in einzelnen Abschnitten. Auf der Seite der Entente waren mit David Lloyd George (1863–1945, Premierminister ab Dezember 1916) und Georges Clemenceau (1841–1929, Ministerpräsident ab November 1917) zwei durchsetzungsstarke Politiker an die Macht gekommen. Clemenceau erreichte, dass britische und französische Truppen einem einzigen Kommandanten, Marschall Ferdinand Foch (1851–1929), unterstellt wurden. Im Frühsommer trafen nun bestens ausgerüstete US-Truppen zur Verstärkung ein.

Ihnen hatten die unterernährten Soldaten der Mittelmächte nichts mehr entgegenzusetzen. Ihre Stimmung widerspiegelte sich darin, dass fast eine halbe Million von ihnen die Front verlassen oder nach einem Urlaub nicht mehr dorthin zurückgekehrt waren. Die Heeresleitung wagte nicht mehr durchzugreifen.

9.42 Endgültiger Umschwung: Am 8. August, den Ludendorff als «schwarzen Tag des deutschen Heeres» bezeichnete, griffen die Entente-Truppen an, erstmals in größerem Maß unterstützt durch Panzerfahrzeuge. Sie durchbrachen die deutschen Stellungen, die deutsche Armee verlor an einem Tag 30 000 Soldaten, wovon 70 Prozent in Gefangenschaft gingen – ein weiteres Zeichen ihrer Demoralisierung. Von nun an rückten die Ententetruppen unaufhaltsam vor und dies nicht nur an der Westfront. In Griechenland gelandete Truppen zwangen im September Bulgarien, von Palästina aus vorstoßende Einheiten im Oktober das Osmanischen Reich zur Kapitulation. Der Vielvölkerstaat Österreich-Ungarn löste sich bereits auf.

Nun setzte die Heeresleitung aus Sorge um die Armee durch, dass die Regierung den US-Präsidenten Wilson um einen Waffenstillstand auf der Grundlage der Vierzehn Punkte (▶ 9.33) bat. Weil die autokratische Monarchie Wilhelms II. diesem Programm widersprach, wurde das Kabinett

Nach dem Frieden von Brest-Litowsk (Grenzen von 1923)

▨ Sowjetische Gebietsverluste 1917–1921:
F: Finnland, E: Estland, Le: Lettland, Li: Litauen, P: Polen, B: Bessarabien

---- «Curzon-Linie» 1919/20

Bessarabien fiel 1918 an Rumänien.

rasch umgebildet und dem Vertrauen des Reichstags unterstellt: Dieser hätte es mit einer Misstrauensabstimmung stürzen können. Die Antwort der Entente war aber ernüchternd: Das Deutsche Reich werde nicht die Freiheit der Meere und damit die Aufhebung der Blockade beanspruchen können; ferner werde es Reparationszahlungen für die Kriegsschäden zahlen müssen; und ohnehin komme ein Waffenstillstand erst infrage, wenn die deutschen Truppen aus besetztem Gebiet abgezogen seien. Zum ersten Mal wurde der deutschen Öffentlichkeit klar, was eine Niederlage bedeutete. Ludendorff trat als faktischer Chef der Obersten Heeresleitung zurück und entzog sich damit der Verantwortung. Nun mussten die Politiker in die Bresche springen.

9.43 Novemberrevolution und Kriegsende: Am 28. Oktober sollte die deutsche Hochseeflotte zu einem Verzweiflungsangriff gegen London auslaufen. Aber die Matrosen meuterten gegen diese «ehrenvolle Todesfahrt». Nach sowjetischem Vorbild setzten sie Soldatenräte ein und ihre Offiziere ab. Dieser Ungehorsam breitete sich rasch über die deutschen Städte aus. Es war eine Revolution ohne Führung und ohne Organisation; ihr Hauptziel war, endlich den Krieg und alles, was damit zusammenhing, zu beenden. Der radikale Spartakusbund gewann Anhänger und wandelte sich in eine energische Kommunistische Partei (KPD) um. Es drohte ein Umsturz nach dem Muster der russischen Oktoberrevolution ein Jahr zuvor. Auf der anderen Seite verweigerte Kaiser Wilhelm II. eine Abdankung, was erst den Weg zu Waffenstillstandsverhandlungen frei gemacht hätte.

Wohl fast in letzter Minute vor einem kommunistischen Putsch verkündete der Sozialdemokrat Philipp Scheidemann (1865–1939) am 9. November eigenmächtig den vor dem Reichstagsgebäude in Berlin demonstrierenden Massen, das Deutsche Reich sei nun eine Republik. Gleichzeitig übertrug der letzte kaiserliche Reichskanzler sein Amt dem sozialdemokratischen Parteiführer Friedrich Ebert (1871–1925). Dies hatte die Sozialdemokratische Partei nicht angestrebt; aber sie war noch die einzige größere politische Kraft, die zwischen den Extremen die Situation retten konnte. Wilhelm II. floh am folgenden Tag nach Holland. Und am 11. November musste eine deutsche Delegation in einem Eisenbahnwagen im Wald von Compiègne die harten Waffenstillstandsbedingungen unterzeichnen: Rückzug auf deutsches Gebiet, Entmilitarisierung der linksrheinischen Region und der Rheinbrücken, Auslieferung eines Großteils der Flotte und des schweren Kriegsgeräts, Auslieferung der Gefangenen. Großbritannien hielt jedoch die Seeblockade bis zu einem Friedensschluss aufrecht, linderte allerdings die Not mit hilfreichen und demütigenden Lebensmittelspenden. Das Deutsche Reich hatte sich also bereits mit dem Waffenstillstand und noch vor einem Friedensschluss der Entente auszuliefern.

Trotzdem brachte der Waffenstillstand der deutschen Bevölkerung das, wonach sie sich am meisten sehnte: Frieden. Die Kriegsmüdigkeit ließ auch die Begeisterung für eine Revolution einbrechen. Der durch die Kommunistische Partei organisierte «Spartakus-Aufstand» versuchte im Januar 1919 die Regierung Ebert zu stürzen. Aber der Aufstand wurde niedergeschlagen; die führenden Köpfe der Kommunisten, Karl Liebknecht und Rosa Luxemburg, wurden ermordet.

So übernahm die gemäßigte Sozialdemokratische Partei das Erbe des Kriegs – zwischen enttäuschten Offizieren und Soldaten, die sich in Freikorps organisierten, und der radikalen Kommunistischen Partei.

Philipp Scheidemann bei seiner Rede nach seiner Ausrufung der Republik am 9. November; bereits zwei Stunden später verkündete Karl Liebknecht eine sozialistische Räterepublik.

Eisenbahnwagen von Compiègne nach dem Waffenstillstand

Frankreich überführte ihn in ein Pariser Museum. Dort ließ ihn Hitler 1940 nach seinem Sieg über Frankreich herausholen und in Compiègne darin Frankreichs Kapitulation unterzeichnen. Danach stellte er den Wagen im Zentrum von Berlin aus, wo er 1945 zerstört wurde. Sein Unterbau wurde in der DDR weiterverwendet und Einzelteile nach deren Auflösung 1990 durch Deutschland an Frankreich fürs Museum zurückgegeben.

Inserate in Schweizer Zeitungen für Produkte zur Bekämpfung der Spanischen Grippe, 1918/19

9.5 Die Spanische Grippe

9.51 Ausbruch: Der Erste Weltkrieg hatte rund 17 Millionen Menschen das Leben gekostet. Drei Grippewellen, die in kurzen Abständen 1918/19 von den USA über Europa bis Indien fegten, forderten zwischen 25 und 50 Millionen Menschenleben. Grippe-Epidemien hatten mit der Bevölkerungsdichte schon im 19. Jahrhundert zugenommen. Ausgelöst wurde die Spanische Grippe durch ein mutiertes Grippevirus H1N1, das in Kansas (USA) die ersten Todesopfer forderte. Mit den amerikanischen Truppen kam die Epidemie nach Europa, wo sie, weil der spanische König Alfons XIII. früh daran erkrankte und die unzensierten Zeitungen des neutralen Landes darüber berichteten, den Namen «Spanische Grippe» erhielt.
Aber vor allem die Krieg führenden Völker wurden hart getroffen: Das Virus breitete sich im Militär rasch aus, und die mangelhaft oder unterernährten Menschen konnten kaum Abwehrkräfte mobilisieren. Besonders die 15- bis 35-Jährigen starben daran, also die gleiche Altersschicht, die schon im Krieg große Verluste erlitten hatte.

9.52 Bekämpfung: Die Kriegssituation erschwerte Maßnahmen gegen die Seuche. Die Zensur verbot den Zeitungen, darüber zu berichten, die Zusammenarbeit unter den Wissenschaftern verschiedener Länder war eingeschränkt, viele Ärzte waren an den Fronten gebunden. Ohnehin war die Wissenschaft noch nicht in der Lage, das Virus zu identifizieren. Wieder stark in den Fokus der Forschung geriet die Spanische Grippe seit 2009, als mit dem sogenannten Schweinegrippe-Virus ein naher Verwandter von geringerer Gefährlichkeit auftrat.

9.53 Auswirkungen: Die Kriegssituation verstärkte die Auswirkungen der Spanischen Grippe, aber umgekehrt zeitigte diese keine Auswirkungen auf den Kriegsverlauf. Der Krieg war bei Grippeausbruch entschieden. Doch trugen Verunsicherung und Angst zur sozialen Unrast in den Krisenjahren 1918 und 1919 bei.

9.6 Die Schweiz im Ersten Weltkrieg

9.61 Sonderfall: Die Schweiz empfand sich mit dem Kriegsausbruch als Sonderfall und Friedensinsel in Europa. Nachdem sich die Truppen in den Stellungskriegen festgebissen hatten, war sie kaum mehr bedroht, musste aber die Grenzen dauernd bewachen. Eine schwere Belastung stellte dagegen der innere Konflikt zwischen der deutschen und der romanischen Sprachengruppe dar. Die Deutschschweiz stand auf der Seite der Mittelmächte, mit Ausnahme der sozialdemokratischen Presse befürworteten sogar alle Zeitungen den deutschen Überfall auf das neutrale Belgien – ein Schicksal, das die Schweiz auch hätte erleiden können. Westschweiz und Tessin dagegen sympathisierten mit dem angegriffenen Frankreich. Als Minderheit beobachteten sie Kontakte zu den Mittelmächten misstrauisch, besonders diejenigen des Deutschschweizer Generals Ulrich Wille (1848–1925). Dieser sympathisierte offen mit dem Deutschen Reich, legte 1915 dem Bundesrat sogar einen Kriegseintritt auf deutscher Seite nahe und spielte die Tatsache, dass zwei Armee-Obersten die Mittelmächte mit vertraulichen Nachrichten belieferten, herunter (Obersten-Affäre). Ferner musste Bundesrat Arthur Hoffmann (1857–1927) zurücktreten, als bekannt wurde, dass er 1917 zusammen mit dem Sozialdemokraten Robert Grimm (1881–1958) einen Separatfrieden zwischen dem Deutschen und dem Russischen Reich hatte vermitteln wollen. Die innere Spaltung nahm gegen Kriegsende, als der Ausgang sich abzeichnete, ab.

Die Obersten Theophil Sprecher von Bernegg (später Generalstabschef), Ulrich Wille (später General) und Kaiser Wilhelm II. an den «Kaisermanövern» 1912 in der Ostschweiz

Kaiser Wilhelm II. wollte dabei prüfen, ob die Schweizer Armee dem Deutschen Reich genügend Schutz gegen einen französischen Angriff in die Südflanke bieten könne.
Ulrich Wille war mit Clara Gräfin von Bismarck, einer entfernten Verwandten des ehemaligen Reichskanzlers, verheiratet. Durch Intrigen wurde er und nicht Theophil Sprecher zum General gewählt.

9.62 Normalfall: Dagegen nahmen die sozialen Spannungen zu, je länger der Krieg dauerte. Diesbezüglich war die Schweiz kein Sonderfall: Wie in den anderen Krieg führenden Staaten waren die Männer im Militärdienst gebunden, mussten die Frauen für das Familieneinkommen sorgen und griff der Staat stark in die Wirtschaft ein. Er rationierte beispielsweise die Lebensmittel. Trotzdem stiegen deren Preise, weil die Schweiz vor dem Krieg fast neunzig Prozent des nötigen Getreides importiert hatte und dieser Import sich trotz der Neutralität schwierig gestaltete. So gab es Gewinner und Verlierer. Gewinner waren die Unternehmer, die ihre Produkte ins Ausland exportieren konnten, und die Bauern und Bäuerinnen, deren Produkte immer teurer wurden. Verlierer waren die Lohnabhängigen, weil ihr Lohn seinen Wert verlor, und natürlich die Soldaten und ihre Familien, welche ohne Erwerb durchkommen mussten. (Ein Erwerbsersatz wurde erst 1940 eingeführt.) Politisch konnte die Sozialdemokratische Partei wegen ihrer Untervertretung im Parlament (▶ 7.83) nichts erreichen.

9.63 Landesstreik: Gegen Ende des Kriegs verschärften sich diese sozialen Spannungen. Rund ein Sechstel der Bevölkerung lebte nun unter dem Existenzminimum. Zudem litt sie unter der Spanischen Grippe (▶ 9.5). Sozialdemokratische Gewerkschafter, Nationalräte und eine Frau (Rosa Bloch-Bollag) schlossen sich, auch unter dem Eindruck von Lenins erfolgreicher Oktoberrevolution (▶ 9.34), zu einem Aktionskomitee unter der Leitung von Robert Grimm zusammen; es wurde nach seinem Gründungsort «Oltener Aktionskomitee» (OAK) genannt. Das energische Komitee setzte im Jahr 1918 unter Androhung von Streiks durch, dass auf einen allgemeinen Zivildienst (welcher die Löhne weiter unter Druck gesetzt hätte), auf eine Milchpreiserhöhung und auf ein Versammlungsverbot verzichtet wurde. Dadurch gewann das OAK in der Arbeiterschaft Ansehen. Als der Bundesrat, um Gedenkfeiern zur russischen Oktoberrevolution zu

Die Küchenausstattung im Zürcher Schuhmacherhaushalt von Titus Kammerer, 1917

Die Fotografie weist auf den damaligen Standard hin. Diese Küche wäre nie eine Fotografie wert gewesen, wenn nicht eine der fünf Partien, die sie benutzten, das Ehepaar Wladimir Uljanow Lenin und Nadeshda Krupskaja gewesen wäre. So aber fotografierte sie Anton Krenn nach der Oktoberrevolution für die «Schweizer Illustrierte». Nadeshda Krupskaja erinnerte sich: «Zwei Zimmer bewohnten unsere Wirtsleute, in einem der vermieteten Zimmer wohnte die Frau eines deutschen Soldaten, eines Bäckers, mit ihren Kindern, im nächsten Zimmer irgendein Italiener, im dritten österreichische Schauspieler mit einer fuchsroten Katze und im vierten wir Russen. Hier roch es nach keinem Chauvinismus, und als sich einmal die ganze weibliche Internationale am Gasherd versammelt hatte, rief plötzlich Frau Kammerer empört aus: ‹Die Soldaten müssen die Gewehre auf ihre eigenen Regierungen richten!›»

verhindern, in Zürich Truppen stationierte, trat die Zürcher Arbeiterschaft am 9. November in einen Proteststreik. Darauf rief das OAK für den 12. November einen Landesstreik aus. Zwischen 250 000 und 400 000 Arbeiter und Arbeiterinnen folgten dem Aufruf, nicht aber die breite Bevölkerung. Das OAK musste sich nach drei Tagen zwischen direktem Kampf gegen die wohlgerüsteten Ordnungstruppen der Armee und der Kapitulation entscheiden. Es kapitulierte und stellte den Streik ein.

Trotzdem erfüllten Parlament und Regierung zügig zwei Forderungen: Der Nationalrat wurde bereits 1919 nach dem 1917 beschlossenen Proporzverfahren neu gewählt (▶ 7.83) und die 48-Stunden-Woche eingeführt. Andere Forderung des OAK wie die Einführung einer Alters- und Invalidenversicherung oder des Frauenstimmrechts mussten länger, bis 1947 bzw. 1971, warten. Aber der soziale Friede in der Schweiz war gerettet – und Robert Grimm blieb nach Verbüßung einer sechsmonatigen Haft wegen Unruhestiftung noch 35 Jahre lang Nationalrat und acht Jahre lang bernischer Regierungsrat.

Doch die Fronten des Landesstreiks wirkten in die Nachkriegszeit hinein. Denn das Ausland verstärkte nach dem Krieg wieder seine zivile Produktion. Damit fiel für die Schweiz ein lukrativer Export vor allem von Textilien aus. Zudem kehrten die Soldaten ins Zivilleben zurück, viele suchten vergeblich Arbeit. So herrschte in der Schweiz wie im Deutschen Reich in den frühen Zwanzigerjahren hohe Arbeitslosigkeit. Damit blieb auch die Spaltung bestehen zwischen dem Bürgerblock (Freisinn, Konservative und die neu gegründete Bauern- Gewerbe- und Bürgerpartei [BGB, heute SVP]) und der Linken, die sich in eine große Sozialdemokratische und eine kleine Kommunistische Partei gespalten hatte.

1920 beschlossen die Stimmbürger den Beitritt zum Völkerbund, nachdem dieser ihnen zugesichert hatte, dass die Schweiz nicht an militärischen Sanktionen gegen Friedensbrecher würde teilnehmen müssen. Die absolute Neutralität wich einer sogenannten «differenziellen». Für kurze Zeit war die Schweiz etwas weniger ein Sonderfall.

Plakat anläßlich der Abstimmung über den Beitritt zum Völkerbund, von Otto Baumberger, 1920

10. Vom Frieden zum nächsten Krieg

Die Pariser Vorort-Verträge	
Vertrag von	**betraf**
Versailles 28.6.1919	Deutsches Reich
St-Germain 10.9.1919	Österreich
Neuilly 19.9.1919	Bulgarien
Trianon 4.6.1920	Ungarn
Sèvres 10.8.1920	Türkei

10.0 Verbindung zwischen Erstem und Zweitem Weltkrieg: 25 Jahre nach dem Ersten löste das Deutsche Reich auch den Zweiten Weltkrieg aus. Dass es dazu kam, geht vor allem auf die Wirkung der nationalsozialistischen Ideologie zurück, aber auch auf die widersprüchliche Aufarbeitung des Ersten Weltkriegs in der internationalen Politik, welche zahlreiche enttäuschte Staaten schuf.

Andrerseits gab es gerade in wirtschaftlich günstigeren Phasen auch Ansätze zu einer demokratischen, friedlichen Entwicklung. Die Verbindung zwischen Erstem und Zweitem Weltkrieg war also nicht zwangsläufig. Aber seit der großen Weltwirtschaftskrise dominierten die nationalistischen, gewaltbereiten Regierungen.

10.1 Die Pariser Vorort-Verträge

Art. 231 des Versailler Vertrags:
«Die alliierten und assoziierten Regierungen erklären und Deutschland anerkennt, dass Deutschland und seine Verbündeten als Urheber aller Verluste und aller Schäden verantwortlich sind*, welche die alliierten und assoziierten Regierungen und ihre Angehörigen infolge des ihnen durch den Angriff Deutschlands und seiner Verbündeten aufgezwungenen Kriegs** erlitten haben.»
Die deutsche Übersetzung verschärfte die französischen Formulierungen:
*   «sont responsables pour les avoir causés de toutes les pertes.»
** «qui leur a été imposée par l'agression».

10.11 Verhandlungen: Die siegreichen Ententemächte schlossen in verschiedenen repräsentativen Residenzen in Pariser Vororten mit den unterlegenen Mittelmächten separat Verträge ab. In jedem Fall diktierten sie die Bedingungen. Obwohl zuletzt 31 Staaten den Mittelmächten den Krieg erklärt hatten, machten die USA (Wilson), Großbritannien (Lloyd George) und Frankreich (Clemenceau) diese Bedingungen unter sich aus. Das war aber nicht einfach: Wilson strebte die Umsetzung seiner Vierzehn Punkte mit dem Selbstbestimmungsrecht der Völker an (▶ 9.33), Lloyd George und vor allem Clemenceau wollten in erster Linie das Deutsche Reich schwächen. Da sie ihr Volk hinter sich wussten, während Wilson seit den Midterm-Wahlen (Kongresswahlen zwischen zwei Präsidentschaftswahlen) von 1918 mit einem mehrheitlich republikanischen Kongress regieren musste, befanden sie sich in der stärkeren Position. Sie betrachteten einen Frieden als Kriegsresultat und verwarfen Wilsons Gedanken, in erster Linie eine Friedensgrundlage zu schaffen.

Auch in ihrem Vorgehen verletzten sie Wilsons Gebot einer transparenten Diplomatie: Die Verträge wurden im kleinen Kreis entworfen und den Besiegten ultimativ zur Annahme vorgesetzt. Diese empfanden sie als «Diktat» oder «Gewaltfrieden». So war die Friedensordnung inhaltlich und vom Entstehungsprozess her durch den Gedanken der Vergeltung dominiert. Ferner schwächte sie die Tatsache, dass nicht nur Sowjetrussland nicht beteiligt wurde, sondern auch der amerikanische Kongress die Verträge nicht ratifizierte. Die USA traten Wilsons Hauptanliegen, dem Völkerbund, nicht bei.

Das Deutsche Reich verlor
 9 %   der Bevölkerung,
13 %   der Fläche,
26 %   der Steinkohlenförderung,
35 %   der Roheisenproduktion.

10.12 Vertrag von Versailles: Französische Politiker verlangten sogar die Auflösung des Deutschen Reichs, drangen damit aber nicht durch, denn Lloyd George wollte ein übermächtiges Frankreich vermeiden. Im Friedensvertrag von Versailles setzte Clemenceau immerhin eine empfindliche Schwächung des Deutschen Reichs durch: Es verlor sämtliche Kolonien; es musste Reparationen zur Wiedergutmachung der Kriegsschäden bezahlen; ferner seine Truppen aus dem Rheingebiet abziehen (Entmilitarisierung) und auf einem großen Teil davon Besatzungstruppen der Entente dulden; das deutsche Heer durfte nur noch aus 100 000 Berufssoldaten bestehen, ohne schwere Waffen und neue Befestigungen in den Grenzgebieten.

Pariser Vorort-Verträge

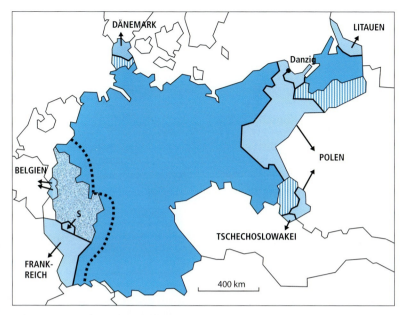

Territoriale Auswirkungen des Versailler Vertrags

- Gebietsverluste des Deutschen Reichs
  1. Ohne Volksabstimmung abgetrennt: Elsass-Lothringen an Frankreich; Memel unter internationale Verwaltung (1923 an Litauen); Westpreußen (ohne Danzig) und Posen an Polen; Danzig wurde Freie Stadt; Hultschin ging an die Tschechoslowakei
  2. Aufgrund einer Volksabstimmung abgetrennt: Eupen und Malmédy an Belgien; Nordschleswig an Dänemark; östliches Oberschlesien an Polen
  3. Für 15 Jahre unter Völkerbundsverwaltung, dann Volksabstimmung: Saargebiet (S)

- Abstimmungsgebiete, die beim Deutschen Reich verblieben
- Übriges Reichsgebiet
- ···· Ostgrenze des entmilitarisierten Rheinlandes
- Davon alliierte Besatzungszonen

Wahlplakat der nationalistischen Deutschnationalen Volkspartei (DNVP) aus dem Jahr 1924 (ohne Textteil), von Hans Schweitzer

Nur ein Jahr nach der Niederlage stellten Hindenburg und Ludendorff als Zeugen vor einer Untersuchungskommission des Reichstags die Behauptung auf, das deutsche Heer wäre im Herbst 1918 fähig gewesen, noch monatelang weiterzukämpfen und dadurch wesentlich günstigere Friedensbedingungen zu erzwingen; es sei aber von hinten «erdolcht» worden: Die Novemberrevolution habe die Niederlage verschuldet. Damit war die Dolchstoßlegende erfunden. Sie wurde auf unzähligen Kriegerdenkmälern mit den Worten «Im Felde unbesiegt» aufgenommen.
Bei der Fahne des Soldaten handelt es sich um die preußische: schwarz–weiß–rot.
Hans Herbert Schweitzer (1901–1980) arbeitete ab 1926, teilweise unter dem Pseudonym Mjölnir, als Zeichner für die NSDAP und erlangte im Dritten Reich einen hohen Bekanntheitsgrad.

Politisch am stärksten vergiftete die Reparationszahlung das politische Klima der Zwischenkriegszeit. Denn sie wurde begründet mit der deutschen Alleinschuld am Kriegsausbruch und 1921 so hoch veranschlagt, dass deutsche Nationalisten sie als «Versklavung des deutschen Volkes auf Generationen hinaus» brandmarken konnten. Dass ferner Großbritannien die Seeblockade bis zur Unterzeichnung des Friedensvertrags aufrechterhielt, stellte eine weitere Demütigung dar.

10.13 Neugliederung des Donauraums: Die Verträge von St-Germain und Trianon vollzogen nach, was bereits im Herbst 1918 geschehen war: Die Donaumonarchie Österreich-Ungarn war auseinandergebrochen. Die Siegermächte schwächten Österreich und Ungarn als Besiegte zusätzlich. Ungarn wurde auf ein Drittel seines ursprünglichen Herrschaftsgebiets verkleinert.

Aufteilung Österreich-Ungarns, 1918–1920

Galizien: an Polen

Bukowina, Siebenbürgen und Banat: an Rumänien

Slowenien, Kroatien, Dalmatien, Bosnien-Herzegowina, Südungarn: mit Serbien zu Jugoslawien vereinigt

Küstenland (Istrien mit Triest) und Südtirol: an Italien

Böhmen, Mähren und Slowakei: Tschechoslowakei

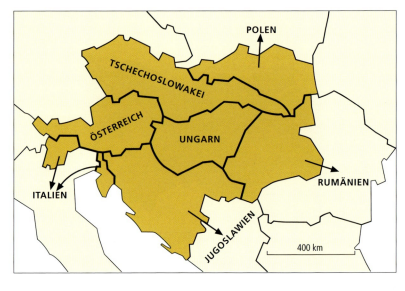

Der «cordon sanitaire» in Osteuropa
Der medizinische Fachausdruck bezeichnet ein Sperrgebiet gegen die Ausbreitung einer Seuche.

Allerdings basierten die neuen Staaten oft auf den alten Verwaltungsgrenzen. Dadurch entstanden zahlreiche sprachliche Minderheiten. So blieben die mehrheitlich deutschsprachigen (sudetendeutschen) Randgebiete Böhmens bei der neuen Tschechoslowakei und große Teile der Ungarisch sprechenden Bevölkerung lebten fortan als Minderheit in Rumänien, Jugoslawien, in der Tschechoslowakei, und in Österreich. Im Donauraum waren die Sprachgruppen ohnehin nicht zu trennen; so gehörten nun rund 20 Millionen Menschen zu Sprachminderheiten. Deren Lage verschlechterte sich gegenüber der Vorkriegszeit, denn in jedem dieser Nachfolgestaaten dominierte eine nationale Mehrheitsgruppe. Die Sprachkämpfe flauten nicht ab, sondern wurden im Gegenteil erbitterter geführt.

Italien erhielt Istrien und Triest sowie das ganze Südtirol bis zum Brenner, also auch den damals noch rein deutschsprachigen oberen Teil; später fielen ihm noch das dalmatinische Zadar (Zara) zu. Der Streit um die Stadt Rijeka (Fiume) und ihre Umgebung dauerte bis 1924; dann annektierte Italien die noch «unerlöste» (irredente) (▶ 7.43) Stadt.

Der große Erbe der Donaumonarchie war im Süden das stark vergrößerte Serbien unter der Bezeichnung Jugoslawien («Süd-Slawien»): Das serbische Königreich, auf der Seite der Sieger, erhielt Gebiete über Bosnien-Herzegowina, Kroatien und Slowenien bis an die österreichische bzw. ungarische Grenze zugesprochen. Die Großmächte erhofften sich damit Stabilität, missachteten aber das Selbstbestimmungsrecht. Schon bald wurde Jugoslawien ein instabiler Vielvölkerstaat.

10.14 «Cordon sanitaire»: In Osteuropa gehörten der russische und der deutsche Besetzer zu den Kriegsverlierern. Dementsprechend konnten sich Finnland sowie die baltischen Staaten Estland, Lettland und Litauen die Unabhängigkeit sichern. Polen errang 1921 dank eines Sieges über Sowjetrussland auch mehrheitlich russischsprachige Gebiete; Rumänien sicherte sich Bessarabien (Karte ▶ 9.42). Seinerseits eroberte Sowjetrussland die Ukraine und die Gebiete jenseits des Kaukasus zurück.

Die Siegermächte förderten die Entstehung dieser unabhängigen Staaten, um das sowjetkommunistische Sowjetrussland durch einen «cordon sanitaire» von Mitteleuropa zu trennen. Zudem sollte dieser deutsche und ungarische Expansionsgelüste stoppen.

10.15 Auflösung des Osmanischen Reichs: Der Vertrag von Sèvres von 1920 bedeutete auch juristisch das Ende dieses Vielvölkerstaates. Weil nun Erdöl eine wichtige Energiequelle geworden war, hatten sich Großbritannien und Frankreich schon während des Kriegs auf eine Aufteilung des Nahen Ostens geeinigt. Frankreich erhielt die Verwaltungshoheit über Syrien und Libanon, Großbritannien über Palästina, Transjordanien und den Irak (▶ 26.23). Ägypten wurde unabhängig, musste aber die Stationierung britischer Truppen hinnehmen. Auf der arabischen Halbinsel gewann das Sultanat Nedschd die Unabhängigkeit. Aus ihm und dem Gebiet Hedschas mit den heiligen Stätten Mekka und Medina ging Saudiarabien hervor.

Gemäß dem Vertrag von Sèvres sollte auch der Nachfolgestaat des Osmanischen Reichs, die Türkei, noch Schlüsselgebiete abtreten. In der Türkei war aber eine jungtürkische Bewegung unter Mustafa Kemal an die Macht gekommen. Sie verteidigte das verbleibende Kerngebiet Kleinasien als arrondiertes Gebiet gegen Griechenland und Italien. Im Frieden von Lausanne 1923 musste die Türkei nur zugestehen, dass die Einfahrt zum Schwarzen Meer internationales Gewässer blieb; denn daran waren alle Siegermächte interessiert. Mustafa Kemal verhalf der Türkei zu neuem National- und Selbstbewusstsein (▶ 10.64).

10.16 Zwei Völker als Verlierer: Die alteingesessenen armenischen und kurdischen Bevölkerungsgruppen waren die eigentlichen Verlierer bei der Auflösung des Osmanischen Reichs. Beide hatten nämlich darin eine gewisse kulturelle Selbstständigkeit und politische Autonomie genossen.

In der «*Balfour Declaration*» schrieb der englische Außenminister Arthur James Balfour am 2. 11. 1917 an Lord Rothschild:
«Seiner Majestät Regierung betrachtet die Schaffung einer nationalen Heimstätte in Palästina für das jüdische Volk mit Wohlwollen und wird die größten Anstrengungen machen, um die Erreichung dieses Zieles zu erleichtern, wobei klar verstanden wird, dass nichts getan werden soll, was die bürgerlichen und religiösen Rechte bestehender nichtjüdischer Gemeinschaften in Palästina […] beeinträchtigen könnte.»

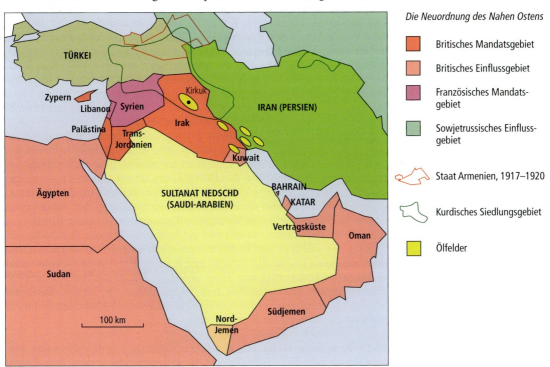

Die Neuordnung des Nahen Ostens

Der Augenzeuge und Fotograf Armin T. Wegner (1886–1978) 1919 in einem Dia-Vortrag zu zwei Fotografien, die er aufgenommen hatte, obwohl darauf die Todesstrafe stand:

«Unterdessen verfolgt die einsame Mutter weiter ihre traurige Straße. Sie ist seit zwei Monaten unterwegs. Irgendwo hinter einer Mauer hat man ihren Mann erschlagen oder niedergemetzelt. Gram und Kummer haben eine tiefe Falte in ihre schöne Stirn geschnitten. Ach, die Sie hier sehen, ist nicht mehr unter den Lebenden. Sie trägt ihr Zelttuch, ihre Schlafdecke und ihre Zeltstange auf dem Rücken, den Kochtopf an die Seite gebunden, und oben auf das schwere Bündel hat sie ihr kleines Kind gesetzt, dessen Händchen sie sorgsam umklammert. So überschreitet sie keuchend den steilen Pass. [...]
Hinter ihr aber ist einer, ständig bedacht, sie nicht zur Ruhe kommen zu lassen, der Zaptier, der türkische Gendarm, der im Auftrage seiner Regierung willig die grausamsten Taten vollführt und sie atemlos weiterhetzt.»

«Aghet» (Katastrophe)

Unter dieser Bezeichnung ist der Völkermord an ihnen in die Erinnerung der in alle Welt verstreuten Armenierinnen und Armenier eingegangen. Seit rund dreißig Jahren kämpfen sie dafür, dass die UNO und die einzelnen Staaten den Völkermord als solchen anerkennen. Die Menschenrechtskommission der UNO hat dies getan, ebenso die EU und eine Reihe von Staaten. Die Türkei dagegen verweigert diesen Schritt.

Auch auf den osteuropäischen Kriegsschauplätzen des österreichisch-ungarischen Reichs wurden generell Zivilpersonen, denen die Armeeführung wegen ihrer Zugehörigkeit zu einer anderen Volksgruppe misstraute, verfolgt und eine unbekannte Zahl gehenkt.

Nun richtete sich das türkische Nationalbewusstsein vor allem gegen die selbstbewussten christlichen *Armenier*, die in Wirtschaft und Verwaltung einflussreiche Positionen bekleideten. Schon während des Ersten Weltkriegs hatte die Armee den Kampf gegen eine russische Invasion über armenisches Gebiet dazu benutzt, um am armenischen Volk einen eigentlichen Genozid, einen Völkermord, zu verüben (▶ 9.23). Sie trieb die Männer zusammen, entwaffnete und erschoss sie und trieb die enteigneten Frauen und Kinder auf bis zu 1800 Kilometer langen Todesmärschen in die syrische Wüste. Vermutlich gegen eine Million Menschen, mehr als die Hälfte der armenischen Bevölkerung, kam dabei ums Leben. Nach dem Krieg bemühten sich die Siegermächte nur halbherzig um die Gründung eines unabhängigen Armenien. Als sich Sowjetrussland und die Türkei 1921 über dessen Aufteilung einigten, ging der dreijährige armenische Staat wieder unter. Heute leben 3 Millionen Armenier/-innen im 1991 unabhängig gewordenen, verkleinerten Staat, aber 7,7 Millionen verstreut über die Welt.

Auch das *kurdische Volk* wurde im Stich gelassen. Im Vertrag von Sèvres von 1920 versprachen die Siegermächte den unter ehemals osmanischer Herrschaft lebenden Kurden/Kurdinnen Autonomie, ja sogar Unabhängigkeit, «sofern die Mehrheit der Bevölkerung dieser Gebiete eine solche wünschte und der Rat des Völkerbunds die Bevölkerung für die Unabhängigkeit fähig halten und diese empfehlen sollte». Schon drei Jahre später ließen die Siegermächte im Vertrag von Lausanne zu, dass die Kurden auf schließlich fünf Staaten verteilt und die kurdische Sprache und Selbstverwaltung vor allem in der Türkei systematisch unterdrückt wurden. Denn Großbritannien wollte die wasser- und ölreiche Provinz um Kirkuk nicht an einen starken kurdischen Staat verlieren. Dieses Gebiet wurde 1925 dem britischen Mandatsgebiet Irak zugeschlagen (▶ 26.23). Rund ein Sechstel der heutigen kurdischen Bevölkerung von 35 Millionen lebt nicht mehr im ehemaligen Siedlungsgebiet.

10.17 Kolonialgebiete: Die deutschen Kolonien wurden unter den Siegermächten verteilt. Dabei kamen die Ententepolitiker dem Präsidenten

Wilson insoweit entgegen, als diese Kolonien nicht annektiert, sondern unter die Hoheit des Völkerbunds gestellt wurden; dieser übertrug dann die Verwaltungsrechte als Mandat an die Siegerstaaten. Aber die betroffene Bevölkerung wurde nicht einbezogen, wie dies die Vierzehn Punkte verlangt hatten.

So erhielt Japan die deutsche Kolonie Kiautschou (Jiaozhou) in China. China, selbst 1917 auf der Seite den Entente in den Krieg eingetreten, wurde damit vor den Kopf gestoßen. Die Ententemächte zwangen zwar später Japan zum Abzug; nun waren aber China und Japan über die Westmächte empört.

Die deutschen Kolonien gingen als Völkerbundsmandate an:

Großbritannien:
  Ostafrika (Tanganjika)

Zwischen Großbritannien und Frankreich aufgeteilt:
  Kamerun
  Togo

Südafrikanische Union:
  Südwestafrika

Belgien:
  Ruanda
  Burundi

Australien:
  Nordost-Neuguinea

Japan:
  Marianen, Karolinen und Marshall-Inseln

10.2 Friedenssicherung und Friedensgefährdung

10.21 Völkerbund: Das Selbstbestimmungsrecht der Völker gemäß den Vierzehn Punkten war in der Neuzuteilung von Gebieten kaum beachtet worden. Doch deren 14. Punkt, die Schaffung eines Völkerbunds, konnte Wilson im Versailler Vertrag durchsetzen. Seine Idee bestand darin, dass nicht mehr ein Gleichgewicht der Großmächte (▶ 6.11), sondern eine kollektive Sicherheit den Frieden gewährleisten solle: Jeder Angriff soll von der Gesamtheit der Völkerbundsmitglieder mit militärischen und wirtschaftlichen Sanktionen bestraft werden.

Dem demokratischen Ideal entsprach auch die Völkerbundsversammlung aller Mitgliedstaaten. Darin sollte jeder Beschluss einstimmig gefasst werden (von einem Konflikt direkt betroffene Staaten ausgenommen). Die Großmächte waren im Völkerbundsrat ständig vertreten, zwölf weitere Mächte mit einer je für drei Jahre gewählten Vertretung. Der Völkerbund hatte seinen Sitz in Genf.

Allerdings traten die USA dem Völkerbund nicht bei (▶ 10.11) und auch Sowjetrussland und die Mittelmächte waren vorläufig ausgeschlossen. Damit blieb der Völkerbund ein Instrument der Siegermächte, aber wegen der Absenz der USA ohne nachhaltige Wirkung. Vor allem Frankreich setzte darin seine Interessen durch. Gegenüber der japanischen, italienischen und deutschen Aggression in den Dreißigerjahren versagte der Völkerbund. 1946 wurde er durch die 1945 gegründete UNO abgelöst. Als deren Vorgänger leitete der Völkerbund eine neue Phase in der Geschichte der zwischenstaatlichen Beziehungen ein.

10.22 Revisionismus: Der Völkerbund konnte aber nicht verhindern, dass durch die Neuverteilung der Territorien zahlreiche Staaten unzufrieden waren und nach einer Revision der Verträge über die Nachkriegsordnung strebten. Dieses Anliegen wird Revisionismus genannt.

Besonders das Deutsche Reich und Sowjetrussland empfanden die neue Friedensordnung als ungerecht; sie hatten Gebiete abtreten müssen und konnten dem Völkerbund nicht beitreten. So näherten sie sich militärisch, diplomatisch und wirtschaftlich an. Im Vertrag von Rapallo verzichtete 1922 Sowjetrussland auf Reparationsforderungen, das Deutsche Reich auf die Rückforderung deutscher Guthaben in Sowjetrussland aus der Vorkriegszeit. Deutsch-sowjetische Handelsverträge erleichterten der Sowjetmacht den Weg zur internationalen Anerkennung. Im Geheimen schulte die deutsche Reichswehr die ihr verbotene Luftwaffe auf einem sowjetischen Flugplatz.

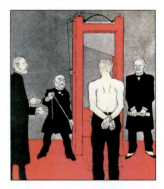

Der «Diktatfriede» von Versailles 1919

Die deutsche Satirezeitschrift «Simplicissimus» stellte am 3.6.1919 die deutsche Sicht des Versailler «Friedens» dar. Die Scharfrichter sind (v.l.n.r.) der amerikanische Präsident Wilson, der französische Ministerpräsident Clemenceau und der englische Premierminister Lloyd George.

Für Italien bedeuteten die Pariser Verträge eine Enttäuschung, denn weder brachten sie ihm die erwünschte Adriaherrschaft noch eine Ausweitung seines Kolonialreiches. Zudem wurde das Land durch schwere wirtschaftliche Nachkriegskrisen erschüttert. In den nationalistischen Kreisen herrschte die Überzeugung, Italien sei von den Westmächten betrogen worden. Diese Überzeugung erleichterte im Herbst 1922 die Machtübernahme der rechtsradikalen faschistischen Partei Mussolinis. Das neue Regime annektierte 1924 die Stadt Rijeka, nun italienisch Fiume, in Dalmatien.

Zu den revisionistischen Staaten gehörten auch Ungarn, Österreich, Bulgarien und Albanien.

10.23 Französisches Bündnissystem: Frankreich als mächtigste Kontinentalmacht sicherte sich nicht nur im Rahmen des Völkerbunds gegen den deutschen, den russischen, den ungarischen und den italienischen Revisionismus ab. Es wob ein dichtes Bündnisnetz mit all jenen Staaten, die von einer Revision dieser Friedensordnung territoriale Einbußen befürchten mussten. Die Kernstücke dieses Systems waren eine Militärallianz mit Polen und die «Kleine Entente»: ein Bündnis zwischen der Tschechoslowakei, Jugoslawien und Rumänien. Auch Belgien, dessen Neutralitätspflicht (▶ 6.33) der Vertrag von Versailles aufgehoben hatte, schloss mit Frankreich ein Militärbündnis.

10.3 Der Faschismus in Italien

10.31 Ideologie des Faschismus: Benito Mussolini (1883–1945), der Schöpfer und Führer der faschistischen Ideologie, bezog seine Ideen – typisch für eine Ideologie – aus verschiedenen, widersprüchlichen Quellen: Ursprünglich ein Sozialist, vertrat er im Ersten Weltkrieg nationalistische Ideen. Statt einer international verbundenen sozialistischen Gesellschaft propagierte er nun die Kriegskameradschaft in den sogenannten «fasci di combattimento» (Kampfverbänden), welche seiner Ideologie den Namen gaben. Diese Fasci beruhten noch auf einer dritten Idee, die im Anarchismus verankert war: dem Glauben, dass durch eine «action directe», eine verwegene Einzeltat einer Elite, ein politischer Prozess angerissen oder beschleunigt werden könne (▶ 8.57).

Mussolini war kein Theoretiker, sondern ein redegewandter Praktiker, der die Widersprüche in seiner Ideologie mit einprägsamen Slogans überdeckte: «Vivere è combattere!» – «Vivere pericolosamente!» – «Per noi fascisti morire non è morire, quando si muore per l'Italia!» – «Guerra, una parola che non ci fa paura (Angst)!» – «La lotta (Kampf) è l'origine di tutte le cose!» Mit solchen emotionalen Aufrufen vermochte er zuerst seine Gefolgschaft, dann das von den Friedensverträgen enttäuschte und durch eine Inflation und Arbeitslosigkeit geschüttelte Italien zu faszinieren.

Benito Mussolini (Mitte), links neben ihm Marschall Emilio De Bono (1866–1944), rechts Italo Balbo (1896–1940) und Cesare Maria De Vecchi (1884–1959) posieren als sogenanntes Quadrumvirat nach dem Marsch auf Rom.

10.32 «Marsch auf Rom»: Diese Wirtschaftskrise, Unruhen und die Angst des Bürgertums vor einer bolschewistischen Revolution wie 1917 verschafften Mussolinis «fasci di combattimento» starken Zulauf und auch bürgerliche Unterstützung. Unter diesem Druck lehnten der König und die Parlamentsmehrheit eine antifaschistische Allianz mit den Sozialisten ab und erklärten sich bereit, Mussolinis Faschisten an einer rechtsbürgerlich beherrschten Regierung zu beteiligen. Die Machtübernahme durch die Faschisten wurde schließlich durch den Zusammenzug aller «fasci di combattimento» zum «Marsch auf Rom» (28. Oktober 1922) untermauert; aber Mussolini war bereits zum Ministerpräsidenten ernannt worden. Er, der mit dem Schlafwagen nach Rom fuhr, ahmte hierin die römischen Diktatoren Sulla und Caesar nach, die sich mit einem Marsch auf das unbewaffnete Rom zu Diktatoren gemacht hatten (▶ Band 1, 4.24).

10.33 Errichtung der Diktatur: Doch in der Volkskammer («camera dei deputati») des Parlamentes stellten die Faschistische Partei (PNF, Partito Nazionale Fascista) nur zwei von 535 Sitzen, die Sozialisten 124, die Kommunisten 15 und zehn bürgerliche Parteien die breite Mitte. Deshalb musste Mussolini Vertreter weiterer Parteien an der Regierung beteiligen. Das wiegte diese in der Sicherheit, Mussolini kontrollieren zu können.
Das 1919 eingeführte Proporzwahlrecht hatte zu einer Zersplitterung der Kräfte geführt. Mussolini brachte unter dem Vorwand, die Regierung handlungsfähig machen zu müssen, 1923 ein neues Wahlgesetz («Legge Acerbo») durch, das der relativ stärksten Partei zwei Drittel der Mandate zusprach. 1924 erreichte sein PNF nach dem Erfolg der Einverleibung der Stadt Rijeka (Fiume) und durch Terror gegen die anderen Parteien diese relative Mehrheit. Nun setzte er sich über alle gesetzlichen Schranken hinweg. Die Mandate der Opposition, welche die Parlamentssitzungen aus Protest boykottierte, ließ er als gelöscht erklären und ihre Parteien verbieten.
Ein einfacher Parlamentsbeschluss übertrug 1926 die legislative Gewalt auf die Regierung. Ein neuer «Gran Consiglio del Fascismo» mit beratender Stimme konnte Kandidaten für die Parlamentswahlen aufstellen. Ferner wurde die ganze italienische Presse durch Zwangsenteignungen in die Hand der faschistischen Partei gegeben und die Selbstverwaltung der Provinzen und Gemeinden aufgehoben.

10.34 Faschistisches Italien: In der *Außenpolitik* hielt sich Mussolini zwar vorsichtig zurück, doch suchte er die Bevölkerung zu einer wirtschaftlich starken und von kriegerischem Geist durchdrungenen Gemeinschaft umzuformen. Um die *Wirtschaft* einheitlich zu lenken und um eine möglichst weitgehende Autarkie zu gewinnen, ersetzte die «Carta del Lavoro» (Arbeitsgesetz) die Unternehmerverbände und Gewerkschaften durch Korporationen: berufsständische Organisationen, die von Staat und Partei kontrolliert und mit staatlicher Hoheitsgewalt ausgestattet waren und den Klassengegensatz überwinden sollten.
Den seit fast 60 Jahren bestehenden Konflikt zwischen dem italienischen Staat und der Kurie (▶ 7.52) beendeten 1929 die *Lateranverträge*. Mussolini räumte dem Papst in Rom einen selbstständigen Staat, die Vatikanstadt, ein. Er erklärte den Katholizismus zur Staatsreligion, die kirchliche Eheschließung als zivilrechtlich gültig und den Religionsunterricht als Pflichtfach an allen Schulen. Dafür gestand der Papst zu, dass die italienischen Bischöfe nur mit staatlicher Zustimmung eingesetzt werden durfte. Und – wichtiger – die katholische Kirche stand nun hinter der faschistischen Diktatur.
1935 griff die italienische Armee von den Kolonien Somaliland und Eritrea aus das Kaiserreich *Abessinien* (heute Äthiopien) an; dieses damals älteste Reich der Welt (▶ 1.11) hatte 1896 einen italienischen Angriff erfolgreich abgewehrt. Nun annektierte Italien das neben Liberia letzte noch unabhängige afrikanische Land (▶ 25.28).

Militarisierung der faschistischen Gesellschaft

Entgegen den Bestimmungen des Konkordates von 1929 suchte das faschistische Italien die heranwachsende Generation ganz dem Einfluss von Staat und Partei zu unterwerfen. Neben der straff zentralisierten Schule diente diesem Ziel vor allem die Staatsjugendorganisation der «Opera Nazionale Balilla». Ihr mussten, in drei Altersstufen gegliedert, alle Jugendlichen vom 6. bis zum 18. Altersjahr angehören. Zu ihren Hauptaufgaben gehörte neben der ideologischen Indoktrination die soldatische Schulung: Mussolini übergibt hier einem Balilla ein verkleinertes Modell des Armeegewehrs.

10.4 Die demokratische Phase des Deutschen Reichs, 1918–1929

10.41 Gefährdung der Demokratie: Die sozialdemokratischen Politiker hatten im November 1918 die Regierungsverantwortung nur widerwillig übernommen, um einem kommunistischen Umsturz nach dem Vorbild der russischen Oktoberrevolution zuvorzukommen (▶ 9.43). Dazu einigte sich Friedrich Ebert mit dem Reichswehrkommandanten Wilhelm Groener (1867–1939), Ludendorffs Nachfolger: Dieser sicherte der neuen Reichsregierung militärische Unterstützung zu und warf zusammen mit «Freikorps» (Freiwilligenverbände aus entlassenen Offizieren und politisch rechts stehenden Soldaten) in den folgenden Monaten kommunistische Aufstände wie den «Spartakus-Aufstand» nieder (▶ 9.43). Im Gegenzug anerkannte Ebert die Eigenständigkeit der Reichswehr (wie die neue Armee hieß); er verzichtete also darauf, diese der Politik eindeutig unterzuordnen. Dadurch entwickelten sich die weitgehend unabhängigen Truppenverbände ihrerseits zu einer Gefahr für die junge Demokratie. 1920 besetzte ein Freikorps Berlin und erklärte die Reichsregierung für abgesetzt («Kapp-Putsch» durch Wolfgang Kapp); die Reichswehr weigerte sich, gegen ihre Kameraden von den Freikorps zu kämpfen, sodass erst ein Generalstreik das Unternehmen scheitern ließ. Noch jahrelang beunruhigten die von der Reichswehr gedeckten Freikorps durch Terrorakte, Bürgerkriegspläne und Mordanschläge das politische Leben. Im November 1923 versuchten Ludendorff und Adolf Hitler, die Macht in München gewaltsam an sich zu reißen («Hitler-Putsch»).

Adolf Hitler (1889–1945), Foto von 1923

Sohn eines Zollbeamten aus Braunau in Oberösterreich, mit 18 Jahren Vollwaise mit Rente, gescheiterte Ausbildung zum Kunstmaler in Wien, Gelegenheitsarbeiter; 1913 Umzug nach München, um dem Militärdienst auszuweichen, 1914 Kriegsfreiwilliger im Deutschen Reich, Meldegänger hinter der Front, ausgezeichnet mit dem Eisernen Kreuz; 1918 vermutlich psychisch erkrankt; erfolgreicher Redner in Kursen der Reichswehr und ab 1919 in der Deutschen Arbeiterpartei DAP, ab 1920 NSDAP; 1923 gescheiterter Staatsstreichversuch in München; am 1.4.1924 zu fünf Jahren Festungshaft verurteilt, wo er sein Werk «Mein Kampf» verfasste; noch im Dezember des gleichen Jahres amnestiert.

Die Reichswehr – ein Staat im Staate

Als 1923 die Nachricht vom Hitler-Putsch in Berlin eintraf, erkundigte sich der Reichspräsident Ebert besorgt beim Chef der Heeresleitung, General von Seeckt: «Ich möchte wirklich wissen, wo eigentlich die Reichswehr steht.» Dieser entgegnete scharf: «Die Reichswehr steht hinter mir, Herr Präsident.»

Nicht nur die Reichswehr und ihre Offiziere standen der Demokratie kritisch gegenüber, sondern auch die Beamtenschaft, viele Richter und Lehrer. Notgedrungen hatte die Republik sie aus der kaiserlichen Monarchie übernommen. Diese fügten sich nur widerwillig in den neuen Staat ein. In ihren Kreisen fand die Lüge vom «Dolchstoß» und das Schimpfwort von den «Novemberverbrechern» – welche den Kaiser zur Abdankung gedrängt hätten – die für den demokratischen Staat gefährlichsten Anhänger. Die im November 1918 unter dem Druck der Niederlage und des Auslands unvollendet gebliebene Revolution hatte zwar ein Blutbad erspart, bildete aber eine Hypothek für die Weimarer Republik.

10.42 Weimarer Verfassung: Die erstmals auch von den Frauen gewählte Deutsche Nationalversammlung trat 1919 nicht in dem von Unruhen erschütterten Berlin zusammen, sondern in Weimar; damit sollte die Abwendung vom «preußischen» und die Hinwendung zum «klassischen Deutschland» (Goethe, Schiller, Wieland, Herder) deutlich gemacht werden. Nach diesem ersten Tagungsort wird die neue Verfassung als Weimarer Verfassung bezeichnet.

In der Nationalversammlung verfügte die Sozialdemokratie nur über rund vierzig Prozent aller Sitze. Sie musste mit den liberalen Parteien und mit dem katholischen Zentrum zusammenarbeiten («Weimarer Koalition») und ihnen Zugeständnisse machen. Immerhin wurde der Achtstundentag und die Wahl von Betriebsräten in den Unternehmen gesetzlich verankert; der bisherigen Machtfülle des Kaisers und seiner Minister wurde eine Demokratie mit weitgehenden Mitbestimmungsrechten des Volks entgegengesetzt. So konnte das Volk selbst Gesetze einbringen (Initiativrecht) und Abstimmungen über beschlossene Gesetze verlangen (Referendum). Es konnte seine Vertretung im Reichstag nach allgemeinem Wahlrecht im

Weimarer Republik

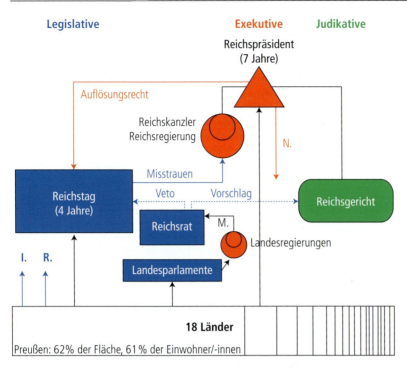

Die Organisation der Weimarer Republik

N.: Notverordnungsrecht (konnte mit absoluter Mehrheit des Reichstags aufgehoben werden)

I.: Initiativrecht

R.: Referendumsrecht

M.: Mitglieder der Landesregierungen (mit unterschiedlicher Amtsdauer).

Proporzwahlverfahren bestellen und sogar den Reichspräsidenten in direkter Volkswahl bestimmen (Elemente einer direkten Demokratie).

Der Reichstag seinerseits verfügte über großen Spielraum; die Ländervertretung, der Reichsrat, besaß nämlich nur ein schwaches Vetorecht. Der Reichstag konnte mit einem Misstrauensvotum die Regierung absetzen und mit Zweidrittelmehrheit sogar Gesetze erlassen, welche gleichen Stellenwert wie die Verfassung hatten. Auch der vom Volk gewählte Reichspräsident verfügte als eine Art Ersatzkaiser über große Macht: Er ernannte den Reichskanzler und auf dessen Vorschlag die Regierung, konnte Notverordnungen erlassen und führte (mindestens auf dem Papier) den Oberbefehl über die Reichswehr.

Allerdings hatten diese direktdemokratischen Elemente auch Nachteile: Das Proporzwahlrecht führte zu einer Zersplitterung der Kräfte im Reichstag und die Möglichkeit des einfachen Misstrauensvotums zur Instabilität der Regierung. Wegen der fehlenden Kontinuität in diesen beiden Gremien gewann der Reichspräsident noch mehr Gewicht. Nach dem noch nicht vom Volk gewählten ersten Reichspräsidenten Friedrich Ebert bekleidete Weltkriegs-Feldmarschall Paul von Hindenburg ab 1925 dieses Amt.

10.43 Inflation: Während des Weltkriegs waren in allen Krieg führenden Ländern die Ausgaben derart angeschwollen, dass sie nur noch zum kleinsten Teil aus den Steuern hatten gedeckt werden können. Diese Staaten hatten sich stark verschulden müssen, vorerst durch Aufnahme von Anleihen, dann bei den Notenbanken, die Geld druckten. Die Erhöhung des Papiergeldumlaufs führte zur Inflation. Am stärksten davon betroffen waren die Mittelmächte; denn sie hatten besonders viel Geld drucken lassen (▶ 9.26) und sie konnten nach dem Krieg keine Kredite in den finanzstarken USA

Sperrklausel: Um eine Zersplitterung der Kräfte infolge des Proporzwahlverfahrens zu verhindern, haben zahlreiche Staaten (nicht aber die Schweiz) Sperrklauseln eingeführt: Eine Partei muss einen bestimmten Prozentsatz erreichen, um überhaupt vertreten zu sein.

Konstruktives Misstrauensvotum: Um zu verhindern, dass das Parlament Regierungen nur stürzt, kennen die Bundesrepublik Deutschland und ihre Länder das konstruktive Misstrauensvotum: Eine Regierung wird nur dann gestürzt, wenn sich gleichzeitig eine Mehrheit für eine neue findet.

Schon während des Kriegs hatte die Mark 43 % ihres Werts (gemessen an Gold oder an «harten» Währungen) eingebüßt; nach Kriegsende kam die durch Festlegung von Preisen und Löhnen sowie Rationierung aufgestaute Inflation zum vollen Ausbruch. Ihre Entwicklung kann am Preis eines US-Dollars abgelesen werden:

1 US-Dollar kostete	Mark
1. Aug. 1914	4,20
Ende 1917	5,25
Ende 1919	42,00
Ende 1920	69,00
Ende 1921	168,00
Ende 1922	8 400,00

Vom Frühsommer 1923 an entwertete sich die Mark täglich und schließlich sogar stündlich; der Dollarkurs musste zuerst in Millionen-, bald in Milliarden- und zuletzt in Billionenbeträgen angegeben werden.

Briefmarke für Inlandpost vom 9.10. 1923
Die Originalmarke für 200 Mark wurde Anfang März 1923 herausgegeben.

Goldmark: Im Gegensatz zur gewöhnlichen Papiermark eine an den Gold- und Silberpreis gebundene, also der Inflation nicht unterworfene Rechnungseinheit. Die Reparationsforderungen wurden also durch die Inflation nicht geringer.

Bruttosozialprodukt: Wert aller produzierten Waren und Dienstleistungen einer Volkswirtschaft.

aufnehmen. Im Deutschen Reich führten die Reparationszahlungen zu einem weiteren Wertabfluss und steigerten damit die Inflation.

Im Januar 1923 geriet das Deutsche Reich mit den Reparationszahlungen in Rückstand. Die französische Regierung, durch den Vertrag von Rapallo (▶ 10.22) ohnehin misstrauisch, besetzte daraufhin das Ruhrgebiet. Sie wollte sich ein «produktives Pfand» sichern, denn dort wurde Kohle gefördert und Stahl produziert. Deutsche Regierung und Ruhrbevölkerung reagierten mit einem «Ruhrkampf»: Generalstreik und Verweigerung aller Dienstleistungen gegenüber Frankreich. Daher lohnte sich die Besetzung für Frankreich nicht. Aber auch das Deutsche Reich konnte in der Ruhr während Monaten nicht produzieren und musste die Streikenden unterstützen. Die deutsche Mark verlor im Laufe des Sommers und des Herbstes derart rasch an Wert, dass sie nicht mehr verwendet werden konnte. Das Deutsche Reich hätte praktisch zur primitiven Tauschwirtschaft zurückkehren müssen.

Ende September brach die Reichsregierung den «Ruhrkampf» ab. Der bald zum Reichsbankpräsidenten ernannte Finanzfachmann Hjalmar Schacht (1877–1970) führte eine Währungsreform durch: Er ersetzte die bisherige Mark durch eine neue Währungseinheit, die Rentenmark, die im folgenden Jahr in Reichsmark umbenannt wurde. Für eine Billion Mark zahlte die Reichsbank eine Rentenmark. Damit hätte der Staat mit einem Schlag alle seine Schulden auf den billionsten Teil reduzieren können, und alle Geldvermögen wären nichts mehr wert gewesen. Schacht reduzierte die Schulden «nur» auf 15 Prozent, 85 Prozent Verlust aber mussten die Kleinsparer/-innen und Rentner/-innen hinnehmen. Dadurch enttäuscht, wurden sie zu Gegnern der Weimarer Republik – und nicht des Kaiserreichs, das die Schulden angehäuft hatte.

10.44 Reparationen und Finanzhilfe: 1921 einigten sich die Siegermächte bezüglich der Reparationsleistungen auf eine Gesamtforderung von 132 Milliarden Goldmark. Allein die Verzinsung dieser Schuld hätte fast ein Viertel des deutschen Bruttosozialprodukts verschlungen. Vor allem Frankreich sah in den Reparationen ein Mittel, um das Deutsche Reich wirtschaftlich niederzuhalten. Wie viel bis Ende 1923 wirklich bezahlt wurde, ist umstritten, denn größtenteils handelte es sich um Sachlieferungen. Die Siegermächte errechneten einen totalen Wert von rund 14 Milliarden Goldmark, die Deutschen von rund 60 Milliarden.

Nach dem Zusammenbruch der deutschen Währung wurde klar, dass die Reparationszahlungen das Wirtschaftssystem von Schuldner- und Gläubigerstaaten gleichermaßen gefährdeten. Denn die Schuldnerstaaten konnten nur Zahlungen leisten, wenn sie in die Gläubigerstaaten exportieren konnten. Das wiederum hätte deren Arbeitsmarkt gefährdet. Auf Initiative der USA regelte ihr Experte Charles Dawes (1865–1951) die Reparationsfrage neu. Der Dawes-Plan begrenzte die Reparationen auf anfänglich eine Milliarde Goldmark pro Jahr. Über die Gesamthöhe der Reparationsschuld und damit über die Dauer der Zahlungspflicht äußerte er sich nicht. Doch sollte, und das war der entscheidende Punkt, das Deutsche Reich gleichzeitig auf dem amerikanischen Kapitalmarkt Anleihen aufnehmen können. So entstand ein gewaltiger Kapitalkreislauf: Das Deutsche Reich leistete den Ententemächten Reparationen, diese verzinsten und amortisierten an die USA ihre Kriegsschulden in der Höhe von rund zehn Milliarden Dollar und die USA unterstützten das Deutsche Reich durch Anleihen.

Der Young-Plan, der 1930 den Dawes-Plan ersetzte, senkte die deutschen Jahreszahlungen, begrenzte sie auf den Zeitraum bis Ende 1987 und verfeinerte das Transferverfahren durch die Gründung der Bank für Internationalen Zahlungsausgleich (BIZ) in Basel, über welche das Deutsche Reich seine Reparationsraten beglich und Kredite erhielt.

In der folgenden Weltwirtschaftskrise allerdings wurden die Rückzahlungen unterbrochen. Erst 1953 nahm die Bundesrepublik die Rückzahlungen wieder auf und verpflichtete sich 1990 nach der Wiedervereinigung zur Rückzahlung von 176 Millionen Deutscher Mark an die Young-Anleihe. Die letzten 20 Millionen davon zahlte sie zum 20. Jahrestag der Wiedervereinigung am 3. Oktober 2010 zurück – und schloss damit den Ersten Weltkrieg ab.

10.45 «Die glücklichen Zwanzigerjahre»: Der internationale Kapitalfluss schien allen zu helfen: In den USA stiegen die Börsenkurse, und der Zufluss von Auslandskapital bewirkte vor allem im Deutschen Reich nach dem Elend der Inflationszeit einen Wirtschaftsaufschwung. Zwischen 1925 und 1929 spricht man deshalb von den «glücklichen Zwanzigerjahren» («Roaring Twenties»). Nun konnte wieder investiert und produziert werden. Der leichte Zugang zu Krediten verführte allerdings teilweise zu überdimensionierten und oft unproduktiven Investitionen. Und die Abhängigkeit der Volkswirtschaften untereinander wuchs.

Die wirtschaftliche Hochkonjunktur und eine außenpolitische Entspannung im Zeichen der Verträge von Locarno (▶ 10.52) führten zu größerer politischer Stabilität. In wechselnden Kombinationen bildeten die Weimarer Parteien die Regierung. Weder die Kommunistische Partei, deren letzter Aufstand 1923 Hamburg und Thüringen erschüttert hatte, noch die rechtsextremen Parteien und Verbände fanden Zulauf. Letztere nahmen die ungeliebte Republik einstweilen hin, weil seit 1925 Paul von Hindenburg als Reichspräsident die Rolle eines Ersatzkaisers spielte. Der Ausbruch der Weltwirtschaftskrise setzte dieser Entwicklung ein jähes Ende (▶ 12.13).

Gesellschaft und Kultur beschritten unter dem Einfluss der wirtschaftlichen Erholung neue Wege (▶ 18.34). Eine neue Frauengeneration emanzipierte sich von den Rollenvorstellungen der Kriegsgeneration und suchte ein selbstbestimmtes Leben außerhalb einer Ehe; viele Männer waren ohnehin im Krieg gefallen.

George Grosz (1893–1959): «Die Stützen der Gesellschaft», 1926

Der deutsche Maler geißelte mit diesem Bild die reaktionären und antidemokratischen Eliten der Weimarer Republik, in denen er die Totengräber der jungen Demokratie sah. Dargestellt sind (von vorn nach hinten) der Jurist, der Journalist, der Parlamentarier, der Pfarrer und der Offizier.

Junge Frauen nannten sich «Garçonnes», trugen Kurzhaarfrisuren, «Bubiköpfe», Hosen und auch Männerkleider. Sie interessierten sich für Technik und Sport und sahen nicht mehr in der Ehe ihr Lebensziel.

Im Bild *Annemarie Schwarzenbach (1908–1942, links, Enkelin von General Wille, ▶ 9.61) mit ihrer Freundin Ella Maillart kurz vor ihrem gemeinsamen Aufbruch nach Afghanistan 1939 in diesem Ford (einen Spezialmodell mit 18 statt 11 PS). Beide schrieben über ihre Weltreisen eindrucksvolle Reportagen. Immer wieder versuchte Annemarie Schwarzenbach von ihrer Morphiumsucht loszukommen. Diese und ein Fahrradunfall brachten der 34-Jährigen den Tod.*

10.5 «Locarnopolitik»

10.51 Französisch-deutsche Annäherung: Die unglücklichen Folgen des Ruhrkampfes (▶ 10.43) für das Deutsche Reich wie für Frankreich eröffneten zusammen mit zwei neuen Politikern den Weg zu einer grundsätzlichen Neugestaltung der Außenpolitik. Das Deutsche Reich unter Reichskanzler und nachher Außenminister Gustav Stresemann (1878–1929) verzichtete auf den Ruhrkampf. Und Frankreich zog seine Truppen aus dem Ruhrgebiet ab. 1925 wurde Aristide Briand (1862–1932) französischer Außenminister; er ließ sich von der Idee leiten, dass eine deutsch-französische Annäherung für beide Seiten von Vorteil sein könnte und eine starke Bindung des Deutschen Reichs an die Sowjetunion verhindere. Stresemann ging noch einen Schritt weiter mit der sogenannten «Erfüllungspolitik». Das heißt, er akzeptierte den Versailler Vertrag, um eine Basis für dessen behutsame Revision zu schaffen.

Retter Stresemann
«Er schaut nach rechts, er schaut nach links – er wird mich retten!»
So stellte die Zeitschrift «Simplicissimus» schon 1923 den Reichskanzler und späteren Außenminister Stresemann dar.

10.52 Locarno-Verträge: Im Hauptvertrag von Locarno einigten sich die beiden Außenminister 1925 darauf, dass das Deutsche Reich die vom Versailler Vertrag festgelegte Westgrenze anerkannte. Es bestätigte also freiwillig den Verlust von Elsass-Lothringen, Eupen und Malmédy sowie die Entmilitarisierung des Rheinlandes (▶ 10.12). Umgekehrt verpflichteten sich Frankreich und Belgien, die deutsche Grenze zu respektieren, sodass eine neue Ruhrbesetzung ausgeschlossen war. Großbritannien und Italien garantierten, im Fall eines Vertragsbruchs einzugreifen.
Bezüglich der Ostgrenze gegen Polen konnte sich das Deutsche Reich zwar nicht zu einer Anerkennung durchringen, aber doch zur Verpflichtung, eine Änderung nur mit friedlichen Mitteln anzustreben.
Die Verträge von Locarno schienen zu beweisen, dass der Versailler Vertrag nicht in einen neuen Krieg hinüberführen musste, sondern auf friedlichem Weg umgesetzt werden konnte. Der deutsche und der französische Außenminister erhielten 1926 gemeinsam den Friedensnobelpreis. Die Welt wusste um die Bedeutung dieser Verträge. Allerdings waren Briand und Stresemann in ihren eigenen Staaten ziemlich isoliert und wurden von den rechts stehenden Parteien angefeindet.

Gustav Stresemann, Austen Chamberlain und Aristide Briand (v. l.) bei den Verhandlungen in Locarno, Oktober 1925

Für die Schlussverhandlung auf einem Schiff auf dem Lago Maggiore soll Stresemann den Kapitän angewiesen haben, so lange zu kreuzen, bis alle Traktanden abgearbeitet waren.

10.53 Vorübergehende Aufwertung des Völkerbunds: In den Verträgen von Locarno gestanden die Ententemächte dem Deutschen Reich zu, sich nicht mehr gegen seine Aufnahme in den Völkerbund zu wehren. So wurde dieses 1926 aufgenommen und erhielt gleich als Großmacht einen Sitz im Völkerbundsrat. Der Völkerbund erhielt so die Möglichkeit, wenigstens in Europa die zahlreichen kleineren Konflikte nationaler Minderheiten gütlich regeln zu helfen.
1928 gelang Briand und dem US-Außenminister Frank Kellogg (1856–1937) die teilweise Reparatur eines Geburtsfehlers des Völkerbunds, nämlich die Abwesenheit der beiden Großmächte USA und Sowjetunion. Sie vereinbarten den Briand-Kellogg-Pakt, den in kurzer Zeit 62 Nationen (▶ 10.21), darunter die USA und die Sowjetunion, unterzeichneten. Die Unterzeichnerstaaten verpflichteten sich, auf einen Angriffskrieg zu verzichten. Mit der Ächtung des Kriegs als Mittel der Politik wurde ein wichtiges Anliegen von Woodrow Wilson erfüllt und über den Völkerbund hinaus anerkannt. Allerdings enthielt der Vertrag keine Möglichkeiten, einen Staat zu bestrafen, der sich nicht daran hielt. Zehn Jahre nach Kriegsende schienen nun die Lehren aus dem Krieg gezogen zu sein.

«Locarnopolitik»

Eingang zum Völkerbundpalast (Palais des Nations) in Genf, aktuelles Bild

Die Schweiz war dank ihrer zentralen Lage und ihrer Neutralität so lange ein idealer Ort für den Sitz des Völkerbunds, als vor allem Probleme europäischer Staaten die Weltpolitik prägten. Seit 1945 dient der Völkerbundpalast der UNO als Zweitsitz.
Der Palast ist in Europa der zweitgrößte Gebäudekomplex nach Versailles. Er wurde von fünf Architekten aus vier Staaten im neoklassizistischen Stil gebaut. Le Corbusiers (▶ 21.38) Entwurf mit einer modernen Formensprache unterlag im Wettbewerb.

Im Herbst 1929 trug Briand zusammen mit Stresemann der Völkerbundsversammlung den Plan einer europäischen Föderation vor. Seit dem Ende des Ersten Weltkriegs hatte eine internationale «Paneuropa»-Bewegung unter Führung des Österreichers Richard Coudenhove-Kalergi (1894–1972) für die Schaffung der «Vereinigten Staaten von Europa» geworben. Allerdings ließen sich Großbritannien und die neutralen Staaten für diese Idee nicht begeistern. Und im Herbst 1929 brach die Weltwirtschaftskrise aus, starb Stresemann (1929) und erkrankte Briand (1931).
Nun gewannen überall, wie bereits in Osteuropa, die rechts stehenden, nationalistischen Parteien die Oberhand. Die Idee eines vereinigten Europas wurde erst nach dem Zweiten Weltkrieg wieder aufgenommen (▶ 14.38).

10.6 Ost- und Südosteuropa

10.61 Äußere Gefährdung: Im Gegensatz zu West- und Mitteleuropa zeichnete sich in Ost- und Südosteuropa keine Entspannung ab. Den Staaten des «cordon sanitaire» von Finnland über Polen und die Tschechoslowakei bis nach Südosteuropa fehlten gesicherte Grenzen (▶ 10.14). Sie fühlten sich permanent bedroht durch den deutschen, den russischen und den ungarischen Revisionismus (▶ 10.22), denn ihr Territorium erstreckte sich vielfach in Räume, deren Bevölkerung ganz oder teilweise Deutsch, ostslawische Sprachen oder Ungarisch sprach. Daraus ergab sich eine innere Gefährdung durch das Minderheitenproblem. Ferner bestanden vereinzelt gewichtige Grenzstreitigkeiten zwischen diesen neuen Staaten selbst, sodass sie sich nicht zu einer gemeinsamen Verteidigung gegen den Revisionismus zusammenfanden. Sie fühlten sich ferner bedroht durch die forcierte Industrialisierung der Sowjetunion unter Stalin (▶ 11.42).

Polens Expansion und Minderheitenprobleme

Polen eignete sich an:
1 1921 sowjetrussische Gebiete östlich der Curzon-Linie vom Dezember 1919 (▶ 10.14)
2 1923 die Region Wilna von Litauen (1920 zugesprochen)
3 1938 den Westteil der Grenzstadt Teschen und deren Umland von der Tschechoslowakei
4 Westpreußen, Posen und Oberschlesien hatte das Deutsche Reich im Versailler Vertrag abtreten müssen, aber die Grenze nicht anerkannt (▶ 10.52).
5 Im Auftrag des Völkerbunds verwaltete Polen die Freie Stadt Danzig, was bei deren deutscher Bevölkerung immer wieder zu Protesten führte.

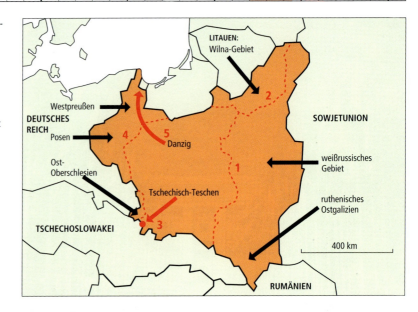

Übergang zur Diktatur
1920 Ungarn:
  Admiral Miklós Horthy (bis 1944)
1924 Albanien:
  Achmed Zogu (ab 1928 König Zogu I., bis 1939)
1926 Polen:
  Marschall Józef Piłsudski (bis 1935, Tod)
1926 Litauen:
  Präsident Antanas Smetona (bis 1940)
1929 Jugoslawien:
  König Alexander I. (bis 1934, Attentat, danach Regentschaft)
1934 Estland:
  Ministerpräsident Konstantin Päts (bis 1940)
1934 Lettland:
  Ministerpräsident Karlis Ulmanis (bis 1940)
1934 Bulgarien:
  König Boris III.
1936 Griechenland:
  General Metaxas
1938 Rumänien:
  König Carol II.

10.62 Soziale Probleme: Mit Ausnahme Finnlands und der bereits stark industrialisierten Tschechoslowakei standen alle diese Staaten an der Schwelle zwischen Agrarfeudalismus und Industrialisierung. Um die wachsende Bevölkerung zu ernähren, war eine *Umstellung der Landwirtschaft,* eine Agrarrevolution, nötig: selbstständige bäuerliche Mittelbetriebe anstelle von extensiv bewirtschaftetem Großgrundbesitz. Aber eine Entmachtung der Großgrundbesitzer gelang nur in Estland, Lettland, Litauen und der Tschechoslowakei; in Polen, Ungarn und Rumänien (trotz einer Landreform) blieb ein Drittel des Kulturlandes in der Hand von Großgrundbesitzern. In Jugoslawien dagegen dominierte eine wenig produktive Subsistenzwirtschaft.

Den Schritt zur intensiven *Industrialisierung* vollzogen noch weniger Staaten, nämlich nur Finnland und die Tschechoslowakei. Doch hielten in der Tschechoslowakei sehr *schwere innere Spannungen* an, die aus dem ungelösten Problem der deutschen Minderheit resultierten. Ungelöst blieben auch die inneren Schwierigkeiten Jugoslawiens: Im Vordergrund stand dort der Kampf der Kroaten gegen den serbischen Nationalismus.

10.63 Versagen der Demokratie: Wohl hatten sich alle diese Staaten in der unmittelbaren Nachkriegszeit eine demokratische Verfassung gegeben, aber ihre stets gefährdete außenpolitische Lage, ungelöste soziale Konflikte und Minderheitenprobleme im Innern führten fast zwangsläufig zur Entstehung von Diktaturen. In der Mehrzahl der Fälle geschah das schon vor dem Einsetzen der großen «faschistischen Welle», die 1933 bis 1935 Europa überflutete (▶ 12.41). Sozial stützten sich diese Diktaturen auf die halbfeudale Großgrundbesitzer- und Kapitalistenschicht sowie auf die Armee, ideologisch auf ein hochgepeitschtes Nationalgefühl des herrschenden Staatsvolkes. Die einzigen Ausnahmen von dieser Entwicklung bildeten Finnland und die Tschechoslowakei: In Finnland überdauerte die Demokratie auch den Zweiten Weltkrieg, in der Tschechoslowakei errang erst drei Jahre nach der Besetzung des Landes durch die Sowjetarmeen die Kommunistische Partei die Alleinherrschaft (▶ 14.33).

10.64 Neue Türkei: Das türkische Kernland des zerfallenen Osmanischen Reichs orientierte sich nach dem Ersten Weltkrieg an Europa. Bereits vor dem Ersten Weltkrieg hatte sich als Reaktion auf den fortschreitenden Zerfall des osmanischen Vielvölkerreichs eine türkische Nationalbewegung entwickelt, die sogenannten «Jungtürken» unter der Führung von Mustafa Kemal. Er stützte sich auf die Armee und lehnte die Verkleinerung des türkischen Gebietes gemäß dem Friedensvertrag von Sèvres ab. Dies gelang ihm wegen der Uneinigkeit der Siegermächte; auch den Armenierstaat löste er auf (▶ 10.16). Im Vertrag von Lausanne 1923 akzeptierten die Ententemächte die neuen Grenzen. Diese machten aus dem Reststaat ein arrondiertes Gebiet. Weil Istanbul 1920 noch britisch besetzt war, veranlasste Kemal die Nationalversammlung zum Umzug nach Ankara, das 1923 Hauptstadt wurde. In diesem Jahr stürzte er mithilfe der Armee den Sultan und rief die Republik aus, deren erster Präsident er wurde und die er wie ein Diktator bis zu seinem Tod 1938 regierte. Weil er auch andere Parteien zuließ, war er trotz Militärherrschaft im Volk breit abgestützt und erhielt vom Parlament den Titel «Atatürk», «Vater der Türken». Die Unabhängigkeitsbewegungen der Kurden/Kurdinnen und Armeniens unterdrückte er (▶ 10.16).

Kemal orientierte sich bei seinen Reformen am europäischen Staatsmodell. Er trennte die Kirche vom Staat (bisher war der Sultan als Kalif gleichzeitig geistiges Oberhaupt gewesen). An die Stelle der islamischen Scharia traten als Rechtsgrundlagen das schweizerische Zivilgesetzbuch und Obligationenrecht, das italienische Strafgesetz und das deutsche Handelsrecht. Schulunterricht wurde für obligatorisch erklärt und der Religionsunterricht daraus verbannt; das Tragen der traditionellen muslimischen Kopfbedeckung (Fez) wurde verboten; das lateinische Alphabet ersetzte das arabische. Weil Kemal an das neue Nationalbewusstsein appellierte und der Zerfall des Osmanischen Reichs keine Perspektive für einen Weg zurück offen ließ, konnte er diese Reformen durchsetzen. Aus der osmanischen Vergangenheit behielt er die autokratische Regierung und die Abstützung auf das Militär bei.

In der Wirtschaft modernisierte Kemal vor allem den Westen der Türkei mit dem Meerzugang durch neue Verkehrswege, durch Modernisierung der Landwirtschaft und Ansiedlung von Industriebetrieben; der Osten dagegen blieb rückständig. Extensive Landwirtschaft, fehlende Industrialisierung und geringer Handel prägte diese Hälfte der Türkei.

Außenpolitisch verhielt sich die neue Türkei zwischen der Sowjetunion und den anderen europäischen Staaten neutral, auch im Zweiten Weltkrieg unter Kemals Vertrautem und Nachfolger Ismet Inönü (1884–1973). Erst 1945 trat dieser auf der Seite der Siegermächte in den Krieg ein.

Mustafa Kemal, «Pascha», «Atatürk» (1881–1938)

Im heute griechischen Saloniki geboren, schlug Mustafa Kemal nach einer Jugend in Armut die Offizierslaufbahn ein. 1905 gründete er in Damaskus einen militärischen Geheimbund gegen das Regime des Sultans, später schloss er sich der patriotischen jungtürkischen Bewegung an. Im Ersten Weltkrieg zeichnete er sich bei der Verteidigung von Gallipoli (▶ 9.21) aus. Nach dem Ende des Osmanischen Reichs 1918 bildete er am 11.9.1919 eine Gegenregierung und schwang sich zum Führer der nationalen Empörung gegen den Friedensvertrag von Sèvres auf. 1923 bis 1938 war er Präsident der türkischen Republik.

Den osmanischen Ehrentitel «Pascha» erhielt Kemal nach dem Erfolg von Gallipoli, schaffte ihn aber 1934 ab.

11. Die Entwicklung der Sowjetunion, 1917–1939

11.0 Das Experiment des Sowjetkommunismus: Mit Lenins Umsetzung des Marxismus von der Idee in die Realität kam 1917 eine der drei großen Ideologien des 20. Jahrhunderts zum Durchbruch. Sie beanspruchte, eine neue Gesellschaft mit neuen Menschen zu schaffen, kostete Millionen Menschen das Leben und endete 1991 mit der Auflösung ihres Staates, der Sowjetunion. Auch die Nachfolgemodelle von China, Kuba und Nordkorea haben keine neue Gesellschaft in Marx' Sinn schaffen können. Und doch hat der Sowjetkommunismus das 20. Jahrhundert nachhaltig geprägt: als Supermacht Sowjetunion im Kalten Krieg, als Feindbild für den Aufstieg des Nationalsozialismus und als Herausforderung für den Liberalismus, soziale Forderungen aufzunehmen und den Sozialstaat zu entwickeln.

11.1 Februar- und Oktoberrevolution, 1917

11.11 Februarrevolution: Bereits vor Ausbruch des Ersten Weltkriegs war das Zarenreich geschwächt, weil die breite Masse der Bevölkerung unter unvollendeten Entwicklungen litt: Die Landreform, die Industrialisierung und die Mitbeteiligung der Bevölkerung an der Politik waren stecken geblieben (▶ 7.75). Der Krieg brachte zusätzlichen Mangel, ein noch stärkeres Auseinanderdriften der Gesellschaft und Niederlagen (▶ 9.53). Im Winter 1916/17 nahmen Streiks in den Rüstungswerken und Demonstrationen hungernder Frauen und Kinder zu. Als sich die Garderegimenter am Sitz des Zaren in Petrograd (heute St. Petersburg) am 27. Februar

Überblick über den Ablauf der Revolutionen

- ■ Befürworter der Monarchie (verschiedene Parteien)
- ■ Konstitutionelle Demokraten (in der Duma noch andere Mitte-Parteien)
- ■ Sozialrevolutionäre
- ■ Menschewiki
- ■ Bolschewiki
- □ Parteilose oder nicht zuzuordnen

M.: Militär-Revolutionäres Komitee

(12. März nach Gregorianischem Kalender) weigerten, dagegen vorzugehen, und meuterten, musste der machtlose Zar am 2. (15.) März abdanken. Für eine Machtübernahme kam einerseits die bürgerlich dominierte Duma infrage, die bereits einen Exekutivausschuss gebildet hatte; dieser verwandelte sich in eine «Provisorische Regierung» (provisorisch deshalb, weil eine republikanische Verfassung erst ausgearbeitet werden musste). Andrerseits bildeten die Arbeiter und Soldaten spontan Räte (Sowjets), welche ihre Interessen vertreten sollten; sie trafen sich im Juni zum ersten Mal zu einem Allrussischen Sowjetkongress, waren aber wenig organisiert und duldeten die Provisorische Regierung. So bestand von Februar bis Oktober 1917 eine Doppelherrschaft.

11.12 Lenins Dogma: Neben den Sowjets griff auch Wladimir Uljanow, konspirativ Lenin genannt (1871–1924, ▶ 8.46) in die Revolution ein. Aufgewachsen in einer bürgerlichen russischen Familie war er durch die Hinrichtung seines älteren Bruders 1887 wegen einer Verschwörung gegen den Zaren zur Überzeugung gekommen, dass das Zarentum durch eine proletarische Revolution beseitigt werden müsse. Er setzte sich mit Marx auseinander, teilte seine Analyse, kam aber zu einer anderen Schlussfolgerung: Das Proletariat dürfe nicht auf das Ende des Monopolkapitalismus warten, sondern müsse dieses aktiv herbeiführen. Denn die Kapitalistenklasse gehe nicht von selbst unter, sondern könne ihre Existenz etwa durch die Ausbeutung von Kolonien verlängern (▶ 8.43). Lenin hatte im Gegensatz zu Marx den Imperialismus analysiert.
Für die Durchführung einer Revolution vertraute Lenin nicht auf das Proletariat. Die Erfahrung mit der Gewerkschaftsbewegung und der gemäßigten Sozialdemokratie brachte ihn zur Überzeugung, dass sich das Proletariat mit kleinen, unmittelbar wirksamen Verbesserungen zufrieden gebe und sich nicht um die Machtfrage kümmere. Lenin folgerte daraus, dass die Revolution Sache von Berufsrevolutionären sei und durchgeführt werden müsse, wenn das Proletariat keine Hoffnungen auf Verbesserungen mehr hege. Es war für ihn nicht wichtig, wie industrialisiert ein Land ist; auch im Russischen Reich konnte er sich eine organisierte Revolution vorstellen.
Für diese Überzeugungen nahmen Lenin und seine Frau Nadeshda Krupskaja (1869–1939) Verbannung nach Sibirien, Flucht und jahrelanges Exil auf sich. Unerbittlich trennte Lenin sich von seinen marxistischen Gefährten, spaltete im Exil sogar die schwache Sozialdemokratische Arbeiterpartei Russlands (SDAPR) in Bolschewiki, die seiner Meinung waren, und Menschewiki, welche Marx' Auffassung vertraten. Bei Ausbruch der Februarrevolution 1917 lebten Lenin und seine Frau in Zürich im Exil (▶ 9.63). Lenin sah nun den Zeitpunkt für eine Revolution herannahen. Weil die deutsche Regierung an Unruhen im verfeindeten Russischen Reich interessiert war, ermöglichte sie ihm und seinen engsten Genossinnen und Genossen die Durchreise aus der Schweiz über Schweden nach Petrograd. Dort traf Lenin am 3. (16.) April ein und verkündete seine «Aprilthesen» zur sofortigen Eroberung der Macht unter den Parolen: «Alle Macht den Sowjets! – Sofortiger Friedensschluss! – Sofortige Verteilung des Herrenlandes an die Bauern!» Er wollte weder die Provisorische Regierung noch eine republikanische Verfassung dulden. Dass die deutsche Armee knapp 500 Kilometer vor Petrograd stand, klammerte er aus.

Lenin, Stationen eines Berufsrevolutionärs

Als Student ungefähr 1887…

… als Verbannter (Fahndungsbild), ungefähr 1895…

… im finnischen Exil (mit Perücke), August 1917…

… am Ziel, 1920

Alexander Fjodorowitsch Kerenski, 1881–1970

Rechtsanwalt, Eintritt in die Partei der Sozialrevolutionäre, die er ab 1912 als Abgeordneter in der Duma vertrat. Als die Partei verboten wurde, vorübergehender Parteiwechsel. 1917 Justiz-, später Kriegsminister in der Provisorischen Regierung; zugleich Mitglied des Exekutivausschusses des Petrograder Sowjets; im Juli 1917 zum Ministerpräsidenten ernannt. Nach der Oktoberrevolution Flucht ins Exil in die USA.

11.13 Provisorische Regierung: Gerade die katastrophale Lage an der Front konnte die Provisorische Regierung nicht ausklammern. Sie musste die Lage stabilisieren, auch um Wirtschaftshilfe der Entente zu erhalten. Dazu musste sie die revolutionäre Welle dämpfen. Deshalb suchte sie den Kontakt mit den Sowjets, vor allem dem mächtigen Petrograder Sowjet. Dieser von den Menschewiki geführte Sowjet war der Meinung, die jetzt entstehende bürgerliche Republik müsse toleriert werden, denn sie bilde eine Phase der historischen Entwicklung, die nicht übersprungen werden könne. Er war mit der Doppelherrschaft einverstanden und entsandte sogar Vertreter in die Provisorische Regierung. Der Erste Allrussische Sowjetkongress billigte im Juni deren Politik.

Dennoch brachte die von Kerenski organisierte neue, letzte Offensive keinen Erfolg. Die Armee begann sich aufzulösen; die nach Hause strömenden Soldaten fingen an, sich gewaltsam das Land der Gutsherren anzueignen. Am 9. (22.) September schloss sich der Petrograder Sowjet Lenins Aprilthesen an und wählte den aus dem Gefängnis befreiten Leo Trotzki (1879–1940), seit dem Juni 1917 einer der engsten Mitarbeiter Lenins, zum Vorsitzenden. (Lenin hatte nach dem nahen Helsinki fliehen müssen.) Ungefähr zur gleichen Zeit errangen die Bolschewiki auch in den Sowjets von Moskau, von Kiew und von Mittelsibirien die Mehrheit. Jetzt konnte Trotzki, gedeckt durch die Autorität der Sowjets, eigene bewaffnete Verbände aufbauen.

11.14 Oktoberrevolution: Kerenskis einzige Hoffnung bestand darin, der auf den 25. Oktober (7. November) einberufene Zweite Allrussische Sowjetkongress werde sich wiederum, wie schon der Erste Kongress, hinter die Regierung stellen. Um das zu verhindern, setzte Lenin, der heimlich nach Petrograd zurückgekehrt war, gegen schwere Bedenken im Zentralkomitee der Bolschewiki den Beschluss durch, noch vor Eröffnung des Kongresses putschartig die Macht zu ergreifen.

Trotzki organisierte diesen Aufstand. In der Nacht auf den vorgesehenen Eröffnungstag des Sowjetkongresses ließ er schlagartig alle wichtigen Punkte der Stadt besetzen, ohne auf Widerstand zu stoßen. Nur am Regie-

Die Erstürmung des Winterpalastes, des Sitzes der Provisorischen Regierung, Standbild aus Sergej Eisensteins Film «Oktober», 1928 (aufgehellt und oben abgeschnitten)

Dem Journalisten John Reed schilderte ein Matrose diese Erstürmung: «Wissen Sie eigentlich, wie wir den Winterpalast nahmen? So um elf Uhr herum hatten wir heraus, dass an der Seite zur Newa keine Offiziersschüler mehr waren. Wir brachen die Tore ein und schlichen, teils einzeln, teils in Gruppen, die verschiedenen Treppen hinauf. Oben angekommen, wurden wir von den Offiziersschülern festgehalten, und sie nahmen uns unsere Gewehre ab. Von unseren Genossen aber kamen immer mehr, und schließlich hatten wir die Mehrheit. Jetzt drehten wir den Spieß um und nahmen den Offiziersschülern die Gewehre weg.»

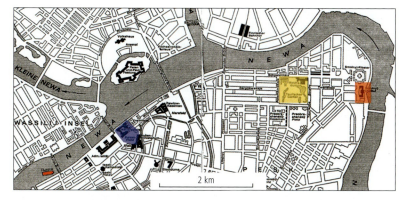

Schauplätze der Oktoberrevolution in Petrograd

🟧 Smolny-Institut (Mädchen-Institut): Petrograder Sowjet, Lenins Hauptquartier, Allrussischer Sowjetkongress, später Rat der Volkskommissare

🟨 Taurischer Palast: Sitz der Duma

🟪 Winterpalast: Residenz des Zaren, Sitz der Provisorischen Regierung

🟥 Standort des Kreuzers «Aurora», dessen Platzpatronenschuss den Sturm auf den Winterpalast auslöste

rungssitz, im ehemaligen Winterpalast des Zaren, hielten sich etwa tausend Offiziersschüler den ganzen Tag über; hier endeten die Schießereien erst gegen Mitternacht: Nun konnten die Mitglieder der Provisorischen Regierung verhaftet werden. Einzig Kerenski war rechtzeitig an die Front geflohen, um Soldaten gegen die Putschisten heranzuführen.

Erst jetzt, um zwei Uhr nachts, wurde der Sowjetkongress eröffnet. Er stand vor vollendeten Tatsachen und hieß gegen den Protest der Menschewiki die Absetzung der Provisorischen Regierung und die Machtübernahme der Bolschewiki gut. In der folgenden Nacht beschloss er die entschädigungslose Enteignung der Großgrundbesitzer. Vor allem aber wählte er eine neue Regierung, den «Rat der Volkskommissare». Dieser Regierung stand Lenin vor; sie umfasste vorerst ausschließlich Bolschewiki. Dann löste sich der Sowjetkongress auf.

11.15 Aufbau der bolschewistischen Diktatur: In Petrograd war der Umsturz fast unbemerkt geblieben; das Leben ging vorerst unverändert weiter. Jedoch festigten die Bolschewiki im Laufe der folgenden Wochen ihre Position. Dabei kam es ihnen zustatten, dass die Sozialrevolutionäre sich spalteten und ihr linker Flügel mit ihnen zusammenarbeitete. So entmachteten die Bolschewiki die Sowjets und bauten eine eigene Machtbasis auf.

Zwar wurde noch am 25. November (8. Dezember) 1917 eine Verfassungsgebende Nationalversammlung gewählt. Darin bildeten Kerenskis Anhänger eine Mehrheit. Schon am Eröffnungstag, am 5. (18.) Januar 1918, ließ Lenin die Versammlung gewaltsam auflösen.

Seine neue politische Polizei, die Tscheka, verfolgte die politische Opposition. Trotzki organisierte eine Rote Armee, um das ganze Land für die Bolschewiki zu erobern. Große Gebiete im Westen trat er im Frieden von Brest-Litowsk ab, in der Überzeugung, dass ohnehin bald eine Weltrevolution alle Grenzen hinfällig machen werde (▶ 9.35). So konnte er sich ganz dem Bürgerkrieg widmen.

Tscheka: Kürzel der Abkürzung «WeTscheKa», Allrussische Außerordentliche Kommission zur Bekämpfung von Konterrevolution, Spekulation und Sabotage.

11.16 Einschätzung der Oktoberrevolution: Darüber, ob die Oktoberrevolution wirklich die Bezeichnung «Revolution» verdient, streitet die Wissenschaft. Während sowjetische Historiker/-innen sie als echte Revolution mit einer Massenbeteiligung verherrlichten, bezeichnen westliche sie eher als Putsch oder Militärputsch. Jedenfalls vollendete erst der nun folgende Bürgerkrieg die Revolution.

«Arbeiter! Erst wenn du die ganze Dunkelheit zerteilst, gelangst du zum Sozialismus.»
anonym, Petrograd, 1919

Unten links auf dem Plakat ist die Aufklärungs-Behörde genannt, in der Mitte heißt es «Proletarier aller Länder, vereinigt euch!»

Eine noch grundsätzlichere Auseinandersetzung dreht sich um die Frage, ob das undemokratische und gewalttätige Vorgehen der Bolschewiki von Anfang an zwingend zur späteren Diktatur geführt habe. Gewalt wird zwar nicht verteidigt, aber es wird den Revolutionären auch attestiert, dass sie damit eine Verbesserung der Situation der einfachen Menschen anstrebten:

Die Armeen der Weißen griffen zu verschiedenen Zeiten an:

1 Admiral Alexander Koltschak, Führer der Weißen, unterstützt von Großbritannien und Frankreich (1918–1920)
2 General Jewgeni Miller, Nordarmee der Weißen, unterstützt von Großbritannien (1919/1920)
3 General Anton Denikin, Südarmee der Weißen, unterstützt durch Frankreich, das allerdings nach einer Meuterei abzog (1919/1920)
4 General Nikolai Judenitsch, Nordwestarmee der Weißen, unterstützt von Großbritannien (1919/1920)

Zwei verbündete Armeen griffen mit kleinen Aktionen ein:

5 Deutsche Freikorps aus Beständen der deutschen Armee im Ersten Weltkrieg (Gerhard Rossbach und andere)
6 Hetman Symon Petljura, Ukrainische Armee, zur Verteidigung der Unabhängigkeit, teilweise auch gegen Denikin gerichtet.

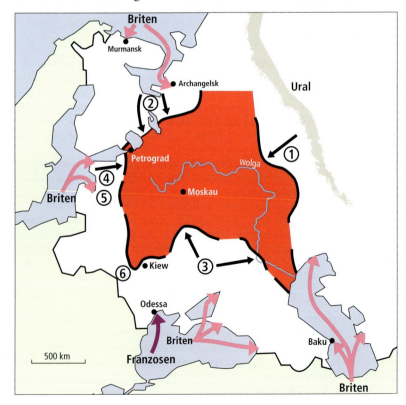

Von der Landreform über die Verbesserung der Volksbildung, den Kampf gegen den Alkohol, die Gleichstellung der Frauen, die Elektrifizierung der Haushalte, bis hin zur Entwicklung der Raumfahrt und zur Propagierung des «neuen Menschen» reichten die teilweise utopisch-optimistischen Pläne. Im Bürgerkrieg umgesetzt wurde allerdings vorab eine Diktatur.

11.2 Krieg und «Kriegskommunismus», 1918–1921

11.21 Bürgerkrieg und Interventionen: Die Oktoberrevolution hatte sich im Wesentlichen in den Städten Petrograd und Moskau abgespielt und durchgesetzt. Nach der Auflösung der Nationalversammlung (▶ 11.15) entbrannte der Bürgerkrieg. Er dauerte drei Jahre und kostete etwa 2,7 Millionen Menschenleben; der Erste Weltkrieg hatte im Zarenreich 1,8 Millionen gefordert. Dass die bolschewistische Rote Armee unter Trotzki gegen eine große Übermacht siegte, lag daran, dass die Gegner, die «Weißen» unkoordiniert von verschiedenen Seiten her angriffen. Sie vertraten unterschiedliche Interessen: Anhänger des zaristischen Absolutismus, bürgerliche Liberale, demokratische Sozialisten und antisemitische Nationalisten waren sich nur in ihrer Ablehnung des Bolschewismus einig. Zwar unterstützten die Ententemächte durch bewaffnete Interventionen die Weißen; aber die Kriegsmüdigkeit in den westlichen Staaten war so groß, dass diese Unternehmungen 1919 wieder abgebrochen wurden. Danach war die Rote Armee an allen Fronten überlegen. Amerikanischer Druck zwang 1922 auch Japan zur Räumung Ostsibiriens, das es im Sommer 1918 besetzt hatte.

«Genosse Lenin reinigt die Erde von Unrat» (sowjetisches Plakat von Viktor Deni [1893–1946], 1920)

Die Bolschewiki dagegen wurden straff geführt und konnten auf die Hilfe der linken Sozialrevolutionäre zählen. Ihr Programm der entschädigungslosen Enteignung der Großgrundbesitzer verschaffte ihnen die Unterstützung der Bauern. Zudem konnte Trotzki die Rote Armee auf der inneren Linie verschieben, während die Weißen zersplittert angriffen.

11.22 «Kriegskommunismus»: Im Schatten des grausamen Bürgerkriegs verfolgten die Bolschewiki mit der berüchtigten Tscheka alle politischen Gegner unter der Anschuldigung, sie sympathisierten mit den Weißen: Nicht nur Gutsherren und Industrielle, auch Kulaken (selbstständige Bauern), mittlere und höhere Beamte, Betriebsleiter und Techniker fielen dem Terror zum Opfer. Lenin nutzte den Bürgerkrieg zur Ausrottung der «Kapitalistenklasse».

Nach dem Sieg ließ er auch die linken Sozialrevolutionäre verfolgen, die ihm bisher das Wohlwollen der Bauern gesichert hatten. Jetzt war er nicht mehr auf sie angewiesen. Anlass dazu war 1921 die Meuterei von Matrosen im Kriegshafen von Kronstadt vor Petrograd.

Mit der Begründung der Bürgerkriegssituation zwang Lenin die nun selbstständigen Bauern zur Ablieferung ihrer Ernte und zum Zusammenschluss in Kollektivbetrieben. Aber dieser «Klassenkampf auf dem Dorf» trieb die Bauern dazu, nur noch für den Eigenbedarf zu produzieren, um so dem Ablieferungszwang zu entgehen. Dazu kamen noch die ungeheuren Kriegsverwüstungen. Vor allem in Südrussland und in der Ukraine, bis 1914 weltwirtschaftlich wichtige Weizenexportgebiete, wüteten 1921 furchtbare Hungersnöte.

Russische Wirtschaftskraft Ende 1920	
(in % des Standes von 1914)	
Verkehrskapazität	ca. 10 %
Bergbauproduktion	ca. 27 %
Industrieproduktion	ca. 30 %
Agrarproduktion	ca. 50 %

Stalin, 1928

Jossif Wissarionowitsch Dschugaschwili, Sohn eines georgischen Schuhmachers, im Alter von 19 Jahren wegen marxistischer Agitation aus dem Priesterseminar von Tiflis ausgeschlossen; anschließend revolutionäre Tätigkeit, zuerst unter dem Decknamen Koba, seit 1906 unter dem Namen Stalin («der Stählerne»). Mehrmals verhaftet und nach Sibirien deportiert, mehrmals erfolgreich geflüchtet, aber nie emigriert. 1912 ins Zentralkomitee der bolschewistischen Partei gewählt, 1913 erneut verhaftet und bis zur Februarrevolution 1917 nach Sibirien verbannt, seit April 1917 Mitarbeiter Lenins.

Aus Stalins Rede vom 4.2.1931:

«In der Vergangenheit hatten wir kein Vaterland und konnten keines haben. Jetzt aber, wo wir den Kapitalismus gestürzt haben und bei uns die Arbeiter an der Macht stehen, haben wir ein Vaterland und werden seine Unabhängigkeit verteidigen. Wollt ihr, dass unser sozialistisches Vaterland geschlagen wird und seine Unabhängigkeit verliert? […] Wir sind hinter den fortgeschrittenen Ländern um fünfzig bis hundert Jahre zurückgeblieben. Wir müssen diese Distanz in zehn Jahren durchlaufen. Entweder bringen wir das zustande, oder wir werden zermalmt.»

11.23 Staat und Partei: 1918 tauften sich die Bolschewiki in «Kommunistische Partei Russlands» um; sie sagten sich damit endgültig von der marxistischen Partei los, aus der sie hervorgegangen waren. Die Kommunistische Partei wurde von einem Politbüro regiert, die Bildung von Gruppen verboten. 1922 wurde das Amt eines Generalsekretärs geschaffen, der alle Personalentscheide in der Partei traf. Erster Generalsekretär wurde Josef Stalin (1878–1953), der als «Volkskommissar der Arbeiter- und Bauerninspektion» bereits das gesamte Staatspersonal beaufsichtigte. Stalin gab dieses Amt bis zu seinem Tod, über dreißig Jahre lang, nicht mehr aus der Hand.

11.3 Die Jahre der «Neuen Ökonomischen Politik», 1921–1924

11.31 Neue Wirtschaftspolitik: Russlands katastrophale Wirtschaftslage 1920/21 zwang Lenin, die überstürzten Kollektivierungs- und Zwangsmaßnahmen der Bürgerkriegszeit teilweise rückgängig zu machen. Er ließ einen Parteikongress die NEP («Neue Ökonomische Politik») beschließen: Sie duldete neben den großen Staats- und Kollektivbetrieben wieder kleine privatwirtschaftliche Unternehmen mit bis zu 20 Angestellten. Vor allem das Gewerbe und die Landwirtschaft entwickelten in der Folge wieder Eigeninitiative, produzierten für den Markt und linderten damit den entstandenen Mangel an allen Gütern. So erreichte die Wirtschaft um 1926 wieder etwa die gleichen Produktionsleistungen wie 1914. Allerdings wurden die Lebensmittel teurer, was die Stadtbevölkerung belastete. Trotzki und andere bisher enge Vertraute Lenins entfremdeten sich von diesem, weil sie die NEP nicht mittrugen, sondern auf Zwang setzten.

11.32 Außenpolitik: Bis gegen Ende 1920 rechneten die Kommunisten noch mit einer Weltrevolution als Folge der Oktoberrevolution. 1919 gründeten sie die Kommunistische Internationale, die «Komintern», als dritte internationale Organisation, um diese Revolution zu verbreiten (▶ 8.46). Die Komintern verlangte von den ausländischen sozialdemokratischen Parteien als Voraussetzung für den Beitritt das Bekenntnis zur Revolution; deshalb spalteten sich viele kommunistische Parteien von den sozialdemokratischen ab, die bei der Zweiten Internationale verblieben.
Nach 1920 musste sich Sowjetrussland darauf einstellen, noch eine Weile mit kapitalistischen Nachbarn zusammenzuleben. Als erster großer Staat anerkannte 1922 das Deutsche Reich durch den Rapallo-Vertrag das revolutionäre Sowjetrussland (▶ 10.22). Großbritannien und andere Staaten vollzogen den Schritt nach, um nicht die beiden Besiegten des Ersten Weltkriegs allzu eng zusammenarbeiten zu lassen. Auch dieser Kurswechsel wurde von Trotzki kritisiert, was seine Außenseiterrolle im Politbüro verstärkte.

11.33 Sowjetverfassung: Weil eine Weltrevolution nicht abzusehen war, musste die Kommunistische Partei den eigenen Staat ordnen. 1923 erließ sie eine Verfassung nach westlichem Vorbild, mit Gewaltentrennung und Volkswahl. Allerdings war nur die Kommunistische Partei zugelassen und nur ihre Funktionäre konnten hohe Staatsämter bekleiden. Auch die Frage der Nationalitäten wurde geregelt: Die Sowjetunion bestand aus (am Schluss) 15 Sozialistischen Sowjetrepubliken (SSR), wovon die Russische die Hälfte der Menschen und drei Viertel des Territoriums umfasste und die anderen dominierte. Amtlich hieß die Sowjetunion nun «Union der Sozialistischen Sowjetrepubliken», UdSSR, kyrillisch СССР.

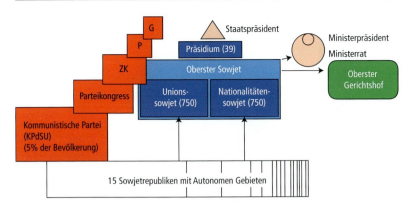

Aufbau der Sowjetunion, vereinfachend zusammengefasst nach den Verfassungen von 1923, 1936 und 1977

G: Generalsekretär

P: Politbüro (etwa 16 Vollmitglieder, Zahl schwankte stark)

ZK: Zentralkomitee (wuchs von 9 auf zuletzt 412 Vollmitglieder, wurde bedeutungslos)

11.34 Stalin als Nachfolger: Nachdem Lenin seit dem Frühjahr 1922 wegen zwei Schlaganfällen nicht mehr in die Politik eingreifen konnte, stellte sich die Nachfolgefrage. Trotzki als Armeechef und Organisator der Oktoberrevolution schien dafür prädestiniert. Aber gerade darum konnte Stalin Trotzkis Gegner vereinen. Zudem verlangte Trotzki, dass die Revolution beständig weitergeführt werden müsse, sollte die Sowjetunion eine Existenzberechtigung haben («permanente Revolution»). Stalin dagegen entwickelte die problemlose Theorie, dass der Sozialismus in einem, isolierten, Land aufgebaut werden könne («Aufbau des Sozialismus in einem Lande») – was der Situation der Sowjetunion besser entsprach.

Lenin selbst erkannte die drohende Spaltung und diktierte kurz vor seinem Tod eine entsprechende Warnung an das Zentralkomitee; dieser Brief wird oft als sein Testament bezeichnet. Aber Stalin erreichte am ersten Parteikongress nach Lenins Tod 1924, dass dessen Testament verschwiegen, Trotzkis Theorie verurteilt und er selbst als Generalsekretär bestätigt wurde; ein Jahr darauf wurde Trotzki als Volkskommissar für das Kriegswesen abgesetzt, später aus der Partei ausgeschlossen, verbannt und 1940 auf Veranlassung des Geheimdienstes ermordet.

Trotzkis Entmachtung ermöglichte es Stalin, in den folgenden fünf Jahren auch die bisherigen Verbündeten loszuwerden. Um 1930 hatte er sich und seine Theorie von der Möglichkeit, den Sozialismus in einem isolierten Land aufzubauen, durchgesetzt.

11.4 Der Stalinismus, 1924–1939

11.41 Revolution von oben: Stalins Auffassung, dass die Sowjetunion inmitten kapitalistischer Staaten ihre sozialistische Gesellschaft aufbauen könne und müsse, erwies sich als Revolution von oben und mündete in eine Entwicklungsdiktatur: Fortschritt anstelle von persönlicher Freiheit, Zwang anstelle der in der NEP eben erst eingeführten Privatinitiative und Zentralismus statt Selbstbestimmung der Völker. 1929 verkündete Stalin die «Große Wende»: Entwicklung zur Weltmacht – auf Kosten der Menschen. Obwohl der Stalinismus bereits im Leninismus angelegt war, prägte er die sowjetische Gesellschaft stärker als Lenins Revolution. Erst nach dem Untergang der Sowjetunion 1991 kann diese Epoche nach und nach erforscht werden, weil die Archive allmählich offen stehen.

Aus Lenins Brief vom 23.12.1922:
«Gen[osse] Stalin hat, nachdem er Generalsekretär geworden ist, eine unermessliche Macht in seinen Händen konzentriert, und ich bin nicht überzeugt, dass er immer verstehen wird, von dieser Macht vorsichtig genug Gebrauch zu machen. Andererseits zeichnet sich Gen[osse] Trotzki […] nicht nur durch hervorragende Fähigkeiten aus. Persönlich ist er wohl der fähigste Mann im gegenwärtigen ZK, aber auch ein Mensch, der ein Übermaß an Selbstbewusstsein und eine übermäßige Vorliebe für rein administrative Maßnahmen hat.»

Nachtrag zu diesem Brief, 4.1.1923:
«Stalin ist zu grob, und dieser Mangel, der in unserer Mitte und dem Verkehr zwischen uns Kommunisten durchaus erträglich ist, kann in der Funktion des Generalsekretärs nicht geduldet werden. Deshalb schlage ich den Genossen vor, sich zu überlegen, wie man Stalin ablösen könnte, und jemand anderen an diese Stelle zu setzen, der sich in jeder Hinsicht von Gen[osse] Stalin nur durch einen Vorzug unterscheidet, nämlich dadurch, dass er toleranter, loyaler, höflicher und den Genossen gegenüber aufmerksamer, weniger launenhaft ist.»

Iwanowo-Wosnessensk, 260 km nordöstlich von Moskau, 1931

Im Unterschied zwischen den Siedlungsformen zeigt sich die fortschreitende Industrialisierung.

Briefmarke von 1985 zum 50-jährigen Jubiläum der Stachanow-Bewegung mit dem Motto «Gestern der Übergang zur Neuerung, heute die Arbeitsnorm!»

Ergebnisse der beiden ersten Fünfjahrespläne		
Produktion (in Mio. t):	1928	1937
Roherdöl	12	29
Steinkohle	36	128
Rohstahl	4	18
Elektr. Energie (Mia kWh)	6,2	39,0
Produktionsindizes:		
Investitionsgüter	100	550
Konsumgüter	100	150

11.42 Industrialisierung: An erster Stelle stand für Stalin die Industrialisierung, vor allem der Schwerindustrie. Er trieb sie seit 1928 mit sogenannten Fünfjahresplänen voran. Diese gaben jedem Betrieb Wachstumsziele vor. In der Folge wurde von den Arbeiterinnen und Arbeitern Akkordarbeit verlangt, eigentlich der Inbegriff kapitalistischer Ausbeutung. Als Vorbild diente der Bergarbeiter Alexei Stachanow (1905–1977), der 1935 in einer einzigen Schicht 102 Tonnen Kohlen förderte und damit die Planvorgabe um 1457 Prozent übererfüllte (er hatte allerdings sieben Helfer und eine gut vorbereitete Abbaustätte). Nach seinem Vorbild wurden die Arbeiter/-innen angehalten, sich in der Stachanow-Bewegung zu verpflichten, die Planvorgaben zu übertreffen. Allerdings litten Gesundheit, Produktqualität und Anlagen unter dieser forcierten Arbeitsleistung. Zudem wurde bei der Statistik oft geschummelt.

Die Industrialisierung führte langfristig auch zu einer Verlagerung der Bevölkerung: Eine wachsende Arbeiterschaft konzentrierte sich in den großen Industriezentren. Ihr Anteil an der Gesamtbevölkerung stieg von 19 (1927) auf 33 Prozent (1937).

Die Industrialisierung führte auch zu einem wachsenden Bedarf an Kadern. Deshalb stellte Stalin die Schulbildung in den Dienst der Industrialisierung. Er setzte die allgemeine Schulpflicht durch. Der Anteil der Analphabeten und Analphabetinnen reduzierte sich von 1926 bis 1939 von 49 auf 19 Prozent. Der Schulunterricht sollte allerdings nicht mehr zur persönlichen Entfaltung hinführen, wie es Lenins Frau Nadeshda Krupskaja gleich nach der Revolution vorangetrieben hatte. Sondern der Drill spielte nun eine große Rolle. Den Schülerinnen und Schülern wurde die Ausbildung, vor allem in technischen Berufen, vorgeschrieben. Die Zahl der Studierenden an den Fachhochschulen und Schulen verzehnfachte sich von 1927 bis 1940.

Weil die Produktion von Konsumgütern in den Fünfjahresplänen zurückgestellt wurde, litt die Bevölkerung dauernd Mangel. Zwar wurden die Güter des täglichen Bedarfs zu sehr billigen Preisen angeboten, aber es gab nicht genug davon. Die Sowjetunion hungerte sich zu einer Industriemacht empor.

11.43 Kollektivierung der Landwirtschaft: Noch Ende 1929 befand sich fast aller landwirtschaftlich genutzter Boden der Sowjetunion in Privateigentum; es gab damals rund 25 Millionen eigenständige Bauernbetriebe. Da rief Stalin zur «Liquidation des Kulakentums» auf. Dabei verstand er unter Kulaken nicht nur Großbauern, sondern auch mittelgroße, selbstständige Betriebe. Rund 30 000 Bauern und Bäuerinnen wurden erschossen, rund zwei Millionen in Zwangsarbeitslager geschickt oder in unwirtliche Gebiete vor allem in Sibirien umgesiedelt. Ihr Land wurde zu Sowchosen, zu staatlichen Großbetrieben, zusammengelegt, die verbleibenden Bauern/Bäuerinnen zu unselbstständig Erwerbstätigen degradiert. Die übrigen wurden gezwungen, sich zu Kolchosen (genossenschaftlichen Großbetrieben) zusammenzuschließen. Aber auch die Kolchosen waren vom Staat abhängig, denn nur er verfügte in den sogenannten «Motoren-Traktoren-Stationen» (MTS) über Landmaschinen. Der Staat gab den Sowchosen und Kolchosen vor, was und wie viel sie zu produzieren hatten. Aber der Plan berücksichtigte weder Missernten noch schlechte Ausrüstung und vor allem nicht, dass die Landarbeiter/-innen frustriert nur noch Dienst nach Vorschrift leisteten.

	A	B
1913	801,0	–
1929	717,4	3,9%
1930	835,4	23,9%
1931	694,8	52,7%
1932	698,7	61,5%
1933	898,0	65,9%

Getreideproduktion und Kollektivierung
A: Getreideproduktion in Mio. Tonnen
B: Anteil der kollektivierten Betriebe (gemessen an der Anbaufläche)
(aus Stalins Rechenschaftsbericht vor dem ZK, 1934)

11.44 Holodomor: Als Folge davon starben in der Jahren 1932/33 zwischen fünf und acht Millionen Menschen an Hunger, wahrscheinlich die Hälfte davon ausgerechnet in der getreidereichen Ukraine. Denn die Staatspolizei requirierte mit Gewalt die Getreideernten für die Industriezentren und sogar für den Export, um Devisen für den Import wichtiger Maschinenausrüstungen aufzubringen. Ein eindeutiger Befehl Stalins für diesen Holodomor (ukrainisch für «Mord durch Hunger»; hat etymologisch mit «Holocaust» nichts zu tun) ist nicht vorhanden. Als offizielle Begründung für die Zwangsrequirierungen wurde und wird die Hungersnot genannt. Doch für die Vermutung, es handle sich um einen versuchten Völkermord an der Ukrainerinnen und Ukrainern, sprechen zwei Argumente: Die Regierung unterließ jede Hilfsmaßnahme und führte zur gleichen Zeit Inlandpässe ein, um die Bauern und Bäuerinnen an der Abwanderung in die Städte zu hindern: Nur wer in einer Stadt wohnte, erhielt einen Pass und durfte sich dort aufhalten. Wurde jemand ohne Pass aufgegriffen, wurde er deportiert. Bauern durften nicht einmal mehr eine Bahnfahrkarte kaufen. Die Grenze zwischen Russland und der Ukraine wurde geschlossen, sodass kaum Nachrichten verbreitet werden konnten. Der Holodomor wird von einigen Staaten als Genozid anerkannt; Russland anerkennt zwar die Fakten, macht aber geltend, dass auch Russinnen und Russen an Hunger starben.

«Kollektivierung 1929». Plakat von A. Vaganow, 1988
Ein Vexierbild

11.45 «Säuberung» von Partei und Staat: Nach der forcierten Industrialisierung und der Unterwerfung der Landwirtschaft errichtete Stalin eine

Fotografien ohne Legende aus dem Holodomor, Herbst 1932

Zur Fotografie links ist keine Beschreibung überliefert; rechts: Requirierungsbrigadisten heben einen versteckten Weizenvorrat aus; Getreidehorten wurde mit bis zu zehn Jahren Arbeitslager bestraft.

Als *«Archipel GULAG»* bezeichnete der Nobelpreisträger Alexander Solschenizyn (1918–2008) die über das ganze Land verstreuten Arbeitslager. Er selbst war von 1945 bis 1953 dort inhaftiert, bis 1957 verbannt. Ab 1965 wurde er unter Breschnew wieder verfolgt und 1974 aus der Sowjetunion ausgewiesen.
Jeder Punkt zeigt ein Lager an.

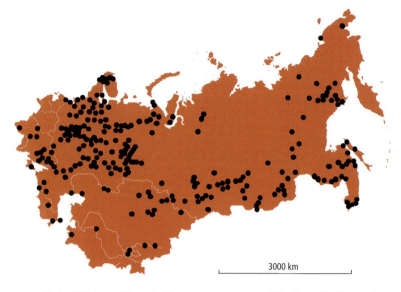

3000 km

Die sechsjährige *Engelzina Markisowa* aus der Mongolei durfte Stalin 1936 einen Blumenstrauß überreichen. Das Foto, wie er sie zum Dank auf den Arm nahm, diente der Propaganda für den Vielvölkerstaat. Engelzinas Vater wurde 1937 verhaftet und 1938 erschossen, die Mutter nach einem Gnadengesuch verbannt. Sie nahm sich später das Leben.
Nach Stalins Tod wurde Frau Markisowa angefeindet und musste ihren Namen wechseln.

persönliche Diktatur. Er schaffte seine eigenen politischen Gefährten beiseite. In sogenannten Schauprozessen mussten diese ab 1937 sich selbst absurder Verbrechen wie Spionage und Landesverrat bezichtigen und wurden dann zum Tod verurteilt. Einige Armeeführer und ungefähr ein Viertel der hohen Offiziere wurden in Geheimprozessen wegen Spionage zum Tode verurteilt oder ohne Prozesse ermordet – vier Jahre später, als die Sowjetunion vom Deutschen Reich angegriffen wurde, fehlten sie der Roten Armee.

Noch mehr Menschen fielen sogenannten Administrativverfahren ohne Gerichtsurteil zum Opfer. Sechs bis sieben Millionen wurden in Zwangsarbeitslager verschickt. Am gefährdetsten waren jene, die gehobene Positionen bekleideten: So sank bis Ende 1937 der Bestand des 1934 neu gewählten Zentralkomitees von 140 Mitgliedern auf 15. Die Zwangsarbeitslager, GULAGS (Abkürzung für «Hauptverwaltung für Besserungslager»), füllten sich dagegen: In diesen Besserungslagern wurde vor allem die Arbeitskraft der Inhaftierten ausgebeutet. Viele kamen durch Mangelernährung, Entkräftung und Krankheiten um.

Übrig blieben Funktionäre, die sich der Diktatur unterordneten («Apparatschiks»). Sie bildeten eine neue Klasse, nach amtlicher Bezeichnung die «Klasse der werktätigen Intelligenz». In den sowjetkritischen und westlichen Forschungen entstand dafür der Begriff «Nomenklatura».

11.46 Zentralisierung und Personenkult: Diese Nomenklatura setzte sich im Rahmen der Russifizierung auch in den vierzehn anderen Sowjetrepubliken der Sowjetunion durch. Russische Sprache, russische Gesetze und der Personenkult um Stalin übertünchten die nationale Vielfalt. Der Sieg im Bürgerkrieg legitimierte die Unterdrückung aller Autonomiebewegungen. Als Verkörperung der Gesamtunion sah Stalin sich auch als besten Feldherrn, als kompetenten Wissenschafter und Kunstexperten. Dieser Personenkult diente als eine Art Religionsersatz, welcher der Not leidenden Bevölkerung Trost und Hoffnung spenden sollte. Die traditionelle, vor der Oktoberrevolution einflussreiche russisch-orthodoxe Kirche und ihre Gläubigen wurden unterdrückt.

12. Krisenjahre und Kriegsausbruch

12.0 Wirtschaft und Politik: Waren zehn Jahre nach dem Ersten Weltkrieg mindestens in den hauptbetroffenen Staaten die Folgen einigermaßen überwunden, so bedeutete die Weltwirtschaftskrise 1929–1933 einen erneuten Rückschlag für die Wirtschaft und die Innenpolitik: Einmal mehr zeigte sich, dass wirtschaftliche Unsicherheit und Not autoritäre Regierungsformen begünstigten. Dies umso mehr, als die diktatorisch regierten Staaten (Sowjetunion, Italien) durch die Krise weniger betroffen wurden. Die internationale Politik wurde zwischen den aggressiven autoritären und den auf Frieden bedachten demokratischen Staaten zerrieben. Mit Hitler, Stalin und Mussolini setzte sich der Krieg als Lösung durch – der verheerendste Krieg der Geschichte.

12.1 Die Weltwirtschaftskrise, 1929–1933

12.11 Einbruch in den USA: Am Donnerstag, den 24. Oktober 1929 fielen an der New Yorker Börse die Aktienkurse fast aller Wertpapiere. Am folgenden Tag, den man seither als «Black Friday» bezeichnet, brachen die Kurse auch in Europa vollends ein.

Vor diesem «Börsenkrach» waren die Kurse beständig gestiegen. So hatten immer mehr Anleger/-innen Aktien nicht nur wegen der Dividende gekauft, sondern wegen der Erwartung von Kursgewinnen. Oft hatten sie sogar Aktien mit Krediten gekauft, welche sie mit den Kursgewinnen zurückzahlen wollten. Weil sie keine Kurseinbrüche verkraften konnten, mussten sie verkaufen und weil sie verkaufen mussten, fielen die Kurse noch mehr. Weil zudem viele Leute ihr Geld von den Banken abzogen, konnten letztere auch keine Kredite mehr gewähren.

Damit griff der Kursverfall nun auf die Realwirtschaft über: Illiquide Unternehmen schlossen, ihre Belegschaft wurde arbeitslos. Arbeitslose und Überschuldete konsumierten weniger – auch von der Nachfrageseite her geriet die Wirtschaft in die Krise.

12.12 Weltweite Krise: Die Krise am Kapitalmarkt griff besonders rasch auf Großbritannien, Frankreich und das Deutsche Reich über und traf dieses besonders hart; denn dorthin hatten US-Banken im Rahmen des Dawes-Plan (▶ 10.44) die meisten Kredite verliehen und forderten sie nun zurück. Dadurch überschuldete Unternehmen mussten schließen. Die Arbeitslosenzahl stieg bis Herbst 1932 auf den Höchststand von sechs Millionen: Nun war im Deutschen Reich jeder/jede dritte Arbeitswillige arbeitslos! Dadurch erhielten die extremen Parteien KPD und NSDAP Zulauf; und dadurch beunruhigt, zogen noch mehr Gläubiger ihre Kredite ab.

Auch in Europa (außerhalb der Sowjetunion) griff also die Kreditkrise auf die Realwirtschaft über. Die industrielle Produktion sank innert vier Jahren um ein Viertel. Am anderen Ende der Produktionskette wurden auch die Rohstoffländer von der Krise getroffen: Die Rohstoffpreise fielen wegen fehlender Nachfrage in sich zusammen.

Die Sowjetunion, wegen des «Aufbaus des Sozialismus in einem Lande» abgeschottet (▶ 11.4), konnte von der Weltwirtschaftskrise eher noch profitieren und sich mit billig angebotenen Maschinen eindecken: 1932 importierte sie die Hälfte des Weltexportes an Maschinen.

Gesamtwert der US-Aktien nach Tageskurs in Milliarden Dollars

23. Oktober	1929	90
31. Oktober	1929	75
30. November	1929	60
31. Dezember	1929	50
30. Juni	1932	15

Stahlproduktion in Mio. Tonnen in Europa (Eu), USA und Russland bzw. der Sowjetunion (Ru)

	Eu	USA	Ru
1890	7,7	4,4	0,4
1929	54,6	58,8	4,7
1937	47,0	51,4	17,8

Entwicklung der Weltmarktpreise bis zum Sommer 1932
(Sommer 1929: 100)

Rohkupfer	38
Rohbaumwolle	41
Benzin	45
Mais	50
Weizen	56

Um die Preise zu stützen, wurde *in Brasilien Kaffee ins Meer geschaufelt (Foto von 1932)*, in Kanada Weizen in Lokomotiven verfeuert, in den USA Mais durch Chemikalien unbrauchbar gemacht – während gleichzeitig viele Millionen Arbeitslose Not litten.

12.13 Innenpolitische Folgen: Die Weltwirtschaftskrise erfasste über finanzielle Verflechtungen zum ersten Mal in der Geschichte viele Länder gleichzeitig und sie dauerte länger als jede vorhergehende Krise. Arbeitslose wurden dauerarbeitslos und ausgesteuert, das heißt, sie verloren die Arbeitslosenunterstützung und die Hoffnung auf Besserung. Aber auch die Arbeitenden mussten um ihre Arbeitsstelle fürchten. Bei ihnen verbreitete sich Unzufriedenheit und die Auffassung, dass jede noch so radikale Maßnahme besser sei als der jetzige Zustand. In Deutschland und Österreich hatten viele Menschen schon in der Nachkriegsinflation ihr Erspartes verloren und waren besonders frustriert (▶ 10.43). Auf diesem Nährboden gediehen antidemokratische, totalitäre Bewegungen.

12.14 Staatliche Krisenbekämpfung: Die Regierungen verhielten sich zuerst wie Privathaushalte in einer Krise: Sie sparten, verzichteten auf Investitionen, kürzten Gehälter und Sozialleistungen. Doch verstärkten sie damit die Krise. Erst mit der Zeit setzte sich die Auffassung durch, dass der Staat sich gerade antizyklisch verhalten, also in der Krise Geld ausgeben soll. Mit einiger Verzögerung setzten die Regierungen nun solche Investitionsprogramme um, vergaben Notstandsarbeiten und billige staatliche Kredite, um die Investitionsfreudigkeit wieder anzukurbeln. Um die eigene Produktion vor Importen zu schützen, führten die Regierungen Schutzzölle ein. Sie kontrollierten die Währungen: Jedes Land duldete nur so viel Importware aus einem anderen Land, wie es dorthin exportieren konnte. Diese Devisenbewirtschaftung brachte den bisherigen Freihandel zum Erliegen: Bis 1932 sank das Welthandelsvolumen auf dreißig Prozent des Umfangs von 1929, und die Umsätze erreichten bis zum Zweiten Weltkrieg nie mehr das Niveau der Zeit vor dem Ersten Weltkrieg.
In der Weltwirtschaftskrise übernahm also der Staat neue Funktionen: Er sorgte nicht mehr nur für die klassischen Aufgaben der Sicherung der Unabhängigkeit gegen außen und der Rechtsordnung im Innern, sondern kümmerte sich (neben Bildung und Gesundheit) auch um Vollbeschäftigung und für wirtschaftliches Gedeihen. Die Weltwirtschaftskrise bedeutete einen großen Schritt von der freien Marktwirtschaft zum Wohlfahrtsstaat. Diese stärkeren Staatseingriffe konnten aber auch von Parteien, welche die Demokratie ablehnten, zu autoritären Maßnahmen genutzt werden.

12.15 Allmähliche Erholung: Im Herbst 1931 unternahm die britische Regierung einen revolutionären Schritt: Sie wertete ihre Währung gegenüber den anderen um dreißig Prozent ab. Das bedeutete, dass Britinnen und Briten für Importe mehr bezahlen mussten, aber britische Produkte im Export billiger angeboten werden konnten. Finanziell bedeutete die Abwertung, dass die Regierung mit der gleichen Deckung durch Gold und Währungen anderer Staaten mehr Geld in Umlauf setzen konnte.

In den nächsten Jahren folgten zahlreiche Länder dem britischen Beispiel und werteten ihre Währungen ab, als letzte, erst 1936, Frankreich und die Schweiz. Einerseits durch diese Abwertungen, andererseits weil im Sommer 1933 auch das Problem der deutschen Reparationsschuld eine Lösung fand (▶ 10.44), gelang es, die Krise weltweit einzudämmen. Doch Normalität und Vollbeschäftigung waren auch bei Beginn des Zweiten Weltkriegs noch nicht wieder erreicht.

Noch weitergehende Maßnahmen wandten die USA unter der Präsidentschaft Roosevelt und das Deutsche Reich unter der Diktatur Hitler an.

12.2 Roosevelt und der «New Deal»

12.21 Ende der republikanischen Herrschaft: Mit dem Schlagwort «back to normalcy» hatten die Republikaner die Wahlen von 1920 überlegen gewonnen. Unter ihrer Führung zogen sich die USA aus der Weltpolitik und bis 1924 aus der Weltwirtschaft zurück. Auch der Staat zog sich zurück und überließ eine boomende Wirtschaft sich selbst. Das 1919 verfügte Verbot des Alkoholkonsums («prohibition») setzte er nur lückenhaft durch. Die Roaring Twenties bescherten Mittelstand und Oberschicht Gewinne, ohne die Situation der armen Menschen zu verbessern.

Die Ende Oktober 1929 jäh einsetzende «Great Depression» traf das Land völlig unvorbereitet; Präsident Herbert Hoover (1874–1964) vertrat noch 1930 die Meinung: «Prosperity is just around the corner!» Staatliche Eingriffe in das Not leidende Wirtschaftsleben lehnte er ab. So kam es im November 1931 zu einem großen Wahlsieg der Demokraten und ihres Präsidentschaftskandidaten Franklin Delano Roosevelt (1882–1945).

12.22 «New Deal»: Der neue Präsident stützte sich auf einen Kreis wissenschaftlich geschulter Berater, seinen «brain trust». Er wollte nicht nur die Wirtschaftskrise bekämpfen und überwinden, sondern einen Sozialstaat errichten und die Einkommensverhältnisse etwas ausgleichen. So erklärt sich auch die Bezeichnung für die Gesamtheit dieser Bestrebungen: «New Deal», so heißt das neue Austeilen der Karten beim Spiel.

In seiner *Agrarpolitik* suchte der New Deal die Farmverschuldung durch billige staatliche Kredite zu mildern, die Exportfähigkeit durch eine 40-prozentige Abwertung des Dollars wiederherzustellen und die preisdrückende Überproduktion durch Nichtanbau-Prämien zu senken – ein umstrittener Punkt, in dem sich Roosevelt aber durchsetzte.

Dem Wiederaufbau der krisengeschüttelten *Industrie* sollte der «National Industrial Recovery Act» (NIRA), ebenfalls von 1933, dienen. Ihm lag die Vorstellung zugrunde, die branchengleichen Industrieunternehmen und die Gewerkschaften zu großen Korporationen unter Staatsaufsicht zusammenzuschließen, um sowohl Arbeitskonflikte als auch Preiskämpfe zu vermeiden. Im Ganzen gingen die Hoffnungen, die Roosevelt auf die NIRA gesetzt hatte, nicht in Erfüllung. Die Industrie erholte sich ab 1935

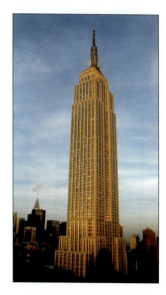

Empire State Building 1931
Wie die Adelsgeschlechter in den mittelalterlichen Städten einander mit der Höhe der Türme konkurriert hatten, wetteiferten in New York die amerikanischen Automobilfirmen um die Ehre des höchsten «Wolkenkratzers». Mit dem 102 Stockwerke hohen Empire State Building, das mittels eines Stahlskeletts 1931 nach wenig mehr als einem Jahr Bauzeit fertiggestellt wurde, triumphierte der Automobilhersteller General Motors zusammen mit dem Chemiegiganten Du Pont über die Konkurrentin Chrysler und hielt mit dem fast 400 Meter hohen Gebäude für vierzig Jahre den Weltrekord.

Kentucky Flood, 1937, Fotografie von Margaret Bourke-White (1904–1971)

Die Menschen in der Stadt Louisville (Kentucky) stehen Schlange, um nach einer Überschwemmung des Ohio eine Suppe zu erhalten.

M. Bourke-White in ihren Erinnerungen:

«There was the irony of the relief line standing against the incongruous background of an NAM poster showing a contented family complete with cherubic children, dog and car, its printed message proclaiming, ‹There's no way like the American Way.›
To me this mammoth flood was another bitter chapter in the black drama of waste of our American earth, which I had watched unfolding and had tried to record since the drought.»
(NAM: National Association of Manufacturers, Unternehmerorganisation, welche den New Deal als zu arbeiterfreundlich bekämpfte.)

Die Regulierung des Ohio-Nebenflusses Tennessee durch die Tennessee Valley Authority war eines der großen Projekte des New Deal.

ohnedies dank der Abwertung und dank der allmählich sich wieder hebenden Kaufkraft des Binnenmarktes, wenn auch die Arbeitslosigkeit noch bis in die Anfänge des Zweiten Weltkriegs hinein anhielt.

Zu einem durchschlagenden Erfolg wurde dagegen die 1933 gegründete *Tennessee Valley Authority (TVA)*, die durch riesige Flussregulierungen im Einzugsgebiet des Tennessee einen vierfachen Zweck erfüllte: Verhinderung der bisher periodisch auftretenden Überschwemmungen und der Bodenerosion; Steigerung der landwirtschaftlichen Ertragsfähigkeit; Erzeugung billiger elektrischer Energie und damit Hebung des Lebensstandards, Industrialisierung der bisherigen Landwirtschaftsregion. Für die «New Dealers» bildete die TVA den schlagenden Beweis für die Möglichkeit einer sozialen und zugleich demokratisch-liberalen Gesellschaftsordnung.

Die Finanzpolitik des New Deal war gekennzeichnet durch eine gewaltige Neuverschuldung. Denn der Staat konnte die neuen Ausgaben, die ihm aus der Unterstützung der Farmer, aus den Arbeitsbeschaffungsmaßnahmen und aus den Investitionen in der TVA erwuchsen, nicht aus den laufenden Mitteln bestreiten. Das neue Steuergesetz von 1935 sah die Besteuerung hoher Einkommen vor (starke Progression). Damit verschaffte Roosevelt dem Staat neue Einnahmen und versuchte das Einkommensgefälle zu verringern.

12.23 Roosevelts Sozialpolitik: Von 1935 an, als die dringlichsten Erfordernisse der unmittelbaren Krisenbekämpfung erfüllt waren, wandte sich Roosevelt energisch den sozialpolitischen Fragen zu; in der Folge wurde ihm von seinen konservativen Gegnern «creeping socialism» (versteckter Sozialismus) vorgeworfen. Weil der Versuch, durch die NIRA eine korporativ-staatliche Lösung zu erreichen, enttäuscht hatte, sicherte Roosevelt den Gewerkschaften 1935 das Organisations- und Streikrecht zu. Sofort stieg die Mitgliederzahl der Gewerkschaften wieder an. Von der alten American Federation of Labor (AFL) trennte sich 1938 eine Gewerkschaft

Die USA wurde führende Handelsmacht:

Anteil am Weltmarkt in %		
	1912	1938
USA	12,9	33,0
GB	16,6	10,5

Exporte der USA (Anteile in %):			
	1879	1924	1952
Nahrungsmittel	44,8	23,8	14
Fabrikate	15,8	36,3	62
Exporte nach Europa	81,0	52,6	29

für ungelernte Arbeiter, der «Congress of Industrial Organizations» (CIO); 1955 vereinigten sich die beiden Verbände wieder.
Die Sozialgesetzgebung macht deutlich, wie stark Roosevelt in der alten populistisch-progressiven Tradition der Demokratischen Partei stand (▶ 7.95): Der «Social Security Act» von 1935 errichtete eine staatliche Arbeitslosenversicherung und öffnete zugleich den Weg für eine künftige allgemeine Invaliden-, Alters- und Hinterbliebenenversicherung. Im gleichen Jahr nahm auch die «Works Progress Administration» (WPA) ihre Tätigkeit auf; bis 1941 investierte sie mehr als zehn Milliarden Dollar in Notstandsarbeiten, vor allem in den Bau von Verkehrswegen, und setzte jahrelang mehrere Millionen von Arbeitslosen ein. Der «Fair Labor Standard Act» von 1938 setzte Mindestlöhne fest und führte die Vierzigstundenwoche ein; er schuf nach Roosevelts Worten «a ceiling over hours and a floor under wages».
Erst geringen Erfolg hatten Roosevelts Bemühungen, die rechtliche und soziale *Gleichstellung der Schwarzen mit den Weißen* vorwärtszutreiben. Das zukunftsweisende Bestreben stieß auf Widerstand von Roosevelts eigener Demokratischen Partei. Diese war besonders in den Südstaaten stark, wo man kompromisslos an der «segregation» (Rassentrennung) festhalten wollte.

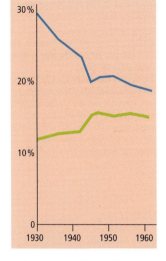

Einkommensverteilung in den USA, 1929–1960

— Anteil der 5 % reichsten Familien und Einzelpersonen

— Anteil der 40 % ärmsten Familien und Einzelpersonen

12.3 Das Ende der Weimarer Republik

12.31 Übergang zum Präsidialsystem: Im Winter 1929/30 wuchs die Zahl der Arbeitslosen rapid. Die Weimarer Parteien, die seit 1928 mit einer komfortablen Mehrheit von 70 Prozent der Sitze in einer Großen Koalition die Regierung bildeten (▶ 10.45), zerstritten sich über der Frage, wie das Defizit der Arbeitslosenversicherung zu decken sei: Leistungskürzungen (bürgerliche Parteien) oder Erhöhung der von den Arbeitgebern zu bezahlenden Prämienteile (Sozialdemokratische Partei, SPD). Obwohl es nur um eine Prämie von einem viertel Prozent ging, zerbrach darüber im März 1930 die Große Koalition. Neuwahlen sollten eine Klärung zwischen SPD und den bürgerlichen Parteien bringen.
Aber aus den Wahlen in der Wirtschaftskrise gingen die demokratiefeindlichen Parteien als Sieger hervor: Die Nationalsozialistische Deutsche Arbeiterpartei (NSDAP) errang 19 Prozent der Sitze, die Kommunistische Partei (KPD) 13, die SPD 25 und die bürgerlichen Parteien, welche eine neue Regierung zu stützen bereit waren, 36 Prozent.
Reichspräsident von Hindenburg (seit 1925) betraute Heinrich Brüning (1885–1970) von der Zentrumspartei mit der Bildung einer Minderheitsregierung. Dieser verfügte nicht über eine parlamentarische Mehrheit, regierte deshalb mithilfe des Notverordnungsrechts. Artikel 48 der Verfassung sah nämlich vor, dass der Reichspräsident Notverordnungen erlassen konnte (▶ 10.42). Eine Reichsregierung, die sich auf die Notverordnungskompetenz des Reichspräsidenten stützte, nannte man ein Präsidialkabinett. Allerdings konnte der Reichstag Notverordnungsbeschlüsse mit einer absoluten Mehrheit für ungültig erklären. Brüning war also nicht nur vom konservativen Reichspräsidenten abhängig, sondern auch von der Duldung durch die SPD, die zusammen mit den demokratiefeindlichen Parteien jede Notverordnung zu Fall bringen konnte.
Zwei Jahre lang hielt der Kanzler diesen Balanceakt zwischen der Sozialdemokratie und dem nationalkonservativen Reichspräsidenten durch. Im

Ergebnisse der Reichstagswahlen 1928 bis 1933

Auf je 60 000 abgegebene Stimmen entfiel ein Mandat; die Gesamtzahl der Mandate schwankte also je nach der Wahlbeteiligung.

Die bei der Wahl vom 5.3.1933 an die KPD gefallenen Mandate wurden sofort, gestützt auf die Notverordnung vom 28.2.1933, für ungültig erklärt; entsprechend betrug dann der Anteil der neuen Regierungskoalition 60 %, jener der Weimarer Parteien 40 %.

	20.5. 1928	14.9. 1930	31.7. 1932	6.11. 1932	5.3. 1933
Weimarer Parteien					
Zentrum und Bayerische Volkspartei	78	87	97	89	92
übrige bürgerliche Parteien	114	109	19	24	13
SPD	153	143	133	121	120
Total der Weimarer Parteien	345	339	249	234	225
(in Prozent)	70 %	59 %	41 %	40 %	35 %
«Anti-Weimar»-Parteien					
KPD	54	77	89	100	81
NSDAP	12	107	230	196	288
Deutschnationale Volkspartei	78	44	39	54	53
rechtsextreme Splitterparteien	2	10	1	–	–
Total der «Anti-Weimar»- Parteien (in Prozent)	146	238	359	350	422
	30 %	41 %	59 %	60 %	65 %

Mai 1932 weigerte sich Hindenburg, neue, vom Kanzler gewünschte Notverordnungen zu erlassen. Seine Motive waren persönlicher Natur: Er war im April 1932 nur mit den Stimmen der SPD (die Hitlers Wahl verhindern wollte) wiedergewählt worden. Aber er wollte nicht von der Linken abhängig sein, sondern die Rechte für sich gewinnen. Und die Reichswehr war mit Brüning nicht einverstanden, weil er die SA (Sturm-Abteilung) der NSDAP kurzzeitig verboten hatte. Diese mehrere Hunderttausend Mann zählende paramilitärische Organisation war für die Reichswehr eine willkommene, inoffizielle Aufstockung der Armee über die 100 000 im Versailler Vertrag bewilligten Soldaten hinaus.

12.32 Von Brüning zu Hitler: So ernannte Hindenburg Franz von Papen (1879–1969) von der Deutschnationalen Volkspartei zum Kanzler. Dieser erwirkte die Unterstützung der NSDAP gegen das Versprechen, Neuwahlen anzusetzen. Hitler erwartete davon auf dem Höhepunkt der Krise weitere Gewinne. Und er hatte recht: In den Juliwahlen 1932 verdoppelte die NSDAP ihre Sitzzahl auf 230. Nun verlangte Hitler, selbst Reichskanzler zu werden. Ohne ihn ging nichts mehr: KPD und NSDAP konnten mit einer Mehrheit von 52 Prozent jede Notverordnung ablehnen und jeden Kanzler stürzen. Papen veranstaltete gleich im November wieder Wahlen. Die NSDAP erlitt zwar Verluste, die KPD aber Gewinne, sodass die Regierung weiterhin gelähmt blieb.

In dieser aussichtslosen Lage setzte die Reichswehr bei Hindenburg die Ernennung des Generals Kurt von Schleicher (1882–1934) zum Reichskanzler durch. Damit bewirkte sie, dass der frustrierte Papen nun mit Hitler zusammenspannte, sogar damit einverstanden war, dass Hitler Reichskanzler und er selbst Vizekanzler werden sollte. Er erreichte Hindenburgs Zustimmung, obwohl dieser eine Abneigung hatte gegen den «böhmischen Gefreiten» (er verwechselte ein böhmisches mit dem österreichischen Braunau, Hitlers Geburtsort). Doch auch nach Hitlers Ernennung zum Reichskanzler am 30. Januar 1933 blieb die NSDAP im Kabinett mit nur drei von neun Ministern in der Minderheit gegenüber Papens Deutschnationaler Volkspartei. Hitler musste das hinnehmen. Denn die NSDAP hatte seit der konjunkturellen Erholung Stimmen verloren und stand durch ihren sozialistischen Flügel unter Gregor Strasser gar vor einer Spaltung.

Joseph Goebbels, Berliner Gauleiter der NSDAP, über den Parlamentarismus in einem Zeitungsartikel vom 30.8.1928:

«Wir gehen in den Reichstag hinein, um uns im Waffenarsenal der Demokratie mit deren eigenen Waffen zu versorgen. Wir werden Reichstagsabgeordnete, um die Weimarer Gesinnung mit ihrer eigenen Unterstützung lahm zu legen […]. Auch Mussolini ging ins Parlament. Trotzdem marschierte er nicht lange darauf mit seinen Schwarzhemden nach Rom […]. Man soll nicht glauben, der Parlamentarismus sei unser Damaskus […]. Wir kommen als Feinde! Wie der Wolf in die Schafherde einbricht, so kommen wir.»

12.33 Anfang der nationalsozialistischen Herrschaft: Unmittelbar nach seiner Ernennung zum Reichskanzler ließ Hitler über Hermann Göring (1893–1946), Reichskommissar für das seit 1932 durch die Reichsregierung verwaltete Preußen, die Polizei in diesem größten Land unter seine Befehlsgewalt bringen und die gewalttätige SA zur Hilfspolizei qualifizieren. Er erreichte von Hindenburg (der heimlich auf einen Misserfolg der NSDAP spekulierte) die Ausschreibung von Neuwahlen zum Reichstag. Im Wahlkampf setzte er auf behördlich abgesegneten Terror. Als in der Nacht vom 27. auf den 28. Februar das Reichstagsgebäude abbrannte, interpretierte die NSDAP dies als kommunistisches Fanal für einen Aufstand. (Wer den Brand legte, ist bis heute umstritten; das größte Interesse könnte die NSDAP selbst gehabt haben.) Unter dem frischen Eindruck des Reichstagsbrandes unterzeichnete Hindenburg die ihm von Hitler vorgelegte «Notverordnung zum Schutze von Volk und Reich». Sie hob alle verfassungsmäßigen Freiheitsrechte auf, zerstörte so das Fundament der Verfassung und bildete zwölf Jahre lang die juristische Grundlage für einen umfassenden Polizeiterror.

Trotzdem erreichte Hitlers Regierungskoalition zwar die absolute Mehrheit aller Mandate, nicht aber die für verfassungsändernde Gesetze nötige Zweidrittelmehrheit. Um die Unterstützung weiterer Parteien zu gewinnen, warb er um das Vertrauen der bürgerlichen Politiker. Dies erstens, indem er sich, besonders augenfällig am «Tag von Potsdam», einem Staatsakt zur Reichstagseröffnung, in die Linie der konservativ-nationalen Tradition stellte. Zweitens malte er vor der Öffentlichkeit in grellen Farben das Schreckbild eines blutigen Kommunistenaufstandes; nur die Wach-

Hitlers Demokratieverständnis

In einem Strafprozess hatte Hitler 1930 als Zeuge wie folgt ausgesagt: «Die Verfassung schreibt uns nur die Methoden vor, nicht aber das Ziel. Wir werden auf diesem verfassungsmäßigen Wege die ausschlaggebenden Mehrheiten in den gesetzgebenden Körperschaften zu erlangen versuchen, um in dem Augenblick, wo uns das gelingt, den Staat in die Form zu bringen, die unseren Ideen entspricht.»

Händedruck zum Abschied: Hitler und Hindenburg am 21.3.1933 vor der Garnisonkirche in Potsdam, fotografiert von Theo Eisenhart für die «New York Times» (Ausschnitt)

In der Garnisonkirche, wo Friedrich II. begraben war, hatten die beiden den neu gewählten Reichstag in einem Staatsakt begrüßt. Die KPD-Abgeordneten waren in Konzentrationslagern inhaftiert, die SPD boykottierte die Zeremonie.

Mit der Eröffnung außerhalb Berlins, wie die Eröffnung des ersten Reichstag der Weimarer Republik in Weimar, und mit der übereilten Ansetzung auf den 21.3. – Jahrestag des ersten Reichtags 1871 – wollte Hitler Zeichen setzen. Im Übrigen hatte er den Anlass eher als Verlegenheitslösung gewählt.

Diese Fotografie wurde von den Nationalsozialisten selten verwendet. Erst nach 1945 wurde sie bekannt.

Carl von Ossietzky (1889–1938), hier eine Aufnahme von 1934 im Konzentrationslager Esterwegen.
Der bekannte bürgerliche Pazifist und NSDAP-Kritiker war bereits am 28.2. 1933 verhaftet worden. In verschiedenen Konzentrationslagern wurde er schwer misshandelt. Seine Freunde versuchten ihm zu helfen, aber erst die Verleihung des Friedensnobelpreises 1935 im Jahr 1936 (auf Druck der NSDAP verzögert) brachten seine Verlegung in ein Spital. Dort starb er 1938 an den Folgen der Misshandlungen.
Die von der SA improvisierten «wilden» Konzentrationslager wurden bald institutionalisiert und der Leitung der SS (Schutzstaffel) unterstellt. Die SS, ursprünglich nur eine Teilformation der SA, gewann am 30.6.1934 eine selbstständige Stellung; sie übernahm vor allem polizeiliche Aufgaben und baute den Terror methodisch aus.

samkeit der Nationalsozialisten habe das Deutsche Reich vor diesem grauenvollen Schicksal bewahrt.

Nun konnte Hitler im Reichstag das Ermächtigungsgesetz einbringen. Es ermächtigte die Regierung, Gesetze zu erlassen, und hob damit die Gewaltenteilung auf. In der entscheidenden Reichstagssitzung vom 23. März 1933 fehlten die Abgeordneten der KPD. Sie waren bereits verhaftet worden, ebenso einige der SPD. Hitler überzeugte die verbleibenden bürgerlichen Abgeordneten mit Versprechen, von denen er keines hielt. So reichten die Stimmen der NSDAP, der DNVP sowie 103 Stimmen aus den übrigen Parteien zu einer knappen Zweidrittelmehrheit von 69 Prozent. Das Gesetz wurde 1937 und 1941 jeweils für weitere vier Jahre erneuert.

Zwar widersprach Hitlers Vorgehen dem Geist der Verfassung, nicht aber dem Buchstaben. Weil das Gesetz also formaljuristisch korrekt zustande gekommen war, galt es, ebenso wie die zahllosen darauf abgestützten Erlasse, dennoch der überwiegenden Mehrzahl der deutschen Richter und Beamten als verbindliches Recht. Heute sprechen wir von der «Scheinlegalität» der nationalsozialistischen Herrschaft.

Hitlers Erklärungen im Reichstag am 23.3.1933:	*Kommentar*
«Die Regierung beabsichtigt – von diesem Gesetz nur insoweit Gebrauch zu machen, als es zur Durchführung der lebensnotwendigen Maßnahmen erforderlich ist: – Weder die Existenz des Reichstages noch des Reichsrates soll dadurch bedroht sein.	Zwischen 1933 und 1945 basierten die meisten neues Recht schaffenden Anordnungen (Reichsgesetze, Verordnungen, Führerbefehle) rechtlich entweder auf dem Ermächtigungsgesetz oder auf der Notverordnung vom 28.2.1933. Der *Reichstag* wurde am 14. Oktober 1933 aufgelöst; für die Neuwahl lag nur noch eine einzige Liste, jene der NSDAP, vor; der Charakter des Reichstages war damit völlig geändert: Er wurde nicht mehr in freier Wahl gebildet. Der *Reichsrat* existierte tatsächlich seit dem 7. April 1933 nicht mehr; formell wurde er am 14. Februar 1934 auf dem Verordnungswege aufgelöst.
– Die Stellung und die Rechte des Herrn Reichspräsidenten bleiben unberührt; die innere Übereinstimmung mit seinem Willen herbeizuführen, wird stets die oberste Aufgabe der Regierung sein.	Der alte *Reichspräsident* Hindenburg wurde sorgfältig von allen nicht-nationalsozialistischen Einflüssen abgeschirmt und völlig einseitig orientiert. Nach Hindenburgs Tod (2. August 1934) vereinigte ein einfaches Reichsgesetz (erlassen aufgrund des Ermächtigungsgesetzes) das Präsidentenamt und das Kanzleramt in Hitlers Hand.

- Der Bestand der Länder wird nicht beseitigt.

Durch das *«Gleichschaltungsgesetz»* vom 7. April 1933 (erlassen aufgrund des Ermächtigungsgesetzes) übernahmen in allen Ländern vom Reichskanzler eingesetzte Reichsstatthalter die Aufgaben sowohl der Länderregionen als auch der Länderparlamente. Mit der Reichstagsauflösung wurden auch die Länderparlamente aufgelöst und nicht neu gewählt. Durch Gesetz vom 31. Januar 1934 wurden alle staatlichen Hoheitsrechte, die bisher zwischen Reich und Ländern geteilt waren, auf das Reich übertragen.

- Die Rechte der Kirchen werden nicht geschmälert, ihre Stellung zum Staate nicht geändert.

Das Reichsgesetz vom 14. Juli 1933 (erlassen aufgrund des Ermächtigungsgesetzes) gab den *evangelischen Kirchen* eine neue Kirchenordnung, die auch im Kirchenwesen das «Führerprinzip» verwirklichen sollte: Ausschaltung der gewählten Laienvertreter aus den Synoden, Einsetzung eines Reichsbischofs. Die Durchführung dieser Neuerungen stieß allerdings auf den erfolgreichen Widerstand der «Bekenntniskirche» (Karl Barth, Martin Niemöller und viele andere). Mit dem Papst schloss das Reich am 20. Juli 1933 ein Konkordat, das die Rechtsstellung der *katholischen Kirche* tiefgreifend änderte. Diese erhoffte davon die Erhaltung der Konfessionsschulen und der religiösen Vereine; tatsächlich bot das Konkordat dann aber die Handhabe für einen intensiven Kampf des Staates gegen die Kirche und ihre Organisationen.

Da die Regierung an sich über eine klare Mehrheit verfügt, ist die Zahl der Fälle, in denen eine innere Notwendigkeit vorliegt, zu einem solchen Gesetz die Zuflucht zu nehmen, an sich eine begrenzte.

Gleiches Versprechen wie im Eingangssatz.

Umso mehr aber besteht die Regierung der Nationalen Erhebung auf der Verabschiedung dieses Gesetzes. Sie zieht in jedem Fall eine klare Entscheidung vor:

Die Wendung «Umso mehr aber» vertuscht den logischen Widerspruch zwischen der Versicherung, das Ermächtigungsgesetz würde kaum angewendet werden, und der Hartnäckigkeit, mit der Hitler auf der Annahme des Gesetzes beharrt.

- Sie bietet den Parteien des Reichstages die Möglichkeit einer ruhigen deutschen Entwicklung und einer sich daraus in der Zukunft anbahnenden Verständigung.

Wenige Monate später war der *Einparteienstaat* geschaffen: Die KPD war schon vor dem 23. März 1933 auf dem Verordnungsweg verboten worden. Die SPD wurde am 22. Juni 1933 durch Verordnung des Reichsinnenministers (gestützt auf die Notverordnung vom 28. Februar 1933) verboten. Die Deutschnationale Volkspartei, die beiden katholischen Parteien (Zentrum und Bayerische Volkspartei) und die verschiedenen bürgerlichen Parteien lösten sich im Juni/Juli 1933 «freiwillig» auf (die katholischen Parteien, weil die Reichsregierung dies zur Vorbedingung der Konkordatsverhandlungen machte). Ein Reichsgesetz vom 14. Juli 1933 (erlassen aufgrund des Ermächtigungsgesetzes) erklärte die NSDAP zur einzigen Partei und verbot Neugründungen. Am 2. Mai 1933 löste die NSDAP durch einen ungesetzlichen Gewaltstreich die Gewerkschaften auf, übertrug ihr Vermögen auf die neu geschaffene «Deutsche Arbeitsfront» und zwang alle Erwerbstätigen, dieser Organisation beizutreten.

- Sie ist aber ebenso entschlossen und bereit, die Bekundung der Ablehnung und damit die Ansage des Widerstandes entgegenzunehmen. Mögen Sie, meine Herren, nunmehr selbst die Entscheidung treffen über Frieden oder Krieg!»

Diese Alternative trat nicht ein, denn der Reichstag nahm das Ermächtigungsgesetz mit Zweidrittelmehrheit an. Wahrscheinlich hätte Hitler die hier geäußerte Drohung wahr gemacht. Entscheidend für die Haltung vieler demokratischer Politiker war, dass sich die Reichswehr unter dem Oberkommando von Reichspräsident Hindenburg nicht klar genug gegen solche Drohungen und hinter die Verfassung der Weimarer Republik stellte.

Größen und Schlüsselpersonen des Nazi-Regimes:
- Adolf Hitler (1889–1945), Führer und Reichskanzler
- Hermann Göring (1893–1946), Luftfahrtminister, Leiter Vierjahresplan
- Joseph Goebbels (1897–1945), Propagandaminister
- Heinrich Himmler (1900–1945), Reichsführer SS und Reichsinnenminister (ab 1943)
- Rudolf Heß (1894–1987), Führer-Stellvertreter, 1941 Flug nach Großbritannien
- Reinhard Heydrich (1904–1942), Organisator des Holocaust
- Adolf Eichmann (1906–1962), Organisator der Judendeportationen in die Vernichtungslager

Hitlerjungen als Zuhörer bei Hitlers Ansprache am Reichsparteitag in Nürnberg, 8.9.1934 (aus dem Film von Leni Riefenstahl)

Wie der Sowjetkommunismus bemühte sich auch der Nationalsozialismus, Einfluss auf die Erziehung und Indoktrination der Jugend zu nehmen. Nicht nur in der Schule, spätestens ab dem 10. Altersjahr auch in der Freizeit wurde diese lückenlos erfasst, organisiert und im Geist der Partei geschult: Zuerst als «Jungvolk» oder «Jungmädel», dann ab 14 Jahren in der «Hitlerjugend» resp. im «Bund Deutscher Mädel» (14 bis 18) und schließlich im Arbeitsdienst bzw. in der Organisation «Glaube und Schönheit».

12.34 Vollendung der Diktatur: Nach der Gleichschaltung von Ländern, Parteien und Verbänden richtete sich die Gleichschaltung im Sommer 1934 sogar gegen die eigene Partei. Ernst Röhm (1887–1934), der Führer (formell Stabschef) der SA, hatte von Anfang an die NSDAP aufgebaut und war einer der wenigen Duzfreunde Hitlers. Er trat innerhalb der NSDAP dafür ein, dass die Partei ihre Macht nun für soziale Verbesserungen nutze. Ferner sah er in seiner Vier-Millionen-Mann-Organisation den Kern eines künftigen Volksheers, was dem Versailler Friedensvertrag widersprochen hätte. Vor allem aber forderte dieser Anspruch die Reichswehr mit ihrer Berufsarmee heraus. Hitler entschied auf seine Weise: Mit der Begründung, Röhm habe gegen ihn putschen wollen, verhaftete er persönlich diesen am 30. Juni 1934 frühmorgens an dessen Urlaubsort und ließ ihn und andere missliebige Parteifunktionäre erschießen. Hitlers Begründung: Er sei in dieser Sache «des deutschen Volkes oberster Gerichtsherr» gewesen. Mit der Entmachtung der SA begann der Aufstieg der SS als politische Polizei und die Unterordnung der Reichswehr unter Hitler. Nach Hindenburgs Tod am 2. August 1934 wurden dessen Kompetenzen auf Hitler übertragen und die Reichswehr auf ihn vereidigt. Nachträglich «legalisierte» eine Volksabstimmung diesen weiteren Verfassungsbruch. Nun war auch die Reichswehr gleichgeschaltet. Hitler besaß damit das Instrument, um einen Krieg vom Zaun zu brechen.

12.35 «Machtergreifung»: Hitler bezeichnete und inszenierte seine Ernennung zum Reichskanzler als «Machtergreifung». Aber diese war ein schleichender Prozess, der außenpolitisch mit der Demütigung des Deutschen Reichs im Versailler Vertrag, rechtlich mit der Machtfülle des Reichstags in der Weimarer Verfassung und mit der Möglichkeit von Notverordnungen, politisch mit der Zersplitterung der Parteien in der Mitte, ökonomisch mit der Weltwirtschaftskrise und gesellschaftlich mit der Enttäuschung über die Demokratie schon vor dem 30. Januar 1933 eingesetzt hatte. Und der Prozess setzte sich am 30. Januar fort mit der Illusion der rechtsbürgerlichen Parteien, die NSDAP mit einer Minderheitsbeteiligung an der Regierung kontrollieren zu können; auf der anderen Seite bekämpfte die KPD in erster Linie die reformbereite SPD und nahm den Nationalsozialismus als Anzeichen für das baldige Ende des Kapitalismus nicht ernst. So stand der Entmachtung der Länderregierungen, dem Verbot von Parteien und Gewerkschaften und den Verfolgungen keine geschlossene Front entgegen – bis fast alle der Diktatur zum Opfer fielen.

12.36 Nationalsozialistische Ideologie: Hitlers Denken war geprägt von einem extremen Sozialdarwinismus (▶ 8.61). Ethische Gesichtspunkte waren ihm fremd. Was ihm persönlich, dann seiner Partei und schließlich der deutschen Nation nützte, bildete für ihn die einzige Norm. Dazu setzte er ausschließlich auf Macht. Diese übte er wenn möglich in einem selbst geschaffenen gesetzlichen Rahmen, bisweilen aber auch gegen jegliches Gesetz aus.

Seine Ideologie zeichnete sich dadurch aus, dass er politische Ideen und wissenschaftliche Erkenntnisse willkürlich beizog und bekämpfte. Wie der Sozialismus setzte sich der Nationalsozialismus für das einfache Volk ein, grenzte dieses aber auf eine wissenschaftlich nicht definierbare germanische, «arische» Rasse ein. Wie der Konservativismus berief sich Hitler auf höhere Werte und forderte eine strikte Hierarchie in der Gesellschaft ein. Aus dem Liberalismus entnahm er die Begeisterung für den technischen

Zur Ideologie des Nationalsozialismus

Das nationalsozialistische Menschenbild:

Ein Sondergericht in Beuthen verurteilte im Jahr 1932 fünf uniformierte SA-Männer wegen politischen Totschlags zum Tode, weil diese in Oberschlesien einen kommunistischen polnischen Arbeiter in seinem Bett erschlagen hatten. Dazu schrieb der NS-Ideologe Alfred Rosenberg im «Völkischen Beobachter»: In dem Beuthener Urteil «wiegt laut bürgerlicher Justiz ein dazu noch polnischer Kommunist fünf Deutsche, Frontsoldaten, auf [...]. Hier, an diesem Beispiel, überschlägt sich das Denken der letzten 150 Jahre und zeigt den ganzen irrsinnigen Unterbau unseres Daseins [...]. Deshalb setzt der Nationalsozialismus auch weltanschaulich ein. Für ihn ist nicht Seele gleich Seele, nicht Mensch gleich Mensch; für ihn gibt es kein ‹Recht an sich›, sondern sein Ziel ist der starke deutsche Mensch, sein Bekenntnis ist der Schutz dieses Deutschen, und alles Recht und Gesellschaftsleben, Politik und Wirtschaft, hat sich nach dieser Zwecksetzung einzustellen.»

Auch Hitler solidarisierte sich mit den Tätern in einem Telegramm: «Meine Kameraden! Angesichts dieses ungeheuerlichen Bluturteils fühle ich mich mit euch in unbegrenzter Treue verbunden. Eure Freiheit ist von diesem Augenblick an eine Frage unserer Ehre.»

Führerprinzip:

Hitler im Gespräch mit Hermann Rauschning. «Die Vorsehung hat mich zu dem größten Befreier der Menschheit vorbestimmt [...]. Der christlichen Lehre von der unendlichen Bedeutung der menschlichen Einzelseele und der persönlichen Verantwortung setze ich mit eiskalter Klarheit die erlösende Lehre von der Nichtigkeit und Unbedeutendheit des einzelnen Menschen und seines Fortlebens in der sichtbaren Unsterblichkeit der Nation gegenüber. An die Stelle des Dogmas von dem stellvertretenden Leiden und Sterben eines göttlichen Erlösers tritt das stellvertretende Leben und Handeln des neuen Führergesetzgebers, das die Masse der Gläubigen von der Last der freien Entscheidung entbindet.»

Das nationalsozialistische Feindbild:
(Aus Hitler, Mein Kampf)

«Überhaupt besteht die Kunst aller wahrhaft großen Volksführer zu allen Zeiten in erster Linie mit darin, die Aufmerksamkeit eines Volkes nicht zu zersplittern, sondern immer auf einen einzigen Gegner zu konzentrieren [...]. Es gehört zur Genialität eines großen Führers, selbst auseinander liegende Gegner immer als nur zu einer Kategorie gehörend erscheinen zu lassen, weil die Erkenntnis verschiedener Feinde bei schwächlichen und unsicheren Charakteren nur zu leicht zum Anfang des Zweifels am eigenen Recht führt.»

Erinnerungen des NS-Gauleiters von Hamburg, Albert Krebs:
(aus Krebs, Tendenzen und Gestalten der NSDAP. Erinnerungen an die Frühzeit der Partei, 1960)

«Gegen wen und was der Nationalsozialist also auch kämpfte, gegen Versailles, den Kapitalismus, die Rotfrontkämpfer, die Kaufhäuser, die demokratischen Erfüllungspolitiker, immer kämpfte er gegen den gleichen Gegner. Ihn zu vernichten, hieß der deutschen Not mit einem Schlage ein Ende machen. Darum war es falsch, sich mit einem Problem allein, etwa dem Sozialismus, allzu gründlich auseinander zu setzen. Das lenkte nur von dem eigentlichen Kampfziel ab. ‹Was ist Sozialismus?› schrie mich Hitler 1930 an. ‹Eine jüdische Erfindung, um das deutsche Volk aufeinander zu hetzen!›»

Standbilder aus dem Film «Triumph des Willens» von Leni Riefenstahl über den Reichsparteitag von 1934: Links Hitlers Auftritt, rechts Aufmarsch der SS-Verbände, 9.9.1934

Riefenstahls Bilder prägen bis heute unser Bild des Nationalsozialismus.

Leni Riefenstahl schrieb unter diese Fotografie 1935 ...:

«Die Vorbereitungen zum Reichsparteitag gingen Hand in Hand mit den Vorbereitungen für die Filmaufnahmen. Der Führer erklärt das Gesamtbild des Aufmarschplanes.»

... und 1987 in ihren Memoiren:

«Auf dem Parteitagsgelände in Nürnberg 1934. Mein letzter Versuch, Hitler zu bitten, mich von seinem Auftrag eines Films über den Parteitag zu entbinden.»

Fortschritt und den Glauben an technologische Lösungen. Aber die Anhänger/-innen fast aller Ideen konnte er mit dem Nationalismus an sich binden: mit der Überzeugung, dass das Deutsche Reich eine bessere Stellung verdient habe, als ihm der Versailler Vertrag zugestand. Diese Überzeugung teilten auch Hitlers Gegner, ja sogar ausländische Politiker, welche ihm deshalb stillschweigend entgegenkamen und damit den Weg ebneten.

Nicht so weit, aber weit über die NSDAP hinaus wirkte das Feindbild Judentum als einigende Klammer: Zum religiösen Antijudaismus, der im Christentum seit dem Mittelalter wirkte, kam ein sozialdarwinistischer Antisemitismus, der die Juden und Jüdinnen als eigene Rasse definierte. Er erachtete die Abstammung als wichtigeres Merkmal als die individuelle Entscheidung für eine Religion: Wer jüdische Vorfahren hatte, blieb auch als Christ oder Atheist Jude. Gerade die Assimilation der Jüdinnen und Juden im Zug der Nationalstaatenbildung (▶ 8.55) machte sie in nationalsozialistischen Augen verdächtig. Wer Jude war, konnte nach antisemitischer Auffassung nicht Deutscher sein.

Hitler hatte in der Überzeugung, dafür Sympathisanten zu finden, seine Ideen schon 1925 in seinem Buch «Mein Kampf» offen formuliert. Aber nur wenige hatten sie wirklich ernst genommen.

12.37 «Volksgemeinschaft»: Die nationalsozialistische Herrschaft bedeutete aber nicht nur Unterdrückung und Terror. Im Gegenteil: Für die meisten Deutschen bot sie neben nationalen Idealen auch handfeste Vorteile. Zwar hatte die Weltwirtschaftskrise schon vor dem 30. Januar 1933 ihren Höhepunkt erreicht. Aber die nationalsozialistische Wirtschaftspolitik sorgte für einen besonders raschen Aufschwung, obwohl sie gerade nicht von einem Nationalsozialisten geleitet wurde. Der Reichsbankpräsident Hjalmar Schacht vermehrte nämlich das zur Verfügung stehende Geld, indem er 1934 vier große Rüstungsbetriebe eine Firma, die «Metallurgische Forschungsgesellschaft mbH» gründen ließ. Wie andere Unternehmen auch, kam diese «Mefo» Zahlungsverpflichtungen nicht in bar, sondern in Wechseln nach. Das Besondere an den Mefo-Wechseln war, dass die Reichsbank sich bereit erklärte, für diese Wechsel Bargeld auszubezahlen. Damit wurden die Mefo-Wechsel gleichsam Papiergeld. So konnte das Geld vermehrt werden, ohne dass neue Banknoten gedruckt wurden und damit eine Inflation entstanden wäre. Allerdings verfielen die

Mefo-Wechsel nach fünf Jahren, also 1939. Schacht drängte, reinen Tisch zu machen, aber Hitler setzte ihn ab und löste den Krieg aus.

Fünf Jahre lang konnte die NSDAP die deutsche «Volksgemeinschaft» mit Vollbeschäftigung (auch durch die Rüstungsindustrie) und mit großzügigen Leistungen verwöhnen. So förderte sie die Eheschließung mit Darlehen, die mit Geburten abbezahlt («abgekindert») werden konnten; sie dekorierte Mütter mit Mutterkreuzen, bot mit der Deutschen Arbeitsfront (DAF) neue Arbeitsplätze, schützte mit der Nationalsozialistischen Betriebsorganisation (NSBO) die Arbeiterinteressen, gestaltete mit der DAF-Organisation «Kraft durch Freude» (KdF) die Freizeit und sorgte mit dem Winterhilfswerk für die Bedürftigen.

An den Olympischen Spielen in Berlin 1936 zeigte Hitler der Welt ein neues «Drittes Reich» – und versteckte die Schattenseiten.

12.38 Ausschluss: Von dieser «Volksgemeinschaft» ausgeschlossen waren die immer weniger werdenden politischen Oppositionellen, eigenständige Kunstschaffende sowie vor allem Jüdinnen und Juden. Letztere konnten sich nicht einmal für oder gegen die «Volksgemeinschaft» entscheiden, denn die Nürnberger Rassegesetze 1935 definierten sie nach der Abstammung und nicht nach der Religion. Juden und Jüdinnen wurden aus Staatsstellen entfernt, dann dazu gezwungen, ihre Geschäfte zu Niedrigpreisen an «Arier» zu verkaufen; intellektuelle Berufe durften sie nicht mehr ausüben, das Studium wurde ihnen verwehrt. Wer das Land verließ, musste sein Vermögen zurücklassen. Die Diskriminierung erfolgte schrittweise und verschaffte den «Volksgenossen und Volksgenossinnen» Vorteile: Sie konnten Geschäfte oder zurückgelassenes Inventar übernehmen, fanden freie Staatsstellen und Wohnungen.

Das Attentat eines Juden auf einen deutschen Botschaftsangehörigen in Paris lieferte der NSDAP den Vorwand, am 9./10. November 1938 in zahlreichen Städten die Synagogen zu zerstören und der jüdischen Gemeinschaft eine hohe Kollektivstrafe von einer Milliarde Mark aufzuladen. Zehntausende wurden nun in Konzentrationslager eingeliefert. Diese No-

Werbeprospekt für den KdF-Wagen, 1938

Durch die Anzahlung von fünf Reichsmark pro Woche konnten die Deutschen den Kaufpreis eines KdF-Wagens allmählich aufbringen. 340 000 KdF-Sparer machten davon Gebrauch, doch keiner erhielt das versprochene Fahrzeug. Die gesamte Produktion wurde nämlich während des Kriegs an die Wehrmacht ausgeliefert, und die Anzahlungen verloren mit der Niederlage ihren Wert (▶ 13.31).

Schaubild zu den Nürnberger «Blutschutzgesetzen» (oberer Teil, 1935), Willi Hackenberger

Weiße Kreise bedeuten «arische» Personen, schwarze jüdische.

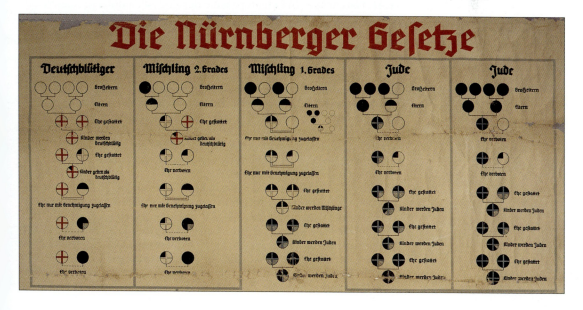

Stapellauf des Segelschulschiffs «Horst Wessel» in Hamburg, 13.6.1936 (Fotograf unbekannt; Zutritt hatten nur genehme Fotografen.)

Die Menge, Arbeiter, Frauen und vereinzelte Uniformierte, entbietet wohl bei Hitlers Auftritt den Hitlergruß – mit Ausnahme eines bis heute nicht sicher identifizierten Mannes.

vemberpogrome veranlassten weitere 70 000 Jüdinnen und Juden zur Auswanderung, sodass sich bis zum Zweiten Weltkrieg rund 200 000 von den 500 000 Jüdinnen und Juden (1933) unter Hinterlassung ihres Gutes und ihrer Heimat retten konnten. Im Schatten der Judenverfolgungen litten auch Roma und Sinti (eine Untergruppe) unter Verfolgungen: Auf die Olympischen Spiele (1936) hin wurden die ersten 600 von ihnen in ein Lager verschleppt.

12.4 Faschistische Welle und Volksfront

12.41 Osteuropa: In Osteuropa hatte der Zug zu autoritären Regierungsformen schon vor dem Sieg des Nationalsozialismus eingesetzt (▶ 10.63). Aber von 1933 an erhielten faschistische Strömungen Aufwind durch das nationalsozialistische Beispiel. Ihm eiferten in *Ungarn* die «Pfeilkreuzler» und in *Rumänien* die «Eisernen Garden» nach.

Gleichzeitig sahen sich die Staaten durch den deutschen Anspruch auf Gebiete mit deutschsprachiger Bevölkerung bedroht. Dies betraf besonders die *Tschechoslowakei* wegen der zahlenmäßig starken deutschsprachigen Minderheit der Sudetendeutschen in den Randgebieten: 2,9 von 3,6 Millionen Menschen sprachen hier Deutsch (▶ 10.13). Die 1933 gegründete «Sudetendeutsche Heimatfront» unter Konrad Henlein (1898–1945) lehnte sich an die NSDAP an und erhielt bald zwei Drittel der für die Sudetendeutschen reservierten Parlamentssitze.

Noch stärker strahlte die NSDAP auf das deutschsprachige *Österreich* aus, das schon 1919 für einen Anschluss an das Deutsche Reich votiert hatte. So erhielt die österreichische NSDAP seit 1933 einen enormen Auftrieb. Im Frühjahr 1933 löste der Bundeskanzler Engelbert Dollfuß (1892–1934) das Parlament auf und errichtete eine Diktatur mit starker Anlehnung an Italien. Er verbot die NSDAP und zerschlug im Februar 1934 in blutigen Straßenkämpfen die Sozialdemokratie. Damit allerdings hatte er das stärkste Bollwerk zerstört, das dem Vordringen des Nationalsozialismus entgegenstand. Bei einem missglückten Putschversuch der österreichischen NSDAP im Juli 1934 wurde Dollfuß ermordet; sein Nachfolger Kurt Schuschnigg (1897–1977) führte noch mehr als dreieinhalb Jahre lang die nach Italien ausgerichtete «austrofaschistische» Politik weiter, dann wurde Österreich vom Deutschen Reich annektiert (▶ 12.72).

12.42 Frankreich und der «front populaire»: Auch in Frankreich kamen als Folge der Wirtschaftskrise und in Opposition gegen Briands Versöhnungspolitik (▶ 10.5) rechtsradikale «ligues» auf. Der größten von ihnen, der «Croix-de-Feu», stand der General Philippe Pétain (1856–1951), Verteidiger und «Held von Verdun» im Ersten Weltkrieg (▶ 9.22), nahe. Diese Ligen forderten die Beseitigung der parlamentarischen Demokratie und die Errichtung eines autoritären Regimes. Im Februar 1934 versuchten sie das Parlamentsgebäude zu stürmen. Eine breite bürgerliche Regierungskoalition, das «Rassemblement National», erklärte sich bereit, die Dritte Republik zu einem Staat im Sinne der Ligen umzubauen.

Sitzverteilung in der Chambre des Députés nach den Wahlen vom 27.4./3.5.1936:

Kommunisten	72
Sozialisten SFIO	148
Radikalsozialisten	109
Kleinere Parteien	57
Front Populaire	386
Rechtsparteien	222

Aber anders als im Deutschen Reich fanden sich in Frankreich die Kommunistische Partei PCF unter Generalsekretär Maurice Thorez (1900–1964) und die Sozialdemokratische Partei (SFIO) unter der Leitung von Léon Blum (1872–1950) im Sommer 1934 zu einem Bündnis gegen den Rechtsradikalismus zusammen. Dieses Bündnis, der «front populaire» (die Volksfront) konnte 1936 die Regierung bilden. Die PCF trat zwar nicht in diese Regierung ein, aber sicherte ihr die parlamentarische Unterstützung zu. Erstmals waren drei Frauen in einer Staatsregierung vertreten (die Frauen hatten in Frankreich noch kein Stimmrecht); erstmals auch wurden in einem Land die 40-Stunden-Woche und bezahlter Urlaub (als Maßnahmen gegen die Arbeitslosigkeit) eingeführt.

Allerdings zerbrach die Volksfront schon Ende 1937 wieder an der Frage der Außen- und der Rüstungspolitik: Die sozialdemokratische Regierung zog sich gegen den Willen der Kommunisten von der Unterstützung der Republikaner im Spanischen Bürgerkrieg zurück und verlangte mehr Finanzmittel für die Aufrüstung gegen die drohende Kriegsgefahr. Beides trug die PCF nicht mit.

Wahlkampf in Paris, April 1936
Plakate der Kommunistischen Partei mit einer Karikatur Hitlers und der Darstellung von Mirabeau (▶ 5.21) von 1789 und der Forderung einer Reichtumssteuer unter dem Motto «Pour faire payer les riches».

Opfer des Spanischen Bürgerkriegs (Schätzungen):

Soldaten	160 000
Zivilbevölkerung	420 000
(davon 95 % Opfer des Franco-Terrors)	

Zwar war mittlerweile die Gefahr einer faschistisch-autoritären Machtübernahme gebannt, aber es fehlte Frankreich eine stabile Regierungskoalition, um im ausbrechenden Zweiten Weltkrieg bestehen zu können.

12.43 Spanischer Bürgerkrieg, 1936–1939: Die 1876 errichtete konstitutionelle Monarchie zerfiel wegen der Unfähigkeit der Regierung, die sozialen Probleme zu lösen. König Alfons XIII. (1886–1941) versuchte während der 1920er-Jahre zusammen mit der Armee und dem diktatorisch regierenden Ministerpräsidenten Miguel Primo de Rivera (1870–1930) eine Art faschistische Herrschaft nach italienischem Vorbild zu errichten. Nach deren Misserfolg verließ der König 1931 das Land; die spanische Republik wurde ausgerufen. Sie wurde aber ähnlich wie in der Weimarer Republik aufgerieben zwischen einem Linksbündnis («Frente Popular») aus Kommunisten, Sozialdemokraten und Anarcho-Syndikalisten (▶ 8.57) und der Rechtsunion mit ihrer Kampforganisation («Falange»). Bei den Wahlen vom Frühjahr 1936 erzielten die gemäßigten Parteien in der Mitte nicht einmal eine halbe Million Stimmen gegen rund vier Millionen der Rechtsunion und fast fünf Millionen der Frente Popular. Dieses Bündnis war allerdings zerstritten.

Im Sommer 1936 löste General Francisco Franco (1892–1975) einen Militärputsch aus, der aber lediglich im äußersten Südwesten, in Andalusien, und im Norden Erfolg hatte. In dem sofort ausbrechenden Bürgerkrieg erhielten die putschenden Militärs nicht nur die Unterstützung der Falangisten, sondern auch jene Italiens und des Deutschen Reichs. Während der ganzen Dauer des Kriegs kämpften 5000 bis 6000 deutsche Soldaten, meist Angehörige der Luftwaffe, in Spanien; Italien schickte sogar mehrere kriegsstarke Divisionen.

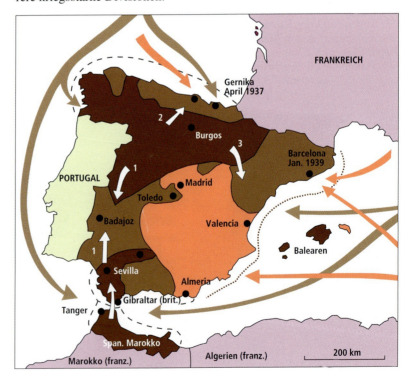

Der Spanische Bürgerkrieg

- Machtbereich Francos zu Beginn des Kriegs (Juli 1936)
- Machtbereich Francos am Ende des Kriegs (März 1939)
- Machtbereich der republikanischen Regierung am Ende des Kriegs
- Hilfe für Franco
- Hilfe für die republikanische Regierung
- ········ deutsch-italienische Seekontrolle
- – – britisch-französische Seekontrolle

(Die Zahlen bezeichnen die Kriegsphasen, siehe S. 197.)

Faschistische Welle und Volksfront

Linksbündnis und gemäßigte Parteien schlossen sich jetzt zusammen, vermochten aber die innere Uneinigkeit nicht zu überbrücken. Unterstützt wurden sie nur von der Sowjetunion mit Kriegsmaterial und von Freiwilligen aus den demokratischen Ländern, den «Internationalen Brigaden».
In vier Phasen gelangten die Franquisten zum Sieg: Noch in den *ersten Wochen des Kriegs* glückte ihnen mit der Einnahme von Badajoz die Vereinigung ihrer nord- und südspanischen Armeen. In der *zweiten Phase, 1937,* unterwarfen sie Asturien und das Baskenland; in der *dritten, 1938,* das ganze Ebrotal, wodurch ein Keil zwischen Madrid und Barcelona getrieben war. So fielen diese beiden nun isolierten Städte, und damit ging der Krieg im Frühjahr 1939 zu Ende.
Der Spanische Bürgerkrieg bedeutete eine Niederlage der Demokratie und einen Triumph des Faschismus. Er bot ferner dem Deutschen Reich und Italien die Möglichkeit, ihre Waffen unter Kriegsbedingungen zu erproben. So machte die deutsche Luftwaffe das nordspanische Städtchen Gernika dem Erdboden gleich: Das war die Hauptprobe für die Bombenangriffe, durch die Nazideutschland in der ersten Phase des Zweiten Weltkriegs seine Gegner terrorisierte.
Franco belieferte dieses mit dem kriegswichtigen Wolfram, hielt Spanien jedoch trotz deutschem Drängen aus dem Zweiten Weltkrieg heraus.

12.44 Schweiz in der Zwischenkriegszeit: Seit dem Landesstreik 1918 standen sich zwei verfeindete Lager gegenüber (▶ 9.63): ein Bürgerblock, der alle sieben Bundesräte stellte, und die Sozialdemokratische sowie die Kommunistische Partei, welche beide eine sozialistische Gesellschaft als mehr oder weniger unmittelbares Ziel anvisierten und insbesondere die Militärausgaben ablehnten.
Die Wirtschaftskrise verstärkte den Gegensatz noch. Wie schon unmittelbar nach dem Ersten Weltkrieg brach der Export 1930/31 ein, diesmal um fast zwei Drittel. Die Arbeitslosigkeit war zwar nicht so hoch wie in den umliegenden Ländern, aber die Arbeitslosenunterstützung geringer. Die Arbeiterschaft reagierte mit Radikalisierung, die Regierung mit Härte. Am 9. November 1932 erschossen unerfahrene Rekruten in Genf dreizehn Menschen, als sie sich von einer antifaschistischen Demonstration bedroht

«Guernica», Monumentalbild (3,45 × 7,77 Meter) von Pablo Picasso (1881–1973), im spanischen Pavillon an der Pariser Weltausstellung von 1937 ausgestellt (siehe S. 139)

Während des Spanischen Bürgerkriegs wurde die baskische Stadt Gernika (span. Guernica) am 26.4.1937 durch die Bomber der deutschen Legion Condor vollständig zerstört. Gernika war eine unbefestigte Stadt ohne kriegsrelevante Industrie. Dieser Terrorangriff forderte rund 16 000 Menschenleben.
Die Bildkomposition spielt auf ein Triptychon (Mitteltafel mit zwei kleineren Flügeln) an. Im das ganze Gemälde umfassenden Dreieck wird das Motiv des Tempelgiebelfrieses angedeutet. Aber die Figuren, sofern sie noch können, scheinen aus dieser Komposition nach links zu flüchten. Sie sind trotz ihrer Brechung gut zu erkennen: vier Frauen, ein Kind, ein Soldat, ein Pferd, ein Stier, ein Vogel und ein Olivenzweig.
In Details erinnert «Guernica» an Goyas Gemälde über eine ähnliche Tragödie (siehe S. 76): so etwa bei den Augenbrauen der Petrollampenträgerin. Beide Maler brachen mit den Konventionen ihrer Zeit.
Das Gemälde kehrte erst 1981 nach Spanien zurück, weil Picasso es nicht Francos Diktatur überlassen wollte.

fühlten («Blutnacht von Genf»). Aus dem Bürgertum gingen rechtsradikale, faschistische Bewegungen hervor, die sich oft als «Fronten» bezeichneten. Nach Hitlers Ernennung zum Reichskanzler kam es 1933 in der Schweiz zu einem «Frontenfrühling». Von all diesen Bewegungen schaffte es nur die «Nationale Front» mit auf dem Höhepunkt etwa 9000 Mitgliedern zu Sitzen im Nationalrat.

Dennoch nahm auch die bürgerliche Gesellschaft faschistisches Gedankengut auf. Obwohl der Ausländer-Anteil beständig sank (1910: 14,7 %; 1941: 5,2 %), wuchs die Ausländerfeindlichkeit: Angst vor dem Bolschewismus und Antisemitismus spielten dabei ein große Rolle. Nach dem Anschluss Österreichs 1938 befürchteten die Schweizer Behörden eine Welle jüdischer Flüchtlinge und wollten für Deutsche den Visumzwang einführen. Die Idee wurde fallengelassen, nachdem Deutschland angeboten hatte, die Pässe deutscher Jüdinnen und Juden mit einem «J» zu kennzeichnen, um es der Schweiz zu ermöglichen, sie an der Grenze sofort abzuweisen. Die Angst richtete sich aber auch gegen die einheimische Bevölkerung. Die Schweiz nahm in Europa eine Vorreiterrolle in der sogenannten negativen Eugenik ein: Vor allem Frauen, deren Erbgut die Ärzte als «minderwertig» einstuften, wurden zwangssterilisiert. Der Kanton Waadt erließ dazu 1929 das europaweit erste Gesetz (erst 1985 aufgehoben), aber in anderen Kantonen ohne gesetzliche Regelung ging die Praxis teilweise noch weiter. Auch gesellschaftlich wurde «Rassehygiene» betrieben: Das Pro-Juventute-Hilfswerk «Kinder der Landstraße» nahm fahrenden Familien die Kinder weg und versorgte sie in Heimen oder Pflegefamilien. 586 Kinder wurden von ihren Familien getrennt. Dabei wurden die Fahrenden ungeachtet ihrer tatsächlichen Lebensweise und Berufstätigkeit als «minderwertige Rasse» eingestuft.

Anders aber als im Deutschen Reich hielt der dezentrale und demokratische Staat den sozialen Spannungen stand. Die Wirtschaftskrise konnte erst 1936 mit einer Abwertung des Schweizer Frankens um 30 Prozent behoben werden. Dadurch wurden exportierte Waren billiger und in größerem Maß nachgefragt. Mit der Erholung der Wirtschaft näherten sich die Blöcke einander an. Die Sozialdemokratische Partei bekannte sich angesichts der

Links unten: Plakat gegen den Alkoholismus, 1923 (Initialen: V. S.)

Rechts: Dr. Alfred Siegfried, Leiter des Hilfswerk «Kinder der Landstraße», von den Kindern «Schoggitüfel» genannt, bringt Kinder in ein Heim, 1953 (Fotografie Hans Staub, Ausschnitt)

Kriegsgefahr zur Landesverteidigung. Die Kommunistische Partei verlor ihren Einfluss unter dem Eindruck der Moskauer Schauprozesse (▶ 11.45) und des Hitler-Stalin-Paktes (▶ 12.83). Als staatsgefährdende Partei wurde sie 1940 verboten, 1943 auch die letzten frontistischen Bewegungen.

1937 schlossen die Arbeitgeber und Arbeitnehmer in der Metall- und Uhrenindustrie das sogenannte Friedensabkommen: Die Gewerkschaften verzichteten auf den Streik und die Arbeitgeber auf Aussperrungen als Druckmittel und beide einigten sich auf gemeinsame Schlichtungsverfahren bei Konflikten. Aus diesem Abkommen ging das Instrument der Gesamtarbeitsverträge hervor, welche bis heute Grundlage vieler Arbeitsverträge sind und Arbeitsfrieden sichern. Seit 1941 kann der Bundesrat sie für allgemeinverbindlich erklären.

Wie die politischen Parteien, so rückte auch die schweizerische Gesellschaft enger zusammen. Der Wille, sich gegen außen abzugrenzen, überwand auch die Sprachgrenzen. Mit der Landesausstellung von 1939, der «Landi», wurde diese Geschlossenheit wenige Tage vor Ausbruch des Zweiten Weltkriegs zelebriert.

Die Zwischenkriegszeit wird in der Geschichtswissenschaft unterschiedlich beurteilt: Positiv als Überwindung der sozialen Spaltung und Geschlossenheit in der «Geistigen Landesverteidigung», negativ als Zeitalter der «Enge», in welchem der gesellschaftliche Druck auf das Individuum erhöht und hoch gehalten wurde (Hans-Ulrich Jost).

12.45 Übriges Europa: *Portugal* erlebte eine ähnliche Entwicklung wie Spanien, doch ohne Bürgerkrieg und zeitlich vorverschoben. Die Monarchie brach schon 1910 zusammen; in den folgenden fünfzehn Jahren erlebte das Land 20 Revolutionen und 44 verschiedene Regierungen! Eine Militärdiktatur beendete 1926 diese Zeit der Wirren; zwei Jahre später wurde der Hochschulprofessor António Salazar (1889–1970) als Finanzminister berufen und übernahm 1932, nachdem er die Sanierung der zerrütteten Staatsfinanzen bewältigt hatte, die Ministerpräsidentschaft, die er bis 1968 innehielt. Er gab dem Provisorium der Militärdiktatur eine feste verfassungsrechtliche Form, die er «Estado Novo» nannte. Dieser «Neue Staat» besaß viele dem Faschismus verwandte Züge: Einparteiensystem, Scheinparlament, hochgepeitschter Nationalismus, ausgebaute Staatssicherheitspolizei und brutale Verfolgung aller Gegner. Vom reinen Faschismus unterschied sich Salazar aber durch seine streng katholische Ethik. Der Estado Novo nahm deshalb nie einen völlig totalitären Charakter an.

In zahlreichen weiteren Ländern (Norwegen, den Niederlanden, Belgien und Großbritannien) entstanden wie in der Schweiz 1933/34 vereinzelte faschistische Bewegungen nach deutschem Vorbild. Nirgends konnten sie aber einen nennenswerten Einfluss auf die Politik gewinnen.

12.5 Die Schwäche der internationalen Friedensordnung

12.51 Nationalismus und Isolationismus: Der tiefe Graben zwischen den Staaten aus der Zeit des Ersten Weltkriegs wurde durch die Friedensverträge nicht zugeschüttet. Vor allem die wirtschaftlichen Krisen führten dazu, dass jeder Staat seine Wirtschaft schützte (Protektionismus). Dabei standen die Kolonialmächte weiterhin in Konkurrenz zueinander. Der Briand-Kellogg-Pakt ächtete zwar den Krieg, sah aber keine Sanktionen gegen Friedensbrecher vor (▶ 10.53).

Geschichte der «Zauberformel»
(Zusammensetzung des Schweizer Bundesrates 1848–2015, vereinfacht)

	FDP	CVP	SVP	SPS
1848	7	0	0	0
1891	6	1	0	0
1919	5	2	0	0
1930	4	2	1	0
1943	3	2	1	1
1959	2	2	1	2
2003	2	1	2	2
2007	2	1	2	2
2008	2	1	1*	2
2011	2	1	1*	2
2015	2	1	2	2

*) Nach Ausschluss aus der SVP von Eveline Widmer-Schlumpf (dann BDP)

Die heutigen Parteibezeichnungen stehen hier für ältere Parteinamen und politische Lager:
- FDP: «Freisinn», liberal-demokratisch
- CVP: früher katholisch-konservatives Lager
- SVP: ursprünglich Bauern-, Gewerbe- und Bürgerpartei
- SPS: Sozialdemokratische Partei
- BDP: Bürgerlich-Demokratische Partei

Karikatur der Zeitung «South Wales Echo» zur Wirkung der Wirtschaftssanktionen des Völkerbunds gegen Italien

12.52 Schwäche des Völkerbunds: Der Völkerbund, der den Frieden durch kollektive Sanktionen gegen Aggressoren sichern sollte, konnte seine Aufgabe nicht erfüllen. Als 1931/32 *Japan* die chinesische Mandschurei eroberte und dort den Satellitenstaat Mandschukuo errichtete, protestierten zwar die Völkerbundsmitglieder; aber niemand kam dem im Bürgerkrieg geschwächten China zu Hilfe (▶ 29.26).

Ähnlich ungestraft griff *Mussolini* 1935 das Kaiserreich Abessinien an und annektierte es 1936 (▶ 10.34). Zwar verhängte der Völkerbund Sanktionen gegen Italien, aber diese blieben praktisch wirkungslos. Denn Großbritannien und Frankreich wollten Italien nicht an das Deutsche Reich verlieren. Die italienische Luftwaffe bombardierte die Bevölkerung aus der Luft und setzte auch das völkerrechtlich verbotene Senfgas gegen sie ein. Sie griff sogar Rotkreuz-Stationen an, ohne bestraft zu werden.

Der dritte Verstoß gegen die Regeln des Völkerbunds bestand in der Unterstützung der Bürgerkriegsparteien im *Spanischen Bürgerkrieg* durch das Deutsche Reich, Italien und die Sowjetunion (▶ 12.43). Weil Großbritannien und Frankreich die republikanische Seite nicht unterstützten, konnten sie Francos Sieg nicht verhindern.

Hitler lernte daraus, dass skrupelloses Vorgehen keine wirkungsvollen Sanktionen nach sich zog. Das kam seiner Absicht entgegen.

12.6 Hitlers Einbrüche in das System von Versailles

12.61 «Lebensraum»: Am 3. Februar 1933 hielt Hitler, eben Reichskanzler geworden, eine Ansprache an die Befehlshaber der Reichswehr. Ein Oberst machte sich unerlaubterweise stichwortartige Notizen (gekürzt): «Ziel der Gesamtpolitik allein: Wiedergewinnung der politischen Macht. Keine Duldung irgendeiner Gesinnung, die dem Ziel entgegensteht (Pazifismus!). Beseitigung des Krebsschadens der Demokratie! Aufbau der Wehrmacht wichtigste Voraussetzung für Erreichung des Ziels. Wie soll politische Macht, wenn sie gewonnen ist, gebraucht werden? Jetzt noch nicht zu sagen. Vielleicht Erkämpfung neuer Exportmöglichkeiten, vielleicht (und wohl besser) Eroberung neuen Lebensraumes im Osten und dessen rücksichtslose Germanisierung.»

Als Reichskanzler nahm also Hitler sein altes Programm der Eroberung «neuen Lebensraumes» wieder auf und verband damit die weiteren Programmpunkte: Beseitigung der Demokratie – Militarisierung des ganzen Lebens – Aufrüstung – Eroberungskrieg gegen Osten – Unterjochung und Ausrottung der slawischen Bevölkerung. Seiner Zielsetzung lag also der sozialdarwinistische Rassegedanke zugrunde.

Karikatur von Jean Sennep (Pseudonym für Pennès, 1894–1982) zu Hitlers Einmischung in die Saar-Abstimmung

Schon vor der Volksabstimmung der Saarbevölkerung hatte Hitler mehrmals erklärt, das Saarland sei die einzige territoriale Streitfrage zwischen dem Deutschen Reich und Frankreich. Nachdem die Saarländer sich mit über 90 % aller abgegebenen Stimmen für die Rückkehr zum Deutschen Reich erklärt hatten, verkündete er in einer Rundfunkrede doppeldeutig: «Jetzt trennt uns nichts mehr von Frankreich.»

12.62 Kriegsvorbereitung: Der Krieg war für Hitler von Anfang an ein legitimes Mittel zur Erweiterung des Lebensraums. So betrieb er die Aufrüstung mit Priorität. Reichsbankpräsident Schacht setzte mit den Mefo-Wechseln einen zweiten Geldkreislauf in Gang (▶ 12.37). Das Rüstungsprogramm bewirkte riesige Staatsaufträge an Industrie und Baugewerbe, sodass die Arbeitslosigkeit rasch zurückging.

Gleichzeitig wurde die Jugenderziehung in der «Hitlerjugend» und im «Bund Deutscher Mädel» in den Dienst des Militärs gestellt. Schon im folgenden Jahr wurde der Arbeitsdienst als Vorstufe der militärischen Ausbildung eingeführt. Auf allen Schulstufen wurde die «nationalpolitische Erziehung» wichtigstes Unterrichtsziel.

Solange das Deutsche Reich militärisch schwach war, verschleierte Hitler seine Kriegsabsichten durch Friedenspropaganda. Bei jeder Gelegenheit betonte er, er betreibe die Aufrüstung nicht zum Krieg, sondern einzig um der Gleichberechtigung willen, auf die das Deutsche Reich als souveräne Großmacht Anspruch habe. Diese Zielsetzung wurde von den anderen Mächten akzeptiert.

12.63 Hitlers Diplomatie: Schon im Sommer 1933 schloss Hitlers Vizekanzler von Papen mit dem Vatikan das «Reichskonkordat» ab. Die katholische Kirche verpflichtet sich darin zu politischer Enthaltsamkeit, und dafür hob die NSDAP sämtliche Zwangsmaßnahmen gegen sie auf. Die katholischen Parteien waren allerdings wie alle anderen schon verboten worden.

Anfang 1934 schloss sich ein Nichtangriffspakt mit Polen an. Dieses befürchtete eine Umklammerung durch die Sowjetunion und das Deutsche Reich, Letzteres eine solche durch Frankreich und Polen. Dass Hitler sich verpflichtete, für zehn Jahre auf jeden Angriff zu verzichten – wozu sich nicht einmal Stresemann bereit gefunden hatte (▶ 10.52) –, schien seinen Friedenswillen zu beweisen (auch wenn Hitler schon damals intern verlauten ließ, er gedenke sich nicht an den Vertrag zu halten).

1935 entschied sich das Saargebiet, das 15 Jahre lang unter Völkerbundsverwaltung gestanden hatte, durch Volksabstimmung für den Anschluss an das Deutsche Reich, wieder ein außenpolitisch korrekter Erfolg Hitlers.

Nun konnte er, legitimiert durch den gleichen Schritt Japans, 1934 auch den Austritt aus dem Völkerbund erklären. Er begründete dies mit dessen Misserfolgen bei den Abrüstungsverhandlungen. Damit schwächten die beiden Mächte den Völkerbund. Frankreich, dessen Vertrauen in den «cordon sanitaire» schwand, schloss 1935 ein Bündnis mit der Sowjetunion, die 1934 dem Völkerbund beigetreten war. Diesen Schritt konterten das Deutsche Reich und Japan 1936 mit dem Antikominternpakt, der sich zwar gegen die Komintern, die Dritte Kommunistische Internationale, wandte, aber eigentlich die Sowjetunion von zwei Seiten umklammerte.

12.64 «Wehrhoheit» des Deutschen Reichs: Im März 1935 wagte Hitler die «Wehrhoheit» des Reichs offen zu verkünden und damit die Abrüstungsbestimmungen des Versailler Vertrages (▶ 10.12) einseitig aufzuheben. Frankreich, Großbritannien und Italien konnten sich nicht auf eine gemeinsame Reaktion einigen. Schon zwei Monate später schloss Großbritannien mit dem Deutschen Reich ein Abkommen über die beidseitigen Flottenstärken; damit anerkannte es de facto die deutsche Wehrhoheit. Zur forcierten deutschen Aufrüstung vor allem der Flugwaffe und der Panzerverbände gehörte auch der als ziviles Projekt getarnte Autobahnbau.

12.65 Annäherung an Italien: Als Italien wegen des Kriegs gegen Abessinien mit Sanktionen belegt wurde (▶ 25.28), lieferte ihm das aus dem Völkerbund ausgetretene Deutsche Reich die gesperrten Güter. Dadurch näherten sich die beiden Diktatoren außenpolitisch an. In einer geheimen Absprache gelang es Hitler, Mussolini von Großbritannien und Frankreich wegzuziehen. Mussolini prahlte am 1. November 1936 von einer «Achse Rom-Berlin», um die sich Europa künftig drehen werde – daher die Bezeichnung «Achsenmächte» für die faschistische Kriegspartei des Zweiten Weltkriegs. 1937 trat Italien dem Antikominternpakt zwischen dem Deutschen Reich und Japan bei.

«Saalebrücke Hirschberg»; Plakat der Reichsbahnzentrale für den deutschen Reiseverkehr; Entwurf Robert Zinner (1904–1988), 1936

Hitler förderte nicht nur den Bau eines billigen Automobils für die Massen, den von Ferdinand Porsche konstruierten «KdF (Kraft durch Freude)-Wagen» bzw. «Volkswagen» (▶ 12.37). Er trieb auch den Bau von Autobahnen voran. 1936, zur Zeit des obigen Plakats, waren in Deutschland etwa 120 000 Arbeitskräfte mit dem Autobahnbau beschäftigt. Autos fuhren allerdings kaum darauf.

12.66 Remilitarisierung des Rheinlands: Mussolinis Abessinienkrieg nützte Hitler zu einem weiteren Bruch des Versailler Vertrags: Am 7. März 1936 ließ er deutsche Truppen in das vertragsgemäß entmilitarisierte Rheinland (▶ 10.12) einrücken. Seine Generale und Diplomaten hatten vor diesem Schritt gewarnt, denn eine militärische Reaktion Frankreichs hätte für das noch schwach gerüstete Deutsche Reich eine Katastrophe bedeutet. Aber wiederum gewann Hitler sein gewagtes Spiel: Frankreich und Großbritannien begnügten sich mit Protesten. Im gleichen Sommer gaben die Olympischen Spiele in Berlin Hitler Gelegenheit, gegenüber dem Ausland Ordnung und Zuverläßigkeit des «Dritten Reichs» zu demonstrieren.

Die Rheinlandbesetzung steigerte nicht nur Hitlers Prestige und Selbstwertgefühl, sondern bot ihm insbesondere die Möglichkeit, ein aggressives Ausgreifen gegen Osten im Rücken militärisch abzusichern. Mit großem Aufwand ließ Hitler ein starkes Verteidigungssystem längs der Westgrenze errichten. Als dieser «Westwall» der Vollendung entgegenging, fühlte er sich stark genug, sein eigentliches Ziel anzugehen, die Eroberung neuen «Lebensraumes» im Osten.

12.7 Der Misserfolg der Appeasement-Politik

12.71 «Hoßbach-Niederschrift»: Am 5. November 1937 kündete Hitler vor dem Außen-, dem Kriegsminister und den Oberbefehlshabern von Heer, Luftwaffe und Marine an, dass er den Krieg zur Eroberung von Lebensraum im Osten bis 1943 auslösen wolle. Bis dahin sei die deutsche Armee der sowjetischen am deutlichsten überlegen. Großbritannien und Frankreich traute Hitler kein Eingreifen zu. Als erste Angriffsziele nannte Hitler die Tschechoslowakei und Österreich (Quelle: Niederschrift seines Adjutanten, Oberst Friedrich Hoßbach). Die Minister und zwei Armeebefehlshaber äußerten Bedenken gegenüber Hitlers Lagebeurteilung. Alle wurden sie in den nächsten Monaten abgelöst, Hitler übernahm das Kriegsministerium gleich selbst.

Weil Hitlers Kriegsziele einschließlich der Irrtümer in dieser Besprechung derart konkret mit einer Zeitplanung formuliert und die Kritiker zielbewusst entlassen wurden, nimmt die Forschung an, dass ab diesem Zeitpunkt Hitler auf einen Krieg gegen Osten hinarbeitete.

12.72 Besetzung Österreichs: Schon im März 1938 konnte Hitler eines der an der «Hoßbach-Sitzung» genannten Ziele erreichen: die Annexion Österreichs. Die deutsch-italienische Achse hatte zur Folge, dass sich Hitler und Mussolini über die Grenze auf dem Brennerpass einigten, Hitler also auf das deutschsprachige, zu Italien gehörige Südtirol verzichtete. Nun besaß Österreich unter Bundeskanzler Schuschnigg keinen Handlungsspielraum mehr. Hitler hatte diesen bereits gezwungen, das Innenministerium und damit auch die Polizei in die Hand des Nationalsozialisten Arthur Seyß-Inquart (1892–1946) zu legen.

Mit dem Mut der Verzweiflung appellierte Schuschnigg nun an das österreichische Volk und setzte am 9. März 1938 kurzfristig eine Volksabstimmung auf den 13. März an über die Frage, ob Österreich unabhängig bleiben wolle. Aber die erhoffte Rückendeckung durch die Westmächte blieb aus; ein deutsches Ultimatum zwang Schuschnigg, die angekündigte Volksbefragung wieder abzusagen. Unmittelbar darauf fasste Hitler den Entschluss, die günstige Situation rücksichtslos auszunutzen: Er befahl für den nächsten Tag, den 12. März, den Einmarsch der deutschen Wehrmacht in Österreich. Fast widerstandslos wurde das Land besetzt und dem Deutschen Reich einverleibt. Dieses bestätigte und feierte den Anschluss in einer Volksabstimmung. Schuschnigg wurde im Konzentrationslager Dachau inhaftiert, Seyß-Inquart neu Reichsstatthalter. Er ließ nach Hitlers Vorbild die Jüdinnen und Juden verfolgen.

12.73 Abkommen von München: Mit der außenpolitisch reibungslosen Annexion Österreichs hatte Hitler erneut seine internen Kritiker eines Bessern belehrt. Ermutigt durch die Passivität der Westmächte wandte er sich nun gegen die Tschechoslowakei, deren sudetendeutsche Gebiete er annektieren wollte. Er befahl der Wehrmacht Angriffsvorbereitungen, und sein Propagandaminister Joseph Goebbels (1897–1945) ließ die Massenmedien gegen angebliche Unterdrückung der Sudetendeutschen protestieren. Hitler plante den militärischen Angriff auf Ende September 1938.

Da schaltete sich, fast in letzter Stunde, der britische Premierminister Neville Chamberlain (1869–1940) ein, um einen friedlichen Ausgleich zu schaffen. Diese Vermittlung kam Hitler ungelegen; aber als auch Mussolini darauf drängte, musste er sich fügen. An der Konferenz von München beschlossen in der Nacht vom 29. auf den 30. September 1938 die vier Staatschefs Chamberlain, Édouard Daladier (1884–1970), Mussolini und Hitler, die mehrheitlich deutsch besiedelten Randzonen der Tschechoslowakei dem Deutschen Reich zuzuweisen.

Die betroffene Tschechoslowakei war an diesen Verhandlungen nicht vertreten, ebenso wenig die Sowjetunion. Polen nutzte die deutsche Annexi-

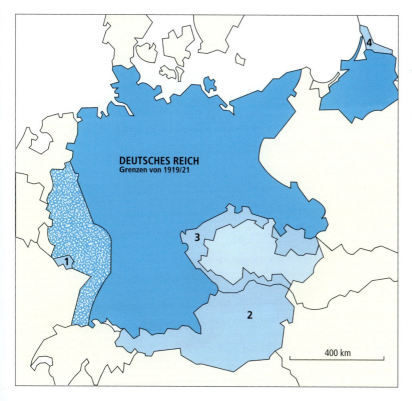

Ausdehnung des Deutschen Reichs 1935–1939

▨ Vertragsgemäß entmilitarisierte Zone: März 1936 besetzt

▨ Angliederungen an das Deutsche Reich:

1 Januar 1935 Saargebiet durch Volksabstimmung

2 März 1938 Österreich durch militärische Besetzung

3 September 1938 Sudetenland durch das Viermächteabkommen von München

4 März 1939 Memelgebiet durch Vertrag mit Litauen

▨ Unterwerfung unter die Herrschaft des Deutschen Reichs: März 1939 «Reichsprotektorat Böhmen-Mähren» durch erzwungenen Vertrag mit der Tschechoslowakei und durch militärische Besetzung.

onspolitik und bemächtigte sich des Gebietes von Teschen; ebenso schob Ungarn auf Kosten der Tschechoslowakei seine Grenze nordwärts vor.

12.74 Appeasement: Die Haltung der Westmächte während der großen Krise des Jahres 1938 wird als «appeasement policy» (Besänftigungspolitik) bezeichnet. Chamberlain wollte Hitler mit der Annexion deutschsprachiger Gebiete zufriedenstellen und verschloss die Augen vor der Unrechtmäßigkeit und Brutalität seines Vorgehens. Dieses Vorgehen bewies bereits, dass Hitler mehr wollte: Die deutsche Herrschaft über die slawische Bevölkerung, um auf deren Kosten «Lebensraum» zu gewinnen.

Doch im Herbst 1938 billigte die überwältigende Mehrheit der Westmächte Chamberlains Appeasement-Politik. Als dieser nach der Rückkehr aus München verkündete, er bringe «peace for our time», wurde er bejubelt. Auch im Deutschen Reich war die Erleichterung über den geretteten Frieden groß. Deshalb betonte Hitler schon zehn Tage später in einer Rede vor den deutschen Presseleitern: «Der Zwang war die Ursache, warum ich jahrelang vom Frieden redete»; jetzt aber sei es unerläßliche Aufgabe der Presse, «das deutsche Volk psychologisch umzustellen und ihm klarzumachen, dass es Dinge gibt, die mit Mitteln der Gewalt durchgesetzt werden müssen».

Im Gegensatz zu 1914 herrschte in Europa keine Kriegsbegeisterung.

12.8 Die Entfesselung des Kriegs

12.81 Unverhüllte Annexionspolitik: Im März 1939 schien Hitler die Zeit gekommen, den nach der Münchner Konferenz verbliebenen Rest der Tschechoslowakei zu unterwerfen. Am 14. März wurde in Bratislava die – in Berlin aufgesetzte! – Unabhängigkeitserklärung einer «Slowakischen Republik» verkündet; der neue Staat stellte sich sofort unter den Schutz des Deutschen Reichs. In der Nacht darauf reiste der tschechische Staatspräsident Emil Hácha (1872–1945) zu Hitler. Dieser drohte Prag am nächsten Morgen in Schutt und Asche zu legen. Um zwei Uhr früh kapitulierte Hácha. Gleichentags wurde das Land durch deutsche Divisionen besetzt; am folgenden Tag verkündete Hitler von Prag aus die Errichtung des «Protektorates Böhmen und Mähren». Dieses wurde besonders in der

Die Aufteilung der Tschechoslowakei 1938/39:

▪ Protektorat Böhmen und Mähren (16.3.1939)

▪ Slowakei (6.10.1938 autonom, 14.3.1939 unabhängig)

▪ Von der Tschechoslowakei 1938/39 abgetrennte Gebiete

1 Sudetenland (1.10.1938 deutsch)

2 Olsagebiet («Teschen», 2.10.1938 polnisch)

3 Oberungarn (2.11.1938 ungarisch)

4 Karpato-Ukraine (8.10.1938 autonom, 20.3.1939 ungarisch, 29.6.1945 sowjetisch)

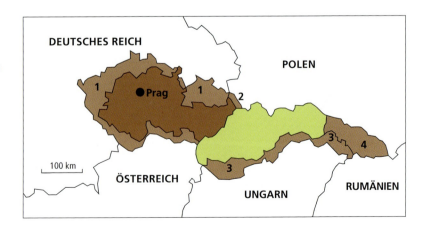

zweiten Kriegshälfte ein wichtiges Industriezentrum in deutschen Diensten, weil die feindlichen Bombenflugzeuge es nicht erreichten.

Noch im März zwang Hitler durch Kriegsdrohungen Litauen zur Rückgabe des Memelgebietes; Ungarn riss den östlichen Teil der Slowakei an sich; Italien besetzte Albanien.

Nun rückten die Westmächte von ihrer Appeasement-Politik ab. Großbritannien führte die allgemeine Wehrpflicht ein und gab gemeinsam mit Frankreich eine Garantieerklärung für Polen ab; Roosevelt ermahnte den deutschen Reichskanzler öffentlich, von weiteren Aggressionen abzusehen.

12.82 Politik der Sowjetunion: Großbritannien und Frankreich wollten nicht nur Polens Gebiet garantieren, sondern auch die benachbarte Sowjetunion dafür gewinnen. Diese verlangte aber, bei einem deutschen Angriff sofort selbst in Polen einmarschieren zu können. Das verweigerte die polnische Regierung. Sie glaubte, ihre Streitkräfte seien auch ohne sowjetische Hilfe fähig, einen deutschen Angriff abzuwehren, und sie fürchtete die Sowjetunion noch mehr als das Deutsche Reich.

Es rächte sich nun, dass Polen nach dem Ersten Weltkrieg russische Gebiete besetzt hatte (▶ 10.61). Und es rächte sich auch, dass die Sowjetunion an der Münchner Konferenz nicht einbezogen worden war. Zudem war sie im Osten in schwere Kämpfe mit japanischen Invasionstruppen in der Mandschurei verwickelt (▶ 13.0). Stalin wollte deshalb sein Land von europäischen Kriegsverwicklungen fernhalten. Und dazu schien ihm ein Bündnis mit dem nahen Deutschen Reich geeigneter als mit den fernen Westmächten.

12.83 Hitler-Stalin-Pakt: Hitler griff Stalins Absicht begierig auf, obwohl er 20 Jahre lang den Bolschewismus verdammt hatte. Am 23. August traf der deutsche Außenminister Joachim von Ribbentrop in Moskau ein, und in der Nacht auf den folgenden Tag unterzeichneten er und sein Amtskollege Wjatscheslaw Molotow (1890–1986) einen deutsch-sowjetischen Neutralitäts- und Freundschaftsvertrag (meist als Hitler-Stalin- oder auch Ribbentrop-Molotow-Pakt bezeichnet). Offiziell versprachen die beiden

Churchill kritisierte die Münchner Konferenz (Unterhausrede vom 5.10.1938):

«Man kann es [...] in wenigen Worten zusammenfassen: Ein Pfund [britische Währung] wurde mit vorgehaltenem Revolver gefordert. Als man es hergab, wurden zwei Pfund mit vorgehaltenem Revolver gefordert. Schließlich fand sich der Diktator bereit, 1 Pfund, 17 Schilling und 6 Pence zu nehmen und den Rest in Zusicherungen von guten Absichten für die Zukunft.»

Zu spät – erst nach der Besetzung Prags – zeigte Chamberlain in einer Rede vom 17.3.1939 *die Grenzen der Appeasement-Politik* auf: «Ich fühle mich verpflichtet, zu wiederholen, dass [...] kein größerer Fehler begangen werden könnte als der, zu glauben, unsere Nation habe, weil sie den Krieg für eine sinnlose und grausame Sache hält, so sehr ihr Mark verloren, dass sie nicht bis zur Erschöpfung ihrer Kraft einer solchen Herausforderung entgegengetreten werde, sollte sie jemals erfolgen.»

Einmarsch deutscher Truppen in Prag, 15.3.1939

Tschechische Polizisten müssen die Menschen zurückhalten. Beim Banner hinten in der Straße handelt es sich um kommerzielle Werbung.

Staaten, sich nicht anzugreifen und keinen Angriff auf den Vertragspartner zu unterstützen.

Brisant war ein geheimes Zusatzprotokoll: Hier einigten sich die ideologisch verfeindeten Staaten auf die Abgrenzung ihrer Interessensphären im baltischen und polnischen Raum. Hitler gewann durch dieses Protokoll freie Bahn für sein Vorgehen gegen Polen, Stalin nicht nur die Gewissheit, vorerst nicht in einen Krieg mit dem Deutschen Reich hineingerissen zu werden, sondern auch noch die Aussicht auf territorialen Gewinn.

12.84 Hitlers Kriegsentschluss: Die Nachricht vom Abschluss des deutsch-sowjetischen Vertrages erschütterte die Welt. Auch ohne Kenntnis des Zusatzprotokolls war klar, dass Polen nun eingekesselt war. Großbritannien und Frankreich schienen ihre Garantie nicht einlösen zu können und zu wollen. In Frankreich drückte die Frage «Mourir pour Dantzig?» das Unverständnis gegenüber einem Krieg wegen Polen aus. Hitler wollte diese Zweifel nutzen und sofort losschlagen.

Nach einer Reihe von Grenzzwischenfällen organisierte die nationalsozialistische Schutzstaffel (SS) in der Nacht auf den 1. September 1939 einen «polnischen» Überfall auf den deutschen Radiosender Gleiwitz (heute Gliwice). In der gleichen Nacht noch überschritten die deutschen Angriffstruppen die polnische Grenze. Entgegen Hitlers Erwartungen erklärten Großbritannien und Frankreich zwei Tage später dem Deutschen Reich den Krieg. Sie bezeichneten sich als alliierte, mit Polen und untereinander verbündete Mächte. Aber sie griffen nicht ein. Auch das noch nicht kriegsbereite Italien hielt sich zurück.

Links: Der sowjetische Außenminister Wjatscheslaw Molotow bei der Vertragsunterzeichnung am 24.8.1939

Hinten von links: von Ribbentrops Adjutant, der sowjetische Generalstabschef, Joachim von Ribbentrop (1893–1946), Stalin, der russische Dolmetscher, vorne neben Molotow der deutsche Dolmetscher; oben hängt eine Fotografie Lenins.

Rechts: Stalins und von Ribbentrops Unterschriften auf einer geheimen Karte vom 28. September mit der Aufteilung Polens gemäß Zusatzprotokoll (blaue Linie, nachgezogen)

Die rote Linie bezeichnet die aktuelle polnisch-sowjetische Grenze.

Entfesselung des Kriegs

«Someone is taking someone for a walk.» («Jemand nimmt jemanden auf einen Spaziergang mit.») Karikatur von David Low (1891–1963) in der Zeitung «Evening Standard» vom 4.11.1939

Mit den Bohrtürmen der rumänischen Erdölfelder im Hintergrund deutete Low seine Vermutung an, dass spätestens in der Konkurrenz um die Erdölfelder die deutsch-sowjetische Freundschaft enden werde.

Noch war der Zweite Weltkrieg kein eigentlicher Weltkrieg, vielmehr handelte es sich um zwei getrennte Aggressionskriege: den ostasiatischen Japans und den europäischen des Deutschen Reichs. Die großen Flügelmächte, die USA und die Sowjetunion, standen noch abwartend außerhalb des Kriegsgeschehens.

Hitlers Kriegsentschluss («Kernworte» aus einer Rede vor Generälen vom 22.8.1939):

«Wir werden den Westen halten, bis wir Polen erobert haben. […] Die Gegner haben nicht mit meiner großen Entschlusskraft gerechnet. Unsere Gegner sind kleine Würmchen. […] Die persönliche Verbindung mit Stalin ist hergestellt. […] Nun ist Polen in der Lage, in der ich es haben wollte. […] Ich habe nur Angst, dass mir noch im letzten Moment irgendein Schweinehund einen Vermittlungsplan vorlegt. Ich werde propagandistischen Anlass zur Auslösung des Kriegs geben, gleichgültig, ob glaubhaft. Der Sieger wird später nicht danach gefragt, ob er die Wahrheit gesagt hat oder nicht. Bei Beginn und Führung des Kriegs kommt es nicht auf das Recht an, sondern auf den Sieg. Herz verschließen gegen Mitleid. Brutales Vorgehen. […] Der Stärkere hat das Recht.»

13. Der Zweite Weltkrieg, 1939–1945

13.0 Weiterentwicklung des Kriegs: Der Zweite Weltkrieg war ein «Zusammenschluss» eines seit 1937 geführten asiatischen Kriegs und eines europäischen Kriegs, der 1939 von Hitler entfesselt wurde. Im Unterschied zum Ersten Weltkrieg dominierte darin der Angriff über die Verteidigung. Dies lässt sich auf Landkarten veranschaulichen. Aber der Krieg hatte auch eine nicht-geografische, soziale Dimension: Er wurde immer auch gegen die Zivilbevölkerung geführt. Den Jüdinnen und Juden gestand das nationalsozialistische Regime nicht einmal die Möglichkeit der Parteinahme zu, sondern erklärte sie einseitig zum Feind und verübte einen Genozid an ihnen.

Ansätze zum Krieg gegen die Bevölkerung waren schon im Ersten Weltkrieg sichtbar geworden. Und analog leitete der Zweite Weltkrieg zum Kalten Krieg über: Mit der Atomwaffe wurde der Krieg zwischen erklärten Parteien noch einmal ausgeweitet zu einem Krieg, der die ganze Welt in Schutt und Asche legen könnte.

13.1 Der erste Kriegswinter, 1939/40

13.11 Polenfeldzug: Mit Luftangriffen und Panzerverbänden überrollte die deutsche Wehrmacht Polen innert vier Wochen. Diese beiden neuen Waffensysteme bestimmten den militärischen Verlauf des Zweiten Weltkriegs. Die polnische Armee war darauf überhaupt nicht vorbereitet und wurde sofort aufgerieben. Am 6. Oktober kapitulierte die Armee, die Regierung war nach London ins Exil geflohen.

Die sowjetische Rote Armee marschierte am 17. September in Ostpolen in die im Hitler-Stalin-Pakt vereinbarten Gebiete ein. Mittelpolen kam als «Generalgouvernement» unter deutsche Verwaltung. Die westpolnischen Gebiete wurden dem Deutschen Reich einverleibt. Die vierte Teilung Polens nach 1772, 1793 und 1795 war vollzogen (▶ 5.52).

Im Schatten der militärischen Aktionen verübten die SS und der «Sicherheitsdienst» (SD) Massenmorde an der Zivilbevölkerung, an Jüdinnen und

Wehrmachtsoldaten und Polizisten aus Danzig zerstören am 1. September eine Grenzbarriere zwischen Danzig und Polen.

Solche Fotografien wurden inszeniert; sie verharmlosen den blutigen Angriff und zeigen eigentlich einen Ausbruch: Illegal in Danzig stationierte Soldaten brechen in das umliegende Polen aus. Die kleine Fotografie unten zeigt, dass es sich dabei nicht um den Ernstfall handelt: «Ich sah PK-Leute [Soldaten der Propagandakompagnie] mit Kameras. Dann wurden wir von ihnen an der Schranke arrangiert. Und mit einem ‹Hau ruck!› zerbrachen wir den Schlagbaum – das war nicht schwer, denn er war schon bis auf einen kleinen Rest durchgesägt. Ich habe das eher als lächerlich empfunden. Doch vielleicht dachten die anderen, dass sie etwas Bedeutungsvolles taten.»
(Werner Thimm, damals 21-jährig)

Juden und an politischen Oppositionellen. Mit diesem Terror wollte sie die Bevölkerung einschüchtern und in den sowjetisch besetzten Teil treiben.

13.12 Annexion der baltischen Staaten: Die Sowjetunion nutzte die Situation, um die Gebietsordnung des Friedens von Brest-Litowsk rückgängig zu machen. Die drei baltischen Staaten Estland, Lettland und Litauen zwang sie zur Einwilligung in die Stationierung sowjetischer Truppen, besetzte sie und erzwang Wahlen mit kommunistischen Wahlsiegen. Die neu gewählten Regierungen baten um Aufnahme in die Sowjetunion.

13.13 Finnischer Winterkrieg: Anfang Oktober 1939 verlangte die Sowjetregierung auch von Finnland die Zustimmung zur Stationierung sowjetischer Truppen. Im Gegensatz zu den baltischen Staaten weigerte sich Finnland. Deshalb eröffnete die Sowjetunion Ende November mit weit überlegenen Kräften den Krieg. Zwar schloss der Völkerbund die Sowjetunion aus, verzichtete aber aus Schwäche auf Sanktionen. Zwar unterstützten verschiedene Länder inoffiziell Finnland, aber keine Staatsführung setzte sich für das isolierte Land ein.

Trotzdem vermochte sich die finnische Armee monatelang gegen eine gewaltige Übermacht zu behaupten. Ihre Soldatinnen und Soldaten kämpften mit einfachsten Waffen, unter anderem mit Flaschenbomben, den sogenannten «Molotowcocktails». Die Rote Armee dagegen zeigte Schwächen, welche die deutsche Wehrmachtführung aufmerksam registrierte. Erst Ende Februar 1940 durchstieß die Rote Armee die finnische Verteidigung auf der Karelischen Landenge. Diese Landenge um den Ladogasee musste Finnland abtreten, bewahrte aber seine Unabhängigkeit.

13.14 «Drôle de guerre», Sitzkrieg: An der Westfront verharrten während des ganzen Winters die Kriegsparteien in ihren befestigten Stellungen – an der nach dem Verteidigungsminister benannten, stark befestigten Maginotlinie auf der französischen Seite und dem Westwall auf der deutschen Seite –, ohne dass es zu größeren Kampfhandlungen kam. Die Alliierten zogen eine Seeblockade auf und hofften auf deren Wirkung. Hitler plante einen Angriff, den er aber immer wieder hinausschieben musste.

13.2 Der Siegeszug der Achsenmächte, 1940–1942

13.21 Norwegen und Dänemark: Norwegen hatte für das Deutsche Reich eine doppelte Bedeutung. Erstens wurde das für die deutsche Kriegswirtschaft lebenswichtige nordschwedische Eisenerz über den eisfreien norwegischen Hafen Narvik ausgeführt. Zweitens war die britische Seeblockade wie im Ersten Weltkrieg auf ein neutrales oder verbündetes Norwegen angewiesen. Aus diesen beiden Gründen wollte sich die deutsche Wehrmacht des Landes bemächtigen.

Sie kam einem alliierten Unternehmen um wenige Tage zuvor. Am 9. April 1940 überfiel sie Dänemark, fast ohne auf Widerstand zu stoßen. Gleichzeitig eroberten deutsche See- und Luftstreitkräfte zahlreiche norwegische Häfen. Erst Mitte April landeten alliierte Truppen, konnten aber die Wehrmacht nicht mehr vertreiben. Dänemark und Norwegen blieben unter deutscher Herrschaft.

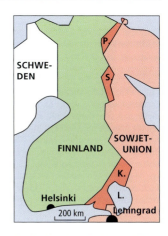

Finnlands Verluste im Zweiten Weltkrieg (L.: Ladogasee):
K.: Karelien
S.: Salla
P.: Petsamo (1944 abgetreten)

Molotowcocktail aus dem finnischen Winterkrieg, zu entzünden mit dem angeklebten Sturmstreichholz

Die sarkastische Bezeichnung ist gemünzt auf den sowjetischen Außenminister Molotow, der Streubomben als Brotverteilungskörbe verharmlost hatte. Formen dieser einfachen Waffe waren bereits in der Antike bekannt.

Die in Gernika erstmals angewandte Strategie, durch Vernichtung ganzer Städte den Widerstandswillen der Bevölkerung zu brechen, erfuhr im Zweiten Weltkrieg eine grauenvolle Ausweitung. Als die Trümmer beseitigt waren, bot *Rotterdam nach dem Zerstörungsangriff vom 13.5.1940* dieses Bild. Vom Herbst 1940 an folgten die Angriffe auf englische Städte. Am härtesten betroffen wurde das britische Coventry; Propagandaminister Goebbels kündigte an, nun werde ganz Großbritannien systematisch «coventrisiert». Von 1943 an waren dann aber die Städte Deutschlands das Ziel pausenloser Luftangriffe. Die Zerstörung Dresdens, vor allem aber Hiroshimas und Nagasakis durch Atombomben, bedeutete eine weitere Steigerung dieser Kriegsentwicklung.

Operation «Sichelschnitt» im Vergleich zum Angriff im Ersten Weltkrieg

→ Angriff im Zweiten Weltkrieg
→ Angriff im Ersten Weltkrieg

13.22 «Westfeldzug»: Am 10. Mai 1940 löste Hitler den schon lange geplanten Angriff im Westen aus. Im Gegensatz zum Angriff im Ersten Weltkrieg durchbrachen deutsche Panzerverbände die französische Maginotlinie südlich in den Ardennen. Bereits am 20. Mai erreichten sie die Kanalküste und schnitten dabei die britischen Streitkräfte ab. Diese wurden durch eine nördliche Heeresgruppe nach Dünkirchen zurückgedrängt. Sie konnten sich aber über den Kanal nach Großbritannien evakuieren, weil Hitler den südlichen Vorstoß forcierte. Unter seiner Wirkung brach die nordöstlich von Paris improvisierte Verteidigung zusammen.
Die französische Regierung floh, ihr Ministerpräsident demissionierte und sein Stellvertreter, Marschall Philippe Pétain, der «Held von Verdun» (1916, ▶ 9.22), unterzeichnete am 22. Juni einen Waffenstillstand mit der Wehrmacht. Vier Tage vorher hatte General Charles de Gaulle (1890–1970) von London aus zur Fortsetzung des Widerstands aufgerufen.
Der Waffenstillstand teilte Frankreich auf: Der Norden und der Westen kamen unter deutsche Militärverwaltung, im Zentralmassiv und im Südosten wurde ein Marionettenstaat mit der Hauptstadt Vichy und Pétain als autoritärem Staatspräsidenten geschaffen. Die 1871 geschaffene Dritte Republik war beendet. Während Pétain nur soweit nötig mit dem Deutschen Reich zusammenarbeiten wollte, strebte sein Ministerpräsident Pierre Laval (1883–1945) nach einer engen Zusammenarbeit.

13.23 Lage im Sommer 1940: Die deutschen Siege über Polen, Dänemark, Norwegen, Belgien, die Niederlande und Frankreich machten großen Eindruck auf die noch nicht Kriegführenden. Italien trat unmittelbar vor der französischen Kapitulation in den Krieg ein. Ungarn und Rumänien standen unter Druck und mussten sich den Achsenmächten anschließen. Francos Spanien widerstand zwar dem deutschen Drängen auf Kriegseintritt, kam aber wirtschaftspolitisch der Achse weit entgegen. Die neutralen Staaten – Schweden, Schweiz, Portugal und Türkei – neigten dazu, sich den neuen Verhältnissen anzupassen.

Auf der anderen Seite lockerten die USA zugunsten Großbritanniens ihre strengen Neutralitätsbestimmungen. Schon im November 1939 hatte Roosevelt erreicht, dass der «Cash and Carry Act» an die Stelle des vollständigen Ausfuhrverbotes trat: Kriegsmaterial durfte geliefert werden, wenn es bar bezahlt und auf Schiffen des Käufers transportiert wurde. Beharrlich suchte Roosevelt die mehrheitlich isolationistisch gestimmte amerikanische Nation davon zu überzeugen, dass die Unterstützung Großbritanniens im Interesse der USA und der ganzen Welt liege. Im September 1940 verließ er den Boden der Neutralität, als er den Briten, im Austausch gegen maritime Stützpunkte, fünfzig Zerstörer der US-Navy zur Verfügung stellte. Im März 1941 billigte der Kongress dann den «Lend-Lease Act»: Nun durfte Kriegsmaterial auch ohne Bezahlung geliefert werden. Die USA waren nicht mehr neutral, sondern «nicht Krieg führend».

Hitlers Vision vom Frieden in Europa
Joseph Goebbels schrieb am 22. Januar 1940 in seinem Tagebuch über einen Privatbesuch bei Hitler: «Der Führer ist entschlossen zum großen Krieg gegen England. Sobald das Wetter gut ist. England muss aus Europa herausgefegt und Frankreich als Großmacht abgesetzt werden. Dann hat Deutschland die Hegemonie und Europa den Frieden. Das ist auch unser großes, ewiges Ziel. Danach will der Führer dann noch ein paar Jahre im Amt bleiben, soziale Reformen und seine Bauten durchführen und sich dann zurückziehen. Dann sollen die anderen es machen. Er will dann nur noch als guter Geist über der Politik schweben. Und alles das niederschreiben, was ihn heute beschäftigt. Sozusagen das Evangelium des Nationalsozialismus.»

13.24 Schlacht um England: Am 10. Mai, als der deutsche Westfeldzug begann, trat Chamberlain als britischer Premierminister zurück; die neue Koalitionsregierung stand unter der Führung von Winston Churchill (1874–1965). Als er am 13. Mai erstmals vor das Unterhaus trat, konnte er dem Land nichts anderes versprechen als «blood, sweat and tears». Mit Energie und Optimismus führte er das britische Volk durch die Krise des Sommers 1940, fest entschlossen, den Kampf weiterzuführen, auch wenn Großbritannien nach dem Zusammenbruch seiner kontinentalen Verbündeten nun ganz allein stand.

Nach Frankreichs Kapitulation ließ Hitler eine Invasion in Großbritannien vorbereiten. Voraussetzung dafür war die Lufthoheit über dem Ärmelkanal und Südengland; sie sollte durch Zerstörung der südenglischen Flugzeugbasen erreicht werden. Aber die deutsche Luftwaffe erlitt in den Luftkämpfen viel höhere Verluste als die Royal Air Force. So ging sie zur nächtlichen Bombardierung englischer Städte, zu Terrorangriffen über. Im Frühjahr 1941 fehlten ihr auch dafür die Mittel. Die Luftschlacht um Großbritannien als Voraussetzung für eine Invasion war gescheitert.

13.25 Herrschaft über den Balkan: Ende Oktober 1940 überfiel Italien *Griechenland,* denn Mussolini glaubte, die Neuverteilung Europas stehe unmittelbar bevor, und er wollte die italienischen Ansprüche sichern. Doch die Griechen behaupteten sich und drangen im Gegenstoß sogar nach Albanien vor. Für Hitler war das eine äußerst beunruhigende Entwicklung, denn er hatte sich entschlossen, im Frühsommer die Sowjetunion anzugreifen, was voraussetzte, dass der europäische Südosten entweder neutral war oder unter deutscher Kontrolle stand. Noch vor dem geplanten Überfall auf Russland musste er deshalb Italien beistehen und die von Griechenland drohende Gefahr beseitigen.

Ungarn und *Rumänien* waren bereits mit dem Reich verbündet; *Bulgarien* schloss sich Anfang März 1941 an; und als vier Wochen später auch *Jugoslawien* sich dem deutschen Druck fügte, schien die Aufmarschbasis für den Feldzug gegen Griechenland gesichert. Aber ein Offiziersputsch in Belgrad

Hitlers Überlegungen zum Angriff auf die Sowjetunion (nach den Tagebuchnotizen von Generalstabschef Halder über eine Konferenz Hitlers mit Generälen am 31.7.1940):

«Englands Hoffnung ist Russland und Amerika. Wenn Hoffnung auf Russland wegfällt, fällt auch Amerika weg, weil Wegfall Russlands eine Aufwertung Japans in Ostasien in ungeheurem Maß verfolgt […]. Ist aber Russland zerschlagen, dann ist Englands letzte Hoffnung getilgt. Der Herr Europas und des Balkans ist dann Deutschland […]. Je schneller wir Russland zerschlagen, umso besser. Operation hat nur Sinn, wenn wir Staat in einem Zug schwer zerschlagen. Gewisser Raumgewinn allein genügt nicht. Stillstehen im Winter bedenklich. Daher besser warten, aber bestimmter Entschluss, Russland zu erledigen.»

fegte die achsenfreundliche Regierung weg. Sofort fielen deutsche, ungarische und bulgarische Truppen nach *Jugoslawien* ein, besetzten das Land in weniger als zwei Wochen und trugen den Angriff weiter nach *Griechenland*. Schon Ende April kapitulierte die griechische Armee, ein eben gelandetes britisches Expeditionskorps wurde evakuiert. Im Mai glückte dann noch die Eroberung Kretas durch Luftlandetruppen. Aber der Balkanfeldzug hatte Hitlers nächstes Unternehmen um zwei Monate verzögert.

13.26 Unternehmen Barbarossa: Den Hitler-Stalin-Pakt sah Hitler immer nur als Zwischenstufe an, um Polen und Frankreich niederzuwerfen. Seine eigentliche Mission war aber der Krieg gegen den Sowjetkommunismus und die Eroberung von Lebensraum im Osten. Hitler kalkulierte auch den Massenmord an der Bevölkerung, vor allem durch Hunger, ein. Wie Napoleon sah er nach der gescheiterten Invasion in Großbritannien den Krieg gegen die Sowjetunion als Zwischenschritt, um das Inselreich ganz vom Kontinent abzuschneiden. Zugleich hoffte er auch, dass das vom Krieg gegen eine besiegte Sowjetunion befreite Japan die Kräfte der USA werde binden können. Jedenfalls unterschätzten Hitler und seine militärischen Berater nach dem Winterkrieg (▶ 13.13) die militärische und wirtschaftliche Kraft der Sowjetunion.

Am 22. Juni 1941 griffen die Achsenmächte auf breiter Front, von der Ostsee bis zum Schwarzen Meer, die Sowjetunion überraschend an: Das Unternehmen Barbarossa wurde nach dem Beinamen des berühmten Kaisers Friedrich I. (um 1122–1190) benannt. Die Achsenmächte, denen sich nach wenigen Tagen auch Finnland anschloss, erzielten eindrückliche Anfangserfolge. Im Herbst erreichten die deutschen Angriffsspitzen die westlichen Moskauer Vororte; im Norden war Leningrad (St. Petersburg) eingeschlossen, im Süden die Ukraine bis Rostow überrannt. Stalin war überrascht worden, die Armeeführung durch die Säuberungen (▶ 11.45) geschwächt und viele Soldaten gerieten in Gefangenschaft. Viele aufgegebene Siedlungen ließ Stalin niederbrennen. Über eine Million russische Frauen wurden nicht nur für Hilfsdienste, sondern auch für den direkten Kampf an der Front verpflichtet.

«Kämpfer der Roten Armee, rette!» Plakat von Viktor Korezkij (1908–1998), Moskau, Leningrad 1942

Millionen Soldaten trugen dieses Plakat in Postkartengröße bei sich, 400 000 Plakate wurden überall ausgehängt (rechts an der Front 1943).

Der Einbruch des Winters, für den die Achsenmächte in keiner Weise ausgerüstet waren, ließ vorerst die Operationen erstarren. Dann setzten sowjetische Gegenangriffe ein, die fast zum Zusammenbruch der deutschen Heeresgruppe Mitte geführt hätten. Auf dem Höhepunkt der schweren Krise entließ Hitler eine Reihe von Generälen und übernahm selbst den Oberbefehl über das Heer. Aber als Feldherr versagte er.

Hinter der Front führten die SS, die Verwaltung und Wehrmachtsverbände einen «Weltanschauungskrieg» gegen die Zivilbevölkerung, gegen Kriegsgefangene sowie angebliche und wirkliche Partisanen/Partisaninnen und insbesondere gegen Jüdinnen und Juden. Sie erschossen meist wehrlose Menschen und steigerten nun die Verfolgung in der Vorkriegszeit zur Vernichtung.

13.27 Überfall auf Pearl Harbor: Der deutsche Überfall auf die Sowjetunion veränderte die Lage in Ostasien. Japan musste keinen Widerstand mehr gegen seine Expansion befürchten. Seine Führung wollte die Lage dazu ausnutzen, ganz Südostasien zu einer «großasiatischen Wohlstandssphäre» unter japanischer Herrschaft zusammenzufassen. Als ersten Schritt annektierte Japan Stützpunkte in Französisch-Indochina.

Einem Krieg gegen die USA wollte Japan ausweichen. Doch am 14. August 1941 verkündeten Roosevelt und Churchill gemeinsam ihre «Atlantik-Charta»: Diese verurteilte gewaltsame Grenzverschiebungen und forderte den freien Zugang aller Völker zu den Rohstoffquellen der Welt. Damit richteten sie sich nicht nur gegen die Mittelmächte, sondern auch gegen Japan. Gleichzeitig verschärften die USA das Embargo (Ausfuhrverbot) gegen Japan und intensivierten ihre Militärhilfe an China.

Anfang November 1941 fasste der japanische Kronrat den Kriegsentschluss. Angesichts der gewaltigen materiellen Überlegenheit der USA erschien dem japanischen Generalstab nur ein Überraschungsschlag Erfolg versprechend; zur Tarnung wurden deshalb die Verhandlungen bis vor

Untergang des Schlachtschiffs Arizona in Pearl Harbor am 7.12.1941

Die japanische Flotte hatte zwölf Tage lang 7000 Kilometer zurückgelegt, bevor am 7.12. ihre Sturzkampfbomber und Mini-Unterseeboote die im Hafen von Pearl Harbor vor Anker liegenden Schiffe angriffen. Dem Überraschungsangriff fielen 2400 Menschen, fünf Schlachtschiffe ganz und drei teilweise zum Opfer.

In der «Arizona» explodierten die Munitionslager, der Rumpf zerbrach und das auslaufende Öl entzündete sich. Über die Hälfte der Opfer befanden sich auf diesem Schiff.

Gleichzeitig überreichte Japan den USA eine Note, deren letzter Abschnitt als Kriegserklärung aufgefasst werden musste. Die USA reagierten am 8. Dezember mit einer Kriegserklärung an Japan.

Dem US-Präsidenten wurde später vorgeworfen, er habe die Katastrophe absichtlich geschehen lassen, um die Bevölkerung für den Kriegseintritt zu motivieren. Das ist aber nicht der Fall. Dass die Armeeleitung überrascht wurde, geht auf ihr Versagen zurück.

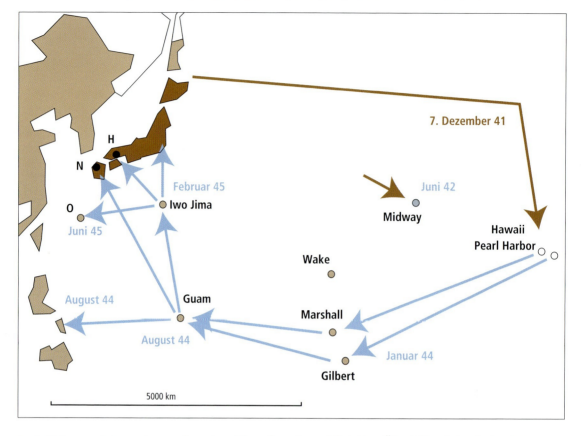

Der Pazifikkrieg mit den Daten der Kämpfe

H: Hiroshima
(Atombombe 6.8.1945)

N: Nagasaki
(Atombombe 9.8.1945)

O: Okinawa

dem Angriff noch weitergeführt. Der Überfall auf den Kriegshafen von Pearl Harbor (Hawaii-Inseln) am 7. Dezember 1941 traf denn auch die USA völlig unvorbereitet; schon in den ersten Stunden des Kriegs verloren sie durch die Bombardierung einen Großteil ihrer Pazifikflotte. Darauf erklärten die USA Japan und als Reaktion die Achsenmächte ihrerseits den USA den Krieg. Durch die Koppelung der beiden Kriegsschauplätze war der Weltkrieg entstanden.

13.28 «Europe First»: Japan nutzte die fehlende Kriegsbereitschaft der USA zum raschen Aufbau der geplanten «großasiatischen» Herrschaft. Im Februar 1942 umfasste diese Indochina, Chinas Küstengebiete, das heutige Myanmar, Thailand, Malaysia, Indonesien und die Philippinen, damals britische, französische, niederländische und amerikanische Kolonien (▶ 28.27).

Diese Expansion wurde möglich, weil die USA und Großbritannien sich am Jahreswechsel 1941/42 darauf einigten, zuerst gemeinsam die unmittelbarere Bedrohung Großbritanniens und Kontinentaleuropas zu beseitigen. Dies geschah unter einer gemeinsamen Führung («combined staff» unter George Marshall, 1880–1959), während sich die USA im pazifischen Raum vorläufig auf die Defensive beschränkten. Dieser Entscheid führte in Europa zu einer rascheren Kriegswende und in Ostasien zu einer Entmachtung der Kolonialmächte.

Europa unter der nationalsozialistischen Herrschaft

13.29 Letzte strategische Offensiven der Achsenmächte: Trotz der Krise des ersten russischen Kriegswinters griffen die Armeen der Achse im Sommer 1942 erneut an. Ihr Angriff im Süden stieß nach der Eroberung des großen Donbogens ostwärts gegen die Wolga vor, um diese wichtige Verkehrsader bei Stalingrad (heute Wolgograd) zu durchschneiden. Schwächere Kräfte nahmen den Vormarsch längs des Kaukasus auf mit dem Erdölgebiet von Baku als Fernziel.

Fast gleichzeitig löste der später zum Generalfeldmarschall ernannte Erwin Rommel (1891–1944) in Nordafrika eine Offensive gegen Ägypten aus. Anfänglich war Libyen ein Kriegsschauplatz der Italiener gewesen, doch hatten die schweren Niederlagen, die diese im Winter 1940/41 erlitten, Hitler genötigt, ein deutsches «Afrikakorps» zur Unterstützung des bedrängten Bundesgenossen aufzustellen. Im Frühsommer 1942 stießen die deutsch-italienischen Streitkräfte tief nach Ägypten hinein, kamen dann aber hundert Kilometer vor Alexandria an der befestigten Stellung von El Alamein zum Stehen.

So zeichnete sich im Spätsommer 1942 eine riesige Zangenbewegung gegen den Nahen Osten ab. Allerdings zeigte sich, zuerst in Afrika, bald auch in Russland, dass ein derartiges Unternehmen die Kräfte der Achsenmächte überspannte. Auch glückte es nicht, in den arabischen Ländern eine achsenfreundliche Bewegung ins Leben zu rufen. Lediglich unter den palästinensischen Arabern vermochte die antijüdische Propaganda des ins Deutsche Reich geflüchteten Großmuftis von Jerusalem eine gewisse Wirkung zu erzielen.

Großmufti Amin al-Husseini (vermutlich 1893–1974) und Adolf Hitler, 9.12.1941

Ein Mufti ist ein politisch einflussreicher islamischer Gelehrter. Die muslimische Bevölkerung fühlte sich durch die jüdische Immigration in Palästina bedroht.

13.3 Europa unter der nationalsozialistischen Herrschaft

13.31 «Neues Europa»: Das nationalsozialistische Regime spaltete während des Kriegs noch tiefer als vorher die Bevölkerung in ihrem vergrößerten Herrschaftsgebiet. Das deutsche Volk und die Kollaborateure/Kollaborateurinnen in den unterworfenen Gebieten hielt es mit einer Mischung aus ideologischen Feindbildern und materiellen Vorteilen bei der Stange. Mit den Vermögenswerten, die es den Verfolgten abpresste und den eroberten Ländern raubte, konnte es die «arische» Bevölkerung bevorzugen und von der Richtigkeit des Kampfes überzeugen. Je zermürbender der Krieg wurde, umso intensiver warb die deutsche Propaganda bei den unterworfenen und bei den neutralen Völkern mit der Behauptung, aus dem gemeinsamen «Abwehrkampf gegen den Bolschewismus» werde ein geeintes,

Links: Abtransport von Jüdinnen und Juden aus Lörrach durch SS und Ordnungspolizist (mit erhobenem Zeigefinger) 22.10.1940 unter den Augen von Zuschauern/Zuschauerinnen

Rechts: Andrang zu einer öffentlichen Versteigerung von Haushaltgütern deportierter Judenfamilien im November 1940

(Der Fotograf war möglicherweise ein Beamter.)

Die Judendeportation aus den Gauen Baden und Pfalz nach Frankreich (und später Auschwitz) stellte gewissermaßen die Hauptprobe für spätere Verbrechen dar.

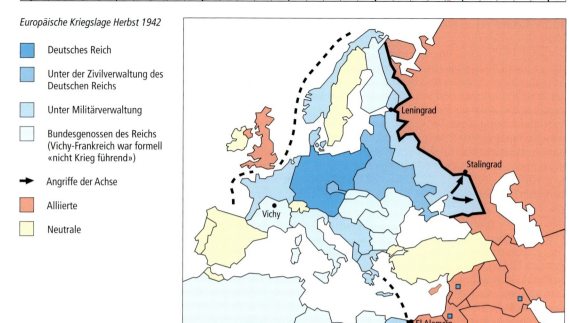

Europäische Kriegslage Herbst 1942

- Deutsches Reich
- Unter der Zivilverwaltung des Deutschen Reichs
- Unter Militärverwaltung
- Bundesgenossen des Reichs (Vichy-Frankreich war formell «nicht Krieg führend»)
- → Angriffe der Achse
- Alliierte
- Neutrale

freies und glückliches Europa entstehen. Immerhin gelang es dem Regime, die deutsche Bevölkerung ruhig zu halten, nicht zuletzt auch deshalb, weil die Menschen von einer Niederlage nur noch Schlimmeres erwarteten.

13.32 Unterdrückung: Für «Feinde» des Regimes dagegen wirkte sich die nationalsozialistische Diktatur verheerend aus: Enteignungen, Zwangsarbeit in der deutschen Kriegsindustrie, Verfolgungen und Sippenhaft, Ghettoisierung, Internierung, wahllose Erschießung und Erhängung und schließlich industrielle Massenvernichtung drohten ihnen. Damit begann das Regime schon bei Kriegsbeginn: Im Schatten der Siegesnachrichten wurden 1939 bis 1941 70 000 behinderte Menschen getötet («Aktion T4», nach dem Sitzungsort der Leitung dieser Aktion an der Tiergartenstrasse 4 in Berlin benannt. Im Nazi-Jargon hieß das «Euthanasie» – heute spricht man von den «Krankenmorden»). Der mutige Widerstand des Münsteraner Erzbischofs Clemens von Galen (1878–1946) bewirkte immerhin, dass die Aktion unterbrochen und später nicht mehr im gleichen Maß aufgenommen wurde. Das T4-Personal wurde nun allerdings zur Vernichtung von Jüdinnen und Juden, Sinti und Roma und weiteren Verfolgten eingesetzt. Vermutlich im Dezember 1941, kurz nach dem Kriegseintritt der USA, ordnete Hitler in einem mündlichen Geheimbefehl die «Endlösung der Judenfrage», das heißt die Vernichtung der gesamten jüdischen Bevölkerung, an. Am 20. Januar 1942 einigten sich die Funktionäre zahlreicher Amtsstellen unter der Leitung des von Göring beauftragten SS-Obergruppenführers Reinhard Heydrich (1904–1942) auf die konkrete Deportation und Vernichtung der Jüdinnen und Juden (Wannseekonferenz, Protokoll von Adolf Eichmann, 1906–1962). Damit begann der Holocaust (▶ 13.51).

Erschießung von Jüdinnen und Juden am Strand von Liepaja/Libau (Lettland), 15.12.1941 (Fotografie des SD-Oberscharführers Karl-Emil Strott)

Strott als Leiter der Massenerschießungen zwang diese fünf Frauen, sich vor der Exekution zum Fotografieren aufzustellen – es handelt sich also um eine Täterfotografie. Die zehnjährige Sorella Epstein (links) suchte sich hinter ihrer Mutter Rosa (42) zu verstecken. Die Frau in der Mitte ist nicht bekannt, eine der beiden Frauen rechts könnte Mia Epstein sein. Vier von Strotts Fotofilmen wurden vom jüdischen Elektriker David Zivcon entwendet, kopiert und zurückgelegt; die Kopien vergrub er bis zum Abzug der Deutschen.
Auf allen Fotos sind nur lettische Polizisten zu sehen. Strott wollte möglicherweise deren Mitarbeit dokumentieren.

13.33 Kollaboration und Widerstand: Vor die Wahl gestellt zwischen belohntem Mitläufertum und brutaler Verfolgung bei Widerstand entschlossen sich viele Menschen in den besetzten Gebieten zur Hinnahme der Fremdherrschaft, einige zur Kollaboration. Die Kollaboration konnte in der politischen Unterstützung bestehen (etwa Vidkun Quislings Partei «Nasjonal Samling» in Norwegen), in der militärischen Unterstützung (etwa ukrainische, kroatische, serbische Verbände), in der Mithilfe bei Judenverfolgungen (Vichy-Frankreich), in der Bespitzelung und Denunziation von Mitmenschen oder in der Anbiederung an die Besatzungsmacht.

Doch in den unterworfenen Ländern entschloss sich eine Minderheit zu aktivem Widerstand. Am frühesten bildeten sich in Polen und in Jugoslawien Partisanenverbände, die im Hinterland den bewaffneten Kampf gegen die Deutschen fortführten. Auch in der Sowjetunion, wo die Zivilbevölkerung der Wehrmacht anfänglich ohne ausgesprochene Feindseligkeit begegnete, nahm die Partisanentätigkeit bald zu; denn die slawische Bevölkerung wurde besonders brutal ausgebeutet und unterdrückt. In Frankreich trieb die den jungen Männern drohende Zwangsdeportation in deutsche Industriebetriebe Tausende in die «Résistance». Schon 1943 musste die deutsche Wehrmacht einige Divisionen ausschließlich gegen die Partisanenverbände einsetzen, und dennoch gelang es ihr nirgends, den Widerstand zu brechen.

13.4 Die Wende im Kriegsverlauf, 1942/43

13.41 Ursachen der Wende: Im Verlauf des Jahres 1942 erlitten Japan im pazifischen und die Achsenmächte im europäisch/nordafrikanischen Raum Rückschläge, die sie nicht wieder rückgängig machen konnten. Auf beiden Erdhälften war die Ursache dieselbe: Die Angreifer hatten ihre Fronten stark überdehnt und sogar neue eröffnet. Für die Besetzung der eroberten Gebiete brauchten sie wegen ihrer ideologisch geprägten, brutalen Kriegführung mehr Truppen, die an den Fronten fehlten. Die Alliierten dagegen

Zwei Propagandabilder:

Links: Oktober 1942, deutscher Soldat in Stalingrad mit erbeuteter sowjetischer Maschinenpistole (Aufnahme einer Propagandakompanie)

Rechts: Januar 1943, sowjetischer Soldat vor dem Hauptplatz in Stalingrad, auf dem erbeutete deutsche Lastwagen stehen (Fotografie Georgi Selma)

Die Schlacht um Stalingrad
Front am:
— 19.11.1942
— 24.12.1942

verfügten nicht von Anfang an über größere Ressourcen, aber gewannen weitere Staaten für ihren Kampf.

Die amerikanische Marine und Luftwaffe stoppte bei den Midway-Inseln im Sommer 1942 die japanische Expansion; deren Vorstoß über Midway gegen die Aleuten und gegen Alaska scheiterte. Von nun an geriet Japan in die Defensive (▶ 13.52).

13.42 Stalingrad: Ähnlich wie 1941 brachte auch 1942 der Wintereinbruch den deutschen Vormarsch zum Stehen. Sein Angriffskeil mit der 6. Armee erreichte zwar Stalingrad (heute: Wolgograd), aber der sowjetische Widerstand in Teilen der Stadt war noch ungebrochen. Im November schnitten die Sowjetstreitkräfte die Verbindung der Keilspitze nach Westen ab. Hitler verbot der über 300 000 Mann starken 6. Armee den Rückzug. So wurde diese eingekesselt. Befreiungsversuche vom Westen her scheiterten; immer enger legte sich der sowjetische Ring. Zuletzt standen der 6. Armee nicht einmal mehr Flugplätze zur Verfügung. Ende Januar 1943, nach über zweimonatigem Kampf, kapitulierten die letzten Reste, rund 90 000 Mann. Diese Niederlage leitete den militärischen Umschwung an der Ostfront ein.

13.43 Nordafrika: Im Sommer 1942 war die Offensive der Achsenmächte gegen Ägypten und den Suezkanal vor El Alamein zum Stehen gekommen (▶ 13.29). Anfang November durchstießen britische Panzer die deutschitalienische Linie und drangen innert zweieinhalb Wochen nach Bengasi, darauf bis nach Tripolis vor. Das deutsche Afrikakorps musste sich unter großen Verlusten zurückziehen.

Noch während die britischen Panzer gegen Bengasi vorstießen, landeten alliierte Truppen in Marokko und Algerien. Die unter dem Befehl der Vichy-Regierung stehenden französischen Truppen leisteten nur kurzen Widerstand, dann schlossen sie sich den Alliierten an. Nun wurde das deutschitalienische Afrikakorps von zwei Seiten angegriffen und in Tunesien auf immer engerem Raum zusammengedrängt. Im Mai 1943 kapitulierte es. Die Alliierten konnten nach Italien übersetzen.

13.44 Luftkrieg: Von der Jahreswende 1942/43 an wirkte sich das ungeheure Wirtschaftspotenzial der USA auf den Luftkrieg aus. Die Alliierten gewannen die Lufthoheit. Größere und verbesserte Bombenflugzeuge drangen immer tiefer in das Gebiet der Achsenmächte vor: in der ersten Hälfte des Jahres 1943 von England aus bis Nordwestdeutschland, Frank-

reich, Belgien und die Niederlande, vom Herbst 1943 an schon über das ganze Reichsgebiet bis Norditalien.
Diese Angriffe sollten das Verkehrsnetz und die Industrieanlagen zerschlagen und durch Zerstörung der Wohnquartiere die Arbeitsfähigkeit der Fabrikarbeiter lähmen. Die größten Opfer wurden der Zivilbevölkerung der angegriffenen Städte aufgebürdet. Der von deutscher Seite zuerst angewendete Bombenterror gegen ein ganzes Volk traf nun das Deutsche Reich selbst.

13.45 «Atlantikschlacht»: Noch im Herbst 1942 hegte die deutsche Flottenführung die Hoffnung, durch den U-Boot-Krieg Großbritanniens Versorgung aus den USA lähmen zu können. Bis zum Frühjahr 1943 trat auch hier die Wende ein. Verbesserte Ortungsmethoden (Radar), die Entschlüsselung der für «unknackbar» gehaltenen deutschen Geheimcodemaschine «Enigma» sowie der Einsatz leichter Flugzeugträger zur Begleitung der alliierten Konvois bewirkten das «große U-Boot-Sterben». Während schon 1943 allein auf amerikanischen Werften viel mehr Frachtraum erzeugt wurde, als die U-Boote zu versenken vermochten, verringerte sich im gleichen Jahr der deutsche U-Boot-Bestand trotz intensiver Bautätigkeit um 15 Prozent.

13.46 Deutscher Widerstand: Mit der Kriegswende erwachte auch der Widerstand gegen das Hitler-Regime im Deutschen Reich selbst. Der Gewissenszweifel vieler Oppositioneller, ob sie nicht mit einem Attentat dem bedrängten Staat in den Rücken fallen würden, wich. Unter dem Eindruck der Niederlage von Stalingrad verfasste Professor Kurt Huber (1893–1943) im Kreis der «Weißen Rose» um Hans und Sophie Scholl (1918, 1921–1943) an der Münchner Universität das sechste Flugblatt, das dem ganzen Kreis das Leben kostete.
Ein Jahr später, am 20. Juli 1944, verübte ein vor allem aus Offizieren bestehender Kreis um Claus Schenk Graf von Stauffenberg (1907–1944) ein Attentat auf Hitler. Es gelang Stauffenberg, eine Aktenmappe mit einer Bombe zu Hitlers Füßen bei einer Lagebesprechung in seinem Hauptquartier in Ostpreußen zu platzieren. Aber die Explosion verletzte Hitler nur, und die Unentschlossenheit der Verschwörer vereitelte den Erfolg. Sie waren sich nur darin einig, dass Hitler angesichts der drohenden Niederlage im nationalen Interesse beseitigt werden müsse. Einige waren zwar auch durch die Verbrechen des Regimes zum Widerstand motiviert, andere aber selbst an solchen Verbrechen beteiligt gewesen.
Nach dem Scheitern des Attentats verloren im letzten Kriegsjahr zehn Millionen Menschen ihr Leben.

6. Flugblatt der Weißen Rose, 16.2.1943, Auszug:
«Freiheit und Ehre! Zehn lange Jahre haben Hitler und seine Genossen die beiden herrlichen deutschen Worte bis zum Ekel ausgequetscht, abgedroschen, verdreht, wie es nur Dilettanten vermögen, die die höchsten Werte einer Nation vor die Säue werfen. Was ihnen Freiheit und Ehre gilt, das haben sie in zehn Jahren der Zerstörung aller materiellen und geistigen Freiheit, aller sittlichen Substanz im deutschen Volk genugsam gezeigt. Auch dem dümmsten Deutschen hat das furchtbare Blutbad die Augen geöffnet, das im Namen von Freiheit und Ehre der deutschen Nation in ganz Europa angerichtet haben und täglich neu anrichten. Der deutsche Name bleibt für immer geschändet, wenn nicht die deutsche Jugend endlich aufsteht, rächt und sühnt zugleich, ihre Peiniger zerschmettert und ein neues geistiges Europa aufrichtet.»

13.5 Der totale Krieg, 1943–1945

13.51 «Holocaust»: Die Vernichtung der Jüdinnen und Juden hatte das Regime bereits am 20. Januar 1942 in der Wannseekonferenz organisiert. Die Niederlagen gegenüber den Alliierten begünstigten die nun industrielle Vernichtung von rund 6 Millionen jüdischer Menschen, rund 3,5 Millionen weiterer KZ-Häftlinge (darunter Sinti und Roma, wegen ihrer Religion oder ihrer sexuellen Orientierung Verschleppte, Zwangsarbeiter/-innen). 3,3 Millionen vorwiegend russische Kriegsgefangene wurden erschossen oder verhungerten.

Holocaust: Griechisches Wort für Massenverbrennungen, bereits im Mittelalter verwendet, später auf den Armenier-Genozid übertragen.
Shoa(h): Jüdisches Wort für Katastrophe, wurde 1940 in Israel erstmals für die Vernichtung der Jüdinnen und Juden verwendet. Beide Ausdrücke sind nicht unumstritten.

Ein Häftling mit Vornamen Alex des jüdischen Sonderkommandos, das die Leichen im Krematorium V von Auschwitz-Birkenau verbrennen musste, riskierte im August 1944 sein Leben: Mit einem hereingeschmuggelten Fotoapparat wollte er der Welt den Holocaust vor Augen führen. Zuerst fotografierte er aus dem Gebäude heraus die Verbrennung von Leichen im Freien. Denn die Kapazität der Kremationsöfen reichte nicht mehr aus (Fotografie links, Ausschnitt). Dann riskierte er sogar den Gang ins Freie und fotografierte unter den Augen der SS-Bewacher wahrscheinlich aus der Hüfte hinaus, wie sich Frauen und Kinder im nahen Wäldchen für die Vergasung ausziehen mussten (rechts).
Der Fotofilm wurde zwar in einer Zahnpastatube aus dem Lager geschmuggelt, aber nicht entwickelt und weitergegeben.

Es ging dabei nicht nur um die Ermordung, sondern insbesondere im Fall der Jüdinnen und Juden sollte auch die Erinnerung an sie vernichtet werden. So schickte die SS ihre Opfer nach tagelangen Reisen oft direkt in die Gaskammern von sechs Vernichtungslagern: Auschwitz-Birkenau, Belzec, Chelmno, Majdanek, Sobibor und Treblinka. Diese lagen weit entfernt im Osten. Trotzdem wussten vor allem die Soldaten und das Eisenbahnpersonal, durch sie auch die Bevölkerung im Deutschen Reich davon. Zudem wurden im Verlauf des Kriegs immer mehr Konzentrationslager-Häftlinge in Außenlagern eingesetzt, um für bestimmte Arbeiten ausgebeutet zu werden. Diese Außenlager befanden sich oft in bewohnten Gebieten, die Unternehmer, ihre Firmen und Angestellten wussten von der Behandlung der Häftlinge. Ferner ließ Hitler in verschiedenen Ansprachen nie Zweifel an seiner Absicht aufkommen, die jüdische Bevölkerung zu vernichten. Das Wissen über die Massenvernichtung teilten auch ausländische Regierungen seit 1942. Es gab also zahlreiche Mitwisser, aber nur wenige, die sich für die Verfolgten einsetzten.

Während man früher die Täter – wie Hitler – als perverse Menschen eingestuft hatte, kommt die Forschung heute zum Schluss, dass auch «ganz normale Menschen» an diesen Massenverbrechen beteiligt waren; die Detailanalysen haben ferner gezeigt, dass sie nicht unter Befehlsdruck handelten, sich sogar von Mordaktionen dispensieren konnten. Ausschlaggebend scheint der Gruppendruck gewesen zu sein. Viele Täter wollten, auch unter Einfluss der jahrelangen Diskriminierung der Jüdinnen und Juden, vor ihren Kameraden nicht als «feige» oder gar «judenfreundlich» gelten. Dabei mordete nicht nur die SS, sondern im Unternehmen Barbarossa unter dem Vorwand der Partisanenbekämpfung auch die Wehrmacht.

Die Opfer ergaben sich erst in der letzten Phase, vor der Erschießung oder Vergasung, in ihr Schicksal. Es sind aber zahlreiche Widerstandsaktionen erforscht, denen allerdings wenig Erfolg beschieden war. Die größte war

der Kampf gegen die Räumung des Warschauer Ghettos, den dessen ausgehungerte Bevölkerung im Frühling 1943 fast einen Monat lang gegen die SS führte.

13.52 Pazifischer Inselkrieg: Nach der Eroberung der Midway-Inseln (▶ 13.41) rückte die Armee der USA und ihrer Verbündeten langsam und methodisch Inselgruppe für Inselgruppe vor. Von den Marshall-Inseln aus zielte der südliche Stoß gegen die Philippinen, die im Herbst 1944 erreicht wurden, der nördliche nach Okinawa, das im Frühsommer 1945 erobert wurde. Von hier aus flog die Luftwaffe pausenlose Luftangriffe gegen die südjapanische Hauptinsel.

13.53 Italiens Zusammenbruch: Am 10. Juli 1943 landeten die alliierten Armeen von Tunesien aus in Sizilien. Nun setzte der Gran Consiglio del Fascismo Mussolini ab und verhaftete ihn. Die neue Regierung unter Pietro Badoglio (1871–1956) kapitulierte vor den in Süditalien gelandeten Alliierten und erklärte dem Deutschen Reich den Krieg.

Die deutsche Wehrmacht besetzte handstreichartig die wichtigsten Positionen in Italien, befreite Mussolini und setzte ihn in Oberitalien wieder als Regierungschef ein. Erst durch harte Kämpfe, besonders um das Benediktinerkloster Monte Cassino auf dem Weg nach Rom, konnten die Alliierten Mittelitalien bis Ende 1944 befreien. Ihr Vormarsch ging zwar nur langsam vonstatten, aber sie banden zehn deutsche Divisionen. Deutsche Truppen hielten sich bis Kriegsende in Oberitalien. Als Mussolini nach ihrer Kapitulation am 28. April 1945 in die Schweiz flüchten wollte, fassten und erschossen ihn italienische Partisanen.

Amerikanische Soldaten hissen die US-Flagge auf der Insel Iwo Jima, am 23.2.1945 (Joe Rosenthal, 1911–2006) (Ausschnitt).

Die gebirgige Insel war bereits am 19. 2. erobert und mit einer Flagge über dem Hafen für die Flotte als einigermaßen sicher gekennzeichnet worden.
Rosenthals Fotografie des Hissens einer zweiten Flagge aber wurde berühmt. Zuerst auf dem Prospekt für eine erneute Kriegsanleihe, dann als Vorlage für Denkmäler. Drei der hier fotografierten sechs Soldaten kamen im Krieg um.

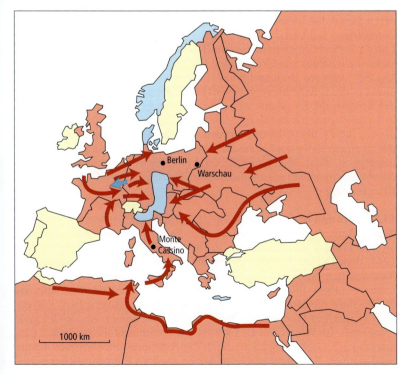

Europäische Kriegslage April 1945

- Alliierte
- Reste des Großdeutschen Reichs
- Neutrale

Über Deutschland abgeworfene Bombenlast	
im Monatsmittel	Tonnen
1942	3 450
1943	18 000
1944	100 000

13.54 Sowjetischer Siegeszug: Seit ihrem Sieg bei Stalingrad rückte die Rote Armee mit Unterbrüchen, aber unaufhaltsam gegen das Großdeutsche Reich (Bezeichnung seit 1943) vor. Im Winter 1943/44 erreichte sie bereits die Grenzen Rumäniens und des ehemaligen Polen. Im Frühling 1944 befreite sie das 1000 Tage lang belagerte Leningrad. Die deutsche Wehrmacht hatte in der eingeschlossenen Stadt gezielt über eine Million Menschen verhungern und erfrieren lassen.

Vom Juni 1944 an eroberte die Rote Armee das baltische Gebiet zurück und zwang im September Finnland zur Kapitulation. Im mittleren Frontabschnitt stieß sie bis kurz vor Warschau vor, worauf die polnische Widerstandsorganisation dort einen Aufstand auslöste. Doch die Sowjettruppen blieben unmittelbar vor Warschau stehen; so konnten die deutsche Polizei und die SS in wochenlangen blutigen Kämpfen den Aufstand niederschlagen; die Sowjetunion bereitete damit den Weg für eine kommunistische Exilregierung, die von Moskau eingesetzt wurde.

Das Schwergewicht des sowjetischen Drucks aber lag ohnehin im Süden, wo der entscheidende Einbruch in den Balkan glückte. Schon Ende August 1944 kapitulierte Rumänien, wenige Tage später auch Bulgarien. Eine deutsche Besetzung hinderte Ungarn am gleichen Schritt, doch bis Jahresende schloss die Rote Armee Budapest ein. Gleichzeitig rissen die jugoslawischen Partisanen unter Josip Broz Tito (1892–1980) die Macht im ganzen Land an sich.

Ein Offizier verleiht am 9.3.1945 dem 16-jährigen Willi Hübner das Eiserne Kreuz II. Klasse nach der Rückeroberung der Stadt Lauban.

Willi Hübner hatte sich Helm und Uniform zusammengesucht und als Meldeläufer gemeldet, weil er sich nicht zurückziehen wollte.
Hübner wurde am 20.3. zusammen mit weiteren Hitlerjungen auch von Hitler empfangen. Fotografie und Film wurden zu Propagandazwecken genutzt.
Auch Hübner hat sie aufbewahrt: «Das sind meine persönlichen Erinnerungen. Die Geschichte ist für mich abgeschlossen.»

13.55 Bombenkrieg: Seit der amerikanisch-britischen Konferenz in Casablanca im Januar 1943 war abgesprochen, dass die US Air Force gezielte Tagesangriffe auf deutsche Ziele flog, während die britische Royal Air Force in der Nacht Flächenbombardemente auf deutsche Städte durchführte. Ihr Ziel war dabei ausdrücklich auch die Zivilbevölkerung, deren Moral durch die Angriffe gebrochen und deren Leistung durch die Zermürbung reduziert werden sollte. Im Jahr 1943 erlangte die alliierte Luftwaffe die Lufthoheit über weite Teilen des Großdeutschen Reichs. Sie entfachte in deutschen Großstädten wie Hamburg und Dresden durch besonders intensive Bombardierung Feuerstürme: Die Menschen wurden direkt in die Brände hineingesogen. Diese Art der Kriegführung verletzte das Kriegsrecht. Sie wurde aber damit begründet, dass das nationalsozialistische Regime mit der Bombardierung britischer Städte begonnen habe, dass es die Zivilbevölkerung für den «totalen Krieg» mobilisiert und damit zu einem Kriegsziel gemacht habe, und schließlich auch mit der Notwendigkeit, deren Moral zu brechen. Letzteres wurde nicht erreicht. Flächenbombardemente gegen die Zivilbevölkerung gehören aber seither zur Kriegführung.

13.56 Invasion in der Normandie: Der Bombenkrieg war auch eine indirekte Antwort auf die sowjetische Forderung nach der Eröffnung einer zweiten Front in Westeuropa, um die Rote Armee zu entlasten. Am 6. Juni 1944, dem D-Day, landeten amerikanische, britische und Verbände des französischen Widerstands unter dem Oberbefehl von General Dwight Eisenhower (1890–1969) in der Normandie westlich der Seinemündung. Sie überraschten die deutsche Abwehr, befreiten Anfang August Paris und danach in wenigen Wochen durch eine zweite Invasion im Rhone-Tal ganz Frankreich. Im Winter 1944/45 konnte die Wehrmacht ihrerseits den Einmarsch nach Großdeutschland durch die Ardennen-Offensive vorübergehend stoppen. So konnte die Rote Armee an ihren Fronten rascher vorrü-

Hissen der Sowjetflagge auf dem Reichstagsgebäude, 30.4. bzw. 2.5.1945. Foto Jewgeni Chaldej (1917–1997)

Das Siegeszeichen wurde bereits am 30.4. auf dem bedeutungslosen Reichstagsgebäude gehisst, aber nicht dokumentiert. Am 2.5. fotografierte Jewgeni Chaldej eine nachgestellte Szene mit einer improvisierten Fahne und einem georgischen Soldaten als Hauptperson. Weil der helfende Rotarmist an jedem Arm eine erbeutete Uhr trug *(unten)*, musste Chaldej das bekannte Foto retuschieren. Und im Hintergrund ließ er Rauch aufsteigen, aber das Brandenburger Tor blieb sichtbar. Als Jude wurde Chaldej von der Nachrichtenagentur 1948 entlassen und erst kurz vor seinem Tod rehabilitiert.

cken als die westalliierten Truppen. Sie überquerte die Oder, eroberte Wien und schloss Berlin ein.

13.57 Zusammenbruch des Deutschen Reichs: Das nationalsozialistische Regime erwartete von der totalen Mobilisierung der Bevölkerung, der Bewaffnung von Kindern und alten Menschen, vom Einsatz neuer Wunderwaffen («Vergeltungswaffen» V1 und V2) und von einem Zerbrechen der in der Tat ungleichen Allianz zwischen der Sowjetunion und den Westalliierten die Rettung im letzten Augenblick. Dabei überfluteten bereits von der Roten Armee vertriebene deutsche Flüchtlinge aus dem Osten das noch unter ihrer Kontrolle gebliebene Gebiet. Die Rote Armee übte Vergeltung für die Verbrechen während des deutschen Vormarschs. Inmitten des völligen Zusammenbruchs begingen Hitler und Goebbels am 30. April 1945 in Berlin Selbstmord, am 7./8. Mai kapitulierten die letzten Reste der deutschen Wehrmacht bedingungslos vor den Siegerarmeen im Osten und Westen, die sich schon fast ganz des Großdeutschen Reichs bemächtigt hatten.

13.58 Japans Zusammenbruch: Nach der Eroberung Okinawas (▶ 13.52) war Japans militärische Lage aussichtslos. Trotzdem setzte es den Kampf fort, und die amerikanische Armeeführung rechnete mit einer Invasion von einem Jahr Dauer und mindestens 300 000 Toten auf eigener Seite. Deshalb entschloss sich der amerikanische Präsident Harry Truman (1884–1972), zur Kriegsverkürzung die in mehrjähriger Arbeit entwickelte *Atombombe* gegen Japan einzusetzen. Am 6. August 1945 fiel die erste Bombe auf Hiroshima, drei Tage später die zweite auf Nagasaki. Obwohl es sich nach heutigen Begriffen um kleine Bomben von je 20 Kilotonnen TNT handelte, forderten sie sofort über 200 000 Menschenleben und bis heute unzählbare weitere (▶ 28.28).

Schon am 10. August bat Japan um Waffenstillstand und kapitulierte am 2. September bedingungslos. Bis dahin hatte die am 8. August in den Krieg gegen Japan eingetretene Sowjetunion die Mandschurei erobert.

13.6 Die Schweiz im Zweiten Weltkrieg

13.61 Widerstand: Zum dritten Mal seit 1870 vermochte sich die Schweiz aus einem militärischen Konflikt zwischen ihren Nachbarstaaten herauszuhalten. Im Gegensatz zum Ersten Weltkrieg aber nicht durch eine Besetzung der Grenzen, sondern durch General Henri Guisans (1874–1960) Reduit-Strategie: Er zog wesentliche Armeeteile in den Alpenraum zurück und konnte damit den Aggressoren im Norden und Süden mit einer dauerhaften Sperrung der wichtigen Achse drohen. Auch die großen Kriegsanstrengungen der Schweiz ließen den Aufwand für eine Invasion als unverhältnismäßig hoch erscheinen.

Innenpolitisch stärkte es die Schweiz, dass die Kriegslasten besser verteilt wurden: Die Rationierung der Lebensmittel verteilte den Mangel, sodass niemand Not leiden musste. Die Einführung eines Erwerbsersatzes für die Familien der Wehrmänner setzte mindestens ein Zeichen, auch wenn viele Frauen über ihre Kräfte hinaus die Männerarbeit kompensieren mussten.

13.62 Anpassung: Zwar umklammerten die Achsenmächte zusammen mit Vichy-Frankreich die Schweiz fast vollständig. Aber sie waren auch auf deren Unabhängigkeit angewiesen. Die Schweiz versorgte sie im Austausch zum Bezug von Rohstoffen mit kriegswichtigen Gütern, vor allem mechanischen Präzisionsinstrumenten für die Waffen. Zudem konnten die Achsenmächte nicht deklarierte Waffen durch die Schweiz verschieben. Ferner konnte die deutsche Reichsbank in der Schweiz Gold gegen unverdächtige Schweizer Währung wechseln. Damit ließen sich auf dem Weltmarkt kriegswichtige Rohstoffe einkaufen, während die Reichsmark von immer weniger Staaten akzeptiert wurde. Im Rahmen dieser Finanztransaktionen schoss die Schweizerische Nationalbank der deutschen Reichsbank bis eine Milliarde Schweizer Franken vor, die sie nie mehr zurückerhielt. Die Schweiz beteiligte sich also als Financier an Hitlers Krieg.

Wahrscheinlich weniger auf die Anpassung denn auf schweizerischen Antisemitismus und verbreitete Überfremdungsangst geht eine restriktive Aufnahme von Flüchtlingen zurück. Vor allem die Grenzschließung vom August 1942 gegenüber flüchtenden Juden und Jüdinnen führte wohl zur Abweisung von über 24 000 verzweifelten Menschen. Dabei wusste die Regierung zumindest seit 1942 von der planmäßigen Vernichtung der Verfolgten. Immerhin nahm die Schweiz 21 300 jüdische Flüchtlinge auf, allerdings oft auf Kosten des Schweizerischen Israelitischen Gemeindebundes

Personalkarten von Gaston und Fanny Popowski im Schweizerischen Bundesarchiv Bern

Mit ihrem Großvater und ihren Eltern waren der zehnjährige Gaston und die sechsjährige Fanny am 8.8.1942 nach tagelanger Flucht aus Brüssel bei Boncourt an die Schweizer Grenze gelangt. (Fanny mit blutendem Fuß, weil sie in der Nacht zuvor einen Schuh verloren hatte und weitermarschiert war, ohne etwas zu sagen.) Die Grenzpolizei wies die Familie zurück. Da tauchte zufällig der schweizerische Polizeichef Heinrich Rothmund (1888–1961) auf, der sich auf einer Inspektionsreise befand. «Wir fuhren hin und fanden eine elfköpfige Familie vom Großvater bis zum kleinen Kind, alle aus Brüssel. Es handelte sich um eine recht wenig erfreuliche Gesellschaft und ich überlegte mir, ob ich die Rückweisung verfügen solle. Dazu war ich aber nicht an die Grenze gekommen. Ich wollte nicht einen Entscheid aus dem Handgelenk treffen und hätte es offen gestanden auch nicht über mich gebracht, da zwei herzige Kinder dabei waren und da ich doch noch glauben musste, die Leute wären in Lebensgefahr bei einer Rückweisung.» (Rothmunds Aufzeichnungen)

Nach Bern zurückgekehrt verfügte Rothmund am 13. August die vollständige Grenzschließung, um die Flüchtlinge von der Flucht in die Schweiz abzuhalten.

Popowskis verdanken ihr Überleben also einem Zufall.

224

oder Verwandter und unter der Verpflichtung zur unverzüglichen Weiterreise nach dem Krieg. 30 000 weitere Zivilflüchtlinge und gut 100 000 Soldaten wurden ebenfalls während längerer Zeit beherbergt.

13.63 Nachrichtenlose Vermögen: Einen moralisch besonders belastenden Fehler ließen sich Banken und Versicherungen in der Nachkriegszeit zuschulden kommen. 1934 war in der Schweiz ein besonders strenges Bankgeheimnis eingeführt worden, welches jegliche Nachforschung nach Vermögen unter Strafe stellte. Verfolgte Menschen brachten deshalb ihr Geldvermögen in der Schweiz in Sicherheit oder kauften Lebensversicherungen mit dem gleichen Zweck. Viele von ihnen überlebten den Krieg, insbesondere den Holocaust nicht. Ihre Anlagen blieben «nachrichtenlos» in den Schweizer Instituten. Diese verweigerten Nachkommen Informationen und damit den Zugriff auf diese Vermögenswerte und gaben auch dem Staat nur sehr summarisch Auskunft darüber.
Eine große Klage des Jüdischen Weltkongresses und einzelner Nachkommen von Opfern brachte dann zwischen 1996 und 2000 die Banken zur Auszahlung von 1,25 Milliarden Dollar an Berechtigte und weitere durch den Zweiten Weltkrieg geschädigte Menschen wie Zwangsarbeiter/-innen.

13.64 Beurteilung der Rolle der Schweiz: In diesem Zusammenhang brach auch die Diskussion über die Rolle der Schweiz auf. Während die ältere Weltkriegsgeneration die Bedeutung des Widerstands betonte und auf ihre eigenen Opfer verwies, forschte die jüngere Generation nach den mannigfachen Methoden der Anpassung der Schweiz. Die Debatte wurde durch die gleichzeitige Diskussion über die Rolle der Banken und Versicherungen verwirrt. Eine vom Bundesrat eingesetzte, unabhängige und international besetzte Kommission, nach ihrem Präsidenten «Bergier-Kommission» genannt, forschte von 1996 bis 2002 über diese Fragen. Sie kam zum Schluss, dass wohl eine Mischung von Anpassung und Widerstand der Schweiz die direkte Verwicklung in den Krieg erspart habe.

13.7 Die Kriegsverluste

Das Ausmaß der *Menschenverluste* kann wohl nie anders als nur annähernd bestimmt werden. Während der Erste Weltkrieg etwa 10 Millionen Tote gefordert hatte, werden allein die zivilen und kombattanten Opfer der direkten Kampfhandlungen des Zweiten Weltkriegs auf gegen 40 Millionen geschätzt. Dazu kommen mindestens fünf bis sieben Millionen Jüdinnen und Juden, die im Zuge der «Endlösung» ermordet wurden, mindestens eine Million weiterer Opfer der deutschen Terrorherrschaft in den besetzten Gebieten (Partisanen, Roma, slawische Zivilbevölkerung), gut drei Millionen ermordeter sowjetischer Kriegsgefangener und schätzungsweise vier bis fünf Millionen Vertriebener aus den baltischen Staaten, aus dem Balkan und aus dem Osten des Deutschen Reichs, die ihr Leben auf der Flucht vor den Sowjets oder während der Deportationstransporte verloren. Die Gesamtzahl der Kriegsopfer übersteigt 60 Millionen.
Die *materiellen Verluste* – versenkte Schiffe, zerstörte Städte, Verkehrswege und Industrieanlagen – lassen sich zahlenmäßig nicht einmal annähernd erfassen. Der Zweite Weltkrieg war die größte Katastrophe in der bisherigen Geschichte der Menschheit.

Explosion der Atombombe «Fat Man» über Nagasaki, 9.8.1945

Am Abend jenes 6. August 1945, an dem die erste Atombombe Hiroshima zerstört hatte, diskutierten drei deutsche Atomphysiker in englischer Kriegsgefangenschaft über die Atombombe. Der britische Geheimdienst hörte das folgende Gespräch heimlich ab:
Werner Heisenberg (1901–1976): «Wir hätten den moralischen Mut nicht gehabt, der Regierung im Frühjahr 1942 zu empfehlen, dass sie 120 000 Männer anstellen solle, nur um das Ding aufzubauen.»
Carl Friedrich von Weizsäcker (1912–2007): «Ich glaube, der Grund, warum wir es nicht gemacht haben, war, dass alle Physiker es aus Prinzip gar nicht machen wollten. Wenn wir alle gewollt hätten, dass Deutschland den Krieg gewinnt, hätten wir es geschafft.»
Otto Hahn (1879–1968): «Das glaube ich nicht, aber ich bin dankbar, dass wir es nicht geschafft haben.»

Die Epoche des Kalten Kriegs, 1945–1991

Der Zweite Weltkrieg hatte den Faschismus als internationale Kraft ausgeschaltet. Zwar traten immer wieder faschistische Regimes auf, aber sie konzentrierten sich defensiv auf die Herrschaft in ihrem Land.

Der Zweite Weltkrieg hatte auch Europas Vorherrschaft in der Welt unterminiert. Nach 1945 war Europa zwar ein prosperierender Kontinent, aber international zwischen den Supermächten ein Zankapfel mit nur wenig eigenem Spielraum.

Zwischen 1945 und 1991 bestimmten zwei Supermächte als Vertreter der überlebenden Ideologien den Kalten Krieg (Kapitel 14), in Ost (Kapitel 15) wie in West (Kapitel 16). Die darüber hinaus nachhaltigsten Veränderungen spielten sich jedoch in der südlichen Erdhälfte ab. Die Kolonien und Halbkolonien dort waren zwar im Kalten Krieg verstrickt, erkämpften sich aber politische Unabhängigkeit und damit mehr Spielraum.

Der Kalte Krieg blieb «kalt», er wurde auf der globalen Ebene nicht ausgetragen, weil sich die Supermächte mit ihrem Wettrüsten gegenseitig lähmten. Aber immer deutlicher schält sich heraus, dass der Kalte Krieg nicht nur die Zeit der starken Drohgebärden, sondern auch der tiefen Angst war. Aggressivität und Angst ergänzten und steigerten einander. An beides erinnert sich ungefähr die Hälfte der Bevölkerung – gegenwärtig in der Schweiz die vor 1974 Geborenen – noch aus eigener Erfahrung. Der Kalte Krieg gehört deshalb zur sogenannten Zeitgeschichte.

Mit dem Ende des Kalten Kriegs fiel die sowjetkommunistische Ideologienfamilie zusammen. Immer noch kommen kommunistische Regimes vor, aber sie beschränken sich auf ein Land.

Titelblatt einer Spezialausgabe der amerikanischen Zeitschrift «Collier's» vom Oktober 1951 mit der Schilderung einer fiktiven Unterwerfung der Sowjetunion in den Jahren 1952–1960 nach deren Angriff auf die USA

«Is This Tomorrow: America under Communism!», Propagandaschrift der Catechetical Guild Educational Society, 1947

«Treibe keinen Unfug!» sagt der Rotarmist (umgangssprachlich, wie eine Mutter zum Kind).

Der Titel des Buches in seiner Linken: «Großer Vaterländischer Krieg 1941–1945», die Bombe in der Hand des Amerikaners trägt die Aufschrift «Atombombe». Sowjetisches Plakat von Viktor Iwanowitsch Goworkow (1906–1974), 1948

«Nicht für den Krieg …», sowjetisches Plakat von Nikolai Iwanowitsch Tereschenko, (1924–2005), 1959

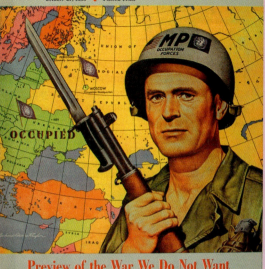

14. Der Kalte Krieg der Supermächte, 1945–1991

14.0 Der Kalte Krieg: In einem «cold war» stehe ein übermächtiger Staat mit seinen Nachbarn, wenn er wegen seiner Übermacht gar nicht mehr Krieg führen müsse, sondern diktieren könne. So kommentierte der britische Schriftsteller George Orwell (1903–1950) im Oktober 1945 die Stellung der Atommacht USA nach den Atombombenabwürfen auf Hiroshima und Nagasaki. Er meinte damit, dass die USA zu einer Supermacht geworden waren, die zur Durchsetzung ihrer Interessen gar keinen Krieg mehr zu führen brauchte. Diese Charakterisierung eines latenten Kriegszustandes erweiterte sich vier Jahre später: 1949 verfügte auch die Sowjetunion über Atomwaffen und beherrschte ihre Nachbarstaaten allein mit der Drohung, sie einzusetzen. Aber was sollte geschehen, wenn beide Supermächte aufeinandertrafen? Im Kalten Krieg maßen sich die Supermächte von 1945 bis 1991 in Stellvertreterkriegen, um die alleinige und damit vollständige Supermacht zu werden.

14.1 Die UNO

14.11 Entstehung: Der Zweite Weltkrieg hatte gelehrt, dass Friede nicht erst durch Sanktionen gegen Aggressoren garantiert werden kann. Friede muss schon dort gesichert werden, wo Konflikte ihren Ursprung haben: bei Benachteiligung, Ausgrenzung und Unwissenheit. Dieser Erfahrung wollten die Siegermächte mit einer Nachfolgeorganisation des Völkerbunds Rechnung tragen.

Großbritannien und die USA hatten sich schon im Sommer 1941 in der «Atlantik-Charta» auf eine weltweite Friedensordnung als Kriegsziel geeinigt und verpflichtet. Diese sollte beruhen auf dem Verzicht auf Gewalt; Selbstbestimmungsrecht für alle Völker, freier Zugang aller zu allen Meeren, Märkten und Rohstoffen der Welt und Abrüstung sollten die Grundpfeiler dieser Friedensordnung sein. Die Charta orientierte sich weitgehend an Präsident Wilsons «Vierzehn Punkten» von 1918 (▶ 9.33). Roosevelt gewann Stalin mit teilweise verhängnisvollen Konzessionen, in dieses Kriegsziel der Atlantik-Charta einzuwilligen (▶ 14.24). Noch vor Kriegsende verabschiedeten die Alliierten die Charta der «Vereinten Nationen» («United Nations Organization», UNO) mit den teilweise wörtlich übernommenen Zielen der Atlantik-Charta. Am 24. Oktober 1945 wurde die UNO formell gegründet, der Völkerbund stellte 1946 seinen Dienst ein.

Die «Atlantik-Charta» (1941 von den USA und Großbritannien verkündet): «1. Ihre Länder erstreben keinerlei Gebiets- oder sonstige Vergrößerung. 2. Sie wünschen keine Gebietsveränderungen, die nicht mit den frei zum Ausdruck gebrachten Wünschen der betreffenden Völker übereinstimmen. 3. Sie anerkennen das Recht aller Völker, die Regierungsform zu wählen, unter der sie leben wollen, und sie wünschen, dass denjenigen die souveränen Rechte und die Selbstregierung zurückgegeben werden, denen sie mit Gewalt genommen worden sind.»

14.12 Organisation: Im Kern, nämlich beim Verhindern von Kriegen, übernahm die UNO die Organisation des Völkerbunds: In die *Vollversammlung* aller Staaten wurden schneller als nach dem Ersten Weltkrieg auch die Besiegten aufgenommen. Die UNO wurde eine wirklich globale Organisation, der heute 193 Mitglieder – praktisch alle mit Ausnahme einiger Kleinstaaten – angehören. Das Hauptgewicht der Generalversammlung liegt in der langfristigen Kriegsverhütung durch Zusammenarbeit; hier entscheidet er mit einfacher oder Zweidrittelmehrheit. Für die kurzfristige Verhinderung des Ausbruchs von bewaffneten Konflikten ist der Sicherheitsrat zuständig.

Im *Sicherheitsrat* verfügen die fünf Siegermächte USA, Sowjetunion, Großbritannien, Frankreich und China (seit 1971; vorher Taiwan) über einen ständigen Sitz und das Vetorecht. Damit können sie (anders als beim Völkerbund) jeden Sicherheitsratsbeschluss blockieren. Zehn nichtständige Mitglieder werden aus der Generalversammlung für jeweils zwei Jahre in den Sicherheitsrat gewählt. Der Sicherheitsrat entscheidet mit einem qualifizierten Mehr von mindestens neun Stimmen.

Organisation der Vereinten Nationen (UNO)

Sicherheitsrat (Security Council)

5 ständige Mitglieder: USA, Russland, China, Großbritannien und Frankreich.
10 nichtständige, von der Vollversammlung auf zwei Jahre gewählte Mitglieder.

Entscheidet mit Dreifünftelmehrheit (wobei alle ständigen Mitglieder zustimmen müssen: sog. «Vetorecht») insbesondere über:
1. Maßnahmen zur Friedenssicherung;
2. Anträge an die Vollversammlung;
3. Vorschlag an die Vollversammlung bezüglich Wahl des Generalsekretärs.

Für die Beschlüsse über Verfahrensfragen ist die Zustimmung der ständigen Mitglieder nicht erforderlich.

Generalversammlung (General Assembly)

193 Mitglieder (2017)

Entscheidet mit Zweidrittelmehrheit, wobei die ständigen Mitglieder je ein Vetorecht haben, über
1. Aufnahme und Ausschluss von Mitgliedern (nur auf Antrag des Sicherheitsrates);
2. Budget;
3. Empfehlung von Maßnahmen zur Friedenssicherung, durch Auftrag des Sicherheitsrates auch Beschlussfassung über solche Maßnahmen;
4. Wahlen.

Generalsekretär (Secretary General)

Auf Vorschlag des Sicherheitsrates ernannt durch die Vollversammlung:
1946–1952 Trygve Lie, Norwegen
1953–1961 Dag Hammarskjöld, Schweden
1961–1971 U Thant, Burma
1972–1981 Kurt Waldheim, Österreich
1982–1991 Javier Pérez de Cuéllar, Peru
1992–1996 Boutros Boutros-Ghali, Ägypten
1997–2006 Kofi Annan, Ghana
2007–2016 Ban Ki-moon, Südkorea
2017–   António Guterres, Portugal

Großer Mitarbeiterstab: Vertreter in den verschiedenen Regionen der Erde und insbesondere bei den Krisenherden; Direktor der UNICEF; Hochkommissar für Flüchtlingshilfe; Kommando der UNO-Truppen usw.

Wirtschafts- und Sozialrat (Economic and Social Council)

54 durch die Vollversammlung auf drei Jahre gewählte Mitglieder.
1. Zahlreiche regionale und allgemeine Kommissionen (Rauschgifte, Stellung der Frau, Menschenrechte usw.);
2. UN-Agencies (Sonderorganisationen der UNO).

Internat. Gerichtshof (International Court of Justice)

15 durch übereinstimmenden Beschluss von Vollversammlung und Sicherheitsrat auf neun Jahre gewählte Richter; Sitz: Den Haag

Internationaler Strafgerichtshof ICC (International Criminal Court)

Formell unabhängige Institution mit 18 Richterinnen und Richtern, zuständig für die strafrechtliche Verfolgung von
1. Völkermord;
2. Verbrechen gegen die Menschlichkeit;
3. Kriegsverbrechen;
4. Verbrechen des Angriffskrieges;
Sitz: Den Haag

ad-hoc-Strafgerichtshöfe

für
Jugoslawien
Ruanda

Mitgliedstaaten der UNO, Entwicklung seit 1945

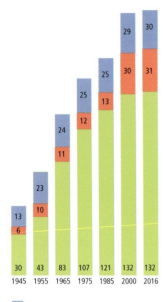

1945	1955	1965	1975	1985	2000	2016
30	43	83	107	121	132	132

- Westliche Industrieländer
- (ehemals) sozialistische Länder
- (ehemals) Entwicklungsländer

Die Zunahme seit 1985 beruht allerdings vor allem auf dem Zerfall der Sowjetunion, Jugoslawiens und der Teilung der Tschechoslowakei, auf der Aufnahme pazifischer und europäischer Zwergstaaten; die Schweiz trat der UNO 2002 bei.

Weil der Völkerbund als Organisation schlecht funktioniert hatte, wurde für die UNO ein *Generalsekretariat* mit einem Generalsekretär und weitreichenden Kompetenzen eingerichtet. Der für die ehemaligen Kolonien eingerichtete *Treuhandrat* sowie der *Internationale Gerichtshof* für Streitigkeiten zwischen Staaten vermochten keine große Wirkung zu entfalten. Dass die UNO nicht nur den Frieden sichern, sondern Konflikte schon vor Kriegsausbruch verhindern sollte, schlägt sich darin nieder, dass zahlreiche Organisationen mit eigenem Rechtscharakter durch den *Wirtschafts- und Sozialrat (ECOSOC)* der UNO koordiniert und beaufsichtigt werden. Mit der weitgehenden Selbstständigkeit dieser Organisationen kann sich die UNO neuen Problemen anpassen und trotzdem eine relativ schlanke Struktur bewahren. Dennoch ist die Finanzierung der UNO immer wieder ein Problem, denn sie widerspiegelt die weltweite Ungleichheit: Die USA zahlen den maximalen Anteil von 22 Prozent der Kosten, die 140 ärmsten Staaten zusammen nur knapp ein Prozent.

14.13 Entwicklung der UNO in der Nachkriegszeit: Die UNO war zur Verhinderung von Kriegen zwischen Staaten gegründet worden – aber die Nachkriegszeit wurde bestimmt einerseits durch den Konflikt zwischen zwei Staatenblöcken im Kalten Krieg und andererseits durch Unabhängigkeitskriege der Dekolonisation (▶ 23.32). Beides war eigentlich im Friedenssicherungskonzept der UNO nicht vorgesehen. Der Kalte Krieg lähmte den Sicherheitsrat. Bis 1970 blockierte vor allem die Sowjetunion, danach immer häufiger die USA wichtige Entscheidungen. Denn das Eingreifen der UNO in Probleme der unabhängig gewordenen Staaten berührte häufig die Interessen der Supermächte.

Die Dekolonisation führte bald zu einem massiven Übergewicht der Entwicklungsländer in der Generalversammlung. Dort konnten sie zwar nur Empfehlungen verabschieden lassen, aber die Staaten mit Deklarationen und Stellungnahmen unter Druck setzen. So wurde die UNO immer mehr auch Plattform für den Nord-Süd-Konflikt. Hier hat sie dank ihrer Sonderorganisationen wohl am meisten erreicht: Die Konferenz für Handel und Entwicklung UNCTAD beispielsweise, die sich für einen gerechte-

Kinder in Ruanda auf der Suche nach Abfällen, Foto von Jean Claude Mutabazi, 14-jährig, 2008

Die UNICEF ermutigt Kinder in Entwicklungsländern, ihre Umgebung zu fotografieren, um sich und der Welt ein Bild davon zu machen. «Eye See» ist eines von vielen Projekten zur Stärkung von Kindern.
UNICEF wurde ursprünglich als Hilfsorganisation für Kriegskinder nach dem Zweiten Weltkrieg in Europa gegründet. Seit 1953 eine UNO-Organisation, brachte sie 1959 die Deklaration der Kinderrechte in die Generalversammlung ein und erhielt 1965 den Friedensnobelpreis.

Sonder- und Nebenorganisationen der UNO (Auswahl)

Abkürzung	Deutsche (und englische) Bezeichnung	Hauptsitz, Gründung, Mitgliedstaaten 2015	Ziele
Sicherheit und Kriegsverhütung			
IAEA	Internationale Atomenergiebehörde (International Atomic Energy Agency)	Wien, 1957 168	Internationale Kooperation in der Kernforschung und Kerntechnik, Förderung und Kontrolle der Sicherheit, Überwachung der Einhaltung der Atomwaffensperrverträge
Entwicklung und Wirtschaft			
FAO	Weltorganisation für Ernährung und Landwirtschaft (Food and Agricultural Organization)	Rom, 1945 194	Hebung des Lebens- und Ernährungsstandards, vor allem durch Förderung und Entwicklung der landwirtschaftlichen Produktivität
ILO	Internationales Arbeitsamt (International Labour Office)	Genf, 1919/1946 187	Verbesserung der Arbeitsbedingungen und Hebung des Lebensstandards der Arbeitnehmer
IMF	Internationaler Währungsfonds (International Monetary Fund)	Washington, 1944 197	Internationale Zusammenarbeit in der Währungspolitik durch Kreditgewährung bei Verschuldung und anderen Finanzproblemen
Weltbank	World Bank; fünf Finanzierungsinstitute	Washington, 1945 188	Finanzierung von großen Entwicklungsprojekten (gleiche Mitglieder wie IMF)
UNCTAD	Konferenz der Vereinten Nationen für Handel und Entwicklung (United Nations Conference on Trade and Development)	Genf, 1964 194	Entwicklungspolitik, Nord-Süd-Dialog, Förderung des Handels mit Entwicklungsländern (Organ der Generalversammlung)
WTO	Welthandelsorganisation (World Trade Organization) (bis 1994 GATT: Allgemeines Zoll- und Handelsabkommen)	Genf, 1947 164	Förderung des Freihandels durch Zollsenkung, Abbau von Handelsdiskriminierungen, Liberalisierung des Agrar- und Dienstleistungshandels, Schutz des geistigen Eigentums
Menschenrechte und Kultur			
UNESCO	Organisation der Vereinten Nationen für Bildung, Wissenschaft und Kultur (United Nations Educational, Scientific and Cultural Organization)	Paris, 1945 195 + 10 assoziierte Organisationen	Internationale Kooperation und Kommunikation, vor allem auf kultureller Ebene, Förderung der Grundausbildung (z. B. Alphabetisierung), Wahrung der Menschenrechte
UNHCR	Hochkommissar für Flüchtlinge (United Nations High Commissioner for Refugees)	Genf, 1951	Behörde der Generalversammlung zur Hilfeleistung für Flüchtlinge und Aufnahmestaaten
UNHRC	Menschenrechtsrat (United Nations Human Rights Council)	Genf, 1946/2006 47 Vertreter	Beobachtung der Einhaltung der Menschenrechte; gewählt direkt von der Generalversammlung
UNICEF	Kinderhilfswerk (United Nations Children's [Emergency] Fund)	New York, 1946 36 nationale Komitees	Förderung von Kindern und Jugendlichen durch gesundheits-, schul- und sozialpolitische Maßnahmen vor allem in den Entwicklungsländern
WHO	Weltgesundheitsorganisation (World Health Organization)	Genf, 1948 194	Erfahrungsaustausch im Gesundheitswesen, Bekämpfung von Seuchen und Epidemien (Aids), Forschung, statistischer Dienst

ren Welthandel einsetzt, ging direkt aus einer Gruppe von 77 Entwicklungsländern hervor. Auch andere Sonderorganisationen der UNO wirken in erster Linie in den Entwicklungsländern und suchen damit das weltweite Ungleichgewicht zu verringern. Ferner hat die Generalversammlung auch auf die Abrüstungsverhandlungen erfolgreich Einfluss genommen: Das Abkommen zur Nichtweiterverbreitung von Kernwaffen von 1968 wurde stark durch sie beeinflusst.

Mit dem Ende des Kalten Kriegs ab 1991 gewann die UNO neue Bewegungsfreiheit (▶ 33.11). Während bis 1989 knapp sechs Vetos pro Jahr den Sicherheitsrat blockierten, ist es seither noch gut eines. Dementsprechend konnte die UNO auch bedeutend aktiver in Konflikte eingreifen. Während des Kalten Kriegs fanden nur 18 Beobachtungs- und Truppeneinsätze statt, davon nur zwei größere: seit 1950 in Korea und 1960 bis 1964 im Kongo. Seit Ende des Kalten Kriegs hat die UNO dagegen 55 Mal eingegriffen. Die Einsätze werden zum größten Teil durch Industriestaaten finanziert und durch Truppen aus dem indischen Subkontinent und weiteren Entwicklungsländern durchgeführt.

14.2 Die Aufteilung der Welt

14.21 Teilungs-Strategie: Im Widerspruch zum unteilbaren Frieden stand das Bestreben der Siegermächte, die Welt unter sich in Einflusssphären aufzuteilen. Denn die Koalition zwischen den liberalen Westalliierten und der sowjetkommunistischen Sowjetunion war durch den gemeinsamen Gegner, die faschistischen Staaten, zustande gekommen. Aber mit dem Sieg über sie verwandelte sich die Koalition in eine Feindschaft, welche den Kalten Krieg bestimmte. Eine klare Aufteilung sollte dem Weltfrieden, vor allem aber der Sicherung des eigenen Lagers dienen. Die Sowjetunion und die USA wurden so zu «Supermächten» als Führerinnen der Staaten im Ost- und West-Block. Entsprechend ihrer Ideologie proklamierten sie verschiedene Werte: die Sowjetunion Gleichheit und Sicherheit, die USA Freiheit und Wettbewerb – und beide den Frieden. Keine Ideologie erreichte bis Ende des Kalten Kriegs ihr Ziel. Aber deren Gegensätzlichkeit zementierte die Teilung. Militärisch vollzog sie sich in der Gründung der NATO (North Atlantic Treaty Organization, 1949, ▶ 14.39) und des Warschauer Paktes (1955, ▶ 14.35).

Diese Teilung umfasste schließlich einen Großteil der Welt. Keinem Block schlossen sich die damals meist noch wenig entwickelten Staaten China, Indien, Indonesien, Ägypten, Jugoslawien, Ghana und andere an. Die saubere Teilung der Welt erwies sich aber als schwierig: Erstens erweiterte sich die politische Welt allmählich im Zuge der Entkolonialisierung: Zahlreiche neue Staaten konnten sich zwischen Ost und West selbstständig positionieren und dabei die Konkurrenz der Superstaaten nutzen, einige wurden jedoch auch für Stellvertreterkriege missbraucht. Zweitens veränderten sich mit der wirtschaftlichen Entwicklung immer wieder die Interessen der Blöcke an bestimmten Regionen.

14.22 Alliierte Kriegsziele: Je deutlicher sich 1943 ein Sieg der Alliierten abzeichnete, desto konkreter mussten diese sich über die Kriegsziele einigen. Dabei herrschte ein tiefes Misstrauen: Die Westmächte verziehen Stalin nicht seinen Pakt mit Hitler, der den Weltkrieg maßgeblich ausgelöst hatte (▶ 12.83); und Stalin verzieh nicht das ohne die Sowjetunion abge-

Churchills Notizzettel von einer Besprechung mit Stalin (Moskauer Konferenz, 9.10.1944)

Churchill hielt hier fest, in welcher Richtung Stalin und er über die Aufteilung der Einflusssphären auf dem Balkan sprachen; er zeigte nach seinen Erinnerungen den Zettel Stalin, der ihn ihm mit dem Gut-Zeichen zurückgab, obwohl er den Ausdruck «Russia» für die Sowjetunion gar nicht schätzte. Im Verlauf der Verhandlungen wurden die sowjetischen Anteile in Ungarn und Bulgarien auf 80 % erhöht.

Allerdings entfaltete der Zettel nicht die große Wirkung, die Churchill ihm beimaß.

schlossene Münchner Abkommen (▶ 12.73). Er fürchtete einen Sonderfrieden der Westalliierten mit den Achsenmächten, der die Sowjetunion eingekreist hätte.

Auch die konkreten Kriegsziele unterschieden sich: Roosevelt arbeitete auf einen Weltfrieden hin, Churchill wollte die Sowjetunion nicht zu weit nach Deutschland vordringen lassen; Stalin strebte danach, die im Frieden von Brest-Litowsk (▶ 9.35) verlorenen Gebiete zurückzuerhalten sowie die Sowjetunion durch einen Ring von Satellitenstaaten vor einer Wiederholung des Angriffs von 1941 zu bewahren (▶ 13.26). Entsprechend seiner Ideologie des Aufbaus des Sozialismus in einem isolierten Land (▶ 11.34, 11.4) strebte er nach Gebieten, welche die Sowjetunion ausbeuten konnte.

Stalins Kriegsziele:
«Dieser Krieg ist nicht wie in der Vergangenheit; wer immer ein Gebiet besetzt, erlegt ihm auch sein gesellschaftliches System auf. Jeder führt sein eigenes System ein, so weit seine Armee vordringen kann. Es kann gar nicht anders sein.» (Nach Milovan Djilas, Gespräche mit Stalin, 1944)

14.23 Casablanca und Teheran: Am Wendepunkt des Kriegsgeschehens trafen sich Roosevelt und Churchill Anfang 1943 in Casablanca. Sie erklärten, den Kampf gegen das Deutsche Reich bis zu dessen bedingungsloser Kapitulation («unconditional surrender») führen zu wollen. Damit sollte die sowjetische Angst vor einem Separatfrieden zwischen den westlichen Alliierten und Hitler beseitigt werden. Diese Forderung nach bedingungsloser Kapitulation weckte in Deutschland schlimme Erinnerungen an den Ersten Weltkrieg. Sie stärkte daher in der Endphase des Kriegs den deutschen Widerstandswillen und damit Hitlers Regime. Sie verlängerte so den Krieg bis zur vollständigen Besetzung Deutschlands und dessen Aufteilung unter die Besatzungsmächte. Dies wiederum war eine der Ursachen für die Spaltung Europas in der Nachkriegszeit.

Andererseits ebnete das gemeinsame Kriegsziel den Weg für eine Zusammenkunft der «großen Drei» Ende 1943 in Teheran. Stalin, Roosevelt und Churchill einigten sich hier auf das von der Sowjetunion geforderte Kriegsziel, die deutschen Gebiete östlich der Oder-Neiße-Linie zu Polen und die polnischen Gebiete östlich der Curzon-Linie (▶ Karte 10.61) zur Sowjetunion zu schlagen. Das verbleibende Deutschland sollte in Besatzungszonen aufgeteilt werden.

14.24 Kompromiss von Jalta: Kurz vor Ende des Kriegs trafen sich Roosevelt, Stalin und Churchill im Februar 1945 zum zweiten Mal, diesmal im Badeort Jalta auf der sowjetischen Krimhalbinsel. Hier fielen die wesentlichsten Entscheidungen für die Nachkriegsordnung. Die damalige Situation war für den Gastgeber Stalin doppelt vorteilhaft: Die Rote Armee kontrollierte bis zu diesem Zeitpunkt große Teile Ost- und Mitteleuropas sowie des Balkans und hatte die Weichsel erreicht, während die Westalliierten noch auf der französischen Seite des Rheins aufgehalten wurden. Stalin beanspruchte die Vorherrschaft über die besetzten Gebiete. Churchill und der gebrechliche Roosevelt waren sich in ihrer Reaktion auf diese Ansprüche uneinig. Der Kompromiss wurde nicht als Vertrag festgehalten, sondern nur in Absichtserklärungen. Er fiel zu Stalins Gunsten aus: Stalin sicherte den sowjetischen Beitritt zur UNO zu und ließ die ursprüngliche Forderung fallen, wonach jeder der damals sechzehn sowjetischen Gliedstaaten volles Stimmrecht erhalten sollte. Ferner werde die Sowjetunion drei Monate nach der deutschen Kapitulation in den Krieg gegen Japan eintreten. Dies war für Roosevelt besonders wichtig, weil er zu diesem Zeitpunkt noch mit einem langen und verlustreichen Krieg gegen Japan rechnete. Da Japan nach dem Abwurf der zwei Atombomben rasch kapitulierte, konnte die Sowjetunion noch ohne viel Aufwand in der Mandschurei und in Korea Fuß fassen (▶ 13.58).

Konferenz von Jalta im Februar 1945, Fototermin am 9.2.1945

Präsident Roosevelt als formeller Vorsitzender der Konferenz in der Mitte zwischen Churchill und Stalin. Wegen seiner Lähmung wurde der Fototermin im Innenhof des Livadia-Palastes unmittelbar neben Verhandlungsraum und Schlafzimmer durchgeführt.
Das Treffen war geheim und so erhielten nur Militärberichterstatter und Vertraute Zugang zum Fototermin. Churchill hatte seine etwas russisch wirkende Pelzkappe abgenommen; er genoss Filmaufnahmen, während sich Stalin jeweils gestresst fühlte.
Im Hintergrund hohe Offiziere: Hinter Churchill Marschall Charles Portal (Luftwaffe), hinter Roosevelt Flottenadmiral William Leahy.

«Die große Troika». Statuengruppe (6,7 mal 4,1 Meter) von Surab Zereteli (geb. 1934), am 9. Mai 2005 im Wolgograder Panorama-Museum aufgestellt.

Roosevelts und Churchills Zugeständnisse betrafen vor allem Polen und Deutschland. Die in Teheran gezogenen Grenzen in Osteuropa und die Aufteilung Deutschlands in Besatzungszonen wurden bestätigt. Die Westmächte anerkannten nun die von den Sowjets in Polen eingesetzte und kommunistisch beherrschte provisorische «Lubliner-Regierung». Die bisher von ihnen gestützte, aber machtlose polnische Exilregierung in London wurde fallen gelassen; allerdings unter der Bedingung, dass die «Lubliner-Regierung» durch Exilpolitiker erweitert und dass später in freien Wahlen eine definitive Regierung gewählt würde.
Mit der Teilung Deutschlands und der Auslieferung Polens an ein Regime von Stalins Gnade war Europa in Interessensphären aufgeteilt worden. Europa erlebte damit erstmals die bitteren Folgen einer Politik, die es selber lange in seinen Kolonien betrieben hatte.
Der unverbindliche Charakter dieser Abmachungen ermöglichte es zudem der Sowjetunion, deren Armee in Deutschland eindrang, ihren Machtbereich bald auch auf Rumänien, Bulgarien und Jugoslawien auszudehnen.

14.25 Potsdam und die Nachkriegskonferenzen: Als sich die drei Siegermächte im Juli und August 1945 in Potsdam, direkt bei Berlin, zu einer weiteren Konferenz trafen, war Roosevelt gestorben und durch seinen Vizepräsidenten Harry Truman ersetzt; Churchill wurde noch während der Konferenz als Premierminister abgewählt. Diese personellen Veränderungen schwächten die westliche Position in einer entscheidenden Phase.
Die Konferenz von Potsdam im Juli und August 1945 bestätigte deshalb im Wesentlichen die Vereinbarungen von Jalta. Festgelegt wurden die endgültigen Grenzen der Besatzungszonen in Deutschland und in Österreich, wobei Großbritannien und die USA Frankreich eine separate Zone einräumten. Der französische General de Gaulle hatte seit 1940 zum Widerstand aufgerufen, Partisanen- und reguläre Verbände um sich gesammelt und in den Augen der Westmächte eine solche Besatzungszone verdient. Deutschland sollte bis zur Wiedererlangung des Selbstbestimmungsrechts durch den Alliierten Kontrollrat verwaltet werden, der aus Vertretern der vier Besat-

Aufteilung der Welt

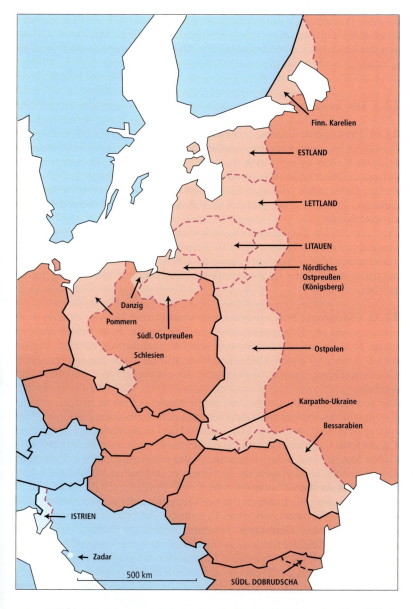

Grenzveränderungen in Ostmitteleuropa durch den Zweiten Weltkrieg

Eingliederung in die UdSSR:

F: Ungefähre Fläche (in 1000 km^2)

E: Ungefähre Einwohnerzahl zur Zeit der Eingliederung (in Millionen)

	F	E
1939 Ostpolen	170	9,4
1940 Litauen	53	2,9
Lettland	66	1,9
Estland	48	1,2
Finn. Karelien, Petsamo	46	0,6
Bessarabien	44	3,0
1945 Nördl. Ostpreußen	12	1,0
Karpatho-Ukraine	12	0,7
Total	451	20,7

Eingliederung in den sowjetischen Einflussbereich 1945–1948:

Rumänien	237	16,5
Bulgarien	111	7,0
Albanien	27	1,1
Polen	312	24,0
Ungarn	93	9,2
DDR	107	18,0
Tschechoslowakei	128	12,5
Total	1015	88,3

zungsmächte zusammengesetzt war. Da der Kontrollrat für seine Beschlüsse Einstimmigkeit benötigte und diese selten zustande kam, bedeutete dies praktisch die Teilung Deutschlands. Die in Polen, Ungarn und in der Tschechoslowakei lebende deutsche Bevölkerung sollte «in geregelter und humaner Form» ausgesiedelt werden; die rund zwölf Millionen Menschen wurden aber brutal vertrieben.

Potsdam bedeutete die letzte Zusammenkunft der Staatsführer. Die Differenzen unter ihnen waren nicht mehr zu überbrücken. So kam es zu keinem «Versailles», keinem Friedensschluss mit Deutschland. Dieser Frieden wurde erst 1990 im Vorfeld der deutschen Wiedervereinigung als Zwei-plus-Vier-Vertrag geschlossen (▶ 16.35).

Einigen konnten sich die alliierten Außenminister noch auf Friedensverträge mit Bulgarien, Rumänien, Finnland und Italien. Mit Japan schlossen die USA 1951 einen Frieden ohne Beteiligung der Sowjetunion und Chinas.

14.3 Die Teilung Europas

14.31 Prinzipien: Europa blieb nach dem hier ausgetragenen Zweiten Weltkrieg und wegen seiner wirtschaftlichen Bedeutung das Hauptkriegsfeld des Kalten Kriegs. Auch diesen Kontinent wollten die Supermächte aufteilen. Dabei galten die von den jeweiligen Armeen besetzten oder befreiten Gebiete als jeweilige Einflusssphäre. Nach den Absprachen von Jalta und Potsdam griffen sie nur in wenigen Fällen, und meist erfolglos, darüber hinaus.

Wer von beiden die Teilung Europas stärker und früher vorantrieb, war lange Zeit eine heftig diskutierte Frage, weil damit eine Schuldzuweisung verbunden wurde. Eindeutig beantworten lässt sie sich nicht: Pauschal gesagt trug der Westen früher, der Osten entschiedener zur Teilung Europas bei.

14.32 Osteuropa: Sowjetische Unterwanderung: Die sowjetische Rote Armee stand bei Kriegsende mitten in Europa. Sie hatte Berlin erobert, weite Teile Österreichs besetzt und war bis zur Elbe vorgestoßen. Ferner hatten kommunistische Partisanen/Partisaninnen sich im erfolgreichen Untergrundkampf gegen die deutsche Besetzung große Sympathien erworben.

Die von der Roten Armee befreiten und besetzten Staaten hatten vor dem Zweiten Weltkrieg kaum Erfahrungen mit demokratischen Regierungsformen gesammelt (▶ 10.6). Der halbfeudale Großgrundbesitz hatte eine Landreform lange verhindert, sodass kein selbstständiges Bauerntum entstehen konnte. Die Industrialisierung hatte mit Ausnahme der Tschechoslowakei noch nicht eingesetzt. Ein liberaler städtischer Mittelstand fehlte weitgehend. In dieser Situation waren viele Forderungen der Kommunisten willkommen: die Landreform, die Vertreibung der deutschen Bevölkerung und die Verstaatlichung ihres Eigentums, die Enteignung jener Besitzer, die mit den Deutschen zusammengearbeitet hatten, der rasche Wiederaufbau und die forcierte Industrialisierung, die Arbeitsplätze schuf. Ferner versprach die Sowjetunion bei der Neuordnung der Grenzen ihren Verbündeten Polen, der Tschechoslowakei, Rumänien und zum Teil Jugoslawien vorteilhafte Lösungen. Vor allem in der Tschechoslowakei war noch die Erinnerung an den «Verrat von München» (▶ 12.73) wach.

Die USA hielten sich nach den Absprachen in Jalta und Potsdam von Interventionen in Osteuropa zurück.

Die Schaffung von kommunistischen, von der Sowjetunion abhängigen Satellitenstaaten erfolgte – vereinfachend – in drei Stufen. *Zuerst* setzte die Besatzungsmacht eine «antifaschistisch-demokratische» Koalitionsregierung ein. Diese führte meist das nationale Kriegsbündnis einer «Patriotischen Front» fort, die unter Leitung der Kommunisten gegen die deutschen Truppen operiert hatte. In dieser Regierung waren die Kommunisten zwar nur als Minderheit vertreten, besaßen aber doch entscheidendes Gewicht, da sie meistens mit dem Innenministerium die Polizeigewalt und mit dem Landwirtschaftsministerium die Landreform kontrollierten. Viele von ihnen waren in Moskau auf ihre Aufgabe vorbereitet worden und wurden von der Besatzungsmacht mit deren Machtmittel unterstützt: Verfügung über die zusammengeschmolzenen wirtschaftlichen Ressourcen, die Polizeigewalt, Verkehrsmittel sowie über Presse und Rundfunk.

Dann, *in der zweiten Phase,* schlossen sich unter dem Druck der Besatzungsmacht die Sozialdemokraten mit den Kommunisten zu einer Einheitspartei zusammen, und die traditionellen Parteien wurden durch neue und von der Besatzungsmacht kontrollierte Massenorganisationen konkurrenziert. Wo diese Einheitspartei trotz behördlich gelenkten Wahlen nicht die Parlamentsmehrheit errang, wurden nun Koalitionspartner, vor allem die Bauernparteien, mit allen Mitteln ausgeschaltet (Einschüchterung durch Terror und Hetzkampagnen in den Medien, Prozesse gegen «Kollaborateure», politischer Mord).

An die Macht gelangt, verfolgte diese kommunistische Regierung die verbleibende Opposition aus kirchlichen Kreisen und in den eigenen Reihen. Sie erstickte jede politische Aktivität außerhalb ihres eigenen, straff geführten Kurses und leitete ein konsequent staatswirtschaftliches Sozialisierungsprogramm nach sowjetischem Vorbild ein. Abweichende Tendenzen innerhalb der Einheitspartei liquidierte sie schließlich durch stalinistische Schauprozesse.

Dabei passte die Sowjetunion ihr Vorgehen der Situation in den verschiedenen Ländern an. In den besiegten Ländern (Sowjetische Besatzungszone in Deutschland, Ungarn, Bulgarien, zum Teil Rumänien) setzte sich die sowjetische Besatzungsmacht direkter durch als in den befreiten Ländern. Und hier konnte sie in Polen und der Tschechoslowakei erfolgreicher vorgehen als in Jugoslawien und Albanien, die sich durch eigene Partisanenverbände selbst befreit hatten.

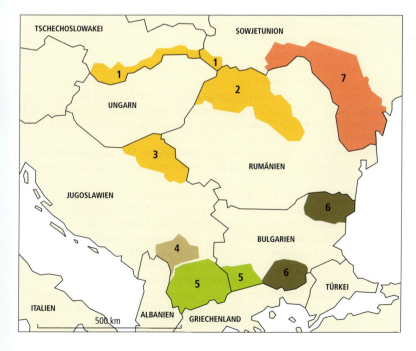

Grenz- und Minderheitenprobleme im Ostblock

1 Ungarn/Ungarinnen in der Slowakei und in der UdSSR
2 Ungarn/Ungarinnen und Deutsche in Siebenbürgen
3 Ungarn/Ungarinnen und Deutsche in der Vojvodina (Banat)
4 Albaner/-innen in Kosovo
5 Mazedonier/-innen in Jugoslawien und Bulgarien
6 Türken/Türkinnen in Bulgarien
7 Rumänen/Rumäninnen in Bessarabien (Moldawien)

14.33 Tschechoslowakei: Unter den von der Roten Armee «befreiten» Ländern bildete die Tschechoslowakei in mehrfacher Hinsicht einen Sonderfall. Gerade weil sie sich enger an die Sowjetunion angelehnt hatte, fiel dieser die Unterwanderung schwerer. Während des Kriegs hatte die Exilregierung unter Edvard Beneš (1884–1948) auf den Aufbau einer militärischen Widerstandsorganisation verzichtet und sich auf ein Bündnis mit der Sowjetunion verlassen. Sie baute 1945 auf deren Unterstützung bei der Revision des Abkommens von München und ließ die Sudetendeutschen aus dem Land vertreiben. Im Unterschied zu den übrigen künftigen Satellitenstaaten war die tschechoslowakische Wirtschaft relativ industrialisiert und es existierten eine Mittelschicht und eine Arbeiterschaft. Die Kommunistische Partei verfügte darin über eine echte Massenbasis und wurde in freien Wahlen 1946 mit 38 Prozent der Stimmen stärkste Partei. Die Kommunisten verfügten in der nach dem Krieg gebildeten Koalitionsregierung über eine starke Stellung, und als Verteidigungsminister und Oberbefehlshaber der Armee amtierte mit Ludvík Svoboda (1895–1979) ein ehemaliger General der Roten Armee und «Held der Sowjetunion».

Aber die sowjetische Führung wollte keinen Verbündeten, sondern einen ergebenen Satelliten. Im Februar 1948 bemächtigte sich die Kommunistische Partei der gesamten Regierung, nachdem die nichtkommunistischen Minister zurückgetreten waren, um Neuwahlen zu erzwingen. Dabei wurde der Außenminister Jan Masaryk (1886–1948) vermutlich aus dem Fenster gestoßen. Beneš vereidigte kurz vor seinem Tod diese kommunistische Regierung unter Klement Gottwald (1896–1953), die sich nun der Sowjetunion unterwarf.

Josip Broz, genannt Tito (1892–1980)
Sohn eines kroatischen Kleinbauern, Mechanikerlehre; 1915 in russischer Gefangenschaft, 1917 Beitritt zur Roten Armee, 1928–1934 als Kommunist in politischer Haft, 1936–1938 im Spanischen Bürgerkrieg; 1941 Aufbau der kommunistisch geführten Befreiungsfront gegen die deutschen und italienischen Besatzungstruppen, 1943 Führer einer provisorischen Regierung; Vertreibung und Erschießung von Regimegegnern; 1945–1953 Ministerpräsident, 1953–1980 Staatspräsident. Tito regierte Jugoslawien autoritär, aber passte die Gliederung des Landes den Forderungen nach mehr Autonomie an.

14.34 Jugoslawien und Albanien: In Albanien und vor allem in Jugoslawien hatten die kommunistischen Partisanen das Land fast ohne Unterstützung durch die Rote Armee befreit. Die Partisanenführer Enver Hodscha (1908–1985) in Albanien und Josip Broz, genannt Tito (1892–1980), in Jugoslawien setzten zwar kommunistische Regimes durch, aber verbaten sich eine sowjetkommunistische Unterwanderung. Tito verfolgte statt einer zentralen Planwirtschaft die genossenschaftliche Selbstverwaltung der Betriebe. Er widersetzte sich Stalins Bestreben, die Ostblockstaaten in eine wirtschaftliche Arbeitsteilung einzubinden und von der Sowjetunion abhängig zu machen. 1948 kam es zum offenen Bruch, und bis zu seinem Tod 1980 hielt Tito Jugoslawien aus dem Ost-West-Konflikt heraus. Enver Hodscha brach 1961 mit dem Sowjetkommunismus und bekannte sich zum Maoismus (▶ 29.32). Er regierte Albanien bis zu seinem Tod 1985 isolationistisch.

Mit Jugoslawiens Ausscheren wurde zum ersten Mal der Anspruch der Sowjetunion auf die Führung des Kommunismus in der Welt bestritten.

14.35 Integration des Ostblocks: Die Sowjetunion schloss die anderen Ostblockländer 1949 im «Rat für gegenseitige Wirtschaftshilfe» (RGW, englisch auch COMECON) zusammen. Das Ziel dieses zentral geleiteten Abkommens war die Spezialisierung der einzelnen Satellitenstaaten, um durch internationale Arbeitsteilung Synergieeffekte zu erzielen. So wurden beispielsweise sämtliche Omnibusse in Ungarn, sämtliche Flugzeuge in der Sowjetunion hergestellt. Koordiniert wurden die Planwirtschaften durch ihre staatlichen Planbehörden. Eine Normierung sollte ferner den Austausch der Produkte erleichtern. 1955 schlossen sich die Ostblockstaaten militärisch in der Warschauer Vertragsorganisation (im Westen

Warschauer Pakt, WAPA genannt) zusammen. In diesem Vertrag gestanden die Ostblockstaaten der Sowjetunion die Stationierung von Truppen und den Oberbefehl über alle Streitkräfte zu.

14.36 Westen: Trumans Eindämmungspolitik: Schon im März 1946 sprach Churchill offen aus: «Von Stettin an der Ostsee bis Triest an der Adria hat sich ein Eiserner Vorhang quer durch den Kontinent gelegt […]. Das ist nicht das befreite Europa, für das wir gekämpft haben.» Der aus der Theatersprache entliehene Begriff des «Eisernen Vorhangs» macht die Teilung Europas deutlich. In den USA forderte der einflussreiche Diplomat George F. Kennan eine Politik des «containment» (Eindämmung) mit dem Ziel, «Russland entschlossen in Schranken zu halten und ihm mit unbeugsamer Kraft entgegenzutreten, wann und wo immer es Miene macht, die Interessen einer friedlichen und auf Stabilität bedachten Welt anzutasten».

Diese «containment policy» leitete Truman 1947 mit der Verkündung der «Trumandoktrin» ein: der Entschlossenheit der USA, weltweit einer weiteren Ausdehnung des kommunistischen Einflusses mit militärischen und wirtschaftlichen Mitteln entgegenzutreten. Dies war die Ablösung der bisher geltenden Monroedoktrin von 1823 (▶ 6.23). Damit übernahmen die USA eine Art Weltpolizistenrolle.

Als ersten militärischen Schritt bauten die USA eine Militärmacht im Mittelmeer auf und lösten Großbritannien als Schutzmacht für Griechenland und die Türkei ab. In Griechenland endete der 1945 ausgebrochene Bürgerkrieg mit einer Niederlage der Kommunisten. In der Tschechoslowakei respektierten die USA beim Umsturz von 1948 zwar die Einflusssphäre der Sowjets und griffen nicht ein, doch leisteten sie kurz darauf während der Berlinblockade (▶ 14.53) den Sowjets entschlossen und erfolgreich Widerstand. Und in Frankreich und Italien gelang es den USA dank massiver Finanz- und Wirtschaftshilfe, den Vormarsch der Kommunisten in den Wahlen zu stoppen.

George Marshall (1880–1959)
1939–1945 Generalstabschef der USA, 1945/46 Sonderbotschafter in China, 1947–1949 Außenminister (Secretary of State) der USA; 1953 Friedensnobelpreis

14.37 Marshall-Plan: Die Trumandoktrin beinhaltete nicht nur militärische, sondern vor allem auch Wirtschaftshilfe. In Erinnerung an die politische Instabilität nach dem Ersten Weltkrieg (▶ 10.44) pumpten die USA Geld in den Aufbau der europäischen Volkswirtschaften. Im Sommer 1947 trat der nach dem Außenminister George Marshall benannte Marshallplan in Kraft, der mit anfänglich gewaltigen zwölf Milliarden Dollar dotiert war. Bis 1952 machte diese Hilfe ein Zehntel des amerikanischen Budgets aus. Das Hilfsangebot galt auch für Staaten im Einflussbereich der Sowjetunion; es sollte der sowjetkommunistischen Unterwanderung den Boden entziehen. Die Sowjetunion verbot aber ihren Satellitenstaaten die Annahme von Marshallplan-Geldern.

Diese Hilfe ließ in den Ländern West- und Mitteleuropas die Volkswirtschaften erstaunlich rasch gesunden und die Kaufkraft ansteigen; sie verhinderte, dass die befürchtete Weltwirtschaftskrise eintrat. Voraussetzung für diese Finanzhilfe war die wirtschaftliche Zusammenarbeit zwischen siegreichen und besiegten Staaten zur Erarbeitung von Richtlinien für die Verteilung und Verwendung dieser Mittel. So entstanden eine Reihe von Wirtschaftsorganisationen, die einen wichtigen Beitrag zur beginnenden europäischen Integration leisteten: OEEC (Europäischer Wirtschaftsrat), GATT (Zoll- und Handelsvereinbarung) und EZU (Europäische Zahlungsunion).

Winston Churchill zur Einigung Europas in seiner Zürcher Rede vom 19.9.1946: «Es muss unser ständiges Ziel sein, die Stärke der UNO aufzubauen und zu festigen. Im Rahmen dieses die Welt umfassenden Plans müssen wir die europäische Familie in einer regionalen Struktur neu schaffen, die vielleicht die Vereinigten Staaten von Europa heißen wird. Der erste Schritt hierzu ist die Bildung eines Europarats […]. Bei dieser so dringenden Aufgabe müssen Frankreich und Deutschland die Führung zusammen übernehmen. Großbritannien, das Britische Commonwealth of Nations, das mächtige Amerika und, ich hoffe, Sowjetrussland – denn dann wäre in der Tat alles gut – müssen die Freunde und Förderer des neuen Europa sein.»

14.38 Anfänge der europäischen Integration: Diese wirtschaftliche Zusammenarbeit wurde begleitet von einer politischen. Bereits 1946 hatte Churchill in einer Rede in Zürich die Schaffung der «Vereinigten Staaten von Europa» gefordert. 1949 gründeten Großbritannien und Frankreich zusammen mit weiteren west- und mitteleuropäischen Staaten auf amerikanische Anregung hin den Europarat. Das besiegte Italien gehörte von Anfang an dazu, schon 1951 wurde die 1949 gegründete Bundesrepublik Deutschland aufgenommen. Es ging darum, durch Zusammenarbeit einen neuen Krieg zu verhindern. Der Europarat verfügte zwar nur über ein Parlament, die Parlamentarische Versammlung in Straßburg, und keine Exekutive (das Ministerkomitee ist nur eine Versammlung). Wichtig ist aber die Judikative, der Europäische Gerichtshof für Menschenrechte, bei dem Verstöße gegen die Europäische Menschenrechtskonvention (1950) eingeklagt werden können. Heute sind außer Weißrussland alle europäischen Staaten Mitglied des Europarates.

Sein ursprüngliches Ziel, die Schaffung eines Vereinigten Europa, konnte der Europarat nicht erreichen. Denn unter seinen Mitgliedern gibt es auch welche, die einer politischen Integration abgeneigt waren und sind. So hatte die europäische Integration auf wirtschaftlichem Gebiet mehr Erfolg. In der «Montanunion», der «Europäischen Gemeinschaft für Kohle und Stahl», schlossen sich 1951 Frankreich, die Bundesrepublik Deutschland, Italien, Belgien und die Niederlande zu einem Verband zusammen, der über eine eigene Exekutive verfügte. Die Montanunion regelte den Abbau von Kohle und die Herstellung von Stahl (vor allem im damals britisch kontrollierten Ruhrgebiet) durch eine supranationale Behörde und verfügte auch über ein Parlament und einen Gerichtshof zur Regelung von

Das geteilte Europa (Stand 1989)

- Europarat
- NATO
- EWG
- WAPA
- RGW

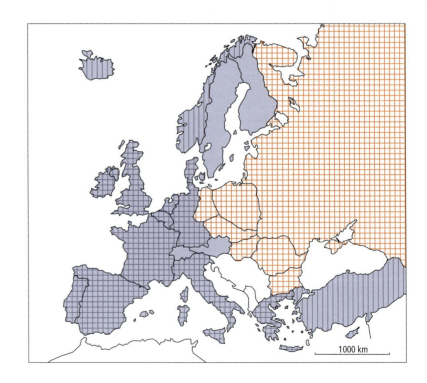

Streitigkeiten. Eigentlich erfüllte die Montanunion ursprünglich ein politisches Anliegen, nämlich die Kontrolle über kriegswichtige Rohstoffe. Doch daraus entwickelten sich 1957 die Europäische Atomgemeinschaft EURATOM und vor allem die Europäische Wirtschaftsgemeinschaft EWG. Mit den gleichen supranationalen Organen erarbeitete sie einen gemeinsamen Markt, dem sich neben den fünf Gründerstaaten weitere anschlossen. 1992 ging die EWG in die europäische Gemeinschaft (EG) und diese 2007 in die Europäische Union (EU) über (▶ 33.42). Allen Organisationen, auch dem Europarat, gemeinsam ist die blaue Flagge mit den zwölf Sternen.

Ziele der NATO

Der Brite Lord Ismay, der erste Generalsekretär der NATO, formulierte den Zweck des Militärbündnisses etwas überspitzt so: «To keep the Americans in, keep the Russians out and keep the Germans down.»

14.39 NATO und westliches Bündnissystem: Ein rein europäisches Verteidigungsbündnis entfaltete wenig Kraft. So gewann der unter der Führung der USA 1949 geschlossene Nordatlantik-Pakt («North Atlantic Treaty Organization», NATO) an Bedeutung. Ihm gehörten anfangs zehn europäische Staaten an. Die NATO entschied sich 1952 zu einer «Vorneverteidigung», das heißt, den Kampf gegen eine sowjetische Invasion praktisch ab dem Eisernen Vorhang aufzunehmen. Folgerichtig wurde die Bundesrepublik Deutschland 1955 ins NATO-Bündnis aufgenommen. Mit der Stationierung von Mittelstreckenraketen in Großbritannien und in der Türkei drohte die NATO ferner, einen konventionellen Angriff auf Europa mit Nuklearwaffen zu vergelten («massive retaliation»). Damit vollzog die NATO in Europa nach, was die Supermächte im Wettrüsten weltweit vorgaben.

14.4 Das Wettrüsten

14.41 Rückgrat des Kalten Kriegs: Das Wettrüsten bildete jenseits aller ideologischen und politischen Differenzen das Rückgrat des Kalten Kriegs, auch wenn dessen zweite Phase ab 1963 als Entspannung wahrgenommen wurde. Denn das Wettrüsten ging bis 1989 weiter und die Entwicklung neuer Waffen überdauert den Kalten Krieg in anderer Form bis heute. Eng verwoben ist es mit der technischen und politischen Entwicklung der beiden Supermächte.

Früher wurde der Kalte Krieg eher anhand seiner spektakulären Krisen (Berlinkrisen, 1948/49, 1958, 1961, Koreakrieg, 1950–1953, Kubakrise 1962) gegliedert. Die Forschung heute widmet sich stärker den Doktrinen hinter diesen Krisen. Es handelt sich hierbei um rationale und nachvollziehbare Überlegungen, welche im Ergebnis das Wettrüsten vorantrieben. Eine große Rolle spielten allerdings beidseits auch irrationale Vorgänge: die übersteigerte Wahrnehmung des Gegners, die Suche nach eigener Profilierung und das Bedürfnis der Supermächte, in ihrem Lager unangefochten zu herrschen.

Es kann auch nicht gesagt werden, dass die Sicherheit für den Frieden im Verlauf des Wettrüstens abnahm. Vermutlich war die Gefahr eines Atomkriegs zu Beginn durch die massive Produktion von Atomwaffen am größten – und ist heute aus anderen Gründen wieder beträchtlich (▶ 33.24).

14.42 Overkill-Doktrin: Die Kraft einer Atombombenexplosion war zwar von den Physikern berechnet worden, aber die Laien und auch die Militärs waren davon überwältigt. Die britische und die amerikanische Luftwaffe hatten unzählige Einsätze geflogen, um unter großer eigener Ge-

Operation «Castle», Test Bravo, 28.2.1954, über dem Bikini-Atoll

Diese Explosion setzte 15 Megatonnen TNT frei, zweieinhalb Mal so viel wie erwartet. Es war die stärkste je gezündete Wasserstoffbombe der USA. Der Atompilz war 100 km breit und 40 km hoch. Auf der Insel Rongelap wurden 240 Menschen schwer verstrahlt.

Start einer Poseidon-Rakete mit einer Länge von 10 m, einer Reichweite von 4600 km und der Fähigkeit, 14 Atomsprengköpfe zu transportieren, die unabhängig voneinander Ziele ansteuern. In Dienst genommen 1971. Der Start erfolgt von einem getauchten Unterseeboot aus durch das Wasser hindurch.

Rüstungsausgaben der Sowjetunion (rot) und der USA (blau), inflationsbereinigt, zu Preisen von 2003

«Atomkrieg bedeutet nationalen Selbstmord. Die größte Verblendung des Atomzeitalters ist die Vorstellung, Selbstmord könne ein Mittel der Verteidigung sein.» *Der Journalist I. F. Stone (1907–1989), «Stone's Weekly» 28.11.1955.*
Stone hatte seine eigene berühmte Zeitung gegründet, nachdem er wegen «kommunistischer Umtriebe» entlassen worden war.

fahr die deutsche Bevölkerung zur Kapitulation zu zwingen, ohne kriegsentscheidenden Erfolg. Aber nur zwei Atombomben, aus großer Höhe abgeworfen, erreichten in Japan dieses Ziel. Unter dem Eindruck der ungeheuren Energie dieser neuen Waffen verlangten die Militärs immer stärkere. Man maß die freigesetzte Energie einer Atombombe in TNT-Äquivalenten, also im Vergleich zum seit 1863 synthetisch hergestellten Sprengstoff Trinitrotoluol. Schon die Hiroshima-Bombe setzte eine Energie von ungefähr 15 000 Tonnen, also 15 Kilotonnen, TNT frei. Mit der neuen Technologie der Wasserstoffbombe war nochmals eine tausendmal stärkere Waffe von 15 Megatonnen möglich. Ihre Überlegenheit nützten die USA politisch zur sogenannten Containment-Politik: den Einfluss der Sowjetunion überall einzudämmen (▶ 14.36).

Aber 1949 zündete diese ihre erste Test-Atombombe und nahm damit den Rüstungswettlauf auf. Sie befand sich zwar im Rückstand, hatte aber mit den USA als Ziel ein kleineres Gebiet zu vernichten. Das Problem beider Seiten bestand darin, die Atombomben mit Flugzeugen über feindliches Gebiet zu tragen und einigermaßen gezielt abzuwerfen. Damit man dem Gegner mit der sicheren Vernichtung drohen konnte, musste man also genügend Bombenenergie herstellen, um ihn mehrfach töten zu können. Die Fachsprache erfand dafür den Begriff des «Overkills», des mehrfach Tötens.

14.43 MAD-Doktrin: Mitte der Fünfzigerjahre besaßen beide Supermächte die Technologie, um die Overkill-Doktrin zu verwirklichen, auch wenn ihre Waffenproduktion erst am Anfang stand. Allerdings hatte der Koreakrieg (1950–1953) deutlich die Gefahr aufgezeigt, dass ein lokaler Stellvertreterkrieg rasch in einen globalen Krieg mit Atomwaffen übergehen könnte. Deswegen, und auch wegen Problemen im eigenen Lager, waren die Führer der beiden Supermächte zu einer Entspannung bereit, als sie sich 1955 zum ersten Mal seit Potsdam in Genf wieder persönlich trafen. Das Treffen endete ohne konkreten Erfolg, denn jeder verfolgte seine eigene Agenda: Der amerikanische Präsident Dwight Eisenhower hatte eine Umwandlung von Nuklearmaterial zu friedlichen Zwecken vorgeschlagen («Atoms for peace»), der sowjetische Stalin-Nachfolger Nikita Chruschtschow (1894–1971) propagierte eine friedliche Koexistenz und einen wirtschaftlichen Wettbewerb der Supermächte. Gemeinsam war aber die Erkenntnis, dass die Overkill-Doktrin gefährliche Konsequenzen nach sich zog: Wer nämlich zuerst angriff, konnte mit seinem Arsenal den Gegner vernichten und damit einen Atomkrieg gewinnen. (Welche Konsequenzen ein Angriff auch nur der einen Seite für die ganze Welt und damit auch für den Angreifer nach sich ziehen konnte, wurde nicht in Betracht gezogen.) Vor allem die USA mit ihrem vergleichsweise kleinen Territorium fühlten sich bedroht, besonders als die Sowjetunion 1957 einen ersten Himmelskörper (Sputnik) rund um die Erde schickte und Interkontinentalraketen testete. Die amerikanischen Militärstrategen ersannen eine neue Doktrin: Sogar wenn die USA durch Atombomben zerstört sein sollten, müssten amerikanische Atomraketen noch einen vernichtenden Vergeltungsschlag gegen die Sowjetunion führen können: Die sogenannte Zweitschlagkapazität («second strike capability») sollte eine gegenseitige Vernichtung garantieren («mutually assured destruction», MAD). Dazu entwickelten die Rüstungsfachleute weitreichende Raketen (Interkontinentalraketen) und atombetriebene Unterseeboote, von denen aus diese gestartet werden können. Dank ihres

Atomantriebs konnten die U-Boote lange Zeit auf den Weltmeeren kreuzen, sogar das Polareis unterqueren und nahe genug an die Küsten der Sowjetunion herangelangen. Vor allem waren sie vor einem ersten Angriff sicher. Nun war ein «Gleichgewicht des Schreckens» erreicht, das sich in der Kubakrise deutlich manifestierte: Obwohl stark gerüstet, wagte keine Macht einen beschränkten Angriff, weil dieser sogleich zu einer massiven Vergeltung führen könnte.

14.44 Doktrin der Flexible Response: Auch diese Erkenntnis führte unmittelbar nach der Kubakrise zu einer zweiten Entspannungsphase: Die Supermächte einigten sich 1963 nicht nur auf einen direkten Kontakt, den sogenannten Heißen Draht, eine Fernschreiberverbindung von Staatschef zu Staatschef; vor allem verzichteten sie im Atomteststoppabkommen auf die Durchführung von oberirdischen Atomtests, welche die Atmosphäre mit erhöhter Radioaktivität verseucht hatten. Ein drittes, durch die UNO vorangetriebenes Abkommen über die Nichtweiterverbreitung von Atomwaffen sollte den Atomwaffenbesitz auf bisherige Atommächte beschränken: die USA, die Sowjetunion, China, Großbritannien und Frankreich. 190 Staaten haben den Vertrag mittlerweile unterzeichnet, allerdings vier nicht, die über Atomwaffen verfügen: Indien und Pakistan, Nordkorea und Israel (vermuteter Atomwaffenbesitz).

Diese Entspannungsmaßnahmen wurden möglich, weil die Supermächte sich mit der MAD-Doktrin gegenseitig gelähmt hatten: Wenn der Angreifer mit seiner eigenen Vernichtung rechnen musste, konnte er nicht mehr angreifen. Wieder waren es die USA, welche diese Lähmung zu überwinden versuchten. 1962 verkündete der amerikanische Verteidigungsminister Robert McNamara (1916–2009) die Doktrin der «flexible response» – wieder ein Euphemismus, denn es ging nicht nur um eine flexible «Antwort» auf Angriffe, sondern auch um die Möglichkeit, flexibel anzugreifen: mit kleinen, aber zielgenauen Waffen, welche dem Angegriffenen signalisieren, dass nur ein begrenztes Ziel zerstört werden solle. Ein solcher Angriff versetzt den Angegriffenen in das Dilemma, ob er ihn hinnehmen oder mit einem massiven Angriff reagieren und damit seine eigene Vernichtung riskieren soll. Die wichtigste Waffe dieser Entwicklung war mit der Elektronischen Datenverarbeitung in der Dritten Technischen Revolution (▶ 19.1) möglich geworden: der Marschflugkörper («cruise missile»), ein computergesteuertes Flugzeug. Dieses verarbeitet gleich selbst die Daten und steuert zielgenau, indem es Hindernissen ausweicht, auf sein Ziel zu. Marschflugkörper sind heute in vielen Konflikten im Gebrauch, glücklicherweise ohne Atomsprengköpfe.

14.45 Strategic Defense Initiative (SDI, «Star Wars»): Die Doktrin der Flexible Response versetzte nun wieder, wie die Overkill-Doktrin, den Angreifer in die vorteilhaftere Position: Denn der Angegriffene musste den begrenzten Angriff hinnehmen, wollte er nicht die Selbstvernichtung nach der MAD-Doktrin riskieren. 1980 begann die Sowjetunion die Doktrin der Flexible Response nachzuvollziehen, nämlich mit zielgenauen, auf Europa gerichteten Mittelstreckenraketen. Die NATO reagierte mit dem Nachrüstungsbeschluss. So hätte sie einen begrenzten Angriff mit begrenzter Vergeltung beantworten können. Die USA reagierten gar mit einer neuen Doktrin, nämlich dem Bestreben, einen Schutzschild gegen angreifende Raketen zu entwickeln. Präsident Ronald Reagan (1911–2004) verkündete im März 1983 die Entwicklung einer strategischen, das heißt großräumi-

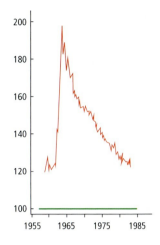

Radioaktivität ($^{14}CO_2$) in der Atmosphäre, gemessen am Vermuntsee, Österreich

Die grüne Linie entspricht der natürlichen Belastung.
Bis 1963 waren über 500 Atomtests durchgeführt worden (▶ 31.32).

Cruise Missile vom Typ Tomahawk-IV, mit einer Länge von 6 m, einer Reichweite bis 2500 km und der Fähigkeit, unterwegs auf andere Ziele umprogrammiert zu werden. Cruise Missiles können von Flugzeugen, Schiffen, Unterseebooten oder vom Land aus gestartet werden und fliegen dicht über dem Gelände.

Grafische Illustration von Weltraumwaffen nach SDI von einem NASA-Mitarbeiter, 1984

Links ein Kampflaser, in der Mitte eine Sensor-Station, rechts ein anfliegender Gefechtskopf

gen Verteidigung («strategic defense initiative»): Anfliegende Raketen sollten beim Anflug zerstört werden. Dazu sah Reagans Programm vor, Laserwaffen im Weltraum zu stationieren. So wurde es in Verbindung mit den damals populären Science-Fiction-Filmen «Star Wars» (die Reagan beeindruckten) als Star-Wars-Projekt populär. Als technisch und politisch unrealisierbar, vor allem was die Weltraumkriegführung betraf, wurde das Programm nach Ende des Kalten Kriegs auf die Abwehr durch am Boden stationierte Raketen reduziert («national missile defense» oder «ballistic missile defense»). Entsprechende Abfangraketen des Typs «Patriot» sind heute im Einsatz. Ferner sind im All stationierte Navigations- und Steuergeräte für die heutigen Waffensysteme ebenso wenig wegzudenken wie der Gebrauch der GPS-Navigation.

Welchen Anteil das SDI-Programm daran hatte, dass die Sowjetunion einlenkte und eine beidseitige Abrüstung zustande kam, ist umstritten. Jedenfalls war Reagan neben seinen Drohungen zu direkten Gesprächen mit dem 1985 an die Macht gekommenen neuen Generalsekretär Michail Gorbatschow (geb. 1931) bereit. 1987 kamen die beiden Supermächte überein, ihre Mittelstreckenraketen abzurüsten, und die USA stimmten einem zehnjährigen Stopp der Weiterentwicklung von SDI zu. Kurz vor dem Zusammenbruch der Sowjetunion unterzeichneten die beiden Supermächte auch den START-I-Vertrag zur Reduktion der Interkontinentalraketen.

Mit dem Ende des Kalten Kriegs endete (nach vorläufigen Erkenntnissen) das Wettrüsten – das Rüsten geht aber weiter; dabei spielen vor allem die beiden letzten Doktrinen eine große Rolle.

14.5 Kalter Krieg in Deutschland

14.51 Deutschlands Teilung: Bei Kriegsende 1945 herrschten in Deutschland Chaos und Not. Die totale Niederlage hatte große Zerstörungen verursacht und die Misswirtschaft der Nationalsozialisten das Geld entwertet. Das Leben war, abgesehen von der Gefahr von Bombardementen, härter als während der Kriegszeit. Im Frühling 1947, auf dem Tiefpunkt, gaben die rationierten Lebensmittel pro Tag und Person nur 1000 Kalorien her. Zwölf Millionen Heimatvertriebene aus den östlichen Gebieten, ein zusätzliches Fünftel der Bevölkerung, musste aufgenommen und versorgt werden. Über drei Millionen Soldaten waren gefallen. Ein Viertel der Wohnungen waren zerstört. Die Besatzungsmächte verfügten, dass die Frauen zwischen 15 und 50 Jahren Trümmer räumen mussten («Trümmerfrauen»). Die Ziegelsteine mussten zur Wiederverwendung sorgfältig getrennt, gesäubert und gestapelt werden.

Als ehemaliger Hauptfeind mitten zwischen den neuen Fronten des Kalten Kriegs wurde Deutschland zum Hauptschauplatz des Kalten Kriegs. Die sowjetkommunistische Unterwanderung im Osten und die amerikanische Containment-Politik im Westen führten zu seiner Aufteilung. In der Sowjetischen Besatzungszone stützte sich die Besatzungsmacht auf die durch den Zusammenschluss von Kommunisten und Sozialdemokraten entstandene Sozialistische Einheitspartei Deutschlands (SED) und baute nach sowjetischem Vorbild den Staatssozialismus auf: Verstaatlichung der Industrien, Enteignung der Großgrundbesitzer und Schaffung von kollektiv bewirtschafteten Bauernbetrieben.

Im Westen einigten sich die drei Besatzungsmächte auf eine gemeinsame Wirtschaftspolitik und führten 1948 schlagartig die in den USA gedruckte

Deutschlands Gebietsverluste

Zwei Weltkriege haben das 1871 von Bismarck geschaffene Deutsche Reich verkleinert und zerstückelt.

■ Verluste im Ersten Weltkrieg

■ Verluste im Zweiten Weltkrieg

□ Sowjetische Besatzungszone (DDR)

Deutsche Mark ein. Nach der Währungsreform von 1923 verloren die Sparer/-innen nun ein zweites Mal neun Zehntel ihres Guthabens. Doch profitierten die westlichen Besatzungszonen von der Marshallplan-Hilfe und der damit verbundenen Lockerung der Rationierung.
Die sowjetische Besatzungszone musste sofort mit einer Währungsreform nachziehen, um zu verhindern, dass die im Westen praktisch wertlose Reichsmark dorthin abfloss.

14.52 Entnazifizierung und Nürnberger Prozesse: Das Ziel, jeden Einfluss des Nationalsozialismus zu tilgen, war die letzte gemeinsame Aktion der vier Besatzungsmächte. Diese teilten die Bevölkerung aufgrund einer Selbstdeklaration und aufgrund von Anzeigen in fünf Kategorien von Hauptbelasteten bis zu Entlasteten ein. Gegen die Hauptschuldigen strengten die Besatzungsmächte vor dem von ihnen bestellten Militärgerichtshof die Nürnberger Prozesse an. Der erste gegen die Hauptverantwortlichen wurde noch von allen Besatzungsmächten durchgeführt, zwölf weitere nur noch von den Westmächten. Die Straftatbestände mussten teilweise neu definiert werden, weil es Verbrechen dieses Ausmaßes vorher noch nicht gegeben hatte: so das «Verbrechen gegen die Menschlichkeit», das vor allem, aber nicht nur, den Massenmord an Jüdinnen und Juden rechtlich zu fassen versuchte. Im ersten Nürnberger Prozess wurden zwölf Todesurteile gefällt; Hitler, Goebbels und Himmler hatten sich selbst getötet, ebenfalls Göring noch vor seiner Hinrichtung. In den folgenden Prozessen wurden von 185 Angeklagten weitere 24 zum Tode verurteilt. Die Nürnberger Prozesse stellen in der Entwicklung des Kriegsvölkerrechts einen wichtigen Schritt dar, weil erstmals Einzelpersonen für Verstöße gegen das Völkerrecht verantwortlich gemacht wurden.
Aber nach 1949 erlahmte der Verfolgungseifer: Die Besatzungsmächte sahen nun den Hauptfeind im gegnerischen Lager, waren ferner auf belastete Personen angewiesen, die sich zudem gegenseitig deckten. Erst in den Sechzigerjahren führten die beiden deutschen Staaten eigene Prozesse gegen die am Holocaust Beteiligten durch.

14.53 Berlinblockade, 1948/49: Als Reaktion auf die Währungsreform in den Westzonen blockierte die Sowjetunion im Juni 1948 die Zufahrtswege auf Straße, Schiene und der Spree nach Berlin und die Lieferung von Elektrizität. Die Stadt war nämlich ebenfalls in vier Sektoren geteilt und die drei westlichen hatten ein Recht auf drei Verbindungen mit dem Westen durch die sowjetische Besatzungszone. 2,5 Millionen Westberliner/-innen waren ohne Versorgung und müssten sich, so die sowjetische Absicht, der Sowjetunion ergeben. Aber die westlichen Besatzungsmächte versorgten die Stadt während beinahe eines Jahres durch eine gewaltige Luftbrücke. In den Luftkorridoren flogen die Flugzeuge auf fünf Ebenen, alle drei Minuten landete ein Flugzeug auf einem Berliner Flughafen. Entmutigt hob die Sowjetunion die Blockade auf. Noch bis zum Fall der Berliner Mauer 1989 bunkerte Berlin dauernd Lebensmittel für sechs Monate; nach dem Mauerfall kam ein großer Teil davon hungernden Kindern in Russland zugute.
Die Berlinblockade verstärkte die Spaltung. Die drei westlichen Zonen schlossen sich am 23. Mai 1949 zur Bundesrepublik Deutschland (BRD) zusammen; kurz darauf, am 7. Oktober, wandelte sich die sowjetische Zone zur DDR, zur Deutschen Demokratischen Republik. In Berlin vertiefte sich der Graben, auch wenn eine Passage von einem Sektor in den

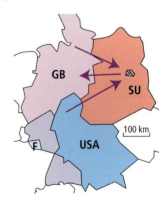

Deutschlands Aufteilung und die Luftbrücke 1948/49

Das Saargebiet stand bis 1955 unter separater französischer Verwaltung. Die Pfeile geben Flugkorridore und Flugrichtungen der Luftbrücke an.

Landung einer C-54-Maschine in Berlin Tempelhof

Die US-Luftwaffe nutzte bald nur noch dieses viermotorige Modell, um die Intervalle mit gleich schnellen Flugzeugen zu verkürzen und die Wartung zu beschleunigen.
Die Kinder warteten nicht ganz ohne Hintergedanken auf die Flugzeuge. Die Piloten warfen vor der Landung bisweilen Süßigkeiten ab. Daher ihr Berliner Name «Rosinenbomber».

anderen nach wie vor möglich war. Dadurch wurde die Stadt zu einer Drehscheibe der Spionage, gegenseitiger Beschuldigungen und der Entführung von Menschen.

14.54 Zweite Berlinkrise und Mauerbau: 1955 wurde die Bundesrepublik Deutschland in die NATO aufgenommen (▶ 14.39). Diese stationierte hier im Rahmen ihrer Vorneverteidigung Atomwaffen (unter amerikanischem Kommando). Beides vertiefte die Teilung weiter. Dazu kam, dass DDR-Bürger/-innen nach Berlin flohen und von dort in die BRD ausgeflogen wurden. Bis 1961 waren es 15 Prozent der Bevölkerung, vor allem junge und gut ausgebildete Menschen. In den Augen Chruschtschows war Berlin «ein Krebsgeschwür». Daher forderte er 1958 ultimativ die Schaffung eines dritten unabhängigen deutschen Staates Berlin, aus dessen Territorium die alliierten Truppen sich zurückziehen müssten. Nach einigen gescheiterten Verhandlungen konterte der neue amerikanische Präsident John F. Kennedy mit drei Vorbedingungen für eine Berlin-Lösung: die weitere militärische Anwesenheit der drei Westmächte in Westberlin, die uneingeschränkte Verbindung zwischen Westberlin und der BRD und die Erhaltung der Freiheit und Lebensfähigkeit von Westberlin. Da Kennedy nur vom westlichen Teil Berlins sprach, bedeutete dies einerseits das Beharren auf der bestehenden Situation, andererseits aber auch den Verzicht auf ein Mitspracherecht in Ostberlin. Darauf beschloss der Warschauer Pakt, eine hermetische Abriegelung Westberlins durch die DDR zu unterstützen. Am 13. August 1961 begann die DDR-Volksarmee mit dem Bau der Berliner Mauer, welche die Stadt in zwei streng getrennte Teile spaltete. Der Westen verzichtete auf eine militärische Reaktion, da die von Kennedy formulierten Bedingungen nicht verletzt worden waren. (Kennedy: «Keine sehr schöne Lösung, aber tausendmal besser als Krieg.») Hingegen beharrten die Westmächte auf dem militärischen Zugang nach Westberlin, und am 27. Oktober 1961 standen sich am Zonenübergang Checkpoint Charlie

Kalter Krieg in Deutschland

Conrad Schumann (1942–1998) von der DDR-Bereitschaftspolizei übersprang am 15. August 1961 an der Ecke Ruppiner Straße / Bernauer Straße den ausgelegten Stacheldraht und flüchtete in einen offenstehenden Mannschaftswagen der Berliner Polizei, fotografiert vom Fotografen Peter Leibing.

Schumann hatte vorher Westberlinern seine Bereitschaft zur Flucht signalisiert; freiwillig im Einsatz an der Grenze, waren ihm Zweifel über die Propaganda der DDR gekommen.
Im Journal der DDR-Volkspolizei figuriert darüber folgender Eintrag: «Am KP Ruppiner Str. wurde der VP-Owm. Sch. mit Gewalt durch die Drahtsperre gezogen und mit einem Pkw nach WB verschleppt.»
Schumann kam nach 1989 mit der Wende nicht mehr zurecht und nahm sich das Leben.

sowjetische und amerikanische Panzer gegenüber. Mit der Zeit wurde die gesamte 1392 Kilometer lange Grenze zwischen der BRD und der DDR praktisch undurchläßig gemacht, der Flüchtlingsstrom in den Westen versiegte, die DDR-Bevölkerung arrangierte sich widerwillig mit dem SED-Regime, und die Sowjetunion verzichtete darauf, die Deutschlandfrage noch einmal aufzurollen. Doch auch die Bemühungen des langjährigen deutschen Bundeskanzlers Konrad Adenauer (1876–1967) um eine deutsche Wiedervereinigung waren gescheitert.

Die verletzliche Exklave Berlin konnte also erstaunlicherweise in beiden Krisen und während des ganzen Kalten Kriegs gehalten werden. Es wäre für sowjetische Streitkräfte leicht gewesen, die Westhälfte der Stadt einzunehmen. Heute ist bekannt, dass die USA der Sowjetunion in beiden Krisen für diesen Fall mit einem Atomschlag gedroht hatten.

14.55 Willy Brandts Ostpolitik: Die Entspannungspolitik der Supermächte in den Sechzigerjahren wirkte sich auch auf die beiden deutschen Staaten aus. Der ehemalige Berliner Bürgermeister und ab 1969 Bundeskanzler Willy Brandt (1913–1992, eigentlich Herbert Frahm) anerkannte die DDR und die Grenze zu Polen. Damit konnten die beiden deutschen Staaten in die UNO aufgenommen werden und ihre Handelsbeziehungen sowie die Kontakte unter den Menschen intensivieren. Parallel dazu einigten sich die Siegermächte des Weltkriegs auf die Verlängerung des Provisoriums in Berlin: Die Sowjetunion garantierte den Zugang zu Westberlin und akzeptierte dessen enge politische Verbindung mit der BRD. Die Teilung der Einflusssphären wurde zementiert, aber für die Menschen erträglicher und für die DDR eine Wirtschaftshilfe (▶ 15.61). Dieses Provisorium bestand bis zum Zusammenbruch des Ostblocks 1989.

Willy Brandts Kniefall vor dem Denkmal für die aus dem Warschauer Ghetto verschleppten Jüdinnen und Juden, 7.12.1970

Die auch von Brandt nicht vorgesehene Geste fand bei einem Gedenkanlass im Rahmen der deutsch-polnischen Verhandlungen über die Anerkennung der Grenze statt.

14.6 Der Koreakrieg, 1950–1953

14.61 Kalter Krieg in Asien: Während in Europa die Allianz der Alliierten nach dem Zweiten Weltkrieg in dramatischen Konflikten auseinanderbrach und in eine Konfrontation überging, blieb Asien bis 1950 von diesen Auseinandersetzungen weitgehend verschont. Keine der beiden Supermächte wollte hier die Konflikte anheizen.

So zogen sie auch in Korea bis 1949 ihre Streitkräfte aus dem Zweiten Weltkrieg ab. Das Land war nach der Niederlage Japans dem 38. Breitengrad entlang in eine sowjetische Besatzungszone im Norden und eine amerikanische im Süden geteilt worden. Die UNO übernahm die Verantwortung für die weitere Regelung. Beide Supermächte brachten in ihrem Lager ihnen genehme Diktatoren an die Macht: im Norden 1948 Kim Il-sung (1912–1994), im Süden Syngman Rhee (1875–1965).

14.62 Angriff und Gegenangriffe: 1950 wandte sich Stalin Ostasien zu: Mit der Berlinblockade 1948/49 war in Europa die Teilung zementiert (▶ 14.53), und in China hatte Mao Zedong (1893–1976) mit seiner Kommunistischen Partei 1949 die Macht erobert und den bürgerlichen Gegner Chiang Kai-shek (1887–1975) auf die Insel Taiwan vertrieben (▶ 29.31). Hier eröffneten sich der Sowjetunion neue Möglichkeiten. Im Juni 1950 überfiel das von ihr unterstützte Nordkorea den Südteil der Halbinsel, eroberte die Hauptstadt Seoul und drängte die südkoreanische Armee bis an die Küstenregion von Pusan im Südosten zurück.

Die USA erreichten einen UNO-Sicherheitsratsbeschluss zur Verurteilung des Angriffs. (Die Sowjetunion boykottierte damals den Sicherheitsrat, weil darin das nationalchinesische Taiwan und nicht das kommunistische China vertreten war.) Auf diesen UNO-Beschluss gestützt setzten die USA und 15 weitere Staaten unter dem amerikanischen Weltkriegsgeneral Douglas MacArthur (1880–1964) starke Truppenverbände in Südkorea an Land und schlugen die nordkoreanische Armee zurück. Im September eroberten die Truppen Seoul zurück, im Oktober trugen sie den Angriff über die ursprüngliche Demarkationslinie am 38. Breitengrad vor, besetzten also ihrerseits Nordkorea. Diesen Vormarsch ließen die USA durch die UNO-Generalversammlung bewilligen, denn im eigentlich dafür zuständigen Sicherheitsrat hätte die mittlerweile wieder teilnehmende Sowjetunion das Veto eingelegt. Damit provozierten die USA China, und dessen Truppen drängten die amerikanischen wieder zurück. Die sowjetischen Jagdflugzeuge, welche den chinesischen Vormarsch beschützten, gerieten in direkte Gefechte mit den amerikanischen – der vermutlich einzige direkte Kampf der Supermächte im Kalten Krieg. Nun forderte General MacArthur den Einsatz von Atomwaffen gegen das chinesische Hinterland. Doch das hätte wohl einen dritten Weltkriegs ausgelöst. Deshalb setzte Präsident Truman den allzu eigenmächtigen General ab und befahl fortan eine defensive Kriegführung längs der alten Demarkationslinie. Ein Waffenstillstand kam erst nach zweijährigen Verhandlungen 1953 zustande. Die damalige Frontlinie, vom 38. Breitengrad in nordöstliche Richtung verlaufend, bildet danach die von einer internationalen Waffenstillstandskommission überwachte Grenze zwischen den beiden koreanischen Staaten.

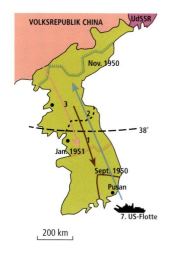

Koreakrieg 1950–1953

→ Nordkoreanische Truppen (1)
→ US/UN-Truppen (2)
→ Chinesische Truppen (3)
⎯⎯ Frontlinien mit Datum
----- Demarkationslinie bis Juni 1950 (38°)
--- Waffenstillstandslinie vom Juli 1953

14.63 Folgen des Koreakriegs: Der Koreakrieg weitete den bisher in Europa ausgetragenen Kalten Krieg auf den zweiten wichtigen Schauplatz,

Ostasien, aus. Kurzfristig bedeutete er einen Sieg der USA und der UNO, war es doch gelungen, den von der Sowjetunion unterstützten nordkoreanischen Angriff abzuwehren. Trumans Nachfolger als Präsident, Dwight D. Eisenhower (1890–1969) sowie sein Außenminister John F. Dulles (1888–1959) beschränkten sich nicht auf Trumans Containment-Politik, sondern setzen auf «roll back»: Das kommunistische Lager sollte zurückgedrängt werden. Diese Politik trieb nach einer kurzen Entspannungsphase das Wettrüsten voran (▶ 14.43). Analog zur NATO schlossen die USA und ihre Verbündeten den SEATO-Pakt («South East Asia Treaty Organization»). Aus der Region selbst waren allerdings nur die Philippinen, Thailand, Australien und Neuseeland Mitglieder.

Langfristig bedeutete der Koreakrieg vor allem einen Erfolg Chinas. Dem eben aus der Besetzung und dem Bürgerkrieg hervorgegangenen Riesenreich war es gelungen, die USA auf den 38. Breitengrad zurückzudrängen. Obwohl vorläufig noch auf die Sowjetunion angewiesen, legte der chinesische KP-Führer und Diktator Mao Zedong hier den Grundstein für die künftige Weltmacht.

Korea selbst hinterließen die Invasoren als zerstörtes Land. Eine Million Soldaten und drei Millionen Zivilpersonen waren ums Leben gekommen. Noch eindeutiger als im Zweiten Weltkrieg richteten sich Konflikte während des Kalten Kriegs vor allem gegen Zivilisten. Beide Landeshälften blieben diktatorisch regiert und arm.

Amerikanische Karikatur aus der Zeit des Koreakriegs

14.7 Die Kubakrise, 1962

14.71 Kubakonflikt: 1959 stürzte Fidel Castro (1926–2016) nach dreijährigem Guerillakampf das Regime des Militärdiktators Fulgencio Batista (1901–1973) (▶ 24.32). Er stützte sich auf die Landarbeiter und die Bürgerschaft und verfolgte außenpolitisch einen neutralen Kurs. So wollte er Kuba aus der wirtschaftlichen Abhängigkeit von den USA lösen. Er ließ (auch) amerikanische Großgrundbesitzer enteignen. Darauf verhängten die USA ein Handelsembargo gegen Kuba. Dieses traf das Land mit seiner einseitigen Zuckerrohr-Monokultur besonders hart. Die Sowjetunion sprang sofort als Handelspartner in die Lücke. So trieb das Handelsembargo Kuba in die Arme des Ostblocks.

Die Regierung Eisenhower bereitete eine Invasion auf der Insel durch Exilkubaner vor, welche Castro stürzen sollte. Kurz nach dem Präsidenten-Wechsel gab 1961 der Nachfolger John F. Kennedy (1917–1963) grünes Licht für diese Aktion. Die Invasion von 1400 Exilkubanern in der Schweinebucht scheiterte kläglich mit einem Prestigeverlust für Kennedy und die USA. Der amerikanische Geheimdienst CIA (Central Intelligence Agency) hatte irrtümlich geglaubt, Castros Regime sei unpopulär und ein kleiner Anstoß von außen genüge, um es zu stürzen.

14.72 Kubakrise vom Oktober 1962: Im Oktober 1962 entdeckten amerikanische Aufklärungsflugzeuge, dass auf Kuba Abschussbasen für sowjetische Mittelstreckenraketen errichtet wurden. Die Sowjetunion wollte die Möglichkeit erhalten, die USA von einem Angriff genauso abzuschrecken, wie die amerikanischen Raketenbasen in der Türkei das bezweckten. Wegen ihres kürzeren Flugs war die Vorwarnzeit bei Mittelstreckenraketen erheblich kürzer, zudem standen so viele zur Verfügung, dass ein Overkill-Angriff möglich erschien.

US-Außenminister John Forster Dulles in einem Interview von 1956: «Die Fähigkeit, ‹bis an den Rand› zu gehen, ohne dass es zum Krieg kommt, ist die notwendige Kunst. Wer sie nicht meistert, gerät zwangsläufig in den Krieg. Wer versucht davonzulaufen, wer Angst vor dem Abgrund hat, ist verloren. Wir mussten in den Abgrund schauen – als es um die Ausweitung des Kriegs in Korea ging, als es um unser Eingreifen in Indochina ging, als es um Formosa [Taiwan] ging.»

Reichweite der sowjetischen Raketen auf Kuba und der amerikanischen Raketen in der Türkei

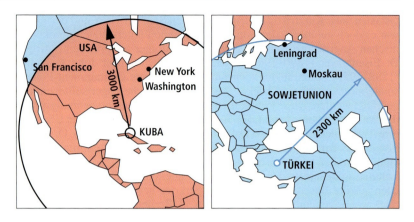

Präsident Kennedy entschied sich für einen Mittelweg zwischen einem sofortigen Luftangriff und der Hinnahme dieses Schachzugs: Er verhängte eine Quarantäne (der Begriff Blockade wurde vermieden) über Kuba. Kein sowjetisches Schiff mehr sollte nach Kuba gelangen und die Sowjetunion die Raketenbasen abbauen. Vom 16. bis 28. Oktober stand die Welt am Rand eines Weltkriegs. Denn es war nicht auszuschließen, dass von Kuba aus bereits Raketen starten oder die «Falken» in der Regierung Kennedy einen Luftangriff durchsetzen konnten. Am 27. Oktober kam es zu mehreren Zwischenfällen. Am 28. Oktober erklärte sich Chruschtschow zum Abbau der Raketen bereit und Kennedy verzichtete auf einen Angriff gegen Kuba sowie – von der Weltöffentlichkeit unbemerkt – auf die Raketenbasen in der Türkei (▶ 14.39).

14.73 Folgen: Der Verzicht auf die Mittelstreckenraketen wurde allerdings schon bald durch den Ausbau von Interkontinentalraketen zu Land und zu Wasser kompensiert. Mit der MAD-Doktrin lähmten sich die Supermächte gegenseitig (▶ 14.43). So wurde die zweite Phase des Kalten

Amerikanische Luftaufnahme der Abschussanlage Nr. 1 auf San Cristobal (Kuba) vom 22.10.1962, publiziert am 23.10.

Diese entlarvenden und sofort veröffentlichten Fotografien bewiesen die Existenz von Startrampen für sowjetische Mittelstreckenraketen. Allerdings fiel die rasche Interpretation Tausender Fotografien während einer Nacht auch den Geheimdienstspezialisten schwer. Sie suchten überall nach den entscheidenden Sprengköpfen («warheads»), konnten sie aber nicht ausmachen, obwohl ihnen bei der Identifizierung der Anlage sogar ein russischer Spion zur Seite stand. Die Fotografien wurden dem UNO-Sicherheitsrat vorgelegt und die Sowjetunion gewissermaßen auf frischer Tat ertappt.

Kriegs durch Entspannungsbemühungen geprägt. Chruschtschows Misserfolg sowohl in der Berlin- als auch in der Kubakrise dürfte zu seinem Sturz 1964 beigetragen haben.

14.8 Der Vietnamkrieg

14.81 Stellvertreter- und Kolonialkrieg: Nach dem Berliner Mauerbau und der Kubakrise setzte eine Phase der Entspannung ein. Zwar wurde mit dem Vietnamkrieg nochmals ein Stellvertreterkrieg geführt, aber nicht mehr nur die Sowjetunion, sondern auch das mit ihr zerstrittene China standen nun den USA gegenüber. Ferner handelte es sich hier gleichzeitig um einen Kolonialkrieg. Denn der Vietnamkrieg stellte eine Fortsetzung des vietnamesischen Unabhängigkeitskriegs gegen die französische Kolonialmacht dar. Dann aber geriet er in das Kraftfeld des Kalten Kriegs.

14.82 Indochinakrieg: Im Jahr 1885 hatte Frankreich das Kaiserreich Annam (das spätere Vietnam) endgültig besiegt und das gesamte Land annektiert. Zwei Aufstände in den Jahren 1896 und 1930 hatte es niedergeschlagen, bis es selbst 1940 auf Vichy-Frankreich reduziert wurde und 1941 das indochinesisches Kolonialreich an Japan verlor (▶ 28.27). Die kommunistische Opposition unter Führung von Ho Chi Minh (1890–1969) kämpfte in Vietnam sowohl gegen die französische als auch die japanische Herrschaft. Sie wurde darin von der Sowjetunion unterstützt. 1941 schloss sie sich mit weiteren Widerstandsgruppen zum «Viet Minh» («Liga für die Unabhängigkeit Vietnams») zusammen. Nach dem Zusammenbruch der japanischen Herrschaft proklamierte Ho Chi Minh die Unabhängigkeit Vietnams, bildete eine provisorische Regierung und siegte mit der Einheitsliste des Viet Minh in den Wahlen von 1946.
Nach der japanischen Kapitulation versuchte Frankreich wieder die Herrschaft über Indochina zurückzuerobern. Die USA unterstützten im Rahmen des Kalten Kriegs in Vietnam die französische Unterdrückung der Viet-Minh-Bewegung, um das Land nicht kommunistischem Einfluss zu überlassen. Schließlich finanzierten sie den Krieg zu 82 Prozent. Doch die Viet-Minh-Guerilla-Verbände unter General Vo Nguyen Giap (1911–2013) drängten die französische Kolonialtruppe in voneinander isolierte Stützpunkte zurück. Nach dem Fall des Stützpunkts Dien Bien Phu 1954 (Karte ▶ 14.84) musste Frankreich in die Unabhängigkeit von Vietnam, Laos und Kambodscha einwilligen.

14.83 Vietnams Teilung: Eine internationale Konferenz in Genf teilte 1954 das nun unabhängige Land entlang einer Demarkationslinie am 17. Breitengrad in eine Nord- und eine Südhälfte – vorübergehend, wie man dachte. Doch die beiden Teile entfremdeten sich im Kalten Krieg: Der arme Norden unter der Herrschaft von Ho Chi Minhs Kommunistischer Partei wurde unterstützt durch die Sowjetunion und Maos Volksrepublik China, der wohlhabendere Süden durch die USA. Diese wollten den Süden damit gegen den Kommunismus verteidigen. Sie fürchteten, ein Lagerwechsel Südvietnams brächte wie ein Dominostein alle anderen südostasiatischen Staaten der Reihe nach zu Fall. Südvietnam wurde zum Modellfall der «Domino-Theorie» (Eisenhower, 1954). Deshalb verhinderten die USA gesamtvietnamesische Wahlen, die wohl einen kommunistischen Sieg gebracht hätten, und unterstützten die autoritäre Regierung von Ngo

Dinh Diem (1901–1963). Die amerikanische Wirtschafts- und Militärhilfe für Südvietnam machte bis zu 60 Prozent von dessen Staatshaushalt aus. Im mehrheitlich buddhistischen Volk war die katholische Regierung Diem jedoch verhasst.

Getragen von diesem Hass nahm eine kommunistische «Vietcong»-Bewegung die Guerillakriegsführung auf, wie seinerzeit der Viet Minh gegen die französische Kolonialherrschaft (Vietcong: «Nationale Front für die Befreiung Südvietnams»). Zunächst konnte der Norden diese nicht unterstützen, weil er nach der Teilung Vietnams mit großen wirtschaftlichen Problemen zu kämpfen hatte. So schien den USA zunächst in Vietnam die Eindämmung des Kommunismus zu gelingen.

14.84 Amerikanischer Vietnamkrieg: Aber 1963 stürzte die Armee, wahrscheinlich mit Billigung der USA, den Diktator Diem. Von der Schwäche der folgenden Regierungen profitierte die Vietcong-Bewegung.

Sie kontrollierte schon 1963 die Hälfte von Südvietnam, vor allem die Landgebiete. Dazu wurde sie nun auch vom Norden unterstützt. Die USA glaubten den drohenden Fall des Dominosteins Südvietnam nur noch durch einen massiven amerikanischen Militäreinsatz verhindern zu können. Dabei durfte aber Nordvietnam nicht besetzt werden, weil dies ein sowjetisches oder chinesisches Eingreifen provoziert hätte. Die amerikanische Regierung benützte einen Zwischenfall im Golf von Tongking, um 1964 einen großen Luftkrieg gegen Nordvietnam zu starten. Die amerikanische Luftwaffe bombardierte bei erdrückender Luftüberlegenheit Militär- und Industrieanlagen, Nachschubwege durch den Dschungel und auch zivile Ziele. Gleichzeitig bekämpften amerikanische Bodentruppen den Vietcong und in den Süden infiltrierte nordvietnamesische Soldaten.

Der ungleiche Kampf zwischen den zahlenmäßig und technologisch hoch überlegenen amerikanischen, südvietnamesischen und SEATO-Truppen einerseits und den von großen Teilen der Bevölkerung unterstützten, hoch motivierten Truppen des Vietcong und des Viet Minh andererseits wurde auf beiden Seiten mit äußerster Brutalität geführt. Terror gegen die Zivilbevölkerung, Flächenbombardemente, Einsatz von Napalm und von chemischen Giften zur Zerstörung von Ernten und zur Entlaubung des Urwalds prägten den Vietnamkrieg. Die amerikanische Flugwaffe warf mehr als doppelt so viel Bombenlast ab wie alle Alliierten während des ganzen Zweiten Weltkriegs.

Indochina zur Zeit des Vietnamkriegs

- Nordvietnam
- 1965 von Verbündeten Nordvietnams kontrolliert («Pathet Lao» in Laos, «Rote Khmer» in Kambodscha und «Vietcong» in Südvietnam)
- westlich orientiert
- Vermutlicher Verlauf des «Ho-Chi-Minh-Pfad»-Systems
- 1954 vom «Viet Minh» kontrolliertes Gebiet

14.85 Wende von 1968: Doch rund vier Jahre Krieg und der Einsatz von über einer halben Million Soldaten sowie unzählige Bombardemente brachte den USA keinen Erfolg. Im Januar 1968 erhoben sich in der «Tet-Offensive» («Neujahrsfest-Offensive») schlagartig Vietcong-Truppen zur Eroberung von verschiedenen Städten und Militärstützpunkten. Fast hätten sie sogar die südvietnamesische Hauptstadt Saigon eingenommen.

Der Vietnamkrieg war der erste Krieg, der vor laufenden Fernsehkameras geführt und zu Hause vor dem Bildschirm mitverfolgt wurde. Je länger er dauerte und je mehr amerikanische Soldaten fielen, desto stärker wurde der innenpolitische Widerstand. Er verband sich mit der Studenten- und Jugendbewegung (▶ 19.22) und mit der Bürgerrechtsbewegung der Schwarzen (▶ 16.13).

Der 1969 neu gewählte Präsident Richard Nixon (1913–1994) nahm gemäß seinem Wahlversprechen Friedensverhandlungen auf.

Napalm-Bombardierung von Trang Bang, 8.6.1972

Kinder fliehen nach der Bombardierung ihres Dorfes durch südvietnamesische Flugzeuge. Die Fotografie des Vietnamesen Nick Út mit der neunjährigen Kim Phúc – genauer: ein Ausschnitt aus dem Originalbild (gelb gerahmt) – führte der Welt die Kriegsgräuel vor Augen und rettete dem Mädchen das Leben.
Die Kriegsfotografen auf Úts Fotografie waren auf der Suche nach guten Bildern nahe an das Bombardement herangegangen; aber nur Út hatte im entscheidenden Augenblick die ideale Position und den Film noch nicht aufgebraucht.

14.86 Rückzug der USA: Nixons schwierige Aufgabe bestand darin, den Krieg zu beenden, ohne eine Niederlage eingestehen zu müssen. Dieses Ziel suchten er und sein Sicherheitsberater Henry Kissinger (geb. 1923) auf drei Wegen zu erreichen: Sie verhandelten mit Nordvietnam; zugleich dehnten die USA den Krieg auf Laos und Kambodscha aus. Damit wollten sie die Nachschublinie, den Ho-Chi-Minh-Pfad, treffen und den Vietcong vom Nachschub aus Norden abschneiden. Und als dritte Maßnahme näherten sich die USA diplomatisch an China und die Sowjetunion an. Das ermöglichte ihnen den Rückzug, ohne dass Nordvietnam unmittelbar nachstoßen konnte. 1973 erreichten Nixon und Kissinger ein Waffenstillstandsabkommen, das in vielen Teilen dem Abkommen von 1954 glich (▶ 14.82): Die amerikanischen Truppen zogen sich bis Ende 1974 aus Vietnam zurück, und dort sollten nach einer Übergangsfrist gesamtvietnamesische Wahlen stattfinden. Aber schon im Frühjahr 1975 marschierte Nordvietnam im Süden ein, worauf das auf sich selbst gestellte südvietnamesische Regime zusammenbrach. Unter kommunistischer Herrschaft war das Land nun vereinigt und unabhängig. Die USA hatten im Krieg 60 000 Soldaten verloren, noch einmal so viele haben sich seither kriegstraumatisiert das Leben genommen.

14.87 Laos und Kambodscha: Mit der Ausdehnung des Vietnamkriegs auf Laos und Kambodscha zerstörten die USA das labile Gleichgewicht in den beiden Staaten, und beide fielen schon nach kurzer Zeit in kommunistische Hand. In Kambodscha errichteten die Roten Khmer unter Pol Pot (1928–1998) ein Terrorregime mit Agrarkommunismus (1975–1979). In Laos eroberte die Bewegung «Pathet Lao» («Laotische Nation») die Macht und suchte 1977 den Schutz Vietnams. Dieses lehnte sich an die Sowjet-

Indochina nach 1975

Sowjetkommunistisch orientiert

Maoistisch orientiert (China)

Westlich orientiert

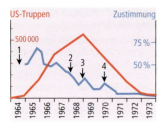

US-Truppen in Vietnam und Antikriegsstimmung

— US-Truppen

— Zustimmung zur Kriegführung nach den «Gallup»-Umfragen

1 Tongking-Zwischenfall
2 Tet-Offensive
3 Nixons Amtsantritt
4 US-Invasion in Kambodscha

union an, die Roten Khmer an China. Im Konflikt um das Mekongdelta stürzte Vietnam 1978/79 die Roten Khmer und wurde die führende Macht in Indochina.

Erst als 1989 der sowjetische Staatspräsident Michail Gorbatschow dem vietnamesischen Regime die wirtschaftliche und militärische Unterstützung entzog, musste es sich zum Rückzug seiner Truppen aus Kambodscha entschließen (▶ 30.31).

Dem Krieg in Vietnam fielen eine Million Soldaten und zwei bis vier Millionen Zivilpersonen zum Opfer. Ihre Zahl ist unsicher und steigt immer noch: Infolge der Vergiftung der Umwelt durch Entlaubungsmittel sterben heute noch Überlebende und sogar später geborene Kinder. In Kambodscha starben während des Bürgerkriegs 300 000, in der anschließenden Diktatur der Roten Khmer zwei Millionen, in Laos 100 000 Menschen. Wie im Koreakrieg starben auch im Vietnamkrieg dreimal mehr Zivilpersonen als Soldaten. Lag im Ersten Weltkrieg der Anteil der Zivilbevölkerung an den Opfern noch bei fünf Prozent, stieg diese Zahl im Zweiten Weltkrieg bereits auf fünfzig Prozent.

14.9 Entspannung und Ende des Kalten Kriegs

14.91 Nicht-Einmischung: Generell bestimmten Wettrüsten und Konfrontation die erste Hälfte des Kalten Kriegs bis etwa 1963. Dann dominierte bis zu seinem Ende die Entspannung den Kalten Krieg – mit einem kurzen Unterbruch zwischen 1979 und 1983.

Die Ursachen für diese Entspannung lagen in der mit der MAD-Doktrin erreichten gegenseitigen Abschreckung (▶ 14.43) sowie in den inneren Konflikten der beiden Blöcke. Deshalb bedeutete die Entspannung auf der Ebene der Supermächte gerade keine Entspannung innerhalb der Blöcke. Die Sowjetunion verzichtete in den Jahren nach der Kubakrise darauf, den Vietnamkrieg (▶ 14.8) oder den dritten Nahostkrieg 1967 (▶ 26.44) gegen die USA auszunützen. Umgekehrt hüteten sich die USA, in Vietnam den Fehler aus dem Koreakrieg (▶ 14.62) zu wiederholen und Nordvietnam mit Landstreitkräften anzugreifen. Sie reagierten auch kaum, als sowjetische Panzer 1968 den «Prager Frühling» (▶ 15.52) niederwalzten. Sie respektierten, dass Leonid Breschnew (1906–1982), der Nachfolger des 1964 gestürzten Chruschtschow, darauf die «Breschnew-Doktrin» verkündete: Die sozialistischen Länder innerhalb des Ostblocks besäßen nur eine eingeschränkte Souveränität und der Warschauer Pakt das Recht zur Einmischung in deren innere Angelegenheiten.

Grenzstreitigkeiten zwischen China und der Sowjetunion

Bei den umstrittenen Gebieten (rote Ellipsen) geht es um Grenzfestlegungen im Gebiet großer Flüsse, welche im 19. Jahrhundert nach chinesischer Auffassung zu Chinas Ungunsten getroffen wurden. 2005 anerkannte Russland einige chinesische Ansprüche.

M: Mongolei
N: Nordkorea

14.92 Wandel in den Beziehungen: Der chinesische Kommunistenführer Mao Zedong hatte zwar 1949 die Macht mit sowjetischer Unterstützung errungen, aber die unterschiedliche Auslegung des Marxismus (▶ 8.46) und vor allem die Grenzstreitigkeiten zwischen den beiden Mächten an ihrer langen gemeinsamen Grenze am Ussuri und Amur führten zu einer Entzweiung: Die Volksrepublik China entwickelte ihre erste Atombombe 1964 ohne sowjetische Hilfe, und der Grenzkonflikt führte 1969 zu einer direkten Konfrontation. Die USA unter Präsident Nixon konnten diese Spannung nutzen, weil dessen außenpolitischer Berater Henry Kissinger eine Dreieckstrategie nach Bismarcks Vorbild (▶ 8.62) aufbaute: Die USA sollten zur Sowjetunion und zur Volksrepublik China problemlosere Beziehungen als beide untereinander pflegen. Kissinger verzichtete auf ideologische Maßstäbe und dachte pragmatisch: die USA aus dem Vietnam-Engagement herauslösen und sich über eine Rüstungsbegrenzung verständigen. Die Volksrepublik China gewannen die USA mit dem Verzicht auf die Stationierung amerikanischer Truppen auf der Insel Taiwan; indem sie Nationalchina fallen ließen, anerkannten sie Maos Anspruch auf die Herrschaft über China. Die USA unterstützten die Sowjetunion mit massiven Getreidelieferungen, um dort die Fleischversorgung und damit die innere Ruhe zu sichern. Der Handel mit der Sowjetunion nahm zwischen 1970 und 1979 um das Zwanzigfache zu; allerdings auch die sowjetische Verschuldung gegenüber den USA.

14.93 Rüstungsbegrenzung: Schon 1963 war zwischen Washington und Moskau ein «heißer Draht» errichtet worden, der in Konflikten wie der Kubakrise eine bessere Verständigung ermöglichen sollte; die Supermächte hatten ferner ein Atomteststopp-Abkommen durchgesetzt, das nur noch unterirdische Atomversuche zuließ (▶ 14.44). 1968 schlossen die Sowjetunion und die USA einen Vertrag über die Nicht-Weiterverbreitung von Atomwaffen ab. In den Siebzigerjahren einigten sich die beiden Supermächte auf die Beschränkung der Zahl ihrer Waffen; allerdings handelte es sich um Waffen im Rahmen der MAD-Doktrin, deren Vermehrung nach der gegenseitigen Lähmung ohnehin keinen Sinn mehr gehabt hätte. Denn beide Mächte verfügten weiterhin über die Möglichkeit der gegenseitigen Vernichtung. Die Abkommen führten vor allem zu einer Modernisierung der Waffen mit der Ausrüstung auf Mehrfachsprengköpfe pro Trägerrakete und der Verbesserung der Zielgenauigkeit.

14.94 Zusammenarbeit in Europa: In Europa als dem Hauptschauplatz des Kalten Kriegs wurden konkretere Fortschritte zur Überwindung des Kalten Kriegs möglich. So einigten sich alle europäischen Staaten (Albanien und Andorra traten erst später bei), die USA und Kanada 1975 im Rahmen der KSZE (Konferenz für Sicherheit und Zusammenarbeit in Europa, in Wien und Helsinki) auf wichtige Selbstverpflichtungen: Anerkennung der bestehenden Grenzen, Verpflichtung zur friedlichen Regelung von Konflikten, Einhaltung der Menschenrechte (sogenannter Korb 1), Zusammenarbeit im Bereich von Wirtschaft, Wissenschaft und Sicherheit (Korb 2) und in humanitären Belangen (Korb 3). Zum ersten Mal seit 1945 wurden die beiden wichtigsten Werte der beiden Pole miteinander in Verbindung gebracht: Der Ostblock erhielt mit der Grenzgarantie die gewünschte Sicherheit, der Westen die Möglichkeit, die Achtung der Menschenrechte auch im Ostblock geltend zu machen. Gestützt darauf entstanden in einigen kommunistischen Ländern dissidente Bürgerrechtsbewegungen, die sich auf diese Helsinki-Akte beriefen und die dank der verschiedenen Folgekonferenzen der KSZE (seit 1995: OSZE) wachsende Rückendeckung und zunehmende Resonanz erhielten. Sie bildeten eine wichtige Voraussetzung für den Zusammenbruch des Ostblocks 1989.

Die Abrüstungsbemühungen bezüglich der konventionellen Streitkräfte in Europa (Mutual Balanced Forces Reduction, MBFR), 1973 aufgenommen, blieben aber erfolglos. 1976 begann die Sowjetunion mit der Stationierung zielgenauer, auf Europa gerichteter Mittelstreckenraketen. Dies entsprach der Doktrin der «flexible response», einen begrenzten Atomkrieg führen zu können (▶ 14.44). Die NATO reagierte darauf mit der Modernisierung ihrer in Europa stationierten Raketen. Gegen diese Ent-

Rüstungsbeschränkungs-Abkommen:
1972 SALT I (Strategic Arms Limitation Talks): Obergrenze für strategische Waffen
1972/74 ABM-Vertrag: (Anti-Ballistic Missile Treaty): Beschränkung der Stationierung von Abfangraketen auf einen Standort pro Land, 2002 durch die USA gekündigt.
1979 SALT-II-Abkommen (von beiden Seiten nicht ratifiziert, aber eingehalten): Beschränkung der Mittelstreckenraketen.

Joachim Gauck (geb. 1940), als Pfarrer in der DDR exponiert, von 2012 bis März 2017 deutscher Bundespräsident, vor dem Europarat, 2013:

«Für meine Generation hieß das rettende Stichwort damals, in Zeiten des Kalten Kriegs, Helsinki.»

Mitglieder der DDR-Friedensbewegung versuchten 1983 in Berlin, von der US-Botschaft (Bild) eine Menschenkette zur sowjetischen Botschaft zu bilden.

Links ein Volkspolizist, neben ihm Pfarrer Rainer Eppelmann (geb. 1943). Die SED versuchte die Friedensbewegung in ihren Dienst zu stellen und gegen den Westen auszurichten. Aber gerade die kirchlichen Mitglieder ließen sich nicht missbrauchen und traten für die Abschaffung beider Machtblöcke ein. Durch ihre Praxis der Gewaltlosigkeit wurde sechs Jahre später die friedliche Revolution in der DDR geprägt.

wicklung protestierte eine wachsende Friedensbewegung auf beiden Seiten des Eisernen Vorhangs: Sie kritisierte nicht nur die feindliche, sondern auch die Aufrüstung des eigenen Lagers. Die Protestbewegung von unten fiel zusammen mit einer Initiative auf der Ebene der Supermächte. Der 1985 in der Sowjetunion als Generalsekretär der KPdSU an die Macht gekommene Michail Gorbatschow (geb. 1931) überzeugte den amerikanischen Präsidenten Ronald Reagan (1911–2004) mit konkreten Abrüstungsvorschlägen. Durch den Abbau von Engagements in der ganzen Welt wollte Gorbatschow politischen Ballast abwerfen und Kräfte für die Bewältigung der inneren Krise freisetzen. Und der amerikanische Präsident, der 1983 mit seinem SDI-Programm eine neue Doktrin des Wettrüstens eingeleitet hatte, ging darauf ein. Auf einer Konferenz in Washington 1987 unterzeichneten sie den sogenannten INF-Vertrag über die Abrüstung von Mittelstreckenraketen in Europa. Erstmals seit Beginn des Kalten Kriegs wurden Waffen – und zwar eine ganze Kategorie – abgerüstet, nicht nur ihre Zahl begrenzt. Damit die Abrüstung kontrolliert werden konnte, gestanden die Supermächte einander gegenseitige Kontrollen der konkreten Waffenvernichtung zu. (Allerdings werfen die Vertragspartner einander immer wieder Vertragsverletzungen vor.) Reagan versprach spontan einen zehnjährigen Stopp der Weiterentwicklung von Systemen, welche der Doktrin der Strategischen Verteidigung (SDI) dienten.

14.95 Ende des Kalten Kriegs: Im Jahr 1991 gelang auch bezüglich der Supermächte ein Abkommen über die Reduktion von Waffen: Reagans Nachfolger George Bush (geb. 1924) und Gorbatschow einigten sich auf den START-I-Vertrag («Strategic Arms Reduction Talks»), der nun auch eine Abrüstung bei den Interkontinentalraketen auf etwas unter die Hälfte des bisherigen Bestandes vorsah. Der Vertrag wurde durch weitere Abkommen ergänzt. Das letzte von 2010 (New START) sieht bis 2020 eine weitere Halbierung auf je 1550 Sprengköpfe und 800 Trägersysteme vor. Der Abbau ist deshalb relativ unbestritten, weil diese Bestände für die gegenseitige Abschreckung immer noch genügen und weil sich beide Mächte

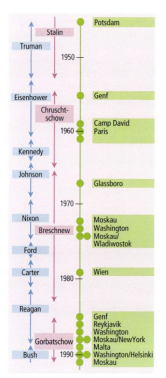

Amerikanisch-sowjetische Gipfeltreffen 1945–1991

Entspannung und Ende des Kalten Kriegs

Reagan und Gorbatschow im Gespräch bei ihrer ersten Begegnung in Genf, 19.11.1984

Für die Presse gestelltes Bild, denn die beiden konnten sich sprachlich nicht verstehen. Reagan, auf dem rechten Ohr schwerhörig, tendierte dazu, seine Gesprächspartner links zu halten; gegenüber Gorbatschow war dies einfach, weil dieser protokollarisch nur Generalsekretär und (noch) nicht Staatsoberhaupt war.

Das Gespräch fand in der leer stehenden Villa «Fleur de l'Eau» statt, die die Schweiz den USA zur Verfügung stellte, weil die amerikanische Botschaft sich nicht eignete. Reagan spielte also den Hausherrn.

mittlerweile mit anderen Technologien beschäftigen und mit anderen Problemen konfrontiert sehen.

Diese massive Abrüstung von Waffen (nicht von Doktrinen) kann als das eine Ende des Kalten Kriegs angesehen werden. Ob es allerdings eine größere Sicherheit mit sich bringt, bleibt fraglich. Denn parallel zur Abrüstung der Supermächte verbreitet sich der Kreis derjenigen Staaten oder gar Gruppen, welche in den Besitz von Massenvernichtungswaffen gelangt sind oder gelangen können.

Als definitiveres Ende des Kalten Kriegs wird die Auflösung der Sowjetunion nur wenige Monate nach der Unterzeichnung von START I gesehen (▶ 15.16). Mit ihrem Wegfall als Supermacht war der eine Gegner im Kalten Krieg ausgeschieden und damit dieser Krieg auch politisch zu Ende. Das spektakulärste Ende des Kalten Kriegs stellt aber der Fall der Berliner Mauer in der Nacht vom 9. auf den 10. November 1989 dar (▶ 15.63).

Und für Europa endete der Kalte Krieg im November 1990 mit einer feierlichen Deklaration der 35 in Paris versammelten KSZE-Staaten: «Ein neues Zeitalter der Demokratie, des Friedens und der Einheit» begann. Mit der Anerkennung aller europäischer Grenzen 1975 und mit der deutschen Wiedervereinigung 1990 waren die wesentlichsten, durch den Zweiten Weltkrieg geschaffenen Probleme in Europa gelöst. Damit waren die Nachkriegszeit und der Kalte Krieg zu Ende.

Die Amerikanerin Samantha Smith (1972–1985) auf einer sowjetischen Briefmarke, 1985

Als Zehnjährige schrieb Samantha dem sowjetischen Generalsekretär einen Brief über ihre Sorge wegen der Atomwaffen; sie drang auf eine Antwort, wurde in die Sowjetunion eingeladen, sehr bekannt und starb bei einem Flugzeugabsturz in den USA.

15. Der Ostblock, 1945–1991

15.0 Gleichheit und Sicherheit: Der Ostblock um die Sowjetunion richtete sich nach der ursprünglichen, aber abgewandelten marxistischen Idee auf Gleichheit und Sicherheit aus (▶ 8.46). Entsprechend der von Stalin entwickelten Ideologie des Aufbaus des Sozialismus in einem (isolierten) Land galt ein planwirtschaftliches System (▶ 11.4): Der Staat leitete die Wirtschaft, gab die Ziele vor, sorgte für Vollbeschäftigung und günstige Grundversorgung. Diese Ballung von Kompetenzen führte allerdings zu einer Machtfülle seiner Behörden, was der Gleichheit widersprach. Es entstand eine bevorzugte Klasse, die sogenannte «Nomenklatura» (▶ 11.45). Deutlich zeigt sich der Gegensatz zwischen Gleichheitsidee und Realität an der Stellung der Frau im Ostblock: In der Arbeitswelt gleichberechtigt, nahmen nur wenige Frauen politische Machtpositionen ein.

Während der Ostblock bezüglich Machtfülle und Militär mit dem Westen Schritt halten konnte, fiel er wirtschaftlich und technisch ab den Siebzigerjahren immer mehr zurück. Fehlender Wettbewerb und unterbundene Eigeninitiative lähmten den Fortschritt. Letztlich ging die Niederlage des Ostblocks auf wirtschaftliche Faktoren zurück.

15.1 Die Sowjetunion und ihr Ende

15.11 Entstalinisierung unter Chruschtschow: Stalin starb am 5. März 1953. Die Führung ging vorerst auf eine «Troika» der Stalinisten Georgi Malenkow (1902–1988, Staatspräsident), Wjatscheslaw Molotow (1890–1986, Außenminister) und Lawrentij Berija (1788–1953, Geheimdienstchef) über. Doch setzte sich Nikita Chruschtschow (1894–1971) durch, nachdem er Malenkow das Amt des Ersten Sekretärs der KPdSU hatte entreißen können. Sein Sieg markierte einmal mehr die Herrschaft der Partei über Staat und Militär.

1956, auf dem 20. Parteitag der KPdSU, hielt Chruschtschow eine scharfe Anklagerede gegen Stalin und leitete damit eine Phase der «Entstalinisierung» ein. Er schaltete Stalins Gefährten (und seine eigenen Konkurrenten) aus und korrigierte dessen Kurs: Chruschtschow reduzierte den übersteigerten Zentralismus, förderte Produktivität und Einkommen der Landwirtschaft und gewährte Kultur und Wissenschaft mehr Freiheit («Tauwetter»). In der Außenpolitik schwankte er zwischen seinem eigenen Motto einer «friedlichen Koexistenz» zwischen Ost und West und der Zuspitzung der Berlin- und Kubakrisen (▶ 14.5, 14.7). Dadurch verlor er den Rückhalt in der Partei, und eine erneute Korrektur in der Landwirtschaftspolitik nutzten seine ideologischen Gegner, um ihn im Herbst 1964 zum Rücktritt zu zwingen.

Plakat mit den Mitgliedern (hier gelb markiert) des Politbüros (die übrigen sind Kandidaten und Sekretäre), vermutlich aus dem Jahr 1981.
An erster Stelle Breschnew, dann in alphabetischer Reihenfolge: an nächster Stelle der Nachfolger Andropow, an letzter Stelle dessen Nachfolger Tschernenko und an dritter Stelle Gorbatschow, der nach nur einem Jahr als Kandidat bereits vollberechtigtes Mitglied war.

15.12 Neostalinismus unter Breschnew, 1964–1982: Leonid Breschnew (1907–1982) hatte zwar maßgeblich zu Chruschtschows Sturz beigetragen, führte aber seinen Reformkurs fort. Die ersten zehn Jahre der Breschnew-Ära waren für die Sowjetunion eine der innen-, wirtschafts- und außenpolitisch erfolgreichsten Phasen ihrer Geschichte.

In den Siebzigerjahren setzte sich wieder stalinistischer Zentralismus und die Herrschaft der Bürokratie durch. Leistungsanreize gab es kaum, statt Talent und Tatkraft wurden Gehorsam und Unterwürfigkeit belohnt. Hatten die Wachstumsraten in den Sechzigerjahren noch diejenigen der USA übertroffen, fiel die Sowjetunion nun weit hinter die westlichen Industrieländer zurück. Während Letztere die Dritte Technische Revolution vorantrieben (▶ 19.1), nahm die sowjetische Wirtschaft Züge eines Entwicklungslandes an: Rohstoffe machten 75 Prozent der Exporte aus.

Hohe Ausgaben verursachten das Wettrüsten (▶ 14.44) sowie eine kostspielige Subventionierung der lebensnotwendigen Güter. Um Unruhen vorzubeugen, wurden die Preise künstlich tief gehalten. Die Sowjetunion musste amerikanisches Futtergetreide importieren, um genügend Fleisch zu produzieren (▶ 14.92). Trotzdem lebten immer größere Teile der Bevölkerung an der Armutsgrenze, der Alkoholismus grassierte, die Lebenserwartung sank, und die Kindersterblichkeit stieg.

Jede Kritik, gerade auch an Stalin, ahndete Breschnew mit Repression: Chruschtschow hatte den Schriftsteller Alexander Solschenizyn (1918–2008) die stalinistischen Häftlingslager (GULAG, ▶ 11.45) kritisieren lassen, Breschnew wies ihn aus. Seit 1974 war er geistig eingeschränkt, aber niemand traute ihn abzusetzen. Nach Breschnews Tod folgten 1982 der 68-jährige, kranke Juri Andropow und 1984 der 73-jährige, todkranke Konstantin Tschernenko. Diese «Gerontokratie» lähmte die Sowjetunion rund zehn Jahre lang.

15.13 Gorbatschows «Perestroika»: Im März 1985 nun folgte der 54-jährige Michail Gorbatschow. Er hatte sich zielbewusst zum Generalsekretär der Partei vorgearbeitet und baute im Laufe seiner sechsjährigen Amtszeit seine Macht aus: 1988 Präsident des Obersten Sowjets und 1990 Staatspräsident.

Gorbatschow strebte «eine neue politische Kultur» und eine Demokratisierung an – ohne sich genauer festzulegen, wie weit die Reform gehen sollte. Sein Schlagwort dafür hieß «Perestroika» (Umbau). Er versuchte vom Nomenklatursystem wegzukommen und dem Prinzip der persönlichen Verantwortung und Kompetenz, wie es die Linienorganisation im Westen pflegt, näherzukommen. Ohne auf die führende Rolle der Partei zu verzichten, sollte der Umbau durch eine kontrollierte Liberalisierung aller Lebensbereiche und durch «Glasnost» (Sichtbarkeit, Transparenz) erreicht werden. Den Ideen folgten Umbesetzungen an der Parteispitze und in der Verwaltung, ein neuer, «westlicher» Stil der politischen Auseinandersetzung, demokratischere Wahlen und seit 1988 Verfassungsrevisionen, die Rehabilitierung bisher verfolgter Dissidenten, eine stärkere Mitsprache der

System der Nomenklatura und Linienorganisation

Das Nomenklatursystem basierte auf der Solidarität in der Gruppe, welche ihren Chef stützte. Je mehr höhergestellte Mitglieder jemand in seiner Gruppe hatte, desto höher stand er selbst *(Schema links)*.
Im Gegensatz dazu basiert die Linienorganisation im Westen auf dem Prinzip der individuellen Verantwortung und Leistung *(rechts)*.
Gorbatschows Perestroika beinhaltete eine Mischung beider Systeme oder gar den Wechsel zur Linienorganisation (diesbezüglich legte Gorbatschow sich nicht fest).

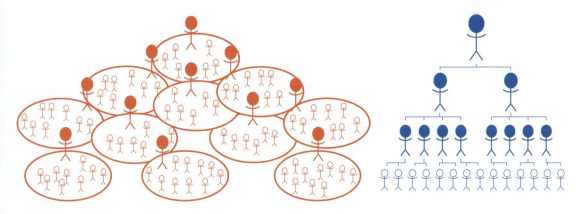

Die Republiken der Sowjetunion 1991
(Einwohner in Mio.; Anteil der
Russen/Russinnen in Prozent)

Russische Sozialistische Föderative
Sowjetrepublik (RSFSR; 147,4; 83 %):

- Russisches Gebiet
- Autonome Republiken und Gebiete innerhalb der RSFSR
- *Nichtrussische Sowjetrepubliken (heutige Bezeichnungen):*

1. Estland (1,6; 8 %)
2. Lettland (2,7; 33 %)
3. Litauen (3,7; 9 %)
4. Weißrussland (10,2; 12 %)
5. Ukraine (51,7; 21 %)
6. Moldawien (4,3; 14 %)
7. Georgien (5,4; 7 %)
8. Armenien (3,3; 2 %)
9. Aserbaidschan (7; 8 %)
10. Kasachstan (16,5; 41 %)
11. Turkmenien (3,5; 13 %)
12. Usbekistan (19,9; 11 %)
13. Tadschikistan (5,1; 10 %)
14. Kirgistan (4,3; 26 %)

Sowjetrepubliken, eine striktere Trennung von Staats- und Parteiämtern, aber auch eine stärkere Machtkonzentration im Amt des Staatspräsidenten. Dadurch schuf sich Gorbatschow verfassungsrechtlich eine auch in der Sowjetunion einmalige Macht.

Die Produktivität der sowjetischen Wirtschaft suchte Gorbatschow durch marktwirtschaftliche Elemente zu steigern: Die Betriebsleitungen erhielten größeren Spielraum; zugleich hatten sie mehr Verantwortung und unternehmerisches Risiko zu tragen und sich verstärkter Konkurrenz zu stellen. Seit 1987 waren den einzelnen Ministerien und einem Großteil der Industriebetriebe selbstständige «Westgeschäfte» erlaubt. In der Landwirtschaft sollte die Produktivität vor allem durch Förderung genossenschaftlicher Modelle und privatwirtschaftlicher Nutzung des Bodens gesteigert werden. Auch in zahlreichen Sparten des Dienstleistungssektors war genossenschaftliche oder private Erwerbstätigkeit erlaubt.

Aber eine konsequente Ablösung der zentralistischen Planwirtschaft durch die Marktwirtschaft, wie sie die radikalen Reformer um den einflussreichen Moskauer Parteichef Boris Jelzin (1931–2007) forderten, vermied Gorbatschow.

15.14 Scheitern der Perestroika: Doch die Perestroika scheiterte. Die Produktivität der Wirtschaft, die zunächst angestiegen war, sank seit 1987 stetig, sogar unter das Niveau der Breschnew-Ära. Die Versorgungslage verschlechterte sich rasch, der innersowjetische Handel zerfiel, die Inflation erreichte schwindelerregende Höhen. Weil die Verbraucherpreise dem freien Markt überlassen wurden, verschärften sich die sozialen Unterschiede und rund 50 Millionen Menschen sanken unter die Armutsgrenze ab. Erbitterung und gar Wut über Gorbatschows Reformpolitik breiteten sich aus und richteten sich gegen seine mächtige Stellung – Gorbatschow musste selbst erfahren, wie er nun für alles verantwortlich gemacht wurde. Als 1989 der Volksdeputiertenkongress in freien Wahlen (den ersten seit 1917) gewählt wurde, erlitt Gorbatschows KPdSU eine bittere Niederlage.

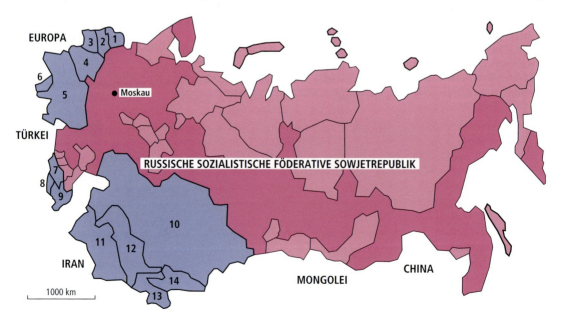

15.15 Zerfall der Sowjetunion: Die wirtschaftliche und soziale Krise der Perestroika weckte ein tiefer liegendes Problem der Sowjetunion: die Nationalitätenfrage. Der Vielvölkerstaat Sowjetunion zählte 287 Millionen Einwohner/-innen aus über hundert verschiedenen Nationalitäten, die in 15 Sowjetrepubliken lebten. Unter Stalin waren diese Republiken durch Umsiedlungen und weiteren Zwang russifiziert worden. Aber die an den Rand gedrängten Völker, insbesondere die 43 Millionen meist sunnitischen Muslime, wuchsen stärker als die dominierende russische Bevölkerung. Zwar erstreckte sich die Russische Sowjetrepublik über drei Viertel des gesamten sowjetischen Imperiums und umfasste mehr als die Hälfte der sowjetischen Bevölkerung. Doch lebten auch in ihr 45 Prozent Nichtrussen/Nichtrussinnen aus 91 Volksgruppen in teilweiser Autonomie.

Diese Unterschiede waren durch Zwang und eine straffe Planwirtschaft übertüncht worden. Mit der Wirtschaftskrise und der Lockerung brachen sie nun durch. Im Westen der Sowjetunion erklärten sich die Teilrepubliken für autonom oder gar unabhängig von der Sowjetunion und führten entsprechende Volksabstimmungen durch. In den baltischen Republiken, in Georgien und Armenien setzten sich, wie in den europäischen Satellitenstaaten, nichtkommunistische Regierungen durch. Im asiatischen Osten der Sowjetunion förderten der Islamismus und die Missbilligung der sowjetischen Besetzung Afghanistans (▶ 15.92) die Unabhängigkeitsbestrebungen.

Gorbatschow und die KPdSU wurden von dem Nationalitätenproblem offensichtlich überrascht. Gorbatschow reagierte einerseits mit Konzessionen: Er schlug im Juli 1990 vor, die zentralistische Verfassung durch einen neuen Unionsvertrag zu ersetzen. Darin räumte er den Teilrepubliken sogar das Recht zum Austritt ein. Aber die in der Vergangenheit erzwungene Durchmischung der Bevölkerung verunmöglichte klare Entscheidungen und schürte Misstrauen und Ängste aufseiten der Minderheiten.

Zur gleichen Zeit aber markierte Gorbatschow mit wirtschaftlichen Boykottmaßnahmen und mit dem Einsatz der Roten Armee gegen abtrünnige Republiken die Grenzen der Perestroika. 1989 erschossen sowjetische Fallschirmjäger hungerstreikende Georgier/-innen in Tiflis, 1991 intervenierte die Armee brutal in Lettland und Litauen.

15.16 Ende der Sowjetunion: Die Krise der Perestroika spitzte sich 1991 zu. Massive Versorgungsprobleme und eine Streikwelle in den Kohlebergwerken verschlimmerten die Situation. Während Gorbatschow im Ausland mit dem Friedensnobelpreis geehrt wurde, sank seine Popularität in Russland auf den Tiefpunkt. Im gleichen Maß wie Gorbatschows Stern sank, stieg die Popularität des radikalen und populistischen Reformers Boris Jelzin. Dieser verlangte einen sofortigen und radikalen Übergang zur Marktwirtschaft und trat aus der Kommunistischen Partei aus. Mit der Wahl zum Präsidenten der Russischen Republik durch das Volk schuf sich Jelzin eine starke Machtposition. Im Gegensatz zu Gorbatschow war er nun der legitime, vom Volk gewählte Führer der größten Teilrepublik der Sowjetunion. Er anerkannte die Unabhängigkeit der drei baltischen Republiken und zeichnete sich durch eine konsequente Haltung aus.

Kurz vor der Unterzeichnung von Gorbatschows Unionsvertrag, vom 18. bis 21. August 1991, putschte eine konservative Gruppe innerhalb der KPdSU, setzte Gorbatschow an seinem Ferienort auf der Krim unter Arrest und ließ Panzer gegen das Parlament auffahren. In dieser bedrohlichen Situation rief Jelzin zum Widerstand auf. Teile der Armee unterstützten ihn

Gorbatschow an einer Pressekonferenz, 1986

Gorbatschow gehört zu den umstrittensten Personen: Im Westen wird ihm hoch angerechnet, dass er den Ostblock sich auflösen ließ und den Kalten Krieg ohne heißen Krieg beendete. Dafür erhielt er den Friedensnobelpreis. In Russland wird er für den wirtschaftlichen und politischen Niedergang der Sowjetunion verantwortlich gemacht. Umstritten ist auch, inwiefern seine Fehlentscheidungen oder die bereits vor ihm verursachte Krise am Niedergang schuld war. Auch andere sowjetkommunistischen Staaten gerieten beim Übergang in das westliche System in Krisen.

Als am 19.8.1991 die konservativen Putschisten der KPdSU das Regierungsgebäude der Russischen Teilrepublik in Moskau, das «Weiße Haus», zu stürmen versuchten, ermutigte Jelzin von einem Bewachungspanzer aus die Moskauer Bevölkerung zum Widerstand.
Die Putschisten gaben auf.

und erreichten zusammen mit der demonstrierenden Moskauer Bevölkerung, dass die Putschisten nach drei Tagen kapitulierten.
Gorbatschow hatte jeden Rückhalt verloren. Das Ausland gewährte der Sowjetunion keine Kredite mehr und anerkannte die Unabhängigkeit der baltischen Staaten. Jelzin vereinbarte mit Weißrussland und der Ukraine über Gorbatschows Kopf hinweg die Auflösung der Sowjetunion. An ihre Stelle trat eine «Gemeinschaft Unabhängiger Staaten» (GUS). Mit Ausnahme der baltischen Staaten und Georgiens umfasste sie alle Republiken der ehemaligen Sowjetunion. In Russland wurde die Tätigkeit der KPdSU verboten, und Gorbatschow trat am 25. Dezember 1991 als Generalsekretär der Partei und von allen Ämtern zurück. Die Weltmacht Sowjetunion war Geschichte.

Der russische Präsident Boris Jelzin (rechts) demütigte am 23.8.1991 den aus dem Arrest befreiten und nach Moskau zurückgebrachten Gorbatschow, indem er ihn vor versammeltem Parlament zwang, eine Aufzeichnung der Putschisten vorzulesen. Hier sagte er gerade: «Tschitaete!» («Lesen Sie!»)
Jelzin nahm damit persönliche Rache: Gorbatschow hatte 1987 den radikalen Reformer als Parteichef von Moskau abgesetzt und 1988 als Kandidat des Politbüros ausgebootet.

15.2 Der Ostblock

15.21 Militärische Integration: Die Unterordnung der Streitkräfte der Satellitenstaaten unter den Oberbefehl der Roten Armee gelang vollständig. Die Rote Armee hatte 1944/1945 die meisten Länder befreit und blieb gleich mit starken Streitkräften dort stationiert. Weil die Sowjetunion in die dauernde Aufrüstung investierte, konnte ihre Armee laufend modernisiert werden und ihren Vorsprung gegenüber den Streitkräften der Verbündeten halten. Auch die Gründung des Warschauer Pakts (1955) änderte nichts daran: Die Satellitenstaaten waren zur Verteidigung ihrer Grenzen auf sie angewiesen. Die Rote Armee schlug ferner maßgeblich den Arbeiteraufstand in der DDR (1953), den Aufstand in Ungarn (1956) und den Prager Frühling (1968) nieder.

Außerhalb des Pakts standen das blockfreie Jugoslawien, das sich unter Tito selbst befreit und nachher dem Zugriff der Sowjetunion entwunden hatte, und das militärisch bedeutungslose Albanien (Karte ▶ 14.38).

15.22 Wirtschaftliche Integration: Der Rat für gegenseitige Wirtschaftshilfe war als Bündnis errichtet worden, um die einzelnen Volkswirtschaften des Ostblocks zu spezialisieren (▶ 14.35). Die Dominanz der Sowjetunion verhinderte aber, dass das Bündnis sich zu einer Organisation mit eigenen Organen entwickelte. Die Sowjetunion wollte nämlich verhindern, dass die Satellitenstaaten eine selbstständige Wirtschaftspolitik betrieben. Ihre Landeswährungen waren im Westen nicht anerkannt, sondern die Satellitenstaaten mussten im Handel mit der Sowjetunion Rubel erwerben, um sich im Westen Waren beschaffen zu können. So konnte die Sowjetunion praktisch die Abnahmepreise diktieren und die Satellitenstaaten nicht nur politisch bevormunden, sondern auch wirtschaftlich ausnutzen. Der einzige Ausweg bestand in der direkten Verschuldung der Satellitenstaaten im westlichen Ausland.

Das Ziel einer Spezialisierung mit einem intensiven Güteraustausch, dem sogenannten «Intra-Handel», wurde nur eingeschränkt erreicht. Denn die meisten Staaten hatten eine ähnliche Produktpalette mit Schwerpunkt in Landwirtschaft und Verarbeitung ihrer Produkte; es fehlte insbesondere die moderne Technologie, an deren risikoreicher Entwicklung die Planwirtschaft wenig Interesse hatte. Denn ihr ging es um die Erfüllung von Vorgaben, nicht um Innovationen.

15.23 Krise des Ostblocks: In den Achtzigerjahren geriet der Ostblock militärisch, wirtschaftlich und politisch in die Krise.

Militärisch fühlten sich die Satellitenstaaten seit der Entspannung zwischen den europäischen Staaten und dem KSZE-Prozess nicht mehr akut bedroht (▶ 14.55, 14.94). Der Schutz durch die Rote Armee verlor an Bedeutung und verwandelte sich in sein Gegenteil: Die Stationierung sowjetischer Truppen empfanden die Menschen der Satellitenstaaten als kostspielige Einschränkung ihrer Souveränität.

Wirtschaftlich fühlten sich die Satellitenstaaten durch die rückständige Sowjetunion ebenfalls gegenüber dem Westen zurückgebunden. Sie empfanden das sowjetische Machtmonopol als Hindernis auf dem Weg zu einer Wohlstands- und Konsumgesellschaft westlicher Prägung. Die Verbreitung der elektronischen Medien durchlöcherte das sowjetische Propagandamonopol und machte das Wohlstandsgefälle zwischen West und Ost bewusst.

Die wirtschaftliche Situation der kommunistischen Staaten Europas:

BSP: Bruttosozialprodukt pro Kopf um 1988 in US-$

S: Bruttoverschuldung 1989 in Milliarden US-$

SD: Schuldendienst in Prozent der Hartwährungseinnahmen 1989

	BSP	S	SD
DDR	11 118	21,7	34
Tschechosl.	7 604	7,9	17
Bulgarien	5 898	10,2	74
Sowjetunion	5 020	51,7	30
Jugoslawien	2 520	19,3	20
Ungarn	2 460	20,4	40
Polen	1 860	41,5	39
Rumänien	1 666	0,5	30
Albanien	776	0,4	6

Politisch konnten die Regierungen der Satellitenstaaten dieser Unzufriedenheit und Enttäuschung wenig entgegenhalten. Dazu wurden sie durch Gorbatschows Politik der Perestroika und Glasnost geschwächt. Gorbatschows ausdrückliche Ermunterung, einen eigenen politischen Weg zu beschreiten, verunsicherte die Satellitenstaaten-Regierungen und ermunterte die unzufriedene Bevölkerung zu Zusammenschlüssen, Demonstrationen und gar zur Widersetzlichkeit. In den einzelnen Staaten verlief dieser Prozess unterschiedlich.

15.3 Polen

15.31 Folgen des Weltkriegs: Der deutsche Überfall auf Polen hatte den Zweiten Weltkrieg ausgelöst (▶ 13.11), und die Teilung der Landes unter Hitler und Stalin bestimmte sein Schicksal. Auf westalliierter Seite kämpften polnische Einheiten unter ihrer Exilregierung in London für die Befreiung des Landes an verschiedenen Fronten; auf sowjetischer Seite bereitete sich eine kommunistische Exilregierung in Moskau auf die Machtübernahme nach dem Krieg vor. Und im Land selbst erhob sich Anfang August 1944 die «Heimatarmee» im Warschauer Aufstand, um das Land zu befreien. Die Rote Armee ließ aber die deutsche Wehrmacht den Aufstand niederschlagen, bevor sie selbst Warschau eroberte (▶ 13.54). An der Konferenz von Jalta und definitiv an der Potsdamer Konferenz ließen die Westalliierten Polen an die Sowjetunion fallen (▶ 14.2). Polen tauschte damit die faschistische gegen die sowjetische Herrschaft aus.

15.32 Versuch eines eigenen Wegs: Im Zusammenhang mit Chruschtschows «Tauwetter» konnte Polen von einer gewissen Liberalisierung profitieren (▶ 15.11). 1956 wurde Władysław Gomułka (1905–1982) Generalsekretär der Kommunistischen Partei, obwohl er wegen «Rechtsabweichungen» von 1951 bis 1954 inhaftiert gewesen war. Er garantierte Chruschtschow, dass Polen im Ostblock verbleiben werde, und beanspruchte nur innenpolitisch einen eigenen Weg. Getragen wurde er von einem ausgeprägten antirussischen Nationalismus, der aus der russischen und dann sowjetischen Besetzung Polens hervorging und durch die Abneigung der katholischen Kirche gegen das atheistische Sowjetreich getragen wurde.

Als die Bundesrepublik 1970 und die KSZE-Staaten 1975 die polnische Westgrenze anerkannten, fühlte sich Polen kaum mehr auf den Schutz durch die Rote Armee angewiesen. So bewahrte sich das Land eine gewisse Eigenständigkeit im Ostblock. Die Landwirtschaft blieb weitgehend in den Händen privater, auf eigene Rechnung wirtschaftender Betriebe. Ähnlich wie in der Sowjetunion wuchs in den Sechzigerjahren die Industrie sehr stark.

Dieser Aufschwung vertrug sich nicht mehr mit Gomułkas trotz Reformen fortbestehender Planwirtschaft. Gewerkschaftsproteste gegen Preiserhöhungen zwangen die Kommunistische Partei 1970 zu einem Wechsel zum anfangs populären Edward Gierek (1913–2001). Dieser versuchte, die Konsumbedürfnisse der Bevölkerung durch Senkung der Lebensmittelpreise zu erfüllen und die Industrie zu modernisieren. Beides führte zu einer starken Verschuldung gegenüber dem Westen. Allerdings verhinderten die explodierenden Ölpreise und der in der Wirtschaftskrise stockende Absatz entsprechende Erträge. 1979 mussten fast die gesamten Exporter-

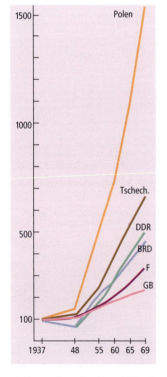

Wachstum der Industrieproduktion in West und Ost 1937–1969 (Index der industriellen Produktion 1937: 100)

Lech Wałęsa und die Solidarność feiern den Erfolg im Generalstreik an der Danziger Leninwerft im August 1980.

Leszek («Lech») Wałęsa, 1943 als Sohn eines Tischlers bei Bydgoszcz (Bromberg) geboren, als Elektromonteur an der Danziger Leninwerft wegen politischer Aktivitäten entlassen, arbeitslos und mehrfach verhaftet, wurde 1980 Führer der Streikbewegung der Werftarbeiter und der unabhängigen Gewerkschaft Solidarność, 1981 im Gefängnis, 1983 Friedensnobelpreis, 1991–1995 Staatspräsident Polens.

Anlass zum Generalstreik war die Entlassung der Schweißerin und Kranführerin Anna Walentynowicz (1929–2010), der «Mutter von Solidarność», welche seit 1953, dann wieder 1970 und 1980 in der Gewerkschaft arbeitete. Sie trat jedoch danach aus der Gewerkschaft aus, wurde als nicht prominente Person für zwei Jahre inhaftiert. 2010 kam sie bei einem Flugzeugabsturz in Smolensk ums Leben.

löse für Zinsen und Amortisation der Auslandschulden aufgewendet werden.

Anna Walentynowicz mit Arbeitern, 1980

15.33 Gewerkschaftsbewegung und Militärdiktatur: Wie 1970 führten auch 1980 Preiserhöhungen zu Arbeiterunruhen und Streiks. An ihrer Spitze stand die *Gewerkschaft Solidarność* unter dem populären Arbeiterführer Lech Wałęsa. Aufbauend auf den vier Prinzipien Demokratie, Sozialismus, Nation und Katholizismus bildete sie in den Achtzigerjahren eine erfolgreiche Oppositionsbewegung, die eine sozialistische Alternative zur kommunistischen Partei aufbaute. Etwa 30 Prozent der Mitglieder der Kommunistischen Partei waren gleichzeitig Solidarność-Mitglieder. Auch die katholische Kirche, deren Kardinal Karol Wojtiła (1920–2005) als Johannes Paul II. 1978 Papst wurde, unterstützte die Gewerkschaft.

Als die Regierung Gierek die Forderungen der Solidarność akzeptierte, putschte sich Ende 1981 die polnische Armee unter General Wojciech Jaruzelski (1923–2014) an die Macht. Ob dieser Putsch auf Druck der Sowjetunion geschah oder – im Gegenteil – um einer Intervention zuvorzukommen, ist heute umstritten. Die Militärdiktatur konnte aber die Wirtschaftskrise nicht beheben. Die Lage der polnischen Arbeiterschaft war die schlimmste in ganz Europa und deren Lohnniveau vergleichbar mit der Zeit vor der kommunistischen Machtergreifung.

Unter dem Einfluss von Gorbatschows Perestroika in der Sowjetunion kapitulierte Jaruzelski schrittweise: Er akzeptierte die Solidarność als Verhandlungspartner und willigte schließlich in teilweise freie Parlamentswahlen ein. Diese führten im Juni 1989 zu einem überwältigenden Sieg der Solidarność, zu einer Allparteienregierung unter nichtkommunistischer Führung und schließlich zur Wahl von Arbeiterführer Lech Wałęsa zum polnischen Staatspräsidenten. Damit leitete die Solidarność die Umwälzungen in den europäischen Ostblock-Ländern von 1989 ein.

15.4 Ungarn

15.41 Ungarnaufstand, 1956: Ungarn als mit den Achsenmächten verbündetes und von ihnen besetztes Land kam nach dem Zweiten Weltkrieg unter harte stalinistische Herrschaft, vertreten durch Mátyás Rákosi (1892–1971). Mit Stalins Tod und wegen des wirtschaftlichen Misserfolgs seiner Planwirtschaft wurde dieser aber 1955 entmachtet. Das von Chruschtschow eingeleitete «Tauwetter» ermutigte das Volk. Eine Studentendemonstration für mehr Demokratie und die Unterstützung des Machtwechsels in Polen (▶ 15.32) am 23. Oktober 1956 weitete sich zu einem Generalstreik aus. Die Kommunistische Partei ernannte den Reformkommunisten Imre Nagy (gesprochen «Nadsch», 1896–1958) zum Ministerpräsidenten. Dieser bildete eine Regierung aus mehreren Parteien, nicht nur der kommunistischen. Radikaler als Gomułka in Polen verkündete er Ungarns Blockfreiheit und den Austritt aus dem Warschauer Pakt. Da Ungarns ohnehin eng gezogenen Grenzen nicht gefährdet waren, glaubte er sich diesen Schritt erlauben zu können. Die kurz vorher in Ungarn stationierten sowjetischen Truppen zogen sich nach harten Kämpfen am 28. Oktober tatsächlich vorerst zurück, fielen aber am 4. November zusammen mit den Verbündeten wieder ein. Die Bevölkerung wehrte sich mit einfachen Mitteln gegen die Invasion, aber unterlag. Ihre Hoffnung auf Unterstützung aus dem Westen wurde enttäuscht. Denn Großbritannien und Frankreich waren zur gleichen Zeit von der Suezkrise absorbiert (▶ 26.33). 2650 Ungarinnen und Ungarn sowie 670 Sowjetsoldaten fielen. 200 000 Menschen flohen in den Westen. Hier war die Empörung über die Niederschlagung des demokratischen Aufstands groß.

Nach ihrem Sieg setzte die Sowjetmacht den bisherigen stellvertretenden Ministerpräsidenten János Kádár (1912–1989) als Generalsekretär und Ministerpräsidenten ein. Er hatte um den Einmarsch gebeten und übte nun Rache an den Aufständischen. Tausende wurden verurteilt, 352, darunter Imre Nagy, wurden hingerichtet.

15.42 «Gulaschkommunismus»: Trotz anfänglicher Unterdrückung des ungarischen Volksaufstands lockerte Kádár in seiner langen Herrschaft bis 1988 allmählich die Repression. 1962 wurde eine Amnestie für die «Verbrechen» von 1956 erlassen. Wie Gomułka in Polen kombinierte Kádár die bedingungslose Anerkennung der Sowjethegemonie mit einer relativ selbstständigen, freiheitlicheren Wirtschaftspolitik: Kleine Firmen und Landwirtschaftsbetriebe konnten privatwirtschaftlich geführt werden. Die Wirtschaftspolitik achtete auf die Versorgung mit Konsumgütern, das ungarische Gulasch wurde ein Symbol für diese Form des Kommunismus. Die Meinungs- und die Reisefreiheit waren weniger eingeschränkt als in den anderen Ostblockländern, gegenüber Österreich wurde der Visumszwang aufgehoben und der Tourismus nach Ungarn zu einer wichtigen Einnahmequelle von Devisen.

15.43 Krise: Der bescheidene Wohlstand der ungarischen Wirtschaft wurde indessen teuer erkauft. Ungarn wies in den Achtzigerjahren die höchste Verschuldung aller Ostblockländer auf. Diese Krise und die Reformen in der Sowjetunion (▶ 15.13) verhalfen innerhalb der ungarischen Regierungspartei dem Reformflügel zum Durchbruch. Im Unterschied zu Polen versuchte die Kommunistische Partei selbst Reformen einzuleiten, während die Opposition schwach und zersplittert blieb. Erfolg hatte sie

Denkmal vor dem Corvin-Kinogebäude, 2006, anläßlich der Vorführung eines Films über den Ungarnaufstand (Plakat)

In der engen Straßenpassage um das (heute) gelbe Corvin-Kino im Südosten Budapests wurde vom 24. bis 29.10.1956 besonders erbittert gekämpft. Mit einfachen Mitteln, großem Mut und von den Dächern der umliegenden Häuser aus konnten ungarische Aufständische die vorrückenden Panzer aufhalten, bis ein zweistündiger Artilleriebeschuss sie zur Aufgabe zwang.

allerdings keinen. Nach Kádárs Sturz akzeptierte die KP im Juni 1989 wie in Polen Verhandlungen mit der Opposition und freie Wahlen, in denen 1990 die konservative Opposition überlegen siegte. Der ungarische Außenminister durchschnitt zusammen mit seinem österreichischen Amtskollegen am 27. Juni 1989 den Grenzzaun zu Österreich und trug damit zur Wende bei.

15.5 Tschechoslowakei

15.51 Stalinisierung: Die besondere Situation der Tschechoslowakei während des Zweiten Weltkriegs hatte dazu geführt, dass die Kommunistische Partei 1948 durch einen Putsch die Macht übernahm (▶ 14.33). Um diese zu halten, regierte Antonín Novotný ab 1953 als Parteichef und ab 1957 als Staatspräsident nach stalinistischem Vorbild: Verstaatlichung aller Industrie- und Handwerks- sowie der größeren Bauernbetriebe, einseitige Förderung der Schwerindustrie, Verfolgung der Opposition und «Säuberung» der Partei; ihre Mitgliederzahl reduzierte sich fast auf die Hälfte.

15.52 «Prager Frühling»: Allerdings führte der Neostalinismus auch die Tschechoslowakei in eine Wirtschaftskrise. Das bei Kriegsende vergleichsweise stark industrialisierte Land fiel gegenüber den anderen zurück. Wegen des Produktionsrückgangs der kollektivierten Landwirtschaft mussten sogar Lebensmittel importiert werden. 1967 verabschiedete die Kommunistische Partei ein Reformprogramm auf der Grundlage des Ökonomen Ota Šik (1919–2004), das «Neue Ökonomische Modell». Dieses nahm Elemente von Lenins «Neuer Ökonomischen Politik» (▶ 11.31) auf und in einem gewissen Sinn Gorbatschows Perestroika vorweg. Es kritisierte die auf Quantität fixierte Planwirtschaft und wollte die Qualität durch Wettbewerb und Marktpreise fördern. Dadurch sollten die Exporte und damit die Wirtschaftskraft gesteigert werden. Die Sowjetunion, damals selbst in wirtschaftlichem Aufschwung begriffen, ließ diese Abweichung von der Planwirtschaft zu. Voll in Fahrt kam das Modell zu Beginn des Jahres 1968, als Novotný von Alexander Dubček (1921–1992) verdrängt wurde. Dieser ergänzte die wirtschaftliche durch eine politische Liberalisierung: freie Wahl der Parteifunktionäre durch die Basis, Beseitigung der Zensur, Aufwertung der Regionen, insbesondere der Slowakei, aus der Dubček stammte. Außenpolitisch strebte er keinen Austritt aus dem Ostblock, wohl aber eine Gleichberechtigung mit der Sowjetunion an.

Mit diesem «Sozialismus mit menschlichem Antlitz» forderte Dubček nicht nur die Sowjetunion, sondern auch Gomułka in Polen und Walter Ulbricht in der DDR heraus. Am 21. August drangen die Truppen des Warschauer Pakts (ohne DDR und Rumänien) überfallartig in der Tschechoslowakei ein. Innerhalb eines Jahres wurden die Reformer entmachtet und unter dem neuen Parteiführer Gustáv Husák (1913–1991) die «Normalität» wiederhergestellt. Für die Reformbewegung im gesamten Ostblock wirkte diese Militärintervention als lähmender Schock.

15.53 Bürgerrechtsbewegung und «Samtene Revolution». Doch die Unterdrückung der Meinungsfreiheit durch Husáks Polizei und Zensur bereitete auch die Wende von 1989 vor: 1977 unterzeichneten zahlreiche Intellektuelle, Künstler/-innen und Oppositionspolitiker/-innen die sogenannte «Charta 77». Unter anderen hatte sie Václav Havel (1936–2011)

Räumung des Šafárik-Platzes in Bratislava am 21.8.1968 durch sowjetische Truppen. Foto von Ladislav Bielik (1939–1984)

Emil Gallo (1924–1971), Elektroinstallateur, verwitweter Vater von vier Kindern, stellte sich in seinem Overall (der später als Häftlingskleidung missdeutet wurde) vor den Panzer. Berühmt wurde die Fotografie im eingezeichneten Ausschnitt. Bielik allerdings verlor nach der Niederschlagung des Prager Frühlings die Arbeit.

formuliert, der zur Kristallisationfigur der Opposition wurde. Die Charta verglich die tatsächliche Repression mit der Helsinki-Erklärung der KSZE (▶ 14.94) und forderte, auch vom Ausland unterstützt, deren Respektierung. Die Regierung reagierte mit der Ausbürgerung von Unterzeichnern und Unterzeichnerinnen.

Aber das Problem einer ineffizienten Wirtschaft konnte die Regierung nicht lösen. In den späten Achtzigerjahren führte die Wirtschafts-Dauerkrise zu Streiks und Generalstreiks. Die Regierung konnte nicht mehr auf sowjetische Unterstützung zählen und kapitulierte im Spätherbst 1989. In der gewaltlosen, «samtenen» Revolution trat Husák als Staatpräsident zurück; sein Nachfolger wurde Havel. Und der jahrelang verfemte Dubček wurde Parlamentspräsident.

15.6 Die Deutsche Demokratische Republik, DDR

15.61 Konstituierung des neuen Staates: Erst 1949 aus der Sowjetischen Besatzungszone hervorgegangen, stand die Deutsche Demokratische Republik in einem besonders engen Verhältnis zu ihrer Besatzungsmacht Sowjetunion. Dementsprechend linientreu verhielt sich die Sozialistische Einheitspartei SED unter Walter Ulbricht (1893–1973), dessen Regierungsmannschaft den Krieg in der Sowjetunion verbracht hatte. Zwar ließ sie vier andere Parteien zu, aber diese mussten mit der SED einen Block bilden («Blockparteien») und durften nicht mehr als 15 Prozent der Abgeordnetensitze in der Volkskammer erhalten.

Allerdings führten Stalins Tod im März 1953 und der damit nachlassende Druck zuerst in der DDR zu einem Aufstand: Am 17. Juni 1953 brachen in verschiedenen Städten der DDR aus Protest gegen eine 30-prozentige Erhöhung der Arbeitsnormen Arbeiteraufstände aus, die schließlich nur durch den Einsatz sowjetischer Panzer niedergeschlagen werden konnten. Zwar blieben weitere Aufstände aus – bis 1989. Dafür nutzten immer mehr Bürger/-innen der DDR die Möglichkeit, sich über Westberlin in die Bundesrepublik abzusetzen. Diese gewährte den Geflohenen von Anfang an volle Bürgerrechte. Nachdem bis 1961 rund 15 Prozent der Bevölkerung, vor allem junge und gut ausgebildete Menschen, die DDR verlassen hatten, ließ Ulbricht mit sowjetischer Hilfe die Berliner Mauer errichten (▶ 14.54). Trotz der außenpolitischen Abkapselung der DDR blieb die politische und wirtschaftliche Beziehung zum anderen Deutschland bestehen. Im Grundlagenvertrag von 1972 anerkannten sich die beiden Staaten auf der Basis der Gleichberechtigung und Nichteinmischung. In der Folge regelte eine Reihe von Spezialverträgen die Zusammenarbeit. Westdeutsche konnten ihre ostdeutschen Verwandten unterstützen, Westdeutschland kaufte zwischen 1964 und 1989 über 33 000 ostdeutsche politische Gefangene und über 250 000 Ausreisewillige für 3,5 Milliarden Deutsche Mark frei. Von den Verträgen profitierte also in erster Linie die DDR, deren Planwirtschaft weit hinter die westdeutsche Marktwirtschaft zurückfiel. Aus politischen Gründen hielt das Regime die Preise für die einfachen Bedarfsgüter niedrig. Dafür kosteten die etwas luxuriöseren Produkte mehr als im Westen. Oft waren sie nur in speziellen Kaufhäusern, in denen mit Westmark bezahlt werden musste, zu erhalten. So versuchte die DDR, an Devisen heranzukommen, um ihre fehlende Exportfähigkeit zu kompensieren.

Unterschiedliche Produktivität in der BRD und in der DDR
(um 1987 pro Beschäftigtem und Jahr):

	BRD	DDR
Motorfahrzeuge	6	2
Getreide in t	79,2	33,4
Braunkohle in t	5905	2699

Wohlstandsgefälle:	BRD	DDR
Anteil der Haushalte mit:		
1 Auto	95 %	50 %
1 Farbfernseher	91 %	47 %
Telefon	97 %	16 %
Wohnfläche/ Einwohner	36 m²	27 m²

15.62 Repression: Wegen ihrer stalinistischen Linientreue und der gefährlichen Nachbarschaft zum Klassenfeind im Westen zog der Staatssicherheitsdienst ein umfassendes Überwachungs-, Verfolgungs- und Strafsystem gegen die eigenen Bürger/-innen auf. Über 90 000 hauptamtliche und zur Spitzenzeit 200 000 nebenamtliche «Informelle» Mitarbeiter/-innen (IM) meldeten der Zentrale alles über verdächtige Personen. Darüber hinaus zerstörte der Staatssicherheitsdienst (Stasi) das Leben missliebiger Personen etwa durch Kindswegnahme, Zersetzung von Beziehungen oder Diskreditierung in der Öffentlichkeit. Die Strafjustiz operierte mit geheimer Verhaftung, langer Untersuchungshaft mit psychologischer Folterung und drakonischen Strafen.

Wie im Nationalsozialismus wurden die Jugendlichen früh organisiert in der Freien Deutschen Jugend (FDJ). Die Mitgliedschaft ermöglichte eine berufliche Ausbildung (wobei die freie Berufswahl nicht gegeben war); sie konkurrenzierte auch die – im Gegensatz zur Sowjetunion nicht verbotenen – Kirchen. Der Anteil der Kirchenmitglieder sank unter Staatseinfluss von rund 95 Prozent zu Beginn auf rund 30 Prozent am Ende der DDR. Trotzdem ging gerade von Kirchgemeinden der Widerstand gegen das Regime aus.

15.63 Fall der Berliner Mauer: Das DDR-Regime entwickelte sich nach sowjetischem Nomenklatura-Vorbild zu einem engen Zirkel privilegierter Funktionäre und Funktionärinnen. Unter Erich Honecker (1912–1994), der 1971 Ulbricht gestürzt hatte, erwies es sich als unfähig, die Wirtschaftsprobleme zu lösen und insbesondere auf Gorbatschows Perestroika zu reagieren. Als Ungarn 1989 die Grenze zu Österreich öffnete (▶ 15.43), entwichen DDR-Bürger/-innen über dieses Schlupfloch in den Westen. Später erzwangen sie die Ausreise, indem sie in die westdeutschen Botschaften in Prag und Warschau flüchteten, wo sie als (west)deutsche Bürger/-innen anerkannt wurden. Vor allem getrauten sich in der DDR selbst immer mehr Menschen zu Massendemonstrationen auf die Straße. Anfangs protestierten sie gegen gefälschte Kommunalwahlen, dann immer grundsätzlicher gegen die Verfolgung, Entwürdigung und für ihre Bürger-

Die strenge Überwachung und Zensur förderte den DDR-Flüsterwitz; hier drei Beispiele:

Honecker will bei den Bürgern erkunden, wie beliebt er sei. Er besucht also eine Hochhaussiedlung und klingelt an einer Tür. Ein kleines Mädchen öffnet: «Wer bist du denn, Onkel?» «Ich, meine Kleine, bin der Mann, der dafür sorgt, dass es euch gut geht. Ich sorge für Essen und Wohnung …» «Mami, Mami, komm' mal ganz schnell, Onkel Peter aus München ist da!»

Reagan, Breschnew und Honecker fragen den lieben Gott, was im Jahr 2000 sein wird. Zu Reagan sagt der liebe Gott: «Im Jahre 2000 werden die USA kommunistisch sein.» Da wendet sich Reagan ab und weint ganz bitterlich. «Und was wird mit der Sowjetunion?», fragt Breschnew. «Die Sowjetunion», sagt der liebe Gott, «wird aufgesogen sein vom Großchinesischen Reich.» Da wendet sich Breschnew ab und weint ganz bitterlich. «Und wo steht die DDR im Jahr 2000?» fragt Honecker. Da wendet sich der liebe Gott ab und weint. Ganz bitterlich.

(weiter auf Seite 270)

Forschungserfolg in der DDR. Ein Metallbetrieb hatte einen Draht entwickelt, der so dünn war, dass keines der in der DDR bekannten Messgeräte die Dicke bestimmen konnte. Eine Probe wurde nach Japan geschickt, zum Bestimmen der Dicke. Leider hatte man vergessen, den Brief mit der entsprechenden Bitte beizulegen.

Das Paket kommt zurück. Die ganze Führungsriege der SED ist erschienen, und der Kombinatsleiter öffnet es: «Leider wussten wir nicht, was wir mit dem Draht machen sollten, also haben wir ein Außen- und ein Innengewinde reingeschnitten.»

rechte: «Wir sind das Volk!» Da Gorbatschow eine Intervention der 380 000 stationierten sowjetischen Besatzungssoldaten ablehnte, kapitulierte die SED kurz nach der 40-Jahr-Feier am 7. Oktober kampflos. Honecker wurde entmachtet, die SED-Führung trat zurück. Nach einer Kommunikationspanne wurde unter dem Druck der Massen am 9. November 1989 die Berliner Mauer geöffnet. Eine grenzenlose Begeisterung erfasste die Menschen in Ost und West. Erstmals in der deutschen Geschichte hatte eine revolutionäre Bewegung gesiegt.

Die Bürgerrechtskämpfer/-innen strebten eine Reform der DDR an, wurden aber schon bald durch die Ereignisse überrollt. In die revolutionäre Stimmung mischte sich der Ruf nach einem raschen Anschluss an die Bundesrepublik: «Wir sind ein Volk!» Die DDR schloss sich der BRD an. Visionen von einem neuen Staat zwischen Sowjetkommunismus und Kapitalismus setzten sich nicht durch. Die marode DDR-Staatswirtschaft wurde privatisiert und zum größten Teil aufgelöst («abgewickelt»). Die Verfolgten des Regimes mussten sich damit abfinden, mit ihren meist nicht bestraften Verfolgern in der gleichen Gesellschaft weiterzuleben.

In der raschen Auflösung der DDR wurde auch die Frage obsolet, inwiefern Menschenrechtsverletzungen, Unfreiheit, wirtschaftliche Stagnation als Nachteile oder inwiefern Sicherheit des Arbeitsplatzes und der Grundversorgung als Vorteile zu gewichten seien.

Fall der Berliner Mauer, 9./10.11.1989

In einer Pressekonferenz gegen Abend des 9.11. hatte der Politbüro-Pressesprecher versehentlich eine für den nächsten Tag und zuerst an die Grenzorgane gerichtete Weisung über die völlige Reisefreiheit verlesen. Darauf drängten sich die Ostberliner/-innen an die Übergänge, deren Beamte sie schließlich öffneten. Noch in der gleichen Nacht erkletterten Jugendliche aus West- und Ostberlin die Mauer vor dem Brandenburger Tor. Dort war sie zu einer vier Meter dicken Panzersperre ausgebaut. Diese Sperre zu erklettern oder von ihr herunterzuspringen bedeutete nur noch eine Mutprobe und nicht mehr den sicheren Tod wie noch wenige Stunden zuvor.

Die spätere Aufhebung des 30 bis 500 Meter breiten Todesstreifens führte zur städtebaulichen Umgestaltung Berlins. Die verbleibenden Mauerreste stehen mittlerweile unter Denkmalschutz.

15.7 Jugoslawien und Albanien

15.71 Sonderwege: Jugoslawien und Albanien waren geografisch am weitesten vom sowjetischen Machtzentrum entfernt, und die Partisanenführer Tito und Hodscha hatten ihre Länder im Zweiten Weltkrieg selbst befreit. (▶ 14.34). Sie und nicht Exilregierungen aus Moskau übernahmen die Macht und beharrten auf einem sozialistischen Sonderweg und weitgehender Blockfreiheit.

Jugoslawiens Industrie basierte auf Kollektivbetrieben, die aber weitgehend von den Arbeiterinnen und Arbeitern selbst verwaltet wurden. Sie blühten bis in die Siebzigerjahre auf, verpassten aber danach den technologischen Anschluss. In der Landwirtschaft wurden die Großgrundbesitzer enteignet und das Land auf Familienbetriebe verteilt. Doch waren diese für eine rationelle Bewirtschaftung zu klein. Immerhin konnte das Land sich selbst versorgen. Dabei gab es große regionale Unterschiede: Während der Norden, die Teilrepubliken Slowenien und Kroatien, florierte, blieben die südlichen Teilrepubliken Serbien, Mazedonien und Montenegro zurück. Bosnien-Herzegowina stand dazwischen.

Vertieft wurden die wirtschaftlichen Gegensätze durch ethnische Unterschiede, die immer deutlicher zum Vorschein kamen: Nur die serbokroatische Sprache war zwei Teilrepubliken gemeinsam, sonst wurde in jeder eine andere gesprochen. Die drei nördlichen Teilrepubliken verwendeten die lateinische, die drei südlichen die kyrillische Schrift. In Slowenien und Kroatien dominierte römisch-katholisches, in Serbien und Mazedonien griechisch-orthodoxes Christentum, in Bosnien-Herzegowina der Islam – aber überall gab es sprachliche und religiöse Minderheiten. In der größten Teilrepublik Serbien waren es im Norden die ungarischsprachige Vojvodina und im Süden der albanischsprachige, islamische Kosovo. Dazu kam eine unbewältigte Vergangenheit: Kroaten hatten im Zweiten Weltkrieg einen Vasallenstaat der Achsenmächte errichtet und bei der Bekämpfung von Titos Partisanen geholfen; dessen Serben wiederum hatten am Ende des Weltkriegs Massaker an den Kollaborateuren begangen.

Tito hielt über seinen «Bund der Kommunisten» und dank seines Charismas die Teilrepubliken zusammen. Er gewährte ihnen weitgehend Autonomie, in der Verfassung von 1974 erhob er sogar die Vojvodina und den Kosovo zu fast eigenständigen Teilrepubliken.

Albanien, ab 1912 selbstständiges Königreich, kämpfte sich im Zweiten Weltkrieg unter dem Partisanenführer Enver Hodscha von der italienischen Besatzung frei. Auch Hodscha lavierte zwischen den Blöcken und führte das ethnisch und territorial geschlossene Land in die Isolation. 1967 ließ er sogar jegliche Religion verbieten. Erst 1991 unterzeichnete Albanien die KSZE-Vereinbarungen.

15.72 Krisen: Tito war der letzte Staatsmann, der alle jugoslawischen Teilrepubliken zusammenhalten konnte. Als Nachfolge hatte er in der Verfassung von 1974 eine kollektive Führung mit je einem Vertreter pro Teilrepublik vorgesehen. Sofort nach seinem Tod verlangte 1981 der Kosovo die Aufwertung zur Teilrepublik, stieß aber auf erbitterten Widerstand des Serbenpräsidenten Slobodan Milošević (1941–2006). Dieser sah im Kosovo die Wiege Serbiens. Dort nämlich, auf dem Amselfeld, hatten die Serben 1389 eine unentschiedene, verlustreiche Schlacht gegen die Osmanen ausgetragen. Milošević verschaffte sich in Serbien die Alleinherrschaft und brüskierte Slowenien und Kroatien, die als wohlhabendere Teilrepub-

Wappen der jugoslawischen Teilrepubliken, von oben:

Sl:	Slowenien
Kr:	Kroatien
B-H:	Bosnien-Herzegowina
Se:	Serbien mit Vojvodina (Vo) und Kosovo (Ko)
Mo:	Montenegro
Ma:	Mazedonien

(Detaillierte Karte ▶ 34.11)

liken Jugoslawien mittragen halfen. Denn die Wirtschaftskrise, hervorgerufen durch eine zu wenig effiziente Landwirtschaft, veraltete Industriebetriebe und eine hohe Korruption innerhalb des «Bundes der Kommunisten», hatte auch Jugoslawien erreicht. Sobald auch noch der internationale Druck des Kalten Kriegs wegfiel, brach das Land in verschiedenen Bürgerkriegen auseinander (▶ 34.11).

Auch in *Albanien*, das sich vollkommen abgeschottet hatte, erhoben sich 1990 die Menschen gegen das kommunistische Regime unter dem Hodscha-Nachfolger Ramiz Alia. Dieser gestand wieder katholische und islamische Gottesdienste zu. Das Land öffnete sich vor allem nach dem Machtwechsel von der kommunistischen zur Demokratischen Partei unter Sali Berisha (geb. 1944). Die Wirtschaftskrise führte zu einer hohen Emigration.

15.8 Rumänien und Bulgarien

15.81 Nachfolge-Stalinisten: Rumänien und Bulgarien standen während des Kalten Kriegs nicht im internationalen Brennpunkt. Als relativ rückständige Länder übte Stalins Entwicklungsdiktatur eine gewisse Faszination aus, und entsprechende Diktatoren konnten sich langjährig etablieren. In Rumänien war dies seit 1965 Nicolae Ceaucęscu (1918–1989) als Nachfolger seines Förderers Gheorghe Gheorghiu-Dej (1901–1965). Beide entwickelten Rumänien zu einem Industriestaat, allerdings nicht zu einem modernen, der seine Produkte exportieren konnte.

Wie Tito betrieb Ceaucęscu eine eigenständige Außenpolitik und war deshalb trotz Mitgliedschaft im Warschauer Pakt und im Rat für gegenseitige Wirtschaftshilfe im Westen geachteter als andere sowjetische Staatschefs. So anerkannte Ceaucęscu bereits 1967 die Bundesrepublik Deutschland, beteiligte es sich 1968 nicht an der Niederwerfung des Prager Frühlings und brach die Beziehungen zum mit der Sowjetunion verfeindeten China nicht ab. Von Maos Personenkult ließ er sich zu geradezu grotesken Auswüchsen inspirieren. Seine langjährige Herrschaft förderte die Korruption und die Verschwendung durch Investitionen in unproduktive Großprojekte. Und um nicht von anderen Staaten abhängig zu sein, zahlte er die ausländischen Schulden zurück. Dafür musste das Volk darben. Seine Herrschaft sicherte er durch einen brutalen Geheimdienst, die «Securitate».

Bulgarien war zwar im Zweiten Weltkrieg nicht in den Krieg gegen die Sowjetunion eingetreten, wurde aber danach von der Roten Armee besetzt. Diese verhalf dem Kommunisten Todor Schiwkow (1911–1998) zu einer langjährigen Herrschaft (1954 bis 1989). Im Gegensatz zu Rumänien blieb Bulgarien ein angepasstes Mitglied des Ostblocks.

15.82 Diktatorensturz: Mit dem Zerfall des Ostblocks stürzten auch der rumänische und der bulgarische Diktator. Im Dezember 1989 protestierten die Menschen im *rumänischen* Siebenbürgen, einem Gebiet im Westen mit ungarisch- und deutschsprachiger Minderheit, gegen die Unterdrückung durch den Geheimdienst, die Securitate. Die Securitate reagierte mit brutaler Härte. Aber nun wechselten Teile der Armee die Seite und zerschlugen die Geheimpolizei. Ceaucęscu versuchte zu fliehen, doch dabei wurde er verhaftet und zusammen mit seiner Frau nach einem Militärgerichtsverfahren hingerichtet. Nach den anschließenden Wahlen bildeten Reformkommunisten und ehemalige Oppositionelle eine Regierungskoalition.

Rumänien, Bukarest: Kulturpalast, eröffnet 1989, Gesamtfläche 365 000 m². Heute Parlamentsgebäude

Bulgarien, Sofia: Kulturpalast, eröffnet 1981, Gesamtfläche 123 000 m². Heute Kultur- und Kongresszentrum

In *Bulgarien* trat Schiwkow auf Druck der kommunistischen Partei am 10. November 1989 «freiwillig» zurück. Auch ihm wurde der Prozess gemacht, aber er wurde wegen Korruption lediglich zu Hausarrest bis zu seinem Lebensende verurteilt.

Bulgarien und Rumänien gemeinsam ist die Art der Revolution: Diese beschränkte sich auf die Absetzung der Führer, aber die Behörde darunter wurden nicht ausgewechselt. Die kommunistischen Parteien konnten allein oder in Koalitionen weiterregieren. Die Korruption blieb unverändert hoch und überdauerte den Kalten Krieg genau so wie die Wirtschaftsprobleme und die schlechte soziale Lage der Bevölkerung.

15.9 Afghanistan

15.91 Sowjetisches Interesse: Afghanistan gelangte während des Kalten Kriegs auch in den Einflussbereich der Sowjetunion, allerdings nach einer anderen Vorgeschichte als die osteuropäischen Staaten. Das Königreich Afghanistan wurde nämlich bereits in der Teilung der Einflusssphären zwischen dem Zarenreich Russland und Großbritannien im Jahr 1907 als neutrale Pufferzone vorgesehen: Russland schob sich an dessen heutige Nordgrenze, Großbritannien an dessen heutige Südgrenze heran. Die Paschtunen und andere dort lebende Völker wurden nicht befragt, die Paschtunen sogar in einen britischen und einen neutralen Teil aufgespalten.

Während des Zweiten Weltkriegs und des Kalten Kriegs lehnte sich Afghanistan unter König Mohammed Zahir Shah (1914–2007, reg. 1933–1973) an die Sowjetunion an. Der König wurde 1973 von seinem Cousin und früheren Premierminister, Mohammed Daoud Khan (1909–1978) gestürzt, der seinerseits eine Republik errichtete. Er verfolgte eine blockfreie Politik, was die Sowjetunion beunruhigte. Denn Afghanistan bildete für sie einen möglichen Ausgangspunkt, um mit der Luftwaffe im Nahen Osten eingreifen zu können. Dieser war damals ein Brennpunkt der Weltpolitik (▶ 26.44).

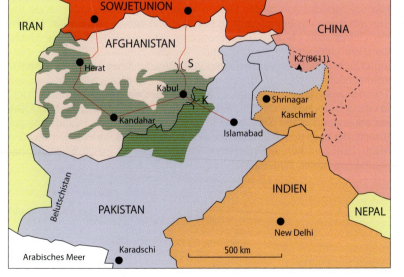

1978 stürzte die afghanische Kommunistische Partei unter Nur Muhammad Taraki (1917–1979) die Regierung Daoud, hatte aber Probleme, selbst die Macht zu behaupten. Obwohl in der Sowjetführung interne Bedenken gegen eine Intervention bestanden, setzte Breschnew durch, dass am 25. Dezember 1979 sowjetische Truppen die Grenze überschritten und nach Kabul eingeflogen wurden. Eine Rolle spielte dabei, dass im benachbarten Iran kurz zuvor die Islamisten den Schah Mohammad Reza Pahlavi gestürzt hatten (▶ 26.36). Die Sowjetunion wollte verhindern, dass sich an ihrer Südgrenze Islamismus breitmachte. Denn auch in der Sowjetunion lebten 43 Millionen Muslime und Musliminnen, deren Ermutigung zum Separatismus die Regierung fürchtete. Der Umsturz im Iran setzte dem amerikanischen Einfluss dort ein Ende. So musste die Sowjetunion – aus ihrer Sicht der positive Aspekt des Umsturzes – kein amerikanisches Eingreifen befürchten.

15.92 Sowjetischer Afghanistan-Krieg, 1979–1989: Doch reagierte der Westen sehr scharf auf die sowjetische Invasion in Afghanistan: Die USA verweigerten die Ratifizierung des schon abgeschlossenen SALT-II-Abkommens (▶ 14.93) und verboten Exporte von technologischen Produkten und von Weizen in die Sowjetunion. Unter ihrer Führung boykottierten 65 Staaten 1980 die Olympischen Sommerspiele in Moskau. (Die Ostblockstaaten rächten sich mit dem Boykott der Sommerspiele in Los Angeles 1984.)
Schwerer wog aber, dass die Invasion einen Misserfolg darstellte, obwohl schließlich 115 000 sowjetische Soldaten im Einsatz waren.
Diese konnten zwar die großen Städte und wichtigen Straßenverbindungen kontrollieren und mit Babrak Karmal (1929–1996) einen neuen kommunistischen Führer einsetzen. Aber vor allem im gebirgigen Grenzgebiet zu Pakistan hielten sich die Rebellen, die Mudschaheddin (Soldaten im Heiligen Krieg, dem Dschihad). Afghanische Flüchtlinge in Pakistan ließen sich gerne für deren Unterstützung anwerben; die USA und China lieferten Geld und Waffen. Mit modernen amerikanischen Flugabwehrraketen gefährdeten sie sogar die sowjetische Luftherrschaft.
Darüber hinaus schadete der Angriff auf ein Entwicklungsland dem Ansehen der Sowjetunion in der Dritten Welt. Einzig Indien unterstützte die Sowjetunion – aus Feindschaft zu Pakistan, mit dem es sich um das Kaschmir-Gebiet stritt (▶ 27.32). Gorbatschow war, als er 1985 an die Macht kam, entschlossen, «unsere blutende Wunde» zumindest für die Sowjetunion zu heilen. Denn der teure und verlustreiche Krieg war in der Sowjetunion äußerst unpopulär. Bis zum Februar 1989 zog die Sowjetunion ihre Truppen aus Afghanistan zurück. Sie hinterließ ein vom Krieg zerstörtes, in einem Bürgerkrieg zerstrittenes Land. Vor allem hatten sie und die USA auf entgegengesetzter Seite gemeinsam einen fanatischen Islamismus gefördert, der nach dem Kalten Krieg eine wichtige Rolle spielte. Die aus den Mudschaheddin hervorgegangenen Taliban leisteten im nächsten Afghanistankrieg harten Widerstand.

16. Der Westen, 1945–1991

16.0 Freiheit und Wettbewerb: Die europäischen Staaten westlich des Eisernen Vorhangs (ohne Jugoslawien und Albanien), die USA und Kanada verfolgten die liberale Idee der persönlichen Freiheit und des Wettbewerbs. Die Idee des Liberalismus setzten die meisten Staaten mit marktwirtschaftlichen Formen um. Das heißt, in weiten Bereichen entschied das Verhältnis von Angebot und Nachfrage nicht nur über den kurzfristigen Preis, sondern auch über die langfristige Entwicklung von Produkten, von Unternehmen, Arbeitsbedingungen und letztlich über die Entwicklung von Staat und Gesellschaft. Unter dem Einfluss der Konkurrenz durch den Ostblock machten aber die meisten Marktwirtschaften Konzessionen an die soziale Idee des Ausgleichs und der Solidarität. So entwickelten sich die reinen zu sozialen Marktwirtschaftssystemen und teilweise noch weiter zu Sozial- und gar Wohlfahrtsstaaten.

16.1 Die USA und Kanada

16.11 Vormacht des Westens: Während der Weltwirtschaftskrise, des New Deals und des Zweiten Weltkriegs hatte der Präsident eine überragende Stellung eingenommen. Äußeres Zeichen war die viermalige Wahl Roosevelts zum Präsidenten.
Auch der Kalte Krieg sorgte dafür, dass die amerikanischen Präsidenten außenpolitisch eine machtvolle Stellung bewahrten und sich besonders in Krisen als Führer der westlichen Welt profilierten. Im Koreakrieg waren dies Harry Truman (1945–1952) und Dwight D. Eisenhower (1953–1961), in der Kubakrise John F. Kennedy (1961–1963), im Vietnamkrieg Richard Nixon (1969–1974), jeder unterstützt von profilierten Beratern. Dabei standen die Präsidenten immer zwischen dem Druck des Militärs zu einer militärischen Lösung und der Angst der Menschen vor einem verheerenden Krieg. In allen Fällen gelang den Präsidenten eine politische Lösung: Truman setzte den General MacArthur mit seiner Forderung nach einem Atomkrieg im Koreakrieg ab (▶ 14.62), Kennedy widersetzte sich einer militärischen Reaktion auf den Bau der Berliner Mauer (▶ 14.54) und der Stationierung von Mittelstreckenraketen auf Kuba (▶ 14.7) und Nixon erreichte im Vietnamkrieg durch den Einbezug Chinas eine Rückzugsmöglichkeit wenigstens für die USA (▶ 14.86).
Auch in Gesellschaft, Wirtschaft und Kultur gab nach dem Zweiten Weltkrieg die Siegermacht USA für die westliche Welt die Maßstäbe vor. Die freie Entfaltung des Individuums, die Produktion von Massenkonsumgütern (▶ 18.45) und die Verbreitung des amerikanischen «way of life» (▶ 12.22) prägten mindestens die Epoche bis zur Erdölkrise 1973 (▶ 19.11). Mit der gleichzeitig verfügten Einschränkung der Konvertierbarkeit des Dollars, seiner schleichenden Abwertung durch explodierende Staatsverschuldung und der Kulturkritik durch das wachsende Umweltbewusstsein sank seither die Bedeutung der USA.

16.12 Innenpolitischer Kalter Krieg: Der Zweite Weltkrieg hatte aber neben den USA noch die Sowjetunion als Sieger hervorgebracht. Sie trat schon 1949 in das Wettrüsten mit Atomwaffen ein, nachdem sie wichtige Erkenntnisse im Westen ausspioniert hatte. Maos Sieg im chinesischen

Amerikanische Einflüsse

Politik:
– Weltwährungssystem (Bretton Woods, 1944, ▶ 18.45)
– Freihandelsabkommen GATT (▶ 14.37)
– Marshallplan und OECD (▶ 14.37)

Wirtschaft
– Fließbandproduktion
– Marketing
– Handelsketten
– Selbstbedienung

Kultur:
– Anglizismen
– Popmusik
– Hollywoodfilme
– Star-System, Showbusiness
– Basketball, Baseball

Produkte:
– Jeans
– Kaugummi
– Coca-Cola
– Fastfood (McDonald's)
– Informationstechnologie: Hard- und Software.

«Jetzt erst recht: Mach mal Pause, trink ‹Coca-Cola›!»
Zeitschriftenwerbung für Coca-Cola, USA 1955, Europa 1956

«Mr. T. Rice as The Original Jim Crow», New York, 1832

Der weiße Schauspieler Thomas Rice (1808–1860) machte zwischen 1830 und 1850 die Kunstfigur Jim Crow, einen primitiven, verlumpten und fröhlichen Schwarzen, zu einer populären Bühnenfigur.

Bürgerkrieg 1949 bedeutete (damals) einen weiteren sowjetischen Sieg. Das durch die USA unterstützte bürgerliche Kuomintang-Regime musste sich auf die Insel Taiwan zurückziehen (▶ 29.31). Mit dem nordkoreanischen Angriff 1950 schien der Sowjetkommunismus die amerikanische Vorherrschaft infrage zu stellen (▶ 14.6). Unter dieser Angst verbreitete sich die Kluft in der amerikanischen Innenpolitik. Schon die Sozialpolitik des New Deal (▶ 12.2) war konservativen Amerikanern/Amerikanerinnen, welche das Ideal der persönlichen Freiheit ohne Solidarität und möglichst ohne Staat hochhielten, verdächtig erschienen.

Von 1950 bis 1954 verkörperte der Senator Joseph McCarthy (1908–1957) diesen Kampf gegen eine vermeintliche kommunistische Unterwanderung der amerikanischen Gesellschaft. Wer vor seinen Senats-Untersuchungsausschuss vorgeladen wurde, war schon vorverurteilt, wurde oft strafrechtlich verfolgt (Hunderte von Opfern), verlor die Arbeit (12 000) und wurde gesellschaftlich geschnitten. McCarthy wurde unterstützt durch den Untersuchungsausschuss des Repräsentantenhauses «über unamerikanische Umtriebe» und durch den Geheimdienst FBI («Federal Bureau of Investigation»). Diese und weitere von reaktionären Kreisen getragenen Organe spielten auch im Hauptkonflikt der amerikanischen Politik eine wichtige Rolle.

16.13 Bürgerrechtsbewegung: Nach dem Sezessionskrieg war die Sklaverei abgeschafft worden (▶ 7.93). Doch die soziale und wirtschaftliche Situation der afroamerikanischen Bevölkerung verbesserte sich damit nicht. Zuerst wurde sie durch Regelungen in Einzelstaaten benachteiligt («Black Codes»), danach durch die Trennung von «Rassen» (sogenannte «Jim-Crow»-Gesetze). Noch im Koreakrieg kämpften weiße und schwarze Amerikaner in getrennten Formationen. Weiße Offiziere konnten wohl Schwarze kommandieren, aber das Umgekehrte war undenkbar.

Mit dem Busboykott in der Stadt Montgomery 1955/1956 – die Schwarze Rosa Parks (1913–2005) war wegen Verletzung eines «Jim-Crow»-Gesetzes aus dem Bus gewiesen worden – nahm die Bürgerrechtsbewegung nach rechtlichen Demarchen den Weg durch die breite Masse der Benachteiligten. Der schwarze Baptistenprediger Martin Luther King (1929–

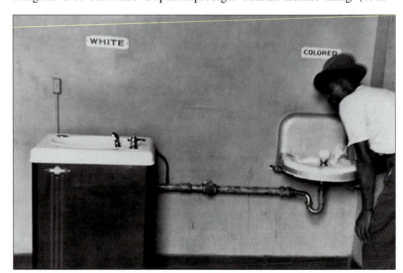

Segregated Water Fountains, North Carolina, 1950

Foto von Elliott Erwitt (geb. 1928)

1968), durch Mahatma Gandhi (1869–1948) inspiriert, rief zum gewaltlosen Widerstand auf: Nach über einem Jahr Boykott der Busunternehmen erklärte das Oberste Gericht der USA die Segregation für verfassungswidrig. King und seine Bewegung steigerten sich nun von legalen zu Akten des zivilen Ungehorsams, etwa der Besetzung von nur den Weißen vorbehaltenen Räumen durch Sitzblockaden. Präsident Kennedy, der seine knappe Wahl auch Schwarzen zu verdanken hatte, brachte 1963 ein Bürgerrechtsgesetz (Civil Rights Act) in den Kongress ein, das die Gleichberechtigung der Schwarzen vorsah. In diesem Zusammenhang veranstaltete King seinen berühmten Marsch auf Washington. 1964 wurde das Gesetz verabschiedet, aber nur zögerlich umgesetzt. Während King die Umsetzung weiter mit gewaltlosen Aktionen durchsetzen wollte, vertrat Malcolm X (1925–1965), ein Schwarzer aus dem Ghetto von Nord-Philadelphia, einen gewalttätigen Kurs. Er sah in der Gewaltlosigkeit nur ein weiteres Mittel der Weißen, die Schwarzen zu zähmen. Malcolm X wurde 1965 ermordet und seine Strategie von den «Black Panthers» weitergeführt. Martin Luther King wurde 1968 ermordet. Er hatte eine bürgerliche Gleichstellung der Schwarzen weitgehend erreicht, aber die soziale Benachteiligung bleibt bis heute bestehen.

Rosa Parks, im Hintergrund Martin Luther King, um 1955

Rosa Parks arbeitete bei der Bürgerrechtsorganisation «National Association for the Advancement of Colored People» (NAACP) und setzte sich am 1.12.1955 im Bus auf einen Platz in einer Mittelreihe. Diese Reihe hatten Schwarze zu räumen, sobald sich eine weiße Person dort setzte.
Rosa Parks Weigerung wurde lange als spontane Reaktion einer müden Frau interpretiert. Dazu sagt sie in ihrer Autobiografie: «People always say that I didn't give up my seat because I was tired, but that isn't true. I was not tired physically, or no more tired than I usually was at the end of a working day. I was not old, although some people have an image of me as being old then. I was forty-two. No, the only tired I was, was tired of giving in.»
Heute nimmt man an, dass es sich um eine vom NAACP geplante Provokation handelte, wofür sich die sympathische Rosa Parks als prominentes Opfer eignete.

16.14 Emanzipation und Gesellschaftsteilung: Die Bürgerrechtsbewegung leitete eine Reihe von Emanzipationsbewegungen ein. Frauen, die Jugendbewegung und Homosexuelle erkämpften sich mehr Rechte oder sogar weitgehende Gleichberechtigung und Anerkennung. Die durch den Vietnamkrieg und die Wirtschaftskrise verunsicherte Gesellschaft ermöglichte diesen Gruppen, ihren Platz neu zu definieren. Auch benachteiligte Schichten und Arbeitslose erhielten mehr Unterstützung. Vorübergehend setzte eine Entwicklung zum Sozialstaat ein.

Mit der Amtszeit des neoliberalen Präsidenten Ronald Reagan (1981–1989) wurde die Kluft zwischen Arm und Reich wieder größer: Die armen Schichten litten unter dem Rückzug des Staates aus der Sozialpolitik, die reichen profitierten von Steuererleichterungen und der Begünstigung großer Unternehmen. Die USA wurden kein Sozialstaat.

16.15 Kanada: Die britische Kolonie war nach 1867, im Zusammenhang mit dem amerikanischen Sezessionskrieg (▶ 7.93), schrittweise unabhängig geworden: 1867 als Dominion mit einer eigenen Staatsorganisation, 1931 mit dem Recht auf eine eigene Legislative. Das unpolitische Staatsoberhaupt bleibt weiterhin die britische Königin, vertreten durch den Generalgouverneur. Als Erbe aus der Kolonialzeit beschäftigte Kanada aber immer noch die Auseinandersetzung mit der französischsprachigen Minderheit – Sezessionsbestrebungen in der Provinz Québec – sowie der Umgang mit der indigenen Bevölkerung, die wie in den USA in Reservate abgedrängt wurde.

16.2 Zusammenschlüsse in Europa

16.21 EWG und EFTA: Während der auf gesellschaftliche Themen ausgerichtete Europarat ein Schattendasein fristete, kam die wirtschaftliche Integration Europas rasch voran (▶ 14.38). Die ersten Schritte erfolgten noch unter dem Diktat der Siegermächte, aber bereits die mit den Römer Verträgen von 1957 gegründete Europäische Wirtschaftsgemeinschaft

Die wichtigsten europäischen Zusammenschlüsse im Westen

Name, Abkürzung Gründungsjahr	Ziele	Organe und Standorte	Mitglieder (2015)
Europarat (Conseil d'Europe, Council of Europe), ER, 1949	Schutz der Menschenrechte (Europäische Menschenrechtskonvention, EMRK), Koordination der Sozialpolitik	1. Ministerausschuss (Straßburg) 2. Europäischer Gerichtshof für Menschenrechte (Straßburg) 3. Parlamentarische Versammlung (Straßburg); 636 Delegierte aus den Parlamenten der Mitgliedstaaten	47 europäische Staaten (ohne Weißrussland)
North Atlantic Treaty Organization (Nordatlantische Allianz), NATO, 1949	Koordination der militärischen Verteidigung	1. Nordatlantikrat: Regierungsvertreter 2. Generalsekretariat (Brüssel)	28 Staaten; 25 europäische sowie USA, Kanada und Türkei
European Free Trade Association (Europäische Freihandelsassoziation), EFTA, 1960	Freihandelszone für Industrieprodukte	1. Rat: Regierungsvertreter 2. Sekretariat (Genf)	Island, Liechtenstein, Norwegen, Schweiz
Organization for Economic Cooperation and Development, OECD, 1961 (vorher OEEC, Marshallplan, ▶ 14.37)	Koordination der wirtschaftlichen Zusammenarbeit; Förderung von Demokratie und Marktwirtschaft	1. Rat: Regierungsvertreter 2. Exekutivausschuss (mit Fachausschüssen) 3. Generalsekretariat (Paris)	34 Staaten (25 europäische Länder sowie Australien, Chile, Israel, Japan, Kanada, Republik Korea, Mexiko, Neuseeland, Türkei, USA)
Europäische Gemeinschaft für Kohle und Stahl («Montanunion»), EGKS, 1951	Gemeinsamer Markt für Kohle, Eisen und Stahl	1. Europäischer Rat und Ministerrat (anordnende Behörde (Brüssel)): aus jedem Mitgliedstaat je ein Regierungsvertreter 2. Kommission (exekutive Behörde; Brüssel): 27 Mitglieder, je eines aus jedem Mitgliedstaat 3. Europäischer Gerichtshof (Luxemburg): je ein Richter aus jedem Mitgliedstaat 4. Europäisches Parlament (Straßburg): 754, seit 1979 in Direktwahl für 5 Jahre gewählte Abgeordnete: 99 aus Deutschland, je 72 aus Frankreich, Großbritannien und Italien, je 50 aus Polen und Spanien, 33 aus Rumänien, 25 aus den Niederlanden, je 22 aus Belgien, Griechenland, Portugal, Tschechien, Ungarn; aus den übrigen Mitgliedstaaten weniger als 20. Die Abgeordneten organisieren sich in transnationalen Parteifraktionen.	Gründungsmitglieder: Belgien, Deutschland, Frankreich, Italien, Luxemburg, Niederlande 1973: Großbritannien, Irland, Dänemark 1981: Griechenland 1986: Portugal, Spanien 1995: Finnland, Österreich, Schweden 2004: Estland, Lettland, Litauen, Malta, Polen, Slowakei, Slowenien, Tschechien, Ungarn, Zypern 2007: Bulgarien und Rumänien 2013: Kroatien 2016: Großbritannien beschloss den Austritt aus der EU («Brexit»).
Europäische Atomgemeinschaft (Euratom/EAG), 1957	Koordination der Kernenergiepolitik		
Europäische Wirtschaftsgemeinschaft, EWG, bis 1992; Europäische Gemeinschaft, EG, 1992–2009	Zuerst Freihandelszone, Zollunion, seit 1999 Währungs- und Wirtschaftsunion		
Europäische Union (seit 1992; seit 2009 Nachfolgerin der Europäischen Gemeinschaft, EG	Zuerst wirtschaftliche, dann politische Integration		

Flagge des Europarates und seit 1986 auch der EWG

Flagge der NATO

Die anderen Organisationen haben keine Flagge.

EWG entfaltete rasch eine große Wirkung: Zuerst sollte sie eine Freihandelszone herstellen, danach in eine Zollunion mit einheitlichen Außenzöllen übergehen. Später vorgesehen war ein gemeinsamer Binnenmarkt (1992 umgesetzt), dann eine Währungsunion (teilweise 2002 umgesetzt) und erst zuletzt eine politische Einigung. Dieses Programm wirkte über die sechs Gründungsstaaten (Frankreich, Italien, die Bundesrepublik Deutschland und die drei Benelux-Länder Belgien, Niederlande und Luxemburg) hinaus attraktiv. Denn bereits der zweite Schritt, die Zollunion, bedeutete für die außerhalb stehenden Staaten eine Benachteiligung: Wenn die Mitgliedstaaten untereinander die Zölle senkten oder abschafften, so hatten ihre Produkte einen größeren Absatzmarkt als diejenigen von Außenstehenden. Die Befürchtungen der weniger integrationswilligen europäischen Staaten (Großbritannien, die neutralen und die skandinavischen Staaten) wurden verstärkt durch das enorme Wirtschaftswachstum, das die EWG bei ihren Mitgliedern auslöste und sie schon bald zum größten Importeur und zum zweitgrößten Exporteur der Welt machte. Nach den ersten zehn Jahren hatte sich der Außenhandel der EWG mehr als verdoppelt, und der Binnenhandel war um 238 Prozent gewachsen.

Die abseits stehenden Staaten erstrebten zunächst eine umfassende europäische Freihandelszone, welche die EWG eingeschlossen hätte. Als dies die EWG ablehnte, gründeten sie, darunter die Schweiz, 1960 eine ergänzende Freihandelszone, die EFTA. Diese beschränkte sich auf den ersten Schritt der EWG, die Errichtung einer Freihandelszone. Doch schon 1961 stellten Großbritannien, Dänemark, Norwegen und Irland den Antrag, als Mitglieder in die EWG aufgenommen zu werden.

16.22 Frankreichs zeitweiser Widerstand: Ab 1958 war in Frankreich Charles de Gaulle (1890–1970) Präsident der Fünften Republik (▶ 16.61) und gleichzeitig der führende Politiker der EWG. Doch er wollte die EWG nicht weiterentwickeln, sondern auf dem Stand einer Zollunion unter privilegierten Mitgliedern halten. Seine politische Vision war nicht ein Vereintes, sondern ein «Europa der Vaterländer». Von einem britischen Beitritt befürchtete er ferner eine Konkurrenz für die französische Vormacht. Daher legte de Gaulle 1963 sein Veto gegen einen Beitritt Großbritanniens zur EWG ein. Auch die Weiterentwicklung zu einer Organisation mit eigenen Finanzen blockiert er 1965. Die übrigen Staaten mussten dies akzeptieren, wenn sie den Einigungsprozess nicht wieder rückgängig machen wollten. Damit war die EWG in den Sechzigerjahren blockiert. Fast nur noch in der Agrarpolitik gelangen Fortschritte: Die EWG schottete ihren Agrarmarkt von der Weltwirtschaft ab und subventionierte die Landwirtschaft; davon profitierten vor allem Frankreich und Italien.

Ein Durchbruch gelang der EWG erst nach de Gaulles Rücktritt im Jahr 1969. Die Organisation konnte sich nun mit einer Mehrwertsteuer selbst finanzieren. 1973 konnten die bisherigen EFTA-Staaten Großbritannien, Irland und Dänemark aufgenommen werden; die norwegische Stimmbürgerschaft lehnte dagegen den durch die Regierung bereits vereinbarten Beitritt ab. Nachdem 1974/75 die Diktaturen in Portugal, Griechenland und Spanien beseitigt worden waren, wurden 1981 Griechenland und 1986 die beiden iberischen Staaten aufgenommen.

16.23 Stillstand in den Achtzigerjahren: Diese «Süderweiterung» verstärkte innerhalb der EWG das soziale Gefälle und belastete zunehmend die Solidarität zwischen den reichen Industrieländern und den armen Agrarländern im Süden. Zu den Profiteuren dieses sozialen Ausgleichs gehörten Italien, Griechenland und Irland, während Großbritannien und die Bundesrepublik am meisten zahlten. Da Großbritannien unter Premierministerin Margaret Thatcher (▶ 16.72) in den Achtzigerjahren eine weitergehende Integration ähnlich bremste wie früher de Gaulle, drohte der EWG 1985 erneut eine Krise. Diese konnte nur überwunden werden, indem sie den britischen Finanzbeitrag durch einen Rabatt reduzierte.

Die unterschiedlichen Interessen und die Erweiterung bremsten die Integration der EWG. Immerhin wurde seit 1979 das Europäische Parlament direkt von den Völkern gewählt und die Gemeinschaft damit vermehrt deren eigene Angelegenheit. Doch besaß dieses Parlament zunächst nur bescheidene, lediglich negative Kompetenzen: Es konnte das Budget der Gemeinschaft ablehnen. Erst 1993, mit dem Vertrag von Maastricht und dem Übergang von der EG zur EU, konnte es Maßnahmen und Gesetze beschließen.

Die wirtschaftliche Zusammenarbeit durch den Zollabbau in der EWG und in der EFTA benachteiligte die Entwicklungsländer (▶ 32.12). Ihr Anteil am Welthandel sank und sie konnten vor allem ihre exportorientierten Landwirtschaftsprodukte dort nicht absetzen. Die EWG gewährte zwar ehemaligen Kolonien in den sogenannten Lomé-Abkommen (1975–1989) gewisse Erleichterungen. Davon profitierte aber vorwiegend eine kleine Zahl von relativ entwickelten Schwellenländern.

16.3 Die Bundesrepublik Deutschland

16.31 Vorrang der Stabilität: Die Bundesrepublik Deutschland wurde 1949 mit dem Hauptgedanken gegründet, das Schicksal der Weimarer Republik zu vermeiden: Die Macht des Bundespräsidenten wurde gegenüber dem Reichspräsidenten beschnitten, die Zersplitterung der politischen Kräfte durch die Fünf-Prozent-Klausel bei der Wahl in den Bundestag verhindert und der Sturz einer Regierung durch das Parlament erschwert (konstruktives Misstrauensvotum: Es muss gleichzeitig mit dem Misstrauensvotum eine Mehrheit für eine neue Regierung zustande kommen).

Dem Wunsch nach Stabilität entsprechend wurde die Politik dominiert von der konservativen Christlich Demokratischen Union (CDU) und ihrer bayerischen Schwesterpartei Christlich-Soziale Union (CSU) unter dem langjährigen Bundeskanzler Konrad Adenauer (1876–1967, Bundeskanzler 1949–1963). Bis 1966 stellten sie die Bundesregierung, danach bis 1969 in einer Großen Koalition mit der SPD.

Zwar entwickelten sich die Bundesrepublik Deutschland mit der Hauptstadt Bonn und die DDR mit der Hauptstadt Ostberlin ab 1949 getrennt weiter und immer weiter auseinander. Aber gemeinsam blickten beide Staaten nach vorn und arbeiteten ihre Vergangenheit nicht auf. So fand in der Bundesrepublik der «Bund der Vertriebenen» aus den Ostgebieten mehr Gehör für seine Anliegen als die Widerstandskämpfer/-innen gegen den Nationalismus oder gar die überlebenden Opfer des Holocaust. Ehemalige Täter des nationalsozialistischen Regimes wurden im Rahmen des Kalten Kriegs bald wieder in Amt und Würden eingesetzt. Erst durch die 68er-Bewegung (▶ 19.22) wurde diese Praxis entlarvt.

16.32 Integration ins westliche Bündnis: Auch außenpolitisch suchte die Bundesrepublik nach Stabilität. Adenauer, zeitweise gleichzeitig Au-

CDU-Wahlplakat, 1957, Entwurf Paul Aigner (1905–1984)

Weil Politiker damals nur schwarz-weiß und viel weniger als heute fotografiert wurden, fiel die Differenz zum realen Aussehen des 81-Jährigen nicht auf.

Bundesrepublik Deutschland

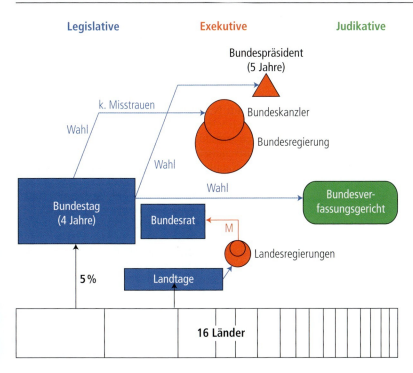

Schema des Aufbaus der Bundesrepublik Deutschland (vereinfacht)

Der Bundesrat kann über Gesetze mitbestimmen oder Einspruch gegen vom Bundestag verabschiedete Gesetze einlegen.
Bundestag und Bundesrat wählen Bundespräsident und Bundesverfassungsgericht nach je besonderen Verfahren.
M: Mitglieder
k. Misstrauen: konstruktives Misstrauensvotum

Dargestellt ist der heutige Zustand mit 16 Bundesländern. Vor der Wiedervereinigung gab es nur deren elf.

ßenminister, setzte dabei auf den Anschluss an den Westen. Er konnte davon profitieren, dass die Bundesrepublik im Kalten Krieg strategisch und wirtschaftlich eine wichtige Rolle spielte, die westlichen Siegermächte also auf sie angewiesen waren.

Die Teppich-Episode im Hotel Petersberg, 21.9.1949

Nach ihrer Wahl machte die Regierung Adenauer im Hotel Petersberg bei Bonn ihren Antrittsbesuch bei den Vertretern der drei Besatzungsmächte (von links) John McCloy (USA), André François-Poncet (F) und Brian Robertson (GB).
Vereinbart war für das Protokoll, dass die deutsche Delegation neben dem Teppich zu bleiben habe. Aber im Vertrauen auf seine persönliche Bekanntschaft mit dem französischen Vertreter trat Adenauer zur Begrüßung auf den Teppich und blieb während seiner Ansprache dort stehen. Er signalisierte damit den Anspruch auf eine Partnerschaft auf Augenhöhe.

Der «Kaufhof» in Frankfurt am Main im Mai 1957

Das ursprüngliche Warenhaus Tietz wurde 1933 den jüdischen Brüdern Alfred Leonhard und Gerhard weggenommen und als «Kaufhof» (heute «Galeria Kaufhof») weitergeführt. Es führte in den Fünfzigerjahren die Selbstbedienung und rechnergestützte Warenverwaltung ein. Am 2.4.1968 verübten spätere RAF-Terroristen/Terroristinnen in der Sportabteilung einen Brandanschlag in der Sport- und Spielwarenabteilung. Unten dasselbe Gebäude heute.

Schon im Jahr 1955 konnte die Bundesrepublik sich wieder bewaffnen und wurde in die NATO aufgenommen. Die Sowjetunion hatte dies zu verhindern versucht mit dem Angebot einer Wiedervereinigung Deutschlands als neutrales und unbewaffnetes Land. Die Regierung Adenauer verzichtete darauf.

16.33 Wirtschaftswunderland: Nicht nur politische Stabilität im Innern und gegen außen, sondern auch wirtschaftlicher Wohlstand war das Ziel sowohl konservativer als auch sozialdemokratischer Regierungen (1969–1983). Wie stark die Weltwirtschaftskrise von 1929 die deutsche Politik erschüttert hatte, blieb in der Nachkriegszeit präsent. Ferner wollten alle Regierungen für einen gewissen Ausgleich des Wohlstands sorgen. Ludwig Erhard (1897–1977), Wirtschaftsminister und Bundeskanzler, übernahm und prägte dafür die Bezeichnung der «sozialen Marktwirtschaft»: Die Wirtschaft soll nach dem liberalen Prinzip von Angebot und Nachfrage funktionieren, aber der Staat greift fallweise ein, wenn der Markt Arbeitgeber, Vermieter oder Anbieter begünstigt. Aus der sozialen Marktwirtschaft entwickelte sich schrittweise der Sozialstaat: Mit der Rentenreform von 1957 wurde den Bürgerinnen und Bürgern nicht mehr nur eine Überlebenshilfe im Alter, sondern eine Fortführung des Lebensstandards garantiert. Für die Mittel dafür musste der erwerbstätige Bürger mit Lohnabzügen selbst aufkommen. Aber auch die Arbeitgeber mussten einen Teil dieser Kapitalbildung übernehmen. Nicht einbezogen wurde aber erwerbslose Arbeit wie vor allem Familienarbeit.

Die soziale Marktwirtschaft profitierte von einem erstaunlich raschen Aufschwung der Wirtschaft, zuerst angetrieben durch den Marshallplan, dann durch die Einbettung der Bundesrepublik in die Europäische Wirtschaftsgemeinschaft und im Hintergrund durch die Entwicklung neuer Produkte für den Massenmarkt in der Konsumgesellschaft (▶ 18.45).

16.34 Zweifel, Protest und Terror: Die Regierungsablösung der Großen Koalition von CDU/CSU und SPD durch SPD und die liberale FDP im Jahr 1969 war Anzeichen eines Wandels: Die Nachkriegsgeneration stellte die Verdrängung der Kriegsvergangenheit und die in ihren Augen einseitige Ausrichtung auf das Streben nach Wohlstand vehement infrage: 68er-Bewegung (▶ 19.22). In der Außenpolitik schwand die Bedrohung durch den Ostblock mit Brandts Ostpolitik (▶ 14.55) und wuchs die Empörung über die amerikanische Kriegführung in Vietnam (▶ 14.84).

Von der breiten Protestbewegung spaltete sich eine terroristische Gruppe ab, die sich ab 1970 als «Rote Armee Fraktion» (RAF) bezeichnete. Sie legte am 2./3. April 1968 Brände in zwei Frankfurter Kaufhäusern, um gegen Kapitalismus und etablierte Gesellschaftsordnung zu protestieren. Die Befreiung des deswegen inhaftierten Andreas Baader (1943–1977) im Mai 1970 gilt als Geburtsstunde der RAF. Diese knüpfte eine Verbindung mit der Palästinensischen Befreiungsbewegung, die 1972 an der Münchner Olympiade die israelische Mannschaft in Geiselhaft nahm (▶ 26.46). Gefahndet wurde nach einer ganzen Gruppe mit Baader, Gudrun Ensslin (1940–1977), Holger Meins (1941–1974), Ulrike Meinhof (1934–1976) und Jan-Carl Raspe (1944–1977) als Zentrum. Nach ihrer Inhaftierung 1974 versuchte ihr Umfeld sie mit Entführungen freizupressen. Als diejenige des Arbeitgeberpräsidenten Hanns-Martin Schleyer (1915–1977) im Oktober 1977 dieses Ziel nicht erreichte, nahmen sich Baader, Ensslin und

Raspe das Leben. Der RAF-Terror erschütterte die Bundesrepublik und führte zu einer konservativen Wende in den Achtzigerjahren.
Immerhin trug auch die friedliche 68er-Bewegung Früchte: 1983 zogen erstmals Politiker/-innen der Grünen (Umweltschutzbewegung) in den Bundestag ein.

16.35 Wiedervereinigung: Mit dem Zusammenbruch des SED-Regimes der DDR im Herbst 1989 (▶ 15.63) stand unvermittelt die Frage nach der Wiedervereinigung Deutschlands an. Bundeskanzler Helmut Kohl (geb. 1930) sprach sich sofort dafür aus, und seine CDU gewann im März 1990 die ersten freien Wahlen in der DDR. Gegen Bedenken der dortigen Bürgerrechtsbewegung und der oppositionellen SPD in der Bundesrepublik zog Kohl die Wiedervereinigung noch im Jahr 1990 durch. Um die laufende Abwanderung von Ost nach West zu stoppen, setzte er die Westmark als gemeinsame Währung durch. Am 1. Juli 1990 konnten die DDR-Bürger/-innen einen Grundbetrag ihrer (DDR-)Mark zum günstigen Kurs von 1:1 in Deutsche Mark wechseln, den Rest zum Kurs von 2:1. Auch die Schulden in Mark wurden halbiert. Gleichzeitig galt das bundesdeutsche Arbeits- und Sozialrecht auch für die ehemalige DDR.
Gleichzeitig musste Kohl die Siegermächte des Zweiten Weltkriegs, auf welche die Teilung Deutschlands zurückging, vom Wiedervereinigungsplan überzeugen. Den sowjetischen Reformer Gorbatschow konnte er mit massiver finanzieller Unterstützung für die kriselnde sowjetische Wirtschaft gewinnen, Frankreich mit dem Versprechen, dass Deutschland seine Wirtschaftskraft über eine gemeinsame Währung allen zugute kommen lassen werde, und alle Siegermächte mit der Anerkennung der polnischen Westgrenze sowie der Reduktion der deutschen Armee. So ging mit dem «Zwei-plus-Vier-Vertrag» vom 12. September 1990 (beide deutschen Staaten, USA, Sowjetunion, Großbritannien und Frankreich) der Zweite Weltkrieg auch juristisch zu Ende.
Danach konnten am 3. Oktober 1990 die beiden seit 1949 getrennten Staaten ihre Wiedervereinigung feiern. Die DDR schloss sich der BRD an, übernahm ihre Gesetze und politische Organisation. Ihre meist maroden Staatsbetriebe wurden aufgelöst und «abgewickelt», dafür floss massive Finanzhilfe in die nun «neuen» Bundesländer. Bis heute sind es über eine Billion Euro, obwohl Löhne und Preise in den neuen Bundesländern nach wir vor tiefer liegen als in den alten.

Die Kaufhof-Brandstifter bei der Urteilsverkündigung gegen sie wegen der Kaufhausbrände, 31.10.1968. (Foto: Manfred Rehm)

Von links: Thorwald Proll (geb. 1941), Horst Söhnlein (geb. 1943), Baader, Ensslin

Karikaturen zur deutsche Wiedervereinigung:

«*Dropping the Pilots*», *Laurence Clark nach Tenniel (*▶ *7.56), 4.10.1990, Neuseeland (oben: Helmut Kohl)*

«*Deutsche Einheit*». *Karikatur von Roy Peterson, 1990, Vancouver Sun*

16.4 Österreich

16.41 Staatsvertrag 1955: Wie Deutschland wurde das von ihm 1938 einverleibte Österreich und speziell die Hauptstadt Wien unter den vier Siegermächten aufgeteilt; und wie Berlin lag Wien in der großen sowjetischen Besatzungszone. Im Unterschied zu Deutschland konnten sich die Besatzungsmächte von Anfang an auf die Einheit Österreichs und die Einsetzung einer österreichischen Allparteienregierung einigen. Zusammen mit der zu großen Teilen verstaatlichten Industrie übte diese Regierung einen starken Einfluss auf die Wirtschaft aus und förderte einen raschen Wiederaufbau des Landes. Einen Anschluss des Südtirol an Österreich lehnten die Alliierten jedoch ab, sodass sich die Regierung darauf beschränken musste, 1946 mit Italien eine Selbstverwaltung für die deutschsprachigen Südtiroler/-innen auszuhandeln.

Durch die gemeinsame Besatzung der vier Siegermächte verzögerte sich allerdings deren Abzug. Erst 1955, im Rahmen des «Tauwetters» (▶ 15.11), erklärte sich auch die Sowjetunion dazu bereit. In einem Staatsvertrag gaben die Siegermächte Österreich seine Souveränität zurück; dieses verpflichtete sich dafür zu dauernder Neutralität und zum Verzicht auf eine Vereinigung mit Deutschland.

16.42 Sozialstaat: Doch als souveräner Staat vertrat Österreich trotz Neutralität eine sehr aktive Außenpolitik. Von seiner Lage her übernahm es zahlreiche Vermittlungsfunktionen zwischen Ost und West sowie als dritter Sitz der UNO neben New York und Genf Aufgaben in deren Dienst. Auf eine aufwändige Verteidigungspolitik verzichtete das Land.

Nach einer langen Phase der großen Koalition zwischen der konservativen Volkspartei (ÖVP) und der SPÖ (bis 1966) dominierte von 1970 bis 1987 die SPÖ unter Bruno Kreisky (1911–1990). Sie formte Österreich zu einem modernen Sozialstaat mit ausgesprochen starken Eingriffen in den Marktmechanismus: 40-Stundenwoche, Ferienanspruch, aber auch Fris-

«Die Vier im Jeep»
Der Titel dieses Films von Leopold Lindtberg (1950) wurde zu einem Synonym für die alliierte Präsenz im besetzten Wien. Eine wichtige Rolle spielt darin die Arbeit einer gemeinsamen Militärstreife der vier Besatzungsmächte. Von 1945 bis 1955 fuhren Vertreter der Besatzungsmächte in Wien tatsächlich gemeinsam auf Patrouille (anfänglich in Jeeps, die später durch komfortablere Fahrzeuge ersetzt wurden). Insgesamt fünf Teams waren im internationalen 1. Bezirk und in jeder Besatzungszone unterwegs. Sie überwachten in erster Linie die Besatzungskräfte. Sogar die Sitzordnung im Jeep wechselte täglich.

Schweiz

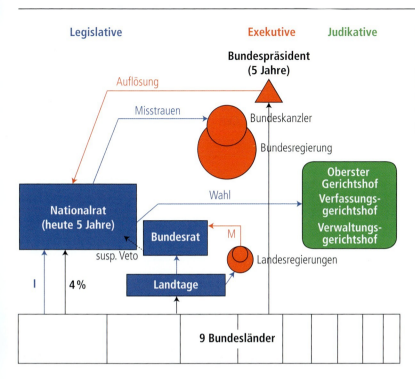

Die Verfassung der zweiten österreichischen Republik, seit 1945 (vereinfacht, Zustand von heute)

I: Initiativrecht für Vorlage im Nationalrat

susp. Veto: suspensives, aufschiebendes Veto

M: Mitglied

tenlösung, Gleichstellung der Frau in der Ehe, Unterstützung der Ausbildung von Kindern und Jugendlichen, liberale Einwanderungspraxis. 1978 wurde die Inbetriebnahme des ersten Atomkraftwerkes in einer Volksabstimmung verworfen und bis heute keines in Betrieb genommen.

Weil Österreich sich durch den Anschluss an Deutschland 1938 lange Zeit als Opfer des Nationalsozialismus verstand, führte erst die Wahl des früheren UNO-Generalsekretärs Kurt Waldheim (1918–2007) zum Staatspräsidenten 1986 zu einer Auseinandersetzung mit der österreichischen Beteiligung an Kriegsverbrechen. Solche hatte Waldheim zwar nicht begangen, aber davon gewusst und dieses Wissen geleugnet. Waldheim blieb während seiner Amtszeit außenpolitisch isoliert und verzichtete 1992 auf eine erneute Kandidatur.

16.5 Schweiz

16.51 Konkordanzdemokratie: Im Hinblick auf die Bedrohung durch den Nationalsozialismus hatten sich die politischen Parteien vor dem Zweiten Weltkrieg in den wesentlichen Punkten verständigt (▶ 12.44). Der Zweite Weltkrieg selbst verstärkte die Konkordanz (Übereinstimmung) zwischen den Parteien; 1943 wurde ein Sozialdemokrat Bundesrat. Diese Konkordanz hielt nach dem Krieg an, und bei der Bundesratswahl von 1959 wurde die sogenannte Zauberformel geschaffen: Die Freisinnige Partei, die Konservativ-Christlichsoziale Volkspartei (seit 1970 CVP) und die Sozialdemokratische Partei erhielten je zwei Bundesratsvertreter, die Bauern- und Bürgerpartei (seit 1971 SVP) einen. Das Wahlgremium, die Vereinigte Bundesversammlung, hielt sich an diese freiwillige Abmachung. So waren

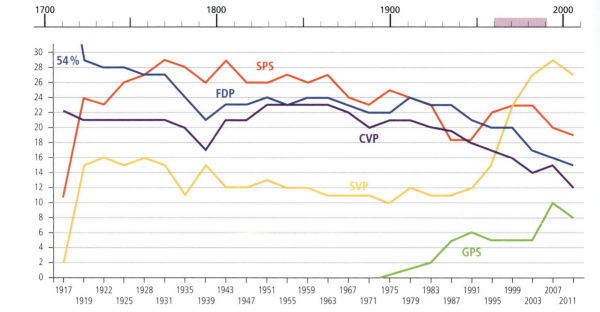

Die Parteistärken in der Schweiz
(Prozentualer Wähleranteil bei den Nationalratswahlen 1917–2011)

mehr als 80 Prozent der Schweizer Bevölkerung in der Regierung vertreten, und Oppositionsbewegungen hatten nur kurzzeitige Erfolge auf einzelnen Gebieten, Volksinitiativen wurden regelmäßig abgelehnt. Der Mechanismus der Vernehmlassung wurde zu einem Kennzeichen der schweizerischen Konkordanzdemokratie: Vor der parlamentarischen Behandlung holte der Bundesrat die Meinung der interessierten Verbände und Interessensvertretungen ein. Er beruhte also nicht nur auf der Konkordanz, sondern hegte sie auch; kritische Stimmen sprachen von einer «Verbandsdemokratie» und monierten, die Politik entferne sich immer weiter vom Volk. Tatsächlich ging die Stimm- und Wahlbeteiligung immer weiter zurück. Die Einführung des Frauenstimmrechts auf eidgenössischer Ebene 1971 (nach verschiedenen Anläufen) vermochte daran nichts zu ändern.

Diese breit abgestützte Konkordanz führte allerdings auch zu einem Desinteresse gegenüber neuen Ideen: Umweltschutz (1985), Raumplanung (1979) und der nachhaltige Umgang mit den Ressourcen wurden nur verwässert oder gar nicht aufgenommen. Die Bundespolizei ließ in der Zeit des Kalten Kriegs eine Million Menschen bespitzeln. Wer außerhalb der Konkordanzgesellschaft stand, hatte es schwer, eine Arbeitsstelle zu finden und in der Gesellschaft nicht ausgegrenzt zu werden. Schwer taten sich Staat und Gesellschaft auch mit der 68er-Bewegung (▶ 19.22) und der Jugendbewegung von 1980.

16.52 Sozialstaat: Eine Basis der Konkordanz war die Tatsache, dass die Schweiz wirtschaftlich florierte, es also in erster Linie Errungenschaften zu verteilen gab. Dabei setzte die Schweiz auf das Versicherungsprinzip, das heißt, sie finanzierte die Sozialwerke nicht nur mit Steuergeldern, sondern mit Prämienzahlungen. Weil diese Prämien (mit Ausnahme der Krankenkasse) auf dem Einkommen basierten, bewirkten die Sozialversicherungen einen gewissen Ausgleich. Bereits seit 1918 existierte eine Schweizerische Unfallversicherung (SUVA) für Berufstätige; 1947 wurde die Alters- und Hinterbliebenenversicherung (AHV) beschlossen, 1960 kam eine Invalidenversicherung, 1976 eine obligatorische Arbeitslosenversicherung und 1994 die obligatorische Krankengrundversicherung dazu.

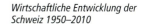

Die minimale Altersvorsorge der AHV wurde durch zwei weitere Säulen ergänzt: die betrieblichen Pensionskassen, gespeist von Arbeitgebern und Arbeitnehmern (1982), sowie die steuerbegünstigte private Vorsorge (1972): Die gesamte Altersvorsorge wird deshalb als Drei-Säulen-Prinzip bezeichnet. Die AHV funktioniert dabei nach dem Umlageverfahren, das heisst, sie speichert verhältnismässig wenig Kapital und bezahlt die Beiträge für pensionierte Menschen (Frauen ab 64, Männer ab 65 Jahren) laufend aus den Prämien der Erwerbstätigen. Die Pensionskassen funktionieren nach dem Kapitaldeckungsverfahren, was bedeutet, dass die Rentner/-innen sich ihre eigene Altersvorsorge ansparen.

16.53 Wirtschaftliche Blüte und Rezession: Zwischen dem Kriegsende und dem Jahr 1973 erlebte die Schweiz eine beispiellose Hochkonjunktur. Der wachsende Wohlstand kam dabei breiten Bevölkerungsschichten zugute. Die Ursachen lagen sowohl in der Vergangenheit als auch in der Gegenwart: Der Produktionsapparat war vom Krieg verschont und intakt geblieben, beträchtliches Kapital stand für Investitionen bereit. Die Gesamtarbeitsverträge (▶ 12.44) sicherten den Arbeitsfrieden. Nach 1945 konnte die Schweiz kräftig ins Ausland exportieren, weil der Marshallplan dessen Kaufkraft steigen liess (▶ 14.37). Und vor allem waren viele Ausländer/-innen gerne bereit, in der Schweiz auch wenig gefragte Arbeiten zu verrichten («Gastarbeiter/-innen»). Als Saisonniers durften sie anfangs nur neun Monate pro Jahr in der Schweiz arbeiten und ihre Familien nicht nachziehen. 1970 stammte jede vierte Arbeitskraft aus dem Ausland. Allerdings weckte diese «Überfremdung» Ängste. 1970 wurde die Initiative von James Schwarzenbach (1911–1994), welche eine Begrenzung der ausländischen Arbeitskräfte (und die Ausweisung von 300 000 von ihnen) zur Folge gehabt hätte, mit nur 54 Prozent der Stimmen abgelehnt.
Kurz darauf, 1973, brach infolge der Erdölverknappung durch die OPEC-Staaten (▶ 19.11) und dem Zusammenbruch des Dollars als Leitwährung (▶ 18.45) eine Weltwirtschaftskrise aus. Dank der Gastarbeiter konnte die Schweiz jetzt ihre Arbeitslosigkeit exportieren: die jährlichen Arbeitsverträge wurden einfach nicht erneuert. Trotzdem wurde die Schweiz von der Wirtschaftskrise besonders hart getroffen, weil sie es versäumt hatte, die Produktion zu modernisieren und damit die Produktivität zu erhöhen. Die Textilindustrie ging dabei unter, die Maschinen- und die Uhrenindustrie machten eine schwere Krise durch, bis sie den Anschluss an die Technologie der elektronischen Datenverarbeitung schafften.
In diesem Zusammenhang beschleunigte sich auch der Strukturwandel der schweizerischen Wirtschaft: Die Landwirtschaft war schon nach 1945 in den Hintergrund getreten; nun wurde auch die Industrie immer mehr durch den Dienstleistungssektor abgelöst: Der Übergang zum Sozialstaat brachte eine starke Nachfrage nach Dienstleistungen mit sich; Tourismus, Banken und Versicherungen gewannen an Gewicht. 60 Prozent der Erwerbstätigen arbeiteten in Dienstleistungsbetrieben.

16.54 Umweltbewusstsein: Die Begleiterscheinung dieses Wandels und der Bevölkerungszunahme wurde allerdings nicht bewältigt: Die Städte dehnten sich aufs Land aus, der Autobahnbau (auf eidgenössischer Ebene seit 1960) erleichterte die Zersiedlung und die Motorisierung. Raumplanung, Umweltschutz und Ressourcenbewirtschaftung wurden erst mit der Wirtschaftskrise zum Thema – aber da fehlte es dem Staat an Geld, und die Bevölkerung hatte Angst vor dem Verlust weiterer Arbeitsplätze.

Wirtschaftliche Entwicklung der Schweiz 1950–2010

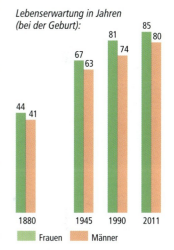

Lebenserwartung in Jahren (bei der Geburt):

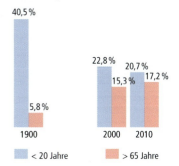

Altersgruppen in der schweizerischen Bevölkerung in Prozent;

Von seiner letzten eignen Fluh
Schaut einst ein letzter Hirtenknab
Mit seiner letzten eignen Kuh
Aufs liquidierte Land hinab.

Karikatur von Carl Böckli (1889–1970) auf Bodenspekulation und Überbauung, um 1960

Diese Lethargie wurde punktuell durchbrochen durch zwei von Chemiefirmen verursachte Katastrophen: 1976 vergiftete eine Tochtergesellschaft der Firma Roche im italienischen Seveso nach einer Panne die Umgebung mit Dioxin; 1986 führte ein Großbrand einer Lagerhalle der Firma Sandoz in Schweizerhalle zur zeitweiligen Vergiftung des Rheins.

16.55 Außenpolitik: Die Schweiz schloss sich der UNO erst 2002 an. Vorher schienen von der UNO verhängte Sanktionsmaßnahmen mit der Neutralität nicht vereinbar. Das Land kehrte also von der differenziellen (▶ 9.63) zur integralen Neutralität zurück. Ähnlich wie Österreich bot es seine guten Dienste in Krisen an und leistete Beiträge an die UNO-Sonderorganisationen.

Den Kalten Krieg empfanden Regierung und die große Mehrheit der Bevölkerung vor allem als sowjetische Bedrohung. Dementsprechend trug der Antikommunismus wesentlich zur Konkordanz unter den Parteien bei. Militärisch äußerte er sich in einer stetigen Aufrüstung der Armee. 1958 beschloss der Bundesrat sogar die Entwicklung eigener Atomwaffen. Er scheiterte aber 1968 am Vertrag über deren Nichtweiterverbreitung (▶ 14.93).

Erfolgreich war dagegen – der schweizerischen Neutralität eher entsprechend – die Idee einer zivilen Verteidigung sogar gegen Atombomben. Der schweizerische Zivilschutz baute auf dem Luftschutz während des Zweiten Weltkriegs auf. Beflügelt durch die Berlin- und Kuba-Krise (▶ 14.54, 14.72), wurde er zwischen 1962 und 1964 neu gegen einen plötzlichen massiven Überfall konzipiert. Alle Männer zwischen 20 und 60 Jahren wurden zivilschutzpflichtig, solange sie nicht Militärdienst leisteten. Frauen konnten (übrigens gleichberechtigt) beitreten. Der Grundsatz «Jedem Einwohner ein Schutzplatz» verlangte den Einbau von Schutzräumen in den während des Baubooms massenhaft erstellten neuen Häusern. Möglichst jeder Bewohner wurde in Übungen auf das Leben im Schutzraum vorbereitet. Mit einem Zivilverteidigungsbuch erteilte der Bundesrat der Bevölkerung praktische Ratschläge und warnte vor einer Unterwanderung durch kommunistische Agenten.

Armee und Zivilschutz gerieten aber in eine Sinnkrise, als nach dem Ende des Kalten Kriegs der Feind weggefallen zu sein schien (▶ 33.47).

Illustrationen aus einer Festschrift zum Zivilschutz von 1983. Die damaligen Bildlegenden:

Links: «Nicht nur ‹die Großen› setzten sich mit der Thematik Frieden und Krieg auseinander, sondern auch die Kinder. Immer mehr hält der Zivilschutz Einzug in den Schulunterricht.»

Rechts: «Im Zivilverteidigungsbuch und im Merkblatt wird darauf hingewiesen, dass im Ernstfall jedermann sein Notgepäck und Proviant in den Schutzraum nehmen soll.»

16.6 Frankreich

16.61 Von der Vierten zur Fünften Republik: Bereits in den Dreißigerjahren war Frankreich politisch in eine bürgerliche und eine sozialistische Hälfte gespalten, die sich entschieden voneinander abgrenzten («bipolarisation», ▶ 12.42). Marschall Pétains Regierung als Marionette der nationalsozialistischen Herrschaft hatte keine Verbesserung gebracht. Ihr folgte 1946 die Vierte Republik mit der gleichen Schwäche. In den elfeinhalb Jahren ihres Bestehens lösten sich 25 Regierungen ab!

Die Schwäche der Regierung zeigte sich drastisch im Algerienkrieg (1954–1962). Es handelte sich dabei nicht nur um einen Unabhängigkeitskrieg zwischen der französischen Armee und der algerischen «Front de Libération Nationale» (FLN), sondern auch um einen Bürgerkrieg: In Algerien, das drei französische Departemente bildete, lebten zahlreiche Franzosen und Französinnen («pieds noirs») als Oberschicht, die sich der Unabhängigkeit und damit ihrer Entmachtung widersetzten (▶ 7.32). Die algerische Unterschicht unterstützte dagegen die FLN, sodass die Armee diese trotz brutaler Kriegführung nicht besiegen konnte. Die Kriegskosten führten in Frankreich zu einer Währungskrise, zum Sturz der Regierung und – auf Druck des in Algerien putschenden Militärs – zur Ernennung des Résistance-Helden Charles de Gaulle (1890–1970) zum Ministerpräsidenten.

Innert vier Monaten ließ dieser 1958 eine neue Verfassung ausarbeiten und durch das Volk gutheißen. Die Fünfte Republik konzentrierte die Macht nicht mehr beim Parlament, sondern beim Staatspräsidenten. Direkt vom Volk (seit 1962) und auf längere Amtsdauer als das Parlament (bis 2002) gewählt, ernennt er Premierminister und alle anderen Minister und ein

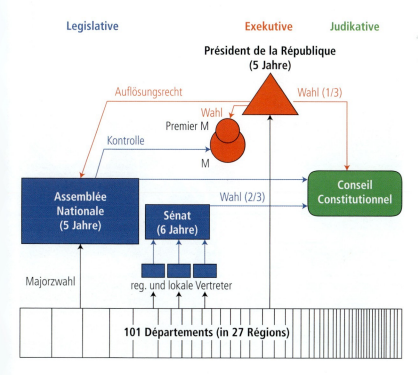

Verfassung der französischen Fünften Republik (Stand 2013)
M: Ministre(s)

Drittel des Verfassungsgerichtshofs. Zwar ist die Regierung auf das Vertrauen der Parlamentsmehrheit angewiesen, aber der Staatspräsident kann die Volksvertretung auflösen. Erster Staatspräsident wurde, nicht unerwartet, de Gaulle selbst.

16.62 «Grandeur»: De Gaulle verdankte seine Stellung einem außenpolitischen Problem, und der Außenpolitik galt seine Priorität. Dabei schlug er neue Lösungswege ein. Überzeugt davon, dass Frankreich die algerische Unabhängigkeit nicht würde verhindern können, gewährte er diese dem Land (Vertrag von Évian, 1962) und später weiteren französischen Kolonien. Er stellte die Unabhängigkeit als die Krönung der französischen Kolonialmission dar und sorgte dafür, dass die neuen Staaten in die UNO aufgenommen wurden. Mit der Hilfe dieser frankophonen Gemeinschaft strebte er internationales Ansehen («grandeur») an. 1960 testete Frankreich seine eigene erste Atombombe, rückte von der engen Bindung an die USA ab und näherte sich etwas der Sowjetunion. Es legte sein Veto gegen einen britischen EWG-Betritt ein (▶ 16.22), um dort die Vorherrschaft zu behalten. De Gaulles Ziel war eine dritte Supermacht Europa unter französischer Vorherrschaft.

Innenpolitische Entwicklungen interessierten den starken Präsidenten wenig. Die Vertreibung von einer Million «pieds noirs» und rund 60 000 Harkis (auf französischer Seite stehende Algerier/-innen) aus Algerien nach Frankreich nahm er in Kauf. Der Ausbruch der 68er-Bewegung (▶ 19.22) überraschte ihn und seine Regierungsmannschaft. 1969 trat er nach einer vom Volk abgelehnten Verfassungsreform zurück.

16.63 Sozialstaat: Erst 1981 wurde mit François Mitterrand (1916–1996) ein gemäßigter Sozialist Staatspräsident. Entsprechend der großen Machtfülle dieses Amtes und dem traditionellen Gegensatz zu den bürgerlichen Parteien («bipolarisation») wandelte er Frankreich in einen Wohlfahrtsstaat um: Großindustrien wurden verstaatlicht, die Selbstbestimmung von

Harkis besteigen ein französisches Schiff im Hafen von Bône (heute Annaba) in der Gegend von Constantine, November 1962.

Die Harkis (von arabisch «haraka»: Bewegung) waren von der französischen Kolonialarmee zur Ausspionierung der Aufständischen angeworben worden. Rund 100 000, ihre Familien eingeschlossen, standen in Frankreichs Dienst. Im Vertrag von Évian ließ Frankreich sie im Stich, de Gaulle verweigerte dem Großteil die Evakuation nach Frankreich. Rund 60 000 wurden von den siegreichen aufständischen Algeriern ermordet. Erst seit 2005 anerkennt und unterstützt die französische Regierung die geflohenen Überlebenden und ihre Nachkommen.

Regionen und Gemeinden gefördert, die Arbeitszeit gesenkt, die Ausbildung gefördert, die Mütter durch eine staatliche Kinderbetreuung und – eine Tradition – die Kleinkinderbetreuung unterstützt, eine Sondersteuer von Reichen erhoben, und der Franc zur Reduktion der wachsenden Schulden abgewertet. Allerdings sank die französische Wettbewerbsfähigkeit, weil die Wirtschaft, insbesondere die Staatsunternehmen, weniger produktiv waren und die Staatsausgaben meist die Einnahmen überstiegen.

16.7 Großbritannien

16.71 Sozialstaat: Großbritannien wurde früher als die anderen europäischen Staaten, direkt nach dem Zweiten Weltkrieg, ein Sozial- und teilweise ein Wohlfahrtsstaat – es entwickelte sich aber auch früher wieder davon weg.

Schon während des Zweiten Weltkriegs, unter dem Druck der existenziellen Bedrohung durch Deutschland, hatten Parlament und Regierung die Volksgemeinschaft durch Programme zur Behebung von Armut, Wohnungsnot und Ausgrenzung zu stärken versucht. Obwohl nach dem Krieg Labour- und konservative Regierungen relativ rasch abwechselten, führten beide diese sozialen Programme weiter. Sie bekämpften Arbeitslosigkeit durch die Behinderung von Entlassungen, förderten das Schulwesen und gestalteten sogar einen unentgeltlichen Gesundheitsdienst; diesbezüglich war Großbritannien bereits ein Wohlfahrtsstaat.

Margaret Thatcher und Ronald Reagan am 29.9.1983 bei einem Treffen in Washington

Die beiden vertraten neoliberale Ideen und verstanden sich ausgezeichnet.

Allerdings versiegte die bisher im Kolonialreich sprudelnde Finanzquelle, je mehr Kolonien ihre Unabhängigkeit erhielten – beginnend 1947 mit Indien und Pakistan. Der Beitritt zur EWG 1973 zeigte noch deutlicher, dass die im Weltkrieg nicht zerstörte und nun veraltete Industrie in der direkten Konkurrenz immer weniger mithalten konnte. Die Folge waren Arbeitslosigkeit und galoppierende Inflation; sie führten in den «winter of discontent» 1978/79, als der Internationale Währungsfonds eingreifen musste und ein Sparprogramm diktierte. Resultat war der Sieg der konservativen Partei unter Margaret Thatcher (1925–2013).

16.72 Thatcherismus: Als am längsten amtierende Nachkriegspremierministerin (1979–1990) entmachtete Margaret Thatcher die Gewerkschaften, privatisierte zahlreiche Staatsunternehmen und dämmte die Inflation ein. Die beiden letzten Ziele erreichte sie durch eine rigide Sparpolitik bei den Staatsausgaben. Zahlreiche Errungenschaften des Sozialstaats machte sie rückgängig. 1979 stieg der Erdölpreis zum zweiten Mal nach 1973. Großbritannien konnte davon insofern profitieren, als sich nun die Förderung des Nordseeöls lohnte und Geld auch in die Staatskasse spülte. In der Rückeroberung der britischen, vor Argentinien liegenden Falklandinseln nach einem argentinischen Handstreich (1982) verschaffte sich Margaret Thatcher auch außenpolitisch Respekt.

Wandmalerei in Rossville Street, Derry, 1981

Die Bemalungen öffentlicher Wände («murals») als Anspruch auf diesen Raum in der Auseinandersetzung zwischen Iren und Engländern spielte in den nordirischen Städten schon ab 1900 eine wichtige Rolle. Murals grenzten gewissermaßen die Reviere ab und veranlassten Menschen der anderen Partei zum Wegzug.

16.73 Nordirland-Konflikt: Eine Dauerbelastung bildete der Konflikt innerhalb des 1921 bei Großbritannien verbliebenen Nordirland (▶ 7.24). Dort brach die latente Spannung zwischen der englandfreundlichen protestantischen oberen und der mit Irland und einer Sezession sympathisierenden katholischen unteren Schicht 1969 in einen offenen Krieg aus. Er wurde geführt von der «Ulster Volunteer Force» auf protestantischer und der «Irish Republican Army» (IRA) auf katholischer Seite. Indem die britische Regierung das nordirische Parlament 1972 auflöste, griff sie direkt und offen in den Konflikt ein. Der Bürgerkrieg dauerte bis zum Karfreitagsabkommen von 1998 zwischen Großbritannien, Irland und den verfeindeten Parteien in Nordirland. Seither dürfen sich diese wieder gemeinsam selbst verwalten.

16.8 Südeuropa

16.81 Im Schatten der politischen und wirtschaftlichen Blüte: Auch Italien, Griechenland, Spanien und Portugal profitierten vom Wiederaufbau Europas nach dem Zweiten Weltkrieg. Griechenland und Italien wurden speziell durch den Marschallplan gefördert, weil sie als demokratische Staaten für den Kommunismus anfällig schienen. Zwar wuchsen Wirtschaft und Wohlstand, aber sie beruhten auf extrem vom Ausland abhängigen Faktoren wie den Lohnüberweisungen der emigrierten Arbeitskräfte, dem Tourismus und den Exporten von Lebensmitteln. Die Industrialisierung in den Ländern selbst blieb zurück. Ebenso vermochte zwar die Demokratie Fuß zu fassen, aber vorindustrielle, halbfeudale Körperschaften spielten weiterhin eine große Rolle. Der Staat vermochte nicht in die einflussreiche Rolle eines Sozialstaats hineinzuwachsen.

16.82 Italien: Die Absetzung und Erschießung Mussolinis durch Italiener genügte als Bewältigung der Vergangenheit, juristisch wurde der Faschismus nicht aufgearbeitet. Der durch seine Mitarbeit im Faschismus diskreditierte König dankte 1946 zwar nur zugunsten seines Sohnes ab, aber die Bevölkerung entschied auf Einführung der republikanischen Staatsform.

Regierungsaufbau in Italien (heutiger Stand)

I.: Initiativrecht
R.: Referendumsrecht

Der Presidente del Consiglio dei Ministri wird allgemein als Ministerpräsident bezeichnet.
Der Regierungsaufbau ist bestimmt durch eine große Macht des Parlaments sowie dessen starke Zersplitterung durch ein konsequentes Proporzwahlrecht ohne Sperrklausel; seit 2006 erhält die stärkste Partei zusätzliche Sitze (Mehrheitsprämie); die Judikative ist relativ unabhängig, Gerichte sind nicht von politischen Behörden abhängig. Die Regierung ist vom Parlament abhängig, ihr Präsident hat keine herausragende Stellung.

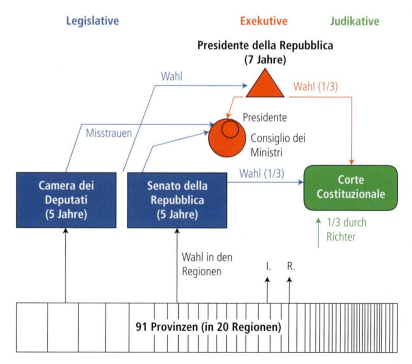

Die parlamentarische Demokratie krankte daran, dass die traditionell starke kommunistische Partei nie an der Regierung beteiligt werden konnte. Sie erreichte regelmäßig 30 Prozent der Mandate und verfolgte keinen stalinistischen, sondern einen Reformkurs (Eurokommunismus). Gegen eine kommunistische Regierungsbeteiligung hätte sich nicht nur die bürgerliche Mehrheit, sondern auch die USA mit ihrer vor Süditalien stationierten sechsten Flotte gewandt. So stellte zwischen 1945 und 1993 immer die gleiche Partei, die konservative Democrazia Cristiana (DC) die Regierung, auch wenn ab 1963 weitere Parteien eingebunden wurden. Diese lange unangefochtene Herrschaft erleichterte die Verfilzung der Macht und die Korruption. Weil die DC immer wieder andere Parteien finden musste, und das Misstrauensvotum schon nur einer der beiden gleichberechtigten Parlamentskammern zum Sturz führt, waren die Regierungen instabil: 54 gab es in den 42 Jahren zwischen 1948 und 1990.

Aldo Moro (1916–1978) in der Geiselhaft der Roten Brigaden, 1978

Aldo Moro war mehrfach Regierungschef und setzte sich für eine Verständigung mit der Kommunistischen Partei («compromesso storico») ein. Er wurde von den linksextremen Roten Brigaden entführt und wegen der Ablehnung ihrer Forderung nach Freilassung inhaftierter Extremisten erschossen.

Die schwachen Regierungen vermochten wenig gegen traditionell verwurzelte Mafia-Verbände auszurichten. Ferner konnte der Terrorismus sowohl von links («Brigate Rosse», «Rote Brigaden») als auch von rechts («Ordine Nuovo», «Neue Ordnung») in den Sechziger- und Siebzigerjahren wüten.

Doch Italiens Wirtschaft florierte; 1987 konnte die Regierung gar den «sorpasso» ankündigen: Italien überholte (vorübergehend) Großbritannien als fünftgrößte Wirtschaftsmacht. Allerdings beruhte das Wirtschaftswachstum auf einer beständigen Abwertung der Währung, auf hohen Lohnüberweisungen der emigrierten Arbeiter/-innen und auf der konjunkturabhängigen Tourismusindustrie. Die eigene Industrie konzentrierte sich zudem in Norditalien, während der Süden zurückblieb.

16.83 Griechenland: In Griechenland tobte bis 1949 ein Bürgerkrieg zwischen den Anhängern der Monarchie und den Kommunisten. Auch nach deren Niederlage – Stalin hatte sie gemäß den Abmachungen von Moskau 1944 und Jalta 1945 fallen gelassen (▶ 14.21, 14.24) – war die Armee bereit, jeden Versuch eines Kommunistenaufstands im Keim zu ersticken. Als 1967 ein linksliberaler Wahlerfolg den Übergang zu einer Republik denkbar erscheinen ließ, putschten Oberste (nicht die Generäle) und errichteten 1967 bis 1974 eine Militärdiktatur. Sie wurden vom König unterstützt und vom westlichen Ausland geduldet, weil sie antisowjetisch ausgerichtet waren. Ein Aufstand der Athener Studenten und Studentinnen sowie eine ungeschickte Provokation der Türkei auf Zypern brachte sie 1974 zu Fall.

16.84 Portugal: Der von António Salazar in Portugal aufgebaute Estado Novo (▶ 12.45) geriet nach dem krankheitsbedingten Rücktritt seines Schöpfers von 1968 an in eine Krise. Hauptursache war der Kampf gegen die Befreiungsbewegungen in den «überseeischen Provinzen» Guinea-Bissau, Angola und Mosambik, der den Staatshaushalt überlastete. Angesichts der Aussichtslosigkeit dieser Kolonialpolitik löste die Armee 1974 einen fast unblutigen Putsch («Nelkenrevolution») aus. Portugal wandelte sich zu einer parlamentarischen Demokratie. Versuche linker Kräfte, im Zuge dieser Umwälzung gewaltsam eine Landreform zu erzwingen, scheiterten am Widerstand des Nordens, wo ein selbstständiges und konservatives Bauerntum die stärkste politische Kraft bildet.

16.85 Spanien: In Spanien führte ein Jahr später, 1975, der Tod des Diktators Francisco Franco (▶ 12.43) zur Einführung der Demokratie. Diese erhielt, noch von Franco veranlasst, die Staatsform der Monarchie. Der von ihm herangezogene Enkel des letzten spanischen Königs, Juan Carlos I. (geb. 1938), übernahm wieder das Amt, führte Spanien aber vom Franquismus weg. Der Beitritt zu NATO (1982) und EWG (1986) brachte Spanien auch wirtschaftlich eine Blüte.

Mit der Abkehr vom Franquismus erhielten die Regionen mehr Autonomie, was vor allem Katalonien (Barcelona) zufriedenstellte. Hingegen kämpfte die illegale Kampforganisation «ETA militar» (Euzkadi Ta Azkatasuna: Baskenland und Freiheit) weiterhin mit Terror für die Unabhängigkeit des Baskenlands.

16.9 Nordeuropa

16.91 Unterschiedliche und gemeinsame Ausgangslage: Dänemark und Norwegen waren während des Zweiten Weltkriegs wegen ihrer Bedeutung für die Nordsee-Herrschaft vom nationalsozialistischen Deutschland besetzt worden (▶ 13.21), Finnland hatte sich mit der Sowjetunion verständigen müssen (▶ 13.13). Schweden hatte seine Neutralität durch wirtschaftliche Zusammenarbeit mit Deutschland bewahren können. Dementsprechend richteten sich Dänemark und Norwegen im Kalten Krieg auf den Westen aus (Gründungsmitglieder der NATO, 1949), während Finnland auf die Sowjetunion Rücksicht nehmen musste und keine Hilfe durch den Marshallplan in Anspruch nehmen durfte. Auch Island als strategisch wichtige Zwischenstation im Atlantik trat der NATO von Anfang an bei, stellte aber nur seine Häfen und Flugplätze zur Verfügung. Schweden trat der NATO nicht bei und bewahrte seine Neutralität aus dem Zweiten Weltkrieg.

Wirtschaftlich und sozial dagegen arbeiteten die vier skandinavischen Staaten seit 1952 und Finnland seit 1955 im «Nordischen Rat» eng zusammen. Obwohl der Rat aus Regierungs- und Parlamentsmitgliedern keine eigene Organisation kennt, harmonisierten die fünf Staaten darin die Wirtschafts- und Sozialpolitik. Alle entwickelten sie sich, anfänglich nach britischem Vorbild (▶ 16.71), zu Wohlfahrtsstaaten. Diese Entwicklung und die Zusammenarbeit wurden dadurch erleichtert, dass in Schweden, Norwegen und Finnland langjährige sozialdemokratische Regierungen für Stabilität sorgten.

16.92 Wohlfahrtsstaat: Diese Regierungen machten es sich zur Aufgabe, der Arbeiterschaft eine möglichst hohe Lebensqualität zu sichern. Schweden ging dabei voran, die anderen Staaten folgten mit einigen Abstrichen. Alle strebten sie einen «dritten Weg» zwischen Kapitalismus und Sowjetkommunismus an. Die Mittel des Wohlfahrtsstaates bestanden in Arbeitsschutzgesetzen, schrittweiser Arbeitszeitverkürzung, Kindergeld, Urlaub für die Erziehung von Kindern und Unterstützung bei der Kinderbetreuung, allgemeine Krankenversicherung, Krankengeld, allgemeiner Alters- und Invalidenrente sowie Alkohol- und Krankheitsprävention. Das Geld dafür holte sich die Regierung über hohe Steuern und dadurch, dass sie das Doppelverdienermodell in den Familien förderte. Der hohe Anteil erwerbstätiger Menschen stärkte die Volkswirtschaft.

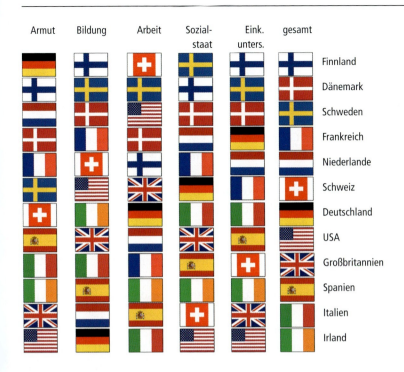

Wohlfahrts- bzw. Sozialstaaten (Visualisierung einer Statistik)

Als ein Fazit seines Standardwerks «Wohlfahrtsstaaten im Vergleich» (3. Auflage, 2010) stellt Josef Schmid zusammen, welche Ränge zwölf ausgewählte Staaten bezüglich Anteil an Armut, Ausgaben für die Bildung, Zustand des Arbeitsmarkts, sozialstaatlichen Interventionen und Einkommensunterschieden einnehmen. Indem er die Kriterien mit Faktoren von 5 (Armut) bis 1 (Einkommensunterschiede) gewichtet, kommt er zu einem Gesamtranking der Staaten bezüglich ihrer «Sozialen Gerechtigkeit» (S. 489).
(In der Kolonne Armut stehen Schweden und die Schweiz, in der Kolonne Bildung Italien, Spanien und die Niederlande im gleichen Rang.)

In den Siebzigerjahren geriet dieses Wohlfahrtsstaats-Modell aber in die Krise: Der schockartig erhöhte Erdölpreis führte zu einem Außenhandelsdefizit; nur Norwegen konnte dieses mit dem nun rentablen Nordseeöl vermeiden. Die Kritik an der Kernkraftnutzung traf eine Grundlage der Wohlfahrtsstaaten; sie hatten stark darauf gesetzt. Ferner kam die starke Kontrolle der Gesellschaft durch den Staat unter Beschuss. In den Achtzigerjahren konnten sich Wirtschaft und Wohlfahrtsstaat nochmals erholen, aber nach dem Ende des Kalten Kriegs gerieten beide in eine erneute Krise. Zahlreiche Elemente des Wohlfahrtsstaats mussten zurückgefahren werden. Trotzdem bleiben die nordischen Staaten weiterhin bezüglich des Ausgleichs des Wohlstands und der Sicherung des Lebensunterhalts auf einem hohen Niveau.

16.93 Außenpolitik: Ihre weitgehende weltpolitische Unabhängigkeit verbanden die nordischen Staaten mit einem hohen außenpolitischen Engagement speziell für die Dritte Welt, für Friedensprozesse in Europa (KSZE in Helsinki, ▶ 14.94) oder in Palästina (Oslo, ▶ 26.49). Die schwedische Hauptstadt Stockholm beherbergt das vom Staat finanzierte Internationale Friedensforschungsinstitut, dessen Erhebungen über die Waffensysteme der einzelnen Staaten die Grundlage für Abrüstungsverträge bilden. An der Überwindung der Fronten des Kalten Kriegs wurde in Nordeuropa also schon lange vor dessen Ende gearbeitet.

Europäische Gesellschaft und Wirtschaft

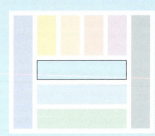

Der europäische Sonderweg seit 1500 führte zu einer eigenen Entwicklung nicht nur von der Politik, sondern auch von Gesellschaft und Wirtschaft. Allgemein als «Industrialisierung» bezeichnet, wird sie unterteilt in drei Phasen, die sich zuerst in der Technik ausmachen lassen, aber Gesellschaft und Wirtschaft gleichermaßen prägen, weil alle drei in engem Zusammenhang stehen.

- Die Erste Technische Revolution von etwa 1770 bis etwa 1870 war gekennzeichnet durch die Ersetzung der menschlichen Muskelkraft durch Fremdenergie, nämlich Kohle mit Dampf als Kraftübertragung. Die Konzentration auf schwere Maschinen führte zur Bildung von Fabriken und zur Entstehung einer neuen sozialen Klasse, der (Fabrik-)Arbeiterschaft (Kapitel 17). Doch immer noch arbeiteten die meisten Menschen in der Landwirtschaft.
- Die Zweite Technische Revolution von etwa 1870 bis etwa 1970 basierte zusätzlich auf Erdöl und Wasserkraft sowie Elektrizität zum flexiblen Energietransport. Sie ermöglichte mobilere Geräte auch für den Massenmarkt und erleichterte in erster Linie die Mobilität sowie die Wahrnehmungs- und Kommunikationsarbeit. Wegen der Bedeutung von Forschung und Entwicklung wurde das Privatunternehmen durch die Aktiengesellschaft abgelöst. Neben die alte trat eine neue Mittelschicht von qualifizierten Angestellten (Kapitel 18). In der Zweiten Technischen Revolution dominierte die Industrie als Wirtschaftssektor.
- Eine Dritte Technische Revolution zeichnet sich seit den 1970er-Jahren ab. Sie entwickelte Geräte zur Informationsverarbeitung und für einfache Denkarbeiten. Diese technische Entwicklung ermöglichte noch größere Unternehmen und den sozialen Aufstieg von Menschen, welche sich die neuste Technik dienstbar machen können, aber deklassierte die anderen (Kapitel 19). Nun wandelte sich die Industrie- in die Dienstleistungsgesellschaft.

Die Entwicklung von Gesellschaft und Wirtschaft hat Europa und Nordamerika Fortschritt, Wohlstand, Selbstentfaltung und Rechtssicherheit gebracht – aber in den letzten fünf Jahrzehnten auch die Einsicht in die Übernutzung der Umwelt. Damit stellt sich die Frage, ob das europäische Modell weltweit umsetzbar ist.

Die drei Fotografien rechts symbolisieren die zentralen Volkswirtschaftssektoren während der drei Technischen Revolutionen zwischen 1770 und heute. Zeitlich liegen sie jedoch nur 26 Jahre auseinander.

Heuernte, Baden-Württemberg, 1920
Das geschnittene und getrocknete Gras wurde zusammengerecht und zum Transport auf den Hof auf einen Wagen verladen.

Fahrradproduktion bei Opel in Rüsselheim
Dank der Umstellung auf Fließbandproduktion konnten fünfmal mehr Fahrräder, 4000 pro Tag, hergestellt werden. Opel war der größte Fahrradhersteller der Welt. Auf Drängen der Regierung konzentrierte sich die Firma ab 1937 auf Motorfahrzeuge.

Zwei Programmiererinnen, Gloria Ruth Gordon und Ester Gerston, am ENIAC-Computer, 1946
Dieser wurde 1943 bis 1945 von John Mauchly und J. Presper Eckert gebaut, aber nicht mehr für den Kriegseinsatz verwendet. Der Computer wurde durch das Stecken von Kabelverbindungen programmiert, was pro Programmeingabe mehrere Tage in Anspruch nahm.

17. Die Erste Technische Revolution

17.0 Industrialisierung: Oft wird die Entwicklung der europäisch/nordamerikanischen Wirtschaft in den letzten zweihundert Jahren als «Industrialisierung» oder gar «Industrielle Revolution» bezeichnet. Allerdings trifft diese Bezeichnung auf die letzten fünfzig Jahre nicht mehr zu: Es lässt sich im Gegenteil eine De-Industrialisierung feststellen, verbunden mit einer Auslagerung der Industrie in Länder außerhalb Europas und Nordamerikas. Unbestritten sind aber technische Innovationen in einem Maß, das man als «Revolution» bezeichnen kann: Sie kamen in rascher Folge und hatten grundlegende Konsequenzen. Die Technik ist eng mit der Wirtschaft, der Gesellschaft, der Politik und der Kultur verflochten; deshalb können die technischen Innovationen gleichsam als Leitstrang dienen, um die wirtschaftliche Entwicklung in drei Phasen zu unterteilen.

17.1 Die Proto-Industrialisierung

17.11 Vorgeschichte: Schon seit etwa 1500 wurden in West- und Mitteleuropa die Voraussetzungen für einen Wandel der Wirtschaft geschaffen: *Politisch* entstand mit der Konkurrenz unter verschiedenen Staaten für die Staatslenker ein Anreiz, ihre Wirtschaft zu fördern, wie es etwa absolutistische Herrscher mit dem Merkantilismus praktizierten (▶ 2.14). Die *Wirtschaft* trieb im Verlagswesen (▶ 2.22) und in den Manufakturen (siehe Bild S. 41) die Arbeitsteilung voran. *Finanziell* ermöglichte das Anhäufen von Kapital im Frühkapitalismus größere Unternehmungen, welche die Arbeitsteilung nutzen konnten (▶ 2.2). Von ihrer *Mentalität* her strebten die Menschen nach einem besseren Leben im Diesseits, weil der Glaube ans Jenseits schwand (▶ 3.31). Sie interessierten sich für Gesundheit, Wohlstand und ein selbstbestimmtes Leben. Sie wählten sich früher als in andern Kulturen ihre Partnerin, ihren Partner selbst aus. Mit der Arbeit in den Manufakturen stellten sie sich früh auf ein Arbeitsleben außer Haus ein.

17.12 «Agrarrevolution»: In einer Bauernfamilie konnte nur der älteste oder jüngste Sohn den Hof übernehmen und heiraten, die andern Söhne blieben als Knechte auf dem Hof. Die Heimarbeit im Verlagswesen, welche etwa im Gebiet der Eidgenossenschaft im 18. Jahrhundert aufkam, ermöglichte nun mehr Familien auf demselben Hof ein Einkommen. So konnten weitere Kinder heiraten. Schon vor der technischen Entwicklung setzte in West- und Mitteleuropa ein Bevölkerungswachstum ein.
Diese zusätzlichen Menschen konnten sich dank einer «Agrarrevolution» ernähren: Statt der Dreizelgenwirtschaft mit einem festen Ablauf der Produktion von Winter- und Sommergetreide begannen die Bauern, die Zelge aufzuteilen und neue Produkte, insbesondere Kartoffeln, Mais, Gemüse und Futter- bzw. Zuckerrüben, anzupflanzen; die nährstoffreichen neuen Produkte waren eine Folge der Entdeckungsfahrten (▶ 1.32). Die bisher gemeinsamen Weideflächen (Allmend) teilten die Bauern auf, zäunten sie ein und verbesserten den Ertrag durch Bewässerung und die Ansaat von Klee. So konnten die Kühe im Stall gefüttert und ihr Mist gezielt zur Düngung der eigenen Äcker verwendet werden. Allerdings führte die Agrarrevolution auch zur Teilung der Dorfgemeinschaft: Wer sich die notwendi-

gen Investitionen leisten konnte, stieg zum Großbauern auf; die andern mussten sich als Tagelöhner/-innen oder – neu – Heimarbeiter/-innen durchschlagen.

17.2 Technische Innovationen

17.21 Großbritannien als Vorreiter: In Großbritannien waren die Voraussetzungen für eine technische Revolution besonders günstig. Durch sein Kolonialreich und seine Insellage war das Land stark in den Fernhandel eingebunden. Der Transport zu Schiff war vergleichsweise billig. Die Agrarrevolution hatte große Fortschritte gebracht, aber auch viele Menschen arbeitslos gemacht, die sich nun in den neuartigen Fabriken Erwerb suchen mussten. Ferner war gerade aus dem Fernhandel ein großer Wohlstand entstanden, und Kapital für Investitionen, auch risikoreiche, stand zur Verfügung.

Davon profitierte beispielsweise James Watt (1736–1819) bei seiner mühevollen Entwicklung der doppelwirkenden Dampfmaschine. Er basierte seine Erfindung auf der atmosphärischen Dampfmaschine, erhöhte aber mit einem separaten Kondensator und dem Einleiten des Dampfs in den Zylinder von zwei Seiten her deren Wirkungsgrad massiv. Mit leistungsfähigeren dampfgetriebenen Pumpen konnten die Kohle- und Erzbergwerke tiefer hinunter entwässert werden. Kohle und Eisen wurden zur Grundlage der Ersten Technischen Revolution. Und sie konnten besser als früher transportiert werden dank der Dampflokomotive, einer fahrbaren Dampfmaschine, welche den Siegeszug der Eisenbahn einleitete. Seit 1804 befassten sich Tüftler damit, 1829 setzte sich «The Rocket» von George Stephenson (1781–1848) in einem Rennen über 50 Kilometer mit einer Durchschnittsgeschwindigkeit von 48 Stundenkilometer durch. Sie wurde zum Prototyp einer sich rasch entwickelnden Eisenbahntechnik.

Die Schweiz war im 18. Jahrhundert das am stärksten «proto-industrialisierte» Land auf dem Kontinent. Im Mittelland und in der Ostschweiz wurde Textil-, im Jura Uhrenindustrie betrieben.
Die beiden Appenzeller Verleger Laurent und Rodolphe Wetter gründeten 1757 in Orange (Frankreich) eine Indienne-Druckereimanufaktur mit 530 Arbeitskräften. Darin produzierten sie die in Mode stehenden, ursprünglich aus Indien stammenden bedruckten Baumwolltücher («Indiennes»). *Das Gemälde von G.M. Rossetti von 1764 zeigt die beiden Brüder im Mittelpunkt vor dem riesigen Druckereisaal. Links ist eine der ersten Rotationsdruckmaschinen zu sehen, rechts der Saal, in dem die bedruckten Tücher zum Trocknen aufgehängt werden. Im Druckereisaal fallen die vielen Kinderarbeiter auf.*

Auf dem Gelände der Burg Wetter an der Ruhr, die der Industriepionier Friedrich Harkort (1793–1880) vom preußischen Staat erworben hatte, entstanden 1819 die «Mechanischen Werkstätten Harkort & Co.», die Dampfmaschinen und Gasbeleuchtungsapparate produzierten.

Das Gemälde von Alfred Rethel von 1834 zeigt an den Gebäudetypen den Übergang von einer mittelalterlich-feudalen Welt zu einer Industriegesellschaft.

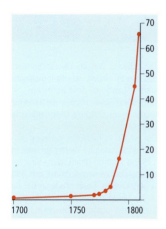

Einfuhr von Rohbaumwolle in Großbritannien (in 1000 Tonnen)

Baumwollspinnerei 1851
A: Zahl der Spindeln in Mio.
B: Garnproduktion in Mio. kg
C: Inlandkonsum in Mio. kg

(In Klammern hinter der Staatsbezeichnung die Bevölkerung um 1850 in Mio.)

	A	B	C
Großbrit. (28)	18	177	73
USA (23)	5,5	110	60
Frankreich (36)	4,5	64	52
Russland (75)	?	31	30
Österreich (39)	1,4	30	96
Deutschland (35)	0,9	18	96
Belgien (4,5)	0,4	10	8
Spanien (14)	0,7	10	12,5
Italien (22)	0,7	10	13,5
Schweiz (2,4)	0,9	9	4

17.22 Industrialisierung der Textilindustrie: Neben Nahrung und Wohnung stellte Kleidung ein drittes Grundbedürfnis des Menschen dar, das bis zur Revolution in der Textilindustrie relativ teuer zu stehen kam. Nicht zufällig galt die Kleidung als sichtbares Kennzeichen für die Zugehörigkeit zu einem Stand und für Wohlstand. Gewöhnliche Menschen mussten sich mit Schafwolle oder Leinen aus Flachsfasern oder einem Gemisch beschränken.

Dank der Baumwolle als neuem Material aus den Kolonien und vor allem dank der Mechanisierung des Spinnens und Webens durch dampfmaschinenbetriebene Spinn- und Webmaschinen konnte die Textilherstellung als erste den Maschinen übertragen werden. 1779 erfand Samuel Crompton (1753–1827) die erste wirklich brauchbare *Spinnmaschine;* er nannte sie «Mule» (Maulesel, Mischling), weil sie die Vorzüge von zwei älteren Konstruktionen ohne deren Nachteile vereinigte. Der steil ansteigende Bedarf an Rohbaumwolle konnte gedeckt werden, weil 1794 der Amerikaner Eli Whitney (1765–1825) die «Cotton Gin» erfand: eine Entkörnungsmaschine zur Trennung der Baumwollfasern von den Samen.

Diese Maschinen standen aber nicht mehr in den Häusern von Privatleuten, sondern in Fabriken. Mächtige, von Dampfmaschinen bewegte Wellen (Achsen) trieben ganze Hallen von Maschinen an.

17.3 Soziale Verhältnisse

17.31 Fabrikarbeit: Der Gang in die Fabrik bedeutete für die arbeitslos gewordenen Heimarbeiter/-innen und die Taglöhner/-innen vielerlei: Sie mussten vom Land in die Stadt ziehen, die Heimarbeiter/-innen mussten den Arbeitsplatz von ihrer Wohnung trennen und einen Arbeitsweg in Kauf nehmen. Vor allem mussten sie sich der Zeiteinteilung der Fabrik und der strengen Disziplin, welche der Großbetrieb und die Maschinen verlangten, fügen. Ihre Arbeitszeit wurde von den Maschinen abhängig, welche meist Tag und Nacht liefen, um die teure Investition auszulasten. Arbeitszeiten von 80 Stunden pro Woche, bisweilen auch am Sonntag, waren die Regel.

Knabe in der schweizerischen Heimindustrie, 1923 (Foto Heinrich Bauer)

Kinderarbeit war zur Zeit der Foto-Aufnahme nicht mehr typisch, aber hielt sich bis ins 20. Jahrhundert.

Ferner wertete der Dampfmaschinenantrieb die körperliche Kraft ab: Frauen und vor allem Kinder waren oft die begehrteren Arbeitskräfte als Männer, weil sie geringer bezahlt wurden und – vor allem die Kinder – die feinere Arbeit an den Textilien besser verrichten konnten (▶ 6.35). Neu waren ferner der ohrenbetäubende Lärm durch die Maschinen, der Schmutz und die durch die Dampfmaschinen verunreinigte Luft.

Aber aus der Proto-Industrialisierung übernommen wurde die Selbstverantwortung der Arbeiter/-innen: Wenn keine Arbeit vorhanden war, wurden sie einfach auf die Straße gestellt. Ebenso wurden kranke und verunfallte Arbeiter/-innen kurzerhand entlassen. Weil viele Arbeit suchten, stand bald Ersatz bereit. So konnten die Unternehmer die Arbeitslöhne tief halten.

Nicht so groß war die Umstellung für die bereits vorher unselbstständig und außer Haus arbeitenden Manufakturarbeiter/-innen.

17.32 Unternehmer: Die Fabrikdirektoren waren meist auch Fabrikeigentümer. Sie hatten wie die Arbeiter/-innen keine Vorbilder aus der Vergangenheit, sondern standen in einem erbitterten Wettbewerb untereinander. Oft hatten sie sich aus eigener Kraft emporgearbeitet und verlangten von ihren Arbeiterinnen und Arbeitern das Gleiche – mit dem Unterschied, dass sie den Unternehmensertrag selbst einsteckten. Die Unternehmer wollten weder gegenüber der Arbeiterschaft noch gegenüber der meist adligen regierenden Schicht irgendwelche Verpflichtungen eingehen. Sie vertraten politisch den Liberalismus, die Auffassung, dass dem Individuum möglichst viel Freiheit zustehe und der Staat sich aus der Wirtschaft herauszuhalten habe (▶ 8.3). So stand die Unternehmerschaft hinter zahlreichen revolutionären liberalen Versuchen zum Sturz der Obrigkeit.

Noch größer, beständiger und vor allem alltäglich war ihr Interessenkonflikt mit ihrer Arbeiterschaft.

17.33 Industriefeindschaft: Die Arbeiter/-innen dieser ersten Generation orientierten sich in erster Linie an früheren Zeiten, als sie in Heimarbeit oder als Taglöhner/-innen ein, wie es in ihrer Erinnerung schien, besseres

Friedrich Engels, «Die Lage der arbeitenden Klasse in England», 1845:

«Die Arbeit der Weiber löst vor allen Dingen die Familie gänzlich auf; denn wenn die Frau den Tag über 12 bis 13 Stunden in der Fabrik zubringt und der Mann ebendaselbst oder an einem andern Ort arbeitet, was soll da aus den Kindern werden? Sie wachsen wild auf wie Unkraut. […] In vielen Fällen wird die Familie durch das Arbeiten der Frau nicht ganz aufgelöst, sondern auf den Kopf gestellt. […] Die Frau ernährt die Familie, der Mann sitzt zu Hause, verwahrt die Kinder, kehrt die Stube und kocht.»

Kinderarbeit:

Das Brockhaus-Lexikon verteidigte 1844 die Kinderarbeit mit den damals üblichen Argumenten:
«Wer aber kann auch verkennen, wie sehr eine zweckmäßige Beschäftigung der Kinder einerseits dem müßigen Umherlaufen und Betteln entgegenwirke, andrerseits durch angemessene Vermehrung des Verdienstes den Wohlstand der Arbeiterfamilie erhöhe und das wirksamste Gegenmittel gegen ein Überhandnehmen des ledigen Standes darbiete?»

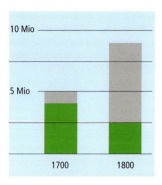

Stadtbevölkerung (grau) und Landbevölkerung (grün) in England, 1700 und 1800

Leben hatten führen können. Sie sahen in der Industrialisierung das Hauptübel und bekämpften deshalb vor allem die Maschinen und Fabriken. Größere sogenannte Maschinenstürme fanden in Großbritannien um 1810 und 1840 statt, in Lyon 1831, in Uster (Schweiz) 1832 und in Schlesien 1844. Die Fabrikarbeiter, unterstützt von den verzweifelten Heimarbeitern, stürmten Fabriken, setzten sie in Brand und zerstörten die Maschinen, die ihrer Ansicht nach für das Elend verantwortlich waren. Den wirtschaftlichen Fortschritt konnten sie aber nicht aufhalten.

17.4 Ausbreitung

17.41 Verzögerte Ausdehnung: Großbritannien wäre von 1800 an bereit gewesen, den ganzen Kontinent mit seinen maschinell hergestellten und billigeren Fabrikprodukten zu überschwemmen. Allerdings verhängte Kaiser Napoleon I. 1806 gegen Großbritannien die Kontinentalsperre (▶ 5.63): Das Land durfte keine Produkte mehr auf den Kontinent exportieren. Diese Sperre gewährt der europäischen Industrie noch eine Gnadenfrist. Vor allem im Deutschen Reich und in der Eidgenossenschaft bauten findige Bastler, manchmal nach Erkundungsreisen, britische Maschinen nach und legten das Fundament für die Industrialisierung. Die Restauration auf dem Kontinent bremste aber die Industrialisierung bis um 1830 (▶ 6.13).

17.42 Industrialisierung der Textilindustrie: Doch das europäische Verlagswesen musste sich unter britischem Konkurrenzdruck rasch industrialisieren. Davon war zuerst die einfache Spinnerei und danach die kompliziertere Weberei betroffen. Weil die Spinnmaschinen und Webstühle selbst hergestellt werden mussten, entwickelten sich einige Textilfabriken zu Maschinenunternehmen.
Für die Schweiz eine Besonderheit war das Fehlen von Kohlevorkommen. Deshalb wurde die reichlich vorhandene Wasserkraft als Energiequelle verwendet. Sie führte zu einer Dezentralisierung der Betriebe, weil diese jeweils das Gefälle eines Flusses nutzen mussten. Die Verstädterung setzte in der Schweiz deshalb erst mit der Zweiten Technischen Revolution ein.

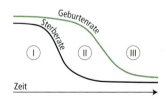

Die drei Phasen der Bevölkerungsentwicklung im Verlauf der Industrialisierung:

I: stabile Bevölkerungszahl bei hoher Sterbe- und Geburtenrate

II: Bevölkerungsexplosion infolge Rückgang der Sterblichkeit (Industrialisierung)

III: erhöhte, aber stabile Bevölkerungszahl (Dienstleistungsgesellschaft)

17.43 Bevölkerungs- und Wohlstandswachstum: In seinem «Essay on the Principle of Population» (1798) hatte der britische Pfarrer und erste Professor für politische Ökonomie, Thomas Malthus (1766–1834), behauptet, dass die Bevölkerung sich exponentiell vermehre, die Ressourcen aber nur linear. Er prägte das Bild vom Tisch der Natur, der infolge der Bevölkerungsexplosion nicht mehr für jeden gedeckt sein werde. Heute ist bekannt, dass die Bevölkerungsexplosion mit der Entwicklung der Dienstleistungsgesellschaft gestoppt wird, weil die Geburtenzahl zurückgeht.
Aber schon um 1850, gegen Ende der Ersten Technischen Revolution, zeigte sich, dass dem nicht so war. Die meisten Staaten verzeichneten ein Wachstum sowohl der Bevölkerung als auch der Einkommen – allerdings waren diese Einkommen ungleich verteilt. Darum drehte sich die gesellschaftliche und wirtschaftliche Auseinandersetzung in der Zweiten Technischen Revolution.

18. Die Zweite Technische Revolution

18.0 Stagnation und neuer Innovationsschub: Um die Mitte des 19. Jahrhunderts stagnierten die führende britische, danach auch die andern Industrien. Der Textilmarkt war weitgehend gesättigt; Kleider waren zwar erschwinglicher geworden, aber für einen Massenkonsum waren die breiten Massen zu arm. Spinnerei und Weberei wurden durch Maschinen betrieben, es gab keine weitere Möglichkeit der Rationalisierung.
Die Stagnation führte zur Suche nach neuen Innovationen und zur Offenheit gegenüber neuen Verfahren und Produkten. Die Zweite Technische Revolution entstand also als Resultat intensiver Anstrengungen in Technik und Wirtschaft. Auch die Bildung von Nationalstaaten und nationalen Volkswirtschaften prägten diese Phase (▶ 8.0).

18.1 Technische Innovationen

18.11 Neue Energiequellen: Bis um 1860 hatte sich die systematische Nutzung von Fremdenergie in West- und Mitteleuropa durchgesetzt. Darauf folgte eine neue Welle von Innovationen. Sie wurde im Gegensatz zur Ersten Technischen Revolution stark durch die Naturwissenschaft, vor allem durch Chemie und Physik inspiriert.
Hatte die Kohle über den Dampf die Fremdenergie für die Erste Technische Revolution geliefert, übernahmen Erdöl als Energielieferant und Elektrizität als Energietransporteur diese Rolle für die Zweite Technische Revolution. (Ab 1920 wurde auch Erdgas verwertet.) Erdöl zeichnet sich durch eine höhere Energiedichte, Elektrizität durch eine größere Flexibilität aus als die Vorgänger. Beide können vielfältiger verwendet werden: Erdöl als Ausgangsmaterial für Kunststoffe, Elektrizität für chemische Prozesse, Beleuchtung und Nachrichtenübermittlung.

18.12 Neue Produkte: War die Erste Technische Revolution durch das Grundmaterial Eisen geprägt, löste nun der Stahl dieses ab. Dank neuer Verfahren konnte Stahl billiger hergestellt werden. Rasch begann das neue Material, vorab im Maschinenbau, das Gusseisen zu verdrängen. Eisenbahnschienen aus Stahl ermöglichten jetzt den zuverlässigen Betrieb auch langer Strecken. In den vierzig Jahren zwischen 1870 und 1910 wurden in Europa fast fünfmal so viele Bahnkilometer erstellt als in den vorangegangenen vierzig Jahren.
Zentrale Entdeckungen waren das elektrodynamische Prinzip für den Bau von Gleichstrom- und Wechselstromgeneratoren, 1866 und 1878 (Werner von Siemens, 1816–1892). 1876 erfand Graham Bell (1847–1922) nach einigen Vorgängern das erste Telefon, 1877 Thomas Edison (1847–1931) den Phonograph zur Speicherung von Tönen, das Telefonmikrofon und 1879 die Kohlenfaden-Glühlampe; 1895 boten die Gebrüder Auguste und Louis Lumière (1862–1954, 1864–1948) die erste öffentliche Filmvorführung. Der elektrische Telegraf wurde nach 1896 durch die Funkübermittlung (Guglielmo Marconi, 1874–1937) abgelöst. Niklaus Otto (1832–1891), Gottlieb Daimler (1834–1900) und Carl Benz (1844–1929) entwickelten den Benzinmotor und damit das Automobil. Jetzt setzten sich die Dampfschiffe dank drei Neuerungen durch: der belastbaren Schiffsschraube aus Stahl, des Schiffsrumpfs aus genieteten Stahlplanken und

Eröffnung wichtiger transkontinentaler Bahnlinien

1867	Brennerbahn
1869	Central Pacific Railroad
1871	Mont-Cenis-Bahn
1882	Gotthardbahn
1883	Northern Pacific RR
1883	Southern Pacific RR
1900	Transsibirische Bahn

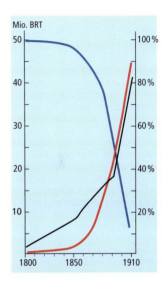

Welthandelstonnage (zum Vergleich: 2016: 1807 Mio. BRT)

— Total Mio. BRT
— davon auf Segelschiffen
— auf Motor- und Dampfschiffen

Dauer der Nordatlantik-Überquerung

um	Schiffstyp	Tage
1800	Dreimast-Paketboot	40–90
1819	Raddampfer mit Hilfssegeln	26–29
1860	Dreimast-Klipper	15–25
1860	Schraubendampfer	20–24
1910	Turbinendampfer	8–10

«Eine der größten Erfindungen des 20. Jahrhunderts
Von Ignaz Schroppe, Erfinder, in Beckum

Große Männer haben große Gedanken, kleine Männer haben kleine Gedanken. Die kleinen Männer kriechen mit dem Zeiger der Zeit herum, die großen Männer packen ihn an und schieben ihn um Jahrhunderte vor. Das Automobil hat bisher auch auf der niederen Erde herumkriechen müssen. Jetzt ist es aber gleich um ein Dutzend Stufen in die Höhe gehoben worden und dies verdanken wir einem der genialsten Männer unseres Jahrhunderts, der bisher in aller Stille seine großen Erfindungen gemacht hat und jetzt an das Licht der Menschheit tritt. Es ist der Herr Ignaz Schroppe in Beckum, von dem bald die ganze Welt reden wird.»
(Redaktioneller Beitrag in der «Automobil-Welt», Januar 1903, S. 95)

schließlich, von der Jahrhundertwende an, der Verdrängung der kohlenbefeuerten Kolbendampfmaschinen durch ölbefeuerte Turbinendampfmaschinen.

Der chemischen Industrie gelang durch die Herleitung aus pflanzlichen Wirkstoffen die Erzeugung synthetischer Medikamente in großer Menge nicht nur für die Heilung, sondern auch für die Prophylaxe von Krankheiten. Medikamente wurden beispielsweise als Pillen oder Ampullen vorkonfektioniert. Die Pharmaindustrie entwickelte sich aus der Herstellung synthetischer Farbstoffe heraus, deren Hauptabnehmer die Textilindustrie war. Für die Landwirtschaft entscheidend war die synthetische Herstellung von Düngemitteln. Eine Lebensmittelindustrie mit fabrikmäßig zubereiteten Produkten (Margarine, Kaffee, Schokolade) entstand. Die Elektrolyse ermöglichte ferner die Gewinnung neuer Metalle wie vor allem des Aluminiums.

Alle diese Entwicklungen erleichterten Wahrnehmungsarbeit und Mobilität der Menschen. Zudem rüsteten sie Europa für seine Weltherrschaft während des Imperialismus aus.

18.2 Die Veränderung der Unternehmen

18.21 Aktiengesellschaften: Die Unternehmen der Zweiten Technischen Revolution konnten nicht mehr klein und bescheiden beginnen. Wer ein Produkt herstellen wollte, musste zuerst forschen – noch ohne Garantie auf sicheren Ertrag. War ein Produkt entwickelt, musste es in großer Menge hergestellt werden, um die Kosten wieder einzuspielen. Somit waren vor dem Ertrag hohe Investitionen nötig. Diese überstiegen das Privatvermögen auch reicher Fabrikanten. So suchten sie sich zuerst stille Teilhaber ohne Mitbestimmungsansprüche, kamen aber mit der Zeit nicht darum herum, Kapital bei Aktionärinnen und Aktionären zu sammeln. Diese banden sich mit ihrem Kapital an das Unternehmen, verlangten aber nicht nur eine Verzinsung ihrer Aktien (Dividende), sondern nahmen auch Einfluss auf die Unternehmensführung, weil sie am Aktienkurs interessiert waren.

18.22 Bankensektor: Eine zweite Möglichkeit der Unternehmensfinanzierung bestand in der Aufnahme von Bankkrediten. Diese hatten ursprünglich nur kurzfristige Einzelgeschäfte finanziert, nun stiegen Großbanken auch in die langfristige Finanzierung von Unternehmen ein. Sie verlangten zwar kein Mitbestimmungsrecht, aber Transparenz über den Geschäftsgang. So mussten die Unternehmen eine detaillierte Buchhaltung ausweisen, während der Einzelunternehmer zuvor sich mit einem Notizbuch hatte begnügen können.

18.23 Rolle des Wissens: Zu einem Unternehmen gehörten nämlich nicht nur die sichtbaren Gebäude und Maschinen, sondern auch die unsichtbaren, ja geheim gehaltenen Kenntnisse über die Herstellung und Zusammensetzung von Produkten. Damit Erfindungen sich lohnten, gewährten die Staaten den Patentschutz: Wer ein Verfahren oder ein Produkt, später auch eine Marke oder ein Design beschrieb, konnte es für eine bestimmte Zeit für sich als Monopol beanspruchen. Die europäischen Staaten führten das Patentrecht dann ein, als ihre Industrien selbst Erfindungen zu verteidigen hatten (Deutsches Reich 1877, Schweiz 1888, Österreich 1899).

Aktie der Firma Siemens & Halske, aus der ersten Ausgabe von 1897

Der Aufsichtsratsvorsitzende Carl Siemens (1829–1906) besaß einen russischen Adelstitel und die russische Staatsbürgerschaft, weil die von seinem Bruder Werner von Siemens gegründete Firma lange Zeit in Russland tätig war. Der Vorstandsvorsitzende Tonio Bödiker (1843–1907) war Politiker und Reichsversicherungspräsident.

Um von einem Monopol zu profitieren, mussten die Unternehmer Produkte exportieren können. Um die Zollschranken zu umgehen, bauten sie in den Exportländern Filialbetriebe auf. Multinational tätige Unternehmen mit entsprechend hohem Kapitalbedarf entstanden.

18.3 Die Veränderung der Gesellschaft

18.31 Neuer Mittelstand: Wissen als Unternehmensgrundlage führte zu einem hohen Bedarf an qualifizierten Technikern (Frauen wurden noch nicht in Betracht gezogen). Entsprechend wurden die Spezialisten umworben und gut bezahlt, oft auch als Teilhaber am Firmenerfolg beteiligt. Auch der kaufmännische Bereich wurde Spezialisten anvertraut: Buchhalter erstellten von Hand und dann mit mechanischen Rechenmaschinen detaillierte Abrechnungen, Finanzfachleute verhandelten mit Banken und sicherten die Liquidität, Speditionsfachleute organisierten die Fracht, die Verzollung sowie den Transport, Vertriebsfachleute sorgten sich um das, was in den USA seit 1905 als Marketing bezeichnet wurde. Qualitätskontrollen und die staatlichen Vorschriften verlangten ebenfalls nach Spezialkräften. Frauen konnten immerhin Schreibkraft werden: Eine Schreibmaschine zu bedienen erforderte ebenfalls Spezialqualifikationen.

Neben den alten Mittelstand (Handwerk, Gewerbe, Detailhandel, Bauern) schob sich ein neuer Mittelstand aus solchen Angestellten und Beamten. Diese Menschen dienten dem Unternehmen nicht mehr nur mit ihrer Arbeitskraft, sondern auch mit ihrer Ausbildung und ihren Kenntnissen sowie mit ihrer Loyalität – und sie wurden auch dafür bezahlt.

18.32 Aufsteigende Arbeiterschaft: Die Zweite Technische Revolution brachte auch Aufstiegsmöglichkeiten für die Arbeiter/-innen. Denn auch sie konnten bei der anspruchsvolleren Produktion nicht einfach ausgewechselt werden. Die gegen 1900 aufblühende Konjunktur ließ Arbeiter/

Umzug der Sozialdemokratischen Partei zum 1. Mai 1931 in Zürich (Fotograf Hans Staub, 1894–1990)

Der 1. Mai als Tag der Arbeit geht auf die Arbeiterbewegung in den USA zurück. Sie rief 1886 für diesen Tag, den traditionellen Termin für Stellenwechsel, zu einem Generalstreik für den Achtstundentag auf. Bekannt wurde der Streik durch seine Eskalation in den folgenden Tagen (siehe Bild S. 111). Die internationale Arbeiterbewegung begann den 1. Mai als Tag der Arbeit zu feiern, zuerst in der Form von Arbeitsniederlegungen, dann als bewilligten Feiertag.

Das Transparent der Zürcher 1.-Mai-Demonstration auf der Fotografie zeigt die internationale Ausrichtung der Bewegung.

-innen knapp werden; Immigranten führten nun anstelle der Einheimischen die einfachsten Arbeiten aus. Ferner verschafften sozialistische und sozialdemokratische Parteien sowie Gewerkschaften den Arbeitern politisches und wirtschaftliches Gewicht (▶ 8.47). Und nicht zuletzt erliess der erstarkende Nationalstaat Schutzgesetze, um die Arbeiter/-innen vor übertriebener Ausbeutung zu bewahren. Diese Gesetze gaben einen Rahmen vor für die Arbeitszeit, für die Unfallverhütung und für das Disziplinarwesen der Fabriken. Ferner sorgte der Staat, auch im eigenen Interesse, für eine Grundausbildung der Kinder.

Auch für Konsumentinnen und Konsumenten wurde das Leben einfacher: Nahrung wurde wegen der erleichterten Importmöglichkeiten und Kleidung wegen der industriellen Herstellung billiger, die Versorgung sicherer. Die Kartoffelkrise von 1846/47 war die letzte durch die Natur verursachte Lebensmittelkrise. Kolonialwaren (Kaffee, Kakao, Tabak, der nun einheimische Zucker) wurden im Zeitalter des Imperialismus erschwinglich. Einzig das Wohnen blieb in den Städten teuer und prekär. Und die Verstädterung nahm in der Zweiten Technischen Revolution – nun auch in der Schweiz – nochmals zu.

18.33 Migration: Die Eroberung von Kolonien im Imperialismus (▶ 8.61), die Verbesserung der Transportmittel und der Kommunikation erleichterte eine internationale Migration gerade auch der unteren Volksschichten. Wer keine Arbeit fand, konnte auswandern und sein Glück anderswo suchen. Hatten die europäischen Staaten bis um 1880 vor allem Menschen in die USA geschickt, so wurden sie als Industriestaaten nun selbst zu Einwanderungsländern. Denn die Kinderzahl ging allmählich zurück, weil Kinder nun nicht mehr rasch rentierende Arbeitskräfte waren, sondern Investitionen in die Ausbildung nach sich zogen.

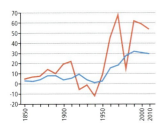

Schweiz: Auswanderung von Schweizern/Schweizerinnen (blau) und Einwanderungssaldo von Ausländerinnen/Ausländern (rot, in Tausend)

18.34 Frauenemanzipation: Die Gesellschaft der Zweiten Technischen Revolution wurde auch für Frauen etwas durchlässiger (▶ 8.5). Besonders im und nach dem Ersten Weltkrieg konnte die wirtschaftliche Bedeutung

der berufstätigen Frau nicht mehr verleugnet werden, und die Frauen erhielten in einigen Ländern das Wahl- und Stimmrecht.
In der Zwischenkriegszeit verschaffte sich eine neue Generation das Wort, die nicht nur rechtliche Gleichberechtigung, sondern auch soziale Gleichstellung und das Recht auf eine eigenständige Lebensgestaltung verlangte (▶ 10.45). Dieser Anspruch wurde allerdings durch die autoritären Regimes gebremst und während des Zweiten Weltkriegs generell zurückgestellt. Die Gesellschaft verharrte auch nach dem Zweiten Weltkrieg, während Kaltem Krieg und Wirtschaftsblüte, in traditionellen Mustern.

18.4 Hochkonjunktur und Krisen

18.41 Internationale Verflechtung und punktuelle Krisen: Die Wirtschaft der Zweiten Technischen Revolution bestand nicht mehr aus voneinander isolierten Volkswirtschaften: Neben der Verflechtung der imperialistischen Staaten untereinander wurden die Unternehmen durch Niederlassungen multinational (▶ 18.23), während effizientere Transportmittel die Immigration und Emigration auch der Arbeiterschichten erleichterten.
1846 war Großbritannien zum Freihandel übergegangen, und trotz zeitweiliger Schutzzölle auf Importen dominierte dieser bis zum Ersten Weltkrieg. Obwohl dadurch Preisschwankungen leichter in andere Länder übertragen werden konnten, profitierten in der Summe alle von einer erweiterten internationalen Arbeitsteilung.
Auf der Geldseite sorgte der ebenfalls von Großbritannien ausgegangene Goldstandard (das Prinzip der Konvertibilität von Geld in Gold bei der Zentralbank) für einen stabilen Ausgleich der Wirtschaftskraft durch Währungen; die Währung eines wirtschaftlich schwachen Landes verlor an Wert, was diesem aber den Export verbilligte und damit die Möglichkeit zum Aufholen bot. Die großen Goldfunde in den USA um die Jahrhundertmitte sowie in Kanada und Südafrika gegen das Jahrhundertwende ermöglichten es, den Goldstandard trotz wachsendem Geldbedarf beizubehalten. So zeigten sich Wirtschaftskrisen wie diejenigen von 1857 und 1873 (Gründerkrise, ▶ 25.23) oder (nur in den USA) 1907 als punktuelle Ereignisse in Konkursen von Einzelfirmen.

18.42 Gewichtsverschiebungen: Nach 1870 verlor *Großbritannien* seinen während hundert Jahren eingenommenen Platz als «Workshop of the World» an die *USA* und an das *Deutsche Reich*, welche in der Zweiten Technischen Revolution aufgeholt hatten. Diese Gewichtsverschiebung hatte im Vorfeld des Ersten Weltkriegs politische Folgen: Das Deutsche Reich bedrängte Großbritannien und manövrierte sich in die Isolation (▶ 8.63).
Mit diesen «großen Drei» konnte das relativ früh industrialisierte *Frankreich* nicht mehr Schritt halten, denn mehr und mehr legte das französische Bürgertum sein Kapital vorzugsweise in Grundbesitz oder Staatsanleihen an. Daraus zog *Russland* Nutzen: Von 1890 an ermöglichte der Zustrom französischen Kapitals eine raschere Industrialisierung, nachdem bereits die Bauernbefreiung hierfür eine wesentliche Voraussetzung geschaffen hatte (▶ 7.71).
Ferner übernahm *Japan* von den Siebzigerjahren an die industrielle Technik Europas und der USA (▶ 28.23). Im nördlichen *Italien* entwickelte sich nach der Jahrhundertwende neben der älteren Textilindustrie auch der

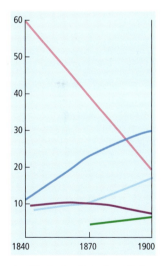

Heiratsannonce in einer Basler Zeitung, um 1900

Geschätzter Anteil einzelner Länder an der industriellen Weltproduktion:
— Großbritannien
— USA
— Deutsches Reich
— Frankreich
— Russland

Maschinen- und Motorenbau; der Mezzogiorno (Süditalien) allerdings verharrte weiterhin in halbfeudal-vorindustriellen Strukturen. Stark industrialisierten sich zahlreiche *kleinere Länder*: Belgien, die Niederlande, Schweden und die Schweiz.

18.43 Erster Weltkrieg: Der Erste Weltkrieg führte zu einer massiven Produktionssteigerung auch in den nicht Krieg führenden Staaten. Insbesondere die USA, Argentinien und Australien forcierten den Anbau von Agrarprodukten für den Export. Nach dem Krieg bestanden deshalb weltweit Überkapazitäten. Auf der Finanzseite entstand ein doppeltes Ungleichgewicht: Innenpolitisch verschuldeten sich die Regierungen über Kriegsanleihen bei Privatleuten und außenpolitisch die Ententemächte Frankreich und Großbritannien bei den USA. Sie versuchten als Siegermächte, mit den im Versailler Vertrag diktierten Reparationszahlungen, die Verschuldung auszugleichen (▶ 10.12), was aber nur (und nur teilweise) gelang, indem die USA mit dem Dawes-Plan Kredite in die Wirtschaft der Weimarer Republik pumpten (▶ 10.44).

18.44 Weltwirtschaftskrise: Der Börsenkrach der USA von 1929 traf dann über die Kündigung dieser Kredite in einer Kettenreaktion praktisch alle west- und mitteleuropäischen Volkswirtschaften (▶ 12.11, 12). Diese, besonders das Deutsche Reich, hatten mit Krediten aus den USA ihre Produktionskapazitäten aufgebläht. Die Produktion brach in beiden Staaten um 40 Prozent ein, die Massenarbeitslosigkeit erreichte Rekordwerte: 33 Prozent im Deutschen Reich, 20 in den USA. Die Regierungen reagierten mit der Aufgabe des Goldstandards und damit der Abwertung ihrer Währung, wobei Großbritannien im September 1931 voranging. Mit Handelsprotektionismus, insbesondere Schutzzöllen, schotteten sich die Staaten voneinander ab. Der Liberalismus erlitt nicht nur politisch, sondern auch wirtschaftlich eine Niederlage. Große Aufmerksamkeit fand der Ökonom John Maynard Keynes (1883–1946) 1936 mit seiner Theorie, dass der Staat in die Wirtschaft eingreifen und die Konjunkturschwankungen durch antizyklisches Verhalten ausgleichen müsse.
Beides geschah denn auch im Zweiten Weltkrieg: Der Staat lenkte praktisch die Wirtschaft, und der Krieg kurbelte sie an.

18.45 Nachkriegskonjunktur: Die Zeit zwischen 1945 und 1973, dem Jahr der ersten Erdölkrise, stellte vor allem für Nordamerika und Westeuropa im Kalten Krieg eine beispiellose Blütezeit dar. Erstens konnten nach dem Krieg zahlreiche Innovationen massenhaft hergestellt und verbreitet werden: Automobile, Haushaltgeräte, Radio- und Fernsehapparate wurden zum Allgemeingut. Güter wurden nicht mehr ausschließlich zum täglichen Bedarf konsumiert, sondern darüber hinaus zur Befriedigung von Bedürfnissen, welche die Werbung geweckt hatte. Kleidermode wurde nun ein Phänomen für alle Bevölkerungsschichten. Dieser Übergang zu einer Konsumgesellschaft funktionierte so gut, weil 1945 der Fehler des Versailler Vertrags, das Kriegsergebnis in die Wirtschaft einfließen zu lassen, vermieden wurde. Durch den auch politisch motivierten Marshallplan unterstützten die USA mit ihrem überlegenen Wohlstand von Anfang an Verbündete und frühere Kriegsgegner sowie Neutrale gleichermaßen. Damit schufen sie sich einen Absatzmarkt für den Massenkonsum amerikanischer Produkte, die nicht zuletzt wegen des Weltkriegsieges hohes Ansehen genossen.

Hochkonjunktur und Krisen

Selbstbedienungsladen des Lebensmittelvereins (LVZ) Zürich (heute Coop), Stauffacherstraße 20, ca. 120 m² groß. November 1948

Die Selbstbedienungsläden waren das augenfälligste Merkmal der Konsumgesellschaft: Sie ermöglichten den rationellen Einkaufsvorgang und brachten die Konsumentinnen und Konsumenten direkt mit der Ware in Berührung.

Auch im internationalen Finanzsystem übernahmen die USA die Rolle Großbritanniens und bauten sie aus: In der Konferenz von Bretton Woods, nahe Washington, verständigten sich im Jahr 1944 die Notenbankchefs der wichtigen Länder, zwar nicht zum Goldstandard zurückzukehren, sondern neben Gold auch Währungsbestände als Deckung zuzulassen, insbesondere den amerikanischen Dollar, die Leitwährung. Die US-Zentralbank verpflichtete sich, (theoretisch) Dollar in einem festen Verhältnis von 35 US-$ pro Unze Feingold zurückzukaufen. Damit konnte die Geldmenge der einzelnen Staaten wieder, wie zu Zeiten des Goldstandards, in ein berechenbares Verhältnis zueinander gebracht werden. Der internationale Währungsfonds diente als eine Art Versicherung, in den die Zentralbanken einen Teil ihrer Währungsreserven hinterlegen und bei Finanzproblemen zusätzliche Währungsreserven beantragen konnten. Allerdings stand und fiel das System vom Bretton Woods mit dem Dollar – und am 15. August 1971 musste Präsident Nixon bekannt geben, dass die USA Dollars nicht mehr gegen Gold einlösen konnten. Sie hatten die Geldmenge insbesondere für den Krieg in Vietnam zu stark ausgedehnt und verzeichneten erstmals nach 78 Jahren eine negative Handelsbilanz. Nach einigen Rettungsversuchen zerbrach 1973 das System von Bretton Woods.

Die Sowjetunion beanspruchte übrigens im Ostblock als Rubel-Währungszone eine ähnliche Führungsfunktion wie die USA im Westen.

18.46 «1950er-Syndrom»: Die Schattenseiten der Wohlstandsepoche wurden damals kaum thematisiert. Im Rückblick stellt die Umweltforschung fest, dass seit den 1950er-Jahren die Energie- und Rohstoffquellen massiv übernutzt und die Umwelt über das zuträgliche Maß hinaus belastet wurde. Sie spricht von einem «1950er-Syndrom» (Christian Pfister), einer welthistorisch verhängnisvollen Überschreitung der natürlichen, dem Menschen gesetzten Grenzen seit jenem Jahrzehnt.

- 19 Automobile: × 19
- 13
- 12
- 11 Benzin: × 11 (Kerosin: × 27)
- 10 Strassenverkehr: × 10
- 9
- 8
- 7 Stickoxide (NO$_x$): × 7
- 6
- 5 Energie total: × 5.2
- CO$_2$-Ausstoß: × 4,4
- 4 Abfall: × 4,3
- 3
- Bruttoinlandprodukt: × 2,5
- 2 Schienenverkehr: × 1,62
- Bevölkerung: × 1,44
- 1 Schwefeldioxid (SO$_2$): × 1,16

Wachstum in der Schweiz 1950 bis 1990

Die SO$_2$-Emissionen nahmen bis 1985 um das 2.5-Fache zu, sanken dann aber wegen bleifreiem Benzin und Katalysatortechnik.

Das Bruttoinlandprodukt ist real (ohne Inflation) gerechnet.

19. Die Dritte Technische Revolution

19.0 Definitionsprobleme: Wenn eine technische Revolution etwa hundert Jahre prägt, was kann man über eine erst vor knapp vierzig Jahren angelaufene sagen? Wenn Geschichte in Gegenwart übergeht, fehlt ihr das Raster, in das sie die Vergangenheit sonst einordnet. Dies trifft auch für die Entwicklung der Dritten Technischen Revolution zu: Erst wenn man sich in der Rückschau geeinigt hat, was sie genau beinhaltet, wird man sagen können, wann sie gestartet ist. Man kann sie einfach als technische Revolution der Datenverarbeitung und -kommunikation verstehen – dann beginnt sie vermutlich mit der Verbreitung der Computer in den 1970er-Jahren (Dieter Balkhausen). Man kann auch die Meinung vertreten, sie setze erst jetzt oder in naher Zukunft als umfassender Prozess ein (Jeremy Rifkin). Man kann sie optimistisch als weiteren Fortschritt oder pessimistisch als letzten Fluchtversuch aus einer drohenden Klimakatastrophe einschätzen. Das vorliegende Kapitel stellt sie als Verbindung von technischen, wirtschaftlichen und gesellschaftlichen Entwicklungen dar.

19.1 Die Technik

19.11 Neue Energiequelle: Im Oktober 1973 führte Israel, zu Beginn des Jom-Kippur-Fests von seinen arabischen Nachbarn angegriffen, einen weiteren erfolgreichen Verteidigungskrieg (▶ 26.45). Die arabischen Länder in der OPEC, dem Zusammenschluss Erdöl exportierender Staaten (Organization of Petrol Exporting Countries), drosselten ihre Lieferungen gegenüber allen Abnehmerstaaten, welche Israel unterstützen, um fünf Prozent und erreichten eine Preissteigerung von 40 Prozent innert Tagen und eine Verdreifachung innert eines Jahres. Den Industriestaaten wurde bewusst, wie abhängig sie vom Erdöl geworden waren. Der Erdölschock führte neben der Suche nach Alternativen (Nordseeöl, Schieferöl) und neben Energiesparanstrengungen zum Aufschwung der Kernenergie. Diese, als Nebenprodukt der Atomwaffenforschung (auch zum Betrieb von Atomunterseebooten) bereits früher entwickelt, wurde nun zur Schlüsselenergie einer neuen technischen Revolution. Allerdings zeigten sich die Schattenseiten: die ungelöste Entsorgung der über Zehntausende von Jahren abstrahlenden radioaktiven Abfälle und die Pannen in Kernkraftwerken sowie deren Verletzlichkeit.

Die Kernenergie steht in einer engen Wechselbeziehung zur Technologie der Dritten Technischen Revolution: Sie wäre ohne elektronische Datenverarbeitung nicht möglich, stellt ihrerseits die elektrische Energie für den wachsenden Bedarf bereit.

Weltweit neu installierte Kernenergieanlagen, gemessen an ihrer Leistungsfähigkeit, 1959–2014

Ereignisse:
1 Erdölkrise 1973
2 Unfall im Atomkraftwerk Three Mile Island, USA, 1979
3 Unfall in Tschernobyl, Sowjetunion, 1986
4 Unfall in Fukushima, Japan, 2011

19.12 Entwicklung der Computertechnik: Das Bestreben, sich mühsame Kopfrechenarbeit mit Geräten zu erleichtern, reicht in die Antike zurück. Doch Priorität genoss vorerst die Ersetzung von Muskel- und Wahrnehmungsarbeit. Erst Großrechenaufträge wie Volkszählungen oder komplexe Berechnungen wie die Steuerung von Booten im Seekrieg während des Zweiten Weltkriegs, die Entzifferung von Geheimschriften und vor allem die Entwicklung der Atombombe veranlassten die Entwicklung mechanischer Rechenmaschinen, welche solche Operationen rascher durchführen konnten als Menschen.

Obwohl die ersten Großgeräte (ENIAC, siehe S. 297, Mark, Zuse) schon nach dem Zweiten Weltkrieg im Einsatz standen, beeinflussten sie die damalige Wirtschaft und Gesellschaft noch nicht. Erst die Miniaturisierung der kostspieligen und anfälligen Radioröhren zu integrierten Schaltungen ließ die Großrechner zu leistungsfähigeren Raum- und schließlich Tischgeräten schrumpfen. Auch der Preis der Geräte sank massiv. Die ersten (Apple I 1976, IBM PC 1981, Apple Macintosh 1984) waren zwar rund acht Mal so teuer wie heutige ungleich leistungsfähigere Tischgeräte, konnten aber schon an Einzelarbeitsplätzen und im Privatbereich eingesetzt werden.

19.13 Schnittstelle zum Menschen: Während die ersten Geräte noch über Kippschalter bedient werden mussten, ermöglichten Schreibmaschinentastatur und Zeigegeräte wie die Maus schon in den Achtzigerjahren eine vereinfachte Bedienung der Geräte. Die Entwicklung grafischer Oberflächen ließ die Bedienung intuitiver erscheinen (Schreibtisch, Fenster), die umständlichen Programmiersprachen wurden durch objektorientierte Steuerung ersetzt.

19.14 Vom Web 1.0 zum Web 2.0: Die Vernetzung von Computern untereinander war zwar bereits seit 1969 möglich, wurde aber nur für militärische und wissenschaftliche Zwecke genutzt. Erst die Entwicklung eines kostenlosen Browser-Programms ermöglichte 1993 gewöhnlichen Menschen den Zugang zum Internet. Hier konnten sie auf zahlreiche Datenbestände zugreifen («Web 1.0»). Wurden 1993 nur ein Prozent der Informationen übers Internet vermittelt, so waren es sieben Jahre später schon über die Hälfte. Etwas später eröffnete sich dem Nutzer/der Nutzerin die Möglichkeit, nicht nur Informationen zu beziehen, sondern auch zu liefern: Gespräche, Daten und Medien auf dem Netz verfügbar zu machen (Prinzip des «Web 2.0»). Diese Möglichkeit leitete auch die sogenannte Konvergenz ein: Auf immer kleineren Geräten können immer mehr Dienste integriert werden: Telefon, Rechen-, Schreib-, Zeichnungs- und Datenverwaltungsgerät, selbstverständlich Uhr und Terminverwal-

Computerbausteine, je ca. 80 Prozent der natürlichen Größe, von oben:

Elektronenröhre, 1 Bit Kapazität (1940er-Jahre)

Transistor, 1 Bit (1950er-Jahre)

Integrierte Schaltung, eingepackt in Kunststoffhülle, 256 000 Bits (1970er-Jahre)

Schülergeräte für den Unterricht, 1960er- und 1970er-Jahre (ca. 50 Prozent der natürlichen Größe)

Das Gerät links war in den 1960er-Jahren allerdings offiziell nicht zugelassen.

Die Rechenscheibe (auch der Rechenschieber) funktioniert nach dem Logarithmus-Prinzip (▶ 3.35).

tung finden auf einem Tablet-Computer Platz, der zudem mit Zusatzprogrammen auf die individuellen Bedürfnisse zugeschnitten werden kann. Bald sollen die persönlichen Assistenten auch beliebige Dinge in der Umgebung steuern können.

Noch spektakulärer sind die Erfolge von Großrechnern für Wissenschaft und Technik: Die Entschlüsselung des menschlichen Genoms, die Echtzeitausleuchtung unseres Körpers mittels bildgebender Verfahren, Raumfahrt, Robotik und Expertensysteme sind ohne leistungsfähige Soft- und Hardware nicht denkbar.

19.15 Sackgassen: Obwohl die Entwicklung der elektronischen Datenverarbeitung (EDV) zur Information- und Kommunikationstechnologie (ICT) eine staunenswerte Erfolgsgeschichte darstellt, mussten auch Erwartungen und Hoffnungen enttäuscht werden. Der Traum, die menschliche Intelligenz nachzubauen (Künstliche Intelligenz), die Korrektheit von Computerprogrammen theoretisch zu beweisen und nicht durch die Nutzer ermitteln zu lassen, ja sogar die Steuerung des Computers durch Sprache oder die komplexere Mustererkennung haben weniger Fortschritte gemacht als erwartet.

19.2 Die Gesellschaft

19.21 Wertewandel: Nicht nur die rasante Entwicklung der Technik, sondern auch ihr Anspruch, Wissensbestände zuverläßiger zu speichern und rascher abzurufen als das menschliche Gehirn, stellte viele gesellschaftliche Werte auf den Kopf: Grundausbildung fürs Leben und im Verlauf eines Berufslebens gesammelte und verarbeitete Erfahrungen verloren an Wert gegenüber den neuen Informationen. Man schätzt, dass die Gesamtmenge der öffentlich zugänglichen Informationen sich alle zwei Jahre verdoppelt. Unter diesen Umständen sind Flexibilität und lebenslanges Lernen zu zentralen Werten geworden.

Plakat an der Pariser Sorbonne im Mai 1968:

«Die jetzt beginnende Revolution wird nicht nur die kapitalistische Gesellschaft, sondern auch die ganze Kultur der Industriegesellschaft infrage stellen. Die Konsumgesellschaft muss zerschlagen werden; die Gesellschaft der Entfremdung muss zerschlagen werden. Wir wollen eine neue und schöpferische Welt. Wir lehnen eine Welt ab, in der man an Langeweile eingeht, wenn man nicht zuvor an Hunger krepiert.»

Der westdeutsche Studentenführer Rudi Dutschke (1940–1979) am 17.1.1968 am Internationalen Vietnamkongress in Berlin (Foto Klaus Lehnart).

Drei Monate später wurde er angeschossen und war bis zu seinem Tod invalid.

19.22 68er-Bewegung: Diesen Wertewandel nahm die Bewegung der Jugendlichen in den Sechzigerjahren, als 68er-Bewegung etikettiert, auf und teilweise vorweg: Vor allem die akademische Jugend forderte ein Recht auf Selbstentfaltung und Kreativität statt Anpassung an vorgegebene Lebensläufe und passives Lernen. Im Jahr 1968 entluden sich Protestbewegungen gegen die ältere, etablierte Generation in Frankreich und Deutschland in Studentenprotesten, während die amerikanischen Studierenden gegen den Vietnamkrieg und die Militarisierung der Gesellschaft protestierten. So vielfältig die Bewegungen auch waren, gemeinsam kämpften sie gegen überkommene Werte der Wohlstandsgesellschaft.

Die deutsche Studentenbewegung kritisierte das Gewicht nicht hinterfragter Traditionen an den deutschen Universitäten, das «Machtmonopol» der in einer Großen Koalition regierenden CDU und SPD sowie das «Medienmonopol» des Springer-Verlags. Die Erschießung des Studenten Benno Ohnesorg durch einen Polizisten anläßlich einer Demonstration gegen den Staatsbesuch des persischen Schahs 1967 radikalisierte die Bewegung unter Leitung von Rudi Dutschke. Innere Zersplitterung und ein Attentat auf Dutschke im April 1968 schwächten sie in der Folge.

Im Mai 1968 erlebte der französische Studentenprotest seinen Höhepunkt mit einem Generalstreik: Teile der Arbeiterschaft schlossen sich der Studentenbewegung an. Allerdings weckte die vierzehntägige Lähmung des Landes Ängste vor einer kommunistischen Machtübernahme. Einige wenige Zugeständnisse des Staatschefs de Gaulle (Bildungsreform, Neuwahlen) reichten, um die Arbeiter/-innen wieder an den Arbeitsplatz zu bringen. Die Neuwahlen brachten de Gaulles Partei Gewinne.

Die schon länger aktiven Studentenbewegungen in den USA entzündeten sich am Engagement der USA im Vietnamkrieg, besonders nach der Tet-Offensive, und an der Ermordung von Martin Luther King (4. April 1968). In der Schweiz machte am 29./30. Juni 1968 der Kampf zwischen Jugendlichen und der Polizei um die Nutzung eines leer stehenden Warenhausgebäudes im Zentrum von Zürich, das die Jugendlichen als Jugendzentrum beanspruchten, Schlagzeilen. Dahinter stand auch eine Auseinandersetzung an Universitäten und Schulen um die Rolle der Jugend in der Welt der Erwachsenen.

19.23 Nachwirkungen: Über spektakuläre Auseinandersetzungen und Aktionen hinaus hatten die Studentenbewegungen keine direkten konkreten Wirkungen. Wenige kleine Gruppen radikalisierten sich und gingen zu *terroristischen Aktionen* über (▶ 16.34).

Unspektakulär, aber wirkungsvoller waren die Ergebnisse der weitgehend *friedlichen Alternativbewegung,* die sich aus der Konfrontation ergab, aber diese nicht weiterführte, sondern das traditionelle Leben um Alternativen ergänzte. Viele vorher undenkbare Lebensformen wurden allmählich akzeptiert. Denn mit dem «Marsch durch die Institutionen» fanden Vertreter/-innen und Ideen aus dem Umfeld der 68er-Bewegung Eingang in die Gesellschaft.

19.24 «Risikogesellschaft»: Die Gesellschaft veränderte sich aber nicht nur durch die spektakuläre 68er-Bewegung, sondern noch tiefgreifender unter dem Einfluss der neuen Technik: Wer sie beherrschte oder gar beeinflussen konnte, stieg rasch auf. Junge Computertechniker wie Bill Gates (geb. 1955, Microsoft) oder Steve Jobs (1955–2011, Apple) wurden in kurzer Zeit Multimilliardäre, aber auch gewöhnliche Menschen können und

Neue Ideen der Alternativbewegung:
Umweltschutz: Recycling, Gewässerschutz, Förderung umweltschonender Anbauweisen und biologischer Produkte, Direktvermarktung.
Energie: Alternativenergie, Energiesparen, Kritik an der Atomenergieproduktion
Frauenbewegung: Emanzipation von Frauen und Männern, Zusammenleben ohne Heirat (Konkubinat), Akzeptanz von Homosexualität, Recht auf Abtreibung.
Familien- und Wohnformen: Wohngemeinschaften, Patchworkfamilien, Scheidung ohne Schuldzuweisung, «Familienkonferenzen», antiautoritäre Erziehung.
Politik: Demonstration, außerparlamentarische Aktion, Bürgerinitiative, ziviler Ungehorsam; in der *Außenpolitik:* Solidarität mit Befreiungsbewegungen, Entwicklungszusammenarbeit statt -hilfe.
Mobilität: Absage an die Verherrlichung des Automobils, Langsamverkehr, Verkehrsberuhigung,
Medizin: Alternative Behandlung und homöopathische Medikamente, offene Psychiatrie, Selbsthilfegruppen, Sterbehilfe und Freitodbewegung.
Arbeit: Auszeit von der Erwerbsarbeit, «Work-Life-Balance», Selbstverwaltung oder Mitbestimmung in den Betrieben, flache Hierarchien.
Bildung: Erweiterte Unterrichtsformen (etwa Gruppenarbeit), Schülermitsprache.
Kunst: Anerkennung der populären Kunst (Pop-Kultur, ▶ 22.31), Straßentheater, Happening.

Schweizer Frauenstreiktag 1991

In der Schweiz war der Widerstand gegen die Gleichstellung von Mann und Frau infolge der direkten Demokratie besonders zäh. Erst 1971 wurde den Frauen das Stimmrecht auf eidgenössischer Ebene zugestanden, und erst 1981 wurde die Gleichstellung von Frau und Mann in der Bundesverfassung verankert. Über deren Auswirkungen war die Schweizer Frauenbewegung aber bald schon enttäuscht. Die Gewerkschaftsfrauen organisierten daher 1991 einen Schweizer Frauenstreiktag.

«500 000 Frauen haben am landesweiten Frauenstreik vom 14. Juni 1991 mitgewirkt und ihn damit zur größten politischen Demonstration in der Geschichte der Eidgenossenschaft werden lassen.» (Margrit Meier)

– «Wenn Frau will, steht alles still.»
– «Wenn Frauen wollen, kommt alles ins Rollen.»
– «Lieber *gleich* berechtigt als *später*.»

müssen sich qualifizieren. Es geht darum, Berufe zu erlangen, bei denen ihnen die Computer dienen, und nicht solche, in denen sie Computer bloß bedienen müssen.

Während noch bis vor siebzig Jahren die soziale Herkunft relativ stark das Leben der Menschen (vorher)bestimmt hat, verliert dieses Kriterium an Gewicht. Die Menschen können und müssen ihre Biografie immer stärker selbst in die Hand nehmen und gestalten. Interessantere Arbeit, höherer Verdienst und gesellschaftliches Ansehen sind für mehr Menschen in Griffnähe gerückt, aber verlangen eine lebenslange Weiterqualifikation. Stillstand und erst recht gesundheitliche, psychische oder soziale Rückschläge führen rasch zu einem gesellschaftlichen Abstieg. Der deutsche Soziologie Ulrich Beck hat dafür den Begriff «Risikogesellschaft» geprägt.

Die Betonung des Individuums verändert auch die Familie: Neben die stabile Kernfamilie treten veränderbare Patchworkfamilien und Lebensgemeinschaften nicht verheirateter Paare.

Diese Drehung des sozialen Gitters führt zur Verwischung von Klassengrenzen. Können aber alle Menschen aufsteigen? Oder führt die Konkurrenz unter ihnen sowie der zunehmende Mangel an Arbeit dazu, dass ein

Schematische Darstellung der Drehung des sozialen Gitters in der Gesellschaftsentwicklung

Bis um 1900 war das Leben durch die Herkunft relativ vorgegeben. Heute bestehen Möglichkeiten zum Aufstieg und Risiken des Abstiegs nebeneinander. Sie verlangen dauernde Entscheidungen und Anstrengungen.

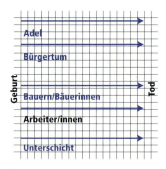 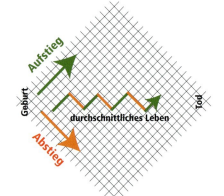

Drittel (Peter Glotz) oder gar vier Fünftel (Harald Schumann/Hans-Peter Martin) der Menschen aus dem Erwerbsleben ausscheiden werden? – Eine Frage an die Zukunft.

19.3 Die Wirtschaft

19.31 Weltunternehmen: Die Informationstechnik erschloss nicht nur neue Energiequellen, sondern sie ermöglichte auch neue Unternehmensformen (und profitierte von ihnen): Dank der Möglichkeit, große Informationsmengen zu ordnen, wurden immer größere Unternehmen überhaupt denk- und führbar. Aktiengesellschaften aus der Zeit der Zweiten Technischen Revolution wurden mehr und mehr in Holdings zusammengefasst, in Unternehmen also, welche nicht mehr selbst produzierten, sondern als Dachgesellschaften Einzelunternehmen produzieren lassen. Diese Einzelunternehmen konnten in vielen Ländern domiziliert sein (multinationale Konzerne) oder verschiedene Stufen in der Wertschöpfungskette abdecken (Multispartenkonzerne; etwa eine Chemiefirma, die gleich mit einer Maschinenfirma zur Anwendung der Chemikalien unter einem Holdingdach verbunden ist).

19.32 Neoliberalismus ...: Nicht nur Einzelpersonen, sondern auch Unternehmen erhielten also die Möglichkeit zum Aufstieg zu Weltkonzernen, die bisweilen wohlhabender als ganze Staaten wurden. Dementsprechend wollten sie sich von der Politik keine Schranken setzen lassen; in den 1980er-Jahren setzte sich unter Präsident Reagan in den USA (▶ 16.14) und Premierministerin Margaret Thatcher in Großbritannien (▶ 16.72) der Neoliberalismus durch: die Auffassung, dass der Staat sich auf Kernaufgaben beschränken, die Erweiterung zum Sozialstaat rückgängig machen und die Vorschriften für Unternehmen abbauen solle (Deregulierung). Diese Lehre mündete 1989 in einer Sammlung von Empfehlungen von Ökonomen, dem sogenannten Washington Consensus. Darin beschrieben sie den Weg zu einer großteils neoliberalen Globalisierung (▶ 32.11).

19.33 ... und «Grenzen des Wachstums»: Die Auffassung, dass die Wirtschaft schrankenlos wachsen könne, wurde allerdings gleichzeitig bestritten durch die Erkenntnis, dass die Energie- und Rohstoffressourcen begrenzt seien und die Umwelt durch schrankenloses Wachstum gefährdet sei. Der Expertenbericht an den «Club of Rome» (einen Klub von über die Zukunft nachdenkenden Unternehmern) unter dem Titel «Grenzen des Wachstums» fand im Jahr 1972 großen Widerhall. Aus den Gruppierungen, welche für den Frieden eintraten, gingen Grüne Parteien hervor, welche in den Achtzigerjahren auch politisches Gewicht gewannen und sich dem Neoliberalismus entgegenstellten.

Europäische Kultur

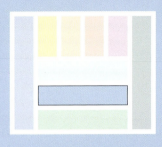

Hinter Europas politischem, gesellschaftlichem und wirtschaftlichem Sonderweg stand eine spezielle Entwicklung der Kultur. Sie wurde durch eine Spaltung von Glauben und Denken im 16. Jahrhundert geprägt und durch eine Auffächerung des Denkens in magische, organizistische und mechanizistische Methoden (▶ 3.3). Bis heute existieren diese Denkmethoden nebeneinander.

Noch weniger als die politischen, gesellschaftlichen und wirtschaftlichen Entwicklungen lässt sich die kulturelle in Epochen gliedern; dies auch, weil Kultur ja Wissenschaften verschiedenster Ausprägung und verschiedene Kunstgattungen umfasst und sich in verschiedenen Schichten unterschiedlich zeigt.

Trotzdem verlangt die Übersichtlichkeit nach einer gewissen schematischen Unterteilung:

– *Aufklärung und Romantik:* im 18. und bis ins erste Drittel des 19. Jahrhunderts setzten sich zuerst organizistisches und mechanizistisches Denken durch, dann erfolgte in der Romantik eine Rückwendung zum magischen.

– *Geschlossene Systeme:* Das 19. und weitgehend das 20. Jahrhundert war geprägt durch die Überzeugung, dass die Welt sich in geschlossenen, widerspruchsfreien Systemen vollständig erfassen und erklären lasse. Diese Überzeugung nennt man Positivismus.

– *Konstruktivismus:* Dieser Positivismus wurde im 20. Jahrhundert zuerst in der Kunst und durch Entdeckungen in der Naturwissenschaft infrage gestellt. Sie zeigten, dass die Wahrnehmungs- und Erkenntnisfähigkeiten der Menschen nicht ausreichen, um die Welt widerspruchsfrei zu erklären. Physikalische Gesetze können der Wahrnehmung sogar widersprechen; die Kunst macht darauf aufmerksam, dass die geschlossenen Weltbilder aus unterschiedlicher Position betrachtet werden können. Die Relativierung der menschlichen Wahrnehmung ging einher mit einer Aufwertung der Natur: Vorher nur eine «Umwelt», wird sie immer eindeutiger zu einer eigenständigen Größe.

Während dieser drei Phasen verringerte sich die Kluft zwischen Hoch- und Alltagskultur. War die Aufklärung nur in Ansätzen verbreitet worden, ist die heutige kulturelle Entwicklung für breite Schichten zugänglich.

IN DE ARCKE NO(ach).

Haus-Stein in Amsterdam aus dem Jahr 1676, ca. 80 × 60 cm

Der unbekannte Steinhauer ließ sich von einer Zeichnung von Claes Jansz (ca. 1570–1642) inspirieren. Haus-Steine dienten damals dazu, ein Haus eindeutig zu bezeichnen.

Zwischen den beiden Bildern aus der Alltagskultur mit demselben Motiv, der Flucht in die Arche, liegen knapp 300 Jahre und damit die Zeitspanne, welche dieser Längsschnitt durch die europäische Kulturgeschichte behandelt.

«Nein – diesmal machen wir es ohne Menschen!»
Karikatur von Hans Moser in der Zeitschrift «Nebelspalter» im Jahr 1971

20. Aufklärung und Romantik, 18./19. Jh.

20.0 Trennung von Rationalem und Irrationalem: In der europäischen Kultur zog das mechanizistische Denken eine scharfe Trennlinie zwischen rationaler und irrationaler Sphäre. Diese beiden Sphären standen sich im 18. Jahrhundert diametral gegenüber. Die Aufklärung favorisierte das Rationale, die Romantik als Gegenbewegung das Irrationale. Doch setzte sich die Aufklärung im Verlauf des 19. und 20. Jahrhunderts durch. Heute wird ihre Rolle bisweilen kontrovers diskutiert (▶ 22.22).

Schon im 18. Jahrhundert prägten die Zeitgenossen den Begriff der «Aufklärung». Sie verlangten, dass alles mithilfe der Vernunft verstanden und bewiesen werden könne. Irrationales verwarfen sie als Vorurteil, Irrtum oder Aberglauben. Optimistisch glaubten sie, der Mensch sei fähig, sein Handeln nur durch die Vernunft leiten zu lassen. Der preußische Philosoph Immanuel Kant (1724–1804) behauptete 1784: *«Aufklärung ist der Ausgang des Menschen aus seiner selbstverschuldeten Unmündigkeit.* Unmündigkeit ist das Unvermögen, sich seines Verstandes ohne Leitung eines anderen zu bedienen. Selbstverschuldet ist diese Unmündigkeit, wenn die Ursache derselben nicht am Mangel des Verstandes, sondern der Entschließung und des Mutes liegt, sich seiner ohne Leitung eines anderen zu bedienen.»

20.1 «Selbst-Säkularisierung» (▶ 3.31)

20.11 Deismus: Glaube als Bestandteil der irrationalen Sphäre und die Kirche als Organisation des Glaubens passten nicht in das Weltbild der Aufklärung. Obwohl die Kirche wissenschaftliche Forschung nicht durchwegs negierte, wurde sie ihrerseits von Aufklärern/Aufklärerinnen abgelehnt: Vernunft stehe über dem Glauben. Vor allem seien konfessionelle oder religiöse Gegensätze kein Grund für blutige Kriege. Die Aufklärung trat für religiöse Toleranz ein.

Sie wiesen Gott mit der Lehre des Deismus (von «deus»: Gott) eine reduzierte Rolle zu: Gott habe zwar die Welt erschaffen, sich dann aber zurückgezogen und wirke nicht mehr auf die Schöpfung ein; eine weitere Intervention stelle geradezu einen Widerspruch zur Vollkommenheit dieser Schöpfung dar. Vielmehr verlaufe der Weltenlauf nach rationalen Gesetzen, welche die Menschen erforschen können.

Empirismus:

«Wir wollen annehmen, der Geist sei, wie man sagt, ein unbeschriebenes Blatt, ohne alle Eindrücke, frei von allen Ideen (die ja nicht angeboren sein können!); wie werden ihm diese dann zugeführt? […] Von wo hat er das gesamte Material für sein Denken und Empfinden? Ich antworte darauf mit einem einzigen Wort: aus der Erfahrung. Sie liegt unserem gesamten Wissen zugrunde; aus ihr leitet es sich letzten Endes her.» (John Locke, 1690)

20.12 Empirismus: Diese Erforschung dürfe nur darauf basieren, was der Mensch unmittelbar und mit den eigenen Sinnesorganen wahrnehmen könne; die Überlieferung in Büchern oder die Belehrung durch irgendwelche Autoritäten seien zu hinterfragen. Der englische Philosoph John Locke (1632–1704) bezeichnete diese Art des Wissenserwerbs aus der direkten Anschauung als Empirie. Die empirisch aufgenommenen Erkenntnisse können durch den Verstand weiter verarbeitet werden. Der Verstand könne beispielsweise über die Wahrnehmung verschiedener Tiere hinaus diese in Gattungen und Arten einteilen. So könne der Mensch auch rational über Gottes Existenz oder Nichtexistenz aufgrund von Wahrnehmungen nachdenken.

Einzelne spätere Aufklärungsphilosophen, die sogenannten *Sensualisten* («sensus»: Wahrnehmungsorgane), bestritten diese Möglichkeit einer nachvollziehbaren verstandesmäßigen Verarbeitung von Sinneswahrnehmungen.

Und noch weiter gingen die Materialisten (im philosophischen, nicht landläufigen Sinn): Sie behaupteten, dass nur Materie zuverläßig sinnlich wahrnehmbar sei. Alles basiere deshalb auf Materie, Ideen seien auf sie zurückzuführen.

20.2 Säkularisierte Gesellschaftsentwürfe

20.21 Menschenrechte: Aus dem Menschenbild des mechanizistischen Denkens geht die prinzipielle Gleichheit der Menschen hervor: Denn diese sind weder durch ihre Religiosität noch durch ein vorbestimmtes Schicksal (magisches Denken), noch durch ihre Abstammung (organizistisches Denken) voneinander zu unterscheiden. Die Aufklärung folgerte daraus, dass die Menschen allgemeingültige Rechte geltend machen können: die sogenannten Menschenrechte. Zuerst verstanden sie darunter unpolitische Rechte (Recht auf Leben, auf individuelle Freiheit und auf persönliches Eigentum), aber gestanden sie nicht allen Menschen zu. Gleichberechtigung der Konfessionen, allenfalls der Religionen befürworteten die Aufklärer/-innen im Sinn der Toleranz. Die Abschaffung der Sklaverei wurde während der Französischen Revolution in der Kolonie Haiti umgesetzt; aber die Idee der Gleichberechtigung von Frau und Mann fand noch kaum Resonanz.

20.22 Gewaltenteilung: Aus den Menschenrechten leitete die Aufklärung ab, dass die Menschen gegen Übergriffe mächtiger Menschen, vor allem der Monarchen und ihrer Organe, geschützt werden müssten. Am besten sei dies gewährleistet, wenn nicht alle Regierungsgewalt einem einzigen Menschen zufalle, sondern aufgeteilt werde. Die Idee der Gewaltenteilung wurde von John Locke und Charles de Montesquieu (1689–1755) formuliert. Locke teilte die Macht in die Legislative und

Die erste Freimaurerloge entstand 1717 in Großbritannien aus dem Zusammenschluss von qualifizierten Steinmetzen und Kirchenplanern («freestone-masons»). Sie basierte auf dem Deismus, umfasste nur einen ausgewählten Männerkreis und diente der moralischen und geistigen Vervollkommnung der Mitglieder.
Dieser französische Stich von etwa 1745 zeigt *die deistische Aufnahmezeremonie:* Links, mit verbundenen Augen, wird der Novize hereingeführt; zwischen den drei Leuchtern liegt eine Darstellung der Freimaurersymbole: zwei Säulen, die für den «Tempel» stehen, Winkelmaß, Zirkel und ähnliche Anspielungen auf den «Bau» der Freiheit und der vernunftgemäßen Gotteserkenntnis.

James Harrington, 1656:
«Um aber eine Ordnung zu festigen, muss in allen Fällen das öffentliche Interesse Oberhand haben. Dafür gibt es einen sicheren und leichten Weg, der sogar Mädchen vertraut ist; beispielsweise haben zwei einen Kuchen zu teilen, der ihnen beiden geschenkt worden ist; damit jedes den Teil erhält, der ihm zusteht, sagt eines zum anderen: ‹Teile du ihn, und ich wähle – oder lass mich teilen, und du kannst wählen.›
Gott hat die Menschen nicht angewiesen, darüber zu streiten, wer teilen und wer wählen soll, sondern sie für immer in zwei Gruppen geteilt, von denen die eine natürlicherweise das Recht zu teilen, die andere das Recht zu wählen hat.»

Locke, 1690:
«Politische Gewalt ist diejenige Gewalt, die jeder Mensch im Naturzustand gehabt und zugunsten der Regierenden, welche die Gesellschaft eingesetzt, aufgegeben hat, ausdrücklich oder stillschweigend darauf vertrauend, dass sie zu seinem Besten und zur Erhaltung seines Eigentums angewandt werde. […] Diese Gewalt hat ihren alleinigen Ursprung in Vertrag und Übereinkunft und gegenseitiger Zustimmung derjenigen, die die Gemeinschaft bilden.»

Montesquieu, 1748:
«Die Demokratie und die Aristokratie sind nicht von Natur aus schon freie Staaten. Die politische Freiheit findet sich nur bei den gemäßigten Regierungen. Aber auch in den gemäßigten Staaten ist sie nicht immer vorhanden, sondern nur dann, wenn die Gewalt nicht missbraucht wird; es ist aber eine ständige Erfahrung, dass jeder Mensch geneigt ist, die Gewalt, die er hat, zu missbrauchen. […] Um den Missbrauch der Gewalt unmöglich zu machen, müssen die Dinge so geordnet sein, dass die eine Gewalt die andere im Zaum hält.»

Exekutive auf, Montesquieu fügte noch die Judikative dazu. Diese Dreiteilung gilt bis heute als Norm für einen demokratisch regierten Staat.

20.23 Demokratie: Der Gedanke, dass die Menschen ihr Geschick nicht nur privat, sondern auch in der Gemeinschaft selbst in die Hände nehmen können sollten, stellt nach Auffassung der Aufklärung eine logische Erweiterung der Menschenrechte dar. Die Menschen errichteten eine Herrschaft über sich selbst nur auf der Grundlage eines Vertrags, des sogenannten Gesellschaftsvertrags («contrat social») zwischen ihnen und ihrer Regierung. Diese Lehre vertrat nach Locke besonders intensiv der französische Philosoph Jean-Jacques Rousseau (1712–1778). Er folgerte daraus, dass die Menschen nur eine Regierung akzeptieren können, die sie selbst gewählt haben, also eine Demokratie.
Rousseau ging darüber hinaus: Die Menschen vertreten nicht nur eigene Interessen, sondern – da alle von der Vernunft geleitet seien – gleichzeitig auch das gemeinsame und damit gleiche Interesse der Gemeinschaft («volonté générale»). Deshalb, so Rousseau weiter, müsse gar nicht eine Abstimmung entscheiden, denn dabei würden nur sich widersprechende Partikularinteressen zum Zuge kommen und eine «volonté de tous» ermittelt. Eine solche radikale Demokratie kann ihrerseits leicht in eine Diktatur übergehen, wenn eine kleine Gruppe die Entscheidung über das allgemeine Gute für sich beansprucht. Dies war unter Robespierre in der Französischen Revolution der Fall (▶ 5.43, 5.44) und diente weiteren Diktaturen als Legitimation.

20.24 Aufgeklärter Absolutismus (▶ 3.36): Die im 18. Jahrhundert radikale Idee, dass die Menschen selbst über ihre Gemeinschaft bestimmen können sollten, wurde erst in den Vereinigten Staaten von Amerika verwirklicht (▶ 4.22). Aber sie beeinflusste bereits vorher einzelne absolutistische Fürsten. Friedrich II. von Preußen (1712–1786) beispielsweise regierte zwar absolutistisch, sah sich aber nicht mehr als von Gott eingesetzt an, sondern zum Wohle des Staates. Dementsprechend ließ er die Wahl der Konfession und eine gewisse Meinungsfreiheit zu und verfügte die Reduktion der Folterstrafe. Die Judikative wurde zwar noch von ihm kontrolliert, durfte aber unabhängiger urteilen. Diese Konzessionen bezeichnete schon die damalige Zeit mit dem in sich widersprüchlichen Begriff «aufgeklärter Absolutismus». Darin eingeschlossen war auch die Sorge um dem Wohlstand des Volkes.

20.25 Nationalökonomie: Denn nicht nur die politische, sondern auch die wirtschaftliche Organisation einer Gemeinschaft beschäftigte die Aufklärer/innen. So entwickelten sie die Nationalökonomie, die Wissenschaft von der Wirtschaft einer ganzen Volksgruppe.
Eine wichtige Abgrenzung gegenüber dem Merkantilismus des Absolutismus (▶ 2.14) erfolgte durch die Lehre der Physiokratie des Arztes François Quesnay (gesprochen «kene», 1694–1774). Dieser entwickelte die Theorie, dass der Wohlstand eines Volkes nicht durch Handel und Handwerk (wie nach merkantilistischer Lehre) entstehe, sondern durch die Verwertung der Naturschätze, das heißt der Rohstoffe, eines Landes. Seine Lehre befürwortete und unterstützte die Agrarrevolution (▶ 17.12). Er verfolgte den Weg der Verarbeitung von Gütern und entwickelte dabei den Gedanken des Wirtschaftskreislaufs, in dem sich Geld und Waren gegenläufig bewegten.

Der schottische Ökonom Adam Smith (1723–1790) modifizierte die Physiokratie: Nicht die Bodenschätze, sondern die Arbeit mache den Wohlstand einer Nation aus. Der Wert der Arbeit könne aber, so ermittelte Smith empirisch, gesteigert werden durch die Arbeitsteilung unter den Menschen. Daraus ergab sich der Gedanke, dass die spezialisierten Menschen aufeinander angewiesen seien und sich deshalb rationell in einem Güteraustausch zusammenfänden. Den Austausch ihrer Güter organisierten die Menschen am besten in einem freien Markt: Angebot und Nachfrage regeln den Austausch über den Marktpreis von selbst.

Ergänzend formulierte Smith die Überzeugung, dass der Wert einer Volkswirtschaft dann steige, wenn jedes Individuum egoistisch auf seinen persönlichen Nutzen achte. Persönlicher Egoismus diene also automatisch dem Gesamtwohl. Damit gelten Smith und sein englischer Schüler David Ricardo (1772–1823), der Smiths Gedanken zu einem System verband, als Begründer des Wirtschaftsliberalismus.

20.26 Gegenbewegung der Romantik: In der Französischen Revolution erfüllten sich viele Ideen der Aufklärung. Gleichzeitig zeigten der Terror (▶ 5.44) und die Ausbreitung der Revolutionsideen mit Waffengewalt (▶ 5.63, 5.64) die Grenzen der Aufklärung auf – vor allem bei den Opfern der napoleonischen Herrschaft. Als Gegenbewegung zur Aufklärung gewann die Romantik mit dem Beginn der Restaurationszeit in den meisten europäischen Ländern sehr schnell an Boden.(▶ 6.0).

Für die Romantik spielte die Vergangenheit der Gesellschaft eine wichtige Rolle, sie legitimierte den gegenwärtigen Zustand. Statt auf Revolution, wie die Aufklärung, setzte sie auf Kontinuität. Edmund Burke (1729–1797), der sich kritisch mit der Französischen Revolution auseinandersetzte («Reflections on the Revolution in France»), begründete mit diesen Gedanken den Konservativismus (▶ 8.2).

Immanuel Kant, gleichzeitig ein Aufklärer, begründete den deutschen Idealismus: Er sah im Geist die eigentliche Basis und nicht in ihren empirisch fassbaren Erscheinungsformen. Auf Kant baute Johann Gottfried Herder (1744–1803) seine Theorie des Volksgeistes: Das Volk selbst sei ein langsam wachsendes Individuum, das kulturelle Leistungen erbringe. Dieser Gedanke entwickelte sich politisch weiter zum Nationalbewusstsein (▶ 8.11). Darin trafen sich Aufklärung und Romantik; denn das Nationalbewusstsein ging auch zurück auf die Französische Revolution und den Widerstand gegen Napoleons Eroberungen.

20.3 Die Erforschung der Welt

20.31 Theorie: Das mechanizistische Denken und der Empirismus inspirierten vor allem die Mathematik und die Naturwissenschaften, die sogenannten exakten Wissenschaften.

Schon im 17. Jahrhundert hatten René Descartes (1596–1650), Blaise Pascal (1623–1662), Isaac Newton (1642–1727) und Gottfried Leibniz (1646–1716) die mathematischen Methoden um die Infinitesimal- und Integral-, um die Wahrscheinlichkeits- und Variationsrechnung erweitert. Während sie noch isolierte Pioniere gewesen waren, bildeten sich in der Aufklärung Forschergemeinschaften mit einer öffentlichen Diskussion der neuen Erkenntnisse. Im 18. Jahrhundert entwickelte der Basler Leonhard Euler die Zahlentheorie und die Analysis. Gleich drei Vertreter der Basler

Jean-Jacques Rousseau, 1750:
«O Tugend! Erhabene Wissenschaft einfacher Seelen! Braucht es denn so viel, dich zu erkennen? Sind deine Grundsätze nicht in jedes Herz geschrieben? Genügt es, um deine Gesetze zu kennen, nicht, in uns selbst Einkehr zu halten und der Stimme des Gewissens zu folgen, unbeirrt durch unsere Begierden? Dies ist die wahre Philosophie; lernen wir, uns damit zu begnügen.»

Edmund Burke, «Betrachtungen über die Französische Revolution»:
«Die bloße Idee einer neuen Staatsverfassung ist hinreichend, um einen wahren Briten mit Ekel und Abscheu zu erfüllen. Zur Zeit der Revolution* wünschten wir, was wir jetzt wünschen, alles, was wir besitzen, als eine Erbschaft von unseren Vätern ansehen zu können. Wir haben uns wohl vorgesehen, auf diesen Erbstamm kein fremdes Pfropfreis zu impfen, das sich mit dem ursprünglichen Gewächs nicht verwebt haben würde. Alle Reformen, die wir bisher vorgenommen haben, sind von dem Grundsatz der Achtung für das Alte ausgegangen, und ich hoffe, ja, ich bin fest überzeugt, alle, die noch jemals stattfinden mögen, werden sorgfältig auf Analogien der Vergangenheit, auf Autorität und Beispiel gegründet werden.»
* gemeint ist die Glorious Revolution von 1688

Bernoulli-Familie brachten die Mathematik weiter voran: Johann (1667–1748) entwickelte die Differenzialrechnung und die Eigenschaften von Zahlenreihen, Jakob (1655–1705) die Wahrscheinlichkeitsrechnung, das Gesetz der Großen Zahl, und Johanns Sohn Daniel (1700–1782) beschäftigte sich mit der Anwendung der Mathematik in der Mechanik. (Sein eigener Vater beanspruchte einige Erkenntnisse des begabteren Sohnes missbräuchlich für sich!)

Über die Mechanik hinaus konnten weitere Phänomene als mathematische Gesetzmäßigkeiten gefasst werden: die Elektrizität, die Wellentheorie des Lichts und chemische Prozesse.

20.32 Anwendungen: Die praktische Anwendung der in mathematischen Formeln gekleideten Naturgesetze erfolgte im großen Maß erst im 19. Jahrhundert. Aber die empirische Untersuchung von Naturphänomenen führte bereits im 18. Jahrhundert zu Entdeckungen mit praktischem Nutzen. In erster Linie betraf dies die Dampfmaschine, welche James Watt durch systematisches Experimentieren entscheidend verbesserte. Auch andere Maschinen der Ersten Technischen Revolution entstanden auf diese Weise (▶ 17.21).

In der Medizin erkannte der englische Arzt Edward Jenner (1749–1823), dass Menschen nach einer Infektion mit den harmlosen Kuhpocken gegen die gefährliche Pockenkrankheit immun waren, und impfte Versuchspersonen mit Kuhpocken (1796). Den Mechanismus der Infektion durchschaute er noch nicht.

Ähnlich ordnete Carl von Linné (1707–1778) etwa 7700 Pflanzen und 6200 Tiere in einem ausgeklügelten Kategoriensystem mit einer Bezeichnung, die nur zwei Wörter umfasste, den Gattungsbegriff und ein Zusatzwort, das jede Art eindeutig von der anderen unterscheidet. Mit Erweiterungen wird das System bis heute verwendet. Linné und seine Schüler waren bestrebt, die gesamte Flora und Fauna zu erfassen und zu beschrei-

Joseph Wright of Derby: «An Experiment with an Air Pump» (Experiment mit einer Luftpumpe), 1768

Der Maler zeigt ein Experiment zum Nachweis, dass Lebewesen «Sauerstoff» brauchen (Sauerstoff wurde erst drei Jahre später entdeckt): Der Experimentator hat die Luft aus dem Glaszylinder abgesaugt, und der kostbare Kakadu darin ist am Sterben. Soll er das Ventil wieder öffnen? Holt der Knabe rechts den Vogelkäfig herunter, um den geretteten Vogel wieder einzusperren, oder hängt er ihn hoch, weil er nicht mehr gebraucht wird?

Diese Frage stellt er nicht nur dem Publikum, das ganz unterschiedlich reagiert, sondern direkt uns, die wir das Gemälde betrachten.

Im Glas vor dem die Zeit messenden Mann am Tisch ist eine aufgeblasene Lunge als Anschauungsmodell aufgestellt.

Der Stich stellt *ein chemisches Laboratorium um 1765* dar: Links diskutieren zwei Gelehrte, ein dritter arbeitet im Hintergrund, während Gehilfen mit Reinigungsarbeiten beschäftigt sind. Die zahlreichen Instrumente und Hilfsmittel, die auf dem Arbeitstisch und den Wandgestellen stehen, werden auf nachfolgenden Tafeln erklärt. Das Ganze ist enthalten in der großen «Encyclopédie».

ben. Das Werk «Systema Naturæ» wurde in zwölf Auflagen immer wieder erweitert und umfasste gut 2000 Seiten.

20.33 Enzyklopädismus: Den Kristallisationspunkt der Aufklärung in der Wissenschaft bildete die Überzeugung, das gesamte Wissen der Welt erfassen zu können; zwar erschienen schon damals pro Jahr rund 1000 Publikationen; aber Denis Diderot (1713–1784) und Jean-Baptiste d'Alembert (1717– 1783) hielten es noch für möglich, dieses Wissen in einer «Encyclopédie ou Dictionnaire raisonné des sciences, des arts et des métiers» zu fassen. Das Riesenwerk erschien von 1751 bis 1780 als Lexikon in 28 Haupt- und sieben Ergänzungsbänden. Die bedeutendsten Vertreter der französischen Aufklärung arbeiteten daran. Es wurde zur Grundlage der aufklärerischen Geisteshaltung.

20.34 Erweiterung durch die Romantik: In der Enzyklopädie waren alle naturwissenschaftlichen Disziplinen berücksichtigt, nicht aber geisteswissenschaftliche: Geschichte und Sprache. Die Bedeutung von Herkunft und Entwicklung, Vergangenheit also, blieb der Aufklärung verschlossen, weil sie diese als überholt verurteilte.
Während die Aufklärung sich stark auf Gegenwart und Zukunft beschränkte, entdeckte die Romantik die Vergangenheit. Sie setzte nicht ausschließlich auf die mechanizistischen Denkmethoden, sondern bezog auch magische und organizistische ein. Neben Gesetzmäßigkeit und Regeln betonte sie den Wert des Individuellen und Einmaligen, auch des Unberechenbaren.
Wie Linné Pflanzen und Tiere, so sammelten die Brüder Jacob und Wilhelm Grimm (1785–1863/1786–1859) Märchen und Volkssagen. Sie begannen Herkunft und Verwendung eines jeden deutschen Wortes im «Deutschen Wörterbuch» zu katalogisieren. Franz Bopp (1791–1867) entdeckte mit andern Forschern zusammen, dass die europäischen Sprachen auf eine gemeinsame indogermanische Wurzel zurückgehen. Der Begriff «Romantik» bezog sich übrigens auf die romanischen Sprachen als Gegensatz zur klassischen lateinischen.
Die Erkenntnis, dass auch Kulturgüter wie Ideen und Sprachen ihre Geschichte haben, führte zur Geschichtswissenschaft als einer eigenen Disziplin. Bisher war Geschichte ein Teil von Theologie, Philosophie oder

Gotthold Ephraim Lessing: «Die Erziehung des Menschengeschlechts», 1780:

«Sie wird kommen, sie wird gewiss kommen, die Zeit der Vollendung, da der Mensch, je überzeugter sein Verstand einer immer besseren Zukunft sich fühlet, von dieser Zukunft gleichwohl Beweggründe zu seinen Handlungen zu erborgen nicht nötig haben wird; da er das Gute tun wird, weil es das Gute ist, nicht weil willkürliche Belohnungen darauf gesetzt sind.»

Rechtskunde gewesen. Nun versuchten Historiker, die sich ausschließlich dieser Disziplin widmeten, nicht nur aufzuzeichnen, was geschehen war, sondern die Vergangenheit auch zu deuten. Sowohl der Konservativismus als auch der Liberalismus (und später der Sozialismus) entwarfen eigene Geschichtsbilder (▶ 8.2–8.4).

20.35 Aufklärung und Romantik in der Wissenschaft: Aufklärung und Romantik lehnten sich zwar gegenseitig scharf ab, obwohl gerade prominente Aufklärer wie Rousseau oder Kant auch Beiträge an die Romantik leisteten. Bis heute besteht als Erbe eine gewisse Spaltung zwischen Natur- und Geisteswissenschaften, zwischen der Hochschätzung von Rationalität und Empirie und von Irrationalität und Empathie. Letztlich hängt diese Spaltung zusammen mit der Erweiterung und Spaltung des Denkens (▶ 3.3).

20.4 Gegensätze in der Kunst

20.41 Rokoko: Im 18. Jahrhundert machte der gewichtige Stil des Barock (▶ Band 1, 17.32) vor allem in der Innenarchitektur einer verspielteren, leichteren Ornamentalkunst Platz. Der Klassizismus wertete diesen Stil ab als «Rokoko», eine Verschmelzung der Wörter «rocaille» (muschelförmiges Ornament) und «Barock». Die teilweise Auflösung der Formen stellt immerhin einen Vorgriff auf den Impressionismus (▶ 21.33) dar.

20.42 Klassizismus: Der Klassizismus dagegen entsprach dem Geist der Aufklärung: Kunst soll in erster Linie aufklären, erziehen und bilden. Vor allem die bildende Kunst arbeitete nach klaren Prinzipien, abbildgetreuen Konstruktionen und klassischen Vorbildern aus der Antike. Höhepunkte waren etwa die Gemälde von Jacques-Louis David (siehe Seiten 68, 73). Die klassische Musik in der Wiener Klassik eines Joseph Haydn (1732–1809), Wolfgang Amadeus Mozart (1756–1791) und Ludwig van Beethoven (1770–1827) ersetzten die teilweise Improvisation in der Barockmusik durch detaillierte Partituren; darin waren kunstvolle Abwandlungen von Leitmotiven vorgegeben. Auch die klassische Literatur etwa der Weimarer Klassik von Johann Wolfgang von Goethe (1749–1832), Friedrich von Schiller (1759–1805) und Friedrich Hölderlin (1770–1843) setzte zwar bei Aufklärungsideen an, wahrte die klassischen Formen, aber erlaubte sich mehr Spielraum für individuelle Emotionen und persönliche Gestaltung – dies beeinflusst von der Romantik.

20.43 Romantik: Wie in der Wissenschaft, setzte die Romantik einen deutlichen Kontrapunkt zum Klassizismus. Statt mit klarer Ausleuchtung, realistischer Abbildung und reinen Farben arbeiteten romantische Künstler mit schummrigem Licht, verschwommenen Konturen und Farbübergängen. Wichtig war ihnen nicht die Belehrung, sondern der subjektive Ausdruck von Gefühlen. Noch spezifischer können Musik und Literatur diese Gefühle ausdrücken. Diese beiden Kunstrichtungen prägten die Romantik und dominierten einen großen Teil des 19. Jahrhunderts, teilweise gleichzeitig mit dem Klassizismus.

Caspar David Friedrich (1774–1840): «Der Mönch am Meer», 1808 oder 1810, 172 × 43 cm.

«Der Mahler soll nicht bloß mahlen was er vor sich sieht, sondern auch, was er in sich sieht. Sieht er aber nichts in sich, so unterlasse er auch zu mahlen, was er vor sich sieht.»
Friedrich hatte ursprünglich noch zwei Segelschiffe gemalt, aber diese wieder getilgt – bis auf die vom Mönch wegfliegenden Möwen. Dieser schaute anfangs nach rechts, in der definitiven Fassung auf das Meer. Die Landschaft ist aber nicht fiktiv, sondern Friedrich hatte sie 1801 auf der Insel Rügen an einem rekonstruierbaren Standort festgehalten; dabei zeichnete er einen Winkel von 180° auf – deshalb wirkt das Bild so gedehnt. Goethe bewunderte die Landschaftsgestaltung, aber notierte sich, er würde das Bild am liebsten über einer Tischkante zerschlagen.

20.5 Alltagskultur

20.51 Ernährung und Hygiene: Zwar lebten die «kleinen Leute» auch im 18. Jahrhundert kärglich und prekär. Hungersnöte als Folge von Missernten konnten nicht verhindert werden. Immerhin sorgten die Agrarrevolution (▶ 17.12) und neue Produkte aus den europäischen Kolonien (▶ 1.32) langsam auch bei den unteren Bevölkerungsschichten für eine stabilere Ernährung; einige, wie Bohnen und Kartoffeln, wurden sogar zuerst in den unteren Volksschichten aufgenommen. Die bessere Ernährung führte zu einer erhöhten Lebenserwartung, vor allem wegen der sinkenden Kindersterblichkeit. Betrug das Risiko, dass ein Kind vor dem 15. Altersjahr starb, um 1500 noch rund 50 Prozent, sank dieser Anteil auf geschätzte 25 Prozent.

Gerade für die Kindersterblichkeit wichtig war die erhöhte Beachtung der Hygiene. Baumwollkleider konnten leichter gewaschen und gewechselt werden – vermutlich hatten die einfachen Menschen der frühen Neuzeit ihre Kleider getragen, bis sie zerfielen. Empirisch stellten die Menschen fest, dass schlechter Geruch («mal-aria»: schlechte Luft) die Ausbreitung von Krankheiten erleichterte. Waschen und sogar häufiges Baden verbreitete sich von den oberen in die unteren Schichten.

Ulrich und Salome Bräker
Ulrich, «der arme Mann aus dem Toggenburg», Baumwollfergger, brachte sich selbst Lesen und Schreiben bei und wurde zu einem Aushängeschild der Aufklärung.

20.52 Literalität: Für die umwälzenden neuen Erkenntnisse bedeutsam war, dass diese schneller und in tiefere Schichten des Volkes verbreitet wurden. Die Aufklärer entdeckten die einfachen Menschen als Publikum. Sie bemühten sich um deren Bildung. Denn eine demokratische Gesellschaft kann ja nur auf einer großen Zahl mündiger Menschen basieren. Die einfachen Menschen bildeten also gleichzeitig auch den Weg, über den Ideen in die Realität umgesetzt werden konnten. Die Schriftkultur gewann an Wert und drängte die Oralität, die mündliche Überlieferung und die mündliche Vereinbarung, zurück – eine bis in die Gegenwart in der europäischen Kultur zu verfolgende Entwicklung.

Grabmal der Pfarrersfrau Maria Magdalena Langhans in Hindelbank (Kanton Bern), 1751 (2,25 × 1,18 m)

Die 28-jährige Frau starb bei der Geburt ihres ersten Kindes. Der im Pfarrhaus als Gast weilende Bildhauer Johann August Nahl (der Ältere, 1710–1781) schuf ihr einen Grabstein mit der persönlichen Inschrift: «Herr, hier bin ich und das Kind, so du mir gegeben hast!» Die Ornamente sind im Stil des Rokoko gehalten. Modell für die Arme und Hände der Verstorbenen bot die berühmte Berner Aufklärerin Julie Bondeli. Viele Reisende bewunderten dieses Werk.

Der Biologe Georges de Buffon (1707–1788), Verfasser einer 36-bändigen «Histoire naturelle», 1769:

«Die rohe Natur ist scheußlich und ein Bild des Todes; ich, ich allein kann sie reizend und lebendig machen; lasst uns diese Moräste austrocknen, lasst Bäche, lasst Kanäle daraus werden; lasst uns jenes schnelle und gefräßige Element gebrauchen, das man uns verborgen hatte, und das wir niemandem als uns selber schuldig sind. Lasst uns Feuer an jene überflüssige Streue, die die Erde bedeckt, und an jene alten Wälder legen, die bereits halb erstorben sind; lasst uns das, was das Feuer nicht wird verzehren können, durch die Schärfe des Eisens vollends zerstören: Bald werden wir anstatt der Binse und der Wasserblume, woraus die Kröte ihr Gift bereitete, die Ranunkel, den Klee und süße heilsame Kräuter hervorsprießen sehen. […] Wie schön ist sie, diese cultivierte Natur! Wie glänzend, wie prächtig geschmückt durch die Wartung des Menschen!»

20.53 Emotionalität: Die Betonung des Wertes eines jeden Individuums zog es nach sich, dass auch Gefühle zugelassen wurden; während die Aufklärung ihnen skeptisch gegenüberstand, gab die Romantik der Liebe (Liebesheirat, Mutterliebe) und Sehnsucht, der Trauer und Schwermut sowie der Freude und dem Glücksgefühl einen Stellenwert. Das Seelisch-Geistige trat neben das Körperliche, Materielle. Damit fand auch die Frömmigkeit in der Form einer persönlichen Religiosität wieder einen Platz. Religion wurde in der Romantik wiederentdeckt als eine persönliche, verinnerlichte Haltung, die stark mit der Erforschung der eigenen Person verbunden war. Eine große Beachtung fand dabei der schon ältere Pietismus, die persönliche Selbstverpflichtung auf eine bewusste, rechtschaffene und fromme Lebensführung.

20.54 Umweltbewusstsein: Rousseau und dann die Romantiker/-innen waren fasziniert von der ursprünglichen Natur. Aber das mechanizistische Denken veranlasste die Aufklärung eher dazu, die Umwelt als ungeordnetes Chaos wahrzunehmen und zähmen zu wollen. Das große Erdbeben von Lissabon 1755 führte deshalb im Denken von vielen Philosophen und Theologen der Aufklärung zu nachhaltigen Erschütterungen: Wie konnte ein gütiger Gott das zulassen? Der Ausbruch des Tambora-Vulkans im indonesischen Archipel, dessen Auswurfmaterial die Atmosphäre verdunkelte und 1816 für ein «Jahr ohne Sommer» und schlimme Hungersnöte sorgte, blieb jedoch auch der aufgeklärten Welt verborgen.

21. Geschlossene Weltbilder, 19./20. Jahrhundert

21.0 Positivismus: In der zweiten Hälfte des 19. und weitgehend im 20. Jahrhundert dominierte die Überzeugung, dass sich die Welt erfassen, verstehen und beherrschen lasse. Diese Überzeugung, der Positivismus, erstreckte sich gleichermaßen auf die Politik, die Wissenschaft, zum Teil auch auf die Kunst und das Alltagsleben der Menschen. Unbestritten gingen dabei die Naturwissenschaften voran. Sie erzielten in der Zweiten Technischen Revolution weithin sichtbare Erfolge mit umwälzenden Entdeckungen.

Damals schälten sich wissenschaftliche Spezialdisziplinen heraus, die heute noch den Schulunterricht bestimmen: Chemie, Physik, Biologie. Doch auch die Geistes- und Sozialwissenschaften waren vom positivistischen Optimismus, alles erforschen und erklären zu können, erfüllt. Das Programm des Positivismus formulierte der französische Universalgelehrte Auguste Comte (1798–1857) in einer Klassifikation aller Wissenschaften.

21.1 Mechanizistische Weltbilder

21.11 Chemie: Die *erste Hälfte des 19. Jahrhunderts* dominierte die Methode der Aufklärung, die auf Empirie basierende Entwicklung nützlicher Materialien: Der weitgehende Autodidakt Justus von Liebig (1803–1873), der noch die Hungersnot von 1816 erlebt hatte, entwickelte den Mineraldünger: Nicht mehr ausschließlich organische Stoffe, sondern anorganische, teils als Nebenprodukte im Bergbau gewonnen, ermöglichten eine massive Steigerung der landwirtschaftlichen Produktion für eine explodierende Bevölkerung. Ebenfalls praxisbezogen war die Entwicklung des Fleischextraktes für Brühen, der Babynahrung oder des Backpulvers, auch wenn diese Produkte durch andere Erfinder zur Marktreife gediehen.

In der *zweiten Hälfte des Jahrhunderts* dominierte die theoretische Chemie: Die Entdeckung des periodischen Systems der chemischen Elemente 1869, ihrer Wertigkeit und damit Bindungseigenschaften führte zu einer Modellvorstellung über den Aufbau jeder Materie, auch der anorganischen. Damit schien sogar das Leben chemisch formuliert werden zu können (Atommodell von Ernest Rutherford, 1911).

Die synthetische Nachahmung von Naturprodukten in der Farbindustrie und der Pharmazie eröffnete die industrielle Verwertung der Erkenntnisse. Mit der Entdeckung der Strahlung bestimmter chemischer Elemente während ihres Zerfalls schlug die Chemie eine Brücke zur Physik. Wilhelm Röntgen (1845–1923) entdeckte am 8. November 1895 zufällig die nach ihm benannte Strahlung, die von zerfallenden Elementen ausging (▶ 21.15, 21.44). Die Entdeckerin der radioaktiven Strahlung des Urans, Marie Curie (1867–1934), erhielt 1903 bzw. 1911 den Nobelpreis für Physik bzw. Chemie. Aber die französische «Académie des sciences» verweigerte ihr als Frau im gleichen Jahr die Aufnahme.

21.12 Physikalisch-chemisches Weltbild: Die Physik des 19. Jahrhunderts stand im Bann der Elektrizität, womit eine enge Verbindung mit deren wirtschaftlichen Verwertung gegeben war. Michael Faraday (1791–1867) erforschte den Zusammenhang zwischen Elektrizität und Magne-

---

Entwicklung der Weizenerträge im 19. Jahrhundert

Bis gegen Ende des 19. Jahrhunderts wurde der Weizen mit Hohlmaßen gemessen; das schwankende Weizengewicht (1 hl enthielt 72 bis 80 kg) verunmöglicht eine genaue Umrechnung in Gewichtseinheiten.

Preußische Musterdomäne Schlanstedt

1836–1839	ca. 15,5 q/ha
1850–1854	ca. 17,8 q/ha
1895–1898	32,8 q/ha

Durchschnitt von ganz Preußen

1850–1854	ca. 10,0 q/ha
1895–1898	20,0 q/ha

Einzelerhebungen aus dem schweizerischen Mittelland

1821–1825	ca. 9,4 q/ha
1850–1854	ca. 11,8 q/ha
1865–1871	ca. 17,5 q/ha
1895–1898	ca. 19,0 q/ha

zum Vergleich:

Durchschnittsertrag 2008 bis 2013 in der Schweiz ca. 70 q/ha (je nach Sorte)

Anfang 1895 schrieb *Wilhelm Röntgen* seinem Zürcher Freund Ludwig Zehnder: «Ich hatte von meiner Arbeit Niemandem etwas gesagt: Meiner Frau theilte ich nur mit, dass ich Etwas mache, von dem die Leute, wenn Sie es erfahren, sagen würden, «der Röntgen ist wohl verrückt geworden». Am ersten Januar verschickte ich die Separatabzüge, und nun ging der Teufel los! Die Wiener Presse blies zuerst in die Reclametrompete und die anderen folgten. Mir war nach einigen Tagen die (Sache verekelt;)»

Die Wirkung seiner Entdeckung schätzte Röntgen allerdings nicht richtig ein: Denn fast augenblicklich anerkannte die Fachwissenschaft seine Forschungsergebnisse, sofort wurden sie auch der praktischen Medizin, später auch der Technik nutzbar gemacht. Das wurde dadurch erleichtert, dass Röntgen ausdrücklich auf jeden Patentschutz und damit auf jede finanzielle Auswertung seiner Entdeckung verzichtete. Als 1901 erstmals die Nobelpreise zur Verteilung gelangten, erhielt Röntgen den Preis für Physik.

tismus und legte mit der Entdeckung der elektromagnetischen Induktion den Grundstein für die Umwandlung von Bewegung in Elektrizität und umgekehrt. Damit wurde Elektrizität zum hauptsächlichen Energieträger der Zweiten Technischen Revolution (▶ 18.11).

Wie die Chemie mit dem Atommodell strebte auch die Physik nach einer umfassenden Welterklärung: Robert von Mayer (1814–1878) stellte bereits 1842 das Gesetz von der Erhaltung der Energie auf.

Dieser Satz wurde vorübergehend erschüttert durch Niels Bohrs (1885–1962) Erklärung der Quantentheorie von Max Planck (1858–1947). Planck hatte festgestellt, dass die Strahlungsenergie nicht gewissermaßen stufenlos, sondern in Quanten wirkt; Bohr begründete dies damit, dass nach Rutherfords Atommodell die um den Atomkern kreisenden Elektronen sprungweise von einer auf eine andere Kreisbahn springen und dabei Energie aufnehmen oder abgeben. Doch können Energie und Materie ineinander übergehen, wie Bohr und vor ihm Albert Einstein (1879–1955) nachwiesen.

Darüber hinaus formulierte Albert Einstein in seiner speziellen Relativitätstheorie die Erkenntnis, dass die Zeit von der Eigengeschwindigkeit des Zeitmessgerätes abhängig und damit gewissermaßen eine vierte Dimension des Raumes, die Raumzeit, darstellt (1905). In seiner allgemeinem Relativitätstheorie postulierte er, dass die Zeit neben der Geschwindigkeit durch das Gravitationsfeld beeinflusst, in der Nähe großer Körper gewissermaßen gekrümmt werde (1915). Die Physik schien durch diese Raumzeit die Welt mit einem neuen Koordinatensystem zu erklären. Empirisch bestätigt werden konnten die theoretischen Überlegungen erst später, beispielsweise im Zusammenhang mit der Satelliten-Navigations-Technologie.

21.13 Darwinismus: Linné, der im 18. Jahrhundert die erste systematische Pflanzen- und Tierklassifikation schuf, hielt die Arten für unveränderliche Produkte eines einmaligen Schöpfungsaktes (▶ 20.32). Demgegenüber vertrat Jean-Baptiste de Lamarck (1744–1829) während der Romantik die These von der allmählichen Entwicklung der Arten, die Deszendenz-, Abstammungs- oder Evolutionstheorie. Er vermochte sich aber nicht durchzusetzen, auch erwies sich ein Hauptpunkt seiner Lehre später als Irrtum: Er erklärte die Entstehung neuer Arten nämlich durch individuelle Anpassung an veränderte Umweltbedingungen und Vererbung der so erworbenen neuen Eigenschaften.

Doch Charles Darwin ging mit seinem 1859 erschienenen Werk «Über den Ursprung der Arten durch natürliche Zuchtwahl» einen Schritt weiter. Es basiert auf der Beobachtung, dass jede Art mehr Nachkommen erzeugt, als überleben können, und mehr, als zur Erhaltung des Artbestandes nötig sind; ferner, dass unter den Individuen derselben Art immer wieder Mutationen («Variationen») auftreten, die teilweise vererbbar sind. Aus diesen beiden Beobachtungen zog er den Schluss, dass Individuen mit günstigeren Mutationen im natürlichen Existenzkampf eher überleben und sich häufiger fortpflanzen als solche mit ungünstigen. Das bezeichnete er als «natural selection» (Auslese durch die Natur; etwas irreführend übersetzt mit «natürliche Zuchtwahl»). Das Kernstück des Darwinismus ist der Gedanke, das Zusammenspiel von Mutation und Selektion führe zwangsläufig zu einer Veränderung der Arten, zu einer Evolution im Sinne einer immer besseren Anpassung an die Umwelt.

Der Augustinermönch Gregor Mendel (1822–1884) entdeckte kurz darauf die vorerst wenig beachteten Regeln der Vererbung (Mendelsche Gesetze). Damit konnte nicht nur die sprunghafte Veränderung, sondern auch die konstante Weitergabe von Erbgut verstanden werden.

Der Darwinismus prägte nicht nur die Biologie bis heute, sondern erklärte die Evolution mit einem mechanistisch gedachten Modell. Weil der Evolutionsgedanke dem Wortlaut der christlichen Schöpfungsgeschichte widerspricht, erschütterte der Darwinismus die enge Bibelgläubigkeit und lieferte dem Atheismus ein Hauptargument.

21.14 Geologie: Verblüffend analog zu Darwin und vor ihm erkannte Charles Lyell (1797–1875), dass sich auch der Erdaufbau kontinuierlich vollzogen hatte und immer noch vollzieht. Er stellte dieses Evolutionsmodell der geläufigen Katastrophentheorie entgegen, die sich auf biblische Erzählungen von einmaligen Ereignissen wie der Sintflut stützte. Der ursprüngliche Astronom Alfred Wegener (1880–1930) verhalf 1915 der Idee der Kontinentalverschiebung zum Durchbruch. Er konnte zeigen, dass sich aus den Schelfrändern der Kontinente ein einziger ursprünglicher Kontinent rekonstruieren ließe, den er Pangaia (All-Erde) nannte. Nicht einmal festes Gestein war also unverrückbar.

21.15 Medizin: Der in Wien und Budapest praktizierende Arzt Ignaz Semmelweis (1818–1865) sammelte als Erster Daten über die Erkrankung von Wöchnerinnen und vermutete, dass die Ärzte Krankheiten von einer auf die andere Patientin übertrugen. Seine Vorschläge über eine Sterilisation von Händen und Instrumenten wurden aber von den Kollegen als Zeitvergeudung verworfen. Doch die Entdeckung, dass von einem in einer Flüssigkeit befindlichen Objekt wegen der Lichtbrechung mehr Details mikroskopiert werden können (Immersionsmikroskopie), brachte einen Durchbruch in der Bakteriologie. Denn nun konnten auch lebende Bakterien unter dem Mikroskop erforscht werden. Damit wurde der Übertragungsweg von Krankheiten und Infektionen klar. Seit 1875 wurde fast jedes Jahr ein neues Krankheitsbakterium entdeckt und bestimmt (etwa von Louis Pasteur, 1822–1895, oder seinen Konkurrenten Robert Koch, 1843–1910, Paul Ehrlich, 1854–1915, Rudolf Virchow, 1821–1902). Die Züchtung abgeschwächter Krankheitserreger nach dem Gedanken von Edward

Charles Darwin (1809–1882), 1860
Darwin hätte eigentlich Geistlicher oder Arzt werden sollen; beides sagte ihm nicht zu. Naturgeschichte interessierte ihn schon als Knabe. Mit Begeisterung ergriff er im Alter von 22 Jahren die Gelegenheit, eine mehrjährige Expedition in den Pazifischen Ozean zu begleiten (1831–1836). Seine Notizen wertete er danach als Privatgelehrter aus. Versteinerungen und je nach Insel verschieden aussehende Tiere der gleichen Art brachten ihn auf die Idee, dass die bestangepassten Mutationen überlebten, die Arten sich also veränderten. Erst 1859 publizierte er die Ergebnisse im Werk «On the Origin of Species by Means of Natural Selection».

Internationaler Psychologenkongress 1911 in Weimar

Internationale Zusammenkünfte waren in der Wissenschaft dieser Zeit häufig.
Einige wichtige Personen:
1: Eugen Bleuler, 2 Sándor Ferenczi (1873–1933), 3 Lou Andreas-Salomé (1861–1937), die auf diesem Kongress Freud kennenlernte und seine Schülerin wurde, 4: Sigmund Freud, 5: Carl Gustav Jung, 6: seine Frau Emma und 7: seine Patientin und spätere Freundin Toni Wolff, beides Psychoanalytikerinnen.

Jenner (▶ 20.32) und die Durchsetzung der Hygiene ließen zahlreiche Seuchen in Europa ganz verschwinden: Pest, Cholera, Pocken und Kindbettfieber; andere wurden wenigstens eingedämmt: Wundfieber, Typhus, Diphtherie, Tuberkulose und Syphilis.

Die Entdeckung der Röntgenstrahlen ermöglichte einen Blick durch den lebenden menschlichen Körper hindurch und damit die Diagnose weiterer Verletzungen und Krankheiten. Zusammen mit der Entwicklung der Anästhesie nahm die Chirurgie einen Aufschwung. Die Strahlung des von Marie und Pierre Curie entdeckten Elements Radium wurde gegen Krebsgeschwüre eingesetzt. Im Sinn des Positivismus schien der menschliche Körper umfassend beherrscht und repariert werden zu können.

21.16 Psychiatrie: Die Psychiatrie setzte ebenfalls positivistisch mit dem Versuch der Klassifikation sämtlicher psychischen Störungen durch Emil Kraepelin (1856–1926) ein. Kraepelin unterteilte nicht nur spezifische Krankheitsbilder als Momentaufnahmen, sondern berücksichtigte auch den Krankheitsverlauf. Selbstsicher grenzte er normales von anormalem Verhalten ab und empfahl bereits die Sterilisation «anormaler» Frauen. Der Schweizer Arzt Eugen Bleuler (1857–1939) diagnostizierte 1908 die Schizophrenie als Auseinanderklaffen zwischen Persönlichkeit, Denken, Wahrnehmen und Erinnern. Auch er ging von der Vererbung der Krankheit aus und befürwortete eugenische Maßnahmen (▶ 21.25).

Die Psychoanalyse, wie sie Sigmund Freud (1856–1939) und Carl Gustav Jung (1875–1961) entwickelten, ging sogar von der Vorstellung aus, dass sich auch das Unter- und Unbewusste eines Menschen erfassen, beobachten und nötigenfalls heilen lasse.

21.2 Entwürfe zu einer geschlossenen Gesellschaft

21.21 Idealismus – Materialismus: Nicht nur die Naturwissenschaft, sondern auch die Geisteswissenschaft des 19. Jahrhundert war der positivistischen Überzeugung, die Welt, die Gesellschaft und ihre Geschichte vollständig und widerspruchsfrei erklären zu können. Dabei standen sich vor allem der Idealismus des Georg Wilhelm Friedrich Hegel (1770–1831) und der Materialismus von Marx und Engels (▶ 8.43) gegenüber: Nach Hegel sind es die Ideen, die Gedanken, welche auf die Welt einwirken. Weil Ideen weitergegeben und damit weiterentwickelt werden, entsteht Fortschritt. Die Erfindungen, Innovationen und technischen Fortschritte in der Industrie belegten Hegels Optimismus. «Was vernünftig ist, das ist wirklich; und was wirklich ist, das ist vernünftig.» Hegels Idealismus begründete den Liberalismus: Gedanken-, Meinungs- und Gewerbefreiheit verändern die Welt zum Bessern (▶ 8.32).

Für Marx und Engels dagegen waren Ideen auf Materie angewiesen: kein Gedanke ohne Gehirn, keine Erfindung ohne die entsprechende materielle Grundlage, keine Gesellschaftsform ohne eine bestimmte Verteilung der materiellen Güter. Ihre Lehre begründete den Sozialismus (▶ 8.43).

Einig waren sich die beiden einflussreichen Schulen des Idealismus und des Materialismus in Bezug auf die Dialektik: Durch die Konfrontation von These und Antithese kommt es in der Form einer Synthese zu einer Fortentwicklung.

21.22 Rechtspositivismus: Auf der Grundlage fester weltanschaulicher Überzeugungen und im Rahmen des sich bildenden Nationalstaates (▶ 8.11) entwickelte sich auch das Recht zu einem geschlossenen Gebäude. Der Rechtspositivismus geht davon aus, dass die Gesellschaft und das Handeln jedes Einzelnen vollständig im Recht gefasst werden könne, dass die Hierarchie von Verfassung, Gesetz, Verordnung und Weisung immer einen schriftlichen, kodifizierten Rahmen bilde («ius positum»: niedergeschriebenes Recht). Im Gegensatz zum Naturrecht der Aufklärung geht es bei diesem Rechtssystem nicht um die Legitimität, sondern um die Legalität, zugespitzt formuliert, nicht um die Gerechtigkeit, sondern um das Recht: Jedes Handeln muss sich auf eine rechtliche Grundlage berufen und anhand von dieser überprüft werden können.

21.23 Geschichtswissenschaft: Im Jahr 1863 veröffentliche der Gymnasiallehrer Karl Ploetz sein Nachschlagewerk «Auszug aus der alten, mittleren und neueren Geschichte als Leitfaden und zu Repetitionen». Das Werk illustriert das Bestreben, Geschichte umfassend und in allen Details zu erfassen, und zwar anhand von Geschichtsdaten. Auch in der Geschichtswissenschaft herrschte der Optimismus, Geschichte in großen Erzählungen vollständig erfassen und allgemeingültig deuten zu können (Historismus). Leopold von Ranke (1795–1886) als Gründer dieser Strömung konzentrierte sich auf die politische Geschichte und lehnte den Bezug zur Gegenwart ab: Jede Epoche sei «unmittelbar zu Gott» (1854); beide Grundsätze beeinflussten die Geschichtswissenschaft bis ins 20. Jahrhundert.

21.24 Sozialdarwinismus und Rassismus: Auch die Gesellschaftswissenschaften strebten nach umfassenden Erklärungen. Herbert Spencer übertrug Darwins Evolutionslehre (▶ 21.13) auf die menschliche Gesellschaft (ansatzweise sogar vor Darwins Publikation): Der Sozialdarwinismus klassifizierte Menschen nach ihrer Hautfarben, ja sogar nach Nationen in Rassen, von denen die am besten angepassten überleben würden. Diese Theorie rechtfertigte Kriege als notwendige Selektion. Darwin selbst äußerte zwar auch Bedenken dagegen, dass in kultivierten Völkern

Verhältnis von positivem Recht und Gerechtigkeit:

«Der Konflikt zwischen der Gerechtigkeit und der Rechtssicherheit dürfte dahin zu lösen sein, dass das positive, durch Satzung und Macht gesicherte Recht auch dann den Vorrang hat, wenn es inhaltlich ungerecht und unzweckmäßig ist, es sei denn, dass der Widerspruch des positiven Gesetzes zur Gerechtigkeit ein so unerträgliches Maß erreicht, dass das Gesetz als ‹unrichtiges Recht› der Gerechtigkeit zu weichen hat.»
(Formel von Gustav Radbruch, 1878–1949, 1946)

«Wenn Unrecht zu Recht wird, wird Widerstand zur Pflicht!»
(Bertolt Brecht zugeschriebene Parole verschiedener Bürgerinitiativen)

«Was damals rechtens war, kann heute nicht Unrecht sein!»
Hans Filbinger (1913–2007, 1978, verhängte im Nationalsozialismus Todesurteile. Von 1966 bis 1978 war er Ministerpräsident von Baden-Württemberg)

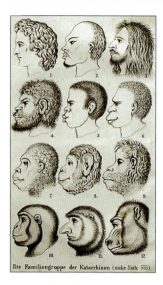

Ernst Haeckel: «Natürliche Schöpfungsgeschichte», 1868, Titelvorsatzblatt

Haeckel (1834–1919) teilte die Menschen in 12 Arten und 36 Rassen ein, wobei er die Kopfbehaarung als wichtiges Kriterium heranzog. Vlieshaarige (7–9, Vlies: Fell) und Büschelhaarige (5, 6) sind «niedere», Straffhaarige (2–4) und vor allem Lockenhaarige (1) «höhere» Arten. Die Katarrhinen (Schmalnasige Affen, 11) sind unter den Affen den Menschen am nächsten verwandt. Haeckel verneinte eine direkte Abstammung der Menschen vom Affen und eine lineare Entwicklung der Rassen.

schwächere Menschen überleben und somit deren Erbgut schwächen könnten, aber er verwarf die Unterteilung der Menschen in Rassen.

Noch einen Schritt weiter als der Sozialdarwinismus ging der Rassismus, der sich gegen 1900 im Zusammenspiel mit dem Imperialismus verbreitete: Er propagierte nicht nur den Kampf unter «Menschenrassen» als natürliche Auslese, sondern klassierte einzelne Rassen als höherwertig. In den USA richtete sich der Rassismus gegen die aus der Sklaverei entlassenen Schwarzen (▶ 7.94), in Europa gegen die Jüdinnen und Juden, die nun vermehrt nicht bloß als Glaubensgemeinschaft, sondern als «Rasse» eingestuft wurden (▶ 8.56).

21.25 Eugenik: In der Eugenik vermischten sich die natur-, geistes- und gesellschaftswissenschaftlichen Disziplinen, getragen durch die Überzeugung, dass das Menschengeschlecht durch eine menschliche Auslese künstlich vervollkommnet werden könne: Als negativ beurteiltes Erbgut soll durch Sterilisation, Kastration, Abtreibung und Tötung zurückgedrängt, als positiv beurteiltes durch Förderung von Ehe und Kindern gestärkt werden. Im Ersten Weltkrieg sahen Eugeniker eine willkommene Selektion, mussten dann allerdings feststellen, dass der Krieg unterschiedslos selektionierte. Hitler bettete die Ermordung behinderter Menschen bewusst in den Krieg ein: Den Befehl zu den Krankenmorden datierte er auf den 1. September 1939, den Angriff auf Polen, zurück.

21.26 Kulturpessimismus: Gewissermaßen als Kehrseite der optimistischen Eugenik, aber mit ihr verbunden, machte sich um 1900 eine kritische, aber ebenso absolute Sicht breit: Die kulturellen Fortschritte, Wohlstand und Demokratisierung schwächten die europäische Zivilisation und führten zur Dominanz des Mittelmäßigen («Fin de Siècle», ▶ 21.44). Friedrich Nietzsche (1844–1900) entwarf einen «Übermenschen» im Sinn eines Übergangswesens und Oswald Spengler (1880–1936) stellte sogar eine Ge-

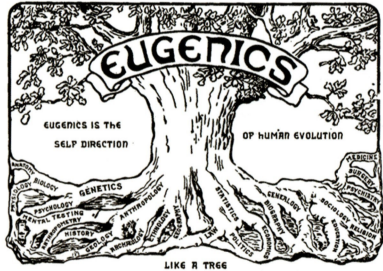

Logo des Zweiten Internationalen Eugenik-Kongresses, 1921 im Naturhistorischen Museum von New York

Dieser zweite Kongress stand unter amerikanischer Führung. Die USA übernahmen mit verschärften Einwanderungsgesetzen und dem Alkoholverbot (Prohibition, ▶ 12.21) eine Vorreiterrolle. Ihre Vertreter wollten Eugenik als Wissenschaft etablieren. Denn der Erste Weltkrieg hatte vor Augen geführt, dass Kriege gerade nicht der Selektion dienen. Wissenschafter der Mittelmächte wurden an den Kongress ebenso wenig eingeladen wie asiatische und afrikanische Wissenschafter.

Gustave Courbet: «L'Atélier du peintre», 1855, 3,6 × 6 m.

Links sind die gewöhnlichen Menschen aufgestellt, wie sie Courbet gemalt hat: Rabbiner, Priester, alter Revolutionsteilnehmer, Wilderer, Jäger, Mäher, Jude, Neugieriger, Clown, Bürger, Strassenmädchen, Arbeitslose, Gliederpuppe, Irin mit Kind. Rechts Courbets Publikum, ganz rechts der lesende Dichter Charles Baudelaire. In der Mitte Courbet mit einem Modell und einem Knaben vor einer schon fast im impressionistischen Stil gemalten Juralandschaft.
Für die Weltausstellung in Paris 1855 wurde dieses «realistische» Werk nicht akzeptiert. Courbet veranstaltete daraufhin eine Gegenausstellung mit seinen zurückgewiesenen Werken und diesem im Zentrum.

setzmäßigkeit fest: Jede Kultur werde wie ein Leben schließlich zugrunde gehen: Der erste Band seines Werks «Der Untergang des Abendlandes» erschien 1918.

21.3 Wandel in allen Sparten der Kunst

21.31 Realismus: In der Kunst äußerte sich der Anspruch, die Welt naturgetreu abzubilden, in der Stilrichtung der Realismus. Insbesondere die bildende Kunst war fasziniert von der neu entdeckten Fotografie, welche gerade zur Porträtmalerei eine Konkurrenz darstellte. Im Gegensatz zu den klassizistischen Malern widmete sich etwa Gustave Courbet (1819–1877) der einfachen Bevölkerung und Alltagsszenen. Weitere Realisten unter den Malern waren Adolph Menzel (1815–1905) und Édouard Manet (1832–1883).
In der Literatur rückten Charles Dickens (1812–1870), Iwan Turgenjew (1818–1883), Gottfried Keller (1819–1890), Gustave Flaubert (1821–1880) und Theodor Fontane (1819–1898) gewöhnliche Menschen ins Zentrum ihrer Romane.
In der Musik wurden unter dem Einfluss der Romantik die Formen der Wiener Klassik in verschiedene Richtungen gesprengt, etwa durch Hector Berlioz (1803–1869), Richard Wagner (1813–1883), Giuseppe Verdi (1813–1901) und Gustav Mahler (1860–1911).

21.32 Naturalismus: Wie die Malerei strebte auch die Literatur nach einer Zuspitzung des Realismus. Die naturalistische Literatur übte eine scharfe Kritik an der bürgerlichen Welt des ausgehenden 19. Jahrhunderts, erhob soziale Anklagen, suchte und schilderte in oft krasser Übersteigerung der Milieu- und Vererbungslehre die Schattenseiten menschlicher Existenz. In diesem Sinn nahm sie den Kulturpessimismus der Jahrhundertwende auf (▶ 21.26): Fjodor Dostojewski (1821–1881), Émile Zola (1840–1902), Henrik Ibsen (1828–1906), Gerhart Hauptmann (1862–1946), Upton Sinclair (1878–1968) und Jack London (1876–1916). In der bildenden Kunst vertrat Käthe Kollwitz (1867–1945) diese Richtung.

Auguste Renoir, «Danse à la Campagne», 1883

Renoir malte seine Freundin Aline Charigot zusammen mit seinem Freund Paul Lhôte.

21.33 Impressionismus: Die Stilbezeichnung «Impressionismus» wird vorzugsweise für die Malerei verwendet. Auch die Impressionisten stellten sich das Ziel, die sichtbare Wirklichkeit nachzubilden, aber es ging ihnen dabei weder um die Erfassung aller Details noch um die klaren linearen Formen, sondern um das Festhalten des ersten, gleichsam flüchtigen Eindrucks, vorzüglich der Farb- und Lichterscheinungen. Der Impressionismus, eigentlich eine weitere Steigerung des Realismus, setzte im letzten Jahrhundertviertel in Frankreich ein (Auguste Renoir, 1841–1919, Claude Monet, 1840–1926, Edgar Degas, 1834–1917), eroberte um die Jahrhundertwende den breiten Publikumsgeschmack und breitete sich über Europa aus. Auch der Bildhauer Auguste Rodin (1840–1917) erreichte mit der Auflösung der Skulptur-Oberflächen eine impressionistische Lichtwirkung. In der Musik prägte Claude Debussy (1862–1918) den Impressionismus.

21.34 Irrationalismus: Zwischen 1890 und 1914 machte sich die Stimmung des «fin de siècle» breit. Sie zweifelte am positivistischen Erkenntnisoptimismus und interessierte sich für die dahinter verborgenen Abgründe von Angst, Zweifel und Aggression (▶ 21.44). In der *Literatur* suchten Leo Tolstoi (1828–1910), Hugo von Hofmannsthal (1874–1929), Rainer Maria Rilke (1875–1926) oder Paul Verlaine (1844–1896) nach einem Ausdruck für diese Hintergründe. Auch der Symbolismus (Stefan George, 1868–1933, Gabriele d'Annunzio, 1863–1938, Arthur Rimbaud, 1854–1891) gehört in dieses Bestreben.

In der *Malerei* war der Expressionismus Ausdruck des Irrationalismus. Er verfolgte nicht mehr das Ziel, die optisch fassbare Wirklichkeit nachzubilden, sondern suchte, analog zur aufblühenden Psychologie (▶ 21.16) das Hintergründige, die geheimnisvollen Kräfte der Seele sichtbar zu machen. Die Expressionisten verwendeten zwar durchaus Elemente aus der Welt des sinnlich Wahrnehmbaren, formten diese aber ihrer Absicht entsprechend um, ohne Rücksicht auf die «optische Wirklichkeit». Am Anfang des Expressionismus stehen Edvard Munch (1863–1944) und Vincent van Gogh (1853–1890); am stärksten setzte diese Stilrichtung sich dann in Deutschland durch: Franz Marc (1880–1916) und Ernst Ludwig Kirchner (1880–1938). In Frankreich standen «les fauves» (die Wilden: Paul Gau-

Edvard Munch: «Tanz des Lebens», 1899/1900

Munch gestaltete in seinen frühen Werken immer wieder die Vereinsamung des Menschen und die auf ihm lastende Bedrohung durch Tod, Krankheit und übermächtige Naturkräfte. Sein Gemälde zeigt ihn mit seiner ehemaligen Freundin Milly Thaulow verkrampft tanzend, flankiert von zwei Frauengestalten mit den Gesichtszügen von Munchs neuer Freundin Tulla Larssen. Aus der Miene der Frau rechts lässt sich ablesen, dass Munch schon das Ende dieser Beziehung ahnt. Die zeitgenössische Kunstkritik warf ihm verschrobene Fantasie und gar Unsittlichkeit vor. Auch der Auftraggeber des Gemäldes verweigerte die Annahme und die Bezahlung.

Wandel in allen Sparten der Kunst

Die erste Untergrundbahn entstand 1863 in London; sie war noch mit Dampflokomotiven betrieben und wurde zwischen 1890 und 1899 auf elektrischen Betrieb umgestellt. Die erste kontinentaleuropäische Untergrundbahn wurde 1896 in Budapest eröffnet, vier Jahre später nahm *die «Métro» von Paris* den Betrieb auf: Sie zeigte in der Ausgestaltung der Stationen und Zugänge reinsten Jugendstil. Zukunftweisend war insbesondere die Verwendung von Eisen für plastisch-künstlerische Schöpfungen.

guin, 1848–1903, Henri Matisse, 1869–1954, Maurice Utrillo, 1883–1955) dem Expressionismus nahe, doch waren sie, weniger mystisch als die Deutschen, stärker dem Impressionismus verpflichtet. In der Bildhauerkunst entwickelte Ernst Barlach (1870–1938) einen expressionistischen Stil.

Eine weitere Steigerung brachte der Surrealismus, der in scheinbar widersinniger, aber symbolträchtiger Weise Gegenstände und Erscheinungen der sichtbaren Welt zusammenstellt. In der Literatur entspricht ihm der während des Ersten Weltkriegs aufkommende, aber rasch wieder verschwindende Dadaismus: Lautfolgen ohne Wortsinn oder sinnlose Wortkupplungen. Alle diese Tendenzen wurzelten zwar schon in dem Jahrzehnt vor dem Ersten Weltkrieg, entfalteten sich aber erst richtig in den Zwanzigerjahren.

21.35 Jugendstil: Der Jugendstil ist der bisher letzte gesamteuropäische Kunststil, der eine Formensprache entwickelte. Durch lang hinströmende Linien und florale Ornamente wollte er *das Wesen der Vitalität* gestalten und sich mit den Rätseln des Lebens auseinander setzen. Der Jugendstil beschränkte sich nicht auf das Kunstgewerbe. Auch zahlreiche, meist dem Expressionismus zugerechnete Maler waren ihm verhaftet (Edvard Munch, Vincent van Gogh, Ferdinand Hodler, 1853–1918, Henri Matisse, 1869–1954, der junge Pablo Picasso, 1881–1973), ebenso lassen sich die Stromlinienformen der funktionalen Bauweise auf Jugendstileinflüsse zurückführen. Vorab in Österreich-Ungarns Städten entstanden zahlreiche reine Jugendstilbauten.

21.36 Gegenstandslose und abstrakte Kunst: Paul Cézanne (1839–1906) suchte die Formen nicht mehr durch Linien zu begrenzen, sondern mit Farben zu modellieren, wobei er immer mehr zu klaren und einfachen Grundformen tendierte. Daraus entwickelten Pablo Picasso und Georges Braque (1882–1963) von 1907 an den Kubismus. Den letzten Schritt bis

Schon 1908 entstand dieser *«Akt im Wald» von Pablo Picasso*. Es handelt sich um eines der frühesten Werke des Kubismus; heute hängt es im Ermitage-Museum in Sankt Petersburg.

335

Während bildende Kunst und Literatur des 19. Jahrhunderts einen großen stilschöpferischen Reichtum entfalteten, verharrte die Architektur bis ins frühe 20. Jahrhundert hinein beim Historismus (▶ 21.23); bei der Nachahmung vergangener Formen. Neben Neuromanik, Neugotik, Neorenaissance, Neubarock und Neoklassizismus fehlen in diesem «Stilkarneval» selbst neubyzantinische Schöpfungen nicht: Mit dem Bau der Kirche von *Sacré-Cœur auf dem Montmartre in Paris* wurde 1876 begonnen.

zur eigentlich gegenstandslosen Malerei tat dann 1910/11 Wassily Kandinsky (1866–1944).
Das Revolutionäre ist die Komposition eines «absoluten Raumes» aus abstrakten Form- und Farbelementen, das heißt eines Raumes, der nicht mehr von einem bestimmten Punkt, sondern gleichzeitig von den verschiedensten Gesichtspunkten aus gesehen wird. Seit florentinische Meister Anfang des 15. Jahrhunderts die Gesetze der Perspektive entwickelten (▶ Band 1, 12.32), war die europäische Malerei durch die perspektivische Gestaltung geprägt; nach 500 Jahren begann sich jetzt erstmals wieder eine nicht perspektivische Darstellung durchzusetzen. Sie prägte dann am nachhaltigsten, stärker als alle anderen Richtungen, die um 1900 bis 1910 auftraten, das Gesicht der modernen Kunst.

21.37 Atonale Musik: Schon Richard Wagner hatte wiederholt die Gesetze der funktionellen Harmonik gesprengt; konsequent verwendete dann Claude Debussy (1862–1918) unaufgelöste dissonante Akkordketten, ohne aber mit einem ganzen Kompositionswerk den Boden der Tonalität zu verlassen. Arnold Schönberg (1874–1951) wagte 1908 diesen Schritt. Bis Ende der Zwanzigerjahre schuf er die Theorie des Zwölftonsystems, für das er allerdings keine ausschließliche Geltung verlangte; er behauptete lediglich, tonal ungebundene Musik sei «durch den Reichtum ihrer Kombinationen, Gedanken und Tonbilder von vornherein zu einer höheren Entwicklung prädestiniert». Im heutigen Musikschaffen stehen alte und neue Gestaltungsart nebeneinander.

21.38 Funktionale Architektur: Angesichts des Umbruchs, der alle anderen Bereiche des künstlerischen Schaffens erschütterte, ist es erstaunlich, wie zäh die Architektur auch noch im beginnenden 20. Jahrhundert im Historismus, in der Nachahmung älterer Baustile, verharrte. Doch zeichnete sich auch hier schon vor 1914 jene Richtung ab, die nach dem Ersten Weltkrieg den Historismus überwinden sollte: die funktionale Bauweise unter bevorzugter Verwendung der neuen Baumaterialien Stahl, Beton und Glas. Richtungsweisend waren Peter Behrens (1868–1940) und Walter Gropius (1883–1969) in Deutschland und Auguste Perret (1874–1954) in Frankreich. Der Behrens-Schüler Charles-Édouard Jeanneret (1887–1965) errichtete 1912 in La Chaux-de-Fonds sein erstes Eisenbetongebäude; später sollte er unter dem Künstlernamen Le Corbusier zum kühnsten Vertreter dieser neuen Architektur werden (▶ 10.53).

21.4 Alltagskultur

Bauhaus in Dessau, Architekt: Walter Gropius, gebaut 1925/26, geschlossen durch die Nationalsozialisten 1933, zerbombt 1945, restauriert ab 1965

Das Bauhaus war eine Kunst- und Architektenschule und prägte mit seinem auf die Funktionen ausgerichteten Gestaltung den «Bauhaus-Stil».

21.41 Quantitative und qualitative Lebenserwartung: Zwischen 1850 und 1950 nahm die Lebenserwartung bei der Geburt nochmals deutlich zu, vor allem weil sich die Kindersterblichkeit stark verringerte (▶ 20.51). Dazu kam, dass seit 1850 die Hungerkrisen und Seuchen verschwanden. Kinder standen nicht mehr dauernd an der Schwelle zwischen Tod und Leben; Jugend wurde erst damit ein eigener Lebensabschnitt, bei dem es darum ging, sich durch Bildung auf ein möglichst befriedigendes Leben vorzubereiten. Die Lebenserwartung bezog sich also nicht nur auf die Länge des Lebens, sondern auch auf dessen Qualität. Deshalb spielte neben der Ausbildung auch die Allgemeinbildung eine immer größere Rolle für die Schule. Allgemeine Schulpflicht entzog die Kinder vorzeitiger Fabrikarbeit, allgemeine Lehrerbildung machte aus Gelegenheits- berufsmässige Lehrer/-innen. Mit Verzögerungen wurden auch Mädchen geschult, und mindestens unverheiratete Frauen konnten Lehrerinnen werden. Eine erste grosse Reformbewegung um 1900 stellte die Kinder ins Zentrum. Die schwedische Reformpädagogin Ellen Key (1849–1926) verkündete das «Jahrhundert des Kindes». Im Deutschen Reich emanzipierte sich die Jugend in der Wandervogelbewegung: Gemeinsame lange Wanderungen waren das Mittel, um sich vom Elternhaus zu emanzipieren und als Jugendliche ein Gruppengefühl zu entwickeln.

Kindersterblichkeit und Lebenserwartung in der Schweiz

Kindersterblichkeit: im ersten Lebensjahr Gestorbene auf 1000 Lebendgeborene (Skala links)
Lebenserwartung: eines Neugeborenen in Jahren (Skala rechts)

21.42 Ansprüche an den Staat: Die Erwartungen an das Leben blieben nicht eine Privatsache: Seit der Mitte des 19. Jahrhunderts formulierten die Menschen im Rahmen des Nationalstaates und aufgrund ihrer wachsenden politischen Rechte ihre Ansprüche: Gesundheit, Bildung, Wohnen, Arbeit und Freizeit wurden politische Themen. Denn gerade die Regierungen in Nationalstaaten waren sich bewusst, dass die bedingungslose Hingabe an den Staat (emotionales Nationalbewusstsein) an Gewicht verlor und die kühle Berechnung, was der Staat bietet, an Gewicht gewann (▶ 8.12). Dementsprechend konnten vor allem die bisher benachteiligten Schichten vermehrt an der Kultur teilhaben, auch wenn grosse Unterschiede zwischen der Oberklasse, dem Bürgertum, der Angestellten- und der Arbeiterschaft bestehen blieben.

21.43 Kommunikation: Die Zweite Technische Revolution erleichterte die Kommunikation durch immer neue Massenkommunikationsmittel (▶ 18.12): Zeitungen wurden dank technischer Fortschritte (Rotationsdruck) und der Möglichkeit, sie durch Werbung zu finanzieren, zu einem günstigen Informationsmittel für die breite Masse; Tageszeitungen erschienen bis dreimal pro Tag! Auf dem Höhepunkt der Zeitungskultur, in den 1920er-Jahren, kam das Radio auf und war von zunehmender Bedeutung für die tägliche Informationsvermittlung. Es begleitete die Menschen durch das Zeitalter der Ideologien und den Zweiten Weltkrieg. Eine wichtige Rolle spielte auch die Ton- und Bildaufzeichnung sowie die Telegrafen- und Telefonverbindung. Durch diese Mittel entstand eine Kommunikation unter Menschen, die sich nicht persönlich begegnen mussten und

Theater im Jahr 2000

Sammelbildchen der Firma Sprüngli im Jahr 1900

Sammelbildchen als Marketingmassnahme für Schokolade und Zigaretten kamen schon im 19. Jahrhundert auf. Zur Jahrhundertwende legten die Schweizer und eine deutsche Firma ihren Schokoladen Bildchen mit Vorstellungen über das Jahr 2000 bei.
Tonübertragung nach dem Telefonprinzip (Theatrophon) war 1881 und Film 1895 bekannt geworden. Die Darstellung enthält weitere Wünsche.

Entwicklung der Kommunikationstechnologie:

1827	Fotografie
1837	Telegraf
1876	Telefon
1895	Filmvorführung
1896	drahtloser Funk
1922	regelmäßige Radiosendungen
1926	Tonfilm
1930	Fernsehsendungen
1954	Transistorradio
1962	Kommunikationssatellit
1977	Personalcomputer
1993	World Wide Web (WWW)
1995	Smartphone
1999	WLAN (Wi-Fi)
2003	Skype

die über eine Stadt oder ein Dorf hinausging. Sie stärkte das Nationalbewusstsein.

Auch die Mobilität der Menschen wurde durch Eisenbahn, Fahrrad und später Automobil erleichtert. Reisen wurde billiger, rascher und war nicht mehr den Handeltreibenden und Diplomaten vorbehalten. Tourismus an Festtagen und gar arbeitsfreie Tage verbreiteten sich von den oberen Gesellschaftsschichten in die unteren, wobei zuerst Kuren oder Bildung als Rechtfertigung dienten.

21.44 «Fin de Siècle»: Die Stimmung der Gesellschaft war gegen das Jahr 1900 durch starke Schwankungen gekennzeichnet, welche in Frankreich die Bezeichnung «fin de siècle» erhielten. Einerseits herrschte ob der wirtschaftlichen Fortschritte, der Besserstellung breiter Schichten, des nationalen Selbstbewusstseins und der stolzen Kolonialherrschaft eine optimistische Stimmung. Andrerseits mischten sich Ängste vor einem Verfall der Kultur, der Sitten, vor Auseinandersetzungen zwischen den immer noch getrennten Klassen und vor einem internationalen Krieg als Folge der ungelösten Konflikte und des massiven Wettrüstens. Die ausgebauten und verbreiteten Kommunikationsmittel verschafften beiden Stimmungen rasch und bisweilen ungefiltert Resonanz.

21.45 Umweltbewusstsein: Ohne einschneidende Versorgungsschwierigkeiten wechselten die europäischen Kulturen von Holz als Energielieferant auf Wasserkraft/Elektrizität sowie auf Erdöl und Erdgas. Energie- und

Eine Abendgesellschaft im Röntgenschirm, Zeitschrift «Life», 1896

Während die neuen Kommunikationsmöglichkeiten und Medien mit Staunen, aber positiv aufgenommen wurden, weckten die Röntgenstrahlen (▶ 21.12) auch Ängste. Die bürgerliche Gesellschaft des Viktorianischen Zeitalters war schockiert darüber, dass unter die Kleider geblickt werden konnte. Im Parlament des US-Bundesstaates New Jersey wurde ein Gesetz diskutiert, das den Einbau von Röntgenstrahlen in Operngläser verbieten wollte, und in London bot eine Firma röntgenstrahlenundurchläßige Unterwäsche oder ein Privatdetektiv die Bereitschaft zu Röntgenaufnahmen für Beweiszwecke in Scheidungsangelegenheiten an.

Wohl keine Entdeckung wurde derart rasch aufgenommen und diskutiert wie die Röntgentechnik. Innert eines Jahres erschienen 1000 Publikationen darüber.

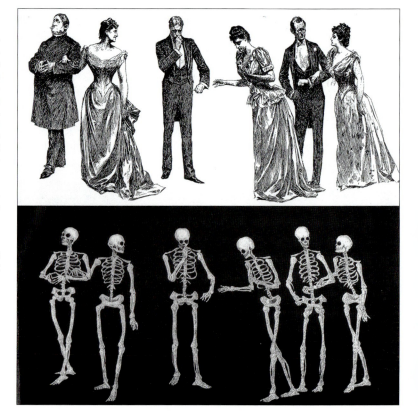

Alltagskultur

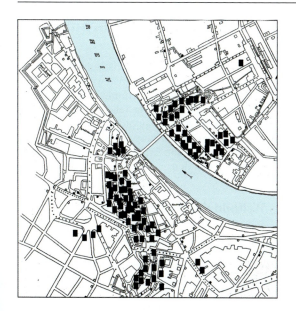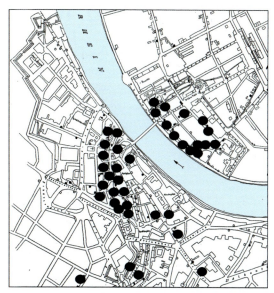

Kartierung von Wohnungen ohne WC 1889 (links) und von Opfern der Cholera-Epidemie 1855 (rechts) in Basel

Die Basler Stadtverwaltung registrierte sämtliche Wohnungen ohne WC. Auch die Wohnungen der Todesopfer der letzten Cholera-Epidemie ermittelten sie. (Eintragungen auf zeitgenössischer Karte)

Rohstoffknappheit wurde während der Weltkriege vorübergehend zu einem Thema: Zur Kriegswirtschaft gehörte die Suche nach Ersatzprodukten und die Wiederverwertung von Abfall.

Die Vergrößerung und Verdichtung der Städte führte zu einem Bewusstsein für die Belastung der Umwelt. In den offenen Schwemmkanalisationen blieben die Exkremente bei Wassermangel oft liegen, und die Stadtverwaltungen bemühten sich nun um neue Lösungen. Die Trennung von Trink- und Abwasser und eine zuverläßige Versorgung mit Trinkwasser stellte jedoch eine große Herausforderung dar. Städteplaner entwarfen Siedlungen, deren Häuser optimal besonnt und belüftet werden konnten. Umweltschutz beschränkte sich aber auf die Bedürfnisse der Menschen.

22. Die Welt als Konstrukt, 20./21. Jahrhundert

22.0 Konstruktivismus: Der Übergang vom positivistischen zu einem konstruktivistischen Weltbild zeichnet sich erst ab. Umso weniger kann ein genauer Zeitraum angegeben werden, in dem er stattfindet. Vermutlich hat die Kunst mit dem Irrationalismus (▶ 21.34) den ersten sichtbaren Anstoß dazu gegeben, bei der Erfassung der Welt nicht nur auf Empirie und Wahrnehmung abzustellen, wie das seit der Aufklärung der Fall gewesen war (▶ 20.12). Dahinter stecken die verstörenden Erfahrungen mit den beiden Weltkriegen, mit Diktaturen und Genoziden.

22.1 Expandierendes Weltbild der Naturwissenschaft

22.11 Weltbild: Bereits mit Einsteins Relativitätstheorie hatte das physikalische Weltbild die menschliche Wahrnehmungsmöglichkeit überschritten (▶ 21.12): Zeit als gewissermaßen vierte Dimension, Raumzeit, lässt sich nur denken, nicht empirisch wahrnehmen. Die Quantenmechanik ging noch einen Schritt weiter. Werner Heisenberg (1901–1976) und andere Physiker bauten zwar auf Max Plancks Quantentheorie auf (▶ 21.12), aber postulierten, dass von einem Quantum nicht gleichzeitig beispielsweise Ort und Impuls messbar sei (Heisenberg'sche Unschärferelation). Nicht nur die menschliche, begrenzte, sondern auch die technische, «objektive» Erfassung der Welt stoße also an Grenzen.

Kurt Gödel (1906–1978) bewies 1931, dass auch ein geschlossenes mathematisches System, wie unser traditionelles, nicht widerspruchsfrei ist – dass es gar kein widerspruchsfreies und vollständiges System geben kann. Es gebe immer Aussagen, über die keine Entscheidung getroffen werden könne, wie etwa (als Analogie) über den kurzen Satz «Jetzt lüge ich». Die Verunsicherung über das Weltbild führte zu einer Verunsicherung darüber, was überhaupt objektiv feststehe – und auch zum Bestreben, die Welt möglichst weitgehend als Konstruktion zu erfassen.

Dabei rückten vor allem der Mikrokosmos unterhalb der menschlichen Wahrnehmung und der Makrokosmos gewissermaßen darüber in den Vordergrund.

22.12 Mikrokosmos: Die Atomphysik verband Chemie und Physik miteinander. 1932 wurden Protonen und Neutronen identifiziert und damit der Weg zur Spaltung des Atomkerns durch Neutronen erkennbar. Theoretisch ließ sich eine ungeheure Energiemenge aus dieser Kernspaltung errechnen. Die Realisierung der Atombombe wurde ab 1942 in den USA durch einheimische und emigrierte Physiker vorangetrieben. Die Angst, das nationalsozialistische Deutschland könnte ihnen zuvorkommen, ließ Wissenschaft und Politik am gleichen Strang ziehen. Heute ist bekannt, dass das nationalsozialistische Regime das Projekt früh zurückgestellt hatte, weil es ihm zu lange dauerte. Mit den ersten Atombomben am Ende des Zweiten Weltkriegs begann das Atomzeitalter und der Kalte Krieg (▶ 13.58).

Die Beschäftigung mit dem Atomkern führte auch zur Elektronik, zur Entwicklung von Transistoren als kleineren und zuverlässigeren Bausteinen für die elektronische Datenverarbeitung; seit den 1950er-Jahren musste diese sich nicht mehr mit den Röhren abmühen (▶ 19.12). Dadurch leitete die Elektronik die Dritte Technische Revolution ein.

22.13 Genetik: Durch Darwins Evolutions- und Mendels Vererbungstheorie war bereits im 19. Jahrhundert die Frage nach dem Bauplan des Lebens aufgeworfen worden. Das Bestreben der Forschung, auch nicht wahrnehmbare Phänomen in Modellkonstruktionen nachzubauen, führte zu einem weiteren Schritt. 1910 konnte der Amerikaner Thomas Morgan (1866–1945) die Chromosomen als Gefäß der Gene, 1944 der Kanadier Oswald Avery (1877–1955) die DNS (Desoxyribonukleinsäure; im Gegensatz zur Proteinsubstanz der Chromosomen) als Träger der Gene nachweisen. Die an sich nicht auf dieses Gebiet spezialisierten Biochemiker James Watson (geb. 1928) und Francis Crick (1916–2004) entwickelten 1953 aus den Daten der Spezialistin Rosalind Franklin (1920–1958) das Modell der Doppelhelix, das bis heute alle Phänomene der Genetik erklären kann.

Dank dieses Modells und einem großen Einsatz der Informatik konnte 2000 das menschliche Erbgut fast vollständig entschlüsselt werden. Die Genetik ermöglicht die Feststellung von Anlagen zu Erbkrankheiten, die Gentechnologie die gezielte Veränderung des Erbguts von Pflanzen zur zielgerichteten Züchtung neuer Eigenschaften und Sorten sowie das Klonen von Pflanzen und Tieren. Die Gewissheit, die Vererbung vollständig erklären zu können, wird allerdings durch die Epigenetik infrage gestellt. Es scheint, dass auch Einflüsse außerhalb der DNS erworben und vielleicht sogar vererbt werden können.

22.14 Medizin: Die Entwicklung chemisch-synthetischer Medikamente hatte im 19. Jahrhundert begonnen und wurde im 20. Jahrhundert fortgesetzt (▶ 18.12). Dazu kam die Entwicklung der Antibiotika, Stoffwechselprodukte von Mikroorganismen. 1927 entdeckte Alexander Fleming (1884–1955) die Wirkung des Penicillins. Die Antibiotika gewannen dann nach dem Zweiten Weltkrieg an Bedeutung. Durch Bestrahlung der Mikroorganismen können diese zu Mutationen und zur Produktion noch wirksamerer Antibiotika angeregt werden.

Aber auch damit sind Virenerkrankungen weiterhin nicht direkt heilbar, zum Beispiel die Immunschwäche Aids, die seit den 1980er-Jahren 36 Millionen Menschen (2013) das Leben gekostet hat. Fast nochmals so viele sind heute mit dem Virus infiziert. Zwei Drittel beider Kategorien leben in Afrika südlich der Sahara (▶ 25.42). Auch andere sporadisch auftretende Virenkrankheiten drohen sich durch die Globalisierung rasch auszubreiten. Vom konstruktivistischen Denken beflügelt wurde insbesondere auch die Chirurgie. Nicht nur gelang die Herstellung künstlicher Körperteile, sondern auch die Verpflanzung von Organen: 1954 die erste Niere, 1967 das erste Herz. Die Gentechnologie stellt weiteren Ersatz dank der gezielten Steuerung von Stammzellen oder gar durch Klonen in Aussicht. Die durch Informationsverarbeitung und Bildgebungsverfahren unterstützte nichtinvasive Chirurgie erleichtert Eingriffe und Rekonvaleszenz ebenso wie eine stets feiner eingestellte Anästhesie.

Ein Spezialgebiet stellt die auf der Gehirnforschung basierende Neurochirurgie dar. Diese beeinflusst die Psychiatrie und Psychologie: Die Messung der Gehirnaktivität kann bestimmte Krankheiten oder wenigstens ihre Symptome erklären. Trotzdem: Das Zusammenspiel zwischen Körper und Psyche lässt sich mit den heutigen Erkenntnissen nicht vollständig erfassen.

Rosalind Franklin
Sie hatte in aufwändiger Laborarbeit Röntgenuntersuchungen angestellt, die Hinweise auf die Struktur der DNS gaben. Darunter die berühmte *Foto 51b*, die Watson ohne Franklins Wissen erhielt und die ihm die Entdeckung der Doppelhelix ermöglichte (unten).

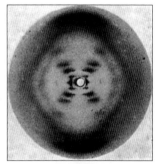

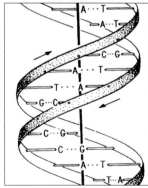

Erste Zeichnung des Modells (Ausschnitt), verfertigt durch die Grafikerin Odile Crick (1920–2007), Gattin von Francis Crick

1700　　　　　　　　　1800　　　　　　　　　1900　　　　　　　　　2000

Am 20.7.1969, 21.18 Uhr MEZ, landeten *die ersten Menschen auf dem Mond* im Mare Tranquillitatis.

Am folgenden Morgen um 3.56 Uhr betrat zuerst Neil Armstrong, wenige Minuten später Edwin Aldrin die Mondoberfläche. Während 2 ¼ Stunden sammelten sie Gesteinsproben und stellten Messgeräte auf, während der Pilot Michael Collins im Mutterschiff «Apollo 11» um den Mond kreiste.

Die Aufnahme zeigt Aldrin neben dem an der Universität Bern entwickelten Sonnenwindsegel; gut erkennbar im Mondstaub sind die Schuhabdrücke der Astronauten, dahinter zwei der vier Tellerfüße der Landefähre «Eagle». Dank der Nachrichtensatelliten konnten die aufregenden Vorgänge auf der ganzen Erde am Fernsehen beobachtet werden.

22.15 Makrokosmos: Auch in der Astrophysik verband sich die Erkenntnis von der Unfassbarkeit des Systems mit dem Bestreben, einen Teil davon zu erforschen.

Der belgische Priester und Astrophysiker Georges Lemaître (1894–1966) bewies 1927, dass das Universum sich ausdehnt und vermutete vier Jahre danach, dass ein Urknall (von einem Kritiker als «Big Bang» verspottet) die Ursache dafür gewesen sein könnte. Seine Theorie wurde inzwischen akzeptiert, auch wenn sie mit normaler Wahrnehmung nicht bestätigt werden kann, sondern nur durch komplizierte Messungen.

In Bereich des Sonnensystems machte die Weltraumfahrt dagegen große praktische Fortschritte. Zuerst noch gefesselt durch die militärischen Erfordernisse der Herrschaft über die Erdatmosphäre im Kalten Krieg sowie den Gedanken, dass der Mensch persönlich den Weltraum erschließen müsse, lieferten sich die Sowjetunion und die USA ein Rennen um die Mondfahrt. Am 20. Juli 1969 landete die erste von sechs amerikanischen Missionen dort. Doch seit 1972 werden Menschen bei den Flügen zu anderen Gestirnen durch immer ausgefeiltere Geräte ersetzt. Dank der Entwicklung der Dritten Technischen Revolution ist die Erkundung des Weltalls Maschinen übertragen worden.

Eine Begleiterscheinung der Weltraumfahrt ist die Satellitentechnik zur Überwachung, weltweiten Kommunikation, Erfassung meteorologischer Daten und zur Positionsbestimmung (GPS).

22.2 Auf der Suche nach einer Erklärung der Welt

22.21 Universale Menschenrechte: Das geschlossene Bild der Geistes- und Gesellschaftswissenschaften erhielt einen Riss durch die Verbrechen an der Menschheit unter der nationalsozialistischen (▶ 13.51) und der sowjetkommunistischen Herrschaft (▶ 11.44). Zwar wurden die Hauptkriegsverbrecher durch das internationale Gericht in Nürnberg abgeurteilt

(▶ 14.52). Doch ließen sich die Siegermächte während des Kalten Kriegs nicht dazu herab, einen dauernden Strafgerichtshof der UNO zu akzeptieren. Deren Vollversammlung verabschiedete immerhin 1948 eine «Allgemeine Erklärung der Menschenrechte». Diese war zwar für die einzelnen Staaten nicht bindend. Doch stellt sie erstmals in der Geschichte einen weltweit anerkannten Rechtskodex von hohem moralischem und politischem Gewicht auf. Die Menschenrechtserklärung wurde zum Ausgangspunkt für unzählige internationale Abkommen über die politischen, sozialen, wirtschaftlichen und kulturellen Rechte der Menschen und für regionale Menschenrechtsabkommen wie die «Europäische Menschenrechts-Konvention» (▶ 14.38). Instrumente zur Durchsetzung dieser Vereinbarungen gab es zwar weiterhin nicht, doch die regelmäßigen Berichte der internationalen Kontrollorgane und die Resolutionen der UNO-Menschenrechtskommission besaßen erhebliches politisches Gewicht und erzeugten öffentlichen Druck.

Neuen Schwung erhielt die Idee der Menschenrechte erst in den 1990er-Jahren, als die Blockierung durch den Kalten Krieg beseitigt war und die UNO in den Bürgerkriegen von Jugoslawien 1993 (▶ 34.12) und Ruanda 1994 (▶ 34.52) Kriegsverbrechertribunale einsetzte und 1998 schließlich den Internationalen Strafgerichtshof (ICC) gründete (▶ 33.12). Sie bekräftigte damit das Prinzip, dass Politiker und Militärs für Kriegsverbrechen individuell zur Rechenschaft gezogen werden können. Das Völkerrecht wandelte sich damit von einem Recht der Staaten zu einem Recht der Menschen. Gegen Staaten, die Menschenrechte verletzten, verhängte die UNO nun wirtschaftliche und militärische Zwangsmaßnahmen.

Allerdings wird auch dieses geschlossene System infrage gestellt: Sind die Menschenrechte als Frucht der europäischen Aufklärung wirklich universell? Oder stellen sie, wie gerade Diktaturen anderer Kulturen behaupten, einen unzulässigen, dem Imperialismus vergleichbaren Eingriff in deren Wertekodex dar?

22.22 Philosophie: Eine Aufweichung der geschlossenen Systeme lässt sich seit der Jahrhundertmitte auch in der Philosophie und in der Religion erkennen.

In der Philosophie beschäftigten sich verschiedene Schulen mit Teilaspekten des Lebens: Jean-Paul Sartres (1905–1980) und Simone de Beauvoirs (1908–1986) Existenzialismus drehte sich um die Frage, was den Menschen zum Menschen macht, um sein Bewusstsein vom eigenen Tod, um seine Verantwortung, um seine Emanzipation zu einer eigenen Existenz. An das Motiv der Selbstverwirklichung knüpfte auch die *Frankfurter Schule oder Kritische Theorie* an: Herbert Marcuse (1898–1979) etwa kritisierte die Manipulation der Menschen durch die moderne Konsumgesellschaft, Theodor Adorno (1903–1969) die kulturelle Gleichschaltung der Menschen und zusammen mit Max Horkheimer (1895–1973) die «Dialektik der Aufklärung»: Die Reduktion des Menschen auf die Vernunft während der Aufklärung habe zusammen mit der Entwicklung starker Staaten zu einer neuen, geistigen Versklavung der Menschen geführt. Die Philosophie der Frankfurter Schule legte das Fundament für die 68er-Bewegung der Studenten und Studentinnen (▶ 19.22). Den geschlossenen Positionen von Idealismus und Materialismus, welche das 19. Jahrhundert geprägt hatten, setzten diese Schulen den Gegensatz von Subjekt und Objekt entgegen und plädierten für den Vorrang des ersteren. Diese Position vertrat auch die *erkenntnistheoretische Richtung*, die von Lud-

---

Herbert Marcuse, Der eindimensionale Mensch, 1964:

«Es ist der kennzeichnende Zug der fortgeschrittenen Industriegesellschaft, dass sie diejenigen Bedürfnisse wirksam drunten hält, die nach Befreiung verlangen – eine Befreiung auch von dem, was erträglich, lohnend und bequem ist – während sie die zerstörerische Macht und unterdrückende Funktion der Gesellschaft ‹im Überfluss› unterstützt und freispricht.

Ihre Produktion und Leistungsfähigkeit, ihr Vermögen, Bequemlichkeit zu erhöhen und zu verbreiten, Verschwendung in Bedürfnis zu verwandeln und Zerstörung in Aufbau, das Ausmaß, in dem diese Zivilisation die Objektwelt in eine Verlängerung von Geist und Körper überführt, macht selbst den Begriff der Entfremdung* fraglich: Die Menschen erkennen sich in ihrem Wagen wieder; sie finden ihre Seele in ihrem Auto, ihrem Hi-Fi-Empfänger, ihrem Küchengerät.»

* Entfremdung nach Karl Marx (▶ 8.43).

Beispiele moderner Richtungen in der bildenden Kunst:

Pop Art: «LOVE» von Robert Indiana (eig. Clarke, geb. 1928), entstanden 1966, in vielen Skulpturen und Drucken verewigt

Fotorealismus: «Ralph's Diner» (1981/1982), Ölgemälde von Ralph Goings (geb. 1928)

Performance: Yves Klein (1928–1962) wirft Goldblättchen in die Seine, ein Teil seines Honorars für ein künstlerisch gestaltetes Scheckbuch, das Dino Buzzati gleichzeitig verbrennt (1962)

wig Wittgenstein (1880–1951) ausgehend den Strukturalismus begründete: Die Sprache, als Instrument des Denkens und Hauptkommunikationsmittel, bestimme bereits, wie jeder Mensch die Welt wahrnehme. Sprache bilde nicht die Welt ab, sondern schaffe sie. Was nicht in Worte zu fassen sei, existiere – verkürzt gesagt – nicht.

22.23 Religion: Eine vergleichbare Aufweichung geschlossener Systeme lässt sich besonders deutlich bei den Religionen feststellen. Innerhalb der christlichen näherten sich die katholische und die protestantische Konfession wieder an. Im Katholizismus sorgte der als Übergangspapst gewählte Johannes XXIII. (1881–1963) mit dem Zweiten Vatikanischen Konzil (1962–1965) für ein «Aggiornamento», ein Heranführen an die Gegenwart, und für eine Annäherung an die andern christlichen Konfessionen. Er stellte die Verbindung her zum Ökumenischen Rat der (protestantischen und orthodoxen) Kirchen und lud sie zum Konzil ein.

Über die christlichen Kirchen hinaus entwickelten sich Beziehungen zu andern Religionen. Viele Europäer/-innen waren fasziniert von den östlichen Religionen. Diese sind spiritueller ausgerichtet als die monotheistischen des Juden- und Christentums und des Islam.

In eine andere Richtung entwickelten sich fundamentalistische Strömungen, die sich gegen die Aufweichung der Religion stemmten und auf Traditionen zurückgriffen, welche eine eindeutigere Abgrenzung ermöglichten. Damit erstrebten und erstreben sie neue Gewissheiten, schaffen aber als Sekten auch neue Abhängigkeiten.

22.24 Geschichtswissenschaft: Die im 19. Jahrhundert entstandene Geschichtswissenschaft hatte mit Erzählungen eine in sich geschlossene Geschichte geliefert, die möglichst alle Fragen abdeckte (▶ 21.23). Nun fanden weitere Methoden Platz: statistische Erhebungen und Auswertungen, mündliche Befragungen zur Zeitgeschichte, Zuwendung zur Geschichte einfacher Menschen und unbekannter Gruppen, zur Geschichte der Umwelt. Wie generell der Schulunterricht erweiterte sich der Geschichtsunterricht über Lehrervorträge hinaus Richtung Quellenarbeit, Recherchen und Präsentationen durch Schüler/-innen, Gruppenarbeit und Werkstattunterricht.

22.25 Sprachwissenschaft: Hatte das 19. Jahrhundert die historische Dimension der Sprache und ihre Verwandtschaft entdeckt (▶ 20.34), so interessierte sich die Sprachwissenschaft des 20. Jahrhunderts für die philosophische, soziologische und kulturelle Funktion von Sprache und Schrift. Ferdinand de Saussure (1857–1913) hatte mit seinem postum veröffentlichten Werk «Cours de linguistique générale» schon 1916 den Weg zur Linguistik und der strukturellen Betrachtung der Sprache gewiesen. Der folgende «linguistic turn» machte darauf aufmerksam, dass die Sprache nicht nur das Kommunikationsmedium ist, sondern unsere Vorstellungen der Welt formt. Damit wurde sie auch in der Philosophie und in der Geschichtswissenschaft zu einem Thema. Alle Disziplinen verzichteten immer eindeutiger auf sprachliche Festlegungen endgültiger Erkenntnisse und beschränkten sich auf einen fortdauernden «Diskurs».

22.3 Vielfältige Kunst

22.31 Auflösung von prägenden Stilrichtungen: Die totalitären Diktaturen des Faschismus und des Sowjetkommunismus hatten zum letzten Mal alle Kunstsparten (Literatur, bildende Künste und Musik) auf eine vorgegebene Linie, diejenige des propagandistisch gesteuerten Realismus, verpflichtet. Seit deren Niedergang entwickeln die Sparten je unterschiedliche Varianten des Ausdrucks. Durch die weite und rasche Verbreitung der Werke und den Pluralismus in der Gesellschaft finden populäre neben elitären, abbildende neben selbst prägenden, kommerziell ausgerichtete neben sich selbst genügenden Varianten ihr Publikum.

Minimal Art: Skulptur ohne Titel im Garten des Israel-Museums, Jerusalem, (1988/91) von Donald Judd (1928–1994)

22.32 Kunstverbreitung: Die Vermittlung von statischen und bewegten Bildern (bildende Kunst, Film) sowie von Tönen (Musik) ist fast ebenso einfach geworden wie diejenige von Texten. Gesamtkunstwerke vereinigen oft mehrere Sparten. Die Medien der Informationsgesellschaft stellen den Unikat-Wert eines Kunstwerks und bisweilen auch die Urheberschaft infrage. Künstlerschaft ist immer weniger eindeutig vom Publikum abzugrenzen, jede und jeder kann sich im Prinzip künstlerisch ausdrücken oder sogar verwirklichen.

Land Art: «Spiral Jetty» (Spiral-Mole) im Großen Salzsee (USA), 1970, Robert Smithson (1938–1973)

22.4 Alltagskultur

22.41 Bildungseuphorie: Die Menschen der europäischen und nordamerikanischen Kultur verfügten seit 1950 über den höchsten Wohlstand und die ausgedehnteste Freizeit vermutlich der ganzen Geschichte. Wenigstens im Westen genossen sie auch die größte Freiheit und entwickelten einen ausgeprägten Individualismus. Daraus resultierte eine vielfältige, zersplitterte Kultur; im Allgemeinen nahm die Toleranz oder doch wenigstens die Gleichgültigkeit gegenüber anderen Kulturvarianten zu. Die heftigen Generationenkonflikte zwischen Jugend- und Erwachsenenkultur beispielsweise traten in den Hintergrund.

Eine gemeinsame Überzeugung bestand darin, dass Bildung zur Selbstverwirklichung, zu einer höheren Lebensqualität, zu mehr Ansehen und Wohlstand beitrage, also den Schlüssel für den sozialen Aufstieg biete (▶ 19.24). Diese Bildungseuphorie verband sogar die etablierte Generation mit der rebellierenden 68er-Bewegung. Dabei stand in einer ersten Phase traditionell die Grundausbildung im Zentrum: Immer mehr Schüler/-innen besuchten immer längeren Unterricht, auch die Schülerinnen erhielten gleichberechtigten Zugang und gleichen Unterricht wie die Schüler. Die Dritte Technische Revolution mit dem raschen Wechsel der beruflichen Anforderungen macht seit den 1990er-Jahren den Wert einer lebenslangen Weiterbildung deutlich: Nicht die Grundausbildung, sondern die fortwährende Anpassung an neue berufliche Herausforderungen führen zum Erfolg.

22.42 Sexuelle Befreiung: Die seit 1960 erhältliche Antibabypille, bezeichnenderweise kurz Pille genannt, ermöglichte nicht nur die Planung des Nachwuchses und trug zur ohnehin sinkenden Geburtenhäufigkeit («Pillenknick») bei. Sie reduzierte auch das einseitig auf den Frauen lastende Risiko einer Schwangerschaft und ermöglichte ihnen eine gleichberechtigte Sexualität. Seit den 1970er-Jahren wurde auch die Homosexualität von einem Tabu zu einem Thema und dank dem mutigen «Outing»

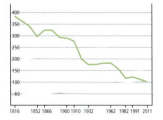

Geburtenzahl pro 10 000 Einwohner/-innen in der Schweiz, 1816 bis 2011 mit der Bezeichnung ausgewählter Jahre

Homosexueller allmählich zu einer anerkannten Form der sexuellen Orientierung.

22.43 Internationalisierung: Die Fünfziger- und Sechzigerjahre waren geprägt von einer kulturellen Vorherrschaft der USA. Die Siegermacht des Zweiten Weltkriegs bestimmte nicht nur die Weltpolitik und Weltwirtschaft, sondern auch die Alltagskultur (▶ 16.11). In den 1970er-Jahren, mit der Wirtschaftskrise (▶ 18.45) und dem Vietnamkrieg (▶ 14.8), verlor die amerikanische Kultur an Glanz. Die 68er-Bewegung wandte sich der asiatischen Kultur zu, die afroamerikanische und afrikanische Musik gewannen an Bedeutung. Träger der Internationalisierung ist seit dem Imperialismus die englische/amerikanische Sprache. Sie setzte sich nicht nur als Wissenschaftssprache durch, sondern auch als meistgesprochene Verständigungssprache in der Alltagskultur.

22.5 Von der Umwelt zum Ökosystem

22.51 Umweltzerstörung: Ab den 1950er-Jahren steigerte sich die Umweltbelastung in eine teilweise irreparable Umweltzerstörung (▶ 18.46). Die Ursache lag im expandierenden Konsum und Verbrauch auch nicht abbaubarer Materialien, im optimistisch-bedenkenlosen Einsatz von Chemikalien in der Industrie- und Agrarproduktion. Zwar trug auch das Bevölkerungswachstum auf der Erde dazu bei, aber die Menschen in der Dritten Welt stellten bis in die 1990er-Jahre deutlich weniger Ansprüche an Energie- und Materialverbrauch. Doch mit dem Wohlstandswachstum der

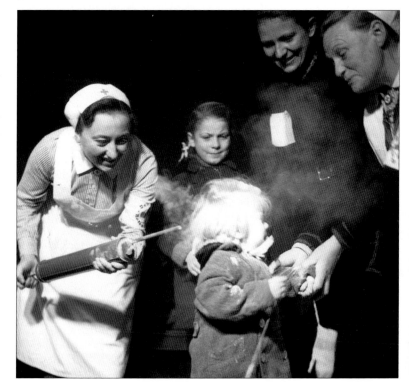

Eine Krankenschwester besprüht ein Mädchen mit einer DDT-Spraypumpe gegen Läuse, Wilmersdorf (D), Oktober 1945 (Foto Georg König).

DDT war 1939 als Mittel gegen Insekten von einem Chemiker der Basler Firma Geigy entdeckt worden. Es wurde sowohl an die Achsenmächte als auch an die USA geliefert und galt als Wundermittel gegen Läuse und Seuchen übertragende Mücken. Aber es lagert sich in der Nahrungskette an und verursacht Krebs.
Nach dem Buch «Der stumme Frühling» von Rachel Carson (1907–1964) im Jahr 1962 wurde DDT allmählich verboten und darf heute nur noch zur Malariabekämpfung eingesetzt werden.

Schwellenländer nimmt auch hier der Konsum und die Verschwendung zu (▶ 32.41).

Die Produktion von Nahrungsmitteln, vor allem die aufwändige Produktion tierischer Nahrungsmittel, führt zu einer Übernutzung des Bodens, seiner Überlastung durch den Eintrag chemischer Stoffe und seiner Verdichtung durch schwere Maschinen. Der Raubbau an den Regenwäldern – jedes Jahr werden Wälder in der doppelten Größe der gesamten Schweiz gerodet – führt zur Reduktion der Artenvielfalt, zur Versteppung und zur Erosion.

Auch das Süßwasser wird knapp; im Verlauf des 20. Jahrhunderts stieg der Verbrauch um das Sechs- bis Siebenfache, vor allem durch die künstliche Bewässerung.

Zuerst wahrgenommen wurde jedoch die Verschmutzung der Gewässer und der Luft, weil sie im Gegensatz zu den anderen Belastungen die Verursacher direkt traf. Der erste große Smog über London im Jahr 1952 forderte 4000 zusätzliche Todesopfer.

Zahlreiche eigentliche Umweltkatastrophen sensibilisierten für das Risiko, das hinter alltäglichen Produktionsprozessen lauerte und weiterhin lauert.

22.52 Umweltbewusstsein: Diese augenscheinlichen Wirkungen der Umweltbelastung hatten erste politische Maßnahmen zur Folge. Sie beschränkten sich auf den Rahmen einer Nation, die konkret von diesen Maßnahmen profitieren konnte. Die Abfallberge, früher ungeordnete Deponien, wurden überdeckt und neuer Abfall in Kehrichtverbrennungsanlagen verbrannt. Abwasserreinigungsanlagen säuberten das Wasser vor dessen Rückkehr in die Fließgewässer und Seen.

Die Luftverschmutzung stellte das erste große supranationale Problem dar. Es wurde aber noch mit nationalen Maßnahmen angegangen: Vorschriften über Filteranlagen bei Betrieben, Katalysatoren sowie bleifreies Benzin bei Automobilen reduzierten die Luftbelastung. All diesen Maßnahmen gemeinsam ist, dass sie die Umweltbelastung am Ende anpackten («end of pipe»-Technologie), dort also, wo die Verschmutzung bereits entstanden ist und wieder gereinigt werden muss.

Die erste umfassende supranationale Maßnahme war die Einigung über das Verbot von Fluorchlorkohlenwasserstoffe (FCKW), die als Treibgase und Kältemittel eingesetzt wurden. 1985 stand fest, dass sie das jährlich sich vor allem über der Antarktis öffnende Ozonloch in der Atmosphäre verursachten. 1990 einigten sich die meisten Staaten auf ein Verbot dieser Stoffe ab 2000 – das Ozonloch wird sich aber vermutlich erst in der zweiten Hälfte des 21. Jahrhunderts schließen (▶ 32.45).

Die Erde, 1972 während der Mission Apollo 17 fotografiert von Harrison Schmitt aus 28 000 km Entfernung. Jeder Kilometer auf der Erde ist auf dem Originalbild noch ein Pixel groß.

Die Fotografie wurde unter dem Titel «blue marble» (blaue Murmel) bekannt und prägte das Bild des «blauen Planeten» als Logo von Umweltschutzbewegungen. Sie wurde zur besseren Wiedererkennbarkeit um 180° gedreht. Es gibt eine Menge Satellitenfotos, doch nur bei wenigen steht die Sonne gerade im Rücken.

Weltgeschichte – Globalgeschichte

Was ist Weltgeschichte? Unter dem Einfluss der heutigen Globalisierung schälen sich zwei Fragestellungen heraus:

- Die Weltgeschichte im traditionellen Sinn («world history») wird verstanden als die Entwicklung der einzelnen Kulturen der Welt. Diese Entwicklungen können, je nach Betrachtungsstandort, mit unterschiedlichem Gewicht nebeneinander verfolgt werden; in diesem Buch steht unsere europäisch-nordamerikanische Kultur im Vordergrund. Sie wird hier ergänzt durch einen Überblick über andere Kulturen (Kapitel 24 bis 31).
- Unter dem Einfluss der Globalisierung schält sich eine weitere Fragestellung als sogenannte Globalgeschichte («global history») heraus: Ihr geht es um die Beziehungen zwischen den einzelnen Kulturräumen. Weil sich diese Beziehungen zur jeweils gleichen Zeit abspielten, ermöglicht die Globalgeschichte eine grobe Periodisierung der Weltgeschichte. Die Erforschung dieser Beziehungen lässt erkennen, dass die heute intensiven Beziehungen nicht kontinuierlich enger, sondern bisweilen auch wieder lockerer geworden oder ganz abgebrochen sind. Die Gliederung in drei Globalisierungsphasen kann die Übersicht auch über die Weltgeschichte erleichtern und steht deshalb am Anfang (Kapitel 23).

Welt- und Globalgeschichte streben danach, die einzelnen Kulturen in ihrer eigenen Entwicklung und nicht aus europäisch-nordamerikanischer Perspektive zu erfassen. Denn auch wenn Europa in den letzten 500 Jahren, dem Zeitraum dieses Bandes, eine dominierende Rolle spielte, war dies weder vorher der Fall, noch muss es zwingend so bleiben.

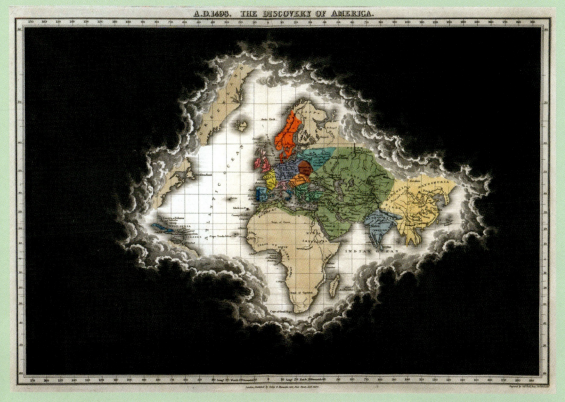

Zwei im Abstand von 150 Jahren gezeichnete Weltkarten illustrieren einen Perspektivenwandel.

Der Kartograf Edward Quin (1794–1828) gab einen Atlas heraus, in dem die jeder Zeitepoche nicht bekannten Gegenden in Dunkel gehüllt wurden. Es handelt sich um einen frühen Versuch, nicht nur geografische Karten mit historischen Informationen zu ergänzen, sondern sie hineinzustellen in die historische Epoche. Dabei wollte Quin die schrittweise Erweiterung der Weltsicht darstellen.
1492 war die Neue Welt noch nicht «entdeckt» und ist in Quins Atlas durch Wolken verdeckt.

Quin zeigt die Welt nach der damals geläufigen Mercator-Projektion, welche Europa überproportional groß ins Zentrum stellt (Skandinavien beispielsweise erscheint größer als das dreimal so große Indien).
Die Peters-Projektion der Welt, 1974 von Arno Peters entwickelt, bildet die Welt nicht nur winkelgetreu ab wie die Mercatorprojektion, sondern auch flächengetreu.

23. Die Globalgeschichte

23.0 Epochen: Ist es schon schwierig, in einem isolierten Kulturraum Epochengrenzen festzulegen, so vervielfacht sich das Problem, wenn man dies für die Entwicklung der Beziehungen zwischen verschiedenen Kulturräumen unternimmt. Dazu kommt, dass die Globalgeschichte noch ein junger Zweig in der Geschichtswissenschaft ist.

Doch grob kann man für die Zeit seit 1500 drei Phasen der internationalen Beziehungen feststellen:

In der ersten, die bis in die Mitte des 19. Jahrhunderts dauerte, fanden getrennte Globalisierungsbewegungen im Atlantischen und im Indischen Ozean statt.

In einer zweiten Phase zwischen der Mitte des 19. Jahrhunderts und etwa dem Ende des Zweiten Weltkriegs (1945) umfasste eine große Globalisierungsbewegung von Europa aus Afrika und Asien. Zwar fielen einige europäische Kolonialmächte zusammen, aber andere übernahmen deren Erbe.

Nach den beiden Weltkriegen waren Europa und Japan zu geschwächt, um ihre Kolonialreiche noch zusammenzuhalten. Die dritte Phase der globalen Beziehungen wird dementsprechend charakterisiert durch eine geteilte Globalisierung im Kalten Krieg. Dessen Ende führt hinein in die heutige weltumspannende Globalisierung.

23.1 Die erste Globalisierungsphase, bis etwa 1850

23.11 Entdeckungen: Das 15. und das 16. Jahrhundert waren geprägt durch die chinesischen und die europäischen Fahrten über die Ozeane mit ganz unterschiedlichen Folgen.

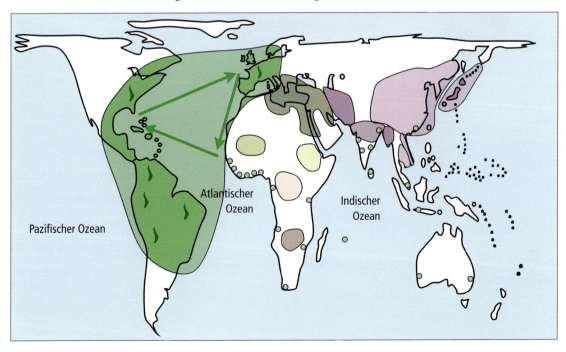

Die *Beziehungen zwischen den Kulturen* während der ersten Kolonialisierung. Diese berührten den atlantischen Raum und führten nach den atlantischen Revolutionen (USA – Frankreich – Lateinamerika, symbolisiert mit einer Flamme) zur Emanzipation der meisten ehemaligen Kolonien.

Die chinesischen Entdeckungsfahrten des Zheng He knüpften zwischen 1405 und 1433 Beziehungen zu den Kulturen rings im den Indischen Ozean (▶ 1.12). Das Ziel bestand im Austausch von Waren und Geschenken, verknüpft mit der Anerkennung des chinesischen Kaisers. Weiter gingen dessen Ambitionen nicht.

Der Atlantische Ozean dagegen wurde durch die spanischen und portugiesischen, dann niederländischen, französischen und britischen Entdeckungsfahrten zu einem europäischen Meer. Denn diese Fahrten führten zur Vernichtung der altamerikanischen Kulturen und zu ihrem Ersatz durch übergestülpte europäische. Die indigene Bevölkerung wurde von den europäischen Eroberern fast ausgerottet und die Siedlungskolonien durch eine europäische (Nordamerika) bzw. europäisierte (Lateinamerika) besetzt (▶ 1.23).

23.12 Atlantische Revolutionen: 1783 lösten sich die dreizehn Kolonien vom englischen Mutterland und beeinflussten die Bewegung, die in Europa zur Französischen und dann zu weiteren Revolutionen führten (▶ 4.2). Die Besetzung Spaniens und Portugals und das Vorbild der USA führten ferner 1816 bis 1825 zur Emanzipation des lateinamerikanischen Kontinents bis auf wenige kleine europäische Kolonialüberbleibsel (▶ 6.22). Das Vorbild der USA und die Monroedoktrin trennte den atlantischen Raum wieder von Europa ab (▶ 6.23). Der Sklavenhandel wurde eingestellt, und die Beziehungen beschränkten sich auf den Warenhandel.

23.13 Offener Handelsraum im Osten: Im andern globalen Raum, dem Indischen Ozean, beschränkten sich die Beziehungen seit der unvermittelten Aufgabe der chinesischen Fahrten des Zheng He im Jahr 1433 auf den Handel. Europa dominierte diesen Raum nicht. Das Osmanische Reich blockierte den direkten Zugang, und die Schifffahrt um Afrika herum war zu lange und zu unsicher, als dass intensiver Handel und das Heranführen von Kriegsschiffen hätten bewerkstelligt werden können. Derartige Handelsfahrten konnten nicht einzelne Kaufleute finanzieren, sondern nur große Handelsgesellschaften. Sie klinkten sich in den Handel am Indischen Ozean ein, bauten eigene Handelsstationen, griffen aber im Allgemeinen nicht darüber hinaus. Denn der Indische Ozean war umgeben von sesshaften Kulturen; bezeichnenderweise setzten sich die europäischen Sprachen Niederländisch, Französisch und Englisch in den entsprechenden Stützpunkten auch dann nicht durch, wenn diese mit der Zeit größer wurden.

Auch der afrikanische Kontinent führte weiterhin ein Eigenleben. Zwar dienten europäische Stützpunkte an der Küste dem Handel mit Stämmen im Landesinnern (Sklavenhandel) und der Versorgung der Schifffahrtslinie in den Indischen Ozean. Aber nur in Südafrika siedelten sich Niederländer/-innen an.

23.2 Die zweite Globalisierungsphase, etwa 1850 bis etwa 1945

23.21 Anstoß aus Europa: Um 1850 veränderte sich die Welt, wieder unter europäischem Einfluss. Die Technischen Revolutionen brachten einen Massenausstoß an Gütern mit sich, für die ein Absatzmarkt gefunden werden musste. Dampfschiffe lösten die Segelschiffe ab. Der fortschreitende Zerfall des Osmanischen Reichs ermöglichte zudem französischen Investoren 1869 den Durchstich durch die Landenge von Suez (▶ 26.21).

Links: Die Kolonien wurden auch in europäische Konflikte hineingezogen. Zu einer besonders erbitterten Kampagne führte die französische Besetzung des Rheinlands 1923, weil auch französische schwarze Kolonialsoldaten aus Afrika zu den Besatzungstruppen gehörten (▶ 10.43). Die Zeitschrift «Kladderadatsch» geißelte diese Umkehr der Hierarchie mit der Titelkarikatur «Der Schwarze Terror in Deutschen Landen (Frei nach ‹Der Gorilla› von Frémiet)». Der Bildhauer Emmanuel Frémiet schuf 1887 die preisgekrönte Statue «Gorilla mit Frau».

Mitte: Mit einem Appell an den Patriotismus warb die französische Armee 1938 um Kolonialsoldaten.

Rechts: Am 17. März 1944 wurden in der amerikanischen Flotte die ersten schwarzen Offiziere, «The Golden Thirteen», brevetiert. Präsident Roosevelt hatte 1941 die Rassendiskriminierung in der Armee verboten, aber sie bestand weiter.

Nun konnten europäische Schiffe in kürzerer Zeit in den Indischen Ozean und von dort zu vielversprechenden Absatzmärkten gelangen.

Allerdings bildeten nicht mehr rein wirtschaftliche Überlegungen den Anstoß. Vielmehr spielte die Konkurrenz unter den europäischen Staaten eine wichtige Rolle und führte dazu, dass diese Kolonialisierung einen stark politischen Charakter annahm: sie wurde durch den Imperialismus überlagert (▶ 8.61).

In der zweiten Hälfte des 19. Jahrhunderts kam das Gefühl einer weltumspannenden Gesellschaft auf, konkretisiert in dem seit 1876 durch Telegraf verbundenen britischen Empire. Erst der Telegraf machte die Uhrengleichstellung und damit die 1884 vereinbarte Weltzeit möglich. Zwischen 1851 und 1913 fanden 39 Weltausstellungen statt; die neuen Ideen des Liberalismus und Sozialismus rechneten mit einer Überwindung des Nationalstaates durch Freihandel bzw. eine Weltrevolution (▶ 8.32 bzw. 8.45); Jules Verne (1828–1905) ließ in seinem Roman «Reise um die Erde in 80 Tagen» im Jahr 1873 den Titelhelden sowohl die amerikanische transkontinentale Eisenbahn als auch den Suezkanal benutzen. Vermutlich 1909 erreichte die Expedition von Robert Peary (1856–1920) und Matthew Henson (1866–1955) den Nordpol, 1911 diejenige unter Roald Amundsen (1872–1928) den Südpol. Die Erde war nun ausgemessen.

23.22 Kolonialisierung des Indischen Ozeans: Großbritannien hatte im europäischen Raum 1846 aus seiner Position der Stärke heraus den Freihandel eingeführt (▶ 18.41). Diesen Freihandel erzwang es mit einer Öffnung der Märkte auch in China (Opiumkriege 1839–1842 und 1856–1860, ▶ 29.21). Nach dem gleichen Muster gingen die USA in Japan vor (▶ 28.21). Die früheren europäischen Handelsstationen waren wegen Problemen mit der Verteidigung in staatliche Hände übergegangen: 1793 im Zug der Französischen Revolution die französische «Compagnie des Indes Orientales et de la Chine», die nach der französischen Niederlage im Siebenjährigen Krieg schon geschwächt worden war (▶ 4.11); 1799 die niederländische «Vereenigde Oostindische Compagnie» mit ihren Zentren im heutigen Indonesien; 1858 die «British East India Company» nach einem Aufstand ihrer indischen Soldaten. Die europäischen Staaten, die USA und, nach einer rasanten Modernisierung, Japan zwischen 1937 und 1945

Zweite Globalisierungsphase

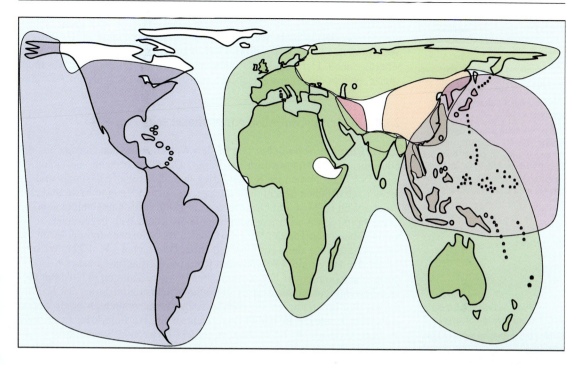

beherrschten diesen Raum. Durch diese Herrschaft wurden die Kulturen rings um den Indischen Ozean auch in den Ersten und dann vor allem in den Zweiten Weltkrieg hineingezogen.

23.23 Aufteilung Afrikas: Ein ganzer Kontinent wurde zwischen 1880 und 1914 von europäischen Staaten unterworfen und in willkürliche Kolonialgebiete aufgeteilt. Weil sesshafte Kulturen mit starker Organisation im 19. Jahrhundert weitgehend fehlten, hatten die Kolonialmächte trotz der fehlenden Erschließung der riesigen Landmasse ein leichtes Spiel. Einzig das Kaiserreich Abessinien und der für freigelassene Sklavinnen und Sklaven 1822 gegründete Staat Liberia konnten ihre Unabhängigkeit bewahren. Die Auflösung der deutschen und osmanischen Herrschaft nach dem Ersten Weltkrieg führte hier und im Nahen Osten nur zum Ersatz der Kolonialherren, nicht zu einer Befreiung (▶ 10.15, 26.23).

23.24 Amerika, der Kontinent mit eigenem Weg: Dank der Monroedoktrin 1823 konnten sich die unabhängigen Staaten Lateinamerikas selbstständig entwickeln (▶ 6.23). Allerdings gelang ihnen weder die Vereinigung wie den Vereinigten Staaten von Amerika, noch hatten die Nachkommen der spanischen Eroberer, die Kreolen, als Oberschicht ein Interesse an einer Besserstellung der Mischlings- oder der ausgebeuteten indigenen Bevölkerung. Wirtschaftlich blieb der amerikanische Kontinent aber mit der Alten Welt verbunden; vor allem schöpfte er seine Kraft aus den Einwandererströmen, die er während des 19. Jahrhunderts aufnahm und die sich in der amerikanischen Kultur einfügten. Von den geschätzten 70 Millionen Menschen, die zwischen 1850 und 1914 ihre Heimat verließen, landeten 40–45 Millionen in den Ländern Mittel- und Südamerikas.

Die Globalisierungsräume in der zweiten Globalisierungsphase, etwa 1850 bis etwa 1945

Russland eroberte sich ein Festland-Imperium bis zum Pazifik, Japan fiel zwischen 1937 und 1945 in europäische Kolonialreiche ein.

«Sprich sanft und trage einen großen Stock bei dir; so wirst du weit kommen.»

Dieses westafrikanische Sprichwort zitierte der US-Präsident Theodore Roosevelt 1900 in einem Brief und später auch in Reden. Es ist für die amerikanische Politik der zweiten Globalisierungsphase kennzeichnend.

«Erste» (blau), «Zweite» (rot) und «Dritte Welt» (violett) zur Zeit des Kalten Kriegs (heutige Grenzen)

Farbmischungen markieren langjährige Zugehörigkeit zu zwei Welten. Jugoslawien (weiß) gehörte zwar den blockfreien Staaten an, war aber nicht ein Land der «Dritten Welt». Die Weltmeere waren international geworden.

Innerhalb des amerikanischen Kontinents gewannen die USA die Hegemonie. Sie operierten nicht wie die imperialistischen Mächte in der übrigen Welt in erster Linie mit militärischer, sondern mit ihrer wirtschaftlichen Überlegenheit. Der «big stick» stand aber stets im Hintergrund: Wer nicht spurte, bekam die amerikanische Flottenstreitmacht zu spüren.

23.3 Die dritte Globalisierungsphase, seit etwa 1945

23.31 Europas Schwäche: Die beiden Weltkriege hatten Europa aus der 500-jährigen Spitzenposition verdrängt. Die Siegermächte Sowjetunion und USA übernahmen im Kalten Krieg dank ihres Waffenarsenals und ihrer wirtschaftlichen Macht die Führung. Es entstanden eine Erste und eine Zweite Welt in West und Ost, die sich im Kalten Krieg gegenüberstanden. Diese Feindschaft eröffnete dem damals als Dritte Welt bezeichneten, bis anhin abhängigen Teil der Welt die Chance zur Selbstständigkeit. Denn die USA lehnten vor dem Hintergrund ihrer Geschichte (▶ 4.22), Wilsons 14-Punkte-Programm (▶ 9.33) und Roosevelts Atlantik-Charta (▶ 14.11) politische Kolonien ab. Die sowjetischen Führer erkannten in Unabhängigkeitsbewegungen einen weltrevolutionären Schritt zum Sturz des Kapitalismus und unterstützten sie ebenfalls. Zwar missbrauchten beide Seiten bisweilen Konflikte in der Dritten Welt zu Stellvertreterkriegen (Korea, ▶ 14.6, Vietnam, ▶ 14.8). Aber geschickt lavierende Staatsführer unabhängig gewordener Kolonien konnten die Konstellation des Kalten Kriegs nutzen. Während die Erste und Zweite Welt gewissermaßen eine gespaltene Globalisierung betrieben, konnte sich die Dritte Welt in der dritten Globalisierungsphase emanzipieren und selbst eine aktive Rolle übernehmen; dies vor allem die Schwellenländer.

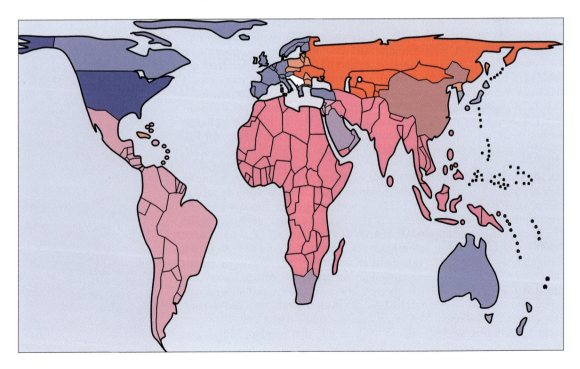

Dass Japan und Italien als Besiegte des Zweiten Weltkriegs ihre Kolonien bzw. eroberten Gebiete würden abtreten müssen, war schon bei Kriegsende offenkundig. Doch die als Sieger (Großbritannien und Frankreich), Neutrale (Spanien und Portugal) oder Opfer (Niederlande, Belgien) aus dem Zweiten Weltkrieg hervorgegangenen Kolonialmächte sahen noch keineswegs den Verlust ihrer Kolonien voraus. Im Gegenteil, sie bemühten sich, diese verwaltungsmäßig wieder in den Griff zu bekommen.

23.32 Dekolonisation: Doch in diesen Erwartungen täuschten sie sich: Gleich bei Kriegsende rief Achmed Sukarno (1901–1970) im niederländischen Indonesien die Unabhängigkeit aus und erkämpfte sie gegen die Kolonialmacht bis 1949. 1946 gewährten die USA den Philippinen die Unabhängigkeit. Im gleichen Jahr begann Ho Chi Minh den vietnamesischen Befreiungskampf gegen Frankreich und besiegte es 1954 (▶ 14.82). 1947 musste Großbritannien sein Kronjuwel Indien und Pakistan (inklusive Ost-Pakistan, das heutige Bangladesh) in die Unabhängigkeit entlassen (▶ 27.31), 1949 setzte sich Mao Zedong in China gegen den bürgerlichen Kontrahenten Chiang Kai-shek durch und brach mit allen Kolonialmächten (▶ 29.31). In der Suezkrise 1956 verloren Großbritannien und Frankreich ihren Einfluss im Nahen Osten, dessen Staaten sich für unabhängig erklärten (▶ 26.33); darin vorangegangen war ihnen Israel 1948. Mit Algerien begann sich 1954 der erste afrikanische Staat von der Kolonialmacht zu lösen, obwohl Frankreich 1947 allen Einwohnerinnen und Einwohnern die französische Staatsbürgerschaft zuerkannt hatte (▶ 16.62). 1960 wurde das «Afrikanische Jahr»: Aus britischer, französischer, belgischer und italienischer Kolonialherrschaft wurden 17 ehemalige Kolonien entlassen. Innert 20 Jahren (1956–1975) wurden 46 Kolonien politisch unabhängig (▶ 25.33).

23.33 Strategie der politischen Unabhängigkeit: Den Gedanken, dass politische Unabhängigkeit das Fundament für eine eigenständige Entwicklung sei, übernahmen die Kolonien vom Vorbild der USA und auch von ihren Mutterländern. Diese waren allerdings in der frühen Neuzeit unter

Bei seinem *Staatsbesuch zur Unabhängigkeit des Kongo am 29.6.1960* ließ der belgische König Baudouin während einer Parade auf dem Boulevard Albert in Léopoldville seinen Degen im Wagenfonds liegen. Ambroise Boimbo konnte sich dem Wagen nähern und schnappte sich den Degen. Der Fotograf Robert Lebeck hielt diesen Augenblick in einem Schnappschuss fest, der symbolische Bedeutung erlangte.

Aufzeichnung der größeren und kleineren ethnischen und Minderheitenkonflikte zwischen 1945 und 1994

Die Klassifizierung der Konflikte nach Größe und Ursache ist nicht trennscharf vorzunehmen.

★ Ethnische Konflikte

● Konflikt Mehrheit-Minderheit

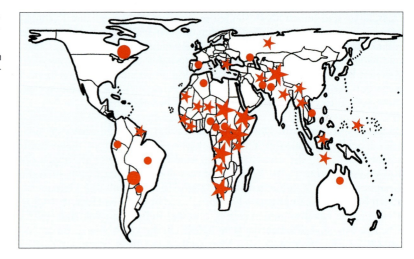

anderen Umständen Nationalstaaten geworden: Sie hatten das Staatsterritorium selbst bestimmt – für die meisten ehemaligen Kolonien war dieses nun vorgegeben. Die kolonialen Verwaltungsgrenzen hatten einerseits Völker voneinander getrennt, andrerseits verschiedene Völker in gleichen Grenzen zusammengefasst. Die Kolonialherren setzten die willkürliche Bildung von Mehr- und Minderheiten als Machtinstrument ein: Mit diesen Einteilungen säten sie Streit unter der einheimischen Bevölkerung, die damit für ihre Herrschaft weniger gefährlich wurde. Ferner hatte die Kolonialverwaltung kein Interesse an einem demokratischen Meinungsbildungsprozess gehabt und nur wenige und von ihr begünstigte Einheimische an der Herrschaft beteiligt. Nach der unvermittelten Unabhängigkeit kamen so fast zwangsläufig autokratische Herrscher an die Macht, die sie bald nicht mehr abgeben wollten.

Für viele Kolonien mündete die ersehnte politische Unabhängigkeit in Bürgerkrieg und Diktatur.

23.34 Zusammenschluss und Zusammenarbeit: Gegenüber den beiden Blöcken der Ersten und Zweiten Welt erkannten einzelne Politiker die Notwendigkeit eines Zusammenschlusses der unabhängig gewordenen Staaten der Dritten Welt. 1955 trafen sich 29 Staaten unter Führung von Indien, Indonesien, Ägypten und Jugoslawien im indonesischen Bandung zu einer ersten Konferenz. Die Bewegung der Blockfreien erklärte, die Souveränität aller Staaten respektieren und sich nicht in die inneren Konflikte einmischen zu wollen. Sie existiert über den Kalten Krieg hinaus und zählt heute (2013) 120 Mitglieder, 53 aus Afrika, 36 aus Asien, 26 aus Lateinamerika, drei aus Ozeanien und zwei aus Europa.

Mit der Unabhängigkeit der afrikanischen Staaten in den Sechzigerjahren gewann die Dritte Welt auch in der Vollversammlung der UNO an Gewicht und schließlich ein Übergewicht. Allerdings konnte sie sich im Sicherheitsrat mit dessen fünf Vetomächten nicht durchsetzen. Hingegen schlossen sich 1964 Dritt-Welt-Staaten zur «Gruppe der 77» zusammen, die heute 130 Mitglieder zählt. Sie widmet sich im Rahmen der UNCTAD-Verhandlungen (heute WTO-Runden) vor allem den wirtschaftlichen Problemen der ehemaligen Kolonien.

23.35 Wirtschaftliche Unabhängigkeit: Die wirtschaftliche Unabhängigkeit konnten die ehemaligen Kolonien nicht so leicht erringen wie die politische. Denn die Kolonialmächte hatten ihre Kolonien auf ihre eigenen Wirtschaftsziele ausgerichtet: Sie hatten sie auf die Landwirtschaft und den Abbau vom Bodenschätzen beschränkt und kaum Industrien in den Kolonien aufgebaut, weil sie diese als Absatzmärkte für die eigene Industrie brauchten. Daran änderte die politische Unabhängigkeit wenig. Die ehemaligen Kolonien verfügten kaum über konkurrenzfähige Produkte auf dem Weltmarkt. Das galt übrigens auch für das schon seit 130 Jahren politisch unabhängige Lateinamerika.

23.36 Strategie der regionalen Autarkie: Ein erster Versuch, aus dieser Situation herauszukommen, bestand in der Übernahme einer Idee aus der Ersten und Zweiten Welt. Dort hatten sich europäische Staaten in der Europäischen Gemeinschaft EG, in der Europäischen Freihandelszone EFTA (▶ 16.21) und im Rat für gegenseitige Wirtschaftshilfe (COMECON, ▶ 14.35) zu gemeinsamen Märkten zusammengefunden, um ihre Produkte auszutauschen und sich gegenseitig zu fördern. Nach ihrem Vorbild entstanden in Afrika und Lateinamerika verschiedene regionale gemeinsame Märkte. Allerdings funktionierten sie schlechter als die europäischen Vorbilder, weil die Produktpalette der ehemaligen Kolonialwirtschaften sehr viel schmaler war: Landwirtschaftsprodukte hatten viele anzubieten, und Rohstoffe konnte niemand im gemeinsamen Wirtschaftsraum verarbeiten. Die gemeinsamen Märkte waren zur Stagnation verurteilt.

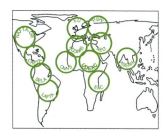

Freihandelszonen (schematisiert)
NAFTA-DR, CAFTA, SELA, LAFTA, ECOWAS, OMVS, UDEAC, EAC, AEU, ASEAN

23.37 Kartell-Strategie: Als erfolgreichste Strategie der Dritten Welt erwies sich gerade das Gegenteil, nämlich die Schwäche zur Stärke zu machen. Am meisten Erfolg erzielten dabei die Erdöl exportierenden Staaten, die sich 1960 zur OPEC zusammenschlossen. Sie nahmen nur Mitglieder auf, deren Export wesentlich vom Erdöl abhing, um die Interessen im Kartell möglichst zu bündeln. Durch gemeinsam festgelegte Förderquoten konnten sie den Preis kontrollieren. Als die OPEC 1973 die Lieferungen für diejenigen Staaten drosselte, die Israel im Jom-Kippur-Krieg unterstützten (▶ 26.45), realisierten beide Seiten, wie schlagkräftig ein solches Rohstoffkartell war: Der Erdölpreis schnellte fast auf das Vierfache hoch, verursachte eine Wirtschaftskrise mit und beendete die Nachkriegskonjunktur (▶ 18.45).

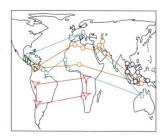

Einige Rohstoffkartelle: OPEC (Erdöl, ocker), IBA (Bauxit, hellblau), CIPEC (Kupfer, rot), UPEB (Bananen, grün), ANRPC (Kautschuk, violett)

Nach dem Vorbild der OPEC organisierten sich die Kupfer, Bauxit und Kautschuk exportierenden Staaten und einige weitere, sogar die Bananenproduzenten. Allerdings hatten sie weniger Erfolg als die OPEC, weil ihre Produkte leichter ersetzbar oder die Kartelle weniger einig waren.

Doch auch die OPEC stieß an ihre Grenzen: Indem sie die Erdölpreise erhöhte, machte sie den Abbau in weiteren Weltregionen rentabel (Nordseeöl, Schieferöl-Abbau). Erhöhte Erdölpreise förderten den Ersatz durch andere Energieträger (Atomenergie, alternative Energien) wie auch das Energiesparen – und verlockte einzelne Kartellmitglieder, die Kartellpreise mit Rabatten oder einer erhöhten Fördermenge zu unterlaufen. So erwies sich auch die Kartellstrategie nicht als Allheilmittel, vor allem nicht für die rohstoffarmen Staaten. Diese klassifizierte die UNO 1971 als least developed countries (LDC), umgangssprachlich auch «Vierte Welt».

23.38 Identität der Dritten Welt: Die eigenständige Politik der Dritten Welt mit politischer Unabhängigkeit, regionaler Autarkie und Kartellpoli-

| 1500 | 1600 | 1700 | 1800 | 1900 | 2000 |

Angela Davis (geb. 1944), amerikanische Bürgerrechtskämpferin, studierte in Deutschland Philosophie und engagierte sich in der Studentenbewegung; 1967 kehrte sie für die Bürgerrechtsbewegung in die USA zurück, wurde wegen Unterstützung des Terrorismus 1970 verhaftet, mit der Todesstrafe bedroht und 1972 unter großem internationalem Druck freigesprochen. Sie lehnte die damals verbreitete Anpassung von Frisur und Teint an die Weißen ab und wurde auch für breite Schichten zu einem Idol schwarzen Selbstbewusstseins.

tik hatte dieser vorerst keinen Erfolg gebracht: Diktaturen, Bürgerkriege, Absatzflauten und Wirtschaftskrisen prägten das Bild. Vielen ehemaligen Kolonien, vor allem in Afrika, ging es 1990 schlechter als unter der Kolonialherrschaft.

Während der Phase des Kalten Kriegs hatten die Dritte und erst recht die Vierte Welt das Image einer rückständigen, verelendeten und passiven Weltregion erhalten. Viele ihrer Politiker pflegten dieses Image sogar, um die ehemaligen Kolonialmächte der Schuld an diesem Elend zu bezichtigen. Rückständig waren die Kolonien tatsächlich infolge der Kolonialherrschaft, verelendet waren sie teilweise, aber passiv waren sie – das vermag der obige Überblick vielleicht zu zeigen – keineswegs. Ihre Politiker/-innen und Wirtschaftsfachleute suchten nach Auswegen, ihre Wissenschaftler/-innen und Künstler/-innen verstärkten die kulturelle Identität durch ihre Botschaft, dass die Nachahmung der Industriestaaten nicht der eigene Weg sein könne.

Einen wichtigen Anstoß lieferten dabei nicht nur Menschen in der Dritten Welt selbst, sondern beispielsweise die Bürgerrechtsbewegung in den USA (▶ 16.13): Schwarze machten hier vor, dass sie stolz auf ihre eigene Kultur waren und einen anderen Weg als die bloße Nachahmung der ehemaligen Kolonialmächte einschlagen wollten: «Black is beautiful».

Von ihnen ermutigt suchten Menschen der «Dritten Welt» unter teilweise großen Opfern und Umwegen eigenständige Wege. Sie werden in den folgenden Kapiteln ausschnittweise nachgezeichnet.

In der Nähe eines UNO-Nahrungshilfezentrums in Ayod im heutigen Südsudan fotografierte der Südafrikaner Kevin Carter (1960–1994) im März 1993 ein Mädchen, das sich zu diesem Zentrum schleppte, als sich ein Geier in der Nähe niederließ.
Als diese Fotografie in der New York Times veröffentlicht wurde, erkundigten sich viele Menschen nach dem Schicksal des Mädchens. Carter erzählte freimütig, er habe 20 Minuten gewartet, bis der Geier näher herangekommen sei, dann abgedrückt und den Geier verscheucht. Das Mädchen habe es vermutlich bis zum Hilfszentrum geschafft.
Carter gewann den Pulitzerpreis, und die preisgekrönte Fotografie löste eine intensive Diskussion über sein Verhalten aus.

24. Lateinamerika

24.0 Lateinamerika: Mittel- und Südamerika, zusammengefasst als Lateinamerika, durchlief die Globalisierungsphasen – sehr vereinfacht gesagt – um jeweils eine Phase früher als Asien und Afrika. Um 1850 waren die ehemaligen Kolonien bereits politisch unabhängig und mussten sich mit den Folgen der Kolonialisierung beschäftigen.

24.1 Die erste Globalisierungsphase, bis etwa 1850

24.11 Kolonialisierung: Lateinamerika erduldete den europäischen Kolonialismus seit den Entdeckungsfahrten um 1500. Die spanischen und portugiesischen Kolonisten und ihre Krankheiten rotteten die indigene Bevölkerung bis auf einen kleinen Teil aus (▶ 1.23). Sie ließen an deren Stelle schwarze Sklaven und Sklavinnen hierhin verschleppen. Die an die Tropenbedingungen besser akklimatisierten Nachkommen der Spanier und Portugiesen, die Kreolen, betrieben als schmale Oberschicht landwirtschaftliche Großgrundbetriebe (Latifundien, «haziendas»). Darunter entstand eine breite Bevölkerungsschicht von Mischlingen (unter Kreolen, Indias/Indios und Schwarzen). Eine systematische Trennung nach Hautfarbe war nicht möglich. Die Sprachen Spanisch und Portugiesisch sowie die katholische Religion blieben ein Erbe der Kolonialherrschaft.

24.12 Wirtschaftliche Ablösung: 1588 schlug die englische Flotte die spanische Armada im Ärmelkanal und bedrängte danach den spanischen Handel mit Lateinamerika durch die sogenannten Freibeuter, welche mit Erlaubnis der englischen Krone spanische Schiffe kaperten. Wirtschaftlich lösten sich die Kolonien im 18. Jahrhundert von den iberischen Mutterländern. Zudem stockte die Einwanderung. Die Mutterländer waren dafür selbst zu wenig stark besiedelt und die klimatischen Bedingungen für die Einwanderer weniger günstig als etwa in Nordamerika. Die einzige große Zuwanderung war die unfreiwillige der verschleppten Sklavinnen und Sklaven. Dadurch blieb der landwirtschaftliche Großgrundbesitz die dominierende Wirtschaftsform.

24.13 Politische Unabhängigkeit: Als Spanien und Portugal durch Napoleons Besetzung zusätzlich geschwächt wurden, erklärte die kreolische Oberschicht 1810 die Unabhängigkeit; zuerst intervenierten spanische Truppen von Peru aus erfolgreich. Dann, nach erneuten inneren Unruhen auf der Iberischen Halbinsel, ließ sich die Unabhängigkeit in Brasilien (1822) und bis 1830 in den spanischen Kolonien nicht mehr aufhalten. Zwar wurde außer in Brasilien keine Monarchie mehr errichtet, aber die Republiken wurden nicht zu Demokratien. Die Oberschicht der Kreolen beanspruchte die frisch erkämpfte Macht für sich. Als Großgrundbesitzer steuerten sie die von ihnen abhängigen Landarbeiter auch in den Wahlen. Sie waren an einer Industrialisierung nicht interessiert, und so fiel Lateinamerika wirtschaftlich weiter hinter die USA zurück.

24.14 Zersplitterung: Eine Einigung der Kolonien nach nordamerikanischem Vorbild scheiterte (▶ 6.22). Denn die von Spanien willkürlich und oft unklar gezogenen Grenzen führten zu zahlreichen Konflikten der neuen

Der berühmte südamerikanische Freiheitskämpfer *Simón Bolívar (1783–1830)*, «El Libertador», entstammte einer reichen Kreolenfamilie. Während einer Europareise nahm er die revolutionäre Freiheitsidee auf und schloss sich 1810 dem in Venezuela ausgebrochenen Aufstand an. Er führte die spanischen Kolonien im nördlichen und später auch im mittleren Südamerika in die Unabhängigkeit. Doch sein eigentliches Ziel, die Vereinigung dieser Länder, erreichte er nicht. Nur durch eine Diktatur konnte er wenigstens eine Art «Personalunion» zwischen Peru, Bolivien und dem nördlichen Andengebiet (Großkolumbien) errichten. Damit verriet er allerdings seine freiheitliches Ideal. Als sich Peru, Bolivien und Venezuela eigene Regierungen gaben, dankte er 1830 ab, verbittert und enttäuscht. Noch Ende des gleichen Jahres starb er 47-jährig. Das von ihm geschaffene Großkolumbien zerfiel in die Republiken Ecuador, Kolumbien, Venezuela, Peru und Bolivien.

Die lebensnahe Modellierung (oben) geht auf Hugo Chavez, Venezuelas Staatspräsidenten (1999–2013) und Bewunderer des Libertadors, zurück. Er ließ Bolívar sogar exhumieren und wollte beweisen, dass dieser vergiftet worden sei.

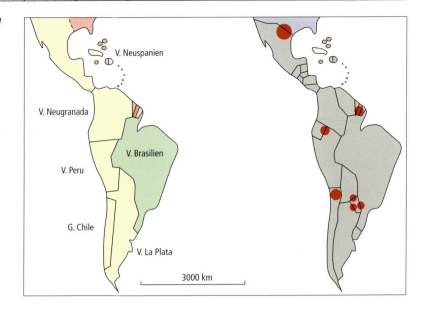

Lateinamerika unter spanischer und portugiesischer Herrschaft (um 1770) und in der Unabhängigkeit (V.: Vizekönigtum, G: Generalkapitanat)

- Spanisch
- Portugiesisch
- Britisch
- Französisch
- Niederländisch
- ● Größerer Grenzkrieg

Staaten untereinander. Vor allem das mittelamerikanische Vizekönigtum Neuspanien zerfiel rasch. Mexiko, unter spanischer Herrschaft die blühendste Kolonie, verlor durch die Abspaltung von Texas und weitere Sezessionen über die Hälfte seines Staatsgebiets an die USA.

24.2 Die zweite Globalisierungsphase, etwa 1850 bis etwa 1945

24.21 Umschichtung der Bevölkerung: Um 1870 begann sich die Zusammensetzung der Bevölkerung zu verändern. Der Zustrom von Menschen aus Afrika ging wegen des Verbots des Sklavenhandels zurück. Dafür nahm die Einwanderung aus Europa zu. Nachdem die Auswanderung in die USA gebremst geworden war, wanderten zwischen 1857 und 1924 5,5 Millionen Europäer/-innen in das klimatisch günstige Argentinien ein; 1914 waren 58 Prozent der Bevölkerung Einwanderer oder Kinder von ihnen.
Die Einwanderer ließen sich oft in den Städten nieder, gründeten Handwerks- und kleine Industriebetriebe und brachten die Industrialisierung voran. Lateinamerika, das seit der Unabhängigkeit für den Welthandel kaum Bedeutung gehabt hatte, begann zu importieren und exportieren. Die neue bürgerliche Schicht orientierte sich an Europa und immer mehr am Vorbild USA. Sie distanzierte sich von der katholischen Kirche und von den kreolischen Großgrundbesitzern. Mit den Einwanderern verbündete sich das seit den Unabhängigkeitskriegen wichtige, aber politisch zurückgesetzte Militär. Es bot Aufstiegsmöglichkeiten, ohne Grundeigentum vorauszusetzen. Offiziere fanden sich in Clubs zusammen und schalteten sich als «juntas» in die Politik ein.

24.22 «Big stick»: In dieser Zeit der zweiten Globalisierungsphase hatten alle Industriestaaten ein Interesse an einem Welthandel, in dem sie ihre Bedingungen durchsetzen konnten. Lateinamerika war, bis auf wenige europäische Kolonien, durch die Monroedoktrin der USA geschützt und diesen gleichzeitig ausgeliefert. Die amerikanische Außenpolitik war durch

Toussaint Louverture (1743–1803, hier auf einem Geldschein) war der Führer des Sklavenaufstandes auf dem französischen Westteil der spanischen Insel Santo Domingo (später Haiti) im Jahr 1791. Er konnte vorübergehend die ganze Insel befreien, geriet aber 1802 in napoleonische Gefangenschaft. Sein Nachfolger Jean-Jacques Dessalines (1758–1806) führte Haiti 1804 in die Unabhängigkeit. Dieser Sklavenaufstand resultierte als einziger in einem unabhängigen Staat.

Versteigerung von Hausrat und Sklaven 1858 in Rio de Janeiro (Zeichnung von François-Auguste Biard)

Bis tief ins 19. Jahrhundert hinein bildete die Sklaverei die Grundlage der kreolischen Latifundienbetriebe und des südamerikanischen Bergbaus. Auf der Illustration zu erkennen sind verschiedene Kleidungen als Attribute verschiedener Stände und Berufe.
Nach dem Rückgang der Sklavenimporte verpflichteten die Großgrundbesitzer finanziell von ihnen abhängige europäische Einwanderer zur Arbeit auf ihren Haziendas.

wirtschaftliche Interessen geprägt. Den «big stick» (▶ 7.95, 23.24), den großen Stock, wollte Präsident Theodore Roosevelt nur im Notfall schwingen. Besonders in den kleinen karibischen wie auch in den zentralamerikanischen Staaten intervenierten die USA immer wieder. 1898 hatten sie die Insel Kuba als letzte spanische Kolonie befreit, und die Insel Puerto Rico gar annektiert. 1902 übernahmen die USA den Bau des Panamakanals, an dem zwei französische Gesellschaften gescheitert waren. Zur Absicherung lösten sie das Panama-Gebiet als selbstständigen, aber schwachen Staat aus dem ebenfalls krisengeschüttelten Kolumbien. Nach der Fertigstellung des Kanals 1914 behielten sie bis Ende 1999 die Kanalzone in Pacht.
Die Politik des «big stick» bedeutete nicht die politische Herrschaft um ihrer selbst willen, sondern zu wirtschaftlichen Zwecken. Ähnlich wie die afrikanischen und asiatischen Kolonien spielten die lateinamerikanischen Länder für die USA die Rolle der Rohstofflieferanten und Abnehmer von industriellen Massenprodukten. Die 1899 gegründete United Fruit Company (heute Chiquita) baute in den karibischen Staaten ein Handelsimperium mit eigenen Plantagen, Verkehrswegen, Lagerungs- und Verschiffungs-Infrastrukturen auf. Damit konnte sie vor allem die kleinen Staaten weit über die Bananenproduktion hinaus beherrschen. So wurde Lateinamerika in den Welthandel einbezogen – allerdings vor allem als Rohstofflieferant.

24.23 «Good Neighbor policy»: 1933/34 stoppte der New-Deal-Präsident Franklin D. Roosevelt (▶ 12.22) die interventionistische US-Politik in Lateinamerika mit dem Slogan der «Guten Nachbarschaft»: An die Stelle von Zwang sollten Übereinkünfte und positive Beziehungen treten. Roosevelt wollte damit in der Weltwirtschaftskrise einerseits die Kosten für Interventionen vermeiden und andererseits einer Infiltration nationalistischen Gedankenguts zuvorkommen. Tatsächlich unterstützten die lateinamerikanischen Staaten die Alliierten während des Zweiten Weltkriegs, und Argentinien trat sogar auf ihrer Seite in den Krieg ein. Brasilien unter dem populistischen Präsidenten Getúlio Vargas richtete seine Wirtschaftspolitik auf die USA aus (▶ 24.38)
Wie auch anderswo gegen das Ende der zweiten Globalisierungsphase nahm die globale Verflechtung auf dem amerikanischen Kontinent ab.

Pablo Neruda: «Die United Fruit Company» (1950), Gedichtanfang:

«Als die Trompete ertönte, war alles vorbereitet auf der Erde, und Jehova verteilte die Welt an Coca-Cola Inc., Anaconda, Ford Motors und andere Verbände: Die United Fruit Co. sicherte sich das Saftigste, die zentrale Küste meiner Erde, die süße Taille von Amerika.»

Pablo Neruda (1904–1973) war 1949 als verfolgter Kommunist aus seiner Heimat Chile geflohen; 1969 kehrte er zurück und unterstützte den kommunistischen Präsidenten Salvador Allende. Kurz nach dessen Sturz starb er 1973.

Anaconda: Die US-Firma Anaconda wurde 1880 als Gold- und Silber-Abbau-Unternehmen gegründet und verlegte sich später auf den Kupferabbau, unter anderem in Chile. 1971 durch Allende verstaatlicht und damit enteignet, wurde sie unter der Pinochet-Diktatur zwar entschädigt, aber 1977 von der Erdölfirma Atlantic Richfield Company aufgekauft.

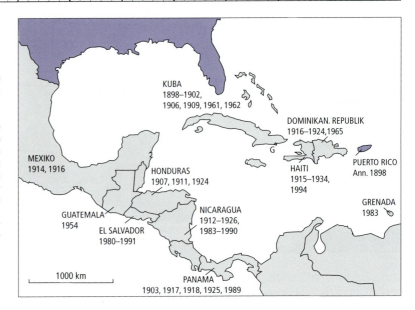

Direkte und indirekte US-Interventionen in Mittelamerika (Jahreszahlen)

G: Guantánamo (seit 1903 von den USA gepachtet)

1904 verkündete der amerikanische Präsident Theodore Roosevelt einen Zusatz zur Monroedoktrin von 1823 (▶ 6.23) mit folgender Kernaussage: «Ständiges Fehlverhalten oder die Unfähigkeit, die auf eine allgemeine Lockerung der Bande der zivilisierten Gesellschaft hinausläuft, können in Amerika, wie auch anderswo, am Ende das Eingreifen irgendeiner zivilisierten Nation erforderlich werden lassen.»
Damit beanspruchten die USA einseitig das Recht zur Intervention in Lateinamerika.

24.3 Die dritte Globalisierungsphase, nach 1945

24.31 Hinterhof der USA: In der gespaltenen Globalisierung des Kalten Kriegs (▶ 23.31) griffen die USA wieder stärker auf Lateinamerika zu: Sie befürchteten nämlich einen kommunistischen Vormarsch in ihrem «backyard» (Hinterhof). Im Rahmen der Containment-Politik (▶ 14.36) forcierten sie die Gründung der Organisation Amerikanischer Staaten (OAS) im Jahr 1948 mit der Selbstverpflichtung, keine kommunistischen Regierungen zuzulassen. 1954 stürzte der US-Auslandsgeheimdienst CIA in Guatemala den demokratisch gewählten Präsidenten Jacobo Arbenz Guzmán (1913–1971), dessen Wirtschaftspolitik der United Fruit Company geschadet hätte. 1961 versuchten von der CIA unterstützte Exilkubaner erfolglos, die Insel zurückzuerobern (Schweinebucht-Invasion, ▶ 14.71). 1964 unterstützte die CIA den Sturz des sozialdemokratischen brasilianischen Präsidenten João Goulart (1919–1976), 1973 half sie beim Sturz des marxistischen chilenischen Präsidenten Salvador Allende (1908–1973), 1983 ermunterte sie die rechtsgerichteten «Contra»-Verbände zum Sturz der linken Regierung in Nicaragua. Im gleichen Jahr intervenierten die USA in Grenada. Die letzte Aktion war die Verschleppung des Generals Manuel Noriega (geb. 1934) aus Panama in die USA und seine Aburteilung im Jahr 1989.

24.32 Kuba: Hintergrund dieser Angst vor dem Kommunismus bildete Kuba: Dort hatte Fidel Castro (1926–2016) 1959 den liberalen Offizier und Staatspräsidenten Fulgencio Batista (1901–1973) gestürzt und sich wie dieser an die USA anlehnen wollen. Die CIA versuchte ihn jedoch aus Angst vor dem Kommunismus zu ermorden, und der amerikanische Boykott des kubanischen Zuckerrohrs trieb ihn ins sowjetkommunistische Lager. Er ließ die Sowjetunion Mittelstreckenraketen stationieren (Kubakrise, ▶ 14.7). Darüber hinaus unterstützte das kubanische Regime bewaffnete Aufstände in diversen lateinamerikanischen Staaten und griff zwischen 1975 und 1990 mit regulären Kampftruppen in die Kriege in

Äthiopien und Angola ein (▶ 25.38). Castros Gefährte Ernesto Che Guevara (1928–1967) machte diese Form des Kriegs bekannt und in der 68er-Bewegung populär (▶ 19.22). Er versuchte im Kongo und danach in Bolivien die Bevölkerung für seine kleine Truppe von Elitekämpfern zu gewinnen, um den Feinden aus dem Hinterhalt Schläge zuzufügen und sich dann wieder zurückzuziehen. Er scheiterte aber und wurde 1967 in Bolivien erschossen.

24.33 Chile: Die folgenschwerste Intervention der CIA fand im September 1973 in Chile statt, einem der stabilsten Staaten Lateinamerikas. Dort war 1970 der Marxist Salvador Allende (1908–1973) als Vertreter von Linksparteien («Unidad Popular») zum Staatspräsidenten gewählt worden. Er verschärfte das von seinem Vorgänger eingeleitete Reformprogramm, indem er Kohle- und Kupferbergwerke durch Enteignung ausländischer Konzerne verstaatlichte, durch eine Landreform den Großgrundbesitz aufteilte sowie unentgeltliche Grundbildung und Gesundheitsversorgung anbot.

Allerdings geriet Chile dadurch in eine Wirtschaftskrise, die sich in einer explodierenden Inflation äußerte. Als Allendes Unidad Popular 1973 die Wahlen wieder gewann, putschte das Militär unter General Augusto Pinochet (1915–2006) mithilfe der CIA und bombardierte den Präsidentenpalast. Allende nahm sich dort das Leben. Elemente seines Programms tauchen in populistischen Regierungsprogrammen bis heute hie und da wieder auf.

24.34 Modernes Militär: Die nun regierende chilenische Militärjunta stützte sich nicht mehr auf den Großgrundbesitz, sondern auf eine forcierte Industrialisierung mit einer intensiven Verbindung zum Ausland. Solche, gewissermaßen modern ausgerichtete, meist kollektive Militärführungen setzten sich auch in andern lateinamerikanischen Staaten durch. Auf Kosten der Menschenrechte garantierten die Militärjuntas «Ordnung», gewannen ausländische Investoren und versprachen Wirt-

Che Guevara 1960, Ausschnitt aus der Originalfotografie von Alberto Korda

Der Schnappschuss, bei einem Traueranlass aufgenommen, wurde erst nach Che Guevaras Tod veröffentlicht und rasch zu einer Ikone für die Bewegung der Dritten Welt. Che Guevara: «Die kubanische Revolution hat Lateinamerika dreierlei gezeigt. Erstens, Guerillakämpfer können ein reguläres Heer besiegen. Zweitens, man braucht nicht abzuwarten, bis alle Vorbedingungen für eine Revolution gegeben sind: Der Anfang der Revolution kann sie schaffen. Drittens, im unterentwickelten Amerika muss der Kampf seine Schwerpunkte auf dem Land haben.» *(Der Partisanenkrieg, 1966)*
«Der Kampf der Massen in den unterentwickelten Ländern mit großer Bauernbevölkerung und weiten Gebieten muss von einer kleinen beweglichen Avantgarde, den Guerilleros, geführt werden – fest verankert im Volk. Diese Organisation wird auf Kosten der feindlichen Armee wachsen und als Katalysator der revolutionären Begeisterung der Massen dienen, bis eine revolutionäre Situation geschaffen worden ist, in der die Staatsgewalt unter einem einzigen wirkungsvollen Schlag – im richtigen Augenblick versetzt – zerbrechen wird.» *(Rede an die Bergarbeiter Boliviens, 1966)*

Salvador Allende (mit Brille, Stahlhelm und Maschinenpistole) verfolgt den Luftangriff auf seinen Präsidentenpalast am 10. 9. 1973 um 23 Uhr.
Wenig später beging er Selbstmord. Rechts von ihm sein Arzt Danilo Bartulín, links der Kommandant der Regierungsgarde José Muñoz. Fotografie von Luis Lagos Vázquez, der den Angriff überlebte.

schaftswachstum. Allerdings scheiterten sie in den 1980er-Jahren an ihrer Unfähigkeit, wirtschaftliche und soziale Probleme zu lösen: Arbeitslosigkeit, Auslandverschuldung und Inflation. Ferner protestierten die Menschen mutig gegen die willkürlichen Verfolgungen und das Verschwinden von den Regimes nicht genehmen Menschen. Die besonders brutale argentinische Militärjunta musste nach ihrer Niederlage im Falkland-Krieg (1982) abtreten: Sie hatte mit der Besetzung dieser Inseln Großbritannien herausgefordert, das sie zurückeroberte. Ein wichtiges Signal war Brasiliens Übergang zur Demokratie 1985.

24.35 Auslandabhängige Industrialisierung: Tatsächlich konnte sich in vielen Staaten die Industrie rasch entwickeln, allerdings vor allem dank neuer Betriebe ausländischer Unternehmen. Forschung, Unternehmensführung und auch die Gewinne verblieben mehrheitlich in den USA oder in Europa. Die ausländischen Betriebe in Lateinamerika nutzten vor allem die tiefen Löhne und den Absatzmarkt, förderten also nicht eine echte Entwicklung. Mit der Industrialisierung stieg demnach die Auslandabhängigkeit. Dies wirkte sich in den 1980er-Jahren negativ aus: Die Preise für importiertes Erdöl explodierten in der Erdölkrise (▶ 23.37) und diejenigen für exportierte Rohprodukte fielen wegen des internationalen Konjunkturabschwungs. Die Verschuldung gegenüber dem Ausland wuchs so stark, dass Mexiko und Brasilien 1982 ihre Zahlungsunfähigkeit erklärten. Der Internationale Währungsfonds schoss Gelder ein, aber unter der Bedingung einer für die Bevölkerung schmerzlichen Liberalisierung (▶ 32.22).

Lateinamerikanische Ökonomen wie Fernando Cardoso (geb. 1931, brasilianischer Staatspräsident 1994–2002) schlossen daraus, dass weltweit Zentren existierten, von welchen Peripherien abhängig seien. Nur durch ihre Abkoppelung von den Zentren könnten sich diese Peripherien entwickeln (Dependenztheorie, siehe S. 22). Diese Theorie widerspricht der Globalisierungstheorie (▶ 32.11).

Favela de Catumbi, Rio de Janeiro, im Hintergrund am Berghang (Fotografie Halley Oliveira, 2012)

Die rund 750 illegalen Favelas an den übervölkerten steilen Hängen von Rio de Janeiro (Brasilien) wurden von den zugewanderten Menschen erbaut. Von den sechs Millionen Menschen der Stadt leben etwa 30 Prozent in diesen Armensiedlungen.
Der Name kommt von der Kletterpflanze «favela», die Deutung ist umstritten. Einige Favelas sind zur Touristenattraktion aufgewertet worden.

24.36 Gesellschaftliche Schere: Zwischen 1945 und 1990 verdreifachte sich die Bevölkerung in Lateinamerika! Die Entwicklung der Medizin ließ die Sterblichkeit zurückgehen. Der Bevölkerungszuwachs wurde vor allem in den Städten aufgefangen, wo sich um reiche Zentren riesige Slums («Favelas») ausbreiteten. Die Machthaber mussten diese armen Massen berücksichtigen, um nicht revolutionären Tendenzen wie in Kuba oder Chile Vorschub zu leisten; aber meist wollten sie das Los der Armen nicht nachhaltig verbessern.

Auch als Folge des Zweiten Vatikanischen Konzils (▶ 22.23) entwickelte sich in der katholischen Kirche die Befreiungstheologie. Der brasilianische Erzbischof Dom Hélder Câmara (1909–1999) verlangte von der Kirche das Bekenntnis zur Armut und prangerte die brasilianische Militärdiktatur an. In El Salvador wurde der Erzbischof Óscar Romero (1917–1980) wegen gleicher Forderungen im Auftrag der Militärjunta erschossen.

24.37 Bürgerkriege: Die sozialen Spannungen führten in mehreren Staaten zu langen und blutigen Bürgerkriegen:

In *Kolumbien* wütete zwischen 1964 und 2016 praktisch ohne Unterbruch ein Bürgerkrieg. Damals erhob sich die FARC-EP («Fuerzas Armadas Revolucionarias de Colombia – Ejército del Pueblo», Revolutionäre Streitkräfte Kolumbiens – Volksarmee) als marxistische Organisation gegen eine konservative Regierung, die soziale Reformen verweigerte. Die FARC-Bewegung unter Manuel Marulanda (etwa 1928–2008) konnte sich wegen ihrer Verbindung zu Kokainkartellen halten. Sie stützte sich auf Kokain anbauende, benachteiligte Kleinbauern im Südwesten des Landes. Die Armee ließ sich von Paramilitärs unterstützen, die sich jeglicher Kontrolle entzogen. Beide Seiten begingen Menschenrechtsverletzungen. 2016 kam endlich ein Friedensvertrag zustande.

In *Peru* terrorisierte die maoistisch inspirierte Bewegung «Sendero Luminoso» («Leuchtender Pfad») des Abimael Guzmán (geb. 1934) von der schwer zugänglichen Gebirgsgegend von Ayacucho aus bis 1990 etwa das

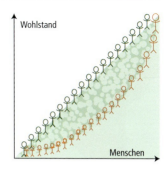

Die Verteilung des Wohlstands wird mit dem sogenannten Gini-Index gemessen. Dazu stellt man sich die Menschen, geordnet nach aufsteigendem Einkommen oder Vermögen, aneinandergereiht vor. Bei gleichmäßiger Wohlstandsverteilung ergäbe sich eine 45°-Linie (grüne Figuren); je stärker diese Linie «durchhängt» (rote Figuren), desto größer wird die Flächendifferenz (gemustert) zur Ideallinie und damit der Gini-Index, ausgedrückt in Prozent dieser Fläche zur gesamten (hier grünen).

Gini-Indizes bezüglich Einkommen nach UNO-Statistik (über 125 Staaten):

1.	Dänemark	24,7 %
8.	Österreich	25,0 %
15.	Deutschland	28,3 %
35.	Schweiz	33,1 %
84.	Ecuador	43,7 %
85.	Uruguay	44,6 %
88.	Bolivien	44,8 %
91.	USA	46,6 %
98.	Venezuela	49,1 %
100.	Peru	49,8 %
106.	Argentinien	52,2 %
109.	Mexiko	54,6 %
113.	Chile	57,1 %
114.	Paraguay	57,8 %
117.	Brasilien	59,3 %

Parlamentsgebäude in der 1960 eröffneten neuen brasilianischen Hauptstadt Brasília

1960 wurden Präsidentenpalast und Parlamentsgebäude (Congresso Nacional, Fotografie von 1962) in der Retortenstadt Brasília fertiggestellt und damit die Hauptstadt eröffnet. Die Stadt, das Parlamentsgebäude und andere zentrale Bauten wurden von Oscar Niemeyer (1907–2012) geplant.

1976

1991

Falkland-Inseln
2000 km

Militärdiktatur und Demokratie in Lateinamerika 1976 und 1991:
■ «Diktatur»
■ «Demokratie»

halbe Land. 1992–1994 zerschlug die Regierung von Alberto Fujimori die Bewegung mithilfe von Militär und Geheimdiensten, entzog ihr aber auch die Unterstützung durch ein eigenes Programm mit sozialen Reformen.
Noch stärker als in den südamerikanischen spielten die USA eine Rolle in mittelamerikanischen Bürgerkriegen. In *Nicaragua* setzten sich 1977–1979 die Sandinisten unter Daniel Ortega (geb. 1945) in einem Aufstand gegen die regierende, korrupte Familie Somoza durch. Sie verfolgten ein sozialistisches Programm und führten eine breite Bildungsreform durch, wurden aber von den USA unter Präsident Reagan als kommunistisches Regime bekämpft: Diese finanzierten eine Rebellenarmee, die Contras, und sorgten für die wirtschaftliche Isolation des Landes, was 1990 zum Wahlsieg der Violeta Chamorro (geb. 1929) führte. Sie, wie auch die Nachfolger, arbeiteten auf eine Versöhnung der beiden Parteien hin. 2007 wurde wieder Daniel Ortega Staatspräsident.
In *El Salvador* dauerte der Bürgerkrieg von 1981 bis 1990 und endete wie die anderen in Lateinamerika mit dem Ende des Kalten Kriegs und der damit verbundenen Ende der Unterstützung des Militärregimes durch die USA.
In *Guatemala* herrschte seit dem Sturz von Staatspräsident Arbenz 1954 (▶ 24.31) das Militär. 1960 bis 1996 tobte ein Bürgerkrieg durch Aufstände von vier Guerillaorganisationen. Die indigene Maya-Bevölkerung wurde vor allem nach der Machtergreifung des Generals Ríos Montt (geb. 1926) 1982 das Opfer von Massakern.

24.38 Populismus: Ein anderer Weg als Militärherrschaft und Bürgerkriege bestand im für Lateinamerika typischen Populismus. Charismatische Staatsführer stützten sich bewusst auf die große Wählermasse und sorgten mit populären Projekten für ihre Wiederwahl, ohne aber ideologisch Sozialisten zu sein; im Gegenteil, sie appellierten auch an nationalistische Haltungen und verfolgten eine wirtschaftsliberale Politik mit starker Orientierung am Ausland, vor allem an den USA.
In *Brasilien* war Getúlio Vargas von 1930 bis 1945 und von 1950 bis 1954 Staatspräsident. Obwohl persönlich ein Sympathisant der faschistischen Diktatoren, pflegte er die Wirtschaftsbeziehungen zu den USA, förderte Brasiliens Wirtschaft und machte sich damit populär. Erst als das Militär ihn fallen ließ, beging er Selbstmord.
In *Argentinien* eiferte Juan Perón (1895-1974) Vargas nach. Auch er war zweimal Präsident, 1946–1955, 1973/74. Auch er forcierte die wirtschaftliche Entwicklung und verbesserte mit den Erträgen die Situation der arbeitenden Bevölkerung. Allerdings entzweite er sich durch die Legalisierung der Scheidung mit der katholischen Kirche und fand in den 1950er-Jahren kein Rezept gegen die Inflation. Auch der frühe Tod seiner bewunderten Gattin Evita Peron schwächte seine Stellung.
Die populistischen Staatsführer fanden seit 1990 ihre Nachfolger im Neopopulismus (▶ 34.71).

24.39 Indigene Bevölkerung: Die indigene Bevölkerung Lateinamerikas war durch die Begegnung mit europäischen Entdeckern dezimiert worden und weitgehend verschwunden (▶ 1.23). Von den auf dem Gebiet des heutigen Brasilien geschätzten 1000 Völkern mit fünf Millionen Menschen existieren heute noch etwa 215 mit etwa 350 000 Menschen (vermutlich sind einige noch nicht «entdeckt»). Nicht nur Krankheit, Ausrottung, Versklavung und Vermischung mit anderen Ethnien, sondern auch erzwun-

gene Sesshaftigkeit und vor allem der Verlust ihres Lebensraums schädigten die indigene Bevölkerung. Der Raubbau an den Regenwäldern für Plantagen und Viehzucht beraubte sie ihrer Existenzgrundlagen.

In den Hochländern Boliviens, Peru und Ecuador konnten sich die Indios besser halten und zum Teil auch die Anerkennung ihrer Sprache durchsetzen wie die Aymara in Bolivien, die Quechua in Peru und Bolivien sowie die Guaraní in Paraguay. Über Einzelstaaten hinaus verbanden sich die Indigenen 1984 in der COICA («Coordinadora de las Organizaciones Indígenas de la Cuenca Amazónica») zur Sicherung ihrer Rechte. Weitere regionale Organisationen folgten.

Einsatz für Lateinamerika:

Óscar Romero (1917–1980), Erzbischof in El Salvador, Befreiungstheologe. Trotz Drohungen wandte er sich öffentlich gegen die seit 1978 in El Salvador sich aufbauende Militärdiktatur und appellierte an die USA, sie nicht zu unterstützen. Seine durch Offiziere angeordnete Ermordung während eines Gottesdienstes löste den Bürgerkrieg in El Salvador aus.

Chico Mendes (1944–1988), Gründer der Kautschukzapfer-Gewerkschaft, verfolgt unter brasilianischer Militärdiktatur (1964–1985), Einsatz für die Indigenen und den Schutz der Regenwälder), ermordet von einem Plantagenbesitzer.

Rigoberta Menchú (geb. 1959), Quiché-Maya, Landarbeiterin, Überlebende des Massenmordes an den Maya während des guatemaltekischen Bürgerkriegs, Einsatz für die Landarbeiterinnen, für die Maya und für die Umwelt, 1992 ausgezeichnet mit dem Friedensnobelpreis.

25. Afrika

25.0 Unterschätzte Vorgeschichte: Der afrikanische Kontinent wurde durch die islamische und die christliche Kultur am längsten und am meisten in Mitleidenschaft gezogen. Im Gegensatz zu Lateinamerika übernahm er diese Kulturen jedoch weniger, weil mit Ausnahme von Nord- und Südafrika wenige Europäer/-innen hierhin auswanderten. Wie in Lateinamerika wurden die indigenen Kulturen durch die Kolonisierung verschüttet, vor allem wenn es sich um nomadische handelte. Dadurch entstand der Eindruck, die afrikanische Geschichte beginne erst kurz vor und mit dem europäischen und islamischen Zugriff. Doch gerade in der Epoche der ersten Globalisierungsphase bis etwa 1850 hatte Afrika eine eigene Geschichte.

25.1 Die erste Globalisierungsphase, bis etwa 1850

25.11 Sesshafte Kulturen: Mindestens vier teilweise sesshafte und damit heute noch fassbare Kulturen existierten zwischen 1500 und 1850 südlich der Sahara: Das islamische Reich der Songhai von West- bis Zentralafrika,

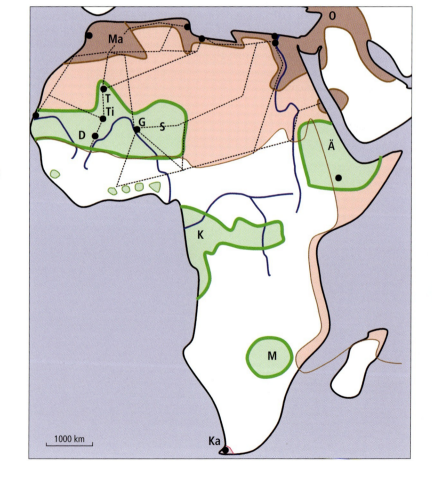

Afrika vor der zweiten Globalisierungsphase, etwa 1600 bis 1800

- Sesshafte Kulturen
  - S: Songhai
  - Ä: Äthiopien
  - K: Mani-Kongo
  - M: Munhumutapa

- Islamische Staaten
  - Ma: Marokko
  - O: Osmanisches Reich

- Islamischer Einflussbereich

- G: Gao
- T: Tegazza
- Ti: Timbuktu
- D: Djenné
- Ka: Kapstadt

Afrika: Erste Globalisierungsphase

Die Moschee von Djenné wurde wahrscheinlich im 13. Jahrhundert errichtet, im 19. Jahrhundert zugunsten einer kleineren abgetragen und zwischen 1906 und 1909 wieder in der ursprünglichen Form aufgebaut. Sie besteht aus Lehmziegeln, die immer wieder ausgebessert und ersetzt werden müssen. Dies geschieht jährlich durch die Stadtbevölkerung und ist mit einem Fest verbunden.
Die aus den Wänden herausragenden Palmenstämme dienen dem Ausgleich von Hitze und Kälte für die Mauern und als Gerüst für die Reparatur.
Das fruchtbare Flussgebiet zwischen Djenné und Timbuktu war einst so dicht bevölkert wie Mesopotamien.

das christliche abessinische Reich, die Reiche des Mani-Kongo im Kongo und des Munhumutapa in der Region von Simbabwe (▶ 1.11). Allen Kulturen gemeinsam war der Aufbau: An der Spitze regierte ein oberster Herrscher über andere, ihm tributpflichtige. Er bezog seine Macht aus diesen Tributen und seinem eigenen Volk, verfügte über großen Reichtum und dementsprechendes Ansehen. Das Songhai-Reich etwa erreichte die Ausdehnung der heutigen USA. Verlor ein Herrscher an Einfluss, konnte die Macht an den Herrscher eines anderen Volks im gleichen Reich übergehen. Es handelte sich also nicht um Reiche nach europäischen Verständnis, sondern um Verbindungen von Völkern mit wechselndem Schwerpunkt. Um die Unwägbarkeiten der Umwelt (Dürren, Epidemien, Heuschrecken- und andere Plagen) zu bewältigen, war ein starker Zusammenhalt der Menschen nötig; vielerorts hatte sich ein Patronage-System herausgebildet: Patrons und ihre Klienten unterstützten sich gegenseitig, in den Familien alte und junge Generation. Wegen der geringen Bevölkerungsdichte kam es nicht zur Ausbildung von Territorialstaaten mit genau abgesteckten und umkämpften Grenzen. Außer im Einflussbereich des Islam fehlten Schriftreligionen.
Daneben entstanden durch die chinesische, osmanische und portugiesische Seefahrt zahlreiche kleinere sesshafte Reiche entlang der Küste. Diese beruhten vor allem auf dem Handel, zum großen Teil mit im Innern des Kontinents gefangenen oder gekauften Sklavinnen und Sklaven. Ein Spezialfall war die kleine Kolonie an der Südspitze, am Kap der Guten Hoffnung. Sie wurde 1652 von holländischen Schiffbrüchigen gegründet und florierte, weil sie die das Kap umsegelnden Handelsschiffe versorgte.

25.12 Auflösung der Großreiche: Im 16. und 17. Jahrhundert wurden die Großreiche geschwächt: Die Sultane von Marokko stießen entlang der alten Handelswege von Tegazza gegen das Songhai-Reich vor und eroberten um 1600 die wichtigsten Teile davon. Das zusätzlich durch Hungersnöte und Epidemien dezimierte Reich löste sich im 17. Jahrhundert auf. Denn die Eroberer konnten es nicht zusammenhalten.
Abessinien, vermutlich seit 1000 v. Chr. bestehend, geriet durch den Vormarsch der Osmanen in Schwierigkeiten. Die koptischen (christlichen)

Koptische Kirche: Damit wird das Christentum in Ägypten und (früher) Abessinien bezeichnet (seit 1950 hat die Äthiopisch-Orthodoxe Tewahido-Kirche einen eigenen Status).
Diese Kirche geht davon aus, dass Jesus nur eine Natur hatte, also göttliche und menschliche vereinigte. Sie hat viele jüdische Bräuche übernommen.

Herrscher, welche zuvor christliche Konzilsversammlungen beschickt hatten, wurden nach der osmanischen Eroberung Kairos 1517 von der christlichen Kultur abgeschnitten und gerieten vom Roten Meer und vom Niltal her unter osmanischen Druck. Der Herrscher Lebna Dengel (1508–1540) nahm Kontakt mit Portugal auf. Eine portugiesische Expedition drängte die Osmanen zurück, aber rieb sich dabei auf. Ein anderes Volk, die Galla, eroberten ein Drittel von Abessinien.

Die Reiche des Mani-Kongo und des Munhumutapa gingen ebenfalls in inneren Streitigkeiten um den Thron und mit dem forschen Vordringen der Gold suchenden Portugiesen im 17. Jahrhundert unter.

25.13 Sklavenhandel: Der Zerfall der Großreiche im 17. und 18. Jahrhundert war sicher Ursache, vielleicht auch teilweise Folge des aufkommenden Sklavenhandels. Sklaverei im Sinn einer persönlichen Abhängigkeit war in den afrikanischen Gesellschaften ebenso üblich wie die Leibeigenschaft im europäischen Mittelalter. Beiden gemeinsam war, dass die abhängigen Menschen zwar tiefer gestellt, aber in der Familie ihres Herrn integriert waren. Sie verloren auch nicht die Freiheit im aufklärerischen europäischen Sinn, sondern bei dieser Form von Sklaverei handelte es sich um ein (teilweises) «Recht über Personen» (Suzanne Miers). Sklaven mussten nicht die untersten Arbeiten verrichten, sondern diejenigen, für die es am wenigsten Arbeitskräfte gab. Sie konnten sogar selbst Sklaven besitzen. Sie waren also nicht Sachgüter im Sinn der auf das römische Recht zurückgehenden Definition.

Doch durch den Bedarf der islamischen Kultur im Norden und der europäischen Großgrundbesitzer in Amerika wurden Sklaven/Sklavinnen nun seit Mitte des 16. Jahrhunderts zum Handelsgut. Vor allem afrikanische Küstenvölker erkannten, dass es sich lohnte, im Hinterland auf Sklavenjagd zu gehen oder Sklaven und Sklavinnen aufzukaufen und weiterzuverkaufen. Deren Abtransport, die Trennung von Sklavenfamilien beim Verkauf, der Export über den Atlantik oder über die Wüste Sahara waren eine bisher unbekannte Erweiterung der Sklaverei. Sie verursachten die meisten Verluste: Von vier gefangenen Sklaven oder Sklavinnen kam nur eine/einer überhaupt auf dem amerikanischen Kontinent an.

So schätzt die Forschung heute, dass zwischen 1450 und 1850 für die rund 20–30 Millionen Sklaven und Sklavinnen, die (je zur Hälfte) in Amerika und islamischen Staaten litten, bis zu 100 Millionen ihr Leben lassen mussten.

«Im Allgemeinen kommen die Ladungen & Schiffsausrüstungen für den Sklavenhandel sehr teuer zu stehen, aber dafür erzielen die Schwarzen in Saint Domingue hohe Preise. Wir haben erfahren, dass sie in Port-au-Prince zu 2200 bis 2500 verkauft werden, man hört sogar, dass die Schönsten bis zu 3000 bringen, aber die bilden die absolute Elite der Sklavenfracht.»
Dies schrieb der Basler *Christophe Bourcard (eigentlich: Christophe Burckhardt) aus der Hafenstadt Nantes an Weihnachten 1791 seinem Vater in Basel.* Die Familie investierte dort in Schiffe für den Dreieckshandel, konnte Stoffe für den Export nach Afrika liefern und Produkte aus der Karibik absetzen. Sie war an 21 Fahrten und somit dem Transport von gut 7000 Sklavinnen und Sklaven beteiligt.

25.14 Folgen des Sklavenhandels: Wie sich der Verlust dieser Menschen in ihrer produktivsten Lebensphase ausgewirkt hat, kann heute kaum ermessen werden, weil keine andern Daten über die wirtschaftliche Entwicklung zur Verfügung stehen. Ob Afrika diesem Aderlass seine Rückständigkeit oder gar Europa seine Industrialisierung verdankt, bleibt ungewiss. Wahrscheinlich waren andere, nichtwirtschaftliche Faktoren schwerwiegender: Die Sklavenjagd führte zur Wanderung von Völkern, zur Auflösung von Reichen und damit zu einem Rückstand Afrikas in der Entwicklung von Staaten. Denn Sklaven konnten am leichtesten in unstabilen Gesellschaften gefangen werden, woran die Sklaven handelnden Küstenvölker ein Interesse hatten.

Und mit dem Verbot des Sklavenhandels im 19. Jahrhundert war die Sklaverei nicht gestoppt. Die gefangenen Sklaven wurden jetzt in Afrika selbst, in Plantagen und Manufakturen, eingesetzt. Damit entstand eine neue ein-

Afrika: Zweite Globalisierungsphase

heimische Oberschicht und eine breite, verarmte Schicht von Sklaven oder in sklavenähnlicher Abhängigkeit Arbeitenden.

25.2 Die zweite Globalisierungsphase, etwa 1850 bis etwa 1945

25.21 Nachwirkungen des Sklavenhandels: Die auf Sklavenarbeit basierende Plantagenwirtschaft vor allem in Westafrika produzierte weiterhin für den Export: in erster Linie Palmöl und Erdnüsse zur Herstellung von Margarine, einem in der Zweiten Technischen Revolution aufkommenden Lebensmittel (▶ 18.12). Auch Kakao und Kaffee ließen sich in Europa industriell verarbeiten. Dank der Dampfschiffe konnten diese verderblichen Produkte zuverläßig dorthin transportiert werden. Der Handel war damit ebenso in europäischer Hand wie der Zahlungsverkehr. Die in Afrika gebräuchlichen Zahlungsmittel, Manillas (hufeisenförmige Kupferstücke) und Kaurischneckenhäuser, wurden durch europäischen Kupferimport bzw. durch den Massenimport aus den Malediven massiv entwertet. In *Ostafrika* blieben die Beziehungen zu den ebenfalls dominierenden Ländern des Osmanischen Reichs bestehen. Im Gegensatz zum Christentum missionierte der Islam sehr erfolgreich, weil er mit lokalen Händlern verbunden war und sich in die bestehende Gesellschaftsstruktur einbettete. In der *Sahelzone* entstand im 19. Jahrhundert eine Reihe von sogenannten Dschihad-Staaten, deren Herrscher sich der Ausdehnung und Stärkung des Islams verpflichteten.

Der deutsche Geograf *Heinrich Barth*, der zwischen 1850 und 1855 das damals noch fast unbekannte Gebiet zwischen oberem Niger und Tschadsee erforschte, erreichte am 7.7.1851 das Dorf Muglebu im nördlichen Kamerun. In seinem mit selbst gezeichneten Skizzen illustrierten Reisebericht schrieb er: «Dieses Dorf bot uns ein höchst interessantes Gemälde der Fülle dar, welche zu solcher Jahreszeit in diesen Gegenden herrscht. Die Hütten waren von der Fülle wogender, von Regen geschwellter Saat, wovon sie auf allen Seiten umgeben waren, kaum sichtbar. Das Dorf, das aus ungefähr zweihundert Hütten bestand, schien in guten Umständen zu sein.» Immer wieder stößt man in seinem Bericht auf ähnliche Schilderungen. Zur gleichen Zeit durchquerte David Livingstone (1813–1873) das südliche Zentralafrika; auch er war beeindruckt von dem Frieden, der Sicherheit und dem Wohlstand, die dank einem ausgewogenen Sozialsystem in jenen riesigen Räumen herrschten. Solche Berichte widerlegen die zur Rechtfertigung des Imperialismus immer wieder vorgebrachte Behauptung, vor Aufrichtung der europäischen Herrschaft habe das «schwarze Afrika» nur Not, Hunger, Angst, primitive Rückständigkeit und Rechtsunsicherheit gekannt.

Links: *Manilla* («Armreifen») aus Bronze oder Kupfer dienten als Schmuck und gleichzeitig als Zahlungsmittel für größere und kleinere Einkäufe. Das Kupfer stammte wahrscheinlich aus dem Kongo.

Rechts: Die Gehäuse von Kaurischnecken (ca. 1 bis 3 cm groß, links das Innere) waren weltweit das älteste und verbreitetste Zahlungsmittel. Sie wurden in Thailand und den Malediven gesammelt, und so stieg ihr Wert in Afrika in Abhängigkeit von der Entfernung zur Küste. Kaurischneckengehäuse galten als Kleingeld, jedes Exemplar hatte gleichen Wert.

Die massenhafte Einfuhr durch europäische Händler ließ dieses Geld an Wert verlieren; Manillas waren aber bis 1948 im Gebrauch.

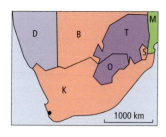

Südafrika während des Burenkriegs (1899–1902)

britisch:
- K: Kapkolonie
- B: Betschuanaland (Botswana)
- S: Swasiland (vor dem Burenkrieg Protektorat von Transvaal)

Burenstaaten:
- O: Oranje-Freistaat
- T: Transvaal
- D: Deutsch-Südwestafrika
- M: Mosambik (port.)

25.22 Erste militärische Übergriffe: Bis 1880 griffen die europäischen Mächte politisch nicht in Afrika ein, aber wenn sich an den Küstengebieten die Gelegenheit durch ein zerfallendes Reich ergab, so nutzten sie diese: In *Nordafrika* zerfiel das Osmanische Reich. Hier eroberte Frankreich 1830 das heutige Algerien und 1882 Tunesien. Ägypten war durch den Bau des Suezkanals (1859–1869) praktisch unter französischen und britischen Einfluss gekommen, verschuldete sich bis zum Bankrott und wurde 1882 britisches Protektorat.

Ebenfalls im Süden, in der niederländischen Kapkolonie, nahm britischer Einfluss zu. Großbritannien hatte die Kolonie 1806 im Krieg gegen Napoleon besetzt (▶ 5.52) und 1833 die Sklaverei verboten. Die niederländischen Farmer, die Buren, wichen darauf in einem «Großen Treck» ins Landesinnere aus. Dort gründeten sie den Oranje-Freistaat und Transvaal. Dabei verdrängten sie die dort ansässige Bevölkerung der Xhosa. Als 1869 und 1886 reiche Diamanten- und Goldvorkommen entdeckt wurden, stieß Großbritannien nach. Nachdem es zwischen 1888 und 1895 die nördlich gelegene Kolonie Rhodesien (heute Sambia und Simbabwe) erobert hatte, konnte es die Buren einkesseln und von Norden und Süden her angreifen. Trotzdem wehrten sich die Buren erbittert gegen die zehnfache Übermacht von fast 500 000 britischen Soldaten. Diese vernichteten, weil die Buren einer offenen Schlacht auswichen, deren Siedlungen, Felder und Herden und internierten die Zivilbevölkerung in Konzentrationslagern. Der Burenkrieg zwischen 1899 und 1902 war nach dem amerikanischen Sezessionskrieg (▶ 7.93) ein zweiter Vernichtungskrieg und damit ein Vorläufer des Ersten Weltkriegs.

Aber nach der Unterwerfung der Buren gelang rasch eine Versöhnung: Schon 1910 wurden die vier Kolonien Kap-Provinz, Natal, Oranje-Freistaat und Transvaal zu einer Föderation zusammengeschlossen, die unter dem Namen «Südafrikanische Union» die Stellung eines Dominions erhielt. Ein Dominion war ein selbstständiger Staat, der aber die britische Krone als Staatsoberhaupt anerkannte und in einem lockeren Bund unter britischer Führung das entstehende «Commonwealth of Nations» bildete (▶ 25.35). So trug die Südafrikanische Union zur Festigung der britischen Position bei.

25.23 Kolonialpläne: Britische Kolonialpolitiker, allen voran Cecil Rhodes (1853–1902) formulierten mit der Kap-Kairo-Linie ein ehrgeiziges Ziel: Eine britische Eisenbahn sollte auf britischem Boden den afrikanischen Kontinent von Nord nach Süd durchqueren.

Frankreich zog nach mit dem Plan, den Kontinent von West nach Ost (Dakar–Dschibuti) zu erschließen.

Das Deutsche Reich, bisher keine Kolonial-, aber eine rasch aufholende Industriemacht (▶ 18.42), versuchte den afrikanischen Kontinent auf kürzerer Linie weiter im Süden zu durchqueren und vor allem die britischen Pläne zu durchkreuzen. Denn es befand sich in zunehmender Konkurrenz zur großen Kolonialmacht.

Generell basierten die Kolonialpläne auf der Konkurrenz der Kolonialmächte untereinander. Die Gründerkrise, eine Wirtschaftskrise zu Beginn der Zweiten Technischen Revolution (▶ 18.41), veranlasste die Regierungen ab den 1870er-Jahren, gewissermaßen auf Vorrat Absatzmärkte zu erobern. Während die bisherige Kolonisierung unter dem Motto «The flags follows the trade» gestanden hatte, kehrte sich das Motto gerade um: Kolonien sollten erobert werden, bevor sie wirtschaftlich erschlossen waren.

«So gaben die Europäer die bewährten Maximen der bisherigen Freihandelspolitik auf, um den Ballon der eigenen Weltmachtansprüche der Steigluft zu überlassen. Steigluft ist indes immer heiße Luft, und die Europäer saßen immer wieder falschen Wahrnehmungen und daraus abgeleiteten völlig illusorischen Berechnungen über die Größe von Absatzmärkten für ihre Produkte auf und legten eine bemerkenswerte Lernunfähigkeit an den Tag. Die Vorstellungen über die großen Märkte im Inneren Afrikas zerplatzten wie Seifenblasen und selbst der Rohstoffreichtum Afrikas wurde, abgesehen von Südafrikas Gold, erst im 20. Jahrhundert erschlossen.»
Christoph Marx (geb. 1957, Professor und Spezialist für afrikanische Geschichte, 2004.

Die Eroberung wurde auch gefördert durch waffentechnische Überlegenheit, durch Abenteuerlust und teilweise das echte Bedürfnis, den scheinbar kulturlosen Völkern die eigene christliche Kultur zu bringen.

25.24 Berliner Kongo-Konferenz, 1884/85: Als der belgische König Leopold II. (1835–1909) das Kongo-Becken für sich persönlich beanspruchte, mussten sich die Kolonialkonkurrenten darüber einigen, nach welchen Regeln ein Gebiet jemandem zufallen sollte. Neben Belgien traten nun Italien und das Deutsche Reich mit Ansprüchen auf den Plan. Unter dem Vorsitz des deutschen Reichskanzlers Bismarck einigten sich die Kolonialmächte in der Berliner Kongo-Konferenz 1885 darauf, dass erst ein effektiv besetztes Gebiet von den andern Mächten zu respektieren sei. Der Kongo wurde am Rand der Konferenz Leopold II. zugesprochen, wobei die andern Mächte sich den freien Zugang zu den großen Flüssen des Kongogebiets vorbehielten. Nicht vertreten waren an dieser Konferenz die afrikanischen Völker, auf deren Rücken der nun einsetzende Wettbewerb ausgetragen wurde.

25.25 «Scramble for Africa»: Schon fünfzehn Jahre später war Afrika bis auf Marokko und Libyen und abgesehen von Liberia und Äthiopien,

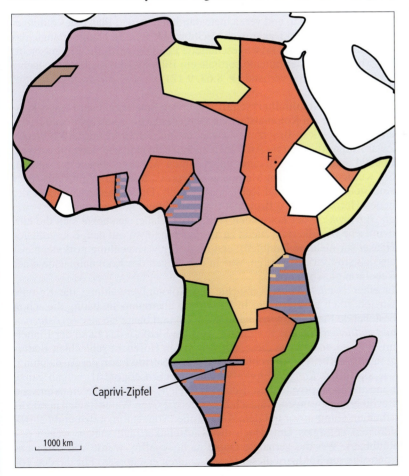

Afrika in der zweiten Globalisierungsphase (generalisiert)
- Britisch
- Französisch
- Italienisch
- Deutsch
- Belgisch
- Portugiesisch
- Spanisch
- Unabhängig (Liberia und Äthiopien)

schraffiert: Abtretung der deutschen Kolonien an Frankreich, Großbritannien/Südafrikanische Union, Belgien

F: Faschoda

Caprivi-Zipfel (seit 2013: Sambesi-Zipfel): Dieser nach dem deutschen Reichskanzler Leo von Caprivi benannte 10 Kilometer breite und 500 Kilometer lange Gebietsstreifen, durch keinen Verkehrsweg erschlossen, bedingte sich das Deutsche Reich 1890 von Großbritannien aus, als es auf Ansprüche auf die Insel Sansibar vor seiner ostafrikanischen Kolonie verzichtete (außerdem erhielt das Deutsche Reich die Insel Helgoland). Caprivi wollte damit eine Verbindung zwischen den beiden deutschen Kolonien einleiten – ein Musterbeispiel für den Schacher um Land und die weitgespannten Kolonialpläne.

Noch heute stellt der Autonomie-Anspruch des Sambesi-Zipfel eine offene Frage für Namibia dar.

Der deutsche Kolonialpolitiker Carl Peters (1856–1918) auf einer Fahrt durch Deutsch-Ostafrika

Peters, Doktor der Philosophie, Bewunderer der britischen Kolonialpolitik, Rassist, schloss als Vertreter der «Gesellschaft für deutsche Kolonisation» in Ostafrika Verträge mit Stammesführern ab, die Bismarck zur staatlichen Garantie und Errichtung der Kolonie veranlassten. Peters wurde deren Reichskommissar.
Als er entdeckte, dass seine schwarze Konkubine ein Verhältnis mit einem schwarzen Diener hatte, ließ er beide hängen und ihre Heimatdörfer niederbrennen. Er wurde abgesetzt, im Deutschen Reich verurteilt, aber erhielt eine Pension vom Kaiser, wurde von Hitler postum rehabilitiert und mit einem Film geehrt.

welche unabhängig blieben, unter den Kolonialmächten aufgeteilt und zerrissen. (Marokko wurde 1911 unter Frankreich und Spanien aufgeteilt und Libyen 1912 durch Italien dem Osmanischen Reich entrissen.)
1898 traf ein französisches Expeditionskorps nach zweijährigem Marsch aus Südwesten in der kleinen Stadt Faschoda ein; wenig später rückte von Norden her ein britisches Expeditionskorps heran. Die Konfrontation der beiden Großen, die Faschoda-Krise, wurde aber einvernehmlich gelöst: Frankreich gab nach und verzichtete damit auf seinen Plan eines durchgehenden Besitzes von Dakar nach Dschibuti (▶ 25.23). Damit erlangte das bis anhin isolierte und krisengeschüttelte Land die britische Freundschaft: 1904 begann mit der Entente cordiale ein Bündnis, das die beiden Mächte im Ersten Weltkrieg verband (▶ 8.63, 9.12).

25.26 Unter Kolonialherrschaft: Nach den Spielregeln der Kongo-Konferenz musste ein Kolonialstaat ein Gebiet effektiv besetzen, um es zu beanspruchen. Diese Besetzung bewies er mit der Erhebung einer Steuer. Zwar waren Abgaben für Afrikaner/-innen nicht neu, aber jetzt mussten sie in Geld und erst noch in einer unbekannten Währung abgeliefert werden. Sie wurden mit brutalen Methoden abgepresst und waren als Haus- oder Kopfsteuer für Arm und Reich gleich hoch. Die Unberechenbarkeit der neuen Herrschaft, ihre Brutalität und Verachtung kennzeichnen die *erste, die Terrorphase* der kolonialen Herrschaft. Dabei versuchte sich die einheimische Bevölkerung zuerst zu arrangieren (etwa mit dem Bau größerer Häuser für mehrere Familien); erst in großer Verzweiflung griff sie, meist aussichtslos, zu den Waffen, was in den Augen der Kolonialmächte einer Rebellion gleichkam.

Aufmarsch am Hererotag in Namibia («Otjiserandu»)

Alljährlich Ende August gedenken die Herero-Nachkommen in der Stadt Okahandja ihrer im Herero-Krieg getöteten Vorfahren. Die Männer treten dabei in Uniformen auf, die denen der deutschen Schutztruppe gleichen. Die Prozession führt zu den Gräbern bekannter Herero – und auch gefallener Deutscher.
Deutschland hat sich 2004 für den Genozid entschuldigt, eine Entschädigung aber abgelehnt.

In einer *zweiten Phase* versuchte die Kolonialverwaltung, die Kolonie wirtschaftlich auszubeuten. In *Westafrika* übernahm sie häufig die schon bestehende Plantagenwirtschaft (▶ 25.21) und baute sie aus. Im *östlichen und südlichen Teil* des Kontinents wies sie Siedlern das Land der Einheimischen zu und zwang diese, auf den neuen Höfen zu schlechten Bedingungen zu arbeiten. Am schlimmsten war die dritte Form der Ausbeutung, wie sie in der *Kongo-Kolonie* vorkam: König Leopold II. vergab ganze Landstriche an private Gesellschaften, welche ihrerseits die einheimische Bevölkerung zwangen, Kautschuk aus den riesigen Waldgebieten heranzuschaffen. Gummi war mit dem Aufkommen von Automobilen und Fahrrädern ein gefragtes Gut. Doch die Kautschukerträge sanken wegen des Raubbaus. Wer die verlangte Quote nicht schaffte, wurde von den nicht kontrollierten Söldnern dieser Gesellschaften erschossen. Für die den To-

Anna Wuhrmann (1881–1971) aus Winterthur arbeitete für die Basler Mission von 1911 bis zu ihrer Gefangennahme durch die Briten 1915 in der deutschen Kolonie Kamerun im Volk der Bamum als Lehrerin. Als Fotografin dokumentierte sie das Leben in der Missionsstation. Zu dieser Fotografie (sie selbst ist hinten unter dem Dach zu sehen) notierte sie für einen Lichtbildervortrag (1917): «Schülerinnen, strickend. Als im August 1914 auch in Kamerun der Krieg ausbrach, da mussten alle Europäer, Kaufleute, Farmer, Beamte und auch die unverheirateten Missionare zu den Waffen greifen. Mit großer Übermacht kamen die Feinde und besetzten zuerst die Küsten, so dass wir ganz von der Heimat abgeschlossen waren. Da fehlte es bei der Truppe bald am Nötigsten. Die Kleider der Soldaten litten sehr und konnten nicht ersetzt werden. Der deutsche Gouverneur ließ im Juni 1915 an alle deutschen Frauen, die noch in der Kolonie waren, die Bitte richten, für die diensttuenden Soldaten Socken zu stricken, 800 Paar. Diesen Gedanken haben meine großen Schulmädchen freudig aufgenommen und in knapp zehn Wochen 125 Paar Socken an die Regierung abgeliefert. Das war ein fröhliches Schaffen und ein frohes Zusammensein. [...] Wir haben mit unserer Arbeit viel Freude gemacht und manchen dankbaren Blick geerntet und hatten die Genugtuung, manchem Soldaten einen Dienst geleistet zu haben.»

ten und Lebenden abgeschlagenen Hände wurde eine Prämie bezahlt. Diese Verbrechen ließen die Bevölkerung im Kongo innert weniger Jahre um 60 Prozent zurückgehen.

Auch andere, nicht direkt gewalttätige Faktoren dezimierten die Bevölkerung: Wegen der gesteigerten Mobilität verbreiteten sich Schlafkrankheit und Malaria rascher, dazu kamen epidemieartig verbreitete Geschlechtskrankheiten und Grippe (etwa die Spanische Grippe 1918/19, ▶ 9.5). Auch Viehseuchen entzogen den Menschen die Lebensgrundlagen.

25.27 Vernichtungskrieg gegen Herero und Nama: Als sich 1904 in Deutsch-Südwestafrika die Herero und Nama, neben der Ausbeutung durch die Siedler von einer Rinderpest geplagt, gegen die deutsche Kolonialmacht erhoben, drängte der Kommandant der deutschen «Schutztruppe», Lothar von Trotha (1848–1920), die Herero in die Wüste Omaheke ab. Sogar Frauen und Kinder ließ er nicht zurückkehren. Vermutlich die Mehrheit des Hererovolkes kam bei diesem als ersten Völkermord des Jahrhunderts bezeichneten Verbrechen um. Auch vom kleineren Volk der Nama, das sich aus Angst vor dem gleichen Schicksal gegen die deutsche Herrschaft auflehnte, kam etwa die Hälfte der Menschen zwischen 1905 und 1906 ums Leben.

Immerhin sorgte die weltumspannende Presse dafür, dass Verbrechen wie im Kongo und in Deutsch-Südwestafrika in Europa und in den USA bekannt wurden. Die deutsche Regierung musste von Trotha 1905 abberufen, und der belgische König Leopold II. auf internationalen Druck hin 1908 seine persönliche Kolonie dem Staat Belgien übergeben.

25.28 Afrika während der Weltkriege: Der Erste Weltkrieg brachte nur den Ersatz der deutschen durch britische und französische Kolonialherrschaft; Deutsch-Südwestafrika wurde dabei Südafrika als Mandat übertragen; dieses war 1911 selbstständig geworden (▶ 25.22). Immerhin standen die neuen Herren unter der Aufsicht des Völkerbunds, und gleichzeitig nahm die Konkurrenz und damit der Druck auf die Kolonien ab. Dies auch, weil die Weltwirtschaftskrise von 1929 bis 1933 sie besonders schwer traf: Die Nachfrage nach ihren Produkten brach ein und führte zu einem Preiszerfall. Die Arbeiterschaft in Afrika nahm zwischen 1931 und 1934 um 50 Prozent ab. 1937 überfiel das faschistische Italien das Kaiserreich Abessinien, und der Zweite Weltkrieg wurde unter anderem dort und in Libyen um die italienischen Kolonien ausgetragen (▶ 13.29). Afrika südlich der Sahara litt unter der Kriegswirtschaft der Kolonialmächte: Lieferung von Rohstoffen zu festgesetzten niederen Preisen, Einschränkung der Absatzmärkte und Lieferung von Soldaten. 1940 waren 10 Prozent der französischen Soldaten Afrikaner; die Südafrikanische Union unterstützte Großbritannien im Kampf um Libyen mit schwarzen Soldaten, rüstete diese aber nur mit Speeren aus.

Die zweite Globalisierungsphase machte zeitlich nur ein kurzes Intermezzo in der langen afrikanischen Geschichte aus. Aber sie hat den Kontinent stark und überwiegend negativ geprägt.

25.3 Die dritte Globalisierungsphase: Politische Unabhängigkeit

«The wind of change is blowing through this continent. Whether we like it or not, this growth of national consciousness is a political fact.»
(Der britische Premierminister Harold Macmillan vor den Parlamenten der Goldküste, heute Ghana, und Südafrika, 1960)

Der «wind of change» wurde nicht nur ein geflügeltes Wort, sondern auch ein Filmtitel und der Titel von mindestens zwölf Songs.

25.31 Strategie der politischen Unabhängigkeit: Kein Kontinent erwartete von der politischen Unabhängigkeit so viel wie Afrika, das sich zu Beginn der dritten Globalisierungsphase fast ganz unter europäischer Herrschaft befand. Innert kurzer Zeit mussten die europäischen Staaten, nun im Kalten Krieg von den USA abhängig, die Kolonien in die Unabhängigkeit entlassen. Aus Kolonien wurden Nationen, aus Verwaltungs- wurden Staatsgrenzen. Und diese Strukturen erwiesen sich als Stolpersteine für die innere Entwicklung (▶ 23.33). In jedem Staat verlief diese anders. Hier eine nach Regionen zusammengefasste Übersicht (Ägypten ▶ 26.3).

25.32 Ehemals französische Maghreb-Staaten: Die französische Siedlerkolonie *Algerien* war seit 1830 das Herz des französischen Kolonialreiches und als «territoire national» ein Teil von Frankreich. Vor dem Zweiten Weltkrieg kontrollierte eine knappe Million europäischer Siedler und Beamter (die «pieds noirs») die sechsfache Zahl von Einheimischen und besaß die ertragreichsten 30 Prozent des Kulturlands. Die Einheimischen waren als Kleinbauern oder Landarbeiter an den Rand gedrängt oder mussten auswandern.

Zwar gestand Frankreich nach der Niederlage in Indochina 1954 (▶ 30.31) seinen Kolonien schrittweise die Unabhängigkeit zu, aber die Herrschaft über Algerien wollte es behaupten. Im Algerienkrieg (1956–1962) kämpfte der «Front de Libération Nationale» (FLN) gleichzeitig gegen die französischen Siedler und die Kolonialmacht Frankreich. Nach einem Sturz der Regierung und nach einer Verfassungsänderung (▶ 16.61) gestand der neue Staatschef Charles de Gaulle der Kolonie 1962 die Unabhängigkeit zu.

Da *Tunesien* und *Marokko* keine Siedlerkolonien waren und als französische Protektorate bereits eine gewisse Selbstverwaltung besaßen, gestaltete sich ihr Übergang zur Unabhängigkeit weit problemloser. Beide Staaten wurden bereits 1956 ohne militärischen Kampf unabhängig.

Entsprechend der Art ihres Unabhängigkeitsprozesses betrieben die drei Maghreb-Staaten in der gespaltenen Globalisierung einen entgegengesetzten Kurs: *Algerien* näherte sich dem Ostblock an, verstaatlichte die meisten französischen Erdöl- und Erdgasgesellschaften und drängte innerhalb der OPEC auf hohe Erdölpreise.

Tunesien und *Marokko* verfolgten dagegen einen prowestlichen Kurs. Tunesien erlebte unter der gemäßigten Präsidentschaft von Habib Bourguiba (1903–2000, Präsident 1957–1987) die ruhigste Entwicklung aller Maghrebstaaten. In Marokko wurde 1957 das Sultanat in ein autoritäres Königtum unter Hassan II. (1929–1999, König 1961–1999) umgewandelt.

Als Spanien 1976 seine Truppen aus der Kolonie *Westsahara* zurückzog, erhob Marokko Anspruch auf das phosphatreiche Wüstenland, das bis 1884 während rund 600 Jahren unter marokkanischer Herrschaft gestanden hatte. Marokko besetzte und annektierte die Westsahara. Daraus entstand ein langer, erbitterter und bis heute nicht gelöster Konflikt zwischen der marokkanischen Besatzungsarmee und der von Algerien unterstützten westsaharischen Befreiungsfront Polisario.

25.33 Ehemals französisches Schwarzafrika: Frankreich hatte die Plantagenwirtschaft in seinen westafrikanischen Kolonien ganz auf die französischen Bedürfnisse und auf den Weltmarkt ausgerichtet. Es entstanden Monokulturen, die teilweise noch heute das Bild dieser Länder prägen: Erdnüsse in Senegal, Kaffee und Kakao in der Elfenbeinküste, Holz in Gabun, Kautschuk in Französisch-Kongo.

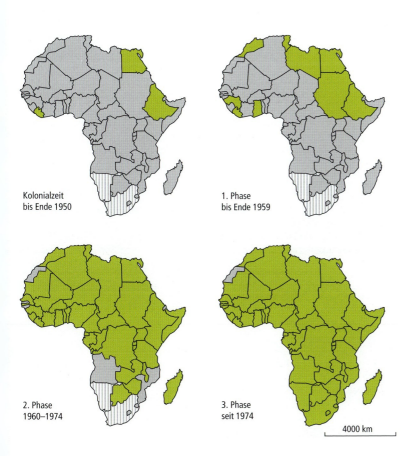

Dekolonisation in Afrika

Die Entkolonisierung Afrikas vollzog sich in drei Phasen:

1. Phase, 1951–1959: Arabisches Nordafrika und britische Goldküste (Ghana); alle diese Gebiete genossen schon längere Zeit weitgehende Selbstverwaltung.

2. Phase, 1960–1974: Alle französischen Kolonien außer Dschibuti, alle britischen Kolonien und Mandatsgebiete außer Süd-Rhodesien; zudem Belgisch-Kongo, Ruanda, Burundi und Spanisch-Guinea (Äquatorialguinea).

3. Phase, seit 1974: Portugiesische Kolonien (Namibia, Mosambik, Guinea-Bissau), spanische Westsahara und französische Kolonien Dschibuti, britisches Süd-Rhodesien (Simbabwe), Namibia (1990 von Südafrika) und Südafrika selbst (im Sinn der Emanzipation aller Einwohner 1994); um die an sich unabhängige Westsahara streiten sich Marokko und Algerien.

Nach dem Zweiten Weltkrieg wollte Charles de Gaulle die Kolonien in einer lockeren «Communauté Française» nach dem Vorbild des englischen Commonwealth zusammenhalten (▶ 25.35). Doch diese strebten die Unabhängigkeit einzeln an und pflegten danach teilweise bilaterale Beziehungen zu Frankreich. Im Senegal, der unter den französischen Kolonien eine bevorzugte Stellung genossen hatte, versuchte der Dichter und Staatspräsident Léopold Senghor afrikanisches Traditionsbewusstsein mit französischer Kultur unter dem Begriff der «Négritude» zu versöhnen. Die Elfenbeinküste öffnete sich der westlichen Globalisierung und erlebte in der ersten Phase nach der Unabhängigkeit ein Wirtschaftswunder mit einem für Afrika ungewöhnlichen Wachstum, allerdings auch mit zunehmender sozialer Ungleichheit. Diese Entwicklung endete in den Achtzigerjahren mit Verschuldung (▶ 25.42) und Zahlungsunfähigkeit.

25.34 Ehemals britische Kolonien in West- und Zentralafrika: Aus klimatischen Gründen hatten sich in den britischen Kolonien unter dem Äquator nur wenige Siedler niedergelassen. Die britische Regierung hatte sich damit begnügt, die Kolonie über einheimische Autoritäten nach dem Prinzip der «indirect rule» (▶ 27.22) zu beherrschen, und das vorkoloniale Patronagesystem unangetastet gelassen (▶ 25.11). Der Sudan wurde 1956, die Goldküste (neu: Ghana) 1957 und Nigeria 1960 unabhängig. Die Probleme zeigten sich erst danach:

Im *Sudan* schlug der 1969 durch einen Putsch an die Macht gekommene Oberst Dschafar an-Numairi (1930–2009) zuerst nach ägyptischem Vorbild einen sozialistischen und dann einen islamistischen Kurs ein. Er führte die Scharia als Gesetzbuch ein. In der Folge entbrannte ein Bürgerkrieg zwischen dem islamischen Norden und dem christlichen und animistischen Süden mit seinen Erdölvorkommen. Der erste dauerte von 1955 bis 1972, der zweite von 1983 bis 2005; zwei Millionen Menschen verloren das Leben. 2011 wurde der Südsudan unabhängig – mit zerstörter Infrastruktur und rund vier Millionen Rückkehrer/Rückkehrerinnen.

Auch in *Nigeria* brach zwischen dem islamischen Norden und dem christianisierten Volk der Igbo in der Provinz Biafra im Nigerdelta ein blutiger Bürgerkrieg aus (1967–1970). Biafra mit seinen Erdölquellen erklärte sich

Léopold Sédar Senghor (1906–2001)

Sohn einer katholischen Grundbesitzerfamilie, Ausbildung in Missionsschulen und in Paris, Professor an französischen Universitäten, bedeutender afrikanischer Dichter, Begründer der Bewegung der «Négritude», 1983 Mitglied der Académie française. 1945–1958 sozialistisches Mitglied der französischen Nationalversammlung, 1952 Staatssekretär in der französischen Regierung; 1960–1980 Präsident und 1962–1970 zugleich Ministerpräsident des Senegal.

Basilika Notre-Dame-de-la-Paix in Yamoussoukro

Der Staatschef der Elfenbeinküste, Félix Houphouët-Boigny, baute während seiner über 30-jährigen Regierungszeit seinen Geburtsort Yamoussoukro prunkvoll zur neuen Hauptstadt aus. Für die 75 000 Einwohner und die 8,5 Prozent Katholiken seines Landes erbaute er die 1990 vom Papst eingeweihte Basilika mit 158 Meter hoher Kuppel ganz nach dem Vorbild des Petersdoms in Rom. 70 000 m^2 Marmor und viele Luxusprodukte aus Europa schmücken das für 18 000 Gläubige berechnete Bauwerk. Die Baukosten von rund 200 Millionen Schweizer Franken sollen angeblich aus dem Privatvermögen des Staatspräsidenten bezahlt worden sein. Dafür ließ sich der Spender auf einem Glasfenster im Gebet kniend verewigen.

für unabhängig, aber die afrikanischen Staaten anerkannten das Land nicht und bestanden auf den Kolonialgrenzen. In 30 Monaten verloren 1,2 Millionen Menschen das Leben. 1970 musste Biafra kapitulieren.

Ghana litt nicht unter diesen Problemen, aber unter periodischen Putschs und despotischen Führern. Der erste, Kwame Nkrumah, war das Idol vieler afrikanischer Politiker der ersten Generation. Er propagierte einen Zusammenschluss aller afrikanischen Länder (Panafrikanismus), die Absage an die europäischen Kolonialmächte, eine rasche Industrialisierung und die Anlehnung an den Ostblock. Er erkannte nämlich eine Verwandtschaft zwischen dem Sozialismus und den Traditionen der afrikanischen Kultur. Allerdings verkam sein Staat zu einer korrupten Diktatur mit übersteigertem Personenkult. Ehrgeizige Industrialisierungs- und Prestigeprojekte verschleuderten die von der Kakao-Monokultur erwirtschafteten Devisen und führten in hohe Verschuldung. 1966 wurde Nkrumah durch die Armee gestürzt.

25.35 Ehemals britisches Ostafrika: In diesem Mittelteil der britischen Kap-Kairo-Linie gestaltete sich der Unabhängigkeitsprozess nicht so einfach, weil sich hier britische Siedler/-innen niedergelassen hatten, die eine Unabhängigkeit unter schwarzer Herrschaft fürchteten. Denn unter der Kolonialherrschaft hatten sie Plantagen (Kaffee, Tee, Sisal) aufgebaut und die einheimische Bevölkerung in unwirtliche Gebiete abgedrängt. Deren Reservate waren so klein, dass schwarze Arbeitskräfte gezwungen waren, auf dem weißen Farmland zu arbeiten.

Trotzdem entschloss sich Großbritannien, Somalia, Kenia, Uganda, Tansania (Tanganjika und Sansibar), Malawi (Njassaland) und Sambia (Nord-Rhodesien) in die Unabhängigkeit zu entlassen; eine Alternative hätte zu blutigen Kriegen geführt, wie es der Aufstand der an den Rand gedrängten und zu Zwangsarbeit auf den Farmen gezwungenen Kikuyu in Kenia (1952–1956) bereits vor Auge geführt hatte. Viele weiße Farmer wanderten aus diesen Kolonien aus.

In *Kenia* betrieb Jomo Kenyatta (1893–1978, Präsident 1963–1978) eine englandfreundliche Politik und wurde dafür mit westlicher Wirtschaftshilfe belohnt. Im rohstoffarmen und wirtschaftlich schwachen *Tansania* steuerte Julius Nyerere (1922–1999, Präsident 1960–1985) einen neutralistischen, unabhängigen Kurs. Mit seinem «Ujamaa»-Sozialismus versuchte er, die afrikanische Tradition mit dem chinesischen Vorbild (▶ 29.33) zu verbinden und beispielsweise die landwirtschaftliche Produktion in neu geschaffenen Dorfzentren genossenschaftlich zu organisieren. Kenneth Kaunda (geb. 1924, Präsident 1964–1991) löste *Sambia* aus südafrikanischer Wirtschaftsabhängigkeit und führte den Staat in eine ruhige Entwicklung.

In *Uganda, Ruanda* und *Burundi* dagegen wüteten Bürgerkriege unter den in kolonialen Grenzen zusammengesperrten Völkern; verschärft war die Situation dieser kleinen Staaten durch eine hohe Bevölkerungsdichte. Der sadistische Diktator Idi Amin Dada (1928–2003) ließ von 1971 bis 1979 im Norden Ugandas 250 000 Menschen der nilotischstämmigen Bevölkerung umbringen.

Einen Sonderweg schlug *Südrhodesien* ein. Hier besaßen 3,5 Prozent Weiße die fruchtbare und besser erschlossene Hälfte des Kulturlandes; die andere Hälfte war Siedlungsgebiet für die 96 Prozent Schwarzen. Diese weißen Farmer erklärten 1965 einseitig ihre Unabhängigkeit und hielten bis 1980 ein Minderheitenregime aufrecht. Erst die Unabhängigkeit der

Kwame Nkrumah (1909–1972)

Sohn eines Goldschmieds im Westen Ghanas, Ausbildung zum Lehrer an einer katholischen Missionsschule, 1935–1945 Studium der Nationalökonomie, Soziologie und Theologie in den USA, Jurastudium in London, 1947 Rückkehr an die Goldküste; kämpfte als Journalist und Parteigründer für die Unabhängigkeit, daher mehrfach im Gefängnis, 1951 Minister in der Kolonialregierung, 1957–1966 Staatspräsident.

Das Commonwealth of Nations

Großbritannien bot den unabhängigen Kolonien den 1931 als «British Commonwealth of Nations» gegründeten lockeren Bund für die weitere Zusammenarbeit an. Er verfügt über keine Satzungen, die Mitglieder verpflichten sich nur, die englische Krone als Staatsoberhaupt anzuerkennen.

Mitglieder (Auswahl):

1931	Australien, Neuseeland, Kanada, Südafrika.
1947	Indien

Größere afrikanische Staaten:

1957	Ghana
1960	Nigeria
1961	Sierra Leone, Tansania
1962	Uganda
1963	Kenia
1964	Malawi, Sambia
1966	Botswana, Lesotho
1968	Swasiland
1990	Namibia
1995	Mosambik
2009	Ruanda

«Zu dieser Unabhängigkeit des Kongo, sogar wenn sie heute zusammen mit Belgien, einem befreundeten Land, mit dem wir von gleich zu gleich verhandeln, gefeiert wird: Kein Kongolese, der dieses Namens würdig ist, wird je vergessen können, dass sie errungen wurde durch Kampf, durch täglichen Kampf, durch zähen und idealistischen Kampf, durch Kampf nicht ohne Entbehrung und Leiden, durch Kampf, für den wir unsere Kraft und unser Blut einsetzten. Wir sind aus tiefstem Herzen stolz auf diesen Kampf, auf die Tränen, das Feuer und Blut; es war ein edler, gerechter und unvermeidbarer Kampf, um der demütigenden, uns mit Gewalt aufgezwungenen Sklaverei ein Ende zu setzen.»

Lumumbas spontane Abrechnung mit dem Kolonialismus an der Unabhängigkeitsfeier in Präsenz des belgischen Königs (▶ Bild 23.33) schockierte damals (und trug wohl dazu bei, dass Belgier Lumumbas Erschießung mitorganisierten).

portugiesischen Kolonien Angola und Mosambik 1975 und als Folge ein von diesen Ländern unterstützter, zäher Guerillakrieg führten 1980 zum Zusammenbruch der weißen Herrschaft und zur Unabhängigkeit Simbabwes. Der neue Machthaber Robert Mugabe (geb. 1924) beschritt einen für Afrika neuen Weg: Er kam den weißen Farmern entgegen und verzichtete weitgehend auf Enteignungen und Landreformen. So verhinderte er die Abwanderung der Weißen und damit eine Krise der stark industrialisierten Wirtschaft. Dieser Weg schien eine neue Variante der Strategie der politischen Unabhängigkeit zu bieten. Allerdings verkam Mugabes Regime in den 1990er-Jahren immer mehr zur Diktatur, welche das Land mit Ineffizienz und Korruption in eine dramatische Wirtschaftskrise führte.

25.36 Ehemals belgisches und portugiesisches Afrika: *Zaire (seit 1998 Demokratische Republik Kongo), der frühere Belgische Kongo*, war von Belgien besonders schlecht auf die Unabhängigkeit vorbereitet worden. So gab es bei der Unabhängigkeit unter den vierzehn Millionen Menschen nur gerade sechzehn mit einer Hochschulausbildung (Theologie ausgenommen). Ferner interessierten sich im Kalten Krieg Ost und West für die Rohstoffvorkommen in diesem aus rund 70 Völkern zusammengesetzten Staat. Schon fünf Tage nach der Unabhängigkeit brach der Bürgerkrieg zwischen dem von der Sowjetunion unterstützten Patrice Lumumba (1925–1961) und den vom Westen unterstützten Joseph Kasavubu (ca. 1910–1969) und Moïse Tschombé (1919–1969) aus. Erst das militärische Eingreifen der UNO mit einer internationalen Streitmacht vermochte die Einheit des Kongos zu retten und die Ordnung wiederherzustellen. Unter der diktatorischen, korrupten und vom Westen unterstützten Herrschaft Mobutus (1965–1997) vermochte Zaire seine staatliche Einheit gegen weitere Abspaltungsversuche erfolgreich zu verteidigen (▶ 34.53).

Die portugiesischen Kolonien *Angola* und *Mosambik* wurden erst nach dem Tod des Diktators Salazar und der «Nelkenrevolution» unabhängig (▶ 16.84). Da sich das benachbarte Südafrika dadurch bedroht fühlte, schürte und unterstützte es mit US-Hilfe Bürgerkriege in beiden Kolonien aufseiten der westlich ausgerichteten Parteien. In Angola setzte sich aber die von der Sowjetunion unterstützte MPLA (Movimento Popular de Libertação de Angola) in einem Bürgerkrieg durch, der bis 2002 dauerte.

Sieger und Verlierer im über 20 Jahre dauernden Kampf zur Befreiung Namibias

Die namibische Befreiungsfront kämpfte in diesem Krieg von Angola aus. Daher verwob der Krieg sich mit dem Bürgerkrieg in Angola, in welchem die südafrikanische Besatzungsmacht ihrerseits von Namibia aus die Aufständischen im Südosten Angolas unterstützte.

Auch in Mosambik tobte 1976 bis 1992 ein Bürgerkrieg, der mit dem Sieg der ebenfalls von der Sowjetunion unterstützten FRELIMO (Frente de Libertação de Moçambique) endete.

Die Bürgerkriege verursachten in den damals ohnehin armen Kolonien wirtschaftliche Zerrüttung und Hungerkatastrophen. 500 000 Menschen in Angola und 900 000 in Mozambik fielen ihnen zum Opfer. Erst mit dem Ende des Kalten Kriegs flauten sie infolge Mangels an Unterstützung ab. Mit dem Sieg schwarzer Regimes in den drei «Frontstaaten» Angola, Simbabwe und Mozambik kam die Südafrikanische Union unter Druck.

25.37 Apartheid in Südafrika ...: Die Südafrikanische Union war bereits 1911 im Rahmen des britischen Commonwealth unabhängig geworden (▶ 25.22) und wurde regiert von den siebzehn Prozent weißen Siedlern, die zum Teil auf eine über 300-jährige Kolonialgeschichte zurückblickten, Afrikaans sprachen und sich als Afrikaner fühlten. Um ihre Herrschaft trotz des Rückzugs der Kolonialmächte abzusichern, verstärkte die weiße Minderheitsregierung nach dem Zweiten Weltkrieg die Trennung nach Hautfarbe. Der «Population Registration Act» von 1950 teilte alle Bewohner/-innen nach diesem Kriterium in Weiße, «coloured» und «native people» ein. Diese Einteilung war willkürlich, denn es gab neben weißer, indischer und schwarzer Bevölkerung eine Menge Mischlinge. Trotzdem wurden Beziehungen und Heiraten unter verschiedener «Rassen» verboten und die öffentlichen Einrichtungen für Weiße und «coloured/native people» getrennt. Dabei erhielten die Weißen die besseren

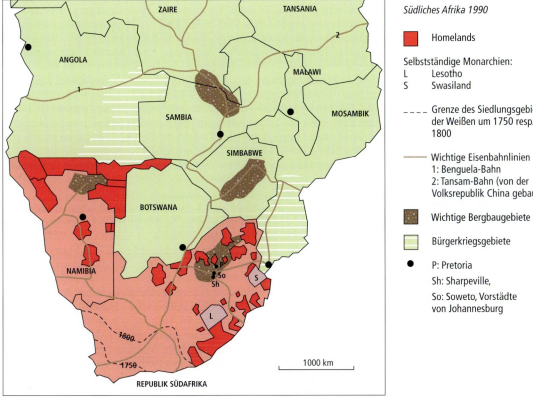

Südliches Afrika 1990

■ Homelands

Selbstständige Monarchien:
L Lesotho
S Swasiland

---- Grenze des Siedlungsgebietes der Weißen um 1750 resp. 1800

—— Wichtige Eisenbahnlinien
1: Benguela-Bahn
2: Tansam-Bahn (von der Volksrepublik China gebaut)

■ Wichtige Bergbaugebiete

□ Bürgerkriegsgebiete

● P: Pretoria
Sh: Sharpeville,
So: Soweto, Vorstädte von Johannesburg

«Je mehr wir die Wirtschaftsfreiheit, die Marktwirtschaft in Südafrika fördern, desto schneller wird die Verbesserung der Menschenrechte und der politischen Grundfreiheiten erreicht.»
So verteidigte der frühere schweizerische Spitzenbeamte und nun Nationalrat *Jean-Pierre Bonny* die Tatsache, dass die Schweiz die Sanktionen der UNO gegen Südafrika nur nach eigenen, nicht streng durchgesetzten Regeln mitmachte. (Die Schweiz war damals noch nicht UNO-Mitglied.)
1963 empfahl und 1976 verhängte die UNO ein für alle Mitglieder der UNO verbindliches Verbot, Waffen oder Waffenbestandteile nach Südafrika zu liefern. Der Bundesrat verfügte zwar auch einen Stopp der Kriegsmaterialexporte, aber ließ die Durchlöcherung des Verbots zu.
Die Schweiz bezog ihrerseits Gold und Uran aus Südafrika; dieses machte im Gegensatz zu den USA keine Vorschriften über die Verwendung des Letzteren. Die Schweiz hätte damit auch Atomwaffen herstellen können (▶ 16.55).

Schulen, Spitäler, Wohnquartiere und Kultureinrichtungen zugesprochen. Diese im Alltag spürbare, die Beziehungen belastende Trennung wurde *«kleine Apartheid» genannt*.
Dazu kam seit den 1950er-Jahren die *«große Apartheid»*, die räumliche Trennung der Menschen nach Hautfarben im großen Stil: Die Weißen erhielten die städtischen und fruchtbaren Gebiete, die Schwarzen wurden in benachteiligte, pro forma für unabhängig erklärte «Homelands» gepresst. 3,4 Millionen Menschen mussten zwischen 1960 und 1980 umsiedeln, darunter 2,8 Millionen Schwarze. Weil sie die Homelands nur zum Arbeiten verlassen durften, galten sie in den Townships (Vorstädten, Slums) der weißen Städte als Ausländer ohne Rechte und mussten ihre Anwesenheit mit Pässen und Arbeitspapieren rechtfertigen.

25.38 ... und ihre Überwindung: Doch die diskriminierte schwarze Bevölkerung kämpfte sich gegen alle Widerstände frei. Schon ein Jahr nach der Unabhängigkeit der Südafrikanischen Union hatten Schwarze 1912 den (seit 1924 sogenannten) «African National Congress» (ANC) gegründet: Sie versuchten Gleichberechtigung durch Assimilation zu erreichen. Durch die Rassentrennung der Nachkriegszeit zurückgestoßen, radikalisierte sich der ANC unter einer neuen Generation von Schwarzen mit ihrem Bewusstsein, dass sie die Mehrheit und die ursprünglichen Bewohner des Landes darstellten. Sie verlangten dementsprechend die Herrschaft. Im Sinn von Mahatma Gandhi und Martin Luther King zogen 1960 mehrere Tausend Schwarze in der Township Sharpeville zum Polizeiposten, um sich wegen fehlender Pässe verhaften zu lassen. Die Polizei schoss in die Menge. Landesweite Proteste dagegen beantwortete die Regierung mit dem Verbot des ANC. 1976 protestierten schwarze Schüler/-innen in Soweto (South-Western-Townships) gegen die Einführung der Unterrichtssprache Afrikaans und wurden zusammengeschossen.
Aber im Zusammenhang mit der Bürgerrechtsbewegung in den USA und der 68er-Bewegung geriet das südafrikanische Regime weltweit ins Abseits. Die UNO verfügte ein Waffen- und Erdölembargo gegen das Land. Dazu kam, dass der auf dem Bergbau basierenden und sich entwickelnden Industrie qualifizierte Arbeitskräfte fehlten. Der ANC dagegen wurde von den Nachbarstaaten Angola, Simbabwe und Mosambik unterstützt. Aus dem von ihm verwalteten Südwestafrika (heute Namibia) zog sich Südafrika erst 1990 zurück, obwohl der Internationale Gerichtshof schon 1971 die südafrikanische Verwaltung für illegal erklärt hatte.
Als Südafrika mit dem Ende des Kalten Kriegs auch seine strategische Bedeutung verlor und das Regime vom Westen fallen gelassen wurde, vereinbarten der weiße Staatspräsident Frederik de Klerk (geb. 1936, 1989–1994) und der ANC-Führer Nelson Mandela (1918–2013, Staatspräsident 1994–1999) einen friedlichen Übergang zu einer Demokratie unter Beteiligung aller Menschen.

De Klerk und Mandela an einer Pressekonferenz am 2.5.1990 in Kapstadt vor Aufnahme der Gespräche zwischen der Regierung und dem ANC

Nelson Mandela war nach dem Verbot des ANC als Führer von dessen bewaffneter Organisation 1962 verhaftet, verurteilt und bis 1990 gefangen gehalten worden.
Die Gespräche führten zu einer «ausgehandelten Revolution».

25.39 Horn von Afrika: Das bis zur italienischen Besetzung 1937 unabhängige Abessinien (ab 1974 nur noch: Äthiopien) wurde es 1941 wieder unter dem Kaiser Haile Selassie. Dieser wurde aber 1974 durch den von der Sowjetunion unterstützten Mengistu Haile Mariam (geb. 1937) gestürzt. Mengistu errichtete in der Folge mit sowjetischer Unterstützung ein stalinistisches Terrorregime, leitete aber auch eine Landreform und die Modernisierung ein. Die Sowjetunion konnte von dort und dank Stützpunkten in

Afrika: Dritte Globalisierungsphase

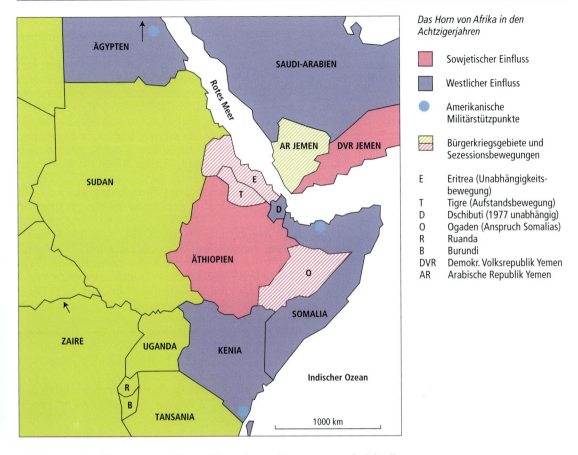

Südjemen den Eingang zum Roten Meer kontrollieren, worauf sich die USA in Somalia und Kenia Einfluss verschafften.
Mit dem Ende des Kalten Kriegs kollabierte das Regime Mengistu, worauf sich die Provinz Eritrea abspaltete und Somalia sich auflöste (▶ 34.54).

25.4 Die dritte Globalisierungsphase: Wirtschafts- und Entwicklungsprobleme

25.41 Erbe der Kolonialherrschaft: Weder durch regionale Zusammenschlüsse (▶ 23.36) noch durch die Bildung von Rohstoffkartellen (▶ 23.37) konnten sich die afrikanischen Staaten in der Nachkriegszeit einen Platz in der Weltwirtschaft verschaffen. Eine Ursache liegt in der einseitigen wirtschaftlichen Ausrichtung der Staaten durch die ehemaligen Kolonialmächte: Diese hatten sie auf die Produktion von Lebensmitteln in Monokulturen oder auf den Abbau von Bodenschätzen ohne Weiterverarbeitung zurückgebunden. In der zunehmenden globalisierten Weltwirtschaft Fuß zu fassen, erwies sich als schwer. Nur Südafrika (Gold, Uran und Diamanten), Libyen und Nigeria (Erdöl) sowie der Kongo (Gold, Diamanten, Kupfer, Coltan) profitierten von diesen begehrten Rohstoffen. Die anderen Staaten wurden gerade durch die Erdölpreissteigerungen von 1973 und 1979/80 zurückgeworfen.

Ein Gegenbeispiel zum üblichen politischen Kurs: Der Sozialist Thomas Sankara (1949–1987) wurde in Obervolta mit 33 Jahren durch einen Putsch Präsident. Er beschnitt die Privilegien der Verwaltung, unterstützte in der Landwirtschaft die Kleinbetriebe und deren Kampf gegen die Desertifikation, förderte die Frauen, bekämpfte die Mädchenbeschneidung und die Polygamie. Er weigerte sich, ausländische Staatsschulden (seiner Ansicht nach ein Instrument der Rekolonialisierung) zurückzuzahlen und rief die andern Staatschefs zur gleichen Maßnahme auf. Obervolta benannte er um in Burkina Faso («Land der Unbestechlichen/Anständigen»). 1987 wurde er ermordet.

25.42 Fehlentwicklungen der Nachkriegszeit: Auch nach der politischen Unabhängigkeit wurde die an sich leistungsfähige Landwirtschaft vernachläßigt. Die meist autoritären Staatsführer setzten auf die städtische Entwicklung, einen großen und bald korrupten Verwaltungsapparat und auf eine teure Armee vor allem zum eigenen Schutz. Die Möglichkeit, sich von einer der beiden Supermächte unterstützen zu lassen, vergrößerte die Fehlinvestitionen. Für ehrgeizige Industrialisierungsprojekte verschuldeten sich viele Länder im Ausland – die reiche Oberschicht legte ihr Vermögen dort an, statt es in die Wirtschaft des eigenen Landes zu investieren. Doch die Industrieprodukte fanden keinen Absatz in der Stagnation nach der Wirtschaftskrise von 1973. 1985 betrug Afrikas Anteil am Welthandel noch vier Prozent. Dafür stiegen die Kosten für die unproduktive Verzinsung und Rückzahlung der Schulden. In den 1990er-Jahren machten sie in vielen Staaten über ein Drittel der Exporterlöse, in einigen gar über die Hälfte aus.

Dazu kam ein massives Bevölkerungswachstum. Bis in die 1960er-Jahre konnte die Landwirtschaft damit Schritt halten und ihre Erträge steigern. Dann aber blieb sie dahinter zurück, und latent drohte immer Hunger. Zwar unterstützten West und Ost in den spektakulären Dürrekatastrophen 1967–1974 (Sahel-Zone) und 1983/84 die Menschen mit humanitären Lebensmittellieferungen. Aber sie drückten damit ungewollt die Preise der noch produzierenden Bauern und Bäuerinnen.

Bei einem durchschnittlichen Bevölkerungswachstum von 3,3 Prozent wuchs die Wirtschaft in Schwarzafrika zwischen 1960 und 1990 nur um jährlich 0,6 Prozent. Der durchschnittliche Lebensstandard lag um 1990 kaum höher als zu Beginn der Unabhängigkeit um 1960.

Eine Katastrophe stellte die Ausbreitung der Immunschwäche AIDS dar. In Afrika südlich der Sahara sind 7,2 Prozent der Menschen infiziert – weltweit sind es 1,1. Die Ausbreitung wird gefördert durch fehlende Mittel für Prävention und Medikamente, durch Tabuisierung der Krankheit und die gleichzeitige Verbreitung anderer epidemischer Krankheiten, die das Immunsystem schwächen (▶ 22.14). In Botswana, dem am stärksten betroffenen Land, ist die Lebenserwartung deswegen von 62 Jahren (1987) auf 37 gefallen (2007).

25.43 Neue afrikanische Gesellschaft: Eine generalisierende Betrachtung der afrikanischen Gesellschaft ist anfällig für Pauschalisierungen. Mit der gebotenen Vorsicht kann gesagt werden, dass das vorkoloniale afrikanische Patronagesystem der damaligen Situation angepasst gewesen war (▶ 25.11). Durch die Kolonialzeit wurde der afrikanischen Gesellschaft das System des Nationalstaats aufgepropft, nicht aber dessen in Europa wesentlichen Begleitentwicklungen: die Mitbeteiligung des Individuums daran und seine selbstverantwortliche Einstellung. Der Staat wurde damit von den Patrons an der Macht missbraucht zugunsten eines Systems der Vergünstigungen für Angehörige, während die demokratische Auseinandersetzung keine historische Grundlage hatte.

Zum nachkolonialen Patronagesystem gehörte auch die Bevorzugung der Stadt- gegenüber der Landbevölkerung. In den Städten wurden eine überproportionale Verwaltung, Prestige- und unrealistische Industrieprojekte großgezogen – dies mit Devisen aus dem Export von Landwirtschaftsprodukten.

26. Naher Osten

26.0 Begriff und Umfang: «Naher Osten» ist eine europäische und eurozentristische Bezeichnung aus dem Zeitalter des Imperialismus. Die geografische Bezeichnung deutet an, dass es sonst kein Abgrenzungskriterium gibt: Zwar sind die meisten Menschen in diesem Raum Araber/-innen, aber auch die iranische Bevölkerung gehört dazu – die arabische des Maghreb dagegen nicht. Zwar ist der Nahe Osten das Kerngebiet des Islam, aber dieser greift weit darüber hinaus und umgekehrt haben sich auch andere Religionen im Nahen Osten niedergelassen. Die Bezeichnung «Middle East» stammt vom amerikanischen Seestrategen Alfred Mahan (1840–1914, 1902) und setzte sich im englischen Sprachraum durch, wird mittlerweile auch in der arabischen und hebräischen Sprache verwendet. Der Nahe Osten bezeichnet die Schnittstelle dreier Kontinente mit einer unterschiedlich großen Ausdehnung. In diesem Werk reicht sie von Ägypten bis und mit dem Iran.

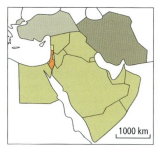

Der Nahe Osten heute, nach überwiegender Staatsbevölkerung

- islamisch, arabisch
- islamisch, iranisch
- islamisch, türkisch
- islamisch, mit rund 40 % christlicher Minderheit
- jüdisch

26.1 Die erste Globalisierungsphase, bis etwa 1850

26.11 Das Osmanische Reich: Der Nahe Osten erlebte in der ersten Globalisierungsphase einen umgreifenden Zusammenschluss unter der Herrschaft des Islam zwischen dem Tod Mohammeds (632) und dem 11. Jahrhundert. Auch in den Raum des heutigen Iran, Iraks und der Türkei einfallende Mongolen wurden zum islamischen Glauben bekehrt und assimiliert. Im Innern der heutigen Türkei expandierte der türkische Stamm der Osmanen, drängte die arabische Herrschaft auf der Arabischen Halbinsel und in Ägypten zurück (1517 Eroberung von Kairo) und eroberte 1453 Konstantinopel, das zu Istanbul wurde. Die Blütezeit lag im 16. Jahrhundert unter der langen Herrschaft Süleymans des Prächtigen (regierte 1520–1566). Nach der Seeschlacht von Lepanto 1571 verlor das Osmanische Reich die Herrschaft im westlichen Mittelmeer, und nach seinem Vorstoß bis Wien (1683) geriet es in die Defensive. Neben Österreich und Venedig begannen

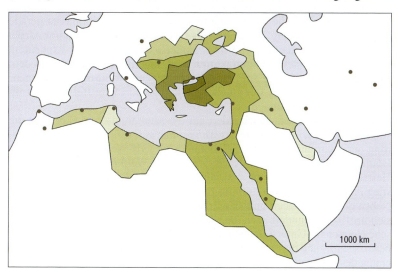

Ausdehnung des Osmanischen Reichs

- 1300–1359: Kerngebiet und Gallipoli
- bis 1451
- bis 1520 (1453 Istanbul; südlicher Balkan, Vorderasien mit Damaskus, Jerusalem, Mekka und Medina, Ägypten)
- bis 1566 (heutiges Ungarn und Rumänien, westlicher Kaukasus, Mesopotamien, heutiges Libyen, heutiges Algerien)
- bis 1683 (heutige Westukraine, Westküste des Persischen Golfes, heutiger Jemen, Tunesien)

Audienz des neuen französischen Gesandten Jean-Baptiste Louis Picon bei Sultan Ahmed III. am 10.10.1724 (Gemälde von Jean-Baptiste van Mour, 1724)

Van Mour (1671–1737) lebte ab 1699 in Istanbul, genoss das Vertrauen des Sultans, malte viele offizielle und auch vertrauliche Empfänge und machte das Osmanische Reich im aufgeklärten Europa bekannt.
Ahmed III. empfing vor der Pforte der Glückseligkeit im Palast Topkapi in Istanbul. Der Palast an erhöhter Lage in der Hauptstadt nahm die doppelte Fläche des heutigen Vatikan ein.
Der Sultan pflegte als Gegengewicht zum expandierenden Russland Verbindungen mit Großbritannien und Frankreich und nahm europäische Errungenschaften (etwa den Buchdruck) auf. Er wurde auf Betreiben konservativer Kreise entmachtet und starb 1736 in Gefangenschaft.
Der Hofstaat rahmt die Audienz ein.

sich auch Polen-Litauen und Russland auf Kosten des Osmanischen Reichs auszudehnen. Russland eroberte die Herrschaft im Schwarzen Meer, und Österreich stieß mit der Annexion der Bukowina über die Karpaten vor.

26.12 Ein vielfältiges, zerbrechliches Großreich: Die sunnitischen Osmanen verzichteten auf die Bekehrung der Unterworfenen; nicht nur die schiitische Glaubensrichtung des Islam, sondern auch andere monotheistische Religionen duldeten sie gegen Abgabe einer Kopfsteuer. Damit waren Andersgläubige auch vom Wehrdienst befreit. Im Gegensatz zur damaligen europäischen Gesellschaft kannte das Osmanische Reich keinen eigentlichen Erbadel. Eine Oberschicht stellte das ursprüngliche Volk der Osmanlis dar.

Entsprechend seiner Lage blühte das Reich vor allem durch den traditionellen Handel über die Kontinente hinweg. Allerdings veranlasste gerade diese Schlüsselstellung, dass Europa sich den Weg nach Asien um Afrika herum suchte und damit den *Transithandel schwächte*. Ferner exportierte es rationell hergestellte Manufakturen ins Osmanische Reich, das ab dem 17. Jahrhundert in Bezug auf Innovationen gegenüber Europa immer mehr ins Hintertreffen geriet. Der Buchdruck konnte dort zum Beispiel erst im 19. Jahrhundert Fuß fassen.

Zusätzlich kam im 18. Jahrhundert auf der saudiarabischen Halbinsel die sunnitische *Reformbewegung der Wahhabiten* auf, welche auf eine Erneuerung des Islam hinsteuerte. Sie lehnten dabei jede Weiterentwicklung des Islam nach Mohammed ab. Nach dem Ersten Weltkrieg errangen sie die Herrschaft in Saudiarabien, und, durch dessen Erdölreichtum begünstigt, stieg ihr Einfluss auf die sunnitische Gemeinschaft des Islam.

Neben der griechischen und slawischen Bevölkerung (▶ 6.24, 7.73) erhob sich im 19. Jahrhundert auch die *arabische Bevölkerung* gegen die osmanische Herrschaft. Unterstützt wurde sie durch ein neu entstandenes Nationalbewusstsein – und durch die europäischen Mächte, die sich von einer Schwächung des Osmanenreichs den Zugriff auf seine Einzelreiche versprachen.

26.2 Die zweite Globalisierungsphase, etwa 1850 bis etwa 1945

26.21 Ägypten: Aus europäischer Sicht war Napoleons Ägyptenfeldzug 1798 ein kurzes Abenteuer, das mit dessen überstürzter Rückkehr nach der Vernichtung seiner Flotte durch die britische zu Ende ging (▶ 5.53). Aber damit begann die Auflösung des Osmanischen Reichs.
Denn das französische Landheer besetzte Ägypten, ein Kernland des Osmanischen Reichs, und konfrontierte dessen Führung mit Errungenschaften wie Postdienst, Buchdruck, Windmühlen und Kartografie. Der türkische Offizier Mohammed Ali (1769–1849) griff diese Reformen auf und machte das Land praktisch vom Sultan unabhängig. Durch verbesserte Bewässerung erhöhte er die landwirtschaftliche Produktion und führte mit der Baumwollproduktion einen Exportartikel ein. Sein Sohn dehnte die ägyptische Herrschaft sogar bis nach Syrien aus, bevor Großbritannien eingriff und Ägypten wieder zurückdrängte.
Mit dem Bau des Suezkanals begab sich Ägypten in die Abhängigkeit zuerst Frankreichs und dann Großbritanniens, das von 1882 bis 1922 Ägypten faktisch beherrschte, aber die Vizekönige unangetastet ließ. Nach dem Abzug der Engländer wurde 1922 die Monarchie ausgerufen. Bis zu deren Sturz im Jahr 1952 wurde Ägypten weiterhin von Mohammed Alis Nachkommen regiert.

26.22 Der «kranke Mann am Bosporus»: 1830 begann Frankreich mit der Eroberung von Algerien. Russlands und Österreich-Ungarns Druck auf den Balkan und die Meerenge nahm während des ganzen Jahrhunderts zu (▶ 7.62, 7.73). 1852 prägte Zar Nikolaus I. den Begriff vom «kranken Mann (am Bosporus)», von dessen Schwäche man profitieren solle, den man aber nicht fallen lassen könne, weil sich sonst die Interessen der Mächte unheilvoll überschneiden würden.
Diese interessierten sich erstens wie schon seit Jahrhunderten für das, was das Osmanische Reich auszeichnete: die Verbindung zwischen den Kontinenten, von Europa nach Asien und an die afrikanische Ostküste. Mit dem Suezkanal (1869) wurde dieser Transit noch attraktiver. Zweitens barg das Osmanische Reich den Treibstoff für die Zweite Technische Revolution: das Erdöl (▶ 18.11).

26.23 Die Auflösung des Osmanischen Reichs: Das Ende des Osmanischen Reichs kam mit seiner Parteinahme für die Mittelmächte im Ersten Weltkrieg (▶ 10.15). Bereits während des Kriegs hatten Großbritannien und Frankreich die arabische Bevölkerung zum Aufstand gegen die osmanische Herrschaft ermuntert und dabei unterstützt. Sie stellten den Aufständischen die Unabhängigkeit in Aussicht, aber verständigten sich schon 1916 in einem geheimen Abkommen (Sykes-Picot-Abkommen) über die Aufteilung des Osmanischen Reichs. 1917 stellte der Außenminister Lord Arthur J. Balfour ferner der zionistischen Bewegung Palästina als neues jüdisches Territorium in Aussicht (▶ 9.23, 10.15).
Im Friedensvertrag von Sèvres wurde das zerfallene Osmanische Reich 1920 formal aufgelöst: Die Türkei in Kleinasien und das sich bildende Saudiarabien auf der Arabischen Halbinsel wurden selbstständig, deren Küstengebiete am Persischen Golf und am Indischen Ozean sowie Mesopotamien kamen unter britische, Syrien und der Libanon unter französische Herrschaft (▶ 10.15). Letzterer wurde als damals noch mehrheitlich christlicher Staat unabhängig; Großbritannien entließ 1922 Ägypten, 1930

Turkey Limited (Türkei, Gesellschaft mit beschränkter Haftung), Karikatur der britischen Satirezeitschrift «Punch», 28.11.1896

Sultan Abdülhamid II. muss von einem Plakat Kenntnis nehmen, wonach sein Reich in ein Unternehmen mit dem Aktienkapital von fünf Mio. Pfund umgewandelt wird. Seine Reaktion in der Legende: «Um Gottes Willen! (Bismillah!) Mich in eine Kapitalgesellschaft umwandeln? Mmh – ah – Ich nehme an, sie werden mir nach der Verteilung einen Vorstandsposten zugestehen.»

Thomas Lawrence (1888–1935), 1915

Der sagenumwobene Lawrence of Arabia war in Wirklichkeit ein britischer Offizier, der wegen seiner Arabischkenntnisse den arabischen Aufstand unterstützte. Erbittert über die gebrochenen britischen Versprechen lehnte er jede Ehrung ab und diente unter falschem Namen als gewöhnlicher Soldat.
Zum Mythos wurde er durch den Film «Lawrence of Arabia» von 1962.

Erlangung der Unabhängigkeit

1920	Nedschd (seit 1932: Saudiarabien)
1922	Ägypten
1930	Irak
1934	Jemen («Nord-Jemen»); de facto schon 1918
1941	Syrien
1946	Transjordanien (seit 1948: Jordanien)
1951	Oman
1961	Kuwait
1967	Volksrepublik Jemen («Süd-Jemen»)
1971	Bahrain
1971	Katar
1971	Vereinigte Arabische Emirate

den Irak und 1946 das heutige Jordanien in die Unabhängigkeit und zog sich 1936 zugunsten einer privaten Gesellschaft aus der Suezkanalzone zurück.

26.3 Die politischen Kräfte in der dritten Globalisierungsphase

26.31 Gemeinsames Erbe: Nach dem Zweiten Weltkrieg ließ sich die imperialistische Position wie in Afrika so auch im Nahen Osten nicht mehr halten. Im Unterschied zu den afrikanischen Staaten wurden aber hier Mandatsgebiete unabhängig, welche praktisch alle auf einer gemeinsamen Religion, dem Islam, aufbauten, meist auf eine gemeinsame Vergangenheit im Osmanischen Reich zurückblicken und vielfach durch die Erdölvorkommen zu großem Reichtum kamen. Diese Gemeinsamkeiten drückten sich in drei großen politischen Strömungen aus, die in unterschiedlicher Intensität verschiedene Staaten prägten.

26.32 Panarabismus: Das Gefühl, als Araber von den türkischen Osmanen unterjocht worden zu sein, prägte die Unabhängigkeitsbestrebungen der arabischen Staaten im Osmanischen Reich. Panarabische Bewegungen hatten sich schon nach dem Ersten Weltkrieg in Saudiarabien, Jemen und im Irak durchgesetzt, und gleich 1945 wurde die Arabische Liga gegründet. Nach dem Zweiten Weltkrieg gewann der Panarabismus mit dem ägyptischen Präsidenten Gamal Abdel Nasser (1908–1970) einen prominenten Anführer. Nasser stürzte 1952 den ägyptischen König Faruk I. und wandelte Ägypten in eine Republik um. Er sah sein Land als Vorreiter für eine Vereinigung der arabischen Staaten: 1958 bis 1961 schlossen sich Syrien und Ägypten unter seiner Führung zusammen.

Eine panarabische Union sollte nach Nasser auch in der Weltpolitik eine gewichtige Rolle spielen: Er machte sich zu einem Sprecher der blockfreien Staaten (▶ 23.34). Selbst ließ er sich von der Sowjetunion unterstützen, ohne aber auf deren Kurs zu gehen.

Gamal Abdel Nasser (1918–1970)

Sohn eines Postbeamten; Militärakademie, Generalstabsoffizier, Führer des Offiziersbundes, der 1952 König Faruk I. stürzte; seit dem Sturz des Staatspräsidenten Nagib 1954 Ministerpräsident, 1956–1970 gewählter Staatspräsident.

26.33 Suez-Krise, 1956: Diese Haltung kam Nasser zugute, als er 1956 den Suezkanal verstaatlichen und damit der (vorwiegend britisch-französischen) Privatgesellschaft wegnehmen wollte (▶ 26.23). Er reagierte damit auf die Einstellung der Kredite für den Bau des Assuan-Staudammes seitens der Westmächte.

Sofort, aber in Absprache mit Großbritannien und Frankreich, griff Israel den Suezkanal an, und die beiden andern Mächte suchten Nasser durch massive Angriffe zu stürzen, wobei die USA nicht mitmachten. Die Sowjetunion hingegen unterstützte Nasser. Zwar unterblieb die Verstaatlichung des Suezkanals, aber Nassers diplomatischer Erfolg gegen die beiden traditionellen Kolonialmächte stärkten sein Ansehen. Im Schatten dieser Krise warf die Sowjetunion den Ungarnaufstand nieder (▶ 15.41).

26.34 Baath-Bewegung: In Syrien und im Irak entstand im Zusammenhang mit der Unabhängigkeit eine Bewegung, die sich mit dem Panarabismus teilweise deckte, aber vorweg in den gebildeten Oberschichten Anklang fand: Die Baath-Bewegung (Baath: arabisch für «Wiedergeburt») war geprägt von den drei Begriffen «Freiheit, Einheit und Sozialismus»: *Freiheit* vom imperialistischen Joch der britischen und französischen Kolonialherren, *Einheit* aller arabischen Völker zur Überwindung der von den Kolonialmächten teils willkürlich gezogenen Grenzen und der traditionellen ethnischen Gegensätze; schließlich *arabischer Sozialismus* mit dem Ziel einer demokratisch-säkularen Gesellschaft nach europäischem Vorbild; dieses Ziel sollte erreicht werden durch Landreform, Industrialisierung, Sozialstaat und teilweiser Emanzipation der Frau. Im dritten Punkt wich die Baath-Bewegung am deutlichsten von Panarabismus ab.

In Ägypten verbot deshalb Nasser die mit der Baath-Bewegung weitgehend übereinstimmende Wafd-Partei. Diese näherte sich in der ägyptischen Revolution der Muslimbrüderschaft an (▶ 34.63).

In Syrien und dem Irak kamen Offiziere der Baath-Bewegung 1963 fast gleichzeitig an die Macht, in Libyen 1969 der damalige Hauptmann Muammar al-Gaddafi (1942–2011). In den drei Staaten sicherten sie sich die Macht mit einer Mischung von sozialstaatlichen Maßnahmen, panarabischer Rhetorik und brutaler Unterdrückung. In Syrien nutzten Hafiz al-Assad (1930–2000, Staatspräsident 1970–2000) und sein Sohn Baschar al-Assad (geb. 1965, Staatspräsident seit 2000) den religiösen Gegensatz zwischen Alawiten und sunnitischer Mehrheit, im Irak Ahmad al-Bakr (1914–1982, Präsident 1968–1979) und Saddam Hussein (1937–2006, Präsident 1979–2003) den Gegensatz zwischen Sunniten und schiitischer Mehrheit.

Vor allem der Irak und Libyen profitierten von reichlich fließenden Einnahmen aus der Erdölförderung, nutzten sie zur populistischen Unterstützung der Bevölkerung, ohne dieser weitere Mitbestimmung in den Einparteidiktaturen zu gewähren. Ihre Macht sicherten die Diktatoren durch einen umfangreichen und privilegierten Familienclan ab.

26.35 Islamischer Fundamentalismus (Islamismus): Obwohl der Islam die gemeinsam akzeptierte Religion des Nahen Ostens darstellt, bildeten sich erste fundamentalistische Gruppen im Widerstand gegen die herrschenden Regierungen. Sie befürworteten nämlich eine Ordnung der Gesellschaft, Wirtschaft und Politik nach Koranvorschriften in der ursprünglichen Interpretation. Die Vorschriften der Scharia sollten Gesetz werden. Islamistische Gruppen lehnten die Verwestlichung und Modernisierung ab: Individualismus, Trennung von Kirche und Staat und Frauen-Emanzipation. Diese Ablehnung der europäischen Zivilisation und die Suche nach Identität in der eigenen Tradition war keine ausschließlich islamistische Erscheinung, sondern manifestierte sich bei vielen ehemals kolonisierten Völkern, so etwa im hinduistischen Indien oder in Afrika. Es ist üblich, den Begriff «Fundamentalismus», der ursprünglich in der protestantischen Theologie eine strenge Offenbarungs- und Bibelgläubigkeit bezeichnete, auch für diese reaktionäre islamistische Bewegung zu verwenden. Die Wissenschaft spricht eher von Islamismus.

26.36 Umsturz im Iran, 1979: Die islamistische Richtung setzte sich dementsprechend am eindeutigsten in demjenigen Staat durch, dessen Regierung am meisten dem Westen zuneigte, im Iran. Dieser hatte den imperialistischen Zugriff von Großbritannien und Russland mit einigen Gebietsverlusten überstanden und war während der Weltkriege nur vorübergehend von diesen Mächten besetzt worden. Die Schah-Dynastie der Pahlavi (Reza, 1878–1944, Schah 1925–1941, und Mohammad Reza, 1919–1980, Schah 1941–1979) führte das durch Erdöl reich gewordene Land nach dem Vorbild der Türkei unter Kemal Atatürk (▶ 10.64) in eine

Islamischer Fundamentalismus, Islamismus

Sayyid Qutb (geb. 1906, hingerichtet 1966), der geistige Führer der ägyptischen «Moslem-Bruderschaft»:
«Die Menschheit steht heute vor dem Abgrund. [...] Der Verfall der Werte ist das Merkmal hierfür. [...] Besonders im Westen, der über keinerlei Werte mehr verfügt, ist dieser Verfall am auffälligsten, sodass der Westen seine Existenzberechtigung verloren hat, nachdem seine demokratischen Systeme ihren Bankrott deutlich gezeigt haben. [...] Die Menschheit benötigt eine neue Führung. Der Führung der Welt durch den weißen Mann steht ihr Ende bevor. [...] Nur der Islam und alleine er ist im Besitz der Werte und des Lebenswegs, der erforderlich ist.»

Die Aufnahme zeigt Sayyid Qutb in einem Kairoer Gefängnis im November 1965.

Ayatollah Chomeini (1900–1989)

Sohn eines schiitischen Geistlichen, Lehrer an der geistlichen Hochschule von Ghom; 1963 als führender Gegner des Schahs verhaftet, 1964 ausgewiesen ins Exil (Türkei, Irak, Frankreich); 1979 triumphale Rückkehr nach Teheran; durch den von ihm geleiteten «Islamischen Revolutionsrat» kontrollierte er in der Folge den Verlauf der Revolution und die staatlichen Institutionen.

westliche Zukunft: Mohammad Reza hob den feudalen Großgrundbesitz auf, privatisierte Staatsbetriebe, um die Großgrundbesitzer zu entschädigen, förderte die Bildung und verschaffte Frauen politische und zivile Rechte. Auf der anderen Seite verfolgte sein Geheimdienst SAVAK mit Foltermethoden nicht nur Kommunisten im Rahmen des Kalten Kriegs, sondern auch die Geistlichen, die sich gegen die Säkularisierung des Irans wandten.

Dieser Widerspruch zwischen der Modernisierung von Wirtschaft und Gesellschaft und der Repression entfremdete den Schah vom Volk. Die schiitische Geistlichkeit unter dem ins Exil vertriebenen Ayatollah, Ruhollah Chomeini (1902–1989), nutzte den Gegensatz für ihr Programm einer Rückkehr zum fundamentalistisch interpretierten Islam. In den 1970er-Jahren entfremdete sich der Schah ferner gegenüber dem Westen, weil er im Rahmen der OPEC die Erdölpreise kräftig anhob (▶ 23.37). So unterstützten ihn die USA nicht, als er 1979 zum Verlassen des Landes gezwungen wurde und Chomeini aus dem Exil zurückkehrte.

Die neue islamistische Regierung schlug einen 1979 extrem anti-westlichen Kurs ein: Weil der Schah in den USA medizinisch behandelt wurde, nahm das Regime die amerikanische Botschaft in Geiselhaft. Eine amerikanische Befreiungsaktion scheiterte, und die USA mussten 52 Geiseln nach über einem Jahr freikaufen. Chomeinis Islamismus isolierte den Iran auch innerhalb des Nahen Ostens. Er stand in diametralem Gegensatz zu Ägyptens Verständigung mit Israel zur gleichen Zeit (▶ 26.48).

26.37 Irak-Iran-Krieg, 1980–1988: Die vorübergehende Schwächung des Irans durch die islamistische Revolution nutzte der irakische Diktator Saddam Hussein: Neben der Differenz in der politischen Ausrichtung und der Furcht, der Islamismus könnte auf die schiitische Bevölkerungsmehrheit des Irak übergreifen, bewog ihn der Aufstand der arabischstämmigen, erdölreichen Provinz Chuzestan im Iran, die Konflikte um die Grenze am Unterlauf des Flusses Schatt al-Arab und die Aussicht auf westliche Hilfe zum Angriff. Denn der Westen und die arabische Welt war wegen der islamistischen Revolution im Iran alarmiert. So griff die irakische Armee 1980 mit hochgerüsteten Kräften an und besetzte einen Teil der Provinz Chuzestan. Der Iran mobilisierte schlecht ausgerüstete, aber hochmotivierte Sol-

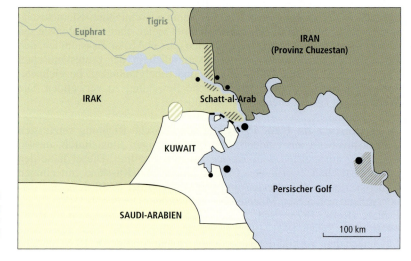

Iran-Irak-Krieg (1980–1988)

 1986–1988 durch iranische Truppen besetzte Gebiete

 Irakische Luftangriffe

• Wichtige Ölverladestationen

 Umstrittenes Ölfeld von Rumailah (▶ 34.31)

Der Grenzkonflikt am Schatt al-Arab («Küste der Araber») drehte sich um die Frage, ob die Grenze am iranischen Ufer verlaufe oder im Talweg der Schifffahrt, wie sonst üblich.

Iranische Frauen bereiten für Soldaten das Essen zu.

Um möglichst viele Männer an die Front schicken zu können, bot das iranische Regime Frauen auf. Diese mussten in Frontnähe Dienst leisten. Ferner dienten Fotografien wie diese dazu, Wehrwillen und Einigkeit unter dem islamistischen Regime zu demonstrieren.

daten in großen Massen. Diese drängten die irakischen Armeen über die Grenze zurück, sodass die Hauptkämpfe auf irakischem Gebiet stattfanden. Der Westen und die arabischen Staaten unterstützten den Irak, während der Iran von der Sowjetunion, China, Vietnam und Libyen Waffen erhielt. Der Krieg wurde mit der Bombardierung ziviler Städte und dem Einsatz von Giftgas durch den Irak zunehmend brutaler. Wahrscheinlich eine Million Menschen verloren das Leben. 1988 endete der Krieg durch einen Waffenstillstand und dem Status quo ante. Irak war nun ein hochgerüstetes Land unter einem Diktator, der schon den nächsten Krieg plante, umso mehr, als er durch den Krieg stark verschuldet war (▶ 34.31).

26.4 Der Palästinakonflikt

26.41 Wurzeln: Der Konflikt zwischen Israel und der arabischen Palästinenserbevölkerung um das Land Palästina bildet den Kern der Konflikte im Nahen Osten. Auch dieser Konflikt hat mit der Globalisierung zu tun, er entstand nämlich aus einem in Europa ungelösten Problem. Die Ausgrenzung von Jüdinnen und Juden im 19. Jahrhundert veranlasste die zionistische Bewegung um Theodor Herzl zur Suche nach einer eigenen Heimat (▶ 8.56). Palästina als Gebiet, aus dem die restliche jüdische Bevölkerung im Jahr 70 n. Chr. vertrieben worden war, erschien ihnen als das «Gelobte Land».

Während des Ersten Weltkriegs, 1917, erhielt die zionistische Bewegung vom britischen Außenminister Balfour das Versprechen auf eine «Heimstätte in Palästina» (▶ 10.15). Balfour wollte damit die Unterstützung der jüdischen Bevölkerung für die britischen Kriegsanstrengungen gewinnen. Balfours Versprechen wurde im Palästina-Mandat des Völkerbunds festgehalten und war damit völkerrechtlich verpflichtend. Allerdings stand es im Widerspruch zu den wiederholten britischen Zusicherungen gegenüber den arabischen Verbündeten auf Selbstbestimmung.

In Palästina lebte damals eine seit dem 7. Jahrhundert ansässige arabisch-muslimische Bevölkerung zusammen mit rund zehn Prozent Jüdinnen und Juden (ferner eine arabisch-christliche Minderheit). Das arabisch-jüdische

Kibbuz: genossenschaftlich organisierte Dorfsiedlung zum Landwirtschaftsbetrieb und zur Verteidigung gegen die umliegenden Arabersiedlungen. Nach der Gründung des Staates Israel ging die Kibbuzbewegung zurück, prägte aber die Gründergeneration.

Verhältnis war in den über tausend Jahren zwar nicht immer konflikt- und gewaltfrei gewesen, doch im Vergleich zu den Verfolgungen in Europa lebte die jüdische Bevölkerung im Nahen Osten sicher.

Unter dem Einfluss der britischen Mandatsmacht, ihres jüdischen Hochkommissars und der Verfolgung im nationalsozialistischen Deutschen Reich (▶ 12.38) wanderten nach dem Ersten Weltkrieg deutlich mehr Juden und Jüdinnen in Palästina ein. So wuchs dort ihr Anteil bis zum Zweiten Weltkrieg auf ein Drittel der Bevölkerung. Großbritannien förderte anfangs diese Entwicklung in der Annahme, ein zahlenmäßiges Gleichgewicht garantiere eher ein friedliches Zusammenleben.

Doch die jüdischen Einwanderer brachten europäische Kultur, neue Formen des gemeinschaftlichen Zusammenlebens (Kibbuzzim), moderne technische Kenntnisse und Kapitalhilfe der zionistischen Bewegung nach Palästina. Sie kauften systematisch Land auf und betrieben eine moderne, produktive Landwirtschaft. So vergrößerte sich das wirtschaftliche und soziale Gefälle zwischen ihnen und den arabischen Palästinensern. Es führte schon damals zu Kleinkriegen unter den beiden Bevölkerungsgruppen. Zwischen 1936 und 1939 erhoben sich die Palästinenser/-innen erfolglos gegen die Mandatsmacht Großbritannien, worauf dieses die jüdische Einwanderung beschränkte.

26.42 Israels Unabhängigkeit und Erster Nahostkrieg, 1948: Während des Zweiten Weltkriegs war Großbritannien wieder auf jüdische Unterstützung angewiesen und lockerte deshalb die Einwanderungsbeschränkungen. Es übertrug die Organisation der Einwanderung der Jewish Agency und führte damit de facto eine jüdische Selbstverwaltung in Palästina ein. Nach Kriegsende versuchte Großbritannien, trotz weltweiter Empörung über den deutschen Völkermord an den Juden und Jüdinnen, diese Zugeständnisse wieder rückgängig zu machen. Denn die wiedergewonnene Unabhängigkeit arabischer Völker und der Panarabismus (▶ 26.32) verstärkten den palästinensischen Widerstand. Der auf beiden Seiten mit Terrormethoden geführte Kampf zwischen jüdischen und arabischen Bewohnern Palästinas und der Kampf beider gegen die Mandatsmacht eskalierten. Als Großbritannien sich nicht mehr zu helfen wusste, gab es 1947 das Mandat der UNO zurück. Die UNO-Generalversammlung beschloss – unter dem Einfluss der USA, aber auch mit Zustimmung der Sowjetunion – die Teilung Palästinas in einen jüdischen (israelischen) und einen arabisch-palästinensischen Staat. Palästina sollte allerdings eine wirtschaftliche Einheit bleiben und die für beide Religionen heilige Stadt Jerusalem unter internationaler Verwaltung stehen.

Die arabischen Staaten lehnten diese Lösung kategorisch ab. Am Tag nach dem Mandatsende, am 15. Mai 1948, proklamierte der erste Ministerpräsident, David Ben-Gurion (1886–1973) einen souveränen Staat Israel. Die Arabische Liga griff Israel von allen Seiten an, unterlag jedoch. Israel dehnte sein Staatsgebiet über die von der UNO vorgesehenen Grenzen hinaus. Dem von der UNO vermittelten Waffenstillstand folgte allerdings kein Friede: Die arabischen Staaten anerkannten den Staat Israel nicht, und Israel ließ die palästinensischen Flüchtlinge nicht in ihre Heimat zurückkehren. Weil auch die arabischen Staaten diese nicht integrierten, blieb über eine Million Palästinenser in den von der UNO betreuten Flüchtlingslagern der umliegenden arabischen Länder. Der 15. Mai wurde somit gleichzeitig zum israelischen Nationalfeiertag und für die Palästinenser zum Gedenktag an die «Nakba», die Katastrophe.

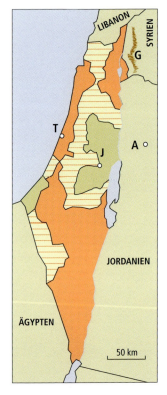

Israel: Teilungsplan 1947 und Staatsgrenzen 1948

- Israel nach dem Teilungsplan
- Israelische Gewinne gegenüber dem Teilungsplan
- Palästinensergebiete (Westbank unter jordanischer, Gazastreifen und ägyptischer Verwaltung)

A: Amman
G: Golanhöhen
J: Jerusalem (nach Teilungsplan neutralisiert, nach dem Krieg geteilt)
T: Tel Aviv

Die nicht von Israel eroberten Gebiete Palästinas fielen größtenteils an Transjordanien, das fortan den Namen Jordanien trug; der Gazastreifen kam unter ägyptische Verwaltung.

Israel entwickelte sich dank beeindruckendem Pioniergeist, internationaler Hilfe und intensiver jüdischer Einwanderung rasch zu einem Vorposten westlicher Wirtschaft und Technologie im Nahen Osten.

26.43 Zweiter Nahostkrieg, 1956: Der Suezkonflikt von 1956 (▶ 26.33) galt nicht der direkten Auseinandersetzung zwischen Israel und den Palästinensern, sondern dem Suezkanal. Da die Supermächte auf Frieden drängten, konnte die bereits siegreiche israelische Armee die Suezkanalzone nicht besetzen. Zum Schutz der israelischen Schifffahrt im Golf von Akaba und zur Überwachung der Grenzen wurden immerhin UNO-Truppen stationiert.

Der Nahe Osten war damit auch in den Kalten Krieg einbezogen. Die Sowjetunion hatte mit ihrer Unterstützung Ägyptens unter den arabischen Völkern viel Sympathie gewonnen und unterstützte panarabische Regierungen. Als Gegengewicht erblickten die USA in Israel ihren Partner, der den amerikanischen Einfluss und damit die Stabilität in diesem Raum sichern sollte. 1957 verkündete der amerikanische Präsident die «Eisenhower-Doktrin», die den Staaten im Nahen Osten amerikanische Hilfe zusicherte «gegen jedes Land, das vom internationalen Kommunismus kontrolliert wird». Und schließlich intervenierten amerikanische Marineinfanterie im Libanon und britische Fallschirmjäger in Jordanien zum Schutz der bedrohten Regierungen.

Ein palästinensisches Mädchen trägt am *Nakba-Erinnerungstag* in Hebron 2010 ein Schild mit der Aufschrift «Sicher werden wir zurückkehren, Palästina» und mit dem Schlüssel zum Öffnen des «Hauses Palästina» vor sich her.

26.44 Dritter Nahostkrieg (Sechstagekrieg), 1967: Die UNO-Vermittlung hatte zwar den zweiten Nahostkrieg von 1956 beendet, aber keine dauerhafte Lösung der Streitfragen gebracht. Im Mai 1967 benutzte der ägyptische Präsident Nasser die Verstrickung der USA in den Vietnamkrieg: Gedeckt durch Absprachen mit den anderen arabischen Staaten und mit der Sowjetunion, zwang er das am Südende der Sinai-Halbinsel stehende UNO-Detachement zum Abzug und sperrte den Golf von Akaba für

Die drei israelischen Fallschirmjäger, Zion Karasenti, Itzik Jifat und Chaim Oschri am 5.6.1967 vor der Klagemauer in Jerusalem (links).
Fotografie von David Rubinger. Rubinger fand das Foto mit den abgeschnittenen Personen und der schiefen Kameraachse missglückt, aber es wurde, von der Regierung verteilt, zum Symbolbild für den israelischen Sieg im Sechstagekrieg.
40 Jahre später trafen sich der Choreograf Karasenti, der Gynäkologe Jifat und der Enzymfabrik-Direktor Oschri erneut vor der Klagemauer.

Der Nahe Osten nach dem dritten Nahostkrieg von 1967 (links)

- 🟧 Israel seit 1949
- 🟨 Von Israel 1967 besetzte Gebiete
- --- Waffenstillstandslinie nach dem vierten Nahostkrieg, Oktober 1973
- .... Rückzug Israels aufgrund der Truppenentflechtungsabkommen von 1974/75
- 🟨 Im Camp-David-Abkommen 1979 von Israel zurückgegeben und bis 1982 geräumt
- 🟦 Stationierung von UNO-Truppen nach 1979

Die Palästinenser (rechts) (um 1990 in Tausend)

750 in Israel
1500 unter israelischer Besatzung
2779 im Exil (davon in arabischen Ländern: 2579)

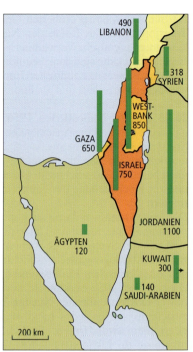

Golda Meïr (1898–1978)

Geboren in Kiew, 1906 in die USA, 1921 nach Palästina ausgewandert; Arbeit im Kibbuz, in Gewerkschaft, Frauenbewegung und Jewish Agency; verschiedene Ministerämter, 1966–1968 Führerin der Mapai-Arbeiterpartei, 1969–1974 Ministerpräsidentin.

Israels Handel. Überraschend griff darauf Israel seine arabischen Nachbarstaaten an. Dank der völligen Luftüberlegenheit, die Israels Luftwaffe schon nach wenigen Stunden erkämpft hatte, eroberte Israel in einem «Sechstagekrieg» von Ägypten den Gazastreifen und die ganze Sinai-Halbinsel bis zum Suezkanal, von Syrien die militärisch wichtigen Golanhöhen und von Jordanien den Ostteil Jerusalems und die «Westbank», das ehemals palästinensische, seit 1948/49 jordanische Gebiet westlich des Jordans.

Nachdem Israel seine Ziele erreicht hatte, konnte die UNO erneut einen Waffenstillstand vermitteln; von einem Frieden war der Nahe Osten jedoch weiter entfernt denn je. Zur Verschärfung der Flüchtlingsproblematik und zur erneuten Demütigung der arabischen Nachbarn war noch das Problem der von Israel besetzten Gebiete hinzugekommen. Die UNO verlangte einen israelischen Rückzug und die Anerkennung aller Staaten – Israel eingeschlossen – «in sicheren Grenzen». Sie ließ aber offen, ob Israel sich aus sämtlichen besetzten Gebieten zurückzuziehen habe, und vor allem sprach sie nicht von den Palästinensern als Volk, sondern nur von einem palästinensischen Flüchtlingsproblem.

26.45 Vierter Nahostkrieg (Jom-Kippur-Krieg), 1973: Die vernichtende arabische Niederlage von 1967 ermöglichte der Sowjetunion, bei den arabischen Staaten ihren politischen und militärischen Einfluss zu verstärken und die ägyptische Armee wieder aufzurüsten. Bereits 1973, am höchsten jüdischen Feiertag Jom Kippur, griffen Ägypten und Syrien Israel überraschend an. Den ägyptischen Truppen gelang es zwar, über den Suezkanal vorzustoßen und die israelische Verteidigungslinie zu durchbrechen, doch in ihrer Gegenoffensive überquerten die Israelis ihrerseits den Suezkanal und schnitten einen Teil der ägyptischen Armee auf der Sinai-

Halbinsel vom Nachschub ab. Wiederum drängten die beiden Großmächte und die UNO auf einen Waffenstillstand. Diesmal wurden sie unterstützt durch die arabischen Staaten, die erstmals und mit überraschendem Erfolg ein Erdölembargo als politische Waffe einsetzten, um eine schwere Niederlage Syriens und Ägyptens zu verhindern (▶ 23.37).

26.46 Palästinenser/-innen: In den Flüchtlingslagern schlossen sich 1964 viele Palästinenser zur «Palestine Liberation Organization» (PLO) zusammen. Fünf Jahre später wurde Jassir Arafat zu deren Führer gewählt. Mit großer Mühe gelang es ihm, den radikal-terroristischen und den pragmatisch-gemäßigten Flügel dieser Organisation zusammenzuhalten.
Im dritten Nahostkrieg gelangte ein großer Teil dieser Flüchtlinge im Gazastreifen und in der Westbank unter israelische Herrschaft, die übrigen flüchteten weiter in die arabischen Nachbarstaaten. In Jordanien konnten sie sich unbehelligt organisieren, wurden aber 1970 durch Truppen des jordanischen Königs zerschlagen. Dieser wollte Israel ebenso wenig wie Ägypten und Syrien einen Anlass zum Angriff bieten. So blieb den Palästinensern als militärischer Stützpunkt nur noch der Libanon (▶ 26.51).
Als auch der vierte Nahostkrieg 1973 keine Verbesserung ihrer Lage brachte, intensivierte die PLO auf spektakuläre Weise ihren Terrorkampf. Mitglieder von Unterorganisationen entführten Flugzeuge auch unbeteiligter Staaten; die Organisation «Schwarzer September» nahm an den Olympischen Spielen in München 1972 israelische Sportler als Geiseln. Diese kamen bei einem missglückten Befreiungsversuch ums Leben. Nun wurde die Situation der Palästinenser/-innen auch international wahrgenommen. Die PLO erhielt 1973 bei der UNO den Beobachterstatus.

26.47 Israel: Israel stand nach der Unabhängigkeit vor großen Integrationsaufgaben: Geprägt von der Zuwanderern aus Europa, den sogenannten Aschkenasim, hatte der Staat eine große Menge aus arabischen Ländern vertriebenen Jüdinnen und Juden, die Misrachim, mit einem anderen kulturellen Hintergrund aufzunehmen; sie stellten wirtschaftlich und sozial eine zweite Schicht dar. Eindeutig diskriminiert waren die arabischen Israeli (etwa 20 Prozent) als dritte Schicht. Bis in die 1960er-Jahre standen sie unter Militärrecht. Damals erlebte Israel seine erste große Wirtschaftskrise, hervorgerufen durch eine hohe Kreditaufnahme im Ausland. Diese Krise hatte 1977 auch eine politische Wende zur Folge: Die Arbeiterpartei Mapai der Aschkenasim musste die Macht an den Likud (und eine Koalition) abgeben. Diese eher nationalistisch ausgerichtete Partei wurde von den Misrachim gewählt. Innerhalb der jüdischen Mehrheit schwand mit der Zeit die Bedeutung der Religion, aber orthodoxe Gruppen setzten die jüdische Besiedlung der eroberten und besetzten Gebiete in Gang, um den Anspruch auf das ganze alttestamentliche Israel durchzusetzen.

26.48 Camp-David-Abkommen, 1979: Nach dem Jom-Kippur-Krieg 1973 warf der ägyptische Staatspräsident Anwar as-Sadat (1918–1981), Nachfolger des 1970 verstorbenen Nasser, das Steuer herum: Er löste Ägypten aus seiner Bindung an die Sowjetunion, näherte sich den USA und steuerte mit amerikanischer Unterstützung auf eine separate ägyptisch-israelische Einigung hin. Er ging auf ein von den USA vermitteltes Truppenentflechtungsabkommen und die Wiedereröffnung des Suezkanals (1977) ein. Danach wagte Sadat die Flucht nach vorn: In einer «Friedensmission» reiste er nach Jerusalem und anerkannte damit faktisch den Staat

Jassir Arafat (1929–2004)
1929 in Jerusalem geboren; Studium der Elektrotechnik in Europa und in Kairo, Unternehmer in Kuwait; seit 1956 Führer der Guerillaorganisation «Al Fatah» und seit 1969 Vorsitzender der PLO, vermittelte zwischen gemäßigtem und radikalem Flügel; 1982 Verlegung des PLO-Hauptquartiers nach Tunis; 1989 erster Präsident des «Staates» Palästina, 1994 Rückkehr nach Palästina, Verleihung des Friedensnobelpreises; 1996–2004 Vorsitzender der Palästinensischen Autonomiebehörde. 2004 Tod möglicherweise durch Vergiftung.

Israel und Jerusalem als dessen Hauptstadt. Auf erheblichen amerikanischen Druck hin kam darauf im amerikanischen Camp David 1979 ein ägyptisch-israelischer Friedensvertrag zustande.

Darin sicherte Israel die Räumung der Sinai-Halbinsel bis 1982 zu, und Ägypten anerkannte die staatliche Existenz Israels. Aber die brennendsten Hauptprobleme wurden ausgeklammert: der Anspruch der Palästinenser auf Autonomie und das Schicksal der Gebiete, die Israel 1967 seinen Nachbarn Jordanien und Syrien entrissen hatte. Israel, durch das Friedensabkommen gestärkt, intensivierte den Bau jüdischer Siedlungen in der besetzten Westbank, um sie faktisch in das israelische Staatsgebiet zu integrieren; es annektierte Ostjerusalem und die Golanhöhen. Ägypten dagegen geriet im arabischen Lager vorübergehend in eine gefährliche Isolation. Sadat wurde als Verräter beschimpft und 1981 von konservativen islamischen Fundamentalisten ermordet.

26.49 Der Weg nach Oslo: Auch die Palästinenser wurden ein Opfer des Friedensprozesses. Israel zerschlug 1982 ihren Stützpunkt in Libanon (▶ 26.52). So ging Arafats PLO zu einer neuen doppelten Strategie über: In den von Israel besetzten Gebieten, der Westbank und dem Gazastreifen, eröffnete sie 1987 die erste Intifada (arabisch für «Aufstand»), einen langandauernden Widerstand der Zivilbevölkerung gegen die israelische Besetzung. Dieser sollte verhindern, dass die besetzten Gebiete Israel eingegliedert werden konnten. Vielmehr musste Israel sie als Besatzungsmacht behandeln.

In der Weltpolitik dagegen anerkannte die PLO 1988 vor der UNO das Existenzrecht des Staates Israel und wurde ihrerseits von den USA anerkannt. Zudem brachte der Irak-Iran-Krieg die arabischen Staaten auf die gleiche Seite gegen den islamistischen Iran (▶ 26.37). Unter norwegischer Vermittlung geheimer Direktverhandlungen kam 1993 der Friedensvertrag von Oslo, unterzeichnet in Washington, zustande: Israel und die PLO anerkannten sich gegenseitig, Israel räumte den besetzten Gebieten eine beschränkte Selbstverwaltung ein, was der PLO die Rückkehr in die Stadt Jericho ermöglichte. Ausgeklammert blieben allerdings die wirklich strittigen Fragen: die Regelung der israelischen Siedlungstätigkeit auf der

Der US-Präsident Bill Clinton anläßlich der *Unterzeichnung des Friedensabkommens* für Palästina am 13.9.1993 durch den israelischen Ministerpräsidenten Yitzhak Rabin (l.) und den PLO-Führer Yassir Arafat. Foto aus dem Rosengarten des Weißen Hauses.
Rabin soll im Vertrauen gesagt haben: «Wenn ich heute nicht Arafat die Hand reiche, so muss ich morgen mit einem Dutzend Hamas-Führern verhandeln.»

Westbank, die Souveränität der Palästinensergebiete und das Recht der 1947 vertriebenen bzw. geflüchteten Palästinenser/-innen auf Rückkehr nach Israel. So folgte auf die erste Intifada im Jahr 2000 die zweite (▶ 34.42).

26.5 Der Bürgerkrieg im Libanon

26.51 Ein importierter Konflikt: 1943 hatte das damals selbst besetzte Frankreich sein Mandatsgebiet Libanon in die Unabhängigkeit entlassen. Dort lebten schon aus der Zeit vor der Eroberung durch das Osmanische Reich (1517) Sondergruppen der christlichen Kirche, die Maroniten, und des Islams, die Drusen. Mit sechzehn weiteren Religions- und verschiedenen Volksgruppen stand der Libanon in einem labilen Gleichgewicht. Die Christen kontrollierten zwar die Politik und Wirtschaft, aber die muslimische Bevölkerungsmehrheit profitierte bis zur Wirtschaftskrise von 1973 vom blühenden Handel.

Die PLO baute sich nach ihrer Vertreibung aus den von Israel im Jom-Kippur Krieg besetzten Gebieten (▶ 26.46) im Süden des Libanon eine Operationsbasis auf. Dies und die Wirtschaftskrise kippten das labile Gleichgewicht. Maroniten und Drusen, Schiiten und Sunniten bekämpften sich ab Mitte der 1970er-Jahre. Syrische Truppen intervenierten im Auftrag der arabischen Staaten seit 1976, um das Land zu befrieden.

26.52 Bürgerkrieg: Weitere äußere Faktoren ließen den Konflikt eskalieren: Der Iran förderte nach der Islamischen Revolution (▶ 26.36) die Radikalisierung der Schiiten und unterstützte eine neue Kampforganisation, die Hisbollah («Partei Gottes»). Diese baute sich und der PLO im Süden des Libanon, gegen Israel hin, eine Basis auf. Sie führte die von den Palästinensern eingeführten Selbstmordattentate nun systematisch aus. In Israel wollte die 1977 an die Macht gelangte Likud-Partei (▶ 26.47) diese Bildung einer Front an der Nordgrenze nicht hinnehmen. Im August 1982 marschierten israelische Truppen in den Süden des Libanon ein (fünfter

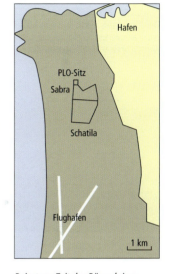

Beirut zur Zeit des Bürgerkriegs

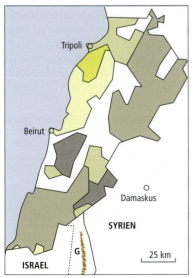
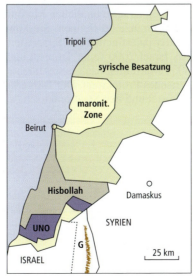

Religiöse Verhältnisse im Libanon um 1975 (Karte links) und Besetzung 1978

G: Golanhöhen (seit 1967 von Israel besetzt)

Bild aus dem Film «Waltz with Bashir» von Ari Folman, 2008

Der Regisseur nahm als 19-Jähriger am Krieg gegen Libanon teil und wurde sich durch Albträume eines Kriegskameraden bewusst, dass er seine Erinnerungen verdrängt hat. Er war nämlich an den Massakern von Sabra und Schatila durch das Abfeuern von Beleuchtungsgeschossen beteiligt. Der Filmtitel spielt auf die israelische Zusammenarbeit mit den maronitischen Christen an; die Ermordung ihres Präsidenten Baschir Gemayel gab den Vorwand für das Massaker.

Der Film unterstreicht mit dem Mittel der animierten Zeichnungen die Künstlichkeit seiner Rekonstruktion.

Nahostkrieg). Die Weltöffentlichkeit konzentrierte sich gerade auf den Falklandkrieg (▶ 16.72). Israelische Truppen drangen bis Beirut vor und vertrieben die Führung der PLO nach Tunis. Vermutlich als Rache verübten im September Unbekannte ein Attentat auf den maronitischen Staatspräsidenten Baschir Gemayel (1947–1982). Darauf drangen unter israelischem Schutz Verbände der maronitischen Christen in die Flüchtlingslager von Sabra und Schatila in Beirut ein und mordeten, verstümmelten und folterten dort wehrlose Flüchtlinge. Die Zahl der Ermordeten liegt nach Schätzungen zwischen 460 und 4000. Der Anführer blieb unbehelligt, denn im Libanon übernahm nun Syrien praktisch die Herrschaft. US-, französische und britische Truppen intervenierten zwischen 1982 und 1984 in Beirut mit Waffengewalt gegen die islamischen Kämpfer, auch gegen Syrien, das dahinter stand. Dieses diktierte 1990 Christen und Muslims einen Kompromiss, der den Bürgerkrieg beendete.

26.53 Folgen: Die 1978 im Süden stationierte UNO-Beobachtermission wurde zu einer Einsatztruppe aufgestockt, um die Hisbollah von dem dünnen, von israelfreundlichen Maroniten besiedelten Streifen an der israelischen Grenze zu trennen. Sie konnten allerdings nicht verhindern, dass wieder palästinensische Terroristen das Gebiet der Hisbollah infiltrierten. Als Israel 2000 seine Truppen aus dem Südlibanon zurückzog, mussten 6000 Maroniten nach Israel flüchten. Der Libanon war 1991 de facto ein syrisches Protektorat. Der Bürgerkrieg hatte 90 000 Menschen das Leben gekostet und den Staat praktisch demontiert.

27. Der indische Subkontinent

27.0 Region: Der indische Subkontinent stand seit dem Mittelalter im Einflussbereich der beiden Weltreligionen Hinduismus und Islam. Weil sich der einheimische Hinduismus aus vielen Strömungen zusammensetzte und Indien in kleinen Fürstentümern organisiert war, konnte sich der missionarische Islam vor allem in Nordindien verbreiten, ohne dass es zu großen religiös motivierten Kriegen kam.

27.1 Die erste Globalisierungsphase, bis etwa 1850

27.11 Mogul- und Marathenreich: Wie im Osmanischen Reich setzte im 16. Jahrhundert eine Zentralisierung der politischen Macht ein. Sie ging hier vom Sultanat von Delhi aus. Dieses hatte der von Dschingis Khan abstammende Mogul Babur (1483–1530) von Afghanistan aus erobert und damit das Mogulreich begründet. Sein Enkel Mogul Akbar (1542–1605) eroberte von diesem Sultanat aus fast ganz Nord- und Mittelindien. Obwohl selbst sunnitischer Muslim, tolerierte er den Hinduismus. Er widmete sich der nachhaltigen Verwaltung des riesigen Reichs, führte statt der Kopf- eine ertragsabhängige Steuer ein. Die europäischen Handelsstützpunkte duldete er, aber ließ sie nicht einflussreich werden.

Doch der Großmogul Aurangzeb (regierte 1658–1707) gab die tolerante Religions- und Kulturpolitik auf. Er wollte die Hindus gewaltsam zum islamischen Glauben bekehren. Das führte zuerst zu Aufständen von hinduistischen Fürsten, die sich Marathen nannten. Sie beherrschten im 18. Jahrhundert zeitweise Zentralindien von Küste zu Küste. Aber sie konnten sich nicht auf eine Zentralregierung einigen. Das Mogulreich zerfiel bis auf ein Kerngebiet in Delhi in unabhängige Fürstentümer.

Übersicht über den indischen Subkontinent mit den heutigen Staaten Indien, Pakistan, Bangladesh, Nepal und Bhutan

Mausoleum des Taj (gesprochen tadsch) Mahal, 1631–1652 erbaut vom Mogul Shah Jahan in der Nähe von Agra

Die Anlage ist ein Mausoleum für Shah Jahans Hauptfrau Mumtaz Mahal mit einer daneben erbauten Moschee. Vom Zweck her dem Islam entsprechend, ist der Taj Mahal aus islamischen, persischen und hinduistischen Stilelementen zusammengesetzt. Die Kuppel beispielsweise stammt aus dem Islam, ihre Zuspitzung ebenso wie die Zuspitzung der Bogen aus dem Hinduismus.

Weil das Gebäude unter der Luftverschmutzung leidet, ist der Autoverkehr im Umkreis von zwei Kilometern seit 2007 verboten.

27.12 Französisch-britischer Kampf um Indien: Der Übergang der Zentralgewalt an einzelne Fürsten verschaffte den europäischen Handelsgesellschaften an der Küste, vor allem der französischen und der britischen Ostindischen Kompanie, die Möglichkeit, ihren Einfluss auszudehnen. Dies geschah auch im erbitterten Wettbewerb untereinander, besonders während des Siebenjährigen Kriegs (▶ 4.11). Weil die Privatgesellschaften nur wenig Geld ausgeben wollten, stellten sie indische Söldner an, drillten sie zum koordinierten Schießen und brachten damit den berittenen Fürstenheeren unerwartete Niederlagen bei.

Im innereuropäischen Wettbewerb siegten dabei die britischen über die französischen Armeen. So war die Französisch-Ostindische Kompanie um 1800 auf wenige Stützpunkte zurückgebunden; politischen Einfluss auf die indische Staatenwelt besaß sie nun ebenso wenig wie Portugal. Während der Schlussphase des Ersten Koalitionskriegs verlor auch die niederländische Kompanie ihre Herrschaft über Ceylon an Großbritannien (▶ 5.52). Die Britisch-Ostindische Kompanie konnte als stärkste europäische Macht praktisch ungehindert Indien für sich erobern.

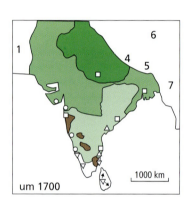
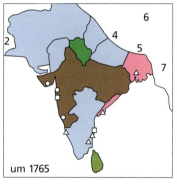
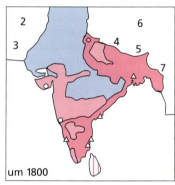
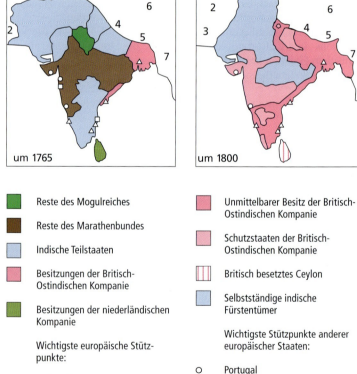

27.2 Die zweite Globalisierungsphase, etwa 1850 bis 1945

27.21 Sepoy-Krieg, 1857/58: So leicht die Eroberung von Gebieten zerstrittener Fürsten mit der Hilfe indischer Fußsoldaten vor sich ging: Die private Britisch-Ostindische Kompanie stieß an ihre Grenzen. Sie beherrschte um 1857 ein größeres Gebiet als das ganze Mutterland, aber dies vorwiegenden mithilfe der indischen Soldaten, der sogenannten Sepoy (persisch für «Soldat»). 1857 meuterten diese gegen die schlechte Besoldung, die Versuche der Christianisierung und die Einführung neuer Munition. Durch die Unterstützung der Bevölkerung entwickelte sich ein richtiger Krieg. Nun griff die britische Armee ein, und Großbritannien übernahm nach ihrem Sieg Indien als Kronkolonie. 1876 wurde diese ein britisches Kaiserreich mit einem Vizekönig als Vertreter der englischen Krone.

«Einführung neuer Munition»: Die neuen Gewehre der Indienarmee wurde mit Patronen geladen, deren Pulver mit einem fettigen, wasserfesten Papier geschützt war. Vor dem Abfeuern mussten die Soldaten das Papier mit den Zähnen aufreißen. Sie argwöhnten, so mit Tierfett in Berührung zu kommen, was muslimischen und hinduistischen Vorschriften widersprach.

27.22 «Indirect Rule»: Doch führte Großbritannien das Prinzip der privaten Kompagnie weiter: mit möglichst wenig Mitteln die Herrschaft sichern, indem die Machtstrukturen des Landes nur ganz oben beeinflusst wurden. Großbritannien vermied infolge seiner begrenzten Mittel eine un-

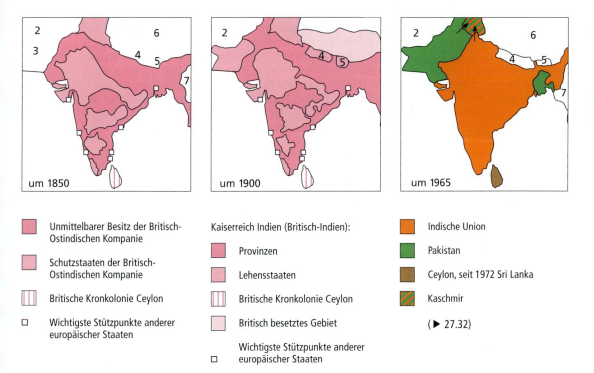

Die wichtigsten Nachbarstaaten Indiens
1 Kaiserreich Persien
2 Königreich Afghanistan
3 Belutschistan
4 Nepal
5 Bhutan
6 China
7 Burma

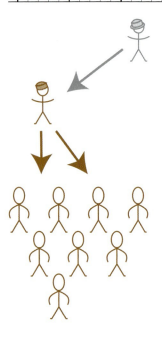

Prinzipskizzen der «indirect» (oben) und der «direct rule»

Tendenziell setzte Großbritannien eher auf die erste, Frankreich auf die zweite Form.

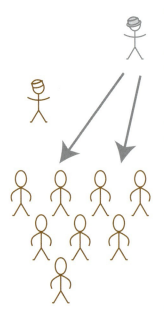

mittelbare direkte Herrschaft und stützte sich bei der Wahrung seiner Wirtschaftsinteressen auf die einheimischen Fürsten: «Indirect Rule» nannte der Kolonialfachmann Frederick Lugard (1858–1945) diese Form der Herrschaftsausübung (1922). Anders wäre der riesige Raum mit 230 Millionen Einwohnern nicht zu regieren gewesen. Dazu kamen fast 700 Staaten mit insgesamt 66 Millionen Einwohnern, die unter britischem Protektorat standen. Ceylon bildete eine eigene Kronkolonie; im Norden waren Nepal, Bhutan und zeitweise auch Afghanistan und Tibet vertraglich an Großbritannien gebunden.

Dagegen griff Großbritannien wie schon zuvor die Ostindische Kompanie tief in die Wirtschaft und damit in die Gesellschaft Indiens ein. Seine rasante Industrialisierung verlangte nach indischer Baumwolle und dem Farbstoff Indigo. Umgekehrt produzierte sie viele Güter für einen Massenmarkt wie Indien. Dessen eigene Textilproduktion drückte sie an den Rand. Mit einem dichten Eisenbahnnetz wurde Indien in den britischen Markt integriert.

Zur wirtschaftlichen Ausbeutung Indiens gehörte auch die Besteuerung. Die Grundsteuern wurden durch Verbrauchssteuern ersetzt. So verbot die britische Kolonialverwaltung die Gewinnung von Salz aus dem Meerwasser und zwang die indische Bevölkerung, steuerbelastetes britisches Salz zu kaufen. Andrerseits baute Großbritannien den Gesundheitsdienst vorzüglich aus. Die explosionsartig wachsende Bevölkerung fand dann allerdings in der Industrie keine Arbeitsplätze.

Die unter britischer Herrschaft führende indische Elite spaltete sich in die «Orientalisten», welche eine Zusammenarbeit verweigerten, und in eine immer größer werdende Gruppe von «Anglizisten», welche die englische Sprache und Kultur übernehmen und damit aufsteigen wollten. Diese Gruppe fand vor allem unter den Hinduisten Anhänger. Aber von der Seite der britischen Kolonialherrschaft wurde die Annäherung behindert.

27.23 Erster Weltkrieg: Während des Ersten Weltkriegs unterstützte Indien sowohl wirtschaftlich als auch militärisch die Kolonialmacht Großbritannien in ihren Kriegsanstrengungen. Dafür versprach der britische Vizekönig 1917, das Land allmählich in die Selbstverwaltung zu entlassen. Aber nach dem Krieg gewährte die 1919 erlassene «First Government of India Act» den Provinzregierungen nur gerade Kompetenzen in Bildung, Gesundheitswesen und Landwirtschaft. Für diese Kompetenzausscheidung zwischen britischen und einheimischen Behörden in den Provinzen wurde der Ausdruck «Dyarchie» (Doppelherrschaft) gebraucht. Die gesamtindische Exekutivgewalt jedoch blieb beim Vizekönig; das Wahlrecht stand kaum zehn Prozent der erwachsenen Männer zu.

Auch im Jahr 1919 ließ der britische Kommandant in der nordindischen Stadt Amritsar auf eine friedliche Versammlung feuern; gegen vierhundert Tote und weit über tausend Schwerverletzte forderte dieses Massaker von Amritsar.

27.24 Ringen um die Unabhängigkeit: Nun radikalisierte sich der schon seit 1885 bestehende Indische Nationalkongress (INC). Er war ursprünglich von liberalen Anglizisten gegründet worden. Sie wollten sich damit in die britische Verwaltung integrieren. Wegen der Enttäuschung über die nur sehr eingeschränkt gewährte Selbstverwaltung und der Empörung über das Massaker von Amritsar wandelte sich der INC zur Massenpartei, die nach Unabhängigkeit strebte. Ihr geistiger Führer Mahatma Gandhi marschierte

385 Kilometer dem Indus entlang zum Arabischen Meer, um einige Salzkörner aufzulesen und damit gegen das britische Gesetz zu verstoßen (1930). Die britische Verwaltung verhaftete 60 000 Inderinnen und Inder, die ebenfalls Salzwasser an der Sonne trocknen ließen und sich so der Vorschrift widersetzten. Dann musste der Vizekönig nachgeben: Für privaten Gebrauch konnte Salz selbst gewonnen werden.

1935 erweiterte die britische Regierung im «Second Government of India Act» die Selbstverwaltung: Die Provinzen konnten sich nun selbst verwalten, gegen vierzig Prozent der Erwachsenen, Männer und Frauen, erhielten das Wahlrecht; aber die Zentralregierung blieb in britischen Händen und die Fürsten hatten weiterhin einen starken Einfluss.

Der INC unter Gandhi verlangte nun die völlige Unabhängigkeit. Damit forderte er aber nicht nur Großbritannien heraus, sondern auch die muslimische Minderheit: Sie befürchtete für diesen Fall die Unterdrückung durch eine Hindu-Regierung. Mit den religiös-weltanschaulichen Differenzen verknüpften sich sehr praktische Streitfragen: So wollte die Kongresspartei in dem künftigen Indien statt des Englischen Hindi zur allgemeinen Verkehrs- und Amtssprache machen, während die Muslime an ihrer Urdu-Schriftsprache festhielten.

27.25 Zweiter Weltkrieg: Während des Zweiten Weltkriegs kam Indien in die unmittelbare Nähe der weltweiten Auseinandersetzung: Japanische Truppen stießen in Burma (heute Myanmar) bis an die indische Grenze vor. Großbritannien war auf die Geschlossenheit des Landes angewiesen. Einzelne Führer des INC sympathisierten offen mit Japan, andere, wie Gandhi, setzten im INC die Aufforderung an die Briten durch: «Quit India» (1942). Die britische Regierung internierte die Führer des INC als potenzielle Landesfeinde. Allerdings rückten radikalere und auch zu Gewalttaten bereite nach.

Nehru und Gandhi an einer Konferenz des INC, 1946

Mohandas Karamchand Gandhi (1869–1948) hatte in London Jurisprudenz studiert und sich als Anwalt in Südafrika im gewaltlosen Kampf um die Gleichstellung der Rassen engagiert. Dieser Kampf sollte nur durch «Satyagraha» (Seelenkraft, wörtlich: «Festhalten an der Wahrheit») geführt werden. Gandhis Idee der Gewaltlosigkeit war beeinflusst durch altindische Ideale wie «Ahimsa» (Nicht-Verletzen), durch die christliche Bergpredigt und durch Tolstoi. Doch primär war er kein Politiker, sondern ein Mystiker und Asket. Er wollte das indische Volk zur «Wahrheit», das heißt zur Gewaltlosigkeit, zum einfachen Leben und zur Unterwerfung unter den göttlichen Willen erziehen. Seine Verwurzelung im Hinduismus ermöglichte es ihm, die Hindus aufzurütteln. Deshalb ehrten sie ihn mit dem Beinamen «Mahatma» (erhabener Geist). 1948 ermordete ihn ein fanatischer Hindu, weil er auch gegenüber den Muslimen Toleranz predigte.

Jawaharlal Nehru (1889–1964) dagegen war ganz vom Westen geprägt. Er konnte sich das unabhängige Indien nur in Form einer parlamentarischen Demokratie und als hoch industrialisierten sozialen Wohlfahrtsstaat vorstellen. Er stand allen religiösen Lehren skeptisch gegenüber.

Obwohl Gandhi und Nehru zwei verschiedene Kulturen verkörperten, waren sie enge Vertraute. Nehru war beeindruckt von Gandhis Lauterkeit und persönlicher Aufopferung; Gandhi hielt Nehru für den geeignetsten Mann, den politischen Kampf um die Unabhängigkeit zu führen.

27.3 Die dritte Globalisierungsphase, nach 1945

27.31 Unabhängigkeit: Als im Sommer 1945 die antikolonialistische Labour-Partei bei den britischen Unterhauswahlen siegte, war die Kolonialmacht bereit, Indien in die Unabhängigkeit zu entlassen.
Nun trat der Gegensatz zwischen Hindus und Muslimen offen zutage: Jene beharrten auf einem indischen Gesamtstaat, diese auf die Schaffung autonomer Regionen, weil sie sich einzig davon Schutz vor einer Unterdrückung durch die hinduistische Mehrheit erhofften. Großbritannien drohte, den einzelnen Fürstentümern und Provinzen die Souveränität zu verleihen, Indien also in eine Vielzahl selbstständiger Staaten auseinanderbrechen zu lassen. Daraufhin gab der INC seinen Widerstand gegen die Zweiteilung des Subkontinents auf. So entstand 1947 neben der Indischen Union das islamische Pakistan. Hier wie dort wurden religiöse Minderheiten verfolgt: Über eine Million Menschen wurden getötet und rund zwölf Millionen vertrieben.

27.32 Kaschmirkonflikt: Noch im selben Jahr 1947 erhob sich die mehrheitlich islamische Bevölkerung in der Provinz Kaschmir gegen ihren hinduistischen Landesfürsten. Als pakistanische Freischärler in Kaschmir eindrangen, wurden sie von indischen Truppen zurückgeschlagen. Die UNO vermittelte darauf einen Waffenstillstand, der 1949 zur Teilung Kaschmirs führte, weil Indien sich einer Volksabstimmung unter Aufsicht der UNO widersetzte. Pakistan hielt seinen Anspruch auf Kaschmir aufrecht, unterlag aber militärisch nochmals 1965 und 1999 (▶ 33.65). Der

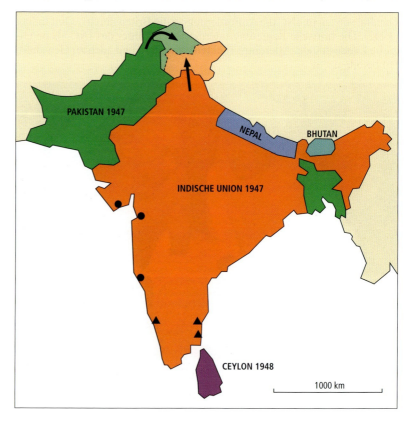

Der unabhängige indische Subkontinent

▲ Französische Kolonien: 1945 freiwillig abgetreten

● Portugiesische Kolonien: 1961 gewaltsam annektiert

----- UNO-Demarkationslinie in Kaschmir vom 1.1.1949

Konflikt um das geteilte Kaschmir führte ferner dazu, dass Indien (1974) und Pakistan (1979) Atomwaffen entwickelten.

Pakistan ist ein 1933 als «Pakstan» erfundener Kunstname. Er enthält die Anfangsbuchstaben der muslimischen nordindischen Fürstentümer Punjab, Afghania, Kaschmir, Sindh und das Ende des Namens Belutschistan. Pak bedeutet auf Urdu gleichzeitig «rein».

27.33 Pakistan: Der muslimische Staat Pakistan war entsprechend den Bevölkerungsmehrheiten in zwei über 1500 Kilometer voneinander getrennte Gebiete geteilt. Ferner konzentrierte sich der Landbesitz auf knapp zwei Dutzend Familien. Beides hemmte die Wirtschaftsentwicklung und provozierte immer wieder soziale Unruhen.
Sie führten zu politischer Instabilität. 1958 übernahm in Pakistan das Militär die Macht; 1971 folgte auf die Militärherrschaft eine sozialistische Reformphase unter Zulfikar Ali Bhutto (1928–1979). Seine allzu zaghafte und wirkungslose Landreform und die Belastung durch hohe Militärausgaben schwächten ihn gegenüber dem erstarkenden islamischen Fundamentalismus. Im Sommer 1977 wurde Bhutto durch einen erneuten Militärputsch gestürzt. Die neue Militärdiktatur unter General Mohammed Zia-ul-Haq (1924–1988) setzte eine intensive Islamisierung des öffentlichen Lebens durch und unterstützte während des Afghanistankriegs die muslimischen Widerstandskämpfer gegen das von Moskau gestützte Regime in Kabul (▶ 15.92). Rund vier Millionen afghanische Flüchtlinge fanden Zuflucht in Pakistan. Dafür erhielt Pakistan massive amerikanische Wirtschafts- und Militärhilfe, musste aber im Gegenzug sein Regime demokratisieren. Davon profitierte wiederum Benazir Bhutto (1953–2007), Tochter des gestürzten Ali Bhutto, die in den Wahlen von 1988 siegte. In der Folge prägte der Kampf der beiden gegensätzlichen politischen Lager die pakistanische Innenpolitik.

27.34 Bangladesch: Der kleinere östliche Teil Pakistans beheimatete auf nur 16 Prozent des pakistanischen Territoriums mehr als die Hälfte der Bevölkerung und produzierte mehr als die Hälfte aller Exporte. Das übervölkerte Ostpakistan wurde von der westpakistanischen Militärherrschaft wie eine Kolonie behandelt, sodass es sich 1971 von Pakistan lossagte. Der von Westpakistan brutal geführte Unterdrückungskrieg führte erneut zu riesigen Flüchtlingsströmen und zur Intervention Indiens. In diesem dritten indisch-pakistanischen Krieg erlitt Pakistan seine dritte Niederlage.
Der nun unabhängige Staat Bangladesch gehörte trotz der Fruchtbarkeit seines Landes zu den ärmsten Ländern der Erde. Überbevölkerung, hoher Bevölkerungszuwachs, ständige innere Konflikte und vor allem periodisch wiederkehrende Überschwemmungskatastrophen und Wirbelstürme waren die Ursachen dafür. Nachdem 1975 der erste Premierminister und Staatspräsident durch putschende Offiziere ermordet worden war, stand Bangladesch während 20 Jahren praktisch unter der Herrschaft der Armee. Diese garantierte aber keine Kontinuität, denn die Militärmachthaber wechselten in rascher Folge.

27.35 Ceylon/Sri Lanka: 1948 wurde auch die Insel Ceylon von britischer Herrschaft unabhängig. Der Staat nahm 1972 den Namen Sri Lanka und die republikanische Staatsform an. Auch hier zeitigte die Kolonialherrschaft Konflikte. Ab den 1960er-Jahren führte der Kampf zwischen der singhalesisch-buddhistischen Mehrheit und der von den Briten während der Kolonialzeit privilegierten tamilisch-hinduistischen Minderheit zu einem zunehmend brutaler geführten Bürgerkrieg. Der Versuch, von Sri Lanka einen eigenständigen tamilischen Staat abzuspalten, scheiterte 2009 mit der militärischen Niederlage der Tamilen.

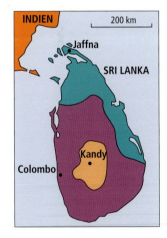

Sri Lanka
Bevölkerungsverteilung:

- Singhalesen
- Ceylon-Tamilen (indigen)
- Indische Tamilen (unter britische Kolonialverwaltung als Landarbeiter nach Ceylon verbracht)

Indira Gandhi (1917–1984, Aufnahme von 1970)

Als Tochter von Jawaharlal Nehru aus einer vornehmen Brahmanenfamilie Kaschmirs, Ausbildung und Studium in Indien, in der Schweiz und in Oxford; Gründerin einer Jugendbewegung für den indischen Unabhängigkeitskampf, ab 1938 Parlamentsabgeordnete des linken Flügels der Kongresspartei, 1964 Ministerin, 1966–1977 und erneut 1980–1984 Premierministerin; 1984 durch fanatische Sikhs ermordet.

27.36 Indische Union: Dass Indien mit seinen 1,2 Milliarden Menschen (2011) zur größten Demokratie der Welt wurde, hängt damit zusammen, dass die Ausdehnung des Wahlrechts während der Unabhängigkeitsbewegung eine wichtige Forderung des INC gewesen war. Der INC, nun auch Kongresspartei genannt, dominierte die Politik. Dank Mehrheitswahlrecht ist sie seit 1947 mit nur kurzen Unterbrechungen an der Macht. Sie wurde von der Nehru-Dynastie zusammengehalten. Diese stellte mit dem Staatsgründer Nehru (1947–1964), seiner Tochter Indira Gandhi und dessen Enkel Rajiv Gandhi (1984–1989) die bedeutendsten und populärsten Führerpersönlichkeiten. Auch wenn Tochter und Enkel Nehrus dessen politisches Format nicht erreichten, erschütterte die Ermordung Indira Gandhis (1984) und ihres Sohnes Rajiv Gandhi (1991) nicht nur die staatstragende Partei in ihren Grundfesten, sondern die ganze Indische Union.

Die Herrschaft einer demokratisch legitimierten Partei brachte Indien eine im Vergleich zu China (▶ 29.32) zwar langsamere, aber kontinuierlichere Entwicklung. Die sozialistische oder sozialreformerische Politik der Kongresspartei provozierte oft die eher konservativen Parteieliten. Diese rekrutierten sich aus dem städtischen Mittelstand und aus den Groß- und Mittelbauern, die wie Feudalherren auf ihrem Land regierten.

27.37 Vielfalt, Zersplitterung und Konflikte in Indien: Nicht nur dieser parteiinterne Gegensatz bremste und verwässerte oft die Reformpolitik der Regierung, sondern ebenso sehr die stark föderalistische Struktur und die schroffen religiösen und sozialen Gegensätze innerhalb des indischen Bundesstaates. Trotz der Aufspaltung Indiens in einen islamischen und einen hinduistischen Staat lebten 1947 in der Indischen Union 149 Millionen oder 13,4 Prozent Moslems. Der religiöse Konflikt konnte zwar dank einer

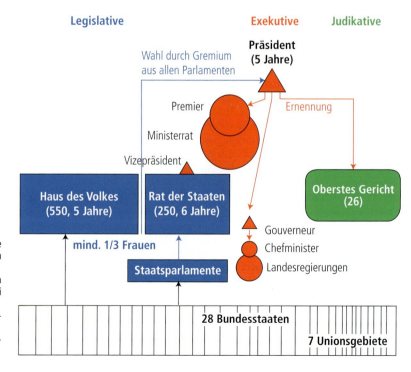

Schema des Aufbaus des indischen Regierungssystems (Stand 2013)

Seit 2010 ist in den Parlamenten eine Frauenquote von mindestens einem Drittel vorgeschrieben.
Die Mitglieder des Rates der Staaten werden zu einem Drittel alle zwei Jahre neu ernannt.
Sechs Bundesstaaten kennen ein Zweikammersystem.
Der Staatspräsident darf 12 Mitglieder des Rates der Staaten ernennen.

strikt säkularen Politik und einer religiösen Durchmischung der Kongresspartei begrenzt werden. Doch der innere Friede wurde zeitweise bedroht durch das Problem der in Südindien und Sri Lanka beheimateten Tamilen und durch die Abspaltungsbewegung der Sikhs im Nordwesten Indiens. Deren religiös-politische Gemeinschaft geht zurück auf eine Reformbewegung im Hinduismus des 16. Jahrhunderts (etwa analog zur Abspaltung der Protestanten von den Katholiken in Europa). Die Sikhs engagierten sich politisch und schreckten nicht vor Gewalt zurück. Die Zersplitterung liegt schließlich auch in der Sprachenvielfalt begründet. In Indien existieren 14 von der Verfassung anerkannte, sehr unterschiedliche Hauptsprachen und etwa 180 Nebensprachen. Der Versuch, eine einheitliche Staatssprache durchzusetzen, ist gescheitert.

Indiens Bevölkerungswachstum
(Die Zählungen vor 1881 beruhen auf Schätzungen)

Jahr	Mio. Einwohner Zählung
1750	135
1800	165
1851	205
1881	270
1901	294
1921	319
1941	389
1961	539
1981	870
2003	1064
2016	1307 (geschätzt)

27.38 Wirtschaft und Gesellschaft in Indien: Der vom westlichen Demokratie- und Menschenrechtsverständnis geprägte indische Bundesstaat wurde nicht nur durch religiös-fundamentalistische und ethnische Konflikte infrage gestellt, sondern auch durch das Weiterleben jahrhundertealter Traditionen. Zwar galt das Kastensystem (▶ Band 1, 2.22) in Indien als aufgehoben, und die Frau war rechtlich dem Mann gleichgestellt; doch in Wirklichkeit lebten die Kastenhierarchie und Kastensolidarität, vor allem die Diskriminierung der kastenlosen Harijans («Unberührbare»), und die Unterdrückung der Frauen weiter. Schon unter Nehru wurden die Polygamie und der Brauch der Mitgift verboten, das Mindestalter für die Heirat angehoben und den Frauen das Scheidungs- und Erbrecht zugebilligt, aber das patriarchalische System hielt sich weiterhin äußerst hartnäckig.

Indiens dramatischstes Problem war aber der «Wettlauf mit dem Hunger», der Wettlauf zwischen Bevölkerungsvermehrung und Produktionssteigerung. Die indische Bevölkerung wuchs zwar im Vergleich mit anderen Entwicklungsländern eher mäßig, doch wesentlich schneller als etwa die chinesische. Die landwirtschaftliche Produktion konnte nach der Unabhängigkeit zunächst durch Neulandgewinnung und eine allerdings halbherzige Landreform deutlich gesteigert werden, doch stagnierten die Hektarerträge, und die Produktion pro Kopf der Bevölkerung ging in den Sechzigerjahren sogar zurück. Zwischen 1965 und 1967 stand Indien gar am Rande einer Hungersnot. Unter Indira Gandhi brachte jedoch die Grüne Revolution eine beeindruckende Steigerung des Weizen- und dann auch des Reisertrages. Diese Revolution bestand in der Einführung ertragsstarker Pflanzensorten, Beispielsweise wuchs die Reisernte pro Hektare von 1,6 (1966) auf 2,6 Tonnen (1990). Allerdings mussten dazu vermehrt Schädlingsbekämpfungs- und Düngemittel eingesetzt werden, zudem stieg der Wasserverbrauch. Die Bauernbetriebe wurden stärker von internationalen Saatgutkonzernen abhängig.

Doch schaffte Indien auch den Durchbruch zur Industriemacht. Nehrus Industrialisierungspolitik orientierte sich zunächst am sowjetischen Vorbild. Die Fünfjahrespläne betonten die Förderung der Schwerindustrie, der Energiewirtschaft und des Verkehrs. Im Rahmen einer «gemischten Wirtschaft» standen die Schlüsselindustrien unter staatlicher Kontrolle, während die Konsumgüterindustrie der Privatwirtschaft überlassen blieb.

Kinderarbeit in einer indischen Seidengarnfabrik, Fotografie von Theo Dom, 2011

Indien ist das Land mit den meisten arbeitenden Kinder. 7- bis 11-jährige Kinder in der Seidenindustrie arbeiten bis zwölf Stunden täglich, obwohl die gesetzlichen Vorschriften das verbieten. Die Armut zwingt sie dazu, doch führt Kinderarbeit zu tieferen Löhnen auch bei Erwachsenen.

28. Japan

28.0 Region: Der japanische Großraum zeichnet sich in den letzten 500 Jahren durch eine besonders rasche Adaption und Weiterentwicklung der europäisch-nordamerikanischen Kultur aus. Dabei blieb die japanische Kultur gewahrt.

So wurde Japan von einer Halbkolonie rasch selbst zu einem imperialistischen Staat und beeinflusste damit auch Stützpunkte westlicher Wirtschaft und Normen in Südkorea, Taiwan und Hongkong.

28.1 Die erste Globalisierungsphase, bis etwa 1850

28.11 Gesellschaftsordnung des Shogunats: Von 1603 bis 1868 stand das japanische Kaiserreich nur formell unter der Herrschaft eines Kaisers, Tenno oder Mikado genannt. Die eigentliche Macht lag bei seinem höchsten Vasallen, dem Shogun, ursprünglich dem militärischen Oberbefehlshaber. Für diesen Wandel sorgte der Shogun Tokugawa Ieyasu (1543–1616), der 1603 von der Kaiserresidenz in Kyoto wegzog, in Edo, dem heutigen Tokio, eine eigene Residenz errichtete und die anderen Fürsten, die Daimyo, an seinen Hof zu ziehen zwang. Dadurch konnten sich Tokugawa und seine Nachkommen die Macht sichern.

Die Gesellschaft war nach konfuzianischer Lehre in vier Berufsgruppen eingeteilt: die *Samurai* als Krieger und Gelehrte dienten den Daimyo. Auch die *Bauern* waren von ihnen als Landeigentümern abhängig. Am wenigsten angesehen waren die *Handwerker* und die *Kaufleute*. Allerdings waren die Stände nicht horizontal übereinander geschichtet. Tüchtigkeit und Erfolg konnten durchaus dazu führen, dass beispielsweise ein Kaufmann und seine Familie mehr Ansehen erringen konnten als ein Samurai.

28.12 Wandel durch Friede: Die Shogunatszeit war gekennzeichnet durch eine lange Periode des Friedens. Denn im Innern konnten die entmachteten Daimyo keine Kriege mehr gegeneinander führen. Und gegen außen schloss sich Japan strikt ab: Die christlichen Missionsstationen aus dem 16. Jahrhundert wurden geschlossen, Christinnen und Christen verfolgt. Nur ein unbedeutender holländischer Handelsstützpunkt auf einer kleinen Insel vor Nagasaki war erlaubt.

Doch der Friede brachte einen langsamen, aber entscheidenden Wandel der Gesellschaft mit sich. Viele Samurai wurden arbeitslos und mussten sich von Heimarbeit oder bäuerlicher Arbeit ernähren. Sie und die Daimyo verschuldeten sich bei den ehemals verachteten Kaufleuten und Handwerkern. Denn deren Geschäfte liefen in der Friedenszeit gut. Durch die Entwicklung der arbeitsteiligen Manufaktur stieg ihr Profit. Ursache und Wirkung dieses Wandels war eine starke Urbanisierung: In Tokio lebten um 1750 über eine halbe Million Menschen, in Osaka und Kyoto über 400 000 (London 675 000, Paris 400 000).

28.2 Die zweite Globalisierungsphase, etwa 1850 bis 1945

28.21 «Landöffnung» und Ende des Shogunats: Um die Mitte des 19. Jahrhunderts geriet das stabile und unbewegliche Shogunat in eine in-

Empfang der amerikanischen Delegation zur Eröffnung von Handelsbeziehungen. Japanische, anonyme Karikatur von 1854

Die Karikatur machte sich lustig darüber, wie die Amerikaner sich mit dem japanischen Essen schwertaten. Umgekehrt notierte der amerikanische Expeditionsleiter über die Demonstration japanischer Sumo-Ringer und seine Gegengeschenke, unter anderem eine Miniatureisenbahn und eine Telegrafenanlage: «Dies war ein glücklicher Gegensatz, den die höhere Zivilisation darbot, zu dem abstossenden Schauspiel aufseiten der japanischen Beamten.»

nere und eine äussere Krise: Die Bauern rebellierten wegen ihrer enormen Abgabenlast, und die Daimyo strebten nach mehr Unabhängigkeit vom Shogunat. Diese innere Krise fiel zusammen mit einer äusseren, nämlich dem Bestreben der USA, Grossbritanniens und Russlands, den Handel mit Japan aufzunehmen. Durch eine Flottendemonstration vor Tokio zwangen die USA Anfang 1854 den Shogun zu einem Vertrag, der Japan dem amerikanischen Handel öffnete und die amerikanischen Staatsbürger in Japan der einheimischen Gerichtsbarkeit entzog (Privileg der Konsulargerichtsbarkeit). In den folgenden zehn Jahren erreichten durch dasselbe Mittel auch die europäischen Grossmächte entsprechende Zugeständnisse. Dies wiederum verstärkte die innere Krise: Die Daimyo warfen dem Shogun vor, das Land verraten zu haben.

28.22 Meiji-Reformen: 1867 starben kurz nacheinander der Kaiser und der Shogun. Der erst 15-jährige neue Kaiser Mutsuhito (1852–1912) entmachtete den letzten Shogun, verlagerte seine Residenz von Kyoto nach Tokio, bestätigte die umstrittenen Handelsverträge mit dem Ausland und begann, Japan nach westlichem Vorbild zu industrialisieren. Diese Umwälzung wird nach dem Motto des Kaiser Mutsuhito als «Meiji-Ära» bezeichnet (meiji: «erleuchtete Regierung»). Es handelte sich hierbei um eine von oben her diktierte Umwälzung, die etwa mit dem aufgeklärten Absolutismus vergleichbar ist, aber ein Jahrhundert später als diese Epoche nun den Aufbau eines modernen Staates und die Industrialisierung anpeilte.

Geschickt wies Mutsuhito den Samurai eine neue Funktion in den Offiziersrängen und in der Beamtenschaft zu. Die Daimyo gewann er dadurch, dass er einige von ihnen als Berater engagierte und sie Industriebetriebe führen liess. So setzte er die bürgerliche Rechtsgleichheit, eine allgemeine Wehrpflicht und eine effiziente Verwaltung durch ein Berufsbeamtentum durch. Durch eine Verfassung wurde Japan 1889 auch rechtlich ein moderner Staat – war aber weit entfernt von einer Demokratie.

28.23 Wirtschaftliche Reformen: Durch die straffe Verwaltung und fähige Minister lenkte Kaiser Mutsuhito die Wirtschaft. Er liess Kredite im

Kaiser Mutsuhito, 1890er-Jahre

Mutsuhito wurde als Sohn einer Konkubine seines Vaters geboren und dann von dessen Ehefrau adoptiert. Es sind widersprüchliche Angaben über seinen Charakter und seine Jugend überliefert. Sein Vater starb unerwartet jung, mit 36 Jahren.
Obwohl der Kaiser nicht unmittelbar mächtig war, verkörperte Mutsuhito Japans Wandel. Er trug Auszeichnungen von Grossbritannien, Preussen, Italien, Spanien, Schweden und weiteren Staaten.

Kaiser Mutsuhito besichtigt eine neu eröffnete Eisengießerei: Stich aus der «Illustration» des Jahres 1888. Nicht nur der leitende Ingenieur, sondern auch die Vorarbeiter sind Europäer. Dass der Kaiser sich solcherart in der Öffentlichkeit und gar noch vor Fremden zeigte, stellte allein schon eine revolutionäre Neuerung dar; das «Conversations-Lexicon» von Brockhaus des Jahres 1845 schildert die damaligen Verhältnisse mit den Worten: «Der Mikado [Kaiser] darf sich nie dem Volke zeigen, und außer seinem Hofstaat und den Beamten des weltlichen Oberhauptes [des Shoguns] hat Niemand Zutritt zu ihm, nur einmal im Jahr geht er in eine Galerie, die nach unten zu offen ist, sodass man seine Füße sehen kann.»

Japans Bevölkerungswachstum
Ohne zeitweilige Außenbesitzungen wie Formosa, Korea und Südsachalin. Seit 2005 schrumpft die Bevölkerung. Für 2050 rechnet man noch mit 100 Mio. Menschen.

Ausland aufnehmen und erste Textilfabriken, später auch Eisen und Stahl verarbeitende Werke aufbauen. Waren sie in Schwung gekommen, verkaufte er sie vorzugsweise den Daimyo und steckte den Erlös in neue Gründungen. So entstanden um die Jahrhundertwende einige wenige Riesenkonzerne, die bald auch großen politischen Einfluss erlangten. Die Regierung hielt Agrarpreise und Löhne tief. So waren japanische Güter auf dem Weltmarkt bald konkurrenzfähig.

Obwohl sich dank der Industrialisierung das japanische Sozialprodukt vervielfachte, hatten weder Arbeiter noch Bauern Anteil an diesem Aufschwung: Erst 1916 wurden die Arbeiter durch ein Fabrikgesetz, aber nur halbherzig, geschützt. Gewerkschaften wurden behindert und blieben unbedeutend. Immerhin stand den Arbeitern der Aufstieg zu technischen Fachkräften offen. Diese Funktion nahmen zu Beginn Europäer oder Amerikaner ein, aber gelehrige Arbeiter mit großem Pflichtgefühl konnten sie innert einer Generation ablösen.

28.24 Reform des Erziehungswesens: Der Aufbau eines leistungsfähigen Unterrichtswesens bildete dazu die wichtigste Voraussetzung. 1872 wurde eine sechsjährige obligatorische Staatsschule eingeführt. 20 Jahre später war das Schulwesen vom Kindergarten bis zu den Universitäten nach preußischem Vorbild voll ausgebaut. Von der Jahrhundertwende an besaß Japan genügend eigene Techniker und Hochschulabsolventen.

Auf allen Schulstufen wurde von Anfang an Gewicht darauf gelegt, nicht nur Fertigkeiten und technisches Wissen zu vermitteln, sondern die Erziehung auf das ritterliche Samurai-Ideal auszurichten, insbesondere auf die unbedingte Treue und Ergebenheit gegenüber der geheiligten Person des Kaisers.

28.25 Japan als Großmacht: Um die Jahrhundertwende befand sich Japan sowohl wirtschaftlich als auch militärisch im Aufstieg zur Großmacht. Knapp drei Jahrzehnte hatten genügt, den weiten Weg vom Feudalismus der Shogunatszeit zum modernen Industriestaat zurückzulegen. In drei Ereignissen fand dieser Wandel deutlichen Ausdruck: Japan gewann 1894/95 im Krieg gegen China die Insel Formosa (Taiwan); die westlichen Großmächte verzichteten 1899 auf ihr Privileg der Konsulargerichtsbarkeit. Und als Höhepunkt besiegte die japanische Armee 1904/05 das große russische Zarenreich zu Land und zu Wasser. Japan erzwang Koreas formale Unabhängigkeit von China und faktische Unterordnung. Denn das japanische Bevölkerungswachstum, die notwendige Emigration und die Industrialisierung mit Rohstoffbedarf und der Suche nach Absatzmärkten trieben imperialistisches Denken an. In Europa und den USA wuchs die Angst vor einer «Gelben Gefahr», obwohl Japan im Ersten Weltkrieg auf der Seite den Entente kämpfte.

Diese Angst veranlasste die Siegermächte dazu, an der Versailler Friedenskonferenz (1919) Japans Antrag abzulehnen: Die japanische Delegation forderte nicht nur das Selbstbestimmungsrecht der Völker, sondern auch deren Gleichheit insbesondere bei der Behandlung von Immigranten. Japan wurde mit der Übernahme der deutschen Kolonien in China und im Pazifik (▶ 10.17) nur spärlich belohnt. Ein Vorstoß über Wladiwostok nach Sibirien im Rahmen des Russischen Bürgerkriegs (▶ 11.21) misslang.

Wirtschaftlich wurde das exportorientierte Land durch die Weltwirtschaftskrise (▶ 12.1) schwer getroffen. So fand eine Gruppe unzufriedener Offiziere rasch Widerhall für ihre Pläne einer militärischen Expansion.

28.26 «Japanischer Faschismus»: Der sogenannte «japanische Faschismus» unterschied sich vom deutschen oder italienischen durch seine militärische Herkunft. Er war nicht an eine Partei oder einen Führer gebunden, sondern geprägt durch eine fast religiöse Verehrung des Kaisers und der Traditionen sowie des Nationalismus – hierin traf er sich mit den entsprechenden europäischen Bewegungen. Wie diese lehnte er den Parlamentarismus ab und basierte auf dem Gefühl, im Ersten Weltkrieg betrogen worden zu sein. In der Außenpolitik setzte der japanische Faschismus ebenfalls die Gewinnung von Lebensraum für ein angeblich übervölkertes Land zum Ziel und wertete die Nachbarvölker als «minderwertig» ab. Damit gewannen die faschistischen Offiziere die Unterstützung der mächtigen Wirtschaftskonzerne.

Ähnlich wie der Nationalismus stieg der japanische Faschismus in der Weltwirtschaftskrise und im Kampf gegen sozialistische Parteien und Gewerkschaften auf und wurde durch außenpolitische Erfolge populär. Von 1936 an machten sich die Offiziere die Regierung gefügig und besetzten die Schlüsselpositionen mit ihren Vertrauensleuten. Zu Beginn des Zweiten Weltkriegs lösten sich die einflusslos gewordenen politischen Parteien auf und wurden durch eine «Vereinigung zur Unterstützung des Kaiserhauses» ersetzt.

28.27 Großjapanisches Reich: Ohne Wissen der Regierung begann die Armee im Herbst 1931 mit der Besetzung der Mandschurei. Der chinesische Staatsführer Chiang Kai-shek leistete keinen Widerstand; er reichte lediglich eine Klage beim Völkerbund ein (▶ 29.26). Die japanische Regierung ihrerseits beugte sich der vollendeten Tatsache; dadurch geriet sie immer mehr ins Schlepptau der Offiziere. Im Frühjahr 1932 proklamierte Japan einen «unabhängigen», in Wirklichkeit von ihm beherrschten Staat «Mandschukuo». Er wurde zwei Jahre später ein Kaiserreich unter jenem ehemaligen chinesischen Kaiser, der 1912 als Kind abgedankt hatte (▶ 29.24).

Japanischer Vorschlag für einen Antidiskriminierungsartikel in den Völkerbundssatzungen, 1919:

«Die Überzeugung von der Gleichheit aller Völker ist das grundlegende Prinzip des Völkerbunds. Die vertragschließenden Länder sagen daher zu, in den Ländern, welche Mitglied sind, möglichst schnell gegenüber jedem Ausländer in jeder Frage Gleichheit und Gerechtigkeit walten zu lassen und keine Diskriminierungen auf rechtlicher oder faktischer Grundlage einzurichten, die auf Rasse oder Staatsangehörigkeit beruht.»

«Die Welt, die nach dem Großen Europäischen Krieg dabei ist, fünf Supermächte zu bilden, wird ganz sicher weiter voranschreiten und am Ende einem einzigen System angehören. Wo die Kontrolle über das Zentrum dieses Systems liegt, wird in einem Kampf um die Vorherrschaft zwischen dem Repräsentanten des Westens, den USA, und dem Meister des Ostens, Japan, entschieden werden. Deshalb muss unser Land unverzüglich die Grundlagen einer nationalen Politik verwirklichen, indem es sich den Status eines Meisters des Ostens erwirbt. Um die gegenwärtige Lage zu überwinden und die Meisterschaft des Ostens zu erringen, müssen wir unsere Machtsphäre unverzüglich im nötigen Umfang erweitern.»

(General Ishiwara Kanji über die Notwendigkeit der Annexion von Mandschurei und Mongolei, Mai 1931)

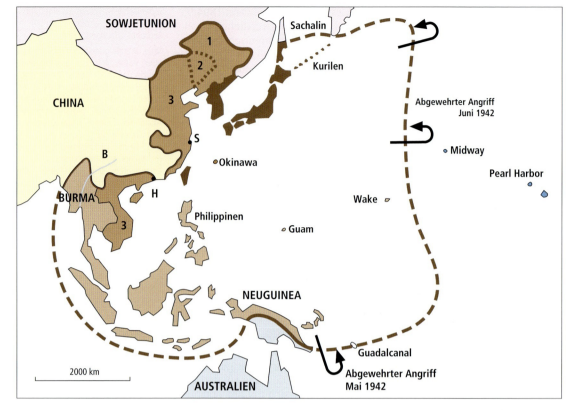

Japans Expansion 1931–1945

■ Japanisches Reich 1931

■ Eroberungen bis zum
7.12.1941
1: 1931 (Mandschukuo)
2: 1933–1937
3: bis 7.12.1941

■ Eroberungen bis Sommer 1942

B: Burmastrasse
H: Hongkong (britisch)
S: Shanghai

Die USA und die wichtigen Völkerbundsstaaten wollten den japanischen Militarismus nicht durch Widerstand reizen und damit verstärken. Erst mit Verspätung verurteilte der Völkerbund die Aggression. Darauf trat Japan Ende März 1933 aus. Angesichts der seit dem Sieg der NSDAP in Deutschland völlig veränderten europäischen Situation verzichtete der Völkerbund auf Sanktionen gegen Japan, ja sogar auf die Rückforderung der Japan übertragenen Mandate im Pazifik.

Dadurch ermutigt löste Japan 1937 einen Krieg gegen China aus. Seine Armeen landeten in Shanghai und stießen in wenigen Monaten durch Nord- und Mittelchina vor (▶ 29.26). In den zwei folgenden Jahren baute Japan diese Stellung aus und schnitt durch die Besetzung südchinesischer Küstengebiete die im Innern noch kämpfenden chinesischen Truppen von den Zufuhren ab. Bei Beginn des Zweiten Weltkriegs standen alle wirtschaftlich wertvollen Teile Chinas unter japanischer Kontrolle.

Am 7. Dezember 1941 überfiel die japanische Marine den amerikanischen Stützpunkt Pearl Harbor auf Hawaii (▶ 13.27) und griff die Inseln Wake, Guam und die Philippinen an. Auf dem Festland drangen japanische Truppen bis Februar 1942 in Hongkong, in Indochina und Indonesien ein; im März und April in Burma und auf Neuguinea: Japan stand jetzt vor den Toren Indiens und Australiens; auch hatte es die für Nationalchinas Nachschub wichtige Burmastraße unterbrochen.

Nun verfügte Japan über Rohstoff- und Nahrungsmittelquellen, die ihm erlaubten, einen langen Krieg zu führen. Und da die Achsenmächte den USA den Krieg erklärt hatten, einigten sich Roosevelt und Churchill auf das «Europe-first-Programm» (▶ 13.28): Defensive auf dem pazifischen Kriegsschauplatz und Konzentration aller Kräfte in Europa. So konnte sich das japanische Großreich drei Jahre halten, was einen bedeutsamen Prestigeverlust für den «weißen Mann» in ganz Südasien bedeutete.

28.28 Niederlage, Besetzung und Friedensschluss: Erst mit dem sich abzeichnenden Sieg in Europa konnten die USA 1944/45 wieder im pazifischen Raum angreifen. Sie eroberten Insel um Insel zurück und mit dem Fall Okinawas wurde Japans militärische Lage aussichtslos. Trotzdem setzte Japan den Kampf fort, und in Washington rechnete man damit, das Land selbst besetzen zu müssen. Deshalb entschloss sich der US-Präsident Truman, zur Kriegsverkürzung die in mehrjähriger Arbeit entwickelte Atombombe gegen Japan einzusetzen (▶ 13.58). Am 6. August 1945 fiel die erste Bombe auf Hiroshima, drei Tage später die zweite auf Nagasaki. Obwohl es sich nach heutigen Begriffen um kleine Bomben von je 20 Kilotonnen TNT-Wirkung handelte, starben vermutlich rund 200 000 Menschen direkt oder an der Strahlenkrankheit danach.
Schon am 10. August bat Japan um Waffenstillstand, und fünf Tage später stellten die USA den Kampf ein. Dagegen führte die Sowjetunion, die verabredungsgemäß am 8. August, drei Monate nach Kriegsende in Europa, in den Krieg eingetreten war, den Kampf bis zur Unterzeichnung des offiziellen Waffenstillstands weiter. Bis zu diesem Zeitpunkt konnte sie die Mandschurei vollständig besetzen.
Die USA, vertreten durch General Douglas MacArthur, regierten die nächsten sechs Jahre Japan. Sie ließen die faschistischen Gruppierungen auflösen, Kriegsverbrecher hinrichten und schufen 1947 ein parlamentarisches Regierungssystem, in dem der Kaiser nur noch eine repräsentative Funktion erfüllte. Der Kaiserkult fiel dahin. Eine Landreform machte die Kleinpächter zu Landeigentümern, und ein modernes Zivilrecht tilgte die Vorherrschaft der Männer über die Frauen. Der Plan, auch die großen Wirtschaftskonzerne aufzulösen, wurde nicht umgesetzt. Denn der Ausbruch des Koreakriegs im Juni 1950 beendete den Reformprozess, förderte aber eine wirtschaftliche Expansion.
1951 erhielt Japan mit dem Friedensvertrag von San Francisco die Unabhängigkeit zurück. Es musste auf alle seine Außenbesitzungen verzichten: Taiwan wurde chinesisch; die ehemals deutschen Pazifik-Inseln fielen als UNO-Treuhandgebiete an die USA. Diese verwalteten Okinawa bis 1972 und unterhalten bis heute einen Militärstützpunkt dort. In separaten Verträgen erhielt die Sowjetunion die Kurilen und Südsachalin; Korea sollte wieder unabhängig werden, wurde aber nach dem Koreakrieg geteilt (▶ 14.62).

Kaiser Hirohitos Besuch bei General MacArthur am 27. 9.1945, Fotografie des amerikanischen Offiziers Gaetano Faillace.

Die Fotografie symbolisierte damals die japanische Niederlage: Der Kaiser in einem Raum der USA, kleiner als der amerikanische General, im Gegensatz zu diesem konventionell gekleidet – und vor allem fotografiert: Von der damals noch göttlichen Person durfte kein Bild publiziert werden (siehe S. 410). MacArthur seinerseits verhinderte die in den USA verlangte gerichtliche Verfolgung des Kaisers als Kriegsverbrecher.

28.3 Die dritte Globalisierungsphase, nach 1945

28.31 Wirtschaftlicher Aufschwung: Japans Aufholjagd an die Spitze der Weltwirtschaft wurde durch die Niederlage im Zweiten Weltkrieg und durch die Ölkrise 1973 nur für kurze Zeit unterbrochen. In den 1950er-Jahren erreichte Japans Wirtschaft jährliche Wachstumsraten von achtzehn Prozent bei der Industrieproduktion und von neun Prozent beim Volkseinkommen. Nacheinander überholte Japan die europäischen Industriestaaten Frankreich, Großbritannien und die Bundesrepublik Deutschland. Obwohl extrem abhängig vom Ölimport und vom Außenhandel allgemein, überwand das Land die Ölkrise in den 1970er-Jahren mit Abstand am schnellsten, erwirtschaftete gewaltige Handelsbilanzüberschüsse und wurde zum größten Gläubiger der Welt. Dies alles geschah auf dem Hintergrund politischer Stabilität in einer parlamentarischen Demokratie, in der während 38 Jahren ununterbrochen die Liberaldemokratische Partei, wenn auch mit Abnützungserscheinungen, die Regierung stellte.

Die entschiedene Industrialisierung schon im 19. Jahrhundert, die Aufgeschlossenheit gegenüber der Technik und die enge Verzahnung von Politik und Wirtschaft gelten als die entscheidenden Faktoren für diesen Aufschwung. Auf der Verliererseite standen die handwerklichen Kleinbetriebe sowie lange Zeit die Frauen und die Anliegen des Umweltschutzes.

Auf eine politisch-militärische Weltmachtrolle verzichtete Japan bewusst und stellte sich hinter den amerikanischen Schutz- und Atomschild. Erst nach der amerikanisch-chinesischen Annäherung in den 1970er-Jahren (▶ 29.35) begann das Land seine Sicherheitsinteressen selber stärker wahrzunehmen.

28.32 Ostasiatische «Tigerstaaten»: Südkorea und Taiwan kopierten das japanische «Wirtschaftswunder». Zeitweise wuchsen ihre Industrien zwischen 15 und 20 Prozent pro Jahr.

Südkorea blieb auch nach dem Koreakrieg (▶ 14.6) bis Anfang der Sechzigerjahre ein rückständiges und armes Land unter einem autoritären Regime. Nach einer kurzen demokratischen Phase übernahm 1961 das Militär die Macht und übertrug die Führung General Park Chung-hee (1917–1979). Park orientierte sich mit seinem Industrialisierungsprogramm am japanischen Entwicklungsmodell des 19. und 20. Jahrhunderts. Er kombinierte zentrale staatliche Planwirtschaft und private Marktwirtschaft. In einer ersten Phase wurden Grundbedürfnisse gedeckt, Basisgüter produziert und die Infrastruktur ausgebaut. In einer zweiten Phase wuchs die mit amerikanischer und japanischer Hilfe aufgebaute Exportindustrie (Elektronik, Chemie, Schiffsbau und Autos) in atemberaubendem Tempo. Seit Parks Tod wurde in den Achtzigerjahren das autoritäre Regime schrittweise gelockert, und auf Druck wachsender Opposition wurden 1987 erstmals seit 1961 wieder freie Wahlen durchgeführt.

Taiwan ahmte das japanische Vorbild nach. Das Land wurde zusätzlich begünstigt durch über eine Million Chinesen, die nach Maos Sieg auf die Insel flüchteten und hier eine «nationalchinesische» Oberschicht bildeten (▶ 29.31). Sie brachten nicht nur Bildung, Leistungswillen und Fluchtkapital mit, sondern sie wurden von den USA auch mit massiver Wirtschaftshilfe unterstützt. Die USA anerkannten Taiwan bis 1971 als einzig legitime Vertretung der chinesischen Nation. Auch Taiwan ging bei seiner Industrialisierung schrittweise und planmäßig vor; der Übergang von der arbeitsintensiven Produktion zu kapital- und technologieintensiven Betrieben begann hier Ende der Sechzigerjahre. Dazu kam eine erfolgreiche Landreform, die zu einer Verdreifachung der Agrarproduktion führte. Dieser intensive, auf Familienbetrieben beruhende Ackerbau vermag heute trotz hohem Bevölkerungszuwachs Taiwans Nahrungsbedarf zu decken.

Wirtschaftsaufschwung in den asiatischen Ländern

Zunahme des Bruttosozialprodukts (BSP) pro Kopf und pro Jahr in Prozenten 1980–1993:

VR China	8,2 %
Südkorea	8,2 %
Taiwan	7,6 %
Thailand	6,4 %
Singapur	6,1 %
Hongkong	5,4 %
Vietnam	4,8 %
Indonesien	4,2 %
Malaysia	3,5 %
Japan	3,4 %
Indien	3,0 %

29. China

Der chinesische Raum (heutige Grenzen).

29.0 Geschichtsbestimmender Raum: Chinas Geschichte ist durch die weiten Räume der Flusstäler des Jangtse, des Gelben Flusses und des Xi-Jang (Westfluss) geprägt. Gelang ein Zusammenschluss der Völker, wurde das Reich der Mitte mächtig; aber ein solcher Zusammenschluss war immer geprägt durch Herrschaft und Unterdrückung. Und so bedeuteten Freiheitsbestrebungen oft Separatismus und Zerfall.

29.1 Die erste Globalisierungsphase, bis etwa 1850

29.11 Mandschu-Zeit: Die chinesische Ming-Dynastie (▶ Band 1, 13.14) brach 1644 durch Bürgerkriege zusammen; Beijing und damit den Thron eroberte die Qing-Dynastie aus dem Volk der Mandschu. Diese lebten im Nordosten Chinas in der Mandschurei und wurden als fremde Herren empfunden. Zur Unterscheidung von den Mandschu und als Zeichen der Unterwerfung mussten die Chinesen einen Zopf tragen. Die Mandschu legten in den großen Städten Truppen-Garnisonen an. Sie konnten ohne Examen in allen wichtigen Behörden amten, während die Chinesen diese Stellung nur aufgrund rigoroser Prüfungen erlangen konnten.

Eine lange Friedensperiode ließ die Bevölkerungszahl stark ansteigen. Dem stand aber keine entsprechende Vermehrung des Kulturlandes gegenüber. So sank zwischen 1578 und 1729 die Landfläche, die durchschnittlich einer Familie zur Verfügung stand, von 3,9 auf 2,1 Hektaren (4 galten als ausreichend). Die Bevölkerung blieb aber in der Landwirtschaft gebunden durch die Großgrundbesitzer, die ihnen die Parzellen verpachteten. Gewerbe und gar Industrie blühten nicht auf. So wuchs mit der Bevölkerung auch die materielle Not und entlud sich seit dem ausgehenden 18. Jahrhundert in großen Bauernaufständen, die sich sowohl gegen die Großgrundbesitzer als auch gegen die Mandschu-Herrschaft richteten.

Beamtenexamen vor dem Kaiser persönlich, Song-Dynastie: Ein Kandidat überreicht dem Assistenten des Kaisers seine Arbeit, links und rechts korrigieren Spezialisten die Prüfungen.

Prüfungen waren in China seit 600 n. Chr. das übliche Instrument zur Auswahl der Beamten. Sie fanden auf verschiedenen Ebenen bis zur Palastprüfung vor dem Kaiser statt. Sie verlangten das Auswendiglernen der chinesischen Klassiker und das Verfassen von fehlerfreien Abhandlungen. Nur wenige bestanden die Examen, und viele bemühten sich ein Leben lang darum.

Kritisiert wurde bisweilen, dass die Prüfung mit den praktischen Funktionen der Beamten wenig zu tun hätten, außer dass sie das Traditions- und Wertebewusstsein förderten.

29.12 Abschottung: Unter der Ming-Dynastie hatten lebhafte kulturelle Beziehungen bestanden und waren blühende Missionsstationen errichtet worden (▶ Band 1, 16.12). Die Kaiser der Qing-Dynastie schlossen nun das Land gegen außen ab. Ferner scheiterten die Jesuiten innerhalb der katholischen Kirche mit ihrer Strategie, sich kulturell auf die missionierte Bevölkerung einzulassen. So war China wie Japan ein abgeschottetes Land.

29.2 Die zweite Globalisierungsphase, etwa 1850 bis 1945

29.21 «Landöffnung»: Fast zur gleichen Zeit wie Japan wurde auch China gezwungen, sich dem ausländischen Handel zu öffnen. Großbritannien führte 1839–1842 und 1856–1860 Kriege gegen China, um das Land zum Import von Opium zu zwingen. Diese gewinnbringende Droge wollte die Britisch-Ostindische Kompanie von Indien aus exportieren. China musste 1842 Hongkong an Großbritannien abtreten, den verheerenden Opiumimport erlauben und die Handelsbeschränkungen lockern; und 1860 verpflichtete es sich, den Außenhandel mit Großbritannien, Frankreich, Russland sowie den USA uneingeschränkt zuzulassen und ihnen die Konsulargerichtsbarkeit sowie die christliche Missionierung zuzugestehen. Damit setzte die koloniale Durchdringung Chinas durch die Großmächte ein.

China und der Imperialismus

- Unter Mandschu-Herrschaft
- Unter ausländischem Einfluss

Von China abgetrennt:
- Provinzen
- Vasallenstaaten und Protektorate

1 Äußere Mongolei (1912),
2 Amurgebiet (1858),
3 Mandschurei (1900),
4 Korea (1876),
5 Ryukyu-Inseln (1879),
6 Formosa (Taiwan; 1895),
7 Tongking (1885),
8 Unterburma (1852),
9 Oberburma (1886),
10 Assam (1826),
11 Bhutan (1865),
12 Nepal (1816),
13 Tibet (1903),
14 Singkiang (Xinjiang, um 1900)

1914 bestehende Stützpunkte fremder Mächte:

● 1557 Macao (portugiesisch),
1842 Hongkong (britisch bis 1997),
1898 Port Arthur (russisch; 1905 japanisch),
1898 Weihaiwei (britisch),
1898 Kiautschou (Jiaozhou, deutsch; 1914 japanisch),
1898 Kanton (Guangzhou, französisch).

----- Großmächteabkommen von 1901 über die Interessensphären

▬▬ Heutige Grenzen der Volksrepublik China

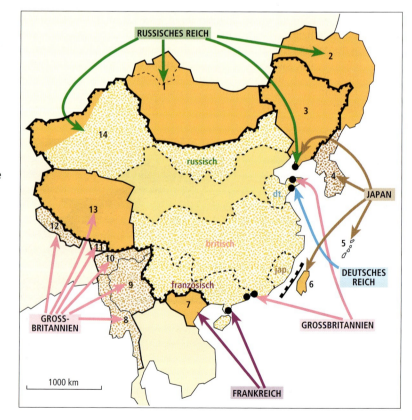

29.22 China als Halbkolonie:

China wurde aber nicht vollständig eine Kolonie. Dies wegen der Größe seines Landes, der Länge der Anfahrtswege der Kolonialmächte sowie der Tatsache, dass diese sich gegenseitig in Schach hielten. Denn vor allem Shanghai und das Jangtsetal, dann aber auch die südliche Mandschurei und die südchinesische Hafenstadt Kanton waren derart bedeutungsvoll, dass keine Großmacht eines dieser Gebiete einem Rivalen überlassen wollte. So einigten sich diese auf eine «Politik der offenen Tür», das heißt auf die gemeinsame wirtschaftlich-finanzielle Ausbeutung des Landes bei formell fortdauernder Unabhängigkeit. Dieser Status wird auch als Halbkolonie bezeichnet.

China konnte weder die Einfuhr fremder Waren mit Schutzzöllen belegen noch das Ausland zur Abnahme chinesischer Waren zwingen. Auf dem Weltmarkt stießen die wichtigsten chinesischen Ausfuhrgüter, Tee und Seide, auf immer schärfere Konkurrenz: Tee aus Ceylon und Indien, Seide aus Japan. So blieb die chinesische Handelsbilanz ab etwa 1870 dauernd passiv. Das führte rasch zur Verarmung, zur Finanznot des Staates und zur Inflation. Auslandsanleihen waren nur erhältlich um den Preis neuer wirtschaftlicher Vorrechte, die dann aufgrund der Meistbegünstigungsklausel auch den anderen Staaten zugesprochen werden mussten. Wenn China auch seine formelle Unabhängigkeit behaupten konnte, so verlor es im Laufe des 19. Jahrhunderts doch den größten Teil seiner Außenprovinzen und Vasallenstaaten, die das «Reich der Mitte» bisher als breiter Schutzgürtel umgaben.

Karikatur zur Aufteilung Chinas unter Großbritannien, Deutschem Reich, Russland, Frankreich und Japan in der Zeitschrift «Le Petit Journal» Nr. 374 vom 16.1.1898

Dem englischen Beispiel in Hongkong folgend und das kriegerische Vorgehen Japans gegen China ausnutzend, rissen die europäischen Großmächte 1898 ferner eine Reihe militärischer Stützpunkte längs der chinesischen Küste an sich; doch außer Hongkong und dem schon seit dem 16. Jahrhundert portugiesischen Macao fielen in der Zeit zwischen 1919 und dem Ende des Zweiten Weltkriegs alle diese Erwerbungen an China zurück. Die USA verzichteten in China selbst auf Annexionen, doch 1898 schufen sie sich innert eines Jahres im Krieg gegen Spanien durch die Eroberung von Guam, Wake und den Philippinen ebenfalls eine starke Stellung in Ostasien.

29.23 «Boxer»-Aufstand, 1900/01:

Im chinesischen Volk führten die außenpolitischen Demütigungen und die Verarmung zu einer Erbitterung nicht nur über die imperialistischen Mächte, sondern auch über die Kaiserdynastie der Qing. Ihre Herkunft aus dem Mandschu-Volk und dessen Bevorzugung spalteten das Volk.

1861 hatte die junge Kaiserinwitwe Cixi die Regentschaft zuerst für ihren Sohn und dann für ihren Neffen an sich gezogen, sodass sie 47 Jahre lang Chinas Geschicke bestimmte. Um die Macht der Qing-Dynastie zu erhalten, spielte sie die konservativen Kreise, welche Chinas Abschottung aufrechterhalten wollten, gegen die Reformer aus, welche nach japanischem Vorbild China in Verbindung mit dem Westen verändern wollten. Es ging ihr also um die Erhaltung der Macht, nicht um die Entwicklung des Landes. Dieses blieb gegenüber den westlichen Zugriffen passiv.

Die Niederlage im Krieg gegen Japan 1894/95 (▶ 28.25) verstärkte die latente Krise. 1900 erhob sich der konservative chinesische «Verband für Gerechtigkeit und Harmonie» gegen die Qing-Dynastie und die ausländischen Einflüsse. Wegen ihrer Leibesübungen wurden die Aufständischen von den Europäern als «Boxer» abgewertet. Die Kaiserinwitwe lenkte den Aufstand gegen die Botschaften der auswärtigen Mächte. Die Aufständi-

Kaiserinwitwe Cixi (1835–1908), 1905, Gemälde von Hubert Vos (1855–1935)

Ursprünglich nur eine Nebenfrau des Kaisers, gelang es ihr 1861, ihren fünfjährigen Sohn Tongzhi zum Nachfolger ernennen zu lassen.

schen griffen diese an und töteten einige Beamte. Cixi wies die Botschaften aus. Die betroffenen acht Staaten Großbritannien, USA, Frankreich, Russland, Japan, Deutsches Reich, Italien und sogar Österreich-Ungarn organisierten unter britischer Führung zwei Strafexpeditionen und schlugen den Aufstand nieder. Cixi stellte sich nun gegen die «Boxer», musste aber 1901 weitere demütigende Auflagen für China hinnehmen.

29.24 Revolution: Nach dem Tod der Kaiserinwitwe Cixi und der Ernennung eines erst zweijährigen Kaisers ließ sich die Revolution nicht mehr aufhalten. Eine Erneuerungsbewegung unter dem Namen «Kuomintang» («Nationale Volkspartei Chinas») und unter der Führung des westlich orientierten Sun Yat-sen rief die Republik in Kanton, im Süden, aus. Sie stützte sich auf den bürgerlichen Mittelstand und die große Gemeinde der Auslandchinesen. Ihr Ziel war eine moderne, nationale, demokratische und sozial gerechte Republik.

Im Norden setzte sich Marschall Yuan Shikai (1859–1916) mit einem kleinen, modern ausgerüsteten Heer durch. Er zwang den letzten Kaiser 1912 zur Abdankung. Nach einer kurzen Phase der Zusammenarbeit der beiden Bewegungen warf Yuan auch die Kuomintang-Bewegung nieder und strebte während des Ersten Weltkriegs mit japanischer Hilfe die Wiederherstellung des Kaisertums an. Gegen diese Verletzung des Nationalgefühls erhoben sich die Militärführer der nördlichen Provinzen und entmachteten Yuan, ohne sich selbst auf einen Führer zu einigen. China schien sich in Anarchie aufzulösen.

Sun Yat-sen (1866–1925), um 1912
Jugend in Hawaii, Ausbildung zum Arzt in Hongkong, Organisation der dort lebenden Exilchinesen, Gründer der Kuomintang, kurzzeitig Präsident der chinesischen Republik.

29.25 Erneuerung: Die Enttäuschung über das Scheitern der Republik und die außenpolitische Zurücksetzung Chinas führte zu einer Erneuerungsbewegung an den Universitäten: Hochschullehrer und Studierende aktualisierten die erstarrten Lehren des Konfuzianismus (▶ Band 1, 2.23). Sie wandten sich gegen die darin enthaltene Zurücksetzung der Frau und gegen die außenpolitische Isolation als «Reich der Mitte». Am 4. Mai 1919 organisierten sie große Volksdemonstrationen gegen die sich abzeichnenden enttäuschenden Friedensbestimmungen von Versailles. Daraus leitete sich der Name der Bewegung ab: «Bewegung des 4. Mai». Im gleichen Jahr gründete Sun Yat-sen die Kuomintang-Bewegung neu. Sie sammelte die Reformkräfte. Anfangs 1924 nahm ihr Parteikongress Sun Yat-sens «Drei Lehren» als Programm an: Nationalbewusstsein (Kampf gegen den fremden Imperialismus), Demokratie (aber unter Ausschluss der konservativen Kreise) und Sozialismus (Landreform; Verstaatlichung der Banken und Verkehrsbetriebe). Unter diesem Programm suchte Sun Yat-sen eine Verständigung mit den militärischen Machthabern im Norden, mit den reichen Kaufleuten und Großgrundbesitzern, als er starb. Sein Nachfolger Chiang Kai-shek wollte die Übereinkunft dadurch retten, dass er 1927 den sozialistischen Flügel der Kuomintang durch ein Massaker an den Arbeitern von Shanghai vor den Kopf stieß und aus der Kuomintang ausschloss. Aus ihnen rekrutierte Mao Zedong (1893–1976) die spätere Kommunistische Partei Chinas.

Nach seinem Rechtsrutsch strich Chiang Kai-shek Landreformen und Verstaatlichungen aus dem Programm. Er errichtete eine Diktatur und erreichte in der Außenpolitik, dass bis 1930 alle Mächte auf die Souveränitätsbeschränkungen verzichteten, welche die Friedensverträge von 1860 China auferlegt hatten (▶ 29.21).

Chiang Kai-shek (1888–1975), 1945
Herkunft aus einer verarmten Salzhändlerfamilie, militärische Ausbildung in Japan, Beteiligung am Sturz der Qing-Dynastie, Gründungsmitglied der Kuomintang, deren Leitung er nach Sun Yat-sens Tod übernahm.

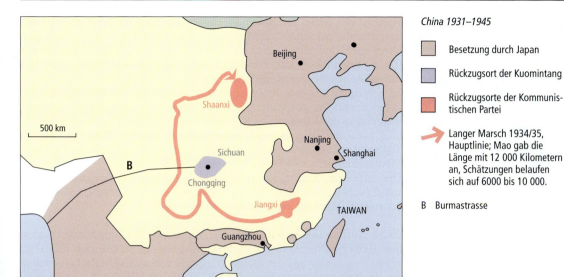

China 1931–1945

- Besetzung durch Japan
- Rückzugsort der Kuomintang
- Rückzugsorte der Kommunistischen Partei
- Langer Marsch 1934/35, Hauptlinie; Mao gab die Länge mit 12 000 Kilometern an, Schätzungen belaufen sich auf 6000 bis 10 000.

B Burmastrasse

29.26 Äußerer und innerer Krieg: Ab dem Jahr 1931 drang Japan in China vor (▶ 28.27). Chiang Kai-shek wollte jedoch zuerst die Kommunistische Partei unterwerfen, die sich im südchinesischen Jiangxi festgesetzt und unter den Bauern großen Anhang gewonnen hatte. Das glückte ihm, aber die Kommunisten, anfänglich etwa 90 000 Menschen, wichen aus. Ihr «Langer Marsch» von 1934/35 führte über rund 10 000 Kilometer und durch das westchinesische Hochgebirge. Schließlich erreichte noch knapp ein Zehntel der ein Jahr zuvor Aufgebrochenen, die «Rote Armee», die nordwestchinesische Provinz Shaanxi. Dort, in fast unangreifbarer Berglandschaft, gründete Mao Zedong eine neue kommunistische Bauernrepublik.

Er propagierte jetzt den gemeinsamen Kampf aller chinesischen Kräfte gegen Japan. Der sich diesem Bündnis widersetzende Chiang Kai-shek wurde im Dezember 1936 zur Einwilligung genötigt. Doch die japanischen Truppen zwangen 1937 seine Truppen zum Rückzug in die westchinesische Provinz Sichuan, deren Hauptstadt Chongqing bis zum Ende des Zweiten Weltkriegs Sitz seiner nationalchinesischen Regierung wurde. Dort befanden sich ihre Streitkräfte zwar in einer fast unangreifbaren Stellung, waren aber auch einzig durch die 1939 eröffnete, über 2000 Kilometer lange und Höhen von 3000 Metern überwindende Burmastraße mit der Außenwelt verbunden. Während des Zweiten Weltkriegs, als die Burmastraße zudem noch zeitweise unterbrochen war (▶ 28.27), beschränkte Chiang Kai-shek sich auf die Verteidigung, sowohl gegenüber Japan als auch gegenüber kommunistischer Infiltration. Mao dagegen baute in Nordchina eine mächtige Partisanenorganisation gegen die japanische Besetzung auf.

29.3 Die dritte Globalisierungsphase, nach 1945

29.31 Bürgerkrieg: Im harten Kampf gegen die japanische Invasion arbeiteten Chiang Kai-sheks nationalchinesische Regierung und Mao Zedongs Kommunistische Partei zusammen. Mit Japans Niederlage im

Mao Zedong (Mao Tse-tung, 1893–1976), 1967

Sohn einer wohlhabenden Bauernfamilie in der Provinz Hunan; Lehrer und Bibliothekar in Bejing und Hunan; 1921 Mitbegründer der KP Chinas und Politbüromitglied; ab 1927 Führer der Partisanentruppen in Südchina und 1934 auf dem «Langen Marsch»; 1949–1954 Regierungschef, 1954–1959 Staatsoberhaupt der Volksrepublik China und 1943–1976 Vorsitzender der Kommunistischen Partei der Volksrepublik China.

Herbst 1945 zerfiel die Koalition, obgleich sowohl die USA als auch die Sowjetunion auf eine weitere Zusammenarbeit drängten, also den Kalten Krieg nicht auf China übertragen wollten. Denn die USA misstrauten Chiang Kai-sheks Diktatur und die Sowjetunion Maos Kommunismus, der sich nicht auf die Industriearbeiter, sondern auf die Bauern stützte.

Mao verfügte aus dem Krieg gegen Japan über eine gut geführte, kampftüchtige und bei der bäuerlichen Bevölkerung beliebte «Rote Armee», während in der Kuomintang Korruption um sich gegriffen hatte. Ein Jahr lang tobte der Bürgerkrieg unentschieden, dann, zwischen dem Herbst 1948 und dem Ende des Jahres 1949, eroberte die «Rote Armee» das Land. Mao proklamierte 1949 die «Volksrepublik China».

Der unterlegene Chiang Kai-shek flüchtete auf die Insel Taiwan (Formosa), wo er sich mithilfe der USA zu behaupten vermochte («Nationalchina» oder «Republik China», ▶ 28.32).

29.32 Aufbau des Sozialismus: Die Volksrepublik China konnte Mao in den 1950er-Jahren innenpolitisch stabilisieren. Er stützte sich dabei auf erfahrenes Kader aus der Bürgerkriegszeit und das Gesellschaftsmodell aus der Zeit des Langen Marsches (▶ 29.26). Im Gegensatz zum Stalinismus ging Mao davon aus, dass auch innerhalb einer sozialistischen Gesellschaft Gegensätze weiterbestehen, was eine «permanente Revolution» nötig mache. Ferner waren für ihn nicht nur die Produktivkräfte von Bedeutung, sondern auch das Bewusstsein der Massen, was ihn zu immer neuen Kampagnen veranlasste. So wechselten sich freiheitliche und autoritäre Phasen seiner Herrschaft ab.

Zuerst verstaatlichte Maos Kommunistische Partei die Großbetriebe und enteignete die Großgrundbesitzer, realisierte also den dritten Punkt von Sun Yat-sens Programm (▶ 29.25). Dies geschah im Schatten des Koreakriegs (▶ 14.6) unter massivem Druck; die Großgrundbesitzer wurden oft zum Tode verurteilt. Rund die Hälfte des bebaubaren Bodens kam in den Besitz von Dorfgenossenschaften. Sie sollten auch die Industrialisierung vorantreiben.

Eine Ehereform stellte die Frauen den Männern gleich, eine Schriftreform vereinfachte das Schreiben und ermöglichte breiteren Schichten Zugang zur Bildung. Mit der Kampagne «Lasst hundert Blumen blühen!» forderte

Entwicklung des jährlichen Wirtschaftswachstums in China in Prozent

Obwohl die statistischen Grundlagen teilweise auf unverläßigen Werten beruhen, zeichnet sich in der Kurve die politische Entwicklung in China unter Mao Zedong und Deng Xiaoping ab.

Mao 1957 die Intellektuellen zur Äußerung eigener Gedanken auf, bremste aber die entstandene Kritik gleich wieder.

29.33 Der «Große Sprung nach vorn», 1958–1961: Für Mao ging die Entwicklung nicht von der Arbeiter-, sondern von der Bauernschaft aus. So wollte er die Industrialisierung auf den Dorfgenossenschaften aufbauen. 1958 befahl er den Zusammenschluss von je 40 bis 100 Dörfern zu kollektiv verwalteten «Volkskommunen», um Wasserkraftwerke und Hochöfen für die Stahlherstellung errichten zu lassen. Mao wollte damit die Entwicklung des ländlichen Raums, die Industrialisierung ohne sowjetischen Hilfe und den Aufbau einer sozialistischen Gesellschaft vorantreiben und möglichst die Sowjetunion einholen. Er riskierte eine radikale Umgestaltung einer jahrhundertealten Gesellschaft von gegen 650 Millionen Menschen.

Allerdings endete der «Große Sprung» mit einer Hungerkatastrophe, der rund 40 Millionen Menschen zum Opfer fielen (die größte Hungerkatastrophe in der Menschheitsgeschichte). Denn die Arbeitskraft wurde in den Aufbau von kleinen, dezentralen Hochöfen mit einer schlechten Wirkungskraft gesteckt; die Menschen waren durch die Kollektivverwaltung demotiviert, und es fehlte an technischen Kadern, um die Kampagne zielgerichtet zu führen. Millionen Bauern und Bäuerinnen flohen in die Städte, die Entwicklung auf dem Land wurde nicht gefördert, sondern gebremst.

Als Folge davon wurden in den 1960er-Jahren die Volkskommunen wieder aufgelöst; die Kommunistische Partei spaltete sich, und der pragmatische Flügel unter Liu Shaoqi (1898–1969) setzte sich durch. Mao verlor sein Amt als Staatspräsident an ihn, blieb aber bis zu seinem Tod 1976 Vorsitzender der KP Chinas.

29.34 «Große Proletarische Kulturrevolution»: Vom Jahr 1966 an versuchte Mao mit einer neuen Kampagne an die Macht zurückzukommen. mithilfe der Volksarmee und der Jugend leitete er die «Große Proletarische Kulturrevolution» gegen die pragmatische Partei- und Funktionärsbürokratie ein. Ohne klare Ziele stand der Personenkult um Mao im Zentrum. Seine Anhänger, die «Roten Garden», demonstrierten oft gewalttätig gegen führende Parteifunktionäre und allgemein gegen die etablierten Autoritäten. Die führenden Pragmatiker Liu Shaoqi und sein Kollege Deng Xiaoping (1904–1997) wurden entmachtet.

Trotzdem wurde deren politische Linie weiterhin verfolgt, denn die Ziele der Kulturrevolution waren zu nebulös, um den politischen und wirtschaftlichen Kurs zu bestimmen. In der Innenpolitik schritt die Stabilisierung, die schrittweise Modernisierung und die Ausbildung hoch spezialisierter Eliten voran.

29.35 Weltpolitische Umorientierung: In der Außenpolitik orientiert sich das kommunistische China kontinuierlich um. Schon der «Große Sprung nach vorn» war wesentlich vom Bestreben geleitet gewesen, von der Sowjetunion als kommunistischer Weltmacht unabhängig zu werden. Im Verlauf der 1960er-Jahre hatte sich das Verhältnis noch verschlechtert: Die Kulturrevolution sollte vermeiden, dass China auf den Weg eines sowjetischen bürokratischen Sozialismus geriet. 1969 kam es am Ussuri-Fluss zu Gefechten zwischen sowjetischen und chinesischen Truppen. Diesen Tiefpunkt der sowjetisch-chinesischen Beziehungen nützte die US-Außenpolitik unter Präsident Nixon und seinem Sicherheitsberater Henry

Die «Große Proletarische Kulturrevolution»

Mao mobilisierte ab 1966 neue revolutionäre Kräfte in der chinesischen Jugend, indem er die in den «Roten Garden» organisierten Jugendlichen zu gewaltsamer Agitation gegen die Opposition und zu Massendemonstrationen anstachelte (Bild oben von 1967). Mit dem massenhaft verbreiteten «Roten Büchlein» erklärte er die «Worte des Vorsitzenden Mao» zur obersten Leitlinie für die gesamte chinesische Gesellschaft (Plakat unten).

Kissinger zu einer 1971 geheimen und 1972 offiziellen Kontaktaufnahme (▶ 14.92). Diese Annäherung zwang die Sowjetunion im Kalten Krieg zu Verhandlungen, etwa über die Abrüstung (▶ 14.93) und die KSZE (▶ 14.94), eröffnete den USA den Rückzug aus dem Vietnamkrieg (▶ 14.86) und ermöglichte China, mit amerikanischer Unterstützung Taiwans Position im UNO-Sicherheitsrat zu übernehmen.

29.36 Tibet: Die Provinzen Tibet und Mongolei hatten 1913 nach dem Sturz des Kaiserhauses ihre Unabhängigkeit verkündet. Während die Mongolei diese behielt, marschierte die Rote Armee unmittelbar nach ihrem Sieg 1950 in Tibet ein. Die chinesische Führung begann 1959 im Rahmen des «Großen Sprungs nach vorn» (▶ 29.33), Tibets Kultur zu missachten. Darauf erhoben sich die Tibeter, aber ihr Aufstand wurde niedergeschlagen, ihr religiöses und politisches Oberhaupt, der 14. Dalai Lama, Tenzin Gyatsho (geb. 1935), floh mit 7000 Tibeterinnen und Tibetern ins Exil. Während der Kulturrevolution verwüsteten Rote Garden wertvolle kulturelle Zeugnisse Tibets. China war und ist an Tibets Bodenschätzen, der Elektrizitätsproduktion und an der Lagerung von radioaktiven Abfällen interessiert.

29.37 Wirtschaftliche Modernisierung: Nach Maos Tod 1976 versuchte die linksradikale «Shanghai-Gruppe» um Maos Witwe Jiang Qing (1914–1991), das Steuer herumzureißen und wieder zur «permanenten Revolution» zurückzukehren. Aber der noch von Mao designierte Nachfolger Hua Guofeng (1921–2008) entmachtete diese Gruppe. Seinerseits wurde er 1981 durch den Pragmatiker Deng Xiaoping von der Parteispitze verdrängt. Dieser misstraute jedem Personenkult und regierte fortan, bis zu seinem Tod 1997, durch ein Regierungskollektiv.

In der Wirtschaft setzte Deng Xiaoping auf teilweise freie Märkte, auf Leistungsanreize und auf die Vergrößerung des unternehmerischen Spielraums im Sinn einer «sozialistischen Marktwirtschaft». Speziell in der *Landwirtschaft* konnten Familienbetriebe auf eigene Rechnung wirtschaften und ihr Einkommen steigern. Allerdings vergrößerte sich die Kluft zwischen Arm und Reich. Die Landwirtschaft vermochte die Bevölkerung zu

Unbekannter Demonstrant, 5.6.1989, auf der Avenue des Himmlischen Friedens, Fotografie Charles Cole

Ein unbekannt gebliebener Demonstrant stoppte nach dem Massaker im Beijing eine Panzerkolonne, indem er sich mit zwei Einkaufstaschen vor den vordersten Panzer stellte. Er wurde von vier Personen weggetragen – es ist unklar, ob von Mitdemonstranten oder Polizeikräften. Über sein weiteres Schicksal ist nichts bekannt. Der Fotograf schmuggelte die Filmrolle aus China heraus, indem er sie zeitweise im Wasserbehälter einer Toilette versteckte, bis die Sicherheitskräfte ihn durchsucht und ihm eine andere Filmrolle abgenommen hatten.

Das «Foto des Jahres» zirkulierte auch in Osteuropa und machte den Oppositionellen Mut.

ernähren, obwohl sich seit der kommunistischen Machtergreifung von 1949 die Lebenserwartung der Chinesen und die Gesamtbevölkerung beinahe verdoppelt hatten.

Für die *Industrie* gründete die Führung Sonderwirtschaftszonen (heute sind es über sechzig), in denen mit kapitalistischen Wirtschaftsmethoden und einer Öffnung zum Westen das Wirtschaftswachstum gesteigert wurde. Im Unterschied zu den kommunistischen Staaten Europas wies China schon früh eine höhere Flexibilität und Experimentierfreudigkeit auf. Schon vor Gorbatschows Perestroika (▶ 15.13) passten die Reformer in der chinesischen KP die kommunistische Planwirtschaft der stürmischen Entwicklung in Forschung und Technologie an.

Im Unterschied zur Sowjetunion unter Gorbatschow beschränken sich diese Reformen aber strikt auf die Wirtschaft. Dessen Kurs der Perestroika und ein Staatsbesuch in Beijing inspirierten chinesische Studenten und dann auch weitere junge Menschen zu Demonstrationen in Beijing und zur Besetzung des zentralen «Platzes des Himmlischen Friedens» (Tiananmen). Die Führung ließ am 4. Juni 1989 diese Demonstrationen zusammenschießen. Sie wollte und will die politische Diktatur mit einer liberal gestalteten Wirtschaft verbinden.

29.38 Bevölkerungspolitik: Diese Liberalisierung ließ die Kluft zwischen einer breiten Unterschicht von etwa 900 Millionen Menschen und einem schmalen aufsteigenden Mittelstand wachsen. Mit der strikten Vorschrift, dass ein Ehepaar nur noch ein Kind großziehen dürfe, beschränkte die Regierung unter Deng Xiaoping gewissermaßen künstlich das Bevölkerungswachstum und leitete ein demografisches Experiment im Weltmaßstab ein. Da die Lebenserwartung der bessergestellten Mittelschicht massiv stieg, droht China heute eine Überalterung. Da ferner die Beschränkung auf ein Kind zur Abtreibung von Mädchen führte, leitete sie auch ein Ungleichgewicht zwischen den Geschlechtern ein. Doch das Wachstum der Bevölkerung wurde gebremst. Seit 2003 wird die Ein-Kind-Politik deshalb gelockert.

Bevölkerungsentwicklung unter dem Einfluss der Ein-Kind-Politik:
— in absoluten Zahlen (Skala links)
— in jährlichen Wachstumsraten (Skala rechts)

Südostasien

30. Südostasien

30.0 Raum: In diesem stark gegliederten Raum leben heute 240 Millionen Menschen in der Republik Indonesien und 400 000 im Sultanat Brunei. Die Menschen in Singapur verfügen über ein Bruttoinlandprodukt von 52 000, diejenigen des 2002 unabhängig gewordenen Osttimor von 1040 Franken pro Jahr (Zahlen 2009). Gemeinsam sind diesen ganz unterschiedlichen Gesellschaften die frühen und starken Einflüsse von außen.

30.1 Die erste Globalisierungsphase, bis etwa 1850

30.11 Königreich Ayutthaya: Eine bedeutende Kultur entwickelte sich im heutigen Thailand mit dem Königreich Ayutthaya (so auch der Name der damaligen Hauptstadt). Dieses bestand von 1351 bis 1767 und pflegte regen Handel mit China, Japan und Indien, aber auch mit den Kolonialmächten. Der Wohlstand des Landes beruhte auf dem Reisanbau in den fruchtbaren Flussebenen und auf Hochterrassen. Die Erträge waren so reich, dass der König die Untertanen die Hälfte des Jahres für sich arbeiten oder Krieg führen lassen konnte. Er regierte als absoluter Herrscher und galt als Verkörperung buddhistischer und hinduistischer Gottheiten. Das Königreich Ayutthaya unterlag 1767 einem Angriff aus Burma. Trotzdem blieb das damalige Siam und heutige Thailand als Puffer zwischen britischem und französischem Zugriff weitgehend unabhängig, verlor aber seinen Anstoß an den Indischen Ozean an Großbritannien.

30.12 Zugriff der Kolonialmächte: Bereits im Mittelalter hatten arabische Händler die Inseln des späteren Indonesien angefahren und den Islam verbreitet. Auf den europäischen Entdeckungsfahrten danach wurde Südostasien von Spanien, Portugal und den Niederlanden angepeilt. Diese gründeten auf den Inseln und an den Küsten vorwiegend Handelsstützpunkte. Das größte Kolonialreich errichtete die Niederländische Ostindien-

Kolonien in Südostasien, 1914

britisch:
- B: Burma
- M: Malaya mit Singapur
- S: Sawarak mit Brunei
- NB: Britisch Nord-Borneo
- A: Australien

französisch:
- FI: Französisch Indochina
- K: Kambodscha
- L: Laos

USA:
- Ph: Philippinen
- G: Guam

Deutsches Reich:
- KW: Kaiser-Wilhelm-Land

Niederlande:
- NI: Niederländisch Indien
- NN: Niederl. Neuguinea

Portugal:
- PT: Portugiesisch Timor

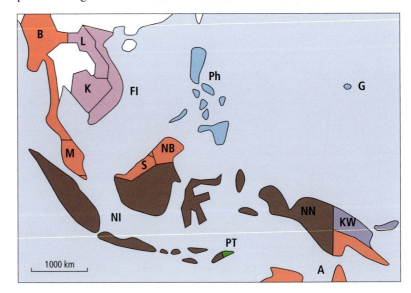

Kompanie («Vereenigde Oostindische Compagnie») von Java aus über das indonesische Inselreich. Dabei verdrängte sie die portugiesischen Stützpunkte bis auf die Osthälfte der Insel Timor. 1799 ging die private Handelsgesellschaft an den niederländischen Staat über. Spanien begann 1565 mit der Eroberung der Philippinen und übte seine Kolonialmacht bis 1898 aus.

30.2 Die zweite Globalisierungsphase, etwa 1850 bis etwa 1945

30.21 Durchdringung der Kolonien: Hatte in der ersten Phase der Kolonisation der Handel mit Gewürzen im Vordergrund gestanden, so beuteten die Kolonialmächte ab Mitte des 19. Jahrhunderts Südostasiens Rohstoffe gezielter aus. Sie verlangten die Abtretung von Boden für Kautschuk- und Tabakplantagen und den Anbau von Exportreis. Sie erfassten die Bevölkerung, erhoben Kopfsteuern und ersetzten die informelle durch eine formelle, allgemein sichtbare Herrschaft. Dies auch, um gegenüber der Konkurrenz das Feld abzustecken. Sie förderten die Schulbildung, um die Bevölkerung auf die Kultur der Kolonialmacht als «Mutterland» einzustimmen.

30.22 Widerstand: Allerdings provozierte dieser stärkere Zugriff Konflikte und Aufstände. Die Bevölkerung auf den Philippinen erhob sich 1896 mit dem aus dem Christentum und der Aufklärung abgeleiteten Anspruch auf Freiheit; allerdings erreichte sie nur, dass die spanische durch die amerikanische Herrschaft abgelöst wurde. Die USA brauchten die Inseln in erster Linie als Sprungbrett in das zerfallende China.
Zum großen Vorbild für die Befreiungsbewegungen wurde Japan mit dem Sieg über Russland 1904/05.
In Französisch-Indochina fand vor allem der kommunistische Gedanke Widerhall in der Bevölkerung. Nguyen Ai Quoc, der sich später Ho Chi Minh nannte, organisierte sie ab 1930 in kleinen Sowjets («Xo Viet», xo: Dorfgemeinschaft, viet: Eigenbezeichnung des Volks Vietnam). Daraus entstand die Bewegung des Viet Minh (▶ 14.82).

30.3 Die dritte Globalisierungsphase, nach 1945

30.31 Ehemaliges Französisch-Indochina: Während des Zweiten Weltkriegs besetzten japanische Truppen praktisch alle europäischen Kolonien in Südostasien. Die Kolonialmächte konnten sie nicht befreien, sodass sie nach der japanischen Kapitulation praktisch kampflos unabhängig wurden. Die schwerwiegende Ausnahme betraf die französischen Kolonien: Weil hier kommunistische Freiheitsbewegungen die Unabhängigkeit erkämpft hatten und Frankreich sie erst nach Niederlagen in die Unabhängigkeit entließ, geriet vor allem Vietnam in den Sog des Kalten Kriegs (▶ 14.8). Der Krieg zwischen 1963 und 1975 forderte allein in Vietnam drei bis fünf Millionen Menschenleben, etwa ein Achtel der Bevölkerung. Ein Siebtel der Fläche Südvietnams wurde durch Dioxine («Agent Orange») zur Entlaubung und Erntevernichtung vergiftet. Dieses Gift ist verantwortlich für genetische Schäden, welche vererbt werden.
Mit sowjetischer Unterstützung konnte sich Vietnam aber relativ rasch wirtschaftlich erholen und zur regionalen Führungsmacht aufsteigen; erst Gorbatschows Reformkurs (▶ 15.13) und der drohende Verlust der Unter-

Aung San Suu Kyi (geb. 1945) bei einer Rede nach der Aufhebung ihres Hausarrests, 2011

Geboren als Tochter des Generals Aung San, der Burmas Unabhängigkeit aushandelte, Jugend in Indien, wo ihre Mutter Botschafterin war, Studium in Großbritannien, Heirat mit dem britischen Tibet-Wissenschafter Michael Aris (1946–1999). 1988 Rückkehr nach Burma, 1990 Wahlsieg, 1995–2010 dauernder Hausarrest und Trennung von der Familie unter der Anklage der Gefährdung der Staatssicherheit. Seit der Lockerung der Militärregierung 2010 frei.

stützung durch die Sowjetunion bewog die vietnamesische Führung zu umfassenden Reformen. Seit den frühen 1990er-Jahren verzeichnet Vietnam stetiges Wirtschaftswachstum und wurde 2011 zum Schwellenland.

In Kambodscha, 1954 unabhängig geworden, errichteten die ursprünglich von Nordvietnam unterstützten «Roten Khmer» unter Pol Pot (1928–1998) ein Schreckensregime, das zwischen 1975 und 1979 zwei Millionen Menschen, ein Drittel der Bevölkerung, das Leben kostete (▶ 14.87). Die Roten Khmer vertrieben die Menschen aus den Städten, zwangen sie zu Landarbeit und richteten hin, wer einen intellektuellen Beruf oder gar nur ein intellektuelles Aussehen hatte, etwa eine Brille trug. Pol Pot nützte dabei die Spannungen zwischen China und der Sowjetunion aus: Weil die Sowjetunion nun Vietnam unterstützte, erhielt er chinesische Hilfe. 1978 marschierte aber Vietnam in Kambodscha ein und stürzte das Regime (▶ 14.87).

Das seit 1954 unabhängige Laos litt schwer unter dem Vietnamkrieg: Die CIA führte geheime Operationen gegen die kommunistischen «Pathet Lao», große Teile des Landes litten unter amerikanischen Flächenbombardements. Ende 1975 übernahmen die Pathet Lao die Macht, worauf Laos vollends in den Einflussbereich Vietnams geriet und für längere Zeit praktisch dessen Satellit wurde (▶ 14.87).

30.32 Ehemalige britische Kolonien: Großbritannien hatte seine Kolonien in erster Linie zur Sicherung der Meeresstraße von Singapur und als Gegengewicht zu Frankreich und den Niederlanden errichtet und nach dem Prinzip der «indirect rule» (▶ 27.22) regiert. Daher wurden sie nach der japanischen Besetzung relativ konfliktfrei unabhängig. Den Anfang machte 1948 Burma (seit 1989 Myanmar), doch führten Konflikte unter den rund 135 Ethnien des Landes zu langer Militärherrschaft. Das Militär missachtete 1990 den hohen Wahlsieg der Nationalen Liga für Demokratie unter der Führung der Oppositionspolitikerin Aung San Suu Kyi (geb. 1945). Malaya und Sarawak wurden 1963 als Malaysia unabhängig. Dazu gehörte ursprünglich auch Singapur, das sich 1965 von Malaysia löste.

30.33 Indonesien: Der Führer der Nationalpartei, Ahmed Sukarno (1901–1970), rief noch unter japanischer Besatzung Indonesiens Unabhängigkeit

Abtransport des Gemäldes eines niederländischen Gouverneurs aus dessen Palast (Istana Merdeka) in Batavia (Djakarta) am 30.12.1949, zwei Tage vor der Unabhängigkeit. Fotografie von Henri Cartier-Bresson (1908–2004)

von den Niederlanden aus, konnte sie aber erst auf Druck durch die USA 1949 erreichen. Allerdings führte die Unabhängigkeit der 90 Millionen Menschen mit 220 Sprachen auf über 6000 bewohnten Inseln zu Separatismus, Armeeputschs und Unruhen durch Kommunisten und radikale Moslems. Sukarno versuchte die widerstrebenden Kräfte zusammenzuhalten, insbesondere auch die Kommunisten einzubinden. Darauf reagierten Generale 1965 mit einem Putsch, ließen 500 000 bis drei Millionen Menschen als «Kommunisten» umbringen und entmachteten Sukarno. Von 1967 bis 1998 regierte General Haji Mohamed Suharto (1921–2008) das Inselreich diktatorisch. Anfänglich profitierte das Regime von den hohen Erdölpreisen (▶ 37.23), verschuldete sich aber übermäßig. Anstatt auf innenpolitische Verständigung setzte Suharto auf Gewalt: Er ließ die chinesische Bevölkerung sowie die Papua auf West-Neuguinea verfolgen und annektierte das 1975 unabhängig gewordene ehemals portugiesische Osttimor mit brutaler Gewalt, sodass ein Drittel der dortigen Bevölkerung ums Leben kam. Separatismus bekämpfte er durch Zwangsumsiedlungen in dünner besiedelte Gebiete.

Nachgesehen wurden Suharto diese Verbrechen, weil er sich außenpolitisch als zuverläßiger Verbündeter des Westens profilierte.

30.34 Philippinen: Die Philippinen erhielten als amerikanische Kolonie am frühesten die Unabhängigkeit: 1935 die Autonomie, 1946 die volle Souveränität. Dabei behielten sich die USA zwei Militärstützpunkte vor. Durch die spanische Herrschaft christlich, wurden die Philippinen nun amerikanisch geprägt.

Allerdings wurde die Verfassung durch die faktische Herrschaft einer schmalen Oberschicht unterlaufen. Diese beruhte auf Großgrundbesitz, der nie durch eine Landreform aufgelöst worden war. Dagegen wehrten sich immer wieder kommunistische Guerillas und die muslimischen Moros.

Zwischen 1965 und 1986 regierte Ferdinand Marcos (1917–1989) das Land, 1972 bis 1981 im Kriegsrecht. Wie Suharto in Indonesien konnte Marcos sich als zuverläßiger Verbündeter des Westens halten, bis ihn 1986 die öffentliche Empörung über das organisierte Attentat auf den populären Oppositionspolitiker Benigno Aquino (1983) zu Neuwahlen, zur Abdankung und zur Flucht nach Hawaii zwang. Aquinos Gattin Corazón (1933–2009) leitete als Nachfolgerin und Präsidentin 1988 eine zaghafte und weitgehend wirkungslose Landreform ein und wurde, obwohl auch aus der Oberschicht stammend, zu einer verehrten Landesmutter.

Corazon Aquino (1933–2009) während einer Rede zur Würdigung einer Hilfsaktion durch die amerikanische Militärbasis, 1986

Geboren in einer wohlhabenden und politisch einflussreichen Familie, Ausbildung in den USA in Sprachen, Rechtsstudium, politischer Einsatz für ihren Mann Benigno, zwischenzeitlich Exil in den USA. Nach der Ermordung des Ehemanns Symbol des Widerstandes gegen das Marcos-Regime und Wahl zur Staatspräsidentin 1986. Verzicht auf eine zweite Amtszeit 1992.

McArthur's Universal Corrective Map of the World, 1979

Der 15-jährige australische Austauschschüler Stuart McArthur wurde 1973 in Japan von amerikanischen Kollegen gehänselt, weil er von «down under» kam. Sechs Jahre später publizierte er eine Weltkarte mit Australien im Zentrum.

31. Australien und Ozeanien

31.0 Raum: Der Raum von Australien und Ozeanien hinkt in der ersten Globalisierungsphase, der Erschließung durch Kolonialmächte, etwa eine halbe Phase hinterher und ging ihr in der dritten, derjenigen der politischen Souveränität, etwa um eine halbe Phase voraus. Das heißt, Australien, Neuseeland und die meisten Pazifik-Inseln Ozeaniens waren nur kurz von der eigentlichen Kolonialisierung in der zweiten Phase betroffen.

31.1 Die erste Globalisierungsphase, bis etwa 1850

31.11 Entdeckungsfahrten: Die ersten bezeugten Entdeckungsfahrten unternahmen im 17. Jahrhundert niederländische Schiffe von Niederländisch-Indien aus. Australien war aber schon 50 000 Jahre lang durch die Aborigines besiedelt, wahrscheinlich in isolierten Küstenregionen des Kontinents, wo sie als Nomaden überleben konnten.

Die Führung in der Erschließung Australiens übernahmen dann aber die Briten mit der Fahrten von James Cook (1728–1779). Die erste Fahrt 1768–1771 führte ihn an die Nordostküste. Großbritannien war an der Insel als Gefängnis interessiert, da es seit der Unabhängigkeit der dreizehn nordamerikanischen Kolonien, also der USA, keine Häftlinge mehr dorthin verfrachten konnte (▶ 4.23). Etwa 170 000 davon setzten britische Schiffe zwischen 1800 und 1851 aus. Nach 1820 begann dann auch die freiwillige Einwanderung von Menschen. Diese beanspruchten als Farmer das bebaubare Land.

31.12 Segregation: Die britische Regierung wollte die Aborigines, die sich ohnehin nicht am Kontakt mit den Siedlern interessiert zeigten, nicht

Felsritzung der Aborigines in der Nanguwurr-Höhle, Datum unbekannt

Diese und andere Felsritzungen halten Segelschiffe fest, welche die Aborigines gesehen hatten. Ob es sich um arabische, portugiesische oder die auch in Europa bekannten niederländischen Entdeckungsfahrten gehandelt hat, ist umstritten.

Unter «Aborigines» werden die indigenen Völker Australiens und Tasmaniens verstanden; die Indigenen auf Neuseeland heißen Maori, diejenigen auf einigen australischen Inseln im Nordosten Torres-Strait-Insulaner.

Australien und Ozeanien: Zweite Globalisierungsphase

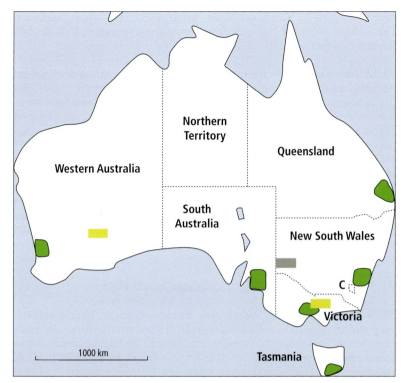

Besiedlung Australiens
Die Gebiete der Aborigines fielen vermutlich im Kern mit den Siedlungen der ersten Kolonien zusammen, waren aber ausgedehnter. Ferner bestanden weitere an der Nord- und Nordwest-Küste.
Eingetragen sind die Grenzen der Bundesstaaten seit 1901.

- Erste britische Siedlungen
- Goldvorkommen (1851 bzw. 1880er-Jahre)
- Silber und Blei (1870er-Jahre)
- C: Canberra: Hauptstadt-Territorium

Australien ist in sechs Bundesstaaten, drei Territorien und neun Außengebiete (Inseln) gegliedert.

unterdrücken, ließ es aber zu, dass sie verfolgt und verdrängt wurden. Wahrscheinlich die Hälfte von ihnen fiel den Pocken zum Opfer. Und die Überlebenden wurden durch die Landansprüche der Siedler vertrieben. Denn die Schafzucht als deren erstes einträgliches Gewerbe verlangte nach ausgedehnten Weidegründen – zulasten der umherziehenden Aborigines. So wurden diese in die ganz unwirtlichen Gebiete abgedrängt. Die «White Australia Policy» im 19. Jahrhundert negierte, dass den Aborigines das Land gehörte, das sie nur periodisch nutzten; sie ging davon aus, dass es «terra nullius», Niemandsland, sei.
Anders verlief die Entwicklung in Neuseeland, wo die indigenen Maori sich mit erworbenen Feuerwaffen zur Wehr setzten und 1840 im Vertrag von Waitangi eine Respektierung ihres Gebiets und Eigentums erreichten.

31.2 Die zweite Globalisierungsphase, etwa 1850 bis 1945

31.21 Föderation: Die bislang zögerliche Besiedlung verwandelte sich 1851 in einen rasanten Zustrom: In der Nähe von Melbourne wurde Gold gefunden. Der Goldrausch fiel mit der Kartoffelkrise in Europa zusammen. Die britische Regierung musste nun darauf verzichten, Gefangene hier auszusetzen, weil die Fahrt nach Australien nicht mehr als Strafe empfunden wurde. Ein weiterer Goldrausch in den 1890er-Jahren sorgte für die Besiedlung Westaustraliens.
Auf australischem Boden entstanden sechs britische Kolonien. Am 1. Januar 1901 schlossen sie sich zu einer Föderation zusammen. Weil Sydney und Melbourne sich um den Sitz der Hauptstadt stritten, wurde 1911 eine

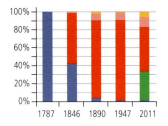

Herkunft der Bevölkerung Australiens

- Aborigines
- Großbritannien/Irland
- Übriges Europa
- Asien
- Australien

2011 wurde nicht mehr nach der familiären, sondern der gefühlsmäßigen Herkunft («ancestry») gefragt. Viele Menschen gaben dabei auch Kombinationen an. Die Verdoppelung des Anteils der selbst deklarierten Aborigines geht auf eine positivere Wahrnehmung in den letzten 20 Jahren zurück.

Der Pazifik im Kalten Krieg

- ▲ Militärische Stützpunkte
- ☢ Atomtests, mit Angabe des Staates und Anzahl der Tests (Größenordnung, teilweise wurden Tests von mehreren Staaten koordiniert.)

neue, Canberra, in New South Wales auf eigenem Territorium gegründet. Die Föderation erhielt 1907 den Status eines Dominions innerhalb des britischen Commonwealth.

31.22 Imperialistische Einbindung: Die Errungenschaften der Zweiten Technischen Revolution, Dampf- und dann ölbefeuerte Schiffe sowie Telegrafenverbindungen (▶ 18.12), rückten den entlegenen Kontinent Australien unvermittelt näher. Weil Australien schon britisch war, annektierten Frankreich, das Deutsche Reich, Japan und die USA Stützpunkte auf pazifischen Inseln.

Im Ersten Weltkrieg kämpften australische und neuseeländische Truppen auf britischer Seite und erlitten bei der missglückten Invasion in Gallipoli schwere Verluste (▶ 9.21). Im Zweiten Weltkrieg überfiel Japan zahlreiche Pazifik-Inseln und drohte mit einer Invasion in Nordaustralien. Die USA unterstützten Australiens Verteidigung und brauchten es als reiche Nachschubbasis. Sie traten an die Stelle der britischen Kolonialmacht, die sich aus dem ostasiatischen Raum zurückgezogen hatte.

31.3 Die dritte Globalisierungsphase, nach 1945

31.31 Dekolonisierung: Viele Pazifik-Inseln erlebten die Entkolonialisierung wie die südostasiatischen Staaten: Dem überstürzten Abzug der traditionellen Kolonialmächte und der dreijährigen Besetzung durch Japan folgte ein Vakuum mit einer informellen Dominanz der siegreichen USA. Australien und Neuseeland waren schon seit 1907 im Rahmen des Commonwealth unabhängig (▶ 31.21).

31.32 Atomwaffentests und Uranabbau: Die Region von Australien, Neuseeland und Ozeanien scheint auf den ersten Blick vom Kalten Krieg wenig berührt worden zu sein. Die Sowjetunion verzichtete hier auf Einflussnahme. Gerade die einseitige Dominanz des Westens wirkte sich allerdings verhängnisvoll aus. Die USA, Großbritannien und Frankreich nutz-

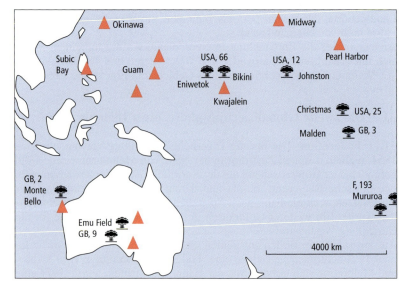

ten den Südpazifik zu Atomwaffentests. Denn die Region ist dünn besiedelt, dementsprechend protestierten wenige Menschen, und die Sowjetunion hatte keine Beobachtungsmöglichkeiten. Die betroffenen Menschen wurden ferner durch die Aussicht auf Arbeitsstellen für diese Unternehmen gewonnen, deren Folgen sie nicht kannten. Nicht nur unmittelbar nach den Tests wurden Menschen verstrahlt. Die Strahlung in diesem Gebiet ist bis heute erhöht und die Sterblichkeit unnatürlich hoch (▶ 14.43).

Australien stand den Testversuchen auch deshalb positiv gegenüber, weil es das nötige Uran aus reichen und relativ leicht abbaubaren Lagerstätten liefern konnte. Die Minen lagen allerdings auf dem Gebiet der Aborigines.

31.33 «Stolen Generations»: Die Aborigines hatten in der rasch wachsenden und den Boden für sich beanspruchenden australischen Einwandererbevölkerung keinen Platz mehr. Sie wurden in Reservate abgedrängt und von staatlicher Hilfe abhängig. Um diese zu senken, verpflanzte die Regierung über eine «Aboriginal Protection»-Behörde vor allem Mischlingskinder aus ihren Aborigine-Familien in Heime und weiße Familien, auch wenn sie weder vernachläßigt noch gefährdet waren. Offiziell wollte die Behörde die Aborigines in die moderne Gesellschaft integrieren und ihnen ein besseres Leben verschaffen, aber eine große Rolle spielte der Gedanke, diese Aborigine-Völker aussterben zu lassen. Zwischen zehn und dreißig Prozent der Aborigine-Kinder wurden so 1910 bis 1970 verpflanzt, wie eine Untersuchung 1997 ergab. 2008 entschuldigte sich die Regierung bei den «Stolen Generations» dafür.

1992 entschied ferner das Oberste Gericht, dass den Aborigines ihr Land zu Unrecht weggenommen worden war und sie zu entschädigen seien.

31.34 Wirtschaftsboom: Die Kluft zwischen den Aborigines und der australischen und neuseeländischen Bevölkerung öffnete sich in der Tat immer mehr. Die große Einwanderung aus Südeuropa nach dem Zweiten Weltkrieg ermöglichte den Australiern einen beruflichen Aufstieg und brachte einen Wirtschaftsboom. Hohe Woll- und Weizenpreise sowie die Erschließung und der Abbau reicher Mineralien (Uran, Bauxit, Nickel, Eisenerz, Gold, Diamanten) und die Belieferung der ebenfalls boomenden japanischen Industrie etwa mit Kohle sorgte für einen stetigen Aufschwung bis 1974.

Neuseeland exportierte zur gleichen Zeit mit einer sehr effizienten Landwirtschaft vor allem deren Produkte sowie Fisch. Auch für dieses Land fiel die Wirtschaftskrise von 1974 zusammen mit dem Eintritt Großbritanniens in die EG, was die Handelspartnerschaft und den Absatz schwächte. Die Absatzmärkte in Ostasien fingen den Einbruch aber rasch wieder auf. So stehen Australien bezüglich Bruttosozialprodukt pro Kopf an 5. und Neuseeland an 24. Stelle von 180 Volkswirtschaften (IWF, 2012).

Die Gegenwart: die letzten 25 Jahre

Mit 25 Jahren kann jemand noch keine Bilanz seines Lebens ziehen – höchstens sich überlegen, ob seine Jugend glücklich oder unglücklich verlaufen ist. Wenn Gegenwart in Vergangenheit übergeht, wird offensichtlich, dass wir uns die Geschichte zurechtlegen. Und erst aus einem gewissen Abstand kann die Geschichtswissenschaft leitende Kräfte und Epochen erkennen, erforschen und darstellen.

Die Epoche das Kalten Kriegs ist die bisher letzte, über die sich die Geschichtswissenschaft einigermaßen einig ist. Für die letzten 25 Jahre hat sich noch keine Bezeichnung gefunden. Trotzdem lassen sich gewisse weltweite Entwicklungen ausmachen; diesen ist das Kapitel 32 gewidmet.

Ebenfalls erkennbar ist eine Verschiebung innerhalb der Weltregionen: Die Sowjetunion als Supermacht hat sich aufgelöst, aber die USA sind jetzt nicht zu einer Alleinherrschaft in der Lage. Neben diesen beiden Mächten bringen sich vielversprechende Schwellenländer trotz großer Probleme in Startposition. Das politische, wirtschaftliche, soziale und kulturelle Europa dehnte sich zwar seit dem Ende des Kalten Kriegs aus, verlor aber weltpolitisch an Gewicht (Kapitel 33).

Am eindeutigsten lassen sich kleinräumigere Kontinuitäten und Brüche in die Geschichte einordnen. Sie sind bisweilen schon als abgeschlossene Geschichte der letzten 25 Jahre zu erzählen (Kapitel 34).

Diese Sinneinheit «Gegenwart» knüpft an die vier bisher nebeneinander laufenden Durchgänge durch die Geschichte an. Sie greift jeweils kurz auf frühere Darstellungen zurück und versucht, die Geschichte an die Aktualität heranzuführen, mit dem Ziel, positive und negative Entwicklungen zu skizzieren und uns zu ermöglichen, Fortschritte und Gefahren unserer Welt in geschichtlicher Hinsicht einzuordnen.

links: Schülerspeisung in Komadougou, Burkina Faso; Hilfsaktion einer Firma

rechts: Jugendgewalt; nachgestellte Szene aus dem Film «Gegengerade»

links: Renaturierung der Aare bei Rubigen (BE) – nachdem sie die benachbarte Autobahn überschwemmt hatte.

rechts: Via Arenaccia in Neapel während eines Engpasses in der Müllabfuhr. Daran wird sichtbar, welches Ausmaß an Abfällen wir hinterlassen.

links: B-52-Bomber werden in der Verschrottungsanlage der USA ausgestellt, damit russische Überwachungssatelliten ihre Zerlegung verfolgen können.

rechts: Start einer Luftabwehrrakete vom Typ «Patriot» für einen Test. Solche Raketen entstammen dem Programm SDI (▶ 14.45).

links: Internet-Ratschlagseite über gesundes Essen für Jugendliche

rechts: Unterernährter somalischer Flüchtlingsjunge im Hilfszentrum Dolo Ado in der Nähe der Grenze zu Äthiopien. 2013 musste die Hilfsorganisation das Zentrum schließen, weil Helfer erschossen und entführt worden waren.

Welche Bilder werden im Fotoalbum zukünftiger Geschichte eingeklebt werden?

Zusammenarbeit oder Gewalt?

Umweltschutz oder Umweltzerstörung?

Abrüstung oder Aufrüstung?

Essen oder Hunger?

Der Begriff «Globalization» in der aktuellen Bedeutung scheint zum ersten Mal 1983 durch den Wirtschaftswissenschafter Theodore Levitt in «The Globalization of Markets» verwendet worden zu sein.

32. Die Globalisierung und ihre Kräfte

32.0 Neue Dimensionen der Globalisierung: Der Begriff «Globalisierung» wird am häufigsten genannt, wenn es darum geht, die letzten 25 Jahre zu etikettieren. Allerdings hat es schon früher Phasen einer starken globalen Vernetzung gegeben; nun aber umfasst Globalisierung gleichermaßen die Märkte für Güter und Dienstleistungen, die finanzielle Verflechtung und die weltweit greifbare Information und Kommunikation. Nur die Menschen sind noch an die Staatsgrenzen gebunden.

32.1 Die Globalisierung

32.11 Grundgedanke der Globalisierung: In den geschichtsträchtigen Jahren 1989/90 formulierten einige amerikanische Ökonomen den sogenannten «Washington Consensus». Sie bezogen sich auf die Lösung der Schuldenkrise in Lateinamerika (▶ 24.35), aber ihre Forderungen legten gleichzeitig die Grundlagen für die wirtschaftliche Globalisierung: Öffnung der Grenzen für den Import und Export, damit eine weltweite Konkurrenz der Waren und Dienstleistungen möglich wird. Verzicht des Staates auf Interventionen, Senkung der Steuern und Subventionen. Im Prinzip basierten diese Ideen auf dem «Gesetz der komparativen Kostenvorteile», das David Ricardo (1772–1823) schon 1817 entwickelt hatte, um damals den Freihandel zu begründen. Dieses Gesetz besagt, dass eine internationale Arbeitsteilung auch dann sinnvoll ist, wenn ein Land alle Güter effizienter produziert als andere. Dieses Land soll sich nämlich auf dasjenige Produkt konzentrieren, das es im Vergleich mit seinen anderen Produkten am effizientesten produziert. Die Globalisierung der Weltwirtschaft sei also im Interesse aller. Diese Überzeugung prägte die letzten 25 Jahre.

Sie wurde getragen von der neoliberalen Überzeugung, dass der Markt für die gewünschten Produkte zu den angemessenen Preisen sorge und der Staat sich in der Regulierung der Wirtschaft möglichst zurückzuhalten habe (Deregulierung der staatlichen Vorschriften).

Zwar beruht die Globalisierung auf der Annahme, dass eine internationale Arbeitsteilung allen, den starken wie den schwachen Volkswirtschaften, Vorteile bringe. Allerdings können die starken Volkswirtschaften auch allein durchkommen. Deshalb sind sie am Markt in der besseren Position. Dies zeigt sich vorab im Gütermarkt.

Eine fiktives Beispiel für das Gesetz der komparativen Kostenvorteile:

Eine Tonne Kohle zu fördern, brauche im Land A 10 Arbeitsstunden, im Land B 20, ein Auto zu montieren, im Land A ebenfalls 10 und im Land B 30 Arbeitsstunden. Augenscheinlich stellt das Land A beide Produkte effizienter her. In je 50 Arbeitsstunden in beiden Ländern würden also produziert:

	Kohle	Autos
A	1	4
B	1	1

Konzentrieren sich aber A und B auf dasjenige Produkt, das sie *vergleichsweise* effizienter herstellen, ergibt sich:

	Kohle	Autos
A	0	5
B	2,5	0

Es werden also in Arbeitsteilung wieder fünf Autos montiert, aber eine halbe Tonne Kohle mehr gefördert.

32.12 Globalisierung im Gütermarkt: Das Ende des Kalten Kriegs und damit der Teilung der Welt in Blöcke förderte die Globalisierung. In der entscheidenden «Uruguay-Runde» des GATT (siehe S. 231) wurde dieses Vertragswerk nach siebenjährigen Verhandlungen in eine ständige Organisation, die Welthandelsorganisation (englisch «World Trade Organization», WTO), umgewandelt und damit gestärkt. Die Ministerkonferenzen der WTO trieben den Abbau von Warenzöllen und die Erleichterung von grenzüberschreitenden Dienstleistungen voran. Dazu schlossen sich immer mehr Staaten zu regionalen gemeinsamen Märkten zusammen (▶ 23.36). Ein Drittel aller auf der Welt produzierten Güter wird heute exportiert – innert 20 Jahren hat sich der Anteil verdoppelt.

Allerdings konnten sich die WTO-Mitglieder bisher nicht auf eine globale Liberalisierung der Agrarproduktion einigen. Zudem kann der Zollabbau

durch Subventionen unterlaufen werden: Wenn ein Staat seine Produktion subventioniert, haben die entsprechenden Produkte auf dem Weltmarkt einen wettbewerbsverzerrenden Vorsprung. Vor allem die wirtschaftlich schwächeren Länder mit ihrem Angebot an Agrarproduktexporten werden dadurch benachteiligt. Dagegen konnten sich eine Reihe von Schwellenländern mit preisgünstiger Industrieproduktion auf dem Weltmarkt etablieren.
Der weltweite Güteraustausch hat allerdings auch einen umweltbelastenden Transport zur Folge.

32.13 Weltweite Konkurrenz der Arbeit: In der Güterproduktion treten die Staaten und die Arbeiter/-innen nun in eine weltweite Konkurrenz: Die multinationalen Unternehmen produzieren dort, wo die Löhne am tiefsten und der soziale Schutz der Arbeiterschaft am schwächsten ist – und wenn sie darauf verzichten, werden sie möglicherweise durch Konkurrenzunternehmen an die Wand gedrückt, die diesbezüglich weniger Hemmungen haben. Die Globalisierung benachteiligt also prinzipiell diejenigen Arbeiter/-innen, die einfache und überall zu leistende Arbeit anbieten können. Die Unternehmen in den Billiglohnländern profitieren davon, dass sie zu billigeren Preisen Güter auf den Weltmarkt werfen können.
Die Internationale Arbeitsorganisation ILO der UNO strebt die Ratifizierung von acht Konventionen zu Arbeiterrechten an. Diese betreffen Zwangsarbeit, ausbeuterische Kinderarbeit, Recht auf die Bildung von Gewerkschaften und kollektive Vereinbarungen, Diskriminierung bei der Arbeit sowie das Recht auf gleiche Entlöhnung für gleichartige Arbeit. Die USA, China und weitere südostasiatische Staaten haben einige Konventionen, besonders bezüglich des Vereinigungsrechts und der Nichtdiskriminierung, noch nicht ratifiziert – und auch ratifizierte Übereinkommen noch nicht umgesetzt.

32.14 Mauern gegen die Migration: Während die Waren immer freier die Grenzen passieren, werden Menschen auf der Suche nach einem besseren Leben oder auf der Flucht vor Krieg und Klimakatastrophen aufgehalten durch Grenzkontrollen und Mauern. Sie können sich zwar dank grenzüberschreitender Kommunikations- und Verkehrsmittel leichter bewegen, aber

Der Weg einer Jeanshose:
– Baumwolle aus Indien,
– versponnen in der Türkei,
– gefärbt in China,
– gewoben in Polen,
– zusammengenäht auf den Philippinen,
– genietet in Frankreich,
– gewaschen in Griechenland,
– getragen in der Schweiz,
– als Altstoff verfrachtet in die Niederlande,
– verteilt in Afrika:

also etwa 64 000 Kilometer Weg.
(nach http://www.e-globalisierung. org, leicht modifiziert)

Thunfisch-Schleppnetz mit 27 Flüchtlingen aus Ghana, Nigeria und Kamerun, Mai 2007

Diese Überlebenden eines gesunkenen Flüchtlingsschiffs wurden vom Kapitän eines maltesischen Thunfischbootes auf den Schleppnetzring, nicht aber ins Boot gelassen. Drei Tage zog er sie ohne Verpflegung und Wasser auf dem Meer mit, bis sich Malta und Italien über die Zuständigkeit geeinigt hatten.
Nach Angaben der Überlebenden waren vorher zwei Schiffe an ihnen vorbeigefahren.

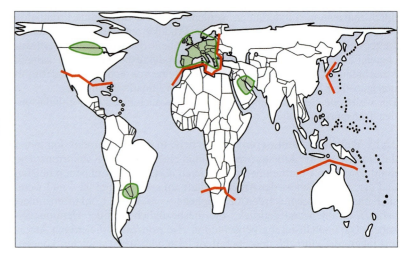

Begrenzung der Migration

— Ausgedehntere Mauern, Zäune, Grenzkontrollen, Luft- und Seepatrouillen zur Migrationsbegrenzung

▢ Räume mit Arbeitsmigrationsmöglichkeiten

Weitere Migrationsbarrieren stehen zwischen Nord- und Südkorea und zwischen der Westbank und Israel.

die Immigration von den armen in die wohlhabenden Gebiete wird weltweit unterbunden – dies gilt auch für Flüchtlinge trotz weltweit anerkanntem Asylrecht (Genfer Flüchtlingskonvention von 1951).

Doch nur ein geringer Teil der vertriebenen Menschen wandert von einer armen in eine reiche Weltregion. 80 bis 85 Prozent wechseln nur in einen Nachbarstaat. Die größten Opfer für Flüchtlinge erbringen demnach nicht reiche, sondern arme Gesellschaften.

Ferner findet innerhalb der Staaten ein Zustrom in die Städte statt. Weil die Städte stärker in die Globalisierung einbezogen sind, versuchen hier Menschen, Anteil am globalen Wachstum zu finden. Die Verstädterung hatte schon vor der Globalisierung eingesetzt, wird aber durch sie verstärkt.

32.15 Informations-Welt: Neben dem Ende des Kalten Kriegs gilt die Dritte Technische Revolution (▶ 19.1) als zweite wichtige Ursache der Globalisierung: Sie brachte in einer *ersten Phase* mit der Datenverarbeitung die Möglichkeit, weltweite Unternehmen wirkungsvoll zu verwalten. In einer *zweiten Phase* ermöglichte die Verbindung von Datenverarbeitung und Kommunikation die weltumspannende, rasche Lenkung aller Handels-, Dienstleistungs- und Finanzströme. Eine wichtige Rolle spielen die Informationstechnologien auch für globalisierte Dienstleistungen.

Indien gilt mittlerweile als «Sekretariat der Welt». Den Grundstein legte die Regierung von Rajiv Gandhi (▶ 27.36) in den 1980er-Jahren mit der Liberalisierung des Computermarktes. Hier werden für die ganze Welt zahlreiche Informatikapplikationen programmiert und Sekretariatsarbeiten erledigt. Diese Dienstleistungen beschäftigten (2012) 230 000 Spezialistinnen und Spezialisten und ernährten fast neun Millionen Menschen. Ihre Arbeit kann ohne jegliche Zollschranken und Importbeschränkungen überallhin exportiert werden. Die Finanzkrise 2008 veranlasste noch mehr Unternehmen zur Auslagerung (Outsourcing) dieser Dienstleistungen nach Indien.

Wie bei den Menschen ist allerdings auch die Informations-Welt gespalten: In Afrika nutzen nur vier Prozent der Menschen den Computer und damit die Verbindung zum World Wide Web. 80 Prozent der Internet-Inhalte sind auf englisch verfasst, für die gut halb so große arabische Sprachgruppe (Erstsprache) sind es nur vier Prozent.

Kosten für ein dreiminütiges Telefongespräch von London nach New York:

Jahr	Dollar*	Index
1930	244,65	100
1940	188,51	77,1
1950	53,20	21,8
1960	45,86	18,8
1970	31,58	12,9
1980	4,80	2,0
1990	3,32	1,4
2000	0,19	0,1
2010	0	0

* umgerechnet auf Dollarkurs von 2000

32.2 Finanzströme und Finanzkrisen

32.21 Ausgangslage: Ähnlich wie die Informationen überqueren die bargeldlosen Finanzströme die Staatsgrenzen fast ungehindert. Sie sind deshalb noch stärker angeschwollen als diejenigen der Waren und Dienstleistungen. Ihre grenzenlose Mobilität hat dazu geführt, dass die Staaten in einen Steuerwettbewerb treten, weil die Unternehmen ihre Gewinne am steuergünstigsten Domizil ausweisen oder teilweise durch Transaktionen ganz verheimlichen können.

Die internationale Verflechtung der Finanzen hat ferner dazu geführt, dass regionale Finanzkrisen heute sofort internationale Ausmaße annehmen.

Ostasienkrise: Kurs der malaysischen, philippinischen und thailändischen Währung gegenüber der schweizerischen jeweils zu Beginn der Monate Februar und August

32.22 Asienkrise, 1997/98: Die lateinamerikanische Schuldenkrise hatte noch einen starken Zusammenhang mit dem Gütermarkt gehabt: Steigende Preise für importiertes Erdöl und fallende Preise für exportierte Rohstoffe hatten die lateinamerikanischen Staaten nach einer forcierten, auslandfinanzierten Industrialisierung in Schulden gestürzt. Der Internationale Währungsfonds (IWF) musste nicht nur wegen der Schuldner, sondern auch wegen der Gläubigerbanken eingreifen (▶ 24.35).

Die Finanzkrisen in der Epoche der Globalisierung zeichnen sich jedoch dadurch aus, dass weniger die reale Wirtschaft als vielmehr die Spekulation zu Blasen führte; diese zogen nach ihrem Platzen große Verluste nach sich. In den 1990er-Jahren investierten viele Aktionäre in die boomenden Industrieunternehmen in Ost- und Südostasien (außer in abgeschlossenen kommunistischen Staaten). Die kreditnehmenden einheimischen Bankinstitute konnten deshalb ihrerseits sehr großzügige Kredite in Industrie und Immobilien vergeben. Um ihre Kosten tief zu halten, sicherten sie das Risiko zwischen ausländischen Krediten mit kurzer Laufzeit und der langfristigen Bindung ihrer eigenen Kredite zu wenig ab. Zudem vernachläßigten sie das Währungsrisiko zwischen den Krediten, die sie in Dollar und Yen erhielten, und den Krediten, die sie in einheimischer Währung vergaben. Als 1997/98 die ostasiatische Konjunktur leicht schwächelte und lokale Währungen an Boden verloren, kam es zu einem Schneeballeffekt: Der übereilte Rückzug der ausländischen Kredite und der Währungszerfall waren gleichzeitig Ursache und Folge der Krise.

Wie in Lateinamerika verknüpfte der IWF seine Hilfsmaßnahmen mit neoliberalen Bedingungen zur Anpassung der Wirtschaftsstrukturen. So wurde auch Ostasien noch stärker in die Globalisierung einbezogen.

32.23 Dotcom-Krise, 2000/01: Nach der Enttäuschung der Erwartungen in ostasiatische Industrien suchte das internationale Kapital neue Anlagemöglichkeiten im damals aufblühenden Bereich der elektronischen Datenverarbeitung und Kommunikation: Internet, Handy und Laptop versprachen einen Massenmarkt und dementsprechende Gewinne bei daran beteiligten Unternehmen. Weil sie mit dem Internet zu tun hatten, nannte man diese Unternehmen «dotcoms» («.com» als Domainnamen-Suffix wirtschaftlich tätiger Internetunternehmen). Junge Unternehmen schürten die Hoffnungen mit eiligem Börsengang (Ausgabe von Aktien), oft noch vor einer gewinnbringenden Geschäftsaufnahme. Breite Kreise, auch Kleinsparer/-innen, wurden von der Hoffnung auf raschen Profit verführt. Die Überbewertung der Aktien schlug in Enttäuschung und Aktienverkäufe um, als sich die hochgespannten Erwartungen nicht erfüllten. Die Kurse

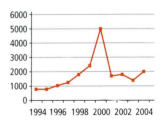

Dotcom-Krise: Der Nasdaq-Index von Internetunternehmen während der Dotcom-Krise (Werte des jeweils ersten Quartals)

Geschäftsfelder der Banken:
Commercial Banking: Entgegennahme von Spareinlagen und Verleih von Krediten für die Realwirtschaft
Private Banking: Vermögensverwaltung meist reicher Kunden
Investment Banking: Handel mit Wertpapieren und Derivaten für Kunden oder für sich selbst (Eigenhandel), Hilfe bei Börsengängen und Fusionen. Dieses weniger geregelte Geschäftsfeld expandierte weltweit auf das Dreifache der beiden anderen.

brachen ein, zahlreiche Investoren kamen zu Schaden. Aber die Banken blieben von dieser Krise verschont.

32.24 Finanzkrise, 2008: Die gravierendste Krise begann ebenfalls mit einer spekulativen Blase. In den USA konnten Hauskäufer/-innen seit 2004 Hypotheken (Kredite) auf ihre Häuser aufnehmen, die sogar über den Hauspreis hinausgingen, also einem Konsumkredit gleichkamen. Gerade Käufer/-innen mit geringer Finanzkraft profitierten davon. Die Investmentabteilungen der Banken übernahmen diese Kredite nicht selbst, sondern verkauften sie ihrer Kundschaft – mit besser gesicherten Kreditpapieren vermischt – als sogenannte Subprime-Papiere (schlechte Sicherheit, gute Rendite).

Die neoliberale amerikanische Regierung unter George W. Bush ermunterte aus politischen Gründen die Banken dazu, den Eigenheimkauf zu erleichtern, und die Notenbank förderte die Euphorie, indem sie die Zinsen tief hielt. Sie wollte nach dem Einbruch in der Dotcom-Blase eine Stagnation der Wirtschaft vermeiden. Wegen des negativen Außenhandelssaldos der USA begannen aber die Zinsen 2006 zu steigen; wer die Hypothekenzinsen nicht mehr bezahlen konnte, musste sein Haus verkaufen. Das Überangebot drückte die Häuserpreise und trieb weitere Hauseigentümer/-innen in den Konkurs. Nun gerieten auch die Banken in die Krise: Der Konkurs der Firma Lehman Brothers am 15. September 2008 mit dem größten Verlust aller Zeiten markierte den Beginn einer Bankenkrise als Folge der geplatzten Spekulationsblase.

32.25 Staatskrise, 2008/09: Weil der Konkurs und Ausfall von Banken nicht nur diese selbst, sondern auch den Zahlungsverkehr, das Kreditwesen und damit die Realwirtschaft gefährdeten, mussten die Regierungen eingreifen: Vor allem diese systemrelevanten, großen Banken erwiesen sich als «too big to fail» (zu groß, um unterzugehen). Um die Banken zu unterstützen, mussten die Nationalbanken Geld in die Wirtschaft pumpen und die Staaten sich verschulden.

Die Intervention der Staaten widerlegte die neoliberale Doktrin der Deregulierung von staatlichen Vorschriften. Die betroffenen Staaten begannen im Gegenteil, den Banken verbindlichere Vorschriften über das Eigenkapital und den Handel mit eigenem Vermögen (Eigenkapitalhandel) aufzuerle-

Veränderung des Bruttoinlandproduktes BIP gegenüber dem Vorjahr in Prozent, 2003–2016 (vorläufige Zahlen)

- USA
- Deutschland
- Großbritannien
- Schweiz
- Griechenland
- China

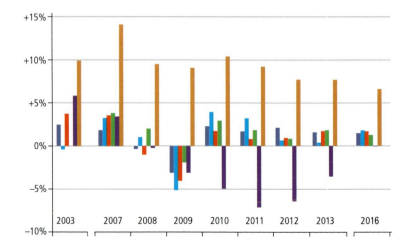

gen. Bisweilen gerieten auch die exorbitanten Bezüge des Bankmanagements (Boni) in die Kritik. Denn die Bankenrettung erwies sich in erster Linie als Maßnahme zugunsten der wohlhabenden Bevölkerungsschichten, die aber von allen Steuerzahlenden finanziert werden musste.

Staaten mit geringen eigenen Ressourcen gerieten durch diese Verschuldung selbst in die Krise. Dabei lösten Griechenland, Portugal, Spanien und teilweise Italien 2009 eine Krise im Eurowährungsraum aus. In den Euro eingebunden, konnten sie sich nicht mehr durch Abwertung einer eigenen Währung Erleichterung verschaffen (▶ 33.44). Deutschland und Frankreich versuchten die explodierenden Staatsausgaben mit einer erhöhten Besteuerung und mit dem Kampf gegen die Steuerflucht teilweise zu kompensieren. Dies brachte traditionelle Steuerparadiese wie etwa die Schweiz mit ihrem umfassenden Bankkundengeheimnis unter Druck.

Die Rettung der schweizerischen Bank UBS:

Bis zum Oktober 2008 musste die schweizerische Großbank UBS 59 Milliarden Franken abschreiben, weil die entsprechenden Subprime-Papiere diesen Wert verloren hatten. Sie erlitt damit den weltweit größten Verlust. Weil die Bank hätte Konkurs anmelden müssen, übernahm die Schweizerische Nationalbank «faule» Papiere im Umfang von 60 Milliarden Franken und gewährte der Bund einen Kredit von sechs Milliarden.

Im November 2013 konnte die Nationalbank aus dem Verkauf der nun wieder werthaltigeren Papiere einen Nettogewinn von fünf Milliarden Franken erzielen.

32.26 Rezession: Die Banken- und Staatskrise führte ferner zu einem Einbruch der Realwirtschaft. Weil sich nämlich infolge Überschuldung die staatliche und private Nachfrage abschwächte, brach die Produktion in den Jahren 2008 und 2009 ein. Die stärkste Krise seit der Weltwirtschaftskrise (▶ 12.1) führte vor allem in den in die Globalisierung eingebundenen Volkswirtschaften zu einer Rezession, also einem Rückgang des Bruttoinlandproduktes. Die Staaten konnten dem wegen der eigenen Verschuldung nur wenig mit antizyklischen Konjunkturprogrammen entgegenwirken.

32.27 Linke und rechte Globalisierungskritik: In den 1990er-Jahren überwogen die positiven Urteile: Die Blöcke des Kalten Kriegs und die von den Supermächten gestützten Diktaturen fielen weg, weltweiter Handel brachte einen wirtschaftlichen Aufschwung, neue technische Produkte verbreiteten sich rasch.

Im ersten Jahrzehnt des 21. Jahrhunderts erhoben sich aber globalisierungskritische Stimmen von linker Seite: Sie brandmarken die fehlende Regulierung auf den internationalen Finanzmärkten. Die international tätigen Holdings und Finanzinstitute steigerten ihre Gewinne, aber die Risiken von Krisen trug die Allgemeinheit. Linke Globalisierungskritik geißelte die sich öffnende Kluft zwischen Arm und Reich. Neben den

Zeltlager der Bewegung «Occupy Paradeplatz» gegen Banken- und Finanzspekulation am 15.10.2011 auf dem Zürcher Paradeplatz (Foto: Ennio Leanza)

Die weltweite Occupy-Bewegung begann im Oktober 2011 mit einer Besetzung eines Parks in New York und verbreitete sich durch soziale Medien rasch über die USA hinaus. Unter dem Motto «Wir sind die 99 Prozent» klagte sie das eine Prozent reicher Menschen an und protestierte gegen die Finanzwirtschaft, gegen den Hunger in der Welt und andere Begleiterscheinungen der Globalisierung. Die Occupy-Bewegung wurde übrigens inspiriert durch den Schwung und die elektronische Kommunikation der jungen Menschen in Ägypten im Arabischen Frühling (▶ 34.63).

französischen Begriff der «mondialisation» für Globalisierung traten die Begriffe der «démondialisation» und der «altermondialisation». Seit 2001 versammeln sich linke globalisierungskritische Organisationen auf dem «Weltsozialforum», um sich unter dem offenen Motto «Eine andere Welt ist möglich» über Alternativen zu einer wirtschaftlich und machtpolitisch dominierten Globalisierung auszutauschen. Beispielsweise fordert die Organisation «Attac» eine international erhobene Steuer auf alle Finanztransaktionen, deren Erträge über die UNO oder die Weltbank zur Verringerung der Kluft zwischen Arm und Reich eingesetzt werden sollen. Unter dem Druck dieser Kritik verpflichten sich multinational tätige Unternehmen im freiwilligen «United Nations Global Compact» (seit 1999) zur Einhaltung von sozialen und ökologischen Minimalstandards; allerdings sind keine Sanktionen gegen Verstöße vorgesehen.

Im zweiten Jahrzehnt des 21. Jahrhunderts geriet die Globalisierung auch von rechter, nationalistischer Seite her in die Kritik. Parteien in Europa und den USA, welche die Verlagerung der Produktion ins Ausland stoppen und die Immigration noch mehr einschränken wollen, feierten Wahlerfolge (▶ 33.45). Der spektakulärste war die Wahl des US-Präsidenten Donald Trump 2016 (▶ 33.31).

In der Skepsis gegenüber Freihandelsabkommen treffen sich die Kritik von linker und rechter Seite.

32.3 Ungleichgewicht in der globalisierten Welt

32.31 Nahrungsmittelteuerung: Zeitgleich mit der Finanz- und Staatskrise verdoppelten sich weltweit die Nahrungsmittelpreise. Diese Krise verursachte nach Schätzung der UNO-Organisation FAO für zusätzliche 71 Millionen Menschen Hunger.

Diese Krise ging auf mehrere Ursachen zurück; die Finanzkrise spielte hier nur mittelbar eine Rolle. Langfristige Ursachen waren der *Anstieg der Weltbevölkerung*. Ferner begannen die Menschen in den Schwellenländern *mehr Fleisch* zu konsumieren, dessen Produktion je nach Tier sieben bis 20 Mal mehr Grundstoffe verbraucht als pflanzliche Nahrung. Und dann veranlasste die *Globalisierung der Warenmärkte* viele weniger entwickelte Länder dazu, von Grundnahrungsmitteln für die lokale Versorgung auf Luxusprodukte für den Export umzustellen und damit von Importen abhängig

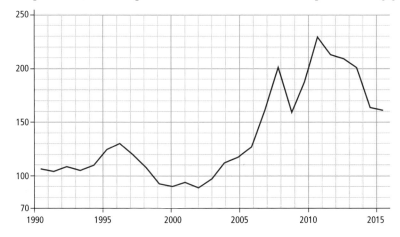

Index der FAO über die Preisentwicklung von 73 Nahrungsmitteln (aktualisiert)

Der Durchschnitt der Jahre 2002 bis 2004 ist dabei als Basis 100 genommen.

Jean Ziegler, UNO-Sonderberichterstatter für das Recht auf Nahrung: «Ein Kind, das heute an Hunger stirbt, wird ermordet.»

zu werden. Kurzfristigere Ursachen bildeten *Missernten* infolge Dürren und Überschwemmungen und der *Anstieg der Erdölpreise;* dieser begünstigte die Produktion von Bio-Treibstoffen, wofür wiederum potenzielle Nahrungsmittel verarbeitet werden.

Die Finanzkrise spielte insofern eine Rolle, als sich das nun nicht mehr in Immobilienfonds investierbare *Spekulationskapital* auf Nahrungsmittel stürzte und dabei deren Preise explosionsartig in die Höhe trieb. Die Rezession der Realwirtschaft lockerte dann vorübergehend den Preisdruck, aber 2011 kletterten die Preise auf ein neues Maximum.

32.32 Nahrungsmittelversorgung: Die Nahrungsmittelteuerung zeigte einmal mehr auf, dass an sich genug Nahrungsmittel produziert werden, dass sie aber den Bedarf nicht decken, weil sie nach Wohlstand und nicht nach Bedürfnis verteilt, übermäßig in aufwändige Fleischprodukte umgewandelt oder in Weltregionen exportiert werden, die sich tendenziell überernähren.

Insgesamt ist der Anteil und auch die absolute Zahl hungernder Menschen seit 1990 von 1 Milliarde auf 795 Millionen oder von 18,6 auf 11,3 Prozent (Erhebungsperiode 2012/14) zurückgegangen. Vor allem in afrikanischen Staaten südlich der Sahara (außer Südafrika) hungert aber immer noch ein Drittel der Bevölkerung. Direkte Lebensmittelhilfe kann in Notlagen helfen, zerstört aber langfristig das Preisgefüge, welches lokalen Anbau lohnend macht. Der Rückgang des Hungers ist zum großen Teil der Grünen Revolution (▶ 27.38) zu verdanken; allerdings führte die Ertragssteigerung durch leistungsfähigeres Saatgut zu vermehrter Umweltbelastung, vielerorts zu einer Übernutzung der Wasservorräte und fast generell zur finanziellen Abhängigkeit der Bäuerinnen und Bauern von Saatgutherstellern.

Fortschritte in ähnlichem Ausmaß sind auch in Bezug auf den Zugang zu Trinkwasser und Wasser für die Körperpflege erzielt worden. Aber immer noch (2015) haben 663 Millionen Menschen kein gesichertes Trinkwasser und 2,5 Milliarden keinen Zugang zu Wasser für die Hygiene. Die UNO-Vollversammlung nahm 2010 das Recht auf Wasser als Menschenrecht auf.

Indische Bäuerinnen in einem Reisfeld mit den Versuchssorten PY 82 und PY 84

Solche Versuche mit neuen Sorten sollen die Erträge steigern. Nach dem Zyklon Aila vom Mai 2009 ist allerdings im Ganges-Mündungsgebiet der Boden so nachhaltig versalzt, dass die Bäuerinnen und Bauern auf die alten Reissorten zurückgreifen mussten, weil die neu gezüchteten nicht mehr gediehen.

Ungleichheit in der Einkommensverteilung (Gini-Index, siehe dazu S. 365; Angaben seit 2002)

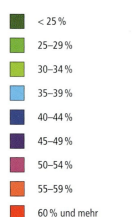

- < 25 %
- 25–29 %
- 30–34 %
- 35–39 %
- 40–44 %
- 45–49 %
- 50–54 %
- 55–59 %
- 60 % und mehr
- keine Angaben

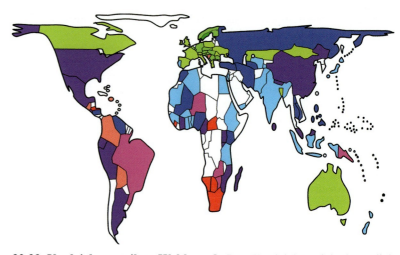

32.33 Ungleich verteilter Wohlstand: Das Ungleichgewicht bezüglich Wohlstand lässt sich nur schlecht messen, weil Geldbeträge wenig über die Kaufkraft in den einzelnen Staaten aussagen, weil zwischen Vermögen und Einkommen unterschieden werden muss und vor allem, weil innerhalb einer Volkswirtschaft oft größere Unterschiede klaffen als zwischen Staaten. Wenn man das Bruttoinlandprodukt pro Kopf vergleicht, ergibt sich unter den Volkswirtschaften die klassische Kluft zwischen dem ehemaligen Westen, Australien, Neuseeland, Japan und der übrigen Welt. Einzig die osteuropäischen ehemaligen Ostblockstaaten, die Vereinigten Arabischen Emirate, Saudiarabien und Mexiko können hier mithalten. Allerdings öffnet sich auch in diesem großen Rest der Welt eine Schere: Die Schwellenländer, die sogenannten BRICS-Staaten (Brasilien, Russland, Indien, China und Südafrika), nähern sich rasch an, und die restlichen Staaten bleiben zurück. Die BRICS-Staaten sind auch der Grund dafür, dass das weltweite Ungleichgewicht des Wohlstands seit etwa 2005 nicht mehr zugenommen hat. Ihre Oberschichten bilden gewissermaßen den Kern einer neuen weltweiten Mittelschicht.

Allerdings stellt das Einkommen nicht den einzigen Faktor für die Lebensqualität dar. Das UNO-Entwicklungsprogramm UNDP berücksichtigt des-

Human Development Index (UNDP, 2014)

Dieser Index berücksichtigt neben dem Einkommen die Gesundheit (gemessen an der Lebenserwartung bei Geburt) und der Bildung (gemessen an der Quote der Alphabeten und der Einschulungsrate).

- sehr hoch
- hoch
- mittel
- tief
- keine Angaben vorhanden

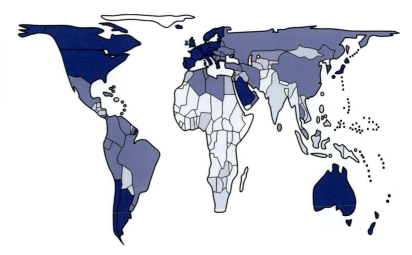

halb in seinem «Human Development Index» (HDI) zusätzlich zum Einkommen die Gesundheit und die Bildung.

32.34 «Land grabbing» (Landraub): Ungleicher Wohlstand droht noch in eine weitere Ungleichheit zu münden. Seit der Nahrungsmittelteuerung 2007/08 haben reichere Länder erkannt, dass es sich für sie lohnen kann, Land in ärmeren Ländern in großem Ausmaß zusammenzukaufen und darauf die Nahrungsmittel in eigener Regie produzieren zu lassen. Investoren aus den USA, den Vereinigten Arabischen Emiraten, China und Indien stehen an der Spitze der Landkäufer; das meiste Land, rund 70 Prozent wird in Afrika südlich der Sahara gekauft. Schätzungen gehen von bisher rund 40 Millionen Hektaren aus, das sind ein Prozent des weltweit bestellbaren Bodens. Die entstehenden Plantagen unter ausländischer Leitung produzieren in erster Linie für den Export. Der lokalen Bevölkerung werden Arbeitsplätze, Schulen und Gesundheitszentren in Aussicht gestellt – in erster Linie verliert sie aber den Boden als Lebensgrundlage. Brasilien, auch ein betroffenes Land, wehrte sich mit Gesetzen dagegen.

32.35 «Brain drain»: Für einen gesellschaftlichen, wirtschaftlichen und politischen Wandel braucht es ein breite Ausbildung der Menschen. Der Anteil derjenigen, die nicht lesen und schreiben können, hat zwar in den letzten 25 Jahren abgenommen, macht aber in den Staaten der Sahelzone, in Afghanistan und Pakistan immer noch die Mehrheit aus und erreicht in Afrika (mit Ausnahme des südlichen Afrika und Libyens) sowie in Indien noch einen Anteil von einem Drittel.

Für diese ohnehin benachteiligten Gebiete kommt hinzu, dass die ausgebildeten Fachkräfte häufig den besseren Ausbildungs- und Berufsmöglichkeiten ins Ausland folgen und damit ihrer Heimat verloren gehen – ein «Abfluss der Gehirne» oder «brain drain».

32.36 Benachteiligung der Frauen: Zwar konnten die Frauen in entwickelten Ländern Gleichberechtigung erlangen; bezüglich der Löhne werden sie aber immer noch benachteiligt. Frauen machen weltweit über 70 Prozent der Armen aus. Sie leisten 71 Prozent der Arbeit in der Landwirtschaft, aber ihnen gehört nur ein Prozent der landwirtschaftlich nutzbaren Fläche.

In einigen Ländern sind Frauen durch den Vormarsch fundamentalistischer Religionsinterpretationen sowie durch die Bevölkerungspolitik gefährdet: In Indien belegt ein Ungleichgewicht von 1000 Männern auf 943 Frauen, dass viele Mädchen wegen der zu ihrer Verheiratung traditionell vorgeschriebenen hohen Mitgiftkosten abgetrieben oder mit Todesfolge vernachläßigt werden; in China hat die Ein-Kind-Politik gar dazu geführt, dass unter den unter 30-Jährigen auf 1000 Männer nur noch 888 Frauen kommen.

32.37 Entwicklungspolitik: Die weltweite Ungleichheit in der Verteilung des Wohlstandes und der Güter rief in den 1950er- und 1960er-Jahren nach Entwicklungshilfe: Ähnlich wie die USA Europa nach dem Krieg auf die Beine geholfen hatten (▶ 14.37), sollten die entwickelten den weniger entwickelten Staaten unter die Arme greifen. Dies auch, um sich selbst Absatzmärkte zu schaffen. Entwicklungshilfe in Geldform erwies sich aber als problematisch, weil sie die wenig entwickelten Länder zusätzlich entmündigte und bisweilen zu einer übereilten Nachahmung führte. Besonders während des Kalten Kriegs war Entwicklungshilfe oft als Militärhilfe und mit der Erwartung politischer Gefolgschaft verbunden.

Benachteiligung der Frauen
Das «World Economic Forum» untersucht die Situation der Frauen in 135 Ländern bezüglich Gesundheit, Bildung, Wirtschaft und Politik. In keinem Land erreichen die Frauen demnach die Gleichstellung. Am besten ist ihre Lage in:

1. Island
2. Finnland
3. Norwegen
4. Schweden
5. Philippinen

9. Schweiz
13. Niederlande
14. Deutschland
18. Großbritannien
19. Österreich
23. USA

45. Frankreich
61. Russland
69. China
101. Indien
105. Japan

Mikrokredit: Kleiner Investitionskredit, der es vor allem in weniger entwickelten Ländern Menschen ermöglicht, mit Eigeninitiative und Energie eine eigene Existenz aufzubauen und den Kredit zurückzubezahlen. Die von Muhammad Yunus (geb. 1949) 1983 in Bangladesh gegründete Grameen-Bank war die Vorreiterin dieser Form von Selbsthilfe; 97 Prozent ihrer Kredite vergibt sie an Frauen..
Mikrokreditsysteme gibt es auch in entwickelten Ländern im Rahmen der Sozialpolitik.

In den 1970er-Jahren setzte sich die Überzeugung durch, dass es nicht nur einen einzigen Weg der Entwicklung geben könne, sondern dass sich die Länder ihren Weg selbst suchen und darüber bestimmen wollen (▶ 23.38). Die Entwicklungshilfe wich der Entwicklungszusammenarbeit: Die Hilfe sollte den möglichst demokratisch geäußerten Wünschen der weniger entwickelten Länder entsprechen. In dieser Phase wurde auch die kolonialistische Haltung der entwickelten Länder kritisch und selbstkritisch hinterfragt. Die Globalisierung stellt die Entwicklungszusammenarbeit prinzipiell infrage, nämlich durch die neoliberale Überzeugung, dass sich durch weltweiten Austausch jedes Land selbst aus der Armut befreien könne. Immerhin wurden neben der traditionellen Kreditform neue, wie etwa die Vergabe von Mikrokrediten an initiative Unternehmerinnen und Unternehmer, realisiert.

32.38 Frage nach einer historischen Schuld: Sind die ehemaligen Kolonialmächte an der ungleichen Entwicklung schuld? Die Frage wird kontrovers beantwortet: Unbestritten haben die Kolonialmächte den kolonisierten Ländern 500 Jahre lang Schaden zugefügt, ihre Bevölkerung zum Teil ausgerottet, ihnen Land und Waren geraubt sowie ungerechte Handelsverträge durchgesetzt. Andrerseits haben die ehemaligen Kolonien sich auch seit ihrer Unabhängigkeit nicht im gleichen Maß industrialisiert und weiterentwickelt, wie dies in den sich konkurrierenden Kulturen in Westeuropa und Nordamerika geschah. Lateinamerikanische Staaten haben auch in fast 200 Jahren Unabhängigkeit den Entwicklungsrückstand nur wenig aufgeholt. War ihnen dies neben den wirtschaftlich und politisch übermächtigen entwickelten Staaten gar nicht möglich?

32.4 Natur und Mensch im Ungleichgewicht

32.41 Bevölkerungswachstum und Ansprüche: Die letzten 25 Jahre waren auch dadurch bestimmt, dass das Ungleichgewicht zwischen Mensch und Natur zum Thema und vor allem zum Problem geworden ist. Diese Entwicklung setzte in den Industriestaaten bereits in den 1950er-Jahren ein, als die entwickelten Staaten die Ressourcen und die Umwelt zu übernutzen begannen (▶ 18.46). Zuerst schoben diese die Verantwortung auf die Bevölkerungsexplosion und damit auf die weniger entwickelten Länder ab. Aber in den 1980er-Jahren wurde deutlich, dass nicht die Zahl der Menschen, sondern ihre Bedürfnisse für das wachsende Ungleichgewicht verantwortlich sind. Gerade die entwickelten und wohlhabenden Länder verursachen – auch mit einer geringeren Bevölkerungszahl – eine höhere Belastung der Umwelt. Die Messmethode des «Fußabdrucks» vergleicht die zur Verfügung stehende fruchtbare Fläche mit dem Verbrauch der darauf lebenden Menschen. Je nach Berechnung verbraucht die Menschheit heute mindestens das Anderthalbfache dessen, was die Erde hervorzubringen in der Lage ist – auf Kosten der Zukunft.

32.42 Bedrohung des Lebensraums: Die Bedrohung des Lebensraums betrifft diejenigen Länder, deren eigener Fußabdruck nicht besonders groß ist. Denn ihre Lebensräume sind besonders bedroht: Zerstörung der Wälder durch Abholzung, Brand und Rodung, Verschlechterung (Degradation) der Böden durch Übernutzung, Erosion, Versalzung und teilweise Vergiftung, Überschwemmungen und Vorrücken der Wüste (Desertifikation) als

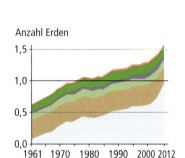

Modellrechnung über den Ressourcenverbrauch (Global Network, 2014)
Auf der vertikalen Achse ist ersichtlich, wie viele Erden es braucht, um die Bedürfnisse der Menschheit insgesamt zu erfüllen an:

- überbautem Land
- Wald
- Meer/See
- Grasland
- Ackerland
- Waldfläche zum Abbau der CO_2-Emissionen (weitere Schadstoffe wurden nicht einbezogen).

Natur und Mensch im Ungleichgewicht

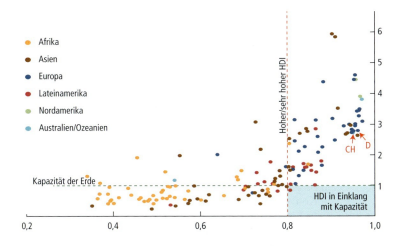

Ökologischer Fußabdruck und Entwicklungsstand (HDI, siehe S. 442), Zahlen 2007

Auf der vertikalen Achse ist ersichtlich, wie oft jedes Land seine Fläche braucht, um die Bedürfnisse seiner Bewohner/-innen zu erfüllen. Dabei werden auch Importe und Exporte mitberücksichtigt.
Als einziges Land erfüllte Mexiko 2007 beide Bedingungen. Die größten Fußabdruck hinterlassen die Vereinigten Arabischen Emirate, Bahrain und Qatar.
CH: Schweiz
D: Deutschland

Folge dieser Zerstörungen betreffen vor allem die landwirtschaftlich nutzbaren Landflächen. Etwa zwei Fünftel des Acker- und ein Fünftel des Weidelandes sind heute bereits dauerhaft geschädigt. Jährlich verschwindet eine Waldfläche von der doppelten Größe der Schweiz. Zwar dehnt sich andernorts der Wald aus, es handelt sich aber meist um artenarmen Wirtschaftswald. Damit verlieren die Wälder auch die Funktion der «genetischen Datenbank», des Reservoirs an Arten (Artenvielfalt, Biodiversität), mit dem sich die Natur veränderten Bedingungen anpassen kann.

32.43 Übernutzung der Ressourcen: Wohl die bedrohteste Ressource ist das Süßwasser. Die intensive Landwirtschaft vermag zwar die Menschen immer effizienter zu ernähren, aber die Bewässerung erfordert viel Wasser, das den armen Menschen abgeht. Die Privatisierung der Wasserversorgung, sei es durch die Übernahme der Wasserverteilung oder durch den Verkauf von Trinkwasser, trifft in erster Linie die armen Menschen.
Der Erdölverbrauch wird zwar durch den Preis reguliert. Aber vor allem die letzte Erdölpreissteigerung 2005 bis 2009 führte dazu, dass der Abbau nun mit noch umweltschädlicheren Mitteln (Bohrplattformen in empfindlichen Meeren, Gewinnung von Schieferöl durch Fracking) sich zu lohnen beginnt. Der seit den 1960er-Jahren praktizierte Umstieg auf die vermeint-

Fracking (Hydraulic Fracturing): Technisches Verfahren, die im Schiefergestein eingeschlossenen Erdgas- und Erdölvorkommen mit Wasser und chemischen Zusatzstoffen aufzubrechen. Dies kann zu unabsehbaren Schäden im Wasserhaushalt von ganzen Regionen führen.

Der Aralsee 1985 und 2011

Um die Bewässerung der Baumwoll-Monokulturen in den mittelasiatischen Sowjetrepubliken sicherzustellen, wurde den Zuflüssen des Aralsees das Wasser abgegraben. Als Folge schrumpfte der Aralsee seit 1960 auf ein Zehntel seiner Größe. Die weißen Flecken auf der Satellitenaufnahme rechts sind versalzte Gebiete. Der Staub aus den ausgedorrten, durch Insektizide vergifteten Feldern hat die Lebenserwartung der Menschen von 70 auf 55 Jahre verkürzt.
Die kasachische Regierung versucht den Nordteil des Sees durch einen Damm vom Südteil abzutrennen und so zu retten.

lich saubere Atomenergie hat zu unkalkulierbaren Risiken und noch nicht bewältigten Problemen bezüglich der Lagerung der radioaktiven Abfälle geführt.

32.44 Klimaerwärmung: Die am wenigsten einschätzbare Folge der Umweltbelastung stellt die Klimaerwärmung dar. Zwar gab es immer langfristige Wechsel des Klimas wie eine Warmphase im Mittelalter (900 –1200) oder die «Kleine Eiszeit» (1600–1850). Seit dreißig Jahren zeichnet sich aber eine Erwärmung ab, die auf menschliches Wirken, die Industrialisierung, zurückgeht. Vor allem die Belastung der Atmosphäre durch das Verbrennungsprodukt Kohlendioxid (CO_2) führt über den Treibhauseffekt zu einer massiven Erwärmung. Das Methangas spielt ebenfalls eine Rolle. Dessen Emission hat seit Beginn der Industrialisierung um 150 Prozent, jene von Kohlendioxid um 40 Prozent zugenommen.

Die Klimaerwärmung scheint sich selbst zu verstärken: Erwärmte Ozeane können das Kohlendioxid weniger gut binden. Und wärmere Luft kann mehr Wasserdampf aufnehmen und damit den Treibhauseffekt verstärken. Die Klimaerwärmung kann zum Ansteigen der Meere (gegenwärtig drei Zentimeter pro Jahrzehnt), zu vermehrten Dürren, Stürmen und Überschwemmungen führen. Bricht ein neues, menschengemachtes Erdzeitalter («Anthropozän») an?

32.45 Nationale Umweltpolitik: Die Umweltpolitik hat mit mehreren Widerständen zu kämpfen: *Erstens* sind gerade die gewaltigen Probleme nur durch internationale Zusammenarbeit mit Aussicht auf Erfolg anzugehen. Dies setzt voraus, dass sich die Staaten über Maßnahmen verständigen, von denen jeder einzelne nur indirekt profitiert. Zudem werden zwischen entwickelten und weniger entwickelten Staaten Schuldzuweisungen hin- und hergeschoben. *Zweitens* sind die zukünftigen Gefahren schwierig zu prognostizieren; nochmals schwieriger ist der Nachweis, dass es sich um von Menschen verursachte Probleme handelt. Und *drittens* verlangen Maßnahmen zum Schutz von Umwelt und Klima Investitionen, wohingegen die Politik aus kurzfristiger Sicht andere Prioritäten setzt.

In den 1960er-Jahren begann Umweltpolitik in den entwickelten Staaten bei der geregelten Abfallentsorgung und der Gewässerreinigung, gewissermaßen *«end of pipe»*. Der Erdölschock und die Erkenntnis über die Endlichkeit der Ressourcen führten einen Schritt weiter zur Begrenzung einzelner

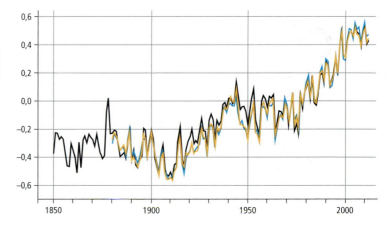

Klimaerwärmung 1850–2012 nach dem 5. Sachstandsbericht des UNO-Weltklimarates von 2013

Abweichungen der Jahrestemperatur (Land, braun, und Wasser, blau, und Luft, schwarz) vom Mittelwert der Jahre 1961–1990 in °C.

Schadstoffe auch schon beim *Verbrauch:* Die Angst vor einem Waldsterben veranlasste in den 1980er-Jahren die Einführung von bleifreiem Benzin und Katalysatoren in den Fahrzeugen. Der Schreck über ein sich öffnendes Loch der Ozonschicht über der Antarktis bewirkte ein internationales Verbot von Fluorkohlenwasserstoffen (FCKW) als Treibgas und Kältemittel. Diese entschlossene Maßnahme griff, auch wenn die Ozonschicht zu ihrer Regeneration noch lange brauchen wird.

Die Umweltpolitik gewann seit den 1970er-Jahren an Gewicht. Verschiedene Grüne Parteien und Umwelt-Nichtregierungsorganisationen machten sich insbesondere auch für die *Prävention*, das Umdenken, Vermeiden und den Verzicht stark.

Eine unwillkommene Unterstützung für das Umdenken leisteten auch die katastrophalen Unfälle mit ihren zerstörerischen und sichtbaren Folgen.

32.46 Globale Umweltpolitik: Während die Globalisierung im Bereich der Wirtschaft, der Finanzen und der Information nach 1991 rasche Fortschritte erzielte, hinkte die globale Sorge um die Umwelt und die Ressourcen nach. Bereits 1972 hatte die UNO eine erste Umweltkonferenz organisiert; erst an der UNO-Umweltkonferenz von 1992 in Rio de Janeiro einigten sich die Mitgliedstaaten auf das Ziel einer «nachhaltigen Entwicklung», die also weder zu Lasten der Umwelt noch der zukünftigen Generationen gehen soll. Konkrete Maßnahmen beschloss dann die Gipfelkonferenz von Kyoto 1997. Die entwickelten Länder verpflichteten sich darin, bis 2012 ihre CO_2-Emissionen unter das Niveau von 1990 zu senken. Mithelfen sollte ein Handel mit Emissionszertifikaten, die es ermöglichten, Treibhausgase dort auf der Welt zu reduzieren, wo dies am billigsten ist. Allerdings traten die USA dem Abkommen nicht bei, und die Unterzeichner waren sich uneins über Modalitäten der Anrechnung von Reduktionen. Die meisten Verpflichtungen wurden so nicht erfüllt.

Erfolgreich war die Konferenz von Paris 2015, weil sich hier erstmals auch China und die USA unter der Regierung Obama in ein Abkommen einbinden ließen. Dieses sieht eine Begrenzung der Klimaerwärmung bis 2100 auf höchstens 2° C vor und trat nach der speditiven Ratifizierung durch 55 Staaten 2016 in Kraft. Die Umsetzung allerdings verlangt einschneidende Maßnahmen.

Abfallbewältigung 1942, Kanton Basel-Landschaft, Fotos von Theodor Strübin

links: Deponie von Abfall am Orisbach bei Neu Nuglar…

rechts (Ausschnitt): … und Entrümpelungsaktion einer Deponie durch eine Schulklasse, in Liestal

Besonders medienwirksame Industriekatastrophen:

Sellafield, Großbritannien, 1957: Austritt von Radioaktivität bei der Produktion von atomwaffenfähigem Plutonium.

Lucens, Schweiz, 1969: Partielle Kernschmelze im Versuchsreaktor.

Seveso, Italien, 1976: Dioxin-Vergiftungen nach Unfall in der Firma Icmesa.

Bretonische Küste, 1978: Havarie des Öltankschiffes Amoco Cadiz führt zur Verschmutzung der Küste.

Harrisburg, USA, 1979: Kernschmelze im Kernkraftwerk Three Mile Island.

Bhopal, Indien, 1984: Vergiftung von vermutlich 20 000 Menschen durch einen Unfall in der dortigen Fabrik der US-Firma Union Carbide.

Tschernobyl, Ukraine, 1986: Kernschmelze im Kernkraftwerk, Auswirkungen nicht abzuschätzen.

Kaiseraugst, Schweiz, 1986: Brand in Lagerhalle mit Chemiestoffen.

Persischer Golf, 1991: Ölpest durch das Ablassen von Erdöl als Kampfmaßnahme des Irak.

Golf von Mexiko, 2010: Havarie der Ölbohrplattform «Deepwater Horizon» der BP und Meeresverschmutzung.

Fukushima, Japan, 2011: Kernschmelze im Kernkraftwerk nach Erdbeben und Tsunami. Folgen noch nicht abzuschätzen.

33. Verschiebung der politischen Gewichte

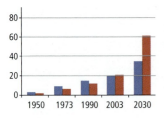

Entwicklung der gesamten Wirtschaftsleistung in Billionen Dollar der

«reichen» Länder (Westen, Australien, Japan)

restlichen Länder

(generalisierende Aufstellung des Wirtschaftsstatistikers Angus Maddison, 2007/2011)

33.0 Verschiebung der Gewichte: Die letzten 25 Jahre sind nicht nur geprägt durch Globalisierung und zunehmende Ungleichgewichte, sondern auch durch eine Verschiebung der bestehenden politischen Gewichte. Der traditionelle Westen, Europa und Nordamerika, verliert an Einfluss: Seine Bevölkerung schrumpft, überaltert und konzentriert sich auf Dienstleistungen. Die BRICS-Staaten dagegen gewinnen, in unterschiedlichem Maß, die Oberhand. China beispielsweise hat 2007–2011 seine Investitionen im Dollarraum verdoppelt.

Prinzipiell neu ist auch, dass nicht ausschließlich Staaten, sondern auch nichtstaatliche Organisationen auf Weltebene mitreden.

Auf der Ebene der Nationalstaaten zeigen sich gegensätzliche Entwicklungen: Einerseits werden sie infrage gestellt durch Separatismus- oder Autonomiebestrebungen: Schottland, Wales, Baskenland, Katalonien, Galizien, Flandern/Wallonien, Norditalien, Tschetschenien (▶ 33.51), Südossetien (▶ 33.54), Osttimor (▶ 33.64), Südsudan (▶ 34.54). Andererseits erringen Parteien mit nationalistischen Forderungen nach Abschottung Wahlerfolge (Russland, USA, Frankreich, Polen, Ungarn, Österreich usw.).

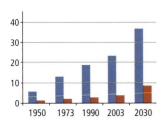

Entwicklung der gesamten Wirtschaftsleistung pro Kopf (in 10 000 Dollar) nach der gleichen Berechnung

33.1 Internationale Organisationen

33.11 Erweiterte Bedeutung der UNO …: Während des Kalten Kriegs war die UNO oft durch ein Veto im Sicherheitsrat blockiert worden (▶ 14.13). Die UNO-Einsätze waren dementsprechend bescheiden: Am Ende des Kalten Kriegs verfügte die UNO für die Friedenssicherung und für ihren gesamten Haushalt über weniger finanzielle Mittel als beispielsweise Polizei und Feuerwehr der Stadt New York!

Seit dem Ende des Kalten Kriegs wurde die UNO deblockiert; die Anzahl der Vetos sank von vier auf eines pro Jahr. So konnte die UNO immer mehr friedenssichernde Einsätze unternehmen. Die wichtigsten erfolgten im asiatischen Raum im Iran-Irak-Krieg, im ersten Golfkrieg, in Afghanistan, Kambodscha und Osttimor, in Afrika in Namibia, Angola, Somalia, Ruanda und in der Westsahara, in Europa auf Zypern und in Bosnien. Diese weitgehend unbewaffneten «Blauhelm»-Einsätze respektierten das Prinzip der Nichteinmischung in die inneren Angelegenheiten der Staaten und waren nur möglich mit Zustimmung aller am Konflikt Beteiligten. Wo diese Voraussetzungen fehlten, scheiterten sie. Im Bosnienkonflikt wurden UNO-Soldaten gar als Geiseln genommen und ihre Schutzzone in Srebrenica war Schauplatz eines Massenverbrechens (▶ 34.12).

Deshalb erhielt die UNO vermehrt den Auftrag, Frieden mit Waffengewalt zu erzwingen und damit zugunsten der Menschen- und Minderheitenrechte in innere Angelegenheiten souveräner Staaten einzugreifen. Diese neue Schutzverantwortung (R2P, «responsibility to protect») nahm die UNO im Jahr 2005 in ihr Pflichtenheft auf. Für solche Frieden erzwingende Einsätze fehlten ihr aber eigene Truppen und vor allem die finanziellen Mittel. So übertrug die UNO diese Aufgabe meistens der NATO oder den USA. Damit beschränkten sich die Frieden erzwingenden UNO-Einsätze weitgehend auf jene Fälle, in denen außer Friede und Menschenrechte auch die nationalen Interessen der Großmächte auf dem Spiel standen. Dies war offensichtlich beim Völkermord in Ruanda 1994 nicht der Fall – die Welt

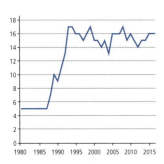

Statistik der friedenssichernden Einsätze der UNO pro Jahr

schaute zu (▶ 34.52). Der erste Konflikt, in dem die UNO Frieden mit militärischen Mitteln erzwang, war die Vertreibung der irakischen Armee aus Kuwait 1991; später folgten UNO-Militäreinsätze unter anderem in Somalia, Bosnien und Afghanistan.

33.12 ... aber veraltete Struktur: Allerdings war und ist die UNO den neuen Anforderungen einer multipolaren Welt nicht gewachsen. Der Sicherheitsrat wird immer noch dominiert von den Siegermächten des Zweiten Weltkriegs. Wichtige Akteure der Gegenwart sind darin nicht fest vertreten. Unzählige Versuche einer Reform scheiterten daran, dass die Vetomächte sich nicht entmachten lassen wollen und die neuen Aspiranten sich nicht über ihre eigenen Ansprüche einigen können.

Ferner baut die UNO immer noch auf den Regierungen auf; Diktaturen entsenden ihre Vertreter ebenso wie Demokratien in die Vollversammlung und alle Gremien der UNO (etwa den Menschenrechtsrat).

Immerhin konnte sich die UNO seit dem Ende des Kalten Kriegs zur Konstituierung von Strafgerichtshöfen für Verbrechen gegen die Menschlichkeit im Fall von Ex-Jugoslawien und Ruanda durchringen (▶ 34.12, 34.52) und 2002 sogar einen ständigen Internationalen Strafgerichtshof auf die Beine stellen. Damit setzte die Weltgemeinschaft eine persönliche Verantwortung für Verbrechen über die Staatsgrenzen hinweg durch. Auch die Errichtung eines Menschenrechtsrates (2006), der Beobachter in die Mitgliedstaaten entsenden kann, zielt auf eine stärkere Einflussnahme im Bereich des Schutzes des Individuums.

33.13 G8, G20: Als eine Art Neben-Weltregierung haben sich verschiedene Gruppen von Staaten, vertreten meist durch die Regierungschefs, gebildet. Sie fassen zwar keine verbindlichen Beschlüsse, aber sprechen sich über aktuelle Themen ab. Sie umgehen damit das formale Prozedere und konzentrieren sich auf die Inhalte. Aus der ursprünglichen «Gruppe der sechs» (1975), nämlich USA, Japan, Großbritannien, Frankreich, Deutschland und Italien, entwickelte sich die G8 (zusätzlich mit Kanada 1976, Russland 1998) mit einem Anteil von zwei Drittel des Weltbrutto-

Widerspruch innerhalb der UNO: Einerseits wendet sich die UNO seit 1998 immer mehr den nichtstaatlichen Organisationen zu und unterläuft mit den humanitären Interventionen die staatliche Souveränität – andrerseits ist sie nach wie vor nach Staaten organisiert und bezüglich Finanzierung und Einsatztruppen auf sie angewiesen.
(Nach Klaus-Dieter Wolf, 2010, und anderen)

G20-Gipfel unter russischem Vorsitz am 6.9.2013 in St. Petersburg (Strelna) vor dem Konstantinspalast mit Staatschefs und Gästen.

Darunter sind fünf Frauen. Erste Reihe von links: Dilma Vana Rousseff (Brasilien, in Rot), Cristina Kirchner (Argentinien, in Schwarz), Park Geunhye (Südkorea, in Grün), zweite Reihe: Angela Merkel (Deutschland, in Hellblau), dritte Reihe: Christine Lagarde (Internationaler Währungsfonds, in Schwarz).

Im Gegensatz zu anderen offiziellen G20-Gipfel-Fotos wurde hier der Hintergrund in Szene gesetzt, die Teilnehmenden halten Abstand voneinander und sind aus leichter Sicht von oben aufgenommen.

Die Schweiz gehört, gemessen am Bruttoinlandprodukt, auch zu den 20 Größten, wurde aber bisher nur sporadisch eingeladen.

Rangliste der bedeutendsten NGOs 2013 (nach der Zeitschrift Global Journal) – hier die davon in der Schweiz bekannten:

2. *Wikimedia:* betreibt unter anderem die Plattform Wikipedia

8. *Médecins Sans Frontières:* leistet medizinische Hilfe in Katastrophen und unterversorgten Gebieten

21. *Human Rights Watch:* beobachtet Einhaltung und Verletzung von Menschenrechten

27. *Amnesty International:* setzt sich für politische Gefangene und Verfolgte ein

44. *Transparency International:* dokumentiert und bekämpft die Korruption

78. *World Vision:* Entwicklungshilfswerk

82. *Terre des hommes:* Entwicklungshilfswerk

89. *Greenpeace:* Umweltschutz.

Weltweit gibt es knapp 200 Staaten, etwa 5000 Regierungs- und etwa 15 000 Nichtregierungsorganisationen.

inlandprodukts und einem Siebtel der Weltbevölkerung; und als Reaktion auf die Asienkrise entstand (▶ 32.22) die G20 mit dem Einbezug der wichtigsten Schwellenländer. Diese Organisation umfasst zwei Drittel der Weltbevölkerung und sechs Siebtel des Weltbruttoinlandprodukts.

33.2 Nichtstaatliche Kräfte

33.21 Internationale Organisationen: Die UNO verstärkte in den 1990er-Jahren über den Wirtschafts- und Sozialrat ECOSOC ihre Verbindung zu den NGO, den Nichtregierungsorganisationen. (Dieser Begriff findet sich übrigens schon 1945 in den UNO-Statuten.) Diese hatten sich in der globalen und vernetzten Welt einen Platz verschafft. Sie bauten internationale Computernetze, Vorläufer des Internet, auf: Amnesty International mobilisierte ab 1982 über das Netz HURIDOC, EcoNet (1984) verband Umweltgruppierungen und PeaceNet (1986) Friedensorganisationen. Kommunikation spielte eine wichtige Rolle für das Wachstum der NGOs. Diese brauchen die Unterstützung ihrer Kampagnen durch die breite Masse. Als Non-Profit-Organisationen basieren sie auf deren Idealismus und setzen sich ein für Umweltschutz, die Schonung der Ressourcen, die Menschenrechte, für Hilfe bei Notlagen sowie Hilfe an die mannigfachen Gruppen von Benachteiligten. Die neoliberale Tendenz, dass Staaten Aufgaben auslagern, verschafft den NGOs zusätzliche Betätigungsfelder.

33.22 Das Aufkommen des Terrors: Auf der destruktiven Seite der internationalen Gesellschaft machte sich der Terror breit. Er ist kein neues Phänomen, sondern lässt sich bis in die Antike zurückverfolgen. Im 20. Jahrhundert kämpften in Deutschland die Rote Armee Fraktion RAF (▶ 16.34) und in Italien die Roten Brigaden (▶ 16.82) gegen den «bürgerlichen Kapitalismus», das «Establishment» oder den «Konsumterror», in Nordirland die Irisch-Republikanische Armee IRA (▶ 16.73) gegen die britisch-protestantische Besatzung, im Baskenland die ETA (▶ 16.85) für die Unabhängigkeit des Baskenlandes von Spanien, in Palästina die PLO (▶ 26.46) gegen die israelische Besatzungsmacht oder in Lateinamerika verschiedene Gruppierungen gegen die Militärregierungen (▶ 24.32).

Doch in den letzten 25 Jahren erweiterte der Terror seine Methoden. Neben den innerstaatlichen wurde der *transnationale Terror* mit dem Anschlag auf das New Yorker World Trade Center 2001 neu lanciert (▶ 33.23). Untergrundorganisationen führen mit Terror einen asymmetrischen Krieg. Sie

Statistik der terroristischen Anschläge pro Jahr seit 1970, Datenbank der University of Maryland

Die Statistik zeigt, dass die spektakulären transnationalen Anschläge eine Ausnahme darstellen; von Terror betroffen sind weniger entwickelte Länder. Dabei häufen sie sich nicht in den ärmsten Staaten, sondern in denjenigen mit großen Vermögensunterschieden. Ferner zeigt sich, dass der Krieg gegen den Terror zur Steigerung der terroristischen Anschläge geführt hat.

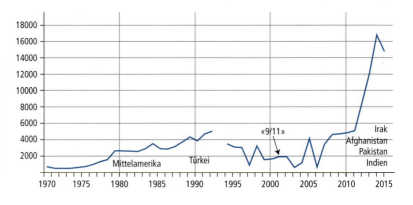

450

liefern sich keine Kämpfe mit Armeen, sondern visieren die Zivilbevölkerung an. Nur noch drei Prozent der Einzelkämpferwaffen befinden sich in den Händen des regulären Militärs.

Ferner erweiterten die Terrororganisationen ihre *Wirkung in den Medien.* Sie verschaffen sich damit internationales Echo und organisieren sich dank der Kommunikationsmittel rasch und effizient weltweit. Terrororganisationen haben neue weiße Flecken auf der Weltkarte geschaffen: praktisch unbetretbare Gebiete.

Wieder aufgekommen ist ferner die Piraterie. Am Horn von Afrika werden mit der Erpressung von Lösegeldern pro Jahr 100 Millionen Dollar eingenommen. Das verstärkt eine dritte Erweiterung des Terrors, die *Verbindung des Terror mit Finanzgeschäften:* Zur Ausführung und medialen Inszenierung ihrer Anschläge treiben Terrororganisationen Geld ein. Sie erpressen Schutzgelder und vertreiben illegale Waren. Am Opium aus Afghanistan sterben mehr Menschen als im Kampf gegen die Taliban, deren wichtigste Finanzquelle gleichzeitig der Opiumkonsum ist.

Eine weitere Neuheit ist das *Selbstmordattentat.* Das erste in der neuesten Zeit wurde 1983 durch die Hisbollah in Beirut gegen die amerikanische Botschaft verübt (▶ 34.43).

Terroranschlag auf das World Trade Center in New York am 11. 9. 2001: Aufprall des zweiten Flugzeuges in den Südturm um 9:03 Uhr Ortszeit.

33.23 Terror und Krieg gegen den Terror: Am 11. September 2001 («9/11») entführten 19 mehrheitlich aus Saudiarabien stammende Mitglieder des internationalen Terrornetzwerks «Al-Qaida» («die Basis») vier amerikanische Passagierflugzeuge und steuerten zwei davon in die beiden über 400 Meter hohen Türme des World Trade Center in New York und eines in das US-Verteidigungsministerium (Pentagon). Der Anschlag kostete über 3000 Menschenleben und traf Symbole der amerikanischen Wirtschafts- und Militärmacht. Die US-Regierung unter George W. Bush reagierte mit dem «Krieg gegen den Terror». Sie griff zuerst die Taliban in Afghanistan an, welche die al-Qaida unterstützten und ihr eine Basis boten (▶ 34.21); dann verwickelten sie den Irak in einen Krieg (▶ 34.32).

Al-Qaida hatte sich Ende der 1980er-Jahre gebildet und die Verbreitung eines fundamentalistisch verstandenen Islam mit einem Heiligen Krieg («dschihad») gegen eine Bedrohung durch die westliche Welt zum Ziel gesetzt. 1993 verübte die Organisation zum ersten Mal einen Anschlag auf das World Trade Center. 1997 finanzierte sie ein Blutbad unter Touristen im ägyptischen Luxor und 1998 führte sie zwei Autobomben-Anschläge auf die US-Botschaften in Kenia und Tansania aus. Nach dem Attentat von 2001 folgten ein Anschlag auf vollbesetzte Pendlerzüge im Madrider Bahnhof Atocha (2004) und auf die Londoner Untergrundbahn (2005). Die aus al-Qaida hervorgegangene Terrororganisation IS (▶ 34.68) verübte seither auch in Europa Attentate (Paris 2015, Brüssel 2016, vermutlich Nizza und Berlin 2016).

Osama bin Laden (1957–2011)

Aufgewachsen in Saudiarabien in einer wohlhabenden Familie. 1980–1988 Führer der Mudschaheddin in Afghanistan, wo er mit pakistanischer und amerikanischer Unterstützung den Kampf gegen die Sowjets organisierte (▶ 15.92). Gründung der Terrororganisation al-Qaida zur «Vertreibung amerikanischer Truppen aus der Golfregion, zum Sturz des saudischen Königshauses und damit zur Befreiung der heiligen Stätten der Muslime und zur weltweiten Unterstützung kämpfender islamistischer Gruppen».

Vermutlicher Drahtzieher der Terroranschläge vom 11.9.2001; während des amerikanischen Afghanistankriegs nach Pakistan geflüchtet und dort 2011 durch ein amerikanisches Militärkommando getötet.

33.24 Gefahr des Atomterrorismus: Das Ende des Kalten Kriegs erschwerte die Kontrolle über den Atomwaffenbesitz. Man schätzt, dass heute fünfzig Staaten zur Produktion von Atomwaffen fähig sind. 2006 kündete Nordkorea den Test einer Atombombe an und zündete Raketen zu deren Transport. Mit zeitweisen Konzessionen erpresste das arme Land Hilfsprogramme (▶ 33.64). Eine unkontrollierte Ausbreitung der Atomwaffentechnologie auf Terrorgruppen könnte eine neue Form des Terrorismus entstehen lassen.

Der Feind verschwindet

Der frühere NATO-Oberkommandierende und kurzzeitige US-Außenminister (1981/82) *Alexander M. Haig*: «Als Veteran des heißen wie des Kalten Kriegs gegen die Sowjets und ihre Verbündeten war ich über das Verschwinden der Sowjetunion hoch erfreut. Aber es bestand Grund, sich zu fragen, wie viel genau wir eigentlich damit zu tun hatten. Tatsache bleibt, dass wir die Schützengräben nicht stürmten. Der Feind stand auf einmal auf und ging weg, und es gab die Sowjetunion nicht mehr. Wenige in Washington und noch weniger in Moskau erwarteten das. Der Kollaps war nicht so sehr auf westliches Handeln zurückzuführen als auf innere Widersprüche im sowjetischen Modell des Marxismus-Leninismus.»

33.3 Die USA

33.31 Weltweite Supermacht: Nach dem Zusammenbruch der Sowjetunion (▶ 15.16) blieben die USA die einzige Supermacht und sahen sich als Sieger im Kalten Krieg. Vor allem die Republikanische Partei argumentierte, Reagan habe mit seiner aggressiven Rüstungspolitik und einem neoliberalen Programm die Sowjetunion praktisch zur Aufgabe gezwungen.

In den 1990er-Jahren setzten die USA ihre Übermacht in erster Linie zur Vermittlung von Frieden ein: Unter ihrer Führung zwangen von der UNO beauftragte Truppen den Irak zum Rückzug aus dem besetzten Kuwait (▶ 34.31). Präsident Clinton (geb. 1946, Präsident 1993–2001) setzte einen Frieden zwischen Israel und der PLO (▶ 26.49) durch; ebenfalls war er maßgeblich an der Beendigung des Kriegs in Bosnien-Herzegowina beteiligt.(▶ 34.12). Clintons Nachfolger, der neoliberale George W. Bush (geb. 1946, Präsident 2001–2009), überdehnte nach dem Anschlag vom 11. September 2001 (▶ 33.23) in seinem Krieg gegen den Terror das Engagement der USA: Die Kriege gegen die Taliban in Afghanistan (▶ 34.21) und gegen Saddam Hussein im Irak (▶ 34.32) führten dort nicht zu stabilen Staaten.

Bushs Nachfolger Barack Obama (geb. 1961, Präsident 2009–2017) hielt die USA aus diesen Konflikten heraus, nahm die aufsteigenden Mächte als Gesprächspartner ernster und baute alte Feindschaften, wie mit dem Iran und Kuba, ab. Unter seiner Führung akzeptierten die USA die Rolle als eine, aber nicht mehr die einzige Weltmacht. Sein Nachfolger Donald Trump (geb. 1946) will unter dem Motto «America first» die enggefassten Interessen der USA in den Vordergrund stellen: Beschränkung der Importe und Immigration, Zurückhaltung gegenüber internationalen Verträgen und Organisationen, auch gegenüber der *NATO* (▶ 14.39).

Diese nahm zwischen 1999 und 2004 zehn ehemalige Ostblockstaaten auf (und provozierte damit Russland). Das Bestreben der USA, das Militärbündnis über den Verteidigungsfall hinaus als international tätige Interventionsstreitmacht einsetzen zu können, ging teilweise in Erfüllung: Im Bosnienkrieg (▶ 34.12) und im Kosovo (▶ 34.13) wurde die NATO außerhalb des Gebiets ihrer Mitglieder tätig und nach 2001, im Rahmen des Kriegs gegen den Terrorismus, sogar in Afghanistan (▶ 34.21), im Irak (▶ 34.31) und in Libyen (▶ 34.66). Im zweiten Irak-Krieg 2003 verweigerte aber die NATO die Unterstützung.

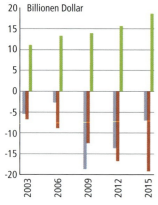

Bruttoinlandprodukt, Staatsverschuldung und Haushaltsdefizit der USA 2003–2015

- Bruttoinlandprodukt
- Gesamte Verschuldung
- Jährliches Haushaltsdefizit (diese Säule ist zehnfach überhöht, kann also nicht mit den anderen verglichen werden)

33.32 Staatsverschuldung: Ausgerechnet der Sieg ihres Systems der freien Marktwirtschaft im Weltmaßstab führte die USA in eine wirtschaftliche Krise. Die hohen Ausgaben und die vom Neoliberalismus der Republikanischen Partei diktierten Steuerreduktionen führten zu fast ununterbrochenen Defiziten im Staatshaushalt, die sich zu einem Schuldenberg von rund 19 Billionen Dollar (2016, geschätzt) anwuchsen. Dieser Schuldenberg hat heute das nur langsam wachsende Bruttoinlandprodukt erreicht und lähmt die Regierungstätigkeit und vor allem Reformen. Durch die Finanzkrise wurde Obama gezwungen, die Staatsausgaben zusätzlich für Konjunktur-Ankurbelungsprogramme zu erhöhen und die Nationalbank zur Geldpresse greifen zu lassen. Immerhin konnte er das Haushaltdefizit reduzieren und die Arbeitslosigkeit auf 5 Prozent halbieren. Trump will die Staatsausgaben nochmals massiv erhöhen, um Arbeitsplätze zu schaffen und die Infrastruktur zu sanieren.

Präsident Obama und seine Crew am 1.5.2011 im «Situation Room» des Weißen Hauses beim Betrachten der Live-Bilder über die Spezialaktion gegen den Al-Qaida-Führer Osama bin Laden, die zu seiner Tötung führte. Fotograf: Pete Souza

Um den Tisch, von links: Vizepräsident Joe Biden, Obama, Marschall Brad Webb, Kommandant der Spezialaktionen, Denis McDonough, Sicherheitsberater, Hillary Clinton, Außenministerin, Robert Gates, Verteidigungsminister. Auch die stehenden Personen sind alles hochrangige Spezialisten, außer der 30-jährigen Audrey Tomason bei der Tür.
Ein geheimes Dokument auf dem Tisch ist unleserlich gemacht worden.

Die Verschuldung der USA trifft das Land selbst nicht mit voller Wucht, weil zahlreiche andere Nationalbanken den US-Dollar als Währungsreserve halten. Die Abwertung des Dollars wird demnach durch deren Staaten mitgetragen und erleichtert den USA gar den Export ihrer Waren. (Der Dollar kostete 1949–1971 4,35 Schweizer Franken, 1997 noch 1,43 und 2016 0,98.) Allerdings nehmen die ausländischen Gläubiger zunehmend Einfluss auf die amerikanischen Wirtschaft: China hat in zahlreiche amerikanische Unternehmen investiert.

33.33 Gesellschaftliches Auseinanderdriften: Die Finanzknappheit des Staates schränkte seine Sozialpolitik ein und führte zu einem stärkeren Auseinanderklaffen der reichen und der armen Schichten. Präsident George Bush (der Vater, geb. 1924, Präsident 1989–1993) stolperte im Wahlkampf von 1992 nicht zuletzt über die gesellschaftliche Unzufriedenheit. Sein Nachfolger Clinton versuchte zwar in den 1990er-Jahren mit einer «neuen Partnerschaft zwischen Staat und Wirtschaft» den Sozialstaat zu verstärken, konnte sich aber gegen einen ab 1994 republikanisch dominierten Kongress nicht durchsetzen. Immerhin schuf eine günstige Wirtschaftsentwicklung sechs Millionen neue Arbeitsplätze. Die Administration George W. Bush führte durch die fragwürdige Hypothekarblase anstelle einer Sozialpolitik wesentlich die Finanzkrise von 2008 herbei (▶ 32.24).
Obama unterzeichnete 2010 ein Gesetz, das für 32 der bisher 47 Millionen nicht gegen Krankheit versicherten Menschen eine Versicherung vorsah; es wurde gegen hartnäckigen Widerstand 2012 durch das Oberste Gericht bestätigt. Trump will diese «Obama-Care» schwächen und verfolgt eine Steuerpolitik, die das gesellschaftliche Auseinanderdriften verstärken könnte.
Pauschal gesagt, haben die USA ihren Sieg im Kalten Krieg nicht nutzen können.

33.4 Europa und EU

33.41 Stärke und Schwäche: Das Ende des Kalten Kriegs bedeutete für Europa die Aufhebung der Teilung und einen Sieg: Die NATO erweiterte sich um zehn und die EU um 16 Staaten. Osteuropa schloss sich mit wenigen, gewichtigen Ausnahmen dem Westen an.

Auf lange Dauer gesehen verliert Europa aber an Bedeutung. Der Kontinent altert am schnellsten. Die Versorgung der alternden Bevölkerung ist in vielen Volkswirtschaften noch nicht gesichert. Auch bezüglich der wissenschaftlichen und technischen Innovation, lange eine Stärke Europas und Nordamerikas, büßt Europa an Vorsprung ein.

33.42 Integration und Krise: 1987 einigten sich die EWG-Mitglieder auf die «Einheitliche Europäische Akte». Diese änderte die Spielregeln des bestehenden Bündnisses: Für bestimmte Beschlüsse wurden nur noch eine Mehrheit und nicht mehr Einstimmigkeit verlangt. Das Europäische Parlament erhielt mehr Kompetenzen. Die Akte sah für 1993 eine als EG (Europäische Gemeinschaft) bezeichnete Wirtschaftsunion mit einheitlichem Binnenmarkt vor. Personen, Waren, Dienstleistungen und Kapital sollten darin frei zirkulieren können (▶ 14.38).

1989 bot die EWG den EFTA-Ländern eine Beteiligung an diesem Binnenmarkt an: 324 Millionen Menschen sollten von einem Europäischen Wirtschaftsraum (EWR) profitieren können. Allerdings mussten die beitretenden EFTA-Staaten die Normen der EWG übernehmen. So galt der EWR als Vorstufe zu einem EG-Beitritt. Tatsächlich traten Österreich, Finnland und Schweden über den EWR 1995 der EG bei. Norwegen, Island und Liechtenstein beließen es beim Beitritt zum EWR; die Schweiz lehnte 1992 einen Beitritt zum EWR ab und handelte in der Folge bilaterale Verträge mit der EG aus (▶ 33.47).

1992 überführten die EWG-Mitglieder mit den Verträgen von Maastricht ihre Organisation in die EG, den vereinbarten Binnenmarkt. Gleichzeitig fassten sie als nächste Schritte eine gemeinsame Außen- und Sicherheitspolitik (GASP) sowie eine polizeiliche und justizielle Zusammenarbeit (PJZS) ins Auge. Die GASP wurde 2007 im Vertrag von Lissabon mit der Schaffung eines EU-Außenministeriums umgesetzt, die PJZS mit der Weiterentwicklung der Verträge von Schengen. In diesen Bereich wurden auch Nicht-EG- bzw. EU-Mitglieder wie die Schweiz, Norwegen und Island einbezogen. Aus diesen drei Säulen entstand mit den Verträgen von Lissabon 2007 die EU (Europäische Union).

Innerhalb des Wirtschaftsraums der EG schufen Frankreich, Italien, Deutschland, Belgien, die Niederlande, Luxemburg, Österreich, Finnland, Spanien, Portugal und Irland in den 1990er-Jahren sukzessive die Voraussetzungen für eine Euro-Währungsunion. Anlass dazu bot die Wiedervereinigung Deutschlands; die anderen Staaten fürchteten eine übermächtige Wirtschaftsnation und die Deutsche Mark als Leitwährung; mit dem Vorschlag einer gemeinsamen Währung band Deutschland seine Wirtschaftskraft an die anderen Staaten. Die Länder der Eurozone verpflichteten sich, im Haushaltsbudget höchstens ein Defizit von drei Prozent zuzulassen und die Gesamtverschuldung auf nicht mehr als 60 Prozent des Bruttoinlandprodukts anwachsen zu lassen (Konvergenzkriterien). 1999 legten sie die Wechselkurse zwischen ihren Währungen fest, und 2002 führten sie eine einheitliche Währung, den Euro, ein. Der Eurozone traten noch Griechenland (2001), Slowenien (2007), Zypern

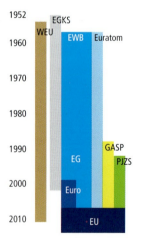

Schematische Übersicht über die Entstehung der EU (▶ 16.21)

EGKS: Europäische Union für Kohle und Stahl, «Montanunion»

WEU: Westeuropäische Union (Verteidigungsbündnis, im Schatten der NATO)

Euratom: Organisation zur koordinierten Nutzung der Atomenergie

Die anderen Abkürzungen sind im Text aufgelöst.

Europa und EU

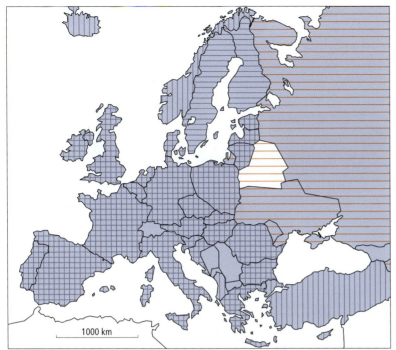

Bündnisse in Europa (vgl. S. 240)

- Mitglieder des Europarats
- NATO (plus USA und Kanada)
- EU (plus Malta, Zypern)
- GUS

Etappen der EU-Erweiterung:

1973: Norderweiterung: Großbritannien, Irland und Dänemark

1981, 1986: Süderweiterung: Griechenland, Spanien und Portugal

1995: Neutrale: Schweden, Finnland und Österreich

2004–2013: Ost-/Südosterweiterung: Estland, Lettland, Litauen, Polen, Tschechien, Slowakei, Ungarn, Slowenien, Kroatien, Rumänien, Bulgarien, Malta, Zypern

2016 beschloss die britische Bevölkerung den Austritt aus der EU; er wird vermutlich 2019 vollzogen werden.

und Malta (2008), die Slowakei (2009), Estland (2010) und Lettland (2014) bei.

Nicht nur die Eurozone, sondern auch die EU erweiterte sich: Den Staaten des ehemaligen Ostblocks eröffnete sie eine Mitgliedschaft unter drei Bedingungen: erstens eine stabile und *funktionierende Demokratie* mit Mehrparteiensystem, Respektierung der Menschenrechte und rechtsstaatlichem Aufbau, zweitens eine *funktionierende Marktwirtschaft* und drittens die Bereitschaft zur *Übernahme aller in der EU geltenden politischen und wirtschaftlichen Regeln* («acquis communautaire»). Die Ostblockstaaten stellten ihre Planwirtschaft entschlossen um und erfüllten zum großen Teil die Beitrittsbedingungen. So traten der EU bis 2013 weitere 16 Staaten bei. Die Integration geriet allerdings in den letzten Jahren in die Krise: Neben der Euro-Krise (▶ 33.44) führten die Freizügigkeit der EU-Bürger und die Uneinigkeit in der Flüchtlingskrise (▶ 34.67) zu Abschottungstendenzen einzelner Staaten. Die britische Bevölkerung beschloss 2016 sogar den Austritt aus der EU; er könnte 2019 vollzogen werden.

33.43 Demokratisierung: Die Ost- und Südosterweiterung der EU verlieh ferner der Frage nach den Entscheidungsprozessen neue Aktualität. Einerseits musste die Exekutive handlungsfähiger, andererseits das Defizit bezüglich demokratischer Mitbestimmung behoben werden. Deshalb erhielt das Europäische Parlament im EU-Vertrag von 2007 mehr gesetzgeberische Rechte, kann ferner die Exekutive kontrollieren und über das Budget der EU befinden. Die direkten Wahlen zum Parlament finden deshalb stärkeres Echo. Die Parteien profilieren sich mit Wahlprogrammen. Ferner war die EU nun nicht mehr ein Vertragswerk, sondern eine eigene Rechtspersönlichkeit, und die Bürger/-innen der Mitgliedsländer erhielten eine zusätzliche Staatsbürgerschaft.

Die Eurozone (2016)

455

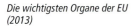

Die wichtigsten Organe der EU (2013)

M: delegieren Mitglieder

B: Bestätigungsrecht

I: Gesetzesinitiativrecht, ausschließlich bei der Europäischen Kommission

Im Europäischen Rat sitzen die Staats- oder Regierungschefs (oder ihre Vertreter/-innen), im Rat der EU (meist Ministerrat genannt) die jeweils zuständigen Minister/-innen.
Der Präsident der Europäischen Kommission ist auch Mitglied des Europäischen Rates.
In den Gerichtshof der EU wählt jede nationale Regierung eine Richterin/einen Richter.
Wichtige unabhängige Organe sind der Rechnungshof und die Europäische Zentralbank, zusammengesetzt aus den Notenbankchefs der einzelnen Länder.

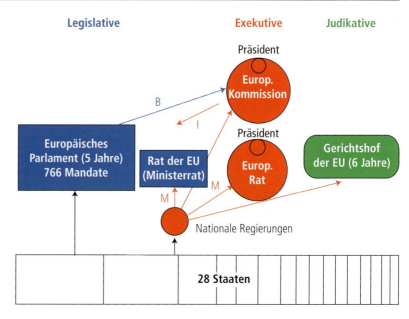

Die Entscheidungen konnten durch Mehrheitsabstimmungen in untergeordneten Fragen sowie durch den flexiblen Beitritt zu Teilorganisationen erleichtert werden. So sind nicht alle EU-Mitglieder auch an der Eurozone oder beim Schengen-Abkommen beteiligt.

33.44 Eurokrise: Als Folge der Banken- und dann der Staatskrisen (▶ 32.24, 32.25) gerieten einzelne Länder der EU in große Probleme: Irland musste als erstes Land von der EU unterstützt werden (2010). Diese behalf sich zuerst mit Sofortmaßnahmen und spies in der Folge 2012 analog zum IWF einen Fonds namens ESM (Europäischer Stabilitätsmechanismus) aus Mitgliederbeiträgen. Diese werden EU-Staaten zur Überbrückung von Verschuldung zur Verfügung gestellt.

Bald gerieten weitere Mitglieder der Eurozonen in ernsthafte Schwierigkeiten. Griechenland stand kurz vor dem Bankrott und Spanien, Portugal und Italien konnten Kredite nur noch zu exorbitanten Zinssätzen aufnehmen, was ihre Verschuldungsprobleme langfristig verschärfte. Drei Ursachen dieser Probleme werden heute genannt: Eine Rolle spielte erstens die *hohe Staatsverschuldung* (Griechenland, Italien), die durch Ineffizienz in der Staatsverwaltung und eine florierende Schattenwirtschaft sowie die Verlagerung von Vermögen ins Ausland gefördert wurde. Eine zweite Ursache war die *hohe Verschuldung der privaten Haushalte* (vor allem in Spanien, Griechenland und Portugal): Ermutigt durch stabile Währung und leichtes Wirtschaftswachstum kauften sich vor allem die Spanier/-innen Wohneigentum, dessen Hypothek sie nicht mehr bedienen konnten, als die Krise ausbrach. Als dritte Ursache wird vor allem von Globalisierungskritikern festgehalten, dass europäische Banken *spekulative Anlagen in diesen Ländern* tätigten, ohne dass das Kapital produktiv angelegt wurde (Portugal, Griechenland). Die Rettung dieser Staaten bedeutet deshalb indirekt eine Überwälzung von fehlgeschlagenen Bankspekulationen auf die Steuerzahler/-innen.

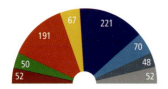

Die Fraktionen im Europäischen Parlament nach der Direktwahl von 2014:

■	Vereinigte Linke	52
■	Sozialdemokraten (S&D)	191
■	Grüne (GR/FEA)	50
■	Liberale und Demokraten (ALDE)	67
■	Volkspartei (EVP)	221
■	Konservative und Reformisten (ECR)	70
■	Europa der Freiheit und der direkten Demokratie (EFDD)	48
■	Fraktionslose (FL)	52

Nach der Wahl von Mai 2014 umfasst das Parlament noch 751 Abgeordnete. Ihre Zahl wird ungefähr proportional zur Landesbevölkerung festgelegt.

Die Staaten der Eurozone stellten ab 2010 Gelder zur Verfügung, um den Bankrott der überschuldeten Mitgliedsländer zu vermeiden und es ihnen zu ermöglichen, wieder Geld auf dem privaten Finanzmarkt aufzunehmen («Euro-Rettungsschirm»). Zudem kauft die Europäische Zentralbank (EZB) Staatsanleihen schwächelnder Volkswirtschaften und pumpt damit Geld in deren Finanzkreislauf. Dieses Aufblähen der Geldmenge wird kritisiert, weil es notwendige, aber unpopuläre Reformen verzögern und private Spekulationen der Allgemeinheit überwälzen könnte. In geringerem Maß mussten auch Private Einbußen in Kauf nehmen: Gläubigerbanken wurden zum Verzicht auf einen Teil ihrer Guthaben gedrängt (Schuldenschnitt); bei der Rettung von Zyperns Banken 2013 mussten die kapitalkräftigeren Einleger einen Verlust hinnehmen.

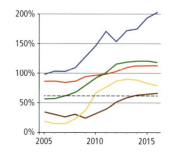

Verschuldung der Euro-Krisenstaaten in Prozent des Bruttoinlandprodukts (Intern. Währungsfonds)

— Griechenland
— Italien
— Irland
— Portugal
— Spanien

Der Stabilitätspakt der Eurozone schreibt vor, dass die Verschuldung nicht höher als 60 Prozent des BIP (gestrichelte Linie) steigen darf. Allerdings überschreiten auch große Staaten der Eurozone diese Limite.

33.45 Innenpolitische Entwicklungen: Ein abflachendes Wirtschaftswachstum zwang die meisten Staatsführungen in Europa zur Stützung der Konjunktur, während gleichzeitig die Einnahmen stagnierten. Zudem stellt die Überalterung der Gesellschaft neue Herausforderungen an den Sozialstaat. Zwar trieben die Behörden die Steuergelder konsequenter ein, aber Unternehmen und reiche Privatleute finden in der globalisierten Welt neue Schlupflöcher, um Steuern zu sparen. Befürworter des neoliberalen Privatkapitalismus setzten nach dem Untergang des sowjetkommunistischen Staatskapitalismus forsch auf den Abbau der Staatstätigkeit, die Deregulierung und die Selbstverantwortung des Individuums.

Die Überzeugung, dass Globalisierung in erster Linie den Reichen nütze, führte zur Bildung populistischer Parteien, die einen Gegensatz zwischen Volk und «Elite» konstruieren und für eine Abschottung der Staaten gegenüber der Migration plädieren und konservative Ideen vertreten (▶ 32.27). Bestärkt wurden sie durch die Wahl des US-Präsidenten Trump (▶ 33.31).

33.46 Große Staaten: Die Bundesrepublik *Deutschland* widmete sich mit gewaltigen Unterstützungszahlungen (vier Prozent des Bruttoinlandproduktes) der Integration der ehemaligen DDR. Dennoch fügte die überhastet durchgeführte Währungsunion der ostdeutschen Wirtschaft größere Schäden zu, als die Regierung angenommen hatte. Drastische Produktionseinbrüche, Absatzprobleme, Liquidierung ganzer Industriesektoren und eine Arbeitslosigkeit von bis zu 20 Prozent dämpften schon bald die Begeisterung über die Wiedervereinigung und trugen 1998 zur Abwahl der Regierung Kohl bei. Erstmals in der deutschen Geschichte bildete eine Koalition aus Sozialdemokraten und Grünen die Regierung unter Bundeskanzler Gerhard Schröder (geb. 1944, 1998–2005). Diese Koalition musste unter dem Druck der Wirtschaftskrise eine Reform des Sozialstaats anpacken: Die «Agenda 2010» verlangte mehr Eigeninitiative statt staatlicher Fürsorge und reduzierte die Sozialhilfe für Langzeitarbeitslose auf das Existenzminimum. Sie führte 2005 zu einer Wahlniederlage der SPD und zum Sieg der von Angela Merkel (geb. 1954) geführten CDU. Während sich die SPD Richtung Neoliberalismus entwickelt hatte, nahm die CDU nun soziale Anliegen auf und beschloss nach der Katastrophe von Fukushima (▶ 33.64) sogar die Energiewende: den Ausstieg aus der Atomenergie. Die Wahlen von 2013 boten damit kaum Alternativen und brachten Merkel einen hohen Sieg sowie eine Große Koalition mit der SPD.

Auch in *Großbritannien* wandelte sich die sozialistische Labour-Partei in eine moderne, marktwirtschaftlich orientierte sozialdemokratische Partei («New Labour»). Sie gewann 1997 unter der Führung von Tony Blair (geb.

1953) die Wahlen und begründete damit nach 18 Jahren konservativer Herrschaft für die nächsten 13 Jahre wieder eine Labour-Regierung. Die Regierung Blair packte einige grundlegende Reformen an (Autonomie der Regionen, Reform des Oberhauses und des Sozialstaats) und verstärkte vorsichtig Grossbritanniens Hinwendung zu Europa. Für Nordirland erreichte sie ein Friedensabkommen. Nordirland erhielt wieder eine beschränkte Autonomie mit einem Regionalparlament und einer Regionalregierung, wobei der Schutz der katholischen Minderheit garantiert wurde. Die paramilitärischen Verbände wurden schrittweise entwaffnet.

2010 errang die Konservative Partei den Wahlsieg und bildete bis 2015 zusammen mit der Liberalen Partei, seither allein die Regierung. Premierminister David Cameron (geb. 1966) konnte 2014 eine Abspaltung Schottlands verhindern, nicht aber im Juni 2016 ein knappes Volksmehr für den Austritt Grossbritanniens aus der EU. Seine Nachfolgerin Theresa May (geb. 1956) will den Austritt konsequent durchführen.

In *Italien* verlor mit dem Ende des Kalten Kriegs die «Democrazia Cristiana» DC ihre Funktion als Bollwerk gegen den Kommunismus. Nach fast fünfzigjähriger Herrschaft korrupt und in das organisierte Verbrechen verstrickt, verlor sie 1994 die Wahlen. Das Wahlverfahren wurde reformiert und nur noch ein Viertel des Parlaments nach Proporz gewählt. Damit endete die Epoche der extremen Parteienvielfalt und der innenpolitischen Instabilität, in der die Regierungen seit dem Zweiten Weltkrieg im Durchschnitt alle elf Monate wechselten. Die Regierung der «Forza Italia» des Medienzars Silvio Berlusconi (geb. 1936) versäumte allerdings wirtschaftliche, politische sowie soziale Reformen und häufte Staatsschulden auf. Die Eurokrise traf das wirtschaftlich strukturschwache Italien besonders hart, worauf der reformunwillige Berlusconi 2011 zurücktreten musste. Nach Übergangsregierungen setzte sich 2014 Matteo Renzi (geb. 1975, Partito Democratico) mit dem Versprechen grundlegender Reformen durch, aber scheiterte 2016 an der Ablehnung einer Verfassungsreform.

Auch in *Frankreich* dominierten nach 1995 mit Jacques Chirac (geb. 1932) und ab 2007 mit Nicolas Sarkozy (geb. 1955) die Konservativen. Weder sie noch der 2012 folgende Parti Socialiste mit François Hollande (geb. 1954) an der Spitze brachten entscheidende Reformen des stark regulierten Arbeitsmarktes durch. So verloren die traditionellen Parteien an Bedeutung; der «Front National» unter Marine Le Pen (geb. 1968) erhielt Auftrieb. Und im Mai 2017 gewann der unabhängige Emmanuel Macron (geb. 1977, En Marche) die Präsidentschaftswahlen.

Deindustrialisierung...: *Sprengung der Elektrolysefabrik der Alusuisse in Steg VS, 2009 (Foto Jean-Christophe Bott, links)*

... und neuer Forschungsstandort: *Campus des Wissens der Firma Novartis in Basel, 2012, rechts*

33.47 Schweiz: Die Schweizer Stimmbürger/-innen lehnten 1992 den Beitritt zum EWR (▶ 33.42) ab. Zu groß waren die Bedenken gegen einen Souveränitätsverlust, gegen die untereinander verbundenen Regeln über den freien Verkehr von Menschen und Waren sowie gegen die Deregulierung im Binnenmarkt. Doch in den nächsten 15 Jahren setzte die Regierung in eigener Regie und schrittweise eine Liberalisierung um: Ein scharfes Kartellgesetz verhinderte die traditionellen Wettbewerbsabsprachen (2004), das Binnenmarktgesetz öffnete den Markt für ausländische Anbieter (2006) und die Schuldenbremse verhinderte überbordende Staatsausgaben (2001). Die Telekommunikation wurde 1998 teilprivatisiert und das Elektrizitätsnetz von den Betriebsgesellschaften getrennt (2005). Zahlreiche öffentliche Aufgaben wurden in Privatgesellschaften ausgelagert. Der Staat vollzog damit nach, was die Wirtschaft bezüglich Outsourcing vorexerzierte.

So war die Schweiz vorbereitet auf bilaterale Verträge mit der EU (1999 und 2005) über die Freizügigkeit des Personenverkehrs, über Land- und Luftverkehr, Beschaffungswesen und wissenschaftlich-technische Zusammenarbeit sowie den Beitritt zum Schengen-Raum (▶ 33.42). Allerdings stellen die EU seit 2010 allgemein das Instrument bilateraler Einzelverträge und die Schweizer Stimmbevölkerung konkret den Vertrag über die Freizügigkeit infrage: Nach ihrer Annahme der «Masseneinwanderungsinitiative» 2014 bemüht sich die Regierung um eine Umsetzung, welche die bilateralen Verträge nicht gefährdet. Überhaupt schaltete sich das Stimmvolk stärker in die Politik ein: Von den 20 seit 1891 angenommenen Volksinitiativen fallen zwölf in die kurze Zeit nach 1990 (etwa: Alpenschutz, Verwahrung von Straftätern, Bau von Minaretten, Zweitwohnungen, Masseneinwanderung).

Die Bevölkerung litt in den 1990er-Jahren unter einer stagnierenden Wirtschaft mit relativ hoher Arbeitslosigkeit und Inflation. Seit die Schweiz den Anschluss an die Globalisierung gefunden hat, geht beides zurück. Dabei zwingt der starke Schweizerfranken – 2015 beendete die Nationalbank die Verteidigung eines Mindestkurses – die Exportindustrie zur Innovation. Ferner profitierte die SVP von Überfremdungsängsten sowie dem Misstrauen gegenüber internationalen Verpflichtungen. Sie konnte ihren Wähleranteil von zwölf (1991) auf 29 Prozent (2015) steigern.

Die Schweiz musste jedoch auch erfahren, dass in der globalisierten Welt die Großen dominieren: Amerikanische Richter zwangen 1998 Schweizer Banken wegen vernachläßigter nachrichtenloser Vermögen von Holocaust-Opfern zu einer Milliardenzahlung, die US-Steuerbehörde leitete 2011 die

Links: 2001 musste die Fluggesellschaft Swissair von einer Stunde auf die andere ihre Flüge einstellen (*«Grounding»*), weil sie die Partnerschaft mit ausländischen Fluggesellschaften verpasst und auf eine eigenständige Strategie gesetzt hatte. Sie wurde von der Lufthansa übernommen.

Rechts: 2010 feierten Mineure den *Durchstich des Eisenbahnbasistunnels durch den Gotthard (eröffnet 2016).*

Durchlöcherung des Bankkundengeheimnisses ein, und die OECD verlangt nachdrücklich das Schließen von Steuerschlupflöchern.

33.5 Russland und GUS

33.51 Regionale Hegemonie: Ihre Satellitenstaaten in Osteuropa verlor die zerfallene Sowjetunion nach 1991 an die NATO und an die EU. Umso konsequenter positionierte Russlands Präsident Boris Jelzin (1991–1999) sein Land als Nachfolger der Sowjetunion gegenüber der Welt (Atomwaffen der Sowjetunion, Sitz als Vetomacht im UNO-Sicherheitsrat) und gegenüber den Nachfolgestaaten im Rahmen der Gemeinschaft Unabhängiger Staaten (GUS). Die zu Russland gehörende Kaukasus-Republik Tschetschenien erklärte sich 1991 für unabhängig, wurde aber nach blutigen Kriegen 1999 zurückgebunden. Dies setzte vor allem deshalb ein Zeichen, weil die islamistische Bewegung Russland von Süden her zu unterwandern versuchte.

Wladimir Putin an einem Judowettkampf in St. Petersburg, 2009

Geboren 1952 in Leningrad (heute St. Petersburg), Rechtsstudium, Karriere beim sowjetischen Geheimdienst KGB, 1985–1990 in der DDR. 1990 Berater des Bürgermeisters von St. Petersburg, 1998 Direktor des Inlandgeheimdienstes und Sicherheitsberater von Präsident Jelzin. 1999 und 2008–2012 Ministerpräsident, 2000–2008 und ab 2012 Staatspräsident.
Als Judomeister zeigt sich Putin gerne mit dem schwarzen Gürtel.

33.52 Privatisierung: In der Wirtschaftspolitik trieb der Reformer Boris Jelzin eine radikale Privatisierung voran, ohne aber die entsprechenden gesellschaftlichen Sicherungen einzubauen. So bereicherten sich Unternehmer und Spekulanten mit guten Beziehungen zur Regierung, mit Korruption und mafiösen Methoden am Aufkauf der staatlichen Großunternehmen und bildeten eine neue Oberschicht von «Oligarchen».
Die Bevölkerung dagegen litt unter den neuen Zuständen: Auf dem Tiefpunkt 1998 war die Industrieproduktion um mehr als zwei Drittel zurückgegangen, und fast 40 Prozent der Bevölkerung waren unter die Armutsgrenze gesunken. Nach 1998 stiegen die Wirtschaftsleistung und der Lebensstandard trotz fehlender Wirtschaftsreformen wieder an, weil Russland von seinen großen Rohstoffvorkommen profitierte, insbesondere von Erdöl und Erdgas, deren Preise stiegen. Aber seit 2014 leiden Wirtschaft und Bevölkerung unter deren Preiszerfall. Der technische Fortschritt stagniert.

33.53 «Gelenkte Demokratie»: Schon Jelzin schuf sich mit der Verfassung von 1993 eine präsidiale Demokratie und schwächte die Gesetzgebungskompetenz des Parlaments, vor allem der Duma. Die rasche Ablösung von Ministerpräsidenten stärkte Jelzins Macht. Aber aus gesundheitlichen Gründen war er immer weniger zur Regierungsarbeit fähig. Jelzins Ernennung von Wladimir Putin zum Ministerpräsidenten ebnete Letzterem den Weg zum Nachfolger als Staatspräsident (2000–2008, dann Unterbruch wegen des Verbots einer mehr als einmaligen Wiederwahl, erneut seit 2012). Putin arbeitete mit den «Oligarchen» zusammen und verlangte deren politische Unterstützung. Er verfügte auch, dass die Gouverneure, die unter Jelzin weitgehend eigenmächtig regiert hatten, nun von ihm ernannt wurden.
Er knüpfte im Gegensatz zu Jelzin wieder an der sowjetischen Größe an und gewann deshalb Rückhalt im Volk: Seine Partei «Einiges Russland» gewann die Wahlen, insofern blieb Russland eine Demokratie. Aber die juristische Verfolgung der Opposition, die Unterdrückung der Meinungsfreiheit und die verbreitete Korruption stehen einer echten Demokratie entgegen. Populär wurde Putins autoritäre Regierung bis 2014 wegen der raschen Verbesserung der wirtschaftlichen Situation infolge steigender

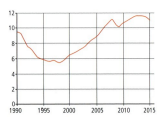

Russisches Bruttoinlandprodukt pro Kopf in 1000 Dollar zwischen 1990 und 2015

Wegen der Umstellung der Statistik 1991/92 wird der Wert für 1991 auch höher angegeben; hier eine revidierte Berechnung.

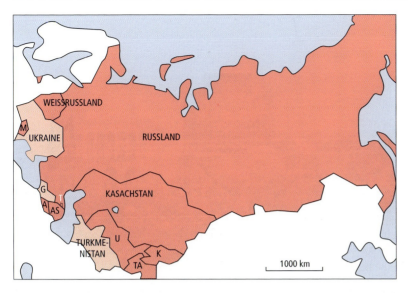

Die GUS-Staaten
(blassrot: ausgetreten oder nur teilnehmend)

A: Armenien
AS: Aserbaidschan
G: Georgien
K: Kirgistan
M: Moldawien
TA: Tadschikistan
U: Usbekistan

T: Autonome Republik Tschetschenien

Rohstoffpreise. Seit deren Einbruch profilierte sich Putin außenpolitisch durch die Annexion der Krim und die Unterstützung der prorussischen Separatisten in der Ostukraine (▶ 33.55) sowie des syrischen Diktators Baschar al-Assad (▶ 34.67) gegen die Aufstände in dessen Land. Mit einer aggressiven Außenpolitik kompensiert er die Wirtschaftskrise und die als Demütigung empfundene Ausdehnung der NATO und EU (▶ 33.31, 33.42).

33.54 GUS-Staaten: Während die ehemaligen Satellitenstaaten in Osteuropa – mit Ausnahme von Weißrussland – sich dem Westen zuwandten, bot sich für die Schwarzmeer-, Kaukasus- und innerasiatischen Staaten nur die Ausrichtung nach Russland an. Denn sie sind meist auch wirtschaftlich eng verflochten und von russischen Energie- und Rohstofflieferungen abhängig. Dementsprechend entstanden in diesen Staaten ebenfalls gelenkte Demokratien, wobei die Lenker oft noch weniger Demokratie zulassen als Russland.
Trotzdem gab es einige Erhebungen: Das christliche *Armenien* und das islamische *Aserbaidschan* stritten sich ab 1988 um das Gebiet Berg-Karabach, einen von Armeniern bewohnten Teil von Aserbaidschan. Der Waffenstillstand von 1994 führte zu einem faktisch selbstständigen Staat Berg-Karabach, der aber international nicht anerkannt wird. Armenien wird wegen dieses Anspruchs auch von der Türkei blockiert; diese beiden Staaten streiten zudem über den Völkermord von 1915 (▶ 10.16).
Von *Georgien,* das sich 1991 für unabhängig erklärte, spalteten sich Abchasien und Südossetien ab und lehnten sich an Russland an. 2003 kam durch die «Rosenrevolution» Michail Saakaschwili (geb. 1967) an die Macht, der eine Annäherung an die NATO betrieb. Doch mit einem Rückeroberungsversuch Südossetiens provozierte Saakaschwili eine russische Intervention. Abchasien und Südossetien sind seither faktisch selbstständig und Georgien wieder stärker von Russland abhängig.

33.55 Sezession in der Ukraine: Die Ukraine ist von Russland wirtschaftlich abhängig, und ein Teil der Bevölkerung im Osten fühlt sich

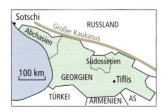

Georgien
AS: Aserbaidschan

Erster Tag der «Orangen Revolution» auf dem Platz der Unabhängigkeit (Maidan) in Kiew, Ukraine, 22.11.2004

Die Menschen protestierten gegen Wahlbetrug bei den Präsidentschaftswahlen, welche dem damaligen russlandfreundlichen Ministerpräsidenten Viktor Janukowitsch (geb. 1950) den Sieg gebracht hatten. Auf Druck der Öffentlichkeit und Europas wurde die Wahl am 26.12. wiederholt und brachte dem westlich orientierten Viktor Juschtschenko (geb. 1954) mit seiner Wahlkampffarbe Orange den Sieg. Er zerstritt sich allerdings bald mit seiner Ministerpräsidentin Julia Timoschenko (geb. 1960). 2010 verlor Juschtschenko die Wiederwahl gegen Janukowitsch und Timoschenko bald darauf ihr Amt.

Sezessionsgebiete in der Ukraine 2014/15 (rot)

M: Moldawien
P: Polen
U: Ungarn

Russland zugehörig. Die Westukraine orientiert sich an der EU, und diese bot dem Land einen Assoziierungsvertrag an. Als Staatspräsident und Russlandsympathisant Viktor Janukowitsch ihn nicht unterzeichnen wollte, erzwang ein Volksaufstand 2014 seine Absetzung. Darauf unterstützte Russland bewaffnete Separationsbewegungen auf der Krim und in der Ostukraine. Die Krim mit dem russischen Flottenstützpunkt Sewastopol schloss sich 2014 durch eine umstrittene Volksabstimmung Russland an; in der Ostukraine verständigten sich Separatisten und die neue Regierung von Petro Poroschenko (geb. 1965) nach blutigen Kämpfen unter internationalem Druck auf eine Pufferzone zwischen den Fronten (Minsker Abkommen, 2015). Den Druck bauten vor allem die USA und die EU durch Wirtschaftssanktionen gegen Russland auf. Nicht verhindern können sie allerdings, dass die Ukraine wirtschaftlich geschwächt wird. Denn die Kämpfe gehen weiter und haben bisher 10 000 Menschen das Leben gekostet. Putin kann darauf spekulieren, dass die Ukraine von Russland abhängig bleibt.

33.6 Die Schwellenländer

33.61 BRICS: Neben Russland werden noch vier weitere Staaten zu den großen und aufstrebenden Nationen gezählt: China, Indien, Brasilien und seit 2010 auch Südafrika unter dem Kürzel BRICS (2001 von Jim O'Neill geprägter Begriff). Unter sich haben diese Länder wenig Gemeinsamkeiten und kaum Verbindungen. Aber sie gelten als Volkswirtschaften mit Zukunftspotenzial wegen ihrer aufblühenden Wirtschaftskraft, ihrer Größe und ihres Rohstoffreichtums (der allerdings mit den Weltmarktpreisen schwankt). Die Liberalisierung im Welthandel hat ihnen neue Märkte eröffnet und eine Mittelschicht anwachsen lassen, welche die Nachfrage stärkt.

Und im Gefolge der Schwellenländer holen weitere, kleinere Volkswirtschaften auf.

Gini-Indizes der BRICS-Staaten:

Brasilien: 50.3 % (2012)
China: 47.4 % (2012)
Indien: 33.9 % (2011)
Russland: 41.7 % (2011)
Südafrika: 63.1 % (2009)
(zum Gini-Index siehe S. 365)

33.62 Chinas politische Kontinuität: Unter der Führung von Deng Xiaoping gelang es China, Privatinitiative mit staatlicher Macht zu vereinen (▶ 29.37). Die auf Mao und Deng Xiaoping folgenden pragmatischen Staatsführer verfolgten den wirtschaftlichen, politischen und gesellschaftlichen Kurs kontinuierlich, oder auch starr, weiter. Mit Xi Jinping (geb. 1953) als Parteisekretär und Staatspräsident und Li Keqiang als Premierminister wurde die Führung 2012 bruchlos erneuert. Neu ist der Kampf gegen die Korruption, vorexerziert an Aufsehen erregenden Fällen. Damit soll einerseits die Parteihoheit demonstriert und andrerseits Unzufriedenheit auf Sündenböcke abgelenkt werden. Außenpolitisch avancierte China durch seine Wirtschaftsmacht, militärische Stärke und politische Berechenbarkeit zum einflussreichsten Schwellenland. Es sucht gleichzeitig politische und wirtschaftliche Beziehungen zu möglichst vielen Staaten und demonstriert militärische Stärke im Chinesischen Meer (▶ 34.81). Darin eingeschlossen ist auch der fortdauernde Anspruch auf Taiwan und eine harte Konkurrenz zu Japan.

33.63 Zweitgrößte Wirtschaftsmacht: Das 1997 nach 99 Jahren britischer Pacht an China zurückfallende Hongkong behielt seine Wirtschaftsform ebenso wie die zahlreichen Sonderwirtschaftszonen entlang der chinesischen Küste. Die Staatsführung kombiniert beide gegensätzlichen Wirtschaftssysteme: Plan- und Marktwirtschaft. Der Anreiz zur Privatinitiative führt zur Bildung einer Mittelschicht, die quantitativ und vor allem qualitativ mehr konsumiert. Die planwirtschaftliche Währungspolitik achtet auf einen tiefen Yuan-Kurs, was den Export ins Ausland erleichtert und den Import verteuert. So avancierte China 2010 zur zweitgrößten Wirtschaftsmacht, gemessen am Bruttoinlandprodukt. Es ist immer weniger die Werkbank der Welt, sondern lagert seinerseits einfachere Arbeiten aus. Denn eine aufstrebende Mittelschicht setzt ihren Ehrgeiz in die Ausbildung des oft einzigen bis 2016 erlaubten Kindes (▶ 29.38), strebt nach wirtschaftlichem Erfolg und legt Wert auf statusgemäßen Konsum.

Auf der anderen Seite wird die ländliche Unterschicht ihrer Sicherheit beraubt, die ihr die kommunistische Planwirtschaft (trotz katastrophaler Fehlentscheide) gewährt hat. Viele Menschen ziehen als Wanderarbeiter/-innen über weite Strecken in die Ballungszentren. Wie in Europa im 19. Jahrhundert leben sie in frühindustrieller Massenarmut. Die Staatsführung versucht seit 2005, die Landwirtschaft zu fördern und die regionalen Wohlstandsunterschiede wenigstens nicht größer werden zu lassen. Aber

Radioaktiver Dampf entweicht dem geborstenen Druckbehälter des Reaktors 4 des Kernkraftwerks Fukushima; Foto vom 24.3.2011, publiziert am 1.4.2011

Am 11.3.2011 erschütterte ein Seebeben Japan. Die sechs Reaktorblöcke des der Firma Tepco gehörenden Kernkraftwerks Fukushima hielten ihm vermutlich stand, nicht aber dem bis zu 15 Meter hohen Tsunami, der die elektrische Energie für die Kühlung der Reaktoren lahmlegte, worauf in drei Reaktoren eine Kernschmelze einsetzte.
Die langfristigen Folgen der Katastrophe sind immer noch nicht abzuschätzen. Die Sanierung dürfte 30 bis 40 Jahre dauern.

soziale Unrast, Unzufriedenheit, explosionsartig wachsende Umweltbelastung und Rohstoffverbrauch bergen in naher, die Überalterung der Gesellschaft in ferner Zukunft nicht abschätzbare Probleme. Vorläufig hält die Kommunistische Partei Kritik daran mit Zensur und Verfolgung der Opposition unter dem Deckel.

33.64 Chinas Umfeld in Ost- und Südostasien: Ähnlich wie im Europa der frühen Neuzeit (▶ 2.0) bildeten sich rings um China konkurrierende und den Wettbewerb vorantreibende Volkswirtschaften heraus. *Japan* allerdings wurde 2010 von China als zweitgrößte Wirtschaftsmacht überholt und fällt zurück. Das jahrelange Machtmonopol der Liberaldemokratischen Partei (seit 1955 fast ununterbrochen) förderte die Erstarrung und Verfilzung der Elite. Eine riesige Staatsverschuldung erschwert Reformen und Interventionen in der Wirtschaft,

Kleinere Staaten wie *Vietnam, Südkorea, Singapur, Hongkong* und *Taiwan* (letztere vier werden als Tigerstaaten bezeichnet) ergänzen den chinesischen Wirtschaftsraum in Spezialgebieten wie Technologie, Handel und Finanzen sowie Massenproduktion. Die Asienkrise 1997/98 (▶ 32.22) verursachte zwar einen Einbruch, aber auch größere Staaten wie *Indonesien* und die *Philippinen* erholten sich rasch wieder.

Das Ende des Kalten Kriegs brachte Indochina endlich Frieden und Südostasien mehr Demokratie. Die Kommunistischen Parteien verloren ihre Unterstützung aus dem Ostblock, und die bisher von den USA unterstützten antikommunistischen Diktatoren konnten nicht länger auf westliche Hilfe gegen demokratische Volksbewegungen zählen. Autoritäre Regierungsformen wurden durch demokratische abgelöst: 1986 auf den *Philippinen,* 1987 in *Südkorea,* 1992 in *Thailand,* 1993 in *Kambodscha* und 1999 in *Indonesien.* Auch in *Myanmar* setzt sich seit 2012 allmählich die Demokratie durch (▶ 30.32).

Nicht gelöst sind allerdings religiös-ethnische Konflikte: In Indonesien protestierte die einheimische, christlich-animistische Bevölkerung auf den Molukken, auf Borneo, Osttimor, West-Papua und in Aceh auf der Insel Sumatra gegen die privilegierten muslimischen Zuwanderer von anderen Inseln (▶ 30.33). Umgekehrt rebelliert seit Jahrzehnten auf den *Philippi-*

Der 39-jährige Indonesier Alexander Julkarnaen in den Trümmern seines Hauses in Banda Aceh am 9.1.2005 (Foto: Andy Rain)

Am 26.12.2004 überflutete ein durch Unterwasserbeben verursachter Tsunami die Küsten des Indischen Ozeans; 230 000 Menschen starben, 1,7 Millionen verloren ihr Obdach. Am stärksten betroffen war die separatistische indonesische Provinz Aceh auf der Insel Sumatra.

Angesichts der Katastrophe und zur Sicherung der Hilfe schlossen Regierung und Rebellen ein Waffenstillstandsabkommen und einigten sich später auf den Kompromiss einer weitgehend autonomen Provinz.

nen die muslimische Minderheit auf der Insel Mindanao. In *Myanmar* lässt auch die demokratische Regierung die brutale Diskriminierung der muslimischen Rogingya zu.

In *Nordkorea* unterdrückt die Diktatorendynastie von Kim Il-sung (1912–1994), Kim Jong-il (1941–2011) und Kim Jong-un (geb. 1983) das ganze Volk seit 1948. Sie schottet das Land seit dem Koreakrieg (1950–1953, ▶ 14.6) gegen außen ab. Nach dem Ende des Kalten Kriegs versiegte die sowjetische Unterstützung, und trotz internationaler Hilfe verhungerten in den 1990er-Jahren über zwei Millionen Menschen. Die Diktatoren investierten ins Militär und den Überwachungsapparat. Mit der Entwicklung von Atomwaffen und Interkontinentalraketen bedrohen sie den Pazifikraum und wollen Konzessionen erzwingen (▶ 33.24).

33.65 Indiens Politik: Mit dem Zusammenbruch der Sowjetunion verlor Indien seinen wichtigsten Verbündeten und näherte sich nun dem Westen an. Es bereinigte die Grenze mit *China* und zeigte sich im *Kaschmirkonflikt* mit Pakistan verhandlungsbereit (▶ 27.32). Der seit 1989 intensivierte muslimische Guerillakampf gegen die indische Verwaltung in Kaschmir und Terrorangriffe auf indische Ziele erschwerten jedoch eine Lösung dieses Konflikts, der bereits rund 60 000 Menschenleben gekostet hat. Für außenpolitische Spannungen sorgte ferner der Bürgerkrieg in *Sri Lanka* (▶ 27.35). Indien versuchte vergeblich den Konflikt durch eine Friedenstruppe zu entschärfen.

Trotz Wirtschaftsproblemen und erneut wachsender religiöser, ethnischer und regionaler Spannungen hat Indien seine Einheit seit der Unabhängigkeit ohne schwere Bürgerkriege aufrechterhalten. Innenpolitisch entwickelte sich das Land als bevölkerungsreichste funktionierende Demokratie der Welt weiter (▶ 27.36): 2014 löste die liberal-nationalistische Janata-Partei die bisher dominierende sozialliberale Kongresspartei ab. Der Premierminister Narendra Modi (geb. 1950) forciert einen wirtschaftsliberalen Kurs.

33.66 Indiens Wirtschaft: Wie China orientiert sich Indien wirtschaftlich immer entschiedener am System der Marktwirtschaft. Parallel zu Gorbatschows Perestroika in der Sowjetunion (▶ 15.13) hatten schon ab 1985 Indiens Premierminister Rajiv Gandhi wie auch seine Nachfolger in den 1990er-Jahren damit begonnen. So konnte das Wachstum der indischen Wirtschaft, insbesondere der Exportindustrie und der Elektronik- und Computerbranche, eindrücklich gesteigert werden (▶ 32.15). Allerdings blieben Reformen der großen Staatsbetriebe, der Infrastruktur sowie eine Landreform aus.

So wandelte sich auch die gesellschaftliche Struktur kaum. Die Unterschiede zwischen Reich und Arm werden durch das Bildungswesen verschärft, weil die reicheren Schichten es besser nutzen können. Immer noch sind 26 Prozent der Bevölkerung Analphabeten. Die Diskriminierung und sexuelle Ausbeutung der Frauen bleibt weiterhin ein großes gesellschaftliches Problem.

Die Nahrungsmittelversorgung der rasch wachsenden Bevölkerung verschärfte zudem die Umweltprobleme. Die Indische Union hatte sich bei ihrer Unabhängigkeit zum Ziel gesetzt, ein Drittel ihrer Gesamtfläche als Wald zu erhalten; aber nur 14 Prozent echter Wald sind geblieben. Wie in China stellen die Luftverschmutzung in Großstädten und die Wasserversorgung gravierende Probleme dar.

33.67 Brasilien: Brasilien nutzte in den 1990er-Jahren unter dem sozialdemokratischen Präsidenten Fernando Cardoso (geb. 1931) die Globalisierung zur wirtschaftlichen Entwicklung des Landes. Schon 1990 hatte Brasilien sich im gemeinsamen Markt Mercosur («Mercado Comum do Sur») mit den Nachbarländern verbunden. 1994 konnte Cardoso mit einer Währungsreform die galoppierende Inflation aufhalten. Während der Amtszeit seines sozialistischen Nachfolgers Lula da Silva (geb. 1945, 2003–2011) boomte Brasiliens Volkswirtschaft. Die Arbeitslosigkeit halbierte sich und die Einkommensunterschiede wurden etwas kleiner. Die wachsende Kaufkraft kurbelte die Binnenkonjunktur an. Da Silvas glücklose Nachfolgerin Dilma Rousseff (geb. 1947) konnte nicht an seine Erfolge anknüpfen und wurde 2016 ihres Amtes enthoben. Allerdings basierte Brasiliens Wirtschaftswunder zu einem großen Teil auf der Ausdehnung seiner Plantagenwirtschaft hinein in die Regenwälder des Amazonas und zulasten der indigenen Bevölkerung. Leidtragende sind auch die Landarbeiter/-innen, die oft in versteckter Schuldsklaverei gehalten werden.

33.68 Aufbruch im südlichen Afrika: Mit dem Ende des Kalten Kriegs verlor Südafrika seine Bedeutung als westliche Bastion gegen den Kommunismus im südlichen Afrika. Das weiße Minderheitsregime musste nicht nur seine eigene Stellung räumen (▶ 25.38), sondern auch diejenige in Namibia. Es hatte diese ehemals deutsche Kolonie Südwestafrika (▶ 25.27) trotz Aufforderung der UNO seit 1966 nicht freigegeben und von dort aus in den Bürgerkrieg in Angola eingegriffen (▶ 25.36).

Wie in Russland beruht Südafrikas Wirtschaftspotenzial auf Rohstoffen: Diamanten, Gold, Platin, Mangan und Vanadium sowie Chrom. Die industrielle Produktion hat nach der Aufhebung der Sanktionen wegen der Apartheid und im Rahmen der Globalisierung angezogen. Vor allem die großen Ballungszentren profitieren von einer gut ausgebauten Infrastruktur. Südafrika erwirtschaftet das größte Bruttoinlandprodukt Afrikas. Allerdings führen fallende Rohstoffpreise zum Zerfall der Währung.

Die Abbaustätten im Besitz internationaler Rohstofffirmen bringen zudem der Bevölkerung wenig: Das Einkommen der Weißen ist seit Aufhebung der Apartheid um 15 Prozent gestiegen, während es bei der restlichen Bevölkerung um 19 Prozent sank. Nirgends auf der Welt sind die Vermögen so ungleich verteilt (▶ 32.33). Auch die Arbeitslosigkeit ist je nach Hautfarbe unterschiedlich hoch. Die Apartheid wirkt auch gut 20 Jahre nach ihrer Abschaffung nach.

Links: Brasilianische Landarbeiter nach der Besetzung eines Landguts im Bundesstaat Sergipe 1996 (Foto: Sebastião Salgado)

In Brasilien organisierten sich landlose, ausgebeutete Arbeiter und besetzten Plantagen. Präsident da Silva versprach eine Landreform, führte aber nur einen kleinen Teil durch.

Rechts: Streikende südafrikanische Arbeiter vor der Platinmine der weltgrößten Platinförderfirma Amplats bei Rustenburg, Oktober 2012

Die häufigen und erbittert geführten Streiks richten sich gegen katastrophale Arbeitsbedingungen in den Minen und gegen die Pläne der Betreiberfirma, Arbeiter zu entlassen und als Leiharbeiter zu schlechteren Bedingungen einzustellen. 2013 brachen deswegen erneute Streiks aus.

34. Kontinuitäten und Brüche

34.0 Konflikte im Vordergrund: Die Globalisierung, die Verschiebung der politischen, wirtschaftlichen und demografischen Gewichte spielen sich im Hintergrund ab. Im Vordergrund manifestieren sie sich in Konflikten, die auch in den letzten 25 Jahren nicht aufgehört haben. Viele werden von der Weltöffentlichkeit gar nicht wahrgenommen und sind noch nicht in die Geschichte eingegangen. Die folgende, unvollständige Zusammenstellung geht auf die größeren Konflikte ein, deren Geschichte bereits nachgezeichnet werden kann.

«Während der Zweite Weltkrieg im November 1989 mit dem Fall der Berliner Mauer definitiv zu Ende war, geht der Erste Weltkrieg immer noch weiter. Denn die heute umstrittenen Grenzen, ob in Ost- und Südosteuropa oder im Nahen Osten, sind das unmittelbare Ergebnis des Ausgangs der Kämpfe 1918.»
(*Karin Kneissl, geb. 1965, österreichische Spezialistin für internationale Beziehungen, 2013*)

34.1 Balkan

34.11 Jugoslawiens Zerfall: Der Vielvölkerstaat Jugoslawien, erst nach dem Ersten Weltkrieg geschaffen (▶ 10.13), unter Hitler und Mussolini zerstückelt, dann aber durch Tito zwischen den Blöcken des Kalten Kriegs zusammengehalten (▶ 14.34), zerbrach 1991 endgültig. Seit Titos Tod 1980 fehlte ihm die einigende Vaterfigur. Mit dem Ende des Kalten Kriegs kam zum ethnischen Gegensatz zwischen Serben und Kroaten noch ein politischer hinzu: Während die wirtschaftlich erfolgreicheren Teilrepubliken Kroatien und Slowenien zur Marktwirtschaft übergingen und sich nach Westen orientierten, beharrte die serbische Führung in Belgrad auf der Planwirtschaft. Unter dem Serben Slobodan Milošević setzte sie ab 1987 auf die nationalistische Karte: Wiederherstellung der uneingeschränkten Vormachtstellung der christlich-orthodoxen Serben gegenüber

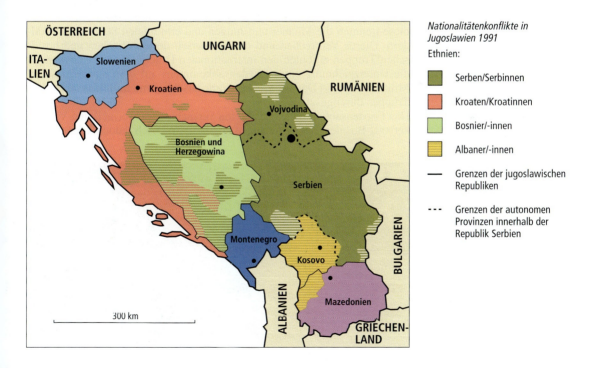

Nationalitätenkonflikte in Jugoslawien 1991
Ethnien:
- Serben/Serbinnen
- Kroaten/Kroatinnen
- Bosnier/-innen
- Albaner/-innen
— Grenzen der jugoslawischen Republiken
--- Grenzen der autonomen Provinzen innerhalb der Republik Serbien

«Ich habe darum gekämpft, die Nationalität nicht als Hauptkriterium für die Beurteilung eines Menschen zu akzeptieren; ich habe mich bemüht, die Menschen hinter dem Etikett zu sehen; ich habe mir die Möglichkeit zum Dialog mit meinen Freunden und Kollegen in Serbien selbst dann noch offen gehalten, als alle Telefonverbindungen und Straßen unterbrochen und ein Drittel Kroatiens besetzt war und unter Beschuss lag. […] Am Ende hat all das mir nicht viel genutzt. Zusammen mit Millionen anderer Kroaten wurde ich schließlich mit dem Rücken an die Wand der Nationalfrage gedrängt – nicht allein aufgrund des äußeren Drucks durch Serbien und die Bundesarmee, sondern auch durch die innere nationale Homogenisierung in Kroatien. Eben das ist es, was der Krieg uns antut: Er reduziert uns auf eine einzige Dimension, die Nation.»
(Die kroatische Schriftstellerin Slavenka Drakulić, «Sterben in Kroatien», 1992)

den muslimischen Völkern im Kosovo und in Bosnien und gegenüber den katholischen Kroaten und Slowenen (▶ 15.72).

Darauf proklamierten 1991 Slowenien und Kroatien ihre Unabhängigkeit von Jugoslawien. In Kroatien lebte aber eine serbische Minderheit; die jugoslawische Armee rückte in deren Gebiet ein und vertrieb die kroatische Bevölkerung daraus. Damit begann das Prinzip der «ethnischen Säuberung». Die europäischen Staaten nahmen diese hin. Sie waren gelähmt durch das Dilemma zwischen den Selbstbestimmungsrecht der Völker und der Unmöglichkeit, den Völkern in Jugoslawien abgegrenzte Territorien zuzusprechen.

34.12 Bosnien-Herzegowina: Ermutigt durch Europas Passivität reagierte die serbische Führung 1992 auf die Unabhängigkeitsproklamation von Bosnien-Herzegowina mit noch größerer Brutalität. In diesem Land lebten die drei größten Bevölkerungsgruppen (44 Prozent Muslime, 31 Prozent orthodoxe Serben und 17 Prozent katholische Kroaten) zum Teil in den gleichen Dörfern oder gar Familien in enger Nachbarschaft zusammen. Milošević verbündete die Serben mit den Kroaten, die er eben erst im Kroatienkonflikt bekämpft hatte, und ließ den General Ratko Mladić (geb. 1942) bis 1994 rund 70 Prozent Bosnien-Herzegowinas besetzen. Dabei verübten vor allem die Serben Massaker an der Zivilbevölkerung mit dem Ziel der ethnischen Säuberung. In Geheimplänen sahen die Angreifer gar die Aufteilung des ganzes Landes vor. Sie kesselten die Hauptstadt Sarajewo ein, vermochten sie aber nicht zu erobern.

Denn die muslimischen Bosnier/-innen wehrten sich mit neu geschaffenen militärischen Verbänden zäh gegen diese Einkesselung. Die USA unterstützten sie und zogen die Kroaten auf ihre Seite. Die NATO setzte eine Flugverbotszone durch, und die UNO erklärte einzelne Städte zu Schutzzonen für die Zivilbevölkerung. Allerdings ließen UNO-Truppen in Srebrenica im Juli 1995 die Flüchtlinge durch Mladić's Serben «evakuieren»; diese trennten die Männer und Jungen und ermordeten 8000 in den Wäldern. Dieses Verbrechen und der Vormarsch der kroatischen und bosnischen Truppen erhöhten den internationalen Druck: Die USA erzwangen die Unterzeichnung eines Friedensabkommens auf dem amerikanischen Militärstützpunkt Dayton. Dieses wurde anschließend mithilfe von NATO-Truppen durchgesetzt.

Das Friedensabkommen von Dayton versuchte zwar formell den Vielvölkerstaat Bosnien-Herzegowina zu erhalten. Praktisch jedoch kam es einer

Totenfeier für 505 mittlerweile identifizierte Opfer des Massakers von Srebrenica, am 11. Jahrestag, dem 11.7.2006

Die erschossenen Opfer wurden in Massengräbern verscharrt und nach dem Krieg gesucht, exhumiert und wenn möglich identifiziert. Dies ist bei etwa 6200 Opfern gelungen.

nachträglichen Anerkennung der ethnischen Säuberungen während des Kriegs gleich. Denn «Bosnien und Herzegowina» (wie der Staat heißt) wurde zweigeteilt in eine kroatisch-muslimische Föderation und eine serbische Republik mit je eigener Armee und Polizei. Daraus einen funktionierenden Staat zu schaffen, war trotz massiver Präsenz von Truppen der NATO und der EU und trotz umfangreicher Wirtschaftshilfe schwierig, und die Rückführung der zwei Millionen Vertriebenen, der Hälfte der bosnischen Bevölkerung, in ihre ursprüngliche Heimat scheiterte.

Bosnien und Herzegowina hat zwar innenpolitischen Frieden gefunden, aber die Spannungen bestehen weiter: Die bosnische Seite orientiert sich an Europa und möchte den Staat zentralisieren, die serbische betont die Eigenständigkeit und notfalls das Recht zur Abspaltung.

Die Kriegsverbrechen werden seit der Auslieferung von Milošević, Mladić und anderen vor dem Internationalen Strafgerichtshof für Jugoslawien in Den Haag behandelt (▶ 33.12).

Bosnien-Herzegowina nach dem Dayton-Abkommen von 1995:

■ Kroatisch-muslimische Föderation;
Sa: Sarajewo

■ Serbische Republik Srpska
BL: Banja Luka

B: gemeinsam verwalteter Distrikt von Brčko

Se: Serbien

Sr: Srebrenica

34.13 Krieg im Kosovo: Nach dem Frieden von Dayton kehrte der Konflikt an seinen Ausgangspunkt, in die Provinz Kosovo, zurück (▶ 15.72). Seit 1998 ließ die serbische Regierung die albanischstämmige Bevölkerung im Rahmen einer ethnischen Säuberung verfolgen. 1999 reagierte die NATO mit direkten Luftangriffen auf die serbische Hauptstadt Belgrad und zwang nach 73 Tagen Milošević, die serbischen Truppen aus dem Kosovo abzuziehen, so dass NATO-Truppen dort einrücken konnten (▶ 33.11). Dabei begingen Serben und Albaner während dieses Kriegs Gräueltaten, deren Ausmaß umstritten ist. 2008 erklärte die albanischstämmige Regierung des Kosovo die Unabhängigkeit; der Status des Landes ist völkerrechtlich nicht geklärt. Die mehrheitlich serbische Bevölkerung des Nordkosovo widersetzt sich der Regierung des Kosovo und macht mit der Besetzung von Grenzposten und Wahlboykotten auf ihre Situation aufmerksam.

34.14 Mazedonien und Montenegro: Mazedonien hatte bereits 1991 die Unabhängigkeit erklärt. 2000 brachen dann Unruhen zwischen der christlich-othodoxen, slawisch-mazedonischen Bevölkerungsmehrheit und der albanischen Minderheit aus. Auch die serbische Minderheit war in den Konflikt verwickelt. Unter dem Druck der NATO verständigten sich aber die Parteien, bevor es zum Ausbruch eines Bürgerkriegs kam.

Montenegro erklärte sich 2006 für unabhängig. Die griechisch-orthodoxen Montenegriner mit einer eigenen Sprache machen zwar nicht die Mehrheit aus, dulden aber die serbischen, bosnischen und kroatischen Minderheiten.

34.2 Afghanistankrieg

34.21 Angriff auf das Talibanregime ...: Zwei verhängnisvolle, unerwartet lange Interventionen verursachte der von Präsident George W. Bush nach den Anschlägen vom 9. September 2001 verkündete Krieg gegen den Terror (▶ 33.23). Der erste richtete sich gegen das Talibanregime in Afghanistan, das die Terrororganisatioon al-Qaida beherbergte und deren Auslieferung verweigerte. Die UNO billigte den USA eine Vergeltung im Rahmen des Rechts auf Selbstverteidigung zu; die NATO betrachtete den Bündnisfall als gegeben und unterstützte den amerikanischen Einmarsch. Dieser stellte eine Kehrtwende dar, denn die USA

Der Krieg in Afghanistan, seit 2001
In Klammern hinter den Städtenamen der diesen Bereich kommandierende NATO-Staat. Rund 5000 amerikanische Soldaten sind noch (2017) in Afghanistan stationiert.

- Gebiet der Taliban Ende 2001
- Durch Taliban zurückeroberte Gebiete

C: China
T: Tadschikistan
U: Usbekistan
I: Indien

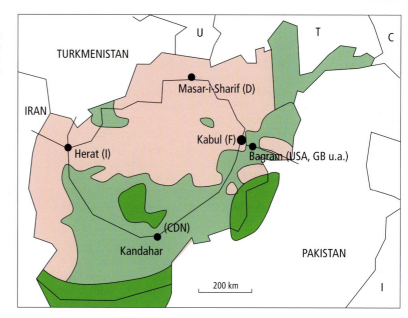

hatten die Taliban im Kampf gegen die Sowjetunion unterstützt (▶ 15.92) und ihnen noch 1997 zur Machtübernahme verholfen.
Es gelang den militärisch überlegenen NATO-Streitkräften noch im Herbst 2001, das Talibanregime zu stürzen, die Talibankämpfer ins afghanisch-pakistanische Grenzgebirge zu vertreiben, viele al-Qaida-Kämpfer zu töten und in Kabul eine Regierung zu installieren.

34.22 ... aber kein Sieg: Allerdings erwies sich das Unternehmen als uferlos. Die Taliban konnten nicht nur ihren Rückzugsraum halten, sondern auch die Unterstützung der afghanischen Bevölkerung vor allem im Süden des Landes gewinnen. Die NATO-Streitkräfte, die sogenannten ISAF-Truppen (International Security Assistance Force), mussten ihren Bestand verdoppeln; sie setzten nicht nur auf Kampf, sondern auch auf Hilfe an die Zivilbevölkerung, um sie gegen die Taliban zu gewinnen. Allerdings forderten ihre Luftangriffe auch Opfer unter dieser Zivilbevölkerung; und die mitkämpfenden afghanischen Truppen und Polizeikräfte erwiesen sich als unzuverläßig. 2010 wurden die NATO-Truppen auf 130 000 Mann (davon über 90 000 Amerikaner) aufgestockt, aber auch ihnen gelang es nicht, die Taliban zu besiegen. Seither begann der Rückzug der NATO-Truppen, und Ende 2014 wurde der Krieg gegen die Taliban der einheimischen Regierung übertragen. Ob diese unter Aschraf Ghani (geb. 1949) das Land wird schützen können, ist angesichts des zunehmenden Taliban-Terrors ungewiss.

Kriege um den Irak
Unterschiedliche Bezeichnungen für die drei Kriege 1980–1988, 1990/91, 2003–2011:

Irak-Iran-Krieg, erster und zweiter Irakkrieg (hier verwendet);

Erster, zweiter und dritter Golfkrieg;

Irak-Iran-Krieg, Golfkrieg, Irakkrieg.

Der Urheber der Anschläge vom 11. September 2001, Osama bin Laden, konnte 2011 in Pakistan von einem amerikanischen Kommandounternehmen getötet werden (▶ 33.23). Der Krieg hat rund 20 000 Zivilpersonen, rund 12 000 Talibankämpfern und rund 4000 Soldaten aufseiten der ISAF das Leben gekostet. Die Taliban finanzieren sich großenteils aus dem Opiumhandel, und die lokalen Kriegsherren ordnen sich der Regierung Ghani nur widerwillig unter. Afghanistan droht zu einem «gescheiterten Staat» zu werden. Und der Krieg gegen den Terror hat den Terror eher verstärkt.

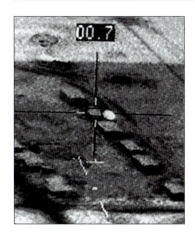 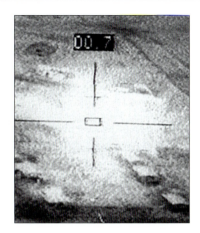

Neue Kriegsbilder im ersten Irakkrieg
Im Unterschied zum Vietnamkrieg war die Berichterstattung über den ersten Irakkrieg streng zensuriert und perfekt organisiert. Dank solchen Videobildern erlebte die Welt den Golfkrieg wie ein Videospiel: Ein französisches Kampfflugzeug zerstört am 18.1.1991 ein Munitionsdepot in Kuwait mittels einer lasergesteuerten AS-30-Rakete. Solche wirkungsvoll gezeigten Präzisionsangriffe machten aber nur 7 Prozent der Geschoße aus. Die große Menge traf als Bombenteppiche unterschiedslos kämpfende Truppen, Anlagen und die Zivilbevölkerung.

34.3 Kriege um den Irak

34.31 Erster Irakkrieg: Der Irak-Iran-Krieg 1980–1988 hatte den Irak in Schulden gestürzt und Saddam Husseins Ansehen geschadet (▶ 26.37). Der irakische Diktator riss 1990 gleich einen weiteren Krieg vom Zaun, indem er das kleine, aber erdölreiche Kuwait überfiel. Der Irak betrachtete dieses 1961 unter britischem Schutz unabhängig gewordene Land ohnehin als irakische Provinz. Zudem stritten sich die beiden Staaten um die Ölfelder von Rumailah (Karte S. 390).

Die UNO verurteilte den Angriff auf einen souveränen Staat und bewilligte den USA und einer breiten Koalition von Verbündeten die Befreiung Kuwaits. Weder die im Zerfall begriffene Sowjetunion noch die arabischen Staaten legten sich quer. Nachdem Saddam Hussein auf ein UNO-Ultimatum zum Rückzug aus Kuwait nicht reagiert hatte, griff die alliierte Luftwaffe im Januar 1991 mit überlegener Technik an. Zusammen mit Bodentruppen zwang sie die irakische Armee Ende Februar innert hundert Stunden zur Kapitulation. Irakische Truppen setzten allerdings noch die kuwaitischen Ölfelder in Brand und verursachten eine Umweltkatastrophe. Präsident George Bush (der Vater) hielt sich an das UNO-Mandat, das nur die Befreiung Kuwaits anvisierte, und verzichtete darauf, Saddam Husseins Diktatur anzutasten und Bagdad selbst anzugreifen. Immerhin setzten die USA eine Flugverbotszone über dem Irak durch, um zu verhindern, dass Saddam Hussein die aufständischen Schiiten im Süden und die Kurden im Norden des Irak weiter aus der Luft verfolgen konnte. Diese hatten sich im Vertrauen auf die ausländische Invasion gegen den Diktator erhoben. Aber ihr Aufstand brach zusammen, weil Saddam Hussein seine Truppen gegen sie einsetzen konnte.

34.32 Zweiter Irakkrieg: Die UNO hielt ihre im Krieg verhängten Wirtschaftssanktionen gegen den Irak aufrecht. Saddam Hussein verhinderte im Gegenzug die Kontrolle seiner Waffenbestände. Und als sich 2002 in Afghanistan kein rascher Sieg im Krieg gegen den Terror abzeichnete, bezichtigte Präsident George W. Bush den Irak der Produktion von Massenvernichtungswaffen. Tatsächlich hatte Saddam Hussein 1988 Giftgas gegen die Kurden eingesetzt. Aber 2002 fanden die UNO-Inspektoren keine chemischen oder biologischen Waffen. So verweigerte der UNO-Sicherheitsrat den USA ein Mandat für eine militärische Intervention.

Am 5.2.2003 präsentierte US-Außenminister Colin Powell dem UNO-Sicherheitsrat *Beweise für die Produktion von Massenvernichtungsmitteln*. Er griff auf die amerikanische Argumentation während der Kubakrise zurück (vgl. S. 250) – aber die Deutung der Aufklärungsfotos erwies sich als falsch.

Saddam Husseins öffentliche Demontage

links: Am 9.4.2003 rissen amerikanische Soldaten vor laufenden Kameras eine Statue Saddam Husseins vom Sockel.
rechts: Am 14.12.2003 fingen amerikanische Soldaten den flüchtigen Saddam Hussein in einem Erdloch bei seiner Heimatstadt Tikrit und ließen dokumentieren, wie seine Zähne zur Identitätsabklärung untersucht wurden.
Saddam Hussein wurde von einem irakischen Gericht zum Tod verurteilt und am 30.12.2006 hingerichtet.
Auch davon kursierten Aufnahmen. Präsident Obama ließ dagegen alle Aufnahmen von der Tötung von Osama bin Laden (siehe S. 453) zurückhalten.

Die USA beharrten auf einer Invasion und suchten dafür Verbündete. Großbritannien, Spanien, die Türkei und rund dreißig weitere Staaten traten der «Koalition der Willigen» bei. Am 20. März 2003 begann ein massiver Luftangriff auf Bagdad, bereits am 9. April nahmen Bodentruppen die Hauptstadt ein, und im Mai erklärte Bush die Mission für erfüllt. Anders als erhofft halfen aber weder Schiiten noch Kurden beim Sturz des Regimes. Auch die arabischen Staaten distanzierten sich diesmal von den USA.

Allerdings erwies sich die Besetzung des Landes und seine Verwaltung als bedeutend schwieriger. Denn dem Sturz von Saddam Hussein folgten bürgerkriegsähnliche Kämpfe zwischen Sunniten, Schiiten und Kurden – und die Terrororganisation al-Qaida nutzte die chaotische Lage, um nun auch im Irak die «Koalition der Willigen» anzugreifen. Im Dezember 2011 zogen sich die letzten Besatzungstruppen aus dem Irak zurück.

Aber die schwachen Regierungskabinette konnten die Terrorgruppen nicht in den Griff kriegen. Al-Qaida installierte hier das Terrorregime des Islamischen Staates, der seit 2014 die Westprovinzen eroberte (▶ 34.68). Allgegenwärtige Korruption verhindert eine Entwicklung der Gesellschaft und der Wirtschaft.

34.4 Der Palästinakonflikt

34.41 Friedensabkommen von Oslo ...: Der Irak-Iran-Krieg und der erste Golfkrieg hatten die radikal anti-israelischen Staaten Iran und Irak, aber auch die PLO und Libyen geschwächt. Die anderen arabischen Staaten, sogar Syrien, standen im ersten Golfkrieg auf amerikanischer Seite. So gelang den USA das Friedensabkommen von Oslo 1993 (▶ 26.49). Es sah vor, einem Frieden in Palästina mit Teilschritten näherzukommen. Zunächst anerkannten beide Seiten das Existenzrecht des anderen und verzichteten auf Gewalt. Israel gestand der PLO eine beschränkte Selbstverwaltung im Gazastreifen und im Gebiet von Jericho zu und erlaubte damit die Rückkehr der PLO-Führung dorthin. Weitere Schritte in Richtung auf einen palästinensischen Staat sollten folgen, waren aber nicht verbindlich und detailliert geregelt. Die palästinensische Selbstverwaltung umfasste bis zum Ende des Jahrhunderts rund 40 Prozent des Westjordanlandes (Westbank), allerdings ein durch israelische Siedlungen zerstückeltes Gebiet. Ein Jahr nach dem Abkommen von Oslo schloss auch Jordanien mit Israel Frieden. 2000 entwarfen die UNO, die USA, die EU und Russland die sogenannte Roadmap, einen Ablaufplan zum Frieden.

34.42 ... und sein Scheitern: Doch das Abkommen ließ sich nicht umsetzen. 1995 ermordete ein fundamentalistischer Israeli den sozialdemokratischen Ministerpräsidenten Rabin, der es abgeschlossen hatte. Auf diesen folgten vorwiegend konservative Likud-Regierungen unter Benjamin Netanjahu (geb. 1949). Sie missachteten das Abkommen und trieben die Siedlungspolitik in den besetzten Gebieten voran. Die Zahl der Siedlungen verdoppelte sich seit dem Abkommen und die Zahl der Siedler/-innen beträgt (2016) über 700 000. Einzig die Siedlungen im Gazastreifen räumte Israel 2005.

Darauf rief die PLO im Jahr 2000 einen erneuten Aufstand, eine «zweite Intifada» aus. Diese wurde noch gewalttätiger, nun auch mit Selbstmordattentaten (▶ 33.22), geführt und provozierte massive israelische Vergeltung. Auf beiden Seiten gab es zivile Opfer. Dabei spaltete sich die PLO: Im Westjordanland übernahm 2003 der gemäßigte Mahmud Abbas (geb. 1935) von der Organisation Fatah die Führung der Selbstverwaltung und nach Yassir Arafats Tod dessen Nachfolge in der PLO. Im getrennten und übervölkerten Gazastreifen dagegen siegte die islamistische Hamas bei den Wahlen von 2006. Trotz verschiedener Einigungsversuche sind die beiden palästinensischen Gebiete seither untereinander zerstritten.

Mohammed al-Dura, 30.9.2000
Wenige Sekunden nach dieser Aufnahme wird der zwölfjährige Knabe leblos auf den Beinen seines Vaters Jamal liegen, nachdem die beiden bei der Netzarim-Kreuzung im Gazastreifen in einen Schusswechsel zwischen Palästinensern und Israel geraten waren. Wer ihn traf und ob Mohammed überhaupt getötet wurde – eindeutige Filmbilder sind nicht erhalten –, ist bis heute Thema erbitterter Kontroversen bis hinauf in Regierungskreise und vor Gerichten. Denn die Aufnahmen des palästinensischen Filmers Talal Abu Rahme wurden live im Fernsehen gezeigt.
In den letzten 20 Jahren kamen im Konflikt zwischen Israel und Palästinensern über 1500 Kinder und Jugendliche unter 18 Jahre ums Leben.

34.43 Regionaler Islamismus: Die islamistische Hamas wurde wie auch die islamistische Hisbollah-Organisation im Südlibanon von Iran unterstützt (▶ 26.35). Beide Organisationen provozierten im Sommer 2006 Israel im Süden und im Norden, hier durch die Entführung zweier Soldaten. Israel reagierte darauf mit dem massiven Beschuss vermuteter Hisbollah-Gebiete im Libanon, der vor allem die Zivilbevölkerung traf, die Hisbollah-Kämpfer aber nicht vertreiben konnte.

Hamas und Hisbollah profitierten von einem Kurswechsel des Iran: Nach dem relativ liberalen Präsidenten Mohammad Chatami (geb. 1943, reg. 1997–2005) fuhr Mahmud Ahmadinedschad (geb. 1956, reg. 2005–2013) wieder einen islamistischen Kurs und setzte Israels Vernichtung offen zum Ziel. Rückhalt fand er über die Grenzen hinaus bei den arabischen Volksmassen, die über die amerikanischen Kriege gegen die Taliban in Afghanistan und gegen Saddam Hussein im Irak empört waren.

Im Innern litt die iranische Bevölkerung unter internationalen Sanktionen, welche die UNO wegen des iranischen Atomanreicherungsprogramms und wegen Menschenrechtsverletzungen verhängte. Doch erreichte Ahmadinedschads 2013 gewählter, gemäßigter Nachfolger Hassan Rohani (geb. 1948) durch Konzessionen vor allem bei der Entwicklung von Atomwaffen 2016 die Lockerung der Sanktionen durch die UNO-Vetomächte.

34.5 Kriege in Schwarzafrika

34.51 Demokratien oder zerfallende Staaten: Das Ende des Kalten Kriegs bewirkte in Schwarzafrika den Sturz autoritärer Herrscher, weil diese ihren Rückhalt bei einer Supermacht verloren. In den meisten Staaten folgten Mehrparteienregierungen und eine Entwicklung in Richtung Demokratie – am deutlichsten in Malawi 1991, in Sambia und Südafrika 1994 (▶ 25.38). In vielen Fällen jedoch führte die Ablösung eines autoritären Regimes zu ethnisch motivierten Bürgerkriegen und gar zum Zerfall des Staates. Die übrige Welt, auch die ehemaligen Kolonialmächte, kümmerten sich kaum darum, sondern wandten sich den globalisierten Märkten Asiens oder Lateinamerikas zu.

1700　　　　　　　　　　1800　　　　　　　　　　1900　　　　　　　　　　2000

Hutu und Tutsi: zwei Völker?

Die Tutsi führen sich auf ein aus dem Nil eingewandertes Volk zurück. DNA-Analysen zeigen aber eine enge Verwandtschaft zwischen beiden Volksgruppen. Die künstliche Unterteilung erfolgte vermutlich erst unter deutscher Kolonialherrschaft, als Viehbesitz über die Zugehörigkeit zu den beiden Völkern entschied. Der Einwanderungsmythos der Tutsi könnte damals entstanden sein und wurde auch von den Hutu – mit fremdenfeindlichem Unterton – aufgenommen.

34.52 Völkermord in Ruanda: Die bevölkerungsreichen Kleinstaaten Ruanda und Burundi waren bewohnt von einer Mehrheit der ackerbauenden Hutu und einer Minderheit der viehzüchtenden Tutsi. Während der Kolonialzeit wurde die Tutsi von den Kolonialherren aus machtpolitischen Gründen bevorzugt. Nach der Unabhängigkeit versuchten die Hutu in mehreren Aufständen, die Tutsi-Herrschaft zu stürzen. Dabei kam es in Ruanda und Burundi wiederholt zu blutigen Massakern. 1972 suchte die Tutsi-Regierung in Burundi durch die gezielte Ermordung von rund 200 000 Angehörigen der Hutu-Oberschicht ihre Herrschaft abzusichern. 1994 organisierten die regierenden Hutu in Ruanda planmäßig einen Völkermord an den Tutsi und den moderaten Hutu. Sie riefen direkt die Zivilbevölkerung zum Mord auf. Die Täter waren oft Nachbarn der Opfer. Eine Million Menschen fiel dem Genozid zum Opfer, vier Millionen flüchteten und kamen dabei teilweise auch um. Die Angst der Regierung vor einem Machtverlust, die Konkurrenz um die knapper werdenden Ressourcen und die politischen Spannungen zwischen der Regierung und einer Tutsi-Rebellenarmee unter Paul Kagame (geb. 1957) waren die Ursachen. Die Rebellenarmee der Tutsi ergriff 1994 die Macht, seit 2000 ist ihr ehemaliger General Kagame Staatspräsident.

34.53 Kriege im Kongo: Die Flüchtlingswellen wirkten auch destabilisierend auf den Nachbarstaat Zaire. In der Provinz Kivu um die Stadt Goma sammelten sich geflüchtete Hutu und Tutsi. Eine den Tutsi nahe stehenden Rebellenarmee unter Laurent Kabila (1939–2001) marschierte 1996, mit Unterstützung der Tutsi-Regierungen von Ruanda und Burundi, in die Hauptstadt Kinshasa ein und stürzte den langjährigen Diktator Mobutu (1965–1997). Er hatte seinen Rückhalt im Westen verloren. Zaire wurde in «Demokratische Republik Kongo» umbenannt.

Weil sich Kabila aber von seinem Unterstützer Ruanda löste, förderte dieses in den rohstoffreichen Ostprovinzen Kongos die Rebellion der dort stationierten kongolesischen Truppen unter James Kabarebe (geb. 1959). Kabila gewann die Unterstützung von Angola, Simbabwe und Namibia, die als Gegenleistung den Süden und Westen des Kongo besetzten und

Zweiter Kongokrieg in der Demokratischen Republik Kongo

- Gebiet des Laurent und Joseph Kabila, unterstützt von Angola, Simbabwe und Namibia
- Gebiet der Rebellenarmee des James Kabarebe
- Gebiet der Rebellenarmee des Jean-Pierre Bemba

Rohstoffe:
- Kupfer und Kobalt
- Zinn
- Gold
- Diamanten

T: Tansania

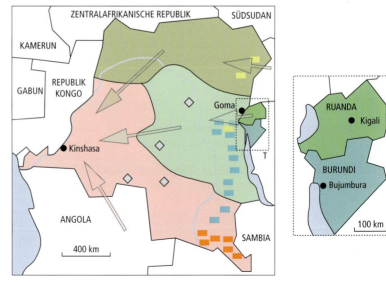

Krisen in der Sahelzone:

■ *Sierra Leone (S):* Bürgerkrieg 1991–2000.
Liberia (L): Bürgerkriege 1989–1996 und 1999–2003.
Elfenbeinküste (E): Bürgerkrieg 2002–2007, Teilung des Landes, seit Wahlen 2010 erneut Unruhen.
Mali (M): Aufstände der Tuareg seit 1989, Bürgerkrieg seit 2011 Militärputsch, 2013 Niederwerfung des Tuareg-Aufstandes.
Niger (Ni): Bürgerkrieg nach Aufstand der Tuareg 1992–1995 und seit 2007, mehrere Putschs.
Nigeria (N): 1993–1998 diktatorisches Regime unter Sani Abacha.
Tschad (Ts): Bürgerkrieg 2005–2010.
Zentralafrikanische Republik (Z): Militärputsche, Kämpfe mit Rebellen seit 2006. 2013 deren Machtübernahme.
Sudan (Su): Krieg in den südwestlichen Provinzen der Region Darfur 2003–2010, dauert an.
Abspaltung des *Südsudans (Sü)* seit 1983, 2011 mit der Unabhängigkeit des Landes vollzogen.
Eritrea (Er) kämpfte sich 1989–1993 frei und ist seit 1998 periodisch in Kämpfe mit Äthiopien verwickelt.
Somalia (So): Bürgerkrieg seit 1991, Zerfall des Staats

■ *Mauretanien (Ma), Senegal (Se), Gambia (G), Guinea-Bissau (GB), Guinea (Gu), Burkina Faso (B), Togo (T), Kamerun (K), Äthiopien (Ä) und Dschibuti (D):* Grenzkonflikte, Regierungsputsche und Massenproteste.

■ Ruhige Entwicklung in *Ghana (Gh) und Benin (Be).*

ausbeuteten. Und schließlich organisierte Uganda im Norden des Kongo eine Rebellenarmee unter dem Mobutu-Anhänger Jean-Pierre Bemba (geb. 1962), der ebenfalls Richtung Kinshasa marschierte (zweiter Kongokrieg, 1998–2003). Nach Kabilas Tod unter ungeklärten Umständen einigten sich sein Sohn Joseph (geb. 1971) und die Rebellenarmeeführer auf Druck der UNO auf eine Allparteienregierung und eine neue Verfassung (2003). Die Kämpfe hatten drei Millionen Menschen das Leben gekostet – der verlustreichste Bürgerkrieg seit 1945. 2006 bis 2009 rebellierte erneut eine Tutsi-Armee, diesmal unter Laurent Nkunda (geb. 1967), in der Provinz Kivu bei Goma. Sie und die Regierungstruppen terrorisierten die Bevölkerung, bis Nkunda 2009 von den eigenen Leuten abgesetzt wurde. Trotz eines Friedensabkommens dauern die Kämpfe an.

34.54 Destabilisierende Bürgerkriege: Im Sahelgürtel wüteten seit 1991 zahlreiche Bürgerkriege. Die Staaten sind durch unterschiedliche Klimazonen, damit verbunden durch unterschiedliche Kulturen (Nomaden, Ackerbau), Ethnien und eine ungleiche Verteilung der Bodenschätze geprägt. Unter dem Einfluss des Vorrückens der Wüste, vermehrter Wetterkatastrophen, der Radikalisierung islamischer Volksgruppen durch den Islamismus und der Ressourcenknappheit infolge Bevölkerungswachstums sind die Bürgerkriege häufiger und brutaler geworden.

Zwei führten zur Bildung neuer Staaten: 1993 wurde Eritrea von Äthiopien und 2011 der Südsudan vom Sudan unabhängig. Der Krieg des arabischen Regimes in Khartum gegen den animistischen Süden mit Erdölquellen kostete zwei Millionen Menschen das Leben, vier Millionen waren auf der Flucht; immer noch nicht entschieden ist der Unabhängigkeitskampf der Südwest-Region Darfur: Darin sind bisher 300 000 Menschen umgekommen und 2,5 Millionen auf der Flucht.

Kindersoldaten der Armee des Charles Taylor in Monrovia, Liberia, April 1996

In afrikanischen Konflikten werden besonders häufig Kindersoldaten, darunter etwa ein Viertel Mädchen, unter 18 Jahren eingesetzt. Man schätzt die heutige Zahl auf 300 000.
Die Kinder werden zum Teil entführt und zum Töten gezwungen, teilweise bietet ihnen die Armee Arbeit und Verdienst.

34.55 Längerfristige Perspektiven: Die meisten der erwähnten Bürgerkriege konnten im ersten Jahrzehnt des 21. Jahrhundert befriedet werden. Dementsprechend konnten sich einige afrikanische Staaten in den letzten Jahren wirtschaftlich verbessern. Das afrikanische Bruttosozialprodukt wächst mit gegenwärtig sechs Prozent im Schnitt am stärksten auf der ganzen Welt, stärker noch als in Ostasien. Dort befindet sich auch ein großer Absatzmarkt für afrikanische Produkte.

Dem entgegen steht die Tatsache, dass immer noch die Landwirtschaft dominiert, dass die Regierungen kaum gezielte Wirtschaftspolitik betreiben, die Reichen ihre Vermögen außerhalb des Kontinents anlegen oder verbrauchen und dass die aus dem Patronagesystem erwachsende Solidarität Klassenbewusstsein und damit Veränderungswillen sowie Wettbewerb und damit Eigeninitiative behindert (▶ 25.43). Eine schwere Hypothek stellt die seit dreißig Jahren wütende Aids-Epidemie dar (▶ 25.42).

34.6 Der Arabische Frühling

34.61 Situation der arabischen Staaten: Viele autoritäre Herrscher verloren mit dem Ende des Kalten Kriegs ihren außenpolitischen Rückhalt. Im arabischen Raum, von Tunesien bis Irak, konnten sie sich aber halten. Die reichen Staatseinnahmen aus dem Erdöl und aus dem Tourismus ermöglichten ihnen Geschenke an die Bevölkerung. Nur in Algerien tobte von 1991 bis 1999 ein Bürgerkrieg zwischen der Regierung und der Islamistischen Heilsfront, die vor allem durch die Verarmung der Bevölkerung Rückhalt erhielt. Seit 1999 befriedete Präsident Abd al-Asis Bouteflika (geb. 1937) den blutigen Konflikt durch Schlichtung und Amnestie einigermaßen.

Allerdings verschlechterte sich die Lage der Bevölkerung auch in den anderen arabischen Staaten mit der weltweiten Rezession (▶ 32.26) und der Lebensmittelteuerung (▶ 32.32). Viele junge, relativ gut ausgebildete Berufseinsteiger/-innen fanden keine Arbeit. Die Unterdrückung der persönlichen Freiheit durch Sicherheitsapparate schürte das Unbehagen, das die junge Generation mit modernen Kommunikationsmitteln austauschen konnte.

Schablonensprays in der Nähe des Kairoer Tahrir-Platzes, des Zentrums der Demonstrationen:

«Kommt runter auf die Straße»

«Ihre Waffe»

«Unsere Waffe»

34.62 Tunesien: Ihren Anfang nahmen die Proteste, die später als «Arabischer Frühling» bezeichnet wurden, in Tunesien mit einem tragischen, sofort weiterverbreiteten Einzelereignis: Am 17. Dezember 2010 verbrannte sich der Gemüsehändler Mohammed Bouazizi (geb. 1984) aus Verzweiflung über fehlende Bewilligungen für seinen Kleinhandel und die Schikane durch die Polizei. Die Tat löste Empörung gegen die 23-jährige Herrschaft des tunesischen Präsidenten Zine Ben Ali (geb. 1936) aus. Weitgehend über Internetkommunikation – ein Drittel der Bevölkerung nutzt sie – entstand ein Volksaufstand. Ben Ali floh im Januar 2011 nach Saudiarabien. Nach den Wahlen von 2011 übernahm die gemäßigt islamische Ennahda-Partei («Wiedergeburt») die Macht, 2014 löste die laizistische linksliberale Nidaa Tounes («Ruf Tunesiens») sie durch Wahlen ab. Weil in Tunesien ethnische Gegensätze fehlen und eine gemäßigte sunnitische Religion dominiert, blieb das Land vor Bürgerkriegen verschont. Frauen und Männer sind weitgehend gleichgestellt. Die Arbeitslosigkeit stieg jedoch, und über 25 000 Menschen emigrierten über das Mittelmeer. Dazu beherbergte Tunesien zeitweise 350 000 Flüchtlinge und Rückwanderer aus Libyen.

Arabischer Frühling

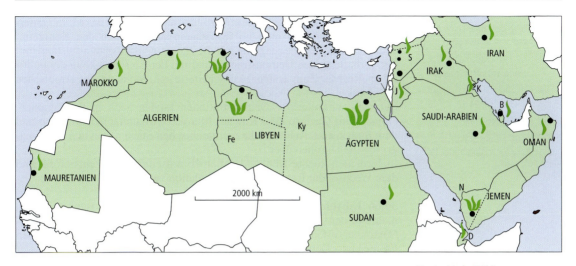

34.63 Ägypten: Ben Alis Flucht löste in Ägypten einen Aufstand gegen den seit 1981 herrschenden Präsidenten Husni Mubarak (geb. 1928) aus. Zwar versuchte er zuerst, die Demonstrationen niederknüppeln zu lassen, doch musste er im Februar 2011 sein Amt abgeben. Ihm wurde wegen der angeordneten Tötung von Demonstranten der Prozess gemacht, und er wurde zu lebenslanger Haft verurteilt, 2013 aber in Hausarrest entlassen. Die Aufständischen waren, anders als in Tunesien, gespalten in Islamisten und westlich orientierte Liberale. Letztere hatten den Aufstand vorangetrieben, aber in den Parlaments- und Präsidentenschaftswahlen 2011 und 2012 siegte die islamistische Muslimbruderschaft und stellte mit Mohammed Mursi (geb. 1951) den ersten demokratisch gewählten Präsidenten. Mursi brüskierte die Liberalen, indem er die Machtpositionen der Muslimbrüder ausbaute, aber die wirtschaftlichen Probleme das Landes nicht anging. Massendemonstrationen am ersten Jahrestag seiner Präsidentschaft nutzte das Militär, um die Macht zu ergreifen. Ein Jahr später wurde der General Abd al-Fattah as-Sisi (geb. 1954) zum Präsidenten gewählt. Er beschränkte die Grundrechte drastisch. Oppositionelle werden verschleppt und gefoltert. Die Grundnahrungsmittel werden knapp und teuer, die Wirtschaft stagniert.

Der Arabische Frühling

- Machtwechsel
- Proteste

B: Bahrain
D: Dschibuti
G: Gazastreifen
J: Jordanien
N: Nordteil von Jemen
S: Syrien
Ky: Kyrenaika
Fe: Fessan
Tr: Tripolis

34.64 Jemen: Der seit 1978 amtierende Staatspräsident Ali Abdullah Salih (geb. 1942) wurde 2012 durch einen Volksaufstand ins Exil getrieben, aber sein Nachfolger Abed Hadi (geb. 1945) vermochte das erst 1990 vereinigte Land nicht zusammenzuhalten. Die schiitischen Huthi-Rebellen in Nordjemen zwangen ihn zur Flucht nach Saudiarabien. Dessen Regierung bekämpfte 2015, gestützt auf einen UNO-Sicherheitsratsbeschluss, die Huthi-Rebellen mit Luftangriffen und einer Seeblockade, konnte sie aber nicht besiegen. Im Schatten des Konflikts bauen die Terrororganisationen al-Qaida (▶ 33.23) und IS (▶ 34.68) Basen im ehemaligen Südjemen auf. Die Bevölkerung zwischen den Fronten leidet unter Hunger und Gewalt, ein Zehntel der 25 Millionen Menschen ist im Land selbst auf der Flucht, die Hälfte davon hungert. Jemen droht zu zerfallen.

Bürgerkrieg in Jemen (Feb. 2017)
- Huthi-Rebellen
- Gebiet von Abed Hadi
- Zentren von Terrororganisationen

34.65 Bahrain und weitere erfolglose Proteste: Die Demonstrationen vom März 2011 gegen das Königshaus in Bahrain – nach tunesischem,

Verbreitung der Kommunikationsmedien und -plattformen in Prozent (2011)

	Handy	Internet	Facebook
Tun	75	34	24
Ägy	38	24	8
Lib	71	4	1

Noch 2002 hatten praktisch alle diese Kommunikationsmittel fast gänzlich gefehlt.

ägyptischem und jemenitischem Vorbild – wurden durch das Militär unterdrückt. Saudiarabien und die Golfstaaten unterstützten den König mit Truppen. Das Regime reagierte mit dreimonatigem Ausnahmezustand, mit der Verhaftung von Demonstranten und mit der Einschränkung der politischen Rechte. Zum ersten Mal scheiterte ein Aufstand des Arabischen Frühlings.

Letztlich wirkungslose Demonstrationen fanden auch in Saudiarabien, Oman, dem Gazastreifen, Kuwait, Marokko, Mauretanien, Algerien und dem Sudan statt. Auch auf die nichtarabischen Staaten Iran und Dschibuti griffen die Unruhen über.

In Jordanien konnte König Abdullah II. mit einer Wahlrechtsreform und dem Wechsel der Regierung eine Eskalation verhindern.

34.66 Libyen: Die Demonstrationen vom Januar 2011 lösten in Libyen nicht nur den Sturz des seit 1969 herrschenden nationalistischen Offiziers Muammar al-Gaddafi, sondern auch einen Bürgerkrieg mit mannigfachen Fronten aus. Denn das Land war gespalten: Der Osten, die Kyrenaika, war die Machtbasis des 1969 gestürzten Königs Idris gewesen und erhob sich jetzt gegen Gaddafi. Im Süden der Kyrenaika wollten sich auch die Tubu-Nomaden für Gaddafis Arabisierungsversuche rächen.

Gaddafi reagierte mit Luftangriffen und dem Einsatz schwarzafrikanischer Söldner. Damit provozierte er eine ausländische Reaktion: Im März 2011 ermächtigte die UNO die USA, Kanada, Großbritannien und Frankreich zur Durchsetzung einer Flugverbotszone, um die Aufständischen zu schützen. Die vier Mächte setzten allerdings in einer halbjährigen Aktion nicht nur die Flugverbotszone durch, sondern ließen den Aufständischen auch Waffen zukommen und unterstützten mit Bombardierungen ihren Vormarsch von der Kyrenaika in Richtung der Hauptstadt Tripolis. Von dort wurde Gaddafi durch einen weiteren Aufstand in seine Heimatstadt Sirte vertrieben, wo er am 20. Oktober getötet wurde.

Zwar fanden 2012 und 2014 Parlamentswahlen statt und wurde eine international anerkannte Regierung gebildet. Diese musste jedoch vor einer islamistischen Gegenregierung nach Tobruk in den Ostteil des Landes ausweichen. Vermittlungsversuche zwischen den beiden Kräften schlugen fehl. In deren Bürgerkrieg konnten die zahlreichen irregulären Streitkräfte nicht aufgelöst werden, und die Terrororganisation IS fasste Fuß. Die Tubu-Nomaden schlossen sich der Regierung an, die mit ihnen rivalisierenden Tuareg-Nomaden gründeten im Südwesten Libyens einen praktisch unabhängigen Staat.

Die fehlende Zentralgewalt ermöglicht es Schlepperbanden, Migranten aus Schwarzafrika aufs Mittelmeer Richtung Italien hinauszuführen.

34.67 Syrien: Syrien ist neben Libyen und Jemen der dritte Staat, der als Folge des Arabischen Frühlings zu zerfallen droht. Die Machtverhältnisse sind hier aber anders gelagert.

Syrien war nach dem Ersten Weltkrieg als künstliches Gebilde durch Frankreich und Großbritannien aus den Trümmern des Osmanischen Reichs errichtet worden (▶ 10.15). Im Norden waren Kurden dem arabischstämmigen Land zugeschlagen worden. Als Minderheit (etwa zehn Prozent der Bevölkerung) wurden sie unterdrückt, teilweise der Staatsbürgerschaft beraubt, teilweise aus dem Grenzgebiet gegen die Türkei ausgesiedelt. Neben den Sunniten (70 Prozent) existieren religiöse Minderheiten wie die Christen, Schiiten und Alawiten, zu denen auch die

Familie Assad gehört. Gegen ihre jahrzehntelange Partei-Diktatur durch die Baath-Partei (▶ 26.34) erhob sich im März 2011 eine vielfältige, aber zersplitterte Opposition. Zwar fand sie sich im August 2011 im «Syrischen Nationalrat» mit Sitz in Istanbul zusammen; aber die Kurden misstrauten einer von der Türkei unterstützten Organisation. Ferner mischten sich islamistische Terrororganisationen und Deserteure aus der regulären Armee mit unklarer politischer Ausrichtung unter die Aufständischen. Im Norden übernahmen die Kurden die von ihnen bewohnten Gebiete erfolgreich. Die Aufständischen eroberten bis 2013 Gebiete im Norden um Aleppo, im Zentrum um Hama und Homs und im Süden um die Hauptstadt Damaskus. Der Angriff auf den Regierungssitz scheiterte und seither konnten Assads Regierungstruppen die wichtigen Städte Homs, Hama und Aleppo (2016) zurückerobern.

Letzteres gelang mit der Hilfe russischer Luftunterstützung. Die gegensätzlichen Interessen auswärtiger Mächte verschärfen nämlich den Krieg: Der Iran, die Hisbollah-Milizen im Südlibanon (▶ 25.52) sowie seit 2015 Russland unterstützen Assads Regime, Saudiarabien, die USA und Frankreich – allerdings halbherzig – die Opposition. Auch die Türkei unterstützt die Opposition, aber bekämpft die in Nordsyrien erfolgreichen Kurden. So ermöglichten vor allem die russischen Luftschläge den Regierungstruppen die Rückeroberung Aleppos. Russland, das auf syrischem Gebiet die Luftwaffenbasis Latakia und die Marinebasis Tartus betreibt, hat die USA als Ordnungsmacht abgelöst.

Der Bürgerkrieg hat bisher (Feb. 2017) ungefähr 400 000 Menschen das Leben gekostet. Beide Seiten missachteten die Pflicht zum Schutz der Zivilbevölkerung im Krieg. Das Regime Assad setzte gar chemische Waffen ein. 6,7 Millionen Menschen sind innerhalb des Landes, 4,8 Millionen über die Grenze geflohen. Im Jahr 2015 zogen rund eine Million über den Balkan nach Europa. Danach schlossen die Staaten die Grenzen.

Die syrische Opposition publizierte im Sommer 2016 auf facebook Bilder syrischer Kinder mit den damals populären Pokémon-Go-Figuren und der Bitte: «I am from Syria. Save me!»
Der schwedische Schriftsteller und Komiker Jonas Gardell (geb. 1963) postete dazu: «Großvater, was tatest du im Sommer 2016, als die Welt in Brand stand? Oh, lieber Enkel, wir spähten nach Pokémon-Figuren auf unseren Smartphones!»

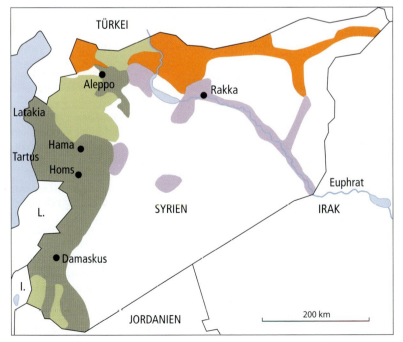

Bürgerkrieg in Syrien, beherrschte Gebiete (Feb. 2017)

- Regime Assad
- Opposition
- Kurden
- Islamischer Staat

L.: Libanon, I.: Israel

«ISIS», «Islamischer Staat in Irak und Syrien» war bis 2014 die Eigenbezeichnung der Terrororganisation. Seither nennt sie sich «IS», womit sie den Anspruch verbindet, ihr Kalifat über den Irak und Syrien hinaus zu expandieren. Die anderen arabischen Staaten (und zunehmend auch der Westen) bezeichnen die Organisation als «Daaisch», um eine Verbindung des Islam mit dieser Form des Terrors zu vermeiden. Diese Bezeichnung leitet sich aus der arabischen Abkürzung des Organisationsnamens (ad-**Da**wlah **a**l-Islāmiyah fīl-'**I**rāq wash-**Sh**ām) ab.

34.68 «Islamischer Staat» bzw. Daaisch: Der Konflikt in Syrien wird seit 2013 durch eine dritte Kriegspartei noch verwickelter und grausamer: Vom Irak her drang die Terrororganisation «Islamischer Staat» (IS) im Euphrat-Tal vor und bekämpfte sowohl Assads Regierungstruppen als auch die aufständische Opposition. Der IS hatte sich aus der Terrororganisation al-Qaida (▶ 33.23) heraus entwickelt und rekrutierte sich aus irakischen Sunniten (▶ 34.32). Im Irak und in Syrien hat er den Aufbau eines Islamischen Staates in der Form eines Kalifats zum Ziel. Darin sollen geistliche und weltliche Macht zusammenfallen. Diese Vision und deren Propagierung über das Internet wirkt auf Islamisten attraktiv und motiviert sie zu Attentaten auch im verhassten Westen. Im von ihm beherrschten Gebiet wütet der IS mit Terror gegen Wehrlose und mit der Anwendung der Scharia (▶ 26.35). Nach einer Phase der raschen Ausbreitung musste der IS allerdings seit 2014 Rückschläge hinnehmen. Denn die sonst uneinigen Großmächte sind sich in seiner Bekämpfung einig: Russland, die USA und Frankreich unterstützten irakische und syrische Kämpfer gegen den IS. Sie bombardierten die Ölförderanlagen auf dessen Gebiet und entzogen ihm damit eine wichtige Einnahmequelle. Auch die Türkei, die dem IS bis 2015 Nachschublinien bot, wechselte auf internationalen Druck hin die Front. Allerdings unterstützen die USA und Frankreich damit indirekt das Assad-Regime, das sie bekämpfen. Und je mehr der IS unter Druck gerät, umso intensiver verlegt er den Kampf mit Attentaten in den Irak und in den Westen. Ferner forciert er offensichtlich den Ausbau von Ablegern wie in Jemen (▶ 34.64) oder Libyen (▶ 34.66).

34.69 Bilanz des Arabischen Frühlings: Der Arabische Frühling hatte als Revolution einer jungen Generation gegen die autoritäre Herrschaft und für persönliche Freiheit begonnen. Aber nur in Tunesien ist die Wende von Dauer gewesen – und auch hier hat sich Ernüchterung eingestellt. In den anderen Staaten regieren immer noch oder wieder autoritäre Herrscher. Jemen, Libyen und Syrien drohen zu zerfallen. Nutznießer sind islamistische Terrororganisationen. Schuld an diesem Debakel tragen auch westliche Staaten, die inkonsequente Signale aussandten.

34.7 Lateinamerika

34.71 Neopopulismus: In Lateinamerika hatten schon in den 1980er-Jahren autoritäre Regierungen zurücktreten müssen. Allerdings vermochten die liberalen und konservativen Regierungen die Probleme des großen Vermögens- und Einkommensgefälles, der außenpolitischen Verschuldung und der Diskriminierung der indigenen Bevölkerung nicht zu lösen.
Mit dem Ende des Kalten Kriegs wurde der Weg frei für eine neue Generation von Staatsführern, die mit sozialen Programmen aufrichtig oder eher populistisch die Mehrheit für ihre Wahl zu gewinnen versuchten. (Sie werden – in Abgrenzung zur früheren Generation populistischer Staatsführer – als «Neopopulisten» bezeichnet, wobei der Begriff nicht scharf abgrenzt, ▶ 24.38). Diese Staatsführer/-innen steuerten einen Kurs sozialer Reformen, ohne die wirtschaftlichen Rahmenbedingungen zu vernachläßigen. Sie verschlossen sich auch nicht der Globalisierung. Der starke und bisweilen hochgepeitschte Nationalismus wich einer grenzüberschreitenden Zusammenarbeit etwa im Gemeinsamen Markt Mercosur (▶ 33.67). In Venezuela allerdings droht der neopopulistische Kurs zu scheitern: Seit

2014 schraubt eine Hyperinflation die Preise hoch und zwingt der sinkende Erdölpreis die Regierung zu unpopulären Sparmaßnahmen.

34.72 Drogenkrieg: Auch der Koka-Anbau und der Kokainhandel profitierten von der Globalisierung. Die Produktion (vor allem in Bolivien, Peru und Kolumbien) ist zwar seit 1990 um etwa ein Viertel gesunken, aber durch die Rationalisierung bei Verarbeitung und Transport ist das Absatz in die USA und nach Europa etwa gleich hoch geblieben. Diese Droge des Westens findet mittlerweile auch in Asien und Afrika einen Absatzmarkt. Seitdem die USA die Karibik intensiv überwachen, ist die schmale Landbrücke Mittelamerikas Haupthandelsweg und gleichzeitig zum gefährlichsten Ort der Welt geworden, was Morde anbetrifft: 35 Morde pro 100 000 Einwohner und Jahr (in Afrika 10, in Europa 5) gehen auf rund 900 Organisationen zurück, die vom lukrativen Kokainhandel zwischen Süd- und Nordamerika profitieren. Denn Drogenhandel ist auch mit Bandenkriegen und Menschenhandel verbunden. Der Kokainpreis steigt durch die Handelskette um mindestens das Zehnfache bis zum Endverbraucher. Mexiko führt auf den Druck der USA und mit ihrer Unterstützung seit 2006 einen Krieg gegen die Drogenhandelsringe, der bislang etwa 70 000 Menschen das Leben kostete. Der Transit wurde verringert, doch dieser Rückgang wurde durch stärkere Benutzung von Routen über Brasilien und Schwarzafrika nach Europa kompensiert.

34.73 Anerkennung der Indigenen: Der Rückgang des Nationalismus in Lateinamerika hat die Anerkennung von bisher verdrängten indigenen Kulturen erleichtert. Indios und Indias machten zur 500-Jahr-Feier der Ankunft von Kolumbus in Amerika 1992 auf sich aufmerksam, ferner mit dem Aufstand der Maya-Bevölkerung (Zapatisten) in der mexikanischen Provinz Chiapas von 1994 bis 2000. Seither engagieren sich die Zapatisten politisch für die Anerkennung der Indigenen in Mexiko. Ohne Gewalt haben etwa Bolivien die Sprachen Guaraní, Aymara und Quechua anerkannt, Paraguay ebenfalls Guaraní, Peru Quechua und Aymara, Chile Quechua und Mapudungun, Mexiko die Aztekensprache Nahuatl und Guatemala verschiedene Maya-Sprachen.

Lateinamerika war das wohl sprachenreichste Land der Erde. Von den geschätzten 1500 um das Jahr 1500 gesprochenen indigenen Sprachen existieren heute nur noch 350.

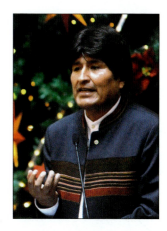

Evo Morales (geb. 1959), seit 2005 Präsident des (seit 2010) «Plurinationalen Staates Bolivien», trägt auch bei offiziellen Auftritten eine Jacke mit den traditionellen Ornamenten der Indigenen oder gar einen Pullover aus Alpaka-Wolle.

Weitere Präsidentinnen und Präsidenten der neuen Generation: Alberto Fujimori (geb. 1938, 1990–2000) in Peru, Hugo Chavez in Venezuela (1954–2013, 1999–2013), Mireya Moscoso (geb. 1946, 1999–2004) in Panama, Ricardo Lagos (geb. 1938, 2000–2006) und Michelle Bachelet (geb. 1951, 2006–2010 und seit 2013) in Chile, Néstor Kirchner (1950–2010, 2004–2007) und seine Frau Cristina Kirchner (geb. 1953; 2007–2015) in Argentinien, 2003–2011 Lula da Silva in Brasilien (▶ 33.67), Rafael Correa (geb. 1963, seit 2007) in Ecuador und der ehemalige Bischof Fernando Lugo (geb. 1951, 2008–2012) in Paraguay.

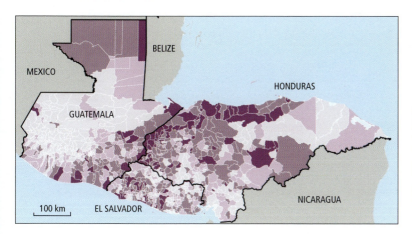

Mordopfer in Guatemala, El Salvador und Honduras (nach UNO Drug Report 2013)

Die Drogenschmuggelwege zeichnen sich in der Häufigkeit von Morden ab. Pro 100 000 Einwohner/-innen:

■ über 101 Morde/Jahr
■ 51–100 Morde/Jahr
■ 21–50 Morde/Jahr
□ 0–20 Morde/Jahr.

34.8 Chinesisches Meer: ein zukünftiger Konfliktherd?

34.81 Positionsbezug im Chinesischen Meer: Seit 2011 mehren sich die Spannungen im Chinesischen Meer. Es birgt große Erdöl- und Bodenschätze und ist mit Chinas Aufstieg zu einer wichtigen Handelsstraße geworden. Der Konflikt entzündet sich vor allem an kleinen Inseln. Sie werden von mehreren Staaten beansprucht, weil deren Besitz die Möglichkeit eröffnet, die Rohstoffquellen rings herum später ausbeuten zu können. Nach internationalem Seerecht kann jeder Staat eine Zone von 200 Meilen (370 Kilometer) rund um seine Küste, auch um seine Inseln herum, ausschließlich für sich beanspruchen.

Ferner erweiterten China und Südkorea 2013 ihre Luftüberwachungszonen; über dem Socotra-Riff überschneiden sich nun diese und dazu die japanische. Dazu beanspruchen die USA als Verbündete Japans für den Verteidigungsfall ein Überwachungsrecht im Süd- und Ostchinesischen Meer. US-Flugzeuge durchflogen seit der Erweiterung der Überwachungszonen diese wiederholt demonstrativ ohne die geforderte Voranmeldung. Um die Senkaku-Inseln entbrannte 2012 ein diplomatischer Konflikt, als Japan den Kauf der bisher gepachteten Inseln ankündigte. China bezog sie 2013 auch in seine Überwachungszone ein. Auf der Spratly-Inselgruppe scheint China gar einen Luftwaffenstützpunkt zu errichten.

Hinter diesen vielfältigen Konflikten steht die Machtverschiebung der letzten Jahre: China ist aufgestiegen, Japan und teilweise auch die USA sind demgegenüber zurückgefallen (▶ 33.32). Ist das Chinesische Meer ein nächstes Konfliktfeld?

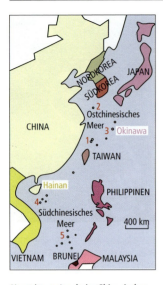

Umstrittene Inseln im Chinesischen Meer

1 *Senkaku-Inseln,* von Japan 2013 den privaten Eigentümern abgekauft; von China und Taiwan aus historischen Gründen beansprucht.

2 *Socotra-Riff:* Unterwasserriff mit südkoreanischer Forschungsstation; von Südkorea und China beansprucht.

3 *Ryukyu-Inselkette* in japanischem Besitz.

4 *Paracel-Inselgruppe,* nach der Vertreibung der südvietnamesischen Truppen 1974 von China besetzt, von Vietnam beansprucht.

5 *Spratly-Inselgruppe,* aufgeteilt besetzt und als Ganzes beansprucht von China, Taiwan, Philippinen, Malaysia, Brunei, Vietnam.

Anhang

1500	1776	1848	
Kolonialreiche Sp, Port – NL, England, F **Machtteilung/Wettbewerb** Frühkapitalismus, Absolutismus, Merkantilismus **Hinwendung zum Diesseits** magisches, organizistisches, mechanizistisches Denken	1783 Unabh. der USA 1789–95 Franz. Revolution 1815 Wiener Kongress 1798–1803 Helvetik	1830 Juli-Revolution 1848/9 Revolutionsjahr 1848 Bundesst.	1853–55 Krimkrieg 1861–65 USA Sez.krieg 1870/1 Dt.-Fr. Krieg 1874 rev. BV
	Proto-Industrialisierung	**Erste Technische Revolution** Kohle und Eisen, Fabrik	
	Aufklärung Klassik Romantik	geschlossene Weltbilder Positivismus, Naturwissenschaft Sozialdarwinismus	
Entdeckungsfahrten	Erste Globalisierungsphase Kolonialreiche		Zw… Imp…
LATEINAMERIKA Kolonialherrschaft	1822/1830 Unabhängigkeit Caudillismo		Einfluss …
AFRIKA Songhai- und weitere Großreiche	Sklavenhandel		188… Kor…
NAHER OSTEN			Zer… Osmanisches Re…
INDISCHER SUBKONTINENT Mogulherrschaft		Unterwerfung durch Handelsgesellschaften	1876 b… Kaiserre…
JAPAN Shogunat		1854 Handelsaufnahme	M…
CHINA Mandschuherrschaft		ab 1842 Halbkolonie	
SÜDOSTASIEN	niederl., brit., fr. Kolonialreiche		
AUSTRALIEN/OZEANIEN		britische Kolonialisierung	

1914	1945	1991	heute

ndnis- 1914–18   1939–45   1968 Prager   1991 Auflösung
nfron- 1. Weltkrieg 2. Weltkrieg   Frühling   Sowjetunion
tionen
        1919 Versailles   1950–53   1991–1995
                           Koreakrieg   Jugoslawienkrieg
        1929–33 Weltwirt-
        schaftskrise   1961–1989 Ber-   2007 Bildung der EU
                           liner Mauer 1989
                                                        2008/9 Finanz-,
                           1962 Kubakrise   Staats-, Lebens-
        1918 Landesstreik   Sozialstaat   mittelkrise

eite Technische Revolution   **Dritte Technische Revolution**
ktrizität, Erdöl, Chemie   Elektronik, Atomkraft
anzipation der Arbeiterschaft   soziale Mobilität, Individualismus

           Welt als Konstrukt
           Expansion in Mikro- und Makrobereich   Umweltbewusstsein
           Zerlegung von Systemen   68er-Bewegung

balisierungsphase   Dritte Globalisierungsphase
aus   Dekolonialisierung   BRICS-Staaten
                           Strategien der «Dritten Welt»

A   Wirtschaftskrise
                      Militärherrschaft

teilung an   politische Unabhängigkeit   1994 Ende
ferenz   Apartheid

       Mandatsherrschaft   1948 Israel   Palästinakonflikt   Afghanistankrieg
                    Erdölförderung   Irakkrieg
                                                                Bürgerkrieg in Syrien

                    1947 Unabh. Indien
                    und Pakistan

           ab 1931 Groß-   wirtschaftliche
ormen   japanisches Reich Großmacht
1912 Republik   japanische   1945–49 Befreiung,   wirtschaftliche
                 Besetzung   Bürgerkrieg   Liberalisierung

        politische   Indochina-
        Unabhängigkeit   Kriege

1901 Dominion   Atomtestversuche

Abkürzungen (ohne politische Parteien)

ABM-Vertrag 255	GASP 454	OPEC 310
AHV 286	GATT 239	PJZS 454
ANC 382	GUS 262	R2P 448
BRICS 462	HDI 442f.	RGW 238
CIA 249	IAEA 231	SALT I 255
COICA 367	ICC 229	SALT II 255
COMECON 238	ICT 312	SDI 243
ECOSOC 230	ILO 231, 435	SEATO 249
EDV 312	IMF 231	START I 244, 256
EFTA 278	INC 402	SUVA 286
EG 241, 278	INF 256	UNCTAD 231
EGKS 278, 454	IRA 291	UNESCO 231
ER 278	ISAF 470	UNHCR 231
ESM 456	ISIS/IS/Daaisch 479	UNHRC 231
ETA 294	KSZE 255	UNICEF 231
EU 241, 456	MBFR 255	USA 56
EURATOM 241, 454	Mercosur 466	UNO 228
EWG 241, 278	NAACP 277	WAPA 238
EZB 457	NATO 232, 241, 278	WEU 454
EZU 239	NGO 450	WHO 231
FAO 231	OAS 362	WSPU 132
FARC-EP 365	OECD/OEEC 239, 278	WTO 231, 434

Personenregister

A

Abbas, Mahmud (geb. 1935) 473
Abdullah II. (Jordanien) (geb. 1962) 478
Abdülhamid II. (Osmanisches Reich) (1842–1909) 387
Abed, Hadi (geb. 1945) 477
Adams, Abigail (1744–1818) 57
Adams, John (1735–1826) 57
Adenauer, Konrad (1876–1967) 247, 280, 281
Adorno, Theodor (1903–1969) 343
Ahmadinedschad, Mahmud (geb. 1956) 473
Ahmed III. (Osmanisches Reich) (1673–1730) 386
al-Bakr, Ahmad (1914–1982) 389
al-Assad, Baschar (geb. 1965) 389, 461, 478f.
al-Assad, Hafiz (1930–2000) 389
al-Dura, Mohammed 473
al-Gaddafi, Muammar (1942–2011) 389, 478f.
al-Husseini, Amin (Jerusalem) (vermutlich 1893–1974) 215
Aldrin, Edwin (geb. 1930) 342
Alembert, Jean-Baptiste d' (1717–1783) 323
Alex, Häftling (Jüdisches Sonderkommando) 220
Alexander I. (Russland) (1777–1825) 74, 81, 83
Alexander II. (Russland) (1818–1881) 115, 116f.
Alexander III. (Russland) (1845–1894) 117
Alfons XIII. (Spanien) (1886–1941) 151, 196
Alia, Ramiz (1925–2011) 272
Allende, Salvador (1908–1973) 361–363
Amundsen, Roald (1872–1928) 352
an-Numairi, Dschafar (1930–2009) 378
Andermatt, Joseph Leonz (1740–1817) 79
Andreas-Salomé, Lou (1861–1937) 330
Andropow, Juri (1914–1984) 258, 259
Anna von Österreich (1601–1666) 36
Anna, (England) (1665–1714) 36
Annunzio, Gabriele d' (1863–1938) 334

Aquino, Benigno (1932–1984) 427
Aquino, Corazon (1933–2009) 427
Arafat, Yassir (1929–2004) 396, 473
Arbenz, Jacobo (1913–1971) 362, 366
Aris, Michael (1946–1999) 426
Armstrong, Neil (1930–2012) 342
Artois, Henri d' (1820–1883) 105
Arzt, Sibylle (um 1480–1546) 40
as-Sadat, Anwar (1918–1981) 395
as-Sisi Abd al-Fattah (geb. 1954), 477
Assisi, Franziskus von (1881/82–1226) 23
Audrey, Tomason 453
Aurangzeb (regierte 1658–1707) 399
Azteken-Reich 24, 29
Avery, Oswald (1877–1955) 341

B

Baader, Andreas (1943–1977) 282
Babeuf, François Noël (1760–1797) 70, 128
Babur, Mogul (1483–1530) 399
Bachelet, Michelle (geb. 1951) 481
Badoglio, Pietro (1871–1956) 221
Bailly, Jean Silvain Bailly 61
Bakunin, Michail (1814–1876) 134
Balbo, Italo (1896–1940) 160
Balfour Ker, William 123
Balfour, Arthur J. (1848–1930) 134, 145, 157, 387, 391
Balkhausen, Dieter 310
Barker, Penelope (1728–1796) 55
Barlach, Ernst (1870–1938) 335
Barras, Paul (1755–1829) 71
Barth, Heinrich (1821–1865) 371
Batista, Fulgencio (1901–1973) 249, 362
Baudelaire, Charles (1821–1867) 333
Baudouin (Belgien) (1930–1993) 355
Baumberger, Otto 153
Beauvoir, Simone de (1908–1986) 343
Beethoven, Ludwig van (1770–1827) 324
Behrens, Peter (1868–1940) 336
Bell, Graham (1847–1922) 303
Bemba, Jean-Pierre (geb. 1962) 474f.
Ben Ali, Zine (geb. 1936) 476f.
Ben-Gurion, David (1886–1973) 392
Beneš, Edvard (1884–1948) 238
Benz, Carl (1844–1929) 303
Berija, Lawrentij (1788–1953) 258
Berisha, Sali (geb. 1944) 272
Berlioz, Hector (1803–1869) 333
Berlusconi, Silvio (geb. 1936) 458
Bernoulli, Daniel (1700–1782) 322
Bernoulli, Jakob (1655–1705) 322

Bernoulli, Johann (1667–1748) 322
Bhutto, Benazir (1953–2007) 405
Biden, Joe (geb. 1942) 453
Bielik, Ladislav (1939–1984) 268
bin Laden, Osama (1957–2011) 451, 453, 470
Bismarck, Otto von (1815–1898) 97, 99, 109–113, 127, 135–137, 254, 373
Blair, Tony (geb. 1953) 458
Blanc, Louis (1811–1882) 93, 95, 128
Bleuler, Eugen (1857–1939) 330
Bloch-Bollag, Rosa (1880–1922) 152
Blum, Léon (1872–1950) 195
Bohrs, Niels (1885–1962) 328
Boimbo, Ambroise 355
Bolívar, Simón (1783–1830) 359
Bonaparte, Caroline (1782–1839) 73
Bonaparte, Elise (1777–1820) 73
Bonaparte, Joseph (Neapel und Spanien) (1768–1844) 73
Bonaparte, Louis (Holland) (1778–1846) 73
Bonaparte Pauline (1780–1825) 73
Bondeli, Julie (1732–1778) 326
Bonny, Jean-Pierre (geb. 1931) 382
Bopp, Franz (1791–1867) 323
Bouazizi, Mohammed (1984–2011) 476
Boulanger, Ernest (1837–1891) 106
Bourcard, Christophe 370
Bourguiba, Habib (1903–2000) 377
Bourke-White, Margaret (1904–1971) 184
Bouteflika, Abd al-Asis (geb. 1937) 476
Boze, Joseph (1745–1826) 60
Brahe, Tycho (1546–1601) 49
Brandt, Willy (1913–1992) 247, 282
Braque, Georges (1882–1963) 335
Brecht, Bertolt (1898–1956) 331
Breschnew, Leonid (1906–1982) 180, 254, 258f., 274
Briand, Aristide (1862–1932) 166f., 195
Brown, Gordon (geb. 1951) 458
Broz, Josip, siehe Tito
Brumidi, Constantino (1805–1880) 57
Bry, Theodor de (1528–1598) 28
Brüning, Heinrich (1885–1970) 185f.
Bucharin, Nikolai (1888–1938) 130
Buffon, George de (1707–1788) 326
Burke, Edmund (1729–1797) 321
Bush, George (der Vater, geb. 1924) 471f.
Bush, George W. (geb. 1946) 438, 451–453, 469, 471

487

Buzzati, Dino (1906–1972) 344
Böckli, Carl (1889–1970) 288
Bürgi, Jost (1552–1632) 50f.

C

Cabral, Pedro Álvares (wahrscheinlich 1467 – um 1526) 29
Caesar, Gajus Julius (100–44v. Chr.) 161
Calvin, Johannes (1509–1564) 45, 48
Cameron, David (geb. 1966) 458
Cardoso, Fernando (geb. 1931) 364f., 466
Carnot, Lazare (1753–1823) 70f.
Carnot, Sadi (1837–1894) 134
Carson, Rachel (1907–1964) 346
Carter, Kevin (1960–1994) 358
Cartier-Bresson, Henri (1908–2004) 426
Castlereagh, Robert (1769–1822) 83
Castro, Fidel (1926–2016) 249, 362
Cavaignac, Louis-Eugène (1802–1857) 95
Cavour, Camillo Benso di (1810–1861) 107f.
Ceaucescu, Nicolae (1918–1989) 272
Chaldej, Jewgeni (1917–1997) 223
Chamberlain, Austen (1863–1937) 166
Chamberlain, Neville (1869–1940) 203–205, 211
Chamorro, Violeta (geb. 1929) 366
Charpentier, Marie 62
Chatami, Mohammad (geb. 1943) 473
Chavez, Hugo (1954–2013) 359, 481
Che Guevara, Ernesto (1928–1967) 363
Chirac, Jacques (geb. 1932) 458
Chomeini, Ruhollah (1902–1989) 390
Christina, (Schweden) (1626–1689) 36
Chruschtschow, Nikita (1894–1971) 242, 246, 250f., 254, 258f., 264, 266
Churchill, Winston (1874–1965) 205, 211, 213, 232–234, 239f.
Cixi, Kaiserin von China (1835–1908) 417f.
Clemenceau, Georges (1841–1929) 149, 154, 159
Clinton, Bill (geb. 1946) 396, 452f.
Clinton, Hillary (geb. 1947) 453
Colbert, Jean-Baptiste (1619–1683) 41
Collins, Michael (geb. 1930) 342
Comte, Auguste (1798–1857) 327
Cook, James (1728–1779) 428

Corday, Charlotte (1768–1793) 68
Cornwallis, Charles (1738–1805) 57
Correa, Rafael (geb. 1963) 481
Coudenhove-Kalergi, Richard (1894–1972) 167
Courbet, Gustave (1819–1877) 333
Crick, Francis (1916–2004) 341
Crompton, Samuel (1753–1827) 300
Curie, Marie (1867–1934) 327
Cánovas del Castillo, Antonio (1828–1897) 134
Câmara, Dom Hélder (1909–1999) 365
Cézanne, Paul (1839–1906) 335

D

da Silva, Lula (geb. 1945) 466, 481
da Vinci, Leonardo (1452–1519) 23, 48
Daguerre, Louis (1787–1851) 95
Daimler, Gottlieb (1834–1900) 303
Daladier, Édouard (1884–1970) 203
Dalai Lama, Tenzin Gyatsho (geb. 1935) 422
Danton, Georges Jacques (1759–1794) 66, 69
Daoud Khan, Mohammed (1909–1978) 273
Darwin, Charles (1809–1882) 135, 329, 331, 341
Daumier, Honoré (1808–1879) 87f.
David, Jacques-Louis (1748–1825) 61, 68, 73, 324
Davis, Angela (geb. 1944) 358
Dawes, Charles (1865–1951) 164
Dawes, Philip 55
De Bono, Emilio (1866–1944) 160
De Vecchi, Cesare Maria (1884–1959) 160
Debussy, Claude (1862–1918) 334, 336
Degas, Edgar (1834–1917) 334
Delacroix, Eugène (1798–1863) 86, 88
Dengel, Lebna (1508–1540) 370
Denikin, Anton 174
Derby, Joseph Wright of (1734–1797) 322
Descartes, René (1596–1650) 50, 321
Dickens, Charles (1812–1870) 333
Diderot, Denis (1713–1784) 323
Djilas, Milovan (1911–1995) 233
Dollfuß, Engelbert (1892–1934) 194f.
Dostojewski, Fjodor (1821–1881) 333
Drakulic, Slavenka 468
Dreyfus, Alfred (1859–1935) 106, 134
Dreyfus, Lucie 106

Dreyfus, Mathieu 106
Dubček, Alexander (1921–1992) 267f.
Duchesne, Richardo 22
Dufour, Henri-Guillaume (1787–1875) 119
Dulles, John F. (1888–1959) 249
Dunant, Henri (1828–1910) 91, 140
Dutschke, Rudi (1940–1979) 312
Dürer, Albrecht (1471–1528) 43, 125

E

Ebert, Friedrich (1871–1925) 150, 162
Edison, Thomas (1847–1931) 303
Eduard VII. (Großbritannien) (1841–1910) 141
Ehrlich, Paul (1854–1915) 329
Eichmann, Adolf (1906–1962) 190, 216
Einstein, Albert (1879–1955) 328, 340
Eisenhart, Theo 187
Eisenhower, Dwight D. (1890–1969) 222, 242, 249, 251, 275, 393
Eisenstein, Sergej (1898–1948) 172
Elisabeth von Österreich-Ungarn (1837–1898) 134
Elisabeth I. (England)(1533–1603) 34, 36
Elisabeth II. (Großbritannien) (geb. 1926) 103
Engels, Friedrich (1820–1895) 90, 128–130, 301, 331
Ensslin, Gudrun (1940–1977) 282
Eppelmann, Rainer (geb. 1943) 256
Epstein, Mia 217
Epstein, Rosa 217
Epstein, Sorella 217
Erhard, Ludwig (1897–1977) 282
Eriksson, Leif (um 970 – um 1020) 26
Euler, Leonhard (1707–1783) 77, 321

F

Faraday, Michael (1791–1867) 327
Faruk (Ägypten) (1920–1965) 388
Ferdinand I. (Heiliges Römische Reich) (1503–1564) 33
Ferdinand I. (Rumänien) (1865–1927) 141
Ferenczi, Sándor (1873–1933) 330
Filbinger, Hans (1913–2007) 331
Flaubert, Gustave (1821–1880) 333
Fleming, Alexander (1884–1955) 341
Foch, Ferdinand (1851–1929) 149
Folman, Ari (geb. 1962) 398
Fontane, Theodor (1819–1898) 333
Fouché, Joseph (1759–1820) 69
Franco, Francisco (1892–1975) 196f.,

Personenregister

211, 294
Franklin, Rosalind (1920–1958) 341
Franz Ferdinand (Österreich) (1863–1914) 142
Franz I. (Österreich, vorher Kaiser Franz II. des Heiligen Römischen Reiches) (1768–1835) 83
Franz Joseph (1830–1916) 96, 114f., 141
François-Poncet, André (1887–1978) 281
Freiligrath, Ferdinand (1810–1876) 93
Freud, Sigmund (1856–1939) 330
Friedrich I. (Heiliges Römisches Reich) (um 1122–1190) 212
Friedrich II., der Große (Preußen) (1712–1786) 34, 320
Friedrich III. (Deutsches Reich) (1831–1888) 112
Friedrich Wilhelm I. (Preußen) (1688–1740) 34
Friedrich Wilhelm IV. (Preußen) (1795-1861) 97
Friedrich, Caspar David (1774–1840) 325
Fugger, Anton (1493–1560) 40f.
Fugger, Georg (1453–1506) 40
Fugger, Jakob, der Reiche (1459–1525) 40
Fugger, Ulrich 40
Fujimori, Alberto (geb. 1938) 366, 481

G

Galen, Clemens von (1878–1946) 216
Galilei, Galileo (1564–1642) 49
Gallo, Emil (1924–1971) 268
Gama, Vasco da (um 1469–1524) 28
Gandhi, Indira (1917–1984) 406f.
Gandhi, Mahatma (1869–1948) 277, 382, 402
Gandhi, Mohandas Karamchand (1869–1948) 403
Gandhi, Rajiv (1984–1989) 406, 436, 465
Gardell, Jonas (geb. 1963) 479
Gardner, Alexander (1821–1882) 122
Garibaldi, Giuseppe (1807–1882) 107f.
Gates, Bill (geb. 1955) 313
Gates, Robert (geb. 1943) 453
Gauck, Joachim (geb. 1940) 255
Gauguin, Paul(1848–1903) 334
Gaulle, Charles de (1890–1970) 210, 234, 279f., 289f., 313, 376, 378
Gemayel, Baschir (1947–1982) 398
Georg I. (Griechenland) (1845–1913)

134
George, Stefan (1868–1933) 334
Ghani, Aschraf (geb. 1949) 470
Gheorghiu-Dej, Gheorghe (1901–1965) 272
Gierek, Edward (1913–2001) 264f.
Glotz, Peter (1939–2005) 315
Godefroy, Jean 83
Goebbels, Joseph (1897–1945) 186, 190, 203, 210f., 223, 245
Goethe, Johann Wolfgang von (1749–1832) 162, 324
Goings, Ralph (geb. 1928) 344
Gomulka, Wladyslaw (1905–1982) 264, 266f.
Gorbatschow, Michail (geb. 1931) 244, 254, 256–261, 264f., 267, 269f., 274, 283, 423, 425, 465
Gottwald, Klement (1896–1953) 238
Gouges, Olympe de (1748–1793) 69f., 132
Goulart, João (1919–1976) 362
Goworkow, Viktor Iwanowitsch (1906–1974) 226
Goya, Francisco de (1746–1828) 76
Graff, Anton 84
Greene, Florence (1901–2012) 140
Grimm, Jacob (1785–1863) 323
Grimm, Robert (1881–1958) 152f.
Grimm, Wilhelm (1786–1859) 323
Groener, Wilhelm (1867–1939) 162
Gropius, Walter (1883–1969) 336
Gros, Jean-Antoine 86
Grosz, George (1893–1959) 165
Guisan, Henri (1874–1960) 224
Guofeng, Hua (1921–2008) 422
Guzmán, Abimael (geb. 1934) 365
Gödel, Kurt (1906–1978) 340
Göldi, Anna (1734–1782) 47
Göring, Hermann (1893–1946) 187, 190, 216, 245

H

Hackenberger, Willi 193
Hadi, Abed (geb. 1945) 477
Haeckel, Ernst (1834–1919) 332
Hahn, Otto (1879–1968) 225
Haig, Alexander M. (1924–2010) 452
Hajnal, John 22
Halder, Franz (1884–1972) 212
Haller, Albrecht von (1708–1777) 77
Hannibal (um 247 – 183 v. Chr.) 142
Hardenberg, Karl August von (1750–1822) 83
Harkort, Friedrich (1793–1880) 300
Harrington, James (1611–1677) 320
Harvey, William (1578–1657) 49

Hasler, Eveline (geb. 1933) 47
Hassan II. (Marokko) (1929–1999) 377
Hauptmann, Gerhart (1862–1946) 333
Havel, Václav (1936–2011) 267f.
Haydn, Joseph (1732–1809) 324
Hegel, Georg Wilhelm Friedrich (1770–1831) 331
Heinrich der Seefahrer (1394–1460) 28
Heinrich IV. (Frankreich) 33
Heinrich VIII. (England) 34, 46
Heisenberg, Werner (1901–1976) 225, 340
Henlein, Konrad (1898–1945) 194
Henson, Matthew (1866–1955) 352
Herder, Gottfried (1744–1803) 162, 321
Herzl, Theodor (1860–1904) 134, 391
Heydrich, Reinhard (1904–1942) 190, 216
Heß, Rudolf (1894–1987) 190
Himmler, Heinrich (1900–1945) 190, 245
Hindenburg, Paul von (1847–1935) 143, 155, 163, 165, 185–188, 190
Hirohito 413
Hitler, Adolf (1889–1945) 162, 181, 183, 186–193, 198, 201–213, 215f., 218f., 222–224, 232f., 245, 264, 467
Ho Chi Minh (Nguyen Ai Quoc) (1890–1969) 251, 355, 425
Hodler, Ferdinand (1853–1918) 335
Hodscha, Enver (1908–1985) 238, 271f.
Hoffmann, Arthur (1857–1927) 152
Hofmannsthal, Hugo von (1874–1929) 334
Hollande, François (geb. 1954) 458
Honecker, Erich (1912–1994) 269
Hoover, Herbert (1874–1964) 183
Horkheimer, Max (1895–1973) 343
Houphouët-Boigny, Félix (1905–1993) 378
Hoßbach, Friedrich (1894–1980) 202
Huber, Kurt (1893–1943) 219
Hussein, Saddam (1937–2006) 389, 452, 471–473
Husák, Gustáv (1913–1991) 267f.
Hácha, Emil (1872–1945) 204
Hébert, Jacques-René (1757–1794) 69, 128
Hölderlin, Friedrich (1770–1843) 324
Hübner, Willi 222

489

I

Ibn al-Nafis (1210/13–1288) 49
Ibsen, Henrik (1828–1906) 333
Idi Amin Dada (1928–2003) 379
Ieyasu, Tokugawa (1543–1616) 408
Indiana, Robert (eig. Clarke, geb. 1928) 344
Inönü, Ismet (1884–1973) 169
Isabella von Kastilien (1428–1496) 29
Ismay, Lord (1887–1965) 241

J

Jackson, Andrew (1767–1845) 89
Jaruzelski, Wojciech (1923–2014) 265
Jeanneret, Charles-Édouard, Le Corbusier (1887–1965) 167, 336, 366
Jefferson, Thomas (1743–1826) 56, 60
Jelzin, Boris (1931–2007) 261f., 460
Jenner, Edward (1749–1823) 322, 329
Jifat, Itzik 393
Jobs, Steve (1955–2011) 313
Joffre, Joseph (1852–1931) 142
Johannes Paul II. (1920–2005) 265
Johannes XXIII. (1881–1963) 344
Jones, Eric 22
Jost, Hans-Ulrich (geb. 1940) 199
Juan Carlos I. (geb. 1938) 294
Judd, Donald (1928–1994) 345
Judenitsch, Nikolai (1862–1933) 174
Julius II. (1443–1513) 44
Jung, Carl Gustav (1875–1961) 330
Jung, Emma (1882–1955) 330
Jutschtschenko, Viktor (geb. 1954) 462

K

Kabarebe, James (geb. 1959) 474
Kabila, Joseph (geb. 1971) 474f.
Kabila, Laurent (1939–2001) 474
Kai-shek, Chiang (1887–1975) 248, 355, 411, 418–420
Kammerer, Titus 153
Kandinsky, Wassily (1866–1944) 336
Kanji, Ishiwara (1889–1949) 411
Kant, Immanuel (1724–1804) 318, 321, 324
Kapp, Wolfgang (1858–1922) 162
Karasenti, Zion 393
Karl V. (Heiliges Römisches Reich) 33f., 40
Karl X. (Frankreich) 87, 105
Karmal, Babrak (1929–1996) 274
Kasavubu, Joseph (ca. 1910–1969) 380
Katharina die Große (1729–1796) 34
Katharina von Medici (1519–1583) 36
Kaunda, Kenneth (geb. 1924) 379

Kaunitz, Wenzel Anton (1711–1794) 83
Kautsky, Karl (1854–1938) 130
Keller, Gottfried (1819–1890) 333
Kellogg, Frank (1856–1937) 166
Kemal, Mustafa, «Pascha», «Atatürk» (1881–1938) 157, 169, 389
Kennan, George F. (1904–2005) 140, 239
Kennedy, John F. (1917–1963) 246, 249f., 275, 277
Kenyatta, Jomo (1893–1978) 379
Kepler, Johannes (1571–1630) 49
Kerenski, Alexander Fjodorowitsch (1881–1970) 148, 172f.
Key, Ellen (1849–1926) 337
Keynes, John Maynard (1883–1946) 308
Kim Il-sung (1912–1994) 248, 465
Kim Jong-il (1941–2011) 465
Kim Jong-un (geb. 1983) 465
Kim Phúc Phan Thi (geb. 1963) 253
King, Martin Luther (1929–1968) 54, 276, 313, 382
Kirchner, Cristina (geb. 1953) 481
Kirchner, Ernst Ludwig (1880–1938) 334
Kirchner, Néstor (1950–2010) 481
Kissinger, Henry (geb. 1923) 253f., 421
Klein, Yves (1928–1962) 344
Klerk, Frederik de (geb. 1936) 382
Kneissl, Karin (geb. 1965) 467
Koch, Robert (1843–1910) 329
Koehler, Robert (1850–1917) 131
Kohl, Helmut (geb. 1930) 283
Kollwitz, Käthe (1867–1945) 333
Koltschak, Alexander (1874–1920) 174
Kolumbus, Christoph (1451–1506) 27–29, 33, 481
Kopernikus, Nikolaus (1473–1543) 48
Korezkij, Viktor (1908–1998) 212
Kreisky, Bruno (1911–1990) 284
Krenn, Anton 153
Krupskaja, Nadeshda (1869–1939) 153, 171, 178
Kucharski, Alexander (1741–1819) 70
Kádár, János (1912–1989) 266f.
König, Franz Niklaus (1765–1832) 78

L

Lafayette, Marquis de (1757–1834) 60f., 63, 67, 87, 148
Lagos, Ricardo (geb. 1938) 481
Lamarck, Jean-Baptiste de (1744–1829) 328

Langhans, Maria Magdalena (1723–1751) 326
Lavater, Johann Caspar (1741–1801) 77
Lawrence, Thomas (1888–1935) 387
Le Corbusier siehe Jeanneret
Le Pen, Marine (geb. 1968) 458
Leahy, William (1875–1959) 234
Lebeck, Robert (geb. 1929) 355
Leibing, Peter 247
Leibniz, Gottfried (1646–1716) 321
Lemaître, Georges (1894–1966) 342
Lenin, (Uljanow, Wladimir Iljtsch) (1871–1924) 130, 153, 170f., 173, 175–177, 206
Lenk, Timur (1336–1405) 25
Leo XIII. (1810–1903) 127
Leopold II. (Belgien) (1835–1909) 373–375
Lesseps, Ferdinand de (1805–1894) 106
Lessing, Gotthold Ephraim (1729–1781) 323
Li Keqiang (geb. 1955) 463
Liebig, Justus von (1803–1873) 327
Liebknecht, Karl (1871–1919) 145, 150
Lincoln, Abraham (1809–1865) 121, 122
Linné, Carl von (1707–1778) 322, 328
Lisle, Rouget de (1760–1836) 65
Liu Shaoqi (1898–1969) 421
Lloyd George, David (1863–1945) 149, 154, 159
Locke, John (1632–1704) 318, 319f.
London, Jack (1876–1916) 333
Louis-Philippe (Frankreich) 83, 87f., 93
Louverture, Toussaint (1743–1803) 360
Low, David (1891–1963) 207
Loyola, Ignatius von (1491–1556) 46
Ludendorff, Erich (1865–1937) 143, 145, 149f., 155
Ludwig XIII. (Frankreich) (1601–1643) 33
Ludwig XIV. (Frankreich) (1638–1715) 33f., 36
Ludwig XV. (Frankreich) (1710–1774) 60
Ludwig XVI. (Frankreich) (1754–1793) 60f., 63f., 66, 70
Ludwig XVIII. (Frankreich) (1755–1824) 83, 87
Lugard, Frederick (1858–1945) 402
Lugo, Fernando (geb. 1951) 481
Lumière, Auguste (1862–1954) 303

Lumière, Louis (1864–1948) 303
Lumumba, Patrice (1925–1961) 380
Luther, Martin 37, 40, 42, 44, 46, 48
Luxemburg, Rosa (1871–1919) 130, 145, 150
Lyell, Charles (1797–1875) 329

M

Mac-Mahon, Patrice de (1808–1893) 105f.
MacArthur, Douglas (1880–1964) 248, 275, 413
Machiavelli, Niccolò (1469–1527) 42
Macmillan, Harold (1894–1986) 376
Macron, Emmanuel (geb. 1977) 458
Magellan, Ferdinand (1480–1521) 29
Mahal, Mumtaz (1593–1631) 399
Mahan, Alfred (1840–1914) 385
Mahler, Gustav (1860–1911) 333
Maillart, Ella (1903–1997) 165
Malcolm X (1925–1965) 277
Malenkow, Georgi (1902–1988) 258
Malins, Geoffrey (1887–1943) 145
Malthus, Thomas (1766–1834) 302
Mandela, Nelson (1918–2013) 382
Manet, Édouard (1832–1883) 333
Manuel I. (Portugal) (1469–1521) 28
Mao Zedong (1893–1976) 130, 248f., 251, 254f., 272, 275, 355, 414, 418–422, 463
Marat, Jean-Paul (1743–1793) 68
Marc, Franz (1880–1916) 334
Marconi, Guglielmo (1874–1937) 303
Marcos, Ferdinand (1917–1989) 427
Marcuse, Herbert (1898–1979) 343
Maria Anna (Portugal) (1683–1754) 36
Maria Stuart (1542–1587) 36
Maria Theresia (1717–1780) 36, 83
Maria Tudor (1516–1558) 36
Mariana (1634–1696) 36
Marie Louise (Frankreich) (1791–1847) 77
Markisowa, Engelzina 180
Marshall, George (1880–1959) 214, 239
Martin, Hans-Peter 315
Marulanda, Manuel (etwa 1928–2008) 365
Marx, Christoph (geb. 1957) 372
Marx, Karl (1818–1883) 128–130, 134, 145, 171, 331
Masaryk, Jan (1886–1948) 238
Massys, Quentin (um 1466–1530) 39
Matisse, Henri, 1869–1954 335
Maximilian I. (Mexiko) (1832–1867) 104

May, Theresa (geb. 1956), 458
Mayer, Robert von (1814–1878) 328
McArthur, Stuart 428
McCarthy, Joseph (1908–1957) 276
McCloy, John (1876–1945) 281
McDonough, Denis (geb. 1969) 453
McDowell, John 145
McKinley, William (1843–1901) 123, 134
McNamara, Robert (1916–2009) 243
Medici, Maria de' (1575–1642) 36
Meinhof, Ulrike (1934–1976) 282
Meins, Holger (1941–1974) 282
Meister, Heinrich 53
Menchú, Rigoberta (geb. 1959) 367
Mendel, Gregor (1822–1884) 329, 341
Mendes, Chico (1944–1988) 367
Mengistu Haile Mariam (geb. 1937) 382f.
Menzel, Adolph (1815–1905) 333
Merkel, Angela (geb. 1954) 457
Metternich, Klemens von 82–84, 88, 94, 97, 100
Meïr, Golda (1898–1978) 394
Miers, Suzanne 370
Miller, Jewgeni 174
Milošević, Slobodan (1941–2006) 271, 467–469
Mirabeau, Marquis de (1749–1791) 61, 195
Mitterauer, Michael 22
Mitterrand, François (1916–1996) 290
Mladić, Ratko (geb. 1942) 468f.
Mobutu Sese Seko (1965–1997) 474
Modi Narendra (geb. 1950) 465
Mohammad Reza Pahlavi (1919–1980) 274, 389, 390
Mohammed 385f.
Mohammed Ali (1769–1849) 387
Molotow, Wjatscheslaw (1890–1986) 205f., 209, 258
Moltke, Helmuth von (1800–1891) 99
Monet, Claude (1840–1926) 334
Monroe, James (1758–1831) 85
Montesquieu, Charles de (1689–1755) 63, 319f.
Montt, Ríos (geb. 1926) 366
Morales, Evo (geb. 1959) 481
Morgan, Thomas (1866–1945) 341
Moscoso, Mireya (geb. 1946) 481
Moser, Hans 317
Mour, Jean-Baptiste van 386
Mozart, Wolfgang Amadeus (1756–1791) 324
Mubarak, Husni (geb. 1928) 477
Mugabe, Robert (geb. 1924) 380

Mukhina, Vera (1889–1953) 139
Munch, Edvard (1863–1944) 334f.
Mursi, Mohammed (geb. 1951) 477
Mussolini, Benito 160f., 181, 200–203, 221, 292, 467
Mutabazi, Jean Claude 230
Mutsuhito (Japan) (1852–1912) 409f.
Muñoz, José 363

N

Nagy, Imre (1896–1958) 266
Nahl, Johann August (der Ältere, 1710–1781) 326
Napoleon I., Bonaparte (1769–1821) 68, 71–77, 79–83, 85, 91, 104, 111, 124f., 133, 212, 302, 321, 387
Napoleon II. (1811–1832) 77
Napoleon III. (1808–1873) 96f., 104, 107, 110
Nasser, Gamal Abdel (1918–1970) 388f., 393, 395
Necker-Curchod, Suzanne (1737–1794) 77
Nehru, Jawaharlal (1889–1964) 403, 406f.
Nelson, Horatio (1758–1805) 72, 74
Neruda, Pablo (1904–1973) 361
Netanjahu, Benjamin (geb. 1949) 473
Newton, Isaac (1643–1727) 50, 321
Ngo Dinh Diem (1901–1963) 251
Niemeyer, Oscar (1907–2012) 365
Nietzsche, Friedrich (1844–1900) 332
Nightingale, Florence (1820–1910) 101, 140
Nikolaus I. (Russland) (1796–1855) 84, 100, 387
Nikolaus II. (Russland) 117f., 141, 148
Nixon, Richard (1913–1994) 252f., 254, 275, 309, 421
Nkrumah, Kwame (1909–1972) 379
Nkunda, Laurent (geb. 1967) 475
Noriega, Manuel (geb. 1934) 362
Novotný, Antonín (1904–1975) 267
Nyerere, Julius (1922–1999) 379

O

Obama, Barack (geb. 1961) 452f., 470
Ochs, Peter (1752–1821) 77f.
Ohnesorg, Benno (1940–1967) 313
Ortega, Daniel (geb. 1945) 366
Orwell, George (1903–1950) 228
Oschri, Chaim 393
Ossietzky, Carl von (1889–1938) 188
Otto, Niklaus (1832–1891) 303
O'Brien, Patrick 31

491

P

Papen, Franz von (1879–1969) 186, 201
Paracelsus (vermutlich 1493 – 1541) 51
Park, Chung-hee (1917–1979) 414
Parks, Rosa (1913–2005) 276f.
Paré, Ambroise (um 1510–1590) 23, 50
Pascal, Blaise (1623–1662) 321
Pasteur, Louis (1822–1895) 329
Paul III. (1468–1549) 46
Peary, Robert (1856–1920) 352
Perón, Evita (1919–1952) 366
Perón, Juan (1895-1974) 366
Perret, Auguste (1874–1954) 336
Pestalozzi, Heinrich (1746–1827) 77, 126
Peter I., der Große (Russland) (1672–1725) 34, 117
Peters, Arno (1916–2002) 349
Peters, Carl (1856–1918) 374
Petljura, Hetman Symon (1879–1926) 174
Pfister, Christian (geb. 1944) 309
Philipp II. (Spanien) (1527–1598) 30, 33
Philipp V. (1683–1746) 36
Picasso, Pablo (1881–1973) 197, 335
Picon, Jean-Baptiste Louis (1703–1771) 386
Pinkus, Gertrud 47
Pinochet, Augusto (1915–2006) 361, 363
Pius IV. (1499–1565) 46
Pius VII. (1742–1823) 73
Pius IX. (1792–1878) 127
Planck, Max (1858–1947) 328, 340
Ploetz, Karl (1819–1881) 331
Pol Pot (1928–1998) 253, 426
Polo, Marco (um 1254–1324) 28
Popowski, Fanny 224
Popowski, Gaston 224
Poroschenko, Petro (geb. 1965) 462
Porsche, Ferdinand (1895–1951) 201
Portal, Charles (1893–1971) 234
Powell, Colin (geb. 1937) 471
Proll, Thorwald (geb. 1941) 283
Proudhons, Pierre-Joseph (1809–1865) 134
Putin, Wladimir (geb. 1952) 460f.
Pétain, Philippe (1856–1951) 144, 195, 210, 289

Q

Qing, Jiang (1914–1991) 422
Quesnay, François)1694–1774) 320

Quin, Edward (1794–1828) 349
Quisling, Vidkun (1887–1945) 217
Qutb, Sayyid (1906–1966) 389

R

Rabin, Yitzhak (1922–1995) 396, 473
Radbruch, Gustav (1878–1949) 331
Radetzky, Johann Joseph von (1766–1858) 96
Ranke, Leopold von (1795–1886) 331
Raspe, Jan-Carl (1944–1977) 282
Rauschning, Hermann (1887–1982) 191
Reagan, Ronald (1911–2004) 243f. 257, 277, 291, 315, 366
Reed, John (1887–1920) 172
Renoir, Auguste (1841–1919) 334
Renzi, Matteo (geb. 1975) 458
Reymerswaele, Marinus van (um 1497–1567) 39
Reza, Schah (1878–1944) 389
Rhee, Syngman (1875–1965) 248
Rhodes, Cecil (1853–1902) 372
Ribbentrop, Joachim von (1893–1946) 205f.
Ricardo, David (1772–1823) 321, 434
Rice, Thomas (1808–1860) 276
Richter, Ludwig (1803–1884) 88
Riefenstahl, Leni (1902–2003) 192
Rietmann, Otto 132
Rifkin, Jeremy 310
Rigaud, Hyacinthe 34
Rilke, Rainer Maria (1875–1926) 334
Rimbaud, Arthur, 1854–1891) 334
Rivera, Miguel Primo de (1870–1930) 196
Robertson, Brian 281
Robespierre, Maximilien (1758–1794) 65, 69f., 320
Rodin, Auguste (1840–1917) 334
Rohani, Hassan (geb. 1948) 473
Romero, Óscar (1917–1980) 365, 367
Rommel, Erwin (1891–1944) 215
Roon, Albrecht von (1803–1879) 99
Roosevelt, Franklin Delano (1882–1945) 183, 185, 205, 211, 213, 228, 233f., 352, 354, 361
Roosevelt, Theodore (1858–1919) 123, 354, 361f.
Rosenberg, Alfred (1893–1946) 191
Rosenthal, Joe (1911–2006) 221
Rossbach, Gerhard (1893–1967) 174
Rothmund, Heinrich (1888–1961) 224
Rothschild, Lionel (1868–1937) 157
Rousseau, Jean-Jacques (1712–1778) 63, 69, 77, 320f., 324, 326
Rousseff Dilma (geb. 1947), 466

Rubens, Peter Paul (1577–1640) 34
Rutherford, Ernest (1871–1937) 327f.
Rákosi, Mátyás (1892–1971) 266
Röhm, Ernst (1887–1934) 190
Röntgen, Wilhelm (1845–1923) 327f.

S

Saakaschwili, Michail (geb. 1967) 461
Salazar, António (1889–1970) 199, 293, 380
Salgado, Sebastião (geb. 1944) 466
Salih, Ali Abdullah (geb. 1942) 477
San Suu Kyi, Aung (geb. 1945) 426
Sankara, Thomas (1949–1987) 384
Sarkozy, Nicolas (geb. 1955) 458
Sartres, Jean-Paul (1905–1980) 343
Saussure, Ferdinand de (1857–1913) 344
Schacht, Hjalmar (1877–1970) 164, 192f., 200
Scheidemann, Philipp (1865–1939) 150
Schiller, Friedrich von (1759–1805) 162, 324
Schiwkow, Todor (1911–1998) 272
Schleicher, Kurt von (1882–1934) 186
Schleyer, Hanns-Martin (1915–1977) 282
Schlieffen, Alfred von (1833–1913) 141f.
Scholl, Hans (1918–1943) 219
Scholl, Sophie (1921–1943) 219
Schreber, Daniel Gottlob Moritz (1808–1861) 126
Schröder, Gerhard (geb. 1944) 457
Schumann, Conrad (1942–1998) 247
Schumann, Harald 315
Schuschnigg, Kurt (1897–1977) 195, 202f.
Schwarzenbach, Annemarie (1908–1942) 165
Schwarzenbach, James (1911–1994) 287
Schweitzer, Hans 155
Schwemmer, Oswald (geb. 1941) 48
Schönberg, Arnold (1874–1951) 336
Selassie, Haile (1892–1975) 382
Semmelweis, Ignaz (1818–1865) 329
Senghor, Léopold Sédar (1906–2001) 378
Sennep, Jean 200
Seyß-Inquart, Arthur (1892–1946) 202f.
Shah Jahan Shihabuddin (1592–1666) 399
Shikai, Yuan (1859–1916) 418
Siegfried, Alfred (1890–1972) 198

Siemens, Werner von (1816–1892) 303
Sieyès, Emmanuel (1748–1836) 61, 71f.
Šik, Ota (1919–2004) 267
Sinclair, Upton (1878–1968) 333
Smith, Adam (1723–1790) 321
Smith, Samantha (1972–1985) 257
Smithson, Robert (1938–1973) 345
Solschenizyn, Alexander (1918–2008) 180, 259
Speer, Albert (1905–1981) 139
Spencer, Herbert (1820–1903) 331
Spengler, Oswald (1880–1936) 332
Sprecher von Bernegg, Theophil (1850–1927) 152
Stachanow, Alexei (1905–1977) 178
Stackelberg, Gustav von (1766–1850) 83
Stalin (Dschugaschwili, Jossif Wissarionowitsch) 167, 176–181, 205, 206, 212, 228, 232–234, 238, 248, 258f., 261, 264, 266, 268, 272, 293
Stanton, Charles E. 148
Stapfer, Philipp Albert (1766–1840) 79
Staub, Hans 198
Stauffenberg, Claus Schenk von (1907–1944) 219
Stephenson, George (1781–1848) 299
Stolypin, Peter (1862–1911) 118
Stone, I.F. (1907–1989) 242
Strasser, Gregor (1892–1934) 186
Stresemann, Gustav (1878–1929) 166f., 201
Stroganow, Sergej Alexandrowitsch (1852–1923) 117
Strott, Karl-Emil 217
Stuart, Gilbert 58, 85
Suharto, Haji Mohamed (1921–2008) 427
Sukarno, Achmed (1901–1970) 355, 426
Sulla (um 138–78 v. Chr.) 161
Sun Yat-sen (1866–1925) 418, 420
Svoboda, Ludvík (1895–1979) 238
Söhnlein, Horst (geb. 1943) 283
Süleyman I., der Prächtige (1495–1566) 24, 385

T

Talabani, Dschalal (geb. 1933) 472
Talleyrand Charles-Maurice (1754–1838) 83
Taraki, Muhammad (1917–1979) 273
Taylor, Charles (geb. 1948) 475

Tereschenko, Nikolai Iwanowitsch (1924–2005) 226
Thatcher, Margaret (1925–2013) 280, 291, 315
Thibault, Eugène 95
Thiers, Adolphe (1797–1877) 104
Thorez, Maurice (1900–1964) 195
Timoschenko, Julia (geb. 1960) 462
Tito (Broz, Josip) (1892–1980) 130, 222, 238, 271f., 467
Tizian (um 1488/90–1576) 34
Tolstoi, Leo (1828–1910) 334
Tongzhi (China) (1856–1875) 417
Toscanelli, Paolo (1397–1482) 28f.
Trotha, Lothar von (1848–1920) 375
Trotzkij, Leo (1879–1940) 130, 172f., 175, 177
Truman, Harry (1884–1972) 223, 234, 239, 248f., 275, 413
Trump, Donald (geb. 1946) 440, 452f., 457
Tschernenko, Konstantin (1911–1985) 258f.
Tschombé, Moïse (1919–1969) 380
Tschudi, Johann Jakob 47
Turgenjew, Iwan (1818–1883) 333

U

Ulbricht, Walter (1893–1973) 267–269
Umberto I. (Italien) (1844–1900) 134
Út, Nick (geb. 1951) 253
Utrillo, Maurice (1883–1955) 335

V

Vaganow, A. 179
van Gogh, Vincent (1853–1890) 334f.
Vargas, Getúlio (1882–1954) 361, 366
Vázquez, Lagos 363
Verdi, Giuseppe (1813–1901) 333
Verlaine, Paul (1844–1896) 334
Verne, Jules (1828–1905) 352
Vesalius, Andreas (1514–1564) 23, 49
Victoria, (Großbritannien)(1819–1901) 102f., 141
Viktoria, (Deutsches Reich) (1840–1901) 141
Virchow, Rudolf (1821–1902) 329
Vitruv (1. Jh. v. Chr.) 23
Vo Nguyen Giap (1911–2013) 251
von Brandenburg, Albrecht (1490–1545) 40, 44
von Hessen, Alexandra 141

W

Wackenroder, Wilhelm Heinrich (1773–1798) 125

Wagner, Richard (1813–1883) 333, 336
Waldheim, Kurt (1918–2007) 285
Walentynowicz, Anna (1929–2010) 265
Washington, George (1732–1799) 56–58
Watson, James (geb. 1928) 341
Watt, James (1736–1819) 299
Wałęsa, Lech (geb. 1943) 265
Webb, Brad 453
Weber, Max (1864–1920) 22, 45
Wegener, Alfred (1880–1930) 329
Wegner, Armin T. (1886–1978) 158
Wehler, Hans-Ulrich (geb. 1931) 140
Weiss, Peter (1916–1982) 131
Weizsäcker, Carl Friedrich von (1912–2007) 225
Wellington, Arthur Wellesley (1769–1852) 83
Werner, Anton von (1843–1915) 99
Whitney, Eli (1765–1825) 300
Widmer-Schlumpf, Eveline (geb. 1956) 199
Wieland, Christoph Martin (1733–1813) 162
Wilhelm I. (Deutsches Reich) (1797–1888) 99, 109, 112
Wilhelm II. (Deutsches Reich) (1859–1941) 111–113, 137, 143, 149, 152
Wilhelm Tell 81
Wille, Ulrich (1848–1925) 152
Wilson, Woodrow (1856–1924) 123, 147–149, 154, 159, 166, 228, 354
Winkler, Heinrich August (geb. 1938) 48
Otto I. (Griechenland) (1815–1867) 86
Wittgenstein, Ludwig (1880–1951) 343
Woker, Gertrud (1878–1968) 133
Wolff, Toni 330
Wrangel, Friedrich von (1784–1877) 96
Wuhrmann, Anna (1881–1971) 375

X

Xi Jinping (geb. 1953) 463
Xiaoping, Deng (1904–1997) 420–423, 463

Z

Zahir al-Din Babur (1483–1530) 25
Zahir Shah, Mohammed (1914–2007) 273
Zehnder, Ludwig (1854–1949) 328

Zemp, Josef (1834–1908) 119
Zereteli, Surab (geb. 1934) 234
Zheng He (1371–1433 oder 1435) 26f., 351
Zia-ul-Haq, Mohammed (1924–1988) 405
Ziegler, Jakob 92
Ziegler, Jean (geb. 1934) 440
Zinner, Robert (1904–1988) 201
Zivcon, David 217
Zola, Émile (1840–1902) 106, 333
Zulfikar Ali Bhutto (1928–1979) 405
Zwingli, Huldrych (1484–1531) 44

Ortsregister

(Kontinente mit Ausnahme von Australien sind nicht aufgenommen.)

A

Aargau 80f., 91
Abchasien 461
Abessinien (vgl. Äthiopien) 24, 161, 200–202, 353, 369, 376, 382
Abukir 72
Aceh 464
Adria 136
Afghanistan 25, 261, 273f., 401f., 405, 443, 448–450, 452, 469–471
Ägypten 72, 157, 215, 232, 356, 372, 385, 387–390, 393–396, 439, 477
Alaska 85, 89, 120
Albanien 160, 168, 205, 211, 235, 237f., 255, 271f., 275, 467
Algerien 104, 218, 289f., 355, 372, 376f., 385, 387, 476, 478
Amazonien 29
Amritsar 402
Amsterdam 317
Amur 254
Andorra 255
Angola 293, 380–382, 448, 466, 474
Ankara 169
Annam (vgl. Vietnam) 25, 104, 251
Antietam 122
Antillen 56
Appenzell 299
Äquatorialguinea 377
Arabische Halbinsel 385
Aralsee 445
Argentinien 24, 85, 291, 308, 360f., 364–366, 449, 481
Arizona 89
Armenien 145, 157f., 169, 260f., 461
Aserbaidschan 260, 461
Asturien 197
Äthiopien (vgl. Abessinien) 24, 368, 373, 433, 475
Atlantik 52
Augsburg 40
Auschwitz-Birkenau 215, 220
Äußere Mongolei 416
Australien 102, 159, 249, 308, 379, 412, 428–431, 442, 448
Avignon 82
Ayacucho 365
Ayutthaya (siehe auch Siam, Thailand) 25, 424

B

Badajoz 197
Baden 110
Bagdad 472
Bahrain 388, 477f.
Baku 215
Balkan 27, 86, 115, 136, 143, 211f., 233, 387, 467
Baltikum 46, 148, 261
Bandung 356, 148
Bangladesh 355, 399, 405
Banja Luka 469
Barcelona 197
Basel 37, 71, 77, 134, 165, 339, 458
Basel-Landschaft 91
Baskenland 197, 448, 450
Batavia (Djakarta) 426
Bayern 110
Beijing 415, 423
Beirut 398, 451
Belgien 36, 46, 70, 76, 82, 88, 143, 146, 152, 159f., 166, 199, 210, 219, 240, 279, 300, 308, 342, 355, 373, 375, 454
Belgrad 142, 211, 469
Belutschistan 401
Belzec 220
Bengasi 218
Benin 475
Berg-Karabach 461
Berlin (siehe auch Ost- und Westberlin) 96, 187, 193, 202, 204, 223, 234, 236, 245–247, 256f., 269f., 312, 373
Bern 77, 81, 91
Bessarabien (siehe auch Moldawien) 82, 156, 235, 237
Beuthen 191
Bhopal 447
Bhutan 399, 401f., 416
Biafra 378, 379
Bikini-Atoll 241
Böhmen 94–96, 156, 203
Bolivien 85, 363, 365, 367, 480, 481
Bonn 280f.
Bosnien, Bosnien-Herzegowina, Bosnien und Herzegowina 137, 156, 271, 448f., 452, 467–469
Boston 55
Botswana 372, 379, 384
Brandenburg-Preußen 36, 97
Brasília 365
Brasilien 29, 85, 90, 182, 359, 361, 364–367, 442, 449, 462, 465f., 481
Bratislava 204, 268
Braunau 186

Ortsregister

Brčko 469
Brennerpass 202
Brest-Litowsk 74, 148, 149, 173, 209, 233
Bretagne 67
Brunei 424
Budapest 222, 266
Bukarest 272
Bukowina 386
Bulgarien 141, 149, 154, 160, 168, 211f., 222, 234–237, 273, 455
Bundesrepublik Deutschland (BRD) siehe Deutschland
Burgund 91
Burkina Faso 384, 433, 475
Burma (siehe auch Myanmar) 401, 403, 412, 416, 424, 426
Burundi 159, 377, 379, 383, 474
Byzanz 27

C

Canberra 429, 430
Caprivi-Zipfel 373
Casablanca 222, 233
Ceylon (Sri Lanka) 29, 71, 82, 400–402, 417
Chelmno 220
Chile 24, 85, 363, 365, 450, 481
China 25–27, 29, 32f., 159, 170, 200, 213f., 228f., 232, 243, 248f., 251f., 254f., 272f., 350–352, 355, 369, 381, 391, 401, 406, 411f., 414–425, 435, 438, 442f., 453, 462–465, 470, 479, 482
Chinesisches Meer 26
Chios 86
Chongqing 419
Chuzestan 390
Coburg 141
Cochinchina 104
Compiègne 150
Coventry 210

D

Dachau 203
Dakar 372, 374
Dalmatien 74, 82, 94, 156
Damaskus 385, 479
Dänemark 36, 97, 109, 113, 209, 210, 279, 294f., 365, 455
Danzig 37, 168, 206, 208
Darfur 475
Dessau 336
Deutsche Demokratische Republik (DDR) 235, 245, 247, 256, 263, 267–270, 280, 283, 457
Deutscher Bund 83, 88, 96f., 109, 114

Deutsches Reich 27, 34, 36, 46, 94, 99, 106, 111–113, 126, 133, 136, 139, 141–147, 150, 154, 156, 159, 164–166, 168f., 171, 181, 183, 185–188, 190, 194–197, 199–210, 212f., 215f., 219, 221, 225, 302, 304, 307f., 337, 372f., 417f., 424, 430
Deutschland 84, 132, 149, 152, 155, 174, 182, 222, 233–235, 237, 240f., 244–247, 264, 268f., 270, 272, 279f., 281–285, 294f., 300, 313, 336f., 365, 374, 412f., 438f., 443, 449f., 454, 457
Deutsch-Südwestafrika 372, 375
Dien Bien Phu 251
Djenné 369
Dresden 210, 222
Dschibuti 372, 374, 377, 383, 475, 477f.
Dubrovnik 74
Durban 447

E

Ecuador 24, 365, 367
Eidgenossenschaft (siehe auch Schweiz) 34, 36f., 44f., 72, 77, 80, 92, 298, 302
El Alamein 215, 218
Elba 76
Elfenbeinküste 377, 475
El Salvador 366f., 450, 481
Elsass (siehe auch Elsass-Lothringen) 106, 111, 113
Elsass-Lothringen 136, 146, 166
Ems 110
Endingen 45
England (nach 1707 Großbritannien) 27, 30, 34, 37, 46, 57, 76, 211f., 218, 301
Eritrea 161, 383, 475
Esterwegen 188
Estland 116, 168, 209, 235, 260, 455
Eupen 166
Évian 290

F

Falkland 291, 364, 398
Faschoda 373f.
Fatah 473
Fessan 477
Finnland 82, 116, 148, 167f., 171, 209, 212, 222, 236, 294f., 443, 454f.
Fiume 160
Flandern 448
Fleurus 70

Florida 57
Formosa 420
Frankfurt am Main 282
Frankreich 27, 30, 33, 35f., 45f., 54, 56f., 65, 69, 71, 73f., 76, 79–84, 86, 88f., 91, 93, 95f., 100, 104–111, 116, 120–127, 133, 136f., 141, 143, 146f., 149, 152, 154, 157, 159f., 164, 166, 174, 181, 183, 195f., 200–202, 206, 210f., 215, 217f., 222, 228f., 234, 239f., 243, 245, 251, 266, 279, 283, 289–291, 295, 299f., 307, 313, 336, 350–352, 355, 372–374, 376f., 387, 397, 400, 402, 404, 413, 417f., 424–426, 430, 435, 439, 443, 449, 454, 458, 478f.
Französisch-Indochina 213, 425
Freiburg (im Üechtland) 77, 91
Fukushima 310, 447, 463

G

Gabun 377
Galizien (Osteuropa) 94, 96, 114, 143, 156, 168
Galizien (Spanien) 448
Gallipoli 143, 169, 385, 430
Gambia 475
Gao 24
Gazastreifen 392f., 395, 472f., 477f.
Genf 45, 80, 159, 167, 197f., 242, 251, 257, 284
Genua 72, 83
Georgien 260f., 461
Gernika 197, 210
Ghana 232, 376–379, 435, 475
Gibraltar 56, 74
Glarus 47, 91
Gleiwitz 206
Goa 28
Golanhöhen 392, 394, 396f.
Goldküste siehe Ghana
Golf von Akaba 393
Golf von Mexiko 447
Gotthard 303, 459
Graubünden 80
Grenada 362
Griechenland 85, 90, 100, 146, 149, 157, 211f., 232, 239, 279f., 292f., 386, 435, 438f., 455–457
Großbritannien 31, 36, 37, 54–57, 67, 72, 74–76, 82f., 85f., 88–91, 93, 100f., 103, 104, 125, 126, 132, 136, 137, 143, 145f., 147, 149f., 154, 157–159, 166f., 174, 181, 183f., 196, 199–202, 205f., 210–212, 214, 218f., 222, 228f.,

495

239, 241, 243, 266, 273, 279f., 283, 291–293, 295, 299f., 302f., 307, 315, 319, 321, 351f., 355, 364, 372–374, 376, 379, 387, 389, 392, 400–405, 409, 413, 416–418, 424, 426, 428, 430f., 438, 443, 449, 455, 457f., 472, 478f.
Großdeutsches Reich 223
Guam 412, 417
Guantánamo 362
Guatemala 362, 366f., 450, 481
Guinea-Bissau 293, 377, 475

H
Habsburgerreich 65
Haiti 319
Hama 479
Hamburg 165, 194, 222
Hawaii 120
Helgoland 82
Helsinki 172, 255
Hessen 110
Hiroshima 210, 214, 223, 225, 228, 242, 413
Holland (siehe auch Niederlande) 74, 369
Homs 479
Honduras 481
Hongkong 408, 412, 414, 416f., 463f.
Horn von Afrika 382, 451

I
Iberische Halbinsel 46
Indien 25–28, 33, 56, 151, 232, 243, 273f., 299, 352, 355f., 379, 399f., 401–405, 407, 414, 417, 424, 435f., 441–443, 447, 450, 462, 465
Indochina 214, 252, 376, 412, 464
Indonesien 214, 232, 352, 355f., 412, 414, 424, 426, 464
Inka-Reich 24
Ionische Inseln 82
Irak 157f., 385, 388–391, 449f., 452, 470–473, 476, 479
Iran (siehe auch Persien) 25, 274, 385, 389–391, 397, 452, 470–473, 478
Irland (siehe auch Nordirland) 46, 103, 279, 280, 291f., 295, 430, 454–457
Island 294, 443, 454, 455
Isonzo 144
Israel 243, 310, 355, 357, 388, 390–398, 450, 452, 472f.
Istanbul 169, 479
Italien (siehe auch Norditalien) 34, 36, 72, 84, 96, 97, 107–109, 111, 114, 136f., 144, 146, 156f., 159–161, 166, 169, 181, 194, 196f., 200–202, 205f., 211, 215, 218, 221, 236, 239f., 279f., 284, 292f., 295, 300, 307f., 355, 373–376, 409, 418, 439, 447, 449f., 454, 456–458, 478
Iwanowo-Wosnessensk 115, 178
Iwo Jima 221

J
Jalta 233f., 236, 264, 293
Japan 26, 29, 117, 144, 159, 175, 200f., 205, 207, 212–214, 217f., 221, 223, 233, 236, 248, 251, 307, 310, 350, 352, 355, 403, 408–414, 416–419, 424–426, 430, 442f., 447–449, 463, 482
Java 425
Jemen (auch Demokratische Volksrepublik, Arabische Republik) 383, 385, 388, 477
Jericho 396, 472
Jerusalem 385, 392, 394f.
Johannesburg 381
Jordanien 388, 393–396, 472, 477f.
Jugoslawien 156, 160, 168, 211f., 217, 222, 230, 232, 234, 236–238, 263, 271, 275, 343, 356, 455, 467f.
Jura 80f.

K
Kairo 370, 385, 476
Kaiseraugst 447
Kalifornien 89
Kambodscha 251–254, 426, 464
Kamerun 159, 375, 435, 475
Kamtschatka 100
Kanada 54f., 102, 255, 275, 277, 307, 379, 449, 478
Kansas 151
Kanton 416–418
Kapland 71, 82
Kapverdische Inseln 29
Karelien 209, 235
Karibik 29
Karolinen 159
Karpatho-Ukraine 204, 235
Kasachstan 260, 461, 445
Kaschmir 273, 401, 404, 465
Katalonien 74, 448
Katar 388
Kenia 379, 383, 451
Kiautschou (Jiaozhou) 144, 159, 416
Kiental 145
Kiew 172, 462
Kikuyu-Inseln 379
Kirchenstaat 72
Kirgistan 260, 461f.
Kolumbien 361, 365, 450, 481
Kongo (Kongo-Reich, siehe auch Zaire) 24, 355, 363, 368, 370, 373–375, 377, 380, 383, 474
Königgrätz 109, 114
Königsfelden (AG) 23
Konstantinopel 385
Konstanz 37
Korea (siehe auch Nord- und Südkorea) 26, 233, 248, 354, 411, 413, 416
Kosovo 237, 271, 452, 467, 469
Kozhikode 28
Krim 100f., 104, 107, 117, 233, 462
Kroatien 115, 156, 271, 455, 467f.
Kronstadt 175
Kuba 170, 249, 250, 361–363, 365
Kurdengebiet 157f., 169, 471f., 478f.
Kurilen 413
Küssnacht 81
Kuwait 388, 449, 471, 478
Kyn 117
Kyoto 408f., 447, 452
Kyrenaika 477f.

L
Laibach 84
Laos 251–254, 426
Leipzig 76
Lengnau 45
Leningrad (siehe auch St. Petersburg, Petrograd) 212, 222
Léopoldville 355
Lepanto 385
Lesotho 379, 381
Lettland 116, 168, 209, 217, 235, 260f., 455
Libanon 157, 387, 393, 395, 397, 473
Liberia 85, 161, 353, 373, 475
Libyen 373f., 376, 383, 385, 389, 391, 443, 452, 472, 477–479
Liechtenstein 454
Liepaja (Libau) 217
Liestal 447
Lissabon 454
Litauen 116, 168, 203, 205, 209, 235, 260f., 386, 455
Locarno 166
Lombardei 94, 107, 114
London 150, 208, 234, 338, 347, 408, 436, 451
Lörrach 215

Lothringen (siehe auch Elsass-Lothringen) 27, 111, 113
Louisville 184
Lübeck 74
Luxemburg 279, 454
Luzern 81, 91
Lyon 302

M

Maastricht 454
Macao 416, 417
Madrid 197, 451
Mähren 95, 156
Majdanek 220
Malawi 379, 473
Malaya 426
Malaysia 214, 414, 426
Malediven 371
Mali 24, 475
Malmédy 166
Malta 82, 435, 455
Mandschurei (auch Mandschukuo) 200, 223, 233, 411, 413, 415f.
Marianen 159
Marne 142, 143
Marokko 24, 137, 141, 218, 368f., 373f., 376f., 478
Marshall-Inseln 159, 221
Massachusetts 56
Mauretanien 475, 478
Mazedonien 271, 455, 469
Medina 385
Mekka 385
Melbourne 429
Memel 203, 205
Mesopotamien 145, 385
Mexiko (siehe auch Tenochtitlán) 24, 89, 104, 110, 360, 364f., 442, 481
Midway-Inseln 218, 221
Mindanao 465
Mississippi-Ohio-Becken 54
Modena 107
Moldawien (siehe auch Bessarabien) 260, 461
Mongolei 26, 411, 422
Monrovia 85, 475
Montbéliard 82
Monte Cassino 221
Montenegro 271, 455, 469
Mosambik 293, 372, 377, 379, 380–382
Moskau 75, 115, 172, 175, 178, 212, 222, 162
Muglebu 371
Mulhouse 82
München 203–205, 219, 233, 395

Munhumutapa-Reich 25f., 368, 370
Myanmar (siehe auch Burma) 214, 426

N

Nagasaki 210, 214, 223, 225, 228, 408
Naher Osten 146, 215, 385
Namibia 374, 377, 379f., 382, 448, 466, 474
Narvik 209
Neapel 72, 84, 93, 95, 433
Nepal 399, 401f., 416
Neuenburg 80
Neuguinea 159, 412
Neuilly 154
Neu-Mexiko 89
Neuseeland 102, 249, 379, 428, 430f., 442
New York 181, 183, 284, 332, 436, 439, 450f.
Nicaragua 362, 366
Nidwalden 78
Niederlande (siehe auch Holland) 30, 33, 36, 46, 56f., 67, 71, 88, 97, 125, 199, 210, 219, 240, 279, 295, 308, 351, 355, 424, 426, 428, 435, 443, 454
Niger 475
Nigeria 378f., 383, 435, 475
Nizza 107
Nordirland (siehe auch Irland) 103, 291f., 450, 458
Norditalien (siehe auch Italien) 33, 107, 219, 448
Nordkorea (siehe auch Korea, Südkorea) 170, 243, 248f., 451, 464f.
Nordvietnam (siehe auch Vietnam, Südvietnam) 252f.
Normandie 67, 222
Norwegen 36, 199, 209f., 217, 279, 294f., 443, 454
Nürnberg 192, 342

O

Oberschlesien 168
Obervolta, siehe Burkina Faso
Ogaden 383
Okinawa 214, 221, 223, 413
Oman 388, 478
Oslo 295, 396, 472
Osmanisches Reich 24, 26–28, 46, 72, 86, 100f., 126, 137, 141, 143, 145, 149, 157f., 169, 351, 368–371, 374, 385–387, 399, 478
Ostberlin (siehe auch Berlin) 280
Österreich (siehe auch Österreich-Ungarn) 33f., 36f., 66f., 71f., 74,

82f., 94, 96f., 107–110, 126, 132, 154, 156, 160, 182, 194f., 202f., 243, 269, 284f., 300, 304, 365, 385, 443, 454f.
Österreich-Ungarn (siehe auch Österreich, Ungarn) 114, 136f., 141f., 149, 155, 158, 387, 418
Osttimor (siehe auch Timor) 424, 427, 448, 464
Ozeanien 428, 430

P

Pakistan 25, 243, 355, 399, 401, 404f., 443, 450, 465, 470
Palästina 134, 145, 157, 215, 387, 391–397, 450
Panama 85, 106, 361f., 481
Papua 427
Paracel-Inselgruppe 482
Paraguay 85, 365, 367, 481
Paris 41, 62, 65–67, 69, 87, 92f., 97, 99, 101, 104–106, 111, 139, 154, 193, 195, 210, 222, 312, 333, 336, 408
Parma 107
Pazifik-Inseln 430f.
Pearl Harbor 213f., 412
Persien (siehe auch Iran) 136, 313, 401
Persischer Golf 447
Peru 24, 85, 359, 365, 367, 450, 481
Petrograd (siehe auch St. Petersburg, Leningrad) 75, 148, 171–175
Petsamo 209, 235
Philippinen 29, 214, 221, 249, 355, 412, 417, 427, 435, 437, 443, 465
Piemont 67, 84, 97
Polen 27, 36, 46, 71, 82–84, 88, 94, 109, 113–116, 149, 156, 160, 166–168, 201, 203, 205–208, 210, 217, 222, 233–237, 247, 264, 266f., 386, 435, 455
Port Arthur 416
Portugal 25, 29–31, 33, 36f., 74–76, 85, 90, 100, 199, 211, 279, 292f., 351, 355, 359, 369f., 373, 400, 404, 424, 439, 454–457
Posen 168
Potsdam 187, 234–236, 242, 264
Prag 204f., 263, 267–269
Pretoria 381
Preußen 66f., 71, 74, 76, 82f., 97, 108–111, 113, 116, 118, 187, 300, 318, 327, 409f.
Puerto Rico 361
Pyrenäen 76

497

Q
Québec 277

R
Rapallo 159
Rheinland 82f., 166, 202, 352
Rhodesien 372, 377
Riga 143
Rio de Janeiro 85, 361, 364
Rom 42, 44, 74, 96, 107f., 111, 161, 216
Rongelap 241
Rostow 212
Ruanda 159, 230, 343, 377, 379, 383, 448f., 474
Rubigen (BE) 433
Ruhrgebiet 164
Rumailah 390, 471
Rumänien 101, 114, 141, 144, 146, 156, 160, 168, 207, 211, 222, 232, 234–237, 267, 273, 385, 455
Russland (siehe auch Sowjetunion) 24, 26, 34, 36, 71f., 74f., 83, 85f., 89, 100f., 109f., 115, 117f., 126, 136f., 141, 143, 145–148, 152, 156, 158, 167, 171, 175, 215, 229, 262, 273, 300, 307, 386, 387, 389, 409, 411, 417f., 425, 433, 442f., 449, 460–462, 466, 472, 479
Rustenburg 466
Ryukyu-Inseln 416, 481

S
Saargebiet 200f., 203, 245
Sabra und Schatila 398
Sachsen 82, 97
Sahelzone 371, 384
Saigon 252
Salla 209
Salzburg 82
Samara 116
Sambia 372, 379, 473
San Cristobal 250
San Marino 105, 107
Sarajewo 142, 468f.
Saratoga 56
Sarawak 426
Sardinien-Piemont 100, 107f.
Saudiarabien 157, 386–388, 442, 451, 478
Savoyen 107
Schatt al-Arab 390
Schengen 454
Schlesien 27, 302
Schleswig-Holstein 109
Schottland 27, 45, 145, 448
Schwarzafrika 473

Schweden 171, 211, 294f., 308, 409, 443, 454f.
Schweiz (siehe auch Eidgenossenschaft) 79, 81, 88, 91, 93, 97, 105, 118f., 124, 133, 135, 143, 145, 151f., 167, 169, 183, 197, 199, 211, 221, 224f., 230, 257, 279, 285–288, 295, 299–302, 304, 306, 308f., 313f., 327, 337, 345, 347, 365, 382, 435, 438f., 443, 445, 447, 449, 454, 459
Sedan 104, 111
Seewen (SZ) 135
Senegal 377f., 475
Senkaku-Inseln 482
Seoul 248
Serbien 115, 141, 142, 146, 156, 271, 449, 455, 469
Sergipe 466
Seveso 447
Sèvres 154, 157, 169, 387
Sewastopol 100, 101, 462
Shanghai 412, 417
Sharpeville 381f.
Siam (siehe auch Ayutthaya, Thailand) 25, 424
Sibirien 118, 172, 175f., 179
Sichuan 419
Siebenbürgen 237, 272
Sierra Leone 379, 475
Simbabwe 25, 372, 377, 381f., 474
Singapur 414, 424, 426, 464
Sizilien 93, 95, 107, 221
Skagerrak 145
Skandinavien 46, 74, 132
Slowakei (siehe auch Tschechoslowakei) 114f., 156, 204f., 237, 267, 455
Slowenien 115, 156, 271, 455, 467f., 468
Smolensk 265
Sobibor 220
Socotra-Riff 482
Sofia 272
Solothurn 77, 91
Somalia (siehe auch Somaliland) 379, 383, 433, 448f., 475
Somaliland (siehe auch Somalia) 104, 161
Songhai-Reich 24, 368f.
Soweto 381f.
Sowjetunion (siehe auch Russland) 130, 139, 149, 159, 166, 169f., 176f., 180f., 200f., 203, 205, 207, 209, 211–213, 217, 222f., 225f., 228, 230, 232–234, 236–239, 242–245, 247, 249–264, 267,

273–275, 282f., 290, 294, 309f., 354, 380, 382, 388, 391–394, 407, 413, 420–423, 425f., 430–432, 448, 452, 465, 471
Spanien 27f., 30f., 33, 36, 38, 46, 56f., 67, 71, 74–76, 84f., 89, 100, 110, 125, 134, 195–197, 200, 211, 279, 292, 294f., 300, 351, 355, 359, 373f., 377, 409, 417, 424f., 439, 450, 454–457, 472
Spanisch-Guinea 377
Spratly-Inselgruppe 481
Srebrenica 448, 468f.
Sri Lanka 405, 407, 450, 465
Stalingrad (heute Wolgograd) 215, 218, 222
St. Cloud 72
Steg (VS) 458
St. Gallen 37, 80, 91, 132
St-Germain 154
St. Helena 76
Stockholm 295
St. Petersburg (siehe auch Petrograd, Leningrad) 75, 449
Straßburg 240
Südafrika (siehe auch Südafrikanische Union) 307, 351, 372, 377, 379–381, 383, 442, 450, 462, 466, 473
Südafrikanische Union (siehe auch Südafrika) 102, 159, 372f., 376, 382
Sudan 136, 378, 475, 478
Sudetenland 203f.
Südkorea (siehe auch Korea, Nordkorea) 248, 408, 414, 449, 464, 482
Südossetien 448, 461
Südsachalin 413
Südsudan 378, 448, 475
Südtirol (siehe auch Tirol) 108, 156, 202, 284
Südvietnam (siehe auch Vietnam, Nordvietnam) 252f.
Südwestafrika 159
Suez 104, 351, 355, 387f., 393
Sumatra 135
Swasiland 372, 379, 381
Sydney 429
Syrien 157f., 387–389, 394–396, 398, 472, 477–479

T
Tadschikistan 260, 461, 470
Taiwan 228, 248, 255, 276, 408, 411, 413f., 416, 420, 422, 463, 464
Tambora 326
Tannenberg 143, 145

Tansania 379, 451, 474
Teheran 233f.
Tenochtitlán (siehe auch Mexiko) 29
Tepechpan 29
Teschen 204
Tessin 80
Texas 89
Thailand (siehe auch Ayutthaya, Siam) 25, 214, 249, 371, 414, 424, 437, 464
Three Mile Island 310
Thurgau 80, 91, 104
Thüringen 165
Tienanmen-Platz und -Avenue 422f.
Tibet 402, 416, 422
Tiflis 176
Tikrit 472
Tilsit 74
Timbuktu 24
Timor (siehe auch Osttimor) 425
Tirol (siehe auch Südtirol) 75
Togo 159, 475
Tokio 408f., 409
Toulon 68
Trafalgar 74
Trang Bang 253
Transjordanien 157
Transleithanien 114
Treblinka 220
Trianon 154
Triest 108
Tripolis 218, 477f.
Troppau 84
Tschad 475
Tschechien (siehe auch Tschechoslowakei) 114f., 205, 455
Tschechoslowakei (siehe auch Slowakei, Tschechien) 156, 160, 167f., 194, 202–204, 230, 235–239, 267
Tschernobyl 310, 447
Tschetschenien 448, 460
Tunesien 218, 221, 372, 376f., 385, 476f.
Tunis 395
Türkei 24, 154, 157f., 169, 211, 239, 241, 293, 385, 387, 435, 450, 455, 472, 478f.
Turkmenistan 260, 461

U
Uganda 379
Ukraine 116, 148f., 156, 174f., 179, 212, 260, 262, 447, 461f.
Ulm 37
Ungarn 46, 94, 154f., 160, 167f., 194, 204f., 211f., 222, 235, 237f., 263, 266f., 269, 385, 455

Uruguay 85, 365
USA 52, 54, 57, 85, 88–90, 93, 97, 100, 104, 120–126, 132, 145–147, 149, 151, 154, 159, 163, 165f., 181–185, 207, 211–214, 216, 218f., 221f., 226, 228f., 232, 234, 236, 239, 241–244, 246–249, 251–257, 259, 274–276, 283, 290, 295, 300, 305–309, 313, 315, 332, 338, 346, 350–355, 360f., 365, 369, 382, 388, 390, 393, 395f., 409, 411–414, 417f., 420, 422, 424f., 427f., 430, 433, 438f., 443, 447–449, 452f., 468f., 471f., 478–482
Usbekistan 25, 260, 461, 470
Ussuri 254, 421
Uster 302

V
Valmy 67
Vatikan 161, 201
Veltlin 82
Vendée 67
Venedig (siehe auch Venetien) 83, 96, 385
Venetien (siehe auch Venedig) 82, 94, 107–109, 114
Venezuela 365, 480, 481
Verdun 101, 144, 195, 210
Vereinigte Arabische Emirate 388, 442, 443
Verona 84
Versailles 57, 99, 106, 154, 159, 418
Vichy 210, 216f., 224, 251
Vietnam (vgl. Annam, Nord- und Südvietnam) 251, 254f., 282, 309, 354, 391, 414, 425f., 464
Vojvodina 237, 271

W
Waadt 80f., 91
Wake 412, 417
Wales 27, 448
Wallis 80
Wallonien 448
Warschau 74, 221f., 247, 264, 269
Washington 277
Waterloo 76
Weißrussland 116, 461
Weißrussland 148, 260, 262, 461
Westafrika 374
Westbank 394–397
Westberlin (siehe auch Berlin, Ostberlin) 246f. 268
Westjordanland 472f.
West-Neuguinea 427

Westpreußen 168
Westsahara 377, 448
Wien 27, 72, 82, 84, 94, 96, 98, 223, 255, 284
Württemberg 110

Y
Yorktown 57

Z
Zaire (siehe auch Kongo) 380, 474
Zentralafrikanische Republik 475
Zimmerwald 145
Zisleithanien 114
Zürich 37, 79, 91, 153, 171, 240, 306, 309, 313, 439
Zypern 293, 448, 455, 457

Fachbegriffe

1950er-Syndrom 309

A
Absolutismus 35
Agrarrevolution 298
Aktiengesellschaft 40
Alter Mittelstand 305
Alternativbewegung 313
Amendment 58
Anarchismus 134
Anarcho-Syndikalismus 134
Antisemitismus 134
Assimilation 133
Atlantische Revolutionen 52
Aufklärung 52, 318

B
Boykott 103
Brain drain 443
Bretton Woods, System von 309
BRICS-Staaten 442

C
Commercial Banking 438
Constituante 61
Contrat social 320

D
Dadaismus 335
Darwinismus 329
Deismus 318
Dependenz-Theorie 22
Direct rule 402
Referendumsdemokratie 118
Dreiklassenwahlrecht 109
Dschunken 26

E
Embargo 213
Empirismus 318
Encomienda 30
Entwicklungsdiktatur 177
Enzyklopädismus 323
Eugenik 198, 332
Europa (Sonderweg) 27
Existenzialismus 343
Expressionismus 334

F
Feudalrechte 62
Föderalisten 57, 121
Frauenemanzipation 132
Freihandel 120
Friedensabkommen 199

Frühkapitalismus 33, 38
Frühsozialismus 128

G
Genossenschaften 131
Gesetz der komparativen Kostenvorteile 434
Gesetzesinitiative 118
Gewaltenteilung 319
Gewerkschaften 131
Gini-Index 365
Glasnost 259
Globalgeschichte 348
Globalisierung 434
Goldmark 164
Goldstandard 307
Gotik 43
Grüne Revolution 407, 441
Guerilla 75

H
Handelsgesellschaften, Handelskompagnien 27, 30
Hearing 58
Heimatfront 147
Hexenverfolgung 46
Historischer Materialismus 128
Holocaust 219
Holodomor 179
Home Rule 103
Hugenotten 46
Humanismus 42

I
Idealismus 331
Imperialismus 134
Impressionismus 334
Indirect rule 402
Inflation 70
Investiturstreit 33
Investment Banking 438
Irrationalismus 334
Irredentismus 108
Islamismus 389

J
Judenemanzipation 133
Jugendstil 335

K
Kabinettskrieg 35f.
Kalender (Julianisch, Gregorianisch, Revolutions-) 67, 148
Karavelle 27
Katholische Reform 46
Kibbuz 392
Klassizismus 324

Konkordanzdemokratie 285
Konkordat 73
Konquistador 29
Konsensdemokratie 119
Konservativismus 127
konstitutionelle Monarchie 64
Konstruktives Misstrauensvotum 163
Konstruktivismus 340
Koptische Kirche 369
Kubismus 335
Kulturkampf 111
Kulturpessimismus 332

L
Laizismus 106, 197
Land grabbing 443
Legitimität 82
Leibeigenschaft 115
Levée en masse 66
Liberalismus 127

M
Magisches Denken 48
Majorzverfahren 119
Manufakturen 35, 41
Mechanizistisches Denken 50
Mehrheitsprämie 292
Mehrwert-Theorie 129
Menschen- und Bürgerrechte 63, 319
Merkantilismus 35
Mikrokredit 444
Monopolkapitalismus 129

N
Nationalbewusstsein 125
Naturalismus 333
Neoliberalismus 315, 434
Neopopulisten 480
Neuer Mittelstand 305
Neutralität 81, 153
Neutralität, differenzielle 153
Neutralität, integrale 288
Nomenklatura 259

O
Ordnungsliberalismus 128
Organizistisches Denken 49

P
Panarabismus 388
Panslawist 115
Parlamentarismus 77, 102
Parlamentsdiktatur 69
Parteien 131
Partikularisten 57
Perestroika 259
Personalunion 116

Physiokratie 320
Populismus 366
Positivismus 327
Preisrevolution 38
Private Banking 438
Proporzverfahren 119
Protektionismus 122
Proto-Industrialisierung 298
Puritaner/-innen 31

R
Rassismus 331
Ratifikation 58
Realismus 333
Rechtspositivismus 331
Referendum 118
Reformation 44
Renaissance 42
Reparationen 154
Repräsentativdemokratie 93
Revisionismus 159
Revolution, permanente 420
Risikogesellschaft 313
Rokoko 324
Romantik 321
Royalisten 67

S
Säkularisation 62
Scheinlegalität 73
Scholastik 44
Selbst-Säkularisierung 48, 318
Sensualisten 318
Shoa(h) 219
Sklavenhandel 85
Söldnerheer 35
Sowjet 118
Sozialdarwinismus 331
Soziale Marktwirtschaft 282
Soziales Kapital 40
Sozialimperialismus 135
Sozialisation 126
Sozialismus 128
Sperrklausel 163
Staatenbund 80
Stellungskrieg 100
Suspensiv-Veto 63
System of checks and balances 58

T
Täufer 47
Teilung der weltlichen und geistlichen Macht 33
Territorialstaat 42
Terror 450
Totaler Krieg 140, 219
Trusts 122

U
Universalreich 33
Urkatastrophe des 20. Jahrhunderts 140

V
Verlagswesen 37
Vernehmlassungsverfahren 119
Vertrag von Tordesillas 29f.
Vetorecht 58
Vitruvianischer Mensch 23
Volkssouveränität 82
Vorwahlen 59

W
Wechsel 37
Weltgeschichte 348
Wohlfahrtsstaat 294

Z
Zauberformel 199
Zentralisten 121
Zionismus 134

Verzeichnis der Karten

- 25 Karte der großen sesshaften Kulturen um 1500
- 30 Die Kolonialreiche um 1763
- 32 Die fruchtbaren Alluvialböden in Eurasien im Vergleich
- 36 Europa in der Mitte des 18. Jahrhunderts
- 41 Die Hauptniederlassungen und Filialen unter Anton Fugger
- 45 Die konfessionelle Spaltung der Eidgenossenschaft um 1700
- 54 Nordamerika vor und nach dem Siebenjährigen Krieg
- 75 Das Napoleonische Europa im Juni 1812
- 79 Einteilung der Schweiz in Kantone während der Helvetik
- 82 Die fünf Großmächte 1815
- 89 Territoriales Wachstum der USA
- 94 Kaisertum Österreich
- 108 Entstehung des Königreiches Italien
- 109 Konflikte um Schleswig und Holstein
- 110 Deutschland nach 1866
- 114 Die Habsburgermonarchie
- 120 Die Aufnahme neuer Staaten in die USA
- 136 Die Bündnissysteme um 1887 unter dem Einfluss von Bismarcks Außenpolitik
- 137 Die Bündnissysteme um 1914
- 142 Marnefeldzug 1914
- 146 Die Kriegslage im Sommer 1917
- 149 Sowjetrusslands Gebietsverluste nach dem Frieden von Brest-Litowsk (Grenzen von 1923)
- 155 Territoriale Auswirkungen des Versailler Vertrages
- 156 Aufteilung Österreich- Ungarns, 1918–1920
- 156 Der «cordon sanitaire» in Osteuropa
- 157 Die Neuordnung des Nahen Ostens
- 168 Polens Expansion und Minderheitenprobleme
- 173 Schauplätze der Oktoberrevolution in Petrograd
- 174 Bürgerkrieg in Russland, 1918–1920
- 180 «Archipel GULAG»
- 196 Der Spanische Bürgerkrieg
- 203 Ausdehnung des Deutschen Reiches 1935–1939
- 204 Die Aufteilung der Tschechoslowakei 1938/39
- 209 Finnlands Verluste im Zweiten Weltkrieg
- 210 Operation «Sichelschnitt» im Vergleich zum Angriff im Ersten Weltkrieg
- 214 Der Pazifikkrieg
- 216 Europäische Kriegslage Herbst 1942
- 218 Die Schlacht um Stalingrad
- 221 Europäische Kriegslage April 1945
- 235 Grenzveränderungen in Ostmitteleuropa durch den Zweiten Weltkrieg
- 237 Grenz- und Minderheitenprobleme im Ostblock
- 240 Das geteilte Europa (Stand 1989)
- 244 Deutschlands Gebietsverluste
- 245 Deutschlands Aufteilung und die Luftbrücke 1948/49
- 248 Koreakrieg 1950–1953
- 250 Reichweite der sowjetischen Raketen auf Kuba und der amerikanischen Raketen in der Türkei.
- 252 Indochina zur Zeit des Vietnamkrieges
- 253 Indochina nach 1975
- 254 Grenzstreitigkeiten zwischen China und der Sowjetunion
- 260 Die Republiken der Sowjetunion 1991
- 271 Jugoslawische Teilrepubliken
- 273 Afghanistan und Kaschmir
- 339 Kartierung von Wohnungen ohne WC und von Opfern der Choleraepidemie 1855 in Basel
- 349 Ausschnitt aus dem Atlas von Edward Quin (1794–1828)
- 349 Weltkarte in Peters-Projektion
- 350 Die Beziehungen zwischen den Kulturen während der ersten Kolonialisierung
- 353 Die Globalisierungsräume in der zweiten Globalisierungsphase, etwa 1850 bis etwa 1945
- 354 «Erste», «Zweite» und «Dritte Welt» zur Zeit des Kalten Krieges (heutige Grenzen)
- 356 Aufzeichnung der größeren und kleineren ethnischen und Minderheitenkonflikte zwischen 1945 und 1994
- 357 Freihandelszonen
- 357 Einige Rohstoffkartelle
- 360 Lateinamerika unter spanischer und portugiesischer Herrschaft (um 1770) und in der Unabhängigkeit
- 362 Direkte und indirekte US-Interventionen in Mittelamerika
- 366 Militärdiktatur und Demokratie in Lateinamerika 1976 und 1991
- 368 Afrika vor der zweiten Globalisierungsphase, etwa 1600 bis 1800
- 372 Südafrika während des Burenkrieges (1899–1902)
- 373 Afrika in der zweiten Globalisierungsphase
- 377 Dekolonisation in Afrika
- 381 Südliches Afrika 1990
- 383 Das «Horn von Afrika» in den achtziger Jahren
- 385 Der Nahe Osten heute, nach überwiegender Staatsbevölkerung
- 385 Ausdehnung des Osmanischen Reiches
- 390 Iran-Irak-Krieg (1980–1988)
- 392 Israel: Teilungsplan 1947 und Staatsgrenzen 1948
- 394 Der Nahe Osten nach dem Dritten Nahostkrieg von 1967
- 394 Die Palästinenser
- 397 Religiöse Verhältnisse im Libanon um 1975
- 397 Besetzung des Libanon 1978
- 397 Beirut zur Zeit des Bürgerkrieges
- 399 Übersicht über den indischen Subkontinent
- 400 f. Die Entwicklung Indiens vom Mogulreich bis zur Unabhängigkeit
- 404 Kashmirkonflikt
- 405 Sri Lanka
- 412 Japans Expansion 1931–1945
- 415 Der chinesische Raum (heutige Grenzen)
- 416 China und der Imperialismus
- 419 China 1931–1945
- 424 Südostasien
- 424 Kolonien in Südostasien, 1914
- 429 Besiedlung Australiens
- 430 Der Pazifik im Kalten Krieg
- 436 Begrenzung der Migration
- 442 Ungleichheit in der Einkommensverteilung
- 442 Human Development Index
- 455 Bündnisse in Europa
- 455 Die Euro-Zone (2014)
- 461 Die GUS-Staaten

461 Georgien
462 Sezessionsgebiete in der Ukraine
467 Nationalitätenkonflikte in Jugoslawien 1991
469 Bosnien-Herzegowina nach dem Dayton-Abkommen von 1995
470 Der Krieg in Afghanistan, seit 2001
474 Zweiter Kongo-Krieg in der Demokratischen Republik Kongo
475 Krisen in der Sahelzone
477 Der Arabische Frühling
477 Bürgerkrieg in Jemen
479 Bürgerkrieg in Syrien
481 Mordopfer in Guatemala, El Salvador und Honduras
482 Umstrittene Inseln im Chinesischen Meer

Bildnachweis

6 Michael Strub, Binningen, Webseite Orell Füssli Verlag, Zürich **23** Königsfelden: Detail aus dem «Franziskusfenster», Klosterkirche Königsfelden. Da Vinci: Der vitruvianische Mensch (1492), Galleria dell'Academia, Venezia. Vesal: Aus Vesalius, De humani corporis fabrica (1543), S. 163. Paré: Les oeuvres d'Ambroise Paré, Paris 1585, 23ème livre, S. 16. **26** Zheng He: Giraffe: http://upload.wikimedia.org/wikipedia/commons/8/89/Yongle-Giraffe1.jpg (Januar 2014). Dschunke: http://www.fairchildgarden.org/aboutfairchild/history/thechenghoexpedition/Cheng-Ho-Participants/ (Januar 2014) **27** Karavelle: Nachgebaute Karavelle «Niña», Foto John Patrick Sarsfield. **28** Kolumbus Landung: Kupferstich von Theodore de Bry (1594). **29** Zeichnungen aus einem Ausstellungskatalog des Ethnologischen Museums Dahlem (1971), Bildarchiv Preußischer Kulturbesitz, Berlin. **31** Austausch von Nutzpflanzen: eigene Zeichnung. Verbreitung von Pflanzen: Informationen nach Völker-Rasor, Annette: Frühe Neuzeit, München 2000, S. 84. **32** Karte nach Jones, Eric Lionel: The European miracle. Cambridge [etc.]: Cambridge University Press , 1992, nach Seite XXXIII. **34** Rubens, Karl V.: Residenzgalerie, Salzburg. Rigaud: Ludwig XIV., Musée du Louvre, Paris. **35** Stuhl: http:// getintravel.org/french-baroque-chair.html. **38** Diagramm: Eigene Zeichnung. Quelle: North Michael: Das Geld und seine Geschichte. Vom Mittelalter bis zur Gegenwart. München 1994, S. 79 und 98. **39** Quentin Massys: Der Goldwäger und seine Frau, Musée du Louvre, Paris. Marinus Claeszoon van Reymerswaele: Museo del Prado, Madrid. **40** Bild Fugger: Staatsgalerie Altdeutsche Meister, Augsburg. **41** Fugger-Niederlassungen: eigene Zeichnung nach: Häberlein, Mark: Die Fugger. Stuttgart 2006, S. 81. Manufaktur: Musée Carnavalet, Paris. **42** Petersdom: http://upload.wikimedia.org/wikipedia/commons/1/15/Petersdom_von_Engelsburg_gesehen.jpg. **43** Dürer: Alte Pinakothek, München. **45** Karte Eidgenossenschaft: eigene Zeichnung nach Putzger, Schweizer Ausgabe, S. 257. **47** Signalement: http://www.adfontes.uzh.ch/MAS/images/signalement_1600.jpg. Bild Anna Göldi: aus «Anna Göldi – Letzte Hexe» von Gertrud Pinkus, 1991, Hauptdarstellerin Cornelia Kempers. **48** Königsfelden/Da Vinci: siehe S. 23. Kopernikus: gezeichnet nach http://www.techfreaq. de/physikKepler.htm. **49** Vesal: siehe S. 23. Harvey: Aus Exercitatio Anatomica de Motu Cordis et Sanguinis in Animalibus, Frankfurt 1628. **50** Parés Hand: siehe S. 23. Bürgi, Entfernungsmessung: Aus Mackensen, Ludolf von: Die erste Sternwarte Europas mit ihren Instrumenten und Uhren. 400 Jahre Jost Bürgi in Kassel. München, 2. Auflage 1982, S. 58 (Aufsatz von Hans von Bertele). **51** Logarithmentafel: http://home.fonline.de/rs-ebs/algebra/lg1000-2009.htm (Website 2012 erloschen). **53** Vier schöne unpolitische Bilder: Aus *Der Postheiri*, Nummern 11 und 13, 1847, Holzstich, Historisches Museum Bern. **55** A Society of Patriotic Ladies: Aquatinta von Philipp Dawes, London 1775, British Cartoon Collection. Prints and Photographs Division. LC-USZC4-4617. **56** Handschriftlicher Entwurf Unabhängigkeitserklärung: Library of Congress, Washington DC/USA. **57** Belagerung von Yorktown: www.hamptonroads.com/historytour (Januar 2014) **58** Washington: http://upload.wikimedia.org/wikipedia/commons/e/ea/George_Washington_dollar.jpg (Januar 2014) **60** Lafayette: http:// www.loc.gov/exhibits/jefferson/images/vc185.jpg (Januar 2014). **61** Ballhausschwur: Musée National du Château de Versailles. **62** Foto © Carmagnole-LIBERTE, Bosmont-sur-Serre. **65** Marseillaise: «Marche des Marseillois chantée sur differans theatres», London, W. Holland, 1792. **66** Tuileriensturm: Zeitgenössischer Kupferstich, http://fr.wikipedia.org/wiki/Fichier:PeopleStormingTuileries.jpg (Januar 2014). **67** Neue Zeitrechnung: Calendrier républicain: an III, Paris 1794, Bibliothèque nationale de France. **68** Marat: Jean-Louis David, Königliches Kunstmuseum Brüssel. **69** Robespierre: Anonymes Porträt um 1793, Musée Carnavalet, Paris. Danton: Skizze von Jean-Louis David für sein Porträt von Danton, Musée Carnavalet, Paris. **70** Olympe de Gouges: Porträt von Alexander Kucharski, Standort unbekannt. **73** Krönung Napoleons : Musée du Louvre, Paris. **76** Goya: El Tres de Mayo, Museo del Prado, Madrid. **77** Veilchenstrauss: Aus Napoleon I. im Spiegel der Karikatur. Zürich o. J., S. 386f. **78** Trüllmusterung: Zeichnung von F.N. König, Kunstmuseum Bern. Volkssturm: Aus: Dürrenmatt, Peter: Schweizer Geschichte, Zürich 1963, S. 349, Original in Privatbesitz. **79** Beschießung Zürichs: Zentralbibliothek Zürich, Graphische Sammlung. **80** Siegel: Zentralbibliothek Zürich, Graphische Sammlung. Unspunnenfest: Zentralbibliothek Zürich, Graphische Sammlung. **81** Löwendenkmal: Zentralbibliothek Luzern, Graphische Sammlung. **83** Wiener Kongress: Stich von 1857 nach einem Gemälde von Jean-Baptiste Isobey. **84** Metternich: Zentralbibliothek Zürich, Graphische Sammlung. **85** James Monroe: Stich nach einem Portrait von Gilbert Stuart, Library of Congress, Washington. **86** Massacre de Chios: Musée du Louvre, Paris. **87** Repos de France: Lithografie von Honoré Daumier (1834), Giraudon, Paris. **88** Bürgerstunde: Holzschnitt aus der Zeitschrift *Fürs Haus* (1861) nach einer Zeichnung von Ludwig Richter, Nationalgalerie Berlin. **90** Bergwerk: Bildarchiv Preußischer Kulturbesitz, Berlin. **91** Armbinde: Historisches Museum Bern/Foto Stefan Rebsamen. **92** Alle unter einem Hut: aus *Der Postheiri*, 1849, Burgerbibliothek Bern. **95** Erste Pressefotografie: Aufnahme von Eugène Thibault, 25.6. 1848, als Holzschnitt in *L'Illustration* (Juli 1848) veröffentlicht, gefunden auf http://www.spiegel.de/panorama/grossbild-195396-182519.html. **96** Karikatur: aus *Fliegende Blätter*, November 1848, Staatsbibliothek, Berlin. **99** Kaiserproklamation: Gemälde von Anton von Werner, Bismarck Museum, Friedrichsruh, Deutschland. Commune von Paris: Aufnahme von Bruno Braquehais (1871), Bibliothèque Historique de la Ville de Paris. Fotoreporter: Aus Dittmar, Gérald: Iconographie de la Commune de Paris de 1871. Paris 2005, S. 459. **100** Panorama: Nazionalny museigeroitscheskoi oborony i oswoboschdenija, Sewastopol, Ukraine **101** Florence Nightingale: Foto von H. Lenthall, London, ca. 1850. Diagramm: http://upload.wikimedia.org/wikipedia/commons/1/17/Nightingale-mortality.jpg (Januar 2014); bearbeitet (Tönung). **102** Sammlung OFV, kolorierte Neuzeichnung. **103** Briefmarke 1897: http://www.briefmarken.ch/zshop/contents/de/d409.

html. Briefmarke 2012: http://stampboards.net. Corrymore House: Sammlung Dr. J. Boesch, Aarau. **104** Napoleon III.: undatierte Aufnahme, Sammlung OFV. **105** Commune: Sammlung Dr. J. Boesch, Aarau. **106** J'Accuse: Offener Brief von Emile Zola an Staatspräsident Faure in der Zeitung *L'Aurore* vom 13. Januar 1898. **107** Münze Garibaldi: Gedenkmünze von San Marino, 2007 ausgegeben. **111** Bismarck: Aufnahme vom 31. August 1890, Bundesarchiv, Koblenz. **112** Karikatur Bismarck: Aus *Punch*, London, 29. März 1890. **113** Wilhelm II., linkes Bild: Postkarte von 1905, Deutsches Historisches Museum, Berlin. Wilhelm II., rechtes Bild: Cover von *Time Magazine*, 28. Juni 1926. **115** Dorf in der Umgebung von Kolerowo: Sammlung OFV, unbekannter Fotograf. Mir-Versammlung: http://upload.wikimedia. org/wikipedia/commons/b/b8/Selskiy_shod_1900-1903.jpg?uselang=ru (Januar 2014), unbekannter Fotograf. **117** Industrieanlage in Kyn: Library of Congress, Washington/USA. **118** Wappenblatt: Aus Ludwig Suter: Schweizer Geschichte für Schule und Haus. Einsiedeln 1912. **119** Landeskarte: aus Walter, Barbara et al.: Die Erfindung der Schweiz 1848–1948: Bildentwürfe einer Nation, Zürich 1998, S. 140. Original im Bundesarchiv, Schwyz. Postkarte: Postkarte aus dem Abstimmungskampf um die Wahlrechtsreform in der Schweiz, 1910, aus Kreis, Georg: Der Weg zur Gegenwart. Die Schweiz im neunzehnten Jahrhundert. Basel 1986, S. 200. **122** Gardner: U.S: Dept. of the Interior, National Park Service, Antietam National Battlefield, Sharpsburg, MD/USA **123** Bild William Balfour Ker: Aus Sinclair, Upton: The Cry for Justice. An Anthology of the Literature of Social Protest. Illustrated with reproductions of social protest, Philadelphia 1925, S. 92. **124** Grafik: Autor. **125** Bild Dürer: siehe S. 43. Zitat: Wackenroder Wilhelm Heinrich: Herzergiessungen eines kunstliebenden Klosterbruders. 1797, 121 f., zitiert nach: Klinke Harald, Dürers Selbstportrait von 1500. Norderstedt 2004, S. 60. **126** Schreber: http://upload.wikimedia.org/wikipedia/commons/1/1c/Geradhalter_%28Schreber%29.png (Januar 2014). **131** Der Streik: Gemälde von Robert Koehler, Deutsches Historisches Museum, Berlin. **132** Malkurs: aus Im Licht der Dunkelkammer: Die Schweiz in Photographien des 19. Jahrhunderts aus der Sammlung Herzog, Basel 1994, S. 199; Schweizerisches Landesmuseum Zürich/Foto Otto Rietmann. **133** Studentinnen/Streikende: Beide Abb. aus Schweizerischer Verband für Frauenrechte (Hrsg.): Der Kampf um gleiche Rechte – Le combat pour droits égaux, Basel 2009, S. 47, Abb. 5(Original im Universitätsarchiv Bern) und S. 211, Abb. 23. **134** Theodor Herzl: Aufnahme von Ephraim Moses Lilien(1874–1925), http://en.wikipedia.org/wiki/File:Theodor_Herz007.jpg (Januar 2014). **135** Auslandschweizer auf Sumatra: aus Walter, Barbara et al.: Die Erfindung der Schweiz 1848–1948: Bildentwürfe einer Nation, Zürich 1998, S. 140, Sammlung Moritz Suter, Basel. Kolonialwarenladen: © Schweizerisches Nationalmuseum (LM-73015). **139** Exposition Internationale 1937: BnF/Gallica, Foto H. Baranger. Deutscher Pavillon: aus Editions de la Société pour le développement du tourisme: Le guide officiel – Exposition internationale Arts et Techniques dans la vie moderne. Paris 1937, S. 4. Sowjetische Statue: RIA Novosti, Moskau. **140** Bild Florence Greene: www.jolpress.com>Florence Green (Januar 2014). **141** Europäische Aristokratie: www.geocities.com/s_petropol/Aristokratie (erloschen). **143** «Auf in den Kampf»: Foto Franz Tellgmann, Bildarchiv Preussischer Kulturbesitz, Berlin. **144** Schlachtfeld von Verdun 2005: http://commons.wikimedia.org/wiki/ File:Battlefield_Verdun.JPG, domaine public. **145** «Over the top»: Standbild aus dem Film «The Battle of The Somme» von J.H. Malins/G.B. McDowell (1916). **150** Scheidemann bei Republikausrufung: Deutsches Bundesarchiv, Koblenz, Bild 175-01448. Wagen von Compiègne: http://upload.wikimedia.org/wikipedia/commons/e/ec/Compiegnevagnen.jpg. **151** Zeitungsinserate: aus Rusterholz Armin: «Das Sterben will nicht enden!» Die Spanische Grippe-Epidemie 1918/19 in der Schweizer Armee mit besonderer Berücksichtigung der Glarner Militäropfer. Arni 2008, S. 55. **152** Kaiserbesuch 1912: aus Maissen, Thomas: Schweizer Geschichte im Bild. Baden 2012, S. 196, Zentralbibliothek Zürich, Grafische Sammlung und Fotoarchiv. **153** Lenins Küche: aus Peter Pfrunder et al.: Seitenblicke: Die Schweiz 1848 bis 1998 – eine Photochronik, hrsg. von: Schweizerische Stiftung für die Photographie, Zürich 1998, S. 161, Foto von Anton Krenn, ©Schweiz Stiftung für Photographie. Plakat: aus Walter, Barbara et al.: Die Erfindung der Schweiz 1848–1948: Bildentwürfe einer Nation, Zürich 1998, S. 388. **155** Dolchstosslegende: aus Gerhard Paul (Hrsg.): Das Jahrhundert der Bilder. 1900 bis 1949. Göttingen 2009, S. 301. **158** Beide Bilder aus Wegner, Armin Theophil: Die Austreibung des armenischen Volkes in die Wüste. Göttingen 2011, S. 49 und 50. Fotos: ©Deutsches Literaturarchiv. **159** Versailler Diktatfriede: Illustration aus Simplicissimus, 3. Juni 1919, S. 132. **160** Marsch auf Rom: Aufnahme vom 28. Oktober 1922, unbekannter Fotograf, gefunden auf http://s1201.photobucket.com/user/Dimesius/media/COM02/w10_21028037.jpg.html (Januar 2014). **161** Archiv OFV, Fotograf unbekannt **162** Hitler: Fotograf unbekannt, Archiv Dr. J. Boesch, Aarau **164** Briefmarke: http://upload.wikimedia.org/wikipedia/commons/ Надпечатка на марке 200 - 2 миллиона марок.jpg. (https://de.wikipedia.org/wiki/Deutsche_Inflation_1914_bis_1923) **165** George Grosz, Stützen der Gesellschaft: The Yorck Project, Zenodot GmbH, Berlin, Original in der Neuen Nationalgalerie, Berlin. Schwarzenbach/Maillart: Foto vom 3.6. 1939, Fotograf unbekannt, gefunden auf http://www.wdr3.de/hoerspielundfeature/annemarieschwarzenbach102_lpic-1_lupe-true.html (Januar 2014). **166** Retter Stresemann: Simplicissimus, 14. Mai 1923 (Titelbild), online http://www.simplicissimus.info > Personensuche Stresemann. Vertrag von Locarno: Deutsches Bundesarchiv, Koblenz, Bild 183-R03618. **167** Völkerbundspalast, Genf: Auf http://geneva.cityseekr.com/venue/189817-palace-of-nations-palais-des-nations (Januar 2014). **169** Atatürk: http://ataturk-gencligi.deviantart.com/art/Mustafa-Kemal-Ataturk-13633139 (Januar 2014). **171** Lenin 1887: http://de.wikipedia.org/w/index.php?title=Datei:Lenin-circa-1887.jpg&filetimestamp=20110421042904. Lenin 1895: http://de.wikipedia.org/w/index.php?title=Datei:Lenin-1895-mugshot.jpg&filetimestamp=20101220002009. Lenin 1917: http://de.wikipedia.org/wiki/Datei:Lenin-last-underground_,1917.jpg. Lenin1920: http://upload.wikimedia.org/wikipedia/commons/archive/4/43/20110523210830!Lcnin_CL.jpg. (alle Januar 2014) **172** Kerenski: Fotoarchiv University of Portland, Oregon/USA. Sturm auf Winterpalast: Standbild aus Sergej

Bildnachweis

Eisensteins Film «Oktober» (1928), bearbeitet. **174** Plakat Weltrevolution: aus Waschik Klaus, Baburina Nina: Werben für die Utopie: russische Plakatkunst des 20. Jahrhunderts. Bietigheim-Bissingen 2003. S. 103, Abb. 115. **175** «Genosse Lenin»: Plakat von Viktor Deni (eigentlich: Viktor Denisov), in http://en.wikipedia.org/wiki/File:Tov_lenin_ochishchaet.jpg. (Januar 2014) **176** Stalin 1928: Archiv Ullstein, Berlin. **178** Iwanowo-Woskressensk: Archiv RIA Novosti, Moskau. Briefmarke: http://s-collection.com.ua/ru_co1_marki_sssr_1985_g._3.html (Januar 2014). **179** Plakat Kollektivierung: Aus Waschik Klaus, Baburina Nina: Werben für die Utopie: russische Plakatkunst des 20. Jahrhunderts. Bietigheim-Bissingen 2003, S. 324, Abb. 411. Holodomor: http://obozrevatel.com/photo/vspominaem-zhertv-golodomora-i-politicheskih-repressij-v-ukraine.html (Januar 2014). **180** Engelzina: Titelseite *Iswestija* vom 26. Juni 1936, Fotograf unbekannt. **182** Brasilien: Archiv Ullstein, Berlin. **183** Empire State Building: zeitgenössische Postkarte, gefunden auf http://classconnection.s3.amazonaws.com/502/flashcards/806502/jpg/empire_state_nyc1323268378769.jpg (Januar 2014). **184** Kentucky Flood: Aufnahme in Louisville, Kentucky, Februar 1937/©Time Inc./Margaret Bourke-White. **187** Hitler und Hindenburg: 21. März 1933, Deutsches Bundesarchiv, Koblenz, Bild 183-S38324. **188** Ossietzky: Foto von 1934, Deutsches Bundesarchiv, Koblenz, Bild 183- R70579. **190** Hitlerjungen und Bilder S. **192** oben links und rechts: aus dem Film «Triumph des Willens» von Leni Riefenstahl (1935). Treffen Riefenstahl–Hitler: aus Filmmuseum Potsdam (Hrsg.): Leni Riefenstahl. Berlin 1999, S. 64. **193** Kdf_Plakat: Archiv Institut für Zeitgeschichte, München. Nürnberger Gesetze: Bildtafel zu den «Nürnberger Blutschutzgesetzen», veröffentlicht am 15. September 1935 vom Reichsausschuss für Volksgesundheit, United States Holocaust Memorial Museum Collection. **194** Stapellauf Horst Wessel: aus Gerhard Paul (Hrsg.): Das Jahrhundert der Bilder. 1900 bis 1949. Göttingen 2009, S. 491 Quelle: sz-photo/Scherl. **195** PCF Wahlplakate: aus Margairaz, Michel: L'avenir nous appartient!, Paris 2006, S. 60. **197** Guernica: Museo Reina Sofia, Madrid. **198** Alkoholiker-Plakat: Privatbesitz/Foto Autor. Siegfried: KEYSTONE/Fotostiftung Schweiz/Foto Hans Staub. **200** Sanktionen gegen Italien: Archiv Dr. J. Boesch, Aarau. Karikatur Jean Sennep: Archiv Dr. J. Boesch, Aarau. **201** Autobahnplakat: Plakat von Robert Zinner, anläßlich der Olympischen Spiele 1936 in deutscher und englischer Sprache herausgegeben, Courtesy of Persuasive Images, Stanford, Cal./USA. **205** Einmarsch in Prag: Archiv OFV, Zürich. **206** Ribbentrop-Molotow-Pakt: Aufnahme vom 23. August 1939, National Archives & Records Administration, Washington, DC/US, ARC identifier: 540196. Geheime Karte: aus Dahm Volker (Hsg.): Die tödliche Utopie. Bilder, Texte, Dokumente, Daten zum Dritten Reich. München, 1985, S. 562. Original im Institut für Zeitgeschichte, München. **207** Karikatur Hitler und Stalin: *Evening Standard*, London, 4.11.1939. **208** Grenzbarriere Danzig. Großes Bild: Aus Zentner Christian (Hsg.): Der Zweite Weltkrieg. Daten, Fakten, Kommentare. Rastatt 1994, S. 31. Kleines Bild: ullstein bild/sz photo. **209** Molotowcocktail: http://commons.wikimedia.org/wiki/ File:Molotovin_cocktail.jpg (Januar 2014), Foto Ohto Kokko. **210** Zerstörung von Rotterdam: http://www.archives.gov/research_room/arc/ ARC Identifier: 535916; U.S. Defense Visual Information Center photo HD-SN-99-02993. **212** Plakat: aus Waschik Klaus, Baburina Nina: Werben für die Utopie : russische Plakatkunst des 20. Jahrhunderts. Bietigheim-Bissingen 2003, S. 276, Abb. 352 Foto des Plakats: Ebenda, S. 276, Abb. 354. **213** Pearl Harbour: Foto vom 7. Dezember 1941, National Archives & Records Administration, Washington, DC/US, ARC identifier: 1172763. **215** Großmufti: Deutsches Bundesarchiv, Koblenz, Bild 146-1987-004-09A. Deportation Lörrach links: aus Nachama Andreas, Hesse Klaus (Hsg.): Vor aller Augen. Die Deportation der Juden und die Versteigerung ihres Eigentums. Fotografien aus Lörrach, 1940. Berlin 2011. 46 f. Original im Stadtarchiv Lörrach, Film 1, Bild 28. Versteigerung Lörrach rechts: Ebenda, S. 82, Original im Stadtarchiv Lörrach, Film 8, Bild 22. **217** Erschießung: Yad Vashem, Jerusalem/Israel, Photo Archives 85DO2 **218** Stalingrad links: Deutsches Bundesarchiv, Koblenz, Bild 116-168-618. Stalingrad rechts: Deutsches Bundesarchiv, Koblenz, Bild 183-W0506-316. **219** Flugblatt der Weißen Rose: © Gedenkstätte Deutscher Widerstand, Berlin. **220** Bilder Sonderkommando: aus Didi-Huberman Georges: Bilder trotz allem. München 2007, S. 29 f. Original: Oświęcim, Staatliches Museum Auschwitz-Birkenau, Courtesy of Fink-Verlag, München **221** Iwo Jima: Foto von Joe Rosenthal, Associated Press, February 23, 1945. 80-G-413988, The U.S. National Archives and Records Administration, College Park, MD/USA. **222** Hitlerjunge Willi Hübner: Deutsches Bundesarchiv, Koblenz, Bild 183-G0627-500. **223** Reichstag: Flagge http://www.lwl.org/pressemitteilungen/daten/bilder/40955.jpg (Januar 2014), © Foto Chaldej Anna. Briefmarke: Herausgegeben am 5. Mai 1970 vom Ministerium für Post- und Fernmeldewesen der damaligen DDR. **224** Popowski: aus Spira, Henry: La frontière jurassienne au quotidien 1939-1945. Genève 2010, S. 592. Original im Schweiz. Bundesarchiv, Bern, Dossier N03775/1985/Vol 196. **225** Atombombe Nagasaki : The U.S. National Archives and Records Administration, College Park, MD/USA, Image 208N-43888, Foto von Charles Levy aus einem B-29 Bomber. **227** Oben links: Cover der Zeitschrift *Collier's*, 27. Oktober 1951. Oben rechts: Plakat von V.I. Goworkow, 1948, gefunden auf http://sapozhkov.com/?p=208 (Januar 2014). Unten links: Cover des Comics *Is this tomorrow?*, © 1947 Catechetical Guild, St. Paul, Minn./USA, Autor und Zeichner nicht genannt, gefunden auf http://upload.wikimedia.org/wikipedia/commons/2/21/Is_this_tomorrow.jpg (Januar 2014). Unten rechts: Plakat von N. I. Tereschenko, 1959, gefunden auf http://topreferat.znate.ru/docs/index-45969.html (Januar 2014). **230** Kinder in Ruanda: UNICEF/Foto Jean-Claude Mutabazi. **232** Churchills handschriftliche Notiz wird aufbewahrt im Public Record Office, London, PREM 3/66/7, vgl auch: http://upload.wikimedia.org/wikipedia/commons/d/d8/Percentages_Agreement.png (Januar 2014). **234** Konferenz Jalta : Army Signal Corps Collection in the U.S. National Archives, Washington, USAC-543 (Color). Statue große Troika : Panorama Museum, Wolgograd/Russland. **238** Tito: Bundesministerium für Landesverteidigung und Sport, Wien. **239** George Marshall: official military photo, 1946, U.S. Department of Defense, DASD-05-00593. **241** Castle-Bravo: http://nuclearweaponarchive.org/Usa/Tests/BravoC1600c20.

Bildnachweis

jpg. **242** Poseidon-Rakete: National Archives, Washington, Released to Public ID: DFSC8405193. **243** Cruise Missile: U.S: Navy, Washington, DC/ USA, photo released to public, 021110-N-0000X-003. **244** SDI: Department of Defense, Washington/USA, Air_Force/ DF-SC-85-03352. **246** Luftbrücke: United States Air Force Historical Research Agency, Permission USGOV-PD. **247** Flucht: Archiv Central Intelligence Agency, Washington/USA, gefunden auf https://www.cia.gov/library/publications/historical-collection-publications/index.html (Januar 2014). Brandts Kniefall: © Stiftung Haus der Geschichte der Bundesrepublik Deutschland, Bonn. **249** Karikatur: Archiv OFV. **250** Kubakrise: United States Air Force Historical Research Agency, Permission USGOV-PD. **253** Kim Phuc: KEYSTONE/AP/Foto Nick Ut. **256** Friedensbewegung: aus Deutschland in den 70er/ 80er Jahren. Informationen zur politischen Bildung 270. 12. Quartal 2001. S. 28, Archiv Ullstein, Berlin. **257** Reagan und Gorbatschow: Ronald Reagan Presidential Library, Simi Valley, CA/USA, Photo ID C31982-1. Samantha Smith: http://upload.wikimedia.org/wikipedia/commons/d/d0/USSR_stamp_S.Smith_1985 _5k.jpg (Januar 2014). **258** Politbüro: Plakat von 1981, veröffentlicht in «Moskva Stoliza», Moskau 1997. **261** Gorbatschow: Archiv RIA Novosti, Moskau, Photo-ID 359290. **262** Jelzin vor dem Weißen Haus, 19.8. 1991, Foto ITAR-TASS, Moskau. Jelzin und Gorbatschow: Corbis. **265** Lech Walesa: KEYSTONE/AP. Anna Walentynowicz: Foto: W. Górka. **266** Korvin: www.wikimedia. org, Aufnahme vom 23. 10. 2006, Foto von Andreas Poeschek, Creative Commons Attribution–Share Alike 2.0, Austria. **268** Prager Frühling: Foto Ladislav Bielik, © Peter Bielik, Bratislava. **270** Fall Berliner Mauer: Corbis. **271** Wappen: Slowenien: http://upload.wikimedia.org/wikipedia/commons/2/2c/SR_Slovenia_coa.png Kroatien: http://upload.wikimedia. org/wikipedia/commons/thumb/c/c0/Coat_of_Arms_of_the_Socialist_Republic_of_Croatia.svg/20 00px-Coat_of_Arms_of_the_Socialist_Republic_of_Croatia.svg.png. Bosnien: http://upload.wikimedia.org/wikipedia/commons/thumb/ f/f5/Coat_of_Arms_ of_the_Socialist_Republic_of_Bosnia_and_Herzegovina.svg/2000px-Coat_of_Arms_of_the_Socialist_Republic_of_Bosnia_and_Herzegovina.svg.png Serbien: http://upload.wikimedia.org/wikipedia/commons/thumb/a/ad/Coat _of_Arms_of_ the_Socialist_Republic_of_Serbia.svg/2000px-Coat_of_Arms_of_the_Socialist_Republic_of_Serbia.svg.png. Montenegro: http://upload.wikimedia.org/wikipedia/commons/4/4b/SR_Montenegro_coa.png. Mazedonien: http://upload.wikimedia.org/wikipedia/commons/thumb/d/da/Coat_of_arms_of_the_Republic_of_Macedonia.svg/2000px-Coat_of_arms_of_the_Republic_of_Macedonia.svg.png verkleinert und neu kombiniert. **272** Kulturpalast Rumänien: http://www.rumaenien-info.at/de/sehenswuerdigkeiten/schloesser-palaeste/209 (Januar 2014). Kulturpalast Bulgarien: Vacaciones Bulgaria, Sofia, Foto Mariana Ivanova Rusev. **275** Cola-Werbung: akg-images GmbH, Archiv für Kultur und Geschichte, Berlin. **276** Jim Crow: Lithografie, New York um 1832. Wasseranschluss: Foto von Elliot Erwitt, Magnum, New York, Foto Elliot Erwitt. **277** Rosa Parks: National Archives and Records, Administration Records of the U.S. Information Agency Record Group 306. **278** Europarat-Flagge: © Council of Europe, Strasbourg. NATO-Flagge: © North Atlantic Treaty Organisation (NATO), Brüssel. 280 CDU-Wahlplakat: © Stiftung Haus der Geschichte der Bundesrepublik Deutschland, Bonn. **281** Petersberg: Foto Ullstein bild/dpa. **282** Oben: Kaufhof 1957, Archiv OFV, Fotograf unbekannt. Unten: https://www.galeria-kaufhof.de/filialen/files/media/Storeimages/12/GALERIA-Kaufhof-Frankfurt-An-der-Hauptwache-01.jpg. (Januar 2014). **283** Kaufhof-Brandstifter: Foto dpa. Karikatur links: aus Deutschlandbilder: Das vereinigte Deutschland in der Karikatur des Auslands, Hg. Haus der Geschichte der Bundesrepublik Deutschland, München/New York: Prestel, 1994, S. 30; Zeichnung von Laurence Clarke, *New Zealand Herald*, 4.10. 1990. Karikatur rechts: Roy Peterson, *Vancouver Sun*, C & W Syndicate, 1990. **284** Archiv Süddeutscher Verlag, München. **288** Karikatur Böckli: Aus Knobel, Bruno: Wie sie St. Jakob sah. Schweizerisches Jugendschriftenwerk, Zürich 1963, S. 47. Festschrift Zivilschutz: aus Aeberhard, Robert: Vom Luftschutz zum Zivilschutz. Solothurn 1983, S. 120 und 157, Fotos von Fritz Friedli, Bern. **290** Evakuation der Harkis: ECPAD – Médiathèque de la Défense, Ivry-sur-Seine, France; SCA-ECPAD, ALG-62-162-R32, Fotograf unbekannt. **291** Thatcher und Reagan: White House Photo Office. Wandmalerei: Rossville Street, Derry/Londonderry, Northern Ireland/UK, CAIN Web Service, University of Ulster, Derry/Londonderry, Foto Bill Rolston. **293** Aldo Moro: Foto zwischen 16.3. und 9.5.1978 von einem Mitglied der Roten Brigaden aufgenommen. **297** Heuernte: http://www.schule-bw.de/unterricht/faecheruebergreifende_themen/landeskunde/mo delle/verbuende/geowissenschaften/landwirtschaft/pfitzingen/photoalbum_pfitzingen/b1a.jpg; © Tilman Zeller, Landwirtschaftsamt Bad Mergentheim. Fahrradmontage: http://wettengl. info/Blog/Dokumente/D067-Opel-ab-1923-Fahrradmontage-Fahrradverpackung.jpg (Januar 2014). Computer: http://www.columbia.edu/cu/computinghistory/eniac.html (Januar 2014). **299** Druckereimanufaktur: aus Die Schweiz und ihre Geschichte, Zürich 2005, S. 233. **300** Burg Wetter: The Yorck Projekt, 10.000 Meisterwerke der Malerei. DVD-ROM 2002; Zenodot GmbH, Berlin, Original in Privatbesitz. **301** Knabe: aus Peter Pfrunder et al: Seitenblicke: die Schweiz 1848 bis 1998, hrsg. von: Schweizerische Stiftung für die Photographie, S. 173; Foto Heinrich Bauer, Sammlung Fred und Manuel Bauer. **304** Pferde-Auto: aus *Automobil-Welt*, Januar 1903, S. 95. **305** Siemens-Aktie: www.siemens.com/presspictureswww.siemens.com/Pressebilder/160-Jahre-Siemens (Januar 2014). **306** KEYSTONE/Fotostiftung Schweiz/Hans Staub. **307** Annonce: aus Berger Roger: Basel vor hundert Jahren, Basler Zeitung, o J. (2003), o S. **309** Selbstbedienungsladen: aus Brändli, Sibylle: Der Supermarkt im Kopf. Wien 2000, S. 84; Quelle: Schweizerischer Konsum-Verein, 6.11.1948. **311** Oben rechts: Collage unter Verwendung von folgender Quellen: http://commons.wikimedia.org/wiki/File:EF83_von_Valvo.JPG; http://upload.wikimedia.org/wikipedia/commons/0/0e/Transistors -white.jpg; http://upload.wikimedia. org/wikipedia/commons/e/e1/Power-DIP_Power-SO20.jpg. (alle Januar 2014). Schülergeräte: Foto Autor. **312** 68er-Bewegung: aus Koenen, Gerd: 1968, Bildspur eines Jahres. Köln 2008, S. 82; Foto Klaus Lehnart, Bildarchiv Preußischer Kulturbesitz, Berlin. **314** Frauenstreiktag: Klaus Rózsa/photoscene.ch. **317** Hausstein: http://upload.wikimedia.org/wikipe-

Bildnachweis

dia/commons/8/80/Hauszeichen_Arche_Noah.jpg (Januar 2014). Karikatur: *Nebelspalter*, 1971, Heft 44, S. 42; Zeichnung Hans Moser **319** Freimaurerloge: Kupferstich, um 1745, Aargauische Kantonsbibliothek, Aarau. **322** Luftpumpe: http://upload.wikimedia.org/wikipedia/commons/2/22/An_Experiment_on_a_Bird_in_an_Air_Pump_by_Joseph_Wright_of_Derby%2C_1768.jpg (Januar 2014). **323** Chemisches Laboratorium: aus Planches de l'Encyclopédie de Diderot et d'Alembert, volume 2b, Laboratoire, Paris 1763, Aargauische Kantonsbibliothek, Aarau. **325** http://commons.wikimedia.org/wiki/File: Caspar_David_Friedrich_-_Der_M%C3%B6nch_am_Meer_-_Google_Art_Project.jpg (Januar 2014). Bräker: Aus Collection de costumes suisses tirés du cabinet de Mr. Meyer d'Aarau/par F.N. König, Unterseen 1804, Druckgrafik nach Aquatinta von Franz Niklaus König (1765–1832). **326** Grabmal: https://upload.wikimedia.org/wikipedia/commons/7/7a/Grabmal_der_Liebe2. jpg?uselang=de. **328** Brief Röntgen: Sammlung Dr. J. Boesch, Aarau. **329** Charles Darwin: http://upload.wiki media.org/ wikipedia/commons/2/2e/Charles_Darwin_seated_crop.jpg (Januar 2014). **330** Kongress: http://upload.wikimedia.org/wikipedia/commons/4/45/Psychoanalitic_Congress.jpg (Januar 2014). **332** Haeckel: http://upload.wikimedia.org/wikipedia/de/1/11/Erstausgaben_f%C3%BCr_Wikipedia_I_135.jpg (Januar 2014). Logo Eugenik-Kongress: https://commons.wikimedia.org/wiki/File:Eugenics_congress_logo.png (Januar 2014). **333** Courbet: Musée d'Orsay, Paris. **334** Renoir: Musée d'Orsay, Paris. Munch: Nasjonalgalleriet, Oslo. **335** Métro, Paris: Gruber Marlen, Zürich. Akt im Wald: Ermitage-Museum, St. Petersburg. **336** Sacré-Coeur: Giraudon, Paris. Bauhaus: http://commons.wikimedia.org/wiki/File:Bauhaus. JPG Foto Mewes, public domain. **337** Theater im Jahre 2000: aus Weltgeschichte im Bild, Aarau 2000, Band 9, S. 100; Sammlung Lindt und Sprüngli AG, Kilchberg **338** Abendgesellschaft: aus Lossau, Norbert: Röntgen, Köln 1995, S. 10. **339** Karten: Eigenzeichnung nach Vogt O.: Die Basler Cholera-Epidemie vom Jahre 1855. Schweizerische Zeitschrift für Hygiene und Archiv für Wohlfahrtspflege, 12. Heft, 9. Jahrgang. Zürich 1929, S. 830–846. **341** Franklin: http://en.wikipedia. org/wiki/File: Rosalind_Franklin.jpg (Januar 2014); Foto © Jewish Chronicle Archive/Heritage-Images, London. Foto 51, Röntgenbild: https://upload.wikimedia.org/wikipedia/en/b/b2/Photo_51_x-ray_diffraction_image.jpg (Januar 2014). Doppelhelix: aus Paul Gerhard: Das Jahrhundert der Bilder. 1949 bis heute. Göttingen 2008, S. 73. **342** Mondlandung: Archives NASA, Houston/USA. **344** Pop Art: http://upload.wikimedia.org/wikipedia/commons/5/5f/LOVE_sculpture_NY_cropped.jpg (Januar 2014). Fotorealismus: Ralph's Diner (1982), Collection of Stephen Alpert, Waltham, MA/USA, © Ralph Going. Performance: http://en.wikipedia.org/wiki/File:ZoneImmaterielKlein2.jpg (Januar 2014). **345** Minimal Art : http://upload.wikimedia.org/wikipedia/commons/6/61/Donald%D6%B9Judd_IMJ.JPG (Januar 2014). Land Art : http://commons.wikimedia.org/wiki/File:Spiral -jetty-from-rozel-point.png (Januar 2014). **346** DDT-Spraypumpe: Getty images/ Foto Georg König. **347** Blue Marble: Archives NASA, Houston/USA. **349** Edward Quin: http://www.davidrumsey.com/luna/servlet/detail/RUMSEY~8~1~29400~1130 450; David Rumsey Map Collection, Cartographers Association, San Francisco/USA. Weltkarte: Vom Autor geschaffene Karte auf Basis der Peters-Projektion. **352** Links: aus Paul, Gerhard (Hrsg.): Das Jahrhundert der Bilder. Bildatlas 1900 bis 1949. Göttingen 2009, S. 269. Mitte: aus Margairaz, Michel: L'avenir nous appartient!, Paris 2006, S. 175. Rechts: Naval Historical Center Online Library, Washington/DC, USA, Photo #: NH 95624. **354** Brief Roosevelt: http://www.vanguardiaaprista.com/090747hugovallenas.html. **355** Degendiebstahl: Robert Lebeck/stern/Picture Press. **358** Angela Davis: Courtesy of Angela and Fania Davis. Hungerndes Kind: Sygma-Corbis/Kevin Carter **359** Simon Bolivar: http://albaciudad.org/wp/wp-content/uploads/2012/07/SimonBolivar21.jpg (Januar 2014). Toussaint Louverture : Porträt auf haitianischer 20-Gourde-Note (2001). **361** Versteigerung von Sklaven: Stahlstich nach Zeichnung von François-Auguste Briard, aus Briard: Deux années au Brésil, Paris 1882, S. 95. **363** Che Guevara: Foto Alberto Korda, 1960. Allende: Corbis/Luis Orlando Lagos Vázquez. **364** Favela: Foto Halley Oliveira. **365** Brasilia: Corbis. **367** Romero:http://www.vox.com.mx/wp-content/uploads/2013/ 04/El-Salvador-monsenor-Oscar-Romero.jpg. Mendes: http://www.jornalgrandebahia.com.br/wp-content/uploads/2013/12/Chico-Mendes.jpg. Rigoberta Menchu: http://site.adital.com.br/site/noticia.php?lang=ES&cod=77 668 (alle Januar 2014). **369** Timbuktu: http://tresors-d-islam.centerblog.net/6-tombuktu-mali-mosque-djenne (2014). **371** Heinrich Barth: Aus Barth, Heinrich: Reisen und Entdeckungen in Nord- und Centralafrika. 5 Bände. Gotha 1855–1858, Bd. 2, S. 632. Manilla: http://upload.wikimedia.org/wikipedia/commons/1/13/Manillaokhapo.JPG. Kaurischnecke: http://upload.wikimedia.org/wikipedia/commons/b/bc/Monetaria_annulus_0011.JPG (beide Januar 2014). **374** Carl Peters: Aargauische Kantonsbibliothek, Aarau. Herero-Tag: http://www.klausdierks.com/images/Namibia_Otjozondjupa_Okahandja_HereroDay 2003_27.JPG (Januar 2014); Foto Dr. Klaus Dierks. **375** Strickende Mädchen: http://digitallibrary.usc.edu/cdm/singleitem/collection/p15799 coll123/id/5793/rec/1 (Januar 2014); Foto Basler Mission, Evangelische Missionsgesellschaft, Basel **378** Senghor: Corbis. Basilika: Corbis. **379** Nkrumah, John F. Kennedy Presidential Library and Museum, JFKWHP-AR6409-A, Foto Abbie Rowe **380** Befreiungskampf Namibia: Sammlung Dr. J. Boesch **382** Mandela und de Klerk: KEYSTONE/AP/Denis Farel. **384** Sankara: http://praza.com/falase/11997/ (Januar 2014) **386** Audienz des französischen Gesandten: Original im Topkapi Sarayi Müzesi, Istanbul. **387** Karikatur: *Punch*, 28. November 1896. Lawrence: Aufnahme von 1918, British Army Files, unbekannter Fotograf. **388** Nasser: KEYSTONE. Sayyid Qutb: Aufnahme von 1965 im Gefängnis, unbekannter Fotograf. **390** www.imamkhomeini.com (Januar 2014). **391** Iran-Irak-Krieg: http://upload.wikimedia.org/wikipedia/commons/0/0a/Iranian_Women_cooking_for_soldiers_in_Iran-Iraq_War.jpg?uselang=de, GNU Free Documentation License 1.3 **393** Nakba: http://upload.wikimedia.org/wikipedia/commons/0/09/Nakba_Day_2010_Hebron.JPG (Januar2014); Creative Commons Attribution – Share Alike 3.0/Foto Shy Halatzi. Klagemauer 1967: Jedi'ot Acharonot/DavidRubinger. Klagemauer heute: AP/Amit Shabi. **394** Golda Meir: Corbis. **395** Yassir Arafat: www.wikipedia.org/Wikimedia Creative Commons Attri-

Bildnachweis

bution – Share Alike 3.0/Foto Fadi Elsalameen. **396** Oslo: Foto Vince Musi, The White House, courtesy of Clinton Presidential Materials Project **398** Waltz with Bashir: http://www.sinemakulubu.com/blog/wp-content/ uploads/2012/04/sc_106-1.jpg (Januar 2014). **399** Taj Mahal: http://commons.wikimedia.org/wiki/File:The_Taj_Mahal,Agra.jpg; Photo of ASI monument number N-UP-A28-a, © Subhrajyoti, Creative Commons Attribution-Share Alike 3.0 Unported **403** Gandhi und Nehru: http://www.loc.gov/pictures/item/94505194/. **406** Indira Gandhi: Corbis. **407** Kinderarbeit: Theodoric L. Dom/terre des hommes **409** Karikatur: Anonymes Flugblatt, 1854. Aus Zöllner, Reinhard: Geschichte Japans. Paderborn 2006, S. 144. Kaiser Mutsuhito: http://upload.wikimedia.org/wikipedia/commons/a/a8/Black_and_white_photo_of_emperor_Meiji_of_Japan.jpg (Januar 2014). **410** Jap. Kaiser in Eisengießerei: Stich aus der Zeitschrift *L'Illustration* (1888), Sammlung Dr. J. Boesch, Aarau. **413** MacArthur und Kaiser Hitohito: United States Army, Foto Lt. Gaetano Faillace. **415** Beamtenprüfung: http://upload.wikimedia.org/wikipedia/commons/1/13/Palastexamen-SongDynastie.jpg (Januar 2014). **417** Karikatur Aufteilung: aus Schmidt-Glintzer, Helwig: Kleine Geschichte Chinas. München 2008, S. 168. Quelle: *Le Petit Journal*, No. 374, 16.1.1898. Kaiserinwitwe Cixi: http:// upload.wikimedia.org/wikipedia/commons/5/51/Empress-Dowager-Cixi1.jpg (Januar 2014), Gemälde von Hubert Vos(1855–1935). **418** Sun Yat-sen: http://upload.wikimedia.org/wikipedia/commons/9/99/Sun_Yat_Sen_portrait.jpg (Januar2014), Fotograf unbekannt. Chiang Kai-shek: States Library of Congress's Prints and Photographs Division IDcph.3a40247, Fotograf unbekannt. **420** Mao Zedong: Aus *China Pictorial*, Special Issue, 1966/9. **421** Massendemonstration: http://library.thinkquest.org/26469/cultural-revolution/history.html (Januar 2014), Fotograf unbekannt. Propagandaplakat Kulturrevolution: http://www.aliexpress.com/item-img/Collectibles-Chinese-Communist-Propaganda-Poster-free-shipping/519134576.html (Januar 2014). **422** Tienanmen-Platz: Corbis/Charles Cole. **426** Aung San Suu Kyi: http://upload.wikimedia.org/wikipedia/commons/2/2b/Aung_San_Suu_Kyi_gives_speech.jpg (Januar 2014); Foto Htoo Tay Zar, Creative Commons Attribution-Share Alike 3.0 Unported. Abtransport: Magnum Photos/ Henri Cartier-Bresson. **427** Corazon Aquino: Defenseimagery.mil, Departement of Defense, DF-ST-87-06673, Foto SSGT Ronald J. Mann. **428** MacArthur-Karte: © The Wise Guy Network, LLC, 2009. Felsritzung: http://www.moyraleblancsmith.com/wp-content/uploads/2011/11/007-Nanguluwurr-Cave-061.jpg (Januar 2014); © Foto Moyra Le Blanc Smith. **433** 1. Reihe links, Schulspeisung: Foto: hessnatur. 1. Reihe rechts, Jugendgewalt: nachgestellte Szene aus dem Film «Gegengerade». Sabotakt Filme 2010, Regie: Tarek Ehlail, Buch: Dr. Moses Arndt. 2. Reihe links, Renaturierung Aare bei Rubigen: Foto © «Petri-Heil» Fischerei-Fachzeitschrift. 2. Reihe rechts, Müll: http://napoligarbage.files.wordpress.com/2011/04/via-arenaccia-3.jpg (Januar 2014). 3. Reihe links, Flugzeugschrott: United States Defense Threat Reduction Agency DTRA, Fort Belvoir, Virginia/USA. 3. Reihe rechts, Patriot-Rakete: Foto: ddp images. 4. Reihe links, Essen: http://oraclecharterschool.org/teens-tipshealthy-diet/ (Januar 2014); Foto: Miranda Sokan, The Oracle Charter School, Buffalo/NY, USA. 4. Reihe rechts, Hunger: http://upload.wikimedia.org/wikipedia/commons/3/39/A_malnourished_child_in_an_MSF_treatment_tent_in_Dolo_Ado.jpg (Januar 2014) Wikimedia Creative Commons Attribution License, Foto Cate Turton/Departement for International Development. **435** Mittelmeerflüchtlinge: © Avvenire Nuova Editoriale Italiana, Milano. **439** Occupy-Bewegung: KEYSTONE/Ennio Leanza. **441** Reiskultur: http://abhishekkuril.net/tag/agriculture (Januar 2014); Foto Abhishek Kuril. **445** Aralsee: http://commons.wikimedia.org/wiki/File:Aral_Sea_2011.jpg (Januar 2014). Beide Aufnahmen NASA, Houston/USA **447** Deponie: © Museum BL, Liestal, Fotosammlung Strübin ST 6014, Foto Theodor Strübin. Entrümpelung: ©Museum BL, Liestal, Fotosammlung Strübin ST 8059, Foto Theodor Strübin. **449** G20-Gipfel in St. Petersburg: ©Photo Host Agency **451** 11. September: http://commons.wikimedia.org/wiki/File:UA_Flight_175_hits_WTC_south_tower_9-11.jpeg?uselang=de (Januar 2014); Creative Commons-Lizenz 2.0 (nicht-portiert). Bin Laden: KEYSTONE/AP. **453** Obama Situation Room: White House Flickr Feed/Foto Pete Souza, Official White House Photographer, abrufbar unter http://commons.wikimedia.org/wiki/File:Obama_and_Biden_await_updates_on_bin_Laden.jpg (Januar 2014). **458** Sprengung Alusuisse: KEYSTONE/Jean-Christophe Bott. Novartis: Foto © autentic.info GmbH, Wangen im Allgäu, Deutschland. **459** Grounding: http://www.panoramio.com/photo/26222248; © Foto: Bernard Garon. Tunneldurchstich: © Foto AlpTransit Gotthard AG. **460** Putin: Alexey Druzhinin/AFP/Getty Images. **462** Orangene Revolution: http://upload.wikimedia.org/wikipedia/commons/f/f8/Morning_first_day_of_Orange_Revolution.jpg; Creative Commons Attribution-Share Alike 3.0 Unported. **463** Fukushima: Kyodo/Tokyo Electric Power Plant. **464** Tsunami: KEYSTONE/EPA/Andy Rain. **466** Landarbeiter: Aus Sebastião Salgado: Migranten. Frankfurt/M 2000, S. 305, © Foto Sebastião Salgado/Amazonas Images/Agentur Focus. Streikende südafrikanische Arbeiter: Foto Reuters/Mike Hutchings. **468** Srebrenica: Foto Dünya Bülteni, Istanbul. **471** Kriegsbilder: Jost Kurt. Powell-Präsentation: http://www.state.gov/cms_images/Slide21_600.jpg; die Aufnahme wurde vom damaligen Außenminister Colin Powell für seine Präsentation vor dem UNO-Sicherheitsrat am 5. 2. 03 verwendet. **472** Statue Saddam Husseins: Reuters/Goran Tomasevic. Saddam Husseins Gefangennahme: Foto Reuters/Handout. **473** Mohammed al-Dura: Foto KEYSTONE/AP **475** Kindersoldaten: aus West Africa. Youth, Poverty and Blood. The Lethal Legacy of West Africa's Regional Warriors, March 2005 Vol. 17, No. 5 (A) S. 22; Foto © 1996 Corinne Dufka, Human Rights Watch. **476** Sprayfiguren: Alle aus Schumacher Juliane, Osman Gaby: Tahrir und kein Zurück. Ägypten, die Bewegung und der Kampf um die Revolution. Münster 2012. 222, kein Bildquellennachweis. **479** Revolutionary Forces Syria Media Office (RFS) **481** Evo Morales: http:// www.agenciabrasil.gov.br/media/imagens/2007/12/17/1840MC44.jpg/view; Foto Marcello Casal Jr./ABr, Licença Creative Commons Atribuição 3.0 Brasil. Karte mit Morden: UNDOC: United Nations Office on Drug and Crime, World Drug Report 2013, 48, vom Autor bearbeitet.

Weitere Lernmedien aus dem Orell Füssli Verlag

Claudio Caduff,
Jakob Fuchs
Der Staat
Grundlagenbuch
Inkl. E-Book
978-3-280-04129-1

Politische Bildung für Mittelschulen

Das Lehrmittel fokussiert auf die Strukturen und Institutionen des Schweizer Staates sowie die Sicherheitspolitik auf nationaler und internationaler Ebene. Es werden die Position der Schweiz im internationalen Staatengefüge, verschiedene Regierungsformen und staatsbürgerliche Rechte und Pflichten behandelt.
Ergänzend sind ein Übungs- und Lehrerhandbuch sowie digitale Zusatzmaterialien erhältlich.

Claudio Caduff,
Manfred Pfiffner
Selbständiges Lernen
Kompetenzen für Schule, Studium und Beruf
Inkl. E-Book
978-3-280-04132-1

Methodische, soziale und individuelle Kompetenzen aufbauen und erweitern

Das Lehrmittel fördert die Fähigkeit, sich Wissen und Können selbständig anzueignen. Es zeigt auf, welche Strategien Lernende einsetzen müssen, um Lernprozesse erfolgreich und eigenverantwortlich zu steuern. Die Techniken werden schrittweise behandelt, eingeübt und angewendet. Ein Kapitel widmet sich der Prüfungsvorbereitung.
Separat ist ein didaktischer Leitfaden für Lehrpersonen erhältlich.

Pascal Frey
Literatur
Deutsch
am Gymnasium 3
Inkl. E-Book
978-3-280-04146-8

Zentrale Inhalte des Deutschunterrichts am Gymnasium

Die Reihe «Deutsch am Gymnasium» besteht aus zwei Grundlagenbüchern und zwei anwendungsorientierten Bänden. Band 3 setzt sich mit der deutschsprachigen Literatur auseinander und eignet sich für den Unterricht und das Selbststudium. Er vermittelt die Theorie der literarischen Hauptgattungen Epik, Lyrik und Dramatik und erläutert sämtliche Fachbegriffe für die formale Analyse literarischer Texte.

Ch. Hetata, G. Schläpfer,
M. Gersbach, N. Kägi,
K. Schudel, B. Knaus, P. Frey
Deutsch für die BM
Grundlagenbuch
Inkl. E-Book
978-3-280-04105-5

Sprachgewandt zur Berufsmatura

Das Grundlagenbuch bietet eine stufengerechte und klar strukturierte Aufarbeitung der Lerninhalte im Fach Deutsch an der Berufsmaturitätsschule. Es deckt die vom aktuellen Rahmenlehrplan geforderten Lerngebiete und fachlichen Kompetenzen für alle BM-Ausrichtungen ab. Ein separates Kapitel zur Interdisziplinären Projektarbeit (IDPA) unterstützt Lehrende und Lernende aus allen Fachbereichen.
Ergänzend sind ein Übungs- und Lehrerhandbuch sowie digitale Zusatzmaterialien erhältlich.

Mehr Informationen und Bestellmöglichkeiten
unter www.ofv.ch/lernmedien

orell füssli Verlag

Digitale Lernmedien

Mit dem Erwerb dieses Buches erhalten Sie als digitales Begleitmaterial ein E-Book, das einen attraktiven Mehrwert zum vorliegenden Buch aufweist.

Was bietet das E-Book?
Das E-Book enthält den gesamten Inhalt des Buches und kann mit interaktiven Funktionen (z. B. Notizen verfassen) bearbeitet werden. Inhaltsverzeichnis, Seitenverweise und Internetadressen sind verlinkt. Effizient kann damit im Unterricht, zu Hause oder unterwegs gelernt werden.

Wie erhalten Sie Ihr E-Book?
Gehen Sie auf die nachfolgende Webseite und verwenden Sie Ihren Freischalt-Code.

https://ofv.ch/lernmedien/digital

Ihr persönlicher Freischalt-Code:

3bunoBDv

orell füssli Verlag